Staats- und Verwaltungsrecht
Freistaat Bayern

Textbuch Deutsches Recht

Staats- und Verwaltungsrecht Freistaat Bayern

Stand: 1. März 2022

Zusammengestellt und herausgegeben von

Dr. Hartmut Bauer
em. Professor an der Universität Potsdam

Dr. Peter M. Huber
Professor an der Universität München
Richter des Bundesverfassungsgerichts

Dr. Reiner Schmidt
em. Professor an der Universität Augsburg

29., neu bearbeitete Auflage

CFM C.F. Müller

Redaktioneller Hinweis:
Kursiv gesetzte Fußnoten sind Hinweise der Herausgeber; alle übrigen Fußnoten sind amtliche Anmerkungen.

Bibliografische Information der Deutschen Nationalbibliothek
Die Deutsche Nationalbibliothek verzeichnet diese Publikation in der Deutschen Nationalbibliografie; detaillierte bibliografische Daten sind im Internet über http://dnb.d-nb.de abrufbar.

ISBN 978-3-8114-5847-5

E-Mail: kundenservice@cfmueller.de
Telefon: +49 6221 1859 599
Telefax: +49 6221 1859 598

www.cfmueller.de

Satz: FotoSatz Pfeifer GmbH, Krailling
Druck: CPI Clausen & Bosse, Leck

Vorwort

Das Textbuch stellt den Studierenden an den Universitäten, den Hochschulen für angewandte Wissenschaften und den Verwaltungsakademien sowie Rechtsreferendarinnen und -referendaren im Freistaat Bayern in übersichtlicher Form die für die Ausbildung notwendigen Landesgesetze zur Verfügung. Daneben wendet es sich gleichermaßen an die in der Praxis tätigen Juristen.

Die Neuauflage bringt die Sammlung auf den Stand vom 1. März 2022. Wie in den Vorjahren waren zahlreiche Gesetzesänderungen zu berücksichtigen. Für die Ausbildung von besonderer Bedeutung sind dabei insbesondere die Änderungen des Polizeiaufgabengesetzes (PAG) durch § 1 des Gesetzes zur Änderung des Polizeiaufgabengesetzes und weiterer Rechtsvorschriften vom 23. Juli 2021 (GBVl. S. 418). Der Gesetzgeber führt damit die PAG-Novellen 2017 und 2018 (Gesetz zur effektiveren Überwachung gefährlicher Personen vom 24. Juli 2017, GVBl. S. 308; Gesetz zur Neuordnung des bayerischen Polizeirechts [PAG-Neuordnungsgesetz] vom 18. Mai 2018, GVBl. S. 301, ber. S. 434) unter Berücksichtigung der Empfehlungen aus dem Abschlussbericht der PAG-Kommission vom 30. August 2019 (abrufbar unter https://www.polizeiaufgabengesetz.bayern.de/) fort; das betrifft insbesondere den 2017 neu eingeführten Begriff der „drohenden Gefahr“, das System der Richtervorbehalte sowie die Ausgestaltung des Rechtsschutzes. Hervorzuheben sind daneben Änderungen der Gemeindeordnung (GO), der Landkreisordnung (LKrO), der Bezirksordnung (BezO) und des Gesetzes über die kommunale Zusammenarbeit (KommZG) durch das Gesetz zur Änderung der Gemeindeordnung, Landkreisordnung, Bezirksordnung und weiterer Gesetze zur Bewältigung der Corona-Pandemie vom 9. März 2021 (GVBl. S. 74), die zeitlich bis Ende 2021 bzw. 2022 befristet die Möglichkeit einer digitalen Sitzungsteilnahme in den kommunalen Vertretungskörperschaften sowie weitere Verfahrenserleichterungen vorsehen. Hinzuweisen ist in diesem Zusammenhang auf die Entscheidung des Bayerischen Verfassungsgerichtshofs vom 10. Juni 2021, Vf. 25-VII-21 (GVBl. S. 380), mit der eine dieser Verfahrenserleichterungen (Art. 120b Abs. 3 GO) für mit Art. 12 Abs. 1 i.V.m. Art. 14 Abs. 1 Satz 1 BV unvereinbar und nichtig erklärt wurde. Weitere Änderungen betreffen die Verordnung über Aufgaben der Großen Kreisstädte, das Kommunalabgabengesetz, die Bayerische Bauordnung, das Polizeiorganisationsgesetz, das Bayerische Abfallwirtschaftsgesetz, das Bayerische Naturschutzgesetz, das Bayerische Wassergesetz, das Beamtenstatusgesetz, das Bayerische Beamtengesetz, das Leistungslaufbahngesetz sowie das Bayerische Versammlungsgesetz.

Wie in den Vorauflagen enthält die Textsammlung das Beamtenstatusgesetz. Dabei handelt es sich zwar um Bundesrecht. Dieses regelt aber den Status der Beamten in den Ländern und steht deshalb in einem untrennbaren Zusammenhang mit dem Bayerischen Beamtengesetz. Die Einführung der neuen Rechtschreibung bei den Gesetzesänderungen führt – teilweise sogar innerhalb einer Norm – zu zwei unterschiedlichen Schreibweisen; aus Gründen der Authentizität haben wir dies hingenommen. Weitere Gesetzestexte sind im Internet abrufbar unter http://www.staats-und-verwaltungsrecht-freistaat-bayern.de.

Für die sorgfältige Betreuung der neunundzwanzigsten Auflage danken wir unserem Mitarbeiter Akad. Rat a. Z. Michael Guttner.

Augsburg, München, Potsdam, am Rosenmontag 2022

Hartmut Bauer
Peter M. Huber
Reiner Schmidt

Inhaltsverzeichnis

Vorwort

1 Verfassungs- und Verfassungsprozessrecht

10 Verfassung des Freistaates Bayern (BV) 1
11 Gesetz über den Bayerischen Verfassungsgerichtshof (VfGHG) 41
12 Gesetz über Landtagswahl, Volksbegehren, Volksentscheid und Volksbefragung (LWG) – Auszug 63

2 Verwaltungsverfahrens- und Verwaltungsprozessrecht

20 Bayerisches Verwaltungsverfahrensgesetz (BayVwVfG) 81
21 Bayerisches Verwaltungszustellungs- und Vollstreckungsgesetz (VwZVG) 131
22 Gesetz zur Ausführung der Verwaltungsgerichtsordnung (AGVwGO) 149
23 Verordnung über die Landesanwaltschaft Bayern (LABV) . . . 155

3 Kommunalrecht

30 Gemeindeordnung für den Freistaat Bayern (GO) 159
31 Landkreisordnung für den Freistaat Bayern (LKrO) 223
32 Bezirksordnung für den Freistaat Bayern (BezO) 275
33 Verordnung über Aufgaben der Großen Kreisstädte (GrKrV) . . 323
34 Verwaltungsgemeinschaftsordnung für den Freistaat Bayern (VGemO) 325
35 Verordnung über Aufgaben der Mitgliedsgemeinden von Verwaltungsgemeinschaften (AVO VGemMGem) 331
36 Verordnung über die amtliche Bekanntmachung gemeindlicher Satzungen und von Rechtsvorschriften der Verwaltungsgemeinschaften (BekV) 333
37 Kommunalabgabengesetz (KAG) 335
38 Gesetz über die kommunale Zusammenarbeit (KommZG) . . . 357

4 Baurecht

40 Bayerische Bauordnung (BayBO) 385
41 Zuständigkeitsverordnung im Bauwesen (ZustVBau) 455

5 Allgemeines Polizei- und Sicherheitsrecht

50 Gesetz über die Aufgaben und Befugnisse der Bayerischen Staatlichen Polizei (PAG) 461

51 Gesetz über die Organisation der Bayerischen Polizei (POG) . . 531
52 Gesetz über das Landesstrafrecht und das Verordnungsrecht auf dem Gebiet der öffentlichen Sicherheit und Ordnung (LStVG) 541

6 Wirtschafts- und Umweltrecht
60 Gesetz zur Vermeidung, Verwertung und sonstigen Bewirtschaftung von Abfällen in Bayern (BayAbfG) 563
61 Bayerisches Immissionsschutzgesetz (BayImSchG) 575
62 Gesetz über den Schutz der Natur, die Pflege der Landschaft und die Erholung in der freien Natur (BayNatSchG) 581
63 Bayerisches Wassergesetz (BayWG) 617
64 Bayerisches Gesetz zur Ausführung des Bundes-Bodenschutzgesetzes (BayBodSchG) 655

7 Beamtenrecht
70 Gesetz zur Regelung des Statusrechts der Beamtinnen und Beamten in den Ländern (BeamtStG) 663
71 Bayerisches Beamtengesetz (BayBG) 685
72 Gesetz über die Leistungslaufbahn und die Fachlaufbahnen der bayerischen Beamten und Beamtinnen (LlbG) 749

8 Weitere Regelungsbereiche
80 Bayerisches Gesetz über die entschädigungspflichtige Enteignung (BayEG) 795
81 Bayerisches Landesplanungsgesetz (BayLplG) 823
82 Bayerisches Straßen- und Wegegesetz (BayStrWG) 847
83 Bayerisches Versammlungsgesetz (BayVersG) 881
84 Bayerisches Integrationsgesetz (BayIntG) 893

Stichwortverzeichnis 903

Verfassung des Freistaates Bayern

(BayRS 100-1-S) vom 2. Dezember 1946,
in der Fassung der Bekanntmachung vom 15. Dezember 1998 (GVBl. S. 992),
zuletzt geändert durch Gesetz vom 11. November 2013 (GVBl. S. 642)

INHALTSÜBERSICHT*

ERSTER HAUPTTEIL
Aufbau und Aufgaben des Staates

1. Abschnitt
Die Grundlagen des Bayerischen Staates

Art. 1 Freistaat. Landesfarben. Landeswappen
Art. 2 Volksstaat
Art. 3 Rechts-, Kultur-, Sozialstaat. Umweltschutz
Art. 3a Bekenntnis zu einem Europa der Regionen
Art. 4 Ausübung der Staatsgewalt
Art. 5 Gewaltenteilung
Art. 6 Staatsangehörigkeit
Art. 7 Staatsbürger
Art. 8 Gleichstellung aller Deutschen
Art. 9 Gliederung des Staatsgebiets
Art. 10 Gemeindeverbände
Art. 11 Gemeinden
Art. 12 Kommunalwahlen. Kommunalvermögen

2. Abschnitt
Der Landtag

Art. 13 Abgeordnete
Art. 14 Wahlrechtsgrundsätze
Art. 15 Ausschluß von Wählergruppen
Art. 16 Wahldauer
Art. 16a Parlamentarische Opposition
Art. 17 Tagungen
Art. 18 Auflösung. Abberufung
Art. 19 Verlust der Mitgliedschaft
Art. 20 Präsidium. Geschäftsordnung
Art. 21 Aufgaben des Präsidenten
Art. 22 Öffentlichkeit der Verhandlungen
Art. 23 Beschlußfassung. Beschlußfähigkeit
Art. 24 Zitierrecht. Anhörungsrecht
Art. 25 Untersuchungsausschüsse
Art. 25a Enquete-Kommission
Art. 26 Zwischenausschuß
Art. 27 Indemnität
Art. 28 Immunität
Art. 29 Zeugnisverweigerung. Beschlagnahme
Art. 30 Freistellung
Art. 31 Freifahrt, Aufwandsentschädigung
Art. 32 Präsidium, Zwischenausschuß
Art. 33 Wahlprüfung
Art. 33a Landesbeauftragter für den Datenschutz

3. Abschnitt
Der Senat

Art. 34–42 *(aufgehoben)*

4. Abschnitt
Die Staatsregierung

Art. 43 Stellung. Zusammensetzung
Art. 44 Wahl des Ministerpräsidenten. Rücktritt
Art. 45 Staatsminister des Ministerpräsidenten
Art. 46 Stellvertreter des Ministerpräsidenten
Art. 47 Aufgaben und Befugnisse des Ministerpräsidenten
Art. 48 Notstand
Art. 49 Geschäftsbereiche
Art. 50 Zuweisung der Geschäftsbereiche
Art. 51 Ressortprinzip
Art. 52 Staatskanzlei
Art. 53 Geschäftsordnung
Art. 54 Beschlüsse
Art. 55 Grundsätze für Staatsregierung und -verwaltung

* *Inhaltsübersicht und Artikelüberschriften nicht amtlich.*

Art. 56 Eid
Art. 57 Nebentätigkeit
Art. 58 Gehalt und Versorgung
Art. 59 Ministeranklage

5. Abschnitt

Der Verfassungsgerichtshof

Art. 60 Aufgaben
Art. 61 Anklagen gegen Regierungsmitglieder und Abgeordnete
Art. 62 Ausschluß von Wählergruppen
Art. 63 Wahlstreitigkeiten
Art. 64 Organstreitigkeiten
Art. 65 Normenkontrolle
Art. 66 Verfassungsbeschwerde
Art. 67 Sonderzuweisungen
Art. 68 Bildung. Zusammensetzung
Art. 69 Gesetz über den Verfassungsgerichtshof

6. Abschnitt

Die Gesetzgebung

Art. 70 Formelle Gesetze
Art. 71 Gesetzesinitiative
Art. 72 Gesetzesbeschlüsse. Staatsverträge
Art. 73 Über Staatshaushalt kein Volksentscheid
Art. 74 Volksbegehren und Volksentscheid
Art. 75 Verfassungsänderung
Art. 76 Ausfertigung und Verkündung. Inkrafttreten

7. Abschnitt

Die Verwaltung

Art. 77 Verwaltungsorganisation
Art. 78 Haushaltsplan
Art. 79 Deckungsgrundsatz
Art. 80 Rechnungslegung. Rechnungshof
Art. 81 Grundstockvermögen
Art. 82 Kredite
Art. 83 Wirkungskreis der Gemeinden

8. Abschnitt

Die Rechtspflege

Art. 84 Völkerrecht
Art. 85 Sachliche Unabhängigkeit der Richter
Art. 86 Ausnahmegerichte, gesetzlicher Richter. Gerichte für besondere Sachgebiete
Art. 87 Persönliche Unabhängigkeit der Richter
Art. 88 Laienrichter
Art. 89 Staatsanwälte
Art. 90 Öffentlichkeitsgrundsatz
Art. 91 Rechtliches Gehör. Strafverteidiger
Art. 92 Richtervorlage
Art. 93 Verwaltungsgerichte

9. Abschnitt

Die Beamten

Art. 94 Wahl oder Ernennung. Leistungsprinzip
Art. 95 Beamtenrechte
Art. 96 Unparteilichkeit, Verfassungstreue
Art. 97 Amtshaftung

ZWEITER HAUPTTEIL

Grundrechte und Grundpflichten

Art. 98 Grundrechtseinschränkungen, Popularklage
Art. 99 Schutz
Art. 100 Menschenwürde
Art. 101 Entfaltung der Persönlichkeit
Art. 102 Freiheit der Person. Rechtsgarantien bei Freiheitsentziehung
Art. 103 Eigentum und Erbrecht
Art. 104 Keine Strafe ohne Gesetz. Verbot der Doppelbestrafung
Art. 105 Asylrecht
Art. 106 Wohnung
Art. 107 Glaubens- und Gewissensfreiheit
Art. 108 Kunst-, Wissenschaftsfreiheit
Art. 109 Freizügigkeit
Art. 110 Meinungsfreiheit
Art. 111 Pressefreiheit
Art. 111a Rundfunkfreiheit
Art. 112 Post-, Fernmeldegeheimnis. Informationsfreiheit
Art. 113 Versammlungsfreiheit
Art. 114 Vereinigungsfreiheit
Art. 115 Petitionsrecht
Art. 116 Zugang zu öffentlichen Ämtern
Art. 117 Treuepflicht
Art. 118 Gleichheitssatz

Art. 118a Verbot der Benachteiligung Behinderter
Art. 119 Rassen- und Völkerhaß
Art. 120 Verfassungsbeschwerde
Art. 121 Ehrenämter
Art. 122 Hilfspflicht
Art. 123 Steuerwesen

DRITTER HAUPTTEIL

Das Gemeinschaftsleben

1. Abschnitt

Ehe, Familie und Kinder

Art. 124 Ehe und Familie
Art. 125 Kinder. Schutz der Familie
Art. 126 Erziehung
Art. 127 Erziehungseinfluß der Religionsgemeinschaften

2. Abschnitt

Bildung und Schule, Schutz der natürlichen Lebensgrundlagen und der kulturellen Überlieferung

Art. 128 Ausbildungsanspruch
Art. 129 Schulpflicht
Art. 130 Schulaufsicht
Art. 131 Bildungsziele
Art. 132 Schulaufbau, Schulwahl
Art. 133 Schulorganisation
Art. 134 Privatschulen
Art. 135 Volksschulen
Art. 136 Religionsunterricht
Art. 137 Teilnahme am Religionsunterricht
Art. 138 Hochschulen. Selbstverwaltungsrecht
Art. 139 Erwachsenenbildung
Art. 140 Kunst-, Wissenschafts-, Kultur- und Sportförderung
Art. 141 Schutz von Natur und Kultur. Recht auf Naturgenuß

3. Abschnitt

Religion und Religionsgemeinschaften

Art. 142 Freiheit der Religionsgemeinschaften
Art. 143 Rechtsfähigkeit. Körperschaften des öffentlichen Rechts. Kirchensteuer
Art. 144 Schutz der Religion und der Geistlichen
Art. 145 Garantie staatlicher und kommunaler Leistungen
Art. 146 Eigentumsgewährleistung
Art. 147 Sonn- und Feiertage
Art. 148 Anstaltsseelsorge
Art. 149 Friedhöfe. Simultangebrauch
Art. 150 Theologische Hochschulen. Theologische Fakultäten

VIERTER HAUPTTEIL

Wirtschaft und Arbeit

1. Abschnitt

Die Wirtschaftsordnung

Art. 151 Gemeinwohlbindung. Vertragsfreiheit
Art. 152 Wirtschaftsüberwachung. Stromversorgung
Art. 153 Klein-, Mittelstandsbetriebe
Art. 154 Selbstverwaltungsorgane der Wirtschaft
Art. 155 Bedarfsdeckungsgebiete
Art. 156 Zusammenballung wirtschaftlicher Macht
Art. 157 Kapitalbildung. Geld- und Kreditwesen

2. Abschnitt

Das Eigentum

Art. 158 Sozialbindung
Art. 159 Enteignung
Art. 160 Sozialisierung
Art. 161 Bodenverteilung. Wertsteigerungen
Art. 162 Geistiges Eigentum

3. Abschnitt

Die Landwirtschaft

Art. 163 Bauernland
Art. 164 Auskommen. Einkommen
Art. 165 Verhinderung der Überschuldung

4. Abschnitt

Die Arbeit

Art. 166 Recht auf Arbeit
Art. 167 Schutz der Arbeitskraft
Art. 168 Arbeitsentgelt. Fürsorge
Art. 169 Mindestlöhne. Tarifverträge
Art. 170 Koalitionsfreiheit

Art. 171 Sozialversicherung
Art. 172 Arbeitsgesetzgebung
Art. 173 Arbeitszeit
Art. 174 Urlaubsrecht
Art. 175 Mitbestimmung, Betriebsräte
Art. 176 Mitwirkung der Arbeitnehmer im Wirtschaftsleben
Art. 177 Arbeitsstreitigkeiten

Schluß- und Übergangsbestimmungen

Art. 178 Beitritt zum Bundesstaat
Art. 179 Rechtsstellung sozialer, kultureller und wirtschaftlicher Organisationen
Art. 180 Ermächtigungen bis zur Errichtung eines Bundesstaates
Art. 181 Abschluß von Staatsverträgen
Art. 182 Weitergeltung der Staatsverträge
Art. 183 Wiedergutmachung
Art. 184 Entnazifizierung
Art. 185 Wiederherstellung der Regierungsbezirke
Art. 186 Bisheriges Recht
Art. 187 Verfassungseid
Art. 188 Verfassungstexte für Schüler

Verfassung des Freistaates Bayern*

Angesichts des Trümmerfeldes, zu dem eine Staats- und Gesellschaftsordnung ohne Gott, ohne Gewissen und ohne Achtung vor der Würde des Menschen die Überlebenden des zweiten Weltkrieges geführt hat, in dem festen Entschlusse, den kommenden deutschen Geschlechtern die Segnungen des Friedens, der Menschlichkeit und des Rechtes dauernd zu sichern, gibt sich das Bayerische Volk, eingedenk seiner mehr als tausendjährigen Geschichte, nachstehende demokratische Verfassung.

ERSTER HAUPTTEIL

Aufbau und Aufgaben des Staates

1. Abschnitt

Die Grundlagen des Bayerischen Staates

Art. 1 [Freistaat. Landesfarben. Landeswappen]. (1) Bayern ist ein Freistaat.

(2) Die Landesfarben sind Weiß und Blau.

(3) Das Landeswappen wird durch Gesetz bestimmt.

Art. 2 [Volksstaat]. (1) [1]Bayern ist ein Volksstaat. [2]Träger der Staatsgewalt ist das Volk.

(2) [1]Das Volk tut seinen Willen durch Wahlen und Abstimmung kund. [2]Mehrheit entscheidet.

---

* *Vom 2. Dezember 1946 (Nr. 23 des Gesetz- und Verordnungsblattes vom 8. Dezember 1946, S. 333).*

Art. 3 [Rechts-, Kultur-, Sozialstaat. Umweltschutz]. (1) [1]Bayern ist ein Rechts-, Kultur- und Sozialstaat. [2]Er dient dem Gemeinwohl.

(2) [1]Der Staat schützt die natürlichen Lebensgrundlagen und die kulturelle Überlieferung. [2]Er fördert und sichert gleichwertige Lebensverhältnisse und Arbeitsbedingungen in ganz Bayern, in Stadt und Land.

Art. 3a [Bekenntnis zu einem Europa der Regionen]. [1]Bayern bekennt sich zu einem geeinten Europa, das demokratischen, rechtsstaatlichen, sozialen und föderativen Grundsätzen sowie dem Grundsatz der Subsidiarität verpflichtet ist, die Eigenständigkeit der Regionen wahrt und deren Mitwirkung an europäischen Entscheidungen sichert. [2]Bayern arbeitet mit anderen europäischen Regionen zusammen.

Art. 4 [Ausübung der Staatsgewalt]. Die Staatsgewalt wird ausgeübt durch die stimmberechtigten Staatsbürger selbst, durch die von ihnen gewählte Volksvertretung und durch die mittelbar oder unmittelbar von ihr bestellten Vollzugsbehörden und Richter.

Art. 5 [Gewaltenteilung]. (1) Die gesetzgebende Gewalt steht ausschließlich dem Volk und der Volksvertretung zu.

(2) Die vollziehende Gewalt liegt in den Händen der Staatsregierung und der nachgeordneten Vollzugsbehörden.

(3) Die richterliche Gewalt wird durch unabhängige Richter ausgeübt.

Art. 6 [Staatsangehörigkeit]. (1) Die Staatsangehörigkeit wird erworben
1. durch Geburt;
2. durch Legitimation;
3. durch Eheschließung;
4. durch Einbürgerung.

(2) Die Staatsangehörigkeit kann nicht aberkannt werden.

(3) Das Nähere regelt ein Gesetz über die Staatsangehörigkeit.

Art. 7 [Staatsbürger]. (1) Staatsbürger ist ohne Unterschied der Geburt, der Rasse, des Geschlechts, des Glaubens und des Berufs jeder Staatsangehörige, der das 18. Lebensjahr vollendet hat.

(2) Der Staatsbürger übt seine Rechte aus durch Teilnahme an Wahlen, Bürgerbegehren und Bürgerentscheiden sowie Volksbegehren und Volksentscheiden.

(3) Die Ausübung dieser Rechte kann von der Dauer eines Aufenthalts bis zu einem Jahr abhängig gemacht werden.

Art. 8 [Gleichstellung aller Deutschen]. Alle deutschen Staatsangehörigen, die in Bayern ihren Wohnsitz haben, besitzen die gleichen Rechte und haben die gleichen Pflichten wie die bayerischen Staatsangehörigen.

Art. 9 [Gliederung des Staatsgebiets]. (1) Das Staatsgebiet gliedert sich in Kreise (Regierungsbezirke); die Abgrenzung erfolgt durch Gesetz.

(2) [1]Die Kreise sind in Bezirke eingeteilt; die kreisunmittelbaren Städte stehen den Bezirken gleich. [2]Die Einteilung wird durch Rechtsverordnung der Staatsregierung bestimmt; hierzu ist die vorherige Genehmigung des Landtags einzuholen.

Art. 10 [Gemeindeverbände]. (1) Für das Gebiet jedes Kreises und jedes Bezirks besteht ein Gemeindeverband als Selbstverwaltungskörper.

(2) Der eigene Wirkungskreis der Gemeindeverbände wird durch die Gesetzgebung bestimmt.

(3) [1]Den Gemeindeverbänden können durch Gesetz weitere Aufgaben übertragen werden, die sie namens des Staates zu erfüllen haben. [2]Sie besorgen diese Aufgaben entweder nach den Weisungen der Staatsbehörden oder kraft besonderer Bestimmung selbständig.

(4) Das wirtschaftliche und kulturelle Eigenleben im Bereich der Gemeindeverbände ist vor Verödung zu schützen.

Art. 11 [Gemeinden]. (1) [1]Jeder Teil des Staatsgebiets ist einer Gemeinde zugewiesen. [2]Eine Ausnahme hiervon machen bestimmte unbewohnte Flächen (ausmärkische Gebiete).

(2) [1]Die Gemeinden sind ursprüngliche Gebietskörperschaften des öffentlichen Rechts. [2]Sie haben das Recht, ihre eigenen Angelegenheiten im Rahmen der Gesetze selbst zu ordnen und zu verwalten, insbesonders ihre Bürgermeister und Vertretungskörper zu wählen.

(3) Durch Gesetz können den Gemeinden Aufgaben übertragen werden, die sie namens des Staates zu erfüllen haben.

(4) Die Selbstverwaltung der Gemeinden dient dem Aufbau der Demokratie in Bayern von unten nach oben.

(5) Für die Selbstverwaltung in der Gemeinde gilt der Grundsatz der Gleichheit der politischen Rechte und Pflichten aller in der Gemeinde wohnenden Staatsbürger.

Art. 12 [Kommunalwahlen. Kommunalvermögen]. (1) Die Grundsätze für die Wahl zum Landtag gelten auch für die Gemeinden und Gemeindeverbände.

(2) [1]Das Vermögen der Gemeinden und Gemeindeverbände kann unter keinen Umständen zum Staatsvermögen gezogen werden. [2]Die Vergabung solchen Vermögens ist unzulässig.

(3) [1]Die Staatsbürger haben das Recht, Angelegenheiten des eigenen Wirkungskreises der Gemeinden und Landkreise durch Bürgerbegehren und Bürgerentscheid zu regeln. [2]Das Nähere regelt ein Gesetz.

2. Abschnitt

Der Landtag

Art. 13 [Abgeordnete]. (1) Der Landtag besteht aus 180 Abgeordneten des bayerischen Volkes.

(2) [1]Die Abgeordneten sind Vertreter des Volkes, nicht nur einer Partei. [2]Sie sind nur ihrem Gewissen verantwortlich und an Aufträge nicht gebunden.

Art. 14 [Wahlrechtsgrundsätze]. (1) [1]Die Abgeordneten werden in allgemeiner, gleicher, unmittelbarer und geheimer Wahl nach einem verbesserten Verhältniswahlrecht von allen wahlberechtigten Staatsbürgern in Wahlkreisen und Stimmkreisen gewählt. [2]Jeder Regierungsbezirk bildet einen Wahlkreis. [3]Jeder Landkreis und jede kreisfreie Gemeinde bildet einen Stimmkreis. [4]Soweit es der Grundsatz der Wahlgleichheit erfordert, sind räumlich zusammenhängende Stimmkreise abweichend von Satz 3 zu bilden. [5]Je Wahlkreis darf höchstens ein Stimmkreis mehr gebildet werden als Abgeordnete aus der Wahlkreisliste zu wählen sind. [6]Durch Überhang- und Ausgleichsmandate, die in Anwendung dieser Grundsätze zugeteilt werden, kann die Zahl der Abgeordneten nach Art. 13 Abs. 1 überschritten werden.

(2) Wählbar ist jeder wahlfähige Staatsbürger, der das 18. Lebensjahr vollendet hat.

(3) Die Wahl findet an einem Sonntag oder öffentlichen Ruhetag statt.

(4) Wahlvorschläge, auf die im Land nicht mindestens fünf vom Hundert der insgesamt abgegebenen gültigen Stimmen entfallen, erhalten keinen Sitz im Landtag zugeteilt.

(5) Das Nähere bestimmt das Landeswahlgesetz.

Art. 15 [Ausschluß von Wählergruppen]. (1) Wählergruppen, deren Mitglieder oder Förderer darauf ausgehen, die staatsbürgerlichen Freiheiten zu unterdrücken oder gegen Volk, Staat oder Verfassung Gewalt anzuwenden, dürfen sich an Wahlen und Abstimmungen nicht beteiligen.

(2) Die Entscheidung darüber, ob diese Voraussetzungen vorliegen, trifft auf Antrag der Staatsregierung oder einer der im Landtag vertretenen politischen Parteien der Bayerische Verfassungsgerichtshof.

Art. 16 [Wahldauer]. (1) [1]Der Landtag wird auf fünf Jahre gewählt. [2]Seine Wahlperiode beginnt mit seinem ersten Zusammentritt und endet mit dem Zusammentritt eines neuen Landtags. [3]Die Neuwahl findet frühestens 59 Monate, spätestens 62 Monate nach dem Tag statt, an dem der vorausgegangene Landtag gewählt worden ist.

(2) Der Landtag tritt spätestens am 22. Tag nach der Wahl zusammen.

Art. 16a [Parlamentarische Opposition]. (1) Parlamentarische Opposition ist ein grundlegender Bestandteil der parlamentarischen Demokratie.

(2) [1]Die Fraktionen und die Mitglieder des Landtags, welche die Staatsregierung nicht stützen, haben das Recht auf ihrer Stellung entsprechende Wirkungsmöglichkeiten in Parlament und Öffentlichkeit. [2]Sie haben Anspruch auf eine zur Erfüllung ihrer besonderen Aufgaben erforderliche Ausstattung.

(3) Das Nähere wird durch Gesetz geregelt.

Art. 17 [Tagungen]. (1) Der Landtag tritt jedes Jahr im Herbst am Sitz der Staatsregierung zusammen.

(2) [1]Der Präsident kann ihn früher einberufen. [2]Er muß ihn einberufen, wenn es die Staatsregierung oder mindestens ein Drittel der Landtagsmitglieder verlangt.

(3) Der Landtag bestimmt den Schluß der Tagung und den Zeitpunkt des Wiederzusammentritts.

Art. 18 [Auflösung. Abberufung]. (1) Der Landtag kann sich vor Ablauf seiner Wahldauer durch Mehrheitsbeschluß seiner gesetzlichen Mitgliederzahl selbst auflösen.

(2) Er kann im Falle des Art. 44 Abs. 5 vom Landtagspräsidenten aufgelöst werden.

(3) Er kann auf Antrag von einer Million wahlberechtigter Staatsbürger durch Volksentscheid abberufen werden.

(4) Die Neuwahl des Landtags findet spätestens am sechsten Sonntag nach der Auflösung oder Abberufung statt.

Art. 19 [Verlust der Mitgliedschaft]. Die Mitgliedschaft beim Landtag während der Wahldauer geht verloren durch Verzicht, Ungültigkeitserklärung der Wahl, nachträgliche Änderung des Wahlergebnisses und Verlust der Wahlfähigkeit.

Art. 20 [Präsidium. Geschäftsordnung]. (1) Der Landtag wählt aus seiner Mitte ein Präsidium, bestehend aus einem Präsidenten, dessen Stellvertretern und den Schriftführern.

(2) Zwischen zwei Tagungen führt das Präsidium die laufenden Geschäfte des Landtags fort.

(3) Der Landtag gibt sich eine Geschäftsordnung.

Art. 21 [Aufgaben des Präsidenten]. (1) Der Präsident übt das Hausrecht und die Polizeigewalt im Landtagsgebäude aus.

(2) Er führt die Hausverwaltung, verfügt über die Einnahmen und Ausgaben des Hauses und vertritt den Staat in allen Rechtsgeschäften und Rechtsstreitigkeiten dieser Verwaltung.

Art. 22 [Öffentlichkeit der Verhandlungen]. (1) [1]Der Landtag verhandelt öffentlich. [2]Auf Antrag von 50 Mitgliedern oder der Staatsregierung kann mit

Zweidrittelmehrheit der anwesenden Mitglieder die Öffentlichkeit für die Behandlung eines bestimmten Gegenstandes ausgeschlossen werden. [3]Sie muß ausgeschlossen werden, wenn und solange es die Staatsregierung zur Begründung ihres Antrages auf Ausschluß der Öffentlichkeit verlangt. [4]Der Landtag entscheidet darüber, ob und in welcher Art die Öffentlichkeit über solche Verhandlungen unterrichtet werden soll.

(2) Wahrheitsgetreue Berichte über die Verhandlungen in den öffentlichen Sitzungen des Landtags oder seiner Ausschüsse bleiben von jeder Verantwortlichkeit frei, es sei denn, daß es sich um die Wiedergabe von Ehrverletzungen handelt.

Art. 23 [Beschlußfassung. Beschlußfähigkeit]. (1) Der Landtag beschließt mit einfacher Mehrheit der abgegebenen Stimmen, sofern die Verfassung kein anderes Stimmverhältnis vorschreibt.

(2) Zur Beschlußfähigkeit des Landtags ist die Anwesenheit der Mehrheit seiner Mitglieder erforderlich.

(3) Die in der Verfassung vorgesehenen Ausnahmen bleiben unberührt.

Art. 24 [Zitierrecht. Anhörungsrecht]. (1) Der Landtag und seine Ausschüsse können das Erscheinen des Ministerpräsidenten und jedes Staatsministers und Staatssekretärs verlangen.

(2) [1]Die Mitglieder der Staatsregierung und die von ihnen bestellten Beauftragten haben zu allen Sitzungen des Landtags und seiner Ausschüsse Zutritt. [2]Sie müssen während der Beratung jederzeit, auch außerhalb der Tagesordnung, gehört werden.

Art. 25 [Untersuchungsausschüsse]. (1) Der Landtag hat das Recht und auf Antrag von einem Fünftel seiner Mitglieder die Pflicht, Untersuchungsausschüsse einzusetzen.

(2) Bei der Einsetzung jedes neuen Untersuchungsausschusses wechselt der Vorsitz unter den Fraktionen entsprechend ihrem Stärkeverhältnis im Landtag.

(3) [1]Diese Ausschüsse und die von ihnen ersuchten Behörden können in entsprechender Anwendung der Strafprozeßordnung alle erforderlichen Beweise erheben, auch Zeugen und Sachverständige vorladen, vernehmen, beeidigen und das Zeugniszwangsverfahren gegen sie durchführen. [2]Das Brief-, Post-, Telegraphen- und Fernsprechgeheimnis bleibt jedoch unberührt. [3]Die Gerichts- und Verwaltungsbehörden sind verpflichtet, dem Ersuchen dieser Ausschüsse um Beweiserhebung Folge zu leisten. [4]Die Akten der Behörden sind ihnen auf Verlangen vorzulegen.

(4) [1]Auf Antrag von einem Fünftel ihrer Mitglieder haben die Ausschüsse zulässigen Anträgen nach Absatz 3 stattzugeben. [2]Hält die Mehrheit der Mitglieder dieses Ausschusses einen Antrag nach Absatz 3 für unzulässig, so entscheidet darüber der Landtag. [3]Gegen dessen Entscheidung kann der Bayerische Verfassungsgerichtshof angerufen werden.

(5) [1]Die Untersuchungsausschüsse verhandeln öffentlich, doch wird die Öffentlichkeit auf Verlangen einer Zweidrittelmehrheit ausgeschlossen. [2]Art. 22 Abs. 1 Satz 3 und 4 gilt entsprechend.

Art. 25a [Enquete-Kommission]. [1]Zur Vorbereitung von Entscheidungen über umfangreiche und bedeutsame Angelegenheiten, die in die Zuständigkeit des Freistaates Bayern fallen, kann der Landtag eine Enquete-Kommission einsetzen. [2]Auf Antrag eines Fünftels seiner Mitglieder ist er dazu verpflichtet. [3]Der Antrag muß den Auftrag der Kommission bezeichnen. [4]Das Nähere regelt die Geschäftsordnung des Landtags.

Art. 26 [Zwischenausschuß]. (1) [1]Der Landtag bestellt zur Wahrung der Rechte der Volksvertretung gegenüber der Staatsregierung und zur Behandlung dringlicher Staatsangelegenheiten für die Zeit außerhalb der Tagung sowie nach der Auflösung oder der Abberufung des Landtags bis zum Zusammentritt des neuen Landtags einen Zwischenausschuß. [2]Dieser Ausschuß hat die Befugnisse des Landtags, doch kann er nicht Ministeranklage erheben und nicht Gesetze beschließen oder Volksbegehren behandeln.

(2) Für diesen Ausschuß gelten die Bestimmungen des Art. 25.

Art. 27 [Indemnität]. Kein Mitglied des Landtags darf zu irgendeiner Zeit wegen seiner Abstimmung gerichtlich oder dienstlich verfolgt oder sonst außerhalb der Versammlung zur Verantwortung gezogen werden.

Art. 28 [Immunität]. (1) Kein Mitglied des Landtags kann ohne dessen Genehmigung während der Tagung wegen einer mit Strafe bedrohten Handlung zur Untersuchung gezogen oder verhaftet werden, es sei denn, daß es bei Ausübung der Tat oder spätestens im Laufe des folgenden Tages festgenommen worden ist.

(2) Die gleiche Genehmigung ist erforderlich, wenn der Abgeordnete anderweitig in seiner persönlichen Freiheit beschränkt und dadurch in der Ausübung seines Abgeordnetenberufes beeinträchtigt wird.

(3) [1]Jedes Strafverfahren gegen ein Mitglied des Landtags und jede Haft oder sonstige Beschränkung seiner persönlichen Freiheit wird auf Verlangen des Landtags für die Dauer der Tagung aufgehoben. [2]Ein solches Verlangen kann jedoch nicht gestellt werden, wenn der Abgeordnete eines unpolitischen Verbrechens bezichtigt wird. [3]Ob dieser Fall vorliegt, entscheidet der Landtag.

Art. 29 [Zeugnisverweigerung. Beschlagnahme]. (1) [1]Die Mitglieder des Landtags sind berechtigt, über Personen, die ihnen in ihrer Eigenschaft als Abgeordnete Tatsachen anvertrauten oder denen sie in Ausübung ihres Abgeordnetenberufes Tatsachen anvertraut haben, sowie über diese Tatsachen selbst, das Zeugnis zu verweigern. [2]Soweit dieses Zeugnisverweigerungsrecht reicht, ist die Beschlagnahme von Schriftstücken bei ihnen unzulässig.

(2) Eine Untersuchung oder Beschlagnahme darf in den Räumen des Landtags nur mit Genehmigung des Präsidenten vorgenommen werden.

Art. 30 [Freistellung]. Abgeordnete bedürfen zur Ausübung ihres Amtes als Mitglied des Landtags keines Urlaubs von ihrem Arbeitgeber.

Art. 31 [Freifahrt, Aufwandsentschädigung]. Die Mitglieder des Landtags haben das Recht zur freien Fahrt auf allen staatlichen Verkehrseinrichtungen in Bayern sowie auf eine Aufwandsentschädigung.

Art. 32 [Präsidium, Zwischenausschuß]. (1) Die Art. 27 mit 31 gelten für das Präsidium des Landtags sowie für die Mitglieder des Zwischenausschusses und ihre ersten Stellvertreter.

(2) In den Fällen des Art. 28 wird die Mitwirkung des Landtags durch die Mitwirkung des Zwischenausschusses ersetzt.

Art. 33 [Wahlprüfung]. [1]Die Wahlprüfung obliegt dem Landtag. [2]Wird die Gültigkeit einer Wahl bestritten, so entscheidet der Bayerische Verfassungsgerichtshof. [3]Er entscheidet auch über die Frage, ob ein Abgeordneter die Mitgliedschaft beim Landtag verloren hat.

Art. 33a [Landesbeauftragter für den Datenschutz]. (1) Der Landtag wählt auf Vorschlag der Staatsregierung einen Landesbeauftragten für den Datenschutz.

(2) Der Landesbeauftragte für den Datenschutz kontrolliert nach Maßgabe des Gesetzes bei den öffentlichen Stellen die Einhaltung der Vorschriften über den Datenschutz.

(3) [1]Der Landesbeauftragte für den Datenschutz ist in Ausübung seines Amts unabhängig und nur dem Gesetz unterworfen. [2]Er untersteht der Dienstaufsicht des Landtagspräsidenten.

(4) [1]Der Landesbeauftragte für den Datenschutz wird auf sechs Jahre gewählt. [2]Wiederwahl ist zulässig. [3]Er kann ohne seine Zustimmung vor Ablauf seiner Amtszeit nur mit Zweidrittelmehrheit der Mitgliederzahl des Landtags abberufen werden, wenn eine entsprechende Anwendung der Vorschriften über die Amtsenthebung von Richtern auf Lebenszeit dies rechtfertigt.

(5) Das Nähere wird durch Gesetz geregelt.

3. Abschnitt

Der Senat

Art. 34–42 *(aufgehoben)*

4. Abschnitt

Die Staatsregierung

Art. 43 [Stellung. Zusammensetzung]. (1) Die Staatsregierung ist die oberste leitende und vollziehende Behörde des Staates.

(2) Sie besteht aus dem Ministerpräsidenten und bis zu 17 Staatsministern und Staatssekretären.

Art. 44 [Wahl des Ministerpräsidenten. Rücktritt]. (1) Der Ministerpräsident wird von dem neu gewählten Landtag spätestens innerhalb einer Woche nach seinem Zusammentritt auf die Dauer von fünf Jahren gewählt.

(2) Wählbar ist jeder wahlberechtigte Bayer, der das 40. Lebensjahr vollendet hat.

(3) [1]Der Ministerpräsident kann jederzeit von seinem Amt zurücktreten. [2]Er muß zurücktreten, wenn die politischen Verhältnisse ein vertrauensvolles Zusammenarbeiten zwischen ihm und dem Landtag unmöglich machen. [3]Der Rücktritt des Ministerpräsidenten hat den Rücktritt der Staatsregierung zur Folge. [4]Bis zur Neuwahl eines Ministerpräsidenten geht die Vertretung Bayerns nach außen auf den Landtagspräsidenten über. [5]Während dieser Zeit kann der Landtagspräsident vom Landtag nicht abberufen werden.

(4) Bei Rücktritt oder Tod des Ministerpräsidenten während seiner Amtsdauer wird in der nächsten Sitzung des Landtags ein neuer Ministerpräsident für den Rest der laufenden Amtsdauer gewählt.

(5) Kommt die Neuwahl innerhalb von vier Wochen nicht zustande, muß der Landtagspräsident den Landtag auflösen.

Art. 45 [Staatsminister des Ministerpräsidenten]. Der Ministerpräsident beruft und entläßt mit Zustimmung des Landtags die Staatsminister und die Staatssekretäre.

Art. 46 [Stellvertreter des Ministerpräsidenten]. Der Ministerpräsident bestimmt mit Zustimmung des Landtags seinen Stellvertreter aus der Zahl der Staatsminister.

Art. 47 [Aufgaben und Befugnisse des Ministerpräsidenten]. (1) Der Ministerpräsident führt in der Staatsregierung den Vorsitz und leitet ihre Geschäfte.

(2) Er bestimmt die Richtlinien der Politik und trägt dafür die Verantwortung gegenüber dem Landtag.

(3) Er vertritt Bayern nach außen.

(4) Er übt in Einzelfällen das Begnadigungsrecht aus.

(5) Er unterbreitet dem Landtag die Vorlagen der Staatsregierung.

Art. 48 [Notstand]. (1) Die Staatsregierung kann bei drohender Gefährdung der öffentlichen Sicherheit und Ordnung das Recht der öffentlichen freien Meinungsäußerung (Art. 110), die Pressefreiheit (Art. 111), das Brief-, Post-, Telegraphen- und Fernsprechgeheimnis (Art. 112) und die Versammlungsfreiheit (Art. 113) zunächst auf die Dauer einer Woche einschränken oder aufheben.

(2) [1]Sie hat gleichzeitig die Einberufung des Landtags zu veranlassen, ihn von allen getroffenen Maßnahmen unverzüglich zu verständigen und diese auf Verlangen des Landtags ganz oder teilweise aufzuheben. [2]Bestätigt der Landtag mit der Mehrheit seiner gesetzlichen Mitgliederzahl die getroffenen Maßnahmen, so wird ihre Geltung um einen Monat verlängert.

(3) Gegen die getroffenen Maßnahmen ist außerdem Beschwerde zum Bayerischen Verfassungsgerichtshof zulässig; dieser hat innerhalb einer Woche wenigstens eine vorläufige Entscheidung zu treffen.

Art. 49 [Geschäftsbereiche]. [1]Der Ministerpräsident bestimmt die Zahl und die Abgrenzung der Geschäftsbereiche (Staatsministerien). [2]Dies bedarf der Bestätigung durch Beschluß des Landtags.

Art. 50 [Zuweisung der Geschäftsbereiche]. [1]Jedem Staatsminister wird durch den Ministerpräsidenten ein Geschäftsbereich oder eine Sonderaufgabe zugewiesen. [2]Der Ministerpräsident kann sich selbst einen oder mehrere Geschäftsbereiche vorbehalten oder einem Staatsminister mehrere Geschäftsbereiche zuweisen.

Art. 51 [Ressortprinzip]. (1) Gemäß den vom Ministerpräsidenten bestimmten Richtlinien der Politik führt jeder Staatsminister seinen Geschäftsbereich selbständig und unter eigener Verantwortung gegenüber dem Landtag.

(2) [1]Die Staatssekretäre sind an die Weisungen des Staatsministers, dem sie zugewiesen sind, gebunden. [2]Im Falle der Verhinderung des Staatsministers handeln sie selbständig und unter eigener Verantwortung gegenüber dem Landtag.

Art. 52 [Staatskanzlei]. Zur Unterstützung des Ministerpräsidenten und der Staatsregierung in ihren verfassungsmäßigen Aufgaben besteht eine Staatskanzlei.

Art. 53 [Geschäftsordnung]. [1]Die Staatsregierung gibt sich eine Geschäftsordnung. [2]In dieser wird die Zuweisung der Geschäfte an die einzelnen Geschäftsbereiche geregelt. [3]Jede Aufgabe der Staatsverwaltung ist einem Geschäftsbereich zuzuteilen.

Art. 54 [Beschlüsse]. [1]Die Staatsregierung faßt ihre Beschlüsse mit Stimmenmehrheit der Abstimmenden. [2]Bei Stimmengleichheit entscheidet die Stimme des Ministerpräsidenten. [3]Zur Beschlußfähigkeit ist die Anwesenheit der Mehrheit der Mitglieder erforderlich. [4]Kein Mitglied darf sich der Stimme enthalten.

Art. 55 [Grundsätze für Staatsregierung und -verwaltung]. Für die Geschäftsführung der Staatsregierung und der einzelnen Staatsministerien gelten folgende Grundsätze:

1. Die Staatsverwaltung wird nach der Verfassung, den Gesetzen und dem Haushaltsplan geführt.
2. Der Staatsregierung und den einzelnen Staatsministerien obliegt der Vollzug der Gesetze und Beschlüsse des Landtags. Zu diesem Zwecke können die erforderlichen Ausführungs- und Verwaltungsverordnungen von ihr erlassen werden. Rechtsverordnungen, die über den Rahmen einer Ausführungsverordnung hinausgehen, bedürfen besonderer gesetzlicher Ermächtigung.
3. Die Staatsregierung beschließt über alle dem Landtag zu unterbreitenden Vorlagen. Die Unterrichtung des Landtags durch die Staatsregierung bleibt einer Vereinbarung zwischen Landtag und Staatsregierung auf gesetzlicher Grundlage vorbehalten.
4. Die Staatsregierung ernennt die leitenden Beamten der Staatsministerien und die Vorstände der den Ministerien unmittelbar untergeordneten Behörden. Die übrigen Beamten werden durch die zuständigen Staatsminister oder durch die von ihnen beauftragten Behörden ernannt.
5. Die gesamte Staatsverwaltung ist der Staatsregierung und den zuständigen Staatsministerien untergeordnet. Den Staatsministerien obliegt auch im Rahmen der Gesetze die Aufsicht über die Gemeinden und Gemeindeverbände sowie die sonstigen Körperschaften des öffentlichen Rechts und die öffentlich-rechtlichen Stiftungen.
6. Jeder Staatsminister übt die Dienstaufsicht über die Behörden und Beamten seines Geschäftsbereichs aus.
7. Jeder Staatsminister entscheidet über Verwaltungsbeschwerden im Rahmen seines Geschäftsbereichs.

Art. 56 [Eid]. Sämtliche Mitglieder der Staatsregierung leisten vor ihrem Amtsantritt vor dem Landtag einen Eid auf die Staatsverfassung.

Art. 57 [Nebentätigkeit]. [1]Der Ministerpräsident, die Staatsminister und die Staatssekretäre dürfen ein anderes besoldetes Amt, einen Beruf oder ein Gewerbe nicht ausüben; sie dürfen nicht Mitglieder des Aufsichtsrats oder Vorstands einer privaten Erwerbsgesellschaft sein. [2]Eine Ausnahme besteht für Gesellschaften, bei denen der überwiegende Einfluß des Staates sichergestellt ist.

Art. 58 [Gehalt und Versorgung]. Gehalt, Ruhegehalt und Hinterbliebenenversorgung der Mitglieder der Staatsregierung werden durch Gesetz geregelt.

Art. 59 [Ministeranklage]. Der Landtag ist berechtigt, den Ministerpräsidenten, jeden Staatsminister und Staatssekretär vor dem Bayerischen Verfassungsgerichtshof anzuklagen, daß sie vorsätzlich die Verfassung oder ein Gesetz verletzt haben.

5. Abschnitt

Der Verfassungsgerichtshof

Art. 60 [Aufgaben]. Als oberstes Gericht für staatsrechtliche Fragen besteht der Bayerische Verfassungsgerichtshof.

Art. 61 [Anklagen gegen Regierungsmitglieder und Abgeordnete].

(1) Der Verfassungsgerichtshof entscheidet über Anklagen gegen ein Mitglied der Staatsregierung oder des Landtags.

(2) Die Anklage gegen ein Mitglied der Staatsregierung ist darauf gerichtet, daß die Verfassung oder ein Gesetz von ihm vorsätzlich verletzt worden ist.

(3) Die Anklage gegen ein Mitglied des Landtags ist darauf gerichtet, daß es in gewinnsüchtiger Absicht seinen Einfluß oder sein Wissen als Mitglied des Vertretungskörpers in einer das Ansehen der Volksvertretung gröblich gefährdenden Weise mißbraucht hat oder daß es vorsätzlich Mitteilungen, deren Geheimhaltung in einer Sitzung des Landtags oder einer seiner Ausschüsse beschlossen worden ist, in der Voraussicht, daß sie öffentlich bekannt werden, einem anderen zur Kenntnis gebracht hat.

(4) [1]Die Erhebung der Anklage erfolgt durch den Landtag auf Antrag von einem Drittel der gesetzlichen Mitgliederzahl und bedarf einer Zweidrittelmehrheit dieser Zahl. [2]Jedes Mitglied der Staatsregierung oder des Landtags kann Antrag gegen sich selbst stellen.

Art. 62 [Ausschluß von Wählergruppen]. Der Verfassungsgerichtshof entscheidet über den Ausschluß von Wählergruppen von Wahlen und Abstimmungen (Art. 15 Abs. 2).

Art. 63 [Wahlstreitigkeiten]. Der Verfassungsgerichtshof entscheidet über die Gültigkeit der Wahl der Mitglieder des Landtags und den Verlust der Mitgliedschaft zum Landtag (Art. 33).

Art. 64 [Organstreitigkeiten]. Der Verfassungsgerichtshof entscheidet über Verfassungsstreitigkeiten zwischen den obersten Staatsorganen oder in der Verfassung mit eigenen Rechten ausgestatteten Teilen eines obersten Staatsorgans.

Art. 65 [Normenkontrolle]. Der Verfassungsgerichtshof entscheidet über die Verfassungsmäßigkeit von Gesetzen (Art. 92).

Art. 66 [Verfassungsbeschwerde]. Der Verfassungsgerichtshof entscheidet über Beschwerden wegen Verletzung der verfassungsmäßigen Rechte durch eine Behörde (Art. 48 Abs. 3, Art. 120).

Art. 67 [Sonderzuweisungen]. Der Verfassungsgerichtshof entscheidet ferner in den besonderen ihm durch Gesetz zugewiesenen Fällen.

Art. 68 [Bildung. Zusammensetzung]. (1) Der Verfassungsgerichtshof wird beim Oberlandesgericht in München gebildet.

(2) Der Gerichtshof setzt sich zusammen:

a) in den in Art. 61 geregelten Fällen aus einem der Präsidenten der Bayerischen Oberlandesgerichte, acht Berufsrichtern, von denen drei dem Verwaltungsgerichtshof angehören, sowie zehn weiteren Mitgliedern, welche vom Landtag gewählt werden;

b) in den Fällen des Art. 65 aus dem Präsidenten und acht Berufsrichtern, von denen drei dem Verwaltungsgerichtshof angehören;

c) in den übrigen Fällen aus dem Präsidenten, drei Berufsrichtern, von denen zwei dem Verwaltungsgerichtshof angehören, und fünf vom Landtag gewählten Mitgliedern.

(3) [1]Der Präsident und die Berufsrichter werden vom Landtag gewählt. [2]Sie können nicht Mitglieder des Landtags sein.

Art. 69 [Gesetz über den Verfassungsgerichtshof]. Die weiteren Bestimmungen über die Organisation des Gerichtshofs und über das Verfahren vor ihm sowie über die Vollstreckung seiner Urteile werden durch Gesetz geregelt.

6. Abschnitt

Die Gesetzgebung

Art. 70 [Formelle Gesetze]. (1) Die für alle verbindlichen Gebote und Verbote bedürfen der Gesetzesform.

(2) Auch der Staatshaushalt muß vom Landtag durch formelles Gesetz festgestellt werden.

(3) Das Recht der Gesetzgebung kann vom Landtag nicht übertragen werden, auch nicht auf seine Ausschüsse.

(4) [1]Über Angelegenheiten der Europäischen Union hat die Staatsregierung den Landtag zu unterrichten. [2]Ist das Recht der Gesetzgebung durch die Übertragung von Hoheitsrechten auf die Europäische Union betroffen, kann die Staatsregierung in ihren verfassungsmäßigen Aufgaben durch Gesetz gebunden werden. [3]Ist das Recht der Gesetzgebung durch ein Vorhaben der Europäi-

schen Union betroffen, hat die Staatsregierung bei ihren verfassungsmäßigen Aufgaben die Stellungnahmen des Landtags maßgeblich zu berücksichtigen. [4]Das Nähere regelt ein Gesetz.

Art. 71 [Gesetzesinitiative]. Die Gesetzesvorlagen werden vom Ministerpräsidenten namens der Staatsregierung, aus der Mitte des Landtags, oder vom Volk (Volksbegehren) eingebracht.

Art. 72 [Gesetzesbeschlüsse. Staatsverträge]. (1) Die Gesetze werden vom Landtag oder vom Volk (Volksentscheid) beschlossen.

(2) Staatsverträge werden vom Ministerpräsidenten nach vorheriger Zustimmung des Landtags abgeschlossen.

Art. 73 [Über Staatshaushalt kein Volksentscheid]. Über den Staatshaushalt findet kein Volksentscheid statt.

Art. 74 [Volksbegehren und Volksentscheid]. (1) Ein Volksentscheid ist herbeizuführen, wenn ein Zehntel der stimmberechtigten Staatsbürger das Begehren nach Schaffung eines Gesetzes stellt.*

(2) Dem Volksbegehren muß ein ausgearbeiteter und mit Gründen versehener Gesetzentwurf zugrundeliegen.

(3) Das Volksbegehren ist vom Ministerpräsidenten namens der Staatsregierung unter Darlegung ihrer Stellungnahme dem Landtag zu unterbreiten.

(4) Wenn der Landtag das Volksbegehren ablehnt, kann er dem Volk einen eigenen Gesetzentwurf zur Entscheidung mit vorlegen.

(5) [1]Rechtsgültige Volksbegehren sind von der Volksvertretung binnen drei Monaten nach Unterbreitung zu behandeln und binnen weiterer drei Monate dem Volk zur Entscheidung vorzulegen. [2]Der Ablauf dieser Fristen wird durch die Auflösung des Landtags gehemmt.

(6) Die Volksentscheide über Volksbegehren finden gewöhnlich im Frühjahr oder Herbst statt.

(7) Jeder dem Volk zur Entscheidung vorgelegte Gesetzentwurf ist mit einer Weisung der Staatsregierung zu begleiten, die bündig und sachlich sowohl die Begründung der Antragsteller wie die Auffassung der Staatsregierung über den Gegenstand darlegen soll.

Art. 75 [Verfassungsänderung]. (1) [1]Die Verfassung kann nur im Wege der Gesetzgebung geändert werden. [2]Anträge auf Verfassungsänderungen, die den demokratischen Grundgedanken der Verfassung widersprechen, sind unzulässig.

---

* *Siehe dazu die Entscheidung des Bayerischen Verfassungsgerichtshofs vom 17. September 1999, Vf. 12-III-98 u.a., GVBl. S. 442; amtliche Leitsätze im Anhang an die BV abgedruckt.*

(2) [1]Beschlüsse des Landtags auf Änderung der Verfassung bedürfen einer Zweidrittelmehrheit der Mitgliederzahl. [2]Sie müssen dem Volk zur Entscheidung vorgelegt werden.

(3) Meinungsverschiedenheiten darüber, ob durch ein Gesetz die Verfassung geändert wird oder ob ein Antrag auf unzulässige Verfassungsänderung vorliegt, entscheidet der Bayerische Verfassungsgerichtshof.

(4) Änderungen der Verfassung sind im Text der Verfassung oder in einem Anhang aufzunehmen.

Art. 76 [Ausfertigung und Verkündung. Inkrafttreten]. (1) Die verfassungsmäßig zustandegekommenen Gesetze werden vom Ministerpräsidenten ausgefertigt und auf seine Anordnung binnen Wochenfrist im Bayerischen Gesetz- und Verordnungsblatt bekanntgemacht.

(2) In jedem Gesetz muß der Tag bestimmt sein, an dem es in Kraft tritt.

7. Abschnitt

Die Verwaltung

Art. 77 [Verwaltungsorganisation]. (1) [1]Die Organisation der allgemeinen Staatsverwaltung, die Regelung der Zuständigkeiten und der Art der Bestellung der staatlichen Organe erfolgen durch Gesetz. [2]Die Einrichtung der Behörden im einzelnen obliegt der Staatsregierung und auf Grund der von ihr erteilten Ermächtigung den einzelnen Staatsministerien.

(2) Für die Organisation der Behörden und die Regelung ihres Verfahrens hat als Richtschnur zu dienen, daß unter Wahrung der notwendigen Einheitlichkeit der Verwaltung alle entbehrliche Zentralisation vermieden, die Entschlußkraft und die Selbstverantwortung der Organe gehoben wird und die Rechte der Einzelperson genügend gewahrt werden.

Art. 78 [Haushaltsplan]. (1) Alle Einnahmen und Ausgaben des Staates müssen für jedes Jahr veranschlagt und in den Haushaltsplan eingestellt werden.

(2) Ausgaben, die zur Deckung der Kosten bestehender bereits bewilligter Einrichtungen und zur Erfüllung rechtlicher Verpflichtungen des Staates erforderlich sind, müssen in den Haushaltsplan eingestellt werden.

(3) Der Haushaltsplan wird vor Beginn des Rechnungsjahres durch Gesetz festgestellt.

(4) Wird der Staatshaushalt im Landtag nicht rechtzeitig verabschiedet, so führt die Staatsregierung den Haushalt zunächst nach dem Haushaltsplan des Vorjahres weiter.

(5) [1]Beschlüsse des Landtags, welche die im Entwurf des Haushaltsplans eingesetzten Ausgaben erhöhen, sind auf Verlangen der Staatsregierung noch

einmal zu beraten. [2]Diese Beratung darf ohne Zustimmung der Staatsregierung nicht vor Ablauf von 14 Tagen stattfinden.

(6) Die Ausgaben werden in der Regel für ein Jahr, in besonderen Fällen auch für eine längere Dauer bewilligt.

Art. 79 [Deckungsgrundsatz]. Eine Angelegenheit, welche Ausgaben verursacht, für die im festgesetzten Haushaltsplan kein entsprechender Betrag eingestellt ist, darf seitens des Landtags nur in Beratung gezogen und beschlossen werden, wenn gleichzeitig für die notwendige Deckung gesorgt wird.

Art. 80 [Rechnungslegung. Rechnungshof]. (1) [1]Über die Verwendung aller Staatseinnahmen legt der Staatsminister der Finanzen im folgenden Rechnungsjahr zur Entlastung der Staatsregierung dem Landtag Rechnung. [2]Die Rechnungsprüfung erfolgt durch einen mit richterlicher Unabhängigkeit ausgestatteten Rechnungshof.

(2) [1]Der Landtag wählt auf Vorschlag der Staatsregierung den Präsidenten des Rechnungshofs. [2]Die Wahldauer beträgt 12 Jahre. [3]Wiederwahl ist ausgeschlossen. [4]Er kann ohne seine Zustimmung vor Ablauf seiner Amtszeit nur abberufen werden, wenn eine entsprechende Anwendung der Vorschriften über die Amtsenthebung von Richtern auf Lebenszeit dies rechtfertigt. [5]Die Durchführung eines Amtsenthebungsverfahrens bedarf der Zustimmung des Landtags mit Zweidrittelmehrheit seiner Mitgliederzahl.

(3) Das Nähere wird durch Gesetz geregelt.

Art. 81 [Grundstockvermögen]. [1]Das Grundstockvermögen des Staates darf in seinem Wertbestand nur auf Grund eines Gesetzes verringert werden. [2]Der Erlös aus der Veräußerung von Bestandteilen des Grundstockvermögens ist zu Neuerwerbungen für dieses Vermögen zu verwenden.

Art. 82 [Kredite, Schuldenbremse]. (1) Der Haushalt ist grundsätzlich ohne Nettokreditaufnahme auszugleichen.

(2) [1]Bei einer von der Normallage abweichenden konjunkturellen Entwicklung kann von Abs. 1 abgewichen werden. [2]In diesem Fall sind die Auswirkungen auf den Haushalt im Auf- und Abschwung symmetrisch zu berücksichtigen.

(3) [1]Bei Naturkatastrophen oder außergewöhnlichen Notsituationen, die sich der Kontrolle des Staates entziehen und die staatliche Finanzlage erheblich beeinträchtigen, kann von Abs. 1 abgewichen werden. [2]Hierfür ist eine entsprechende Tilgungsregelung vorzusehen. [3]Die Kredite sind binnen eines angemessenen Zeitraums zurückzuführen.

(4) Die Aufnahme von Krediten sowie die Übernahme von Bürgschaften, Garantien oder sonstigen Gewährleistungen, die zu Ausgaben in künftigen Rechnungsjahren führen können, bedürfen einer der Höhe nach bestimmten oder bestimmbaren Ermächtigung durch Gesetz.

(5) Das Nähere bestimmt ein Gesetz.

Art. 83 [Wirkungskreis der Gemeinden]. (1) In den eigenen Wirkungskreis der Gemeinden (Art. 11 Abs. 2) fallen insbesonders die Verwaltung des Gemeindevermögens und der Gemeindebetriebe; der örtliche Verkehr nebst Straßen- und Wegebau; die Versorgung der Bevölkerung mit Wasser, Licht, Gas und elektrischer Kraft; Einrichtungen zur Sicherung der Ernährung; Ortsplanung, Wohnungsbau und Wohnungsaufsicht; örtliche Polizei, Feuerschutz; örtliche Kulturpflege; Volks- und Berufsschulwesen und Erwachsenenbildung; Vormundschaftswesen und Wohlfahrtspflege; örtliches Gesundheitswesen; Ehe- und Mütterberatung sowie Säuglingspflege; Schulhygiene und körperliche Ertüchtigung der Jugend; öffentliche Bäder; Totenbestattung; Erhaltung ortsgeschichtlicher Denkmäler und Bauten.

(2) [1]Die Gemeinden sind verpflichtet, einen Haushaltsplan aufzustellen. [2]Sie haben das Recht, ihren Bedarf durch öffentliche Abgaben zu decken. [3]Der Staat gewährleistet den Gemeinden im Rahmen seiner finanziellen Leistungsfähigkeit eine angemessene Finanzausstattung.

(3) [1]Überträgt der Staat den Gemeinden Aufgaben, verpflichtet er sie zur Erfüllung von Aufgaben im eigenen Wirkungskreis oder stellt er besondere Anforderungen an die Erfüllung bestehender oder neuer Aufgaben, hat er gleichzeitig Bestimmungen über die Deckung der Kosten zu treffen. [2]Führt die Wahrnehmung dieser Aufgaben zu einer Mehrbelastung der Gemeinden, ist ein entsprechender finanzieller Ausgleich zu schaffen.

(4) [1]Die Gemeinden unterstehen der Aufsicht der Staatsbehörden. [2]In den Angelegenheiten des eigenen Wirkungskreises der Gemeinden wacht der Staat nur über die Erfüllung der gesetzlichen Pflichten und die Einhaltung der gesetzlichen Vorschriften durch die Gemeinden. [3]In den Angelegenheiten des übertragenen Wirkungskreises sind die Gemeinden überdies an die Weisungen der übergeordneten Staatsbehörden gebunden. [4]Der Staat schützt die Gemeinden bei Durchführung ihrer Aufgaben.

(5) Verwaltungsstreitigkeiten zwischen den Gemeinden und dem Staate werden von den Verwaltungsgerichten entschieden.

(6) Die Bestimmungen der Abs. 2 mit 5 gelten auch für die Gemeindeverbände.

(7) [1]Die kommunalen Spitzenverbände sollen rechtzeitig gehört werden, bevor durch Gesetz oder Rechtsverordnung Angelegenheiten geregelt werden, welche die Gemeinden oder die Gemeindeverbände berühren. [2]Die Staatsregierung vereinbart zur Umsetzung des Konnexitätsprinzips (Abs. 3) ein Konsultationsverfahren mit den kommunalen Spitzenverbänden.

8. Abschnitt

Die Rechtspflege

Art. 84 [Völkerrecht]. Die allgemein anerkannten Grundsätze des Völkerrechts gelten als Bestandteil des einheimischen Rechts.

Art. 85 [Sachliche Unabhängigkeit der Richter]. Die Richter sind nur dem Gesetz unterworfen.

Art. 86 [Ausnahmegerichte, gesetzlicher Richter. Gerichte für besondere Sachgebiete]. (1) [1]Ausnahmegerichte sind unstatthaft. [2]Niemand darf seinem gesetzlichen Richter entzogen werden.

(2) Gerichte für besondere Sachgebiete sind nur kraft gesetzlicher Bestimmung zulässig.

Art. 87 [Persönliche Unabhängigkeit der Richter]. (1) [1]Die Richter können gegen ihren Willen nur kraft richterlicher Entscheidung und nur aus Gründen und unter den Formen, die gesetzlich bestimmt sind, dauernd oder zeitweise ihres Amtes enthoben oder an eine andere Stelle oder in den Ruhestand versetzt werden. [2]Die gesetzliche Bestimmung einer Altersgrenze ist zulässig.

(2) Die Richter der ordentlichen Gerichtsbarkeit werden auf Lebenszeit ernannt.

Art. 88 [Laienrichter]. [1]An der Rechtspflege sollen Männer und Frauen aus dem Volke mitwirken. [2]Ihre Zuziehung und die Art ihrer Auswahl wird durch Gesetz geregelt.

Art. 89 [Staatsanwälte]. Die öffentlichen Ankläger vor den Strafgerichten sind an die Weisungen ihrer vorgesetzten Behörde gebunden.

Art. 90 [Öffentlichkeitsgrundsatz]. [1]Die Verhandlungen vor allen Gerichten sind öffentlich. [2]Bei Gefährdung der Staatssicherheit oder der öffentlichen Sittlichkeit kann die Öffentlichkeit durch Gerichtsbeschluß ausgeschlossen werden.

Art. 91 [Rechtliches Gehör. Strafverteidiger]. (1) Vor Gericht hat jedermann Anspruch auf rechtliches Gehör.

(2) Jeder wegen einer strafbaren Handlung Angeklagte kann sich eines Verteidigers bedienen.

Art. 92 [Richtervorlage]. Hält der Richter ein Gesetz für verfassungswidrig, so hat er die Entscheidung des Verfassungsgerichtshofs herbeizuführen.

Art. 93 [Verwaltungsgerichte]. Verwaltungsrechtliche Streitigkeiten entscheiden die Verwaltungsgerichte.

9. Abschnitt

Die Beamten

Art. 94 [Wahl oder Ernennung. Leistungsprinzip]. (1) Die Beamten des Staates, der Gemeinden und Gemeindeverbände werden nach Maßgabe der Gesetze vom Volk gewählt oder von den zuständigen Behörden ernannt.

(2) [1]Die öffentlichen Ämter stehen allen wahlberechtigten Staatsbürgern nach ihrer charakterlichen Eignung, nach ihrer Befähigung und ihren Leistungen offen, die, soweit möglich, durch Prüfungen im Wege des Wettbewerbs festgestellt werden. [2]Für die Beförderung des Beamten gelten dieselben Grundsätze.

Art. 95 [Beamtenrechte]. (1) [1]Die Grundlagen des Beamtenverhältnisses werden durch Gesetz geregelt. [2]Das Berufsbeamtentum wird grundsätzlich aufrechterhalten.

(2) Den Beamten steht für die Verfolgung ihrer vermögensrechtlichen Ansprüche der ordentliche Rechtsweg offen.

(3) Gegen jedes dienstliche Straferkenntnis muß der Beschwerdeweg und ein Wiederaufnahmeverfahren offenstehen.

(4) [1]In die Nachweise über die Person des Beamten dürfen ungünstige Tatsachen erst eingetragen werden, wenn der Beamte Gelegenheit gehabt hat, sich über sie zu äußern. [2]Die Äußerung des Beamten ist in den Personalnachweis mitaufzunehmen.

(5) Jeder Beamte hat das Recht, seine sämtlichen Personalnachweise jederzeit einzusehen.

Art. 96 [Unparteilichkeit, Verfassungstreue]. [1]Die Beamten sind Diener des ganzen Volkes, nicht einer einzelnen Partei. [2]Der Beamte hat sich jederzeit zum demokratisch-konstitutionellen Staat zu bekennen und zu ihm innerhalb und außerhalb des Dienstes zu stehen.

Art. 97 [Amtshaftung]. [1]Verletzt ein Beamter in Ausübung der ihm anvertrauten öffentlichen Gewalt schuldhaft die ihm einem anderen gegenüber obliegende Amtspflicht, so haftet für die Folgen der Staat oder diejenige öffentliche Körperschaft, in deren Diensten der Beamte steht. [2]Der Rückgriff gegen den Beamten bleibt vorbehalten. [3]Der ordentliche Rechtsweg darf nicht ausgeschlossen werden.

ZWEITER HAUPTTEIL

Grundrechte und Grundpflichten

Art. 98 [Grundrechtseinschränkungen, Popularklage]. [1]Die durch die Verfassung gewährleisteten Grundrechte dürfen grundsätzlich nicht eingeschränkt werden. [2]Einschränkungen durch Gesetz sind nur zulässig, wenn die öffentliche Sicherheit, Sittlichkeit, Gesundheit und Wohlfahrt es zwingend erfordern. [3]Sonstige Einschränkungen sind nur unter den Voraussetzungen des Art. 48 zulässig. [4]Der Verfassungsgerichtshof hat Gesetze und Verordnungen für nichtig zu erklären, die ein Grundrecht verfassungswidrig einschränken.

Art. 99 [Schutz]. [1]Die Verfassung dient dem Schutz und dem geistigen und leiblichen Wohl aller Einwohner. [2]Ihr Schutz gegen Angriffe von außen ist gewährleistet durch das Völkerrecht, nach innen durch die Gesetze, die Rechtspflege und die Polizei.

Art. 100 [Menschenwürde]. [1]Die Würde des Menschen ist unantastbar. [2]Sie zu achten und zu schützen ist Verpflichtung aller staatlichen Gewalt.

Art. 101 [Entfaltung der Persönlichkeit]. Jedermann hat die Freiheit, innerhalb der Schranken der Gesetze und der guten Sitten alles zu tun, was anderen nicht schadet.

Art. 102 [Freiheit der Person. Rechtsgarantien bei Freiheitsentziehung].

(1) Die Freiheit der Person ist unverletzlich.

(2) [1]Jeder von der öffentlichen Gewalt Festgenommene ist spätestens am Tage nach der Festnahme dem zuständigen Richter vorzuführen. [2]Dieser hat dem Festgenommenen mitzuteilen, von welcher Behörde und aus welchen Gründen die Festnahme verfügt worden ist, und ihm Gelegenheit zu geben, Einwendungen gegen die Festnahme zu erheben. [3]Er hat gegen den Festgenommenen entweder Haftbefehl zu erlassen oder ihn unverzüglich in Freiheit zu setzen.

Art. 103 [Eigentum und Erbrecht]. (1) Eigentumsrecht und Erbrecht werden gewährleistet.

(2) Eigentumsordnung und Eigentumsgebrauch haben auch dem Gemeinwohl zu dienen.

Art. 104 [Keine Strafe ohne Gesetz. Verbot der Doppelbestrafung].

(1) Eine Handlung kann nur dann mit Strafe belegt werden, wenn die Strafbarkeit gesetzlich bestimmt war, bevor die Handlung begangen wurde.

(2) Niemand darf wegen derselben Tat zweimal gerichtlich bestraft werden.

Art. 105 [Asylrecht]. Ausländer, die unter Nichtbeachtung der in dieser Verfassung niedergelegten Grundrechte im Ausland verfolgt werden und nach Bayern geflüchtet sind, dürfen nicht ausgeliefert und ausgewiesen werden.

Art. 106 [Wohnung]. (1) Jeder Bewohner Bayerns hat Anspruch auf eine angemessene Wohnung.

(2) Die Förderung des Baues billiger Volkswohnungen ist Aufgabe des Staates und der Gemeinden.

(3) Die Wohnung ist für jedermann eine Freistätte und unverletzlich.

Art. 107 [Glaubens- und Gewissensfreiheit]. (1) Die Glaubens- und Gewissensfreiheit ist gewährleistet.

(2) Die ungestörte Religionsausübung steht unter staatlichem Schutz.

(3) [1]Durch das religiöse Bekenntnis wird der Genuß der bürgerlichen und staatsbürgerlichen Rechte weder bedingt noch beschränkt. [2]Den staatsbürgerlichen Pflichten darf es keinen Abbruch tun.

(4) Die Zulassung zu den öffentlichen Ämtern ist von dem religiösen Bekenntnis unabhängig.

(5) [1]Niemand ist verpflichtet, seine religiöse Überzeugung zu offenbaren. [2]Die Behörden haben nur soweit das Recht, nach der Zugehörigkeit zu einer Religionsgemeinschaft zu fragen, als davon Rechte und Pflichten abhängen oder eine gesetzlich angeordnete statistische Erhebung dies erfordert.

(6) Niemand darf zu einer kirchlichen Handlung oder zur Teilnahme an religiösen Übungen oder Feierlichkeiten oder zur Benutzung einer religiösen Eidesformel gezwungen werden.

Art. 108 [Kunst-, Wissenschaftsfreiheit]. Die Kunst, die Wissenschaft und ihre Lehre sind frei.

Art. 109 [Freizügigkeit]. (1) [1]Alle Bewohner Bayerns genießen volle Freizügigkeit. [2]Sie haben das Recht, sich an jedem beliebigen Ort aufzuhalten und niederzulassen, Grundstücke zu erwerben und jeden Erwerbszweig zu betreiben.

(2) Alle Bewohner Bayerns sind berechtigt, nach außerdeutschen Ländern auszuwandern.

Art. 110 [Meinungsfreiheit]. (1) [1]Jeder Bewohner Bayerns hat das Recht, seine Meinung durch Wort, Schrift, Druck, Bild oder in sonstiger Weise frei zu äußern. [2]An diesem Recht darf ihn kein Arbeits- und Anstellungsvertrag hindern und niemand darf ihn benachteiligen, wenn er von diesem Recht Gebrauch macht.

(2) Die Bekämpfung von Schmutz und Schund ist Aufgabe des Staates und der Gemeinden.

Art. 111 [Pressefreiheit]. (1) Die Presse hat die Aufgabe, im Dienst des demokratischen Gedankens über Vorgänge, Zustände und Einrichtungen und Persönlichkeiten des öffentlichen Lebens wahrheitsgemäß zu berichten.

(2) [1]Vorzensur ist verboten. [2]Gegen polizeiliche Verfügungen, welche die Pressefreiheit berühren, kann gerichtliche Entscheidung verlangt werden.

Art. 111a [Rundfunkfreiheit]. (1) [1]Die Freiheit des Rundfunks wird gewährleistet. [2]Der Rundfunk dient der Information durch wahrheitsgemäße, umfassende und unparteiische Berichterstattung sowie durch die Verbreitung von Meinungen. [3]Er trägt zur Bildung und Unterhaltung bei. [4]Der Rundfunk hat die freiheitliche demokratische Grundordnung, die Menschenwürde, religiöse und weltanschauliche Überzeugungen zu achten. [5]Die Verherrlichung von Gewalt sowie Darbietungen, die das allgemeine Sittlichkeitsgefühl grob verletzen, sind unzulässig. [6]Meinungsfreiheit, Sachlichkeit, gegenseitige Achtung, Schutz vor Verunglimpfung sowie die Ausgewogenheit des Gesamtprogramms sind zu gewährleisten.

(2) [1]Rundfunk wird in öffentlicher Verantwortung und in öffentlich-rechtlicher Trägerschaft betrieben. [2]An der Kontrolle des Rundfunks sind die in Betracht kommenden bedeutsamen politischen, weltanschaulichen und gesellschaftlichen Gruppen angemessen zu beteiligen. [3]Der Anteil der von der Staatsregierung, dem Landtag und dem Senat* in die Kontrollorgane entsandten Vertreter darf ein Drittel nicht übersteigen. [4]Die weltanschaulichen und gesellschaftlichen Gruppen wählen oder berufen ihre Vertreter selbst.

(3) Das Nähere regelt ein Gesetz.

Art. 112 [Post-, Fernmeldegeheimnis. Informationsfreiheit]. (1) Das Brief-, Post-, Telegraphen- und Fernsprechgeheimnis ist unverletzlich.

(2) Beschränkungen des Rundfunkempfanges sowie des Bezuges von Druck-Erzeugnissen sind unzulässig.

Art. 113 [Versammlungsfreiheit]. Alle Bewohner Bayerns haben das Recht, sich ohne Anmeldung oder besondere Erlaubnis friedlich und unbewaffnet zu versammeln.

Art. 114 [Vereinigungsfreiheit]. (1) Alle Bewohner Bayerns haben das Recht, Vereine und Gesellschaften zu bilden.

(2) Vereine und Gesellschaften, die rechts- oder sittenwidrige Zwecke verfolgen oder solche Mittel gebrauchen oder die darauf ausgehen, die staatsbürgerlichen Freiheiten zu vernichten oder gegen Volk, Staat oder Verfassung Gewalt anzuwenden, können verboten werden.

(3) Der Erwerb der Rechtsfähigkeit steht jedem Verein gemäß den Vorschriften des bürgerlichen Rechts frei.

Art. 115 [Petitionsrecht]. (1) Alle Bewohner Bayerns haben das Recht, sich schriftlich mit Bitten oder Beschwerden an die zuständigen Behörden oder an den Landtag zu wenden.

(2) Die Rechte des Landtags zur Überprüfung von Beschwerden werden durch Gesetz geregelt.

---

* *Die durch Gesetz zur Abschaffung des Bayerischen Senates vom 20. Februar 1998 (GVBl. S. 42) gebotene Anpassung von Art. 111a Abs. 2 Satz 3 BV ist bislang nicht erfolgt.*

Art. 116 [Zugang zu öffentlichen Ämtern]. Alle Staatsangehörigen ohne Unterschied sind entsprechend ihrer Befähigung und ihren Leistungen zu den öffentlichen Ämtern zuzulassen.

Art. 117 [Treuepflicht]. [1]Der ungestörte Genuß der Freiheit für jedermann hängt davon ab, daß alle ihre Treuepflicht gegenüber Volk und Verfassung, Staat und Gesetzen erfüllen. [2]Alle haben die Verfassung und die Gesetze zu achten und zu befolgen, an den öffentlichen Angelegenheiten Anteil zu nehmen und ihre körperlichen und geistigen Kräfte so zu betätigen, wie es das Wohl der Gesamtheit erfordert.

Art. 118 [Gleichheitssatz]. (1) [1]Vor dem Gesetz sind alle gleich. [2]Die Gesetze verpflichten jeden in gleicher Weise und jeder genießt auf gleiche Weise den Schutz der Gesetze.

(2) [1]Frauen und Männer sind gleichberechtigt. [2]Der Staat fördert die tatsächliche Durchsetzung der Gleichberechtigung von Frauen und Männern und wirkt auf die Beseitigung bestehender Nachteile hin.

(3) [1]Alle öffentlich-rechtlichen Vorrechte und Nachteile der Geburt oder des Standes sind aufgehoben. [2]Adelsbezeichnungen gelten nur als Bestandteil des Namens; sie dürfen nicht mehr verliehen und können durch Adoption nicht mehr erworben werden.

(4) [1]Titel dürfen nur verliehen werden, wenn sie mit einem Amt oder einem Beruf in Verbindung stehen. [2]Sie sollen außerhalb des Amtes oder Berufs nicht geführt werden. [3]Akademische Grade fallen nicht unter dieses Verbot.

(5) Orden und Ehrenzeichen dürfen vom Staat nur nach Maßgabe der Gesetze verliehen werden.

Art. 118a [Verbot der Benachteiligung Behinderter]. [1]Menschen mit Behinderungen dürfen nicht benachteiligt werden. [2]Der Staat setzt sich für gleichwertige Lebensbedingungen von Menschen mit und ohne Behinderung ein.

Art. 119 [Rassen- und Völkerhaß]. Rassen- und Völkerhaß zu entfachen ist verboten und strafbar.

Art. 120 [Verfassungsbeschwerde]. Jeder Bewohner Bayerns, der sich durch eine Behörde in seinen verfassungsmäßigen Rechten verletzt fühlt, kann den Schutz des Bayerischen Verfassungsgerichtshofes anrufen.

Art. 121 [Ehrenämter]. [1]Alle Bewohner Bayerns sind zur Übernahme von Ehrenämtern, insbesondere als Vormund, Waisenrat, Jugendpfleger, Schöffe und Geschworener verpflichtet. [2]Staat und Gemeinden fördern den ehrenamtlichen Einsatz für das Gemeinwohl. [3]Das Nähere bestimmen die Gesetze.

Art. 122 [Hilfspflicht]. Bei Unglücksfällen, Notständen und Naturkatastrophen und im nachbarlichen Verkehr sind alle nach Maßgabe der Gesetze zur gegenseitigen Hilfe verpflichtet.

Art. 123 [Steuerwesen]. (1) Alle sind im Verhältnis ihres Einkommens und Vermögens und unter Berücksichtigung ihrer Unterhaltspflicht zu den öffentlichen Lasten heranzuziehen.

(2) Verbrauchssteuern und Besitzsteuern müssen zueinander in einem angemessenen Verhältnis stehen.

(3) [1]Die Erbschaftssteuer dient auch dem Zwecke, die Ansammlung von Riesenvermögen in den Händen einzelner zu verhindern. [2]Sie ist nach dem Verwandtschaftsverhältnis zu staffeln.

DRITTER HAUPTTEIL

Das Gemeinschaftsleben

1. Abschnitt

Ehe, Familie und Kinder

Art. 124 [Ehe und Familie]. (1) Ehe und Familie sind die natürliche und sittliche Grundlage der menschlichen Gemeinschaft und stehen unter dem besonderen Schutz des Staates.

(2) Mann und Frau haben in der Ehe grundsätzlich die gleichen bürgerlichen Rechte und Pflichten.

Art. 125 [Kinder. Schutz der Familie]. (1) [1]Kinder sind das köstlichste Gut eines Volkes. [2]Sie haben Anspruch auf Entwicklung zu selbstbestimmungsfähigen und verantwortungsfähigen Persönlichkeiten. [3]Jede Mutter hat Anspruch auf den Schutz und die Fürsorge des Staates.

(2) Die Reinhaltung, Gesundung und soziale Förderung der Familie ist gemeinsame Aufgabe des Staates und der Gemeinden.

(3) Kinderreiche Familien haben Anspruch auf angemessene Fürsorge, insbesondere auf gesunde Wohnungen.

Art. 126 [Erziehung]. (1) [1]Die Eltern haben das natürliche Recht und die oberste Pflicht, ihre Kinder zur leiblichen, geistigen und seelischen Tüchtigkeit zu erziehen. [2]Sie sind darin durch Staat und Gemeinden zu unterstützen. [3]In persönlichen Erziehungsfragen gibt der Wille der Eltern den Ausschlag.

(2) Uneheliche Kinder haben den gleichen Anspruch auf Förderung wie eheliche Kinder.

(3) [1]Kinder und Jugendliche sind durch staatliche und gemeindliche Maßnahmen und Einrichtungen gegen Ausbeutung sowie gegen sittliche, geistige und körperliche Verwahrlosung und gegen Misshandlung zu schützen. [2]Fürsorgeerziehung ist nur auf gesetzlicher Grundlage zulässig.

Art. 127 [Erziehungseinfluß der Religionsgemeinschaften]. Das eigene Recht der Religionsgemeinschaften und staatlich anerkannten weltanschaulichen Gemeinschaften auf einen angemessenen Einfluß bei der Erziehung der Kinder ihres Bekenntnisses oder ihrer Weltanschauung wird unbeschadet des Erziehungsrechtes der Eltern gewährleistet.

2. Abschnitt

Bildung und Schule, Schutz der natürlichen Lebensgrundlagen und der kulturellen Überlieferung

Art. 128 [Ausbildungsanspruch]. (1) Jeder Bewohner Bayerns hat Anspruch darauf, eine seinen erkennbaren Fähigkeiten und seiner inneren Berufung entsprechende Ausbildung zu erhalten.

(2) Begabten ist der Besuch von Schulen und Hochschulen, nötigenfalls aus öffentlichen Mitteln zu ermöglichen.

Art. 129 [Schulpflicht]. (1) Alle Kinder sind zum Besuch der Volksschule und der Berufsschule verpflichtet.

(2) Der Unterricht an diesen Schulen ist unentgeltlich.

Art. 130 [Schulaufsicht]. (1) Das gesamte Schul- und Bildungswesen steht unter der Aufsicht des Staates, er kann daran die Gemeinden beteiligen.

(2) Die Schulaufsicht wird durch hauptamtlich tätige, fachmännisch vorgebildete Beamte ausgeübt.

Art. 131 [Bildungsziele]. (1) Die Schulen sollen nicht nur Wissen und Können vermitteln, sondern auch Herz und Charakter bilden.

(2) Oberste Bildungsziele sind Ehrfurcht vor Gott, Achtung vor religiöser Überzeugung und vor der Würde des Menschen, Selbstbeherrschung, Verantwortungsgefühl und Verantwortungsfreudigkeit, Hilfsbereitschaft, Aufgeschlossenheit für alles Wahre, Gute und Schöne und Verantwortungsbewußtsein für Natur und Umwelt.

(3) Die Schüler sind im Geiste der Demokratie, in der Liebe zur bayerischen Heimat und zum deutschen Volk und im Sinne der Völkerversöhnung zu erziehen.

(4) Die Mädchen und Buben sind außerdem in der Säuglingspflege, Kindererziehung und Hauswirtschaft besonders zu unterweisen.

Art. 132 [Schulaufbau, Schulwahl]. Für den Aufbau des Schulwesens ist die Mannigfaltigkeit der Lebensberufe, für die Aufnahme eines Kindes in eine bestimmte Schule sind seine Anlagen, seine Neigung, seine Leistung und seine innere Berufung maßgebend, nicht aber die wirtschaftliche und gesellschaftliche Stellung der Eltern.

Art. 133 [Schulorganisation]. (1) [1]Für die Bildung der Jugend ist durch öffentliche Anstalten zu sorgen. [2]Bei ihrer Einrichtung wirken Staat und Gemeinde zusammen. [3]Auch die anerkannten Religionsgemeinschaften und weltanschaulichen Gemeinschaften sind Bildungsträger.

(2) Die Lehrer an öffentlichen Schulen haben grundsätzlich die Rechte und Pflichten der Staatsbeamten.

Art. 134 [Privatschulen]. (1) [1]Privatschulen müssen den an die öffentlichen Schulen gestellten Anforderungen entsprechen. [2]Sie können nur mit Genehmigung des Staates errichtet und betrieben werden.

(2) Die Genehmigung ist zu erteilen, wenn die Schule in ihren Lehrzielen (Art. 131) und Einrichtungen sowie in der wissenschaftlichen Ausbildung ihrer Lehrer nicht hinter den gleichartigen öffentlichen Schulen zurücksteht, wenn die wirtschaftliche und rechtliche Stellung der Lehrer genügend gesichert ist und gegen die Person des Schulleiters keine Bedenken bestehen.

(3) [1]Private Volksschulen dürfen nur unter besonderen Voraussetzungen zugelassen werden. [2]Diese Voraussetzungen liegen insbesonders vor, wenn den Erziehungsberechtigten eine öffentliche Schule ihres Bekenntnisses oder ihrer Weltanschauung nicht zur Verfügung steht.

Art. 135 [Volksschulen]. [1]Die öffentlichen Volksschulen sind gemeinsame Schulen für alle volksschulpflichtigen Kinder. [2]In ihnen werden die Schüler nach den Grundsätzen der christlichen Bekenntnisse unterrichtet und erzogen. [3]Das Nähere bestimmt das Volksschulgesetz.

Art. 136 [Religionsunterricht]. (1) An allen Schulen sind beim Unterricht die religiösen Empfindungen aller zu achten.

(2) [1]Der Religionsunterricht ist ordentliches Lehrfach aller Volksschulen, Berufsschulen, mittleren und höheren Lehranstalten. [2]Er wird erteilt in Übereinstimmung mit den Grundsätzen der betreffenden Religionsgemeinschaft.

(3) Kein Lehrer kann gezwungen oder gehindert werden, Religionsunterricht zu erteilen.

(4) Die Lehrer bedürfen der Bevollmächtigung durch die Religionsgemeinschaften zur Erteilung des Religionsunterrichts.

(5) Die erforderlichen Schulräume sind zur Verfügung zu stellen.

Art. 137 [Teilnahme am Religionsunterricht]. (1) Die Teilnahme am Religionsunterricht und an kirchlichen Handlungen und Feierlichkeiten bleibt der Willenserklärung der Erziehungsberechtigten, vom vollendeten 18. Lebensjahr ab der Willenserklärung der Schüler überlassen.

(2) Für Schüler, die nicht am Religionsunterricht teilnehmen, ist ein Unterricht über die allgemein anerkannten Grundsätze der Sittlichkeit einzurichten.

Art. 138 [Hochschulen. Selbstverwaltungsrecht]. (1) [1]Die Errichtung und Verwaltung der Hochschulen ist Sache des Staates. [2]Eine Ausnahme bilden die kirchlichen Hochschulen (Art. 150 Abs. 1). [3]Weitere Ausnahmen bedürfen staatlicher Genehmigung.

(2) [1]Die Hochschulen haben das Recht der Selbstverwaltung. [2]Die Studierenden sind daran zu beteiligen, soweit es sich um ihre Angelegenheiten handelt.

Art. 139 [Erwachsenenbildung]. Die Erwachsenenbildung ist durch Volkshochschulen und sonstige mit öffentlichen Mitteln unterstützte Einrichtungen zu fördern.

Art. 140 [Kunst-, Wissenschafts-, Kultur- und Sportförderung].
(1) Kunst und Wissenschaft sind von Staat und Gemeinde zu fördern.

(2) Sie haben insbesonders Mittel zur Unterstützung schöpferischer Künstler, Gelehrter und Schriftsteller bereitzustellen, die den Nachweis ernster künstlerischer oder kultureller Tätigkeit erbringen.

(3) Das kulturelle Leben und der Sport sind von Staat und Gemeinden zu fördern.

Art. 141 [Schutz von Natur und Kultur. Recht auf Naturgenuß].
(1) [1]Der Schutz der natürlichen Lebensgrundlagen ist, auch eingedenk der Verantwortung für die kommenden Generationen, der besonderen Fürsorge jedes einzelnen und der staatlichen Gemeinschaft anvertraut. [2]Tiere werden als Lebewesen und Mitgeschöpfe geachtet und geschützt. [3]Mit Naturgütern ist schonend und sparsam umzugehen. [4]Es gehört auch zu den vorrangigen Aufgaben von Staat, Gemeinden und Körperschaften des öffentlichen Rechts,

- Boden, Wasser und Luft als natürliche Lebensgrundlagen zu schützen, eingetretene Schäden möglichst zu beheben oder auszugleichen und auf möglichst sparsamen Umgang mit Energie zu achten,
- die Leistungsfähigkeit des Naturhaushaltes zu erhalten und dauerhaft zu verbessern,
- den Wald wegen seiner besonderen Bedeutung für den Naturhaushalt zu schützen und eingetretene Schäden möglichst zu beheben oder auszugleichen,
- die heimischen Tier- und Pflanzenarten und ihre notwendigen Lebensräume sowie kennzeichnende Orts- und Landschaftsbilder zu schonen und zu erhalten.

(2) Staat, Gemeinden und Körperschaften des öffentlichen Rechts haben die Aufgabe,

- die Denkmäler der Kunst, der Geschichte und der Natur sowie die Landschaft zu schützen und zu pflegen,
- herabgewürdigte Denkmäler der Kunst und der Geschichte möglichst ihrer früheren Bestimmung wieder zuzuführen,
- die Abwanderung deutschen Kunstbesitzes ins Ausland zu verhüten.

(3) [1]Der Genuß der Naturschönheiten und die Erholung in der freien Natur, insbesondere das Betreten von Wald und Bergweide, das Befahren der Gewässer und die Aneignung wildwachsender Waldfrüchte in ortsüblichem Umfang ist jedermann gestattet. [2]Dabei ist jedermann verpflichtet, mit Natur und Landschaft pfleglich umzugehen. [3]Staat und Gemeinde sind berechtigt und verpflichtet, der Allgemeinheit die Zugänge zu Bergen, Seen, Flüssen und sonstigen landschaftlichen Schönheiten freizuhalten und allenfalls durch Einschränkungen des Eigentumsrechtes freizumachen sowie Wanderwege und Erholungsparks anzulegen.

3. Abschnitt

Religion und Religionsgemeinschaften

Art. 142 [Freiheit der Religionsgemeinschaften]. (1) Es besteht keine Staatskirche.

(2) Die Freiheit der Vereinigung zu gemeinsamer Hausandacht, zu öffentlichen Kulthandlungen und Religionsgemeinschaften sowie deren Zusammenschluß innerhalb Bayerns unterliegen im Rahmen der allgemein geltenden Gesetze keinerlei Beschränkung.

(3) [1]Kirchen und anerkannte Religionsgemeinschaften sowie solche weltanschauliche Gemeinschaften, deren Bestrebungen den allgemein geltenden Gesetzen nicht widersprechen, sind von staatlicher Bevormundung frei. [2]Sie ordnen und verwalten ihre Angelegenheiten innerhalb der Schranken der für alle geltenden Gesetze selbständig. [3]Sie verleihen ihre Ämter ohne Mitwirkung des Staates oder der politischen Gemeinde.

Art. 143 [Rechtsfähigkeit. Körperschaften des öffentlichen Rechts. Kirchensteuer]. (1) Die Religionsgemeinschaften und weltanschaulichen Gemeinschaften erwerben die Rechtsfähigkeit nach den Vorschriften des bürgerlichen Rechts.

(2) [1]Kirchen und anerkannte Religionsgemeinschaften bleiben Körperschaften des öffentlichen Rechts, soweit sie es bisher waren. [2]Anderen anerkannten Religionsgemeinschaften sowie solchen weltanschaulichen Gemeinschaften, deren Bestrebungen den allgemein geltenden Gesetzen nicht widersprechen, sind nach einer Bestandszeit von fünf Jahren auf Antrag die gleichen Rechte zu gewähren.

(3) Kirchen und Religionsgemeinschaften sowie weltanschauliche Gemeinschaften, die Körperschaften des öffentlichen Rechts sind, dürfen auf Grund der öffentlichen Steuerlisten Steuern erheben.

Art. 144 [Schutz der Religion und der Geistlichen]. (1) In der Erfüllung ihrer Amtspflichten genießen die Geistlichen den Schutz des Staates.

(2) Jede öffentliche Verächtlichmachung der Religion, ihrer Einrichtungen, der Geistlichen und Ordensleute in ihrer Eigenschaft als Religionsdiener ist verboten und strafbar.

(3) Geistliche können vor Gerichten und anderen Behörden nicht um Auskunft über Tatsachen angehalten werden, die ihnen in ihrer Eigenschaft als Seelsorger anvertraut worden sind.

Art. 145 [Garantie staatlicher und kommunaler Leistungen]. (1) Die auf Gesetz, Vertrag oder anderen Rechtstiteln beruhenden bisherigen Leistungen des Staates oder der politischen Gemeinden an die Religionsgemeinschaften bleiben aufrechterhalten.

(2) Neue freiwillige Leistungen des Staates, der politischen Gemeinden und Gemeindeverbände an eine Religionsgemeinschaft werden durch Zuschläge zu den Staatssteuern und Umlagen der Angehörigen dieser Religionsgemeinschaft aufgebracht.

Art. 146 [Eigentumsgewährleistung]. Das Eigentum und andere Rechte der Religionsgemeinschaften, religiöser Vereine, Orden, Kongregationen, weltanschaulicher Gemeinschaften an ihren für Kultus-, Unterrichts- und Wohltätigkeitszwecke bestimmten Anstalten, Stiftungen und sonstigen Vermögen werden gewährleistet.

Art. 147 [Sonn- und Feiertage]. Die Sonntage und staatlich anerkannten Feiertage bleiben als Tage der seelischen Erhebung und der Arbeitsruhe gesetzlich geschützt.

Art. 148 [Anstaltsseelsorge]. Soweit das Bedürfnis nach Gottesdienst und Seelsorge in Krankenhäusern, Strafanstalten oder sonstigen öffentlichen Anstalten besteht, sind die Religionsgemeinschaften zur Vornahme religiöser Handlungen zuzulassen, wobei jeder Zwang fernzuhalten ist.

Art. 149 [Friedhöfe. Simultangebrauch]. (1) [1]Die Gemeinden haben dafür zu sorgen, daß jeder Verstorbene schicklich beerdigt werden kann. [2]Über die Mitwirkung der Religionsgemeinschaften haben diese selbst zu bestimmen.

(2) In Friedhöfen, die nur für einzelne Religionsgemeinschaften bestimmt sind, ist die Beisetzung Andersgläubiger unter den für sie üblichen Formen und ohne räumliche Absonderung zu gestatten, wenn ein anderer geeigneter Begräbnisplatz nicht vorhanden ist.

(3) Im übrigen bemißt sich der Simultangebrauch der Kirchen und Friedhöfe nach bisherigem Recht, soweit nicht durch Gesetz Abänderungen getroffen werden.

Art. 150 [Theologische Hochschulen. Theologische Fakultäten]. (1) Die Kirchen haben das Recht, ihre Geistlichen auf eigenen kirchlichen Hochschulen auszubilden und fortzubilden.

(2) Die theologischen Fakultäten an den Hochschulen bleiben erhalten.

VIERTER HAUPTTEIL

Wirtschaft und Arbeit

1. Abschnitt

Die Wirtschaftsordnung

Art. 151 [Gemeinwohlbindung. Vertragsfreiheit]. (1) Die gesamte wirtschaftliche Tätigkeit dient dem Gemeinwohl, insbesonders der Gewährleistung eines menschenwürdigen Daseins für alle und der allmählichen Erhöhung der Lebenshaltung aller Volksschichten.

(2) [1]Innerhalb dieser Zwecke gilt Vertragsfreiheit nach Maßgabe der Gesetze. [2]Die Freiheit der Entwicklung persönlicher Entschlußkraft und die Freiheit der selbständigen Betätigung des einzelnen in der Wirtschaft wird grundsätzlich anerkannt. [3]Die wirtschaftliche Freiheit des einzelnen findet ihre Grenze in der Rücksicht auf den Nächsten und auf die sittlichen Forderungen des Gemeinwohls. [4]Gemeinschädliche und unsittliche Rechtsgeschäfte, insbesonders alle wirtschaftlichen Ausbeutungsverträge sind rechtswidrig und nichtig.

Art. 152 [Wirtschaftsüberwachung. Stromversorgung]. [1]Die geordnete Herstellung und Verteilung der wirtschaftlichen Güter zur Deckung des notwendigen Lebensbedarfes der Bevölkerung wird vom Staat überwacht. [2]Ihm obliegt die Sicherstellung der Versorgung des Landes mit elektrischer Kraft.

Art. 153 [Klein-, Mittelstandsbetriebe]. [1]Die selbständigen Kleinbetriebe und Mittelstandsbetriebe in Landwirtschaft, Handwerk, Handel, Gewerbe und Industrie sind in der Gesetzgebung und Verwaltung zu fördern und gegen Überlastung und Aufsaugung zu schützen. [2]Sie sind in ihren Bestrebungen, ihre wirtschaftliche Freiheit und Unabhängigkeit sowie ihre Entwicklung durch genossenschaftliche Selbsthilfe zu sichern, vom Staat zu unterstützen. [3]Der Aufstieg tüchtiger Kräfte aus nichtselbständiger Arbeit zu selbständigen Existenzen ist zu fördern.

Art. 154 [Selbstverwaltungsorgane der Wirtschaft]. [1]Die auf demokratischer Grundlage aus den Kreisen der Berufsverbände gewählten Selbstverwaltungsorgane der Wirtschaft nehmen an den wirtschaftlichen Gestaltungsaufgaben teil. [2]Das Nähere bestimmt ein Gesetz.

Art. 155 [Bedarfsdeckungsgebiete]. [1]Zum Zweck einer möglichst gleichmäßigen Befriedigung der wirtschaftlichen Bedürfnisse aller Bewohner können unter Berücksichtigung der Lebensinteressen der selbständigen, produktiv tätigen Kräfte der Wirtschaft durch Gesetz besondere Bedarfsdeckungsgebiete gebildet und dafür Körperschaften des öffentlichen Rechts auf genossenschaftlicher Grundlage errichtet werden. [2]Sie haben im Rahmen der Gesetze das Recht auf Selbstverwaltung.

Art. 156 [Zusammenballung wirtschaftlicher Macht]. [1]Der Zusammenschluß von Unternehmungen zum Zwecke der Zusammenballung wirtschaftlicher Macht und der Monopolbildung ist unzulässig. [2]Insbesondere sind Kartelle, Konzerne und Preisabreden verboten, welche die Ausbeutung der breiten Massen der Bevölkerung oder die Vernichtung selbständiger mittelständischer Existenzen bezwecken.

Art. 157 [Kapitalbildung. Geld- und Kreditwesen]. (1) Kapitalbildung ist nicht Selbstzweck, sondern Mittel zur Entfaltung der Volkswirtschaft.

(2) Das Geld- und Kreditwesen dient der Werteschaffung und der Befriedigung der Bedürfnisse aller Bewohner.

2. Abschnitt

Das Eigentum

Art. 158 [Sozialbindung]. [1]Eigentum verpflichtet gegenüber der Gesamtheit. [2]Offenbarer Mißbrauch des Eigentums- oder Besitzrechts genießt keinen Rechtsschutz.

Art. 159 [Enteignung]. [1]Eine Enteignung darf nur in den gesetzlich vorgesehenen Fällen und gegen angemessene Entschädigung erfolgen, die auch in Form einer Rente gewährt werden kann. [2]Wegen der Höhe der Entschädigung steht im Streitfall der Rechtsweg vor den ordentlichen Gerichten offen.

Art. 160 [Sozialisierung]. (1) Eigentum an Bodenschätzen, die für die allgemeine Wirtschaft von größerer Bedeutung sind, an wichtigen Kraftquellen, Eisenbahnen und anderen der Allgemeinheit dienenden Verkehrswegen und Verkehrsmitteln, an Wasserleitungen und Unternehmungen der Energieversorgung steht in der Regel Körperschaften oder Genossenschaften des öffentlichen Rechtes zu.

(2) [1]Für die Allgemeinheit lebenswichtige Produktionsmittel, Großbanken und Versicherungsunternehmungen können in Gemeineigentum übergeführt werden, wenn die Rücksicht auf die Gesamtheit es erfordert. [2]Die Überführung erfolgt auf gesetzlicher Grundlage und gegen angemessene Entschädigung.

(3) In Gemeineigentum stehende Unternehmen können, wenn es dem wirtschaftlichen Zweck entspricht, in einer privatwirtschaftlichen Form geführt werden.

Art. 161 [Bodenverteilung. Wertsteigerungen]. (1) [1]Die Verteilung und Nutzung des Bodens wird von Staats wegen überwacht. [2]Mißbräuche sind abzustellen.

(2) Steigerungen des Bodenwertes, die ohne besonderen Arbeits- oder Kapitalaufwand des Eigentümers entstehen, sind für die Allgemeinheit nutzbar zu machen.

Art. 162 [Geistiges Eigentum]. Das geistige Eigentum, das Recht der Urheber, der Erfinder und Künstler genießen den Schutz und die Obsorge des Staates.

3. Abschnitt

Die Landwirtschaft

Art. 163 [Bauernland]. (1) [1]Grund und Boden sind frei. [2]Der Bauer ist nicht an die Scholle gebunden.

(2) Der in der land- und forstwirtschaftlichen Kultur stehende Grund und Boden aller Besitzgrößen dient der Gesamtheit des Volkes.

(3) Das bäuerliche Eigentum an Grund und Boden wird gewährleistet.

(4) [1]Bauernland soll seiner Zweckbestimmung nicht entfremdet werden. [2]Der Erwerb von land- und forstwirtschaftlich genutztem Boden soll von einem Nachweis der Eignung für sachgemäße Bewirtschaftung abhängig gemacht werden; er darf nicht lediglich der Kapitalanlage dienen.

(5) Enteignungen an land- und forstwirtschaftlichem Grund und Boden sind nur für dringende Zwecke des Gesamtwohls, insbesonders der Siedlung, gegen angemessene Entschädigung unter Schonung der Mustergüter und Beispielwirtschaften zulässig.

Art. 164 [Auskommen. Einkommen]. (1) Der landwirtschaftlichen Bevölkerung wird durch Anwendung des technischen Fortschritts auf ihren Lebensbereich, Verbesserung der Berufsausbildung, Pflege des landwirtschaftlichen Genossenschaftswesens und Förderung der Erzeugung und des Absatzes ein menschenwürdiges Auskommen auf der ererbten Heimatscholle gewährleistet.

(2) [1]Ein angemessenes landwirtschaftliches Einkommen wird durch eine den allgemeinen Wirtschaftsverhältnissen entsprechende Preis- und Lohngestaltung sowie durch Marktordnungen sichergestellt. [2]Diesen werden Vereinbarungen zwischen den Organisationen der Erzeuger, Verteiler und Verbraucher zugrundegelegt.

Art. 165 [Verhinderung der Überschuldung]. Die Überschuldung landwirtschaftlicher Betriebe ist durch die Gesetzgebung möglichst zu verhindert.

4. Abschnitt

Die Arbeit

Art. 166 [Recht auf Arbeit]. (1) Arbeit ist die Quelle des Volkswohlstandes und steht unter dem besonderen Schutz des Staates.

(2) Jedermann hat das Recht, sich durch Arbeit eine auskömmliche Existenz zu schaffen.

(3) Er hat das Recht und die Pflicht, eine seinen Anlagen und seiner Ausbildung entsprechende Arbeit im Dienste der Allgemeinheit nach näherer Bestimmung der Gesetze zu wählen.

Art. 167 [Schutz der Arbeitskraft]. (1) Die menschliche Arbeitskraft ist als wertvollstes wirtschaftliches Gut eines Volkes gegen Ausbeutung, Betriebsgefahren und sonstige gesundheitliche Schädigungen geschützt.

(2) Ausbeutung, die gesundheitliche Schäden nach sich zieht, ist als Körperverletzung strafbar.

(3) Die Verletzung von Bestimmungen zum Schutz gegen Gefahren und gesundheitliche Schädigungen in Betrieben wird bestraft.

Art. 168 [Arbeitsentgelt. Fürsorge]. (1) [1]Jede ehrliche Arbeit hat den gleichen sittlichen Wert und Anspruch auf angemessenes Entgelt. [2]Männer und Frauen erhalten für gleiche Arbeit den gleichen Lohn.

(2) Arbeitsloses Einkommen arbeitsfähiger Personen wird nach Maßgabe der Gesetze mit Sondersteuern belegt.

(3) Jeder Bewohner Bayerns, der arbeitsunfähig ist oder dem keine Arbeit vermittelt werden kann, hat ein Recht auf Fürsorge.

Art. 169 [Mindestlöhne. Tarifverträge]. (1) Für jeden Berufszweig können Mindestlöhne festgesetzt werden, die dem Arbeitnehmer eine den jeweiligen kulturellen Verhältnissen entsprechende Mindestlebenshaltung für sich und seine Familie ermöglichen.

(2) Die Gesamtvereinbarungen zwischen Arbeitgeber- und Arbeitnehmerverbänden über das Arbeitsverhältnis sind für die Verbandsangehörigen verpflichtend und können, wenn es das Gesamtinteresse erfordert, für allgemein verbindlich erklärt werden.

Art. 170 [Koalitionsfreiheit]. (1) Die Vereinigungsfreiheit zur Wahrung und Förderung der Arbeits- und Wirtschaftsbedingungen ist für jedermann und für alle Berufe gewährleistet.

(2) Alle Abreden und Maßnahmen, welche die Vereinigungsfreiheit einschränken oder zu behindern suchen, sind rechtswidrig und nichtig.

Art. 171 [Sozialversicherung]. Jedermann hat Anspruch auf Sicherung gegen die Wechselfälle des Lebens durch eine ausreichende Sozialversicherung im Rahmen der Gesetze.

Art. 172 [Arbeitsgesetzgebung]. Die Rechte und Pflichten der Arbeitnehmer und Arbeitgeber werden in einem besonderen Gesetz geregelt.

Art. 173 [Arbeitszeit]. Über die tägliche und wöchentliche Höchstarbeitszeit werden durch Gesetz besondere Bestimmungen erlassen.

Art. 174 [Urlaubsrecht]. (1) [1]Jeder Arbeitnehmer hat ein Recht auf Erholung. [2]Es wird grundsätzlich gewährleistet durch ein freies Wochenende und durch einen Jahresurlaub unter Fortbezug des Arbeitsentgelts. [3]Die besonderen Verhältnisse in einzelnen Berufen werden durch Gesetz geregelt. [4]Der Lohnausfall an gesetzlichen Feiertagen ist zu vergüten.

(2) Der 1. Mai ist gesetzlicher Feiertag.

Art. 175 [Mitbestimmung, Betriebsräte]. [1]Die Arbeitnehmer haben bei allen wirtschaftlichen Unternehmungen ein Mitbestimmungsrecht in den sie berührenden Angelegenheiten sowie in Unternehmungen von erheblicher Bedeutung einen unmittelbaren Einfluß auf die Leitung und die Verwaltung der Betriebe. [2]Zu diesem Zwecke bilden sie Betriebsräte nach Maßgabe eines besonderen Gesetzes. [3]Dieses enthält auch Bestimmungen über die Mitwirkung der Betriebsräte bei Einstellung und Entlassung von Arbeitnehmern.

Art. 176 [Mitwirkung der Arbeitnehmer im Wirtschaftsleben]. Die Arbeitnehmer als gleichberechtigte Glieder der Wirtschaft nehmen zusammen mit den übrigen in der Wirtschaft Tätigen an den wirtschaftlichen Gestaltungsaufgaben teil.

Art. 177 [Arbeitsstreitigkeiten]. (1) Arbeitsstreitigkeiten werden durch Arbeitsgerichte entschieden, die aus einer gleichen Anzahl von Arbeitnehmern und Arbeitgebern und einem unabhängigen Vorsitzenden zusammengesetzt sind.

(2) Schiedssprüche in Arbeitsstreitigkeiten können gemäß den bestehenden Gesetzen für allgemeinverbindlich erklärt werden.

Schluß- und Übergangsbestimmungen

Art. 178 [Beitritt zum Bundesstaat]. [1]Bayern wird einem künftigen deutschen demokratischen Bundesstaat beitreten. [2]Er soll auf einem freiwilligen Zusammenschluß der deutschen Einzelstaaten beruhen, deren staatsrechtliches Eigenleben zu sichern ist.

Art. 179 [Rechtsstellung sozialer, kultureller und wirtschaftlicher Organisationen]. [1]Die in dieser Verfassung bezeichneten sozialen, wirtschaftlichen und kulturellen Körperschaften, Selbstverwaltungsorgane der Wirtschaft und Organisationen der Erzeuger, Verteiler und Verbraucher (Art. 154, 155, 164) sind keine öffentlichen Behörden und dürfen keine staatlichen Machtbefugnisse ausüben. [2]Zwangsmitgliedschaft bei ihnen ist ausgeschlossen.

Art. 180 [Ermächtigungen bis zur Errichtung eines Bundesstaates]. Bis zur Errichtung eines deutschen demokratischen Bundesstaates ist die Bayerische Staatsregierung ermächtigt, soweit es unumgänglich notwendig ist, mit Zustimmung des Bayerischen Landtags Zuständigkeiten des Staates Bayern auf den Gebieten der auswärtigen Beziehungen, der Wirtschaft, Ernährung, des Geldwesens und des Verkehrs an den Rat der Ministerpräsidenten der Staaten der US-Zone oder andere deutsche Gemeinschaftseinrichtungen mehrerer Staaten oder Zonen abzutreten.

Art. 181 [Abschluß von Staatsverträgen]. Das Recht des Bayerischen Staates, im Rahmen seiner Zuständigkeit Staatsverträge abzuschließen, bleibt unberührt.

Art. 182 [Weitergeltung der Staatsverträge]. Die früher geschlossenen Staatsverträge, insbesonders die Verträge mit den christlichen Kirchen vom 24. Januar 1925 bleiben in Kraft.

Art. 183 [Wiedergutmachung]. Alle durch die nationalsozialistische Gewaltherrschaft wegen ihrer religiösen oder politischen Haltung oder wegen ihrer Rasse Geschädigten haben im Rahmen der Gesetzgebung Anspruch auf Wiedergutmachung.

Art. 184 [Entnazifizierung]. Die Gültigkeit von Gesetzen, die gegen Nationalsozialismus und Militarismus gerichtet sind oder ihre Folgen beseitigen wollen, wird durch diese Verfassung nicht berührt oder beschränkt.

Art. 185 [Wiederherstellung der Regierungsbezirke]. Die alten Kreise (Regierungsbezirke) mit ihren Regierungssitzen werden ehestens wiederhergestellt.

Art. 186 [Bisheriges Recht]. (1) Die Bayerische Verfassung vom 14. August 1919 ist aufgehoben.

(2) Die übrigen Gesetze und Verordnungen bleiben vorläufig in Kraft, soweit ihnen diese Verfassung nicht entgegensteht.

(3) Anordnungen der Behörden, die auf Grund bisheriger Gesetze in rechtsüblicher Weise getroffen waren, behalten ihre Gültigkeit bis zur Aufhebung im Wege anderweitiger Anordnung oder Gesetzgebung.

Art. 187 [Verfassungseid]. Alle Beamten und Angestellten im öffentlichen Dienst sind auf diese Verfassung zu vereidigen.

Art. 188 [Verfassungstexte für Schüler]. Jeder Schüler erhält vor Beendigung der Schulpflicht einen Abdruck dieser Verfassung.

Anhang
Entscheidung des Bayerischen Verfassungsgerichtshofs

vom 17.9.1999 – Vf. 12-III-98 u.a., (GVBl. S. 442)

Amtliche Leitsätze:

1. Die Abschaffung des Bayerischen Senats widerspricht nicht den demokratischen Grundgedanken der Verfassung im Sinn des Art. 75 Abs. 1 Satz 2 BV.
2. Die Bayerische Verfassung kann auch im Wege der Volksgesetzgebung nach Art. 74 BV geändert werden.
3. Bei Verfassungsänderungen im Wege der Volksgesetzgebung nach Art. 74 BV ist beim Volksentscheid ein Quorum erforderlich. Die gegenteilige Auffassung des Verfassungsgerichtshofs in der Entscheidung vom 2. Dezember 1949 (VerfGH 2, 181/218) wird aufgegeben.
4. Dass ein solches Quorum in der Verfassung nicht ausdrücklich vorgeschrieben ist, stellt eine planwidrige Unvollständigkeit des Verfassungstextes dar, eine Lücke, die im Wege der Auslegung zu schließen ist.
5. Bei der lückenfüllenden Auslegung geht der Verfassungsgerichtshof davon aus, dass die Verfassung auch im Verfahren der Volksgesetzgebung einen erhöhten Bestandsschutz beansprucht und eine angemessene demokratische Legitimation sicherstellen will. Er legt andererseits zugrunde, dass die Verfassung keine Hürden für die verfassungsändernde Volksgesetzgebung aufrichten will, die praktisch nicht zu übersteigen sind und deshalb prohibitiv wirken.
6. Es ist nicht Sache des Verfassungsgerichtshofs, punktgenau anzugeben, durch welche Lösung den Intentionen der Verfassung am besten entsprochen wird. Zu einer entsprechenden Konkretisierung des Willens der Verfassung ist der einfache Gesetzgeber verpflichtet.
7. Der Gesetzgeber hat die von der Verfassung insoweit vorgegebenen gegensätzlichen Ziele im Wege des schonenden Ausgleichs miteinander zu vereinen. Sein grundsätzlich gegebener Gestaltungsspielraum reduziert sich angesichts der Vorgaben der Verfassung auf eine relativ enge Bandbreite. Eine mögliche Lösung, die den verfassungsrechtlichen Vorgaben entspricht, ist ein Zustimmungsquorum von 25 v.H. der stimmberechtigten Bürger.
8. Das Gesetz zur Abschaffung des Bayerischen Senates hat beim Volksentscheid vom 8. Februar 1998 die Zustimmung von 27,3 v.H. der Stimmberechtigten erhalten. Diese Zustimmungsquote ist ausreichend, um diesem verfassungsändernden Gesetz die erforderliche demokratische Legitimation zu verleihen und nicht mit dem Ziel der Verfassungsstabilität in Konflikt zu geraten. Ein höheres Quorum ist von Verfassungs wegen nicht gefordert.
9. Aus dem Homogenitätsgebot des Art. 28 Abs. 1 Satz 1 GG lässt sich nicht herleiten, dass das Gesetz zur Abschaffung des Bayerischen Senates verfassungswidrig ist.

Gesetz über den Bayerischen Verfassungsgerichtshof (VfGHG)

(BayRS 1103-1-I) vom 10. Mai 1990 (GVBl. S. 122, ber. S. 231), zuletzt geändert durch Gesetz vom 22. März 2018 (GVBl. S. 118)

INHALTSÜBERSICHT

ERSTER TEIL
Einrichtung und Zuständigkeit

Art. 1 Sitz
Art. 2 Zuständigkeit

ZWEITER TEIL
Zusammensetzung und Organisation

Art. 3 Besetzung
Art. 4 Wahl der Verfassungsrichter
Art. 5 Wählbarkeit
Art. 6 Vorschläge für die Wahl der berufsrichterlichen Mitglieder
Art. 7 Vereidigung
Art. 8 Vorrang der Amtsausübung
Art. 9 Ausschließung und Ablehnung
Art. 10 Geschäftsverteilung
Art. 11 Generalsekretär
Art. 12 Befugnisse außerhalb der Sitzung; Vertretung des Präsidenten und des Generalsekretärs
Art. 13 Geschäftsstelle

DRITTER TEIL
Verfahren

Kapitel I
Allgemeine Verfahrensvorschriften

Art. 14 Antragstellung
Art. 15 Zustellung, Ladung
Art. 16 Verfahrensbevollmächtigte
Art. 17 Fristen, Wiedereinsetzung
Art. 18 Amts- und Rechtshilfe
Art. 19 Akteneinsicht
Art. 20 Terminierung, Sitzungsort
Art. 21 Berichterstatter
Art. 22 Mündliche Verhandlung
Art. 23 Beweisaufnahme
Art. 24 Beratung, Abstimmung, Öffentlichkeit, Sitzungspolizei und Gerichtssprache
Art. 25 Entscheidung
Art. 26 Einstweilige Anordnung
Art. 27 Kosten
Art. 28 Prozeßkostenhilfe, Kostenfestsetzung, Gegenstandswert
Art. 29 Bindungswirkung der Entscheidung, Vollzug
Art. 30 Ergänzende Bestimmungen

Kapitel II
Besondere Verfahrensvorschriften

1. Abschnitt
Anklagen gegen ein Mitglied der Staatsregierung oder des Landtags (Art. 2 Nr. 1)

1. Unterabschnitt
Anklagen gegen ein Mitglied der Staatsregierung

Art. 31 Erhebung der Anklage
Art. 32 Rücktritt und Entlassung des Anzuklagenden; Auflösung des Landtags
Art. 33 Zurücknahme der Anklage
Art. 34 Mehrere Angeklagte
Art. 35 Aussetzung des Verfahrens
Art. 36 Zustellung der Anklageschrift
Art. 37 Voruntersuchung
Art. 38 Mündliche Verhandlung
Art. 39 Gang der mündlichen Verhandlung
Art. 40 Urteil
Art. 41 Verkündung des Urteils; Zustellung
Art. 42 Sonstige Verfahrensvorschriften
Art. 43 Wiederaufnahme des Verfahrens

2. Unterabschnitt
Anklagen gegen Abgeordnete

Art. 44 Verfahren

2. Abschnitt
Entscheidungen über den Ausschluß von Wählergruppen von Wahlen und Abstimmungen (Art. 2 Nr. 2)

Art. 46 Antrag
Art. 47 Verfahren

3. Abschnitt
Entscheidungen über die Gültigkeit der Wahl der Mitglieder des Landtags und den Verlust der Mitgliedschaft beim Landtag (Art. 2 Nr. 3)

Art. 48 Antrag, Verfahren

4. Abschnitt
Verfassungsstreitigkeiten zwischen obersten Staatsorganen; Meinungsverschiedenheiten über Verfassungsänderung (Art. 2 Nrn. 4 und 8)

Art. 49 Verfahren, Zustellung

5. Abschnitt
Richtervorlagen (Art. 2 Nr. 5)

Art. 50 Verfahren, Zustellung

6. Abschnitt
Verfassungsbeschwerden (Art. 2 Nr. 6)

Art. 51 Inhalt und Voraussetzung der Verfassungsbeschwerde; Frist
Art. 52 Äußerung der Staatsregierung oder des zuständigen Staatsministeriums
Art. 53 Verfahren
Art. 54 Inhalt der Entscheidung

7. Abschnitt
Popularklagen (Art. 2 Nr. 7)

Art. 55 Popularklage

VIERTER TEIL
Änderungs-, Übergangs- und Schlußvorschriften

Art. 56 Änderung von Vorschriften
Art. 57 Inkrafttreten; Außerkrafttreten; Übergangsregelung

ERSTER TEIL

Einrichtung und Zuständigkeit

Art. 1 Sitz. Der Verfassungsgerichtshof besteht beim Oberlandesgericht München.

Art. 2 Zuständigkeit. Der Verfassungsgerichtshof ist zuständig zur Entscheidung

1. über Anklagen des Landtags gegen ein Mitglied der Staatsregierung oder des Landtags (Art. 61 Abs. 1 der Verfassung),
2. über den Ausschluß von Wählergruppen von Wahlen und Abstimmungen (Art. 62 der Verfassung),
3. über die Gültigkeit der Wahl der Mitglieder des Landtags und den Verlust der Mitgliedschaft zum Landtag (Art. 63 der Verfassung),
4. über Verfassungsstreitigkeiten zwischen den obersten Staatsorganen oder in der Verfassung mit eigenen Rechten ausgestatteten Teilen eines obersten Staatsorgans (Art. 64 der Verfassung),
5. über Richtervorlagen wegen Verfassungswidrigkeit von Rechtsvorschriften (Art. 65 der Verfassung),
6. über Verfassungsbeschwerden (Art. 66 der Verfassung),
7. über Popularklagen wegen Verfassungswidrigkeit von Rechtsvorschriften (Art. 98 Satz 4 der Verfassung),

8. über Meinungsverschiedenheiten darüber, ob durch ein Gesetz die Verfassung verletzt wird oder ob ein Antrag auf unzulässige Verfassungsänderung vorliegt (Art. 75 Abs. 3 der Verfassung),
9. in den übrigen durch Gesetz zugewiesenen Fällen (Art. 67 der Verfassung).

ZWEITER TEIL

Zusammensetzung und Organisation

Art. 3 Besetzung. (1) Der Verfassungsgerichtshof besteht aus dem Präsidenten, 22 berufsrichterlichen Mitgliedern, 15 weiteren Mitgliedern und deren Vertretern.

(2) [1]An den einzelnen Verfahren wirken mit:
1. in den Fällen des Art. 2 Nr. 1 der Präsident, acht berufsrichterliche Mitglieder, von denen drei dem Verwaltungsgerichtshof angehören, sowie zehn weitere Mitglieder,
2. in den Fällen des Art. 2 Nrn. 5, 7 und 8 und, wenn der Organstreit die Verfassungsmäßigkeit einer Rechtsvorschrift betrifft, auch im Fall des Art. 2 Nr. 4, der Präsident und acht berufsrichterliche Mitglieder, von denen drei dem Verwaltungsgerichtshof angehören,
3. in den übrigen Fällen der Präsident, drei berufsrichterliche Mitglieder, von denen zwei dem Verwaltungsgerichtshof angehören, und fünf weitere Mitglieder.

[2]Für die Verfahrensarten im Sinn des Satzes 1 können im Geschäftsverteilungsplan jeweils mehrere Spruchgruppen gebildet werden. [3]Jedes Mitglied des Verfassungsgerichtshofs gehört mindestens einer Spruchgruppe an.

(3) [1]Kommt der Verfassungsgerichtshof in einem vor ihm anhängigen anderen Verfahren in der Zusammensetzung nach Art. 3 Abs. 2 Nrn. 1 oder 3 zu der Auffassung, daß eine entscheidungserhebliche Rechtsvorschrift des bayerischen Landesrechts verfassungswidrig sei, so hat er über diese Frage in der in Art. 3 Abs. 2 Nr. 2 vorgeschriebenen Zusammensetzung vorab zu entscheiden. [2]Er hat das bei ihm anhängige Verfahren bis zu dieser Entscheidung auszusetzen. [3]Die Entscheidung ist zu begründen und die für verfassungswidrig gehaltene Rechtsvorschrift zu bezeichnen.

(4) [1]Hält eine Spruchgruppe ihre Zuständigkeit nicht für gegeben, gibt sie durch Beschluß das Verfahren an die nach ihrer Ansicht zuständige Spruchgruppe ab. [2]Hält sich auch diese nicht für zuständig, bestimmt das Berufsrichterplenum die zuständige Spruchgruppe mit bindender Wirkung; das gleiche gilt, wenn mehrere Spruchgruppen sich für zuständig halten.

(5) [1]In den vom Gesetz bestimmten Fällen entscheidet der Verfassungsgerichtshof in der kleinen Besetzung. [2]Diese besteht aus dem Präsidenten und zwei berufsrichterlichen Mitgliedern, von denen einer dem Verwaltungsgerichtshof angehören muß.

(6) [1]Der Präsident und die berufsrichterlichen Mitglieder bilden das Berufsrichterplenum. [2]Es ist beschlußfähig, wenn seine Mitglieder rechtzeitig geladen sind und der Präsident und mindestens die Hälfte der berufsrichterlichen Mitglieder anwesend sind. [3]Die Ladungsfrist beträgt zwei Wochen. [4]Das Berufsrichterplenum entscheidet mit der Mehrheit der Stimmen der anwesenden Mitglieder. [5]Bei Stimmengleichheit gibt die Stimme des Präsidenten, im Vertretungsfall die seines Vertreters, den Ausschlag.

Art. 4 Wahl der Verfassungsrichter. (1) [1]Der Präsident, die berufsrichterlichen Mitglieder des Verfassungsgerichtshofs und der aus diesen zu wählende erste und zweite Vertreter des Präsidenten werden vom Landtag auf die Dauer von acht Jahren gewählt. [2]Die Wahl findet ohne Aussprache in der Vollversammlung statt. [3]Sie ist in einem Gremium des Landtags vorzubereiten, dessen Zusammensetzung und Verfahren der Landtag bestimmt. [4]Die Sitzungen des Gremiums sind nichtöffentlich; über den Inhalt der Beratungen ist Stillschweigen zu bewahren. [5]Die Teilnahme an den Sitzungen des Gremiums ist anderen Abgeordneten als seinen Mitgliedern oder deren Vertretern nicht gestattet. [6]Der Präsident des Verfassungsgerichtshofs oder sein Vertreter nimmt an den Sitzungen teil. [7]Eine Anhörung der Vorgeschlagenen findet nicht statt.

(2) Die weiteren Mitglieder und ihre Vertreter werden jeweils vom neuen Landtag nach seinem Zusammentritt gemäß den Grundsätzen des Verhältniswahlrechts gewählt.

(3) Wiederwahl ist zulässig.

(4) Bis zur Neuwahl führen die bisherigen Mitglieder ihr Amt weiter, sofern das Ausscheiden nicht auf einem Verlust der Wählbarkeit beruht.

Art. 5 Wählbarkeit. (1) [1]Die Mitglieder des Verfassungsgerichtshofs müssen das 40. Lebensjahr vollendet haben und zum Landtag wählbar sein. [2]Sie sollen sich durch besondere Kenntnisse im öffentlichen Recht auszeichnen. [3]Auch die weiteren Mitglieder sollen die Befähigung zum Richteramt haben oder Lehrer der Rechtswissenschaft an einer bayerischen Universität sein.

(2) Die Mitglieder des Verfassungsgerichtshofs können nicht Mitglieder des Landtags, der Staatsregierung oder eines entsprechenden Organs des Bundes oder eines anderen Landes sein.

(3) [1]Der Präsident des Verfassungsgerichtshofs ist aus den Präsidenten der bayerischen Oberlandesgerichte zu wählen. [2]Die übrigen berufsrichterlichen Mitglieder müssen Richter auf Lebenszeit an einem Gericht des Freistaates Bayern sein. [3]Mit dem Ausscheiden aus dem richterlichen Hauptamt an einem Gericht des Freistaates Bayern endet die Mitgliedschaft beim Verfassungsgerichtshof.

Art. 6 Vorschläge für die Wahl der berufsrichterlichen Mitglieder.
(1) [1]Wird die Wahl eines berufsrichterlichen Mitglieds wegen des Ablaufs der Amtszeit oder aus sonstigen Gründen erforderlich, unterbreitet der Präsi-

dent des Verfassungsgerichtshofs nach Anhörung der berufsrichterlichen Mitglieder des Verfassungsgerichtshofs der Staatsregierung für jedes zu wählende berufsrichterliche Mitglied einen Wahlvorschlag. [2]Der Vorschlag wird von der Staatsregierung dem Landtag übermittelt.

(2) [1]Dem Wahlvorschlag ist eine schriftliche Erklärung des Vorgeschlagenen beizufügen, daß er im Fall der Wahl bereit ist, das Amt anzunehmen. [2]Das gilt auch für Wahlvorschläge der Staatsregierung oder aus der Mitte des Landtags.

Art. 7 Vereidigung. (1) Die weiteren Mitglieder des Verfassungsgerichtshofs leisten beim Präsidenten vor ihrer ersten Amtshandlung folgenden Eid:

„Ich schwöre, das Richteramt getreu dem Grundgesetz für die Bundesrepublik Deutschland, getreu der Verfassung des Freistaates Bayern und getreu dem Gesetz auszuüben, nach bestem Wissen und Gewissen ohne Ansehen der Person zu urteilen und nur der Wahrheit und Gerechtigkeit zu dienen, so wahr mir Gott helfe."

(2) [1]Der Eid kann auch ohne religiöse Beteuerungsformel geleistet werden. [2]Erklärt ein Richter, daß er aus Glaubens- oder Gewissensgründen keinen Eid leisten könne, so hat er an Stelle der Worte „ich schwöre" die Worte „ich gelobe" zu sprechen oder das Gelöbnis mit einer dem Bekenntnis seiner Religionsgemeinschaft oder der Überzeugung seiner Weltanschauungsgemeinschaft entsprechenden, gleichwertigen Beteuerungsformel einzuleiten.

(3) [1]Die Vereidigung der Mitglieder des Verfassungsgerichtshofs gilt für die Dauer ihres Amts. [2]Werden sie für eine weitere Amtszeit wiedergewählt, so ist ihre erneute Vereidigung nicht erforderlich.

(4) Über die Vereidigung ist eine Niederschrift aufzunehmen, die vom Präsidenten des Verfassungsgerichtshofs und dem Vereidigten zu unterzeichnen ist.

Art. 8 Vorrang der Amtsausübung. [1]Die Tätigkeit als Mitglied des Verfassungsgerichtshofs geht allen anderen Aufgaben vor. [2]Der Generalsekretär ist von den Aufgaben im richterlichen Hauptamt freigestellt. [3]Für den Präsidenten und die berufsrichterlichen Mitglieder des Verfassungsgerichtshofs gelten die Vorschriften des Bayerischen Richter- und Staatsanwaltsgesetzes sowie des Deutschen Richtergesetzes nicht hinsichtlich ihrer Stellung als Verfassungsrichter.

Art. 9 Ausschließung und Ablehnung. Auf die Ausschließung und die Ablehnung eines Mitglieds des Verfassungsgerichtshofs sind die Vorschriften der §§ 22 bis 30 StPO entsprechend anzuwenden.

Art. 10 Geschäftsverteilung. (1) [1]Vor Ablauf eines Kalenderjahres beschließt das Berufsrichterplenum den Geschäftsverteilungsplan für das neue Kalenderjahr. [2]Der Geschäftsverteilungsplan enthält Bestimmungen über Bildung und Besetzung von Spruchgruppen, die Verteilung der Geschäfte und die Vertretung.

(2) Während des Kalenderjahres kann der Präsident den Geschäftsverteilungsplan ändern, soweit das wegen des Ausscheidens oder Eintretens von Mitgliedern erforderlich ist.

(3) Der Geschäftsverteilungsplan und seine Änderungen sind im Bayerischen Staatsanzeiger zu veröffentlichen.

(4) [1]Jedes einzelne Verfahren wird in der Zusammensetzung zu Ende geführt, in der es begonnen wurde. [2]Es ist begonnen, wenn die Spruchgruppe die Beratung aufgenommen hat. [3]Scheidet ein Mitglied nach Beginn des Verfahrens aus oder ist es für längere Zeit verhindert, tritt sein Vertreter an seine Stelle.

Art. 11 Generalsekretär. [1]Der Präsident ernennt aus dem Kreis der berufsrichterlichen Mitglieder des Verfassungsgerichtshofs zu seiner Unterstützung und zur Durchführung der Verwaltungsgeschäfte einen Generalsekretär. [2]Die Ernennung zum Generalsekretär gilt für die Dauer der Amtszeit als berufsrichterliches Mitglied des Verfassungsgerichtshofs. [3]Im Fall seiner Wiederwahl kann das Mitglied erneut zum Generalsekretär ernannt werden.

Art. 12 Befugnisse außerhalb der Sitzung; Vertretung des Präsidenten und des Generalsekretärs. (1) [1]Die dem Verfassungsgerichtshof zustehenden Befugnisse werden außerhalb der Sitzung von seinem Präsidenten oder nach Anordnung des Präsidenten vom Generalsekretär wahrgenommen. [2]Dem Generalsekretär können insbesondere die zur Vorbereitung der Sitzung erforderlichen verfahrensleitenden Befugnisse sowie die Durchführung der Verwaltungsgeschäfte übertragen werden.

(2) Im Fall seiner Verhinderung wird der Präsident durch den ersten oder zweiten Vertreter, im Fall auch ihrer Verhinderung von einem der übrigen berufsrichterlichen Mitglieder nach Maßgabe der in der Geschäftsverteilung festgelegten Reihenfolge vertreten.

(3) [1]Der Präsident ordnet an, wer den Generalsekretär in dessen Aufgabenbereich außerhalb seines Richteramts vertritt. [2]Der Vertreter des Generalsekretärs muß Richter auf Lebenszeit an einem Gericht des Freistaates Bayern sein.

Art. 13 Geschäftsstelle. Beim Verfassungsgerichtshof wird eine Geschäftsstelle eingerichtet.

DRITTER TEIL

Verfahren

Kapitel I

Allgemeine Verfahrensvorschriften

Art. 14 Antragstellung. (1) [1]Das Verfahren vor dem Verfassungsgerichtshof wird nur auf schriftlichen Antrag eingeleitet. [2]Dem Antrag und allen anderen Schriftsätzen sind jeweils so viele Abschriften beizufügen, als weitere Beteiligte vorhanden sind.

(2) [1]Den übrigen Beteiligten ist vom Verfassungsgerichtshof eine Abschrift des Antrags zu übermitteln. [2]Zugleich ist ihnen Gelegenheit zu geben, innerhalb bestimmter Frist schriftlich Stellung zu nehmen.

Art. 15 Zustellung, Ladung. [1]Zustellungen und Ladungen geschehen von Amts wegen. [2]Die Zustellungsvorschriften der Zivilprozeßordnung sind entsprechend anzuwenden. [3]Zustellungen und Ladungen können auch durch eingeschriebenen Brief gegen Rückschein sowie in der Weise bewirkt werden, daß der Urkundsbeamte oder ein anderer damit beauftragter Beamter das Schriftstück gegen Empfangsbestätigung aushändigt.

Art. 16 Verfahrensbevollmächtigte. (1) [1]Die Beteiligten können sich in jeder Lage des Verfahrens durch Bevollmächtigte vertreten lassen. [2]Die Vollmacht ist schriftlich zu erteilen oder zu bestätigen und kann nachgereicht werden. [3]Der Verfassungsgerichtshof kann hierfür eine Frist bestimmen.

(2) [1]Erfordert es die Sach- und Rechtslage oder ist der Antragsteller zum Vortrag nicht geeignet, so kann ihm der Verfassungsgerichtshof auftragen, einen Bevollmächtigten nach Absatz 4 Satz 1 zu bestellen. [2]Der Verfassungsgerichtshof kann mehreren Beteiligten mit gleichen Interessen die Bestellung eines gemeinsamen Bevollmächtigten auftragen.

(3) Ist ein Bevollmächtigter bestellt, so sind die Mitteilungen des Gerichts an ihn zu richten.

(4) [1]Als Bevollmächtigte sind zugelassen Rechtsanwälte und Rechtslehrer an Hochschulen allgemein, Vertreter beruflicher, genossenschaftlicher und gewerkschaftlicher Vereinigungen für den von ihnen in dieser Eigenschaft vertretenen Personenkreis. [2]Andere Personen können vom Verfassungsgerichtshof zurückgewiesen werden, wenn sie die Vertretung geschäftsmäßig betreiben oder zum geeigneten Vortrag unfähig sind.

(5) In den Fällen, in denen die Vertretung Beteiligter durch einen Bevollmächtigten vorgeschrieben oder aufgetragen ist, kann nur der Bevollmächtigte rechtswirksam Anträge stellen und rechtsverbindlich Erklärungen abgeben.

(6) Soweit nicht etwas anderes bestimmt ist, gelten für die Bevollmächtigung die Vorschriften der Zivilprozeßordnung entsprechend.

Art. 17 Fristen, Wiedereinsetzung. (1) [1]Die Fristen werden nach den Vorschriften des Bürgerlichen Gesetzbuchs berechnet. [2]Fällt das Ende einer Frist auf einen Samstag, einen Sonntag oder einen allgemeinen Feiertag, so endet die Frist mit Ablauf des nächstfolgenden Werktags.

(2) [1]Wer glaubhaft macht, daß er ohne Verschulden verhindert war, eine gesetzliche Frist einzuhalten, innerhalb derer ein Antrag zu stellen war, ist auf seinen Antrag in den vorigen Stand einzusetzen. [2]Innerhalb der Antragsfrist ist

die versäumte Handlung nachzuholen. [3]Ist das geschehen, kann die Wiedereinsetzung auch ohne Antrag gewährt werden.

(3) [1]Die Wiedereinsetzung in den vorigen Stand muß binnen zwei Wochen nach Beseitigung des Hindernisses beantragt werden. [2]Nach Ablauf eines Jahres seit dem Ende der versäumten Frist ist der Antrag ausgeschlossen, es sei denn, daß höhere Gewalt vorliegt.

(4) [1]Über den Antrag auf Wiedereinsetzung in den vorigen Stand beschließt nach Anhörung der Beteiligten der Verfassungsgerichtshof in der kleinen Besetzung. [2]Wird die Wiedereinsetzung abgelehnt, kann binnen zwei Wochen die Entscheidung der nach Art. 3 Abs. 2 für die Hauptsache zuständigen Spruchgruppe beantragt werden. [3]Diese kann über den Antrag auf Wiedereinsetzung in den vorigen Stand unmittelbar entscheiden, wenn sie dabei zugleich über die Hauptsache entscheidet.

(5) Richterliche Fristen können jederzeit verlängert werden.

Art. 18 Amts- und Rechtshilfe. [1]Gerichte und Behörden haben dem Verfassungsgerichtshof Rechts- und Amtshilfe zu leisten und ihm insbesondere die von ihm verlangten Akten und Urkunden vorzulegen. [2]§ 99 Abs. 1 und 2 Sätze 1 und 2 VwGO finden entsprechende Anwendung.

Art. 19 Akteneinsicht. (1) [1]Die Beteiligten haben das Recht, auf der Geschäftsstelle des Verfassungsgerichtshofs Einsicht in die Akten zu nehmen. [2]Ist für einen Beteiligten die Akteneinsicht auf der Geschäftsstelle des Verfassungsgerichtshofs wegen persönlicher Umstände erheblich erschwert oder unmöglich, so können die Akten an ein anderes Gericht oder eine andere Behörde zur Einsichtnahme übersandt werden.

(2) [1]Ausgenommen von dem Recht auf Akteneinsicht sind Akten oder Aktenstücke, deren Einsichtnahme vom Verfassungsgerichtshof mit dem Staatswohl für unvereinbar erklärt wird. [2]Hält der Präsident die Einsichtnahme in Akten oder Aktenstücke mit dem Staatswohl für unvereinbar, so ist diese bis zur Entscheidung des Verfassungsgerichtshofs vorläufig zu verweigern; dasselbe gilt, wenn der Landtag, die Staatsregierung oder das zuständige Staatsministerium, soweit sie am Verfahren beteiligt sind, die Einsichtnahme mit dem Staatswohl für unvereinbar halten. [3]Die Entscheidung des Verfassungsgerichtshofs ist unverzüglich herbeizuführen. [4]Er entscheidet in der für die Hauptsache nach Art. 3 Abs. 2 vorgeschriebenen Besetzung.

(3) Die Akteneinsicht ist den Beteiligten und ihren Bevollmächtigten auch noch nach der Entscheidung des Verfassungsgerichtshofs zu gewähren, wenn sie ein berechtigtes Interesse glaubhaft machen.

(4) Ist zu einer Entscheidung eine abweichende Ansicht niedergelegt, erstreckt sich das Recht auf Akteneinsicht nicht auf die Erlangung der Kenntnis von der Person des Richters, der sie niedergelegt hat.

(5) Anderen Personen als Beteiligten kann Akteneinsicht gewährt werden, wenn sie ein berechtigtes Interesse glaubhaft machen und die Belange der Be-

teiligten, Dritter, des Staates oder die Erfordernisse des Verfahrens nicht entgegenstehen.

Art. 20 Terminierung, Sitzungsort. Termin und Ort der Sitzungen werden vom Präsidenten bestimmt.

Art. 21 Berichterstatter. Der Präsident kann für jedes Verfahren aus dem Kreis der berufsrichterlichen Mitglieder der zuständigen Spruchgruppe einen Berichterstatter und, falls er es für geboten erachtet, einen Mitberichterstatter ernennen.

Art. 22 Mündliche Verhandlung. (1) [1]Der Verfassungsgerichtshof entscheidet, soweit nichts anderes bestimmt ist, auf Grund mündlicher Verhandlung. [2]Einer solchen bedarf es nicht, wenn alle Beteiligten ausdrücklich auf sie verzichten.

(2) [1]Zur mündlichen Verhandlung sind die Beteiligten von Amts wegen mit einer Frist von zwei Wochen zu laden. [2]In dringenden Fällen kann der Präsident die Frist abkürzen.

(3) [1]Nach Aufruf der Sache und Feststellung, wer von den Beteiligten erschienen ist, trägt der Vorsitzende oder der Berichterstatter den Sachverhalt vor. [2]Hierauf erhalten die Beteiligten Gelegenheit zu ihren Ausführungen und Anträgen. [3]Die Antragsteller haben das letzte Wort.

(4) [1]Der Vorsitzende schließt die mündliche Verhandlung. [2]Das Gericht kann ihre Wiedereröffnung beschließen.

(5) [1]Zur mündlichen Verhandlung ist ein Urkundsbeamter der Geschäftsstelle als Schriftführer zuzuziehen. [2]Der Schriftführer nimmt über den Gang der Verhandlung und die gestellten Anträge eine Niederschrift auf, die von ihm und dem Vorsitzenden zu unterzeichnen ist.

(6) Im übrigen gelten die §§ 136 bis 139, 141 und 159 bis 164 ZPO entsprechend.

Art. 23 Beweisaufnahme. (1) [1]Der Verfassungsgerichtshof erhebt ohne Bindung an Anträge den nach seinem Ermessen erforderlichen Beweis. [2]Zur Vorbereitung der Verhandlung kann auch der Präsident außerhalb der Sitzung durch ein berufsrichterliches Mitglied des Verfassungsgerichtshofs als beauftragten Richter Beweise aufnehmen lassen oder zu bestimmten Beweisthemen ein anderes Gericht um die Aufnahme bestimmter Beweise ersuchen.

(2) [1]Die Beteiligten werden von allen Beweisterminen unter Mitteilung des Beweisthemas benachrichtigt und können der Beweisaufnahme beiwohnen. [2]Sie können an Zeugen und Sachverständige sachdienliche Fragen richten oder richten lassen. [3]Über die Aussagen von Zeugen, Sachverständigen und Beteiligten ist eine Niederschrift aufzunehmen.

(3) Bei Beweisaufnahmen außerhalb der Sitzung entscheidet über eine Beschwerde gegen die Festsetzung eines Ordnungsmittels im Fall des § 180 GVG

oder die Anordnung von Zwangsmitteln der Verfassungsgerichtshof in der kleinen Besetzung; im übrigen sind richterliche Maßnahmen im Rahmen der Beweisaufnahme nicht gesondert anfechtbar.

(4) Auf die Beweisaufnahme finden im übrigen in den Fällen des Art. 2 Nr. 1 die Vorschriften der Strafprozeßordnung, in den übrigen Fällen die Vorschriften der Zivilprozeßordnung entsprechende Anwendung.

Art. 24 Beratung, Abstimmung, Öffentlichkeit, Sitzungspolizei und Gerichtssprache. (1) Bei der Beratung und Abstimmung dürfen nur die zur Entscheidung berufenen Mitglieder des Verfassungsgerichtshofs anwesend sein.

(2) [1]Die zur Entscheidung berufenen Mitglieder des Verfassungsgerichtshofs stimmen nach dem Lebensalter; der Jüngere stimmt vor dem Älteren. [2]Wenn ein Berichterstatter ernannt ist, stimmt er zuerst; nach ihm stimmt gegebenenfalls der Mitberichterstatter. [3]Zuletzt stimmt der Vorsitzende. [4]Stimmenthaltung ist nicht zulässig.

(3) Eine schriftliche Abstimmung, insbesondere eine solche im Weg des Umlaufs bei den zur Entscheidung berufenen Mitgliedern des Verfassungsgerichtshofs, ist nicht zulässig.

(4) Die Mitglieder des Verfassungsgerichtshofs sind verpflichtet, über den Gang der Beratung und Abstimmung Stillschweigen zu wahren.

(5) Im übrigen sind hinsichtlich der Öffentlichkeit, Sitzungspolizei, Gerichtssprache, Beratung und Abstimmung die Vorschriften der Titel 14 bis 16 des Gerichtsverfassungsgesetzes entsprechend anwendbar.

Art. 25 Entscheidung. (1) Der Verfassungsgerichtshof entscheidet: „Im Namen des Freistaates Bayern".

(2) [1]Der Verfassungsgerichtshof entscheidet nach seiner freien, aus dem Inhalt der Verhandlung und dem Ergebnis der Beweisaufnahme geschöpften Überzeugung. [2]Die Entscheidung ist am Schluß der mündlichen Verhandlung oder in einem späteren, den Beteiligten bekanntgegebenen Termin durch Verlesen der Entscheidungsformel zu verkünden. [3]Die Entscheidungsgründe werden bei der Verkündung vorgelesen oder ihrem wesentlichen Inhalt nach mitgeteilt. [4]Die Entscheidung wird mit der Verkündung wirksam. [5]Entscheidet der Verfassungsgerichtshof ohne mündliche Verhandlung, so wird die Entscheidung mit Zustellung an die Beteiligten wirksam.

(3) [1]Die Entscheidung ist schriftlich niederzulegen, zu begründen und von den Richtern, die bei ihr mitgewirkt haben, zu unterschreiben. [2]Ist ein Richter an der Unterzeichnung der Entscheidung verhindert, so wird dies unter Angabe des Verhinderungsgrundes von dem Vorsitzenden, bei dessen Verhinderung vom lebensältesten berufsrichterlichen Beisitzer unter der Entscheidung vermerkt.

(4) Schreibfehler, Rechenfehler und ähnliche offenbare Unrichtigkeiten in der Entscheidung kann der Vorsitzende berichtigen.

(5) Jeder Richter hat das Recht, seine von der Entscheidung oder von deren Begründung abweichende Ansicht in einem Sondervotum schriftlich niederzulegen; das Sondervotum ist ohne Angabe des Verfassers der Entscheidung anzuschließen.

(6) Ausfertigungen der Entscheidung sind den Beteiligten durch den Urkundsbeamten der Geschäftsstelle zuzustellen.

(7) Wird eine Rechtsvorschrift für verfassungswidrig, nichtig oder nur in einer bestimmten Auslegung für verfassungsgemäß erklärt, ist die Entscheidung des Verfassungsgerichtshofs im Gesetz- und Verordnungsblatt zu veröffentlichen.

Art. 26 Einstweilige Anordnung. (1) Der Verfassungsgerichtshof kann eine einstweilige Anordnung erlassen, wenn dies zur Abwehr schwerer Nachteile, zur Verhinderung drohender Gewalt oder aus einem anderen wichtigen Grund dringend geboten ist.

(2) [1]Die einstweilige Anordnung kann ohne mündliche Verhandlung ergehen. [2]Bei besonderer Dringlichkeit kann der Verfassungsgerichtshof davon absehen, den am Verfahren zur Hauptsache Beteiligten oder Äußerungsberechtigten vor der Entscheidung Gelegenheit zur Stellungnahme zu geben.

(3) [1]Kann in Fällen besonderer Dringlichkeit die Entscheidung der zuständigen Spruchgruppe nicht rechtzeitig herbeigeführt werden, so entscheidet der Präsident oder im Fall seiner Verhinderung sein Vertreter. [2]Gegen die Entscheidung kann jeder Beteiligte innerhalb von zwei Wochen nach Bekanntgabe Widerspruch erheben. [3]Über den Widerspruch entscheidet der Verfassungsgerichtshof in der Besetzung nach Art. 3 Abs. 2. [4]Der Widerspruch hat keine aufschiebende Wirkung. [5]Der Verfassungsgerichtshof kann die Vollziehung der einstweiligen Anordnung aussetzen.

(4) Die einstweilige Anordnung tritt mit der Beendigung des Hauptsacheverfahrens außer Kraft, sofern sie der Verfassungsgerichtshof nicht früher aufhebt.

Art. 27 Kosten. (1) [1]Das Verfahren des Verfassungsgerichtshofs ist kostenfrei. [2]Ist jedoch in den Fällen des Art. 2 Nr. 6 die Beschwerde und in den Fällen des Art. 2 Nr. 7 die Popularklage unzulässig oder offensichtlich unbegründet, so kann der Verfassungsgerichtshof dem Beschwerdeführer oder Antragsteller eine Gebühr bis zu eintausendfünfhundert Euro auferlegen. [3]Der Verfassungsgerichtshof kann dem Beschwerdeführer oder Antragsteller aufgeben, einen entsprechenden Vorschuß zu leisten. [4]Über die Auferlegung eines Kostenvorschusses entscheidet der Verfassungsgerichtshof in der kleinen Besetzung.

(2) In den Fällen des Art. 2 Nr. 1 sind dem nicht für schuldig Befundenen die notwendigen Auslagen einschließlich der Kosten der Verteidigung zu ersetzen.

(3) Erklärt der Verfassungsgerichtshof in einem Verfahren nach Art. 55 eine Rechtsvorschrift für verfassungswidrig, nichtig oder nur in einer bestimmten Auslegung für verfassungsgemäß, ordnet er an, daß die juristische Person des öffentlichen Rechts, deren Vorschrift Gegenstand des Verfahrens war, dem Antragsteller oder Beschwerdeführer die notwendigen Auslagen ganz oder teilweise zu erstatten hat.

(4) [1]Erweist sich eine Verfassungsbeschwerde als begründet, sind dem Beschwerdeführer die notwendigen Auslagen ganz oder teilweise zu erstatten. [2]Erstattungspflichtig ist die juristische Person des öffentlichen Rechts, der die Verletzung des verfassungsmäßigen Rechts zuzurechnen ist.

(5) In den übrigen Fällen kann der Verfassungsgerichtshof volle oder teilweise Erstattung von Kosten und Auslagen anordnen.

Art. 28 Prozeßkostenhilfe, Kostenfestsetzung, Gegenstandswert.
(1) [1]Die Vorschriften der Zivilprozeßordnung über Prozeßkostenhilfe gelten entsprechend. [2]Über einen Antrag auf Gewährung von Prozeßkostenhilfe entscheidet der Verfassungsgerichtshof in der kleinen Besetzung.

(2) Ist ein Kostenvorschuß eingefordert oder die Erstattung von Kosten oder Auslagen von einem Beteiligten beantragt worden, so entscheidet über die Pflicht zur Kostentragung nach Erledigung der Hauptsache der Verfassungsgerichtshof in der kleinen Besetzung.

(3) [1]Der Urkundsbeamte der Geschäftsstelle setzt auf Antrag die zu erstattenden Kosten und Auslagen fest. [2]Dem Antrag sind Kostenberechnung und Belege beizufügen.

(4) [1]Gegen den Kostenfestsetzungsbeschluß kann binnen einer Frist von zwei Wochen ab Zustellung Erinnerung eingelegt werden. [2]Über die Erinnerung entscheidet der Verfassungsgerichtshof in der kleinen Besetzung. [3]Die Erinnerung hat aufschiebende Wirkung.

(5) Der Verfassungsgerichtshof setzt in der kleinen Besetzung den Gegenstandswert nach der Bundesgebührenordnung für Rechtsanwälte fest.

Art. 29 Bindungswirkung der Entscheidung, Vollzug. (1) Die Entscheidungen des Verfassungsgerichtshofs sind für alle anderen Verfassungsorgane sowie für Gerichte und Behörden bindend.

(2) Der Verfassungsgerichtshof kann in seiner Entscheidung die Art und Weise des Vollzugs regeln.

Art. 30 Ergänzende Bestimmungen. (1) Soweit dieses Gesetz keine Bestimmungen über das Verfahren enthält, sind die Vorschriften der Verwaltungsgerichtsordnung, ergänzend die der Zivilprozeßordnung entsprechend heranzuziehen.

(2) [1]Im übrigen kann das Berufsrichterplenum des Verfassungsgerichtshofs das Verfahren und den Geschäftsgang durch eine Geschäftsordnung regeln. [2]Diese ist im Gesetz- und Verordnungsblatt zu veröffentlichen.

Kapitel II

Besondere Verfahrensvorschriften

1. Abschnitt

Anklagen gegen ein Mitglied der Staatsregierung oder des Landtags (Art. 2 Nr. 1)

1. Unterabschnitt

Anklagen gegen ein Mitglied der Staatsregierung

Art. 31 Erhebung der Anklage. (1) [1]Der Landtag erhebt die Anklage durch Übersendung einer Anklageschrift an den Präsidenten des Verfassungsgerichtshofs. [2]Der Anklageschrift sind die Akten über die Erhebung der Anklage sowie eine Ausfertigung des Beschlusses, durch den der Landtag bestimmt hat, wer die Anklage vor dem Verfassungsgerichtshof vertritt, beizufügen.

(2) [1]Die Anklageschrift muß die Handlung oder Unterlassung, wegen welcher die Anklage erhoben ist, die Bestimmung der Verfassung oder des Gesetzes, die verletzt sein soll, und die Tatsachen, auf welche sich die Anklage stützt, bezeichnen. [2]Sie muß die Feststellung enthalten, daß der Beschluß des Landtags auf Erhebung der Anklage mit Zweidrittelmehrheit der gesetzlichen Mitgliederzahl gefaßt ist.

(3) [1]Der Landtag bestimmt, wer die Anklage vor dem Verfassungsgerichtshof vertritt. [2]Der Anklagevertreter kann seine Bestellung nicht ablehnen. [3]Er darf nicht Mitglied des Verfassungsgerichtshofs sein.

Art. 32 Rücktritt und Entlassung des Anzuklagenden; Auflösung des Landtags. Die Erhebung oder Weiterverfolgung der Anklage werden durch den Rücktritt (Art. 44 Abs. 3 der Verfassung) oder die Entlassung (Art. 45 der Verfassung) des Anzuklagenden, die Vertagung oder Auflösung des Landtags oder den Ablauf der Wahldauer nicht berührt.

Art. 33 Zurücknahme der Anklage. (1) Die Anklage kann mit Zustimmung des Angeklagten bis zur Verkündung des Urteils durch Beschluß des Landtags zurückgenommen werden; für diesen Beschluß ist eine Zweidrittelmehrheit der gesetzlichen Mitgliederzahl erforderlich.

(2) [1]Wird die Anklage zurückgenommen, ist eine Ausfertigung des Beschlusses an den Präsidenten des Verfassungsgerichtshofs zu übersenden. [2]Ist die Zustimmungserklärung des Angeklagten nicht beigefügt, so fordert der Präsident den Angeklagten auf, binnen bestimmter Frist sich über die Zustimmung schriftlich zu erklären.

Art. 34 Mehrere Angeklagte. [1]Gegen mehrere Mitglieder der Staatsregierung kann gemeinschaftlich Anklage erhoben werden. [2]Der Verfassungsgerichtshof kann durch Beschluß die Verfahren gegen Mitglieder der Staatsregierung auch nachträglich verbinden oder ein verbundenes Verfahren trennen.

Art. 35 Aussetzung des Verfahrens. Ist gegen den Angeklagten wegen einer mit dem Verfahren vor dem Verfassungsgerichtshof zusammenhängenden Handlung ein Strafverfahren anhängig, so kann der Verfassungsgerichtshof die Verhandlung bis zur Erledigung des Strafverfahrens aussetzen.

Art. 36 Zustellung der Anklageschrift. Die Anklageschrift wird dem Angeklagten zugestellt.

Art. 37 Voruntersuchung. (1) [1]Der Verfassungsgerichtshof kann zur Vorbereitung der Verhandlung eine Voruntersuchung anordnen. [2]Der Anklagevertreter und der Angeklagte können Antrag auf Anordnung einer Voruntersuchung stellen. [3]Über die Anordnung der Voruntersuchung und über Anträge auf Ergänzung der Voruntersuchung entscheidet der Verfassungsgerichtshof in der Besetzung nach Art. 3 Abs. 2 Nr. 1.

(2) [1]Mit der Führung der Voruntersuchung ist ein berufsrichterliches Mitglied des Verfassungsgerichtshofs zu betrauen. [2]Der Untersuchungsführer ist unabhängig und an Weisungen nicht gebunden. [3]Sein Amt erlischt, sobald seine Mitgliedschaft beim Verfassungsgerichtshof endet (Art. 5 Abs. 3 Satz 3). [4]Maßgebender Zeitpunkt für die Ablehnung im Sinn des § 25 Abs. 1 StPO ist das Ende der erstmaligen Vernehmung des Angeklagten. [5]Über die Ablehnung entscheidet der Verfassungsgerichtshof in der kleinen Besetzung abschließend.

(3) [1]Zeugen und Sachverständige werden in der Voruntersuchung nur dann beeidigt, wenn sie voraussichtlich am Erscheinen in der Verhandlung vor dem Verfassungsgerichtshof verhindert sein werden oder wenn ihr Erscheinen wegen großer Entfernung besonders erschwert sein würde. [2]Ist die Vernehmung eines Zeugen oder Sachverständigen wegen großer Entfernung erschwert, so kann der die Voruntersuchung führende Richter das Amtsgericht, in dessen Bezirk der Zeuge oder Sachverständige sich aufhält, um die Vernehmung ersuchen.

(4) [1]Die Voruntersuchung beginnt mit einer Vernehmung des Angeklagten. [2]Ist er aus zwingenden Gründen am Erscheinen verhindert und hat er dies unverzüglich mitgeteilt, ist er erneut zu laden. [3]Erscheint der Angeklagte zu seiner Vernehmung nicht, so wird die Voruntersuchung ohne ihn weitergeführt. [4]Die Verhaftung, die vorläufige Festnahme und die Vorführung des Angeklagten sind unzulässig.

(5) [1]Vor Abschluß der Voruntersuchung ist dem Angeklagten Gelegenheit zu seiner Verteidigung zu geben. [2]Nach der abschließenden Anhörung legt der Untersuchungsführer die Akten mit einem zusammenfassenden Bericht dem Präsidenten vor.

(6) [1]Im Übrigen finden Art. 26, 27, 29, 30, 32 und 51 Abs. 2, Art. 54 des Bayerischen Disziplinargesetzes auf die Voruntersuchung entsprechende Anwendung. [2]Dem Angeklagten ist zu gestatten, die Akten und beigezogenen Schriftstücke einzusehen, soweit dies ohne Gefährdung des Untersuchungszwecks möglich ist. [3]An Stelle des Verwaltungsgerichts entscheidet der Verfassungsgerichtshof in der kleinen Besetzung.

(7) Der Präsident des Verfassungsgerichtshofs kann in den Fällen, in denen eine Voruntersuchung nicht stattfindet, zur Vorbereitung der Verhandlung vor dem Verfassungsgerichtshof einzelne Ermittlungen anordnen und mit der Durchführung ein berufsrichterliches Mitglied der zuständigen Spruchgruppe beauftragen.

Art. 38 Mündliche Verhandlung. (1) [1]Über die Anklage wird mündlich verhandelt. [2]Zu der Verhandlung sind der Anklagevertreter, der Angeklagte, sein Bevollmächtigter und die erforderlichen Zeugen und Sachverständigen zu laden. [3]Bei der Ladung ist der Angeklagte darauf hinzuweisen, daß ohne ihn verhandelt wird, wenn er unentschuldigt ausbleibt oder sich ohne hinreichenden Grund vorzeitig entfernt. [4]Im übrigen finden die §§ 217 bis 222 StPO entsprechende Anwendung.

(2) [1]Die Zeugen und Sachverständigen werden von Amts wegen geladen, soweit der Präsident oder die zuständige Spruchgruppe die Ladung nach Lage der Sache, insbesondere nach dem Ergebnis der Voruntersuchung oder der angestellten Ermittlungen, für nötig erachtet. [2]Über Anträge des Anklagevertreters oder des Angeklagten oder seines Bevollmächtigten auf Ladung von Zeugen oder Sachverständigen entscheidet in der mündlichen Verhandlung die zuständige Spruchgruppe, außerhalb der mündlichen Verhandlung der Präsident.

Art. 39 Gang der mündlichen Verhandlung. [1]In der Verhandlung wird zunächst die Anklageschrift verlesen. [2]Sodann wird der Angeklagte vernommen. [3]Hierauf findet die Beweisaufnahme statt. [4]Zum Schluß wird der Anklagevertreter mit seinem Antrag und der Angeklagte mit seinem Verteidigungsvorbringen gehört. [5]Der Angeklagte hat das letzte Wort.

Art. 40 Urteil. (1) Der Verfassungsgerichtshof entscheidet auf der Grundlage der Anklageschrift des Landtags nach dem Ergebnis der mündlichen Verhandlung.

(2) Der Verfassungsgerichtshof spricht in seinem Urteil aus, daß der Angeklagte vorsätzlich die Verfassung oder ein näher zu bezeichnendes Gesetz verletzt hat oder daß er von der Anklage freigesprochen wird.

(3) Zur Bejahung der Schuldfrage sind mehr als zwölf Stimmen erforderlich.

Art. 41 Verkündung des Urteils; Zustellung. (1) Die Verkündung des Urteils erfolgt durch Verlesung der Urteilsformel und Eröffnung der Urteilsgründe am Schluß der Verhandlung oder spätestens nach Ablauf eines Monats nach dem Schluß der Verhandlung.

(2) Ausfertigungen des Urteils samt Gründen sind dem Landtag, der Staatsregierung und dem Angeklagten zuzustellen.

Art. 42 Sonstige Verfahrensvorschriften. Im übrigen finden auf die Verhandlung vor dem Verfassungsgerichtshof die Vorschriften der §§ 226 bis 229, 236, 238, 240 bis 258, 271 bis 273 und 275 StPO entsprechend Anwendung.

Art. 43 Wiederaufnahme des Verfahrens. (1) [1]Die Wiederaufnahme des Verfahrens findet nur zugunsten des Verurteilten und nur auf seinen Antrag oder nach seinem Tod auf Antrag seines Ehegatten oder seiner Abkömmlinge unter den Voraussetzungen der §§ 359 und 364 StPO statt. [2]In dem Antrag müssen der gesetzliche Grund der Wiederaufnahme sowie die Beweismittel angegeben werden; er ist schriftlich bei dem Präsidenten des Verfassungsgerichtshofs einzureichen. [3]Durch den Antrag auf Wiederaufnahme wird die Wirksamkeit des Urteils nicht gehemmt.

(2) [1]Über die Zulassung des Antrags entscheidet der Verfassungsgerichtshof in der Besetzung nach Art. 3 Abs. 2 Nr. 1 ohne mündliche Verhandlung. [2]Die Vorschriften der §§ 368 bis 370 und 371 Abs. 1 bis 3 StPO finden entsprechende Anwendung.

(3) Auf die erneute Hauptverhandlung finden die Vorschriften der Art. 38 bis 42 Anwendung.

(4) In dem erneuten Urteil ist entweder das frühere Urteil aufrechtzuerhalten oder aufzuheben und der Angeklagte freizusprechen.

2. Unterabschnitt

Anklagen gegen Abgeordnete

Art. 44 Verfahren. (1) Auf das Verfahren finden die besonderen Verfahrensvorschriften bei Anklagen gegen Mitglieder der Staatsregierung entsprechende Anwendung.

(2) Die Erhebung und Weiterverfolgung der Anklage werden durch den Verlust der Mitgliedschaft beim Landtag nicht berührt.

(3) Ausfertigungen des Urteils samt Gründen sind dem Landtag, dem Angeklagten und der Staatsregierung zuzustellen.

3. Unterabschnitt

(aufgehoben)

2. Abschnitt

Entscheidungen über den Ausschluß von Wählergruppen von Wahlen und Abstimmungen (Art. 2 Nr. 2)

Art. 46 Antrag. (1) Der Antrag auf Entscheidung über den Ausschluß von Wählergruppen von Wahlen und Abstimmungen kann von der Staatsregierung oder von einer der im Landtag vertretenen politischen Parteien gestellt werden.

(2) In dem Antrag sind die Tatsachen und Beweismittel zu bezeichnen, aus denen hervorgeht, daß die Mitglieder oder Förderer der Wählergruppe darauf ausgehen, die staatsbürgerlichen Freiheiten zu unterdrücken oder gegen Volk, Staat oder Verfassung Gewalt anzuwenden.

Art. 47 Verfahren. (1) [1]Der Antrag ist der beteiligten Wählergruppe zur Äußerung binnen einer zu bestimmenden Frist mitzuteilen. [2]Hat eine im Landtag vertretene politische Partei den Antrag gestellt, ist der Staatsregierung Gelegenheit zur Äußerung zu geben.

(2) [1]Der Antragsteller und die Wählergruppe müssen sich durch einen Bevollmächtigten vertreten lassen. [2]Dieser hat bei seiner ersten Äußerung eine schriftliche Vollmacht vorzulegen. [3]Wird der Antrag von einer politischen Partei gestellt, ist zugleich der Nachweis vorzulegen, daß die Vollmacht von dem nach der Parteisatzung hierzu Berechtigten erteilt wurde.

(3) Ausfertigungen der Entscheidung sind der Staatsregierung, auch wenn sie den Antrag nicht gestellt hat, den Bevollmächtigten des Antragstellers und der beteiligten Wählergruppe, dem Landtag und dem Landeswahlleiter zuzustellen.

3. Abschnitt

Entscheidungen über die Gültigkeit der Wahl der Mitglieder des Landtags und den Verlust der Mitgliedschaft beim Landtag (Art. 2 Nr. 3)

Art. 48 Antrag, Verfahren. (1) Gegen Beschlüsse des Landtags über die Gültigkeit der Wahl oder den Verlust der Mitgliedschaft können die Entscheidung des Verfassungsgerichtshofs beantragen
1. Abgeordnete, deren Mitgliedschaft im Landtag bestritten ist,
2. Fraktionen des Landtags oder Minderheiten des Landtags, die wenigstens ein Zehntel der gesetzlichen Mitgliederzahl umfassen,
3. Stimmberechtigte, deren Wahlbeanstandung vom Landtag verworfen worden ist.

(2) [1]Der Antrag ist schriftlich bei dem Präsidenten des Verfassungsgerichtshofs binnen einem Monat seit der Beschlußfassung des Landtags einzureichen;

er ist durch die Anführung von Tatsachen und Beweismitteln zu begründen. [2]Eine Landtagsminderheit muß sich durch einen Bevollmächtigten vertreten lassen. [3]Dieser hat bei der Antragstellung den Nachweis seiner Bevollmächtigung vorzulegen.

(3) [1]Der fristgemäß eingereichte Antrag ist den weiteren Beteiligten zur Äußerung binnen einer zu bestimmenden Frist mitzuteilen. [2]Beteiligt sind außer dem Antragsteller der Landtag und die Personen, deren Mitgliedschaft im Landtag durch die beantragte Entscheidung betroffen wäre. [3]Die Äußerung und die Gegenerklärung erfolgen schriftlich. [4]Der Verfassungsgerichtshof kann von einer mündlichen Verhandlung absehen, wenn er eine solche nach der Sach- und Rechtslage nicht für geboten erachtet.

(4) Ist die Frist des Absatzes 2 Satz 1 nicht eingehalten worden, so ist der Antrag als unzulässig zurückzuweisen.

(5) Ausfertigungen der Entscheidung sind dem Abgeordneten, dem Landtag, den etwaigen übrigen Beteiligten, der Staatsregierung und dem Landeswahlleiter zuzustellen.

4. Abschnitt

Verfassungsstreitigkeiten zwischen obersten Staatsorganen; Meinungsverschiedenheiten über Verfassungsänderung (Art. 2 Nrn. 4 und 8)

Art. 49 Verfahren, Zustellung. (1) Bei Verfassungsstreitigkeiten zwischen den obersten Staatsorganen oder in der Verfassung mit eigenen Rechten ausgestatteten Teilen eines obersten Staatsorgans (Art. 64 der Verfassung) sowie bei Meinungsverschiedenheiten darüber, ob durch ein Gesetz die Verfassung verletzt wird oder ob ein Antrag auf eine unzulässige Verfassungsänderung vorliegt (Art. 75 Abs. 3 der Verfassung), kann die Entscheidung des Verfassungsgerichtshofs herbeigeführt werden.

(2) [1]Antragsberechtigt sind der Landtag, die Staatsregierung und die in der Verfassung mit eigenen Rechten ausgestatteten Teile eines obersten Staatsorgans. [2]Letztere müssen sich durch einen Bevollmächtigten vertreten lassen, der den Antrag zu stellen und dabei den Nachweis seiner Bevollmächtigung vorzulegen hat. [3]Bei Meinungsverschiedenheiten innerhalb des Landtags (Art. 75 Abs. 3 der Verfassung) müssen sich auch die Mitglieder des Landtags, die die gegenteilige Ansicht vertreten, durch einen Bevollmächtigten vertreten lassen.

(3) Ausfertigungen der Entscheidung sind dem Landtag und der Staatsregierung zuzustellen.

5. Abschnitt

Richtervorlagen (Art. 2 Nr. 5)

Art. 50 Verfahren, Zustellung. (1) Hält ein Gericht eine Rechtsvorschrift des bayerischen Landesrechts, die für die Entscheidung eines bei ihm anhängigen Verfahrens erheblich ist, für verfassungswidrig, so hat es das Verfahren auszusetzen und die Entscheidung des Verfassungsgerichtshofs herbeizuführen.

(2) [1]Das Gericht leitet den Vorlagebeschluß mit den Akten dem Verfassungsgerichtshof unmittelbar zu. [2]In der Begründung des Beschlusses ist auszuführen, aus welchen Gründen die Rechtsvorschrift für das anhängige Verfahren entscheidungserheblich ist und für verfassungswidrig erachtet wird.

(3) Der Verfassungsgerichtshof gibt dem Landtag, der Staatsregierung und den sonst am Verfahren Beteiligten Gelegenheit zur Äußerung.

(4) Ausfertigungen der Entscheidung sind dem Landtag und der Staatsregierung zuzustellen.

6. Abschnitt

Verfassungsbeschwerden (Art. 2 Nr. 6)

Art. 51 Inhalt und Voraussetzung der Verfassungsbeschwerde; Frist.

(1) [1]In der Beschwerde nach Art. 120 der Verfassung sind die Handlung oder Unterlassung der Behörde, gegen die sich der Beschwerdeführer wendet, und das verfassungsmäßige Recht, dessen Verletzung der Beschwerdeführer geltend macht, zu bezeichnen; die Bestimmungen der Verfassung, deren Verletzung behauptet wird, sollen angeführt werden. [2]Die Beschwerde kann auch gegen die Handlung oder Unterlassung eines Gerichts erhoben werden.

(2) [1]Ist hinsichtlich des Beschwerdegegenstands ein Rechtsweg zulässig, so ist bei Einreichung der Beschwerde nachzuweisen, daß der Rechtsweg erschöpft worden ist. [2]Die Verfassungsbeschwerde ist spätestens zwei Monate nach der schriftlichen Bekanntgabe der vollständigen letztgerichtlichen Entscheidung an den Beschwerdeführer beim Verfassungsgerichtshof einzureichen.

(3) [1]Ist ein Rechtsweg nicht zulässig und wird die Beschwerde gegen eine einem Staatsministerium nachgeordnete Behörde erhoben, so muß der Beschwerdeführer bei Einreichung der Beschwerde nachweisen, daß er innerhalb eines Monats, seit er von der Handlung der Behörde Kenntnis hat, ohne Erfolg bei dem zuständigen Staatsministerium um Abhilfe nachgesucht hat. [2]Sind seit der Einreichung des Gesuchs um Abhilfe drei Monate verstrichen, ohne daß dem Beschwerdeführer ein Bescheid zugegangen ist, so wird angenommen, daß das Gesuch um Abhilfe erfolglos geblieben ist. [3]Die Verfassungsbeschwerde ist spätestens zwei Monate nach der Entscheidung des Staatsministe-

riums oder der von ihm beauftragten Dienststelle und, falls eine Entscheidung nicht ergangen ist, zwei Monate nach Ablauf der Frist des Satzes 2 beim Verfassungsgerichtshof einzureichen.

(4) Wird der Nachweis, daß der Rechtsweg erschöpft oder das Abhilfegesuch an das zuständige Staatsministerium ohne Erfolg geblieben ist, bei Einreichung der Verfassungsbeschwerde nicht erbracht, so kann ihn der Präsident unter Setzung einer Frist beim Beschwerdeführer anfordern.

(5) Ist ein Rechtsweg nicht zulässig und auch ein Gesuch um Abhilfe nach Absatz 3 Satz 1 nicht möglich, so ist
1. die Verfassungsbeschwerde gegen die Handlung einer Behörde spätestens zwei Monate seit der Kenntnisnahme des Beschwerdeführers,
2. die Verfassungsbeschwerde gegen eine gerichtliche Entscheidung spätestens zwei Monate seit der schriftlichen Bekanntgabe der vollständigen Entscheidung an den Beschwerdeführer,
3. die Verfassungsbeschwerde gegen die Unterlassung einer beantragten Handlung spätestens sechs Monate nach der Antragstellung

zu erheben.

(6) Im Fall des Art. 48 Abs. 3 der Verfassung findet Absatz 1 Satz 1 entsprechende Anwendung.

Art. 52 Äußerung der Staatsregierung oder des zuständigen Staatsministeriums. Vor einer abschließenden Entscheidung übermittelt der Verfassungsgerichtshof eine Abschrift der Beschwerde im Fall des Art. 48 Abs. 3 der Verfassung der Staatsregierung, im Fall des Art. 120 der Verfassung dem beteiligten Staatsministerium und gibt Gelegenheit zur Äußerung binnen einer zu bestimmenden Frist.

Art. 53 Verfahren. (1) [1]Über die Beschwerde entscheidet der Verfassungsgerichtshof ohne mündliche Verhandlung. [2]Der Präsident oder der Verfassungsgerichtshof können mündliche Verhandlung anordnen.

(2) Zur mündlichen Verhandlung sind der Beschwerdeführer und die Staatsregierung oder das beteiligte Staatsministerium zu laden.

(3) Der Präsident oder der Verfassungsgerichtshof können das persönliche Erscheinen des Beschwerdeführers anordnen.

Art. 54 Inhalt der Entscheidung. [1]Wird einer Verfassungsbeschwerde stattgegeben, so ist in der Entscheidung festzustellen, welche Verfassungsbestimmung verletzt wurde und durch welche gerichtliche oder behördliche Handlung oder Unterlassung die Verletzung erfolgt ist. [2]Der Verfassungsgerichtshof bestimmt, in welcher Weise der Beschwerde abzuhelfen ist.

7. Abschnitt

Popularklagen (Art. 2 Nr. 7)

Art. 55 Popularklage. (1) [1]Die Verfassungswidrigkeit einer Rechtsvorschrift des bayerischen Landesrechts kann jedermann durch Beschwerde beim Verfassungsgerichtshof geltend machen. [2]Er hat darzulegen, daß ein durch die Verfassung gewährleistetes Grundrecht verfassungswidrig eingeschränkt wird.

(2) Der Verfassungsgerichtshof hat dem Landtag, der Staatsregierung und den übrigen Beteiligten Gelegenheit zur Äußerung zu geben.

(3) Der Verfassungsgerichtshof kann von einer mündlichen Verhandlung absehen, wenn er eine solche nach der Sach- und Rechtslage nicht für geboten erachtet.

(4) Ausfertigungen der Entscheidung sind dem Landtag und der Staatsregierung zuzustellen.

(5) Der Verfassungsgerichtshof kann trotz einer Rücknahme der Popularklage über diese entscheiden, wenn er eine Entscheidung im öffentlichen Interesse für geboten hält; er hat über die Popularklage zu entscheiden, wenn die juristische Person des öffentlichen Rechts, deren Rechtsvorschrift angegriffen ist, eine Entscheidung binnen vier Wochen ab Zustellung der Rücknahmeerklärung beantragt.

VIERTER TEIL

Änderungs-, Übergangs- und Schlußvorschriften

Art. 56 *(aufgehoben)*

Art. 57 Inkrafttreten; Außerkrafttreten; Übergangsregelung. (1) [1]Dieses Gesetz tritt am 1. Januar 1991 in Kraft.* [2]*(aufgehoben)*

(2) Abweichend von Absatz 1 Satz 1 treten Art. 3 Abs. 6, Art. 10 Abs. 1 und Art. 30 Abs. 2 am 1. August 1990 in Kraft.

(3) *(aufgehoben)*

---

* *Diese Vorschrift betrifft das Inkrafttreten des Gesetzes in der ursprünglichen Fassung vom 10. Mai 1990 (GVBl. S. 122, ber. S. 231). Der Zeitpunkt des Inkrafttretens der späteren Änderungen ergibt sich aus den jeweiligen Änderungsgesetzen.*

Gesetz über Landtagswahl, Volksbegehren, Volksentscheid und Volksbefragung (Landeswahlgesetz – LWG)

(BayRS 111-1-I) in der Fassung der Bekanntmachung vom 5. Juli 2002 (GVBl. S. 277, ber. S. 620), zuletzt geändert durch Gesetz vom 24. Juli 2019 (GVBl. S. 342)

– Auszug –

INHALTSÜBERSICHT*

ERSTER TEIL

Allgemeine Bestimmungen

Kapitel 1

Stimmrecht

Art. 1 Voraussetzungen des Stimmrechts
Art. 2 Ausschluss vom Stimmrecht
Art. 3 Ausübung des Stimmrechts
Art. 4 Wählerverzeichnis und Wahlschein

Kapitel 2

Räumliche Gliederung und Wahlorgane

Art. 5 Wahlkreis, Stimmkreis, Stimmbezirk
Art. 6 Wahlorgane
Art. 7 Bildung der Wahlorgane
Art. 8 Tätigkeit der Wahlausschüsse und Wahlvorstände
Art. 9 Ehrenämter

Kapitel 3

Durchführung der Abstimmung

Art. 10 Tag der Abstimmung
Art. 11 Öffentlichkeit der Abstimmung
Art. 12 Unzulässige Beeinflussung der Abstimmenden, unzulässige Veröffentlichung von Befragungen zur Stimmabgabe
Art. 13 Abstimmungsgeheimnis
Art. 14 Stimmzettel, Stimmenzählgeräte
Art. 15 Briefwahl
Art. 16 Entscheidungen des Wahlvorstands
Art. 17 Kosten der Abstimmung
Art. 18 Dienstbefreiung ohne Lohnabzug

ZWEITER TEIL

Besondere Bestimmungen für die Landtagswahl

Art. 19–61 *(nicht abgedruckt)*

DRITTER TEIL

Besondere Bestimmungen über Volksbegehren, Volksentscheid und Volksbefragung

Abschnitt I

Das unmittelbare Gesetzgebungsrecht des Volkes

Art. 62 Volksgesetzgebung

Kapitel 1

Volksbegehren

Art. 63 Zulassungsantrag
Art. 64 Entscheidung über den Zulassungsantrag
Art. 65 Bekanntmachung des Volksbegehrens und der Eintragungsfrist

* *Inhaltsübersicht nicht amtlich.*

Art. 66 Änderung und Rücknahme des Zulassungsantrags
Art. 67 Eintragungsbezirke
Art. 68 Auslegung der Eintragungslisten
Art. 69 Eintragungsberechtigung, Inhalt der Eintragung, Eintragungs schein
Art. 70 Ungültige Eintragungen
Art. 71 Feststellung des Ergebnisses des Volksbegehrens
Art. 72 Vorlage des Volksbegehrens an den Landtag
Art. 73 Behandlung des Volksbegehrens im Landtag
Art. 74 Kosten

Kapitel 2
Volksentscheid

Art. 75 Bekanntmachung von Tag und Gegenstand des Volksentscheids
Art. 76 Stimmzettel, Stimmabgabe
Art. 77 Ungültige Stimmen
Art. 78 Feststellung des Abstimmungsergebnisses
Art. 79 Ergebnis des Volksentscheids
Art. 80 Prüfung des Volksentscheids
Art. 81 Ausfertigung und Verkündung der Gesetze
Art. 82 Beteiligung des Beauftragten des Volksbegehrens in Verfahren vor dem Verfassungsgerichtshof

Abschnitt II
Die Abberufung des Landtags durch das Volk

Art. 83 Abberufung des Landtags durch das Volk
Art. 84 Volksbegehren
Art. 85 Volksentscheid
Art. 86 Ergebnis des Volksentscheids
Art. 87 Vollzug der Abberufung

Abschnitt III
Volksentscheid über Beschlüsse des Landtags auf Änderung der Verfassung

Art. 88 Volksentscheid über Beschlüsse des Landtags auf Änderung der Verfassung

Abschnitt IV
Volksbefragung

Art. 88a Volksbefragung

VIERTER TEIL
Schlussbestimmungen

Art. 89 Ordnungswidrigkeiten
Art. 90 Fristen, Termine und Form
Art. 91 Wahlstatistik
Art. 92 Landeswahlordnung
Art. 93 In-Kraft-Treten

Anlage
Stimmkreiseinteilung für die Wahl zum Bayerischen Landtag

ERSTER TEIL

Allgemeine Bestimmungen

Kapitel 1

Stimmrecht

Art. 1 Voraussetzungen des Stimmrechts. (1) Stimmberechtigt bei den Wahlen zum Landtag, bei Volksbegehren, Volksentscheiden und Volksbefragungen sind alle Deutschen im Sinn des Art. 116 Abs. 1 des Grundgesetzes*, die am Tag der Abstimmung, bei Volksbegehren spätestens am letzten Tag der Eintragungsfrist,
1. das 18. Lebensjahr vollendet haben,
2. seit mindestens drei Monaten in Bayern ihre Wohnung, bei mehreren Wohnungen ihre Hauptwohnung, haben oder sich sonst in Bayern gewöhnlich aufhalten,
3. nicht nach Art. 2 vom Stimmrecht ausgeschlossen sind.

(2) [1]Stimmberechtigt sind bei Vorliegen der sonstigen Voraussetzungen auch Beamte und Arbeitnehmer im öffentlichen Dienst, die ihre Wohnung, bei mehreren Wohnungen ihre Hauptwohnung, aus beruflichen Gründen aus Bayern in einen Ort im Ausland nahe der Landesgrenze verlegen mussten, sowie die Angehörigen ihres Hausstands. [2]Bei Rückkehr nach Bayern gilt die Dreimonatsfrist des Absatzes 1 Nr. 2 nicht.

(3) Bei der Berechnung der Dreimonatsfrist nach Absatz 1 Nr. 2 wird der Tag der Wohnungs- oder Aufenthaltsnahme in die Frist einbezogen.

Art. 2 Ausschluss vom Stimmrecht. Ausgeschlossen vom Stimmrecht ist, wer infolge Richterspruchs das Stimmrecht nicht besitzt.

Art. 3 Ausübung des Stimmrechts. (1) Abstimmen kann nur, wer in ein Wählerverzeichnis eingetragen ist oder einen Wahlschein hat.

(2) Wer im Wählerverzeichnis eingetragen ist, kann nur in dem Stimmbezirk abstimmen, in dessen Wählerverzeichnis er geführt wird.

(3) [1]Wer einen Wahlschein hat, kann sein Stimmrecht in dem Stimmkreis, in dem der Wahlschein ausgestellt ist,

---

* *Art. 116 Abs. 1 Grundgesetz für die Bundesrepublik Deutschland vom 23. Mai 1949 (BGBl. S. 1), Grundgesetz zuletzt geändert durch Gesetz vom 29. September 2020 (BGBl. I S. 2048), lautet:*

Art. 116. (1) Deutscher im Sinne dieses Grundgesetzes ist vorbehaltlich anderweitiger gesetzlicher Regelung, wer die deutsche Staatsangehörigkeit besitzt oder als Flüchtling oder Vertriebener deutscher Volkszugehörigkeit oder als dessen Ehegatte oder Abkömmling in dem Gebiete des Deutschen Reiches nach dem Stande vom 31. Dezember 1937 Aufnahme gefunden hat.

1. durch Stimmabgabe in einem beliebigen Stimmbezirk dieses Stimmkreises oder
2. durch Briefwahl

ausüben. [2]Beim Volksentscheid und bei einer Volksbefragung kann der Inhaber eines Wahlscheins sein Stimmrecht in einem beliebigen Stimmbezirk innerhalb der kreisfreien Gemeinde oder des Landkreises ausüben, sofern der Volksentscheid oder die Volksbefragung nicht zusammen mit einer Landtagswahl durchgeführt wird.

(4) [1]Jede stimmberechtigte Person kann ihr Stimmrecht nur einmal und nur persönlich ausüben. [2]Eine Ausübung des Stimmrechts durch einen Vertreter anstelle der stimmberechtigten Person ist unzulässig.

(5) [1]Eine stimmberechtigte Person, die des Lesens unkundig oder wegen einer Behinderung an der Abgabe ihrer Stimme gehindert ist, kann sich hierzu der Hilfe einer anderen Person bedienen. [2]Die Hilfeleistung ist auf technische Hilfe bei der Kundgabe einer von der stimmberechtigten Person selbst getroffenen und geäußerten Wahlentscheidung beschränkt. [3]Unzulässig ist eine Hilfeleistung, die unter missbräuchlicher Einflussnahme erfolgt, die selbstbestimmte Willensbildung oder Entscheidung der stimmberechtigten Person ersetzt oder verändert oder wenn ein Interessenkonflikt der Hilfsperson besteht.

Art. 4 Wählerverzeichnis und Wahlschein. (1) [1]Die Gemeinden legen für jeden Stimmbezirk ein Verzeichnis der Stimmberechtigten an. [2]Jede stimmberechtigte Person hat das Recht, an den Werktagen, außer Samstagen, vom 20. bis 16. Tag vor der Abstimmung während der allgemeinen Dienststunden die Richtigkeit oder Vollständigkeit der zu ihrer Person im Wählerverzeichnis eingetragenen Daten zu überprüfen. [3]Zur Überprüfung der Richtigkeit oder Vollständigkeit der Daten von anderen im Wählerverzeichnis eingetragenen Personen haben Stimmberechtigte während des in Satz 2 genannten Zeitraums nur dann ein Recht auf Einsicht in das Wählerverzeichnis, wenn sie Tatsachen glaubhaft machen, aus denen sich eine Unrichtigkeit oder Unvollständigkeit des Wählerverzeichnisses ergeben kann. [4]Das Recht zur Überprüfung gemäß Satz 3 besteht nicht hinsichtlich der Daten von Stimmberechtigten, für die im Melderegister eine Auskunftssperre gemäß § 51 des Bundesmeldegesetzes eingetragen ist.

(2) Eine stimmberechtigte Person, die im Wählerverzeichnis eingetragen ist oder die aus einem von ihr nicht zu vertretenden Grund in das Wählerverzeichnis nicht aufgenommen worden ist, erhält auf Antrag einen Wahlschein.

Kapitel 2

Räumliche Gliederung und Wahlorgane

Art. 5 Wahlkreis, Stimmkreis, Stimmbezirk. (1) Jeder Regierungsbezirk bildet einen Wahlkreis.

(2) [1]Jeder Landkreis und jede kreisfreie Gemeinde bildet einen Stimmkreis. [2]Soweit es der Grundsatz der Wahlgleichheit erfordert, sind räumlich zusammenhängende Stimmkreise abweichend von Satz 1 zu bilden; das Gebiet kreisangehöriger Gemeinden und der räumliche Wirkungsbereich von Verwaltungsgemeinschaften dürfen nicht durchschnitten werden. [3]Die Einwohnerzahl eines Stimmkreises soll von der durchschnittlichen Einwohnerzahl der Stimmkreise im jeweiligen Wahlkreis nicht um mehr als 15 v.H. nach oben oder unten abweichen; beträgt die Abweichung mehr als 25 v.H. ist eine Neuabgrenzung vorzunehmen.

(3) [1]Wird eine Gemeinde oder ein Gemeindeteil in eine Gemeinde eingegliedert, die einem anderen Stimmkreis angehört, so fällt sie diesem Stimmkreis zu. [2]Wird eine neue Gemeinde oder eine Verwaltungsgemeinschaft aus Gemeinden verschiedener Stimmkreise gebildet, so fällt sie dem Stimmkreis zu, dem der größere Teil der Einwohner bisher angehört hat. [3]Dies gilt jedoch nicht, wenn hierdurch die Einwohnerzahl eines der Stimmkreise von der durchschnittlichen Einwohnerzahl der Stimmkreise in dem jeweiligen Wahlkreis um mehr als 25 v.H. nach oben oder unten abweicht; in diesem Fall fällt sie dem Stimmkreis zu, dem der nächstgrößere Teil der Einwohner bisher angehört hat. [4]Die Feststellungen trifft der Landeswahlleiter.

(4) [1]Die sich hieraus ergebende Einteilung regelt die **Anlage*** zu diesem Gesetz. [2]Berichtigungen der Anlage nach Absatz 3 gibt das Staatsministerium des Innern, für Sport und Integration bekannt.

(5) [1]Die Staatsregierung erstattet dem Landtag 36 Monate nach dem Tag, an dem der Landtag gewählt worden ist, einen schriftlichen Bericht über die Veränderung der Einwohnerzahlen in den Wahl- und den Stimmkreisen. [2]Der Bericht hat Vorschläge zur Änderung der Zahl der auf die Wahlkreise entfallenden Abgeordnetensitze und zur Änderung der Stimmkreiseinteilung zu enthalten, soweit das durch die Veränderung der Einwohnerzahlen geboten ist.

(6) Jeder Stimmkreis wird für die Stimmabgabe in Stimmbezirke eingeteilt.

Art. 6 Wahlorgane. Wahlorgane sind

1. der Landeswahlleiter und der Landeswahlausschuss für das Staatsgebiet,
2. bei Landtagswahlen ein Beschwerdeausschuss für das Staatsgebiet,
3. bei Landtagswahlen ein Wahlkreisleiter und ein Wahlkreisausschuss für jeden Wahlkreis,
4. bei Landtagswahlen ein Stimmkreisleiter und ein Stimmkreisausschuss für jeden Stimmkreis, bei Volksentscheiden und Volksbefragungen ein Abstimmungsleiter und ein Abstimmungsausschuss für jeden Landkreis und für jede kreisfreie Gemeinde,
5. ein Wahlvorsteher und ein Wahlvorstand für jeden Stimmbezirk; die Gemeinde soll anordnen, dass ein Wahlvorstand, der weniger als 50 Stimmberechtigte zur Abstimmung zugelassen hat, die Abstimmungsverhandlungen zur Ergebnisermittlung einem anderen Wahlvorstand übergibt, und

* *Nicht abgedruckt.*

6. mindestens ein Wahlvorsteher und ein Wahlvorstand für jede Gemeinde zur Feststellung des Briefwahlergebnisses (Briefwahlvorstand); das Landratsamt kann anordnen, dass für mehrere Gemeinden ein gemeinsamer Briefwahlvorstand zu bilden ist, und eine dieser Gemeinden mit der Durchführung der Briefwahl betrauen.

Art. 7 Bildung der Wahlorgane. (1) Der Landeswahlleiter und sein Stellvertreter sowie die Wahlkreisleiter und ihre Stellvertreter werden vom Staatsministerium des Innern, für Sport und Integration, die Stimmkreisleiter und die Abstimmungsleiter sowie ihre Stellvertreter von der Regierung, die Wahlvorsteher und ihre Stellvertreter von der Gemeinde ernannt.

(2) [1]Der Landeswahlausschuss, die Wahlkreisausschüsse, die Stimmkreisausschüsse und die Abstimmungsausschüsse bestehen jeweils aus dem Wahlleiter als Vorsitzendem und sechs von ihm berufenen Stimmberechtigten als Beisitzern. [2]Der Beschwerdeausschuss besteht aus dem Landeswahlleiter als Vorsitzendem sowie den sechs Beisitzern des Landeswahlausschusses und zwei vom Landeswahlleiter berufenen Richtern des Verwaltungsgerichtshofs. [3]Die Wahlvorstände bestehen aus dem Wahlvorsteher als Vorsitzendem, seinem Stellvertreter und weiteren drei bis sieben von der Gemeinde berufenen Stimmberechtigten als Beisitzern. [4]Bei der Berufung der Beisitzer sind die in dem jeweiligen Gebiet vertretenen Parteien und sonstigen organisierten Wählergruppen nach Möglichkeit zu berücksichtigen.

(3) [1]Niemand darf in mehr als einem Wahlorgan Mitglied sein. [2]Wahlbewerber, Beauftragte für Wahlkreisvorschläge und ihre Stellvertreter dürfen nicht zu Mitgliedern eines Wahlorgans bestellt werden.

(4) [1]Die Gemeinden sind befugt, personenbezogene Daten von Stimmberechtigten zum Zweck ihrer Berufung zu Mitgliedern von Wahlvorständen zu erheben, zu verarbeiten und zu nutzen. [2]Zu diesem Zweck dürfen personenbezogene Daten von Stimmberechtigten, die zur Tätigkeit in Wahlvorständen geeignet sind, auch für künftige Abstimmungen verarbeitet und genutzt werden, sofern die betroffene Person der Verarbeitung oder Nutzung nicht widersprochen hat. [3]Die betroffene Person ist über das Widerspruchsrecht zu unterrichten. [4]Im Einzelnen dürfen folgende Daten erhoben, verarbeitet und genutzt werden: Name, Vorname, akademische Grade, Geburtsdatum, Anschriften, Telefonnummern, Zahl der Berufungen zu einem Mitglied der Wahlvorstände und die dabei ausgeübte Funktion.

(5) [1]Auf Ersuchen der Gemeinde sind zur Sicherstellung der Durchführung der Abstimmung die Behörden des Freistaates Bayern, der Gemeinden, der Landkreise und der Bezirke sowie der sonstigen der Aufsicht des Freistaates Bayern unterstehenden juristischen Personen des öffentlichen Rechts verpflichtet, aus dem Kreis ihrer Bediensteten unter Angabe von Name, Vorname, akademischen Graden, Geburtsdatum, Anschriften und Telefonnummern zum Zweck der Berufung als Mitglieder der Wahlvorstände stimmberechtigte Personen zu benennen, die im Gebiet der ersuchenden Gemeinde wohnen. [2]Die er-

suchte Stelle hat die Betroffenen über die übermittelten Daten und den Empfänger zu benachrichtigen.

Art. 8 Tätigkeit der Wahlausschüsse und Wahlvorstände. (1) [1]Die Wahlausschüsse und Wahlvorstände verhandeln, beraten und entscheiden in öffentlicher Sitzung. [2]Soweit nicht in diesem Gesetz etwas anderes bestimmt ist, entscheidet bei den Abstimmungen Stimmenmehrheit. [3]Bei Stimmengleichheit entscheidet die Stimme des Vorsitzenden.

(2) [1]Die Mitglieder der Wahlorgane, ihre Stellvertreter und die Schriftführer sind zur unparteiischen Wahrnehmung ihres Amts und zur Verschwiegenheit über die ihnen bei ihrer amtlichen Tätigkeit bekannt gewordenen Angelegenheiten verpflichtet. [2]Sie dürfen bei der Ausübung ihres Amts ihr Gesicht nicht verhüllen.

Art. 9 Ehrenämter. [1]Die Beisitzer der Wahlausschüsse und die Mitglieder der Wahlvorstände üben ihre Tätigkeit ehrenamtlich aus. [2]Zur Übernahme des Ehrenamts ist jede stimmberechtigte Person verpflichtet. [3]Das Ehrenamt darf nur aus wichtigem Grund abgelehnt werden.

Kapitel 3
Durchführung der Abstimmung

Art. 10 Tag der Abstimmung. Die Abstimmungen finden an einem Sonntag oder gesetzlichen Feiertag statt.

Art. 11 Öffentlichkeit der Abstimmung. [1]Die Durchführung der Abstimmung und die Ermittlung des Abstimmungsergebnisses sind öffentlich. [2]Der Wahlvorstand kann Personen, die Ruhe und Ordnung stören, aus dem Abstimmungsraum verweisen. [3]Stimmberechtigten ist zuvor Gelegenheit zur Stimmabgabe zu geben.

Art. 12 Unzulässige Beeinflussung der Abstimmenden, unzulässige Veröffentlichung von Befragungen zur Stimmabgabe. (1) Während der Abstimmungszeit ist in und an dem Gebäude, in dem sich der Abstimmungsraum befindet, sowie unmittelbar vor dem Zugang zu dem Gebäude jede Beeinflussung der Abstimmenden durch Wort, Ton, Schrift, Bild oder auf andere Weise, insbesondere durch Umfragen oder Unterschriftensammlungen, sowie jede Behinderung oder erhebliche Belästigung der Abstimmenden verboten.

(2) Vor Ablauf der Abstimmungszeit dürfen Ergebnisse von Befragungen nach der Stimmabgabe über den Inhalt der Abstimmungsentscheidung nicht veröffentlicht werden.

(3) Den Behörden des Staates und den Gemeinden ist es untersagt, die Abstimmung in irgendeiner Weise zu beeinflussen oder das Abstimmungsgeheimnis zu verletzen.

Art. 13 Abstimmungsgeheimnis. (1) [1]Es sind Vorkehrungen zu treffen, dass die abstimmende Person die Stimmzettel unbeobachtet kennzeichnen kann. [2]Für die Aufnahme der Stimmzettel sind Wahlurnen zu verwenden, die die Wahrung des Abstimmungsgeheimnisses sicherstellen.

(2) [1]Die nach Art. 3 Abs. 5 zulässige Hilfe bei der Stimmabgabe bleibt unberührt. [2]Die Hilfsperson ist zur Geheimhaltung der Kenntnisse verpflichtet, die sie bei der Hilfeleistung von der Abstimmung einer anderen Person erhalten hat.

Art. 14 Stimmzettel, Stimmenzählgeräte. (1) Für die Stimmabgabe werden amtliche Stimmzettel verwendet.

(2) Das Staatsministerium des Innern, für Sport und Integration kann zulassen, dass an Stelle von Stimmzetteln amtlich zugelassene Stimmenzählgeräte verwendet werden.

Art. 15 Briefwahl. (1) [1]Bei der Briefwahl hat die abstimmende Person der Gemeinde, die den Wahlschein ausgestellt hat, im verschlossenen Wahlbriefumschlag

1. ihren Wahlschein,
2. in einem besonderen verschlossenen Stimmzettelumschlag ihre Stimmzettel

so rechtzeitig zu übersenden, dass der Wahlbrief spätestens am Tag der Abstimmung bis zum Ende der Abstimmungszeit eingeht. [2]Art. 13 Abs. 2 gilt entsprechend.

(2) Auf dem Wahlschein hat die abstimmende Person oder die Person ihres Vertrauens an Eides statt zu versichern, dass die Stimmzettel persönlich oder gemäß dem erklärten Willen der abstimmenden Person gekennzeichnet worden sind.

Art. 16 Entscheidungen des Wahlvorstands. [1]Der Wahlvorstand leitet die Durchführung der Abstimmung. [2]Vorbehaltlich einer Nachprüfung durch den Stimmkreisausschuss oder den Abstimmungsausschuss entscheidet er über die Gültigkeit der abgegebenen Stimmen und stellt das Abstimmungsergebnis fest.

Art. 17 Kosten der Abstimmung. (1) Der Freistaat Bayern erstattet den Gemeinden und den Verwaltungsgemeinschaften die durch die Abstimmung veranlassten notwendigen Ausgaben durch einen festen Betrag je stimmberechtigte Person.

(2) [1]Der Betrag wird vom Staatsministerium des Innern, für Sport und Integration festgesetzt. [2]Bei der Festsetzung werden laufende persönliche und sächliche Kosten sowie Kosten für die Bereitstellung von Räumen und Einrichtungen der Gemeinden und der Verwaltungsgemeinschaften nicht berücksichtigt.

(3) Blindenvereinen, die ihre Bereitschaft zur Herstellung von Stimmzettelschablonen erklärt haben, werden die durch die Herstellung und Verteilung der Stimmzettelschablonen veranlassten notwendigen Ausgaben erstattet.

Art. 18 Dienstbefreiung ohne Lohnabzug. Stimmberechtigten in einem Dienst- oder Arbeitsverhältnis muss die freie Zeit, die sie zur Stimmabgabe und zur Ausübung von Ehrenämtern bei den Abstimmungen benötigen, ohne Abzug an Lohn oder Gehalt gewährt werden.

ZWEITER TEIL

Besondere Bestimmungen für die Landtagswahl

Art. 19–61 *(nicht abgedruckt)*

DRITTER TEIL

Besondere Bestimmungen über Volksbegehren, Volksentscheid und Volksbefragung

Abschnitt I

Das unmittelbare Gesetzgebungsrecht des Volkes

Art. 62 Volksgesetzgebung. (1) Das Volk übt das unmittelbare Recht der Gesetzgebung aus durch die Vorlage von Gesetzentwürfen in Volksbegehren und durch die Abstimmung über Gesetze in Volksentscheiden.

(2) [1]Über den Staatshaushalt findet kein Volksentscheid statt (Art. 73 der Verfassung). [2]Ebenso sind Volksbegehren und Volksentscheid auf Verfassungsänderungen, die dem demokratischen Grundgedanken der Verfassung widersprechen, unzulässig.

Kapitel 1

Volksbegehren

Art. 63 Zulassungsantrag. (1) [1]Der Antrag auf Zulassung eines Volksbegehrens ist schriftlich an das Staatsministerium des Innern, für Sport und Integration zu richten. [2]Ihm muss der ausgearbeitete, mit Gründen versehene Gesetzentwurf, der den Gegenstand des Volksbegehrens bilden soll, beigegeben sein. [3]Der Antrag bedarf der Unterschrift von 25 000 Stimmberechtigten; das Stimmrecht der Unterzeichner muss im Zeitpunkt der Unterzeichnung gegeben sein und ist bei der Einreichung des Zulassungsantrags nachzuweisen. [4]Der Nachweis darf bei Einreichung des Zulassungsantrags nicht älter als zwei Jahre sein.

(2) [1]In dem Zulassungsantrag sind ein Beauftragter und ein Stellvertreter zu benennen. [2]Der Beauftragte und sein Stellvertreter sind jeder für sich berech-

tigt, verbindliche Erklärungen zum Antrag abzugeben und entgegenzunehmen; im Zweifelsfall gilt die Erklärung des Beauftragten. [3]Für den Fall des Ausscheidens des Beauftragten oder seines Stellvertreters sind in dem Zulassungsantrag zusätzlich mindestens drei weitere Stellvertreter zu benennen.

Art. 64 Entscheidung über den Zulassungsantrag. (1) [1]Erachtet das Staatsministerium des Innern, für Sport und Integration die gesetzlichen Voraussetzungen für die Zulassung des Volksbegehrens nicht für gegeben, so hat es die Entscheidung des Verfassungsgerichtshofs herbeizuführen (Art. 67 der Verfassung). [2]Dies gilt insbesondere dann, wenn angenommen wird, dass der Antrag eine unzulässige Verfassungsänderung (Art. 75 Abs. 1 Satz 2 der Verfassung) oder eine verfassungswidrige Einschränkung eines Grundrechts (Art. 98 der Verfassung) enthält.

(2) [1]Auf das Verfahren vor dem Verfassungsgerichtshof finden die besonderen Verfahrensvorschriften über Verfassungsstreitigkeiten sinngemäß Anwendung. [2]Die Entscheidung des Verfassungsgerichtshofs muss innerhalb eines Monats nach Schluss der mündlichen Verhandlung, bei Entscheidung im schriftlichen Verfahren nach Beendigung der Anhörung der Verfahrensbeteiligten getroffen werden, spätestens jedoch drei Monate nach Anrufung durch das Staatsministerium des Innern, für Sport und Integration. [3]Sie ist im Staatsanzeiger und im Gesetz- und Verordnungsblatt bekannt zu machen.

Art. 65 Bekanntmachung des Volksbegehrens und der Eintragungsfrist. (1) Wird dem Zulassungsantrag stattgegeben, so macht das Staatsministerium des Innern, für Sport und Integration das Volksbegehren in der gesetzlich vorgeschriebenen Form bekannt und setzt Beginn und Ende der Frist fest, während deren die Eintragungen für das Volksbegehren vorgenommen werden können (Eintragungsfrist).

(2) Die Bekanntmachung hat spätestens sechs Wochen nach dem Eingang des vollständigen Zulassungsantrags beim Staatsministerium des Innern, für Sport und Integration, im Fall des Art. 64 vier Wochen nach der Verkündung der dem Zulassungsantrag stattgebenden Entscheidung des Verfassungsgerichtshofs zu ergehen.

(3) [1]Die Eintragungsfrist beträgt 14 Tage. [2]Sie beginnt frühestens acht, spätestens zwölf Wochen nach der Veröffentlichung im Staatsanzeiger. [3]Sind die Eintragungslisten aus Gründen, die die Unterzeichner des Zulassungsantrags nicht zu vertreten haben, nicht oder nicht ordnungsgemäß während der gesamten Eintragungsfrist zum Eintrag der Unterzeichnungserklärung bereitgehalten worden, so verlängert das Staatsministerium des Innern, für Sport und Integration die Eintragungsfrist allgemein oder für einzelne Gemeinden entsprechend.

Art. 66 Änderung und Rücknahme des Zulassungsantrags. (1) [1]Nach der Bekanntmachung kann der Zulassungsantrag nicht mehr geändert, aber bis zum Ablauf der Eintragungsfrist jederzeit zurückgenommen werden. [2]Die

Rücknahmeerklärung ist gültig, wenn sie von mehr als der Hälfte der Unterzeichner des Antrags abgegeben ist.

(2) [1]Auf Antrag des Beauftragten und des Stellvertreters kann das Staatsministerium des Innern, für Sport und Integration den Zulassungsantrag für erledigt erklären, wenn durch ein vom Landtag beschlossenes Gesetz die mit dem Antrag erstrebte Gesetzesvorlage als überholt zu betrachten ist. [2]Diese Entscheidung kann von Unterzeichnern des Zulassungsantrags beim Verfassungsgerichtshof angefochten werden. [3]Auf das Verfahren vor diesem Gericht ist Art. 64 Abs. 2 entsprechend anzuwenden.

(3) Das Volksbegehren ist durch das Staatsministerium des Innern, für Sport und Integration einzustellen, wenn von den Antragstellern die ihnen obliegenden Maßnahmen nicht innerhalb einer angemessenen Frist getroffen werden.

Art. 67 Eintragungsbezirke. [1]Die Gemeinden, in denen Eintragungslisten aufgelegt werden sollen, bestimmen die Anzahl der Eintragungsbezirke so, dass jede stimmberechtigte Person ausreichend Gelegenheit findet, sich an dem Volksbegehren zu beteiligen. [2]Jede Gemeinde bildet mindestens einen Eintragungsbezirk.

Art. 68 Auslegung der Eintragungslisten. (1) [1]Die Unterzeichner des Zulassungsantrags haben den kreisfreien Gemeinden, für die kreisangehörigen Gemeinden den Landratsämtern die erforderliche Anzahl vorschriftsmäßiger Eintragungslisten gegen Empfangsnachweis spätestens zwei Wochen vor Beginn der Eintragungsfrist zuzuleiten. [2]Diese müssen den vollen Inhalt des Volksbegehrens enthalten.

(2) [1]Die Gemeinden sind verpflichtet, die Eintragungslisten für die Dauer der Eintragungsfrist zum Eintrag der Unterzeichnungserklärung bereitzuhalten. [2]Die Eintragungsräume und -stunden sind so zu bestimmen, dass jede stimmberechtigte Person ausreichend Gelegenheit findet, sich an dem Volksbegehren zu beteiligen.

Art. 69 Eintragungsberechtigung, Inhalt der Eintragung, Eintragungsschein. (1) [1]In eine Eintragungsliste kann sich nur eintragen, wer in ein Wählerverzeichnis eingetragen ist oder einen Eintragungsschein hat. [2]Wer im Wählerverzeichnis eingetragen ist, kann sich nur in dem Eintragungsbezirk eintragen, in dessen Wählerverzeichnis er geführt wird. [3]Wer einen Eintragungsschein hat, kann sich in die Eintragungsliste eines beliebigen Eintragungsbezirks in Bayern eintragen.

(2) Eine stimmberechtigte Person, die im Wählerverzeichnis eingetragen ist oder die aus einem von ihr nicht zu vertretenden Grund in das Wählerverzeichnis nicht aufgenommen worden ist, erhält auf Antrag einen Eintragungsschein.

(3) [1]Die Eintragung muss Vor- und Familienname sowie die Unterschrift enthalten. [2]Die Unterschrift muss eigenhändig geleistet werden. [3]Wer auf einem Eintragungsschein an Eides statt versichert, dass er wegen Krankheit

oder körperlicher Behinderung während der gesamten Eintragungszeit nicht oder nur unter unzumutbaren Schwierigkeiten in der Lage ist, einen Eintragungsraum aufzusuchen, kann die Eintragung in diesem Fall dadurch bewirken, dass er auf dem Eintragungsschein seine Unterstützung des Volksbegehrens erklärt und eine von ihm beauftragte Hilfsperson die Eintragung im Eintragungsraum für ihn vornimmt.

(4) Die Eintragung kann nicht zurückgenommen werden.

Art. 70 Ungültige Eintragungen. (1) Ungültig sind Eintragungen, wenn
1. sie keine eigenhändige Unterschrift enthalten,
2. sie die Person des Eingetragenen nicht deutlich erkennen lassen,
3. der Eingetragene nicht stimmberechtigt ist,
4. sie nicht auf vorschriftsmäßigen Eintragungslisten stehen,
5. sie nicht rechtzeitig geleistet worden sind,
6. sie außerhalb der amtlichen Eintragungsräume geleistet worden sind,
7. der Eintragungsschein ungültig ist, die Erklärung der Unterstützung des Volksbegehrens oder die Versicherung an Eides statt nicht unterschrieben ist.

(2) Mehrere Eintragungen einer Person gelten als eine Eintragung.

(3) Die von einer beauftragten Hilfsperson gemäß Art. 69 Abs. 3 vorgenommene Eintragung ist nicht unwirksam, wenn die stimmberechtigte Person vor der Eintragung gestorben oder aus dem Wahlgebiet weggezogen ist oder sonst ihr Stimmrecht verloren hat.

Art. 71 Feststellung des Ergebnisses des Volksbegehrens. (1) [1]Der Landeswahlausschuss stellt das Ergebnis des Volksbegehrens fest. [2]Er ist dabei an die Auffassung der Gemeinde oder des Landratsamts über die Gültigkeit der Eintragungen nicht gebunden.

(2) Zur Rechtsgültigkeit des Volksbegehrens ist es erforderlich, dass das Verlangen nach Schaffung eines Gesetzes von mindestens einem Zehntel der Stimmberechtigten gestellt worden ist.

(3) Der Landeswahlleiter macht das vom Landeswahlausschuss festgestellte Ergebnis des Volksbegehrens bekannt.

Art. 72 Vorlage des Volksbegehrens an den Landtag. (1) Der Ministerpräsident hat rechtsgültige Volksbegehren innerhalb von vier Wochen namens der Staatsregierung unter Darlegung ihrer Stellungnahme dem Landtag zu unterbreiten.

(2) In den Fällen des Art. 73 Abs. 2 hat der Ministerpräsident sämtliche Volksbegehren dem Landtag gemeinsam vorzulegen; die Frist des Absatzes 1 beginnt hier mit der Feststellung des Ergebnisses des vom Landeswahlausschuss zuletzt behandelten Volksbegehrens.

Art. 73 Behandlung des Volksbegehrens im Landtag. (1) [1]Rechtsgültige Volksbegehren sind vom Landtag binnen drei Monaten nach Unterbreitung zu behandeln und – vorbehaltlich des Absatzes 3 – binnen weiterer drei Monate dem Volk zur Entscheidung vorzulegen. [2]Bei Ablauf dieser Fristen während einer Vertagung des Landtags hat der Präsident den Landtag zu einer außerordentlichen Tagung einzuberufen.

(2) [1]Mehrere rechtsgültige Volksbegehren, die den gleichen Gegenstand betreffen, werden vom Landtag gemeinsam behandelt und dem Volk gemeinsam zur Entscheidung vorgelegt, wenn ihre Laufzeit zusammengefallen war oder sich überschnitten hatte. [2]Die Laufzeit im Sinn des Satzes 1 umfasst den Zeitraum vom Eingang des Zulassungsantrags beim Staatsministerium des Innern, für Sport und Integration (Art. 63 Abs. 1 Satz 1) bis zur Feststellung des Ergebnisses des Volksbegehrens durch den Landeswahlausschuss (Art. 71 Abs. 1 Satz 1).

(3) Nimmt der Landtag den begehrten Gesetzentwurf unverändert an, so entfällt ein Volksentscheid vorbehaltlich der Bestimmung des Art. 75 Abs. 2 der Verfassung.

(4) Lehnt der Landtag den im Volksbegehren unterbreiteten Gesetzesantrag ab, so kann er dem Volk einen eigenen Gesetzentwurf zur Entscheidung mit vorlegen.

(5) [1]Wird durch den Landtag die Rechtsgültigkeit des Volksbegehrens bestritten, so ist der hierüber ergangene Beschluss durch das Staatsministerium des Innern, für Sport und Integration öffentlich bekannt zu machen. [2]Auf Antrag von Unterzeichnern des Volksbegehrens entscheidet hierüber der Verfassungsgerichtshof (Art. 67 der Verfassung). [3]Art. 64 ist entsprechend anzuwenden.

Art. 74 Kosten. [1]Die Kosten der Herstellung der Eintragungslisten und deren Versendung an die kreisfreien Gemeinden und an die Landratsämter tragen die Antragsteller. [2]Die Kosten der Feststellung des Ergebnisses des Volksbegehrens fallen dem Staat, die übrigen Kosten den Gemeinden zur Last.

Kapitel 2

Volksentscheid

Art. 75 Bekanntmachung von Tag und Gegenstand des Volksentscheids.

(1) [1]Die Staatsregierung setzt den Tag der Abstimmung fest. [2]Sie macht ihn mit dem Gegenstand des Volksentscheids bekannt.

(2) Die Bekanntmachung hat zu enthalten:

1. den Tag der Abstimmung,
2. den Text des Gesetzentwurfs,
3. eine Erläuterung der Staatsregierung (Art. 74 Abs. 7 der Verfassung), die bündig und sachlich sowohl die Begründung der Antragsteller wie die Auffassung der Staatsregierung und des Landtags einschließlich des Abstimmungsergebnisses im Landtag über den Gegenstand darlegen soll.

Art. 76 Stimmzettel, Stimmabgabe. (1) [1]Inhalt und Form des Stimmzettels werden vom Staatsministerium des Innern, für Sport und Integration bestimmt. [2]Der Stimmzettel hat den Text des zur Abstimmung vorgelegten Gesetzentwurfs zu enthalten. [3]Vom Abdruck umfangreicher Gesetzentwürfe kann abgesehen werden; der Gesetzentwurf ist dann den Stimmberechtigten vor der Abstimmung zu übermitteln.

(2) [1]Stehen mehrere Gesetzentwürfe, die den gleichen Gegenstand betreffen, inhaltlich aber miteinander nicht vereinbar sind, zur Abstimmung, so sind sie auf einem Stimmzettel gemeinsam aufzuführen; Absatz 1 Satz 3 gilt entsprechend. [2]Ihre Reihenfolge richtet sich nach der vom Landeswahlausschuss festgestellten Zahl der gültigen Eintragungen. [3]Hat der Landtag dem Volk einen eigenen Gesetzentwurf mit zur Abstimmung vorgelegt, so wird dieser vor den mit Volksbegehren gestellten Gesetzentwürfen aufgeführt.

(3) Die abstimmende Person hat ihre Entscheidung, ob sie dem Gesetzentwurf zustimmt (Ja-Stimme) oder diesen ablehnt (Nein-Stimme), auf dem Stimmzettel durch ein Kreuz oder auf andere Weise eindeutig kenntlich zu machen.

(4) [1]Stehen mehrere Gesetzentwürfe, die den gleichen Gegenstand betreffen, inhaltlich aber miteinander nicht vereinbar sind, zur Abstimmung, so kann die abstimmende Person zu jedem einzelnen Gesetzentwurf kenntlich machen, ob sie ihn dem geltenden Recht vorzieht (Ja-Stimme) oder nicht (Nein-Stimme). [2]Zusätzlich kann sie kenntlich machen, welchen der Gesetzentwürfe sie vorzieht für den Fall, dass zwei oder mehr Gesetzentwürfe jeweils die erforderliche Zustimmung (Art. 79 Abs. 1) erreichen (Stichfrage).

Art. 77 Ungültige Stimmen. [1]Ungültig sind Stimmen, wenn der Stimmzettel nicht amtlich hergestellt ist. [2]Art. 40 Abs. 1 Nrn. 2 bis 4 und Abs. 3 bis 6 gelten entsprechend.* [3]Stehen mehrere Gesetzentwürfe, die den gleichen Ge-

---

* *Art. 40 Abs. 1 Nrn. 2 bis 4 und Abs. 3 bis 6 LWG lauten:*

Art. 40 Ungültige Stimmen, Zurückweisung von Wahlbriefen. (1) Ungültig sind Stimmen, wenn der Stimmzettel

1. *(nicht abgedruckt)*
2. nicht gekennzeichnet ist,
3. den Willen der wählenden Person nicht zweifelsfrei erkennen lässt,
4. mit einem besonderen Merkmal versehen ist, einen Zusatz oder Vorbehalt enthält.

(2) *(nicht abgedruckt)*

(3) Sind bei der Briefwahl mehrere gleichartige Stimmzettel in einem Stimmzettelumschlag enthalten, gelten sie als ein Stimmzettel, wenn sie gleich lauten oder nur einer von ihnen gekennzeichnet ist; sonst zählen sie als ein Stimmzettel mit einer ungültigen Stimme.

(4) Wird bei der Briefwahl ein Stimmzettelumschlag leer abgegeben, so gelten beide Stimmen als ungültig.

(5) [1]Bei der Briefwahl sind Wahlbriefe zurückzuweisen, wenn

1. der Wahlbrief nicht rechtzeitig eingegangen ist,
2. dem Wahlbriefumschlag kein oder kein gültiger Wahlschein beigefügt ist oder die Versicherung an Eides statt nicht unterschrieben ist,

genstand betreffen, inhaltlich aber miteinander nicht vereinbar sind, zur Abstimmung, so macht die Ungültigkeit der Stimmabgabe zu einer einzelnen Frage die Stimmabgabe zu den übrigen Fragen nicht ungültig.

Art. 78 Feststellung des Abstimmungsergebnisses. (1) Nach Beendigung der Abstimmung stellt der Wahlvorstand das Abstimmungsergebnis für den Stimmbezirk fest.

(2) Im Anschluss daran stellt der Abstimmungsausschuss das Abstimmungsergebnis für den Landkreis oder die kreisfreie Gemeinde fest.

(3) Der Landeswahlausschuss stellt das Ergebnis des Volksentscheids fest.

Art. 79 Ergebnis des Volksentscheids. (1) Ein Gesetzentwurf erreicht die erforderliche Zustimmung durch Volksentscheid, wenn

1. er mehr gültige Ja-Stimmen als Nein-Stimmen erhält und
2. im Fall, dass der Gesetzentwurf eine Verfassungsänderung beinhaltet, diese Ja-Stimmen mindestens 25 v.H. der Stimmberechtigten entsprechen (Quorum); beinhaltet der Gesetzentwurf sowohl eine Verfassungsänderung als auch die Schaffung oder die Änderung einfachen Rechts, so unterliegt er insgesamt dem Quorum.

(2) Steht ein einziger Gesetzentwurf zur Abstimmung, so ist er durch Volksentscheid angenommen, wenn er die erforderliche Zustimmung (Absatz 1) erreicht.

(3) [1]Hat von mehreren nach Art. 76 Abs. 4 zur Abstimmung stehenden Gesetzentwürfen nur ein Gesetzentwurf die erforderliche Zustimmung (Absatz 1) erreicht, so ist dieser Gesetzentwurf angenommen. [2]Haben zwei oder mehr Gesetzentwürfe die erforderliche Zustimmung (Absatz 1) erreicht, so ist von diesen der Gesetzentwurf angenommen, der bei der Stichfrage (Art. 76 Abs. 4 Satz 2) die Mehrheit der gültigen Stimmen erhält. [3]Ergibt sich bei der Stichfrage Stimmengleichheit, so ist der Gesetzentwurf angenommen, der die meisten gültigen Ja-Stimmen (Art. 76 Abs. 4 Satz 1) erhalten hat. [4]Haben dabei zwei oder mehr Gesetzentwürfe die gleiche Zahl an gültigen Ja-Stimmen erhalten, so ist derjenige angenommen, der nach Abzug der auf ihn entfallenden

---

3. dem Wahlbriefumschlag kein Stimmzettelumschlag beigefügt ist,
4. weder der Wahlbriefumschlag noch der Stimmzettelumschlag verschlossen ist,
5. der Wahlbriefumschlag mehrere Stimmzettelumschläge, aber nicht eine gleiche Anzahl gültiger und mit der vorgeschriebenen Versicherung an Eides statt versehener Wahlscheine enthält,
6. kein amtlicher Stimmzettelumschlag benutzt worden ist,
7. ein Stimmzettelumschlag benutzt worden ist, der offensichtlich in einer das Wahlgeheimnis gefährdenden Weise von den übrigen abweicht oder einen deutlich fühlbaren Gegenstand enthält.

[2]Die Einsender zurückgewiesener Wahlbriefe werden nicht als wählende Personen gezählt; ihre Stimmen gelten als nicht abgegeben.

(6) Die Stimmen einer wählenden Person, die an der Briefwahl teilgenommen hat, werden nicht dadurch ungültig, dass sie vor dem oder am Wahltag stirbt, aus dem Wahlgebiet wegzieht oder sonst ihr Stimmrecht verliert.

Nein-Stimmen die größte Zahl an Ja-Stimmen auf sich vereinigt. [5]Ergibt sich auch danach Stimmengleichheit zwischen zwei oder mehr Gesetzentwürfen, so wird über diese Gesetzentwürfe erneut abgestimmt.

Art. 80 Prüfung des Volksentscheids. (1) Für die Prüfung des Volksentscheids gelten Art. 51 bis 55 entsprechend.

(2) [1]Gegen die Beschlüsse des Landtags im Rahmen der Prüfung des Volksentscheids können die Entscheidung des Verfassungsgerichtshofs beantragen
1. Fraktionen des Landtags oder Minderheiten des Landtags, die wenigstens ein Zehntel der gesetzlichen Mitgliederzahl umfassen,
2. Stimmberechtigte, deren Beanstandung des Volksentscheids vom Landtag verworfen worden ist,
3. die Beauftragten der dem Volksentscheid unterstellten Volksbegehren.

[2]Für das Verfahren gelten Art. 48 Abs. 2 bis 5 des Gesetzes über den Verfassungsgerichtshof entsprechend.

Art. 81 Ausfertigung und Verkündung der Gesetze. Wird ein durch Volksbegehren verlangtes Gesetz durch Volksentscheid angenommen, so ist es als Gesetz auszufertigen und bekannt zu machen.

Art. 82 Beteiligung des Beauftragten des Volksbegehrens in Verfahren vor dem Verfassungsgerichtshof. Der Verfassungsgerichtshof soll dem Beauftragten eines Volksbegehrens (Art. 63 Abs. 2) Gelegenheit zur Äußerung geben, wenn Gegenstand des verfassungsgerichtlichen Verfahrens eine Rechtsvorschrift ist, die im Weg eines durch Volksbegehren verlangten Gesetzes durch Volksentscheid angenommen worden ist.

Abschnitt II

Die Abberufung des Landtags durch das Volk

Art. 83 Abberufung des Landtags durch das Volk. Auf Antrag von einer Million Stimmberechtigter ist ein Volksentscheid über die Abberufung des Landtags herbeizuführen.

Art. 84 Volksbegehren. Für die Durchführung des Volksbegehrens finden Art. 63 bis 70, 71 Abs. 1 und 3, Art. 72, 73 Abs. 1 und 5 und Art. 74 entsprechende Anwendung.

Art. 85 Volksentscheid. Für die Durchführung des Volksentscheids finden Art. 75, 76 Abs. 1 und 3, Art. 77 Sätze 1 und 2, Art. 78 und 80 entsprechende Anwendung.

Art. 86 Ergebnis des Volksentscheids. Zur Abberufung des Landtags durch Volksentscheid ist die Mehrheit der abgegebenen gültigen Stimmen erforderlich.

Art. 87 Vollzug der Abberufung. Die Abberufung des Landtags ist durch seinen Präsidenten umgehend zu vollziehen.

Abschnitt III

Volksentscheid über Beschlüsse des Landtags auf Änderung der Verfassung

Art. 88 Volksentscheid über Beschlüsse des Landtags auf Änderung der Verfassung. (1) Vom Landtag beschlossene Verfassungsänderungen sind dem Volk zur Entscheidung vorzulegen.

(2) Für die Durchführung des Volksentscheids finden die Art. 75, 76 Abs. 1 und 3, Art. 77 Sätze 1 und 2, Art. 78, 80 und 81 entsprechende Anwendung.

(3) Eine vom Landtag beschlossene Verfassungsänderung ist durch Volksentscheid angenommen, wenn sie mehr gültige Ja-Stimmen als Nein-Stimmen erhält.

Abschnitt IV

Volksbefragung

Art. 88a* *(nichtig)*

VIERTER TEIL

Schlussbestimmungen

Art. 89 *(nicht abgedruckt)*

Art. 90 Fristen, Termine und Form. (1) [1]Die in diesem Gesetz und in der auf Grund dieses Gesetzes erlassenen Landeswahlordnung vorgesehenen Fristen und Termine verlängern oder ändern sich nicht dadurch, dass der letzte Tag der Frist oder ein Termin auf einen Samstag, Sonntag oder gesetzlichen oder staatlich geschützten Feiertag fällt. [2]Eine behördliche Verlängerung von Fristen ist ebenso ausgeschlossen wie eine Wiedereinsetzung in den vorigen Stand.

(2) Soweit in diesem Gesetz oder in der auf Grund dieses Gesetzes erlassenen Landeswahlordnung nichts anderes bestimmt ist, müssen vorgeschriebene Erklärungen persönlich und handschriftlich unterzeichnet sein und bei der zuständigen Stelle im Original vorliegen.

---

* *Entscheidung des Bayerischen Verfassungsgerichtshofs vom 21. November 2016, Vf. 15-VIII-14 und Vf. 8-VIII-15 (GVBl. S. 330), Entscheidungsformel:* „Art. 88a des Landeswahlgesetzes (LWG) in der Fassung des § 1 Nr. 7 des Gesetzes zur Änderung des Landeswahlgesetzes vom 23. Februar 2015 (GVBl. S. 18, BayRS 111-1-I) ist mit Art. 7 Abs. 2 der Verfassung unvereinbar und nichtig."

Art. 91–92 *(nicht abgedruckt)*

Art. 93 In-Kraft-Treten. [1]Dieses Gesetz ist dringlich. [2]Es tritt am 15. August 1954 in Kraft.*

Anlage

Stimmkreiseeinteilung für die Wahl zum Bayerischen Landtag

(nicht abgedruckt)

* *Diese Vorschrift betrifft das In-Kraft-Treten des Gesetzes in der ursprünglichen Fassung vom 11. August 1954 (GVBl. S. 177). Der Zeitpunkt des In-Kraft-Tretens der späteren Änderungen ergibt sich aus den jeweiligen Änderungsgesetzen.*

Bayerisches Verwaltungsverfahrensgesetz (BayVwVfG)

(BayRS 2010-1-I) vom 23. Dezember 1976 (GVBl. S. 544), zuletzt geändert durch Gesetz vom 25. März 2020 (GVBl. S. 174)

INHALTSÜBERSICHT*

ERSTER TEIL
Anwendungsbereich, örtliche Zuständigkeit, elektronische Kommunikation, Amtshilfe, europäische Verwaltungszusammenarbeit

Abschnitt I
Anwendungsbereich, örtliche Zuständigkeit, elektronische Kommunikation

Art. 1 Anwendungsbereich
Art. 2 Ausnahmen vom Anwendungsbereich
Art. 3 Örtliche Zuständigkeit
Art. 3a Elektronische Kommunikation
Art. 3b Selbsteintritt

Abschnitt II
Amtshilfe

Art. 4 Amtshilfepflicht
Art. 5 Voraussetzungen und Grenzen der Amtshilfe
Art. 6 Auswahl der Behörde
Art. 7 Durchführung der Amtshilfe
Art. 8 Kosten der Amtshilfe

Abschnitt III
Europäische Verwaltungszusammenarbeit

Art. 8a Grundsätze der Hilfeleistung
Art. 8b Form und Behandlung der Ersuchen
Art. 8c Kosten der Hilfeleistung
Art. 8d Mitteilungen von Amts wegen
Art. 8e Anwendbarkeit

ZWEITER TEIL
Allgemeine Vorschriften über das Verwaltungsverfahren

Abschnitt I
Verfahrensgrundsätze

Art. 9 Begriff des Verwaltungsverfahrens
Art. 10 Nichtförmlichkeit des Verwaltungsverfahrens
Art. 11 Beteiligungsfähigkeit
Art. 12 Handlungsfähigkeit
Art. 13 Beteiligte
Art. 14 Bevollmächtigte und Beistände
Art. 15 Bestellung eines Empfangsbevollmächtigten
Art. 16 Bestellung eines Vertreters von Amts wegen
Art. 17 Vertreter bei gleichförmigen Eingaben
Art. 18 Vertreter für Beteiligte bei gleichem Interesse
Art. 19 Gemeinsame Vorschriften für Vertreter bei gleichförmigen Eingaben und bei gleichem Interesse
Art. 20 Ausgeschlossene Personen
Art. 21 Besorgnis der Befangenheit
Art. 22 Beginn des Verfahrens
Art. 23 Amtssprache
Art. 24 Untersuchungsgrundsatz
Art. 25 Beratung, Auskunft, frühe Öffentlichkeitsbeteiligung
Art. 26 Beweismittel
Art. 27 Versicherung an Eides Statt
Art. 27a Öffentliche Bekanntmachung im Internet
Art. 28 Anhörung Beteiligter

* *Inhaltsübersicht nicht amtlich.*

Art. 29 Akteneinsicht durch Beteiligte
Art. 30 Geheimhaltung

Abschnitt II

Fristen, Termine, Wiedereinsetzung

Art. 31 Fristen und Termine
Art. 32 Wiedereinsetzung in den vorigen Stand

Abschnitt III

Amtliche Beglaubigung

Art. 33 Beglaubigung von Dokumenten
Art. 34 Beglaubigung von Unterschriften

DRITTER TEIL

Verwaltungsakt

Abschnitt I

Zustandekommen des Verwaltungsakts

Art. 35 Begriff des Verwaltungsakts
Art. 36 Nebenbestimmungen zum Verwaltungsakt
Art. 37 Bestimmtheit und Form des Verwaltungsakts
Art. 38 Zusicherung
Art. 39 Begründung des Verwaltungsakts
Art. 40 Ermessen
Art. 41 Bekanntgabe des Verwaltungsakts
Art. 42 Offenbare Unrichtigkeiten im Verwaltungsakt
Art. 42a Genehmigungsfiktion

Abschnitt II

Bestandskraft des Verwaltungsakts

Art. 43 Wirksamkeit des Verwaltungsakts
Art. 44 Nichtigkeit des Verwaltungsakts
Art. 45 Heilung von Verfahrens- und Formfehlern
Art. 46 Folgen von Verfahrens- und Formfehlern
Art. 47 Umdeutung eines fehlerhaften Verwaltungsakts
Art. 48 Rücknahme eines rechtswidrigen Verwaltungsakts
Art. 49 Widerruf eines rechtmäßigen Verwaltungsakts
Art. 49a Erstattung, Verzinsung
Art. 50 Rücknahme und Widerruf im Rechtsbehelfsverfahren
Art. 51 Wiederaufgreifen des Verfahrens
Art. 52 Rückgabe von Urkunden und Sachen

Abschnitt III

Einfluß des Verwaltungsakts auf Verjährung und Erlöschen

Art. 53 Hemmung der Verjährung und des Erlöschens durch Verwaltungsakt

VIERTER TEIL

Öffentlich-rechtlicher Vertrag

Art. 54 Zulässigkeit des öffentlich-rechtlichen Vertrags
Art. 55 Vergleichsvertrag
Art. 56 Austauschvertrag
Art. 57 Schriftform
Art. 58 Zustimmung von Dritten und Behörden
Art. 59 Nichtigkeit des öffentlich-rechtlichen Vertrags
Art. 60 Anpassung und Kündigung in besonderen Fällen
Art. 61 Unterwerfung unter die sofortige Vollstreckung
Art. 62 Ergänzende Anwendung von Vorschriften

FÜNFTER TEIL

Besondere Verfahrensarten

Abschnitt I

Förmliches Verwaltungsverfahren

Art. 63 Anwendung der Vorschriften über das förmliche Verwaltungsverfahren
Art. 64 Form des Antrags
Art. 65 Mitwirkung von Zeugen und Sachverständigen
Art. 66 Verpflichtung zur Anhörung von Beteiligten
Art. 67 Erfordernis der mündlichen Verhandlung

Art. 68 Verlauf der mündlichen Verhandlung
Art. 69 Entscheidung
Art. 70 Anfechtung der Entscheidung
Art. 71 Besondere Vorschriften für das förmliche Verfahren vor Ausschüssen

Abschnitt Ia

Verfahren über eine einheitliche Stelle

Art. 71a Anwendbarkeit
Art. 71b Verfahren
Art. 71c Informationspflichten
Art. 71d Gegenseitige Unterstützung
Art. 71e Elektronisches Verfahren

Abschnitt II

Planfeststellungsverfahren

Art. 72 Anwendung der Vorschriften über das Planfeststellungsverfahren
Art. 73 Anhörungsverfahren
Art. 74 Planfeststellungsbeschluß, Plangenehmigung
Art. 75 Rechtswirkungen der Planfeststellung
Art. 76 Planänderungen vor Fertigstellung des Vorhabens
Art. 77 Aufhebung des Planfeststellungsbeschlusses
Art. 78 Zusammentreffen mehrerer Vorhaben

Abschnitt III

Verwaltungsverfahren mit Umweltverträglichkeitsprüfung

Art. 78a Anwendung des Gesetzes über die Umweltverträglichkeitsprüfung
Art. 78b–78l *(aufgehoben)*

SECHSTER TEIL

Rechtsbehelfsverfahren

Art. 79 Rechtsbehelfe gegen Verwaltungsakte
Art. 80 Kosten im Vorverfahren

SIEBTER TEIL

Ehrenamtliche Tätigkeit, Ausschüsse

Abschnitt I

Ehrenamtliche Tätigkeit

Art. 81 Anwendung der Vorschriften über die ehrenamtliche Tätigkeit
Art. 82 Pflicht zu ehrenamtlicher Tätigkeit
Art. 83 Ausübung ehrenamtlicher Tätigkeit
Art. 84 Verschwiegenheitspflicht
Art. 85 Entschädigung
Art. 86 Abberufung
Art. 87 *(aufgehoben)*

Abschnitt II

Ausschüsse

Art. 88 Anwendung der Vorschriften über Ausschüsse
Art. 89 Ordnung in den Sitzungen
Art. 90 Beschlußfähigkeit
Art. 91 Beschlußfassung
Art. 92 Wahlen durch Ausschüsse
Art. 93 Niederschrift

ACHTER TEIL

Schlußvorschriften

Art. 94 Länderübergreifende Verfahren
Art. 95 Sonderregelung für Verteidigungsangelegenheiten
Art. 96 Überleitung von Verfahren
Art. 96a Übergangsregelung
Art. 97 Revision
Art. 98 *(aufgehoben)*
Art. 99 Inkrafttreten

ERSTER TEIL

Anwendungsbereich, örtliche Zuständigkeit, Amtshilfe, europäische Verwaltungszusammenarbeit

Abschnitt I

Anwendungsbereich, örtliche Zuständigkeit, elektronische Kommunikation

Art. 1 Anwendungsbereich. (1) [1]Dieses Gesetz gilt für die öffentlich-rechtliche Verwaltungstätigkeit der Behörden des Freistaates Bayern, der Gemeinden und Gemeindeverbände und der sonstigen der Aufsicht des Freistaates Bayern unterstehenden juristischen Personen des öffentlichen Rechts, soweit nicht Rechtsvorschriften des Freistaates Bayern inhaltsgleiche oder entgegenstehende Bestimmungen enthalten. [2]Verfahrensregelungen in Rechtsvorschriften des Bundes bleiben unberührt.

(2) Behörde im Sinn dieses Gesetzes ist jede Stelle, die Aufgaben der öffentlichen Verwaltung wahrnimmt.

Art. 2 Ausnahmen vom Anwendungsbereich. (1) [1]Dieses Gesetz gilt nicht für die Tätigkeit der Kirchen, der Religionsgemeinschaften und der weltanschaulichen Gemeinschaften sowie ihrer Verbände und Einrichtungen. [2]Das Gesetz gilt auch nicht für die Anstalt des öffentlichen Rechts „Bayerischer Rundfunk".

(2) Dieses Gesetz gilt ferner nicht für
1. Verfahren der Finanzbehörden nach der Abgabenordnung,
2. die Strafverfolgung, die Verfolgung und Ahndung von Ordnungswidrigkeiten, die Rechtshilfe für das Ausland in Straf- und Zivilsachen und, unbeschadet des Art. 80 Abs. 4, für Maßnahmen des Richterdienstrechts,
3. Verfahren im Zusammenhang mit Ehrungen und der Ausübung des Begnadigungsrechts,
4. Verfahren nach dem Sozialgesetzbuch,
5. das Recht des Lastenausgleichs,
6. das Recht der Wiedergutmachung.

(3) Das Gesetz gilt für die Tätigkeit
1. der Gerichtsverwaltungen und der Behörden der Justizverwaltung einschließlich der ihrer Aufsicht unterliegenden Körperschaften des öffentlichen Rechts nur, soweit die Tätigkeit der Nachprüfung durch die Gerichte der Verwaltungsgerichtsbarkeit oder durch die in verwaltungsrechtlichen Anwalts- und Notarsachen zuständigen Gerichte unterliegt,
2. der Behörden bei Leistungs-, Eignungs- und ähnlichen Prüfungen von Personen nur, soweit nicht die Besonderheiten des Prüfungsverfahrens entgegenstehen.

Art. 3 Örtliche Zuständigkeit. (1) Örtlich zuständig ist

1. in Angelegenheiten, die sich auf unbewegliches Vermögen oder ein ortsgebundenes Recht oder Rechtsverhältnis beziehen, die Behörde, in deren Bezirk das Vermögen oder der Ort liegt,
2. in Angelegenheiten, die sich auf den Betrieb eines Unternehmens oder einer seiner Betriebsstätten, auf die Ausübung eines Berufs oder auf eine andere dauernde Tätigkeit beziehen, die Behörde, in deren Bezirk das Unternehmen oder die Betriebsstätte betrieben oder der Beruf oder die Tätigkeit ausgeübt wird oder werden soll,
3. in anderen Angelegenheiten, die
   a) eine natürliche Person betreffen, die Behörde, in deren Bezirk die natürliche Person ihren gewöhnlichen Aufenthalt hat oder zuletzt hatte,
   b) eine juristische Person oder eine Vereinigung betreffen, die Behörde, in deren Bezirk die juristische Person oder die Vereinigung ihren Sitz hat oder zuletzt hatte,
4. in Angelegenheiten, bei denen sich die Zuständigkeit nicht aus den Nummern 1 bis 3 ergibt, die Behörde, in deren Bezirk der Anlaß für die Amtshandlung hervortritt.

(2) [1]Sind nach Absatz 1 mehrere Behörden zuständig, so entscheidet die Behörde, die zuerst mit der Sache befaßt worden ist, es sei denn, die gemeinsame fachlich zuständige Aufsichtsbehörde bestimmt, daß eine andere örtlich zuständige Behörde zu entscheiden hat. [2]Sie kann in den Fällen, in denen eine gleiche Angelegenheit sich auf mehrere Betriebsstätten eines Betriebs oder Unternehmens bezieht, eine der nach Absatz 1 Nr. 2 zuständigen Behörden als gemeinsame zuständige Behörde bestimmen, wenn dies unter Wahrung der Interessen der Beteiligten zur einheitlichen Entscheidung geboten ist. [3]Diese Aufsichtsbehörde entscheidet ferner über die örtliche Zuständigkeit, wenn sich mehrere Behörden für zuständig oder für unzuständig halten oder wenn die Zuständigkeit aus anderen Gründen zweifelhaft ist. [4]Fehlt eine gemeinsame Aufsichtsbehörde, so treffen die fachlich zuständigen Aufsichtsbehörden die Entscheidung gemeinsam.

(3) Ändern sich im Lauf des Verwaltungsverfahrens die die Zuständigkeit begründenden Umstände, so kann die bisher zuständige Behörde das Verwaltungsverfahren fortführen, wenn dies unter Wahrung der Interessen der Beteiligten der einfachen und zweckmäßigen Durchführung des Verfahrens dient und die nunmehr zuständige Behörde zustimmt.

(4) [1]Bei Gefahr im Verzug ist für unaufschiebbare Maßnahmen jede Behörde örtlich zuständig, in deren Bezirk der Anlaß für die Amtshandlung hervortritt. [2]Die nach Absatz 1 Nrn. 1 bis 3 örtlich zuständige Behörde ist unverzüglich zu unterrichten.

Art. 3a Elektronische Kommunikation. (1) Die Übermittlung elektronischer Dokumente ist zulässig, soweit der Empfänger hierfür einen Zugang eröffnet.

(2) [1]Eine durch Rechtsvorschrift angeordnete Schriftform kann, soweit nicht durch Rechtsvorschrift etwas anderes bestimmt ist, durch die elektronische Form ersetzt werden. [2]Der elektronischen Form genügt ein elektronisches Dokument, das mit einer qualifizierten elektronischen Signatur versehen ist. [3]Die Signierung mit einem Pseudonym, das die Identifizierung der Person des Signaturschlüsselinhabers nicht unmittelbar durch die Behörde ermöglicht, ist nicht zulässig. [4]Die Schriftform kann auch ersetzt werden

1. durch unmittelbare Abgabe der Erklärung in einem elektronischen Formular, das von der Behörde in einem Eingabegerät oder über öffentlich zugängliche Netze zur Verfügung gestellt wird;
2. bei Anträgen und Anzeigen durch Versendung eines elektronischen Dokuments an die Behörde mit der Versandart nach § 5 Abs. 5 des De-Mail-Gesetzes;
3. bei elektronischen Verwaltungsakten oder sonstigen elektronischen Dokumenten der Behörden durch Versendung einer De-Mail-Nachricht nach § 5 Abs. 5 des De-Mail-Gesetzes, bei der die Bestätigung des akkreditierten Diensteanbieters die erlassende Behörde als Nutzer des De-Mail-Kontos erkennen lässt;
4. durch sonstige sichere Verfahren, die durch Rechtsverordnung der Staatsregierung festgelegt werden, welche den Datenubermittler (Absender der Daten) authentifizieren und die Integrität des elektronisch übermittelten Datensatzes sowie die Barrierefreiheit gewährleisten.

[5]In den Fällen des Satzes 4 Nr. 1 muss bei einer Eingabe über öffentlich zugängliche Netze ein sicherer Identitätsnachweis nach § 18 des Personalausweisgesetzes oder nach § 78 Abs. 5 des Aufenthaltsgesetzes erfolgen.

(3) [1]Ist ein der Behörde übermitteltes elektronisches Dokument für sie zur Bearbeitung nicht geeignet, teilt sie dies dem Absender unter Angabe der für sie geltenden technischen Rahmenbedingungen unverzüglich mit. [2]Macht ein Empfänger geltend, er könne das von der Behörde übermittelte elektronische Dokument nicht bearbeiten, hat sie es ihm erneut in einem geeigneten elektronischen Format oder als Schriftstück zu übermitteln.

Art. 3b Selbsteintritt. (1) Kommt eine staatliche Behörde einer schriftlichen Weisung der Aufsichtsbehörde nicht fristgerecht nach, so kann der Leiter der Aufsichtsbehörde an Stelle der angewiesenen Behörde handeln (Selbsteintritt).

(2) Der Selbsteintritt gegenüber einem Landratsamt als Staatsbehörde ist nur zulässig, wenn der fachlich zuständige Minister ein sofortiges Handeln aus wichtigen Gründen des öffentlichen Wohls, insbesondere in Fällen von überörtlicher oder landesweiter Bedeutung, im Einzelfall für erforderlich hält und dies gegenüber der Aufsichtsbehörde erklärt.

Abschnitt II

Amtshilfe

Art. 4 Amtshilfepflicht. (1) Jede Behörde leistet anderen Behörden auf Ersuchen ergänzende Hilfe (Amtshilfe).

(2) Amtshilfe liegt nicht vor, wenn
1. Behörden einander innerhalb eines bestehenden Weisungsverhältnisses Hilfe leisten,
2. die Hilfeleistung in Handlungen besteht, die der ersuchten Behörde als eigene Aufgabe obliegen.

Art. 5 Voraussetzungen und Grenzen der Amtshilfe. (1) Eine Behörde kann um Amtshilfe insbesondere dann ersuchen, wenn sie
1. aus rechtlichen Gründen die Amtshandlung nicht selbst vornehmen kann,
2. aus tatsächlichen Gründen, besonders weil die zur Vornahme der Amtshandlung erforderlichen Dienstkräfte oder Einrichtungen fehlen, die Amtshandlung nicht selbst vornehmen kann,
3. zur Durchführung ihrer Aufgaben auf die Kenntnis von Tatsachen angewiesen ist, die ihr unbekannt sind und die sie selbst nicht ermitteln kann,
4. zur Durchführung ihrer Aufgaben Urkunden oder sonstige Beweismittel benötigt, die sich im Besitz der ersuchten Behörde befinden,
5. die Amtshandlung nur mit wesentlich größerem Aufwand vornehmen könnte als die ersuchte Behörde.

(2) [1]Die ersuchte Behörde darf Hilfe nicht leisten, wenn
1. sie hierzu aus rechtlichen Gründen nicht in der Lage ist,
2. durch die Hilfeleistung dem Wohl des Bundes oder eines Landes erhebliche Nachteile bereitet würden.

[2]Die ersuchte Behörde ist insbesondere zur Vorlage von Urkunden oder Akten sowie zur Erteilung von Auskünften nicht verpflichtet, wenn die Vorgänge nach einem Gesetz oder ihrem Wesen nach geheimgehalten werden müssen.

(3) Die ersuchte Behörde braucht Hilfe nicht zu leisten, wenn
1. eine andere Behörde die Hilfe wesentlich einfacher oder mit wesentlich geringerem Aufwand leisten kann,
2. sie die Hilfe nur mit unverhältnismäßig großem Aufwand leisten könnte,
3. sie unter Berücksichtigung der Aufgaben der ersuchenden Behörde durch die Hilfeleistung die Erfüllung ihrer eigenen Aufgaben ernstlich gefährden würde.

(4) Die ersuchte Behörde darf die Hilfe nicht deshalb verweigern, weil sie das Ersuchen aus anderen als den in Absatz 3 genannten Gründen oder weil sie die mit der Amtshilfe zu verwirklichende Maßnahme für unzweckmäßig hält.

(5) [1]Hält die ersuchte Behörde sich zur Hilfe nicht für verpflichtet, so teilt sie der ersuchenden Behörde ihre Auffassung mit. [2]Besteht diese auf der Amtshilfe, so entscheidet über die Verpflichtung zur Amtshilfe die gemeinsame

fachlich zuständige Aufsichtsbehörde oder, sofern eine solche nicht besteht, die für die ersuchte Behörde fachlich zuständige Aufsichtsbehörde.

Art. 6 Auswahl der Behörde. Kommen für die Amtshilfe mehrere Behörden in Betracht, so soll nach Möglichkeit eine Behörde der untersten Verwaltungsstufe des Verwaltungszweigs ersucht werden, dem die ersuchende Behörde angehört.

Art. 7 Durchführung der Amtshilfe. (1) Die Zulässigkeit der Maßnahme, die durch die Amtshilfe verwirklicht werden soll, richtet sich nach dem für die ersuchende Behörde, die Durchführung der Amtshilfe nach dem für die ersuchte Behörde geltenden Recht.

(2) [1]Die ersuchende Behörde trägt gegenüber der ersuchten Behörde die Verantwortung für die Rechtmäßigkeit der zu treffenden Maßnahme. [2]Die ersuchte Behörde ist für die Durchführung der Amtshilfe verantwortlich.

Art. 8 Kosten der Amtshilfe. (1) [1]Die ersuchende Behörde hat der ersuchten Behörde für die Amtshilfe keine Verwaltungsgebühr zu entrichten. [2]Besondere Aufwendungen hat sie der ersuchten Behörde auf Anforderung zu erstatten, wenn sie fünfundzwanzig Euro übersteigen. [3]Leisten Behörden desselben Rechtsträgers einander Amtshilfe, so werden die Aufwendungen nicht erstattet.

(2) Nimmt die ersuchte Behörde zur Durchführung der Amtshilfe eine kostenpflichtige Amtshandlung vor, so stehen ihr die von einem Dritten hierfür geschuldeten Kosten (Verwaltungsgebühren, Benutzungsgebühren und Auslagen) zu.

Abschnitt III

Europäische Verwaltungszusammenarbeit

Art. 8a Grundsätze der Hilfeleistung. (1) Jede Behörde leistet Behörden anderer Mitgliedstaaten der Europäischen Union auf Ersuchen Hilfe, soweit dies nach Maßgabe von Rechtsakten der Europäischen Union geboten ist.

(2) [1]Behörden anderer Mitgliedstaaten der Europäischen Union können um Hilfe ersucht werden, soweit dies nach Maßgabe von Rechtsakten der Europäischen Union zugelassen ist. [2]Um Hilfe ist zu ersuchen, soweit dies nach Maßgabe von Rechtsakten der Europäischen Union geboten ist.

(3) Art. 5, 7 und 8 Abs. 2 sind entsprechend anzuwenden, soweit Rechtsakte der Europäischen Union nicht entgegenstehen.

Art. 8b Form und Behandlung der Ersuchen. (1) [1]Ersuchen sind in deutscher Sprache an Behörden anderer Mitgliedstaaten der Europäischen Union zu richten; soweit erforderlich, ist eine Übersetzung beizufügen. [2]Die Ersuchen sind gemäß den gemeinschaftsrechtlichen Vorgaben und unter Angabe des maßgeblichen Rechtsakts zu begründen.

(2) [1]Ersuchen von Behörden anderer Mitgliedstaaten der Europäischen Union dürfen nur erledigt werden, wenn sich ihr Inhalt in deutscher Sprache aus den Akten ergibt. [2]Soweit erforderlich, soll bei Ersuchen in einer anderen Sprache von der ersuchenden Behörde eine Übersetzung verlangt werden.

(3) Ersuchen von Behörden anderer Mitgliedstaaten der Europäischen Union können abgelehnt werden, wenn sie nicht ordnungsgemäß und unter Angabe des maßgeblichen Rechtsakts begründet sind und die erforderliche Begründung nach Aufforderung nicht nachgereicht wird.

(4) [1]Einrichtungen und Hilfsmittel der Kommission zur Behandlung von Ersuchen sollen genutzt werden. [2]Informationen sollen elektronisch übermittelt werden.

Art. 8c Kosten der Hilfeleistung. Ersuchende Behörden anderer Mitgliedstaaten der Europäischen Union haben Verwaltungsgebühren oder Auslagen nur zu erstatten, soweit dies nach Maßgabe von Rechtsakten der Europäischen Union verlangt werden kann.

Art. 8d Mitteilungen von Amts wegen. (1) [1]Die zuständige Behörde teilt den Behörden anderer Mitgliedstaaten der Europäischen Union und der Kommission Angaben über Sachverhalte und Personen mit, soweit dies nach Maßgabe von Rechtsakten der Europäischen Union geboten ist. [2]Dabei sollen die hierzu eingerichteten Informationsnetze genutzt werden.

(2) Übermittelt eine Behörde Angaben nach Abs. 1 an die Behörde eines anderen Mitgliedstaates der Europäischen Union, unterrichtet sie den Betroffenen über die Tatsache der Übermittlung, soweit Rechtsakte der Europäischen Union dies vorsehen; dabei ist auf die Art der Angaben sowie auf die Zweckbestimmung und die Rechtsgrundlage der Übermittlung hinzuweisen.

Art. 8e Anwendbarkeit. [1]Die Regelungen dieses Abschnitts sind mit Inkrafttreten des jeweiligen Rechtsakts der Europäischen Union, wenn dieser unmittelbare Wirkung entfaltet, im Übrigen mit Ablauf der jeweiligen Umsetzungsfrist anzuwenden. [2]Sie gelten auch im Verhältnis zu den anderen Vertragsstaaten des Abkommens über den Europäischen Wirtschaftsraum, soweit Rechtsakte der Europäischen Union auch auf diese Staaten anzuwenden sind.

ZWEITER TEIL

Allgemeine Vorschriften über das Verwaltungsverfahren

Abschnitt I

Verfahrensgrundsätze

Art. 9 Begriff des Verwaltungsverfahrens. Das Verwaltungsverfahren im Sinn dieses Gesetzes ist die nach außen wirkende Tätigkeit der Behörden, die auf die Prüfung der Voraussetzungen, die Vorbereitung und den Erlaß eines

Verwaltungsakts oder auf den Abschluß eines öffentlich-rechtlichen Vertrags gerichtet ist; es schließt den Erlaß des Verwaltungsakts oder den Abschluß des öffentlich-rechtlichen Vertrags ein.

Art. 10 Nichtförmlichkeit des Verwaltungsverfahrens. [1]Das Verwaltungsverfahren ist an bestimmte Formen nicht gebunden, soweit keine besonderen Rechtsvorschriften für die Form des Verfahrens bestehen. [2]Es ist einfach, zweckmäßig und zügig durchzuführen.

Art. 11 Beteiligungsfähigkeit. Fähig, am Verfahren beteiligt zu sein, sind
1. natürliche und juristische Personen,
2. Vereinigungen, soweit ihnen ein Recht zustehen kann,
3. Behörden.

Art. 12 Handlungsfähigkeit. (1) Fähig zur Vornahme von Verfahrenshandlungen sind
1. natürliche Personen, die nach bürgerlichem Recht geschäftsfähig sind,
2. natürliche Personen, die nach bürgerlichem Recht in der Geschäftsfähigkeit beschränkt sind, soweit sie für den Gegenstand des Verfahrens durch Vorschriften des bürgerlichen Rechts als geschäftsfähig oder durch Vorschriften des öffentlichen Rechts als handlungsfähig anerkannt sind,
3. juristische Personen und Vereinigungen (Art. 11 Nr. 2) durch ihre gesetzlichen Vertreter oder durch besonders Beauftragte,
4. Behörden durch ihre Leiter, deren Vertreter oder Beauftragte.

(2) Betrifft ein Einwilligungsvorbehalt nach § 1903 des Bürgerlichen Gesetzbuchs den Gegenstand des Verfahrens, so ist ein geschäftsfähiger Betreuter nur insoweit zur Vornahme von Verfahrenshandlungen fähig, als er nach den Vorschriften des bürgerlichen Rechts ohne Einwilligung des Betreuers handeln kann oder durch Vorschriften des öffentlichen Rechts als handlungsfähig anerkannt ist.

(3) Die §§ 53 und 55 der Zivilprozeßordnung gelten entsprechend.

Art. 13 Beteiligte. (1) Beteiligte sind
1. Antragsteller und Antragsgegner,
2. diejenigen, an die die Behörde den Verwaltungsakt richten will oder gerichtet hat,
3. diejenigen, mit denen die Behörde einen öffentlich-rechtlichen Vertrag schließen will oder geschlossen hat,
4. diejenigen, die nach Absatz 2 von der Behörde zu dem Verfahren hinzugezogen worden sind.

(2) [1]Die Behörde kann von Amts wegen oder auf Antrag diejenigen, deren rechtliche Interessen durch den Ausgang des Verfahrens berührt werden können, als Beteiligte hinzuziehen. [2]Hat der Ausgang des Verfahrens rechtsgestaltende Wirkung für einen Dritten, so ist dieser auf Antrag als Beteiligter zu dem Verfahren hinzuzuziehen; soweit er der Behörde bekannt ist, hat diese ihn von der Einleitung des Verfahrens zu benachrichtigen.

(3) Wer anzuhören ist, ohne daß die Voraussetzungen des Absatzes 1 vorliegen, wird dadurch nicht Beteiligter.

Art. 14 Bevollmächtigte und Beistände. (1) [1]Ein Beteiligter kann sich durch einen Bevollmächtigten vertreten lassen. [2]Die Vollmacht ermächtigt zu allen das Verwaltungsverfahren betreffenden Verfahrenshandlungen, sofern sich aus ihrem Inhalt nicht etwas anderes ergibt. [3]Der Bevollmächtigte hat auf Verlangen seine Vollmacht schriftlich nachzuweisen. [4]Ein Widerruf der Vollmacht wird der Behörde gegenüber erst wirksam, wenn er ihr zugeht.

(2) Die Vollmacht wird weder durch den Tod des Vollmachtgebers noch durch eine Veränderung in seiner Handlungsfähigkeit oder seiner gesetzlichen Vertretung aufgehoben; der Bevollmächtigte hat jedoch, wenn er für den Rechtsnachfolger im Verwaltungsverfahren auftritt, dessen Vollmacht auf Verlangen schriftlich beizubringen.

(3) [1]Ist für das Verfahren ein Bevollmächtigter bestellt, so soll sich die Behörde an ihn wenden. [2]Sie kann sich an den Beteiligten selbst wenden, soweit er zur Mitwirkung verpflichtet ist. [3]Wendet sich die Behörde an den Beteiligten, so soll der Bevollmächtigte verständigt werden. [4]Vorschriften über die Zustellung an Bevollmächtigte bleiben unberührt.

(4) [1]Ein Beteiligter kann zu Verhandlungen und Besprechungen mit einem Beistand erscheinen. [2]Das von dem Beistand Vorgetragene gilt als von dem Beteiligten vorgebracht, soweit dieser nicht unverzüglich widerspricht.

(5) Bevollmächtigte und Beistände sind zurückzuweisen, wenn sie entgegen § 3 des Rechtsdienstleistungsgesetzes Rechtsdienstleistungen erbringen.

(6) [1]Bevollmächtigte und Beistände können vom Vortrag zurückgewiesen werden, wenn sie hierzu ungeeignet sind; vom mündlichen Vortrag können sie nur zurückgewiesen werden, wenn sie zum sachgemäßen Vortrag nicht fähig sind. [2]Nicht zurückgewiesen werden können Personen, die nach § 67 Abs. 2 Sätze 1 und 2 Nrn. 3 bis 7 der Verwaltungsgerichtsordnung zur Vertretung im verwaltungsgerichtlichen Verfahren befugt sind.

(7) [1]Die Zurückweisung nach den Absätzen 5 und 6 ist auch dem Beteiligten, dessen Bevollmächtigter oder Beistand zurückgewiesen wird, mitzuteilen. [2]Verfahrenshandlungen des zurückgewiesenen Bevollmächtigten oder Beistands, die dieser nach der Zurückweisung vornimmt, sind unwirksam.

Art. 15 Bestellung eines Empfangsbevollmächtigten. [1]Ein Beteiligter ohne Wohnsitz oder gewöhnlichen Aufenthalt, Sitz oder Geschäftsleitung im Inland hat der Behörde auf Verlangen innerhalb einer angemessenen Frist einen Empfangsbevollmächtigten im Inland zu benennen. [2]Unterlässt er dies, gilt ein an ihn gerichtetes Schriftstück am siebten Tag nach der Aufgabe zur Post und ein elektronisch übermitteltes Dokument am dritten Tag nach der Absendung als zugegangen. [3]Dies gilt nicht, wenn feststeht, dass das Dokument den Empfänger nicht oder zu einem späteren Zeitpunkt erreicht hat. [4]Auf die Rechtsfolgen der Unterlassung ist der Beteiligte hinzuweisen.

Art. 16 Bestellung eines Vertreters von Amts wegen. (1) Ist ein Vertreter nicht vorhanden, so hat das Betreuungsgericht, für einen minderjährigen Beteiligten das Familiengericht auf Ersuchen der Behörde einen geeigneten Vertreter zu bestellen

1. für einen Beteiligten, dessen Person unbekannt ist,
2. für einen abwesenden Beteiligten, dessen Aufenthalt unbekannt ist oder der an der Besorgung seiner Angelegenheiten verhindert ist,
3. für einen Beteiligten ohne Aufenthalt im Geltungsbereich des Grundgesetzes, wenn er der Aufforderung der Behörde, einen Vertreter zu bestellen, innerhalb der ihm gesetzten Frist nicht nachgekommen ist,
4. für einen Beteiligten, der infolge einer psychischen Krankheit oder körperlichen, geistigen oder seelischen Behinderung nicht in der Lage ist, in dem Verwaltungsverfahren selbst tätig zu werden,
5. bei herrenlosen Sachen, auf die sich das Verfahren bezieht, zur Wahrung der sich in bezug auf die Sache ergebenden Rechte und Pflichten.

(2) Für die Bestellung des Vertreters ist in den Fällen des Absatzes 1 Nr. 4 das Gericht zuständig, in dessen Bezirk der Beteiligte seinen gewöhnlichen Aufenthalt hat; im übrigen ist das Gericht zuständig, in dessen Bezirk die ersuchende Behörde ihren Sitz hat.

(3) [1]Der Vertreter hat gegen den Rechtsträger der Behörde, die um seine Bestellung ersucht hat, Anspruch auf eine angemessene Vergütung und auf die Erstattung seiner baren Auslagen. [2]Die Behörde kann von dem Vertretenen Ersatz ihrer Aufwendungen verlangen. [3]Sie bestimmt die Vergütung und stellt die Auslagen und Aufwendungen fest.

(4) Im übrigen gelten für die Bestellung und für das Amt des Vertreters in den Fällen des Absatzes 1 Nr. 4 die Vorschriften über die Betreuung, in den übrigen Fällen die Vorschriften über die Pflegschaft entsprechend.

Art. 17 Vertreter bei gleichförmigen Eingaben. (1) [1]Bei Anträgen und Eingaben, die in einem Verwaltungsverfahren von mehr als 50 Personen auf Unterschriftslisten unterzeichnet oder in Form vervielfältigter gleichlautender Texte eingereicht worden sind (gleichförmige Eingaben), gilt für das Verfahren derjenige Unterzeichner als Vertreter der übrigen Unterzeichner, der darin mit seinem Namen, seinem Beruf und seiner Anschrift als Vertreter bezeichnet ist, soweit er nicht von ihnen als Bevollmächtigter bestellt worden ist. [2]Vertreter kann nur eine natürliche Person sein.

(2) [1]Die Behörde kann gleichförmige Eingaben, die die Angaben nach Absatz 1 Satz 1 nicht deutlich sichtbar auf jeder mit einer Unterschrift versehenen Seite enthalten oder dem Erfordernis des Absatzes 1 Satz 2 nicht entsprechen, unberücksichtigt lassen. [2]Will die Behörde so verfahren, so hat sie dies durch ortsübliche Bekanntmachung mitzuteilen. [3]Die Behörde kann ferner gleichförmige Eingaben insoweit unberücksichtigt lassen, als Unterzeichner ihren Namen oder ihre Anschrift nicht oder unleserlich angegeben haben.

(3) [1]Die Vertretungsmacht erlischt, sobald der Vertreter oder der Vertretene dies der Behörde schriftlich erklärt; der Vertreter kann eine solche Erklärung nur hinsichtlich aller Vertretenen abgeben. [2]Gibt der Vertretene eine solche Erklärung ab, so soll er der Behörde zugleich mitteilen, ob er seine Eingabe aufrechterhält und ob er einen Bevollmächtigten bestellt hat.

(4) [1]Endet die Vertretungsmacht des Vertreters, so kann die Behörde die nicht mehr Vertretenen auffordern, innerhalb einer angemessenen Frist einen gemeinsamen Vertreter zu bestellen. [2]Sind mehr als 50 Personen aufzufordern, so kann die Behörde die Aufforderung ortsüblich bekanntmachen. [3]Wird der Aufforderung nicht fristgemäß entsprochen, so kann die Behörde von Amts wegen einen gemeinsamen Vertreter bestellen.

Art. 18 Vertreter für Beteiligte bei gleichem Interesse. (1) [1]Sind an einem Verwaltungsverfahren mehr als 50 Personen im gleichen Interesse beteiligt, ohne vertreten zu sein, so kann die Behörde sie auffordern, innerhalb einer angemessenen Frist einen gemeinsamen Vertreter zu bestellen, wenn sonst die ordnungsmäßige Durchführung des Verwaltungsverfahrens beeinträchtigt wäre. [2]Kommen sie der Aufforderung nicht fristgemäß nach, so kann die Behörde von Amts wegen einen gemeinsamen Vertreter bestellen. [3]Vertreter kann nur eine natürliche Person sein.

(2) [1]Die Vertretungsmacht erlischt, sobald der Vertreter oder der Vertretene dies der Behörde schriftlich erklärt; der Vertreter kann eine solche Erklärung nur hinsichtlich aller Vertretenen abgeben. [2]Gibt der Vertretene eine solche Erklärung ab, so soll er der Behörde zugleich mitteilen, ob er seine Eingabe aufrechterhält und ob er einen Bevollmächtigten bestellt hat.

Art. 19 Gemeinsame Vorschriften für Vertreter bei gleichförmigen Eingaben und bei gleichem Interesse. (1) [1]Der Vertreter hat die Interessen der Vertretenen sorgfältig wahrzunehmen. [2]Er kann alle das Verwaltungsverfahren betreffenden Verfahrenshandlungen vornehmen. [3]An Weisungen ist er nicht gebunden.

(2) Art. 14 Abs. 5 bis 7 gelten entsprechend.

(3) [1]Der von der Behörde bestellte Vertreter hat gegen deren Rechtsträger Anspruch auf angemessene Vergütung und auf Erstattung seiner baren Auslagen. [2]Die Behörde kann von den Vertretenen zu gleichen Anteilen Ersatz ihrer Aufwendungen verlangen. [3]Sie bestimmt die Vergütung und stellt die Auslagen und Aufwendungen fest.

Art. 20 Ausgeschlossene Personen. (1) [1]In einem Verwaltungsverfahren darf für eine Behörde nicht tätig werden,

1. wer selbst Beteiligter ist,
2. wer Angehöriger eines Beteiligten ist,
3. wer einen Beteiligten kraft Gesetzes oder Vollmacht allgemein oder in diesem Verwaltungsverfahren vertritt,

4. wer Angehöriger einer Person ist, die einen Beteiligten in diesem Verfahren vertritt,
5. wer bei einem Beteiligten gegen Entgelt beschäftigt ist oder bei ihm als Mitglied des Vorstands, des Aufsichtsrats oder eines gleichartigen Organs tätig ist; dies gilt nicht für den, dessen Anstellungskörperschaft Beteiligte ist,
6. wer außerhalb seiner amtlichen Eigenschaft in der Angelegenheit ein Gutachten abgegeben hat oder sonst tätig geworden ist.

[2]Dem Beteiligten steht gleich, wer durch die Tätigkeit oder durch die Entscheidung einen unmittelbaren Vorteil oder Nachteil erlangen kann. [3]Dies gilt nicht, wenn der Vor- oder Nachteil nur darauf beruht, daß jemand einer Berufs- oder Bevölkerungsgruppe angehört, deren gemeinsame Interessen durch die Angelegenheit berührt werden.

(2) Absatz 1 gilt nicht für Wahlen zu einer ehrenamtlichen Tätigkeit und für die Abberufung von ehrenamtlich Tätigen.

(3) Wer nach Absatz 1 ausgeschlossen ist, darf bei Gefahr im Verzug unaufschiebbare Maßnahmen treffen.

(4) [1]Hält sich ein Mitglied eines Ausschusses (Art. 88) für ausgeschlossen oder bestehen Zweifel, ob die Voraussetzungen des Absatzes 1 gegeben sind, ist dies dem Vorsitzenden des Ausschusses mitzuteilen. [2]Der Ausschuß entscheidet über den Ausschluß. [3]Der Betroffene darf an dieser Entscheidung nicht mitwirken. [4]Das ausgeschlossene Mitglied darf bei der weiteren Beratung und Beschlußfassung nicht zugegen sein.

(5) [1]Angehörige im Sinn des Absatzes 1 Nrn. 2 und 4 sind:
1. der Verlobte,
2. der Ehegatte oder der Lebenspartner im Sinn des Lebenspartnerschaftsgesetzes (Lebenspartner),
3. Verwandte und Verschwägerte gerader Linie,
4. Geschwister,
5. Kinder der Geschwister,
6. Ehegatten der Geschwister und Geschwister des Ehegatten sowie Lebenspartner der Geschwister und Geschwister des Lebenspartners,
7. Geschwister der Eltern,
8. Personen, die durch ein auf längere Dauer angelegtes Pflegeverhältnis mit häuslicher Gemeinschaft wie Eltern und Kind miteinander verbunden sind (Pflegeeltern und Pflegekinder).

[2]Angehörige sind die in Satz 1 aufgeführten Personen auch dann, wenn
1. in den Fällen der Nummern 2, 3 und 6 die die Beziehung begründende Ehe oder Lebenspartnerschaft nicht mehr besteht,
2. in den Fällen der Nummern 3 bis 7 die Verwandtschaft oder Schwägerschaft durch Annahme als Kind erloschen ist,
3. im Fall der Nummer 8 die häusliche Gemeinschaft nicht mehr besteht, sofern die Personen weiterhin wie Eltern und Kind miteinander verbunden sind.

Art. 21 Besorgnis der Befangenheit. (1) [1]Liegt ein Grund vor, der geeignet ist, Mißtrauen gegen eine unparteiische Amtsausübung zu rechtfertigen, oder wird von einem Beteiligten das Vorliegen eines solchen Grundes behauptet, so hat, wer in einem Verwaltungsverfahren für eine Behörde tätig werden soll, den Leiter der Behörde oder den von diesem Beauftragten zu unterrichten und sich auf dessen Anordnung der Mitwirkung zu enthalten. [2]Betrifft die Besorgnis der Befangenheit den Leiter der Behörde, so trifft diese Anordnung die Aufsichtsbehörde, sofern sich der Behördenleiter nicht selbst einer Mitwirkung enthält.

(2) Für Mitglieder eines Ausschusses (Art. 88) gilt Art. 20 Abs. 4 entsprechend.

Art. 22 Beginn des Verfahrens. [1]Die Behörde entscheidet nach pflichtgemäßem Ermessen, ob und wann sie ein Verwaltungsverfahren durchführt. [2]Dies gilt nicht, wenn die Behörde auf Grund von Rechtsvorschriften
1. von Amts wegen oder auf Antrag tätig werden muß,
2. nur auf Antrag tätig werden darf und ein Antrag nicht vorliegt.

Art. 23 Amtssprache. (1) Die Amtssprache ist deutsch.

(2) [1]Werden bei einer Behörde in einer fremden Sprache Anträge gestellt oder Eingaben, Belege, Urkunden oder sonstige Dokumente vorgelegt, soll die Behörde unverzüglich die Vorlage einer Übersetzung verlangen. [2]In begründeten Fällen kann die Vorlage einer beglaubigten oder von einem öffentlich bestellten oder beeidigten Dolmetscher oder Übersetzer angefertigten Übersetzung verlangt werden. [3]Wird die verlangte Übersetzung nicht unverzüglich vorgelegt, so kann die Behörde auf Kosten des Beteiligten selbst eine Übersetzung beschaffen. [4]Hat die Behörde Dolmetscher oder Übersetzer herangezogen, erhalten diese in entsprechender Anwendung des Justizvergütungs- und -entschädigungsgesetzes eine Vergütung.

(3) Soll durch eine Anzeige, einen Antrag oder die Abgabe einer Willenserklärung eine Frist in Lauf gesetzt werden, innerhalb deren die Behörde in einer bestimmten Weise tätig werden muß, und gehen diese in einer fremden Sprache ein, so beginnt der Lauf der Frist erst mit dem Zeitpunkt, in dem der Behörde eine Übersetzung vorliegt.

(4) [1]Soll durch eine Anzeige, einen Antrag oder eine Willenserklärung, die in fremder Sprache eingehen, zugunsten eines Beteiligten eine Frist gegenüber der Behörde gewahrt, ein öffentlich-rechtlicher Anspruch geltend gemacht oder eine Leistung begehrt werden, so gelten die Anzeige, der Antrag oder die Willenserklärung als zum Zeitpunkt des Eingangs bei der Behörde abgegeben, wenn auf Verlangen der Behörde innerhalb einer von dieser zu setzenden angemessenen Frist eine Übersetzung vorgelegt wird. [2]Andernfalls ist der Zeitpunkt des Eingangs der Übersetzung maßgebend, soweit sich nicht aus zwischenstaatlichen Vereinbarungen etwas anderes ergibt. [3]Auf diese Rechtsfolge ist bei der Fristsetzung hinzuweisen.

Art. 24 Untersuchungsgrundsatz. (1) [1]Die Behörde ermittelt den Sachverhalt von Amts wegen. [2]Sie bestimmt Art und Umfang der Ermittlungen; an das Vorbringen und an die Beweisanträge der Beteiligten ist sie nicht gebunden.

(2) Die Behörde hat alle für den Einzelfall bedeutsamen, auch die für die Beteiligten günstigen Umstände zu berücksichtigen.

(3) Die Behörde darf die Entgegennahme von Erklärungen oder Anträgen, die in ihren Zuständigkeitsbereich fallen, nicht deshalb verweigern, weil sie die Erklärung oder den Antrag in der Sache für unzulässig oder unbegründet hält.

Art. 25 Beratung, Auskunft, frühe Öffentlichkeitsbeteiligung. (1) [1]Die Behörde soll die Abgabe von Erklärungen, die Stellung von Anträgen oder die Berichtigung von Erklärungen oder Anträgen anregen, wenn diese offensichtlich nur versehentlich oder aus Unkenntnis unterblieben oder unrichtig abgegeben oder gestellt worden sind. [2]Sie erteilt, soweit erforderlich, Auskunft über die den Beteiligten im Verwaltungsverfahren zustehenden Rechte und die ihnen obliegenden Pflichten.

(2) [1]Die Behörde erörtert, soweit erforderlich, bereits vor Stellung eines Antrags mit dem zukünftigen Antragsteller, welche Nachweise und Unterlagen von ihm zu erbringen sind und in welcher Weise das Verfahren beschleunigt werden kann. [2]Soweit es der Verfahrensbeschleunigung dient, soll sie dem Antragsteller nach Eingang des Antrags unverzüglich Auskunft über die voraussichtliche Verfahrensdauer und die Vollständigkeit der Antragsunterlagen geben.

(3) [1]Die Behörde wirkt darauf hin, dass der Träger bei der Planung von Vorhaben, die nicht nur unwesentliche Auswirkungen auf die Belange einer größeren Zahl von Dritten haben können, die betroffene Öffentlichkeit frühzeitig über die Ziele des Vorhabens, die Mittel, es zu verwirklichen, und die voraussichtlichen Auswirkungen des Vorhabens unterrichtet (frühe Öffentlichkeitsbeteiligung). [2]Die frühe Öffentlichkeitsbeteiligung soll möglichst bereits vor Stellung eines Antrags stattfinden. [3]Der betroffenen Öffentlichkeit soll Gelegenheit zur Äußerung und zur Erörterung gegeben werden. [4]Das Ergebnis der vor Antragstellung durchgeführten frühen Öffentlichkeitsbeteiligung soll der betroffenen Öffentlichkeit und der Behörde spätestens mit der Antragstellung, im Übrigen unverzüglich mitgeteilt werden. [5]Satz 1 gilt nicht, soweit die betroffene Öffentlichkeit bereits nach anderen Rechtsvorschriften vor der Antragstellung zu beteiligen ist. [6]Beteiligungsrechte nach anderen Rechtsvorschriften bleiben unberührt.

Art. 26 Beweismittel. (1) [1]Die Behörde bedient sich der Beweismittel, die sie nach pflichtgemäßem Ermessen zur Ermittlung des Sachverhalts für erforderlich hält. [2]Sie kann insbesondere

1. Auskünfte jeder Art einholen,
2. Beteiligte anhören, Zeugen und Sachverständige vernehmen oder die schriftliche oder elektronische Äußerung von Beteiligten, Sachverständigen und Zeugen einholen,

3. Urkunden und Akten beiziehen,
4. den Augenschein einnehmen.

(2) [1]Die Beteiligten sollen bei der Ermittlung des Sachverhalts mitwirken. [2]Sie sollen insbesondere ihnen bekannte Tatsachen und Beweismittel angeben. [3]Eine weitergehende Pflicht, bei der Ermittlung des Sachverhalts mitzuwirken, insbesondere eine Pflicht zum persönlichen Erscheinen oder zur Aussage, besteht nur, soweit sie durch Rechtsvorschrift besonders vorgesehen ist.

(3) [1]Für Zeugen und Sachverständige besteht eine Pflicht zur Aussage oder zur Erstattung von Gutachten, wenn sie durch Rechtsvorschrift vorgesehen ist. [2]Falls die Behörde Zeugen und Sachverständige herangezogen hat, erhalten diese auf Antrag in entsprechender Anwendung des Justizvergütungs- und -entschädigungsgesetzes eine Entschädigung oder Vergütung.

Art. 27 Versicherung an Eides Statt. (1) [1]Die Behörde darf bei der Ermittlung des Sachverhalts eine Versicherung an Eides Statt nur verlangen und abnehmen, wenn die Abnahme der Versicherung über den betreffenden Gegenstand und in dem betreffenden Verfahren durch Gesetz oder Rechtsverordnung vorgesehen und die Behörde durch Rechtsvorschrift für zuständig erklärt worden ist. [2]Eine Versicherung an Eides Statt soll nur gefordert werden, wenn andere Mittel zur Erforschung der Wahrheit nicht vorhanden sind, zu keinem Ergebnis geführt haben oder einen unverhältnismäßigen Aufwand erfordern. [3]Von eidesunfähigen Personen im Sinn des § 393 der Zivilprozeßordnung darf eine eidesstattliche Versicherung nicht verlangt werden.

(2) [1]Wird die Versicherung an Eides Statt von einer Behörde zur Niederschrift aufgenommen, so sind zur Aufnahme nur der Behördenleiter, sein allgemeiner Vertreter sowie Angehörige des öffentlichen Dienstes befugt, welche die Befähigung zum Richteramt haben oder die Voraussetzungen des § 110 Satz 1 des Deutschen Richtergesetzes erfüllen. [2]Andere Angehörige des öffentlichen Dienstes kann der Behördenleiter oder sein allgemeiner Vertreter hierzu allgemein oder im Einzelfall schriftlich ermächtigen.

(3) [1]Die Versicherung besteht darin, daß der Versichernde die Richtigkeit seiner Erklärung über den betreffenden Gegenstand bestätigt und erklärt: „Ich versichere an Eides Statt, daß ich nach bestem Wissen die reine Wahrheit gesagt und nichts verschwiegen habe." [2]Bevollmächtigte und Beistände sind berechtigt, an der Aufnahme der Versicherung an Eides Statt teilzunehmen.

(4) [1]Vor der Aufnahme der Versicherung an Eides Statt ist der Versichernde über die Bedeutung der eidesstattlichen Versicherung und die strafrechtlichen Folgen einer unrichtigen oder unvollständigen eidesstattlichen Versicherung zu belehren. [2]Die Belehrung ist in der Niederschrift zu vermerken.

(5) [1]Die Niederschrift hat ferner die Namen der anwesenden Personen sowie den Ort und den Tag der Niederschrift zu enthalten. [2]Die Niederschrift ist demjenigen, der die eidesstattliche Versicherung abgibt, zur Genehmigung vorzulesen oder auf Verlangen zur Durchsicht vorzulegen. [3]Die erteilte Genehmi-

gung ist zu vermerken und von dem Versichernden zu unterschreiben. [4]Die Niederschrift ist sodann von demjenigen, der die Versicherung an Eides Statt aufgenommen hat, sowie von dem Schriftführer zu unterschreiben.

Art. 27a Öffentliche Bekanntmachung im Internet. (1) [1]Ist durch Rechtsvorschrift eine öffentliche oder ortsübliche Bekanntmachung angeordnet, soll die Behörde deren Inhalt zusätzlich im Internet veröffentlichen. [2]Dies wird dadurch bewirkt, dass der Inhalt der Bekanntmachung auf einer Internetseite der Behörde oder ihres Verwaltungsträgers zugänglich gemacht wird. [3]Bezieht sich die Bekanntmachung auf zur Einsicht auszulegende Unterlagen, sollen auch diese über das Internet zugänglich gemacht werden. [4]Soweit durch Rechtsvorschrift nichts anderes geregelt ist, ist der Inhalt der zur Einsicht ausgelegten Unterlagen maßgeblich.

(2) In der öffentlichen oder ortsüblichen Bekanntmachung ist die Internetseite anzugeben.

Art. 28 Anhörung Beteiligter. (1) Bevor ein Verwaltungsakt erlassen wird, der in Rechte eines Beteiligten eingreift, ist diesem Gelegenheit zu geben, sich zu den für die Entscheidung erheblichen Tatsachen zu äußern.

(2) Von der Anhörung kann abgesehen werden, wenn sie nach den Umständen des Einzelfalls nicht geboten ist, insbesondere wenn

1. eine sofortige Entscheidung wegen Gefahr im Verzug oder im öffentlichen Interesse notwendig erscheint,
2. durch die Anhörung die Einhaltung einer für die Entscheidung maßgeblichen Frist in Frage gestellt würde,
3. von den tatsächlichen Angaben eines Beteiligten, die dieser in einem Antrag oder einer Erklärung gemacht hat, nicht zu seinen Ungunsten abgewichen werden soll,
4. die Behörde eine Allgemeinverfügung oder gleichartige Verwaltungsakte in größerer Zahl oder Verwaltungsakte mit Hilfe automatischer Einrichtungen erlassen will,
5. Maßnahmen in der Verwaltungsvollstreckung getroffen werden sollen.

(3) Eine Anhörung unterbleibt, wenn ihr ein zwingendes öffentliches Interesse entgegensteht.

Art. 29 Akteneinsicht durch Beteiligte. (1) [1]Die Behörde hat den Beteiligten Einsicht in die einzelnen Teile der das Verfahren betreffenden Akten zu gestatten, soweit deren Kenntnis zur Geltendmachung oder Verteidigung ihrer rechtlichen Interessen erforderlich ist. [2]Satz 1 gilt bis zum Abschluß des Verwaltungsverfahrens nicht für Entwürfe zu Entscheidungen sowie die Arbeiten zu ihrer unmittelbaren Vorbereitung. [3]Soweit nach den Art. 17 und 18 eine Vertretung stattfindet, haben nur die Vertreter Anspruch auf Akteneinsicht.

(2) [1]Die Behörde ist zur Gestattung der Akteneinsicht nicht verpflichtet, soweit durch sie die ordnungsgemäße Erfüllung der Aufgaben der Behörde be-

einträchtigt, das Bekanntwerden des Inhalts der Akten dem Wohl des Bundes oder eines Landes Nachteile bereiten würde oder soweit die Vorgänge nach einem Gesetz oder ihrem Wesen nach, namentlich wegen der berechtigten Interessen der Beteiligten oder dritter Personen, geheimgehalten werden müssen.

(3) [1]Die Akteneinsicht erfolgt bei der Behörde, die die Akten führt. [2]Organen der Rechtspflege können die Akten zur Einsicht vorübergehend in ihre Geschäftsräume hinausgegeben werden. [3]Im Einzelfall kann die Einsicht auch bei einer anderen Behörde oder bei einer diplomatischen oder berufskonsularischen Vertretung der Bundesrepublik Deutschland im Ausland erfolgen; weitere Ausnahmen kann die Behörde, die die Akten führt, gestatten.

Art. 30 Geheimhaltung. Die Beteiligten haben Anspruch darauf, daß ihre Geheimnisse, insbesondere die zum persönlichen Lebensbereich gehörenden Geheimnisse sowie die Betriebs- und Geschäftsgeheimnisse, von der Behörde nicht unbefugt offenbart werden.

Abschnitt II
Fristen, Termine, Wiedereinsetzung

Art. 31 Fristen und Termine. (1) Für die Berechnung von Fristen und für die Bestimmung von Terminen gelten die §§ 187 bis 193 des Bürgerlichen Gesetzbuchs entsprechend, soweit nicht durch die Absätze 2 bis 5 etwas anderes bestimmt ist.

(2) Der Lauf einer Frist, die von einer Behörde gesetzt wird, beginnt mit dem Tag, der auf die Bekanntgabe der Frist folgt, außer wenn dem Betroffenen etwas anderes mitgeteilt wird.

(3) [1]Fällt das Ende einer Frist auf einen Sonntag, einen gesetzlichen Feiertag oder einen Samstag, so endet die Frist mit dem Ablauf des nächstfolgenden Werktags. [2]Dies gilt nicht, wenn dem Betroffenen unter Hinweis auf diese Vorschrift ein bestimmter Tag als Ende der Frist mitgeteilt worden ist.

(4) Hat eine Behörde Leistungen nur für einen bestimmten Zeitraum zu erbringen, so endet dieser Zeitraum auch dann mit dem Ablauf seines letzten Tags, wenn dieser auf einen Sonntag, einen gesetzlichen Feiertag oder einen Samstag fällt.

(5) Der von einer Behörde gesetzte Termin ist auch dann einzuhalten, wenn er auf einen Sonntag, gesetzlichen Feiertag oder Samstag fällt.

(6) Ist eine Frist nach Stunden bestimmt, so werden Sonntage, gesetzliche Feiertage oder Samstage mitgerechnet.

(7) [1]Fristen, die von einer Behörde gesetzt sind, können verlängert werden. [2]Sind solche Fristen bereits abgelaufen, so können sie rückwirkend verlängert werden, insbesondere wenn es unbillig wäre, die durch den Fristablauf einge-

tretenen Rechtsfolgen bestehen zu lassen. [3]Die Behörde kann die Verlängerung der Frist nach Art. 36 mit einer Nebenbestimmung verbinden.

Art. 32 Wiedereinsetzung in den vorigen Stand. (1) [1]War jemand ohne Verschulden verhindert, eine gesetzliche Frist einzuhalten, so ist ihm auf Antrag Wiedereinsetzung in den vorigen Stand zu gewähren. [2]Das Verschulden eines Vertreters ist dem Vertretenen zuzurechnen.

(2) [1]Der Antrag ist innerhalb von zwei Wochen nach Wegfall des Hindernisses zu stellen. [2]Die Tatsachen zur Begründung des Antrags sind bei der Antragstellung oder im Verfahren über den Antrag glaubhaft zu machen. [3]Innerhalb der Antragsfrist ist die versäumte Handlung nachzuholen. [4]Ist dies geschehen, so kann Wiedereinsetzung auch ohne Antrag gewährt werden.

(3) Nach einem Jahr seit dem Ende der versäumten Frist kann die Wiedereinsetzung nicht mehr beantragt oder die versäumte Handlung nicht mehr nachgeholt werden, außer wenn dies vor Ablauf der Jahresfrist infolge höherer Gewalt unmöglich war.

(4) Über den Antrag auf Wiedereinsetzung entscheidet die Behörde, die über die versäumte Handlung zu befinden hat.

(5) Die Wiedereinsetzung ist unzulässig, wenn sich aus einer Rechtsvorschrift ergibt, daß sie ausgeschlossen ist.

Abschnitt III

Amtliche Beglaubigung

Art. 33 Beglaubigung von Dokumenten. (1) [1]Jede Behörde ist befugt, Abschriften von Urkunden, die sie selbst ausgestellt hat, zu beglaubigen. [2]Darüber hinaus sind die von der Staatsregierung durch Rechtsverordnung bestimmten Behörden befugt, Abschriften zu beglaubigen, wenn die Urschrift von einer Behörde ausgestellt ist oder die Abschrift zur Vorlage bei einer Behörde benötigt wird, sofern nicht durch Rechtsvorschrift die Erteilung beglaubigter Abschriften aus amtlichen Registern und Archiven anderer Behörden ausschließlich vorbehalten ist.

(2) [1]Abschriften dürfen nicht beglaubigt werden, wenn Umstände zu der Annahme berechtigen, daß der ursprüngliche Inhalt des Schriftstücks, dessen Abschrift beglaubigt werden soll, geändert worden ist, insbesondere wenn dieses Schriftstück Lücken, Durchstreichungen, Einschaltungen, Änderungen, unleserliche Wörter, Zahlen oder Zeichen, Spuren der Beseitigung von Wörtern, Zahlen und Zeichen enthält oder wenn der Zusammenhang eines aus mehreren Blättern bestehenden Schriftstücks aufgehoben ist.

(3) [1]Eine Abschrift wird beglaubigt durch einen Beglaubigungsvermerk, der unter die Abschrift zu setzen ist. [2]Der Vermerk muß enthalten

1. die genaue Bezeichnung des Schriftstücks, dessen Abschrift beglaubigt wird,
2. die Feststellung, daß die beglaubigte Abschrift mit dem vorgelegten Schriftstück übereinstimmt,
3. den Hinweis, daß die beglaubigte Abschrift nur zur Vorlage bei der angegebenen Behörde erteilt wird, wenn die Urschrift nicht von einer Behörde ausgestellt worden ist,
4. den Ort und den Tag der Beglaubigung, die Unterschrift des für die Beglaubigung zuständigen Bediensteten und das Dienstsiegel.

(4) Die Absätze 1 bis 3 gelten entsprechend für die Beglaubigungen von
1. Ablichtungen, Lichtdrucken und ähnlichen in technischen Verfahren hergestellten Vervielfältigungen,
2. auf fototechnischem Weg von Schriftstücken hergestellten Negativen, die bei einer Behörde aufbewahrt werden,
3. Ausdrucken elektronischer Dokumente,
4. elektronischen Dokumenten,
   a) die zur Abbildung eine Schriftstücks hergestellt wurden,
   b) die ein anderes technisches Format als das mit einer qualifizierten elektronischen Signatur verbundene Ausgangsdokument erhalten haben.

(5) [1]Der Beglaubigungsvermerk muss zusätzlich zu den Angaben nach Absatz 3 Satz 2 bei der Beglaubigung
1. des Ausdrucks eines elektronischen Dokuments, das mit einer qualifizierten elektronischen Signatur verbunden ist, die Feststellungen enthalten,
   a) wen die Signaturprüfung als Inhaber der Signatur ausweist,
   b) welchen Zeitpunkt die Signaturprüfung für die Anbringung der Signatur ausweist und
   c) welche Zertifikate mit welchen Daten dieser Signatur zugrunde lagen;
2. eines elektronischen Dokuments den Namen des für die Beglaubigung zuständigen Bediensteten und die Bezeichnung der Behörde, die die Beglaubigung vornimmt, enthalten; die Unterschrift des für die Beglaubigung zuständigen Bediensteten und das Dienstsiegel nach Absatz 3 Satz 2 Nr. 4 werden durch eine dauerhaft überprüfbare qualifizierte elektronische Signatur ersetzt.

[2]Wird ein elektronisches Dokument, das ein anderes technisches Format als das mit einer qualifizierten elektronischen Signatur verbundene Ausgangsdokument erhalten hat, nach Satz 1 Nr. 2 beglaubigt, muss der Beglaubigungsvermerk zusätzlich die Feststellungen nach Satz 1 Nr. 1 für das Ausgangsdokument enthalten.

(6) Die nach Absatz 4 hergestellten Dokumente stehen, sofern sie beglaubigt sind, beglaubigten Abschriften gleich.

(7) Jede Behörde soll von Urkunden, die sie selbst ausgestellt hat, auf Verlangen ein elektronisches Dokument nach Abs. 4 Nr. 4 Buchst. a oder eine elektronische Abschrift fertigen und beglaubigen.

Art. 34 Beglaubigung von Unterschriften. (1) [1]Die von der Staatsregierung durch Rechtsverordnung bestimmten Behörden sind befugt, Unterschriften zu beglaubigen, wenn das unterzeichnete Schriftstück zur Vorlage bei einer Behörde oder bei einer sonstigen Stelle, der auf Grund einer Rechtsvorschrift das unterzeichnete Schriftstück vorzulegen ist, benötigt wird. [2]Dies gilt nicht für

1. Unterschriften ohne zugehörigen Text,
2. Unterschriften, die der öffentlichen Beglaubigung (§ 129 des Bürgerlichen Gesetzbuchs) bedürfen.

(2) Eine Unterschrift soll nur beglaubigt werden, wenn sie in Gegenwart des beglaubigenden Bediensteten vollzogen oder anerkannt wird.

(3) [1]Der Beglaubigungsvermerk ist unmittelbar bei der Unterschrift, die beglaubigt werden soll, anzubringen. [2]Er muß enthalten

1. die Bestätigung, daß die Unterschrift echt ist,
2. die genaue Bezeichnung desjenigen, dessen Unterschrift beglaubigt wird, sowie die Angabe, ob sich der für die Beglaubigung zuständige Bedienstete Gewißheit über diese Person verschafft hat und ob die Unterschrift in seiner Gegenwart vollzogen oder anerkannt worden ist,
3. den Hinweis, daß die Beglaubigung nur zur Vorlage bei der angegebenen Behörde oder Stelle bestimmt ist,
4. den Ort und den Tag der Beglaubigung, die Unterschrift des für die Beglaubigung zuständigen Bediensteten und das Dienstsiegel.

(4) Die Absätze 1 bis 3 gelten für die Beglaubigung von Handzeichen entsprechend.

DRITTER TEIL

Verwaltungsakt

Abschnitt I

Zustandekommen des Verwaltungsakts

Art. 35 Begriff des Verwaltungsakts. [1]Verwaltungsakt ist jede Verfügung, Entscheidung oder andere hoheitliche Maßnahme, die eine Behörde zur Regelung eines Einzelfalls auf dem Gebiet des öffentlichen Rechts trifft und die auf unmittelbare Rechtswirkung nach außen gerichtet ist. [2]Allgemeinverfügung ist ein Verwaltungsakt, der sich an einen nach allgemeinen Merkmalen bestimmten oder bestimmbaren Personenkreis richtet oder die öffentlich-rechtliche Eigenschaft einer Sache oder ihre Benutzung durch die Allgemeinheit betrifft.

Art. 36 Nebenbestimmungen zum Verwaltungsakt. (1) Ein Verwaltungsakt, auf den ein Anspruch besteht, darf mit einer Nebenbestimmung nur versehen werden, wenn sie durch Rechtsvorschrift zugelassen ist oder wenn sie sicherstellen soll, daß die gesetzlichen Voraussetzungen des Verwaltungsakts erfüllt werden.

(2) Unbeschadet des Absatzes 1 darf ein Verwaltungsakt nach pflichtgemäßem Ermessen erlassen werden mit
1. einer Bestimmung, nach der eine Vergünstigung oder Belastung zu einem bestimmten Zeitpunkt beginnt, endet oder für einen bestimmten Zeitraum gilt (Befristung),
2. einer Bestimmung, nach der der Eintritt oder der Wegfall einer Vergünstigung oder einer Belastung von dem ungewissen Eintritt eines zukünftigen Ereignisses abhängt (Bedingung),
3. einem Vorbehalt des Widerrufs

oder verbunden werden mit
4. einer Bestimmung, durch die dem Begünstigten ein Tun, Dulden oder Unterlassen vorgeschrieben wird (Auflage),
5. einem Vorbehalt der nachträglichen Aufnahme, Änderung oder Ergänzung einer Auflage.

(3) Eine Nebenbestimmung darf dem Zweck des Verwaltungsakts nicht zuwiderlaufen.

Art. 37 Bestimmtheit und Form des Verwaltungsakts. (1) Ein Verwaltungsakt muß inhaltlich hinreichend bestimmt sein.

(2) [1]Ein Verwaltungsakt kann schriftlich, elektronisch, mündlich oder in anderer Weise erlassen werden. [2]Ein mündlicher Verwaltungsakt ist schriftlich oder elektronisch zu bestätigen, wenn hieran ein berechtigtes Interesse besteht und der Betroffene dies unverzüglich verlangt. [3]Ein elektronischer Verwaltungsakt ist unter denselben Voraussetzungen schriftlich zu bestätigen; Art. 3a Abs. 2 findet insoweit keine Anwendung.

(3) [1]Ein schriftlicher oder elektronischer Verwaltungsakt muss die erlassende Behörde erkennen lassen und die Unterschrift oder die Namenswiedergabe des Behördenleiters, seines Vertreters oder seines Beauftragten enthalten. [2]Wird für einen Verwaltungsakt, für den durch Rechtsvorschrift die Schriftform angeordnet ist, die elektronische Form verwendet, muss auch das der Signatur zugrunde liegende qualifizierte Zertifikat oder ein zugehöriges qualifiziertes Attributzertifikat die erlassende Behörde erkennen lassen. [3]Im Fall des Art. 3a Abs. 2 Satz 4 Nr. 3 muss die Bestätigung nach § 5 Abs. 5 des De-Mail-Gesetzes die erlassende Behörde als Nutzer des De-Mail-Kontos erkennen lassen.

(4) Für einen Verwaltungsakt kann für die nach Art. 3a Abs. 2 erforderliche Signatur durch Rechtsvorschrift die dauerhafte Überprüfbarkeit vorgeschrieben werden.

(5) [1]Bei einem schriftlichen Verwaltungsakt, der mit Hilfe automatischer Einrichtungen erlassen wird, können abweichend von Absatz 3 Unterschrift und Namenswiedergabe fehlen. [2]Zur Inhaltsangabe können Schlüsselzeichen

verwendet werden, wenn derjenige, für den der Verwaltungsakt bestimmt ist oder der von ihm betroffen wird, auf Grund der dazu gegebenen Erläuterungen den Inhalt des Verwaltungsakts eindeutig erkennen kann.

Art. 38 Zusicherung. (1) [1]Eine von der zuständigen Behörde erteilte Zusage, einen bestimmten Verwaltungsakt später zu erlassen oder zu unterlassen (Zusicherung), bedarf zu ihrer Wirksamkeit der schriftlichen Form. [2]Ist vor dem Erlaß des zugesicherten Verwaltungsakts die Anhörung Beteiligter oder die Mitwirkung einer anderen Behörde oder eines Ausschusses auf Grund einer Rechtsvorschrift erforderlich, so darf die Zusicherung erst nach Anhörung der Beteiligten oder nach Mitwirkung dieser Behörde oder des Ausschusses gegeben werden.

(2) Auf die Unwirksamkeit der Zusicherung finden, unbeschadet des Absatzes 1 Satz 1, Art. 44, auf die Heilung von Mängeln bei der Anhörung Beteiligter und der Mitwirkung anderer Behörden oder Ausschüsse Art. 45 Abs. 1 Nrn. 3 bis 5 sowie Abs. 2, auf die Rücknahme Art. 48, auf den Widerruf, unbeschadet des Absatzes 3, Art. 49 entsprechende Anwendung.

(3) Ändert sich nach Abgabe der Zusicherung die Sach- oder Rechtslage derart, daß die Behörde bei Kenntnis der nachträglich eingetretenen Änderung die Zusicherung nicht gegeben hätte oder aus rechtlichen Gründen nicht hätte geben dürfen, ist die Behörde an die Zusicherung nicht mehr gebunden.

Art. 39 Begründung des Verwaltungsakts. (1) [1]Ein schriftlicher oder elektronischer sowie ein schriftlich oder elektronisch bestätigter Verwaltungsakt ist mit einer Begründung zu versehen. [2]In der Begründung sind die wesentlichen tatsächlichen und rechtlichen Gründe mitzuteilen, die die Behörde zu ihrer Entscheidung bewogen haben. [3]Die Begründung von Ermessensentscheidungen soll auch die Gesichtspunkte erkennen lassen, von denen die Behörde bei der Ausübung ihres Ermessens ausgegangen ist.

(2) Einer Begründung bedarf es nicht,

1. soweit die Behörde einem Antrag entspricht oder einer Erklärung folgt und der Verwaltungsakt nicht in Rechte eines anderen eingreift,
2. soweit demjenigen, für den der Verwaltungsakt bestimmt ist oder der von ihm betroffen wird, die Auffassung der Behörde über die Sach- und Rechtslage bereits bekannt oder auch ohne Begründung für ihn ohne weiteres erkennbar ist,
3. wenn die Behörde gleichartige Verwaltungsakte in größerer Zahl oder Verwaltungsakte mit Hilfe automatischer Einrichtungen erläßt und die Begründung nach den Umständen des Einzelfalls nicht geboten ist,
4. wenn sich dies aus einer Rechtsvorschrift ergibt,
5. wenn eine Allgemeinverfügung öffentlich bekanntgegeben wird.

Art. 40 Ermessen. Ist die Behörde ermächtigt, nach ihrem Ermessen zu handeln, hat sie ihr Ermessen entsprechend dem Zweck der Ermächtigung auszuüben und die gesetzlichen Grenzen des Ermessens einzuhalten.

Art. 41 Bekanntgabe des Verwaltungsakts. (1) [1]Ein Verwaltungsakt ist demjenigen Beteiligten bekanntzugeben, für den er bestimmt ist oder der von ihm betroffen wird. [2]Ist ein Bevollmächtigter bestellt, so kann die Bekanntgabe ihm gegenüber vorgenommen werden.

(2) [1]Ein schriftlicher Verwaltungsakt, der im Inland durch die Post übermittelt wird, gilt am dritten Tag nach der Aufgabe zur Post als bekannt gegeben. [2]Ein Verwaltungsakt, der im Inland oder in das Ausland elektronisch übermittelt wird, gilt am dritten Tag nach der Absendung als bekannt gegeben. [3]Dies gilt nicht, wenn der Verwaltungsakt nicht oder zu einem späteren Zeitpunkt zugegangen ist; im Zweifel hat die Behörde den Zugang des Verwaltungsakts und den Zeitpunkt des Zugangs nachzuweisen.

(3) [1]Ein Verwaltungsakt darf öffentlich bekanntgegeben werden, wenn dies durch Rechtsvorschrift zugelassen ist. [2]Eine Allgemeinverfügung darf auch dann öffentlich bekanntgegeben werden, wenn eine Bekanntgabe an die Beteiligten untunlich ist.

(4) [1]Die öffentliche Bekanntgabe eines schriftlichen oder elektronischen Verwaltungsakts wird dadurch bewirkt, daß sein verfügender Teil ortsüblich bekanntgemacht wird. [2]In der ortsüblichen Bekanntmachung ist anzugeben, wo der Verwaltungsakt und seine Begründung eingesehen werden können. [3]Der Verwaltungsakt gilt zwei Wochen nach der ortsüblichen Bekanntmachung als bekanntgegeben. [4]In einer Allgemeinverfügung kann ein hiervon abweichender Zeitpunkt bestimmt werden.

(5) Vorschriften über die Bekanntgabe eines Verwaltungsakts mittels Zustellung bleiben unberührt.

Art. 42 Offenbare Unrichtigkeiten im Verwaltungsakt. [1]Die Behörde kann Schreibfehler, Rechenfehler und ähnliche offenbare Unrichtigkeiten in einem Verwaltungsakt jederzeit berichtigen. [2]Bei berechtigtem Interesse des Beteiligten ist zu berichtigen. [3]Die Behörde ist berechtigt, die Vorlage des Dokuments zu verlangen, das berichtigt werden soll.

Art. 42a Genehmigungsfiktion. (1) [1]Eine beantragte Genehmigung gilt nach Ablauf einer für die Entscheidung festgelegten Frist als erteilt (Genehmigungsfiktion), wenn dies durch Rechtsvorschrift angeordnet und der Antrag hinreichend bestimmt ist. [2]Die Vorschriften über die Bestandskraft von Verwaltungsakten und über das Rechtsbehelfsverfahren gelten entsprechend.

(2) [1]Die Frist nach Abs. 1 Satz 1 beträgt drei Monate, soweit durch Rechtsvorschrift nichts Abweichendes bestimmt ist. [2]Die Frist beginnt mit Eingang der vollständigen Unterlagen. [3]Sie kann einmal angemessen verlängert werden, wenn dies wegen der Schwierigkeit der Angelegenheit gerechtfertigt ist. [4]Die Fristverlängerung ist zu begründen und rechtzeitig mitzuteilen.

(3) Auf Verlangen ist demjenigen, dem der Verwaltungsakt nach Art. 41 Abs. 1 hätte bekannt gegeben werden müssen, der Eintritt der Genehmigungsfiktion schriftlich zu bescheinigen.

Abschnitt II

Bestandskraft des Verwaltungsakts

Art. 43 Wirksamkeit des Verwaltungsakts. (1) [1]Ein Verwaltungsakt wird gegenüber demjenigen, für den er bestimmt ist oder der von ihm betroffen wird, in dem Zeitpunkt wirksam, in dem er ihm bekanntgegeben wird. [2]Der Verwaltungsakt wird mit dem Inhalt wirksam, mit dem er bekanntgegeben wird.

(2) Ein Verwaltungsakt bleibt wirksam, solange und soweit er nicht zurückgenommen, widerrufen, anderweitig aufgehoben oder durch Zeitablauf oder auf andere Weise erledigt ist.

(3) Ein nichtiger Verwaltungsakt ist unwirksam.

Art. 44 Nichtigkeit des Verwaltungsakts. (1) Ein Verwaltungsakt ist nichtig, soweit er an einem besonders schwerwiegenden Fehler leidet und dies bei verständiger Würdigung aller in Betracht kommenden Umstände offenkundig ist.

(2) Ohne Rücksicht auf das Vorliegen der Voraussetzungen des Absatzes 1 ist ein Verwaltungsakt nichtig,
1. der schriftlich oder elektronisch erlassen worden ist, die erlassende Behörde aber nicht erkennen läßt,
2. der nach einer Rechtsvorschrift nur durch die Aushändigung einer Urkunde erlassen werden kann, aber dieser Form nicht genügt,
3. den eine Behörde in bezug auf unbewegliches Vermögen außerhalb ihres Bezirks oder in bezug auf ein Recht oder Rechtsverhältnis, das an einen Ort außerhalb ihres Bezirks gebunden ist, erlassen hat, ohne dazu ermächtigt zu sein,
4. den aus tatsächlichen Gründen niemand ausführen kann,
5. der die Begehung einer rechtswidrigen Tat verlangt, die einen Straf- oder Bußgeldtatbestand verwirklicht,
6. der gegen die guten Sitten verstößt.

(3) Ein Verwaltungsakt ist nicht schon deshalb nichtig, weil
1. Vorschriften über die örtliche Zuständigkeit nicht eingehalten worden sind, außer wenn ein Fall des Absatzes 2 Nr. 3 vorliegt,
2. eine nach Art. 20 Abs. 1 Satz 1 Nrn. 2 bis 6 ausgeschlossene Person mitgewirkt hat,
3. ein durch Rechtsvorschrift zur Mitwirkung berufener Ausschuß den für den Erlaß des Verwaltungsakts vorgeschriebenen Beschluß nicht gefaßt hat oder nicht beschlußfähig war,
4. die nach einer Rechtsvorschrift erforderliche Mitwirkung einer anderen Behörde unterblieben ist.

(4) Betrifft die Nichtigkeit nur einen Teil des Verwaltungsakts, so ist er im ganzen nichtig, wenn der nichtige Teil so wesentlich ist, daß die Behörde den Verwaltungsakt ohne den nichtigen Teil nicht erlassen hätte.

(5) Die Behörde kann die Nichtigkeit jederzeit von Amts wegen feststellen; auf Antrag ist sie festzustellen, wenn der Antragsteller hieran ein berechtigtes Interesse hat.

Art. 45 Heilung von Verfahrens- und Formfehlern. (1) Eine Verletzung von Verfahrens- oder Formvorschriften, die nicht den Verwaltungsakt nach Art. 44 nichtig macht, ist unbeachtlich, wenn

1. der für den Erlaß des Verwaltungsakts erforderliche Antrag nachträglich gestellt wird,
2. die erforderliche Begründung nachträglich gegeben wird,
3. die erforderliche Anhörung eines Beteiligten nachgeholt wird,
4. der Beschluß eines Ausschusses, dessen Mitwirkung für den Erlaß des Verwaltungsakts erforderlich ist, nachträglich gefaßt wird,
5. die erforderliche Mitwirkung einer anderen Behörde nachgeholt wird.

(2) Handlungen nach Absatz 1 können bis zum Abschluss der letzten Tatsacheninstanz eines verwaltungsgerichtlichen Verfahrens nachgeholt werden.

(3) [1]Fehlt einem Verwaltungsakt die erforderliche Begründung oder ist die erforderliche Anhörung eines Beteiligten vor Erlaß des Verwaltungsakts unterblieben und ist dadurch die rechtzeitige Anfechtung des Verwaltungsakts versäumt worden, so gilt die Versäumung der Rechtsbehelfsfrist als nicht verschuldet. [2]Das für die Wiedereinsetzungsfrist maßgebende Ereignis tritt im Zeitpunkt der Nachholung der unterlassenen Verfahrenshandlung ein.

Art. 46 Folgen von Verfahrens- und Formfehlern. Die Aufhebung eines Verwaltungsakts, der nicht nach Art. 44 nichtig ist, kann nicht allein deshalb beansprucht werden, weil er unter Verletzung von Vorschriften über das Verfahren, die Form oder die örtliche Zuständigkeit zustande gekommen ist, wenn offensichtlich ist, daß die Verletzung die Entscheidung in der Sache nicht beeinflußt hat.

Art. 47 Umdeutung eines fehlerhaften Verwaltungsakts. (1) Ein fehlerhafter Verwaltungsakt kann in einen anderen Verwaltungsakt umgedeutet werden, wenn er auf das gleiche Ziel gerichtet ist, von der erlassenden Behörde in der geschehenen Verfahrensweise und Form rechtmäßig hätte erlassen werden können und wenn die Voraussetzungen für dessen Erlaß erfüllt sind.

(2) [1]Absatz 1 gilt nicht, wenn der Verwaltungsakt, in den der fehlerhafte Verwaltungsakt umzudeuten wäre, der erkennbaren Absicht der erlassenden Behörde widerspräche oder seine Rechtsfolgen für den Betroffenen ungünstiger wären als die des fehlerhaften Verwaltungsakts. [2]Eine Umdeutung ist ferner unzulässig, wenn der fehlerhafte Verwaltungsakt nicht zurückgenommen werden dürfte.

(3) Eine Entscheidung, die nur als gesetzlich gebundene Entscheidung ergehen kann, kann nicht in eine Ermessensentscheidung umgedeutet werden.

(4) Art. 28 ist entsprechend anzuwenden.

Art. 48 Rücknahme eines rechtswidrigen Verwaltungsakts. (1) [1]Ein rechtswidriger Verwaltungsakt kann, auch nachdem er unanfechtbar geworden ist, ganz oder teilweise mit Wirkung für die Zukunft oder für die Vergangenheit zurückgenommen werden. [2]Ein Verwaltungsakt, der ein Recht oder einen rechtlich erheblichen Vorteil begründet oder bestätigt hat (begünstigender Verwaltungsakt), darf nur unter den Einschränkungen der Absätze 2 bis 4 zurückgenommen werden.

(2) [1]Ein rechtswidriger Verwaltungsakt, der eine einmalige oder laufende Geldleistung oder teilbare Sachleistung gewährt oder hierfür Voraussetzung ist, darf nicht zurückgenommen werden, soweit der Begünstigte auf den Bestand des Verwaltungsakts vertraut hat und sein Vertrauen unter Abwägung mit dem öffentlichen Interesse an einer Rücknahme schutzwürdig ist. [2]Das Vertrauen ist in der Regel schutzwürdig, wenn der Begünstigte gewährte Leistungen verbraucht oder eine Vermögensdisposition getroffen hat, die er nicht mehr oder nur unter unzumutbaren Nachteilen rückgängig machen kann. [3]Auf Vertrauen kann sich der Begünstigte nicht berufen, wenn er

1. den Verwaltungsakt durch arglistige Täuschung, Drohung oder Bestechung erwirkt hat,
2. den Verwaltungsakt durch Angaben erwirkt hat, die in wesentlicher Beziehung unrichtig oder unvollständig waren,
3. die Rechtswidrigkeit des Verwaltungsakts kannte oder infolge grober Fahrlässigkeit nicht kannte.

[4]In den Fällen des Satzes 3 wird der Verwaltungsakt in der Regel mit Wirkung für die Vergangenheit zurückgenommen.

(3) [1]Wird ein rechtswidriger Verwaltungsakt, der nicht unter Absatz 2 fällt, zurückgenommen, so hat die Behörde dem Betroffenen auf Antrag den Vermögensnachteil auszugleichen, den dieser dadurch erleidet, daß er auf den Bestand des Verwaltungsakts vertraut hat, soweit sein Vertrauen unter Abwägung mit dem öffentlichen Interesse schutzwürdig ist. [2]Absatz 2 Satz 3 ist anzuwenden. [3]Der Vermögensnachteil ist jedoch nicht über den Betrag des Interesses hinaus zu ersetzen, das der Betroffene an dem Bestand des Verwaltungsakts hat. [4]Der auszugleichende Vermögensnachteil wird durch die Behörde festgesetzt. [5]Der Anspruch kann nur innerhalb eines Jahres geltend gemacht werden; die Frist beginnt, sobald die Behörde den Betroffenen auf sie hingewiesen hat.

(4) [1]Erhält die Behörde von Tatsachen Kenntnis, welche die Rücknahme eines rechtswidrigen Verwaltungsakts rechtfertigen, so ist die Rücknahme nur innerhalb eines Jahres seit dem Zeitpunkt der Kenntnisnahme zulässig. [2]Dies gilt nicht im Fall des Absatzes 2 Satz 3 Nr. 1.

(5) Über die Rücknahme entscheidet nach Unanfechtbarkeit des Verwaltungsakts die nach Art. 3 zuständige Behörde; dies gilt auch dann, wenn der zurückzunehmende Verwaltungsakt von einer anderen Behörde erlassen worden ist.

Art. 49 Widerruf eines rechtmäßigen Verwaltungsakts. (1) Ein rechtmäßiger nicht begünstigender Verwaltungsakt kann, auch nachdem er unanfechtbar geworden ist, ganz oder teilweise mit Wirkung für die Zukunft widerrufen werden, außer wenn ein Verwaltungsakt gleichen Inhalts erneut erlassen werden müßte oder aus anderen Gründen ein Widerruf unzulässig ist.

(2) [1]Ein rechtmäßiger begünstigender Verwaltungsakt darf, auch nachdem er unanfechtbar geworden ist, ganz oder teilweise mit Wirkung für die Zukunft nur widerrufen werden,

1. wenn der Widerruf durch Rechtsvorschrift zugelassen oder im Verwaltungsakt vorbehalten ist,
2. wenn mit dem Verwaltungsakt eine Auflage verbunden ist und der Begünstigte diese nicht oder nicht innerhalb einer ihm gesetzten Frist erfüllt hat,
3. wenn die Behörde auf Grund nachträglich eingetretener Tatsachen berechtigt wäre, den Verwaltungsakt nicht zu erlassen und wenn ohne den Widerruf das öffentliche Interesse gefährdet würde,
4. wenn die Behörde auf Grund einer geänderten Rechtsvorschrift berechtigt wäre, den Verwaltungsakt nicht zu erlassen, soweit der Begünstigte von der Vergünstigung noch keinen Gebrauch gemacht oder auf Grund des Verwaltungsakts noch keine Leistungen empfangen hat, und wenn ohne den Widerruf das öffentliche Interesse gefährdet würde,
5. um schwere Nachteile für das Gemeinwohl zu verhüten oder zu beseitigen.

[2]Art. 48 Abs. 4 gilt entsprechend.

(2a) [1]Ein rechtmäßiger Verwaltungsakt, der eine einmalige oder laufende Geldleistung oder teilbare Sachleistung zur Erfüllung eines bestimmten Zwekkes gewährt oder hierfür Voraussetzung ist, kann, auch nachdem er unanfechtbar geworden ist, ganz oder teilweise auch mit Wirkung für die Vergangenheit widerrufen werden,

1. wenn die Leistung nicht, nicht alsbald nach der Erbringung oder nicht mehr für den in dem Verwaltungsakt bestimmten Zweck verwendet wird;
2. wenn mit dem Verwaltungsakt eine Auflage verbunden ist und der Begünstigte diese nicht oder nicht innerhalb einer ihm gesetzten Frist erfüllt hat.

[2]Art. 48 Abs. 4 gilt entsprechend.

(3) Der widerrufene Verwaltungsakt wird mit dem Wirksamwerden des Widerrufs unwirksam, wenn die Behörde keinen anderen Zeitpunkt bestimmt.

(4) Über den Widerruf entscheidet nach Unanfechtbarkeit des Verwaltungsakts die nach Art. 3 zuständige Behörde; dies gilt auch dann, wenn der zu widerrufende Verwaltungsakt von einer anderen Behörde erlassen worden ist.

(5) [1]Wird ein begünstigender Verwaltungsakt in den Fällen des Absatzes 2 Nrn. 3 bis 5 widerrufen, so hat die Behörde den Betroffenen auf Antrag für den Vermögensnachteil zu entschädigen, den dieser dadurch erleidet, daß er auf den Bestand des Verwaltungsakts vertraut hat, soweit sein Vertrauen schutz-

würdig ist. [2]Art. 48 Abs. 3 Sätze 3 bis 5 gelten entsprechend. [3]Für Streitigkeiten über die Entschädigung ist der ordentliche Rechtsweg gegeben.

Art. 49a Erstattung, Verzinsung. (1) [1]Soweit ein Verwaltungsakt mit Wirkung für die Vergangenheit zurückgenommen oder widerrufen worden oder infolge Eintritts einer auflösenden Bedingung unwirksam geworden ist, sind bereits erbrachte Leistungen zu erstatten. [2]Die zu erstattende Leistung ist durch schriftlichen Verwaltungsakt festzusetzen.

(2) [1]Für den Umfang der Erstattung mit Ausnahme der Verzinsung gelten die Vorschriften des Bürgerlichen Gesetzbuchs über die Herausgabe einer ungerechtfertigten Bereicherung entsprechend. [2]Auf den Wegfall der Bereicherung kann sich der Begünstigte nicht berufen, soweit er die Umstände kannte oder infolge grober Fahrlässigkeit nicht kannte, die zur Rücknahme, zum Widerruf oder zur Unwirksamkeit des Verwaltungsakts geführt haben.

(3) [1]Der zu erstattende Betrag ist vom Eintritt der Unwirksamkeit des Verwaltungsakts an mit drei Prozentpunkten über dem Basiszinssatz jährlich zu verzinsen. [2]Von der Geltendmachung des Zinsanspruchs kann insbesondere dann abgesehen werden, wenn der Begünstigte die Umstände, die zur Rücknahme, zum Widerruf oder zur Unwirksamkeit des Verwaltungsakts geführt haben, nicht zu vertreten hat und den zu erstattenden Betrag innerhalb der von der Behörde festgesetzten Frist leistet.

(4) [1]Wird eine Leistung nicht alsbald nach der Auszahlung für den bestimmten Zweck verwendet, so können für die Zeit bis zur zweckentsprechenden Verwendung Zinsen nach Absatz 3 Satz 1 verlangt werden. [2]Entsprechendes gilt, soweit eine Leistung in Anspruch genommen wird, obwohl andere Mittel anteilig oder vorrangig einzusetzen sind. [3]Art. 49 Abs. 2a Satz 1 Nr. 1 bleibt unberührt.

Art. 50 Rücknahme und Widerruf im Rechtsbehelfsverfahren. Art. 48 Abs. 1 Satz 2 und Abs. 2 bis 4 sowie Art. 49 Abs. 2 bis 3 und 5 gelten nicht, wenn ein begünstigender Verwaltungsakt, der von einem Dritten angefochten worden ist, während des Vorverfahrens oder während des verwaltungsgerichtlichen Verfahrens aufgehoben wird, soweit dadurch dem Widerspruch oder der Klage abgeholfen wird.

Art. 51 Wiederaufgreifen des Verfahrens. (1) Die Behörde hat auf Antrag des Betroffenen über die Aufhebung oder Änderung eines unanfechtbaren Verwaltungsakts zu entscheiden, wenn

1. sich die dem Verwaltungsakt zugrunde liegende Sach- oder Rechtslage nachträglich zugunsten des Betroffenen geändert hat,
2. neue Beweismittel vorliegen, die eine dem Betroffenen günstigere Entscheidung herbeigeführt haben würden,
3. Wiederaufnahmegründe entsprechend § 580 der Zivilprozeßordnung gegeben sind.

(2) Der Antrag ist nur zulässig, wenn der Betroffene ohne grobes Verschulden außerstande war, den Grund für das Wiederaufgreifen in dem früheren Verfahren, insbesondere durch Rechtsbehelf, geltend zu machen.

(3) [1]Der Antrag muß binnen drei Monaten gestellt werden. [2]Die Frist beginnt mit dem Tag, an dem der Betroffene von dem Grund für das Wiederaufgreifen Kenntnis erhalten hat.

(4) Über den Antrag entscheidet die nach Art. 3 zuständige Behörde; dies gilt auch dann, wenn der Verwaltungsakt, dessen Aufhebung oder Änderung begehrt wird, von einer anderen Behörde erlassen worden ist.

(5) Die Vorschriften des Art. 48 Abs. 1 Satz 1 und des Art. 49 Abs. 1 bleiben unberührt.

Art. 52 Rückgabe von Urkunden und Sachen. [1]Ist ein Verwaltungsakt unanfechtbar widerrufen oder zurückgenommen oder ist seine Wirksamkeit aus einem anderen Grund nicht oder nicht mehr gegeben, so kann die Behörde die auf Grund dieses Verwaltungsakts erteilten Urkunden oder Sachen, die zum Nachweis der Rechte aus dem Verwaltungsakt oder zu deren Ausübung bestimmt sind, zurückfordern. [2]Der Inhaber und, sofern er nicht der Besitzer ist, auch der Besitzer dieser Urkunden oder Sachen sind zu ihrer Herausgabe verpflichtet. [3]Der Inhaber oder der Besitzer kann jedoch verlangen, daß ihm die Urkunden oder Sachen wieder ausgehändigt werden, nachdem sie von der Behörde als ungültig gekennzeichnet sind; dies gilt nicht bei Sachen, bei denen eine solche Kennzeichnung nicht oder nicht mit der erforderlichen Offensichtlichkeit oder Dauerhaftigkeit möglich ist.

Abschnitt III

Einfluß des Verwaltungsakts auf Verjährung und Erlöschen

Art. 53 Hemmung der Verjährung und des Erlöschens durch Verwaltungsakt. (1) [1]Ein Verwaltungsakt, der zur Feststellung oder Durchsetzung des Anspruchs eines öffentlich-rechtlichen Rechtsträgers erlassen wird, hemmt die Verjährung und das Erlöschen dieses Anspruchs. [2]Die Hemmung endet mit Eintritt der Unanfechtbarkeit des Verwaltungsakts oder sechs Monate nach seiner anderweitigen Erledigung.

(2) [1]Wird ein Verwaltungsakt im Sinn des Absatzes 1 unanfechtbar, beginnt eine Verjährungs- und Erlöschensfrist von 30 Jahren. [2]Soweit der Verwaltungsakt einen Anspruch auf künftig fällig werdende regelmäßig wiederkehrende Leistungen zum Inhalt hat, bleibt es bei der für diesen Anspruch geltenden Verjährungs- und Erlöschensfrist.

VIERTER TEIL

Öffentlich-rechtlicher Vertrag

Art. 54 Zulässigkeit des öffentlich-rechtlichen Vertrags. [1]Ein Rechtsverhältnis auf dem Gebiet des öffentlichen Rechts kann durch Vertrag begründet, geändert oder aufgehoben werden (öffentlich-rechtlicher Vertrag), soweit Rechtsvorschriften nicht entgegenstehen. [2]Insbesondere kann die Behörde, anstatt einen Verwaltungsakt zu erlassen, einen öffentlich-rechtlichen Vertrag mit demjenigen schließen, an den sie sonst den Verwaltungsakt richten würde.

Art. 55 Vergleichsvertrag. Ein öffentlich-rechtlicher Vertrag im Sinn des Art. 54 Satz 2, durch den eine bei verständiger Würdigung des Sachverhalts oder der Rechtslage bestehende Ungewißheit durch gegenseitiges Nachgeben beseitigt wird (Vergleich), kann geschlossen werden, wenn die Behörde den Abschluß des Vergleichs zur Beseitigung der Ungewißheit nach pflichtgemäßem Ermessen für zweckmäßig hält.

Art. 56 Austauschvertrag. (1) [1]Ein öffentlich-rechtlicher Vertrag im Sinn des Art. 54 Satz 2, in dem sich der Vertragspartner der Behörde zu einer Gegenleistung verpflichtet, kann geschlossen werden, wenn die Gegenleistung für einen bestimmten Zweck im Vertrag vereinbart wird und der Behörde zur Erfüllung ihrer öffentlichen Aufgaben dient. [2]Die Gegenleistung muß den gesamten Umständen nach angemessen sein und im sachlichen Zusammenhang mit der vertraglichen Leistung der Behörde stehen.

(2) Besteht auf die Leistung der Behörde ein Anspruch, so kann nur eine solche Gegenleistung vereinbart werden, die bei Erlaß eines Verwaltungsakts Inhalt einer Nebenbestimmung nach Art. 36 sein könnte.

Art. 57 Schriftform. Ein öffentlich-rechtlicher Vertrag ist schriftlich zu schließen, soweit nicht durch Rechtsvorschrift eine andere Form vorgeschrieben ist.

Art. 58 Zustimmung von Dritten und Behörden. (1) Ein öffentlich-rechtlicher Vertrag, der in Rechte eines Dritten eingreift, wird erst wirksam, wenn der Dritte schriftlich zustimmt.

(2) Wird anstatt eines Verwaltungsakts, bei dessen Erlaß nach einer Rechtsvorschrift die Genehmigung, die Zustimmung oder das Einvernehmen einer anderen Behörde erforderlich ist, ein Vertrag geschlossen, so wird dieser erst wirksam, nachdem die andere Behörde in der vorgeschriebenen Form mitgewirkt hat.

Art. 59 Nichtigkeit des öffentlich-rechtlichen Vertrags. (1) Ein öffentlich-rechtlicher Vertrag ist nichtig, wenn sich die Nichtigkeit aus der entsprechenden Anwendung von Vorschriften des Bürgerlichen Gesetzbuchs ergibt.

(2) Ein Vertrag im Sinn des Art. 54 Satz 2 ist ferner nichtig, wenn

1. ein Verwaltungsakt mit entsprechendem Inhalt nichtig wäre,
2. ein Verwaltungsakt mit entsprechendem Inhalt nicht nur wegen eines Verfahrens- oder Formfehlers im Sinn des Art. 46 rechtswidrig wäre und dies den Vertragschließenden bekannt war,
3. die Voraussetzungen zum Abschluß eines Vergleichsvertrags nicht vorlagen und ein Verwaltungsakt mit entsprechendem Inhalt nicht nur wegen eines Verfahrens- oder Formfehlers im Sinn des Art. 46 rechtswidrig wäre,
4. sich die Behörde eine nach Art. 56 unzulässige Gegenleistung versprechen läßt.

(3) Betrifft die Nichtigkeit nur einen Teil des Vertrags, so ist er im ganzen nichtig, wenn nicht anzunehmen ist, daß er auch ohne den nichtigen Teil geschlossen worden wäre.

Art. 60 Anpassung und Kündigung in besonderen Fällen. (1) [1]Haben die Verhältnisse, die für die Festsetzung des Vertragsinhalts maßgebend gewesen sind, sich seit Abschluß des Vertrags so wesentlich geändert, daß einer Vertragspartei das Festhalten an der ursprünglichen vertraglichen Regelung nicht zuzumuten ist, so kann diese Vertragspartei eine Anpassung des Vertragsinhalts an die geänderten Verhältnisse verlangen oder, sofern eine Anpassung nicht möglich oder einer Vertragspartei nicht zuzumuten ist, den Vertrag kündigen. [2]Die Behörde kann den Vertrag auch kündigen, um schwere Nachteile für das Gemeinwohl zu verhüten oder zu beseitigen.

(2) [1]Die Kündigung bedarf der Schriftform, soweit nicht durch Rechtsvorschrift eine andere Form vorgeschrieben ist. [2]Sie soll begründet werden.

Art. 61 Unterwerfung unter die sofortige Vollstreckung. (1) [1]Jeder Vertragschließende kann sich der sofortigen Vollstreckung aus einem öffentlich-rechtlichen Vertrag im Sinn des Art. 54 Satz 2 unterwerfen. [2]Die Behörde muß hierbei von dem Behördenleiter, seinem allgemeinen Vertreter oder einem Angehörigen des öffentlichen Dienstes, der die Befähigung zum Richteramt hat oder die Voraussetzungen des § 110 Satz 1 des Deutschen Richtergesetzes erfüllt, vertreten werden.

(2) [1]Auf öffentlich-rechtliche Verträge im Sinn des Absatzes 1 Satz 1 ist der Zweite Hauptteil des Bayerischen Verwaltungszustellungs- und Vollstrekkungsgesetzes entsprechend anzuwenden. [2]Will eine natürliche oder juristische Person des Privatrechts oder eine nichtrechtsfähige Vereinigung die Vollstrekkung wegen einer Geldforderung betreiben, so sind § 170 Abs. 1 bis 3 der Verwaltungsgerichtsordnung (VwGO) entsprechend anzuwenden. [3]Richtet sich die Vollstreckung wegen der Erzwingung einer Handlung, Duldung oder Unterlassung gegen eine Behörde, so ist § 172 VwGO entsprechend anzuwenden.

Art. 62 Ergänzende Anwendung von Vorschriften. [1]Soweit sich aus den Art. 54 bis 61 nichts Abweichendes ergibt, gelten die übrigen Vorschriften dieses Gesetzes. [2]Ergänzend gelten die Vorschriften des Bürgerlichen Gesetzbuchs entsprechend.

FÜNFTER TEIL

Besondere Verfahrensarten

Abschnitt I

Förmliches Verwaltungsverfahren

Art. 63 Anwendung der Vorschriften über das förmliche Verwaltungsverfahren. (1) Das förmliche Verwaltungsverfahren nach diesem Gesetz findet statt, wenn es durch Rechtsvorschrift angeordnet ist.

(2) Für das förmliche Verwaltungsverfahren gelten die Art. 64 bis 71 und, soweit sich aus ihnen nichts Abweichendes ergibt, die übrigen Vorschriften dieses Gesetzes.

(3) [1]Die Mitteilung nach Art. 17 Abs. 2 Satz 2 und die Aufforderung nach Art. 17 Abs. 4 Satz 2 sind im förmlichen Verwaltungsverfahren öffentlich bekanntzumachen. [2]Die öffentliche Bekanntmachung wird dadurch bewirkt, daß die Behörde die Mitteilung oder die Aufforderung in ihrem amtlichen Veröffentlichungsblatt und außerdem in örtlichen Tageszeitungen, die in dem Bereich verbreitet sind, in dem sich die Entscheidung voraussichtlich auswirken wird, bekanntmacht.

Art. 64 Form des Antrags. Setzt das förmliche Verwaltungsverfahren einen Antrag voraus, so ist er schriftlich oder zur Niederschrift bei der Behörde zu stellen.

Art. 65 Mitwirkung von Zeugen und Sachverständigen. (1) [1]Im förmlichen Verwaltungsverfahren sind Zeugen zur Aussage und Sachverständige zur Erstattung von Gutachten verpflichtet. [2]Die Vorschriften der Zivilprozeßordnung über die Pflicht, als Zeuge auszusagen oder als Sachverständiger ein Gutachten zu erstatten, über die Ablehnung von Sachverständigen sowie über die Vernehmung von Angehörigen des öffentlichen Dienstes als Zeugen oder Sachverständige gelten entsprechend.

(2) [1]Verweigern Zeugen oder Sachverständige ohne Vorliegen eines der in den §§ 376, 383 bis 385 und 408 der Zivilprozeßordnung bezeichneten Gründe die Aussage oder die Erstattung des Gutachtens, so kann die Behörde das für den Wohnsitz oder den Aufenthaltsort des Zeugen oder des Sachverständigen zuständige Verwaltungsgericht um die Vernehmung ersuchen. [2]Befindet sich der Wohnsitz oder der Aufenthaltsort des Zeugen oder des Sachverständigen nicht am Sitz eines Verwaltungsgerichts oder einer besonders errichteten Kammer, so kann auch das zuständige Amtsgericht um die Vernehmung ersucht

werden. [3]In dem Ersuchen hat die Behörde den Gegenstand der Vernehmung darzulegen sowie die Namen und Anschriften der Beteiligten anzugeben. [4]Das Gericht hat die Beteiligten von den Beweisterminen zu benachrichtigen.

(3) Hält die Behörde mit Rücksicht auf die Bedeutung der Aussage eines Zeugen oder des Gutachtens eines Sachverständigen oder zur Herbeiführung einer wahrheitsgemäßen Aussage die Beeidigung für geboten, so kann sie das nach Absatz 2 zuständige Gericht um die eidliche Vernehmung ersuchen.

(4) Das Gericht entscheidet über die Rechtmäßigkeit einer Verweigerung des Zeugnisses, des Gutachtens oder der Eidesleistung.

(5) Ein Ersuchen nach den Absätzen 2 oder 3 an das Gericht darf nur von dem Behördenleiter, seinem allgemeinen Vertreter oder einem Angehörigen des öffentlichen Dienstes gestellt werden, der die Befähigung zum Richteramt hat oder die Voraussetzungen des § 110 Satz 1 des Deutschen Richtergesetzes erfüllt.

(6) § 180 VwGO findet entsprechende Anwendung.

Art. 66 Verpflichtung zur Anhörung von Beteiligten. (1) Im förmlichen Verwaltungsverfahren ist den Beteiligten Gelegenheit zu geben, sich vor der Entscheidung zu äußern.

(2) Den Beteiligten ist Gelegenheit zu geben, der Vernehmung von Zeugen und Sachverständigen und der Einnahme des Augenscheins beizuwohnen und hierbei sachdienliche Fragen zu stellen; ein schriftlich oder elektronisch vorliegendes Gutachten soll ihnen zugänglich gemacht werden.

Art. 67 Erfordernis der mündlichen Verhandlung. (1) [1]Die Behörde entscheidet nach mündlicher Verhandlung. [2]Hierzu sind die Beteiligten mit angemessener Frist schriftlich zu laden. [3]Bei der Ladung ist darauf hinzuweisen, daß bei Ausbleiben eines Beteiligten auch ohne ihn verhandelt und entschieden werden kann. [4]Sind mehr als 50 Ladungen vorzunehmen, so können sie durch öffentliche Bekanntmachung ersetzt werden. [5]Die öffentliche Bekanntmachung wird dadurch bewirkt, daß der Verhandlungstermin mindestens zwei Wochen vorher im amtlichen Veröffentlichungsblatt der Behörde und außerdem in örtlichen Tageszeitungen, die in dem Bereich verbreitet sind, in dem sich die Entscheidung voraussichtlich auswirken wird, mit dem Hinweis nach Satz 3 bekanntgemacht wird. [6]Maßgebend für die Frist nach Satz 5 ist die Bekanntgabe im amtlichen Veröffentlichungsblatt.

(2) Die Behörde kann ohne mündliche Verhandlung entscheiden, wenn
1. einem Antrag im Einvernehmen mit allen Beteiligten in vollem Umfang entsprochen wird,
2. kein Beteiligter innerhalb einer hierfür gesetzten Frist Einwendungen gegen die vorgesehene Maßnahme erhoben hat,
3. die Behörde den Beteiligten mitgeteilt hat, daß sie beabsichtige, ohne mündliche Verhandlung zu entscheiden, und kein Beteiligter innerhalb einer hierfür gesetzten Frist Einwendungen dagegen erhoben hat,

4. alle Beteiligten auf sie verzichtet haben,
5. wegen Gefahr im Verzug eine sofortige Entscheidung notwendig ist.

(3) Die Behörde soll das Verfahren so fördern, daß es möglichst in einem Verhandlungstermin erledigt werden kann.

Art. 68 Verlauf der mündlichen Verhandlung. (1) [1]Die mündliche Verhandlung ist nicht öffentlich. [2]An ihr können Vertreter der Aufsichtsbehörden und Personen, die bei der Behörde zur Ausbildung beschäftigt sind, teilnehmen. [3]Anderen Personen kann der Verhandlungsleiter die Anwesenheit gestatten, wenn kein Beteiligter widerspricht.

(2) [1]Der Verhandlungsleiter hat die Sache mit den Beteiligten zu erörtern. [2]Er hat darauf hinzuwirken, daß unklare Anträge erläutert, sachdienliche Anträge gestellt, ungenügende Angaben ergänzt sowie alle für die Feststellung des Sachverhalts wesentlichen Erklärungen abgegeben werden.

(3) [1]Der Verhandlungsleiter ist für die Ordnung verantwortlich. [2]Er kann Personen, die seine Anordnungen nicht befolgen, entfernen lassen. [3]Die Verhandlung kann ohne diese Personen fortgesetzt werden.

(4) [1]Über die mündliche Verhandlung ist eine Niederschrift zu fertigen. [2]Die Niederschrift muß Angaben enthalten über
1. den Ort und den Tag der Verhandlung,
2. die Namen des Verhandlungsleiters, der erschienenen Beteiligten, Zeugen und Sachverständigen,
3. den behandelten Verfahrensgegenstand und die gestellten Anträge,
4. den wesentlichen Inhalt der Aussagen der Zeugen und Sachverständigen,
5. das Ergebnis eines Augenscheins.

[3]Die Niederschrift ist von dem Verhandlungsleiter und, soweit ein Schriftführer hinzugezogen worden ist, auch von diesem zu unterzeichnen. [4]Der Aufnahme in die Verhandlungsniederschrift steht die Aufnahme in eine Schrift gleich, die ihr als Anlage beigefügt und als solche bezeichnet ist; auf die Anlage ist in der Verhandlungsniederschrift hinzuweisen.

Art. 69 Entscheidung. (1) Die Behörde entscheidet unter Würdigung des Gesamtergebnisses des Verfahrens.

(2) [1]Verwaltungsakte, die das förmliche Verfahren abschließen, sind schriftlich zu erlassen, schriftlich zu begründen und den Beteiligten zuzustellen; in den Fällen des Art. 39 Abs. 2 Nrn. 1 und 3 bedarf es einer Begründung nicht. [2]Ein elektronischer Verwaltungsakt nach Satz 1 ist mit einer dauerhaft überprüfbaren qualifizierten elektronischen Signatur zu versehen. [3]Sind mehr als 50 Zustellungen vorzunehmen, so können sie durch öffentliche Bekanntmachung ersetzt werden. [4]Die öffentliche Bekanntmachung wird dadurch bewirkt, daß der verfügende Teil des Verwaltungsakts und die Rechtsbehelfsbelehrung im amtlichen Veröffentlichungsblatt der Behörde und außerdem in örtlichen Tageszeitungen bekanntgemacht werden, die in dem Bereich verbreitet

sind, in dem sich die Entscheidung voraussichtlich auswirken wird. [5]Der Verwaltungsakt gilt mit dem Tag als zugestellt, an dem seit dem Tag der Bekanntmachung in dem amtlichen Veröffentlichungsblatt zwei Wochen verstrichen sind; hierauf ist in der Bekanntmachung hinzuweisen. [6]Nach der öffentlichen Bekanntmachung kann der Verwaltungsakt bis zum Ablauf der Rechtsbehelfsfrist von den Beteiligten schriftlich oder elektronisch angefordert werden; hierauf ist in der Bekanntmachung gleichfalls hinzuweisen.

(3) [1]Wird das förmliche Verwaltungsverfahren auf andere Weise abgeschlossen, so sind die Beteiligten hiervon zu benachrichtigen. [2]Sind mehr als 50 Benachrichtigungen vorzunehmen, so können sie durch öffentliche Bekanntmachung ersetzt werden; Absatz 2 Satz 4 gilt entsprechend.

Art. 70 Anfechtung der Entscheidung. Vor Erhebung einer verwaltungsgerichtlichen Klage, die einen im förmlichen Verwaltungsverfahren erlassenen Verwaltungsakt zum Gegenstand hat, bedarf es keiner Nachprüfung in einem Vorverfahren.

Art. 71 Besondere Vorschriften für das förmliche Verfahren vor Ausschüssen. (1) [1]Findet das förmliche Verwaltungsverfahren vor einem Ausschuß (Art. 88) statt, so hat jedes Mitglied das Recht, sachdienliche Fragen zu stellen. [2]Wird eine Frage von einem Beteiligten beanstandet, so entscheidet der Ausschuß über ihre Zulässigkeit.

(2) [1]Bei der Beratung und Abstimmung dürfen nur Ausschußmitglieder zugegen sein, die an der mündlichen Verhandlung teilgenommen haben. [2]Ferner dürfen Personen zugegen sein, die bei der Behörde, bei der der Ausschuß gebildet ist, zur Ausbildung beschäftigt sind, soweit der Vorsitzende ihre Anwesenheit gestattet. [3]Die Abstimmungsergebnisse sind festzuhalten.

(3) [1]Jeder Beteiligte kann ein Mitglied des Ausschusses ablehnen, das in diesem Verwaltungsverfahren nicht tätig werden darf (Art. 20) oder bei dem die Besorgnis der Befangenheit besteht (Art. 21). [2]Eine Ablehnung vor der mündlichen Verhandlung ist schriftlich oder zur Niederschrift zu erklären. [3]Die Erklärung ist unzulässig, wenn sich der Beteiligte, ohne den ihm bekannten Ablehnungsgrund geltend zu machen, in die mündliche Verhandlung eingelassen hat. [4]Für die Entscheidung über die Ablehnung gelten Art. 20 Abs. 4 Sätze 2 bis 4.

Abschnitt Ia

Verfahren über eine einheitliche Stelle

Art. 71a Anwendbarkeit. (1) Ist durch Rechtsvorschrift angeordnet, dass ein Verwaltungsverfahren über eine einheitliche Stelle abgewickelt werden kann, so gelten die Vorschriften dieses Abschnitts und, soweit sich aus ihnen nichts Abweichendes ergibt, die übrigen Vorschriften dieses Gesetzes.

(2) Der zuständigen Behörde obliegen die Pflichten aus Art. 71b Abs. 3, 4 und 6, Art. 71c Abs. 2 und Art. 71e auch dann, wenn sich der Antragsteller oder Anzeigepflichtige unmittelbar an die zuständige Behörde wendet.

Art. 71b Verfahren. (1) Die einheitliche Stelle nimmt Anzeigen, Anträge, Willenserklärungen und Unterlagen entgegen und leitet sie unverzüglich an die zuständigen Behörden weiter.

(2) [1]Anzeigen, Anträge, Willenserklärungen und Unterlagen gelten am dritten Tag nach Eingang bei der einheitlichen Stelle als bei der zuständigen Behörde eingegangen. [2]Fristen werden mit Eingang bei der einheitlichen Stelle gewahrt.

(3) [1]Soll durch die Anzeige, den Antrag oder die Abgabe einer Willenserklärung eine Frist in Lauf gesetzt werden, innerhalb deren die zuständige Behörde tätig werden muss, stellt die zuständige Behörde eine Empfangsbestätigung aus. [2]In der Empfangsbestätigung ist das Datum des Eingangs bei der einheitlichen Stelle mitzuteilen und auf die Frist, die Voraussetzungen für den Beginn des Fristlaufs und auf eine an den Fristablauf geknüpfte Rechtsfolge sowie auf die verfügbaren Rechtsbehelfe hinzuweisen.

(4) [1]Ist die Anzeige oder der Antrag unvollständig, teilt die zuständige Behörde unverzüglich mit, welche Unterlagen nachzureichen sind. [2]Die Mitteilung enthält den Hinweis, dass der Lauf der Frist nach Abs. 3 erst mit Eingang der vollständigen Unterlagen beginnt. [3]Das Datum des Eingangs der nachgereichten Unterlagen bei der einheitlichen Stelle ist mitzuteilen.

(5) [1]Soweit die einheitliche Stelle zur Verfahrensabwicklung in Anspruch genommen wird, sollen Mitteilungen der zuständigen Behörde an den Antragsteller oder Anzeigepflichtigen über sie weitergegeben werden. [2]Verwaltungsakte werden auf Verlangen desjenigen, an den sich der Verwaltungsakt richtet, von der zuständigen Behörde unmittelbar bekannt gegeben.

(6) [1]Ein schriftlicher Verwaltungsakt, der durch die Post in das Ausland übermittelt wird, gilt einen Monat nach Aufgabe zur Post als bekannt gegeben. [2]Art. 41 Abs. 2 Satz 3 gilt entsprechend.

Art. 71c Informationspflichten. (1) [1]Die einheitliche Stelle erteilt auf Anfrage unverzüglich Auskunft über die maßgeblichen Vorschriften, die zuständigen Behörden, den Zugang zu den öffentlichen Registern und Datenbanken, die zustehenden Verfahrensrechte und die Einrichtungen, die den Antragsteller oder Anzeigepflichtigen bei der Aufnahme oder Ausübung seiner Tätigkeit unterstützen. [2]Sie teilt unverzüglich mit, wenn eine Anfrage zu unbestimmt ist.

(2) [1]Die zuständigen Behörden erteilen auf Anfrage unverzüglich Auskunft über die maßgeblichen Vorschriften und deren gewöhnliche Auslegung. [2]Nach Art. 25 erforderliche Anregungen und Auskünfte werden unverzüglich gegeben.

Art. 71d Gegenseitige Unterstützung. [1]Die einheitliche Stelle und die zuständigen Behörden wirken gemeinsam auf eine ordnungsgemäße und zügige Verfahrensabwicklung hin; die Pflicht zur Unterstützung besteht auch gegenüber einheitlichen Stellen oder sonstigen Behörden des Bundes oder anderer Länder. [2]Die zuständigen Behörden stellen der einheitlichen Stelle insbesondere die erforderlichen Informationen zum Verfahrensstand zur Verfügung.

Art. 71e Elektronisches Verfahren. [1]Das Verfahren nach diesem Abschnitt wird auf Verlangen in elektronischer Form abgewickelt. [2]Art. 3a Abs. 2 Sätze 2 und 3 und Abs. 3 bleiben unberührt.

Abschnitt II
Planfeststellungsverfahren

Art. 72 Anwendung der Vorschriften über das Planfeststellungsverfahren. (1) Ist ein Planfeststellungsverfahren durch Rechtsvorschrift angeordnet, so gelten hierfür die Art. 73 bis 78 und, soweit sich aus ihnen nichts Abweichendes ergibt, die übrigen Vorschriften dieses Gesetzes; Art. 51 ist nicht anzuwenden, Art. 29 ist mit der Maßgabe anzuwenden, daß Akteneinsicht nach pflichtgemäßem Ermessen zu gewähren ist.

(2) [1]Die Mitteilung nach Art. 17 Abs. 2 Satz 2 und die Aufforderung nach Art. 17 Abs. 4 Satz 2 sind im Planfeststellungsverfahren öffentlich bekanntzumachen. [2]Die öffentliche Bekanntmachung wird dadurch bewirkt, daß die Behörde die Mitteilung oder die Aufforderung in ihrem amtlichen Veröffentlichungsblatt und außerdem in örtlichen Tageszeitungen, die in dem Bereich verbreitet sind, in dem sich das Vorhaben voraussichtlich auswirken wird, bekanntmacht.

Art. 73 Anhörungsverfahren. (1) [1]Der Träger des Vorhabens hat den Plan der Anhörungsbehörde zur Durchführung des Anhörungsverfahrens einzureichen. [2]Der Plan besteht aus den Zeichnungen und Erläuterungen, die das Vorhaben, seinen Anlaß und die von dem Vorhaben betroffenen Grundstücke und Anlagen erkennen lassen.

(2) Innerhalb eines Monats nach Zugang des vollständigen Plans fordert die Anhörungsbehörde die Behörden, deren Aufgabenbereich durch das Vorhaben berührt wird, zur Stellungnahme auf und veranlaßt, daß der Plan in den Gemeinden, in denen sich das Vorhaben voraussichtlich auswirken wird, ausgelegt wird.

(3) [1]Die Gemeinden nach Absatz 2 haben den Plan innerhalb von drei Wochen nach Zugang für die Dauer eines Monats zur Einsicht auszulegen. [2]Auf eine Auslegung kann verzichtet werden, wenn der Kreis der Betroffenen und die Vereinigungen nach Abs. 4 Satz 5 bekannt sind und ihnen innerhalb angemessener Frist Gelegenheit gegeben wird, den Plan einzusehen.

(3a) [1]Die Behörden nach Absatz 2 haben ihre Stellungnahme innerhalb einer von der Anhörungsbehörde zu setzenden Frist abzugeben, die drei Monate nicht überschreiten darf. [2]Stellungnahmen, die nach Ablauf der Frist nach Satz 1 eingehen, sind zu berücksichtigen, wenn der Planfeststellungsbehörde die vorgebrachten Belange bekannt sind oder hätten bekannt sein müssen oder für die Rechtmäßigkeit der Entscheidung von Bedeutung sind; im Übrigen können sie berücksichtigt werden.

(4) [1]Jeder, dessen Belange durch das Vorhaben berührt werden, kann bis zwei Wochen nach Ablauf der Auslegungsfrist schriftlich oder zur Niederschrift bei der Anhörungsbehörde oder bei der Gemeinde Einwendungen gegen den Plan erheben. [2]Im Fall des Absatzes 3 Satz 2 bestimmt die Anhörungsbehörde die Einwendungsfrist. [3]Mit Ablauf der Einwendungsfrist sind alle Einwendungen ausgeschlossen, die nicht auf besonderen privatrechtlichen Titeln beruhen. [4]Hierauf ist in der Bekanntmachung der Auslegung oder bei der Bekanntgabe der Einwendungsfrist hinzuweisen. [5]Vereinigungen, die auf Grund einer Anerkennung nach anderen Rechtsvorschriften befugt sind, Rechtsbehelfe nach der Verwaltungsgerichtsordnung gegen die Entscheidung nach Art. 74 einzulegen, können innerhalb der Frist nach Satz 1 Stellungnahmen zu dem Plan abgeben. [6]Sätze 2 bis 4 gelten entsprechend.

(5) [1]Die Gemeinden, in denen der Plan auszulegen ist, haben die Auslegung vorher ortsüblich bekanntzumachen. [2]In der Bekanntmachung ist darauf hinzuweisen,

1. wo und in welchem Zeitraum der Plan zur Einsicht ausgelegt ist,
2. daß etwaige Einwendungen oder Stellungnahmen von Vereinigungen nach Abs. 4 Satz 5 bei den in der Bekanntmachung zu bezeichnenden Stellen innerhalb der Einwendungsfrist vorzubringen sind,
3. daß bei Ausbleiben eines Beteiligten in dem Erörterungstermin auch ohne ihn verhandelt werden kann,
4. daß
   a) die Personen, die Einwendungen erhoben haben, oder die Vereinigungen, die Stellungnahmen abgegeben haben, von dem Erörterungstermin durch öffentliche Bekanntmachung benachrichtigt werden können,
   b) die Zustellung der Entscheidung über die Einwendungen durch öffentliche Bekanntmachung ersetzt werden kann,

   wenn mehr als 50 Benachrichtigungen oder Zustellungen vorzunehmen sind.

[3]Nicht ortsansässige Betroffene, deren Person und Aufenthalt bekannt sind oder sich innerhalb angemessener Frist ermitteln lassen, sollen auf Veranlassung der Anhörungsbehörde von der Auslegung mit dem Hinweis nach Satz 2 benachrichtigt werden.

(6) [1]Nach Ablauf der Einwendungsfrist hat die Anhörungsbehörde die rechtzeitig gegen den Plan erhobenen Einwendungen, die rechtzeitig abgegebenen Stellungnahmen von Vereinigungen nach Abs. 4 Satz 5 sowie die Stellungnahmen der Behörden zu dem Plan mit dem Träger des Vorhabens, den Behörden,

den Betroffenen sowie denjenigen, die Einwendungen erhoben oder Stellungnahmen abgegeben haben, zu erörtern. [2]Der Erörterungstermin ist mindestens eine Woche vorher ortsüblich bekanntzumachen. [3]Die Behörden, der Träger des Vorhabens und diejenigen, die Einwendungen erhoben oder Stellungnahmen abgegeben haben, sind von dem Erörterungstermin zu benachrichtigen. [4]Sind außer der Benachrichtigung der Behörden und des Trägers des Vorhabens mehr als 50 Benachrichtigungen vorzunehmen, so können diese Benachrichtigungen durch öffentliche Bekanntmachung ersetzt werden. [5]Die öffentliche Bekanntmachung wird dadurch bewirkt, daß abweichend von Satz 2 der Erörterungstermin im amtlichen Veröffentlichungsblatt der Anhörungsbehörde und außerdem in örtlichen Tageszeitungen bekanntgemacht wird, die in dem Bereich verbreitet sind, in dem sich das Vorhaben voraussichtlich auswirken wird; maßgebend für die Frist nach Satz 2 ist die Bekanntgabe im amtlichen Veröffentlichungsblatt. [6]Im übrigen gelten für die Erörterung die Vorschriften über die mündliche Verhandlung im förmlichen Verwaltungsverfahren (Art. 67 Abs. 1 Satz 3, Abs. 2 Nrn. 1 und 4 und Abs. 3, Art. 68) entsprechend. [7]Die Anhörungsbehörde schließt die Erörterung innerhalb von drei Monaten nach Ablauf der Einwendungsfrist ab.

(7) Abweichend von den Vorschriften des Absatzes 6 Sätze 2 bis 5 kann der Erörterungstermin bereits in der Bekanntmachung nach Absatz 5 Satz 2 bestimmt werden.

(8) [1]Soll ein ausgelegter Plan geändert werden und werden dadurch der Aufgabenbereich einer Behörde oder einer Vereinigung nach Abs. 4 Satz 5 oder Belange Dritter erstmals oder stärker als bisher berührt, so ist diesen die Änderung mitzuteilen und ihnen Gelegenheit zu Stellungnahmen und Einwendungen innerhalb von zwei Wochen zu geben; Abs. 4 Sätze 3 bis 6 gelten entsprechend. [2]Wird sich die Änderung voraussichtlich auf das Gebiet einer anderen Gemeinde auswirken, so ist der geänderte Plan in dieser Gemeinde auszulegen; die Absätze 2 bis 6 gelten entsprechend.

(9) Die Anhörungsbehörde gibt zum Ergebnis des Anhörungsverfahrens eine Stellungnahme ab und leitet diese der Planfeststellungsbehörde innerhalb eines Monats nach Abschluss der Erörterung mit dem Plan, den Stellungnahmen der Behörden und der Vereinigungen nach Abs. 4 Satz 5 sowie den nicht erledigten Einwendungen zu.

Art. 74 Planfeststellungsbeschluß, Plangenehmigung. (1) [1]Die Planfeststellungsbehörde stellt den Plan fest (Planfeststellungsbeschluß). [2]Die Vorschriften über die Entscheidung und die Anfechtung der Entscheidung im förmlichen Verwaltungsverfahren (Art. 69 und 70) sind anzuwenden.

(2) [1]Im Planfeststellungsbeschluß entscheidet die Planfeststellungsbehörde über die Einwendungen, über die bei der Erörterung vor der Anhörungsbehörde keine Einigung erzielt worden ist. [2]Sie hat dem Träger des Vorhabens Vorkehrungen oder die Errichtung und Unterhaltung von Anlagen aufzuerlegen, die zum Wohl der Allgemeinheit oder zur Vermeidung nachteiliger Wir-

kungen auf Rechte anderer erforderlich sind. [3]Sind solche Vorkehrungen oder Anlagen untunlich oder mit dem Vorhaben unvereinbar, so hat der Betroffene Anspruch auf angemessene Entschädigung in Geld.

(3) Soweit eine abschließende Entscheidung noch nicht möglich ist, ist diese im Planfeststellungsbeschluß vorzubehalten; dem Träger des Vorhabens ist dabei aufzugeben, noch fehlende oder von der Planfeststellungsbehörde bestimmte Unterlagen rechtzeitig vorzulegen.

(4) [1]Der Planfeststellungsbeschluß ist dem Träger des Vorhabens, denjenigen, über deren Einwendungen entschieden worden ist, und den Vereinigungen, über deren Stellungnahmen entschieden worden ist, zuzustellen. [2]Eine Ausfertigung des Beschlusses ist mit einer Rechtsbehelfsbelehrung und einer Ausfertigung des festgestellten Plans in den Gemeinden zwei Wochen zur Einsicht auszulegen; der Ort und die Zeit der Auslegung sind ortsüblich bekanntzumachen. [3]Mit dem Ende der Auslegungsfrist gilt der Beschluß gegenüber den übrigen Betroffenen als zugestellt; darauf ist in der Bekanntmachung hinzuweisen.

(5) [1]Sind außer an den Träger des Vorhabens mehr als 50 Zustellungen nach Absatz 4 vorzunehmen, so können diese Zustellungen durch öffentliche Bekanntmachung ersetzt werden. [2]Die öffentliche Bekanntmachung wird dadurch bewirkt, daß der verfügende Teil des Planfeststellungsbeschlusses, die Rechtsbehelfsbelehrung und ein Hinweis auf die Auslegung nach Absatz 4 Satz 2 im amtlichen Veröffentlichungsblatt der zuständigen Behörde und außerdem in örtlichen Tageszeitungen bekanntgemacht werden, die in dem Bereich verbreitet sind, in dem sich das Vorhaben voraussichtlich auswirken wird; auf Auflagen ist hinzuweisen. [3]Mit dem Ende der Auslegungsfrist gilt der Beschluß den Betroffenen und denjenigen gegenüber, die Einwendungen erhoben haben, als zugestellt; hierauf ist in der Bekanntmachung hinzuweisen. [4]Nach der öffentlichen Bekanntmachung kann der Planfeststellungsbeschluß bis zum Ablauf der Rechtsbehelfsfrist von den Betroffenen und von denjenigen, die Einwendungen erhoben haben, schriftlich angefordert werden; hierauf ist in der Bekanntmachung gleichfalls hinzuweisen.

(6) [1]An Stelle eines Planfeststellungsbeschlusses kann eine Plangenehmigung erteilt werden, wenn

1. Rechte anderer nicht oder nur unwesentlich beeinträchtigt werden oder die Betroffenen sich mit der Inanspruchnahme ihres Eigentums oder eines anderen Rechts schriftlich einverstanden erklärt haben,
2. mit den Trägern öffentlicher Belange, deren Aufgabenbereich berührt wird, das Benehmen hergestellt worden ist und
3. nicht andere Rechtsvorschriften eine Öffentlichkeitsbeteiligung vorschreiben, die den Anforderungen der Art. 73 Abs. 3 Satz 1 und Abs. 4 bis 7 entsprechen muss.

[2]Die Plangenehmigung hat die Rechtswirkungen der Planfeststellung; auf ihre Erteilung sind die Vorschriften über das Planfeststellungsverfahren nicht anzuwenden; davon ausgenommen sind Abs. 4 Satz 1 und Abs. 5, die entsprechend

anzuwenden sind. [3]Vor Erhebung einer verwaltungsgerichtlichen Klage bedarf es keiner Nachprüfung in einem Vorverfahren. [4]Art. 75 Abs. 4 gilt entsprechend.

(7) [1]Planfeststellung und Plangenehmigung entfallen in Fällen von unwesentlicher Bedeutung. [2]Diese liegen vor, wenn
1. andere öffentliche Belange nicht berührt sind oder die erforderlichen behördlichen Entscheidungen vorliegen und sie dem Plan nicht entgegenstehen,
2. Rechte anderer nicht beeinflußt werden oder mit den vom Plan Betroffenen entsprechende Vereinbarungen getroffen worden sind und
3. nicht andere Rechtsvorschriften eine Öffentlichkeitsbeteiligung vorschreiben, die den Anforderungen der Art. 73 Abs. 3 Satz 1 und Abs. 4 bis 7 entsprechen muss.

Art. 75 Rechtswirkungen der Planfeststellung. (1) [1]Durch die Planfeststellung wird die Zulässigkeit des Vorhabens einschließlich der notwendigen Folgemaßnahmen an anderen Anlagen im Hinblick auf alle von ihm berührten öffentlichen Belange festgestellt; neben der Planfeststellung sind andere behördliche Entscheidungen nach Landes- oder Bundesrecht, insbesondere öffentlich-rechtliche Genehmigungen, Verleihungen, Erlaubnisse, Bewilligungen, Zustimmungen und Planfeststellungen nicht erforderlich. [2]Durch die Planfeststellung werden alle öffentlich-rechtlichen Beziehungen zwischen dem Träger des Vorhabens und den durch den Plan Betroffenen rechtsgestaltend geregelt.

(1a) [1]Mängel bei der Abwägung der von dem Vorhaben berührten öffentlichen und privaten Belange sind nur erheblich, wenn sie offensichtlich und auf das Abwägungsergebnis von Einfluß gewesen sind. [2]Erhebliche Mängel bei der Abwägung oder eine Verletzung von Verfahrens- oder Formvorschriften führen nur dann zur Aufhebung des Planfeststellungsbeschlusses oder der Plangenehmigung, wenn sie nicht durch Planergänzung oder durch ein ergänzendes Verfahren behoben werden können; Art. 45 und 46 bleiben unberührt.

(2) [1]Ist der Planfeststellungsbeschluß unanfechtbar geworden, so sind Ansprüche auf Unterlassung des Vorhabens, auf Beseitigung oder Änderung der Anlagen oder auf Unterlassung ihrer Benutzung ausgeschlossen. [2]Treten nicht voraussehbare Wirkungen des Vorhabens oder der dem festgestellten Plan entsprechenden Anlagen auf das Recht eines anderen erst nach Unanfechtbarkeit des Plans auf, so kann der Betroffene Vorkehrungen oder die Errichtung und Unterhaltung von Anlagen verlangen, welche die nachteiligen Wirkungen ausschließen. [3]Sie sind dem Träger des Vorhabens durch Beschluß der Planfeststellungsbehörde aufzuerlegen. [4]Sind solche Vorkehrungen oder Anlagen untunlich oder mit dem Vorhaben unvereinbar, so richtet sich der Anspruch auf angemessene Entschädigung in Geld. [5]Werden Vorkehrungen oder Anlagen im Sinn des Satzes 2 notwendig, weil nach Abschluß des Planfeststellungsverfah-

rens auf einem benachbarten Grundstück Veränderungen eingetreten sind, so hat die hierdurch entstehenden Kosten der Eigentümer des benachbarten Grundstücks zu tragen, es sei denn, daß die Veränderungen durch natürliche Ereignisse oder höhere Gewalt verursacht worden sind; Satz 4 ist nicht anzuwenden.

(3) [1]Anträge, mit denen Ansprüche auf Herstellung von Einrichtungen oder auf angemessene Entschädigung nach Absatz 2 Sätze 2 und 4 geltend gemacht werden, sind schriftlich an die Planfeststellungsbehörde zu richten. [2]Sie sind nur innerhalb von drei Jahren nach dem Zeitpunkt zulässig, zu dem der Betroffene von den nachteiligen Wirkungen des dem unanfechtbar festgestellten Plan entsprechenden Vorhabens oder der Anlage Kenntnis erhalten hat; sie sind ausgeschlossen, wenn nach Herstellung des dem Plan entsprechenden Zustands 30 Jahre verstrichen sind.

(4) [1]Wird mit der Durchführung des Plans nicht innerhalb von fünf Jahren nach Eintritt der Unanfechtbarkeit begonnen, so tritt er außer Kraft, es sei denn, er wird vorher von der Planfeststellungsbehörde um höchstens fünf Jahre verlängert. [2]Als Beginn der Durchführung des Plans gilt jede erstmals nach außen erkennbare Tätigkeit von mehr als nur geringfügiger Bedeutung zur plangemäßen Verwirklichung des Vorhabens; eine spätere Unterbrechung der Verwirklichung des Vorhabens berührt den Beginn der Durchführung nicht.

Art. 76 Planänderungen vor Fertigstellung des Vorhabens. (1) Soll vor Fertigstellung des Vorhabens der festgestellte Plan geändert werden, bedarf es eines neuen Planfeststellungsverfahrens.

(2) Bei Planänderungen von unwesentlicher Bedeutung kann die Planfeststellungsbehörde von einem neuen Planfeststellungsverfahren absehen, wenn die Belange anderer nicht berührt werden oder wenn die Betroffenen der Änderung zugestimmt haben.

(3) Führt die Planfeststellungsbehörde in den Fällen des Absatzes 2 oder in anderen Fällen einer Planänderung von unwesentlicher Bedeutung ein Planfeststellungsverfahren durch, so bedarf es keines Anhörungsverfahrens und keiner öffentlichen Bekanntgabe des Planfeststellungsbeschlusses.

Art. 77 Aufhebung des Planfeststellungsbeschlusses. [1]Wird ein Vorhaben, mit dessen Durchführung begonnen worden ist, endgültig aufgegeben, so hat die Planfeststellungsbehörde den Planfeststellungsbeschluß aufzuheben. [2]In dem Aufhebungsbeschluß sind dem Träger des Vorhabens die Wiederherstellung des früheren Zustands oder geeignete andere Maßnahmen aufzuerlegen, soweit dies zum Wohl der Allgemeinheit oder zur Vermeidung nachteiliger Wirkungen auf Rechte anderer erforderlich ist. [3]Werden solche Maßnahmen notwendig, weil nach Abschluß des Planfeststellungsverfahrens auf einem benachbarten Grundstück Veränderungen eingetreten sind, so kann der Träger des Vorhabens durch Beschluß der Planfeststellungsbehörde zu geeigneten Vorkehrungen verpflichtet werden; die hierdurch entstehenden Kosten hat jedoch der Eigentümer des benachbarten Grundstücks zu tragen, es sei denn, daß die Veränderungen durch natürliche Ereignisse oder höhere Gewalt verursacht worden sind.

Art. 78 Zusammentreffen mehrerer Vorhaben. (1) Treffen mehrere selbständige Vorhaben, für deren Durchführung Planfeststellungsverfahren vorgeschrieben sind, derart zusammen, daß für diese Vorhaben oder für Teile von ihnen nur eine einheitliche Entscheidung möglich ist, so findet für diese Vorhaben oder für deren Teile nur ein Planfeststellungsverfahren statt.

(2) [1]Zuständigkeiten und Verfahren richten sich nach den Rechtsvorschriften über das Planfeststellungsverfahren, das für diejenige Anlage vorgeschrieben ist, die einen größeren Kreis öffentlich-rechtlicher Beziehungen berührt. [2]Bestehen Zweifel, welche Rechtsvorschrift anzuwenden ist, so entscheidet, falls nach den in Betracht kommenden Rechtsvorschriften mehrere Behörden des Geschäftsbereichs eines Staatsministeriums zuständig sind, das Staatsministerium; gehören die Behörden zum Geschäftsbereich verschiedener Staatsministerien, so entscheidet die Staatsregierung. [3]Bestehen Zweifel, welche Rechtsvorschrift anzuwenden ist, und sind nach den in Betracht kommenden Rechtsvorschriften Behörden verschiedener Länder zuständig, so führen, falls sich die obersten Behörden der Länder nicht einigen, die Landesregierungen das Einvernehmen darüber herbei, welche Rechtsvorschrift anzuwenden ist; sind nach den in Betracht kommenden Rechtsvorschriften eine Bundesbehörde und eine Landesbehörde zuständig, so führen, falls sich die obersten Bundes- und Landesbehörden nicht einigen, die Bundesregierung und die Staatsregierung das Einvernehmen darüber herbei, welche Rechtsvorschrift anzuwenden ist.

Abschnitt III

Verwaltungsverfahren mit Umweltverträglichkeitsprüfung

Art. 78a Anwendung des Gesetzes über die Umweltverträglichkeitsprüfung.* [1]Ist in Rechtsvorschriften des Freistaates Bayern für Vorhaben ein Verwaltungsverfahren mit Umweltverträglichkeitsprüfung vorgeschrieben, so gelten hierfür die §§ 2 bis 4, 15 bis 23, 24 Abs. 1, §§ 25 bis 30, 31 Abs. 1, 2 Satz 1 Nr. 2 bis 6, Satz 2 bis 4 und Abs. 4, §§ 32, 54 bis 59, 64, 72, 73 Abs. 1 Nr. 1 und Abs. 2 des Gesetzes über die Umweltverträglichkeitsprüfung (UVPG) mit folgenden Maßgaben entsprechend:

1. Abweichend von § 18 Abs. 1 Satz 4 UVPG entfällt der Erörterungstermin, wenn für die Entscheidung über die Zulässigkeit des Vorhabens ein Verwaltungsverfahren ohne Erörterungstermin vorgeschrieben ist oder die zuständige Behörde einen Erörterungstermin nicht für erforderlich hält.
2. Abweichend von § 73 Abs. 1 Nr. 1 UVPG sind die Vorhaben getrennt nach den im jeweiligen Fachrecht genannten Vorhabenarten mitzuteilen.

---

* *Beachte die Übergangsregelung in Art. 96a BayVwVfG.*

3. Verweisungen des UVPG auf das Verwaltungsverfahrensgesetz des Bundes gelten als Verweisungen auf die entsprechenden Vorschriften dieses Gesetzes.

[2]Im Übrigen gelten die Vorschriften dieses Gesetzes.

Art. 78b–78l *(aufgehoben)*

SECHSTER TEIL

Rechtsbehelfsverfahren

Art. 79 Rechtsbehelfe gegen Verwaltungsakte. Für förmliche Rechtsbehelfe gegen Verwaltungsakte gilt die Verwaltungsgerichtsordnung, soweit nicht durch Gesetz etwas anderes bestimmt ist; im übrigen gelten die Vorschriften dieses Gesetzes.

Art. 80 Kosten im Vorverfahren. (1) [1]Ist der Widerspruch erfolgreich, so hat der Rechtsträger, dessen Behörde den angefochtenen Verwaltungsakt erlassen hat, die Kosten des Widerspruchsverfahrens zu tragen; dies gilt auch, wenn der Widerspruch nur deshalb keinen Erfolg hat, weil die Verletzung einer Verfahrens- oder Formvorschrift nach Art. 45 unbeachtlich ist. [2]Ist der Widerspruch erfolglos geblieben oder zurückgenommen worden, so hat derjenige, der den Widerspruch eingelegt hat, die Kosten des Widerspruchsverfahrens zu tragen; dies gilt nicht für die Verwaltungskosten und die zur zweckentsprechenden Rechtsverfolgung oder Rechtsverteidigung notwendigen Aufwendungen der Behörde, die den angefochtenen Verwaltungsakt erlassen hat, wenn der Widerspruch gegen einen Verwaltungsakt eingelegt wird, der im Rahmen
1. eines bestehenden oder früheren öffentlich-rechtlichen Dienst- oder Amtsverhältnisses oder
2. einer bestehenden oder früheren gesetzlichen Dienstpflicht oder einer Tätigkeit, die an Stelle der gesetzlichen Dienstpflicht geleistet werden kann,

erlassen wurde. [3]Ist der Widerspruch zum Teil erfolgreich, so gilt § 155 Abs. 1 VwGO entsprechend. [4]Aufwendungen, die einem Beteiligten durch eigenes Verschulden oder das Verschulden seines Vertreters entstanden sind, hat er selbst zu tragen. [5]Erledigt sich der Widerspruch auf andere Weise, so wird über die Kosten nach billigem Ermessen entschieden; der bisherige Sachstand ist zu berücksichtigen.

(2) [1]Zu den Kosten des Widerspruchsverfahrens gehören nur die Verwaltungskosten und die zur zweckentsprechenden Rechtsverfolgung oder Rechtsverteidigung notwendigen Aufwendungen dessen, der den Widerspruch eingelegt hat, und der Behörde, die den angefochtenen Verwaltungsakt erlassen hat. [2]Aufwendungen anderer Beteiligter sind erstattungsfähig, wenn sie aus Billigkeit demjenigen, der die Kosten des Widerspruchsverfahrens zu tragen hat, oder der Staatskasse auferlegt werden. [3]Die Gebühren und Auslagen eines

Rechtsanwalts oder eines sonstigen Bevollmächtigten im Widerspruchsverfahren sind nur dann notwendige Aufwendungen, wenn die Zuziehung eines Bevollmächtigten notwendig war.

(3) [1]Die Behörde, die die Kostenentscheidung getroffen hat, setzt auf Antrag den Betrag der zu erstattenden Aufwendungen fest; hat ein Ausschuß oder Beirat (§ 73 Abs. 2 VwGO) die Kostenentscheidung getroffen, so obliegt die Kostenfestsetzung der Behörde, bei der der Ausschuß oder Beirat gebildet ist. [2]Die Kostenentscheidung bestimmt auch, ob die Zuziehung eines Rechtsanwalts oder eines sonstigen Bevollmächtigten notwendig war.

(4) Die Absätze 1 bis 3 gelten auch für andere förmliche verwaltungsrechtliche Rechtsbehelfe und für Vorverfahren bei Maßnahmen des Richterdienstrechts.

SIEBTER TEIL

Ehrenamtliche Tätigkeit, Ausschüsse

Abschnitt I

Ehrenamtliche Tätigkeit

Art. 81 Anwendung der Vorschriften über die ehrenamtliche Tätigkeit. Für die ehrenamtliche Tätigkeit im Verwaltungsverfahren gelten die Art. 82 bis 87, soweit Rechtsvorschriften nichts Abweichendes bestimmen.

Art. 82 Pflicht zu ehrenamtlicher Tätigkeit. Eine Pflicht zur Übernahme ehrenamtlicher Tätigkeit besteht nur, wenn sie durch Rechtsvorschrift vorgesehen ist.

Art. 83 Ausübung ehrenamtlicher Tätigkeit. (1) Der ehrenamtlich Tätige hat seine Tätigkeit gewissenhaft und unparteiisch auszuüben.

(2) [1]Bei Übernahme seiner Aufgaben ist er zur gewissenhaften und unparteiischen Tätigkeit und zur Verschwiegenheit besonders zu verpflichten. [2]Die Verpflichtung ist aktenkundig zu machen.

Art. 84 Verschwiegenheitspflicht. (1) [1]Der ehrenamtlich Tätige hat, auch nach Beendigung seiner ehrenamtlichen Tätigkeit, über die ihm dabei bekanntgewordenen Angelegenheiten Verschwiegenheit zu wahren. [2]Dies gilt nicht für Mitteilungen im dienstlichen Verkehr oder über Tatsachen, die offenkundig sind oder ihrer Bedeutung nach keiner Geheimhaltung bedürfen.

(2) Der ehrenamtlich Tätige darf ohne Genehmigung über Angelegenheiten, über die er Verschwiegenheit zu wahren hat, weder vor Gericht noch außergerichtlich Aussagen oder Erklärungen abgeben.

(3) Die Genehmigung, als Zeuge auszusagen, darf nur versagt werden, wenn die Aussage dem Wohl des Bundes oder eines Landes Nachteile bereiten oder

die Erfüllung öffentlicher Aufgaben ernstlich gefährden oder erheblich erschweren würde.

(4) [1]Ist der ehrenamtlich Tätige Beteiligter in einem gerichtlichen Verfahren oder soll sein Vorbringen der Wahrnehmung seiner berechtigten Interessen dienen, so darf die Genehmigung auch dann, wenn die Voraussetzungen des Absatzes 3 erfüllt sind, nur versagt werden, wenn ein zwingendes öffentliches Interesse dies erfordert. [2]Wird sie versagt, so ist dem ehrenamtlich Tätigen der Schutz zu gewähren, den die öffentlichen Interessen zulassen.

(5) Die Genehmigung nach den Absätzen 2 bis 4 erteilt die fachlich zuständige Aufsichtsbehörde der Stelle, die den ehrenamtlich Tätigen berufen hat.

Art. 85 Entschädigung. Der ehrenamtlich Tätige hat Anspruch auf Ersatz seiner notwendigen Auslagen und seines Verdienstausfalls.

Art. 86 Abberufung. [1]Personen, die zu ehrenamtlicher Tätigkeit herangezogen worden sind, können von der Stelle, die sie berufen hat, abberufen werden, wenn ein wichtiger Grund vorliegt. [2]Ein wichtiger Grund liegt insbesondere vor, wenn der ehrenamtlich Tätige
1. seine Pflicht gröblich verletzt oder sich als unwürdig erwiesen hat,
2. seine Tätigkeit nicht mehr ordnungsgemäß ausüben kann.

Art. 87 *(aufgehoben)*

Abschnitt II

Ausschüsse

Art. 88 Anwendung der Vorschriften über Ausschüsse. Für Ausschüsse, Beiräte und andere kollegiale Einrichtungen (Ausschüsse) gelten, wenn sie in einem Verwaltungsverfahren tätig werden, die Art. 89 bis 93, soweit Rechtsvorschriften nichts Abweichendes bestimmen.

Art. 89 Ordnung in den Sitzungen. Der Vorsitzende eröffnet, leitet und schließt die Sitzungen; er ist für die Ordnung verantwortlich.

Art. 90 Beschlußfähigkeit. (1) [1]Ausschüsse sind beschlußfähig, wenn alle Mitglieder geladen und mehr als die Hälfte, mindestens aber drei der stimmberechtigten Mitglieder anwesend sind. [2]Beschlüsse können auch im schriftlichen Verfahren gefaßt werden, wenn kein Mitglied widerspricht.

(2) Ist eine Angelegenheit wegen Beschlußunfähigkeit zurückgestellt worden und wird der Ausschuß zur Behandlung desselben Gegenstands erneut geladen, so ist er ohne Rücksicht auf die Zahl der Erschienenen beschlußfähig, wenn darauf in dieser Ladung hingewiesen worden ist.

Art. 91 Beschlußfassung. [1]Beschlüsse werden mit Stimmenmehrheit gefaßt. [2]Bei Stimmengleichheit entscheidet die Stimme des Vorsitzenden, wenn er stimmberechtigt ist; sonst gilt Stimmengleichheit als Ablehnung.

Art. 92 Wahlen durch Ausschüsse. (1) [1]Gewählt wird, wenn kein Mitglied des Ausschusses widerspricht, durch Zuruf oder Zeichen, sonst durch Stimmzettel. [2]Auf Verlangen eines Mitglieds ist geheim zu wählen.

(2) [1]Gewählt ist, wer von den abgegebenen Stimmen die meisten erhalten hat. [2]Bei Stimmengleichheit entscheidet das vom Leiter der Wahl zu ziehende Los.

(3) [1]Sind mehrere gleichartige Wahlstellen zu besetzen, so ist nach dem Höchstzahlverfahren d'Hondt zu wählen, außer wenn einstimmig etwas anderes beschlossen worden ist. [2]Über die Zuteilung der letzten Wahlstelle entscheidet bei gleicher Höchstzahl das vom Leiter der Wahl zu ziehende Los.

Art. 93 Niederschrift. [1]Über die Sitzung ist eine Niederschrift zu fertigen. [2]Die Niederschrift muß Angaben enthalten über

1. den Ort und den Tag der Sitzung,
2. die Namen des Vorsitzenden und der anwesenden Ausschußmitglieder,
3. den behandelten Gegenstand und die gestellten Anträge,
4. die gefaßten Beschlüsse,
5. das Ergebnis von Wahlen.

[3]Die Niederschrift ist von dem Vorsitzenden und, soweit ein Schriftführer hinzugezogen worden ist, auch von diesem zu unterzeichnen.

ACHTER TEIL

Schlußvorschriften

Art. 94 Länderübergreifende Verfahren. [1]Ist nach Art. 3 Abs. 2 Satz 4 eine gemeinsame zuständige Behörde bestimmt und erstreckt sich das Verwaltungsverfahren auf das Gebiet eines anderen Bundeslandes, so ist insoweit das Verfahrensrecht dieses Landes anzuwenden. [2]Die fachlich zuständigen Aufsichtsbehörden können durch Vereinbarung eine abweichende Regelung treffen.

Art. 95 Sonderregelung für Verteidigungsangelegenheiten. [1]Nach Feststellung des Verteidigungsfalls oder des Spannungsfalls kann in Verteidigungsangelegenheiten von der Anhörung Beteiligter (Art. 28 Abs. 1), von der schriftlichen Bestätigung (Art. 37 Abs. 2 Satz 2) und von der schriftlichen Begründung eines Verwaltungsakts (Art. 39 Abs. 1) abgesehen werden; in diesen Fällen gilt ein Verwaltungsakt abweichend von Art. 41 Abs. 4 Satz 3 mit dem auf die Bekanntmachung folgenden Tag als bekanntgegeben. [2]Dasselbe gilt für die sonstigen gemäß Art. 80a des Grundgesetzes anzuwendenden Rechtsvorschriften.

Art. 96 Überleitung von Verfahren. (1) [1]Art. 53 in der ab dem 1. Januar 2003 geltenden Fassung findet auf die an diesem Tag bestehenden und noch nicht verjährten oder erloschenen Ansprüche Anwendung. [2]Eine vor Ablauf des 31. Dezember 2002 eingetretene und mit diesem Zeitpunkt noch nicht beendete Unterbrechung der Verjährung oder des Erlöschens gilt mit Ablauf des 31. Dezember 2002 als beendet; die neue Verjährung ist mit Beginn des 1. Januar 2003 gehemmt. [3]Ist ein Verwaltungsakt, der zur Unterbrechung der Verjährung oder des Erlöschens geführt hat, vor Ablauf des 31. Dezember 2002 aufgehoben worden und ist an diesem Tag die in § 212 Abs. 2 Satz 1 des Bürgerlichen Gesetzbuchs in der bis zum 31. Dezember 2001 geltenden Fassung bestimmte Frist noch nicht abgelaufen, so ist § 212 Abs. 2 des Bürgerlichen Gesetzbuchs in dieser Fassung entsprechend anzuwenden.

(2) [1]Vor dem 1. Juni 2015 begonnene Verfahren werden nach den Vorschriften dieses Gesetzes in der ab dem 1. Juni 2015 geltenden Fassung weitergeführt. [2]Fachgesetzliche Sonderregelungen bleiben unberührt. [3]Art. 75 Abs. 4 Satz 2 gilt auch für Planfeststellungsbeschlüsse und Plangenehmigungen, die vor dem 1. Juni 2015 erlassen worden sind, soweit der Plan noch nicht außer Kraft getreten ist.

Art. 96a Übergangsregelung. (1) [1]Verfahren für die in Art. 78a bezeichneten Vorhaben, die vor dem 16. Mai 2017 begonnen worden sind, sind nach den Vorschriften dieses Gesetzes in der ab dem 1. August 2018 geltenden Fassung zu Ende zu führen. [2]Satz 1 findet keine Anwendung auf Verfahren, bei denen vor dem 16. Mai 2017 das Verfahren zur Unterrichtung des Trägers des Vorhabens nach Art. 78d in der bis 31. Juli 2018 geltenden Fassung eingeleitet oder die Unterlagen nach Art. 78e in der bis 31. Juli 2018 geltenden Fassung vorgelegt wurden.

(2) [1]Vor dem 1. Juni 2015 begonnene Verfahren werden nach den Vorschriften dieses Gesetzes in der ab dem 1. Juni 2015 geltenden Fassung weitergeführt. [2]Fachgesetzliche Sonderregelungen bleiben unberührt. [3]Art. 75 Abs. 4 Satz 2 gilt auch für Planfeststellungsbeschlüsse und Plangenehmigungen, die vor dem 1. Juni 2015 erlassen worden sind, soweit der Plan noch nicht außer Kraft getreten ist.

Art. 97 Revision. In einem gerichtlichen Verfahren kann die Revision auch darauf gestützt werden, daß das angefochtene Urteil auf der Verletzung dieses Gesetzes beruht.

Art. 98 *(aufgehoben)*

Art. 99 Inkrafttreten. [1]Dieses Gesetz ist dringlich. [2]Es tritt am 1. Januar 1977 in Kraft.*

---

* *Diese Vorschrift betrifft das Inkrafttreten des Gesetzes in der ursprünglichen Fassung vom 23. Dezember 1976 (GVBl. S. 544). Der Zeitpunkt des Inkrafttretens der späteren Änderungen ergibt sich aus den jeweiligen Änderungsgesetzen.*

Bayerisches Verwaltungszustellungs- und Vollstreckungsgesetz (VwZVG)

(BayRS 2010-2-I) in der Fassung der Bekanntmachung vom 11. November 1970 (GVBl. 1971, S. 1),
zuletzt geändert durch Verordnung vom 26. März 2019 (GVBl. S. 98)

INHALTSÜBERSICHT*

ERSTER HAUPTTEIL
Zustellungsverfahren

Erster Abschnitt
Geltungsbereich und Erfordernis der Zustellung

Art. 1 Geltungsbereich und Zustellungserfordernis

Zweiter Abschnitt
Arten der Zustellung

Art. 2 Allgemeines
Art. 3 Zustellung durch die Post mit Zustellungsurkunde
Art. 4 Zustellung durch die Post mittels Einschreiben
Art. 5 Zustellung durch die Behörde gegen Empfangsbekenntnis; elektronische Zustellung
Art. 6 Elektronische Zustellung gegen Abholbestätigung über De-Mail-Dienste

Dritter Abschnitt
Gemeinsame Vorschriften für alle Zustellungsarten

Art. 7 Zustellung an gesetzliche Vertreter
Art. 8 Zustellung an Bevollmächtigte
Art. 8a Zustellung an Ehegatten und Lebenspartner
Art. 9 Heilung von Zustellungsmängeln

Vierter Abschnitt

Art. 10–13 *(aufgehoben)*

Fünfter Abschnitt
Sonderarten der Zustellung

Art. 14 Zustellung im Ausland
Art. 15 Öffentliche Zustellung
Art. 16 *(aufgehoben)*
Art. 17 Zustellungen im Besteuerungsverfahren und bei der Heranziehung zu sonstigen öffentlichen Abgaben und Umlagen

ZWEITER HAUPTTEIL
Vollstreckungsverfahren

Erster Abschnitt
Gemeinsame Vorschriften

Art. 18 Geltungsbereich
Art. 19 Voraussetzungen der Vollstreckung
Art. 20 Begriffsbestimmungen
Art. 21 Einwendungen gegen den zu vollstreckenden Anspruch
Art. 21a Sofortige Vollziehbarkeit
Art. 22 Einstellung der Vollstreckung

Zweiter Abschnitt
Vollstreckung von Verwaltungsakten, mit denen eine Geldleistung gefordert wird

Art. 23 Besondere Voraussetzungen der Vollstreckung
Art. 24 Vollstreckungsanordnung
Art. 25 Vollstreckung von Geldforderungen des Staates
Art. 26 Vollstreckung von Geldforderungen der Gemeinden, Landkreise, Bezirke und Zweckverbände

* *Inhaltsübersicht nicht amtlich.*

Art. 27 Vollstreckung von Geldforderungen sonstiger juristischer Personen des öffentlichen Rechts
Art. 28 Erstattungsanspruch

Dritter Abschnitt
Vollstreckung von Verwaltungsakten, mit denen eine Handlung, Duldung oder Unterlassung gefordert wird

Art. 29 Zulässigkeit des Verwaltungszwangs; Zwangsmittel
Art. 30 Zuständigkeit
Art. 31 Zwangsgeld
Art. 32 Ersatzvornahme
Art. 33 Ersatzzwangshaft
Art. 34 Unmittelbarer Zwang
Art. 35 Zwangsmittel in unaufschiebbaren Fällen
Art. 36 Androhung der Zwangsmittel
Art. 37 Anwendung der Zwangsmittel
Art. 38 Rechtsbehelfe
Art. 39 Anspruch auf Beseitigung von Vollstreckungsfolgen

Vierter Abschnitt
Einschränkungen von Grundrechten

Art. 40 Einschränkung von Grundrechten

Fünfter Abschnitt
Kosten

Art. 41 Kostenschuldner; Kostenersatz; Forderungsübergang; Zwangsgelder
Art. 41a Kosten der Ersatzvornahme

DRITTER HAUPTTEIL
Übergangs- und Schlußbestimmungen

Art. 42 Durchführungsvorschriften, Verordnungsermächtigung
Art. 43 Vollstreckung öffentlichrechtlicher Geldforderungen nach § 350b Abs. 5 des Lastenausgleichsgesetzes
Art. 44 Finanzämter als Vollstreckungsbehörden für bestimmte Fälle
Art. 45 Inkrafttreten

ERSTER HAUPTTEIL

Zustellungsverfahren

Erster Abschnitt

Geltungsbereich und Erfordernis der Zustellung

Art. 1 [Geltungsbereich und Zustellungserfordernis]. (1) [1]Die Behörden des Freistaates Bayern und die Körperschaften, Anstalten und Stiftungen des öffentlichen Rechts, die unmittelbar oder mittelbar seiner Aufsicht unterstehen (Behörden), stellen nach den Vorschriften dieses Hauptteils zu. [2]Im Widerspruchsverfahren wird nach den Vorschriften des Verwaltungszustellungsgesetzes zugestellt.

(2) [1]Gerichte können bei der Erledigung von Verwaltungsangelegenheiten auch nach den Vorschriften zustellen, nach denen sie im Rahmen ihrer rechtsprechenden Tätigkeit zu verfahren haben. [2]Das gilt entsprechend für Staatsanwaltschaften.

(3) Die Landesfinanzbehörden stellen nach den Vorschriften des Verwaltungszustellungsgesetzes zu.

(4) Die Vorschriften dieses Hauptteils gelten nicht für Zustellungen nach dem Justizbeitreibungsgesetz.

(5) Zugestellt wird, wenn es durch Rechtsvorschrift oder behördliche Anordnung bestimmt ist.

Zweiter Abschnitt

Arten der Zustellung

Art. 2 Allgemeines. (1) Zustellung ist die Bekanntgabe eines schriftlichen oder elektronischen Dokuments in der in diesem Gesetz bestimmten Form.

(2) [1]Die Zustellung wird durch einen Erbringer von Postdienstleistungen (Post), einen nach § 17 des De-Mail-Gesetzes akkreditierten Diensteanbieter oder durch die Behörde ausgeführt. [2]Daneben gelten die in den Art. 14, 15 und 17 geregelten Sonderarten der Zustellung.

(3) [1]Die Behörde hat die Wahl zwischen den einzelnen Zustellungsarten. [2]Art. 5 Abs. 5 Satz 1 Halbsatz 2 bleibt unberührt.

Art. 3 Zustellung durch die Post mit Zustellungsurkunde. (1) Soll durch die Post mit Zustellungsurkunde zugestellt werden, übergibt die Behörde der Post den Zustellungsauftrag, das zuzustellende Dokument in einem verschlossenen Umschlag und einen vorbereiteten Vordruck einer Zustellungsurkunde.

(2) [1]Für die Ausführung der Zustellung gelten die §§ 177 bis 182 der Zivilprozessordnung entsprechend. [2]Im Fall des § 181 Abs. 1 der Zivilprozessordnung kann das zuzustellende Dokument bei einer von der Post dafür bestimmten Stelle am Ort der Zustellung oder am Ort des Amtsgerichts, in dessen Bezirk der Ort der Zustellung liegt, niedergelegt werden oder bei der Behörde, die den Zustellungsauftrag erteilt hat, wenn sie ihren Sitz an einem der vorbezeichneten Orte hat. [3]Für die Zustellungsurkunde, den Zustellungsauftrag, den verschlossenen Umschlag nach Abs. 1 und die schriftliche Mitteilung nach § 181 Abs. 1 Satz 3 der Zivilprozessordnung sind die Vordrucke nach der Zustellungsvordruckverordnung zu verwenden.

Art. 4 Zustellung durch die Post mittels Einschreiben. (1) Ein Dokument kann durch die Post mittels Einschreiben durch Übergabe oder mittels Einschreiben mit Rückschein zugestellt werden.

(2) [1]Zum Nachweis der Zustellung genügt der Rückschein. [2]Im Übrigen gilt das Dokument am dritten Tag nach der Aufgabe zur Post als zugestellt, es sei denn, dass es nicht oder zu einem späteren Zeitpunkt zugegangen ist. [3]Im Zweifel hat die Behörde den Zugang und dessen Zeitpunkt nachzuweisen. [4]Der Tag der Aufgabe zur Post ist in den Akten zu vermerken. [5]An Stelle des Vermerks kann ein Vordruck mit der genauen Bezeichnung des zuzustellenden Dokuments – Betreff, Datum und Aktenzeichen – und dem eingedruckten, von der Post bestätigten Einlieferungsschein zu den Akten genommen werden.

Art. 5 Zustellung durch die Behörde gegen Empfangsbekenntnis; elektronische Zustellung. (1) [1]Bei der Zustellung durch die Behörde händigt der zustellende Bedienstete das Dokument dem Empfänger in einem verschlossenen Umschlag aus. [2]Das Dokument kann auch offen ausgehändigt werden, wenn keine schutzwürdigen Interessen des Empfängers entgegenstehen. [3]Der Empfänger hat ein mit dem Datum der Aushändigung versehenes Empfangsbekenntnis zu unterschreiben. [4]Der Bedienstete vermerkt das Datum der Zustellung auf dem Umschlag des auszuhändigenden Dokuments oder bei offener Aushändigung auf dem Dokument selbst.

(2) [1]Die §§ 177 bis 181 der Zivilprozessordnung sind anzuwenden. [2]Zum Nachweis der Zustellung ist in den Akten zu vermerken:
1. im Fall der Ersatzzustellung in der Wohnung, in Geschäftsräumen und Einrichtungen nach § 178 der Zivilprozessordnung der Grund, der diese Art der Zustellung rechtfertigt,
2. im Fall der Zustellung bei verweigerter Annahme nach § 179 der Zivilprozessordnung, wer die Annahme verweigert hat und dass das Dokument am Ort der Zustellung zurückgelassen oder an den Absender zurückgesandt wurde sowie der Zeitpunkt und der Ort der verweigerten Annahme,
3. in den Fällen der Ersatzzustellung nach §§ 180 und 181 der Zivilprozessordnung der Grund der Ersatzzustellung sowie wann und wo das Dokument in einen Briefkasten eingelegt oder sonst niedergelegt und in welcher Weise die Niederlegung schriftlich mitgeteilt wurde.

[3]Im Fall des § 181 Abs. 1 der Zivilprozessordnung kann das zuzustellende Dokument bei der Behörde, die den Zustellungsauftrag erteilt hat, niedergelegt werden, wenn diese Behörde ihren Sitz am Ort der Zustellung oder am Ort des Amtsgerichts hat, in dessen Bezirk der Ort der Zustellung liegt.

(3) [1]Zur Nachtzeit, an Sonntagen und gesetzlichen Feiertagen darf nach Abs. 1 und 2 im Inland nur mit schriftlicher oder elektronischer Erlaubnis des Behördenleiters oder seines Stellvertreters oder eines Beamten mit der Befähigung für das Richteramt zugestellt werden. [2]Die Nachtzeit umfasst die Stunden von 21 bis 6 Uhr. [3]Die Erlaubnis ist bei der Zustellung in Kopie mitzuteilen. [4]Eine Zustellung, bei der diese Vorschriften nicht beachtet sind, ist wirksam, wenn die Annahme nicht verweigert wird.

(4) Das Dokument kann an Behörden, Körperschaften, Anstalten und Stiftungen des öffentlichen Rechts, an Rechtsanwälte, Patentanwälte, Notare, Steuerberater, Steuerbevollmächtigte, Wirtschaftsprüfer, vereidigte Buchprüfer, Steuerberatungsgesellschaften, Wirtschaftsprüfungsgesellschaften und Buchprüfungsgesellschaften auch auf andere Weise, auch elektronisch, gegen Empfangsbekenntnis zugestellt werden.

(5) [1]Ein elektronisches Dokument kann im Übrigen unbeschadet des Abs. 4 elektronisch zugestellt werden, soweit der Empfänger hierfür einen Zugang eröffnet; es ist elektronisch zuzustellen, wenn auf Grund einer Rechtsvorschrift ein Verfahren auf Verlangen des Empfängers in elektronischer Form abgewickelt wird. [2]Für die Übermittlung ist das Dokument mit einer qualifizierten

elektronischen Signatur zu versehen und gegen unbefugte Kenntnisnahme Dritter zu schützen.

(6) [1]Bei der elektronischen Zustellung ist die Übermittlung mit dem Hinweis „Zustellung gegen Empfangsbekenntnis" einzuleiten. [2]Die Übermittlung muss die absendende Behörde, den Namen und die Anschrift des Zustellungsadressaten sowie den Namen des Bediensteten erkennen lassen, der das Dokument zur Übermittlung aufgegeben hat.

(7) [1]Zum Nachweis der Zustellung nach Abs. 4 und 5 genügt das mit Datum und Unterschrift versehene Empfangsbekenntnis, das an die Behörde durch die Post oder elektronisch zurückzusenden ist. [2]Ein elektronisches Dokument gilt in den Fällen des Abs. 5 Satz 1 Halbsatz 2 am dritten Tag nach der Absendung an den vom Empfänger hierfür eröffneten Zugang als zugestellt, wenn der Behörde nicht spätestens an diesem Tag ein Empfangsbekenntnis nach Satz 1 zugeht. [3]Satz 2 gilt nicht, wenn der Empfänger nachweist, dass das Dokument nicht oder zu einem späteren Zeitpunkt zugegangen ist. [4]Der Empfänger ist in den Fällen des Abs. 5 Satz 1 Halbsatz 2 vor der Übermittlung über die Rechtsfolge nach den Sätzen 2 und 3 zu belehren. [5]Zum Nachweis der Zustellung ist von der absendenden Behörde in den Akten zu vermerken, zu welchem Zeitpunkt und an welchen Zugang das Dokument gesendet wurde. [6]Der Empfänger ist über den Eintritt der Zustellungsfiktion nach Satz 2 zu benachrichtigen.

Art. 6 Elektronische Zustellung gegen Abholbestätigung über De-Mail-Dienste. (1) [1]Die elektronische Zustellung kann unbeschadet von Art. 5 Abs. 4 und 5 Satz 1 durch Übermittlung der nach § 17 des De-Mail-Gesetzes akkreditierten Diensteanbieter gegen Abholbestätigung nach § 5 Abs. 9 des De-Mail-Gesetzes an das De-Mail-Postfach des Empfängers erfolgen. [2]Für die Zustellung nach Satz 1 sind Art. 5 Abs. 4 und 6 mit der Maßgabe anzuwenden, dass an die Stelle des Empfangsbekenntnisses die Abholbestätigung tritt.

(2) Die absendende Behörde hat vom nach § 17 des De-Mail-Gesetzes akkreditierten Diensteanbieter eine Versandbestätigung nach § 5 Abs. 7 des De-Mail-Gesetzes und eine Abholbestätigung nach § 5 Abs. 9 des De-Mail-Gesetzes zu verlangen.

(3) [1]Zum Nachweis der elektronischen Zustellung genügt die Abholbestätigung nach § 5 Abs. 9 des De-Mail-Gesetzes. [2]Für die Abholbestätigung gelten § 371 Abs. 1 Satz 2 und § 371a Abs. 2 der Zivilprozessordnung entsprechend.

(4) [1]Ein elektronisches Dokument gilt in den Fällen des Art. 5 Abs. 5 Satz 1 Halbsatz 2 am dritten Tag nach der Absendung an das De-Mail-Postfach des Empfängers als zugestellt, wenn er dieses Postfach als Zugang eröffnet hat und der Behörde nicht spätestens an diesem Tag eine elektronische Abholbestätigung nach § 5 Abs. 9 des De-Mail-Gesetzes zugeht. [2]Satz 1 gilt nicht, wenn der Empfänger nachweist, dass das Dokument nicht oder zu einem späteren Zeitpunkt zugegangen ist. [3]Der Empfänger ist in den Fällen des Art. 5 Abs. 5 Satz 1 Halbsatz 2 vor der Übermittlung über die Rechtsfolgen nach den Sät-

zen 1 und 2 zu belehren. [4]Als Nachweis der Zustellung nach Satz 1 dient die Versandbestätigung nach § 5 Abs. 7 des De-Mail-Gesetzes oder ein Vermerk der absendenden Behörde in den Akten, zu welchem Zeitpunkt und an welches De-Mail-Postfach das Dokument gesendet wurde. [5]Der Empfänger ist über den Eintritt der Zustellungsfiktion nach Satz 1 elektronisch zu benachrichtigen.

Dritter Abschnitt

Gemeinsame Vorschriften für alle Zustellungsarten

Art. 7 Zustellung an gesetzliche Vertreter. (1) [1]Zustellungen für eine natürliche Person, die nicht handlungsfähig im Sinn des Art. 12 des Bayerischen Verwaltungsverfahrensgesetzes ist, sind an ihren gesetzlichen Vertreter zu richten. [2]Gleiches gilt bei Personen, für die ein Betreuer bestellt ist, soweit der Aufgabenkreis des Betreuers reicht.

(2) Bei Behörden wird an den Behördenleiter, bei juristischen Personen, nicht rechtsfähigen Personenvereinigungen und Zweckvermögen an ihre gesetzlichen Vertreter zugestellt.

(3) Bei mehreren gesetzlichen Vertretern oder Behördenleitern genügt die Zustellung an einen von ihnen.

(4) Der zustellende Bedienstete braucht nicht zu prüfen, ob die Anschrift den Abs. 1 bis 3 entspricht.

Art. 8 Zustellung an Bevollmächtigte. (1) [1]Zustellungen können an den allgemein oder für bestimmte Angelegenheiten bestellten Bevollmächtigten gerichtet werden. [2]Sie sind an ihn zu richten, wenn er schriftliche Vollmacht vorgelegt hat. [3]Ist ein Bevollmächtigter für mehrere Beteiligte bestellt, so genügt die Zustellung eines Dokuments an ihn für alle Beteiligten.

(2) Einem Zustellungsbevollmächtigten mehrerer Beteiligter sind so viele Ausfertigungen oder Kopien zuzustellen, als Beteiligte vorhanden sind.

Art. 8a Zustellung an Ehegatten und Lebenspartner. [1]Betrifft ein zusammengefaßter schriftlicher Bescheid Ehegatten oder Ehegatten mit ihren Kindern oder Alleinstehende mit ihren Kindern, so reicht es für die Zustellung an alle Beteiligten aus, wenn ihnen eine Ausfertigung unter ihrer gemeinsamen Anschrift zugestellt wird. [2]Der Bescheid ist den Beteiligten einzeln zuzustellen, soweit sie dies beantragt haben. [3]Sätze 1 und 2 gelten entsprechend für Lebenspartner im Sinn des Lebenspartnerschaftsgesetzes.

Art. 9 Heilung von Zustellungsmängeln. Lässt sich die formgerechte Zustellung eines Dokuments nicht nachweisen oder ist es unter Verletzung zwingender Zustellungsvorschriften zugegangen, gilt es als in dem Zeitpunkt zugestellt, in dem es dem Empfangsberechtigten tatsächlich zugegangen ist, im Fall des Art. 5 Abs. 5 in dem Zeitpunkt, in dem der Empfänger das Empfangsbekenntnis zurückgesendet hat.

Vierter Abschnitt

Art. 10–13 *(aufgehoben)*

Fünfter Abschnitt
Sonderarten der Zustellung

Art. 14 Zustellung im Ausland. (1) Eine Zustellung im Ausland erfolgt
1. durch Einschreiben mit Rückschein, soweit die Zustellung von Dokumenten unmittelbar durch die Post völkerrechtlich zulässig ist,
2. auf Ersuchen der Behörde durch die Behörden des fremden Staates oder durch die zuständige diplomatische oder konsularische Vertretung der Bundesrepublik Deutschland,
3. auf Ersuchen der Behörde durch das Auswärtige Amt an eine Person, die das Recht der Immunität genießt und zu einer Vertretung der Bundesrepublik Deutschland im Ausland gehört, sowie an Familienangehörige einer solchen Person, wenn diese das Recht der Immunität genießen, oder
4. durch Übermittlung elektronischer Dokumente, soweit dies völkerrechtlich zulässig ist.

(2) [1]Zum Nachweis der Zustellung nach Abs. 1 Nr. 1 genügt der Rückschein. [2]Die Zustellung nach Abs. 1 Nrn. 2 und 3 wird durch das Zeugnis der ersuchten Behörde nachgewiesen. [3]Der Nachweis der Zustellung gemäß Abs. 1 Nr. 4 richtet sich nach Art. 5 Abs. 7 Sätze 1 bis 3 und 5 sowie nach Art. 6 Abs. 3 und 4 Sätze 1, 2 und 4.

(3) [1]Die Behörde kann bei der Zustellung nach Abs. 1 Nrn. 2 und 3 anordnen, dass die Person, an die zugestellt werden soll, innerhalb einer angemessenen Frist einen Zustellungsbevollmächtigten benennt, der im Inland wohnt oder dort einen Geschäftsraum hat. [2]Wird kein Zustellungsbevollmächtigter benannt, können spätere Zustellungen bis zur nachträglichen Benennung dadurch bewirkt werden, dass das Dokument unter der Anschrift der Person, an die zugestellt werden soll, zur Post gegeben wird. [3]Das Dokument gilt am siebenten Tag nach Aufgabe zur Post als zugestellt, wenn nicht feststeht, dass es den Empfänger nicht oder zu einem späteren Zeitpunkt erreicht hat. [4]Die Behörde kann eine längere Frist bestimmen. [5]In der Anordnung nach Satz 1 ist auf diese Rechtsfolgen hinzuweisen. [6]Zum Nachweis der Zustellung ist in den Akten zu vermerken, zu welcher Zeit und unter welcher Anschrift das Dokument zur Post gegeben wurde.

Art. 15 Öffentliche Zustellung. (1) [1]Die Zustellung kann durch öffentliche Bekanntmachung erfolgen, wenn
1. der Aufenthaltsort des Empfängers unbekannt ist und eine Zustellung an einen Vertreter oder Zustellungsbevollmächtigten nicht möglich ist,
2. bei juristischen Personen, die zur Anmeldung einer inländischen Geschäftsanschrift zum Handelsregister verpflichtet sind, eine Zustellung weder

unter der eingetragenen Anschrift noch unter einer im Handelsregister eingetragenen Anschrift einer für Zustellungen empfangsberechtigten Person oder einer ohne Ermittlungen bekannten anderen inländischen Anschrift möglich ist,
3. der Inhaber der Wohnung, in der zugestellt werden müsste, der inländischen Gerichtsbarkeit nicht unterworfen und die Zustellung in der Wohnung deshalb nicht möglich ist, oder
4. sie im Fall des Art. 14 nicht möglich ist oder keinen Erfolg verspricht.

[2]Die Anordnung über die öffentliche Zustellung trifft ein zeichnungsberechtigter Bediensteter.

(2) [1]Die öffentliche Zustellung erfolgt durch Bekanntmachung einer Benachrichtigung an der Stelle, die von der Behörde hierfür allgemein bestimmt ist, oder durch Veröffentlichung einer Benachrichtigung im Bundesanzeiger oder im elektronischen Bundesanzeiger. [2]Die Benachrichtigung muss
1. die Behörde, für die zugestellt wird,
2. den Namen und die letzte bekannte Anschrift des Zustellungsadressaten,
3. das Datum und das Aktenzeichen des Dokuments sowie
4. die Stelle, wo das Dokument eingesehen werden kann,

erkennen lassen.

[3]Die Benachrichtigung muss den Hinweis enthalten, dass das Dokument öffentlich zugestellt wird und Fristen in Gang gesetzt werden können, nach deren Ablauf Rechtsverluste drohen können. [4]Bei der Zustellung einer Ladung muss die Benachrichtigung den Hinweis enthalten, dass das Dokument eine Ladung zu einem Termin enthält, dessen Versäumung Rechtsnachteile zur Folge haben kann. [5]In den Akten ist zu vermerken, von wann bis wann und wie die Benachrichtigung bekannt gemacht wurde. [6]Das Dokument gilt als zugestellt, wenn seit dem Tag der Bekanntmachung der Benachrichtigung zwei Wochen vergangen sind.

Art. 16 *(aufgehoben)*

Art. 17 Zustellungen im Besteuerungsverfahren und bei der Heranziehung zu sonstigen öffentlichen Abgaben und Umlagen. (1) Die Zustellung von schriftlichen Bescheiden, die im Besteuerungsverfahren und bei der Heranziehung zu sonstigen öffentlichen Abgaben und Umlagen ergehen, kann dadurch ersetzt werden, daß der Bescheid dem Empfänger durch einfachen Brief verschlossen zugesandt wird.

(2) [1]Bei Zusendung durch einfachen Brief gilt die Bekanntgabe mit dem dritten Tag nach der Aufgabe zur Post als bewirkt, es sei denn, daß das zuzusendende Schriftstück nicht oder zu einem späteren Zeitpunkt zugegangen ist. [2]Im Zweifel hat die Behörde den Zugang des Schriftstücks und den Zeitpunkt des Zugangs nachzuweisen.

(3) [1]Die Aufgabe geschieht durch Einwerfen in einen Postbriefkasten oder Einlieferung bei der Post. [2]Bei Einwurf in einen Straßenbriefkasten gilt der Tag der auf den Einwurf folgenden Leerung als Tag der Aufgabe zur Post.

(4) [1]Auf der bei den Akten verbleibenden Urschrift ist der Tag der Aufgabe zur Post zu vermerken; des Namenszeichens des damit beauftragten Bediensteten bedarf es nicht. [2]Bei der Zustellung maschinell erstellter Bescheide können an Stelle des Vermerks die Bescheide numeriert und die Absendung in einer Sammelliste eingetragen werden.

ZWEITER HAUPTTEIL

Vollstreckungsverfahren

Erster Abschnitt

Gemeinsame Vorschriften

Art. 18 Geltungsbereich. (1) Verwaltungsakte, die zur Leistung von Geld oder zu einem sonstigen Handeln, einem Dulden oder einem Unterlassen verpflichten oder zu einer unmittelbar kraft einer Rechtsnorm bestehenden solchen Pflicht anhalten, werden nach diesem Gesetz vollstreckt, soweit die Vollstrekkung nicht durch Bundesrecht unmittelbar geregelt ist oder bundesrechtliche Vollstreckungsvorschriften durch Landesrecht für anwendbar erklärt sind.

(2) Die Vorschriften des Polizeiaufgabengesetzes bleiben unberührt.

Art. 19 Voraussetzungen der Vollstreckung. (1) Verwaltungsakte können vollstreckt werden,
1. wenn sie nicht mehr mit einem förmlichen Rechtsbehelf angefochten werden können oder
2. wenn der förmliche Rechtsbehelf keine aufschiebende Wirkung hat oder
3. wenn die sofortige Vollziehung angeordnet ist.

(2) Die Vollstreckung setzt voraus, daß der zur Zahlung von Geld oder zu einer sonstigen Handlung, einer Duldung oder einer Unterlassung Verpflichtete (Vollstreckungsschuldner) seine Verpflichtung nicht rechtzeitig erfüllt.

Art. 20 Begriffsbestimmungen. Im Sinn dieses Gesetzes ist
1. Anordnungsbehörde die Behörde, die den zu vollstreckenden Verwaltungsakt erlassen hat,
2. Vollstreckungsbehörde die Behörde, die zur Vollstreckung eines Verwaltungsakts zuständig ist,
3. Vollstreckungsgericht das um die Vollstreckung ersuchte Amtsgericht.

Art. 21 Einwendungen gegen den zu vollstreckenden Anspruch. [1]Über Einwendungen gegen die Vollstreckung, die den zu vollstreckenden Anspruch betreffen, entscheidet die Anordnungsbehörde. [2]Sie sind nur zulässig, soweit die geltend gemachten Gründe erst nach Erlaß des zu vollstreckenden Verwaltungsakts entstanden sind und mit förmlichen Rechtsbehelfen nicht mehr geltend gemacht werden können.

Art. 21a Sofortige Vollziehbarkeit. [1]Rechtsbehelfe haben keine aufschiebende Wirkung, soweit sie sich gegen Maßnahmen richten, die in der Verwaltungsvollstreckung getroffen werden. [2]§ 80 Abs. 4, 5, 7 und 8 der Verwaltungsgerichtsordnung gelten entsprechend.

Art. 22 Einstellung der Vollstreckung. Vollstreckungsmaßnahmen sind einzustellen, wenn und soweit
1. sie für unzulässig erklärt werden oder
2. der zu vollstreckende Verwaltungsakt rechtskräftig aufgehoben wird oder
3. die Verpflichtung offensichtlich erloschen ist oder
4. die Anordnungsbehörde aus sonstigen Gründen um die Einstellung ersucht.

Zweiter Abschnitt

Vollstreckung von Verwaltungsakten, mit denen eine Geldleistung gefordert wird

Art. 23 Besondere Voraussetzungen der Vollstreckung. (1) Ein Verwaltungsakt, mit dem eine öffentlich-rechtliche Geldleistung gefordert wird (Leistungsbescheid), kann vollstreckt werden, wenn
1. er dem Leistungspflichtigen zugestellt ist,
2. die Forderung fällig ist und
3. der Leistungspflichtige von der Anordnungsbehörde oder von der für sie zuständigen Kasse oder Zahlstelle nach Eintritt der Fälligkeit durch verschlossenen Brief, durch Nachnahme oder durch ortsübliche öffentliche Bekanntmachung ergebnislos aufgefordert worden ist, innerhalb einer bestimmten Frist von mindestens einer Woche zu leisten (Mahnung).

(2) Bei Verwaltungsakten, die bei der Festsetzung und Erhebung von Realsteuern ergehen, genügt an Stelle der Zustellung die Zusendung gemäß Art. 17.

(3) Die Mahnung kann unterbleiben, wenn die sofortige Vollstreckung im überwiegenden öffentlichen Interesse liegt oder wenn die Mahnung den Vollstreckungserfolg gefährden würde.

Art. 24 Vollstreckungsanordnung. (1) Die Anordnungsbehörde oder die für sie zuständige Kasse oder Zahlstelle ordnet die Vollstreckung dadurch an, daß sie
1. in den Fällen des Art. 25 das Finanzamt oder die nach dem Recht eines anderen Landes der Bundesrepublik Deutschland oder die nach einer völkerrechtlichen Vereinbarung zuständige Stelle um Beitreibung ersucht und auf das Beitreibungsersuchen die Erklärung setzt, daß der beizutreibende Anspruch vollstreckbar ist;
2. in den Fällen der Art. 26 und 27 auf eine Ausfertigung des Leistungsbescheids oder eines Ausstandsverzeichnisses die Klausel setzt: „Diese Ausfertigung ist vollstreckbar".

(2) Mit der Vollstreckungsanordnung übernimmt die Anordnungsbehörde oder die für sie zuständige Kasse oder Zahlstelle die Verantwortung dafür, daß die in den Art. 19 und 23 bezeichneten Voraussetzungen der Zwangsvollstrekkung gegeben sind.

(3) Bei einer Vollstreckungsanordnung, die mit Hilfe automatischer Einrichtungen erlassen wird, können Unterschrift und Dienstsiegel fehlen.

Art. 25 Vollstreckung von Geldforderungen des Staates. (1) Vollstrekkungsbehörden für Leistungsbescheide des Staates sind die Finanzämter.

(2) [1]Für das Verfahren der Finanzämter und die Kosten der Vollstreckung gelten die Vorschriften der Abgabenordnung und der zu ihrer Durchführung erlassenen Rechtsvorschriften entsprechend. [2]Soweit nicht ein anderer Rechtsweg ausdrücklich gegeben ist, findet die Finanzgerichtsordnung Anwendung.

Art. 26 Vollstreckung von Geldforderungen der Gemeinden, Landkreise, Bezirke und Zweckverbände. (1) Gemeinden, Landkreise, Bezirke und Zweckverbände sind berechtigt, zur Beitreibung von Geldforderungen, die sie durch einen Leistungsbescheid geltend machen, eine Vollstreckungsanordnung zu erteilen.

(2) [1]Für die Vollstreckung sind die ordentlichen Gerichte zuständig. [2]Die Gemeinden, Landkreise, Bezirke und Zweckverbände sind auch befugt, vom Schuldner die Abgabe einer Vermögensauskunft gegenüber dem Gerichtsvollzieher zu verlangen und die von den zentralen Vollstreckungsgerichten verwalteten Vermögensverzeichnisse abzurufen.

(2a) [1]Die Großen Kreisstädte, kreisfreien Städte, Landkreise und Bezirke können auch selbst vom Schuldner, der innerhalb ihres Gebiets seinen gewöhnlichen Aufenthalt oder Sitz hat, die Vermögensauskunft abnehmen, sie haben die erstellten Vermögensverzeichnisse bei dem zentralen Vollstreckungsgericht zu hinterlegen und können die Eintragung in das bei dem zentralen Vollstreckungsgericht geführte Schuldnerverzeichnis anordnen. [2]Zur Abnahme der Vermögensauskunft nach Pfändungsversuch (§ 807 der Zivilprozessordnung) sind sie nicht befugt. [3]Bleibt der Schuldner dem Termin zur Abgabe der Vermögensauskunft unentschuldigt fern oder verweigert er die Abgabe der Vermögensauskunft ohne Grund, kann zur Erzwingung der Abgabe ein Haftbefehl bei den ordentlichen Gerichten beantragt werden. [4]Die Verhaftung des Schuldners und eine Abnahme der Vermögensauskunft nach der Verhaftung bleiben dem Gerichtsvollzieher vorbehalten.

(3) Die Pfändung und Verwertung beweglicher Sachen können die Gemeinden, Landkreise, Bezirke und Zweckverbände durch Gerichtsvollzieher oder innerhalb ihres Gebiets durch eigene Vollstreckungsbedienstete bewirken lassen.

(4) [1]Schon vor der Pfändung einer Geldforderung können die Gemeinden, Landkreise, Bezirke und Zweckverbände dem Drittschuldner verbieten, vor

der Entscheidung des Vollstreckungsgerichts an den Schuldner zu zahlen, und dem Schuldner gebieten, sich vor dieser Entscheidung jeder Verfügung über die Forderung zu enthalten. [2]Diese Anordnungen verlieren ihre Wirkung, wenn die Pfändung der Forderung nicht innerhalb von drei Wochen bewirkt wird. [3]Die Frist beginnt mit dem Tag, an dem das Zahlungsverbot dem Drittschuldner zugestellt wird.

(5) [1]Gemeinden, Landkreise, Bezirke und Zweckverbände können Geldforderungen und andere Vermögensrechte, die nicht Gegenstand der Zwangsvollstreckung in das unbeweglichen Vermögen sind, selbst pfänden und einziehen, wenn Schuldner und der Drittschuldner ihren gewöhnlichen Aufenthalt oder Sitz in Bayern haben. [2]Dies gilt auch, wenn Schuldner oder der Drittschuldner oder beide ihren gewöhnlichen Aufenthalt oder Sitz in einem anderen Land haben, sofern das dort geltende Landesrecht dies zuläßt. [3]Kommunale Vollstrekkungsbehörden, die ihren Sitz in einem anderen Land haben, können Geldforderungen und andere Vermögensrechte, die nicht Gegenstand der Zwangsvollstreckung in das unbeweglichen Vermögen sind, auch dann selbst pfänden und einziehen, wenn der Schuldner oder der Drittschuldner oder beide ihren gewöhnlichen Aufenthalt oder Sitz in Bayern haben.

(6) Für die Bezirke üben die Regierungen die Befugnisse nach Abs. 2a, 3, 4 und 5 aus, soweit diese Aufgaben nach Art. 35b der Bezirksordnung auf den Freistaat Bayern übertragen sind.

(7) [1]Die Vorschriften des Achten Buchs der Zivilprozeßordnung über die Zwangsvollstreckung mit Ausnahme der §§ 883 bis 898 und 946 bis 959 sind entsprechend anzuwenden. [2]Nach der Zivilprozeßordnung regelt sich auch die Entscheidung über Rechtsbehelfe gegen Maßnahmen der Vollstreckungsgerichte und Gerichtsvollzieher. [3]Rechtsbehelfe gegen Vollstreckungsmaßnahmen der Gemeinden, Landkreise, Bezirke und Zweckverbände sowie der für die Bezirke handelnden Regierungen (Abs. 6) unterliegen der verwaltungsgerichtlichen Entscheidung.

Art. 27 Vollstreckung von Geldforderungen sonstiger juristischer Personen des öffentlichen Rechts. (1) [1]Für die Vollstreckung von Geldforderungen sonstiger juristischer Personen des öffentlichen Rechts gilt Art. 26 entsprechend, soweit sie Verwaltungsakte erlassen können und zur Anbringung der Vollstreckungsklausel befugt sind. [2]Zur Abnahme der Vermögensauskunft, zur Hinterlegung der Vermögensverzeichnisse und zur Anordnung der Eintragung in das Schuldnerverzeichnis sowie zur Pfändung und Einziehung von Geldforderungen sind diese juristischen Personen jedoch nicht befugt.

(2) [1]Soweit die juristische Person des öffentlichen Rechts ihre Geldforderungen durch Verwaltungsakt geltend machen darf, kann die Staatsregierung durch Rechtsverordnung die Befugnis zur Anbringung der Vollstreckungsklausel und abweichend von Abs. 1 Satz 2 auch die Befugnis zur Pfändung und Einziehung von Geldforderungen erteilen, wenn bei der juristischen Person des öffentlichen Rechts gewährleistet ist, daß die Vollstreckungsverfahren ord-

nungsgemäß durchgeführt werden. [2]Art. 91 Abs. 4 der Gemeindeordnung, Art. 79 Abs. 4 der Landkreisordnung und Art. 77 Abs. 4 der Bezirksordnung bleiben unberührt.

Art. 28 Erstattungsanspruch. (1) [1]Ist zu Unrecht vollstreckt worden, weil kein vollstreckbarer Verwaltungsakt vorlag oder weil er ganz oder teilweise aufgehoben wurde oder weil die Geldforderung nach Erlaß des zu vollstreckenden Verwaltungsakts erloschen ist oder gestundet wurde oder das Zwangsverfahren gegen den nicht durchgeführt werden durfte, gegen den es gerichtet war, so ist der zu Unrecht gezahlte Betrag zu erstatten. [2]Weitergehende Ansprüche auf Schadensersatz bleiben unberührt.

(2) Über den Erstattungsanspruch entscheidet die Anordnungsbehörde.

Dritter Abschnitt

Vollstreckung von Verwaltungsakten, mit denen eine Handlung, Duldung oder Unterlassung gefordert wird

Art. 29 Zulässigkeit des Verwaltungszwangs; Zwangsmittel. (1) Verwaltungsakte, mit denen die Herausgabe einer Sache, die Vornahme einer sonstigen Handlung oder eine Duldung oder eine Unterlassung gefordert wird, können nach den Vorschriften dieses Abschnitts mit Zwangsmitteln vollstreckt werden (Verwaltungszwang).

(2) Zwangsmittel sind

1. das Zwangsgeld (Art. 31),
2. die Ersatzvornahme (Art. 32),
3. die Ersatzzwangshaft (Art. 33),
4. der unmittelbare Zwang (Art. 34).

(3) [1]Das Zwangsmittel muß in angemessenem Verhältnis zu seinem Zweck stehen. [2]Dabei ist das Zwangsmittel möglichst so zu bestimmen, daß der Betroffene und die Allgemeinheit am wenigsten beeinträchtigt werden.

(4) Gegen Behörden und juristische Personen des öffentlichen Rechts ist Verwaltungszwang nur zulässig, soweit er durch Gesetz oder auf Grund eines Gesetzes besonders zugelassen ist.

Art. 30 Zuständigkeit. (1) [1]Die Anordnungsbehörde vollstreckt ihre Verwaltungsakte innerhalb ihres Bereichs grundsätzlich selbst; sie vollstreckt auch die im Verwaltungsverfahren ergangenen Rechtsbehelfsentscheidungen. [2]Die Abschiebung von Ausländern obliegt der Polizei; hierfür gelten die Vorschriften des Polizeiaufgabengesetzes. [3]Abmeldungsbescheide der Zulassungsbehörden wegen nicht entrichteter Kraftfahrzeugsteuer vollstrecken die Finanzämter. [4]Für das Verfahren der Finanzämter und die Kosten der Vollstreckung gelten die Vorschriften der Abgabenordnung und der zu ihrer Durchführung erlassenen Rechtsvorschriften entsprechend. [5]Art. 35 bleibt unberührt.

(2) [1]Die Kreisverwaltungsbehörde, in deren Gebiet die Zwangsmittel angewendet werden müssen, ist auf Ersuchen einer anderen Anordnungsbehörde zur Durchführung des Verwaltungszwangs verpflichtet; sie ist dann Vollstreckungsbehörde. [2]Vollstreckt ein Landratsamt als ersuchte Kreisverwaltungsbehörde, so ist die Vollstreckung eine staatliche Aufgabe. [3]Ist die ersuchte Kreisverwaltungsbehörde eine kreisfreie Gemeinde, so ist die Durchführung des Ersuchens eine übertragene Aufgabe. [4]Ist die ersuchende Stelle die Rechtsaufsichtsbehörde der ersuchten Gemeinde oder ist sie hinsichtlich des zu vollstreckenden Verwaltungsakts ihre Fachaufsichtsbehörde, so ist sie zu Weisungen über die Wahl und die Anwendung des Zwangsmittels befugt, wenn dies zur Erreichung des mit der Vollstreckung angestrebten Erfolgs erforderlich ist.

(3) [1]Zweckverbände und Verwaltungsgemeinschaften vollstrecken ihre Verwaltungsakte selbst oder lassen sie durch die Kreisverwaltungsbehörde nach Absatz 2 vollstrecken. [2]Im übrigen können juristische Personen des öffentlichen Rechts, die nicht Gebietskörperschaften sind, ihre Verwaltungsakte nur durch die Kreisverwaltungsbehörde nach Absatz 2 vollstrecken lassen, wenn sie nicht durch besonderes Gesetz oder auf Grund eines besonderen Gesetzes selbst zur Anwendung von Verwaltungszwang ermächtigt sind. [3]Zur Androhung von Zwangsmitteln sind sie jedoch stets befugt.

Art. 31 Zwangsgeld. (1) Wird die Pflicht zu einer Handlung, einer Duldung oder einer Unterlassung nicht oder nicht vollständig oder nicht zur gehörigen Zeit erfüllt, so kann die Vollstreckungsbehörde den Pflichtigen durch ein Zwangsgeld zur Erfüllung anhalten.

(2) [1]Das Zwangsgeld beträgt mindestens fünfzehn und höchstens fünfzigtausend Euro. [2]Das Zwangsgeld soll das wirtschaftliche Interesse, das der Pflichtige an der Vornahme oder am Unterbleiben der Handlung hat, erreichen. [3]Reicht das gesetzliche Höchstmaß hierzu nicht aus, so kann es überschritten werden. [4]Das wirtschaftliche Interesse des Pflichtigen ist nach pflichtgemäßem Ermessen zu schätzen.

(3) [1]Das Zwangsgeld wird nach den Vorschriften des Zweiten Abschnitts beigetrieben. [2]Die Androhung des Zwangsgeldes (Art. 36) ist dabei ein Leistungsbescheid im Sinn des Art. 23 Abs. 1. [3]Wird die Pflicht nach Absatz 1 bis zum Ablauf der Frist des Art. 36 Abs. 1 Satz 2 nicht erfüllt, so wird die Zwangsgeldforderung fällig (Art. 23 Abs. 1 Nr. 2).

Art. 32 Ersatzvornahme. [1]Wird die Pflicht zu einer Handlung, die auch ein anderer vornehmen kann (vertretbare Handlung), nicht oder nicht vollständig oder nicht zur gehörigen Zeit erfüllt, so kann die Vollstreckungsbehörde die Handlung auf Kosten des Pflichtigen vornehmen lassen. [2]Die Ersatzvornahme ist nur zulässig, wenn ein Zwangsgeld keinen Erfolg erwarten läßt.

Art. 33 Ersatzzwangshaft. (1) Ist das Zwangsgeld uneinbringlich und verspricht auch unmittelbarer Zwang keinen Erfolg, so kann das Verwaltungsgericht nach Anhörung des Pflichtigen auf Antrag der Vollstreckungsbehörde durch Beschluß Ersatzzwangshaft anordnen, wenn der Pflichtige bei der Androhung des Zwangsgeldes auf diese Möglichkeit hingewiesen worden ist.

(2) Die Ersatzzwangshaft beträgt mindestens einen Tag und höchstens zwei Wochen.

(3) Die Ersatzzwangshaft ist auf Antrag der Vollstreckungsbehörde von der Justizverwaltung nach den § 802g Abs. 2, §§ 802h und 802j Abs. 2 der Zivilprozeßordnung zu vollstrecken.

Art. 34 Unmittelbarer Zwang. [1]Führen die sonstigen zulässigen Zwangsmittel nicht zum Ziel oder würden sie dem Pflichtigen einen erheblich größeren Nachteil verursachen als unmittelbarer Zwang oder läßt ihre Anwendung keinen zweckentsprechenden und rechtzeitigen Erfolg erwarten, so kann die Vollstreckungsbehörde den Verwaltungsakt durch unmittelbaren Zwang vollziehen. [2]Die Vollstreckungsbehörde kann unmittelbaren Zwang auch dann anwenden, wenn gegen die Ersatzvornahme Widerstand geleistet wird.

Art. 35 Zwangsmittel in unaufschiebbaren Fällen. Ersatzvornahme und unmittelbarer Zwang können innerhalb der Zuständigkeit der handelnden Behörde ohne vorausgehende Androhung angewendet werden, wenn es zur Verhütung oder Unterbindung einer mit Strafe bedrohten Handlung oder zur Abwehr einer drohenden Gefahr oder zur Durchführung der Abmeldung nicht versteuerter Kraftfahrzeuge von Amts wegen notwendig ist.

Art. 36 Androhung der Zwangsmittel. (1) [1]Die Zwangsmittel müssen unbeschadet des Art. 34 Satz 2 und des Art. 35 schriftlich angedroht werden. [2]Hierbei ist für die Erfüllung der Verpflichtung eine Frist zu bestimmen, innerhalb welcher dem Pflichtigen der Vollzug billigerweise zugemutet werden kann.

(2) [1]Die Androhung kann mit dem Verwaltungsakt verbunden werden, durch den die Handlung, Duldung oder Unterlassung aufgegeben wird. [2]Sie soll mit ihm verbunden werden, wenn der sofortige Vollzug angeordnet ist oder wenn den Rechtsbehelfen keine aufschiebende Wirkung zukommt.

(3) [1]Es muß ein bestimmtes Zwangsmittel angedroht werden. [2]Es darf nicht angedroht werden, daß mehrere Zwangsmittel gleichzeitig angewendet werden.

(4) [1]Soll die Handlung durch Ersatzvornahme auf Kosten des Pflichtigen ausgeführt werden, so ist in der Androhung der Kostenbetrag vorläufig zu veranschlagen. [2]In der Androhung kann bestimmt werden, daß dieser Betrag bereits vor der Durchführung der Ersatzvornahme fällig wird. [3]Das Recht auf Nachforderung bleibt unberührt, wenn die Ersatzvornahme einen höheren Kostenaufwand verursacht.

(5) Der Betrag des Zwangsgeldes ist in bestimmter Höhe anzudrohen.

(6) [1]Die Zwangsmittel können auch neben einer Strafe oder Geldbuße angedroht werden. [2]Eine neue Androhung ist erst dann zulässig, wenn die vorausgegangene Androhung des Zwangsmittels erfolglos geblieben ist.

(7) [1]Die Androhung ist zuzustellen. [2]Das gilt auch dann, wenn sie mit dem zugrundeliegenden Verwaltungsakt verbunden ist und für ihn keine Zustellung vorgesehen ist.

Art. 37 Anwendung der Zwangsmittel. (1) [1]Wird die Verpflichtung nicht innerhalb der in der Androhung bestimmten Frist erfüllt, so kann die Vollstreckungsbehörde das angedrohte Zwangsmittel anwenden. [2]Zwangsmittel können so lange und so oft angewendet werden, bis die Verpflichtung erfüllt ist. [3]Die zur Durchsetzung eines bestimmten Verwaltungsakts insgesamt festgesetzte Ersatzzwangshaft darf jedoch die Höchstdauer von vier Wochen nicht übersteigen.

(2) Soweit zur Anwendung unmittelbaren Zwangs die Heranziehung von Polizeibeamten erforderlich ist, hat die örtlich zuständige Polizeidienststelle auf Ersuchen der Vollstreckungsbehörde Hilfe zu leisten.

(3) [1]Die mit der Durchführung des Verwaltungszwangs beauftragten Bediensteten der Vollstreckungsbehörde und Polizeibeamten sind, soweit es der Zweck der Vollstreckung erfordert, befugt, die Wohnung des Pflichtigen zu betreten und verschlossene Türen und Behältnisse zu öffnen. [2]Sie dürfen zur Nachtzeit (Art. 5 Abs. 3 Satz 2), an Sonntagen und an gesetzlichen Feiertagen ein Zwangsmittel nur mit schriftlicher Erlaubnis der Vollstreckungsbehörde anwenden.

(4) [1]Die Anwendung der Zwangsmittel ist einzustellen, sobald der Pflichtige seiner Verpflichtung nachkommt. [2]Ein angedrohtes Zwangsgeld ist jedoch beizutreiben, wenn der Duldungs- oder Unterlassungspflicht zuwidergehandelt worden ist, deren Erfüllung durch die Androhung des Zwangsgeldes erreicht werden sollte; sind weitere Zuwiderhandlungen nicht mehr zu befürchten, so kann die Vollstreckungsbehörde von der Beitreibung absehen, wenn diese eine besondere Härte darstellen würde.

Art. 38 Rechtsbehelfe. (1) [1]Gegen die Androhung des Zwangsmittels sind die förmlichen Rechtsbehelfe gegeben, die gegen den Verwaltungsakt zulässig sind, dessen Durchsetzung erzwungen werden soll. [2]Ist die Androhung mit dem zugrundeliegenden Verwaltungsakt verbunden, so erstreckt sich der förmliche Rechtsbehelf zugleich auf den Verwaltungsakt, soweit er nicht bereits Gegenstand eines Rechtsbehelfs- oder gerichtlichen Verfahrens ist oder der Rechtsbehelf ausdrücklich auf die Androhung des Zwangsmittels beschränkt wird. [3]Ist die Androhung nicht mit dem zugrundeliegenden Verwaltungsakt verbunden und ist dieser unanfechtbar geworden, so kann die Androhung nur insoweit angefochten werden, als eine Rechtsverletzung durch die Androhung selbst behauptet wird.

(2) Wird ein Zwangsmittel nach Art. 35 ohne vorausgehende Androhung angewendet, so sind die förmlichen Rechtsbehelfe zulässig, die gegen Verwaltungsakte allgemein gegeben sind.

(3) Förmliche Rechtsbehelfe gegen Maßnahmen der Vollstreckungsbehörde bei der Anwendung eines Zwangsmittels sind insoweit zulässig, als geltend gemacht werden kann, daß diese Maßnahmen eine selbständige Rechtsverletzung darstellen.

Art. 39 Anspruch auf Beseitigung von Vollstreckungsfolgen. [1]Ist Verwaltungszwang zur Vollstreckung eines Verwaltungsakts angewendet worden, weil die sofortige Vollziehung angeordnet war oder die Anfechtung mit einem förmlichen Rechtsbehelf keine aufschiebende Wirkung hatte (Art. 19 Abs. 1 Nrn. 2 und 3), so kann der Pflichtige die Beseitigung der Vollstreckungsfolgen insoweit verlangen, als der Verwaltungsakt nach der Vollstreckung rechtskräftig aufgehoben oder abgeändert wird. [2]Ein gleicher Anspruch besteht, wenn der Verwaltungszwang nach Art. 35 durchgeführt wurde und nachträglich rechtskräftig festgestellt wird, daß dem Pflichtigen hierdurch rechtswidrig ein Nachteil verursacht wurde. [3]Weitergehende Ansprüche auf Schadensersatz bleiben unberührt.

Vierter Abschnitt

Einschränkungen von Grundrechten

Art. 40 Einschränkung von Grundrechten. Nach diesem Hauptteil können das Recht auf körperliche Unversehrtheit, das Recht auf Freiheit der Person, das Recht auf Unverletzlichkeit der Wohnung und das Recht auf Eigentum eingeschränkt werden (Art. 2 Abs. 2 Sätze 1 und 2, Art. 13 und 14 des Grundgesetzes, Art. 102 Abs. 1, Art. 106 Abs. 3 und Art. 103 der Verfassung).

Fünfter Abschnitt

Kosten

Art. 41 Kostenschuldner; Kostenersatz; Forderungsübergang; Zwangsgelder. (1) [1]Für Amtshandlungen im Vollstreckungsverfahren werden Kosten nach dem Kostengesetz erhoben, soweit nicht bundesrechtliche Kostenvorschriften unmittelbar gelten oder landesrechtlich für anwendbar erklärt sind. [2]Kostenschuldner ist der Vollstreckungsschuldner; das gilt auch dann, wenn die Vollstreckungsbehörde auf Veranlassung der Anordnungsbehörde tätig wird.

(2) [1]Wenn Behörden Verwaltungsakte vollstrecken, die sie nicht selbst erlassen haben, so können sie von den juristischen Personen des öffentlichen Rechts, denen die Anordnungsbehörden angehören, Ersatz der Kosten verlan-

gen, die beim Vollstreckungsschuldner nicht beigetrieben werden können, sofern diese im Einzelfall fünfundzwanzig Euro übersteigen. [2]Die Kostenforderung gegen den Vollstreckungsschuldner geht insoweit auf diese juristische Person über, als sie Ersatz leistet.

(3) Zwangsgelder fließen der Vollstreckungsbehörde zu.

Art. 41a Kosten der Ersatzvornahme. [1]Der Kostenbetrag einer Ersatzvornahme ist ab Fälligkeit mit einem Zinssatz von sechs v.H. zu verzinsen. [2]Von der Erhebung geringfügiger Zinsen kann abgesehen werden.

DRITTER HAUPTTEIL

Übergangs- und Schlußbestimmungen

Art. 42 Durchführungsvorschriften, Verordnungsermächtigung. [1]Die zur Durchführung dieses Gesetzes erforderlichen Rechtsvorschriften erläßt die Staatsregierung. [2]Die Zuständigkeit des Staatsministeriums der Finanzen und für Heimat in kostenrechtlichen Angelegenheiten bleibt unberührt.

Art. 43 Vollstreckung öffentlich-rechtlicher Geldforderungen nach § 350b Abs. 5 des Lastenausgleichsgesetzes. (1) [1]Öffentlich-rechtliche Geldforderungen des Bundes nach § 350b des Lastenausgleichsgesetzes werden nach den Bestimmungen dieses Gesetzes über die Vollstreckung von Geldforderungen des Staates beigetrieben. [2]Dieses Gesetz tritt an die Stelle des Verwaltungs-Vollstreckungsgesetzes (VwVG).

(2) Anordnungsbehörden sind die Regierungen.

Art. 44 Finanzämter als Vollstreckungsbehörden für bestimmte Fälle. Für Vollstreckungen nach § 66 Abs. 2 des Zehntes Buchs Sozialgesetzbuch und nach § 200 Abs. 2 des Sozialgerichtsgesetzes ist Vollstreckungsbehörde im Sinn des § 4 VwVG das nach Art. 25 zuständige Finanzamt.

Art. 45 Inkrafttreten. Dieses Gesetz tritt am 1. Juli 1961 in Kraft.*

---

* *Diese Vorschrift betrifft das Inkrafttreten des Gesetzes in der ursprünglichen Fassung vom 30. Mai 1961 (GVBl. S. 148). Der Zeitpunkt des Inkrafttretens der späteren Änderungen ergibt sich aus den jeweiligen Änderungsgesetzen.*

Gesetz zur Ausführung der Verwaltungsgerichtsordnung (AGVwGO)

(BayRS 34-1-I)
in der Fassung der Bekanntmachung vom 20. Juni 1992 (GVBl. S. 162),
zuletzt geändert durch Verordnung vom 23. Dezember 2020
(GVBl. S. 663)

INHALTSÜBERSICHT*

Art. 1 Gerichtssitz und Bezeichnung der Gerichte
Art. 2 Personalvertretungsrecht, Disziplinargerichtsbarkeit, Ausländer- und Asylrecht
Art. 3 Ernennung
Art. 4 Dienstaufsicht
Art. 5 Normenkontrollverfahren
Art. 6 Zuständigkeit bei Besitzeinweisungen i.S.d. § 48 Abs. 1 S. 1 VwGO
Art. 7 Großer Senat beim Verwaltungsgerichtshof
Art. 8 Veröffentlichung von Entscheidungen
Art. 9 Geschäftsordnung
Art. 10 Urkundsbeamte
Art. 11 Wahlausschuß
Art. 12 Schiedsgerichtsbarkeit
Art. 13 Zulässigkeit des Verwaltungsrechtswegs
Art. 14 Rechtsbehelfe im Verwaltungsverfahren
Art. 15 Vorverfahren
Art. 16 Landesanwaltschaft
Art. 17 Ausführung des Gesetzes
Art. 18 Inkrafttreten

Art. 1 (Zu §§ 2, 3 Abs. 1, § 184 VwGO) [Gerichtssitz und Bezeichnung der Gerichte]. (1) [1]Das Oberverwaltungsgericht für den Freistaat Bayern führt die Bezeichnung „Bayerischer Verwaltungsgerichtshof". [2]Der Verwaltungsgerichtshof hat seinen Sitz in München. [3]In Ansbach werden vier auswärtige Senate des Verwaltungsgerichtshofs errichtet.

(2) Die Bayerischen Verwaltungsgerichte haben ihren Sitz

1. in München für den Regierungsbezirk Oberbayern,
2. in Regensburg für die Regierungsbezirke Niederbayern und Oberpfalz,
3. in Bayreuth für den Regierungsbezirk Oberfranken,
4. in Ansbach für den Regierungsbezirk Mittelfranken,
5. in Würzburg für den Regierungsbezirk Unterfranken,
6. in Augsburg für den Regierungsbezirk Schwaben.

Art. 2 (Zu § 3 Abs. 1, § 187 Abs. 1 und 2 VwGO) [Personalvertretungsrecht, Disziplinargerichtsbarkeit, Ausländer- und Asylrecht]. (1) [1]Für Personalvertretungsangelegenheiten nach Bundes- und nach Landesrecht werden gebildet:

---

* *Inhaltsübersicht und Artikelüberschriften nicht amtlich.*

1. im ersten Rechtszug je eine Fachkammer am Verwaltungsgericht München mit Zuständigkeit für Oberbayern, Niederbayern und Schwaben sowie je eine Fachkammer am Verwaltungsgericht Ansbach mit Zuständigkeit für die Oberpfalz, Oberfranken, Mittelfranken und Unterfranken,
2. im zweiten Rechtszug je ein Fachsenat am Verwaltungsgerichtshof.

[2]Für die Besetzung und das Verfahren der Gerichte der Verwaltungsgerichtsbarkeit in Personalvertretungsangelegenheiten nach dem Bayerischen Personalvertretungsgesetz gelten dessen Vorschriften.

(2) [1]Die Vorschriften des Bayerischen Disziplinargesetzes über die Bildung von Spruchkörpern für Disziplinarsachen bleiben unberührt. [2]Für die Besetzung und das Verfahren der Gerichte der Verwaltungsgerichtsbarkeit in Disziplinarsachen gelten die Vorschriften des Bayerischen Disziplinargesetzes.

Art. 3 [Ernennung]. [1]Die Staatsregierung ernennt den Präsidenten des Verwaltungsgerichtshofs. [2]Die übrigen Richter des Verwaltungsgerichtshofs und die Richter der Verwaltungsgerichte werden vom Staatsminister des Innern, für Sport und Integration ernannt.

Art. 4 (Zu § 38 VwGO) [Dienstaufsicht]. Der Staatsminister des Innern, für Sport und Integration übt die Dienstaufsicht über den Präsidenten des Verwaltungsgerichtshofs aus.

Art. 5 (Zu § 9 Abs. 3, § 47 VwGO) [Normenkontrollverfahren]. [1]Der Verwaltungsgerichtshof entscheidet im Rahmen seiner Gerichtsbarkeit auf Antrag über die Gültigkeit von Rechtsvorschriften, die im Rang unter dem Landesgesetz stehen. [2]Über Satzungen nach Art. 81 Abs. 1 der Bayerischen Bauordnung entscheidet der Verwaltungsgerichtshof nur, wenn
1. der Antrag von einer Behörde gestellt wird und
2. die Rechtssache grundsätzliche Bedeutung hat.

Art. 6 (Zu § 48 Abs. 1 Satz 3 VwGO) [Zuständigkeit bei Besitzeinweisungen i.S.d. § 48 Abs. 1 S. 1 VwGO]. Der Verwaltungsgerichtshof entscheidet im ersten Rechtszug über Streitigkeiten, die Besitzeinweisungen in den Fällen des § 48 Abs. 1 Satz 1 VwGO betreffen.

Art. 7 (Zu § 12 Abs. 3 VwGO) [Großer Senat beim Verwaltungsgerichtshof]. [1]Der Große Senat beim Verwaltungsgerichtshof besteht aus dem Präsidenten und sechs Richtern. [2]Bei einer Verhinderung des Präsidenten tritt sein Stellvertreter an seine Stelle. [3]Ruft der erkennende Senat den Großen Senat an, weil er in einer Rechtsfrage von der Entscheidung eines anderen Senats oder des Großen Senats abweichen will, so entsendet jeder beteiligte Senat einen abstimmungsberechtigten Richter zu den Sitzungen des Großen Senats. [4]Wird der Große Senat zur Klärung einer grundsätzlichen Rechtsfrage angerufen, so entsendet der erkennende Senat einen abstimmungsberechtigten Richter zu den Sitzungen des Großen Senats.

Art. 8 [Veröffentlichung von Entscheidungen]. [1]Der Verwaltungsgerichtshof hat seine Entscheidungen zu veröffentlichen, soweit sie grundsätzliche Bedeutung haben. [2]Die Auswahl trifft das Präsidium.

Art. 9 [Geschäftsordnung]. (1) [1]Der Verwaltungsgerichtshof gibt sich eine Geschäftsordnung, die das Präsidium beschließt. [2]Sie bedarf der Genehmigung des Staatsministers des Innern, für Sport und Integration.

(2) [1]Der Präsident des Verwaltungsgerichtshofs erläßt für jedes Verwaltungsgericht eine Geschäftsordnung. [2]Das Präsidium des Verwaltungsgerichts ist vorher gutachtlich zu hören.

(3) Die Präsidenten der Verwaltungsgerichte und des Verwaltungsgerichtshofs können nach Maßgabe des Art. 56 Abs. 2 des Bayerischen Besoldungsgesetzes besondere Zulagen nach gerichtsinterner Ausschreibung im Benehmen mit dem Präsidium und dem Richterrat jeweils für die Dauer eines Geschäftsjahres gewähren.

Art. 10 (Zu § 13 Satz 2 VwGO) [Urkundsbeamte]. (1) Urkundsbeamte der Geschäftsstelle sind Beamte beim Verwaltungsgerichtshof und bei den Verwaltungsgerichten, die für ein Amt ab der Besoldungsgruppe A 7 qualifiziert sind.

(2) Als stellvertretende Urkundsbeamte können bei Bedarf bestellt werden:
1. Beamte auf Widerruf für den Einstieg in der zweiten oder dritten Qualifikationsebene,
2. nichtbeamtete Kräfte und
3. in Ausnahmefällen, insbesondere während ihrer Ausbildung im Rahmen der Ausbildungsqualifizierung für Ämter ab der zweiten Qualifikationsebene, Beamte beim Verwaltungsgerichtshof und den Verwaltungsgerichten, die in der ersten Qualifikationsebene eingestiegen sind.

(3) [1]Die stellvertretenden Urkundsbeamten werden vom Präsidenten des Gerichts bestellt. [2]Die Bestellung ist schriftlich vorzunehmen; sie kann auf einzelne Arten von Geschäften oder zeitlich beschränkt werden. [3]Sie ist jederzeit widerruflich und gilt nur für die Dauer der Verwendung bei dem Gericht, dessen Präsident die Bestellung verfügt hat.

Art. 11 (Zu § 26 Abs. 2 VwGO) [Wahlausschuß]. (1) [1]Die Vertrauensleute und ihre Vertreter werden vom Bezirkstag, mit seiner Ermächtigung vom Bezirksausschuß gewählt. [2]Art. 42 Abs. 3 der Bezirksordnung ist anzuwenden.

(2) Für den beim Verwaltungsgericht Regensburg zu bestellenden Ausschuß zur Wahl der ehrenamtlichen Verwaltungsrichter wählt der Bezirkstag Niederbayern je vier, der Bezirkstag Oberpfalz je drei Vertrauensleute und Vertreter.

(3) [1]Die Vertrauensleute und ihre Vertreter werden auf vier Jahre gewählt. [2]Die §§ 23 und 24 Abs. 1 und 2 VwGO gelten entsprechend; über die Befreiung von der Übernahme oder der weiteren Ausübung des Amts und über die Entbindung von diesem Amt entscheidet der Bezirkstag, mit seiner Ermächtigung der Bezirksausschuß.

Art. 12 (Zu § 187 Abs. 1 VwGO) [Schiedsgerichtsbarkeit]. (1) Die Gerichte der Verwaltungsgerichtsbarkeit sind als Schiedsgerichte zuständig für Vermögensauseinandersetzungen öffentlich-rechtlicher Verbände, soweit das in besonderen Gesetzen bestimmt ist.

(2) [1]Für die Besetzung der Schiedsgerichte und für das Verfahren gelten die Bestimmungen der Verwaltungsgerichtsordnung, für das Verfahren jedoch nur, soweit in besonderen Gesetzen nicht anderes bestimmt ist. [2]Die Schiedsgerichte entscheiden unter Würdigung der Rechts- und Sachlage nach billigem Ermessen.

Art. 13 (Zu § 40 Abs. 1 Satz 2 VwGO) [Zulässigkeit des Verwaltungsrechtswegs]. Soweit öffentlich-rechtliche Streitigkeiten bisher einem anderen Gericht zugewiesen sind, hat es dabei sein Bewenden.

Art. 14 [Rechtsbehelfe im Verwaltungsverfahren]. (1) Soweit nicht anderes bestimmt wird, tritt der Widerspruch an die Stelle aller förmlichen Rechtsbehelfe, die das Landesrecht für das Verwaltungsverfahren einräumt.

(2) Unberührt bleiben die Rechtsbehelfe nach dem Bayerischen Disziplinargesetz.

(3) Unberührt bleiben die Rechtsbehelfe nach dem Landeswahlgesetz, dem Bezirkswahlgesetz und dem Gemeinde- und Landkreiswahlgesetz, soweit sie nicht Voraussetzung der verwaltungsgerichtlichen Klage sind.

Art. 15 [Vorverfahren]. (1) [1]Gegen einen nur an ihn gerichteten Verwaltungsakt kann der Betroffene

1. im Bereich des Kommunalabgabenrechts,
2. im Bereich des Landwirtschaftsrechts einschließlich des Rechts landwirtschaftlicher Subventionen sowie im Bereich des Rechts forstlicher Subventionen und jagdrechtlicher Abschussplanverfahren,
3. im Bereich des Schulrechts einschließlich des Rechts der Schulfinanzierung und Schülerbeförderung,
4. in den Bereichen des Ausbildungs- und Studienförderungsrechts, des Heimrechts, des Kinder- und Jugendhilferechts, der Kinder-, Jugend- und Familienförderung, des Kriegsopferfürsorgerechts, des Schwerbehindertenrechts, des Unterhaltsvorschussrechts, des Wohngeldrechts, des Rundfunkabgabenrechts und im Rahmen der Förderungen nach dem Europäischen Sozialfonds (ESF-Förderung), soweit jeweils der Verwaltungsrechtsweg eröffnet ist,
5. in Angelegenheiten der Beamten mit Ausnahme des Disziplinarrechts,
6. bei personenbezogenen Prüfungsentscheidungen

entweder Widerspruch einlegen oder unmittelbar Klage erheben; in den Angelegenheiten der Nr. 5 gilt Entsprechendes für Leistungs- und Feststellungsklagen. [2]Richtet sich der Verwaltungsakt in diesen Bereichen an mehrere Betroffene, kann jeder von ihnen unmittelbar Klage erheben, wenn alle Betroffenen zustimmen. [3]Wird unmittelbar Klage erhoben, bedarf es keiner Durchführung eines Vorverfahrens nach § 68 VwGO.

(2) Soweit in Abs. 1 nichts Abweichendes geregelt ist, entfällt das Vorverfahren nach § 68 VwGO.

(3) [1]Die Abs. 1 und 2 gelten nur für Verfahren der Behörden des Freistaates Bayern, der Gemeinden und Gemeindeverbände und der sonstigen der Aufsicht des Freistaates Bayern unterstehenden juristischen Personen des öffentlichen Rechts. [2]§ 68 Abs. 1 Satz 2 Nrn. 1 und 2 VwGO sowie sonstige abweichende Regelungen in anderen Gesetzen und Rechtsverordnungen bleiben unberührt.

Art. 16 (Zu § 36 Abs. 1 Satz 2 VwGO) [Landesanwaltschaft]. [1]Vertretungsbehörde des Freistaates Bayern vor den Gerichten der Verwaltungsgerichtsbarkeit ist in den Fällen des § 45 VwGO die Ausgangsbehörde und in den übrigen Fällen die Landesanwaltschaft Bayern, soweit die Vertretung nicht auf eine andere Behörde oder Stelle übertragen ist. [2]Das Nähere regelt die Staatsregierung durch Rechtsverordnung. [3]Die Regelungen der Vertretungsverordnung bleiben unberührt.

Art. 17 [Ausführung des Gesetzes]. [1]Die Staatsregierung erläßt die zur Ausführung dieses Gesetzes erforderlichen Rechtsvorschriften. [2]Die Verwaltungsvorschriften zur Ausführung dieses Gesetzes erläßt das Staatsministerium des Innern, für Sport und Integration, soweit erforderlich im Einvernehmen mit dem Staatsministerium der Finanzen und für Heimat.

Art. 18 [Inkrafttreten]. [1]Dieses Gesetz ist dringlich. [2]Es tritt am 1. Dezember 1960 in Kraft. [3]Die Art. 1, 5 bis 8, 10 und 11 des Gesetzes treten am 1. April 1960 in Kraft.*

* *Diese Vorschrift betrifft das Inkrafttreten des Gesetzes in der ursprünglichen Fassung vom 28. November 1960 (GVBl. S. 266). Der Zeitpunkt des Inkrafttretens der späteren Änderungen ergibt sich aus den jeweiligen Änderungsgesetzen.*

Verordnung über die Landesanwaltschaft Bayern (LABV)

(BayRS 34-3-I) vom 29. Juli 2008 (GVBl. S. 554),
zuletzt geändert durch Verordnung vom 26. März 2019
(GVBl. S. 98)

Auf Grund von

1. § 36 Abs. 1 der Verwaltungsgerichtsordnung (VwGO) in der Fassung der Bekanntmachung vom 19. März 1991 (BGBl I S. 686), zuletzt geändert durch § 62 Abs. 11 des Gesetzes vom 17. Juni 2008 (BGBl I S. 1010),
2. Art. 16 Satz 2 des Gesetzes zur Ausführung der Verwaltungsgerichtsordnung (AGVwGO) in der Fassung der Bekanntmachung vom 20. Juni 1992 (GVBl S. 162, BayRS 34-1-I), zuletzt geändert durch § 2 des Gesetzes vom 20. Dezember 2007 (GVBl S. 958), und
3. Art. 43 Abs. 1 und Art. 55 Nr. 2 der Verfassung des Freistaates Bayern in der Fassung der Bekanntmachung vom 15. Dezember 1998 (GVBl S. 991, BayRS 100-1-I), geändert durch Gesetze vom 10. November 2003 (GVBl S. 816, 817),

erlässt die Bayerische Staatsregierung folgende Verordnung:

INHALTÜBERSICHT*

§ 1 Landesanwaltschaft Bayern, Generallandesanwalt
§ 2 Ernennung der Landesanwälte, Dienstaufsicht, Amtstracht
§ 3 Vertretung des Freistaates Bayern
§ 4 Vertretung der Staatskasse
§ 5 Vertretung des öffentlichen Interesses
§ 6 Erlass von Verwaltungsvorschriften
§ 7 Inkrafttreten, Außerkrafttreten

§ 1 Landesanwaltschaft Bayern, Generallandesanwalt. (1) [1]Die Landesanwaltschaft Bayern ist eine dem Staatsministerium des Innern, für Sport und Integration unmittelbar nachgeordnete Behörde am Sitz des Verwaltungsgerichtshofs und dessen auswärtiger Senate. [2]Sie wird vom Generallandesanwalt geleitet.

(2) Der Landesanwaltschaft Bayern obliegt die Vertretung des Freistaates Bayern als Kläger, Beklagter oder Beigeladener (§ 63 Nrn. 1 bis 3 VwGO) und die Vertretung des öffentlichen Interesses (§§ 36, 63 Nr. 4 VwGO) in Verfahren vor den Gerichten der Verwaltungsgerichtsbarkeit nach Maßgabe dieser Verordnung sowie die Wahrnehmung der Aufgabe als Disziplinarbehörde oder Dienstvorgesetzter nach Maßgabe der auf Grund des Bayerischen Disziplinargesetzes (BayDG) erlassenen Rechtsverordnungen.

(3) Der Generallandesanwalt sorgt für die Einheitlichkeit der Gesetzesauslegung und der Rechtsanwendung.

---

* *Inhaltsübersicht nicht amtlich.*

§ 2 Ernennung der Landesanwälte, Dienstaufsicht, Amtstracht. (1) Die Beamten der Landesanwaltschaft Bayern werden nach Art. 55 Nr. 4 der Verfassung sowie den Vorschriften des Beamtenstatusgesetzes und des Bayerischen Beamtengesetzes ernannt.

(2) Die Landesanwälte müssen die Befähigung zum Richteramt besitzen oder die Voraussetzungen des § 174 VwGO erfüllen.

(3) [1]Die Dienstaufsicht über den Generallandesanwalt übt der Staatsminister des Innern, für Sport und Integration aus. [2]Der Generallandesanwalt ist Dienstvorgesetzter der Beamten der Landesanwaltschaft Bayern. [3]Aufsichtsbehörde in den Fällen, in denen die Befugnisse als Disziplinarbehörde nach § 2 Nr. 2 oder § 5 der Verordnung über die Zuständigkeiten zur Durchführung des Bayerischen Disziplinargesetzes und zur Vertretung des Freistaates Bayern in Disziplinarsachen (ZustV-BayDG) auf die Landesanwaltschaft Bayern übertragen wurden, ist – vorbehaltlich des Satzes 1 – die jeweils zuständige oberste Dienstbehörde. [4]Aufsichtsbehörde in den Fällen, in denen die Disziplinarbefugnisse gemäß § 4 Abs. 2 Satz 1 oder § 5 Satz 1 der Verordnung zur Durchführung des Bayerischen Disziplinargesetzes und zur Vertretung des Freistaates Bayern in Disziplinarsachen für den kommunalen Bereich (DVKommBayDG) auf die Landesanwaltschaft Bayern übertragen wurden, ist das Staatsministerium des Innern, für Sport und Integration. [5]Aufsichtsbehörde in den Fällen, in denen die Disziplinarbefugnisse nach einer weiteren auf Grund des Art. 18 Abs. 5 BayDG erlassenen Rechtsverordnung auf die Landesanwaltschaft Bayern übertragen wurden, ist – vorbehaltlich des Satzes 1 – das jeweils für die Rechtsaufsicht zuständige Staatsministerium.

(4) Die Bestimmungen der Geschäftsordnung des Verwaltungsgerichtshofs über die Amtstracht gelten für die Landesanwälte der Landesanwaltschaft Bayern entsprechend.

§ 3 Vertretung des Freistaates Bayern. (1) [1]Die Vertretung des Freistaates Bayern in verwaltungsgerichtlichen Verfahren bestimmt sich nach den folgenden Absätzen, wenn

1. die Klage oder ein sonstiger Antrag gegen den Freistaat Bayern gerichtet ist,
2. die Klage gegen den Freistaat Bayern gerichtet ist und der Freistaat Bayern Widerklage nach § 89 VwGO erhebt,
3. der Freistaat Bayern als Hoheitsträger beigeladen wird,
4. der Freistaat Bayern vor dem Bundesverwaltungsgericht Klage nach § 50 Abs. 1 Nr. 1 VwGO erhebt.

[2]Für die Vertretung in Disziplinarsachen nach dem Bayerischen Disziplinargesetz gelten § 6 ZustV-BayDG, § 6 DVKommBayDG sowie die Regelungen der weiteren auf Grund des Art. 18 Abs. 5 BayDG erlassenen Rechtsverordnungen.

(2) [1]In Verfahren vor den Verwaltungsgerichten obliegt die Vertretung der Ausgangsbehörde. [2]Ist eine Ausgangsbehörde nicht zu ermitteln oder fehlt eine

solche, ist die Regierung am Sitz des Gerichts Vertretungsbehörde. [3]Die Ausgangsbehörde kann die Vertretung in Verfahren, die ihr von herausgehobener Bedeutung oder prozessrechtlich schwierig erscheinen, auf die Widerspruchsbehörde, eine andere oder höhere Behörde desselben Geschäftsbereichs mit Ausnahme der obersten Landesbehörde oder die für die Vertretung des öffentlichen Interesses zuständige Regierung mit deren Einverständnis übertragen. [4]Die Übernahme der Vertretung ist dem Gericht durch die übernehmende Behörde mitzuteilen. [5]Ab Eingang der Mitteilung bei Gericht ist die Zuständigkeit übergegangen. [6]Ist die Ausgangsbehörde einem Präsidium der Bayerischen Landespolizei oder dem Präsidium der Bayerischen Bereitschaftspolizei nachgeordnet, obliegt die Vertretung dem jeweiligen Präsidium.

(3) [1]In Verfahren vor dem Verwaltungsgerichtshof und dem Bundesverwaltungsgericht wird der Freistaat Bayern durch die Landesanwaltschaft Bayern vertreten. [2]Die Landesanwaltschaft Bayern kann die Vertretung im Einzelfall auf die Ausgangsbehörde oder in den Fällen des Abs. 2 Satz 6 auf die Vertretungsbehörde mit deren Einverständnis übertragen. [3]Ist das Landesjustizprüfungsamt oder ein Amt für Ländliche Entwicklung Ausgangsbehörde, so obliegt diesem die Vertretung, es sei denn, es überträgt sie im Einzelfall auf die Landesanwaltschaft Bayern. [4]Für die Übertragung gelten jeweils Abs. 2 Sätze 4 und 5 entsprechend.

(4) Die Vertretung umfasst auch die Befugnis zur Einlegung eines Rechtsmittels oder die Stellung eines Antrags auf Zulassung eines Rechtsmittels; die Landesanwaltschaft Bayern kann bereits bei den Verwaltungsgerichten Rechtsmittel einlegen oder deren Zulassung beantragen.

(5) Sofern nicht im Einzelfall die Staatskanzlei oder das Staatsministerium, dessen Geschäftsbereich berührt ist, die Vertretung des Freistaates Bayern übernimmt oder die Vertretung abweichend regelt, vertritt die Landesanwaltschaft Bayern diesen in Zwischen- und Folgeverfahren zu Verfahren nach Abs. 1 vor dem Bundesverfassungsgericht und dem Europäischen Gerichtshof.

(6) Die Vertretungsbehörden können Vertreter anderer Staatsbehörden zur mündlichen Verhandlung und zum Beweistermin zuziehen.

(7) [1]Behörden, denen die Vertretung übertragen wurde oder gemäß Abs. 2 Satz 6 obliegt, sowie die Landesanwaltschaft Bayern nehmen ihre Aufgaben im Benehmen mit den beteiligten Verwaltungsbehörden wahr. [2]Sie haben grundsätzlich den ihnen im Einzelfall von den beteiligten Behörden gegebenen Instruktionen zu entsprechen. [3]Satz 2 gilt nicht, soweit der Vertretungsbehörde als Widerspruchsbehörde die Vertretung übertragen wurde oder ihr die Vertretung gemäß Abs. 2 Satz 6 obliegt. [4]Lassen sich Meinungsverschiedenheiten zwischen Staatsministerien und der Landesanwaltschaft Bayern nicht ausgleichen, entscheidet die Staatsregierung.

§ 4 Vertretung der Staatskasse. Vor den Gerichten der Verwaltungsgerichtsbarkeit wird die Staatskasse in Verfahren kostenrechtlicher Art, wenn sie an einem Verfahren zur Wert-, Kosten- oder Entschädigungs-(Vergütungs-)

festsetzung oder anderen Verfahren kostenrechtlicher Art beteiligt ist, durch die Landesanwaltschaft Bayern vertreten.

§ 5 Vertretung des öffentlichen Interesses. (1) [1]Die Vertretung des öffentlichen Interesses gemäß § 36 VwGO in Verfahren vor den Gerichten der Verwaltungsgerichtsbarkeit, auch soweit sie als Schiedsgerichte entscheiden, nehmen

1. vor den Verwaltungsgerichten die örtlich zuständigen Regierungen,
2. vor dem Verwaltungsgerichtshof und vor dem Bundesverwaltungsgericht die Landesanwaltschaft Bayern wahr.

[2]§ 3 Abs. 4 gilt entsprechend.

(2) [1]Die Vertretung des öffentlichen Interesses hat daran mitzuwirken, dass das Recht sich durchsetzt und das Gemeinwohl keinen Schaden leidet. [2]Sie ist hierbei nur an Weisungen der Staatsregierung gebunden.

(3) Unbeschadet des Weisungsrechts der Staatsregierung beschränkt sich die Beteiligung nach Abs. 1 auf Rechtsgebiete und Verfahren, die von besonderem öffentlichen Interesse sind.

(4) In Verfahren vor den Kammern für Disziplinarsachen und vor den Disziplinarsenaten wirkt die Vertretung des öffentlichen Interesses nicht mit.

§ 6 Erlass von Verwaltungsvorschriften. Das Staatsministerium des Innern, für Sport und Integration erlässt die zum Vollzug dieser Verordnung erforderlichen Verwaltungsvorschriften.

§ 7 Inkrafttreten, Außerkrafttreten. (1) Diese Verordnung tritt am 1. September 2008 in Kraft.*

(2) Mit Ablauf des 31. August 2008 tritt die Verordnung über die Landesanwaltschaft Bayern (LABV) vom 4. November 1975 (BayRS 34-3-I), zuletzt geändert durch § 16 der Verordnung vom 25. November 2003 (GVBl S. 880), außer Kraft.

---

* *Diese Vorschrift betrifft das Inkrafttreten des Gesetzes in der ursprünglichen Fassung vom 29. Juli 2008 (GVBl. S. 554). Der Zeitpunkt des Inkrafttretens der späteren Änderungen ergibt sich aus den jeweiligen Änderungsgesetzen.*

Gemeindeordnung für den Freistaat Bayern (Gemeindeordnung – GO)

(BayRS 2020-1-1-I) in der Fassung der Bekanntmachung
vom 22. August 1998 (GVBl. S. 796),
zuletzt geändert durch Gesetz vom 9. März 2021 (GVBl. S. 74)

INHALTSÜBERSICHT*

ERSTER TEIL

Wesen und Aufgaben der Gemeinde

1. Abschnitt

Begriff, Benennung und Hoheitszeichen

Art. 1 Begriff
Art. 2 Name
Art. 3 Städte und Märkte
Art. 4 Wappen und Fahnen; Dienstsiegel

2. Abschnitt

Rechtsstellung und Wirkungskreis

Art. 5 Kreisangehörigkeit und Kreisfreiheit
Art. 5a Eingliederung in den Landkreis; Große Kreisstadt
Art. 6 Allseitiger Wirkungskreis
Art. 7 Eigene Angelegenheiten
Art. 8 Übertragene Angelegenheiten
Art. 9 Weitere Aufgaben der kreisfreien Gemeinden und Großen Kreisstädte

3. Abschnitt

Gemeindegebiet und gemeindefreies Gebiet

Art. 10 Gemeindegebiet und Bestandsgarantie
Art. 10a Gemeindefreie Gebiete
Art. 11 Änderungen
Art. 12 Zuständige Behörde; Fortgeltung des Ortsrechts
Art. 13 Weitere Folgen der Änderungen
Art. 13a *(aufgehoben)*
Art. 14 Bekanntmachung; Gebühren

4. Abschnitt

Rechte und Pflichten der Gemeindeangehörigen

Art. 15 Einwohner und Bürger
Art. 16 Ehrenbürgerrecht
Art. 17 Wahlrecht
Art. 18 Mitberatungsrecht (Bürgerversammlung)
Art. 18a Bürgerbegehren und Bürgerentscheid
Art. 18b Bürgerantrag
Art. 19 Ehrenamtliche Tätigkeit
Art. 20 Sorgfalts- und Verschwiegenheitspflicht
Art. 20a Entschädigung
Art. 21 Benutzung öffentlicher Einrichtungen; Tragung der Gemeindelasten

5. Abschnitt

Gemeindehoheit

Art. 22 Verwaltungs- und Finanzhoheit
Art. 23 Ortsrecht
Art. 24 Inhalt der Satzungen
Art. 25 *(aufgehoben)*
Art. 26 Inkrafttreten; Ausfertigung und Bekanntmachung
Art. 27 Verwaltungsverfügungen; Zwangsmaßnahmen
Art. 28 Geldbußen und Verwarnungsgelder

ZWEITER TEIL

Verfassung und Verwaltung der Gemeinde

1. Abschnitt

Gemeindeorgane und ihre Hilfskräfte

Art. 29 Hauptorgane

* *Inhaltsübersicht nicht amtlich.*

a) Der Gemeinderat und seine Ausschüsse

Art. 30 Rechtsstellung; Aufgaben des Gemeinderats
Art. 31 Zusammensetzung des Gemeinderats
Art. 32 Aufgaben der Ausschüsse
Art. 33 Zusammensetzung der Ausschüsse; Vorsitz

b) Der erste Bürgermeister und seine Stellvertreter

Art. 34 Rechtsstellung des ersten Bürgermeisters
Art. 35 Rechtsstellung der weiteren Bürgermeister
Art. 36 Vollzug der Beschlüsse des Gemeinderats
Art. 37 Zuständigkeit des ersten Bürgermeisters
Art. 38 Verpflichtungsgeschäfte; Vertretung der Gemeinde nach außen
Art. 39 Stellvertretung; Übertragung von Befugnissen

c) Die berufsmäßigen Gemeinderatsmitglieder

Art. 40 Berufung und Aufgaben
Art. 41 Rechtsstellung

d) Gemeindebedienstete

Art. 42 Notwendigkeit bestimmter Fachkräfte
Art. 43 Anstellung und Arbeitsbedingungen
Art. 44 Stellenplan

2. Abschnitt
Geschäftsgang

Art. 45 Geschäftsordnung und Geschäftsgang der Ausschüsse
Art. 46 Geschäftsleitung
Art. 47 Sitzungszwang; Beschlußfähigkeit
Art. 47a Sitzungsteilnahme durch Ton-Bild-Übertragung
Art. 48 *Teilnahmepflicht*; Ordnungsgeld gegen Säumige
Art. 49 Ausschluß wegen persönlicher Beteiligung
Art. 50 Einschränkung des Vertretungsrechts
Art. 51 Form der Beschlußfassung; Wahlen
Art. 52 Öffentlichkeit
Art. 53 Handhabung der Ordnung
Art. 54 Niederschrift
Art. 55 *(aufgehoben)*

3. Abschnitt
Verwaltungsgrundsätze und Verwaltungsaufgaben

Art. 56 Gesetzmäßigkeit; Geschäftsgang
Art. 56a Geheimhaltung
Art. 57 Aufgaben des eigenen Wirkungskreises
Art. 58 Aufgaben des übertragenen Wirkungskreises
Art. 59 Zuständigkeit für den Gesetzesvollzug

4. Abschnitt
Stadtbezirke und Gemeindeteile

Art. 60 Einteilung in Stadtbezirke
Art. 60a Ortssprecher

DRITTER TEIL
Gemeindewirtschaft

1. Abschnitt
Haushaltswirtschaft

Art. 61 Allgemeine Haushaltsgrundsätze
Art. 62 Grundsätze der Einnahmebeschaffung
Art. 63 Haushaltssatzung
Art. 64 Haushaltsplan
Art. 65 Erlaß der Haushaltssatzung
Art. 66 Planabweichungen
Art. 67 Verpflichtungsermächtigungen
Art. 68 Nachtragshaushaltssatzungen
Art. 69 Vorläufige Haushaltsführung
Art. 70 Mittelfristige Finanzplanung

2. Abschnitt
Kreditwesen

Art. 71 Kredite
Art. 72 Kreditähnliche Verpflichtungen; Sicherheiten
Art. 73 Kassenkredite

3. Abschnitt

Vermögenswirtschaft

a) Allgemeines

Art. 74 Erwerb und Verwaltung von Vermögen, Wertansätze
Art. 75 Veräußerung von Vermögen
Art. 76 Rücklagen, Rückstellungen
Art. 77 Insolvenzverfahren
Art. 78 und 79 *(aufgehoben)*

b) Öffentliche Nutzungsrechte

Art. 80 Verbot der Neubegründung; Übertragungsbeschränkungen
Art. 81 Lasten und Ausgaben
Art. 82 Ablösung und Aufhebung
Art. 83 Art und Umfang der Entschädigung

c) Von der Gemeinde verwaltete nichtrechtsfähige (fiduziarische) Stiftungen

Art. 84 Begriff; Verwaltung
Art. 85 Änderung des Verwendungszwecks; Aufhebung der Zweckbestimmung

4. Abschnitt

Gemeindliche Unternehmen

Art. 86 Rechtsformen
Art. 87 Allgemeine Zulässigkeit von Unternehmen und Beteiligungen
Art. 88 Eigenbetriebe
Art. 89 Selbständige Kommunalunternehmen des öffentlichen Rechts
Art. 90 Organe des Kommunalunternehmens; Personal
Art. 91 Sonstige Vorschriften für Kommunalunternehmen
Art. 92 Unternehmen in Privatrechtsform
Art. 93 Vertretung der Gemeinde in Unternehmen in Privatrechtsform
Art. 94 Sonstige Vorschriften für Unternehmen in Privatrechtsform
Art. 95 Grundsätze für die Führung gemeindlicher Unternehmen
Art. 96 Anzeigepflichten
Art. 97–99 *(aufgehoben)*

5. Abschnitt

Kassen- und Rechnungswesen

Art. 100 Gemeindekasse
Art. 101 Übertragung von Kassen- und Rechnungsgeschäften
Art. 102 Rechnungslegung, Jahresabschluss
Art. 102a Konsolidierter Jahresabschluss

6. Abschnitt

Prüfungswesen

Art. 103 Örtliche Prüfungen
Art. 104 Rechtsprüfungsamt
Art. 105 Überörtliche Prüfungen
Art. 106 Inhalte der Rechnungs- und Kassenprüfungen
Art. 107 Abschlussprüfung bei Eigenbetrieben und Kommunalunternehmen

VIERTER TEIL

Staatliche Aufsicht und Rechtsmittel

1. Abschnitt

Rechtsaufsicht und Fachaufsicht

Art. 108 Sinn der staatlichen Aufsicht
Art. 109 Inhalt und Grenzen der Aufsicht
Art. 110 Rechtsaufsichtsbehörden
Art. 111 Informationsrecht
Art. 112 Beanstandungsrecht
Art. 113 Recht der Ersatzvornahme
Art. 114 Bestellung eines Beauftragten
Art. 115 Fachaufsichtsbehörden
Art. 116 Befugnisse der Fachaufsicht
Art. 117 Genehmigungsbehörde
Art. 117a Ausnahmegenehmigungen

2. Abschnitt

Rechtsmittel

Art. 118 Erlaß des Widerspruchsbescheids (§ 73 der Verwaltungsgerichtsordnung-VwGO)

FÜNFTER TEIL

Übergangs- und Schlußvorschriften

Art. 119 Einwohnerzahl
Art. 120 Ausführungsvorschriften

Art. 120a Gemeindewirtschaftliche Erleichterungen anlässlich der Corona-Pandemie
Art. 120b Weitere Erleichterungen anlässlich der Corona-Pandemie
Art. 121 Einschränkung von Grundrechten
Art. 122 Inkrafttreten, Außerkrafttreten

ERSTER TEIL

Wesen und Aufgaben der Gemeinde

1. Abschnitt

Begriff, Benennung und Hoheitszeichen

Art. 1 Begriff. [1]Die Gemeinden sind ursprüngliche Gebietskörperschaften mit dem Recht, die örtlichen Angelegenheiten im Rahmen der Gesetze zu ordnen und zu verwalten. [2]Sie bilden die Grundlagen des Staates und des demokratischen Lebens.

Art. 2 Name. (1) Die Gemeinden haben ein Recht auf ihren geschichtlichen Namen.

(2) Die Rechtsaufsichtsbehörde kann nach Anhörung des Gemeinderates und der beteiligten Gemeindebürger
1. wegen eines öffentlichen Bedürfnisses den Namen einer Gemeinde oder eines Gemeindeteils ändern oder den Namen eines Gemeindeteils aufheben;
2. einem bewohnten Gemeindeteil einen Namen geben.

(3) [1]Wird eine Gemeinde oder werden Gemeindeteile als Heilbad, Kneippheilbad oder Schrothheilbad nach Art. 7 Abs. 1 und 5 des Kommunalabgabengesetzes anerkannt, spricht die Anerkennungsbehörde auf Antrag der Gemeinde aus, daß die Bezeichnung Bad Bestandteil des Namens der Gemeinde oder eines Gemeindeteils wird. [2]Wird die Anerkennung aufgehoben, entfällt der Namensbestandteil Bad. [3]Wegen eines dringenden öffentlichen Bedürfnisses kann die Anerkennungsbehörde abweichend vom Antrag nach Satz 1 oder von Satz 2 entscheiden.

(4) Die Entscheidungen und die Änderungen nach den Absätzen 2 und 3 sind im Staatsanzeiger bekanntzumachen.

Art. 3 Städte und Märkte. (1) Städte und Märkte heißen die Gemeinden, die diese Bezeichnung nach bisherigem Recht führen oder denen sie durch das Staatsministerium des Innern, für Sport und Integration neu verliehen wird.

(2) Die Bezeichnung Stadt oder Markt darf nur an Gemeinden verliehen werden, die nach Einwohnerzahl, Siedlungsform und wirtschaftlichen Verhältnissen der Bezeichnung entsprechen.

(3) Die Stadt München führt die Bezeichnung Landeshauptstadt.

Art. 4 Wappen und Fahnen; Dienstsiegel. (1) [1]Die Gemeinden können ihre geschichtlichen Wappen und Fahnen führen. [2]Sie sind verpflichtet, sich bei der Änderung bestehender und der Annahme neuer Wappen und Fahnen von der Generaldirektion der Staatlichen Archive Bayerns beraten zu lassen und, soweit sie deren Stellungnahme nicht folgen wollen, den Entwurf der Rechtsaufsichtsbehörde vorzulegen.

(2) [1]Gemeinden mit eigenem Wappen führen dieses in ihrem Dienstsiegel. [2]Die übrigen Gemeinden führen in ihrem Dienstsiegel das kleine Staatswappen.

(3) Von Dritten dürfen Wappen und Fahnen der Gemeinde nur mit deren Genehmigung verwendet werden.

2. Abschnitt

Rechtsstellung und Wirkungskreis

Art. 5 Kreisangehörigkeit und Kreisfreiheit. (1) Die Gemeinden sind kreisangehörig oder kreisfrei.

(2) Kreisfrei sind die Gemeinden, die diese Eigenschaft beim Inkrafttreten dieses Gesetzes besitzen.

(3) [1]Mit Zustimmung des Landtags können Gemeinden mit mehr als 50 000 Einwohnern bei entsprechender Bedeutung nach Anhörung des Kreistags durch Rechtsverordnung der Staatsregierung für kreisfrei erklärt werden. [2]Hierbei ist auf die Leistungsfähigkeit des Landkreises Rücksicht zu nehmen. [3]Die Rechtsverordnung kann finanzielle Verpflichtungen der ausscheidenden Gemeinde gegenüber dem Landkreis festlegen. [4]Im übrigen werden die vermögensrechtlichen Verhältnisse durch Übereinkunft zwischen dem Landkreis und der ausscheidenden Gemeinde geregelt. [5]Der Übereinkunft kommt mit dem in ihr bestimmten Zeitpunkt, frühestens jedoch mit Inkrafttreten der Rechtsverordnung, unmittelbar rechtsbegründende Wirkung zu. [6]Kommt eine Übereinkunft nicht zustande, so entscheiden das Verwaltungsgericht und in der Berufungsinstanz der Verwaltungsgerichtshof als Schiedsgerichte.

Art. 5a Eingliederung in den Landkreis; Große Kreisstadt. (1) [1]Aus Gründen des öffentlichen Wohls können durch Rechtsverordnung der Staatsregierung mit Zustimmung des Landtags kreisfreie Gemeinden auf ihren Antrag oder von Amts wegen nach Anhörung der Gemeinde in einen Landkreis eingegliedert werden. [2]Der Landkreis ist vorher zu hören; den Gemeindebürgern soll Gelegenheit gegeben werden, zu der Eingliederung in geheimer Abstimmung Stellung zu nehmen.

(2) [1]Der Landkreis ist auf Verlangen der eingegliederten Gemeinde verpflichtet, bisher von der Gemeinde betriebene Einrichtungen zu übernehmen, wenn deren Betrieb allgemein zu den Aufgaben eines Landkreises gehört. [2]Die

Schulden aus Darlehen für diese Einrichtungen muß der Landkreis dann und insoweit nicht übernehmen, als die Übernahme nicht zumutbar ist, insbesondere, wenn für die Einrichtungen in unverhältnismäßig hohem überdurchschnittlichem Umfang Darlehen aufgenommen worden sind. [3]Die Sätze 1 und 2 gelten entsprechend für die Mitgliedschaft der eingegliederten Gemeinde in einem Zweckverband, dessen Aufgabe allgemein zu den Aufgaben eines Landkreises gehört. [4]Der Landkreis ist verpflichtet, gemeindliche Arbeitnehmer, deren Aufgabenbereich auf den Landkreis übergeht, auf deren Verlangen oder auf Verlangen der eingegliederten Gemeinde in sinngemäßer Anwendung des Art. 51 des Bayerischen Beamtengesetzes (BayBG) zu übernehmen. [5]Art. 5 Abs. 3 Sätze 4 bis 6 gelten sinngemäß.

(3) [1]Mit dem Inkrafttreten der Rechtsverordnung (Absatz 1 Satz 1) wird die bisher kreisfreie Gemeinde Große Kreisstadt. [2]Eine Gemeinde kann auf die Rechte einer Großen Kreisstadt verzichten; das Staatsministerium des Innern, für Sport und Integration bestimmt nach Anhörung des Kreistags durch Rechtsverordnung den Zeitpunkt, zu dem der Verzicht wirksam wird.

(4) Gemeinden mit mehr als 30 000 Einwohnern können auf ihren Antrag nach Anhörung des Kreistags durch Rechtsverordnung des Staatsministeriums des Innern, für Sport und Integration zu Großen Kreisstädten erklärt werden, wenn ihre Leistungs- und Verwaltungskraft die Gewähr dafür bietet, daß sie die Aufgaben einer Großen Kreisstadt ordnungsgemäß erfüllen können.

Art. 6 Allseitiger Wirkungskreis. (1) [1]Den Gemeinden steht in ihrem Gebiet die Erfüllung aller öffentlichen Aufgaben zu. [2]Ausnahmen bedürfen eines Gesetzes.

(2) Die Gemeindeaufgaben sind eigene oder übertragene Angelegenheiten.

Art. 7 Eigene Angelegenheiten. (1) Der eigene Wirkungskreis der Gemeinden umfaßt alle Angelegenheiten der örtlichen Gemeinschaft (Art. 83 Abs. 1 der Verfassung).

(2) [1]In Angelegenheiten des eigenen Wirkungskreises handeln die Gemeinden nach eigenem Ermessen. [2]Sie sind nur an die gesetzlichen Vorschriften gebunden.

Art. 8 Übertragene Angelegenheiten. (1) Der übertragene Wirkungskreis der Gemeinden umfaßt alle Angelegenheiten, die das Gesetz den Gemeinden zur Besorgung namens des Staates oder anderer Körperschaften des öffentlichen Rechts zuweist.

(2) Für die Erledigung übertragener Angelegenheiten können die zuständigen Staatsbehörden den Gemeinden Weisungen erteilen.

(3) [1]Den Gemeinden, insbesondere den kreisfreien Gemeinden, können Angelegenheiten auch zur selbständigen Besorgung übertragen werden. [2]Art. 7 Abs. 2 ist hierbei sinngemäß anzuwenden.

(4) Bei der Zuweisung von Angelegenheiten sind gleichzeitig die notwendigen Mittel zur Verfügung zu stellen.

Art. 9 Weitere Aufgaben der kreisfreien Gemeinden und Großen Kreisstädte. (1) [1]Die kreisfreie Gemeinde erfüllt im übertragenen Wirkungskreis alle Aufgaben, die sonst vom Landratsamt als der unteren staatlichen Verwaltungsbehörde wahrzunehmen sind; sie ist insoweit Kreisverwaltungsbehörde. [2]Sie erfüllt ferner die den Landkreisen obliegenden Aufgaben des eigenen und des übertragenen Wirkungskreises.

(2) [1]Die Große Kreisstadt erfüllt im übertragenen Wirkungskreis Aufgaben, die sonst vom Landratsamt als der unteren staatlichen Verwaltungsbehörde wahrzunehmen sind in dem Umfang, der durch Rechtsverordnung der Staatsregierung allgemein bestimmt wird; sie ist insoweit Kreisverwaltungsbehörde. [2]In der Rechtsverordnung nach Art. 5a Abs. 1 oder in einer Rechtsverordnung des Staatsministeriums des Innern, für Sport und Integration können ihr weitere Aufgaben der unteren staatlichen Verwaltungsbehörde und auf Antrag mit Zustimmung des Kreistags auch einzelne Aufgaben des übertragenen Wirkungskreises der Landkreise übertragen werden.

3. Abschnitt

Gemeindegebiet und gemeindefreies Gebiet

Art. 10 Gemeindegebiet und Bestandsgarantie. (1) [1]Jeder Teil des Staatsgebiets ist grundsätzlich einer Gemeinde zugewiesen. [2]Die Gesamtheit der zu einer Gemeinde gehörenden Grundstücke bildet das Gemeindegebiet.

(2) Die Gemeinden haben ein Recht auf Erhaltung ihres Bestands und ihres Gebiets unbeschadet der Vorschrift des Art. 11.

Art. 10a Gemeindefreie Gebiete. (1) Die keiner Gemeinde zugewiesenen Teile des Staatsgebiets sind gemeindefreie (ausmärkische) Gebiete.

(2) [1]Die Aufgaben, die aus Gründen des öffentlichen Wohls erfüllt werden müssen und die in den kreisangehörigen Gemeinden zum eigenen Wirkungskreis gehören, nimmt im gemeindefreien Gebiet der Grundstückseigentümer auf seine Kosten wahr. [2]Gehören die Grundstücke verschiedenen Eigentümern, so erfüllen diese die Aufgaben gemeinsam und tragen die Kosten anteilig nach dem Verhältnis der Größe der Fläche ihrer im gemeindefreien Gebiet gelegenen Grundstücke; forstwirtschaftlich genutzte Flächen sind zu zwei Dritteln und minderwertige landwirtschaftliche Nutzflächen (insbesondere Hutungen, Streuwiesen und Ödländereien) zu einem Drittel anzurechnen. [3]Die Grundstückseigentümer können die Verteilung der Aufgaben und die Kostentragung mit Genehmigung der Aufsichtsbehörde in anderer Weise vereinbaren, wenn dadurch die Erfüllung der Aufgaben nicht gefährdet wird.

(3) [1]Wenn es zur ordnungsmäßigen Erfüllung der Aufgaben nach Absatz 2 erforderlich ist, kann die Aufsichtsbehörde den Eigentümer der größten anre-

chenbaren Grundstücksfläche verpflichten, die Aufgaben im ganzen gemeindefreien Gebiet zu erfüllen; die anderen Grundstückseigentümer haben sich an den notwendigen Kosten, die hieraus entstehen, nach dem Verhältnis der anrechenbaren Größe ihrer Grundstücksflächen zu beteiligen. [2]Werden die Kosten nicht innerhalb von drei Monaten erstattet, so setzt die Aufsichtsbehörde die auf die einzelnen Grundstückseigentümer entfallenden Erstattungsbeträge fest und zieht sie für den verpflichteten Grundstückseigentümer wie Verwaltungskosten ein.

(4) [1]Bewirkt die Kostenverteilung nach dem Verhältnis der anrechenbaren Größe der Grundstücksflächen (Absatz 2 Satz 2) für einzelne Eigentümer eine besondere Härte und kommt eine Vereinbarung nach Absatz 2 Satz 3 innerhalb einer auf Antrag eines Beteiligten von der Aufsichtsbehörde zu setzenden Frist von drei Monaten nicht zustande, so setzt die Aufsichtsbehörde die von den einzelnen Grundstückseigentümern zu tragenden Kostenanteile fest. [2]Absatz 3 Satz 2 gilt sinngemäß.

(5) [1]Die hoheitlichen Befugnisse, die im Gemeindegebiet den kreisangehörigen Gemeinden zustehen, übt im gemeindefreien Gebiet das Landratsamt als untere staatliche Verwaltungsbehörde aus. [2]Es erledigt ferner alle Aufgaben, die zum übertragenen Wirkungskreis einer Gemeinde gehören.

(6) Die Absätze 2 bis 5 gelten nicht, soweit die Erfüllung von Aufgaben des eigenen Wirkungskreises oder die Ausübung hoheitlicher Befugnisse und die Wahrnehmung von Aufgaben des übertragenen Wirkungskreises im gemeindefreien Gebiet durch besondere Rechtsvorschriften anders geregelt sind.

(7) [1]Aufsichtsbehörde über die gemeindefreien Gebiete für die Aufgaben nach den Absätzen 2 bis 4 ist das Landratsamt als untere staatliche Verwaltungsbehörde. [2]Für die Aufsicht gelten die Art. 108, 109 Abs. 1 und Art. 111 bis 113 entsprechend.

(8) Die gemeindefreien Gebiete oder Teile hiervon werden vom Landratsamt benannt.

Art. 11 Änderungen. (1) [1]Gemeindefreie Gebiete oder Teile hiervon sind auf Antrag angrenzender Gemeinden in diese einzugliedern, wenn nicht dringende Gründe des öffentlichen Wohls entgegenstehen. [2]Beantragen mehrere Gemeinden die Eingliederung, so richtet sich die Entscheidung darüber, ob und in welchem Umfang den Anträgen stattgegeben wird, nach Gründen des öffentlichen Wohls. [3]Aus den gleichen Gründen können Entscheidungen nach den Sätzen 1 und 2 auch von Amts wegen getroffen werden; dabei können auch neue Gemeinden gebildet werden. [4]Falls dringende Gründe des öffentlichen Wohls vorliegen, können auf Antrag oder von Amts wegen unbewohntes Gemeindegebiet oder Teile hiervon einem gemeindefreien Gebiet angegliedert oder zu einem neuen gemeindefreien Gebiet erklärt werden. [5]Vor der Änderung sind die beteiligten Gemeinden und Landkreise sowie die Eigentümer der gemeindefreien Grundstücke im Änderungsgebiet zu hören. [6]Für die Kreisbürger, die seit mindestens sechs Monaten im Änderungsgebiet ihren Aufenthalt haben, kann eine geheime Abstimmung angeordnet werden.

(2) [1]Änderungen im Bestand oder Gebiet von Gemeinden können unbeschadet des Absatzes 1 vorgenommen werden,
1. wenn Gründe des öffentlichen Wohls vorliegen und die beteiligten Gemeinden einverstanden sind,
2. gegen den Willen beteiligter Gemeinden, wenn dringende Gründe des öffentlichen Wohls vorliegen.

[2]Vor Maßnahmen nach Satz 1 Nr. 2 sind die beteiligten Gemeinden zu hören.

(3) Eine Gemeinde kann durch Ausgliederung aus einer bestehenden Gemeinde gebildet werden, wenn
1. Gründe des öffentlichen Wohls vorliegen,
2. die zu bildende Gemeinde mindestens 2000 Einwohner hat oder Mitgliedsgemeinde einer Verwaltungsgemeinschaft wird und
3. die bestehende Gemeinde mit einer Mehrheit von zwei Dritteln der Mitglieder des Gemeinderats zustimmt.

(4) Den Gemeindebürgern, deren gemeindliche Zugehörigkeit wechselt, soll Gelegenheit gegeben werden, zu der Änderung, bei der Bildung einer Gemeinde auch zu deren Namen, in geheimer Abstimmung Stellung zu nehmen.

Art. 12 Zuständige Behörde; Fortgeltung des Ortsrechts. (1) [1]Die in Art. 11 genannten Änderungen werden durch Gesetz vorgenommen, wenn dadurch eine Gemeinde im Bestand geändert oder neu gebildet wird. [2]Die übrigen in Art. 11 genannten Änderungen werden durch Rechtsverordnung vorgenommen; diese erläßt das Landratsamt, wenn nur Teile von Gemeindegebiet umgemeindet werden, die von nicht mehr als 50 Einwohnern bewohnt werden, sonst die Regierung. [3]Die Regierung kann in der Rechtsverordnung, für deren Erlaß sie zuständig ist, auch Teile von Gemeindegebieten, die von nicht mehr als 50 Einwohnern bewohnt werden, umgemeinden, wenn die Umgemeindung mit der anderen Änderung rechtlich oder sachlich zusammenhängt.

(2) [1]Wird eine Gemeinde durch Ausgliederung aus einer bestehenden Gemeinde gebildet, gilt das Ortsrecht in seinem bisherigen Geltungsbereich fort. [2]Bei Gebietsänderungen erstreckt sich das Ortsrecht der aufnehmenden Gemeinde auf das aufgenommene Gebiet, wenn nicht in der Vorschrift über die Gebietsänderung etwas Abweichendes bestimmt ist.

Art. 13 Weitere Folgen der Änderungen. (1) [1]Unbeschadet des Art. 9 Abs. 2 Satz 3 der Bezirksordnung und des Art. 9 Abs. 2 Satz 3 der Landkreisordnung regelt im Fall des Art. 12 Abs. 1 Satz 1 die Regierung, im Übrigen die gemäß Art. 12 Abs. 1 Sätze 2 und 3 zuständige Behörde die mit der Änderung zusammenhängenden weiteren Rechts- und Verwaltungsfragen. [2]Sie kann insbesondere eine Neuwahl oder Ergänzung der gemeindlichen Vertretungsorgane für den Rest der Wahlzeit anordnen. [3]Art. 31 Abs. 2 Satz 4 findet insoweit keine Anwendung. [4]Beträgt der Rest der Wahlzeit weniger als zwei Jahre, so kann die zuständige Behörde bestimmen, daß die Wahlzeit der neu gewählten Vertretungsorgane erst mit Ablauf der folgenden Wahlzeit endet.

(2) [1]Die vermögensrechtlichen Verhältnisse werden durch Übereinkunft der beteiligten Gemeinden geregelt. [2]Der Übereinkunft kommt mit dem in ihr bestimmten Zeitpunkt, frühestens jedoch mit Rechtswirksamkeit der Änderung, unmittelbar rechtsbegründende Wirkung zu. [3]Kommt eine Übereinkunft nicht zustande, so entscheiden das Verwaltungsgericht und in der Berufungsinstanz der Verwaltungsgerichtshof als Schiedsgerichte.

(3) Soweit der Aufenthalt Voraussetzung für Rechte und Pflichten ist, gilt in den Fällen des Art. 11 der vor der Änderung liegende Aufenthalt im Änderungsgebiet als Aufenthalt in der neuen Gemeinde.

Art. 13a *(aufgehoben)*

Art. 14 Bekanntmachung; Gebühren. (1) Rechtsverordnungen nach Art. 12 sind, soweit sie vom Landratsamt erlassen werden, gemäß Art. 51 Abs. 1 des Landesstraf- und Verordnungsgesetzes in Verbindung mit Art. 20 Abs. 2 der Landkreisordnung, soweit sie von der Regierung erlassen werden, im Amtsblatt der Regierung bekanntzumachen.

(2) [1]Für Änderungen nach Art. 11 und Rechtshandlungen, die aus Anlaß solcher Änderungen erforderlich sind, werden Abgaben nicht erhoben, soweit eine Befreiung landesrechtlich zulässig ist. [2]Auslagen werden nicht ersetzt.

4. Abschnitt

Rechte und Pflichten der Gemeindeangehörigen

Art. 15 Einwohner und Bürger. (1) [1]Gemeindeangehörige sind alle Gemeindeeinwohner. [2]Sie haben gegenüber der Gemeinde die gleichen Rechte und Pflichten. [3]Ausnahmen bedürfen eines besonderen Rechtstitels.

(2) Gemeindebürger sind die Gemeindeangehörigen, die in ihrer Gemeinde das Recht, an den Gemeindewahlen teilzunehmen, besitzen.*

---

* *Vgl. hierzu Art. 1 und 2 Gemeinde- und Landkreiswahlgesetz (GLKrWG) in der Fassung der Bekanntmachung vom 7. November 2006 (GVBl. S. 834), Gesetz zuletzt geändert durch Gesetz vom 9. März 2021 (GVBl. S. 74):*

Art. 1 Wahlrecht. (1) Wahlberechtigt bei Gemeinde- und Landkreiswahlen sind alle Personen, die am Wahltag

1. Unionsbürger sind,
2. das 18. Lebensjahr vollendet haben,
3. sich seit mindestens zwei Monaten im Wahlkreis mit dem Schwerpunkt ihrer Lebensbeziehungen aufhalten,
4. nicht nach Art. 2 vom Wahlrecht ausgeschlossen sind.

(2) Unionsbürger sind alle Deutschen im Sinn des Art. 116 Abs. 1 des Grundgesetzes[a] sowie die Staatsangehörigen der übrigen Mitgliedstaaten der Europäischen Union.

Art. 16 Ehrenbürgerrecht. (1) Die Gemeinden können Persönlichkeiten, die sich um sie besonders verdient gemacht haben, zu Ehrenbürgern ernennen.

(2) Die Gemeinden können die Ernennung zu Ehrenbürgern wegen unwürdigen Verhaltens widerrufen; der Beschluß bedarf einer Mehrheit von zwei Dritteln der stimmberechtigten Mitglieder des Gemeinderats.

Art. 17 Wahlrecht. Die Gemeindebürger wählen den Gemeinderat und mit der Mehrheit der abgegebenen gültigen Stimmen den ersten Bürgermeister.

Art. 18 Mitberatungsrecht (Bürgerversammlung). (1) [1]In jeder Gemeinde hat der erste Bürgermeister mindestens einmal jährlich, auf Verlangen des Gemeinderats auch öfter, eine Bürgerversammlung zur Erörterung gemeindlicher Angelegenheiten einzuberufen. [2]In größeren Gemeinden sollen Bürgerversammlungen auf Teile des Gemeindegebiets beschränkt werden.

(2) [1]Eine Bürgerversammlung muß innerhalb von drei Monaten stattfinden, wenn das von mindestens 5 v.H., in den Gemeinden mit mehr als 10 000 Einwohnern von mindestens 2,5 v.H. der Gemeindebürger unter Angabe der Tagesordnung schriftlich beantragt wird; die Bürgerversammlung kann eine Ergänzung der Tagesordnung beschließen, wenn es spätestens eine Woche vor der Bürgerversammlung bei der Gemeinde schriftlich beantragt wird. [2]Die Tagesordnung darf nur gemeindliche Angelegenheiten zum Gegenstand haben. [3]Die Sätze 1 und 2 gelten entsprechend für Gemeindeteile, die bei Inkrafttreten dieses Gesetzes noch selbständige Gemeinden waren, und in Städten mit mehr als 100 000 Einwohnern für Stadtbezirke; die Tagesordnungspunkte sollen sich vor allem auf den Gemeindeteil oder Stadtbezirk beziehen. [4]Die Einberufung einer Bürgerversammlung nach den Sätzen 1 und 3 kann nur einmal jährlich beantragt werden.

(3) [1]Das Wort können grundsätzlich nur Gemeindeangehörige erhalten. [2]Ausnahmen kann die Bürgerversammlung beschließen; der Vorsitzende soll

---

(3) [1]Der Aufenthalt mit dem Schwerpunkt der Lebensbeziehungen wird dort vermutet, wo die Person gemeldet ist. [2]Ist eine Person in mehreren Gemeinden gemeldet, wird dieser Aufenthalt dort vermutet, wo sie mit der Hauptwohnung gemeldet ist. [3]Bei der Berechnung der Frist nach Abs. 1 Nr. 3 wird der Tag der Aufenthaltsnahme in die Frist einbezogen.

(4) Wer das Wahlrecht in einer Gemeinde oder in einem Landkreis infolge Wegzugs verloren hat, jedoch innerhalb eines Jahres seit dem Wegzug in den Wahlkreis zurückkehrt, ist mit dem Zuzug wieder wahlberechtigt.

Art. 2 Ausschluss vom Wahlrecht. Ausgeschlossen vom Wahlrecht ist, wer infolge deutschen Richterspruchs das Wahlrecht nicht besitzt.

a *Art. 116 Abs. 1 Grundgesetz für die Bundesrepublik Deutschland vom 23. Mai 1949 (BGBl. S. 1), Grundgesetz zuletzt geändert durch Gesetz vom 29. September 2020 (BGBl. I S. 2048), lautet:*

Art. 116. (1) Deutscher im Sinne dieses Grundgesetzes ist vorbehaltlich anderweitiger gesetzlicher Regelung, wer die deutsche Staatsangehörigkeit besitzt oder als Flüchtling oder Vertriebener deutscher Volkszugehörigkeit oder als dessen Ehegatte oder Abkömmling in dem Gebiete des Deutschen Reiches nach dem Stande vom 31. Dezember 1937 Aufnahme gefunden hat.

einem Vertreter der Aufsichtsbehörde auf Verlangen das Wort erteilen. [3]Den Vorsitz in der Versammlung führt der erste Bürgermeister oder ein von ihm bestellterVertreter. [4]Stimmberechtigt sind ausschließlich Gemeindebürger.

(4) [1]Empfehlungen der Bürgerversammlungen müssen innerhalb einer Frist von drei Monaten vom Gemeinderat behandelt werden. [2]Diese Frist und die Frist nach Absatz 2 Satz 1 ruhen während der gemäß Art. 32 Abs. 4 Satz 1 bestimmten Ferienzeit.

Art. 18a Bürgerbegehren und Bürgerentscheid. (1) Die Gemeindebürger können über Angelegenheiten des eigenen Wirkungskreises der Gemeinde einen Bürgerentscheid beantragen (Bürgerbegehren).

(2) Der Gemeinderat kann beschließen, daß über eine Angelegenheit des eigenen Wirkungskreises der Gemeinde ein Bürgerentscheid stattfindet.

(3) Ein Bürgerentscheid findet nicht statt über Angelegenheiten, die kraft Gesetz dem ersten Bürgermeister obliegen, über Fragen der inneren Organisation der Gemeindeverwaltung, über die Rechtsverhältnisse der Gemeinderatsmitglieder, der Bürgermeister und der Gemeindebediensteten und über die Haushaltssatzung.

(4) [1]Das Bürgerbegehren muss bei der Gemeinde eingereicht werden und eine mit Ja oder Nein zu entscheidende Fragestellung und eine Begründung enthalten sowie bis zu drei Personen benennen, die berechtigt sind, die Unterzeichnenden zu vertreten. [2]Für den Fall ihrer Verhinderung oder ihres Ausscheidens können auf den Unterschriftenlisten zusätzlich stellvertretende Personen benannt werden.

(5) [1]Das Bürgerbegehren kann nur von Personen unterzeichnet werden, die am Tag der Einreichung des Bürgerbegehrens Gemeindebürger sind. [2]Für die Feststellung der Zahl der gültigen Unterschriften ist das von der Gemeinde zum Stand dieses Tages anzulegende Bürgerverzeichnis maßgebend.

(6) Ein Bürgerbegehren muss in Gemeinden

bis zu	10 000	Einwohnern von mindestens	10 v.H.,
bis zu	20 000	Einwohnern von mindestens	9 v.H.,
bis zu	30 000	Einwohnern von mindestens	8 v.H.,
bis zu	50 000	Einwohnern von mindestens	7 v.H.,
bis zu	100 000	Einwohnern von mindestens	6 v.H.,
bis zu	500 000	Einwohnern von mindestens	5 v.H.,
mit mehr als	500 000	Einwohnern von mindestens	3 v.H.,

der Gemeindebürger unterschrieben sein.

(7) *(aufgehoben)*

(8) [1]Über die Zulässigkeit des Bürgerbegehrens entscheidet der Gemeinderat unverzüglich, spätestens innerhalb eines Monats nach Einreichung des Bürgerbegehrens. [2]Gegen die Entscheidung können die vertretungsberechtigten Personen des Bürgerbegehrens ohne Vorverfahren Klage erheben.

(9) Ist die Zulässigkeit des Bürgerbegehrens festgestellt, darf bis zur Durchführung des Bürgerentscheids eine dem Begehren entgegenstehende Entscheidung der Gemeindeorgane nicht mehr getroffen oder mit dem Vollzug einer derartigen Entscheidung nicht mehr begonnen werden, es sei denn, zu diesem Zeitpunkt haben rechtliche Verpflichtungen der Gemeinde hierzu bestanden.

(10) [1]Der Bürgerentscheid ist an einem Sonntag innerhalb von drei Monaten nach der Feststellung der Zulässigkeit des Bürgerbegehrens durchzuführen; der Gemeinderat kann die Frist im Einvernehmen mit den vertretungsberechtigten Personen des Bürgerbegehrens um höchstens drei Monate verlängern. [2]Die Kosten des Bürgerentscheids trägt die Gemeinde. [3]Stimmberechtigt ist jeder Gemeindebürger. [4]Die Möglichkeit der brieflichen Abstimmung ist zu gewährleisten.

(11) [1]Ist in einem Stadtbezirk ein Bezirksausschuß gebildet worden, so kann über Angelegenheiten, die diesem Bezirksausschuß zur Entscheidung übertragen sind, auch innerhalb des Stadtbezirks ein Bürgerentscheid stattfinden. [2]Stimmberechtigt ist jeder im Stadtbezirk wohnhafte Gemeindebürger. [3]Das Bürgerbegehren ist beim Bezirksausschuss zur Weiterleitung an den Stadtrat einzureichen. [4]Die Vorschriften der Absätze 2 bis 16 finden entsprechend Anwendung.

(12) [1]Bei einem Bürgerentscheid ist die gestellte Frage in dem Sinn entschieden, in dem sie von der Mehrheit der abgegebenen gültigen Stimmen beantwortet wurde, sofern diese Mehrheit in Gemeinden

bis zu	50 000 Einwohnern mindestens	20 v.H.,
bis zu	100 000 Einwohnern mindestens	15 v.H.,
mit mehr als	100 000 Einwohnern mindestens	10 v.H.,

der Stimmberechtigten beträgt. [2]Bei Stimmengleichheit gilt die Frage als mit Nein beantwortet. [3]Sollen an einem Tag mehrere Bürgerentscheide stattfinden, hat der Gemeinderat eine Stichfrage für den Fall zu beschließen, dass die gleichzeitig zur Abstimmung gestellten Fragen in einer miteinander nicht zu vereinbarenden Weise beantwortet werden (Stichentscheid). [4]Es gilt dann diejenige Entscheidung, für die sich im Stichentscheid die Mehrheit der abgegebenen gültigen Stimmen ausspricht. [5]Bei Stimmengleichheit im Stichentscheid gilt der Bürgerentscheid, dessen Frage mit der höchsten Stimmenzahl mehrheitlich beantwortet worden ist.

(13) [1]Der Bürgerentscheid hat die Wirkung eines Beschlusses des Gemeinderats. [2]Der Bürgerentscheid kann innerhalb eines Jahres nur durch einen neuen Bürgerentscheid abgeändert werden, es sei denn, dass sich die dem Bürgerentscheid zugrunde liegende Sach- oder Rechtslage wesentlich geändert hat.

(14) [1]Der Bürgerentscheid entfällt, wenn der Gemeinderat die Durchführung der mit dem Bürgerbegehren verlangten Maßnahme beschließt. [2]Für einen Beschluss nach Satz 1 gilt die Bindungswirkung des Absatzes 13 Satz 2 entsprechend.

(15) [1]Die im Gemeinderat und die von den vertretungsberechtigte Personen des Bürgerbegehrens vertretenen Auffassungen zum Gegenstand des Bürgerentscheids dürfen in Veröffentlichungen und Veranstaltungen der Gemeinde nur in gleichem Umfang dargestellt werden. [2]Zur Information der Bürgerinnen und Bürger werden von der Gemeinde den Beteiligten die gleichen Möglichkeiten wie bei Gemeinderatswahlen eröffnet.

(16) Das Ergebnis des Bürgerentscheids ist in der Gemeinde in der ortsüblichen Weise bekanntzumachen.

(17) [1]Die Gemeinden können das Nähere durch Satzung regeln. [2]Das Recht auf freies Unterschriftensammeln darf nicht eingeschränkt werden.

(18) Art. 3a des Bayerischen Verwaltungsverfahrensgesetzes findet keine Anwendung.

Art. 18b Bürgerantrag. (1) [1]Die Gemeindebürger können beantragen, dass das zuständige Gemeindeorgan eine gemeindliche Angelegenheit behandelt (Bürgerantrag). [2]Ein Bürgerantrag darf nicht Angelegenheiten zum Gegenstand haben, für die innerhalb eines Jahres vor Antragseinreichung bereits ein Bürgerantrag gestellt worden ist.

(2) [1]Der Bürgerantrag muss bei der Gemeinde eingereicht werden, eine Begründung enthalten und bis zu drei Personen benennen, die berechtigt sind, die Unterzeichnenden zu vertreten. [2]Für den Fall ihrer Verhinderung oder ihres Ausscheidens können auf den Unterschriftenlisten zusätzlich stellvertretende Personen benannt werden.

(3) [1]Der Bürgerantrag muss von mindestens 1 v.H. der Gemeindeeinwohner unterschrieben sein. [2]Unterschriftsberechtigt sind die Gemeindebürger.

(4) Über die Zulässigkeit eines Bürgerantrags entscheidet das für die Behandlung der Angelegenheit zuständige Gemeindeorgan innerhalb eines Monats seit der Einreichung des Bürgerantrags.

(5) Ist die Zulässigkeit des Bürgerantrags festgestellt, hat ihn das zuständige Gemeindeorgan innerhalb von drei Monaten zu behandeln.

(6) [1]In Gemeinden, in denen Bezirksausschüsse gebildet sind, können in Angelegenheiten, für die die Bezirksausschüsse zuständig sind, Bürgeranträge gestellt werden. [2]Hierfür gelten die Absätze 1 bis 5 entsprechend mit der Maßgabe, dass

1. unterschriftsberechtigt nur ist, wer im Zuständigkeitsbereich des Bezirksausschusses Gemeindebürger ist,
2. sich die erforderliche Unterschriftenzahl nach der Einwohnerzahl des Stadtbezirks berechnet,
3. der Bezirksausschuss über die Zulässigkeit des Bürgerantrags und über für zulässig erklärte Bürgeranträge entscheidet.

(7) Die Fristen nach den Absätzen 4 und 5 ruhen während der gemäß Art. 32 Abs. 4 Satz 1 bestimmten Ferienzeit.

(8) Art. 3a des Bayerischen Verwaltungsverfahrensgesetzes findet keine Anwendung.

Art. 19 Ehrenamtliche Tätigkeit. (1) [1]Die Gemeindebürger sind zur Übernahme gemeindlicher Ehrenämter verpflichtet. [2]Sie können nur aus wichtigem Grund die Übernahme von Ehrenämtern ablehnen oder ein Ehrenamt niederlegen. [3]Als wichtiger Grund ist es insbesondere anzusehen, wenn der Verpflichtete die Tätigkeit nicht ordnungsgemäß ausüben kann. [4]Wer ohne wichtigen Grund die Übernahme eines Ehrenamts ablehnt oder ein Ehrenamt niederlegt, kann mit Ordnungsgeld bis zu fünfhundert Euro belegt werden.

(2) [1]Ehrenamtlich tätige Personen können von der Stelle, die sie berufen hat, abberufen werden, wenn ein wichtiger Grund vorliegt. [2]Ein solcher liegt auch dann vor, wenn die ehrenamtlich tätige Person ihre Pflichten gröblich verletzt oder sich als unwürdig erwiesen hat.

(3) Die besonderen gesetzlichen Vorschriften bleiben unberührt.

Art. 20 Sorgfalts- und Verschwiegenheitspflicht. (1) Ehrenamtlich tätige Personen sind verpflichtet, ihre Obliegenheiten gewissenhaft wahrzunehmen.

(2) [1]Sie haben über die ihnen bei ihrer ehrenamtlichen Tätigkeit bekanntgewordenen Angelegenheiten Verschwiegenheit zu bewahren; das gilt nicht für Mitteilungen im amtlichen Verkehr und über Tatsachen, die offenkundig sind oder ihrer Bedeutung nach keiner Geheimhaltung bedürfen. [2]Sie dürfen die Kenntnis der nach Satz 1 geheimzuhaltenden Angelegenheiten nicht unbefugt verwerten. [3]Sie haben auf Verlangen des Gemeinderats amtliche Schriftstücke, Zeichnungen, bildliche Darstellungen und Aufzeichnungen jeder Art über dienstliche Vorgänge herauszugeben, auch soweit es sich um Wiedergaben handelt. [4]Diese Verpflichtungen bestehen auch nach Beendigung des Ehrenamts fort. [5]Die Herausgabepflicht trifft auch die Hinterbliebenen und Erben.

(3) [1]Ehrenamtlich tätige Personen dürfen ohne Genehmigung über Angelegenheiten, über die sie Verschwiegenheit zu bewahren haben, weder vor Gericht noch außergerichtlich aussagen oder Erklärungen abgeben. [2]Über die Genehmigung entscheidet der erste Bürgermeister; im Übrigen gelten Art. 84 Abs. 3 und 4 des Bayerischen Verwaltungsverfahrensgesetzes.

(4) [1]Wer den Verpflichtungen der Absätze 1, 2 oder 3 Satz 1 schuldhaft zuwiderhandelt, kann im Einzelfall mit Ordnungsgeld bis zu zweihundertfünfzig Euro, bei unbefugter Offenbarung personenbezogener Daten bis zu fünfhundert Euro, belegt werden; die Verantwortlichkeit nach anderen gesetzlichen Vorschriften bleibt unberührt. [2]Die Haftung gegenüber der Gemeinde richtet sich nach den für den ersten Bürgermeister geltenden Vorschriften. [3]Die Gemeinde stellt die Verantwortlichen von der Haftung frei, wenn sie von Dritten unmittelbar in Anspruch genommen werden und der Schaden weder vorsätzlich noch grob fahrlässig verursacht worden ist.

(5) Für die ehrenamtlichen Bürgermeister gelten die besonderen gesetzlichen Vorschriften.

Art. 20a Entschädigung. (1) [1]Ehrenamtlich tätige Personen haben Anspruch auf angemessene Entschädigung. [2]Das Nähere wird durch Satzung bestimmt. [3]Auf die Entschädigung kann nicht verzichtet werden. [4]Der Anspruch ist nicht übertragbar.

(2) Ehrenamtlich tätige Personen erhalten ferner für die nach Maßgabe näherer Bestimmung in der Satzung zur Wahrnehmung des Ehrenamts notwendige Teilnahme an Sitzungen, Besprechungen oder anderen Veranstaltungen folgende Ersatzleistungen:

1. Arbeitnehmern wird der ihnen entstandene nachgewiesene Verdienstausfall ersetzt.
2. [1]Selbständig Tätige können für die ihnen entstehende Zeitversäumnis eine Verdienstausfallentschädigung erhalten. [2]Die Entschädigung wird auf der Grundlage eines satzungsmäßig festgelegten Pauschalsatzes gewährt. [3]Wegezeiten können in angemessenem Umfang berücksichtigt werden.
3. [1]Personen, die keine Ersatzansprüche nach Nummern 1 und 2 haben, denen aber im beruflichen oder häuslichen Bereich ein Nachteil entsteht, der in der Regel nur durch das Nachholen versäumter Arbeit oder die Inanspruchnahme einer Hilfskraft ausgeglichen werden kann, können eine Entschädigung erhalten. [2]Die Entschädigung wird auf der Grundlage eines satzungsmäßig festgelegten Pauschalsatzes gewährt. [3]Der Pauschalsatz darf nicht höher sein als der Pauschalsatz nach Nummer 2. [4]Wegezeiten können in angemessenem Umfang berücksichtigt werden.

(3) Abs. 1 und 2 gelten nicht für den ersten Bürgermeister und für die berufsmäßigen weiteren Bürgermeister.

(4) [1]Vergütungen für Tätigkeiten, die ehrenamtlich tätige Personen kraft Amts oder auf Vorschlag oder Veranlassung der Gemeinde in einem Aufsichtsrat, Vorstand oder sonstigen Organ oder Gremium eines privatrechtlich oder öffentlich-rechtlich organisierten Unternehmens wahrnehmen, sind an die Gemeinde abzuführen, soweit sie insgesamt einen Betrag von 6400 Euro im Kalenderjahr übersteigen; mit einem Vomhundertsatz benannte Änderungen des Grundgehalts der Beamten mit einer Besoldung nach Besoldungsgruppe A 13 gelten ab dem auf das Inkrafttreten der Änderung folgenden Kalenderjahr mit dem gleichen Vomhundertsatz für den in Halbsatz 1 genannten Betrag. [2]Von der Gemeinde veranlasst sind auch Tätigkeiten, die von einem Unternehmen, an dem sie unmittelbar oder mittelbar ganz oder mehrheitlich beteiligt ist, einer ehrenamtlich tätigen Person übertragen werden. [3]Der Betrag verdoppelt sich für Vorsitzende des Aufsichtsrats oder eines vergleichbaren Organs der in Satz 1 genannten Unternehmen und erhöht sich für deren Stellvertreter um 50 v.H. [4]Bei der Festsetzung des abzuführenden Betrags sind von den Vergütungen Aufwendungen abzusetzen, die im Zusammenhang mit der Tätigkeit nachweislich entstanden sind. [5]Die Ablieferungsregelungen nach dem beamtenrechtlichen Nebentätigkeitsrecht finden keine Anwendung.

Art. 21 Benutzung öffentlicher Einrichtungen; Tragung der Gemeindelasten. (1) [1]Alle Gemeindeangehörigen sind nach den bestehenden allgemeinen Vorschriften berechtigt, die öffentlichen Einrichtungen der Gemeinde zu benutzen. [2]Sie sind verpflichtet, die Gemeindelasten zu tragen.

(2) [1]Mehrere technisch selbständige Anlagen der Gemeinde, die demselben Zweck dienen, können eine Einrichtung oder einzelne rechtlich selbständige Einrichtungen bilden. [2]Die Gemeinde entscheidet das durch Satzung; trifft sie keine Regelung, liegt nur eine Einrichtung vor.

(3) Auswärts wohnende Personen haben für ihren Grundbesitz oder ihre gewerbliche Niederlassungen im Gemeindegebiet gegenüber der Gemeinde die gleichen Rechte und Pflichten wie ortsansässige Grundbesitzer und Gewerbetreibende.

(4) Die Vorschriften in den Absätzen 1 und 3 finden auf juristische Personen und Personenvereinigungen entsprechende Anwendung.

(5) [1]Die Benutzung der öffentlichen, dem Gemeingebrauch dienenden Einrichtungen steht nach Maßgabe der bestehenden Vorschriften jedermann zu. [2]Die Zulassung kann von einer vorherigen Belehrung und dem ausdrücklichen Anerkenntnis der bestehenden Vorschriften abhängig gemacht werden.

5. Abschnitt

Gemeindehoheit

Art. 22 Verwaltungs- und Finanzhoheit. (1) Die Hoheitsgewalt der Gemeinde umfaßt das Gemeindegebiet und seine gesamte Bevölkerung (Gemeindehoheit).

(2) [1]Die Gemeinden haben das Recht, ihr Finanzwesen im Rahmen der gesetzlichen Bestimmungen selbst zu regeln. [2]Sie sind insbesondere befugt, zur Deckung des für die Erfüllung ihrer Aufgaben notwendigen Finanzbedarfs Abgaben nach Maßgabe der Gesetze zu erheben, soweit ihre sonstigen Einnahmen nicht ausreichen. [3]Zu diesem Zweck ist ihnen das Recht zur Erhebung eigener Steuern und sonstiger Abgaben im ausreichenden Maß zu gewährleisten.

(3) Der Staat hat den Gemeinden zur Erfüllung ihrer Aufgaben weitere Mittel im Rahmen des Staatshaushalts zuzuweisen.

Art. 23 Ortsrecht. [1]Die Gemeinden können zur Regelung ihrer Angelegenheiten Satzungen erlassen. [2]Satzungen zur Regelung übertragener Angelegenheiten, bewehrte Satzungen (Art. 24 Abs. 2) und Verordnungen sind nur in den gesetzlich bestimmten Fällen zulässig. [3]In solchen Satzungen und in Verordnungen soll ihre besondere Rechtsgrundlage angegeben werden.

Art. 24 Inhalt der Satzungen. (1) In den Satzungen können die Gemeinden insbesondere

1. die Benutzung ihres Eigentums und ihrer öffentlichen Einrichtungen regeln,

2. aus Gründen des öffentlichen Wohls den Anschluß an die Wasserversorgung, die Abwasserbeseitigung, die Abfallentsorgung, die Straßenreinigung und ähnliche der Gesundheit dienende Einrichtungen vorschreiben und vorbehaltlich anderweitiger gesetzlicher Vorschriften die Benutzung dieser Einrichtungen sowie der Bestattungseinrichtungen und von Schlachthöfen zur Pflicht machen,
3. für Grundstücke, die einer neuen Bebauung zugeführt werden, und in Sanierungsgebieten den Anschluß an Einrichtungen zur Versorgung mit Fernwärme und deren Benutzung zur Pflicht machen, sofern der Anschluß aus besonderen städtebaulichen Gründen oder zum Schutz vor schädlichen Umwelteinwirkungen im Sinn des Bundes-Immissionsschutzgesetzes notwendig ist; ausgenommen sind Grundstücke mit emissionsfreien Heizeinrichtungen,
4. Gemeindedienste (Hand- und Spanndienste) zur Erfüllung gemeindlicher Aufgaben unter angemessener Berücksichtigung der persönlichen Verhältnisse der Pflichtigen anordnen.

(2) [1]In den Satzungen kann die Ersatzvornahme auf Kosten säumiger Verpflichteter für zulässig erklärt werden. [2]In den Fällen des Absatzes 1 Nrn. 1 bis 3 können in der Satzung Zuwiderhandlungen als Ordnungswidrigkeiten mit Geldbuße bis zu zweitausendfünfhundert Euro bedroht werden (bewehrte Satzung). [3]In Satzungen nach Absatz 1 Nrn. 2 und 3 kann vorgeschrieben werden, daß Eigentümer das Anbringen und Verlegen örtlicher Leitungen für die Wasserversorgung, die Abwasserbeseitigung und die Versorgung mit Fernwärme auf ihrem Grundstück zu dulden haben, wenn dieses an die Einrichtung angeschlossen oder anzuschließen ist, in wirtschaftlichem Zusammenhang mit der Einrichtung benutzt wird oder wenn die Möglichkeit der Inanspruchnahme der Einrichtung für das Grundstück sonst vorteilhaft ist; die Duldungspflicht entfällt, wenn die Inanspruchnahme des Grundstücks Eigentümer mehr als notwendig oder in unzumutbarer Weise belasten würde.

(3)* In Satzungen nach Absatz 1 Nrn. 1 bis 3 und in Satzungen, die auf Grund anderer Gesetze, die auf diesen Artikel verweisen, erlassen werden, kann bestimmt werden, daß die von der Gemeinde mit dem Vollzug dieser Satzungen beauftragten Personen berechtigt sind, zur Überwachung der Pflichten, die sich nach diesen Satzungen und Gesetzen ergeben, zu angemessener Tageszeit Grundstücke, Gebäude, Anlagen, Einrichtungen, Wohnungen und Wohnräume im erforderlichen Umfang zu betreten.

(4) [1]In Satzungen nach Abs. 1 Nr. 2 kann für Einrichtungen der Wasserversorgung bestimmt werden, dass die Gemeinde berechtigt ist, elektronische Wasserzähler mit oder ohne Funkmodul einzusetzen und zu betreiben. [2]In einem elektronischen Wasserzähler dürfen nur Daten gespeichert und verarbei-

---

* *Beachte die Entscheidung des Bayerischen Verfassungsgerichtshofs v. 10. Oktober 2007, Vf. 15-VII-06 (GVBl. S. 729), amtlicher Leitsatz:* „Art. 24 Abs. 3 GO ist – soweit er Wohnungen betrifft – in verfassungskonformer Auslegung um die Einschränkung zu ergänzen, die sich aus dem unmittelbar anzuwendenden Art. 13 Abs. 7 GG ergeben."

tet werden, die zur Erfüllung der Pflichtaufgabe der Wasserversorgung und zur Gewährleistung der Betriebssicherheit und Hygiene der gesamten Wasserversorgungseinrichtung erforderlich sind. [3]Die gespeicherten Daten dürfen nur ausgelesen und verwendet werden

1. zur periodischen Abrechnung oder Zwischenabrechnung des Wasserverbrauchs und
2. anlassbezogen, soweit dies im Einzelfall zur Abwehr von Gefahren für den ordnungsgemäßen Betrieb der Wasserversorgungseinrichtung und zur Aufklärung von Störungen im Wasserversorgungsnetz erforderlich ist.

[4]Jahresverbrauchswerte dürfen ferner zur Berechnung und Festsetzung der Gebühren für die Benutzung einer Abwasserbeseitigungseinrichtung ausgelesen und verwendet werden. [5]Soll ein Wasserzähler mit Funkmodul eingesetzt werden, weist die Gemeinde den Gebührenschuldner und den Eigentümer des versorgten Objekts spätestens drei Wochen vorher in einer verständlichen und von anderen Informationen getrennten Form darauf hin, dass sie oder ein berechtigter Nutzer dem Betrieb eines Wasserzählers unter Verwendung der Funkfunktion innerhalb einer Ausschlussfrist von zwei Wochen nach Zugang des Hinweises jeweils unabhängig voneinander schriftlich widersprechen können. [6]Übt einer der Berechtigten das Widerspruchsrecht fristgerecht aus, darf ein elektronischer Wasserzähler nicht unter Verwendung der Funkfunktion betrieben werden. [7]Die Sätze 5 und 6 finden keine Anwendung, soweit in einem versorgten Objekt mehrere Einheiten einen gemeinsamen Wasserzähler haben.

(5) [1]Ein Benutzungszwang nach Absatz 1 Nr. 2 und Absatz 2 darf nicht zum Nachteil von Einrichtungen der Kirchen, anerkannter Religionsgemeinschaften oder solcher weltanschaulicher Gemeinschaften verfügt werden, deren Bestrebungen den allgemein geltenden Gesetzen nicht widersprechen. [2]Voraussetzung ist, daß diese Einrichtungen unmittelbar religiösen oder weltanschaulichen Zwecken dienen.

Art. 25 *(aufgehoben)*

Art. 26 Inkrafttreten; Ausfertigung und Bekanntmachung. (1) [1]Satzungen treten eine Woche nach ihrer Bekanntmachung in Kraft. [2]In der Satzung kann ein anderer Zeitpunkt bestimmt werden, in bewehrten Satzungen und anderen Satzungen, die nicht mit rückwirkender Kraft erlassen werden dürfen, jedoch frühestens der auf die Bekanntmachung folgende Tag.

(2) [1]Satzungen sind auszufertigen und im Amtsblatt der Gemeinde amtlich bekanntzumachen; das Amtsblatt der Verwaltungsgemeinschaft gilt als Amtsblatt der Gemeinde, wenn die Gemeinde, die einer Verwaltungsgemeinschaft angehört, kein eigenes Amtsblatt unterhält. [2]Hat die Gemeinde kein Amtsblatt im Sinn des Satzes 1, so sind die Satzungen im Amtsblatt des Landkreises oder des Landratsamts, sonst in anderen regelmäßig erscheinenden Druckwerken amtlich bekanntzumachen; die amtliche Bekanntmachung kann auch dadurch bewirkt werden, daß die Satzung in der Verwaltung der Gemeinde niedergelegt

und die Niederlegung durch Anschlag an den für öffentliche Bekanntmachungen allgemein bestimmten Stellen (Gemeindetafeln) oder durch Mitteilung in einer Tageszeitung bekanntgegeben wird.

Art. 27 Verwaltungsverfügungen; Zwangsmaßnahmen. (1) Die Gemeinden können im eigenen und im übertragenen Wirkungskreis die zur Durchführung von Gesetzen, Rechtsverordnungen und Satzungen notwendigen Verfügungen an bestimmte Personen erlassen und unter Anwendung der gesetzlichen Zwangsmittel vollziehen.

(2) [1]Verwaltungsakte, Ladungen oder sonstige Mitteilungen, die auf Grund von Rechtsvorschriften außerhalb dieses Gesetzes amtlich, öffentlich oder ortsüblich bekanntzumachen sind, hat die Gemeinde wie ihre Satzungen bekanntzumachen. [2]Sind Pläne, Karten oder sonstige Nachweise Bestandteil einer Mitteilung nach Satz 1, so kann die Bekanntmachung unbeschadet anderer Vorschriften auch dadurch bewirkt werden, daß die Mitteilung mit den Nachweisen auf die Dauer von zwei Wochen in der Verwaltung der Gemeinde ausgelegt wird; der Gegenstand der Mitteilung sowie Ort und Zeit der Auslegung sind mindestens eine Woche vorher nach Satz 1 bekanntzumachen.

Art. 28 Geldbußen und Verwarnungsgelder. Geldbußen und Verwarnungsgelder, die auf Grund bewehrter Satzungen und Verordnungen festgesetzt werden, fließen in die Gemeindekasse.

ZWEITER TEIL

Verfassung und Verwaltung der Gemeinde

1. Abschnitt

Gemeindeorgane und ihre Hilfskräfte

Art. 29 Hauptorgane. Die Gemeinde wird durch den Gemeinderat verwaltet, soweit nicht der erste Bürgermeister selbständig entscheidet (Art. 37).

a) Der Gemeinderat und seine Ausschüsse

Art. 30 Rechtsstellung; Aufgaben des Gemeinderats. (1) [1]Der Gemeinderat ist die Vertretung der Gemeindebürger. [2]Er führt in Städten die Bezeichnung Stadtrat, in Märkten die Bezeichnung Marktgemeinderat.

(2) Der Gemeinderat entscheidet im Rahmen des Art. 29 über alle Angelegenheiten, für die nicht beschließende Ausschüsse (Art. 32) bestellt sind.

(3) Der Gemeinderat überwacht die gesamte Gemeindeverwaltung, insbesondere auch die Ausführung seiner Beschlüsse.

Art. 31 Zusammensetzung des Gemeinderats. (1) Der Gemeinderat besteht aus dem ersten Bürgermeister und den Gemeinderatsmitgliedern.

(2) [1]Die Gemeinderatsmitglieder werden in ehrenamtlicher Eigenschaft gewählt.* [2]Ihre Zahl, einschließlich weiterer Bürgermeister, beträgt in Gemeinden

	mit	bis zu	1 000	Einwohnern	8,
mit mehr als	1 000	bis zu	2 000	Einwohnern	12,
mit mehr als	2 000	bis zu	3 000	Einwohnern	14,
mit mehr als	3 000	bis zu	5 000	Einwohnern	16,
mit mehr als	5 000	bis zu	10 000	Einwohnern	20,
mit mehr als	10 000	bis zu	20 000	Einwohnern	24,
mit mehr als	20 000	bis zu	30 000	Einwohnern	30,
mit mehr als	30 000	bis zu	50 000	Einwohnern	40,
mit mehr als	50 000	bis zu	100 000	Einwohnern	44,
mit mehr als	100 000	bis zu	200 000	Einwohnern	50,
mit mehr als	200 000	bis zu	500 000	Einwohnern	60.

[3]Die Zahl der ehrenamtlichen Gemeinderatsmitglieder einschließlich weiterer Bürgermeister beträgt in der Stadt Nürnberg 70 und in der Landeshauptstadt München 80. [4]Sinkt die Einwohnerzahl in einer Gemeinde unter eine der in Satz 2 genannten Einwohnergrenzen, so ist die Zahl der ehrenamtlichen Gemeinderatsmitglieder erst in der übernächsten Wahlzeit auf die gesetzlich vorgeschriebene Zahl zu verringern.

(3) [1]Ehrenamtliche Gemeinderatsmitglieder können nicht sein:
1. Beamte und leitende oder hauptberufliche Arbeitnehmer dieser Gemeinde,
2. Beamte und leitende oder hauptberufliche Arbeitnehmer einer Verwaltungsgemeinschaft, der die Gemeinde angehört,
3. leitende Beamte und leitende Arbeitnehmer von juristischen Personen oder sonstigen Organisationen des öffentlichen oder privaten Rechts, an denen die Gemeinde mit mehr als 50 v.H. beteiligt ist; eine Beteiligung am Stimmrecht genügt,
4. Beamte und Arbeitnehmer der Rechtsaufsichtsbehörde, die unmittelbar mit Fragen der Rechtsaufsicht befaßt sind, ausgenommen der gewählte Stellvertreter des Landrats,
5. ehrenamtliche Gemeinderatsmitglieder einer anderen Gemeinde,
6. der erste Bürgermeister der eigenen oder einer anderen Gemeinde,
7. ein Landrat in einer kreisfreien Gemeinde,
8. ein Kreisrat in einer kreisfreien Gemeinde

[2]Als Arbeitnehmer im Sinn das Satzes 1 gilt nicht, wer überwiegend körperliche Arbeit verrichtet. [3]Satz 1 ist nicht anzuwenden, wenn der Beamte während der Dauer des Ehrenamts ohne Dienstbezüge beurlaubt ist, im Rahmen von Al-

---

* *Vgl. hierzu Art. 23 Abs. 1 des Gemeinde- und Landkreiswahlgesetzes (GLKrWG) in der Fassung der Bekanntmachung vom 7. November 2006 (GVBl. S. 834), Gesetz zuletzt geändert durch Gesetz vom 9. März 2021 (GVBl. S. 74)*:

Art. 23 Wahlzeit. (1) Die Wahlzeit der bei allgemeinen Gemeinde- und Landkreiswahlen neu gewählten Gemeinderäte und Kreistage beträgt sechs Jahre und beginnt jeweils an dem der Wahl folgenden 1. Mai.

tersteilzeit im Blockmodell vollständig vom Dienst freigestellt ist oder wenn seine Rechte und Pflichten aus dem Dienstverhältnis wegen der Wahl in eine gesetzgebende Körperschaft ruhen; dies gilt für Arbeitnehmer entsprechend.

(4) [1]Alle Gemeinderatsmitglieder sind in der ersten nach ihrer Berufung stattfindenden öffentlichen Sitzung in feierlicher Form zu vereidigen. [2]Die Eidesformel lautet:

„Ich schwöre Treue dem Grundgesetz für die Bundesrepublik Deutschland und der Verfassung des Freistaates Bayern. Ich schwöre, den Gesetzen gehorsam zu sein und meine Amtspflichten gewissenhaft zu erfüllen. Ich schwöre, die Rechte der Selbstverwaltung zu wahren und ihren Pflichten nachzukommen, so wahr mir Gott helfe."

[3]Der Eid kann auch ohne die Worte „so wahr mir Gott helfe" geleistet werden. [4]Erklärt ein Gemeinderatsmitglied, daß es aus Glaubens- oder Gewissensgründen keinen Eid leisten könne, so hat es an Stelle der Worte „ich schwöre" die Worte „ich gelobe" zu sprechen oder das Gelöbnis mit einer dem Bekenntnis seiner Religionsgemeinschaft oder der Überzeugung seiner Weltanschauungsgemeinschaft entsprechenden, gleichwertigen Beteuerungsformel einzuleiten. [5]Den Eid nimmt der erste Bürgermeister ab. [6]Die Eidesleistung entfällt für die Gemeinderatsmitglieder, die im Anschluß an ihre Amtszeit wieder zum Gemeinderatsmitglied der gleichen Gemeinde gewählt wurden.

Art. 32 Aufgaben der Ausschüsse. (1) Der Gemeinderat kann vorberatende Ausschüsse bilden.

(2) [1]Der Gemeinderat kann die Verwaltung bestimmter Geschäftszweige oder die Erledigung einzelner Angelegenheiten beschließenden Ausschüssen (Gemeindesenaten) übertragen. [2]Auf beschließende Ausschüsse können nicht übertragen werden

1. die Beschlußfassung über Angelegenheiten, zu deren Erledigung die Gemeinde der Genehmigung bedarf,
2. der Erlaß von Satzungen und Verordnungen, ausgenommen alle Bebauungspläne und alle sonstige Satzungen nach den Vorschriften des Ersten Kapitels des Baugesetzbuchs sowie alle örtlichen Bauvorschriften im Sinn des Art. 81 BayBO, auch in den Fällen des Art. 81 Abs. 2 BayBO,
3. die Beschlußfassung über die allgemeine Regelung der Bezüge der Gemeindebediensteten und über beamten-, besoldungs-, versorgungs- und disziplinarrechtliche Angelegenheiten der Bürgermeister und der berufsmäßigen Gemeinderatsmitglieder, soweit nicht das Kommunal-Wahlbeamten-Gesetz oder das Bayerische Disziplinargesetz etwas anderes bestimmen,
4. die Beschlußfassung über die Haushaltssatzung und über die Nachtragshaushaltssatzungen (Art. 65 und 68),
5. die Beschlußfassung über den Finanzplan (Art. 70),
6. die Feststellung der Jahresrechnung und der Jahresabschlüsse der Eigenbetriebe und der Krankenhäuser mit kaufmännischem Rechnungswesen sowie die Beschlußfassung über die Entlastung (Art. 102),

7. Entscheidungen über gemeindliche Unternehmen im Sinn von Art. 96,
8. die hinsichtlich der Eigenbetriebe dem Gemeinderat im übrigen vorbehaltenen Angelegenheiten (Art. 88),
9. die Bestellung und die Abberufung des Leiters des Rechnungsprüfungsamts sowie seines Stellvertreters,
10. die Beschlußfassung über Änderungen von bewohntem Gemeindegebiet.

(3) [1]Beschließende Ausschüsse erledigen die ihnen übertragenen Angelegenheiten an Stelle des Gemeinderats, wenn nicht der erste Bürgermeister oder sein Stellvertreter im Ausschuß, ein Drittel der stimmberechtigten Ausschußmitglieder oder ein Viertel der Gemeinderatsmitglieder binnen einer Woche die Nachprüfung durch den Gemeinderat beantragt. [2]Soweit ein Beschluß eines Ausschusses die Rechte Dritter berührt, wird er erst nach Ablauf einer Frist von einer Woche wirksam.

(4) [1]Der Gemeinderat kann in der Geschäftsordnung eine Ferienzeit bis zu sechs Wochen bestimmen. [2]Für die Dauer der Ferienzeit ist ein Ferienausschuß nach den für beschließende Ausschüsse geltenden Vorschriften zu bilden, der alle Aufgaben erledigt, für die sonst der Gemeinderat oder ein beschließender Ausschuß zuständig ist; die Absätze 2 und 3 sind nicht anzuwenden. [3]Der Ferienausschuß kann jedoch keine Aufgaben erledigen, die dem Werkausschuß obliegen oder kraft Gesetzes von besonderen Ausschüssen wahrgenommen werden müssen oder nach der Geschäftsordnung nicht vom Ferienausschuß wahrgenommen werden dürfen.

(5) Der Gemeinderat kann Ausschüsse jederzeit auflösen.

Art. 33 Zusammensetzung der Ausschüsse; Vorsitz. (1) [1]Die Zusammensetzung der Ausschüsse regelt der Gemeinderat in der Geschäftsordnung (Art. 45); die Mitglieder werden vom Gemeinderat für die Dauer der Wahlzeit aus seiner Mitte bestellt. [2]Hierbei hat der Gemeinderat dem Stärkeverhältnis der in ihm vertretenen Parteien und Wählergruppen Rechnung zu tragen. [3]Haben dabei mehrere Parteien oder Wählergruppen gleichen Anspruch auf einen Sitz, so ist statt eines Losentscheids auch der Rückgriff auf die Zahl der bei der Wahl auf diese Parteien oder Wählergruppen abgegebenen Stimmen zulässig. [4]Die Bestellung anderer als der von den Parteien oder Wählergruppen vorgeschlagenen Personen ist nicht zulässig. [5]Gemeinderatsmitglieder können sich zur Entsendung gemeinsamer Vertreter in die Ausschüsse zusammenschließen.

(2) [1]Den Vorsitz in den Ausschüssen führt der erste Bürgermeister, einer seiner Stellvertreter oder ein vom ersten Bürgermeister bestimmtes ehrenamtliches Gemeinderatsmitglied. [2]Ist dieses bereits Mitglied des Ausschusses, nimmt dessen Vertreter für die Dauer der Übertragung den Sitz im Ausschuss ein.

(3) [1]Während der Wahlzeit im Gemeinderat eintretende Änderungen des Stärkeverhältnisses der Parteien und Wählergruppen sind auszugleichen. [2]Scheidet ein Mitglied aus der von ihm vertretenen Partei oder Wählergruppe aus, so verliert es seinen Sitz im Ausschuss.

b) Der erste Bürgermeister und seine Stellvertreter

Art. 34 Rechtsstellung des ersten Bürgermeisters. (1) [1]Der erste Bürgermeister ist Beamter der Gemeinde.* [2]In kreisfreien Gemeinden und in Großen Kreisstädten führt er die Amtsbezeichnung Oberbürgermeister. [3]In diesen Gemeinden und in kreisangehörigen Gemeinden mit mehr als 5000 Einwohnern ist der erste Bürgermeister Beamter auf Zeit (berufsmäßiger Bürgermeister).

(2) [1]In kreisangehörigen Gemeinden, die mehr als 5000, höchstens aber 10 000 Einwohner haben, ist der erste Bürgermeister Ehrenbeamter (ehrenamtlicher Bürgermeister), wenn das der Gemeinderat spätestens am 90. Tag vor einer Bürgermeisterwahl durch Satzung bestimmt. [2]In Gemeinden bis zu 5000 Einwohnern ist der erste Bürgermeister Ehrenbeamter, wenn nicht der Gemeinderat spätestens am 90. Tag vor einer Bürgermeisterwahl durch Satzung bestimmt, daß der erste Bürgermeister Beamter auf Zeit sein soll.

(3) Entscheidend ist die letzte fortgeschriebene Einwohnerzahl, die vom Landesamt für Statistik früher als sechs Monate vor der Bürgermeisterwahl veröffentlicht wurde.

(4) Satzungen nach Absatz 2 gelten auch für künftige Amtszeiten, wenn sie nicht der Gemeinderat spätestens am 90. Tag vor einer Bürgermeisterwahl aufhebt.

(5) Erste Bürgermeister können nicht sein:
1. die in Art. 31 Abs. 3 Satz 1 Nrn. 1 bis 5 genannten Personen und
2. der erste Bürgermeister einer anderen Gemeinde.

Art. 35 Rechtsstellung der weiteren Bürgermeister. (1) [1]Der Gemeinderat wählt aus seiner Mitte für die Dauer seiner Wahlzeit einen oder zwei weitere Bürgermeister. [2]Weitere Bürgermeister sind Ehrenbeamte der Gemeinde (ehrenamtliche weitere Bürgermeister), wenn nicht der Gemeinderat durch Satzung bestimmt, daß sie Beamte auf Zeit sein sollen (berufsmäßige weitere Bürgermeister).

(2) Zum weiteren Bürgermeister sind die ehrenamtlichen Gemeinderatsmitglieder wählbar, welche die Voraussetzungen für die Wahl zum ersten Bürgermeister erfüllen.

(3) Endet das Beamtenverhältnis eines weiteren Bürgermeisters während der Wahlzeit des Gemeinderats, so findet für den Rest der Wahlzeit innerhalb

---

* *Vgl. hierzu Art. 41 Abs. 1 und 42 Abs. 1 Satz 1 des Gemeinde- und Landkreiswahlgesetzes (GLKrWG) in der Fassung der Bekanntmachung vom 7. November 2006 (GVBl. S. 834), Gesetz zuletzt geändert durch Gesetz vom 9. März 2021 (GVBl. S. 74):*

Art. 41 Amtszeit des ehrenamtlichen ersten Bürgermeisters. (1) Der ehrenamtliche erste Bürgermeister wird zugleich mit dem Gemeinderat auf die Dauer von sechs Jahren gewählt.

Art. 42 Amtszeit des berufsmäßigen ersten Bürgermeisters und des Landrats. (1) [1]Der berufsmäßige erste Bürgermeister und der Landrat werden auf die Dauer von sechs Jahren gewählt.

von drei Monaten eine Neuwahl statt; dasselbe gilt, wenn das Ruhen der Rechte und Pflichten aus dem Beamtenverhältnis wegen der Wahl in eine gesetzgebende Körperschaft eintritt.

Art. 36 Vollzug der Beschlüsse des Gemeinderats. [1]Der erste Bürgermeister führt den Vorsitz im Gemeinderat und vollzieht seine Beschlüsse. [2]Soweit er persönlich beteiligt ist, handelt sein Vertreter.

Art. 37 Zuständigkeit des ersten Bürgermeisters. (1) [1]Der erste Bürgermeister erledigt in eigener Zuständigkeit

1. die laufenden Angelegenheiten, die für die Gemeinde keine grundsätzliche Bedeutung haben und keine erheblichen Verpflichtungen erwarten lassen,
2. die den Gemeinden durch ein Bundesgesetz oder auf Grund eines Bundesgesetzes übertragenen hoheitlichen Aufgaben in Angelegenheiten der Verteidigung einschließlich des Wehrersatzwesens und des Schutzes der Zivilbevölkerung, soweit nicht für haushalts- oder personalrechtliche Entscheidungen der Gemeinderat zuständig ist,
3. die Angelegenheiten, die im Interesse der Sicherheit der Bundesrepublik oder eines ihrer Länder geheimzuhalten sind.

[2]Für die laufenden Angelegenheiten nach Satz 1 Nr. 1, die nicht unter Nummern 2 und 3 fallen, kann der Gemeinderat Richtlinien aufstellen.

(2) [1]Der Gemeinderat kann dem ersten Bürgermeister durch die Geschäftsordnung weitere Angelegenheiten zur selbständigen Erledigung übertragen; das gilt nicht für den Erlaß von Satzungen und für Angelegenheiten, die nach Art. 32 Abs. 2 Satz 2 nicht auf beschließende Ausschüsse übertragen werden können. [2]Der Gemeinderat kann dem ersten Bürgermeister übertragene Angelegenheiten im Einzelfall nicht wieder an sich ziehen; das Recht des Gemeinderats, die Übertragung allgemein zu widerrufen, bleibt unberührt.

(3) [1]Der erste Bürgermeister ist befugt, an Stelle des Gemeinderats oder eines Ausschusses dringliche Anordnungen zu treffen und unaufschiebbare Geschäfte zu besorgen. [2]Hiervon hat er dem Gemeinderat oder dem Ausschuß in der nächsten Sitzung Kenntnis zu geben.

(4) Der erste Bürgermeister führt die Dienstaufsicht über die Beamten und Arbeitnehmer der Gemeinde.

Art. 38 Verpflichtungsgeschäfte; Vertretung der Gemeinde nach außen.

(1) [1]Der erste Bürgermeister vertritt die Gemeinde nach außen. [2]Der Umfang der Vertretungsmacht ist auf seine Befugnisse beschränkt.

(2) [1]Erklärungen, durch welche die Gemeinde verpflichtet werden soll, bedürfen der Schriftform; das gilt nicht für ständig wiederkehrende Geschäfte des täglichen Lebens, die finanziell von unerheblicher Bedeutung sind. [2]Die Erklärungen sind durch den ersten Bürgermeister oder seinen Stellvertreter unter Angabe der Amtsbezeichnung zu unterzeichnen. [3]Sie können auf Grund einer den vorstehenden Erfordernissen entsprechenden Vollmacht auch von Gemeindebediensteten unterzeichnet werden.

Art. 39 Stellvertretung; Übertragung von Befugnissen. (1) [1]Die weiteren Bürgermeister vertreten den ersten Bürgermeister im Fall seiner Verhinderung in ihrer Reihenfolge. [2]Die weiteren Stellvertreter bestimmt der Gemeinderat aus der Mitte der Gemeinderatsmitglieder, die Deutsche im Sinn des Art. 116 Abs. 1 des Grundgesetzes sind.

(2) Der erste Bürgermeister kann im Rahmen der Geschäftsverteilung (Art. 46) einzelne seiner Befugnisse den weiteren Bürgermeistern, nach deren Anhörung auch einem Gemeinderatsmitglied und in Angelegenheiten der laufenden Verwaltung einem Gemeindebediensteten übertragen; eine darüber hinausgehende Übertragung auf einen Bediensteten bedarf zusätzlich der Zustimmung des Gemeinderats.

c) Die berufsmäßigen Gemeinderatsmitglieder

Art. 40 Berufung und Aufgaben. [1]In Gemeinden mit mehr als 10 000 Einwohnern kann der Gemeinderat berufsmäßige Gemeinderatsmitglieder wählen. [2]Sie haben in den Sitzungen des Gemeinderats und seiner Ausschüsse in Angelegenheiten ihres Aufgabengebiets beratende Stimme.

Art. 41 Rechtsstellung. [1]Die berufsmäßigen Gemeinderatsmitglieder werden auf höchstens sechs Jahre gewählt und auf Grund dieser Wahl zum Beamten auf Zeit ernannt. [2]Wiederwahl ist zulässig.

d) Gemeindebedienstete

Art. 42 Notwendigkeit bestimmter Fachkräfte. (1) Die Gemeinden müssen das fachlich geeignete Verwaltungspersonal anstellen, das erforderlich ist, um den ordnungsgemäßen Gang der Geschäfte zu gewährleisten.

(2) Unbeschadet der Verpflichtung nach Abs. 1 gilt:

1. Kreisfreie Gemeinden und Große Kreisstädte müssen mindestens einen Gemeindebeamten haben, der in der Fachlaufbahn Verwaltung und Finanzen, fachlicher Schwerpunkt nichttechnischer Verwaltungsdienst, für ein Amt ab der Besoldungsgruppe A 14 qualifiziert ist, wenn nicht der Oberbürgermeister diese Qualifikation besitzt;
2. andere Gemeinden sollen mindestens einen Gemeindebeamten haben, der in der Fachlaufbahn Verwaltung und Finanzen, fachlicher Schwerpunkt nichttechnischer Verwaltungsdienst, für ein Amt ab der Besoldungsgruppe A 10 qualifiziert ist, wenn nicht der erste Bürgermeister mindestens diese Qualifikation besitzt und berufsmäßig tätig ist oder die Gemeinde einer Verwaltungsgemeinschaft angehört.

Art. 43 Anstellung und Arbeitsbedingungen. (1) [1]Der Gemeinderat ist zuständig,

1. die Beamten der Gemeinde ab Besoldungsgruppe A 9 zu ernennen, zu befördern, abzuordnen oder zu versetzen, an eine Einrichtung zuzuweisen, in den Ruhestand zu versetzen und zu entlassen,

2. die Arbeitnehmer der Gemeinde ab Entgeltgruppe 9 des Tarifvertrags für den öffentlichen Dienst oder ab einem entsprechenden Entgelt einzustellen, höherzugruppieren, abzuordnen oder zu versetzen, einem Dritten zuzuweisen, mittels Personalgestellung zu beschäftigen und zu entlassen.

[2]Befugnisse nach Satz 1 kann der Gemeinderat einem beschließenden Ausschuss (Art. 32 Abs. 2 bis 5) übertragen. [3]In kreisfreien Gemeinden kann der Gemeinderat die Befugnisse nach Satz 1 für Beamte bis zur Besoldungsgruppe A 14 und für Arbeitnehmer bis zur Entgeltgruppe 14 des Tarifvertrags für den öffentlichen Dienst oder mit einem entsprechenden Entgelt dem Oberbürgermeister übertragen; Art. 39 Abs. 2 findet Anwendung. [4]Ein solcher Beschluss bedarf der Mehrheit der Mitglieder des Gemeinderats; falls der Beschluss nicht mit dieser Mehrheit wieder aufgehoben wird, gilt er bis zum Ende der Wahlzeit des Gemeinderats.

(2) [1]Für Beamte der Gemeinde bis zur Besoldungsgruppe A 8 und für Arbeitnehmer der Gemeinde bis zur Entgeltgruppe 8 des Tarifvertrags für den öffentlichen Dienst oder bis zu einem entsprechenden Entgelt obliegen die in Abs. 1 genannten personalrechtlichen Befugnisse dem ersten Bürgermeister. [2]Art. 39 Abs. 2 findet Anwendung.

(3) Dienstvorgesetzter der Gemeindebeamten ist der erste Bürgermeister.

(4) Die Arbeitsbedingungen und das Entgelt der Arbeitnehmer müssen angemessen sein.

Art. 44 Stellenplan. [1]Der Stellenplan (Art. 64 Abs. 2 Satz 2) ist einzuhalten. [2]Abweichungen sind nur im Rahmen des Art. 68 Abs. 3 Nr. 2 zulässig.

2. Abschnitt
Geschäftsgang

Art. 45 Geschäftsordnung und Geschäftsgang der Ausschüsse. (1) Der Gemeinderat gibt sich eine Geschäftsordnung.

(2) [1]Die Geschäftsordnung muß Bestimmungen über die Frist und Form der Einladung zu den Sitzungen sowie über den Geschäftsgang des Gemeinderats und seiner Ausschüsse enthalten. [2]Auf den Geschäftsgang der beschließenden Ausschüsse finden die Vorschriften der Art. 46 bis 54 entsprechende Anwendung.

Art. 46 Geschäftsleitung. (1) [1]Im Rahmen der Geschäftsordnung leitet und verteilt der erste Bürgermeister die Geschäfte. [2]Über die Verteilung der Geschäfte unter die Gemeinderatsmitglieder beschließt der Gemeinderat.

(2) [1]Der erste Bürgermeister bereitet die Beratungsgegenstände vor. [2]Er beruft den Gemeinderat unter Angabe der Tagesordnung mit angemessener Frist ein, erstmals unverzüglich nach Beginn der Wahlzeit. [3]Der Gemeinderat ist

auch unverzüglich einzuberufen, wenn es ein Viertel der ehrenamtlichen Gemeinderatsmitglieder schriftlich oder elektronisch unter Bezeichnung des Beratungsgegenstands verlangt. [4]Die Sitzung muß spätestens am 14. Tag nach Beginn der Wahlzeit oder nach Eingang des Verlangens stattfinden.

Art. 47 Sitzungszwang; Beschlußfähigkeit. (1) Der Gemeinderat beschließt in Sitzungen.

(2) Er ist beschlußfähig, wenn sämtliche Mitglieder ordnungsgemäß geladen sind und die Mehrheit der Mitglieder anwesend und stimmberechtigt ist.

(3) [1]Wird der Gemeinderat zum zweiten Mal zur Verhandlung über denselben Gegenstand zusammengerufen, so ist er ohne Rücksicht auf die Zahl der Erschienenen beschlußfähig. [2]Bei der zweiten Einladung muß auf diese Bestimmung hingewiesen werden.

Art. 47a Sitzungsteilnahme durch Ton-Bild-Übertragung.* (1) [1]Gemeinderatsmitglieder können an den Sitzungen des Gemeinderats mittels Ton-Bild-Übertragung teilnehmen, soweit der Gemeinderat dies in der Geschäftsordnung zugelassen hat. [2]Der Beschluss bedarf einer Zweidrittelmehrheit der abstimmenden Mitglieder des Gemeinderats. [3]Zugeschaltete Gemeinderatsmitglieder gelten in diesem Fall als anwesend im Sinn von Art. 47 Abs. 2. [4]Der Gemeinderat kann die Anzahl der in einer Sitzung zuschaltbaren Gemeinderatsmitglieder in der Geschäftsordnung zahlen- oder quotenmäßig begrenzen. [5]Er kann die Zuschaltmöglichkeit auch von weiteren Voraussetzungen abhängig machen, insbesondere von einer Verhinderung an der Teilnahme im Sitzungssaal. [6]Bei einer Zuschaltung mittels Ton-Bild-Übertragung ist eine Teilnahme an Wahlen nicht möglich.

(2) Die Möglichkeit einer Sitzungsteilnahme mittels Ton-Bild-Übertragung ist ausgeschlossen, soweit die Sitzung als solche oder Beratungsgegenstände nach Art. 56a Abs. 1 Satz 1 geheim zu halten sind oder nach den gemäß Art. 56a Abs. 2 zu beachtenden Verwaltungsvorschriften und Richtlinien der Geheimhaltung unterliegen.

(3) [1]Der erste Bürgermeister und die Gemeinderatsmitglieder müssen sich in der Sitzung gegenseitig optisch und akustisch wahrnehmen können. [2]In öffentlichen Sitzungen müssen per Ton-Bild-Übertragung teilnehmende Gemeinderatsmitglieder zudem für die im Sitzungssaal anwesende Öffentlichkeit entsprechend wahrnehmbar sein. [3]Für die Zwecke der Sätze 1 und 2 ist die Übertragung von Bild und Ton der an der Sitzung teilnehmenden Personen unabhängig davon zulässig, ob sie in die Übertragung einwilligen.

(4) [1]Die Gemeinde hat dafür Sorge zu tragen, dass in ihrem Verantwortungsbereich die technischen Voraussetzungen für eine Zuschaltung mittels Ton-Bild-Übertragung während der Sitzung durchgehend bestehen. [2]Ist dies nicht der Fall oder steht nicht fest, ob eine Nichtzuschaltung in den Verantwortungsbereich der Gemeindeverwaltung oder des Gemeinderatsmitglieds fällt, darf

* *Beachte Art. 122 Abs. 2.*

die Sitzung nicht beginnen oder ist sie unverzüglich zu unterbrechen. [3]Ein Verstoß ist unbeachtlich, falls die zunächst nicht zugeschalteten Gemeinderatsmitglieder rügelos an der Beschlussfassung teilnehmen. [4]Kommt eine Zuschaltung aus Gründen, die nicht im Verantwortungsbereich der Gemeinde liegen, nicht zu Stande oder wird sie unterbrochen, hat dies keine Auswirkung auf die Wirksamkeit eines ohne das betroffene Gemeinderatsmitglied gefassten Beschlusses. [5]Soweit sich eine Gemeinde darauf beschränkt, die Plattform zur audiovisuellen Zuschaltung zur Verfügung zu stellen, und entweder mindestens ein Gemeinderatsmitglied zugeschaltet ist oder ein Test bestätigt, dass eine Zuschaltmöglichkeit besteht, wird vermutet, dass der Grund für eine Nichtzuschaltung eines Gemeinderatsmitglieds nicht im Verantwortungsbereich der Gemeinde liegt.

(5) [1]Lässt eine Gemeinde eine Zuschaltung mittels Ton-Bild-Übertragung bei nichtöffentlichen Sitzungen zu, haben die zugeschalteten Gemeinderatsmitglieder dafür Sorge zu tragen, dass die Übertragung in ihrem Verantwortungsbereich nur von ihnen wahrgenommen werden kann. [2]Art. 20 Abs. 4 Satz 1 gilt entsprechend.

Art. 48 Teilnahmepflicht; Ordnungsgeld gegen Säumige. (1) [1]Die Gemeinderatsmitglieder sind verpflichtet, an den Sitzungen und Abstimmungen teilzunehmen und die ihnen zugewiesenen Geschäfte zu übernehmen. [2]Kein Mitglied darf sich der Stimme enthalten.

(2) Gegen Mitglieder, die sich diesen Verpflichtungen ohne genügende Entschuldigung entziehen, kann der Gemeinderat Ordnungsgeld bis zu zweihundertfünfzig Euro im Einzelfall verhängen.

(3) Entzieht sich ein ehrenamtliches Gemeinderatsmitglied nach zwei wegen Versäumnis erkannten Ordnungsgeldern innerhalb von sechs Monaten weiterhin seiner Pflicht, an den Gemeinderatssitzungen teilzunehmen, so kann der Gemeinderat den Verlust des Amts aussprechen.

Art. 49 Ausschluß wegen persönlicher Beteiligung. (1) [1]Ein Mitglied kann an der Beratung und Abstimmung nicht teilnehmen, wenn der Beschluss ihm selbst, einem Angehörigen (Art. 20 Abs. 5 des Bayerischen Verwaltungsverfahrensgesetzes) oder einer von ihm vertretenen natürlichen oder juristischen Person oder sonstigen Vereinigung einen unmittelbaren Vorteil oder Nachteil bringen kann. [2]Gleiches gilt, wenn ein Mitglied in anderer als öffentlicher Eigenschaft ein Gutachten abgegeben hat.

(2) Absatz 1 gilt nicht

1. für Wahlen,
2. für Beschlüsse, mit denen der Gemeinderat eine Person zum Mitglied eines Ausschusses bestellt oder sie zur Wahrnehmung von Interessen der Gemeinde in eine andere Einrichtung entsendet, dafür vorschlägt oder daraus abberuft.

(3) Ob die Voraussetzungen des Absatzes 1 vorliegen, entscheidet der Gemeinderat ohne Mitwirkung des persönlich Beteiligten.

(4) Die Mitwirkung eines wegen persönlicher Beteiligung ausgeschlossenen Mitglieds hat die Ungültigkeit des Beschlusses nur zur Folge, wenn sie für das Abstimmungsergebnis entscheidend war.

Art. 50 Einschränkung des Vertretungsrechts. Gemeinderatsmitglieder dürfen Ansprüche Dritter gegen die Gemeinde nur als gesetzliche Vertreter geltend machen.

Art. 51 Form der Beschlußfassung; Wahlen. (1) [1]Beschlüsse des Gemeinderats werden in offener Abstimmung mit Mehrheit der Abstimmenden gefaßt. [2]Bei Stimmengleichheit ist der Antrag abgelehnt.

(2) [1]Kein Mitglied des Gemeinderats darf zu irgendeiner Zeit wegen seiner Abstimmung gerichtlich oder dienstlich verfolgt oder sonst außerhalb des Gemeinderats zur Verantwortung gezogen werden. [2]Die Haftung gegenüber der Gemeinde ist nicht ausgeschlossen, wenn das Abstimmungsverhalten eine vorsätzliche Pflichtverletzung darstellt. [3]Die Verantwortlichkeit nach bundesrechtlichen Vorschriften bleibt unberührt.

(3) [1]Wahlen werden in geheimer Abstimmung vorgenommen. [2]Sie sind nur gültig, wenn sämtliche Mitglieder unter Angabe des Gegenstands geladen sind und die Mehrheit von ihnen anwesend und stimmberechtigt ist. [3]Gewählt ist, wer mehr als die Hälfte der abgegebenen gültigen Stimmen erhält. [4]Neinstimmen und leere Stimmzettel sind ungültig. [5]Ist mindestens die Hälfte der abgegebenen Stimmen ungültig, ist die Wahl zu wiederholen. [6]Ist die Mehrheit der abgegebenen Stimmen gültig und erhält keiner der Bewerber mehr als die Hälfte der abgegebenen gültigen Stimmen, so tritt Stichwahl unter den beiden Bewerbern mit den höchsten Stimmenzahlen ein. [7]Bei Stimmengleichheit in der Stichwahl entscheidet das Los.

(4) Absatz 3 gilt für alle Entscheidungen des Gemeinderats, die in diesem Gesetz oder in anderen Rechtsvorschriften als Wahlen bezeichnet werden.

Art. 52 Öffentlichkeit. (1) [1]Zeitpunkt und Ort der öffentlichen Sitzungen des Gemeinderats sind unter Angabe der Tagesordnung, spätestens am dritten Tag vor der Sitzung, ortsüblich bekanntzumachen. [2]Ausnahmen bedürfen der Genehmigung des Gemeinderats.

(2) [1]Die Sitzungen sind öffentlich, soweit nicht Rücksichten auf das Wohl der Allgemeinheit oder auf berechtigte Ansprüche einzelner entgegenstehen. [2]Über den Ausschluß der Öffentlichkeit wird in nichtöffentlicher Sitzung beraten und entschieden.

(3) Die in nichtöffentlicher Sitzung gefaßten Beschlüsse sind der Öffentlichkeit bekanntzugeben, sobald die Gründe für die Geheimhaltung weggefallen sind.

(4) Die Sitzungen haben in einem der Allgemeinheit zugänglichen Raum stattzufinden.

Art. 53 Handhabung der Ordnung. (1) [1]Der Vorsitzende handhabt die Ordnung und übt das Hausrecht aus. [2]Er ist berechtigt, Zuhörer, welche die Ordnung stören, entfernen zu lassen. [3]Er kann mit Zustimmung des Gemeinderats Mitglieder, welche die Ordnung fortgesetzt erheblich stören, von der Sitzung ausschließen.

(2) Wird durch ein bereits von einer früheren Sitzung ausgeschlossenes Mitglied die Ordnung innerhalb von zwei Monaten neuerdings erheblich gestört, so kann ihm der Gemeinderat für zwei weitere Sitzungen die Teilnahme untersagen.

Art. 54 Niederschrift. (1) [1]Die Verhandlungen des Gemeinderats sind niederzuschreiben. [2]Die Niederschrift muß Tag und Ort der Sitzung, die Namen der anwesenden Gemeinderatsmitglieder und die der abwesenden unter Angabe ihres Abwesenheitsgrundes, die behandelten Gegenstände, die Beschlüsse und das Abstimmungsergebnis ersehen lassen. [2]Jedes Mitglied kann verlangen, daß in der Niederschrift festgehalten wird, wie es abgestimmt hat.

(2) Die Niederschrift ist vom Vorsitzenden und vom Schriftführer zu unterschreiben und vom Gemeinderat zu genehmigen.

(3) [1]Die Gemeinderatsmitglieder können jederzeit die Niederschrift einsehen und sich Abschriften der in öffentlicher Sitzung gefaßten Beschlüsse erteilen lassen. [2]Die Einsicht in die Niederschriften über öffentliche Sitzungen steht allen Gemeindebürgern frei; dasselbe gilt für auswärts wohnende Personen hinsichtlich ihres Grundbesitzes oder ihrer gewerblichen Niederlassungen im Gemeindegebiet.

Art. 55 *(aufgehoben)*

3. Abschnitt

Verwaltungsgrundsätze und Verwaltungsaufgaben

Art. 56 Gesetzmäßigkeit; Geschäftsgang. (1) [1]Die gemeindliche Verwaltungstätigkeit muß mit der Verfassung und den Gesetzen im Einklang stehen. [2]Sie darf nur von sachlichen Gesichtspunkten geleitet sein.

(2) Die Gemeinden sind verpflichtet, für den ordnungsgemäßen Gang der Geschäfte zu sorgen und die dafür erforderlichen Einrichtungen zu schaffen.

(3) Jeder Gemeindeeinwohner kann sich mit Eingaben und Beschwerden an den Gemeinderat wenden.

Art. 56a Geheimhaltung. (1) [1]Alle Angelegenheiten, die im Interesse der Sicherheit oder anderer wichtiger Belange der Bundesrepublik oder eines ihrer Länder Unbefugten nicht bekannt zu werden dürfen, sind von den Gemeinden geheimzuhalten. [2]Die in anderen Rechtsvorschriften geregelte Verpflichtung zur Verschwiegenheit bleibt unberührt.

(2) [1]Zur Geheimhaltung der in Absatz 1 Satz 1 bezeichneten Angelegenheiten haben die Gemeinden die notwendigen Vorkehrungen zu treffen. [2]Sie haben insoweit auch die für die Behörden des Freistaates Bayern geltenden Verwaltungsvorschriften zu beachten. [3]Das Staatsministerium des Innern, für Sport und Integration kann hierzu Richtlinien aufstellen und Weisungen erteilen, die nicht der Einschränkung nach Art. 109 Abs. 2 Satz 2 unterliegen.

(3) [1]Der erste Bürgermeister ist zu Beginn seiner Amtszeit durch die Rechtsaufsichtsbehörde schriftlich besonders zu verpflichten, die in Absatz 1 Satz 1 genannten Angelegenheiten geheimzuhalten und die hierfür geltenden Vorschriften zu beachten. [2]In gleicher Weise hat der erste Bürgermeister seine Stellvertreter zu verpflichten. [3]Gemeinderatsmitglieder und Gemeindebedienstete hat er zu verpflichten, bevor sie mit den in Absatz 1 Satz 1 genannten Angelegenheiten befaßt werden. [4]Art. 3a des Bayerischen Verwaltungsverfahrensgesetzes findet keine Anwendung.

Art. 57 Aufgaben des eigenen Wirkungskreises. (1) [1]Im eigenen Wirkungskreis sollen die Gemeinden in den Grenzen ihrer Leistungsfähigkeit die öffentlichen Einrichtungen schaffen und erhalten, die nach den örtlichen Verhältnissen für das wirtschaftliche, soziale und kulturelle Wohl und die Förderung des Gemeinschaftslebens ihrer Einwohner erforderlich sind, insbesondere Einrichtungen zur Aufrechterhaltung der öffentlichen Sicherheit und Ordnung, der Feuersicherheit, der öffentlichen Reinlichkeit, des öffentlichen Verkehrs, der Gesundheit, der öffentlichen Wohlfahrtspflege einschließlich der Jugendhilfe, des öffentlichen Unterrichts und der Erwachsenenbildung, der Jugendertüchtigung, des Breitensports und der Kultur- und Archivpflege; hierbei sind die Belange des Natur- und Umweltschutzes zu berücksichtigen. [2]Die Verpflichtung, diese Aufgaben zu erfüllen, bestimmt sich nach den besonderen gesetzlichen Vorschriften.

(2) [1]Die Gemeinden sind unbeschadet bestehender Verbindlichkeiten Dritter in den Grenzen ihrer Leistungsfähigkeit verpflichtet, die aus Gründen des öffentlichen Wohls erforderlichen Einrichtungen zur Versorgung mit Trinkwasser herzustellen und zu unterhalten. [2]Sonstige gesetzlich festgelegte Verpflichtungen der Gemeinden bleiben unberührt.

(3) Übersteigt eine Pflichtaufgabe die Leistungsfähigkeit einer Gemeinde, so ist die Aufgabe in kommunaler Zusammenarbeit zu erfüllen.

Art. 58 Aufgaben des übertragenen Wirkungskreises. (1) Im übertragenen Wirkungskreis obliegt den Gemeinden die Erfüllung der örtlichen Aufgaben der inneren Verwaltung, soweit hierfür nicht besondere Behörden bestellt sind, und die gesetzlich vorgesehene Mitwirkung in der sonstigen öffentlichen Verwaltung.

(2) Die Gemeinden sind in den Grenzen ihrer Verwaltungskraft den Gemeindeangehörigen bei der Einleitung von Verwaltungsverfahren behilflich, auch wenn für deren Durchführung eine andere Behörde zuständig ist.

(3) Vordrucke für Anträge, Anzeigen und Meldungen, die ihnen von anderen Behörden überlassen werden, haben die Gemeinden bereitzuhalten.

(4) [1]Soweit Anträge bei der Regierung, dem Bezirk oder dem Landratsamt einzureichen sind, haben auch die Gemeinden die Anträge entgegenzunehmen und unverzüglich an die betreffende Behörde weiterzuleiten. [2]Die Staatsregierung kann durch Rechtsverordnung Anträge, die bei anderen Behörden zu stellen sind, in diese Regelung einbeziehen. [3]Die Antragstellung bei der Gemeinde gilt als Antragstellung bei der zuständigen Behörde, soweit sich nicht aus Bundesrecht etwas anderes ergibt.

Art. 59 Zuständigkeit für den Gesetzesvollzug. (1) Der Vollzug der gesetzlichen Vorschriften im eigenen und im übertragenen Wirkungskreis und die Durchführung der gesetzmäßigen Anordnungen und Weisungen der Staatsbehörden obliegen dem Gemeinderat, in den Fällen des Art. 37 dem ersten Bürgermeister.

(2) Hält der erste Bürgermeister Entscheidungen des Gemeinderats oder seiner Ausschüsse für rechtswidrig, so hat er sie zu beanstanden, ihren Vollzug auszusetzen und, soweit erforderlich, die Entscheidung der Rechtsaufsichtsbehörde (Art. 110) herbeizuführen.

4. Abschnitt

Stadtbezirke und Gemeindeteile

Art. 60 Einteilung in Stadtbezirke. (1) [1]Das Gebiet der Städte mit mehr als 100 000 Einwohnern ist in Stadtbezirke einzuteilen. [2]Dabei sind die geschichtlichen Zusammenhänge und Namen sowie die Besonderheiten der Bevölkerungs- und Wirtschaftsverhältnisse zu beachten.

(2) [1]In den Stadtbezirken können für bestimmte auf ihren Bereich entfallende Verwaltungsaufgaben vom Stadtrat Bezirksverwaltungsstellen und Bezirksausschüsse gebildet werden. [2]Der Stadtrat und in Angelegenheiten nach Art. 37 Abs. 1 Satz 1 Nr. 1 der erste Bürgermeister können dabei den Bezirksausschüssen die Vorberatung oder die Entscheidung unter Beachtung der Belange der gesamten Stadt übertragen. [3]In Städten mit mehr als einer Million Einwohnern sind Bezirksausschüsse zu bilden.

(3) [1]Werden Bezirksausschüsse gebildet, so hat deren Zusammensetzung entsprechend dem Wahlergebnis der Stadtratswahlen im jeweiligen Stadtbezirk zu erfolgen. [2]Sind den Bezirksausschüssen eigene Entscheidungsrechte übertragen, werden die Mitglieder der Bezirksausschüsse von den im Stadtbezirk wohnenden Gemeindebürgern gleichzeitig mit den Stadtratsmitgliedern für die Wahlzeit des Stadtrats gewählt. [3]Geschieht die Übertragung eigener Entscheidungsrechte innerhalb der Wahlzeit des Stadtrats, erfolgt die Wahl der Mitglieder der Bezirksausschüsse zum Zeitpunkt der Übertragung der Entscheidungsrechte. [4]Für die Wahl gelten die Vorschriften über die Wahl der Ge-

meinderäte mit Ausnahme des Art. 31 Abs. 3 sinngemäß mit der Maßgabe, dass die Wahlorgane für die Wahl der Stadträte auch für die Wahl der Mitglieder der Bezirksausschüsse zuständig sind und dass das Ergebnis dieser Wahl erst nach der Feststellung des Ergebnisses der Stadtratswahl zu ermitteln und festzustellen ist.

(4) Empfehlungen und Anträge der Bezirksausschüsse, für die der Stadtrat zuständig ist, sind von diesem oder einem beschließenden Ausschuß innerhalb einer Frist von drei Monaten zu behandeln.

(5) [1]Das Nähere regelt eine Gemeindesatzung. [2]Den Bezirksverwaltungsstellen kann der erste Bürgermeister in Angelegenheiten der laufenden Verwaltung auch einzelne seiner Befugnisse übertragen (Art. 39 Abs. 2 Halbsatz 1).

Art. 60a Ortssprecher. (1) [1]In den Gemeindeteilen, die am 18. Januar 1952 noch selbständige Gemeinden waren und die im Gemeinderat nicht vertreten sind, hat auf Antrag eines Drittels der dort ansässigen Gemeindebürger der erste Bürgermeister eine Ortsversammlung einzuberufen, die aus ihrer Mitte in geheimer Wahl einen Ortssprecher wählt. [2]Art. 51 Abs. 3 Satz 3 bis 7 gilt entsprechend. [3]Die Amtszeit des Ortssprechers endet mit der Wahlzeit des Gemeinderats; sie endet nicht deshalb, weil der Gemeindeteil im Gemeinderat vertreten wird.

(2) [1]Der Ortssprecher kann an allen Sitzungen des Gemeinderats mit beratender Stimme teilnehmen und Anträge stellen. [2]Der Gemeinderat kann diese Rechte durch die Geschäftsordnung auf die Wahrnehmung örtlicher Angelegenheiten beschränken.

(3) Die Absätze 1 und 2 sind nicht anzuwenden, wenn für den Gemeindeteil ein Bezirksausschuß nach Art. 60 Abs. 2 besteht.

DRITTER TEIL

Gemeindewirtschaft

1. Abschnitt

Haushaltswirtschaft

Art. 61 Allgemeine Haushaltsgrundsätze. (1) [1]Die Gemeinde hat ihre Haushaltswirtschaft so zu planen und zu führen, daß die stetige Erfüllung ihrer Aufgaben gesichert ist. [2]Die dauernde Leistungsfähigkeit der Gemeinde ist sicherzustellen, eine Überschuldung ist zu vermeiden. [3]Dabei ist § 51 des Haushaltsgrundsätzegesetzes Rechnung zu tragen.

(2) [1]Die Haushaltswirtschaft ist sparsam und wirtschaftlich zu planen und zu führen. [2]Aufgaben sollen in geeigneten Fällen darauf hin untersucht werden, ob und in welchem Umfang sie durch nichtkommunale Stellen, insbesondere

durch private Dritte oder unter Heranziehung Dritter, mindestens ebenso gut erledigt werden können.

(3) [1]Bei der Führung der Haushaltswirtschaft hat die Gemeinde finanzielle Risiken zu minimieren. [2]Ein erhöhtes Risiko liegt vor, wenn besondere Umstände, vor allem ein grobes Missverhältnis bei der Risikoverteilung zu Lasten der Gemeinde, die Gefahr eines erheblichen Vermögensschadens begründen.

(4) Die Haushaltswirtschaft ist nach den Grundsätzen der doppelten kommunalen Buchführung oder nach den Grundsätzen der Kameralistik zu führen.

Art. 62 Grundsätze der Einnahmebeschaffung. (1) Die Gemeinde erhebt Abgaben nach den gesetzlichen Vorschriften.

(2) Sie hat die zur Erfüllung ihrer Aufgaben erforderlichen Einnahmen
1. soweit vertretbar und geboten aus besonderen Entgelten für die von ihr erbrachten Leistungen,
2. im übrigen aus Steuern

zu beschaffen, soweit die sonstigen Einnahmen nicht ausreichen.

(3) die Gemeinde darf Kredite nur aufnehmen, wenn eine andere Finanzierung nicht möglich ist oder wirtschaftlich unzweckmäßig wäre.

Art. 63 Haushaltssatzung. (1) [1]Die Gemeinde hat für jedes Haushaltsjahr eine Haushaltssatzung zu erlassen. [2]Die Haushaltssatzung kann Festsetzungen für zwei Haushaltsjahre, nach Jahren getrennt, enthalten.

(2) [1]Die Haushaltssatzung enthält die Festsetzung
1. des Haushaltsplans unter Angabe
   a) des Gesamtbetrags der Erträge und Aufwendungen des Haushaltsjahres sowie des sich daraus ergebenden Saldos des Ergebnishaushalts, des Gesamtbetrags der Einzahlungen und Auszahlungen aus laufender Verwaltungstätigkeit, aus der Investitionstätigkeit und aus der Finanzierungstätigkeit des Haushaltsjahres sowie des sich daraus ergebenden Saldos des Finanzhaushalts bei Haushaltswirtschaft nach den Grundsätzen der doppelten kommunalen Buchführung,
   b) des Gesamtbetrags der Einnahmen und Ausgaben des Haushaltsjahres bei Haushaltswirtschaft nach den Grundsätzen der Kameralistik,
2. des Gesamtbetrags der vorgesehenen Kreditaufnahmen für Investitionen und Investitionsförderungsmaßnahmen (Kreditermächtigungen),
3. des Gesamtbetrags der vorgesehenen Ermächtigungen zum Eingehen von Verpflichtungen, die künftige Haushaltsjahre mit Auszahlungen beziehungsweise Ausgaben für Investitionen und Investionsförderungsmaßnahmen belasten (Verpflichtungsermächtigungen),
4. der Abgabesätze, die für jedes Haushaltsjahr neu festzusetzen sind,
5. des Höchstbetrags der Kassenkredite.

[2]Die Angaben nach Satz 1 Nrn. 2, 3 und 5 sind getrennt für das Haushaltswesen der Gemeinde und die Wirtschaftsführung von Eigenbetrieben zu machen. [3]Die Haushaltssatzung kann weitere Vorschriften enthalten, die sich auf die Er-

träge und Einzahlungen sowie Aufwendungen und Auszahlungen beziehungsweise auf die Einnahmen und Ausgaben und den Stellenplan des Haushaltsjahres beziehen.

(3) Die Haushaltssatzung tritt mit Beginn des Haushaltsjahres in Kraft und gilt für das Haushaltsjahr.

(4) Haushaltsjahr ist das Kalenderjahr, soweit für einzelne Bereiche durch Gesetz oder Rechtsverordnung nichts anderes bestimmt ist.

Art. 64 Haushaltsplan. (1) [1]Der Haushaltsplan enthält alle im Haushaltsjahr für die Erfüllung der Aufgaben der Gemeinde voraussichtlich

1. anfallenden Erträge, eingehenden Einzahlungen, entstehenden Aufwendungen sowie zu leistenden Auszahlungen bei Haushaltswirtschaft nach den Grundsätzen der doppelten kommunalen Buchführung,
2. zu erwartenden Einnahmen und zu leistenden Ausgaben bei Haushaltswirtschaft nach den Grundsätzen der Kameralistik,
3. benötigten Verpflichtungsermächtigungen.

[2]Die Vorschriften über die Einzahlungen und Auszahlungen sowie Erträge und Aufwendungen beziehungsweise Einnahmen, Ausgaben und Verpflichtungsermächtigungen der Eigenbetriebe der Gemeinde bleiben unberührt.

(2) [1]Der Haushaltsplan ist bei Haushaltswirtschaft nach den Grundsätzen der doppelten kommunalen Buchführung in einen Ergebnishaushalt und einen Finanzhaushalt, bei Haushaltswirtschaft nach den Grundsätzen der Kameralistik in einen Verwaltungshaushalt und einen Vermögenshaushalt zu gliedern. [2]Der Stellenplan für die Beamten und Arbeitnehmer der Gemeinde ist Teil des Haushaltsplans. [3]Die bei der Sparkasse beschäftigten Beamten und Arbeitnehmer sind in diesem Stellenplan nicht auszuweisen, wenn und soweit nach Sparkassenrecht ein verbindlicher Stellenplan aufzustellen ist.

(3) [1]Der Haushaltsplan muß ausgeglichen sein. [2]Er ist Grundlage für die Haushaltswirtschaft der Gemeinde und nach Maßgabe dieses Gesetzes und der auf Grund dieses Gesetzes erlassenen Vorschriften für die Haushaltsführung verbindlich. [3]Ansprüche und Verbindlichkeiten Dritter werden durch ihn weder begründet noch aufgehoben.

Art. 65 Erlaß der Haushaltssatzung. (1) Der Gemeinderat beschließt über die Haushaltssatzung samt ihren Anlagen in öffentlicher Sitzung.

(2) Die Haushaltssatzung ist mit ihren Anlagen spätestens einen Monat vor Beginn des Haushaltsjahres der Rechtsaufsichtsbehörde vorzulegen.

(3) [1]Haushaltssatzungen mit genehmigungspflichtigen Bestandteilen sind sogleich nach der Genehmigung amtlich bekanntzumachen. [2]Haushaltssatzungen ohne solche Bestandteile sind frühestens einen Monat nach der Vorlage an die Rechtsaufsichtsbehörde amtlich bekanntzumachen, sofern nicht die Rechtsaufsichtsbehörde die Satzung beanstandet. [3]Gleichzeitig ist die Haushaltssatzung samt ihren Anlagen bis zur nächsten amtlichen Bekanntmachung

einer Haushaltssatzung öffentlich zugänglich zu machen; darauf ist in der amtlichen Bekanntmachung der Haushaltssatzung hinzuweisen.

Art. 66 Planabweichungen. (1) [1]Überplanmäßige und außerplanmäßige Aufwendungen und Auszahlungen beziehungsweise Ausgaben sind nur zulässig, wenn sie unabweisbar sind und die Deckung gewährleistet ist. [2]Sind sie erheblich, sind sie vom Gemeinderat zu beschließen.

(2) Absatz 1 findet entsprechende Anwendung auf Maßnahmen, durch die im Haushaltsplan nicht vorgesehene Verpflichtungen zu Leistungen der Gemeinde entstehen können.

(3) Art. 68 Abs. 2 bleibt unberührt.

(4) [1]Für Investitionen, die im folgenden Jahr fortgesetzt werden, sind überplanmäßige Aufwendungen und Auszahlungen beziehungsweise Ausgaben in nicht erheblichem Umfang auch dann zulässig, wenn ihre Deckung im laufenden Jahr nur durch Erlaß einer Nachtragshaushaltssatzung möglich wäre, die Deckung aber im folgenden Jahr gewährleistet ist. [2]Hierüber entscheidet der Gemeinderat.

(5) Der Gemeinderat kann Richtlinien über die Abgrenzungen aufstellen.

Art. 67 Verpflichtungsermächtigungen. (1) Verpflichtungen zur Leistung von Auszahlungen beziehungsweise Ausgaben für Investitionen und Investitionsförderungsmaßnahmen in künftigen Jahren dürfen unbeschadet des Abs. 5 nur eingegangen werden, wenn der Haushaltsplan hierzu ermächtigt.

(2) Die Verpflichtungsermächtigungen dürfen in der Regel zu Lasten der dem Haushaltsjahr folgenden drei Jahre vorgesehen werden, in Ausnahmefällen bis zum Abschluß einer Maßnahme; sie sind nur zulässig, wenn durch sie der Ausgleich künftiger Haushalte nicht gefährdet wird.

(3) Die Verpflichtungsermächtigungen gelten bis zum Ende des Haushaltsjahres und, wenn die Haushaltssatzung für das folgende Haushaltsjahr nicht rechtzeitig amtlich bekanntgemacht wird, bis zum Erlaß dieser Haushaltssatzung.

(4) Der Gesamtbetrag der Verpflichtungsermächtigungen bedarf im Rahmen der Haushaltssatzung der Genehmigung, wenn in den Jahren, zu deren Lasten sie vorgesehen sind, Kreditaufnahmen geplant sind.

(5) [1]Verpflichtungen im Sinn des Abs. 1 dürfen überplanmäßig oder außerplanmäßig eingegangen werden, wenn ein dringendes Bedürfnis besteht und der in der Haushaltssatzung festgesetzte Gesamtbetrag der Verpflichtungsermächtigungen nicht überschritten wird. [2]Art. 66 Abs. 1 Satz 2 gilt entsprechend.

Art. 68 Nachtragshaushaltssatzungen. (1) [1]Die Haushaltssatzung kann nur bis zum Ablauf des Haushaltsjahres durch Nachtragshaushaltssatzung geändert werden. [2]Für die Nachtragshaushaltssatzung gelten die Vorschriften für die Haushaltssatzung entsprechend.

(2) Die Gemeinde hat unverzüglich eine Nachtragshaushaltssatzung zu erlassen, wenn
1. sich zeigt, daß trotz Ausnutzung jeder Sparmöglichkeit ein Fehlbetrag entstehen wird und der Haushaltsausgleich nur durch eine Änderung der Haushaltssatzung erreicht werden kann,
2. bisher nicht veranschlagte oder zusätzliche einzelne Aufwendungen und Auszahlungen beziehungsweise Ausgaben in einem im Verhältnis zu den Gesamtaufwendungen und -auszahlungen beziehungsweise Gesamtausgaben des Haushaltsplans erheblichen Umfang geleistet werden müssen,
3. Auszahlungen des Finanzhaushalts beziehungsweise Ausgaben des Vermögenshaushalts für bisher nicht veranschlagte Investitionen oder Investitionsförderungsmaßnahmen geleistet werden sollen,
4. Beamte oder Arbeitnehmer eingestellt, befördert oder in eine höhere Entgeltgruppe eingestuft werden sollen und der Stellenplan die entsprechenden Stellen nicht enthält.

(3) Absatz 2 Nrn. 2 bis 4 finden keine Anwendung auf
1. Investitionen und Investitionsförderungsmaßnahmen, soweit die Auszahlungen beziehungsweise Ausgaben nicht erheblich und unabweisbar sind,
2. Abweichungen vom Stellenplan und die Leistung höherer Personalausgaben, die auf Grund des Beamten- oder Tarifrechts oder für die Erfüllung neuer Aufgaben notwendig werden.

Art. 69 Vorläufige Haushaltsführung. (1) Ist die Haushaltssatzung bei Beginn des Haushaltsjahres noch nicht bekanntgemacht, so darf die Gemeinde
1. finanzielle Leistungen erbringen, zu denen sie rechtlich verpflichtet ist oder die für die Weiterführung notwendiger Aufgaben unaufschiebbar sind; sie darf insbesondere Bauten, Beschaffungen und sonstige Leistungen des Finanzhaushalts beziehungsweise des Vermögenshaushalts, für die im Haushaltsplan eines Vorjahres Beträge vorgesehen waren, fortsetzen,
2. die in der Haushaltssatzung jährlich festzusetzenden Abgaben nach den Sätzen des Vorjahres erheben,
3. Kredite umschulden,
4. Kassenkredite bis zu dem zuletzt in einer Haushaltssatzung festgesetzten Höchstbetrag oder, wenn besondere Umstände im Einzelfall eine Erhöhung rechtfertigen, auch darüber hinaus aufnehmen.

(2) [1]Reichen die Deckungsmittel für die Fortsetzung der Bauten, der Beschaffungen und der sonstigen Leistungen nach Abs. 1 Nr. 1 nicht aus, darf die Gemeinde Kredite für Investitionen und Investitionsförderungsmaßnahmen bis zu einem Viertel des durchschnittlichen Betrags der für die vier Vorjahre festgesetzten Kredite aufnehmen. [2]Eine angemessene Erhöhung dieser Kreditaufnahme ist zulässig, wenn besondere Umstände im Einzelfall die Erhöhung rechtfertigen.

(3) Der Stellenplan des Vorjahres gilt weiter, bis die Haushaltssatzung für das neue Jahr erlassen ist.

(4) [1]Maßnahmen nach Abs. 1 Nr. 4 Halbsatz 2 und Abs. 2 bedürfen der Genehmigung. [2]Die Gemeinde hat im Antrag darzulegen, wie und bis wann sie den Erlass einer Haushaltssatzung sicherstellen kann. [3]Die Genehmigung darf den Zielen der Wiederherstellung einer geordneten Haushaltswirtschaft und der dauernden Leistungsfähigkeit nicht widersprechen; sie kann unter Bedingungen und Auflagen erteilt werden.

Art. 70 Mittelfristige Finanzplanung. (1) [1]Die Gemeinde hat ihrer Haushaltswirtschaft eine fünfjährige Finanzplanung zugrundezulegen. [2]Das erste Planungsjahr der Finanzplanung ist das laufende Haushaltsjahr.

(2) Als Unterlage für die Finanzplanung ist ein Investitionsprogramm aufzustellen.

(3) Im Finanzplan sind Umfang und Zusammensetzung der voraussichtlichen Aufwendungen und Auszahlungen beziehungsweise Ausgaben und die Deckungsmöglichkeiten darzustellen.

(4) Der Finanzplan ist dem Gemeinderat spätestens mit dem Entwurf der Haushaltssatzung vorzulegen.

(5) Der Finanzplan und das Investitionsprogramm sind jährlich der Entwicklung anzupassen und fortzuführen.

2. Abschnitt

Kreditwesen

Art. 71 Kredite. (1) Kredite dürfen unter der Voraussetzung des Art. 62 Abs. 3 nur im Finanzhaushalt beziehungsweise im Vermögenshaushalt und nur für Investitionen, für Investitionsförderungsmaßnahmen und zur Umschuldung aufgenommen werden.

(2) [1]Der Gesamtbetrag der vorgesehenen Kreditaufnahmen für Investitionen und Investitionsförderungsmaßnahmen bedarf im Rahmen der Haushaltssatzung der Genehmigung (Gesamtgenehmigung). [2]Die Genehmigung soll unter dem Gesichtspunkt einer geordneten Haushaltswirtschaft erteilt oder versagt werden; sie kann unter Bedingungen und Auflagen erteilt werden. [3]Sie ist in der Regel zu versagen, wenn die Kreditverpflichtungen mit der dauernden Leistungsfähigkeit der Gemeinde nicht im Einklang stehen.

(3) Die Kreditermächtigung gilt bis zum Ende des auf das Haushaltsjahr folgenden Jahres und, wenn die Haushaltssatzung für das übernächste Jahr nicht rechtzeitig amtlich bekanntgemacht wird, bis zum Erlaß dieser Haushaltssatzung.

(4) [1]Die Aufnahme der einzelnen Kredite bedarf der Genehmigung (Einzelgenehmigung), sobald die Kreditaufnahmen für die Gemeinden nach § 19 des Gesetzes zur Förderung der Stabilität und des Wachstums der Wirtschaft beschränkt worden sind. [2]Die Einzelgenehmigung kann nach Maßgabe der Kreditbeschränkungen versagt werden.

(5) [1]Das Staatsministerium des Innern, für Sport und Integration kann im Einvernehmen mit dem Staatsministerium der Finanzen und für Heimat und dem Staatsministerium für Wirtschaft, Landesentwicklung und Energie durch Rechtsverordnung die Aufnahme von Krediten von der Genehmigung (Einzelgenehmigung) abhängig machen, wenn der Konjunkturrat für die öffentliche Hand nach § 18 Abs. 2 des Gesetzes zur Förderung der Stabilität und des Wachstums der Wirtschaft eine Beschränkung der Kreditaufnahme durch die Gemeinden und Gemeindeverbände empfohlen hat. [2]Die Genehmigung ist zu versagen, wenn dies zur Abwehr einer Störung des gesamtwirtschaftlichen Gleichgewichts geboten ist oder wenn die Kreditbedingungen wirtschaftlich nicht vertretbar sind. [3]Solche Rechtsverordnungen sind auf längstens ein Jahr zu befristen.

(6) [1]Die Gemeinde darf zur Sicherung des Kredits keine Sicherheiten bestellen. [2]Die Rechtsaufsichtsbehörde kann Ausnahmen zulassen, wenn die Bestellung von Sicherheiten der Verkehrsübung entspricht.

Art. 72 Kreditähnliche Verpflichtungen; Sicherheiten. (1) Der Abschluß von Rechtsgeschäften, die der Kreditaufnahme wirtschaftlich gleichkommen, bedarf der Genehmigung.

(2) [1]Die Gemeinde darf Bürgschaften, Gewährverträge und Verpflichtungen aus verwandten Rechtsgeschäften, die ein Einstehen für fremde Schuld oder für den Eintritt oder Nichteintritt bestimmter Umstände zum Gegenstand haben, nur zur Erfüllung ihrer Aufgaben übernehmen. [2]Die Rechtsgeschäfte bedürfen der Genehmigung, wenn sie nicht im Rahmen der laufenden Verwaltung abgeschlossen werden.

(3) Die Gemeinde bedarf zur Bestellung von Sicherheiten zugunsten Dritter der Genehmigung.

(4) [1]Für die Genehmigung gelten Art. 71 Abs. 2 Sätze 2 und 3, im Fall der vorläufigen Haushaltsführung Art. 69 Abs. 4 Sätze 2 und 3 entsprechend. [2]Die Genehmigung ist zu versagen, wenn das Rechtsgeschäft nicht eine Investition zum Gegenstand hat, sondern auf die Erzielung wirtschaftlicher Vorteile dadurch gerichtet ist, dass die Gemeinde einem Dritten inländische steuerliche Vorteile verschafft.

(5) Das Staatsministerium des Innern, für Sport und Integration kann im Einvernehmen mit dem Staatsministerium der Finanzen und für Heimat durch Rechtsverordnung Rechtsgeschäfte von der Genehmigung freistellen,

1. die die Gemeinden zur Erfüllung bestimmter Aufgaben eingehen oder
2. die für die Gemeinden keine besondere Belastung bedeuten oder
3. die ihrer Natur nach regelmäßig wiederkehren.

Art. 73 Kassenkredite. (1) Zur rechtzeitigen Leistung ihrer Auszahlungen beziehungsweise Ausgaben kann die Gemeinde Kassenkredite bis zu dem in der Haushaltssatzung festgesetzten Höchstbetrag aufnehmen, soweit für die Kasse keine anderen Mittel zur Verfügung stehen.

(2) Der in der Haushaltssatzung festgesetzte Höchstbetrag soll für die Haushaltswirtschaft ein Fünftel der im Finanzhaushalt veranschlagten Einzahlungen aus der laufenden Verwaltungstätigkeit beziehungsweise ein Sechstel der im Verwaltungshaushalt veranschlagten Einnahmen und für den Eigenbetrieb ein Sechstel der im Erfolgsplan vorgesehenen Erträge nicht übersteigen.

3. Abschnitt

Vermögenswirtschaft

a) Allgemeines

Art. 74 Erwerb und Verwaltung von Vermögen, Wertansätze. (1) Die Gemeinde soll Vermögensgegenstände nur erwerben, wenn das zur Erfüllung ihrer Aufgaben erforderlich ist.

(2) [1]Die Vermögensgegenstände sind pfleglich und wirtschaftlich zu verwalten und ordnungsgemäß nachzuweisen. [2]Bei Geldanlagen ist auf eine ausreichende Sicherheit zu achten; sie sollen einen angemessenen Ertrag bringen.

(3) Für die Bewirtschaftung eines Gemeindewaldes gelten neben den Vorschriften dieses Gesetzes die Vorschriften des Waldgesetzes für Bayern.

(4) [1]Vermögensgegenstände sind mit den Anschaffungs- oder Herstellungskosten, vermindert um Abschreibungen, anzusetzen. [2]Verbindlichkeiten sind zu ihrem Rückzahlungsbetrag und Rückstellungen nur in Höhe des Betrags anzusetzen, der nach sachgerechter Beurteilung notwendig ist.

Art. 75 Veräußerung von Vermögen. (1) [1]Die Gemeinde darf Vermögensgegenstände, die sie zur Erfüllung ihrer Aufgaben nicht braucht, veräußern. [2]Vermögensgegenstände dürfen in der Regel nur zu ihrem vollen Wert veräußert werden.

(2) [1]Für die Überlassung der Nutzung eines Vermögensgegenstands gilt Absatz 1 entsprechend. [2]Ausnahmen sind insbesondere zulässig bei der Vermietung kommunaler Gebäude zur Sicherung preiswerten Wohnens und zur Sicherung der Existenz kleiner und ertragsschwacher Gewerbebetriebe.

(3) [1]Die Verschenkung und die unentgeltliche Überlassung von Gemeindevermögen sind unzulässig (Art. 12 Abs. 2 Satz 2 der Verfassung). [2]Die Veräußerung oder Überlassung von Gemeindevermögen in Erfüllung von Gemeindeaufgaben oder herkömmlicher Anstandspflichten fällt nicht unter dieses Verbot.

(4) Gemeindevermögen darf nur im Rahmen der Aufgabenerfüllung der Gemeinde und nur dann in Stiftungsvermögen eingebracht werden, wenn der mit der Stiftung verfolgte Zweck auf andere Weise nicht erreicht werden kann.

Art. 76 Rücklagen und Rückstellungen. (1) [1]Bei Haushaltswirtschaft nach den Grundsätzen der doppelten kommunalen Buchführung hat die Gemeinde ihre stetige Zahlungsfähigkeit sicherzustellen. [2]Überschüsse der Ergebnisrechnung sind den Rücklagen zuzuführen, soweit nicht Fehlbeträge aus Vorjahren auszugleichen sind.

(2) Bei Haushaltswirtschaft nach den Grundsätzen der doppelten kommunalen Buchführung sind für ungewisse Verbindlichkeiten und unterlassene Aufwendungen für Instandhaltung Rückstellungen zu bilden.

(3) [1]Bei Haushaltswirtschaft nach den Grundsätzen der Kameralistik hat die Gemeinde für Zwecke des Vermögenshaushalts und zur Sicherung der Haushaltswirtschaft Rücklagen in angemessener Höhe zu bilden. [2]Rücklagen für andere Zwecke sind zulässig.

Art. 77 Insolvenzverfahren. Über das Vermögen der Gemeinde findet ein Insolvenzverfahren nicht statt.

Art. 78, 79 *(aufgehoben)*

b) Öffentliche Nutzungsrechte

Art. 80 Verbot der Neubegründung; Übertragungsbeschränkungen.
(1) Öffentliche Rechte einzelner auf Nutzungen am Gemeindevermögen oder an ehemaligem Ortschaftsvermögen (Nutzungsrechte) können nicht neu begründet, erweitert oder in der Nutzungsart geändert oder aufgeteilt werden.

(2) [1]Nutzungsrechte sind nur begründet, wenn ein besonderer Rechtstitel vorhanden ist oder wenn das Recht mindestens seit dem 18. Januar 1922 ununterbrochen kraft Rechtsüberzeugung ausgeübt wird. [2]Unschädlich sind

1. Unterbrechungen, die die Berechtigten nicht zu vertreten haben,
2. Unterbrechungen bei der Ausübung eines ausschließlich landwirtschaftlichen Nutzungsrechts, die nicht länger als drei Jahre dauern und durch die Umstrukturierung des landwirtschaftlichen Betriebs verursacht sind.

[3]Nutzungsrechte, die nicht ausschließlich landwirtschaftlichen Zwecken dienen, erlöschen nicht durch die Einstellung des landwirtschaftlichen Betriebs.

(3) [1]Die Übertragung eines Nutzungsrechts, das auf einem Anwesen ruht, auf ein anderes Anwesen, die Häufung von mehr als einem vollen Nutzungsrecht auf ein Anwesen oder die Zerstückelung eines Nutzungsrechts sind nur aus wichtigem Grund, nur innerhalb derselben Gemeinde und nur dann zulässig, wenn das Anwesen, auf welches das Nutzungsrecht übertragen werden soll, das Haus- und Hofgrundstück eines ausübenden Land- oder Forstwirts ist. [2]Sie bedürfen der Genehmigung der Gemeinde. [3]Die Übertragung eines Nutzungsrechts auf eine juristische Person des privaten Rechts oder eine Gesellschaft des Handelsrechts ist unzulässig.

Art. 81 Lasten und Ausgaben. (1) [1]Wer Nutzungen bezieht, hat die auf dem Gegenstand des Nutzungsrechts ruhenden Lasten zu tragen und die zur Gewinnung der Nutzungen und zur Erhaltung oder zur Erhöhung der Ertragsfähigkeit erforderlichen Ausgaben zu bestreiten. [2]Wird Gemeindevermögen teilweise von der Gemeinde, teilweise von Berechtigten genutzt, so sind diese Lasten und Ausgaben entsprechend zu teilen.

(2) [1]Die Berechtigten sind verpflichtet, für die Nutzungen Gegenleistungen an die Gemeinde zu entrichten, soweit dies bisher der Fall war. [2]Die Höhe der Gegenleistungen bemißt sich nach dem Wertverhältnis zwischen Nutzungen und Gegenleistungen am 1. Januar 1938.

Art. 82 Ablösung und Aufhebung. (1) [1]Nutzungsrechte können durch Vereinbarung zwischen den Berechtigten und der Gemeinde abgelöst werden. [2]Mit Zustimmung der Mehrheit der Berechtigten können sämtliche Nutzungsrechte von der Gemeinde abgelöst werden; dabei richtet sich das Stimmrecht nach den Anteilen am Gesamtnutzungsrecht. [3]Werden einzelne Nutzungsrechte abgelöst, so gehen sie auf die Gemeinde über; sie kann die Rechte nicht auf Dritte übertragen. [4]Werden sämtliche Nutzungsrechte abgelöst, so gehen sie unter.

(2) Nutzungsrechte können auf Antrag der Gemeinde durch die Rechtsaufsichtsbehörde aufgehoben werden, wenn die Gemeinde belastete Grundstücke ganz oder teilweise aus Gründen des Gemeinwohls zur Erfüllung öffentlicher Aufgaben benötigt.

(3) Werden Nutzungsrechte von der Gemeinde abgelöst oder von der Rechtsaufsichtsbehörde aufgehoben, so sind die Berechtigten von der Gemeinde angemessen zu entschädigen.

Art. 83 Art und Umfang der Entschädigung. (1) [1]Die Entschädigung ist in Geld durch Zahlung eines einmaligen Betrags zu leisten. [2]Die Berechtigten können verlangen, in Grundstücken entschädigt zu werden, wenn

1. sie zur Sicherung ihrer Berufs- und Erwerbstätigkeit darauf angewiesen sind,
2. das der Gemeinde zugemutet werden kann und
3. andere Vorschriften einer Entschädigung in Grundstücken nicht entgegenstehen.

[3]Ein Anspruch auf Zuteilung bestimmter Grundstücke besteht nicht.

(2) [1]Als Grundlage einer angemessenen Entschädigung gilt im allgemeinen der Wert des Fünfundzwanzigfachen des durchschnittlichen jährlichen Reinertrags der Nutzungen, die in den der Ablösung oder Aufhebung unmittelbar vorhergehenden 15 Jahren gezogen worden sind oder bei ungehinderter rechtmäßiger Ausübung des Rechts hätten gezogen werden können. [2]Für die vereinbarte Ablösung gilt Entsprechendes.

(3) Über die Höhe der Entschädigung entscheiden im Streitfall die ordentlichen Gerichte.

(4) [1]Waldgenossenschaften, die im Zusammenhang mit der Ablösung oder Aufhebung von Nutzungsrechten als Körperschaften des öffentlichen Rechts gebildet wurden, können aufgelöst werden, wenn andere Vorschriften nicht

entgegenstehen. [2]Die Rechtsverhältnisse bestehender Waldgenossenschaften, insbesondere ihre Aufgaben, die Rechte und Pflichten ihrer Mitglieder, ihre Auflösung und die Aufsicht werden durch Rechtsverordnung des Staatsministeriums des Innern, für Sport und Integration geregelt.

c) Von der Gemeinde verwaltete nichtrechtsfähige (fiduziarische) Stiftungen

Art. 84 Begriff; Verwaltung. (1) Vermögenswerte, die die Gemeinde von Dritten unter der Auflage entgegennimmt, sie zu einem bestimmten öffentlichen Zweck zu verwenden, ohne daß eine rechtsfähige Stiftung entsteht, sind ihrer Zweckbestimmung gemäß nach den für das Gemeindevermögen geltenden Vorschriften zu verwalten.

(2) [1]Die Vermögenswerte sind in ihrem Bestand ungeschmälert zu erhalten. [2]Sie sind vom übrigen Gemeindevermögen getrennt zu verwalten und so anzulegen, daß sie für ihren Verwendungszweck verfügbar sind.

(3) [1]Der Ertrag darf nur für den Stiftungszweck verwendet werden. [2]Ist eine Minderung eingetreten, so sollen die Vermögensgegenstände aus dem Ertrag wieder ergänzt werden.

Art. 85 Änderung des Verwendungszwecks; Aufhebung der Zweckbestimmung. [1]Soweit eine Änderung des Verwendungszwecks oder die Aufhebung der Zweckbestimmung zulässig ist, beschließt hierüber der Gemeinderat. [2]Der Beschluß bedarf der Genehmigung.

4. Abschnitt

Gemeindliche Unternehmen

Art. 86 Rechtsformen. Die Gemeinde kann Unternehmen außerhalb ihrer allgemeinen Verwaltung in folgenden Rechtsformen betreiben:
1. als Eigenbetrieb,
2. als selbständiges Kommunalunternehmen des öffentlichen Rechts,
3. in den Rechtsformen des Privatrechts.

Art. 87 Allgemeine Zulässigkeit von Unternehmen und Beteiligungen.
(1) [1]Die Gemeinde darf ein Unternehmen im Sinn von Art. 86 nur errichten, übernehmen oder wesentlich erweitern, wenn
1. ein öffentlicher Zweck das Unternehmen erfordert, insbesondere wenn die Gemeinde mit ihm gesetzliche Verpflichtungen oder ihre Aufgaben gemäß Art. 83 Abs. 1 der Verfassung und Art. 57 erfüllen will,
2. das Unternehmen nach Art und Umfang in einem angemessenen Verhältnis zur Leistungsfähigkeit der Gemeinde und zum voraussichtlichen Bedarf steht,
3. die dem Unternehmen zu übertragenden Aufgaben für die Wahrnehmung außerhalb der allgemeinen Verwaltung geeignet sind,

4. bei einem Tätigwerden außerhalb der kommunalen Daseinsvorsorge der Zweck nicht ebenso gut und wirtschaftlich durch einen anderen erfüllt wird oder erfüllt werden kann.

[2]Alle Tätigkeiten oder Tätigkeitsbereiche, mit denen die Gemeinde oder ihre Unternehmen an dem vom Wettbewerb beherrschten Wirtschaftsleben teilnehmen, um Gewinn zu erzielen, entsprechen keinem öffentlichen Zweck. [3]Soweit Unternehmen entgegen Satz 2 vor dem 1. September 1998 errichtet oder übernommen wurden, dürfen sie weitergeführt, jedoch nicht erweitert werden.

(2) [1]Die Gemeinde darf mit ihren Unternehmen außerhalb des Gemeindegebiets nur tätig werden, wenn dafür die Voraussetzungen des Absatzes 1 vorliegen und die berechtigten Interessen der betroffenen kommunalen Gebietskörperschaften gewahrt sind. [2]Bei der Versorgung mit Strom und Gas gelten nur die Interessen als berechtigt, die nach den Vorschriften des Energiewirtschaftsgesetzes eine Einschränkung des Wettbewerbs zulassen.

(3) [1]Für die Beteiligung der Gemeinde an einem Unternehmen gilt Absatz 1 entsprechend. [2]Absatz 2 gilt entsprechend, wenn sich die Gemeinde an einem auch außerhalb ihres Gebiets tätigen Unternehmen in einem Ausmaß beteiligt, das den auf das Gemeindegebiet entfallenden Anteil an den Leistungen des Unternehmens erheblich übersteigt.

(4) [1]Bankunternehmen darf die Gemeinde weder errichten noch sich an ihnen beteiligen. [2]Für das öffentliche Sparkassenwesen verbleibt es bei den besonderen Vorschriften. [3]Die Gemeinde kann einen einzelnen Geschäftsanteil an einer eingetragenen Kreditgenossenschaft erwerben, wenn eine Nachschußpflicht ausgeschlossen oder die Haftsumme auf einen bestimmten Betrag beschränkt ist.

Art. 88 Eigenbetriebe. (1) Eigenbetriebe sind gemeindliche Unternehmen, die außerhalb der allgemeinen Verwaltung als Sondervermögen ohne eigene Rechtspersönlichkeit geführt werden.

(2) Für Eigenbetriebe bestellt der Gemeinderat eine Werkleitung und einen Werkausschuß.

(3) [1]Die Werkleitung führt die laufenden Geschäfte des Eigenbetriebs. [2]Sie ist insoweit zur Vertretung nach außen befugt; der Gemeinderat kann ihr mit Zustimmung des ersten Bürgermeisters weitere Vertretungsbefugnisse übertragen. [3]Die Werkleitung ist Dienstvorgesetzter der Beamten im Eigenbetrieb und führt die Dienstaufsicht über sie und die im Eigenbetrieb tätigen Arbeitnehmer. [4]Der Gemeinderat kann mit Zustimmung des ersten Bürgermeisters der Werkleitung für Beamte und Arbeitnehmer im Eigenbetrieb die personalrechtlichen Befugnisse in entsprechender Anwendung von Art. 43 Abs. 1 Satz 3 Halbsatz 1 und Abs. 2 Satz 1 übertragen.

(4) [1]Im übrigen beschließt über die Angelegenheiten des Eigenbetriebs der Werkausschuß, soweit nicht der Gemeinderat sich die Entscheidung allgemein vorbehält oder im Einzelfall an sich zieht. [2]Der Werkausschuß ist ein beschlie-

ßender Ausschuß im Sinn der Art. 32 und 45 Abs. 2 Satz 2. [3]Im Fall des Art. 43 Abs. 1 Satz 2 sollen Befugnisse gegenüber Beamten und Arbeitnehmern im Eigenbetrieb auf den Werkausschuß übertragen werden.

(5) [1]Die Art. 61 Abs. 1 bis 3, Art. 62, 67, 69 bis 72, 73 Abs. 1, Art. 74 Abs. 1 bis 3, Art. 75, 77, 100 Abs. 4 und Art. 101 gelten entsprechend. [2]Im Rahmen der gesetzlichen Vorschriften werden die Angelegenheiten des Eigenbetriebs durch eine Betriebssatzung geregelt.

(6) [1]Die Gemeinde kann Einrichtungen innerhalb der allgemeinen Verwaltung (Regiebetriebe) ganz oder teilweise nach den Vorschriften über die Wirtschaftsführung der Eigenbetriebe führen, wenn die Abweichung von den allgemeinen kommunalwirtschaftlichen Vorschriften nach Art und Umfang der Einrichtung zweckmäßig ist. [2]Hierbei können auch Regelungen getroffen werden, die von einzelnen für Eigenbetriebe geltenden Vorschriften abweichen.

Art. 89 Selbständige Kommunalunternehmen des öffentlichen Rechts.

(1) [1]Die Gemeinde kann selbständige Unternehmen in der Rechtsform einer Anstalt des öffentlichen Rechts (Kommunalunternehmen) errichten oder bestehende Regie- und Eigenbetriebe im Weg der Gesamtrechtsnachfolge in Kommunalunternehmen umwandeln. [2]Das Kommunalunternehmen kann sich nach Maßgabe der Unternehmenssatzung und in entsprechender Anwendung der für die Gemeinde geltenden Vorschriften an anderen Unternehmen beteiligen, wenn das dem Unternehmenszweck dient.

(2) [1]Die Gemeinde kann dem Kommunalunternehmen einzelne oder alle mit einem bestimmten Zweck zusammenhängende Aufgaben ganz oder teilweise übertragen. [2]Sie kann nach Maßgabe des Art. 24 durch gesonderte Satzung einen Anschluß- und Benutzungszwang zugunsten des Kommunalunternehmens festlegen und das Unternehmen zur Durchsetzung entsprechend Art. 27 ermächtigen. [3]Sie kann ihm auch das Recht einräumen, an ihrer Stelle Satzungen und, soweit Landesrecht zu deren Erlaß ermächtigt, auch Verordnungen für das übertragene Aufgabengebiet zu erlassen; Art. 26 gilt sinngemäß.

(2a) [1]Ein Unternehmen in der Rechtsform einer Kapitalgesellschaft, an dem ausschließlich die Gemeinde beteiligt ist, kann durch Formwechsel in ein Kommunalunternehmen umgewandelt werden. [2]Die Umwandlung ist nur zulässig, wenn keine Sonderrechte im Sinn des § 23 des Umwandlungsgesetzes (UmwG) und keine Rechte Dritter an den Anteilen der Gemeinde bestehen. [3]Der Formwechsel setzt den Erlass der Unternehmenssatzung durch die Gemeinde und einen sich darauf beziehenden Umwandlungsbeschluss der formwechselnden Gesellschaft voraus. [4]Die §§ 193 bis 195, 197 bis 199, 200 Abs. 1 und § 201 UmwG sind entsprechend anzuwenden. [5]Die Anmeldung zum Handelsregister entsprechend § 198 UmwG erfolgt durch das vertretungsberechtigte Organ der Kapitalgesellschaft. [6]Abweichend von Abs. 3 Satz 4 wird die Umwandlung einer Kapitalgesellschaft in ein Kommunalunternehmen mit dessen Eintragung oder, wenn es nicht eingetragen wird, mit der Eintragung der Umwandlung in das Handelsregister wirksam; § 202 Abs. 1 und 3

UmwG ist entsprechend anzuwenden. [7]Ist bei der Kapitalgesellschaft ein Betriebsrat eingerichtet, bleibt dieser nach dem Wirksamwerden der Umwandlung als Personalrat des Kommunalunternehmens bis zu den nächsten regelmäßigen Personalratswahlen bestehen.

(3) [1]Die Gemeinde regelt die Rechtsverhältnisse des Kommunalunternehmens durch eine Unternehmenssatzung. [2]Die Unternehmenssatzung muß Bestimmungen über den Namen und die Aufgaben des Unternehmens, die Anzahl der Mitglieder des Vorstands und des Verwaltungsrats und die Höhe des Stammkapitals enthalten. [3]Die Gemeinde hat die Unternehmenssatzung und deren Änderungen gemäß Art. 26 Abs. 2 bekanntzumachen. [4]Das Kommunalunternehmen entsteht am Tag nach der Bekanntmachung, wenn nicht in der Unternehmenssatzung ein späterer Zeitpunkt bestimmt ist.

(4) Die Gemeinde haftet für die Verbindlichkeiten des Kommunalunternehmens unbeschränkt, soweit nicht Befriedigung aus dessen Vermögen zu erlangen ist (Gewährträgerschaft).

Art. 90 Organe des Kommunalunternehmens; Personal. (1) [1]Das Kommunalunternehmen wird von einem Vorstand in eigener Verantwortung geleitet, soweit nicht gesetzlich oder durch die Unternehmenssatzung etwas anderes bestimmt ist. [2]Der Vorstand vertritt das Kommunalunternehmen nach außen. [3]Die Gemeinde hat darauf hinzuwirken, daß jedes Vorstandsmitglied vertraglich verpflichtet wird, die ihm im Geschäftsjahr jeweils gewährten Bezüge im Sinn von § 285 Nr. 9 Buchst. a des Handelsgesetzbuchs der Gemeinde jährlich zur Veröffentlichung mitzuteilen.

(2) [1]Die Geschäftsführung des Vorstands wird von einem Verwaltungsrat überwacht. [2]Der Verwaltungsrat bestellt den Vorstand auf höchstens fünf Jahre; eine erneute Bestellung ist zulässig. [3]Er entscheidet außerdem über
1. den Erlaß von Satzungen und Verordnungen gemäß Art. 89 Abs. 2 Satz 3,
2. die Feststellung des Wirtschaftsplans und des Jahresabschlusses,
3. die Festsetzung allgemein geltender Tarife und Entgelte für die Leistungsnehmer,
4. die Beteiligung des Kommunalunternehmens an anderen Unternehmen,
5. die Bestellung des Abschlußprüfers,
6. die Ergebnisverwendung.

[4]Im Fall des Satzes 3 Nr. 1 unterliegen die Mitglieder des Verwaltungsrats den Weisungen des Gemeinderats. [5]Die Unternehmenssatzung kann vorsehen, daß der Gemeinderat den Mitgliedern des Verwaltungsrats auch in bestimmten anderen Fällen Weisungen erteilen kann. [6]Die Abstimmung entgegen der Weisung berührt die Gültigkeit des Beschlusses des Verwaltungsrats nicht. [7]Für den Ausschluss wegen persönlicher Beteiligung gilt Art. 49 entsprechend.

(3) [1]Der Verwaltungsrat besteht aus dem vorsitzenden Mitglied und den übrigen Mitgliedern. [2]Den Vorsitz führt der erste Bürgermeister; mit seiner Zustimmung kann der Gemeinderat eine andere Person zum vorsitzenden Mitglied bestellen. [3]Das vorsitzende Mitglied nach Satz 2 Halbsatz 2 und die übri-

gen Mitglieder des Verwaltungsrats werden vom Gemeinderat für sechs Jahre bestellt. [4]Die Amtszeit von Mitgliedern des Verwaltungsrats, die dem Gemeinderat angehören, endet mit dem Ende der Wahlzeit oder dem vorzeitigen Ausscheiden aus dem Gemeinderat oder bei berufsmäßigen Gemeinderatsmitgliedern mit dem Ausscheiden aus dem Beamtenverhältnis. [5]Die Mitglieder des Verwaltungsrats üben ihr Amt bis zum Amtsantritt der neuen Mitglieder weiter aus. [6]Mitglieder des Verwaltungsrats können nicht sein:

1. Beamte und leitende oder hauptberufliche Arbeitnehmer des Kommunalunternehmens,
2. leitende Beamte und leitende Arbeitnehmer von juristischen Personen oder sonstigen Organisationen des öffentlichen oder privaten Rechts, an denen das Kommunalunternehmen mit mehr als 50 v.H. beteiligt ist; eine Beteiligung am Stimmrecht genügt,
3. Beamte und Arbeitnehmer der Rechtsaufsichtsbehörde, die unmittelbar mit Aufgaben der Aufsicht über das Kommunalunternehmen befaßt sind.

[7]Art. 31 Abs. 3 Sätze 2 und 3 gelten entsprechend.

(4) [1]Das Kommunalunternehmen hat das Recht, Dienstherr von Beamten zu sein, wenn es auf Grund einer Aufgabenübertragung nach Art. 89 Abs. 2 hoheitliche Befugnisse ausübt. [2]Wird es aufgelöst, hat die Gemeinde die Beamten und die Versorgungsempfänger zu übernehmen. [3]Wird das Unternehmensvermögen ganz oder teilweise auf andere juristische Personen des öffentlichen Rechts mit Dienstherrnfähigkeit übertragen, so gelten für die Übernahme und die Rechtsstellung der Beamten und der Versorgungsempfänger des Kommunalunternehmens Art. 51 bis 54 und 69 BayBG, bei länderübergreifendem Vermögensübergang §§ 16 bis 19 des Beamtenstatusgesetzes.

(5) *(aufgehoben)*

Art. 91 Sonstige Vorschriften für Kommunalunternehmen. (1) Der Jahresabschluß und der Lagebericht von Kommunalunternehmen werden nach den für große Kapitalgesellschaften geltenden Vorschriften des Handelsgesetzbuchs aufgestellt und geprüft, sofern nicht weitergehende gesetzliche Vorschriften gelten oder andere gesetzliche Vorschriften entgegenstehen.

(2) Die Organe der Rechnungsprüfung der Gemeinde haben das Recht, sich zur Klärung von Fragen, die bei der Prüfung nach Art. 106 Abs. 4 Sätze 2 und 3 auftreten, unmittelbar zu unterrichten und zu diesem Zweck den Betrieb, die Bücher und Schriften des Kommunalunternehmens einzusehen.

(3) Die Art. 4 Abs. 2, Art. 61 Abs. 1 bis 3, Art. 62, 69, 70, 74 Abs. 1 bis 3, Art. 75, 77 und 101 und die Vorschriften des Vierten Teils über die staatliche Aufsicht und die Rechtsmittel sind auf das Kommunalunternehmen sinngemäß anzuwenden.

(4) Das Unternehmen ist zur Vollstreckung von Verwaltungsakten in demselben Umfang berechtigt wie die Gemeinde, wenn es auf Grund einer Aufgabenübertragung nach Art. 89 Abs. 2 hoheitliche Befugnisse ausübt und bei der Aufgabenübertragung nichts Abweichendes geregelt wird.

Art. 92 Unternehmen in Privatrechtsform. (1) [1]Gemeindliche Unternehmen in Privatrechtsform und gemeindliche Beteiligungen an Unternehmen in Privatrechtsform sind nur zulässig, wenn

1. im Gesellschaftsvertrag oder in der Satzung sichergestellt ist, daß das Unternehmen den öffentlichen Zweck gemäß Art. 87 Abs. 1 Satz 1 Nr. 1 erfüllt,
2. die Gemeinde angemessenen Einfluß im Aufsichtsrat oder in einem entsprechenden Gremium erhält,
3. die Haftung der Gemeinde auf einen bestimmten, ihrer Leistungsfähigkeit angemessenen Betrag begrenzt wird; die Rechtsaufsichtsbehörde kann von der Haftungsbegrenzung befreien.

[2]Zur Sicherstellung des öffentlichen Zwecks von Gesellschaften mit beschränkter Haftung soll im Gesellschaftsvertrag oder in der Satzung bestimmt werden, daß die Gesellschafterversammlung auch über den Erwerb und die Veräußerung von Unternehmen und Beteiligungen und über den Abschluß und die Änderung von Unternehmensverträgen beschließt. [3]In der Satzung von Aktiengesellschaften soll bestimmt werden, daß zum Erwerb und zur Veräußerung von Unternehmen und Beteiligungen die Zustimmung des Aufsichtsrats notwendig ist.

(2) Die Gemeinde darf dem Erwerb von Unternehmen und Beteiligungen durch Unternehmen in Privatrechtsform, an denen sie unmittelbar oder mittelbar beteiligt ist, nur unter entsprechender Anwendung der für sie selbst geltenden Vorschriften zustimmen.

Art. 93 Vertretung der Gemeinde in Unternehmen in Privatrechtsform.
(1) [1]Der erste Bürgermeister vertritt die Gemeinde in der Gesellschafterversammlung oder einem entsprechenden Organ. [2]Mit Zustimmung des ersten Bürgermeisters und der weiteren Bürgermeister kann der Gemeinderat eine andere Person zur Vertretung widerruflich bestellen.

(2) [1]Die Gemeinde soll bei der Ausgestaltung des Gesellschaftsvertrags oder der Satzung darauf hinwirken, daß ihr das Recht eingeräumt wird, Mitglieder in einen Aufsichtsrat oder ein entsprechendes Gremium zu entsenden, soweit das zur Sicherung eines angemessenen Einflusses notwendig ist. [2]Vorbehaltlich entgegenstehender gesetzlicher Vorschriften haben Personen, die von der Gemeinde entsandt oder auf ihre Veranlassung gewählt wurden, die Gemeinde über alle wichtigen Angelegenheiten möglichst frühzeitig zu unterrichten und ihr auf Verlangen Auskunft zu erteilen. [3]Soweit zulässig, soll sich die Gemeinde ihnen gegenüber Weisungsrechte im Gesellschaftsvertrag oder der Satzung vorbehalten.

(3) [1]Wird die Person, die die Gemeinde vertritt oder werden die in Absatz 2 genannten Personen aus ihrer Tätigkeit haftbar gemacht, stellt die Gemeinde sie von der Haftung frei. [2]Bei Vorsatz oder grober Fahrlässigkeit kann die Gemeinde Rückgriff nehmen, es sei denn, das schädigende Verhalten beruhte auf ihrer Weisung. [3]Die Sätze 1 und 2 gelten entsprechend für Personen, die auf

Veranlassung der Gemeinde als nebenamtliche Mitglieder des geschäftsführenden Unternehmensorganges bestellt sind.

Art. 94 Sonstige Vorschriften für Unternehmen in Privatrechtsform.
(1) [1]Gehören der Gemeinde Anteile an einem Unternehmen in dem in § 53 des Haushaltsgrundsätzegesetzes (HGrG) bezeichneten Umfang, so hat sie
1. darauf hinzuwirken, daß in sinngemäßer Anwendung der für Eigenbetriebe geltenden Vorschriften für jedes Wirtschaftsjahr ein Wirtschaftsplan aufgestellt und der Wirtschaftsführung eine fünfjährige Finanzplanung zugrundegelegt wird,
2. dafür Sorge zu tragen, daß der Jahresabschluß und der Lagebericht nach den für große Kapitalgesellschaften geltenden Vorschriften des Handelsgesetzbuchs aufgestellt und geprüft werden, sofern nicht weitergehende gesetzliche Vorschriften gelten oder andere gesetzliche Vorschriften entgegenstehen,
3. die Rechte nach § 53 Abs. 1 HGrG auszuüben,
4. darauf hinzuwirken, daß ihr und dem für sie zuständigen überörtlichen Prüfungsorgan die in § 54 HGrG vorgesehenen Befugnisse eingeräumt werden,
5. darauf hinzuwirken, daß jedes Mitglied des geschäftsführenden Unternehmensorgans vertraglich verpflichtet wird, die ihm im Geschäftsjahr jeweils gewährten Bezüge im Sinn von § 285 Nr. 9 Buchst. a des Handelsgesetzbuchs der Gemeinde jährlich zur Veröffentlichung entsprechend Absatz 3 Satz 2 mitzuteilen.

[2]Die Rechtsaufsichtsbehörde kann Ausnahmen zulassen.

(2) [1]Ist eine Beteiligung der Gemeinde an einem Unternehmen keine Mehrheitsbeteiligung im Sinn des § 53 HGrG, so soll die Gemeinde, soweit ihr Interesse das erfordert, darauf hinwirken, daß in der Satzung oder im Gesellschaftsvertrag der Gemeinde die Rechte nach § 53 Abs. 1 HGrG und der Gemeinde und dem für sie zuständigen überörtlichen Prüfungsorgan die Befugnisse nach § 54 HGrG eingeräumt werden. [2]Bei mittelbaren Beteiligungen gilt das nur, wenn die Beteiligung den vierten Teil der Anteile übersteigt und einer Gesellschaft zusteht, an der die Gemeinde allein oder zusammen mit anderen Gebietskörperschaften oder deren Zusammenschlüssen mit Mehrheit im Sinn des § 53 HGrG beteiligt ist.

(3) [1]Die Gemeinde hat jährlich einen Bericht über ihre Beteiligungen an Unternehmen in einer Rechtsform des Privatrechts zu erstellen, wenn ihr mindestens der zwanzigste Teil der Anteile eines Unternehmens gehört. [2]Der Beteiligungsbericht soll insbesondere Angaben über die Erfüllung des öffentlichen Zwecks, die Beteiligungsverhältnisse, die Zusammensetzung der Organe der Gesellschaft, die Bezüge der einzelnen Mitglieder des geschäftsführenden Unternehmensorgans gemäß Absatz 1 Nr. 5, die Ertragslage und die Kreditaufnahme enthalten. [3]Haben die Mitglieder des geschäftsführenden Unternehmensorgans ihr Einverständnis mit der Veröffentlichung ihrer Einzelbezüge nicht erklärt, sind ihre Gesamtbezüge so zu veröffentlichen, wie sie von der

Gesellschaft nach den Vorschriften des Handelsgesetzbuchs in den Anhang zum Jahresabschluß aufgenommen werden. [4]Der Bericht ist dem Gemeinderat vorzulegen. [5]Die Gemeinde weist ortsüblich darauf hin, daß jeder Einsicht in den Bericht nehmen kann.

(4) [1]Gehören der Gemeinde Anteile an einem Unternehmen der öffentlichen Versorgung mit Wasser (Wasserversorgungsunternehmen) in dem in § 53 HGrG bezeichneten Umfang oder bedient sie sich zur Durchführung der Wasserversorgung eines Dritten, so hat sie dafür Sorge zu tragen, dass Art. 24 Abs. 4 Satz 5 bis 7 zur entsprechenden Anwendung kommt. [2]Ist eine Beteiligung der Gemeinde an einem Wasserversorgungsunternehmen keine Mehrheitsbeteiligung im Sinn des § 53 HGrG, so soll sie darauf hinwirken, dass Art. 24 Abs. 4 Satz 5 bis 7 zur entsprechenden Anwendung kommt.

Art. 95 Grundsätze für die Führung gemeindlicher Unternehmen.
(1) [1]Eigenbetriebe und Kommunalunternehmen sind unter Beachtung betriebswirtschaftlicher Grundsätze und des Grundsatzes der Sparsamkeit und Wirtschaftlichkeit so zu führen, daß der öffentliche Zweck erfüllt wird. [2]Entsprechendes gilt für die Steuerung und Überwachung von Unternehmen in Privatrechtsform, an denen die Gemeinde mit mehr als 50 v.H. beteiligt ist; bei einer geringeren Beteiligung soll die Gemeinde darauf hinwirken.

(2) Gemeindliche Unternehmen dürfen keine wesentliche Schädigung und keine Aufsaugung selbständiger Betriebe in Landwirtschaft, Handwerk, Handel, Gewerbe und Industrie bewirken.

Art. 96 Anzeigepflichten. (1) [1]Entscheidungen der Gemeinde über
1. die Errichtung, Übernahme und wesentliche Erweiterung sowie die Änderung der Rechtsform oder der Aufgaben gemeindlicher Unternehmen,
2. die unmittelbare oder mittelbare Beteiligung der Gemeinde an Unternehmen,
3. die gänzliche oder teilweise Veräußerung gemeindlicher Unternehmen oder Beteiligungen,
4. die Auflösung von Kommunalunternehmen

sind der Rechtsaufsichtsbehörde rechtzeitig, mindestens aber sechs Wochen vor ihrem Vollzug, vorzulegen. [2]In den Fällen des Satzes 1 Nrn. 2 und 3 besteht keine Anzeigepflicht, wenn die Entscheidung weniger als den zwanzigsten Teil der Anteile des Unternehmens betrifft. [3]Aus der Vorlage muß zu ersehen sein, ob die gesetzlichen Voraussetzungen erfüllt sind. [4]Die Unternehmenssatzung von Kommunalunternehmen ist der Rechtsaufsichtsbehörde stets vorzulegen.

(2) Abs. 1 Satz 1 Nrn. 1 bis 3 und die Sätze 2 und 3 gelten entsprechend für Entscheidungen des Verwaltungsrats eines Kommunalunternehmens.

Art. 97–99 *(aufgehoben)*

5. Abschnitt

Kassen- und Rechnungswesen

Art. 100 Gemeindekasse. (1) Die Gemeindekasse erledigt alle Kassengeschäfte der Gemeinde.

(2) [1]Die Gemeinde hat einen Kassenverwalter und einen Stellvertreter zu bestellen. [2]Diese Verpflichtung entfällt, wenn sie ihre Kassengeschäfte ganz durch eine Stelle außerhalb der Gemeindeverwaltung besorgen läßt. [3]Die Anordnungsbefugten der Gemeindeverwaltung, der Leiter und die Prüfer des Rechnungsprüfungsamts und Bedienstete, denen örtliche Kassenprüfungen übertragen sind, können nicht gleichzeitig die Aufgaben eines Kassenverwalters oder seines Stellvertreters wahrnehmen.

(3) Der Kassenverwalter und sein Stellvertreter dürfen weder miteinander noch mit den Anordnungsbefugten der Gemeindeverwaltung, dem Leiter und den Prüfern des Rechnungsprüfungsamts und den Bediensteten, denen örtliche Kassenprüfungen übertragen sind, durch ein Angehörigenverhältnis im Sinn des Art. 20 Abs. 5 des Bayerischen Verwaltungsverfahrensgesetzes verbunden sein.

(4) [1]Sonderkassen sollen mit der Gemeindekasse verbunden werden. [2]Ist eine Sonderkasse nicht mit der Gemeindekasse verbunden, gelten für den Verwalter der Sonderkasse und dessen Stellvertreter die Absätze 2 und 3 entsprechend.

Art. 101 Übertragung von Kassen- und Rechnungsgeschäften. Die Gemeinde kann das Ermitteln von Ansprüchen und von Zahlungsverpflichtungen, das Vorbereiten der entsprechenden Kassenanordnungen, die Kassengeschäfte und das Rechnungswesen ganz oder zum Teil von einer Stelle außerhalb der Gemeindeverwaltung besorgen lassen, wenn die ordnungsgemäße und sichere Erledigung und die Prüfung nach den für die Gemeinde geltenden Vorschriften gewährleistet sind.

Art. 102 Rechnungslegung, Jahresabschluss. (1) [1]Im Jahresabschluss beziehungsweise in der Jahresrechnung ist das Ergebnis der Haushaltswirtschaft einschließlich des Stands des Vermögens und der Verbindlichkeiten zu Beginn und am Ende des Haushaltsjahres nachzuweisen. [2]Bei Haushaltswirtschaft nach den Grundsätzen der doppelten kommunalen Buchführung besteht der Jahresabschluss aus der Ergebnisrechnung, der Finanzrechnung, der Vermögensrechnung (Bilanz) und dem Anhang. [3]Bei Haushaltswirtschaft nach den Grundsätzen der Kameralistik besteht die Jahresrechnung aus dem kassenmäßigen Abschluss und der Haushaltsrechnung. [4]Der Jahresabschluss beziehungsweise die Jahresrechnung ist durch einen Rechenschaftsbericht zu erläutern.

(2) Der Jahresabschluss beziehungsweise die Jahresrechnung ist innerhalb von sechs Monaten, der konsolidierte Jahresabschluss (Art. 102a) innerhalb

von zehn Monaten nach Abschluss des Haushaltsjahres aufzustellen und sodann dem Gemeinderat vorzulegen.

(3) [1]Nach Durchführung der örtlichen Prüfung der Jahresrechnung und der Jahresabschlüsse (Art. 103) und Aufklärung etwaiger Unstimmigkeiten stellt der Gemeinderat alsbald, jedoch in der Regel bis zum 30. Juni des auf das Haushaltsjahr folgenden übernächsten Jahres den Jahresabschluss beziehungsweise die Jahresrechnung in öffentlicher Sitzung fest und beschließt über die Entlastung. [2]Ist ein konsolidierter Jahresabschluss aufzustellen (Art. 102a), tritt an die Stelle des 30. Juni der 31. Dezember des auf das Haushaltsjahr folgenden übernächsten Jahres. [3]Verweigert der Gemeinderat die Entlastung oder spricht er sie mit Einschränkungen aus, hat er die dafür maßgebenden Gründe anzugeben.

(4) Die Gemeinderatsmitglieder können jederzeit die Berichte über die Prüfungen einsehen.

Art. 102a Konsolidierter Jahresabschluss. (1) [1]Mit dem Jahresabschluss der Gemeinde sind die Jahresabschlüsse

1. der außerhalb der allgemeinen Verwaltung geführten Sondervermögen ohne eigene Rechtspersönlichkeit,
2. der rechtlich selbstständigen Organisationseinheiten und Vermögensmassen mit Nennkapital oder variablen Kapitalanteilen,
3. der Zweckverbände und Verwaltungsgemeinschaften mit kaufmännischer Rechnungslegung und der gemeinsamen Kommunalunternehmen und
4. der von der Gemeinde verwalteten kommunalen Stiftungen mit kaufmännischem Rechnungswesen

zu konsolidieren. [2]Das gilt nicht für die Jahresabschlüsse der Sparkassen.

(2) [1]Aufgabenträger nach Abs. 1 sind entsprechend den §§ 300 bis 309 des Handelsgesetzbuchs zu konsolidieren (Vollkonsolidierung), wenn bei der Gemeinde die dem § 290 Abs. 1 und 2 des Handelsgesetzbuchs entsprechenden Voraussetzungen vorliegen. [2]Andere Aufgabenträger als nach Satz 1 sind entsprechend den §§ 311 und 312 des Handelsgesetzbuchs zu konsolidieren, es sei denn, sie sind für die Vermittlung eines den tatsächlichen Verhältnissen entsprechenden Bildes der Vermögens-, Finanz- und Ertragslage von untergeordneter Bedeutung. [3]Aufgabenträger nach Abs. 1 Nr. 3 können auch entsprechend § 310 des Handelsgesetzbuchs anteilsmäßig konsolidiert werden. [4]Für den Anteil an einem Zweckverband oder einer Verwaltungsgemeinschaft ist der Umlageschlüssel maßgebend.

(3) Der konsolidierte Jahresabschluss ist durch eine Kapitalflussrechnung zu ergänzen und durch einen Konsolidierungsbericht zu erläutern.

(4) Die Gemeinde hat bei den in Abs. 1 Satz 1 genannten Aufgabenträgern, Organisationseinheiten und Vermögensmassen darauf hinzuwirken, dass ihr das Recht eingeräumt wird, von diesen alle Informationen und Unterlagen zu erhalten, die sie für die Konsolidierung der Jahresabschlüsse für erforderlich hält.

6. Abschnitt

Prüfungswesen

Art. 103 Örtliche Prüfungen. (1) [1]Der Jahresabschluss und der konsolidierte Jahresabschluss beziehungsweise die Jahresrechnung sowie die Jahresabschlüsse der Eigenbetriebe, der Krankenhäuser und der Pflegeeinrichtungen mit kaufmännischem Rechnungswesen werden entweder vom Gemeinderat oder von einem Rechnungsprüfungsausschuss geprüft (örtliche Rechnungsprüfung). [2]Über die Beratungen sind Niederschriften aufzunehmen.

(2) In Gemeinden mit mehr als 5000 Einwohnern bildet der Gemeinderat aus seiner Mitte einen Rechnungsprüfungsausschuß mit mindestens drei und höchstens sieben Mitgliedern und bestimmt ein Ausschußmitglied zum Vorsitzenden; Art. 33 Abs. 2 findet keine Anwendung.

(3) [1]Zur Prüfung der Jahresabschlüsse und des konsolidierten Jahresabschlusses sowie der Jahresrechnung können Sachverständige zugezogen werden. [2]In Gemeinden, in denen ein Rechnungsprüfungsamt eingerichtet ist (Art. 104), ist das Rechnungsprüfungsamt umfassend als Sachverständiger heranzuziehen.

(4) Die örtliche Prüfung der Jahresrechnung und der Jahresabschlüsse ist innerhalb von zwölf Monaten, die des konsolidierten Jahresabschlusses innerhalb von 18 Monaten nach Abschluß des Haushaltsjahres durchzuführen.

(5) [1]Die örtliche Kassenprüfung obliegt dem ersten Bürgermeister. [2]Er bedient sich in Gemeinden, in denen ein Rechnungsprüfungsamt eingerichtet ist, dieses Amts.

Art. 104 Rechnungsprüfungsamt. (1) [1]Kreisfreie Gemeinden müssen ein Rechnungsprüfungsamt einrichten. [2]Kreisangehörige Gemeinden können ein Rechnungsprüfungsamt einrichten, wenn ein Bedürfnis dafür besteht und die Kosten in angemessenem Verhältnis zum Umfang der Verwaltung stehen.

(2) [1]Das Rechnungsprüfungsamt ist bei der örtlichen Rechnungsprüfung dem Gemeinderat und bei den örtlichen Kassenprüfungen dem ersten Bürgermeister unmittelbar verantwortlich. [2]Der Gemeinderat und der erste Bürgermeister können besondere Aufträge zur Prüfung der Verwaltung erteilen. [3]Das Rechnungsprüfungsamt ist bei der Wahrnehmung seiner Aufgaben unabhängig und nur dem Gesetz unterworfen. [4]Im übrigen bleiben die Befugnisse des ersten Bürgermeisters unberührt, dem das Rechnungsprüfungsamt unmittelbar untersteht.

(3) [1]Der Gemeinderat bestellt den Leiter, seinen Stellvertreter und die Prüfer des Rechnungsprüfungsamts und beruft sie ab. [2]Der Gemeinderat kann den Leiter des Rechnungsprüfungsamts und seinen Stellvertreter gegen ihren Willen nur mit einer Mehrheit von zwei Dritteln der gesetzlichen Zahl der Mitglieder des Gemeinderats abberufen, wenn sie ihre Aufgabe nicht ordnungsgemäß erfüllen. [3]Die Abberufung von Prüfern des Rechnungsprüfungsamts gegen

ihren Willen bedarf einer Mehrheit von zwei Dritteln der stimmberechtigten Gemeinderatsmitglieder.

(4) [1]Der Leiter des Rechnungsprüfungsamts muß Beamter auf Lebenszeit sein. [2]Er muß in der Fachlaufbahn Verwaltung und Finanzen, fachlicher Schwerpunkt nichttechnischer Verwaltungsdienst, für ein Amt ab der Besoldungsgruppe A10 qualifiziert sein sowie die für sein Amt erforderliche Erfahrung und Eignung besitzen.

(5) [1]Der Leiter, sein Stellvertreter und die Prüfer des Rechnungsprüfungsamts dürfen eine andere Stellung in der Gemeinde nur innehaben, wenn das mit ihren Prüfungsaufgaben vereinbar ist. [2]Sie dürfen Zahlungen für die Gemeinde weder anordnen noch ausführen. [3]Für den Leiter des Rechnungsprüfungsamts und seinen Stellvertreter gilt außerdem Art. 100 Abs. 3 entsprechend.

Art. 105 Überörtliche Prüfungen. (1) Die überörtlichen Rechnungs- und Kassenprüfungen werden bei den Mitgliedern des Bayerischen Kommunalen Prüfungsverbands durch diesen Verband, bei den übrigen Gemeinden durch die staatlichen Rechnungsprüfungsstellen der Landratsämter durchgeführt (überörtliche Prüfungsorgane).

(2) Die überörtliche Rechnungsprüfung findet alsbald nach der Feststellung des Jahresabschlusses und des konsolidierten Jahresabschlusses beziehungsweise der Jahresrechnung sowie der Jahresabschlüsse der Eigenbetriebe, der Krankenhäuser und der Pflegeeinrichtungen mit kaufmännischem Rechnungswesen statt.

Art. 106 Inhalt der Rechnungs- und Kassenprüfungen. (1) Die Rechnungsprüfung erstreckt sich auf die Einhaltung der für die Wirtschaftsführung geltenden Vorschriften und Grundsätze, insbesondere darauf, ob
1. die Haushaltssatzung und der Haushaltsplan eingehalten worden sind,
2. die Einzahlungen und Auszahlungen sowie Erträge und Aufwendungen beziehungsweise die Einnahmen und Ausgaben begründet und belegt sind sowie der Jahresabschluss und der konsolidierte Jahresabschluss beziehungsweise die Jahresrechnung sowie die Vermögensnachweise ordnungsgemäß aufgestellt sind,
3. wirtschaftlich und sparsam verfahren wird,
4. die Aufgaben mit geringerem Personal- oder Sachaufwand oder auf andere Weise wirksamer erfüllt werden können.

(2) [1]Die Wirtschaftsführung der Krankenhäuser und der Pflegeeinrichtungen einschließlich der Jahresabschlüsse unterliegen der Rechnungsprüfung. [2]Absatz 1 gilt entsprechend.

(3) [1]Die Rechnungsprüfung umfaßt auch die Wirtschaftsführung der Eigenbetriebe unter entsprechender Anwendung des Absatzes 1. [2]Dabei ist auf das Ergebnis der Abschlußprüfung (Art. 107) mit abzustellen.

(4) [1]Im Rahmen der Rechnungsprüfung wird die Betätigung der Gemeinde bei Unternehmen in einer Rechtsform des privaten Rechts, an denen die Gemeinde unmittelbar oder mittelbar beteiligt ist, unter Beachtung kaufmännischer Grundsätze mitgeprüft. [2]Entsprechendes gilt bei Erwerbs- und Wirtschaftsgenossenschaften, in denen die Gemeinde Mitglied ist, sowie bei Kommunalunternehmen. [3]Die Rechnungsprüfung umfaßt ferner die Buch-, Betriebs- und sonstigen Prüfungen, die sich die Gemeinde bei der Hingabe eines Darlehens oder sonst vorbehalten hat.

(5) Durch Kassenprüfungen werden die ordnungsmäßige Erledigung der Kassengeschäfte, die ordnungsmäßige Einrichtung der Kassen und das Zusammenwirken mit der Verwaltung geprüft.

(6) [1]Die Organe der Rechnungsprüfung der Gemeinde und das für sie zuständige überörtliche Prüfungsorgan können verlangen, dass ihnen oder ihren beauftragten Prüfern Unterlagen, die sie zur Erfüllung ihrer Aufgaben für erforderlich halten, vorgelegt oder ihnen innerhalb einer bestimmten Frist übersandt werden. [2]Auskünfte sind ihnen oder ihren beauftragten Prüfern zu erteilen. [3]Die Auskunftspflicht nach den Sätzen 1 und 2 besteht auch, soweit hierfür in anderen Bestimmungen eine besondere Rechtsvorschrift gefordert wird, und umfasst auch elektronisch gespeicherte Daten sowie deren automatisierten Abruf.

Art. 107 Abschlussprüfung bei Eigenbetrieben und Kommunalunternehmen. (1) Der Jahresabschluß und der Lagebericht eines Eigenbetriebs und eines Kommunalunternehmens sollen spätestens innerhalb von neun Monaten nach Schluß des Wirtschaftsjahres durch einen sachverständigen Prüfer (Abschlußprüfer) geprüft sein.

(2) Die Abschlußprüfung wird vom Bayerischen Kommunalen Prüfungsverband oder von einem Wirtschaftsprüfer oder von einer Wirtschaftsprüfungsgesellschaft durchgeführt.

(3) [1]Die Abschlußprüfung erstreckt sich auf die Vollständigkeit und Ordnungsmäßigkeit des Jahresabschlusses unter Einbeziehung der Buchführung und des Lageberichts. [2]Dabei werden auch geprüft

1. die Ordnungsmäßigkeit der Geschäftsführung,
2. die Entwicklung der Vermögens- und Ertragslage sowie die Liquidität und Rentabilität,
3. die verlustbringenden Geschäfte und die Ursachen der Verluste, wenn diese Geschäfte und die Ursachen für die Vermögens- und Ertragslage von Bedeutung waren,
4. die Ursachen eines in der Gewinn- und Verlustrechnung ausgewiesenen Jahresfehlbetrags.

VIERTER TEIL

Staatliche Aufsicht und Rechtsmittel

1. Abschnitt

Rechtsaufsicht und Fachaufsicht

Art. 108 Sinn der staatlichen Aufsicht. Die Aufsichtsbehörden sollen die Gemeinden bei der Erfüllung ihrer Aufgaben verständnisvoll beraten, fördern und schützen sowie die Entschlußkraft und die Selbstverantwortung der Gemeindeorgane stärken.

Art. 109 Inhalt und Grenzen der Aufsicht. (1) In den Angelegenheiten des eigenen Wirkungskreises (Art. 7) beschränkt sich die staatliche Aufsicht darauf, die Erfüllung der gesetzlich festgelegten und übernommenen öffentlich-rechtlichen Aufgaben und Verpflichtungen der Gemeinden und die Gesetzmäßigkeit ihrer Verwaltungstätigkeit zu überwachen (Rechtsaufsicht).

(2) [1]In den Angelegenheiten des übertragenen Wirkungskreises (Art. 8) erstreckt sich die staatliche Aufsicht auch auf die Handhabung des gemeindlichen Verwaltungsermessen (Fachaufsicht). [2]Eingriffe in das Verwaltungsermessen sind auf die Fälle zu beschränken, in denen

1. das Gemeinwohl oder öffentlich-rechtliche Ansprüche einzelner eine Weisung oder Entscheidung erfordern oder
2. die Bundesregierung nach Art. 84 Abs. 5 oder Art. 85 Abs. 3 des Grundgesetzes eine Weisung erteilt.

Art. 110 Rechtsaufsichtsbehörden. [1]Die Rechtsaufsicht über die kreisangehörigen Gemeinden obliegt dem Landratsamt als staatliche Verwaltungsaufgabe. [2]Die Rechtsaufsicht über die kreisfreien Gemeinden obliegt der Regierung. [3]Diese ist obere Rechtsaufsichtsbehörde für die kreisangehörigen Gemeinden. [4]Das Staatsministerium des Innern, für Sport und Integration ist obere Rechtsaufsichtsbehörde für die kreisfreien Gemeinden. [5]Soweit Große Kreisstädte Aufgaben wahrnehmen, die ihnen nach Art. 9 Abs. 2 übertragen sind, richtet sich die Rechtsaufsicht nach den für kreisfreie Gemeinden geltenden Vorschriften.

Art. 111 Informationsrecht. [1]Die Rechtsaufsichtsbehörde ist befugt, sich über alle Angelegenheiten der Gemeinde zu unterrichten. [2]Sie kann insbesondere Anstalten und Einrichtungen der Gemeinde besichtigen, die Geschäfts- und Kassenführung prüfen sowie Berichte und Akten einfordern.

Art. 112 Beanstandungsrecht. [1]Die Rechtsaufsichtsbehörde kann rechtswidrige Beschlüsse und Verfügungen der Gemeinde beanstanden und ihre Aufhebung oder Änderung verlangen. [2]Bei Nichterfüllung öffentlich-rechtlicher Aufgaben oder Verpflichtungen kann die Rechtsaufsichtsbehörde die Gemeinde zur Durchführung der notwendigen Maßnahmen auffordern.

Art. 113 Recht der Ersatzvornahme. [1]Kommt die Gemeinde binnen einer ihr gesetzten angemessenen Frist den Anordnungen der Rechtsaufsichtsbehörde nicht nach, kann diese die notwendigen Maßnahmen an Stelle der Gemeinde verfügen und vollziehen. [2]Die Kosten trägt die Gemeinde.

Art. 114 Bestellung eines Beauftragten. (1) Ist der geordnete Gang der Verwaltung durch Beschlußunfähigkeit des Gemeinderats oder durch seine Weigerung, gesetzmäßige Anordnungen der Rechtsaufsichtsbehörde auszuführen, ernstlich behindert, so kann die Rechtsaufsichtsbehörde den ersten Bürgermeister ermächtigen, bis zur Behebung des gesetzwidrigen Zustands für die Gemeinde zu handeln.

(2) [1]Weigert sich der erste Bürgermeister oder ist er aus tatsächlichen oder rechtlichen Gründen verhindert, die Aufgaben nach Absatz 1 wahrzunehmen, so beauftragt die Rechtsaufsichtsbehörde die weiteren Bürgermeister in ihrer Reihenfolge, für die Gemeinde zu handeln, solange es erforderlich ist. [2]Sind keine weiteren Bürgermeister vorhanden oder sind auch sie verhindert oder nicht handlungswillig, so handelt die Rechtsaufsichtsbehörde für die Gemeinde.

(3) Die Staatsregierung kann ferner, wenn sich der gesetzwidrige Zustand anders nicht beheben lässt, den Gemeinderat auflösen und dessen Neuwahl anordnen.

Art. 115 Fachaufsichtsbehörden. (1) [1]Die Zuständigkeit zur Führung der Fachaufsicht auf den einzelnen Gebieten des übertragenen Wirkungskreises bestimmt sich nach den hierfür geltenden besonderen Vorschriften. [2]Soweit solche besonderen Vorschriften nicht bestehen, obliegt den Rechtsaufsichtsbehörden auch die Führung der Fachaufsicht.

(2) Soweit Große Kreisstädte Aufgaben wahrnehmen, die ihnen nach Art. 9 Abs. 2 übertragen sind, richtet sich die Fachaufsicht nach den für kreisfreie Gemeinden geltenden Vorschriften.

Art. 116 Befugnisse der Fachaufsicht. (1) [1]Die Fachaufsichtsbehörden können sich über Angelegenheiten des übertragenen Wirkungskreises in gleicher Weise wie die Rechtsaufsichtsbehörden unterrichten (Art. 111). [2]Sie können ferner der Gemeinde für die Behandlung übertragener Angelegenheiten unter Beachtung des Art. 109 Abs. 2 Satz 2 Weisungen erteilen. [3]Zu weitergehenden Eingriffen in die Gemeindeverwaltung sind die Fachaufsichtsbehörden unbeschadet der Entscheidung über Widersprüche (Art. 118 Nr. 2) nicht befugt.

(2) [1]Die Rechtsaufsichtsbehörden sind verpflichtet, die Fachaufsichtsbehörden bei der Durchführung ihrer gesetzlichen Aufgaben nötigenfalls unter Anwendung der in den Art. 113 und 114 festgelegten Befugnisse zu unterstützen. [2]Bei der Ersatzvornahme tritt die Weisung der Fachaufsichtsbehörde an die Stelle der Anordnung der Rechtsaufsichtsbehörde.

Art. 117 Genehmigungsbehörde. (1) Die in diesem Gesetz vorgeschriebenen Genehmigungen erteilt, soweit nichts anderes bestimmt ist, die Rechtsaufsichtsbehörde (Art. 110).

(2) Gemeindliche Beschlüsse sowie Geschäfte des bürgerlichen Rechts erlangen Rechtswirksamkeit erst mit der Erteilung der nach diesem Gesetz erforderlichen Genehmigung.

(3) Die Anträge auf Erteilung der Genehmigungen sind ohne schuldhafte Verzögerung zu verbescheiden.

Art. 117a Ausnahmegenehmigungen. [1]Das Staatsministerium des Innern, für Sport und Integration kann im Interesse der Weiterentwicklung der kommunalen Selbstverwaltung zur Erprobung neuer Modelle der Steuerung und des Haushalts- und Rechnungswesens, der Verfahrensvereinfachung und der Verwaltungsführung auf Antrag im Einzelfall Ausnahmen von Regelungen dieses Gesetzes und der nach Art. 120 erlassenen Vorschriften genehmigen. [2]Die Genehmigung ist zu befristen. [3]Bedingungen und Auflagen sind insbesondere zulässig, um die Vergleichbarkeit des Kommunalrechtsvollzugs auch im Rahmen einer Erprobung möglichst zu wahren und die Ergebnisse der Erprobung für andere Gemeinden, für Landkreise und für Bezirke nutzbar zu machen.

2. Abschnitt
Rechtsmittel

Art. 118 Erlaß des Widerspruchsbescheids (§ 73 der Verwaltungsgerichtsordnung – VwGO). Den Widerspruchsbescheid erläßt
1. in Angelegenheiten des eigenen Wirkungskreises die Rechtsaufsichtsbehörde, die dabei auf die Prüfung der Rechtmäßigkeit beschränkt ist; zuvor hat die Selbstverwaltungsbehörde nach § 72 VwGO auch die Zweckmäßigkeit zu überprüfen,
2. in Angelegenheiten des übertragenen Wirkungskreises die Fachaufsichtsbehörde; ist Fachaufsichtsbehörde eine oberste Landesbehörde, so entscheidet die Behörde, die den Verwaltungsakt erlassen hat; Art. 109 Abs. 2 Satz 2 findet keine Anwendung.

FÜNFTER TEIL
Übergangs- und Schlußvorschriften

Art. 119 Einwohnerzahl. [1]Soweit nach diesem Gesetz oder einer auf Grund dieses Gesetzes erlassenen Rechtsverordnung die Einwohnerzahl von rechtlicher Bedeutung ist, ist die Einwohnerzahl maßgebend, die bei der letzten Wahl der Gemeinderatsmitglieder zugrundegelegt wurde. [2]Art. 34 Abs. 3 bleibt unberührt.

Art. 120 Ausführungsvorschriften. (1) [1]Das Staatsministerium des Innern, für Sport und Integration erläßt die zum Vollzug dieses Gesetzes erforderlichen Ausführungsvorschriften. [2]Es wird insbesondere ermächtigt, im Einvernehmen mit dem Staatsministerium der Finanzen und für Heimat durch Rechtsverordnungen zu regeln:

1. den Inhalt und die Gestaltung des Haushaltsplans einschließlich des Stellenplans, der mittelfristigen Finanzplanung und des Investitionsprogramms, ferner die Veranschlagung von Einzahlungen, Auszahlungen, Erträgen und Aufwendungen beziehungsweise Einnahmen, Ausgaben und Verpflichtungsermächtigungen für einen vom Haushaltsjahr abweichenden Wirtschaftszeitraum,
2. die Ausführung des Haushaltsplans, die Anordnung von Zahlungen, die Haushaltsüberwachung, die Stundung, die Niederschlagung und den Erlaß von Ansprüchen und die Behandlung von Kleinbeträgen,
3. die Ausschreibung von Lieferungen und Leistungen und die Vergabe von Aufträgen,
4. die Bildung, vorübergehende Inanspruchnahme und Verwendung von Rücklagen und deren Mindesthöhe,
5. die Bildung und Auflösung von Rückstellungen,
6. die Geldanlagen und ihre Sicherung,
7. die Erfassung, den Nachweis, die Bewertung und die Abschreibung der Vermögensgegenstände; dabei kann die Bewertung und Abschreibung auf einzelne Bereiche beschränkt werden,
8. die Aufstellung der Eröffnungsbilanz auch unter Abweichung von Art. 74 Abs. 4 und der folgenden Bilanzen,
9. die Kassenanordnungen, die Aufgaben und die Organisation der Gemeindekasse und der Sonderkassen, den Zahlungsverkehr, die Verwaltung der Kassenmittel, der Wertgegenstände und anderer Gegenstände, die Buchführung sowie die Möglichkeit, daß die Buchführung und die Verwahrung von Wertgegenständen von den Kassengeschäften abgetrennt werden können,
10. den Inhalt und die Gestaltung der Jahresrechnung und die Abwicklung der Vorjahresergebnisse,
11. den Inhalt und die Gestaltung des Jahresabschlusses und des konsolidierten Jahresabschlusses; dabei können auch Ausnahmen von der und Übergangsfristen für die Konsolidierungspflicht vorgesehen werden,
12. den Inhalt und die Gestaltung des Rechenschaftsberichts zur Jahresrechnung beziehungsweise zum Jahresabschluss, des Anhangs zum Jahresabschluss sowie des Konsolidierungsberichts zum konsolidierten Jahresabschluss,
13. den Aufbau und die Verwaltung, die Wirtschaftsführung, das Rechnungswesen und die Prüfung der Eigenbetriebe,
14. die Prüfung der Jahresrechnungen, der Jahresabschlüsse und der konsolidierten Jahresabschlüsse, die Prüfung der Gemeindekasse und der Sonderkassen, die Abschlußprüfung und die Freistellung von der Abschlußprüfung, die Prüfung von Verfahren der automatisierten Datenverarbei-

tung im Bereich des Finanzwesens der Gemeinden, die Rechte und Pflichten der Prüfer, die über Prüfungen zu erstellenden Berichte und deren weitere Behandlung sowie die Organisation der staatlichen Rechnungsprüfungsstellen der Landratsämter,

15. das Verfahren bei der Errichtung der Kommunalunternehmen sowie bei der Umwandlung von Kapitalgesellschaften in Kommunalunternehmen und den Aufbau, die Verwaltung, die Wirtschaftsführung sowie das Rechnungs- und Prüfungswesen der Kommunalunternehmen.

[3]Das Staatsministerium des Innern, für Sport und Integration wird weiter ermächtigt, im Einvernehmen mit dem Staatsministerium für Gesundheit und Pflege und mit dem Staatsministerium der Finanzen und für Heimat die Wirtschaftsführung der Krankenhäuser und der Pflegeeinrichtungen der Gemeinden durch Rechtsverordnung zu regeln.

(2) [1]Das Staatsministerium des Innern, für Sport und Integration erläßt die erforderlichen Verwaltungsvorschriften und gibt Muster, insbesondere für

1. die Haushaltssatzung und die Nachtragshaushaltssatzung,
2. die Darstellung des Haushaltsplans und des mittelfristigen Finanzplans insbesondere
   a) die Konten und Produkte bei Haushaltswirtschaft nach den Grundsätzen der doppelten kommunalen Buchführung,
   b) die Gliederung und die Gruppierung bei Haushaltswirtschaft nach den Grundsätzen der Kameralistik,
3. die Form des Haushaltsplans und seiner Anlagen, des mittelfristigen Finanzplans und des Investitionsprogramms,
4. die Gliederung und die Form des Jahresabschlusses und des konsolidierten Jahresabschlusses,
5. die Darstellung und die Form der Vermögensnachweise,
6. die Kassenanordnungen, die Buchführung, die Jahresrechnung und ihre Anlagen,
7. die Gliederung und die Form des Wirtschaftsplans und seiner Anlagen, des mittelfristigen Finanzplans und des Investitionsprogramms, des Jahresabschlusses, der Anlagenachweise und der Erfolgsübersicht für Eigenbetriebe und für Krankenhäuser mit kaufmännischem Rechnungswesen,

im Bayerischen Ministerialblatt bekannt. [2]Es kann solche Muster für verbindlich erklären. [3]Die Zuordnung der einzelnen Geschäftsvorfälle zu den Darstellungen gemäß Satz 1 Nrn. 2 bis 5 kann durch Verwaltungsvorschrift in gleicher Weise verbindlich festgelegt werden. [4]Die Verwaltungsvorschriften zur Darstellung des Haushaltsplans und des mittelfristigen Finanzplans sind im Einvernehmen mit dem Staatsministerium der Finanzen und für Heimat zu erlassen.

Art. 120a Gemeindewirtschaftliche Erleichterungen anlässlich der Corona-Pandemie.* [1]Das Staatsministerium des Innern, für Sport und Integration wird ermächtigt, im Einvernehmen mit dem Staatsministerium der Finan-

* *Beachte Art. 122 Abs. 3.*

zen und für Heimat und dem Staatsministerium für Wirtschaft, Landesentwicklung und Energie durch Rechtsverordnungen für die Haushaltsjahre 2020 und 2021 Abweichungen von den gemeindewirtschaftlichen Bestimmungen des dritten Teils sowie der auf Grund des Art. 120 erlassenen Rechtsverordnungen zuzulassen, insbesondere bezüglich

1. vorübergehender Abweichungen von einer sichergestellten dauernden Leistungsfähigkeit (Art. 61 Abs. 1 Satz 2),
2. der Bekanntmachung einer nicht genehmigungspflichtigen Haushaltssatzung oder Nachtragshaushaltssatzung (Art. 65 Abs. 3, Art. 68 Abs. 1 Satz 2),
3. der Genehmigungspflicht für Verpflichtungsermächtigungen (Art. 67 Abs. 4),
4. der unverzüglichen Pflicht zum Erlass einer Nachtragshaushaltssatzung (Art. 68 Abs. 2),
5. des grundsätzlichen Nachrangs der Aufnahme von Krediten (Art. 71 Abs. 1, Art. 62 Abs. 3),
6. der Beschränkung des Zwecks der Aufnahme von Krediten auf Investitionen, auf Investitionsförderungsmaßnahmen und zur Umschuldung (Art. 71 Abs. 1),
7. der rechtsaufsichtlichen Genehmigung des Gesamtbetrags vorgesehener Kreditaufnahmen und des hieran anzulegenden Maßstabs (Art. 71 Abs. 2),
8. der Geltungsdauer von Kreditermächtigungen (Art. 71 Abs. 3),
9. des Nachrangs der Aufnahme von Kassenkrediten (Art. 73 Abs. 1),
10. des Höchstbetrags für die Aufnahme von Kassenkrediten (Art. 73 Abs. 2) und
11. der Erstellung eines konsolidierten Jahresabschlusses (Art. 102 Abs. 2, Abs. 3 Satz 2, Art. 102a).

[2]Die aufgrund von Satz 1 erlassenen Rechtsverordnungen treten spätestens am 31. Dezember 2022 außer Kraft. [3]Die in den Haushaltsjahren 2020 und 2021 angelegten und betätigten Abweichungen von gemeindewirtschaftlichen Bestimmungen dürfen sich auf nachfolgende Haushaltsjahre auswirken, längstens jedoch auf das Haushaltsjahr 2032.

Art. 120b Weitere Erleichterungen anlässlich der Corona-Pandemie.* *(1) [1]Abweichend von Art. 18 Abs. 1 und 2 Satz 1 steht es im Ermessen des ersten*

---

* *Hervorhebung durch Herausgeber. Beachte Art. 122 Abs. 4 sowie die Entscheidung des Bayerischen Verfassungsgerichtshofs vom 10. Juni 2021, Vf. 25-VII-21 (GVBl. S. 380):* „Art. 120b Abs. 3 der Gemeindeordnung für den Freistaat Bayern (Gemeindeordnung – GO) in der Fassung der Bekanntmachung vom 22. August 1998 (GVBl. S. 796, BayRS 2020-1-1-I), die zuletzt durch § 1 des Gesetzes vom 9. März 2021 (GVBl. S. 74) geändert worden ist, ist mit Art. 12 Abs. 1 i.V.m. Art. 14 Abs. 1 Satz 1 BV unvereinbar und nichtig. Bis einschließlich 11. Juni 2021 von Ausschüssen im Sinn des Art. 120b Abs. 3 GO gefasste Beschlüsse bleiben davon unberührt. Art. 120b Abs. 3 Sätze 1 und 4 GO sind insoweit weiterhin anwendbar, als eine Gemeinde, die am 11. Juni 2021 für einen zurückliegenden Zeitraum im Jahr 2021 bereits einen Ferienausschuss von längstens sechs Wochen eingesetzt hatte, erneut gemäß Art. 32 Abs. 4 Satz 1 GO eine Ferienzeit bis zu sechs Wochen bestimmen kann."

Bürgermeisters, ob er im Jahr 2021 eine Bürgerversammlung durchführt. [2]*Im Jahr 2021 nicht durchgeführte Bürgerversammlungen sind bis 31. März 2022 nachzuholen.*

(2) [1]*Der Gemeinderat kann beschließen, dass ein Bürgerentscheid im Jahr 2021 ausschließlich durch briefliche Abstimmung durchgeführt wird.* [2]*In diesem Fall werden Abstimmungsscheine mit Briefabstimmungsunterlagen an alle abstimmungsberechtigten Personen von Amts wegen ohne Antrag versandt.*

(3) [1]*Der Gemeinderat kann den Einsetzungszeitraum eines Ferienausschusses für das Jahr 2021 abweichend von Art. 32 Abs. 4 Satz 1 durch Beschluss auf drei Monate erhöhen.* [2]*Für die Zeiträume, in denen er keinen Ferienausschuss einsetzt, kann er für die Dauer von bis zu drei Monaten, längstens bis zum Ablauf des 31. Dezember 2021, einen beschließenden Ausschuss einsetzen, der die Befugnisse eines Ferienausschusses nach Art. 32 Abs. 4 hat.* [3]*Der Gemeinderat kann den Einsetzungszeitraum durch Beschluss um jeweils bis zu weitere drei Monate, längstens bis zum Ablauf des 31. Dezember 2021, verlängern.* [4]*Beschlüsse nach den Sätzen 1 bis 3 bedürfen einer Zweidrittelmehrheit der abstimmenden Mitglieder des Gemeinderats.* [5]*Endet die vom Deutschen Bundestag auf Grund der Ausbreitung des neuartigen Coronavirus SARS-CoV-2 festgestellte epidemische Lage von nationaler Tragweite nach den Bestimmungen des Infektionsschutzgesetzes, treten Beschlüsse nach den Sätzen 2 und 3 eine Woche nach dem Ende der epidemischen Lage mit Wirkung für die Zukunft außer Kraft.*

(4) [1]*Die Zulassung im Sinn des Art. 47a Abs. 1 Satz 1 kann für Sitzungen vor dem 1. Januar 2022 auch durch Beschluss erfolgen.* [2]*Der Beschluss bedarf einer Zweidrittelmehrheit der abstimmenden Mitglieder des Gemeinderats.*

(5) [1]*Abweichend von Art. 60a Abs. 1 Satz 1 kann die Wahl eines Ortssprechers im Jahr 2021 durch geheime briefliche Abstimmung erfolgen.* [2]*In diesem Fall hat der erste Bürgermeister bekannt zu machen, dass eine Ortssprecherwahl stattfindet.* [3]*In der Bekanntmachung ist darauf hinzuweisen, dass alle Wahlberechtigten Briefwahlunterlagen von Amts wegen ohne Antrag erhalten, bis wann die wahlberechtigten Gemeindebürger Wahlvorschläge bei der Gemeinde einreichen können und bis wann die Wahlbriefe spätestens bei der Gemeinde eingehen müssen.* [4]*Ferner sind Ort und Zeit der Auszählung bekannt zu geben.* [5]*Vor Versand der Briefwahlunterlagen hat die Gemeinde zu prüfen, ob die vorgeschlagenen Personen wählbar sind und sich zur Wahl stellen.* [6]*Die Wahl findet ohne Bindung an vorgeschlagene sich bewerbende Personen statt.* [7]*Gewählt ist, wer die meisten Stimmen erhält.* [8]*Bei Stimmengleichheit entscheidet das Los.*

Art. 121 Einschränkung von Grundrechten. Auf Grund dieses Gesetzes können die Grundrechte auf Freiheit der Person (Art. 2 Abs. 2 des Grundgesetzes, Art. 102 der Verfassung) und der Unverletzlichkeit der Wohnung (Art. 13 des Grundgesetzes, Art. 106 Abs. 3 der Verfassung) eingeschränkt werden.

Art. 122 Inkrafttreten, Außerkrafttreten. (1) [1]Dieses Gesetz ist dringlich. [2]Es tritt am 18. Januar 1952 in Kraft.*

(2) Art. 47a tritt mit Ablauf des 31. Dezember 2022 außer Kraft.

(3) Art. 120a Satz 1 und 2 tritt mit Ablauf des 31. Dezember 2022, Art. 120a Satz 3 tritt mit Ablauf des 31. Dezember 2032 außer Kraft.

(4) Art. 120b tritt mit Ablauf des 31. Dezember 2021 außer Kraft.

---

* *Diese Vorschrift betrifft das Inkrafttreten des Gesetzes in der ursprünglichen Fassung vom 25. Januar 1952 (GVBl. S. 19). Der Zeitpunkt des Inkrafttretens der späteren Änderungen ergibt sich aus den jeweiligen Änderungsgesetzen.*

Landkreisordnung für den Freistaat Bayern

(Landkreisordnung – LKrO)
(BayRS 2020-3-1-I)
in der Fassung der Bekanntmachung vom 22. August 1998 (GVBl. S. 826),
zuletzt geändert durch Gesetz vom 9. März 2021 (GVBl. S. 74)

INHALTSÜBERSICHT*

ERSTER TEIL
Wesen und Aufgaben des Landkreises

1. Abschnitt
Begriff, Benennung und Hoheitszeichen

Art. 1 Begriff
Art. 2 Name; Sitz der Kreisverwaltung
Art. 3 Wappen und Fahnen; Dienstsiegel

2. Abschnitt
Wirkungskreis

Art. 4 Wirkungskreis im allgemeinen
Art. 5 Eigene Angelegenheiten
Art. 6 Übertragene Angelegenheiten

3. Abschnitt
Kreisgebiet

Art. 7 Gebietsumfang
Art. 8 Änderungen und Zuständigkeit
Art. 9 Folgen der Änderungen
Art. 10 Bekanntmachung; Gebühren

4. Abschnitt
Kreisangehörige

Art. 11 Kreiseinwohner und Kreisbürger
Art. 12 Wahlrecht
Art. 12a Bürgerbegehren und Bürgerentscheid
Art. 12b Bürgerantrag
Art. 13 Ehrenamtliche Tätigkeit
Art. 14 Sorgfalts- und Verschwiegenheitspflicht
Art. 14a Entschädigung
Art. 15 Benutzung öffentlicher Einrichtungen; Tragung der Kreislasten

5. Abschnitt
Kreishoheit

Art. 16 Umfang der Kreishoheit
Art. 17 Kreisrecht
Art. 18 Inhalt der Satzungen
Art. 19 *(aufgehoben)*
Art. 20 Inkrafttreten; Ausfertigung und Bekanntmachung
Art. 21 Verwaltungsverfügungen; Zwangsmaßnahmen

ZWEITER TEIL
Verfassung und Verwaltung des Landkreises

1. Abschnitt
Kreisorgane und ihre Hilfskräfte

Art. 22 Hauptorgane

a) Der Kreistag

Art. 23 Rechtsstellung; Aufgaben des Kreistags
Art. 24 Zusammensetzung des Kreistags
Art. 25 Einberufung des Kreistags

b) Der Kreisausschuß und die weiteren Ausschüsse

Art. 26 Aufgaben des Kreisausschusses
Art. 27 Zusammensetzung
Art. 28 Einberufung
Art. 29 Weitere Ausschüsse
Art. 30 Dem Kreistag vorbehaltene Angelegenheiten

* *Inhaltsübersicht nicht amtlich.*

c) Der Landrat und sein Stellvertreter

Art. 31 Der Landrat
Art. 32 Stellvertreter des Landrats
Art. 33 Vorsitz im Kreistag; Vollzug der Beschlüsse
Art. 34 Zuständigkeit des Landrats
Art. 35 Vertretung des Landkreises nach außen; Verpflichtungsgeschäfte
Art. 36 *(aufgehoben)*

d) Das Landratsamt und die Kreisbediensteten

Art. 37 Landratsamt
Art. 38 Kreisbedienstete
Art. 39 Stellenplan

2. Abschnitt

Geschäftsgang

Art. 40 Geschäftsordnung und Geschäftsgang der Ausschüsse
Art. 41 Sitzungszwang; Beschlußfähigkeit
Art. 41a Sitzungsteilnahme durch Ton-Bild-Übertragung
Art. 42 Teilnahme- und Abstimmungspflicht; Ordnungsgeld gegen Säumige
Art. 43 Ausschluß wegen persönlicher Beteiligung
Art. 44 Einschränkung des Vertretungsrechts
Art. 45 Form der Beschlußfassung; Wahlen
Art. 46 Öffentlichkeit
Art. 47 Handhabung der Ordnung
Art. 48 Niederschrift
Art. 49 *(aufgehoben)*

3. Abschnitt

Verwaltungsgrundsätze und Verwaltungsaufgaben

Art. 50 Gesetzmäßigkeit; Unparteilichkeit
Art. 50a Geheimhaltung
Art. 51 Aufgaben des eigenen Wirkungskreises
Art. 52 Übernahme von Gemeindeaufgaben
Art. 53 Aufgaben des übertragenen Wirkungskreises
Art. 54 Zuständigkeit für den Gesetzesvollzug

DRITTER TEIL

Landkreiswirtschaft

1. Abschnitt

Haushaltswirtschaft

Art. 55 Allgemeine Haushaltsgrundsätze
Art. 56 Grundsätze der Einnahmebeschaffung
Art. 57 Haushaltssatzung
Art. 58 Haushaltsplan
Art. 59 Erlaß der Haushaltssatzung
Art. 60 Planabweichungen
Art. 61 Verpflichtungsermächtigungen
Art. 62 Nachtragshaushaltssatzungen
Art. 63 Vorläufige Haushaltsführung
Art. 64 Mittelfristige Finanzplanung

2. Abschnitt

Kreditwesen

Art. 65 Kredite
Art. 66 Kreditähnliche Verpflichtungen; Sicherheiten
Art. 67 Kassenkredite

3. Abschnitt

Vermögenswirtschaft

a) Allgemeines

Art. 68 Erwerb und Verwaltung von Vermögen, Wertansätze
Art. 69 Veräußerung von Vermögen
Art. 70 Rücklagen, Rückstellungen
Art. 71 Insolvenzverfahren

b) Vom Landkreis verwaltete nichtrechtsfähige (fiduziarische) Stiftungen

Art. 72 Begriff; Verwaltung
Art. 73 Änderung des Verwendungszwecks; Aufhebung der Zweckbestimmung

4. Abschnitt

Unternehmen des Landkreises

Art. 74 Rechtsformen
Art. 75 Allgemeine Zulässigkeit von Unternehmen und Beteiligungen

Art. 76 Eigenbetriebe
Art. 77 Selbständige Kommunalunternehmen des öffentlichen Rechts
Art. 78 Organe des Kommunalunternehmens; Personal
Art. 79 Sonstige Vorschriften für Kommunalunternehmen
Art. 80 Unternehmen in Privatrechtsform
Art. 81 Vertretung des Landkreises in Unternehmen in Privatrechtsform
Art. 82 Sonstige Vorschriften für Unternehmen in Privatrechtsform
Art. 83 Grundsätze für die Führung von Unternehmen des Landkreises
Art. 84 Anzeigepflichten
Art. 85 *(aufgehoben)*

5. Abschnitt

Kassen- und Rechnungswesen

Art. 86 Kreiskasse
Art. 87 Übertragung von Kassen- und Rechnungsgeschäften
Art. 88 Rechnungslegung, Jahresabschluss
Art. 88a Konsolidierter Jahresabschluss

6. Abschnitt

Prüfungswesen

Art. 89 Örtliche Prüfungen
Art. 90 Rechnungsprüfungsamt
Art. 91 Überörtliche Prüfungen
Art. 92 Inhalt der Rechnungs- und Kassenprüfungen
Art. 93 Abschlussprüfung bei Eigenbetrieben und Kommunalunternehmen

VIERTER TEIL

Staatliche Aufsicht und Rechtsmittel

1. Abschnitt

Rechtsaufsicht und Fachaufsicht

Art. 94 Sinn der staatlichen Aufsicht
Art. 95 Inhalt und Grenzen der Aufsicht
Art. 96 Rechtsaufsichtsbehörden
Art. 97 Informationsrecht
Art. 98 Beanstandungsrecht
Art. 99 Recht der Ersatzvornahme
Art. 100 Bestellung eines Beauftragten
Art. 101 Fachaufsichtsbehörden
Art. 102 Befugnisse der Fachaufsicht
Art. 103 Genehmigungsbehörde
Art. 103a Ausnahmegenehmigungen

2. Abschnitt

Rechtsmittel

Art. 104 Erlaß des Widerspruchsbescheids (§ 73 der Verwaltungsgerichtsordnung – VwGO)

FÜNFTER TEIL

Übergangs- und Schlußvorschriften

Art. 105 Einwohnerzahl
Art. 106 Ausführungsvorschriften
Art. 106a Landkreiswirtschaftliche Erleichterungen anlässlich der Corona-Pandemie
Art. 106b Weitere Erleichterungen anlässlich der Corona-Pandemie
Art. 107 Einschränkung von Grundrechten
Art. 108 Inkrafttreten, Außerkrafttreten

ERSTER TEIL

Wesen und Aufgaben des Landkreises

1. Abschnitt

Begriff, Benennung und Hoheitszeichen

Art. 1 Begriff. [1]Die Landkreise sind Gebietskörperschaften mit dem Recht, überörtliche Angelegenheiten, deren Bedeutung über das Kreisgebiet nicht hinausgeht, im Rahmen der Gesetze zu ordnen und zu verwalten. [2]Ihr Gebiet bildet zugleich den Bereich der unteren staatlichen Verwaltungsbehörde.

Art. 2 Name; Sitz der Kreisverwaltung. [1]Der Sitz der Kreisverwaltung und der Name des Landkreises werden nach Anhörung des Kreistags mit Zustimmung des Landtags durch Rechtsverordnung der Staatsregierung bestimmt. [2]Namensänderungen, die nur die Schreibweise betreffen, bedürfen nicht der Zustimmung des Landtags.

Art. 3 Wappen und Fahnen; Dienstsiegel. (1) [1]Die Landkreise können ihre geschichtlichen Wappen und Fahnen führen. [2]Sie sind verpflichtet, sich bei der Änderung bestehender und der Annahme neuer Wappen und Fahnen von der Generaldirektion der Staatlichen Archive Bayerns beraten zu lassen und, soweit sie deren Stellungnahme nicht folgen wollen, den Entwurf der Rechtsaufsichtsbehörde vorzulegen.

(2) [1]Landkreise mit eigenem Wappen führen dieses in ihrem Dienstsiegel. [2]Die übrigen Landkreise führen in ihrem Dienstsiegel das kleine Staatswappen.

(3) Von Dritten dürfen Wappen und Fahnen des Landkreises nur mit dessen Genehmigung verwendet werden.

2. Abschnitt

Wirkungskreis

Art. 4 Wirkungskreis im allgemeinen. (1) Den Landkreisen steht die Erfüllung der auf das Kreisgebiet beschränkten öffentlichen Aufgaben zu, die über die Zuständigkeit oder das Leistungsvermögen der kreisangehörigen Gemeinden hinausgehen, soweit es sich nicht um Staatsaufgaben handelt.

(2) Die Aufgaben der Landkreise sind eigene oder übertragene Angelegenheiten.

Art. 5 Eigene Angelegenheiten. (1) Der eigene Wirkungskreis der Landkreise umfaßt die Angelegenheiten der durch das Kreisgebiet begrenzten überörtlichen Gemeinschaft.

(2) [1]In Angelegenheiten des eigenen Wirkungskreises handeln die Landkreise nach eigenem Ermessen. [2]Sie sind nur an die gesetzlichen Vorschriften gebunden.

Art. 6 Übertragene Angelegenheiten. (1) Der übertragene Wirkungskreis der Landkreise umfaßt die staatlichen Aufgaben, die das Gesetz den Landkreisen zur Besorgung im Auftrag des Staates zuweist.

(2) Für die Erledigung übertragener Angelegenheiten können die zuständigen Staatsbehörden den Landkreisen Weisungen erteilen.

(3) [1]Den Landkreisen können Angelegenheiten auch zur selbständigen Besorgung übertragen werden. [2]Art. 5 Abs. 2 ist hierbei sinngemäß anzuwenden.

(4) Bei der Zuweisung von Angelegenheiten sind gleichzeitig die notwendigen Mittel zur Verfügung zu stellen.

3. Abschnitt

Kreisgebiet

Art. 7 Gebietsumfang. Die Gesamtfläche der dem Landkreis zugeteilten Gemeinden und gemeindefreien Gebiete bildet das Kreisgebiet.

Art. 8 Änderungen und Zuständigkeit. (1) [1]Aus Gründen des öffentlichen Wohls können Landkreise in ihrem Bestand oder Gebiet geändert werden. [2]Änderungen im Gebiet müssen insbesondere auf die Leistungsfähigkeit der beteiligten Landkreise Rücksicht nehmen. [3]Art. 5 Abs. 3 und Art. 5a Abs. 1 der Gemeindeordnung (GO) bleiben unberührt.

(2) Änderungen im Bestand von Landkreisen werden mit Zustimmung des Landtags durch Rechtsverordnung der Staatsregierung vorgenommen.

(3) [1]Änderungen im Gebiet von Landkreisen werden mit Zustimmung des Landtags durch Rechtsverordnung der Staatsregierung vorgenommen, wenn mindestens eine ganze Gemeinde oder ein ganzes gemeindefreies Gebiet umgegliedert wird. [2]Sonstige Gebietsänderungen werden durch Rechtsverordnung der Regierung, wenn sie mit einer Änderung im Gebiet von Bezirken verbunden sind, durch Rechtsverordnung des Staatsministeriums des Innern, für Sport und Integration vorgenommen.

(4) [1]Im Verfahren nach Absatz 2 oder 3 können Änderungen nach Art. 11 GO, die mit Änderungen im Bestand oder Gebiet von Landkreisen rechtlich oder sachlich zusammenhängen, miterledigt werden, soweit die Änderungen gemäß Art. 12 Abs. 1 Satz 2 GO durch Rechtsverordnung vorgenommen werden können.

(5) [1]Vor der Änderung sind die beteiligten Landkreise sowie die Gemeinden und die Eigentümer der gemeindefreien Grundstücke im Änderungsgebiet zu hören. [2]Den Kreisbürgern, deren Kreiszugehörigkeit wechselt, soll Gelegenheit gegeben werden, zu der Änderung in geheimer Abstimmung Stellung zu nehmen.

Art. 9 Folgen der Änderungen. (1) [1]Bei Änderungen im Bestand von Landkreisen ist die Fortgeltung von Kreisrecht in der Rechtsverordnung gemäß Art. 8 Abs. 2 zu regeln. [2]Bei Gebietsänderungen erstreckt sich das Recht des aufnehmenden Landkreises auf das aufgenommene Gebiet, wenn nicht in der Vorschrift über die Gebietsänderung etwas Abweichendes bestimmt ist. [3]Satz 2 gilt entsprechend für das Recht der durch die Änderung betroffenen Gemeinden.

(2) [1]Soweit nicht das Staatsministerium des Innern, für Sport und Integration gemäß Art. 9 Abs. 2 der Bezirksordnung zuständig ist, regelt die Regie-

rung die mit der Änderung zusammenhängenden weiteren Rechts- und Verwaltungsfragen. [2]Sie kann insbesondere eine Neuwahl oder Ergänzung des Kreistags für den Rest der Wahlzeit anordnen. [3]Art. 24 Abs. 2 Satz 2 findet insoweit keine Anwendung. [4]Die Regierung trifft auch entsprechende Regelungen für die durch die Änderung betroffenen Gemeinden oder kann damit für kreisangehörige Gemeinden die Landratsämter beauftragen.

(3) [1]Bei Änderungen im Gebiet werden die vermögensrechtlichen Verhältnisse durch Übereinkunft der beteiligten Landkreise und kreisfreien Gemeinden geregelt. [2]Der Übereinkunft kommt in dem in ihr bestimmten Zeitpunkt, frühestens jedoch mit Rechtswirksamkeit der Änderung, unmittelbar rechtsbegründende Wirkung zu. [3]Kommt eine Übereinkunft nicht zustande, so entscheiden das Verwaltungsgericht und in der Berufungsinstanz der Verwaltungsgerichtshof als Schiedsgerichte.

(4) [1]Bei Änderungen im Bestand wird in der Rechtsverordnung nach Art. 8 Abs. 2 ein Landkreis als Gesamtrechtsnachfolger bestimmt. [2]Die Bestimmung hat unmittelbar rechtsbegründende Wirkung. [3]Wird das Gebiet eines Landkreises auf mehrere Landkreise oder kreisfreie Gemeinden aufgeteilt, so findet zwischen dem Gesamtrechtsnachfolger und den anderen Landkreisen oder kreisfreien Gemeinden, denen Gebiet des aufgeteilten Landkreises zugeteilt wurde, eine Auseinandersetzung nach besonderen gesetzlichen Vorschriften statt.

(5) Soweit der Aufenthalt Voraussetzung für Rechte und Pflichten ist, gilt der vor der Änderung liegende Aufenthalt im Änderungsgebiet als Aufenthalt im neuen Landkreis.

Art. 10 Bekanntmachung; Gebühren. (1) Rechtsverordnungen der Regierung nach Art. 8 Abs. 3 Satz 2 und nach Art. 9 Abs. 1 Satz 1 sind im Amtsblatt der Regierung bekanntzumachen.

(2) Für Änderungen nach Art. 8 und Rechtshandlungen, die aus Anlaß solcher Änderungen erforderlich sind, werden landesrechtlich geregelte Abgaben nicht erhoben.

4. Abschnitt

Kreisangehörige

Art. 11 Kreiseinwohner und Kreisbürger. (1) [1]Kreisangehörige sind alle Kreiseinwohner. [2]Sie haben gegenüber dem Landkreis die gleichen Rechte und Pflichten. [3]Ausnahmen bedürfen eines besonderen Rechtstitels.

(2) Kreisbürger sind alle Kreisangehörigen, die das Wahlrecht für die Kreiswahlen besitzen.*

---

* *Vgl. hierzu Art. 1 und 2 Gemeinde- und Landkreiswahlgesetz (GLKrWG) in der Fassung der Bekanntmachung vom 7. November 2006 (GVBl. S. 834), Gesetz zuletzt geändert durch Gesetz vom 9. März 2021 (GVBl. S. 74):*

Art. 12 Wahlrecht. Die Kreisbürger wählen den Kreistag und den Landrat.**

Art. 12a Bürgerbegehren und Bürgerentscheid. (1) Die Kreisbürger können über Angelegenheiten des eigenen Wirkungskreises des Landkreises einen Bürgerentscheid beantragen (Bürgerbegehren).

(2) Der Kreistag kann beschließen, daß über eine Angelegenheit des eigenen Wirkungskreises des Landkreises ein Bürgerentscheid stattfindet.

(3) Ein Bürgerentscheid findet nicht statt über Angelegenheiten, die kraft Gesetz dem Landrat obliegen, über Fragen der inneren Organisation der Kreisverwaltung, über die Rechtsverhältnisse der Kreisräte, des Landrats und der Kreisbediensteten und über die Haushaltssatzung.

Art. 1 Wahlrecht. (1) Wahlberechtigt bei Gemeinde- und Landkreiswahlen sind alle Personen, die am Wahltag
1. Unionsbürger sind,
2. das 18. Lebensjahr vollendet haben,
3. sich seit mindestens zwei Monaten im Wahlkreis mit dem Schwerpunkt ihrer Lebensbeziehungen aufhalten,
4. nicht nach Art. 2 vom Wahlrecht ausgeschlossen sind.

(2) Unionsbürger sind alle Deutschen im Sinn des Art. 116 Abs. 1 des Grundgesetzes[a] sowie die Staatsangehörigen der übrigen Mitgliedstaaten der Europäischen Union.

(3) [1]Der Aufenthalt mit dem Schwerpunkt der Lebensbeziehungen wird dort vermutet, wo die Person gemeldet ist. [2]Ist eine Person in mehreren Gemeinden gemeldet, wird dieser Aufenthalt dort vermutet, wo sie mit der Hauptwohnung gemeldet ist. [3]Bei der Berechnung der Frist nach Abs. 1 Nr. 3 wird der Tag der Aufenthaltsnahme in die Frist einbezogen.

(4) Wer das Wahlrecht in einer Gemeinde oder in einem Landkreis infolge Wegzugs verloren hat, jedoch innerhalb eines Jahres seit dem Wegzug in den Wahlkreis zurückkehrt, ist mit dem Zuzug wieder wahlberechtigt.

Art. 2 Ausschluss vom Wahlrecht. Ausgeschlossen vom Wahlrecht ist, wer infolge deutschen Richterspruchs das Wahlrecht nicht besitzt.

a *Art. 116 Abs. 1 Grundgesetz für die Bundesrepublik Deutschland vom 23. Mai 1949 (BGBl. S. 1), Grundgesetz zuletzt geändert durch Gesetz vom 29. September 2020 (BGBl. I S. 2048), lautet:*

Art. 116. (1) Deutscher im Sinne dieses Grundgesetzes ist vorbehaltlich anderweitiger gesetzlicher Regelung, wer die deutsche Staatsangehörigkeit besitzt oder als Flüchtling oder Vertriebener deutscher Volkszugehörigkeit oder als dessen Ehegatte oder Abkömmling in dem Gebiete des Deutschen Reiches nach dem Stande vom 31. Dezember 1937 Aufnahme gefunden hat.

** *Vgl. hierzu Art. 23 Abs. 1 und 42 Abs. 1 Satz 1 des Gemeinde- und Landkreiswahlgesetzes (GLKrWG) in der Fassung der Bekanntmachung vom 7. November 2006 (GVBl. S. 834), Gesetz zuletzt geändert durch Gesetz vom 9. März 2021 (GVBl. S. 74):*

Art. 23 Wahlzeit. (1) Die Wahlzeit der bei allgemeinen Gemeinde- und Landkreiswahlen neu gewählten Gemeinderäte und Kreistage beträgt sechs Jahre und beginnt jeweils an dem der Wahl folgenden 1. Mai.

Art. 42 Amtszeit des berufsmäßigen ersten Bürgermeisters und des Landrats.
(1) [1]Der berufsmäßige erste Bürgermeister und der Landrat werden auf die Dauer von sechs Jahren gewählt. [2]*(nicht abgedruckt)*

(4) [1]Das Bürgerbegehren muss beim Landkreis eingereicht werden und eine mit Ja oder Nein zu entscheidende Fragestellung und eine Begründung enthalten sowie bis zu drei Personen benennen, die berechtigt sind, die Unterzeichnenden zu vertreten. [2]Für den Fall ihrer Verhinderung oder ihres Ausscheidens können auf den Unterschriftenlisten zusätzlich stellvertretende Personen benannt werden.

(5) [1]Das Bürgerbegehren kann nur von Personen unterzeichnet werden, die am Tag der Einreichung des Bürgerbegehrens Kreisbürger sind. [2]Für die Feststellung der Zahl der gültigen Unterschriften sind die von den Gemeinden zum Stand dieses Tages anzulegenden Bürgerverzeichnisse maßgebend. [3]Die Unterschriften für ein Bürgerbegehren müssen getrennt nach Gemeinden gesammelt werden. [4]Enthält eine Liste auch Unterschriften von Kreisbürgern aus einer anderen Gemeinde, sind diese Unterschriften ungültig.

(6) Ein Bürgerbegehren muss in Landkreisen bis zu 100 000 Einwohnern von mindestens 6 v.H., im übrigen von mindestens 5 v.H. der Kreisbürger unterschrieben sein.

(7) [1]Ist eine kreisangehörige Gemeinde von einer Maßnahme des Landkreises besonders betroffen, so kann ein Bürgerentscheid über diese Maßnahme auch von den Bürgern dieser Gemeinde beantragt werden. [2]Dieses Bürgerbegehren muß von mindestens 25 vom Hundert der Gemeindebürger unterzeichnet sein. [3]Die Vorschriften der Absätze 1 bis 5 finden entsprechend Anwendung.

(8) [1]Über die Zulässigkeit des Bürgerbegehrens entscheidet der Kreistag unverzüglich, spätestens innerhalb eines Monats nach Einreichung des Bürgerbegehrens. [2]Gegen die Entscheidung können die vertretungsberechtigten Personen des Bürgerbegehrens ohne Vorverfahren Klage erheben.

(9) Ist die Zulässigkeit des Bürgerbegehrens festgestellt, darf bis zur Durchführung des Bürgerentscheids eine dem Begehren entgegenstehende Entscheidung der Kreisorgane nicht mehr getroffen oder mit dem Vollzug einer derartigen Entscheidung nicht mehr begonnen werden, es sei denn, zu diesem Zeitpunkt haben rechtliche Verpflichtungen des Landkreises hierzu bestanden.

(10) [1]Der Bürgerentscheid ist an einem Sonntag innerhalb von drei Monaten nach der Feststellung der Zulässigkeit des Bürgerbegehrens durchzuführen; der Kreistag kann die Frist im Einvernehmen mit den vertretungsberechtigten Personen des Bürgerbegehrens um höchstens drei Monate verlängern. [2]Die Kosten des Bürgerentscheids trägt der Landkreis. [3]Stimmberechtigt ist jeder Kreisbürger. [4]Die Möglichkeit der brieflichen Abstimmung ist zu gewährleisten.

(11) [1]Bei einem Bürgerentscheid ist die gestellte Frage in dem Sinn entschieden, in dem sie von der Mehrheit der abgegebenen gültigen Stimmen beantwortet wurde, sofern diese Mehrheit in Landkreisen bis zu 100 000 Einwohnern mindestens 15 v.H., mit mehr als 100 000 Einwohnern mindestens 10 v.H. der Stimmberechtigten beträgt. [2]Bei Stimmengleichheit gilt die Frage als

mit Nein beantwortet. [3]Sollen an einem Tag mehrere Bürgerentscheide stattfinden, hat der Kreistag eine Stichfrage für den Fall zu beschließen, dass die gleichzeitig zur Abstimmung gestellten Fragen in einer miteinander nicht zu vereinbarenden Weise beantwortet werden (Stichentscheid). [4]Es gilt dann diejenige Entscheidung, für die sich im Stichentscheid die Mehrheit der abgegebenen gültigen Stimmen ausspricht. [5]Bei Stimmengleichheit im Stichentscheid gilt der Bürgerentscheid, dessen Frage mit der höchsten Stimmenzahl mehrheitlich beantwortet worden ist.

(12) [1]Der Bürgerentscheid hat die Wirkung eines Beschlusses des Kreistags. [2]Der Bürgerentscheid kann innerhalb eines Jahres nur durch einen neuen Bürgerentscheid abgeändert werden, es sei denn, dass sich die dem Bürgerentscheid zugrunde liegende Sach- oder Rechtslage wesentlich geändert hat.

(13) [1]Der Bürgerentscheid entfällt, wenn der Kreistag die Durchführung der mit dem Bürgerbegehren verlangten Maßnahme beschließt. [2]Für einen Beschluss nach Satz 1 gilt die Bindungswirkung des Absatzes 12 Satz 2 entsprechend.

(14) [1]Die im Kreistag und die von den vertretungsberechtigten Personen des Bürgerbegehrens vertretenen Auffassungen zum Gegenstand des Bürgerentscheids dürfen in Veröffentlichungen und Veranstaltungen des Landkreises nur in gleichem Umfang dargestellt werden. [2]Zur Information der Bürgerinnen und Bürger werden vom Landkreis den Beteiligten die gleichen Möglichkeiten wie bei Kreistagswahlen eröffnet.

(15) Das Ergebnis des Bürgerentscheids ist im Landkreis in der ortsüblichen Weise bekanntzumachen.

(16) [1]Die Gemeinden wirken im erforderlichen Umfang bei der Überprüfung von Bürgerbegehren und bei der Durchführung von Bürgerentscheiden mit. [2]Der Landkreis erstattet den Gemeinden die dadurch entstehenden besonderen Aufwendungen.

(17) [1]Die Landkreise können das Nähere durch Satzung regeln. [2]Das Recht auf freies Unterschriftensammeln darf nicht eingeschränkt werden.

(18) Art. 3a des Bayerischen Verwaltungsverfahrensgesetzes findet keine Anwendung.

Art. 12b Bürgerantrag. (1) [1]Die Kreisbürger können beantragen, dass das zuständige Kreisorgan eine Kreisangelegenheit behandelt (Bürgerantrag). [2]Ein Bürgerantrag darf nicht Angelegenheiten zum Gegenstand haben, für die innerhalb eines Jahres vor Antragseinreichung bereits ein Bürgerantrag gestellt worden ist.

(2) [1]Der Bürgerantrag muss beim Landkreis eingereicht werden, eine Begründung enthalten und bis zu drei Personen benennen, die berechtigt sind, die Unterzeichnenden zu vertreten. [2]Für den Fall ihrer Verhinderung oder ihres Ausscheidens können auf den Unterschriftenlisten zusätzlich stellvertretende Personen benannt werden.

(3) [1]Der Bürgerantrag muss von mindestens 1 v.H. der Kreiseinwohner unterschrieben sein. [2]Unterschriftsberechtigt sind die Kreisbürger.

(4) Über die Zulässigkeit eines Bürgerantrags entscheidet das für die Behandlung der Angelegenheit zuständige Kreisorgan innerhalb eines Monats seit der Einreichung des Bürgerantrags.

(5) Ist die Zulässigkeit des Bürgerantrags festgestellt, hat ihn das zuständige Kreisorgan innerhalb von drei Monaten zu behandeln.

(6) Art. 3a des Bayerischen Verwaltungsverfahrensgesetzes findet keine Anwendung.

Art. 13 Ehrenamtliche Tätigkeit. (1) [1]Die Kreisbürger sind zur Übernahme von Ehrenämtern des Landkreises verpflichtet. [2]Sie können nur aus wichtigem Grund die Übernahme von Ehrenämtern ablehnen oder ein Ehrenamt niederlegen. [3]Als wichtiger Grund ist es insbesondere anzusehen, wenn der Verpflichtete die Tätigkeit nicht ordnungsgemäß ausüben kann. [4]Wer ohne wichtigen Grund die Übernahme eines Ehrenamts ablehnt oder ein Ehrenamt niederlegt, kann mit Ordnungsgeld bis zu fünfhundert Euro belegt werden.

(2) [1]Ehrenamtlich tätige Personen können von der Stelle, die sie berufen hat, abberufen werden, wenn ein wichtiger Grund vorliegt. [2]Ein solcher liegt auch dann vor, wenn die ehrenamtlich tätige Person ihre Pflichten gröblich verletzt oder sich als unwürdig erwiesen hat.

(3) Die besonderen gesetzlichen Vorschriften bleiben unberührt.

Art. 14 Sorgfalts- und Verschwiegenheitspflicht. (1) Ehrenamtlich tätige Personen sind verpflichtet, ihre Obliegenheiten gewissenhaft wahrzunehmen.

(2) [1]Sie haben über die ihnen bei ihrer ehrenamtlichen Tätigkeit bekanntgewordenen Angelegenheiten Verschwiegenheit zu bewahren; das gilt nicht für Mitteilungen im amtlichen Verkehr oder über Tatsachen, die offenkundig sind oder ihrer Bedeutung nach keiner Geheimhaltung bedürfen. [2]Sie dürfen die Kenntnis der nach Satz 1 geheimzuhaltenden Angelegenheiten nicht unbefugt verwerten. [3]Sie haben auf Verlangen des Kreistags amtliche Schriftstücke, Zeichnungen, bildliche Darstellungen und Aufzeichnungen jeder Art über dienstliche Vorgänge herauszugeben, auch soweit es sich um Wiedergaben handelt. [4]Diese Verpflichtungen bestehen auch nach Beendigung des Ehrenamts fort. [5]Die Herausgabepflicht trifft auch die Hinterbliebenen und Erben.

(3) [1]Ehrenamtlich tätige Personen dürfen ohne Genehmigung über Angelegenheiten, über die sie Verschwiegenheit zu bewahren haben, weder vor Gericht noch außergerichtlich aussagen oder Erklärungen abgeben. [2]Über die Genehmigung entscheidet der Landrat; im Übrigen gelten Art. 84 Abs. 3 und 4 des Bayerischen Verwaltungsverfahrensgesetzes.

(4) [1]Wer den Verpflichtungen der Absätze 1, 2 oder 3 Satz 1 schuldhaft zuwiderhandelt, kann im Einzelfall mit Ordnungsgeld bis zu zweihundertfünfzig Euro, bei unbefugter Offenbarung personenbezogener Daten bis zu fünfhun-

dert Euro, belegt werden; die Verantwortlichkeit nach anderen gesetzlichen Vorschriften bleibt unberührt. [2]Die Haftung gegenüber dem Landkreis richtet sich nach den für den Landrat geltenden Vorschriften. [3]Der Landkreis stellt die Verantwortlichen von der Haftung frei, wenn sie von Dritten unmittelbar in Anspruch genommen werden und der Schaden weder vorsätzlich noch grob fahrlässig verursacht worden ist.

(5) Für den gewählten Stellvertreter des Landrats gelten die besonderen gesetzlichen Vorschriften.

Art. 14a Entschädigung. (1) [1]Ehrenamtlich tätige Personen haben Anspruch auf angemessene Entschädigung. [2]Das Nähere wird durch Satzung bestimmt. [3]Auf die Entschädigung kann nicht verzichtet werden. [4]Der Anspruch ist nicht übertragbar.

(2) Ehrenamtlich tätige Personen erhalten ferner für die nach Maßgabe näherer Bestimmung in der Satzung zur Wahrnehmung des Ehrenamts notwendige Teilnahme an Sitzungen und Besprechungen oder anderen Veranstaltungen folgende Ersatzleistungen:

1. Arbeitnehmern wird der ihnen entstandene nachgewiesene Verdienstausfall ersetzt.
2. [1]Selbständig Tätige können für die ihnen entstehende Zeitversäumnis eine Verdienstausfallentschädigung erhalten. [2]Die Entschädigung wird auf der Grundlage eines satzungsmäßig festgelegten Pauschalsatzes gewährt. [3]Wegezeiten können in angemessenem Umfang berücksichtigt werden.
3. [1]Personen, die keine Ersatzansprüche nach Nummern 1 und 2 haben, denen aber im beruflichen oder häuslichen Bereich ein Nachteil entsteht, der in der Regel nur durch das Nachholen versäumter Arbeit oder die Inanspruchnahme einer Hilfskraft ausgeglichen werden kann, können eine Entschädigung erhalten. [2]Die Entschädigung wird auf der Grundlage eines satzungsmäßig festgelegten Pauschalsatzes gewährt. [3]Der Pauschalsatz darf nicht höher sein als der Pauschalsatz nach Nummer 2. [4]Wegezeiten können in angemessenem Umfang berücksichtigt werden.

(3) [1]Vergütungen für Tätigkeiten, die ehrenamtlich tätige Personen kraft Amts oder auf Vorschlag oder Veranlassung des Landkreises in einem Aufsichtsrat, Vorstand oder sonstigen Organ oder Gremium eines privatrechtlich oder öffentlich-rechtlich organisierten Unternehmens wahrnehmen, sind an den Landkreis abzuführen, soweit sie insgesamt einen Betrag von 6400 Euro im Kalenderjahr übersteigen; mit einem Vomhundertsatz benannte Änderungen des Grundgehalts der Beamten mit einer Besoldung nach Besoldungsgruppe A 13 gelten ab dem auf das Inkrafttreten der Änderung folgenden Kalenderjahr mit dem gleichen Vomhundertsatz für den in Halbsatz 1 genannten Betrag. [2]Vom Landkreis veranlasst sind auch Tätigkeiten, die von einem Unternehmen, an dem er unmittelbar oder mittelbar ganz oder mehrheitlich beteiligt ist, einer ehrenamtlich tätigen Person übertragen werden. [3]Der Betrag verdoppelt sich für Vorsitzende des Aufsichtsrats oder eines vergleichbaren Or-

gans der in Satz 1 genannten Unternehmen und erhöht sich für deren Stellvertreter um 50 v.H. [4]Bei der Festsetzung des abzuführenden Betrags sind von den Vergütungen Aufwendungen abzusetzen, die im Zusammenhang mit der Tätigkeit nachweislich entstanden sind. [5]Die Ablieferungsregelungen nach dem beamtenrechtlichen Nebentätigkeitsrecht finden keine Anwendung.

Art. 15 Benutzung öffentlicher Einrichtungen; Tragung der Kreislasten. (1) Alle Kreisangehörigen sind nach den bestehenden allgemeinen Vorschriften berechtigt, die öffentlichen Einrichtungen des Landkreises zu benutzen, und verpflichtet, die Kreislasten zu tragen.

(2) [1]Mehrere technisch selbständige Anlagen des Landkreises, die demselben Zweck dienen, können eine Einrichtung oder einzelne rechtlich selbständige Einrichtungen bilden. [2]Der Landkreis entscheidet das durch Satzung; trifft er keine Regelung, liegt nur eine Einrichtung vor.

(3) Auswärts wohnende Personen haben für ihren Grundbesitz oder ihre gewerblichen Niederlassungen im Kreisgebiet gegenüber dem Landkreis die gleichen Rechte und Pflichten wie im Landkreis wohnende Grundbesitzer und Gewerbetreibende.

(4) Die Vorschriften in den Absätzen 1 und 3 finden auf juristische Personen und auf Personenvereinigungen entsprechende Anwendung.

(5) [1]Die Benutzung der öffentlichen, dem Gemeingebrauch dienenden Einrichtungen steht nach Maßgabe der bestehenden Vorschriften jedermann zu. [2]Die Zulassung kann von einer vorherigen Belehrung und dem ausdrücklichen Anerkenntnis der bestehenden Vorschriften abhängig gemacht werden.

5. Abschnitt

Kreishoheit

Art. 16 Umfang der Kreishoheit. (1) Die Hoheitsgewalt des Landkreises umfaßt das Kreisgebiet und seine gesamte Bevölkerung (Kreishoheit).

(2) [1]Die Landkreise haben das Recht, ihr Finanzwesen im Rahmen der gesetzlichen Bestimmungen selbst zu regeln. [2]Sie sind insbesondere befugt, zur Deckung des für die Erfüllung ihrer Aufgaben notwendigen Finanzbedarfs Abgaben nach Maßgabe der Gesetze zu erheben, soweit ihre sonstigen Einnahmen nicht ausreichen. [3]Zu diesem Zweck ist ihnen das Recht zur Erhebung eigener Steuern und sonstiger Abgaben in ausreichendem Maß zu gewährleisten.

(3) Der Staat hat den Landkreisen zur Erfüllung ihrer Aufgaben weitere Mittel im Rahmen des Staatshaushalts zuzuweisen.

Art. 17 Kreisrecht. [1]Die Landkreise können zur Regelung ihrer Angelegenheiten Satzungen erlassen. [2]Satzungen zur Regelung übertragener Angelegenheiten, bewehrte Satzungen (Art. 18 Abs. 2) und Verordnungen sind nur in den gesetzlich bestimmten Fällen zulässig. [3]In solchen Satzungen und in Verordnungen soll ihre besondere Rechtsgrundlage angegeben werden.

Art. 18 Inhalt der Satzungen. (1) In den Satzungen können die Landkreise insbesondere
1. die Benutzung ihres Eigentums und ihrer öffentlichen Einrichtungen regeln,
2. aus Gründen des öffentlichen Wohls, insbesondere zur Abwehr von Gefahren für die Sicherheit oder Gesundheit der Kreisangehörigen, den Anschluß- und Benutzungszwang für Einrichtungen des Landkreises anordnen,
3. bestimmen, daß bei öffentlichen Notständen, insbesondere wenn es die Sicherheit des Verkehrs erfordert, Hand- und Spanndienste unter angemessener Berücksichtigung der wirtschaftlichen Verhältnisse der Pflichtigen angeordnet werden können.

(2) [1]In den Satzungen kann die Ersatzvornahme auf Kosten säumiger Verpflichteter für zulässig erklärt werden. [2]In den Fällen des Absatzes 1 Nrn. 1 und 2 können in der Satzung Zuwiderhandlungen als Ordnungswidrigkeiten mit Geldbuße bis zu zweitausendfünfhundert Euro bedroht werden (bewehrte Satzung).

(3) In Satzungen nach Absatz 1 Nrn. 1 und 2 und in Satzungen, die auf Grund anderer Gesetze, die auf diesen Artikel verweisen, erlassen werden, kann bestimmt werden, daß die vom Landkreis mit dem Vollzug dieser Satzungen beauftragten Personen berechtigt sind, zur Überwachung der Pflichten, die sich nach diesen Satzungen und Gesetzen ergeben, zu angemessener Tageszeit Grundstücke, Gebäude, Anlagen, Einrichtungen, Wohnungen und Wohnräume im erforderlichen Umfang zu betreten.

Art. 19 *(aufgehoben)*

Art. 20 Inkrafttreten; Ausfertigung und Bekanntmachung. (1) [1]Satzungen treten eine Woche nach ihrer Bekanntmachung in Kraft. [2]In der Satzung kann ein anderer Zeitpunkt bestimmt werden, in bewehrten Satzungen und anderen Satzungen, die nicht mit rückwirkender Kraft erlassen werden dürfen, jedoch frühestens der auf die Bekanntmachung folgende Tag.

(2) Satzungen sind auszufertigen und im Amtsblatt des Landkreises oder des Landratsamts, sonst im Amtsblatt der Regierung oder des Bezirks oder im Staatsanzeiger bekanntzumachen.

Art. 21 Verwaltungsverfügungen; Zwangsmaßnahmen. (1) Die Landkreise können im eigenen und im übertragenen Wirkungskreis die zur Durchführung von Gesetzen, Rechtsverordnungen und Satzungen notwendigen Einzelverfügungen erlassen und unter Anwendung der gesetzlichen Zwangsmittel vollziehen.

(2) [1]Verwaltungsakte, Ladungen oder sonstige Mitteilungen, die auf Grund von Rechtsvorschriften außerhalb dieses Gesetzes amtlich, öffentlich oder ortsüblich bekanntzumachen sind, hat der Landkreis oder das Landratsamt wie Satzungen des Landkreises bekanntzumachen. [2]Sind Pläne, Karten oder sonstige Nachweise Bestandteil einer Mitteilung nach Satz 1, so kann die Bekanntmachung unbeschadet anderer Vorschriften auch dadurch bewirkt werden, daß die Mitteilung mit den Nachweisen auf die Dauer von zwei Wochen im Landratsamt ausgelegt wird; der Gegenstand der Mitteilung sowie Ort und Zeit der Auslegung sind mindestens eine Woche vorher nach Satz 1 bekanntzumachen.

(3) Geldbußen und Verwarnungsgelder, die auf Grund bewehrter Satzungen und Verordnungen festgesetzt werden, fließen in die Kreiskasse.

ZWEITER TEIL

Verfassung und Verwaltung des Landkreises

1. Abschnitt

Kreisorgane und ihre Hilfskräfte

Art. 22 Hauptorgane. Der Landkreis wird durch den Kreistag verwaltet, soweit nicht vom Kreistag bestellte Ausschüsse (Art. 26 ff.) über Kreisangelegenheiten beschließen oder der Landrat selbständig entscheidet (Art. 34).

a) Der Kreistag

Art. 23 Rechtsstellung; Aufgaben des Kreistags. (1) [1]Der Kreistag ist die Vertretung der Kreisbürger. [2]Er entscheidet im Rahmen des Art. 22 über alle wichtigen Angelegenheiten der Kreisverwaltung.

(2) [1]Der Kreistag überwacht die gesamte Kreisverwaltung, insbesondere auch die Ausführung seiner Beschlüsse. [2]Jedem Kreisrat muß durch das Landratsamt Auskunft erteilt werden.

Art. 24 Zusammensetzung des Kreistags. (1) Der Kreistag besteht aus dem Landrat und den Kreisräten.

(2) [1]Die Zahl der Kreisräte beträgt in Landkreisen

mit bis zu	75 000 Einwohnern	50,
mit mehr als 75 000 bis	150 000 Einwohnern	60,
mit mehr als	150 000 Einwohnern	70.

[2]Sinkt die Einwohnerzahl in einem Landkreis unter eine der in Satz 1 genannten Einwohnergrenzen, so ist die Zahl der Kreisräte erst in der übernächsten Wahlzeit auf die gesetzlich vorgeschriebene Zahl zu verringern. [3]Die Kreisräte sind ehrenamtlich tätig.

(3) [1]Kreisräte können nicht sein:

1. Beamte und leitende oder hauptberufliche Arbeitnehmer des Landkreises und des Landratsamts,
2. leitende Beamte und leitende Arbeitnehmer von juristischen Personen oder sonstigen Organisationen des öffentlichen oder privaten Rechts, an denen der Landkreis mit mehr als 50 v.H. beteiligt ist; eine Beteiligung am Stimmrecht genügt,
3. Beamte und Arbeitnehmer der Rechtsaufsichtsbehörden, die unmittelbar mit Aufgaben der Rechtsaufsicht befaßt sind,
4. der Landrat des eigenen oder eines anderen Landkreises,
5. der Oberbürgermeister einer kreisfreien Gemeinde,
6. Kreisräte eines anderen Landkreises,
7. ehrenamtliche Gemeinderatsmitglieder einer kreisfreien Gemeinde.

[2]Als Arbeitnehmer im Sinn des Satzes 1 gilt nicht, wer überwiegend körperliche Arbeit verrichtet. [3]Satz 1 ist nicht anzuwenden, wenn der Beamte während der Dauer des Ehrenamts ohne Dienstbezüge beurlaubt ist, im Rahmen von Altersteilzeit im Blockmodell vollständig vom Dienst freigestellt ist oder wenn seine Rechte und Pflichten aus dem Dienstverhältnis wegen der Wahl in eine gesetzgebende Körperschaft ruhen; dies gilt für Arbeitnehmer entsprechend.

(4) [1]Alle Kreisräte sind alsbald nach ihrer Berufung in feierlicher Form zu vereidigen. [2]Die Eidesformel lautet:

„Ich schwöre Treue dem Grundgesetz für die Bundesrepublik Deutschland und der Verfassung des Freistaates Bayern. Ich schwöre, den Gesetzen gehorsam zu sein und meine Amtspflichten gewissenhaft zu erfüllen. Ich schwöre, die Rechte der Selbstverwaltung zu wahren und ihren Pflichten nachzukommen, so wahr mir Gott helfe".

[3]Der Eid kann auch ohne die Worte „so wahr mir Gott helfe" geleistet werden. [4]Erklärt ein Kreisrat, daß er aus Glaubens- oder Gewissensgründen keinen Eid leisten könne, so hat er an Stelle der Worte „ich schwöre" die Worte „ich gelobe" zu sprechen oder das Gelöbnis mit einer dem Bekenntnis seiner Religionsgemeinschaft oder der Überzeugung seiner Weltanschauungsgemeinschaft entsprechenden, gleichwertigen Beteuerungsformel einzuleiten. [5]Den Eid nimmt der Landrat ab. [6]Die Eidesleistung entfällt für die Kreisräte, die im Anschluß an ihre Amtszeit wieder zum Kreisrat des gleichen Landkreises gewählt wurden.

Art. 25 Einberufung des Kreistags. [1]Der Landrat bereitet die Beratungsgegenstände vor. [2]Er beruft den Kreistag unter Angabe der Tagesordnung mit angemessener Frist ein, erstmals binnen vier Wochen nach der Wahl. [3]Der Kreistag ist einzuberufen, wenn es der Kreisausschuss oder ein Drittel der Kreisräte unter Bezeichnung des Verhandlungsgegenstands schriftlich oder elektronisch beantragt.

b) Der Kreisausschuß und die weiteren Ausschüsse

Art. 26 Aufgaben des Kreisausschusses. [1]Der Kreisausschuß ist ein vom Kreistag bestellter ständiger Ausschuß. [2]Er bereitet die Verhandlungen des Kreistags vor und erledigt an seiner Stelle die ihm vom Kreistag übertragenen Angelegenheiten. [3]In der Geschäftsordnung (Art. 40) kann bestimmt werden, dass der Kreistag Empfehlungen der Fachausschüsse auch ohne Vorbereitung durch den Kreisausschuss behandeln kann.

Art. 27 Zusammensetzung. (1) [1]Der Kreisausschuß besteht aus dem Landrat und den Kreisräten. [2]Die Zahl der Kreisräte beträgt in Landkreisen

mit bis zu	75 000 Einwohnern	10,
mit mehr als 75 000 bis	150 000 Einwohnern	12,
mit mehr als	150 000 Einwohnern	14.

[3]Art. 24 Abs. 2 Satz 2 gilt entsprechend.

(2) [1]Die Mitglieder des Kreisausschusses werden vom Kreistag für die Dauer der Wahlzeit aus seiner Mitte bestellt. [2]Hierbei hat der Kreistag dem Stärkeverhältnis der in ihm vertretenen Parteien und Wählergruppen Rechnung zu tragen. [3]Haben dabei mehrere Parteien oder Wählergruppen gleichen Anspruch auf einen Sitz, so ist statt eines Losentscheids auch der Rückgriff auf die Zahl der bei der Wahl auf diese Parteien oder Wählergruppen abgegebenen Stimmen zulässig. [4]Die Bestellung anderer als der von den Parteien und Wählergruppen vorgeschlagenen Personen ist nicht zulässig. [5]Kreisräte können sich zur Entsendung gemeinsamer Vertreter in den Kreisausschuß zusammenschließen.

(3) [1]Während der Wahlzeit im Kreistag eintretende Änderungen des Stärkeverhältnisses der Parteien und Wählergruppen sind auszugleichen. [2]Scheidet ein Mitglied aus der von ihm vertretenen Partei oder Wählergruppe aus, so verliert es seinen Sitz im Kreisausschuß.

Art. 28 Einberufung. [1]Der Kreisausschuß wird vom Landrat nach Bedarf einberufen. [2]Er muß einberufen werden, wenn es die Hälfte der Mitglieder unter Angabe des Beratungsgegenstands schriftlich beantragt.

Art. 29 Weitere Ausschüsse. (1) [1]Der Kreistag kann im Bedarfsfall weitere vorberatende und beschließende Ausschüsse bilden. [2]Die Zusammensetzung der Ausschüsse regelt der Kreistag in der Geschäftsordnung (Art. 40). [3]Art. 27 Abs. 2 und 3 und Art. 28 gelten entsprechend.

(2) [1]Der Kreistag kann in der Geschäftsordnung eine Ferienzeit bis zu sechs Wochen bestimmen. [2]Für die Dauer der Ferienzeit ist ein Ferienausschuss nach den für beschließende Ausschüsse geltenden Vorschriften zu bilden, der alle Aufgaben erledigt, für die sonst der Kreistag, der Kreisausschuss oder ein anderer beschließender Ausschuss zuständig ist; Art. 30 ist nicht anzuwenden. [3]Der Ferienausschuss kann jedoch keine Aufgaben erledigen, die dem Werkausschuss obliegen oder kraft Gesetzes von besonderen Ausschüssen wahrge-

nommen werden müssen oder nach der Geschäftsordnung nicht vom Ferienausschuss wahrgenommen werden dürfen.

(3) Ausschüsse nach Absatz 1 können vom Kreistag jederzeit aufgelöst werden.

Art. 30 Dem Kreistag vorbehaltene Angelegenheiten. Der Kreistag kann dem Kreisausschuß und den weiteren beschließenden Ausschüssen folgende in diesem Gesetz geregelten Angelegenheiten nicht übertragen:

1. die Beschlußfassung über den Sitz der Kreisverwaltung und den Namen des Landkreises (Art. 2 Abs. 1),
2. die Annahme und Änderung von Wappen und Fahnen (Art. 3 Abs. 1),
3. die Beschlußfassung über Änderungen von bewohntem Kreisgebiet,
4. die Festsetzung der Entschädigung für ehrenamtlich tätige Personen (Art. 14a),
5. die Festsetzung öffentlicher Abgaben und Gebühren,
6. den Erlaß, die Änderung und die Aufhebung von Satzungen, bewehrten Satzungen und Verordnungen,
7. die Bestellung des Kreisausschusses und die Übertragung von Aufgaben auf den Kreisausschuß (Art. 26 und 27),
8. die Bildung, Besetzung und Auflösung weiterer Ausschüsse (Art. 29),
9. die Beschlußfassung in beamten-, besoldungs-, versorgungs- und disziplinarrechtlichen Angelegenheiten des Landrats und des gewählten Stellvertreters des Landrats, soweit nicht das Kommunal-Wahlbeamten-Gesetz oder das Bayerische Disziplinargesetz etwas anderes bestimmen,
10. die Aufstellung der Richtlinien über die laufenden Angelegenheiten (Art. 34 Abs. 1),
11. die Wahl des Stellvertreters des Landrats und die Regelung der weiteren Stellvertretung (Abs. 32),
12. den Erlaß der Geschäftsordnung für den Kreistag (Art. 40),
13. die Übernahme von Selbstverwaltungsaufgaben kreisangehöriger Gemeinden (Art. 52 Abs. 2),
14. die Beschlußfassung über die Haushaltssatzung, über die Nachtragshaushaltssatzungen sowie die Beschlußfassung über die Aufnahme von zusätzlichen Krediten während der vorläufigen Haushaltsführung (Art. 59, 62 und 63 Abs. 2),
15. die Beschlußfassung über den Finanzplan (Art. 64),
16. die Feststellung der Jahresrechnung und der Jahresabschlüsse der Eigenbetriebe und der Krankenhäuser mit kaufmännischem Rechnungswesen sowie die Beschlußfassung über die Entlastung (Art. 88),
17. Entscheidungen über Unternehmen der Landkreise im Sinn von Art. 84,
18. die hinsichtlich der Eigenbetriebe dem Kreistag im übrigen vorbehaltenen Angelegenheiten (Art. 76),
19. die Bestellung und die Abberufung des Leiters des Rechnungsprüfungsamts sowie seines Stellvertreters.

c) Der Landrat und sein Stellvertreter

Art. 31 Der Landrat. [1]Der Landrat ist Beamter des Landkreises; er ist Beamter auf Zeit.* [2]Landrat kann nicht der Landrat eines anderen Landkreises sein.

Art. 32 Stellvertreter des Landrats. (1) [1]Der Kreistag wählt aus seiner Mitte für die Dauer seiner Wahlzeit den Stellvertreter des Landrats. [2]Der gewählte Stellvertreter des Landrats ist Ehrenbeamter des Landkreises.

(2) Zum Stellvertreter des Landrats sind die Kreisräte wählbar, welche die Voraussetzungen für die Wahl zum Landrat erfüllen; abweichend hiervon ist auch wählbar, wer am Tag des Beginns der Amtszeit das 65. Lebensjahr vollendet hat.

(3) Endet das Beamtenverhältnis eines gewählten Stellvertreters des Landrats während der Wahlzeit des Kreistags, so findet für den Rest der Wahlzeit innerhalb von drei Monaten eine Neuwahl statt.

(4) Die weitere Stellvertretung des Landrats regelt der Kreistag durch Beschluss; es können nur Deutsche im Sinn des Art. 116 Abs. 1 des Grundgesetzes** bestellt werden.

Art. 33 Vorsitz im Kreistag; Vollzug der Beschlüsse. [1]Der Landrat führt den Vorsitz im Kreistag, im Kreisausschuß und in den weiteren Ausschüssen. [2]Er vollzieht die gefaßten Beschlüsse. [3]Ist der Landrat verhindert oder persönlich beteiligt, so handelt sein Vertreter. [4]Ist dieser bereits Mitglied des jeweiligen Ausschusses, nimmt dessen Vertreter für die Dauer der Vertretung den Sitz im Ausschuss ein.

Art. 34 Zuständigkeit des Landrats. (1) [1]Der Landrat erledigt in eigener Zuständigkeit
1. die laufenden Angelegenheiten, die für den Landkreis keine grundsätzliche Bedeutung haben und keine erheblichen Verpflichtungen erwarten lassen,
2. die Angelegenheiten des Landkreises, die im Interesse der Sicherheit der Bundesrepublik oder eines ihrer Länder geheimzuhalten sind.

---

* *Vgl. hierzu Art. 42 Abs. 1 Satz 1 des Gemeinde- und Landkreiswahlgesetzes (GLKrWG) in der Fassung der Bekanntmachung vom 7. November 2006 (GVBl. S. 834), Gesetz zuletzt geändert durch Gesetz vom 9. März 2021 (GVBl. S. 74):*

Art. 42 Amtszeit des berufsmäßigen ersten Bürgermeisters und des Landrats. (1) [1]Der berufsmäßige erste Bürgermeister und der Landrat werden auf die Dauer von sechs Jahren gewählt.

** *Art. 116 Abs. 1 Grundgesetz für die Bundesrepublik Deutschland vom 23. Mai 1949 (BGBl. S. 1), Grundgesetz zuletzt geändert durch Gesetz vom 29. September 2020 (BGBl. I S. 2048), lautet:*

Art. 116. (1) Deutscher im Sinne dieses Grundgesetzes ist vorbehaltlich anderweitiger gesetzlicher Regelung, wer die deutsche Staatsangehörigkeit besitzt oder als Flüchtling oder Vertriebener deutscher Volkszugehörigkeit oder als dessen Ehegatte oder Abkömmling in dem Gebiete des Deutschen Reiches nach dem Stande vom 31. Dezember 1937 Aufnahme gefunden hat.

[2]Für die laufenden Angelegenheiten nach Satz 1 Nr. 1, die nicht unter Nummer 2 fallen, kann der Kreistag Richtlinien aufstellen.

(2) [1]Der Kreistag kann dem Landrat durch die Geschäftsordnung weitere Angelegenheiten zur selbständigen Erledigung übertragen. [2]Das gilt nicht für Angelegenheiten, die nach Art. 30 Abs. 1 nicht auf beschließende Ausschüsse übertragen werden können. [3]Der Kreistag kann dem Landrat übertragene Angelegenheiten im Einzelfall nicht wieder an sich ziehen; das Recht des Kreistags, die Übertragung allgemein zu widerrufen, bleibt unberührt.

(3) [1]Der Landrat ist befugt, an Stelle des Kreistags, des Kreisausschusses und der weiteren Ausschüsse dringliche Anordnungen zu treffen und unaufschiebbare Geschäfte zu besorgen. [2]Hiervon hat er dem Kreistag oder dem Ausschuß in der nächsten Sitzung Kenntnis zu geben.

Art. 35 Vertretung des Landkreises nach außen; Verpflichtungsgeschäfte.
(1) [1]Der Landrat vertritt den Landkreis nach außen. [2]Der Umfang der Vertretungsmacht ist auf seine Befugnisse beschränkt.

(2) [1]Erklärungen, durch welche der Landkreis verpflichtet werden soll, bedürfen der Schriftform; das gilt nicht für ständig wiederkehrende Geschäfte des täglichen Lebens, die finanziell von unerheblicher Bedeutung sind. [2]Die Erklärungen sind durch den Landrat oder seinen Stellvertreter unter Angabe der Amtsbezeichnung zu unterzeichnen. [3]Sie können auf Grund einer diesen Erfordernissen entsprechenden Vollmacht auch von Bediensteten des Landratsamts unterzeichnet werden.

(3) [1]Verletzt der Landrat in Ausübung der ihm anvertrauten öffentlichen Gewalt schuldhaft die ihm einem anderen gegenüber obliegende Amtspflicht, so haftet für die Folgen der Staat, wenn es sich um reine Staatsangelegenheiten handelt. [2]Im übrigen haftet der Landkreis.

Art. 36 *(aufgehoben)*

d) Das Landratsamt und die Kreisbediensteten

Art. 37 Landratsamt. (1) [1]Das Landratsamt ist Kreisbehörde. [2]Soweit es rein staatliche Aufgaben, insbesondere die staatliche Aufsicht über die kreisangehörigen Gemeinden und über sonstige Körperschaften, Stiftungen und Anstalten des öffentlichen Rechts wahrnimmt, ist es Staatsbehörde.

(2) Geeignete staatliche Aufgaben sind mit Ausnahme der staatlichen Aufsicht durch Einzelgesetze auf die Kreisverwaltung zu übertragen.

(3) [1]Jedem Landratsamt wird mindestens ein Staatsbeamter mit der Befähigung für das Richteramt zugeteilt. [2]Er soll als juristischer Sachverständiger zu den Sitzungen des Kreistags, des Kreisausschusses und der weiteren Ausschüsse zugezogen werden. [3]Nach Bedarf werden weitere Staatsbeamte zugewiesen. [4]Die Staatsbeamten unterstehen der Dienstaufsicht des Landrats.

(4) Der Landrat kann seine Befugnisse in Angelegenheiten der laufenden Verwaltung teilweise den Staatsbediensteten oder den Kreisbediensteten übertragen und hierbei entsprechende Zeichnungsvollmacht erteilen; eine darüber hinausgehende Übertragung bedarf der Zustimmung des Kreistags.

(5) Für die Haftung der Staats- und Kreisbediensteten gegenüber Dritten gilt Art. 35 Abs. 3 entsprechend.

(6) Im Vollzug der Staatsaufgaben wird der Landrat als Organ des Staates tätig und untersteht lediglich den Weisungen seiner vorgesetzten Dienststellen.

Art. 38 Kreisbedienstete. (1) [1]Der Kreistag ist zuständig,

1. die Beamten des Landkreises ab Besoldungsgruppe A 9 zu ernennen, zu befördern, abzuordnen oder zu versetzen, an eine Einrichtung zuzuweisen, in den Ruhestand zu versetzen und zu entlassen,
2. die Arbeitnehmer des Landkreises ab Entgeltgruppe 9 des Tarifvertrags für den öffentlichen Dienst oder ab einem entsprechenden Entgelt einzustellen, höherzugruppieren, abzuordnen oder zu versetzen, einem Dritten zuzuweisen, mittels Personalgestellung zu beschäftigen und zu entlassen.

[2]Befugnisse nach Satz 1 kann der Kreistag dem Kreisausschuss oder einem weiteren beschließenden Ausschuss übertragen. [3]Der Kreistag kann die Befugnisse nach Satz 1 für Beamte bis zur Besoldungsgruppe A 14 und für Arbeitnehmer bis zur Entgeltgruppe 14 des Tarifvertrags für den öffentlichen Dienst oder mit einem entsprechenden Entgelt dem Landrat übertragen; Art. 37 Abs. 4 findet Anwendung. [4]Ein solcher Beschluss bedarf der Mehrheit der stimmberechtigten Mitglieder des Kreistags; falls der Beschluss nicht mit dieser Mehrheit wieder aufgehoben wird, gilt er bis zum Ende der Wahlzeit des Kreistags.

(2) [1]Für Beamte des Landkreises bis zur Besoldungsgruppe A 8 und für Arbeitnehmer des Landkreises bis zur Entgeltgruppe 8 des Tarifvertrags für den öffentlichen Dienst oder bis zu einem entsprechenden Entgelt obliegen die in Abs. 1 genannten personalrechtlichen Befugnisse dem Landrat. [2]Art. 37 Abs. 4 findet Anwendung.

(3) [1]Dienstvorgesetzter der Kreisbeamten ist der Landrat. [2]Er führt die Dienstaufsicht über die Kreisbediensteten.

(4) Die Arbeitsbedingungen und das Entgelt der Arbeitnehmer müssen angemessen sein.

Art. 39 Stellenplan. [1]Der Stellenplan (Art. 58 Abs. 2 Satz 2) ist einzuhalten. [2]Abweichungen sind nur im Rahmen des Art. 62 Abs. 3 Nr. 2 zulässig.

2. Abschnitt
Geschäftsgang

Art. 40 Geschäftsordnung und Geschäftsgang der Ausschüsse. (1) Der Kreistag gibt sich eine Geschäftsordnung.

(2) [1]Die Geschäftsordnung muß Bestimmungen über die Frist und Form der Einladung zu den Sitzungen sowie über den Geschäftsgang des Kreistags, des Kreisausschusses und der weiteren Ausschüsse enthalten. [2]Auf den Geschäftsgang des Kreisausschusses und der weiteren beschließenden Ausschüsse finden die Vorschriften der Art. 25 Satz 1 und 2 und Art. 41 bis 48 entsprechende Anwendung.

(3) Im Rahmen der Geschäftsordnung leitet und verteilt der Landrat die Geschäfte.

Art. 41 Sitzungszwang; Beschlußfähigkeit. (1) Der Kreistag beschließt in Sitzungen.

(2) Er ist beschlußfähig, wenn sämtliche Mitglieder ordnungsgemäß geladen sind und die Mehrheit der Mitglieder anwesend und stimmberechtigt ist.

(3) [1]Wird der Kreistag zum zweiten Mal zur Verhandlung über denselben Gegenstand zusammengerufen, so ist er ohne Rücksicht auf die Zahl der Erschienenen beschlußfähig. [2]Bei der zweiten Einladung muß auf diese Bestimmung hingewiesen werden.

Art. 41a Sitzungsteilnahme durch Ton-Bild-Übertragung.* (1) [1]Kreisräte können an den Sitzungen des Kreistags mittels Ton-Bild-Übertragung teilnehmen, soweit der Kreistag dies in der Geschäftsordnung zugelassen hat. [2]Der Beschluss bedarf einer Zweidrittelmehrheit der abstimmenden Mitglieder des Kreistags. [3]Zugeschaltete Kreisräte gelten in diesem Fall als anwesend im Sinn von Art. 41 Abs. 2. [4]Der Kreistag kann die Anzahl der in einer Sitzung zuschaltbaren Kreisräte in der Geschäftsordnung zahlen- oder quotenmäßig begrenzen. [5]Er kann die Zuschaltmöglichkeit auch von weiteren Voraussetzungen abhängig machen, insbesondere von einer Verhinderung an der Teilnahme im Sitzungssaal. [6]Bei einer Zuschaltung mittels Ton-Bild-Übertragung ist eine Teilnahme an Wahlen nicht möglich.

(2) Die Möglichkeit einer Sitzungsteilnahme mittels Ton-Bild-Übertragung ist ausgeschlossen, soweit die Sitzung als solche oder Beratungsgegenstände nach Art. 50a Abs. 1 Satz 1 geheim zu halten sind oder nach den gemäß Art. 50a Abs. 2 zu beachtenden Verwaltungsvorschriften und Richtlinien der Geheimhaltung unterliegen.

(3) [1]Der Landrat und die Kreisräte müssen sich in der Sitzung gegenseitig optisch und akustisch wahrnehmen können. [2]In öffentlichen Sitzungen müssen per Ton-Bild-Übertragung teilnehmende Kreisräte zudem für die im Sitzungssaal anwesende Öffentlichkeit entsprechend wahrnehmbar sein. [3]Für die Zwecke der Sätze 1 und 2 ist die Übertragung von Bild und Ton der an der Sitzung teilnehmenden Personen unabhängig davon zulässig, ob sie in die Übertragung einwilligen.

(4) [1]Der Landkreis hat dafür Sorge zu tragen, dass in seinem Verantwortungsbereich die technischen Voraussetzungen für eine Zuschaltung mittels

---

* *Beachte Art. 108 Abs. 2.*

Ton-Bild-Übertragung während der Sitzung durchgehend bestehen. [2]Ist dies nicht der Fall oder steht nicht fest, ob eine Nichtzuschaltung in den Verantwortungsbereich des Landkreises oder des Kreisrates fällt, darf die Sitzung nicht beginnen oder ist sie unverzüglich zu unterbrechen. [3]Ein Verstoß ist unbeachtlich, falls die zunächst nicht zugeschalteten Kreisräte rügelos an der Beschlussfassung teilnehmen. [4]Kommt eine Zuschaltung aus Gründen, die nicht im Verantwortungsbereich des Landkreises liegen, nicht zu Stande oder wird sie unterbrochen, hat dies keine Auswirkung auf die Wirksamkeit eines ohne den betroffenen Kreisrat gefassten Beschlusses. [5]Soweit sich ein Landkreis darauf beschränkt, die Plattform zur audiovisuellen Zuschaltung zur Verfügung zu stellen, und entweder mindestens ein Kreisrat zugeschaltet ist oder ein Test bestätigt, dass eine Zuschaltmöglichkeit besteht, wird vermutet, dass der Grund für eine Nichtzuschaltung eines Kreisrates nicht im Verantwortungsbereich des Landkreises liegt.

(5) [1]Lässt ein Kreistag eine Zuschaltung mittels Ton-Bild-Übertragung bei nichtöffentlichen Sitzungen zu, haben die zugeschalteten Kreisräte dafür Sorge zu tragen, dass die Übertragung in ihrem Verantwortungsbereich nur von ihnen wahrgenommen werden kann. [2]Art. 14 Abs. 4 Satz 1 gilt entsprechend.

Art. 42 Teilnahme- und Abstimmungspflicht; Ordnungsgeld gegen Säumige. (1) [1]Die Kreisräte sind verpflichtet, an den Sitzungen und Abstimmungen teilzunehmen und die ihnen zugewiesenen Geschäfte zu übernehmen. [2]Im Kreistag darf sich niemand der Stimme enthalten.

(2) [1]Gegen Kreisräte, die sich diesen Verpflichtungen ohne genügende Entschuldigung entziehen, kann der Kreistag Ordnungsgeld bis zu zweihundertfünfzig Euro im Einzelfall verhängen. [2]Das Ordnungsgeld fließt in die Kreiskasse.

Art. 43 Ausschluß wegen persönlicher Beteiligung. (1) [1]Ein Mitglied kann an der Beratung und Abstimmung nicht teilnehmen, wenn der Beschluss ihm selbst, einem Angehörigen (Art. 20 Abs. 5 des Bayerischen Verwaltungsverfahrensgesetzes) oder einer von ihm vertretenen natürlichen oder juristischen Person oder sonstigen Vereinigung einen unmittelbaren Vorteil oder Nachteil bringen kann.

(2) Absatz 1 gilt nicht

1. für Wahlen,
2. für Beschlüsse, mit denen der Kreistag eine Person zum Mitglied eines Ausschusses bestellt oder sie zur Wahrnehmung von Interessen des Landkreises in eine andere Einrichtung entsendet, dafür vorschlägt oder daraus abberuft.

(3) Ob die Voraussetzungen des Absatzes 1 vorliegen, entscheidet der Kreistag ohne Mitwirkung des persönlich Beteiligten.

(4) Die Mitwirkung eines wegen persönlicher Beteiligung ausgeschlossenen Mitglieds hat die Ungültigkeit des Beschlusses nur zur Folge, wenn sie für das Abstimmungsergebnis entscheidend war.

Art. 44 Einschränkung des Vertretungsrechts. Mitglieder des Kreistags dürfen Ansprüche Dritter gegen den Landkreis nur als gesetzliche Vertreter geltend machen.

Art. 45 Form der Beschlußfassung; Wahlen. (1) [1]Beschlüsse des Kreistags werden in offener Abstimmung mit Mehrheit der Abstimmenden gefaßt. [2]Bei Stimmengleichheit ist der Antrag abgelehnt.

(2) [1]Kein Kreisrat darf zu irgendeiner Zeit wegen seiner Abstimmung gerichtlich oder dienstlich verfolgt oder sonst außerhalb des Kreistags zur Verantwortung gezogen werden. [2]Die Haftung gegenüber dem Landkreis ist nicht ausgeschlossen, wenn das Abstimmungsverhalten eine vorsätzliche Pflichtverletzung darstellt. [3]Die Verantwortlichkeit nach bundesrechtlichen Vorschriften bleibt unberührt.

(3) [1]Wahlen werden in geheimer Abstimmung vorgenommen. [2]Sie sind nur gültig, wenn sämtliche Mitglieder unter Angabe des Gegenstands geladen sind und die Mehrheit von ihnen anwesend und stimmberechtigt ist. [3]Gewählt ist, wer mehr als die Hälfte der abgegebenen gültigen Stimmen erhält. [4]Neinstimmen und leere Stimmzettel sind ungültig. [5]Ist mindestens die Hälfte der abgegebenen Stimmen ungültig, ist die Wahl zu wiederholen. [6]Ist die Mehrheit der abgegebenen Stimmen gültig und erhält keiner der Bewerber mehr als die Hälfte der abgegebenen gültigen Stimmen, so tritt Stichwahl unter den beiden Bewerbern mit den höchsten Stimmenzahlen ein. [7]Bei Stimmengleichheit in der Stichwahl entscheidet das Los.

(4) Absatz 3 gilt für alle Entscheidungen des Kreistags, die in diesem Gesetz oder in anderen Rechtsvorschriften als Wahlen bezeichnet werden.

Art. 46 Öffentlichkeit. (1) Zeitpunkt und Ort der öffentlichen Sitzungen des Kreistags sind unter Angabe der Tagesordnung, spätestens am fünften Tag vor der Sitzung, öffentlich bekanntzumachen.

(2) [1]Die Sitzungen sind öffentlich, soweit nicht Rücksichten auf das Wohl der Allgemeinheit oder auf berechtigte Ansprüche einzelner entgegenstehen. [2]Über den Ausschluß der Öffentlichkeit wird in nichtöffentlicher Sitzung beraten und entschieden.

(3) Die in nichtöffentlicher Sitzung gefaßten Beschlüsse sind der Öffentlichkeit bekanntzugeben, sobald die Gründe für die Geheimhaltung weggefallen sind.

Art. 47 Handhabung der Ordnung. (1) [1]Der Vorsitzende handhabt die Ordnung und übt das Hausrecht aus. [2]Er ist berechtigt, Zuhörer, welche die Ordnung stören, entfernen zu lassen. [3]Er kann mit Zustimmung des Kreistags Kreisräte, welche die Ordnung fortgesetzt erheblich stören, von der Sitzung ausschließen.

(2) Wird durch einen bereits von einer früheren Sitzung ausgeschlossenen Kreisrat die Ordnung innerhalb von zwei Monaten neuerdings erheblich ge-

stört, so kann ihm der Kreistag für zwei weitere Sitzungen die Teilnahme untersagen.

Art. 48 Niederschrift. (1) [1]Die Verhandlungen des Kreistags sind niederzuschreiben. [2]Die Niederschrift muß Tag und Ort der Sitzung, die anwesenden Kreisräte, die behandelten Gegenstände, die Beschlüsse und das Abstimmungsergebnis ersehen lassen. [3]Jedes Mitglied kann verlangen, daß in der Niederschrift festgehalten wird, wie es abgestimmt hat.

(2) [1]Die Kreisräte können jederzeit die Niederschrift einsehen und sich Abschriften der in öffentlicher Sitzung gefaßten Beschlüsse erteilen lassen. [2]Die Einsicht in die Niederschriften über öffentliche Sitzungen steht allen Kreisbürgern frei.

Art. 49 *(aufgehoben)*

3. Abschnitt

Verwaltungsgrundsätze und Verwaltungsaufgaben

Art. 50 Gesetzmäßigkeit; Unparteilichkeit. [1]Die Verwaltungstätigkeit des Landkreises muß mit der Verfassung und den Gesetzen im Einklang stehen. [2]Sie darf nur von sachlichen Gesichtspunkten geleitet sein.

Art. 50a Geheimhaltung. (1) [1]Alle Angelegenheiten, die im Interesse der Sicherheit oder anderer wichtiger Belange der Bundesrepublik oder eines ihrer Länder Unbefugten nicht bekannt werden dürfen, sind von den Landkreisen geheimzuhalten. [2]Die in anderen Rechtsvorschriften geregelte Verpflichtung zur Verschwiegenheit bleibt unberührt.

(2) [1]Zur Geheimhaltung der in Absatz 1 Satz 1 bezeichneten Angelegenheiten haben die Landkreise die notwendigen Vorkehrungen zu treffen. [2]Sie haben insoweit auch die für die Behörden des Freistaates Bayern geltenden Verwaltungsvorschriften zu beachten. [3]Das Staatsministerium des Innern, für Sport und Integration kann hierzu Richtlinien aufstellen und Weisungen erteilen, die nicht der Einschränkung nach Art. 95 Abs. 2 Satz 2 unterliegen.

(3) [1]Der Landrat ist zu Beginn seiner Amtszeit durch die Rechtsaufsichtsbehörde schriftlich besonders zu verpflichten, die in Absatz 1 Satz 1 genannten Angelegenheiten geheimzuhalten und die hierfür geltenden Vorschriften zu beachten. [2]In gleicher Weise hat der Landrat seinen Stellvertreter zu verpflichten. [3]Kreisbedienstete hat er zu verpflichten, bevor sie mit den in Absatz 1 Satz 1 genannten Angelegenheiten befaßt werden. [4]Art. 3a des Bayerischen Verwaltungsverfahrensgesetzes findet keine Anwendung.

Art. 51 Aufgaben des eigenen Wirkungskreises. (1) Im eigenen Wirkungskreis sollen die Landkreise in den Grenzen ihrer Leistungsfähigkeit die öffentlichen Einrichtungen schaffen, die für das wirtschaftliche, soziale und kulturelle Wohl ihrer Einwohner nach den Verhältnissen des Kreisgebiets erforderlich sind; hierbei sind die Belange des Natur- und Umweltschutzes zu berücksichtigen.

(2) Im Rahmen des Absatzes 1 sind die Landkreise, unbeschadet bestehender Verbindlichkeiten Dritter, verpflichtet, nach Maßgabe der gesetzlichen Vorschriften die erforderlichen Maßnahmen auf den Gebieten der Straßenverwaltung, der Feuersicherheit, des Gesundheitswesens sowie der öffentlichen Fürsorge und Wohlfahrtspflege zu treffen oder die nötigen Leistungen für solche Maßnahmen aufzuwenden.

(3) [1]Die Landkreise sind, unbeschadet bestehender Verbindlichkeiten Dritter, in den Grenzen ihrer Leistungsfähigkeit verpflichtet,
1. die erforderlichen Krankenhäuser zu errichten und zu unterhalten und die Hebammenhilfe für die Bevölkerung sicherzustellen,
2. die aus Gründen des öffentlichen Wohls erforderlichen Einrichtungen zur Versorgung mit Trinkwasser herzustellen und zu unterhalten, soweit eine solche Aufgabe überörtlicher Natur ist und daher aus tatsächlichen oder wirtschaftlichen Gründen die Errichtung einer zentralen Einrichtung für das gesamte oder überwiegende Kreisgebiet geboten ist,
3. Gartenkultur und Landespflege unbeschadet anderer gesetzlicher Vorschriften zu fördern.

[2]Sonstige gesetzlich festgelegte Verpflichtungen der Landkreise bleiben unberührt.

(4) Übersteigt eine Pflichtaufgabe die Leistungsfähigkeit eines Landkreises, so ist diese Aufgabe in kommunaler Zusammenarbeit zu erfüllen.

Art. 52 Übernahme von Gemeindeaufgaben. (1) Auf Antrag kreisangehöriger Gemeinden können die Landkreise deren Aufgaben des eigenen Wirkungskreises (Art. 57 GO) übernehmen, wenn und solange diese das Leistungsvermögen der beteiligten Gemeinden übersteigen.

(2) Der Beschluß bedarf einer Mehrheit von zwei Dritteln der gesetzlichen Mitgliederzahl des Kreistags.

Art. 53 Aufgaben des übertragenen Wirkungskreises. (1) [1]Im übertragenen Wirkungskreis haben die Landkreise die staatlichen Verwaltungsaufgaben, die auf die Kreisverwaltung nach Art. 37 Abs. 2 durch Einzelgesetze übertragen werden, zu erfüllen. [2]Unberührt bleibt die Zuständigkeit des Landratsamts als Staatsbehörde (Art. 37 Abs. 1 Satz 2) und die Zuständigkeit von Sonderbehörden.

(2) [1]Zur Erledigung der staatlichen Aufgaben stellen die Landkreise die erforderlichen Einrichtungen zur Verfügung. [2]Für Mehrbelastungen im Sinn des Art. 83 Abs. 3 der Verfassung ist ein entsprechender finanzieller Ausgleich nach dessen Grundsätzen zu leisten.

Art. 54 Zuständigkeit für den Gesetzesvollzug. (1) Der Vollzug der gesetzlichen Vorschriften im eigenen und im übertragenen Wirkungskreis und die Durchführung der gesetzmäßigen Anordnungen und Weisungen der Staatsbehörden obliegen dem Kreistag oder dem Kreisausschuß, in den Fällen des Art. 34 dem Landrat.

(2) Hält der Landrat Entscheidungen des Kreistags oder seiner Ausschüsse für rechtswidrig, so hat er sie zu beanstanden, ihren Vollzug auszusetzen und, soweit erforderlich, die Entscheidung der Rechtsaufsichtsbehörde (Art. 96) herbeizuführen.

DRITTER TEIL

Landkreiswirtschaft

1. Abschnitt

Haushaltswirtschaft

Art. 55 Allgemeine Haushaltsgrundsätze. (1) [1]Der Landkreis hat seine Haushaltswirtschaft so zu planen und zu führen, daß die stetige Erfüllung seiner Aufgaben gesichert ist. [2]Die dauernde Leistungsfähigkeit des Landkreises ist sicherzustellen, eine Überschuldung ist zu vermeiden. [3]Dabei ist § 51 des Haushaltsgrundsätzegesetzes Rechnung zu tragen.

(2) [1]Die Haushaltswirtschaft ist sparsam und wirtschaftlich zu planen und zu führen. [2]Aufgaben sollen in geeigneten Fällen daraufhin untersucht werden, ob und in welchem Umfang sie durch nichtkommunale Stellen, insbesondere durch private Dritte oder unter Heranziehung Dritter, mindestens ebenso gut erledigt werden können.

(3) [1]Bei der Führung der Haushaltswirtschaft hat der Landkreis finanzielle Risiken zu minimieren. [2]Ein erhöhtes Risiko liegt vor, wenn besondere Umstände, vor allem ein grobes Missverhältnis bei der Risikoverteilung zu Lasten des Landkreises, die Gefahr eines erheblichen Vermögensschadens begründen.

(4) Die Haushaltswirtschaft ist nach den Grundsätzen der doppelten kommunalen Buchführung oder nach den Grundsätzen der Kameralistik zu führen.

Art. 56 Grundsätze der Einnahmebeschaffung. (1) Der Landkreis erhebt Abgaben nach den gesetzlichen Vorschriften.

(2) Er hat die zur Erfüllung seiner Aufgaben erforderlichen Einnahmen
1. soweit vertretbar und geboten aus besonderen Entgelten für die von ihm erbrachten Leistungen,
2. im übrigen aus Steuern und durch die Kreisumlage

zu beschaffen, soweit die sonstigen Einnahmen nicht ausreichen.

(3) Der Landkreis darf Kredite nur aufnehmen, wenn eine andere Finanzierung nicht möglich ist oder wirtschaftlich unzweckmäßig wäre.

Art. 57 Haushaltssatzung. (1) [1]Der Landkreis hat für jedes Haushaltsjahr eine Haushaltssatzung zu erlassen. [2]Die Haushaltssatzung kann Festsetzungen für zwei Haushaltsjahre, nach Jahren getrennt, enthalten.

(2) [1]Die Haushaltssatzung enthält die Festsetzung
1. des Haushaltsplans unter Angabe
   a) des Gesamtbetrags der Erträge und Aufwendungen des Haushaltsjahres sowie des sich daraus ergebenden Saldos des Ergebnishaushalts, des Gesamtbetrags der Einzahlungen und Auszahlungen aus laufender Verwaltungstätigkeit, aus der Investitionstätigkeit und aus der Finanzierungstätigkeit des Haushaltsjahres sowie des sich daraus ergebenden Saldos des Finanzhaushalts bei Haushaltswirtschaft nach den Grundsätzen der doppelten kommunalen Buchführung,
   b) des Gesamtbetrags der Einnahmen und Ausgaben des Haushaltsjahres bei Haushaltswirtschaft nach den Grundsätzen der Kameralistik,
2. des Gesamtbetrags der vorgesehenen Kreditaufnahmen für Investitionen und Investitionsförderungsmaßnahmen (Kreditermächtigungen),
3. des Gesamtbetrags der vorgesehenen Ermächtigungen zum Eingehen von Verpflichtungen, die künftige Haushaltsjahre mit Auszahlungen beziehungsweise Ausgaben für Investitionen und Investitionsförderungsmaßnahmen belasten (Verpflichtungsermächtigungen),
4. der Kreisumlage (Umlagesoll und Umlagesätze) und der Abgabesätze, die für jedes Haushaltsjahr neu festzusetzen sind,
5. des Höchstbetrags der Kassenkredite.

[2]Die Angaben nach Satz 1 Nrn. 2, 3 und 5 sind getrennt für das Haushaltswesen des Landkreises und die Wirtschaftsführung von Eigenbetrieben zu machen. [3]Die Haushaltssatzung kann weitere Vorschriften enthalten, die sich auf die Erträge und Einzahlungen sowie Aufwendungen und Auszahlungen beziehungsweise auf die Einnahmen und Ausgaben und den Stellenplan des Haushaltsjahres beziehen.

(3) Die Haushaltssatzung tritt mit Beginn des Haushaltsjahres in Kraft und gilt für das Haushaltsjahr.

(4) Haushaltsjahr ist das Kalenderjahr, soweit für einzelne Bereiche durch Gesetz oder Rechtsverordnung nichts anderes bestimmt ist.

Art. 58 Haushaltsplan. (1) [1]Der Haushaltsplan enthält alle im Haushaltsjahr für die Erfüllung der Aufgaben des Landkreises voraussichtlich
1. anfallenden Erträge, eingehenden Einzahlungen, entstehenden Aufwendungen sowie zu leistenden Auszahlungen bei Haushaltswirtschaft nach den Grundsätzen der doppelten kommunalen Buchführung,
2. zu erwartenden Einnahmen und zu leistenden Ausgaben bei Haushaltswirtschaft nach den Grundsätzen der Kameralistik,
3. benötigten Verpflichtungsermächtigungen.

[2]Die Vorschriften über die Einzahlungen und Auszahlungen sowie Erträge und Aufwendungen beziehungsweise Einnahmen, Ausgaben und Verpflichtungsermächtigungen der Eigenbetriebe des Landkreises bleiben unberührt.

(2) [1]Der Haushaltsplan ist bei Haushaltswirtschaft nach den Grundsätzen der doppelten kommunalen Buchführung in einen Ergebnishaushalt und einen Finanzhaushalt, bei Haushaltswirtschaft nach den Grundsätzen der Kameralistik in einen Verwaltungshaushalt und einen Vermögenshaushalt zu gliedern. [2]Der Stellenplan für die Beamten und Arbeitnehmer des Landkreises ist Teil des Haushaltsplans. [3]Die bei der Sparkasse beschäftigten Beamten und Arbeitnehmer sind in diesem Stellenplan nicht auszuweisen, wenn und soweit nach Sparkassenrecht ein verbindlicher Stellenplan aufzustellen ist.

(3) [1]Der Haushaltsplan muß ausgeglichen sein. [2]Er ist Grundlage für die Haushaltswirtschaft des Landkreises und nach Maßgabe dieses Gesetzes und der auf Grund dieses Gesetzes erlassenen Vorschriften für die Haushaltsführung verbindlich. [3]Ansprüche und Verbindlichkeiten Dritter werden durch ihn weder begründet noch aufgehoben.

Art. 59 Erlaß der Haushaltssatzung. (1) Der Kreistag beschließt über die Haushaltssatzung samt ihren Anlagen in öffentlicher Sitzung.

(2) Die Haushaltssatzung ist mit ihren Anlagen spätestens einen Monat vor Beginn des Haushaltsjahres der Rechtsaufsichtsbehörde vorzulegen.

(3) [1]Haushaltssatzungen mit genehmigungspflichtigen Bestandteilen sind sogleich nach der Genehmigung amtlich bekanntzumachen. [2]Haushaltssatzungen ohne solche Bestandteile sind frühestens einen Monat nach der Vorlage an die Rechtsaufsichtsbehörde amtlich bekanntzumachen, sofern nicht die Rechtsaufsichtsbehörde die Satzung beanstandet. [3]Gleichzeitig ist die Haushaltssatzung samt ihren Anlagen bis zur nächsten amtlichen Bekanntmachung einer Haushaltssatzung öffentlich zugänglich zu machen; darauf ist in der amtlichen Bekanntmachung der Haushaltssatzung hinzuweisen.

Art. 60 Planabweichungen. (1) [1]Überplanmäßige und außerplanmäßige Aufwendungen und Auszahlungen beziehungsweise Ausgaben sind nur zulässig, wenn sie unabweisbar sind und die Deckung gewährleistet ist. [2]Sind sie erheblich, sind sie vom Kreistag zu beschließen.

(2) Absatz 1 findet entsprechende Anwendung auf Maßnahmen, durch die im Haushaltsplan nicht vorgesehene Verpflichtungen zu Leistungen des Landkreises entstehen können.

(3) Art. 62 Abs. 2 bleibt unberührt.

(4) [1]Für Investitionen, die im folgenden Jahr fortgesetzt werden, sind überplanmäßige Aufwendungen und Auszahlungen beziehungsweise Ausgaben in nicht erheblichem Umfang auch dann zulässig, wenn ihre Deckung im laufenden Jahr nur durch Erlaß einer Nachtragshaushaltssatzung möglich wäre, die Deckung aber im folgenden Jahr gewährleistet ist. [2]Hierüber entscheidet der Kreistag.

(5) Der Kreistag kann Richtlinien über die Abgrenzungen aufstellen.

Art. 61 Verpflichtungsermächtigungen. (1) Verpflichtungen zur Leistung von Auszahlungen beziehungsweise Ausgaben für Investitionen und Investitionsförderungsmaßnahmen in künftigen Jahren dürfen unbeschadet des Abs. 5 nur eingegangen werden, wenn der Haushaltsplan hierzu ermächtigt.

(2) Die Verpflichtungsermächtigungen dürfen in der Regel zu Lasten der dem Haushaltsjahr folgenden drei Jahre vorgesehen werden, in Ausnahmefällen bis zum Abschluß einer Maßnahme; sie sind nur zulässig, wenn durch sie der Ausgleich künftiger Haushalte nicht gefährdet wird.

(3) Die Verpflichtungsermächtigungen gelten bis zum Ende des Haushaltsjahres und, wenn die Haushaltssatzung für das folgende Haushaltsjahr nicht rechtzeitig amtlich bekanntgemacht wird, bis zum Erlaß dieser Haushaltssatzung.

(4) Der Gesamtbetrag der Verpflichtungsermächtigungen bedarf im Rahmen der Haushaltssatzung der Genehmigung, wenn in den Jahren, zu deren Lasten sie vorgesehen sind, Kreditaufnahmen geplant sind.

(5) [1]Verpflichtungen im Sinn des Abs. 1 dürfen überplanmäßig oder außerplanmäßig eingegangen werden, wenn ein dringendes Bedürfnis besteht und der in der Haushaltssatzung festgesetzte Gesamtbetrag der Verpflichtungsermächtigungen nicht überschritten wird. [2]Art. 60 Abs. 1 Satz 2 gilt entsprechend.

Art. 62 Nachtragshaushaltssatzungen. (1) [1]Die Haushaltssatzung kann nur bis zum Ablauf des Haushaltsjahres durch Nachtragshaushaltssatzung geändert werden. [2]Für die Nachtragshaushaltssatzung gelten die Vorschriften für die Haushaltssatzung entsprechend.

(2) Der Landkreis hat unverzüglich eine Nachtragshaushaltssatzung zu erlassen, wenn

1. sich zeigt, daß trotz Ausnutzung jeder Sparmöglichkeit ein Fehlbetrag entstehen wird und der Haushaltsausgleich nur durch eine Änderung der Haushaltssatzung erreicht werden kann,
2. bisher nicht veranschlagte oder zusätzliche einzelne Aufwendungen und Auszahlungen beziehungsweise Ausgaben in einem im Verhältnis zu den Gesamtaufwendungen und -auszahlungen beziehungsweise Gesamtausgaben des Haushaltsplans erheblichen Umfang geleistet werden müssen,
3. Auszahlungen des Finanzhaushalts beziehungsweise Ausgaben des Vermögenshaushalts für bisher nicht veranschlagte Investitionen oder Investitionsförderungsmaßnahmen geleistet werden sollen,
4. Beamte oder Arbeitnehmer eingestellt, befördert oder in eine höhere Entgeltgruppe eingestuft werden sollen und der Stellenplan die entsprechenden Stellen nicht enthält.

(3) Absatz 2 Nrn. 2 bis 4 finden keine Anwendung auf

1. Investitionen und Investitionsförderungsmaßnahmen, soweit die Auszahlungen beziehungsweise Ausgaben nicht erheblich und unabweisbar sind,

2. Abweichungen vom Stellenplan und die Leistung höherer Personalausgaben, die auf Grund des Beamten- oder Tarifrechts oder für die Erfüllung neuer Aufgaben notwendig werden.

Art. 63 Vorläufige Haushaltsführung. (1) Ist die Haushaltssatzung bei Beginn des Haushaltsjahres noch nicht bekanntgemacht, so darf der Landkreis

1. finanzielle Leistungen erbringen, zu denen er rechtlich verpflichtet ist oder die für die Weiterführung notwendiger Aufgaben unaufschiebbar sind; er darf insbesondere Bauten, Beschaffungen und sonstige Leistungen des Finanzhaushalts beziehungsweise des Vermögenshaushalts, für die im Haushaltsplan eines Vorjahres Beträge vorgesehen waren, fortsetzen,
2. die in der Haushaltssatzung jährlich festzusetzenden Abgaben nach den Sätzen des Vorjahres erheben,
3. Kredite umschulden,
4. Kassenkredite bis zu dem zuletzt in einer Haushaltssatzung festgesetzten Höchstbetrag oder, wenn besondere Umstände im Einzelfall eine Erhöhung rechtfertigen, auch darüber hinaus aufnehmen.

(2) [1]Reichen die Deckungsmittel für die Fortsetzung der Bauten, der Beschaffungen und der sonstigen Leistungen nach Abs. 1 Nr. 1 nicht aus, darf der Landkreis Kredite für Investitionen und Investitionsförderungsmaßnahmen bis zu einem Viertel des durchschnittlichen Betrags der für die vier Vorjahre festgesetzten Kredite aufnehmen. [2]Eine angemessene Erhöhung dieser Kreditaufnahme ist zulässig, wenn besondere Umstände im Einzelfall die Erhöhung rechtfertigen.

(3) Der Stellenplan des Vorjahres gilt weiter, bis die Haushaltssatzung für das neue Jahr erlassen ist.

(4) [1]Maßnahmen nach Abs. 1 Nr. 4 Halbsatz 2 und Abs. 2 bedürfen der Genehmigung. [2]Der Landkreis hat im Antrag darzulegen, wie und bis wann er den Erlass einer Haushaltssatzung sicherstellen kann. [3]Die Genehmigung darf den Zielen der Wiederherstellung einer geordneten Haushaltswirtschaft und der dauernden Leistungsfähigkeit nicht widersprechen; sie kann unter Bedingungen und Auflagen erteilt werden.

Art. 64 Mittelfristige Finanzplanung. (1) [1]Der Landkreis hat seiner Haushaltswirtschaft eine fünfjährige Finanzplanung zugrunde zu legen. [2]Das erste Planungsjahr der Finanzplanung ist das laufende Haushaltsjahr.

(2) Als Unterlage für die Finanzplanung ist ein Investitionsprogramm aufzustellen.

(3) Im Finanzplan sind Umfang und Zusammensetzung der voraussichtlichen Aufwendungen und Auszahlungen beziehungsweise Ausgaben und die Deckungsmöglichkeiten darzustellen.

(4) Der Finanzplan ist dem Kreistag spätestens mit dem Entwurf der Haushaltssatzung vorzulegen.

(5) Der Finanzplan und das Investitionsprogramm sind jährlich der Entwicklung anzupassen und fortzuführen.

2. Abschnitt

Kreditwesen

Art. 65 Kredite. (1) Kredite dürfen unter der Voraussetzung des Art. 56 Abs. 3 nur im Finanzhaushalt beziehungsweise im Vermögenshaushalt und nur für Investitionen, für Investitionsförderungsmaßnahmen und zur Umschuldung aufgenommen werden.

(2) [1]Der Gesamtbetrag der vorgesehenen Kreditaufnahmen für Investitionen und Investitionsförderungsmaßnahmen bedarf im Rahmen der Haushaltssatzung der Genehmigung (Gesamtgenehmigung). [2]Die Genehmigung soll unter dem Gesichtspunkt einer geordneten Haushaltswirtschaft erteilt oder versagt werden; sie kann unter Bedingungen und Auflagen erteilt werden. [3]Sie ist in der Regel zu versagen, wenn die Kreditverpflichtungen mit der dauernden Leistungsfähigkeit des Landkreises nicht im Einklang stehen.

(3) Die Kreditermächtigung gilt bis zum Ende des auf das Haushaltsjahr folgenden Jahres und, wenn die Haushaltssatzung für das übernächste Jahr nicht rechtzeitig amtlich bekanntgemacht wird, bis zum Erlaß dieser Haushaltssatzung.

(4) [1]Die Aufnahme der einzelnen Kredite bedarf der Genehmigung (Einzelgenehmigung), sobald die Kreditaufnahmen für die Landkreise nach § 19 des Gesetzes zur Förderung der Stabilität und des Wachstums der Wirtschaft beschränkt worden sind. [2]Die Einzelgenehmigung kann nach Maßgabe der Kreditbeschränkungen versagt werden.

(5) [1]Das Staatsministerium des Innern, für Sport und Integration kann im Einvernehmen mit dem Staatsministerium der Finanzen und für Heimat und dem Staatsministerium für Wirtschaft, Landesentwicklung und Energie durch Rechtsverordnung die Aufnahme von Krediten von der Genehmigung (Einzelgenehmigung) abhängig machen, wenn der Konjunkturrat für die öffentliche Hand nach § 18 Abs. 2 des Gesetzes zur Förderung der Stabilität und des Wachstums der Wirtschaft eine Beschränkung der Kreditaufnahme durch die Gemeinden und Gemeindeverbände empfohlen hat. [2]Die Genehmigung ist zu versagen, wenn dies zur Abwehr einer Störung des gesamtwirtschaftlichen Gleichgewichts geboten ist oder wenn die Kreditbedingungen wirtschaftlich nicht vertretbar sind. [3]Solche Rechtsverordnungen sind auf längstens ein Jahr zu befristen.

(6) [1]Der Landkreis darf zur Sicherung des Kredits keine Sicherheiten bestellen. [2]Die Rechtsaufsichtsbehörde kann Ausnahmen zulassen, wenn die Bestellung von Sicherheiten der Verkehrsübung entspricht.

Art. 66 Kreditähnliche Verpflichtungen; Sicherheiten. (1) Der Abschluß von Rechtsgeschäften, die der Kreditaufnahme wirtschaftlich gleichkommen, bedarf der Genehmigung.

(2) [1]Der Landkreis darf Bürgschaften, Gewährverträge und Verpflichtungen aus verwandten Rechtsgeschäften, die ein Einstehen für fremde Schuld oder für den Eintritt oder Nichteintritt bestimmter Umstände zum Gegenstand haben, nur zur Erfüllung seiner Aufgaben übernehmen. [2]Die Rechtsgeschäfte bedürfen der Genehmigung, wenn sie nicht im Rahmen der laufenden Verwaltung abgeschlossen werden.

(3) Der Landkreis bedarf zur Bestellung von Sicherheiten zugunsten Dritter der Genehmigung.

(4) [1]Für die Genehmigung gelten Art. 65 Abs. 2 Sätze 2 und 3, im Fall der vorläufigen Haushaltsführung Art. 63 Abs. 4 Sätze 2 und 3 entsprechend. [2]Die Genehmigung ist zu versagen, wenn das Rechtsgeschäft nicht eine Investition zum Gegenstand hat, sondern auf die Erzielung wirtschaftlicher Vorteile dadurch gerichtet ist, dass der Landkreis einem Dritten inländische steuerliche Vorteile verschafft.

(5) Das Staatsministerium des Innern, für Sport und Integration kann im Einvernehmen mit dem Staatsministerium der Finanzen und für Heimat durch Rechtsverordnung Rechtsgeschäfte von der Genehmigung freistellen,
1. die die Landkreise zur Erfüllung bestimmter Aufgaben eingehen oder
2. die für die Landkreise keine besondere Belastung bedeuten oder
3. die ihrer Natur nach regelmäßig wiederkehren.

Art. 67 Kassenkredite. (1) Zur rechtzeitigen Leistung seiner Auszahlungen beziehungsweise Ausgaben kann der Landkreis Kassenkredite bis zu dem in der Haushaltssatzung festgesetzten Höchstbetrag aufnehmen, soweit für die Kasse keine anderen Mittel zur Verfügung stehen.

(2) Der in der Haushaltssatzung festgesetzte Höchstbetrag soll für die Haushaltswirtschaft ein Fünftel der im Finanzhaushalt veranschlagten Einzahlungen aus der laufenden Verwaltungstätigkeit beziehungsweise ein Sechstel der im Verwaltungshaushalt veranschlagten Einnahmen und für den Eigenbetrieb ein Sechstel der im Erfolgsplan vorgesehenen Erträge nicht übersteigen.

3. Abschnitt

Vermögenswirtschaft

a) Allgemeines

Art. 68 Erwerb und Verwaltung von Vermögen, Wertansätze. (1) Der Landkreis soll Vermögensgegenstände nur erwerben, wenn das zur Erfüllung seiner Aufgaben erforderlich ist.

(2) [1]Die Vermögensgegenstände sind pfleglich und wirtschaftlich zu verwalten und ordnungsgemäß nachzuweisen. [2]Bei Geldanlagen ist auf eine ausreichende Sicherheit zu achten; sie sollen einen angemessenen Ertrag bringen.

(3) [1]Vermögensgegenstände sind mit den Anschaffungs- oder Herstellungskosten, vermindert um Abschreibungen, anzusetzen. [2]Verbindlichkeiten sind zu ihrem Rückzahlungsbetrag und Rückstellungen nur in Höhe des Betrags anzusetzen, der nach sachgerechter Beurteilung notwendig ist.

Art. 69 Veräußerung von Vermögen. (1) [1]Der Landkreis darf Vermögensgegenstände, die er zur Erfüllung seiner Aufgaben nicht braucht, veräußern. [2]Vermögensgegenstände dürfen in der Regel nur zu ihrem vollen Wert veräußert werden.

(2) [1]Für die Überlassung der Nutzung eines Vermögensgegenstands gilt Absatz 1 entsprechend. [2]Ausnahmen sind insbesondere zulässig bei der Vermietung von Gebäuden zur Sicherung preiswerten Wohnens und zur Sicherung der Existenz kleiner und ertragsschwacher Gewerbebetriebe.

(3) [1]Die Verschenkung und die unentgeltliche Überlassung von Landkreisvermögen sind unzulässig (Art. 12 Abs. 2 Satz 2 der Verfassung). [2]Die Veräußerung oder Überlassung von Landkreisvermögen in Erfüllung von Kreisaufgaben oder herkömmlicher Anstandspflichten fällt nicht unter dieses Verbot.

(4) Landkreisvermögen darf nur im Rahmen der Aufgabenerfüllung des Landkreises und nur dann in Stiftungsvermögen eingebracht werden, wenn der mit der Stiftung verfolgte Zweck auf andere Weise nicht erreicht werden kann.

Art. 70 Rücklagen, Rückstellungen. (1) [1]Bei Haushaltswirtschaft nach den Grundsätzen der doppelten kommunalen Buchführung hat der Landkreis seine stetige Zahlungsfähigkeit sicherzustellen. [2]Überschüsse der Ergebnisrechnung sind den Rücklagen zuzuführen, soweit nicht Fehlbeträge aus Vorjahren auszugleichen sind.

(2) Bei Haushaltswirtschaft nach den Grundsätzen der doppelten kommunalen Buchführung sind für ungewisse Verbindlichkeiten und unterlassene Aufwendungen für Instandhaltung Rückstellungen zu bilden.

(3) [1]Bei Haushaltswirtschaft nach den Grundsätzen der Kameralistik hat der Landkreis für Zwecke des Vermögenshaushalts und zur Sicherung der Haushaltswirtschaft Rücklagen in angemessener Höhe zu bilden. [2]Rücklagen für andere Zwecke sind zulässig.

Art. 71 Insolvenzverfahren. Über das Vermögen des Landkreises findet ein Insolvenzverfahren nicht statt.

b) Vom Landkreis verwaltete nichtrechtsfähige (fiduziarische) Stiftungen

Art. 72 Begriff; Verwaltung. (1) Vermögenswerte, die der Landkreis von Dritten unter der Auflage entgegennimmt, sie zu einem bestimmten öffentlichen Zweck zu verwenden, ohne daß eine rechtsfähige Stiftung entsteht, sind ihrer Zweckbestimmung gemäß nach den für das Kreisvermögen geltenden Vorschriften zu verwalten.

(2) [1]Die Vermögenswerte sind in ihrem Bestand ungeschmälert zu erhalten. [2]Sie sind vom übrigen Kreisvermögen getrennt zu verwalten und so anzulegen, daß sie für ihren Verwendungszweck verfügbar sind.

(3) [1]Der Ertrag darf nur für den Stiftungszweck verwendet werden. [2]Ist eine Minderung eingetreten, so sollen die Vermögensgegenstände aus dem Ertrag wieder ergänzt werden.

Art. 73 Änderung des Verwendungszwecks; Aufhebung der Zweckbestimmung. [1]Soweit eine Änderung des Verwendungszwecks oder die Aufhebung der Zweckbestimmung zulässig ist, beschließt hierüber der Kreistag. [2]Der Beschluß bedarf der Genehmigung.

4. Abschnitt

Unternehmen des Landkreises

Art. 74 Rechtsformen. Der Landkreis kann Unternehmen außerhalb seiner allgemeinen Verwaltung in folgenden Rechtsformen betreiben:
1. als Eigenbetrieb,
2. als selbständiges Kommunalunternehmen des öffentlichen Rechts,
3. in den Rechtsformen des Privatrechts.

Art. 75 Allgemeine Zulässigkeit von Unternehmen und Beteiligungen.
(1) [1]Der Landkreis darf ein Unternehmen im Sinn von Art. 74 nur errichten, übernehmen oder wesentlich erweitern, wenn
1. ein öffentlicher Zweck das Unternehmen erfordert, insbesondere wenn der Landkreis mit ihm gesetzliche Verpflichtungen oder seine Aufgaben gemäß Art. 51 erfüllen will,
2. das Unternehmen nach Art und Umfang in einem angemessenen Verhältnis zur Leistungsfähigkeit des Landkreises und zum voraussichtlichen Bedarf steht,
3. die dem Unternehmen zu übertragenden Aufgaben für die Wahrnehmung außerhalb der allgemeinen Verwaltung geeignet sind,
4. bei einem Tätigwerden außerhalb der kommunalen Daseinsvorsorge der Zweck nicht ebenso gut und wirtschaftlich durch einen anderen erfüllt wird oder erfüllt werden kann.

[2]Alle Tätigkeiten oder Tätigkeitsbereiche, mit denen der Landkreis oder seine Unternehmen an dem vom Wettbewerb beherrschten Wirtschaftsleben teilnehmen, um Gewinn zu erzielen, entsprechen keinem öffentlichen Zweck. [3]Soweit Unternehmen entgegen Satz 2 vor dem 1. September 1998 errichtet oder übernommen wurden, dürfen sie weitergeführt, jedoch nicht erweitert werden.

(2) Der Landkreis darf mit seinen Unternehmen außerhalb des Kreisgebiets nur tätig werden, wenn dafür die Voraussetzungen des Absatzes 1 vorliegen und die berechtigten Interessen der betroffenen kommunalen Gebietskörperschaften gewahrt sind.

(3) [1]Für die Beteiligung des Landkreises an einem Unternehmen gilt Absatz 1 entsprechend. [2]Absatz 2 gilt entsprechend, wenn sich der Landkreis an einem auch außerhalb seines Gebiets tätigen Unternehmen in einem Ausmaß beteiligt, das den auf das Kreisgebiet entfallenden Anteil an den Leistungen des Unternehmens erheblich übersteigt.

(4) [1]Bankunternehmen darf der Landkreis weder errichten noch sich an ihnen beteiligen. [2]Für das öffentliche Sparkassenwesen verbleibt es bei den besonderen Vorschriften.

Art. 76 Eigenbetriebe. (1) Eigenbetriebe sind Unternehmen des Landkreises, die außerhalb der allgemeinen Verwaltung als Sondervermögen ohne eigene Rechtspersönlichkeit geführt werden.

(2) Für Eigenbetriebe bestellt der Kreistag eine Werkleitung und einen Werkausschuß.

(3) [1]Die Werkleitung führt die laufenden Geschäfte des Eigenbetriebs. [2]Sie ist insoweit zur Vertretung nach außen befugt; der Kreistag kann ihr mit Zustimmung des Landrats weitere Vertretungsbefugnisse übertragen. [3]Die Werkleitung ist Dienstvorgesetzter der Beamten im Eigenbetrieb und führt die Dienstaufsicht über sie und die im Eigenbetrieb tätigen Arbeitnehmer. [4]Der Kreistag kann mit Zustimmung des Landrats der Werkleitung für Beamte und Arbeitnehmer im Eigenbetrieb die personalrechtlichen Befugnisse in entsprechender Anwendung von Art. 38 Abs. 1 Satz 3 Halbsatz 1 und Abs. 2 Satz 1 übertragen.

(4) [1]Im übrigen beschließt über die Angelegenheiten des Eigenbetriebs der Werkausschuß, soweit nicht der Kreistag sich die Entscheidung allgemein vorbehält oder im Einzelfall an sich zieht. [2]Der Werkausschuß ist ein beschließender Ausschuß im Sinn der Art. 29 und 40 Abs. 2 Satz 2. [3]Im Fall des Art. 38 Abs. 1 Satz 2 sollen Befugnisse gegenüber Beamten und Arbeitnehmern im Eigenbetrieb auf den Werkausschuß übertragen werden.

(5) [1]Die Art. 55 Abs. 1 bis 3, Art. 56, 61, 63 bis 66, 67 Abs. 1, Art. 68 Abs. 1 und 2, Art. 69, 71, 86 Abs. 4 und Art. 87 gelten entsprechend. [2]Im Rahmen der gesetzlichen Vorschriften werden die Angelegenheiten des Eigenbetriebs durch eine Betriebssatzung geregelt.

(6) [1]Der Landkreis kann Einrichtungen innerhalb der allgemeinen Verwaltung (Regiebetriebe) ganz oder teilweise nach den Vorschriften über die Wirtschaftsführung der Eigenbetriebe führen, wenn die Abweichung von den allgemeinen kommunalwirtschaftlichen Vorschriften nach Art und Umfang der Einrichtung zweckmäßig ist. [2]Hierbei können auch Regelungen getroffen werden, die von einzelnen für Eigenbetriebe geltenden Vorschriften abweichen.

Art. 77 Selbständige Kommunalunternehmen des öffentlichen Rechts.

(1) [1]Der Landkreis kann selbständige Unternehmen in der Rechtsform einer Anstalt des öffentlichen Rechts (Kommunalunternehmen) errichten oder bestehende Regie- und Eigenbetriebe im Weg der Gesamtrechtsnachfolge in Kommunalunternehmen umwandeln. [2]Das Kommunalunternehmen kann sich nach Maßgabe der Unternehmenssatzung und in entsprechender Anwendung der für den Landkreis geltenden Vorschriften an anderen Unternehmen beteiligen, wenn das dem Unternehmenszweck dient.

(2) [1]Der Landkreis kann dem Kommunalunternehmen einzelne oder alle mit einem bestimmten Zweck zusammenhängende Aufgaben ganz oder teilweise übertragen. [2]Er kann nach Maßgabe des Art. 18 durch gesonderte Satzung einen Anschluß- und Benutzungszwang zugunsten des Kommunalunternehmens festlegen und das Unternehmen zur Durchsetzung entsprechend Art. 21 ermächtigen. [3]Er kann ihm auch das Recht einräumen, an seiner Stelle Satzungen und, soweit Landesrecht zu deren Erlaß ermächtigt, auch Verordnungen für das übertragene Aufgabengebiet zu erlassen; Art. 20 gilt sinngemäß.

(2a) [1]Ein Unternehmen in der Rechtsform einer Kapitalgesellschaft, an dem ausschließlich der Landkreis beteiligt ist, kann durch Formwechsel in ein Kommunalunternehmen umgewandelt werden. [2]Die Umwandlung ist nur zulässig, wenn keine Sonderrechte im Sinn des § 23 des Umwandlungsgesetzes (UmwG) und keine Rechte Dritter an den Anteilen des Landkreises bestehen. [3]Der Formwechsel setzt den Erlass der Unternehmenssatzung durch den Landkreis und einen sich darauf beziehenden Umwandlungsbeschluss der formwechselnden Gesellschaft voraus. [4]Die §§ 193 bis 195, 197 bis 199, 200 Abs. 1 und § 201 UmwG sind entsprechend anzuwenden. [5]Die Anmeldung zum Handelsregister entsprechend § 198 UmwG erfolgt durch das Vertretungsorgan der Kapitalgesellschaft. [6]Abweichend von Abs. 3 Satz 4 wird die Umwandlung einer Kapitalgesellschaft in ein Kommunalunternehmen mit dessen Eintragung oder, wenn es nicht eingetragen wird, mit der Eintragung der Umwandlung in das Handelsregister wirksam; § 202 Abs. 1 und Abs. 3 UmwG ist entsprechend anzuwenden. [7]Ist bei der Kapitalgesellschaft ein Betriebsrat eingerichtet, bleibt dieser nach dem Wirksamwerden der Umwandlung als Personalrat des Kommunalunternehmens bis zu den nächsten regelmäßigen Personalratswahlen bestehen.

(3) [1]Der Landkreis regelt die Rechtsverhältnisse des Kommunalunternehmens durch eine Unternehmenssatzung. [2]Die Unternehmenssatzung muß Bestimmungen über den Namen und die Aufgaben des Unternehmens, die Anzahl der Mitglieder des Vorstands und des Verwaltungsrats und die Höhe des Stammkapitals enthalten. [3]Der Landkreis hat die Unternehmenssatzung und deren Änderungen gemäß Art. 20 Abs. 2 bekanntzumachen. [4]Das Kommunalunternehmen entsteht am Tag nach der Bekanntmachung, wenn nicht in der Unternehmenssatzung ein späterer Zeitpunkt bestimmt ist.

(4) Der Landkreis haftet für die Verbindlichkeiten des Kommunalunternehmens unbeschränkt, soweit nicht Befriedigung aus dessen Vermögen zu erlangen ist (Gewährträgerschaft).

Art. 78 Organe des Kommunalunternehmens; Personal. (1) [1]Das Kommunalunternehmen wird von einem Vorstand in eigener Verantwortung geleitet, soweit nicht gesetzlich oder durch die Unternehmenssatzung etwas anderes bestimmt ist. [2]Der Vorstand vertritt das Kommunalunternehmen nach außen. [3]Der Landkreis hat darauf hinzuwirken, daß jedes Vorstandsmitglied vertraglich verpflichtet wird, die ihm im Geschäftsjahr jeweils gewährten Bezüge im Sinn von § 285 Nr. 9 Buchst. a des Handelsgesetzbuchs dem Landkreis jährlich zur Veröffentlichung mitzuteilen.

(2) [1]Die Geschäftsführung des Vorstands wird von einem Verwaltungsrat überwacht. [2]Der Verwaltungsrat bestellt den Vorstand auf höchstens fünf Jahre; eine erneute Bestellung ist zulässig. [3]Er entscheidet außerdem über

1. den Erlaß von Satzungen und Verordnungen gemäß Art. 77 Abs. 2 Satz 3,
2. die Feststellung des Wirtschaftsplans und des Jahresabschlusses,
3. die Festsetzung allgemein geltender Tarife und Entgelte für die Leistungsnehmer,
4. die Beteiligung des Kommunalunternehmens an anderen Unternehmen,
5. die Bestellung des Abschlußprüfers,
6. die Ergebnisverwendung.

[4]Im Fall des Satzes 3 Nr. 1 unterliegen die Mitglieder des Verwaltungsrats den Weisungen des Kreistags. [5]Die Unternehmenssatzung kann vorsehen, daß der Kreistag den Mitgliedern des Verwaltungsrats auch in bestimmten anderen Fällen Weisungen erteilen kann. [6]Die Abstimmung entgegen der Weisung berührt die Gültigkeit des Beschlusses des Verwaltungsrats nicht. [7]Für den Ausschluss wegen persönlicher Beteiligung gilt Art. 43 entsprechend.

(3) [1]Der Verwaltungsrat besteht aus dem vorsitzenden Mitglied und den übrigen Mitgliedern. [2]Den Vorsitz führt der Landrat; mit seiner Zustimmung kann der Kreistag eine andere Person zum vorsitzenden Mitglied bestellen. [3]Das vorsitzende Mitglied nach Satz 2 Halbsatz 2 und die übrigen Mitglieder des Verwaltungsrats werden vom Kreistag für sechs Jahre bestellt. [4]Die Amtszeit von Mitgliedern des Verwaltungsrats, die dem Kreistag angehören, endet mit dem Ende der Wahlzeit oder dem vorzeitigen Ausscheiden aus dem Kreistag. [5]Die Mitglieder des Verwaltungsrats üben ihr Amt bis zum Amtsantritt der neuen Mitglieder weiter aus. [6]Mitglieder des Verwaltungsrats können nicht sein:

1. Beamte und leitende oder hauptberufliche Arbeitnehmer des Kommunalunternehmens,
2. leitende Beamte und leitende Arbeitnehmer von juristischen Personen oder sonstigen Organisationen des öffentlichen oder privaten Rechts, an denen das Kommunalunternehmen mit mehr als 50 v.H. beteiligt ist; eine Beteiligung am Stimmrecht genügt,

3. Beamte und Arbeitnehmer der Rechtsaufsichtsbehörde, die unmittelbar mit Aufgaben der Aufsicht über das Kommunalunternehmen befaßt sind.

[7]Art. 24 Abs. 3 Sätze 2 und 3 gelten entsprechend.

(4) [1]Das Kommunalunternehmen hat das Recht, Dienstherr von Beamten zu sein, wenn es auf Grund einer Aufgabenübertragung nach Art. 77 Abs. 2 hoheitliche Befugnisse ausübt. [2]Wird es aufgelöst, hat der Landkreis die Beamten und Versorgungsempfänger zu übernehmen. [3]Wird das Unternehmensvermögen ganz oder teilweise auf andere juristische Personen des öffentlichen Rechts mit Dienstherrnfähigkeit übertragen, so gelten für die Übernahme und die Rechtsstellung der Beamten und Versorgungsempfänger des Kommunalunternehmens Art. 51 bis 54 und 69 des Bayerischen Beamtengesetzes, bei länderübergreifendem Vermögensübergang §§ 16 bis 19 des Beamtenstatusgesetzes.

Art. 79 Sonstige Vorschriften für Kommunalunternehmen. (1) Der Jahresabschluß und der Lagebericht werden nach den für große Kapitalgesellschaften geltenden Vorschriften des Handelsgesetzbuchs aufgestellt und geprüft, sofern nicht weitergehende gesetzliche Vorschriften gelten oder andere gesetzliche Vorschriften entgegenstehen.

(2) Die Organe der Rechnungsprüfung der Landkreise haben das Recht, sich zur Klärung von Fragen, die bei der Prüfung nach Art. 92 Abs. 4 Sätze 2 und 3 auftreten, unmittelbar zu unterrichten und zu diesem Zweck den Betrieb, die Bücher und Schriften des Kommunalunternehmens einzusehen.

(3) Die Art. 3 Abs. 2, Art. 55 Abs. 1 bis 3, Art. 56, 63, 64, 68 Abs. 1 und 2, Art. 69, 71 und 87 und die Vorschriften des Vierten Teils über die staatliche Aufsicht und die Rechtsmittel sind sinngemäß anzuwenden.

(4) Das Unternehmen ist zur Vollstreckung von Verwaltungsakten in demselben Umfang berechtigt wie der Landkreis, wenn es auf Grund einer Aufgabenübertragung nach Art. 77 Abs. 2 hoheitliche Befugnisse ausübt und bei der Aufgabenübertragung nichts Abweichendes geregelt wird.

Art. 80 Unternehmen in Privatrechtsform. (1) [1]Unternehmen des Landkreises in Privatrechtsform und Beteiligungen des Landkreises an Unternehmen in Privatrechtsform sind nur zulässig, wenn

1. im Gesellschaftsvertrag oder in der Satzung sichergestellt ist, daß das Unternehmen den öffentlichen Zweck gemäß Art. 75 Abs. 1 Satz 1 Nr. 1 erfüllt,
2. der Landkreis angemessenen Einfluß im Aufsichtsrat oder in einem entsprechenden Gremium erhält,
3. die Haftung des Landkreises auf einen bestimmten, seiner Leistungsfähigkeit angemessenen Betrag begrenzt wird; die Rechtsaufsichtsbehörde kann von der Haftungsbegrenzung befreien.

[2]Zur Sicherstellung des öffentlichen Zwecks von Gesellschaften mit beschränkter Haftung soll im Gesellschaftsvertrag oder in der Satzung bestimmt

werden, daß die Gesellschafterversammlung auch über den Erwerb und die Veräußerung von Unternehmen und Beteiligungen und über den Abschluß und die Änderung von Unternehmensverträgen beschließt. [3]In der Satzung von Aktiengesellschaften soll bestimmt werden, daß zum Erwerb und zur Veräußerung von Unternehmen und Beteiligungen die Zustimmung des Aufsichtsrats notwendig ist.

(2) Der Landkreis darf dem Erwerb von Unternehmen und Beteiligungen durch Unternehmen in Privatrechtsform, an denen er unmittelbar oder mittelbar beteiligt ist, nur unter entsprechender Anwendung der für ihn selbst geltenden Vorschriften zustimmen.

Art. 81 Vertretung des Landkreises in Unternehmen in Privatrechtsform.
(1) [1]Der Landrat vertritt den Landkreis in der Gesellschafterversammlung oder einem entsprechenden Organ. [2]Mit Zustimmung des Landrats und seines gewählten Stellvertreters kann der Kreistag eine andere Person zur Vertretung widerruflich bestellen.

(2) [1]Der Landkreis soll bei der Ausgestaltung des Gesellschaftsvertrags oder der Satzung darauf hinwirken, daß ihm das Recht eingeräumt wird, Mitglieder in einen Aufsichtsrat oder ein entsprechendes Gremium zu entsenden, soweit das zur Sicherung eines angemessenen Einflusses notwendig ist. [2]Vorbehaltlich entgegenstehender gesetzlicher Vorschriften haben Personen, die vom Landkreis entsandt oder auf seine Veranlassung gewählt wurden, den Landkreis über alle wichtigen Angelegenheiten möglichst frühzeitig zu unterrichten und ihm auf Verlangen Auskunft zu erteilen. [3]Soweit zulässig, soll sich der Landkreis ihnen gegenüber Weisungsrechte im Gesellschaftsvertrag oder der Satzung vorbehalten.

(3) [1]Wird die Person, die den Landkreis vertritt oder werden die in Absatz 2 genannten Personen aus ihrer Tätigkeit haftbar gemacht, stellt der Landkreis sie von der Haftung frei. [2]Bei Vorsatz oder grober Fahrlässigkeit kann der Landkreis Rückgriff nehmen, es sei denn, das schädigende Verhalten beruhte auf seiner Weisung. [3]Die Sätze 1 und 2 gelten entsprechend für Personen, die auf Veranlassung des Landkreises als nebenamtliche Mitglieder des geschäftsführenden Unternehmensorgans bestellt sind.

Art. 82 Sonstige Vorschriften für Unternehmen in Privatrechtsform.
(1) [1]Gehören dem Landkreis Anteile an einem Unternehmen in dem in § 53 des Haushaltsgrundsätzegesetzes (HGrG) bezeichneten Umfang, so hat er

1. darauf hinzuwirken, daß in sinngemäßer Anwendung der für Eigenbetriebe geltenden Vorschriften für jedes Wirtschaftsjahr ein Wirtschaftsplan aufgestellt und der Wirtschaftsführung eine fünfjährige Finanzplanung zugrundegelegt wird,
2. dafür Sorge zu tragen, daß der Jahresabschluß und der Lagebericht nach den für große Kapitalgesellschaften geltenden Vorschriften des Handelsgesetzbuchs aufgestellt und geprüft werden, sofern nicht weitergehende ge-

setzliche Vorschriften gelten oder andere gesetzliche Vorschriften entgegenstehen,
3. die Rechte nach § 53 Abs. 1 HGrG auszuüben,
4. darauf hinzuwirken, daß ihm und dem Bayerischen Kommunalen Prüfungsverband die in § 54 HGrG vorgesehenen Befugnisse eingeräumt werden,
5. darauf hinzuwirken, daß jedes Mitglied des geschäftsführenden Unternehmensorgans vertraglich verpflichtet wird, die ihm im Geschäftsjahr jeweils gewährten Bezüge im Sinn von § 285 Nr. 9 Buchst. a des Handelsgesetzbuchs dem Landkreis jährlich zur Veröffentlichung entsprechend Absatz 3 Satz 2 mitzuteilen.

[2]Die Rechtsaufsichtsbehörde kann Ausnahmen zulassen.

(2) [1]Ist eine Beteiligung des Landkreises an einem Unternehmen keine Mehrheitsbeteiligung im Sinn des § 53 HGrG, so soll der Landkreis, soweit sein Interesse das erfordert, darauf hinwirken, daß in der Satzung oder im Gesellschaftsvertrag dem Landkreis die Rechte nach § 53 Abs. 1 HGrG und dem Landkreis und dem Bayerischen Kommunalen Prüfungsverband die Befugnisse nach § 54 HGrG eingeräumt werden. [2]Bei mittelbaren Beteiligungen gilt dies nur, wenn die Beteiligung den vierten Teil der Anteile übersteigt und einer Gesellschaft zusteht, an der der Landkreis allein oder zusammen mit anderen Gebietskörperschaften oder deren Zusammenschlüssen mit Mehrheit im Sinn des § 53 HGrG beteiligt ist.

(3) [1]Der Landkreis hat jährlich einen Bericht über seine Beteiligungen an Unternehmen in einer Rechtsform des Privatrechts zu erstellen, wenn ihm mindestens der zwanzigste Teil der Anteile eines Unternehmens gehört. [2]Der Beteiligungsbericht soll insbesondere Angaben über die Erfüllung des öffentlichen Zwecks, die Beteiligungsverhältnisse, die Zusammensetzung der Organe der Gesellschaft, die Bezüge der einzelnen Mitglieder des geschäftsführenden Unternehmensorgans gemäß Absatz 1 Nr. 5, die Ertragslage und die Kreditaufnahme enthalten. [3]Haben die Mitglieder des geschäftsführenden Unternehmensorgans ihr Einverständnis mit der Veröffentlichung ihrer Einzelbezüge nicht erklärt, sind ihre Gesamtbezüge so zu veröffentlichen, wie sie von der Gesellschaft nach den Vorschriften des Handelsgesetzbuchs in den Anhang zum Jahresabschluß aufgenommen werden. [4]Der Bericht ist dem Kreistag vorzulegen. [5]Der Landkreis weist ortsüblich darauf hin, daß jeder Einsicht in den Bericht nehmen kann.

Art. 83 Grundsätze für die Führung von Unternehmen des Landkreises.

(1) [1]Eigenbetriebe und Kommunalunternehmen sind unter Beachtung betriebswirtschaftlicher Grundsätze und des Grundsatzes der Sparsamkeit und Wirtschaftlichkeit so zu führen, daß der öffentliche Zweck erfüllt wird. [2]Entsprechendes gilt für die Steuerung und Überwachung von Unternehmen in Privatrechtsform, an denen der Landkreis mit mehr als 50 v.H. beteiligt ist; bei einer geringeren Beteiligung soll der Landkreis darauf hinwirken.

(2) Unternehmen des Landkreises dürfen keine wesentliche Schädigung und keine Aufsaugung selbständiger Betriebe in Landwirtschaft, Handwerk, Handel, Gewerbe und Industrie bewirken.

Art. 84 Anzeigepflichten. (1) [1]Entscheidungen des Landkreises über
1. die Errichtung, Übernahme und wesentliche Erweiterung sowie die Änderung der Rechtsform oder der Aufgaben von Unternehmen des Landkreises,
2. die unmittelbare oder mittelbare Beteiligung des Landkreises an Unternehmen,
3. die gänzliche oder teilweise Veräußerung von Unternehmen oder Beteiligungen des Landkreises,
4. die Auflösung von Kommunalunternehmen

sind der Rechtsaufsichtsbehörde rechtzeitig, mindestens aber sechs Wochen vor ihrem Vollzug, vorzulegen. [2]In den Fällen des Satzes 1 Nrn. 2 und 3 besteht keine Anzeigepflicht, wenn die Entscheidung weniger als den zwanzigsten Teil der Anteile des Unternehmens betrifft. [3]Aus der Vorlage muß zu ersehen sein, ob die gesetzlichen Voraussetzungen erfüllt sind. [4]Die Unternehmenssatzung von Kommunalunternehmen ist der Rechtsaufsichtsbehörde stets vorzulegen.

(2) Abs. 1 Satz 1 Nrn. 1 bis 3 und die Sätze 2 und 3 gelten entsprechend für die Entscheidungen des Verwaltungsrats eines Kommunalunternehmens.

Art. 85 *(aufgehoben)*

5. Abschnitt

Kassen- und Rechnungswesen

Art. 86 Kreiskasse. (1) Die Kreiskasse erledigt alle Kassengeschäfte des Landkreises.

(2) [1]Der Landkreis hat einen Kassenverwalter und einen Stellvertreter zu bestellen. [2]Diese Verpflichtung entfällt, wenn er seine Kassengeschäfte ganz durch eine Stelle außerhalb der Landkreisverwaltung besorgen läßt. [3]Die Anordnungsbefugten der Landkreisverwaltung, der Leiter und die Prüfer des Rechnungsprüfungsamts können nicht gleichzeitig die Aufgaben eines Kassenverwalters oder seines Stellvertreters wahrnehmen.

(3) Der Kassenverwalter und sein Stellvertreter dürfen weder miteinander noch mit den Anordnungsbefugten der Landkreisverwaltung, dem Leiter und den Prüfern des Rechnungsprüfungsamts durch ein Angehörigenverhältnis im Sinn des Art. 20 Abs. 5 des Bayerischen Verwaltungsverfahrensgesetzes verbunden sein.

(4) [1]Sonderkassen sollen mit der Kreiskasse verbunden werden. [2]Ist eine Sonderkasse nicht mit der Kreiskasse verbunden, gelten für den Verwalter der Sonderkasse und dessen Stellvertreter die Absätze 2 und 3 entsprechend.

Art. 87 Übertragung von Kassen- und Rechnungsgeschäften. Der Landkreis kann das Ermitteln von Ansprüchen und von Zahlungsverpflichtungen, das Vorbereiten der entsprechenden Kassenanordnungen, die Kassengeschäfte und das Rechnungswesen ganz oder zum Teil von einer Stelle außerhalb der Landkreisverwaltung besorgen lassen, wenn die ordnungsgemäße und sichere Erledigung und die Prüfung nach den für den Landkreis geltenden Vorschriften gewährleistet sind.

Art. 88 Rechnungslegung, Jahresabschluss. (1) [1]Im Jahresabschluss beziehungsweise in der Jahresrechnung ist das Ergebnis der Haushaltswirtschaft einschließlich des Stands des Vermögens und der Verbindlichkeiten zu Beginn und am Ende des Haushaltsjahres nachzuweisen. [2]Bei Haushaltswirtschaft nach den Grundsätzen der doppelten kommunalen Buchführung besteht der Jahresabschluss aus der Ergebnisrechnung, der Finanzrechnung, der Vermögensrechnung (Bilanz) und dem Anhang. [3]Bei Haushaltswirtschaft nach den Grundsätzen der Kameralistik besteht die Jahresrechnung aus dem kassenmäßigen Abschluss und der Haushaltsrechnung. [4]Der Jahresabschluss beziehungsweise die Jahresrechnung ist durch einen Rechenschaftsbericht zu erläutern.

(2) Der Jahresabschluss beziehungsweise die Jahresrechnung ist innerhalb von sechs Monaten, der konsolidierte Jahresabschluss (Art. 88a) innerhalb von zehn Monaten nach Abschluss des Haushaltsjahres aufzustellen und sodann dem Kreisausschuss vorzulegen.

(3) [1]Nach Durchführung der örtlichen Prüfung der Jahresrechnung und der Jahresabschlüsse (Art. 89) und Aufklärung etwaiger Unstimmigkeiten stellt der Kreistag alsbald, jedoch in der Regel bis zum 30. Juni des auf das Haushaltsjahr folgenden übernächsten Jahres den Jahresabschluss beziehungsweise die Jahresrechnung in öffentlicher Sitzung fest und beschließt über die Entlastung. [2]Ist ein konsolidierter Jahresabschluss aufzustellen (Art. 88a), tritt an die Stelle des 30. Juni der 31. Dezember des auf das Haushaltsjahr folgenden übernächsten Jahres. [3]Verweigert der Kreistag die Entlastung oder spricht er sie mit Einschränkungen aus, hat er die dafür maßgebenden Gründe anzugeben.

(4) Die Kreisräte können jederzeit die Berichte über die Prüfungen einsehen.

Art. 88a Konsolidierter Jahresabschluss. (1) [1]Mit dem Jahresabschluss des Landkreises sind die Jahresabschlüsse

1. der außerhalb der allgemeinen Verwaltung geführten Sondervermögen ohne eigene Rechtspersönlichkeit,
2. der rechtlich selbstständigen Organisationseinheiten und Vermögensmassen mit Nennkapital oder variablen Kapitalanteilen,
3. der Zweckverbände mit kaufmännischer Rechnungslegung und der gemeinsamen Kommunalunternehmen und
4. der von dem Landkreis verwalteten kommunalen Stiftungen mit kaufmännischem Rechnungswesen

zu konsolidieren. [2]Das gilt nicht für die Jahresabschlüsse der Sparkassen.

(2) [1]Aufgabenträger nach Abs. 1 sind entsprechend den §§ 300 bis 309 des Handelsgesetzbuchs zu konsolidieren (Vollkonsolidierung), wenn bei dem Landkreis die dem § 290 Abs. 1 und 2 des Handelsgesetzbuchs entsprechenden Voraussetzungen vorliegen. [2]Andere Aufgabenträger als nach Satz 1 sind entsprechend den §§ 311 und 312 des Handelsgesetzbuchs zu konsolidieren, es sei denn, sie sind für die Vermittlung eines den tatsächlichen Verhältnissen entsprechenden Bildes der Vermögens-, Finanz- und Ertragslage von untergeordneter Bedeutung. [3]Aufgabenträger nach Abs. 1 Nr. 3 können auch entsprechend § 310 des Handelsgesetzbuchs anteilsmäßig konsolidiert werden. [4]Für den Anteil an einem Zweckverband ist der Umlageschlüssel maßgebend.

(3) Der konsolidierte Jahresabschluss ist durch eine Kapitalflussrechnung zu ergänzen und durch einen Konsolidierungsbericht zu erläutern.

(4) Der Landkreis hat bei den in Abs. 1 Satz 1 genannten Aufgabenträgern, Organisationseinheiten und Vermögensmassen darauf hinzuwirken, dass ihm das Recht eingeräumt wird, von diesen alle Informationen und Unterlagen zu erhalten, die er für die Konsolidierung der Jahresabschlüsse für erforderlich hält.

6. Abschnitt
Prüfungswesen

Art. 89 Örtliche Prüfungen. (1) [1]Der Jahresabschluss und der konsolidierte Jahresabschluss beziehungsweise die Jahresrechnung sowie die Jahresabschlüsse der Eigenbetriebe, der Krankenhäuser und der Pflegeeinrichtungen mit kaufmännischem Rechnungswesen werden von einem Rechnungsprüfungsausschuss geprüft (örtliche Rechnungsprüfung). [2]Über die Beratungen sind Niederschriften aufzunehmen.

(2) Der Kreistag bildet aus seiner Mitte einen Rechnungsprüfungsausschuß mit mindestens drei und höchstens sieben Mitgliedern und bestimmt ein Ausschußmitglied zum Vorsitzenden; Art. 33 Satz 1 findet keine Anwendung.

(3) [1]Zur Prüfung der Jahresabschlüsse und des konsolidierten Jahresabschlusses sowie der Jahresrechnung können Sachverständige zugezogen werden. [2]Das Rechnungsprüfungsamt ist umfassend als Sachverständiger heranzuziehen.

(4) Die örtliche Prüfung der Jahresrechnung und der Jahresabschlüsse ist innerhalb von zwölf Monaten, die des konsolidierten Jahresabschlusses innerhalb von 18 Monaten nach Abschluß des Haushaltsjahres durchzuführen.

(5) [1]Die örtliche Kassenprüfung obliegt dem Landrat. [2]Er bedient sich des Rechnungsprüfungsamts.

Art. 90 Rechnungsprüfungsamt. (1) Landkreise müssen ein Rechnungsprüfungsamt einrichten.

(2) [1]Das Rechnungsprüfungsamt ist bei der örtlichen Rechnungsprüfung dem Kreistag und bei den örtlichen Kassenprüfungen dem Landrat unmittelbar verantwortlich. [2]Der Kreistag und der Landrat können besondere Aufträge zur Prüfung der Verwaltung erteilen. [3]Das Rechnungsprüfungsamt ist bei der Wahrnehmung seiner Aufgaben unabhängig und nur dem Gesetz unterworfen. [4]Im übrigen bleiben die Befugnisse des Landrats unberührt, dem das Rechnungsprüfungsamt unmittelbar untersteht.

(3) [1]Der Kreistag bestellt den Leiter, seinen Stellvertreter und die Prüfer des Rechnungsprüfungsamts und beruft sie ab. [2]Der Kreistag kann den Leiter des Rechnungsprüfungsamts und seinen Stellvertreter gegen ihren Willen nur mit einer Mehrheit von zwei Dritteln der gesetzlichen Zahl der Mitglieder des Kreistags abberufen, wenn sie ihre Aufgabe nicht ordnungsgemäß erfüllen. [3]Die Abberufung von Prüfern des Rechnungsprüfungsamts gegen ihren Willen bedarf einer Mehrheit von zwei Dritteln der stimmberechtigten Kreisräte.

(4) [1]Der Leiter des Rechnungsprüfungsamts muß Beamter auf Lebenszeit sein. [2]Er muß in der Fachlaufbahn Verwaltung und Finanzen, fachlicher Schwerpunkt nichttechnischer Verwaltungsdienst, für ein Amt ab der Besoldungsgruppe A 10 qualifiziert sein sowie die für sein Amt erforderliche Erfahrung und Eignung besitzen.

(5) [1]Der Leiter, sein Stellvertreter und die Prüfer des Rechnungsprüfungsamts dürfen eine andere Stellung in dem Landkreis nur innehaben, wenn das mit ihren Prüfungsaufgaben vereinbar ist. [2]Sie dürfen Zahlungen für den Landkreis weder anordnen noch ausführen. [3]Für den Leiter des Rechnungsprüfungsamts und seinen Stellvertreter gilt außerdem Art. 86 Abs. 3 entsprechend.

Art. 91 Überörtliche Prüfungen. (1) Die überörtlichen Rechnungs- und Kassenprüfungen werden vom Bayerischen Kommunalen Prüfungsverband (überörtliches Prüfungsorgan) durchgeführt.

(2) Die überörtliche Rechnungsprüfung findet alsbald nach der Feststellung des Jahresabschlusses und des konsolidierten Jahresabschlusses beziehungsweise der Jahresrechnung sowie der Jahresabschlüsse der Eigenbetriebe, der Krankenhäuser und der Pflegeeinrichtungen mit kaufmännischem Rechnungswesen statt.

Art. 92 Inhalt der Rechnungs- und Kassenprüfungen. (1) Die Rechnungsprüfung erstreckt sich auf die Einhaltung der für die Wirtschaftsführung geltenden Vorschriften und Grundsätze, insbesondere darauf, ob
1. die Haushaltssatzung und der Haushaltsplan eingehalten worden sind,
2. die Einzahlungen und Auszahlungen sowie Erträge und Aufwendungen beziehungsweise die Einnahmen und Ausgaben begründet und belegt sind sowie der Jahresabschluss und der konsolidierte Jahresabschluss beziehungsweise die Jahresrechnung sowie die Vermögensnachweise ordnungsgemäß aufgestellt sind,
3. wirtschaftlich und sparsam verfahren wird,

4. die Aufgaben mit geringerem Personal- oder Sachaufwand oder auf andere Weise wirksamer erfüllt werden können.

(2) [1]Die Wirtschaftsführung der Krankenhäuser und der Pflegeeinrichtungen einschließlich der Jahresabschlüsse unterliegen der Rechnungsprüfung. [2]Absatz 1 gilt entsprechend.

(3) [1]Die Rechnungsprüfung umfaßt auch die Wirtschaftsführung der Eigenbetriebe unter entsprechender Anwendung des Absatzes 1. [2]Dabei ist auf das Ergebnis der Abschlußprüfung (Art. 93) mit abzustellen.

(4) [1]Im Rahmen der Rechnungsprüfung wird die Betätigung des Landkreises bei Unternehmen in einer Rechtsform des privaten Rechts, an denen der Landkreis unmittelbar oder mittelbar beteiligt ist, unter Beachtung kaufmännischer Grundsätze mitgeprüft. [2]Entsprechendes gilt bei Erwerbs- und Wirtschaftsgenossenschaften, in denen der Landkreis Mitglied ist, sowie bei Kommunalunternehmen. [3]Die Rechnungsprüfung umfaßt ferner die Buch-, Betriebs- und sonstigen Prüfungen, die sich der Landkreis bei der Hingabe eines Darlehens oder sonst vorbehalten hat.

(5) Durch Kassenprüfungen werden die ordnungsmäßige Erledigung der Kassengeschäfte, die ordnungsmäßige Einrichtung der Kassen und das Zusammenwirken mit der Verwaltung geprüft.

(6) [1]Die Organe der Rechnungsprüfung des Landkreises und das überörtliche Prüfungsorgan können verlangen, dass ihnen oder ihren beauftragten Prüfern Unterlagen, die sie zur Erfüllung ihrer Aufgaben für erforderlich halten, vorgelegt oder innerhalb einer bestimmten Frist übersandt werden. [2]Auskünfte sind ihnen oder ihren beauftragten Prüfern zu erteilen. [3]Die Auskunftspflicht nach den Sätzen 1 und 2 besteht auch, soweit hierfür in anderen Bestimmungen eine besondere Rechtsvorschrift gefordert wird, und umfasst auch elektronisch gespeicherte Daten sowie deren automatisierten Abruf.

Art. 93 Abschlussprüfung bei Eigenbetrieben und Kommunalunternehmen. (1) Der Jahresabschluß und der Lagebericht eines Eigenbetriebs und eines Kommunalunternehmens sollen spätestens innerhalb von neun Monaten nach Schluß des Wirtschaftsjahres durch einen sachverständigen Prüfer (Abschlußprüfer) geprüft sein.

(2) Die Abschlußprüfung wird vom Bayerischen Kommunalen Prüfungsverband oder von einem Wirtschaftsprüfer oder von einer Wirtschaftsprüfungsgesellschaft durchgeführt.

(3) [1]Die Abschlußprüfung erstreckt sich auf die Vollständigkeit und Ordnungsmäßigkeit des Jahresabschlusses unter Einbeziehung der Buchführung und des Lageberichts. [2]Dabei werden auch geprüft
1. die Ordnungsmäßigkeit der Geschäftsführung,
2. die Entwicklung der Vermögens- und Ertragslage sowie die Liquidität und Rentabilität,

3. die verlustbringenden Geschäfte und die Ursachen der Verluste, wenn diese Geschäfte und die Ursachen für die Vermögens- und Ertragslage von Bedeutung waren,
4. die Ursachen eines in der Gewinn- und Verlustrechnung ausgewiesenen Jahresfehlbetrags.

VIERTER TEIL

Staatliche Aufsicht und Rechtsmittel

1. Abschnitt

Rechtsaufsicht und Fachaufsicht

Art. 94 Sinn der staatlichen Aufsicht. Die Aufsichtsbehörden sollen die Landkreise bei der Erfüllung ihrer Aufgaben verständnisvoll beraten, fördern und schützen sowie die Entschlußkraft und die Selbstverantwortung der Kreisorgane stärken.

Art. 95 Inhalt und Grenzen der Aufsicht. (1) In den Angelegenheiten des eigenen Wirkungskreises (Art. 5) beschränkt sich die staatliche Aufsicht darauf, die Erfüllung der gesetzlich festgelegten und übernommenen öffentlich-rechtlichen Aufgaben und Verpflichtungen der Landkreise und die Gesetzmäßigkeit ihrer Verwaltungstätigkeit zu überwachen (Rechtsaufsicht).

(2) [1]In den Angelegenheiten des übertragenen Wirkungskreises (Art. 6) erstreckt sich die staatliche Aufsicht auch auf die Handhabung des Verwaltungsermessens der Landkreise (Fachaufsicht). [2]Eingriffe in das Verwaltungsermessen sind auf die Fälle zu beschränken, in denen
1. das Gemeinwohl oder öffentlich-rechtliche Ansprüche einzelner eine Weisung oder Entscheidung erfordern oder
2. die Bundesregierung nach Art. 84 Abs. 5 oder Art. 85 Abs. 3 des Grundgesetzes eine Weisung erteilt.

Art. 96 Rechtsaufsichtsbehörden. [1]Die Rechtsaufsicht über die Landkreise obliegt der Regierung. [2]Das Staatsministerium des Innern, für Sport und Integration ist obere Rechtsaufsichtsbehörde der Landkreise.

Art. 97 Informationsrecht. [1]Die Rechtsaufsichtsbehörde ist befugt, sich jederzeit über alle Angelegenheiten des Landkreises zu unterrichten. [2]Sie kann insbesondere Anstalten und Einrichtungen des Landkreises besichtigen, die Geschäfts- und Kassenführung prüfen sowie Berichte und Akten einfordern.

Art. 98 Beanstandungsrecht. [1]Die Rechtsaufsichtsbehörde kann rechtswidrige Beschlüsse und Verfügungen des Landkreises beanstanden und ihre Aufhebung oder Änderung verlangen. [2]Bei Nichterfüllung öffentlich-rechtlicher Aufgaben oder Verpflichtungen kann die Rechtsaufsichtsbehörde den Landkreis zur Durchführung der notwendigen Maßnahmen auffordern.

Art. 99 Recht der Ersatzvornahme. [1]Kommt der Landkreis binnen einer ihm gesetzten angemessenen Frist den Anordnungen der Rechtsaufsichtsbehörde nicht nach, so kann diese die notwendigen Maßnahmen an Stelle des Landkreises verfügen und vollziehen. [2]Die Kosten trägt der Landkreis.

Art. 100 Bestellung eines Beauftragten. (1) Ist der geordnete Gang der Verwaltung durch Beschlußunfähigkeit des Kreistags oder durch seine Weigerung, gesetzmäßige Anordnungen der Rechtsaufsichtsbehörde auszuführen, ernstlich behindert, so kann die Rechtsaufsichtsbehörde den Landrat ermächtigen, bis zur Behebung des gesetzwidrigen Zustands für den Landkreis zu handeln.

(2) [1]Weigert sich der Landrat oder ist er aus tatsächlichen oder rechtlichen Gründen verhindert, die Aufgaben nach Absatz 1 wahrzunehmen, so beauftragt die Rechtsaufsichtsbehörde den gewählten Stellvertreter des Landrats, für den Landkreis zu handeln, solange es erforderlich ist. [2]Ist kein gewählter Stellvertreter des Landrats vorhanden oder ist auch er verhindert oder nicht handlungswillig, so handelt die Rechtsaufsichtsbehörde für den Landkreis.

(3) Die Staatsregierung kann ferner, wenn sich der gesetzwidrige Zustand anders nicht beheben lässt, den Kreistag auflösen und dessen Neuwahl anordnen.

Art. 101 Fachaufsichtsbehörden. [1]Die Zuständigkeit zur Führung der Fachaufsicht auf den einzelnen Gebieten des übertragenen Wirkungskreises bestimmt sich nach den hierfür geltenden besonderen Vorschriften. [2]Soweit solche besonderen Vorschriften nicht bestehen, obliegt den Rechtsaufsichtsbehörden auch die Führung der Fachaufsicht.

Art. 102 Befugnisse der Fachaufsicht. (1) [1]Die Fachaufsichtsbehörden können sich über Angelegenheiten des übertragenen Wirkungskreises in gleicher Weise wie die Rechtsaufsichtsbehörden unterrichten (Art. 97). [2]Sie können ferner dem Landkreis für die Behandlung übertragener Angelegenheiten unter Beachtung des Art. 95 Abs. 2 Satz 2 Weisungen erteilen. [3]Zu weitergehenden Eingriffen in die Landkreisverwaltung sind die Fachaufsichtsbehörden unbeschadet der Entscheidung über Widersprüche (Art. 104 Nr. 2) nicht befugt.

(2) [1]Die Rechtsaufsichtsbehörden sind verpflichtet, die Fachaufsichtsbehörden bei der Durchführung ihrer gesetzlichen Aufgaben nötigenfalls unter Anwendung der in den Art. 99 und 100 festgelegten Befugnisse zu unterstützen. [2]Bei der Ersatzvornahme tritt die Weisung der Fachaufsichtsbehörde an die Stelle der Anordnung der Rechtsaufsichtsbehörde.

Art. 103 Genehmigungsbehörde. (1) Die in diesem Gesetz vorgeschriebenen Genehmigungen erteilt, soweit nichts anderes bestimmt ist, die Rechtsaufsichtsbehörde (Art. 96).

(2) Beschlüsse sowie Geschäfte des bürgerlichen Rechts erlangen Rechtswirksamkeit erst mit der Erteilung der nach diesem Gesetz erforderlichen Genehmigung.

(3) Die Anträge auf Erteilung der Genehmigungen sind ohne schuldhafte Verzögerung zu verbescheiden.

Art. 103a Ausnahmegenehmigungen. [1]Das Staatsministerium des Innern, für Sport und Integration kann im Interesse der Weiterentwicklung der kommunalen Selbstverwaltung zur Erprobung neuer Modelle der Steuerung und des Haushalts- und Rechnungswesens, der Verfahrensvereinfachung und der Verwaltungsführung auf Antrag im Einzelfall Ausnahmen von Regelungen dieses Gesetzes und der nach Art. 106 erlassenen Vorschriften genehmigen. [2]Die Genehmigung ist zu befristen. [3]Bedingungen und Auflagen sind insbesondere zulässig, um die Vergleichbarkeit des Kommunalrechtsvollzugs auch im Rahmen einer Erprobung möglichst zu wahren und die Ergebnisse der Erprobung für Gemeinden, für andere Landkreise und für Bezirke nutzbar zu machen.

2. Abschnitt

Rechtsmittel

Art. 104 Erlaß des Widerspruchsbescheids (§ 73 der Verwaltungsgerichtsordnung – VwGO). Den Widerspruchsbescheid erläßt

1. in Angelegenheiten des eigenen Wirkungskreises die Rechtsaufsichtsbehörde, die dabei auf die Prüfung der Rechtmäßigkeit beschränkt ist; zuvor hat die Selbstverwaltungsbehörde nach § 72 VwGO auch die Zweckmäßigkeit zu überprüfen,
2. in Angelegenheiten des übertragenen Wirkungskreises die Fachaufsichtsbehörde; ist Fachaufsichtsbehörde eine oberste Landesbehörde, so entscheidet die Behörde, die den Verwaltungsakt erlassen hat; Art. 95 Abs. 2 Satz 2 findet keine Anwendung.

FÜNFTER TEIL

Übergangs- und Schlußvorschriften

Art. 105 Einwohnerzahl. Soweit nach diesem Gesetz oder einer auf Grund dieses Gesetzes erlassenen Rechtsverordnung die Einwohnerzahl von rechtlicher Bedeutung ist, ist die Einwohnerzahl maßgebend, die bei der letzten Wahl der Kreisräte zugrunde gelegt wurde.

Art. 106 Ausführungsvorschriften. (1) [1]Das Staatsministerium des Innern, für Sport und Integration erläßt die zum Vollzug dieses Gesetzes erforderlichen

Ausführungsvorschriften. [2]Es wird insbesondere ermächtigt, im Einvernehmen mit dem Staatsministerium der Finanzen und für Heimat durch Rechtsverordnungen zu regeln:

1. den Inhalt und die Gestaltung des Haushaltsplans einschließlich des Stellenplans, der mittelfristigen Finanzplanung und des Investitionsprogramms, ferner die Veranschlagung von Einzahlungen, Auszahlungen, Erträgen und Aufwendungen beziehungsweise Einnahmen, Ausgaben und Verpflichtungsermächtigungen für einen vom Haushaltsjahr abweichenden Wirtschaftszeitraum,
2. die Ausführung des Haushaltsplans, die Anordnung von Zahlungen, die Haushaltsüberwachung, die Stundung, die Niederschlagung und den Erlaß von Ansprüchen und die Behandlung von Kleinbeträgen,
3. die Ausschreibung von Lieferungen und Leistungen und die Vergabe von Aufträgen,
4. die Bildung, vorübergehende Inanspruchnahme und Verwendung von Rücklagen und deren Mindesthöhe,
5. die Bildung und Auflösung von Rückstellungen,
6. die Geldanlagen und ihre Sicherung,
7. die Erfassung, den Nachweis, die Bewertung und die Abschreibung der Vermögensgegenstände; dabei kann die Bewertung und Abschreibung auf einzelne Bereiche beschränkt werden,
8. die Aufstellung der Eröffnungsbilanz auch unter Abweichung von Art. 68 Abs. 3 und der folgenden Bilanzen,
9. die Kassenanordnungen, die Aufgaben und die Organisation der Kreiskasse und der Sonderkassen, den Zahlungsverkehr, die Verwaltung der Kassenmittel, der Wertgegenstände und anderer Gegenstände, die Buchführung sowie die Möglichkeit, daß die Buchführung und die Verwahrung von Wertgegenständen von den Kassengeschäften abgetrennt werden können,
10. den Inhalt und die Gestaltung der Jahresrechnung und die Abwicklung der Vorjahresergebnisse,
11. den Inhalt und die Gestaltung des Jahresabschlusses und des konsolidierten Jahresabschlusses; dabei können auch Ausnahmen von der und Übergangsfristen für die Konsolidierungspflicht vorgesehen werden,
12. den Inhalt und die Gestaltung des Rechenschaftsberichts zur Jahresrechnung beziehungsweise zum Jahresabschluss, des Anhangs zum Jahresabschluss sowie des Konsolidierungsberichts zum konsolidierten Jahresabschluss,
13. den Aufbau und die Verwaltung, die Wirtschaftsführung, das Rechnungswesen und die Prüfung der Eigenbetriebe,
14. die Prüfung der Jahresrechnungen, der Jahresabschlüsse und der konsolidierten Jahresabschlüsse, die Prüfung der Kreiskasse und der Sonderkassen, die Abschlußprüfung und die Freistellung von der Abschlußprüfung, die Prüfung von Verfahren der automatisierten Datenverarbeitung im Bereich des Finanzwesens der Landkreise, die Rechte und Pflichten der Prü-

fer, die über Prüfungen zu erstellenden Berichte und deren weitere Behandlung sowie die Organisation der staatlichen Rechnungsprüfungsstellen der Landratsämter,
15. das Verfahren bei der Errichtung der Kommunalunternehmen sowie der Umwandlung von Kapitalgesellschaften in Kommunalunternehmen und den Aufbau, die Verwaltung, die Wirtschaftsführung sowie das Rechnungs- und Prüfungswesen der Kommunalunternehmen.

[3]Das Staatsministerium des Innern, für Sport und Integration wird weiter ermächtigt, im Einvernehmen mit dem Staatsministerium für Gesundheit und Pflege und mit dem Staatsministerium der Finanzen und für Heimat die Wirtschaftsführung der Krankenhäuser und der Pflegeeinrichtungen der Landkreise durch Rechtsverordnung zu regeln.

(2) [1]Das Staatsministerium des Innern, für Sport und Integration erläßt die erforderlichen Verwaltungsvorschriften und gibt Muster, insbesondere für
1. die Haushaltssatzung und die Nachtragshaushaltssatzung,
2. die Darstellung des Haushaltsplans und des mittelfristigen Finanzplans insbesondere
   a) die Konten und Produkte bei Haushaltswirtschaft nach den Grundsätzen der doppelten kommunalen Buchführung,
   b) die Gliederung und die Gruppierung bei Haushaltswirtschaft nach den Grundsätzen der Kameralistik,
3. die Form des Haushaltsplans und seiner Anlagen, des mittelfristigen Finanzplans und des Investitionsprogramms,
4. die Gliederung und die Form des Jahresabschlusses und des konsolidierten Jahresabschlusses,
5. die Darstellung und die Form der Vermögensnachweise,
6. die Kassenanordnungen, die Buchführung, die Jahresrechnung und ihre Anlagen,
7. die Gliederung und die Form des Wirtschaftsplans und seiner Anlagen, des mittelfristigen Finanzplans und des Investitionsprogramms, des Jahresabschlusses, der Anlagenachweise und der Erfolgsübersicht für Eigenbetriebe und für Krankenhäuser mit kaufmännischem Rechnungswesen,

im Bayerischen Ministerialblatt bekannt. [2]Es kann solche Muster für verbindlich erklären. [3]Die Zuordnung der einzelnen Geschäftsvorfälle zu den Darstellungen gemäß Satz 1 Nrn. 2 bis 5 kann durch Verwaltungsvorschrift in gleicher Weise verbindlich festgelegt werden. [4]Die Verwaltungsvorschriften zur Darstellung des Haushaltsplans und des mittelfristigen Finanzplans sind im Einvernehmen mit dem Staatsministerium der Finanzen und für Heimat zu erlassen.

Art. 106a Landkreiswirtschaftliche Erleichterungen anlässlich der Corona-Pandemie.* [1]Das Staatsministerium des Innern, für Sport und Integration wird ermächtigt, im Einvernehmen mit dem Staatsministerium der Finan-

* *Beachte Art. 108 Abs. 3.*

zen und für Heimat und dem Staatsministerium für Wirtschaft, Landesentwicklung und Energie durch Rechtsverordnungen für die Haushaltsjahre 2020 und 2021 Abweichungen von den landkreiswirtschaftlichen Bestimmungen des dritten Teils sowie der auf Grund des Art. 106 erlassenen Rechtsverordnungen zuzulassen, insbesondere bezüglich

1. vorübergehender Abweichungen von einer sichergestellten dauernden Leistungsfähigkeit (Art. 55 Abs. 1 Satz 2),
2. der Bekanntmachung einer nicht genehmigungspflichtigen Haushaltssatzung oder Nachtragshaushaltssatzung (Art. 59 Abs. 3, Art. 62 Abs. 1 Satz 2),
3. der Genehmigungspflicht für Verpflichtungsermächtigungen (Art. 61 Abs. 4),
4. der unverzüglichen Pflicht zum Erlass einer Nachtragshaushaltssatzung (Art. 62 Abs. 2),
5. des grundsätzlichen Nachrangs der Aufnahme von Krediten (Art. 65 Abs. 1, Art. 56 Abs. 3),
6. der Beschränkung des Zwecks der Aufnahme von Krediten auf Investitionen, auf Investitionsförderungsmaßnahmen und zur Umschuldung (Art. 65 Abs. 1),
7. der rechtsaufsichtlichen Genehmigung des Gesamtbetrags vorgesehener Kreditaufnahmen und des hieran anzulegenden Maßstabs (Art. 65 Abs. 2),
8. der Geltungsdauer von Kreditermächtigungen (Art. 65 Abs. 3),
9. des Nachrangs der Aufnahme von Kassenkrediten (Art. 67 Abs. 1),
10. des Höchstbetrags für die Aufnahme von Kassenkrediten (Art. 67 Abs. 2) und
11. der Erstellung eines konsolidierten Jahresabschlusses (Art. 88 Abs. 2, Abs. 3 Satz 2, Art. 88a).

[2]Die aufgrund von Satz 1 erlassenen Rechtsverordnungen treten spätestens am 31. Dezember 2022 außer Kraft. [3]Die in den Haushaltsjahren 2020 und 2021 angelegten und betätigten Abweichungen von landkreiswirtschaftlichen Bestimmungen dürfen sich auf nachfolgende Haushaltsjahre auswirken, längstens jedoch auf das Haushaltsjahr 2032.

Art. 106b Weitere Erleichterungen anlässlich der Corona-Pandemie. (1) [1]Der Kreistag kann beschließen, dass ein Bürgerentscheid im Jahr 2021 ausschließlich durch briefliche Abstimmung durchgeführt wird. [2]In diesem Fall werden Abstimmungsscheine mit Briefabstimmungsunterlagen an alle abstimmungsberechtigten Personen von Amts wegen ohne Antrag versandt.*

(2) [1]Der Kreistag kann den Einsetzungszeitraum eines Ferienausschusses für das Jahr 2021 abweichend von Art. 29 Abs. 2 Satz 1 durch Beschluss auf drei Monate erhöhen. [2]Für die Zeiträume, in denen er keinen Ferienausschuss einsetzt, kann er dem Kreisausschuss für die Dauer von bis zu drei Monaten,

* *Beachte Art. 108 Abs. 4.*

längstens bis zum Ablauf des 31. Dezember 2021, auch die Befugnisse eines Ferienausschusses nach Art. 29 Abs. 2 übertragen. [3]Der Kreistag kann diese Übertragung durch Beschluss um jeweils bis zu weitere drei Monate, längstens bis zum Ablauf des 31. Dezember 2021, verlängern. [4]Beschlüsse nach den Sätzen 1 bis 3 bedürfen einer Zweidrittelmehrheit der abstimmenden Mitglieder des Kreistags. [5]Endet die vom Deutschen Bundestag auf Grund der Ausbreitung des neuartigen Coronavirus SARS-CoV-2 festgestellte epidemische Lage von nationaler Tragweite nach den Bestimmungen des Infektionsschutzgesetzes, treten Beschlüsse nach den Sätzen 2 und 3 eine Woche nach dem Ende der epidemischen Lage mit Wirkung für die Zukunft außer Kraft.

(3) [1]Die Zulassung im Sinn des Art. 41a Abs. 1 Satz 1 kann für Sitzungen vor dem 1. Januar 2022 auch durch Beschluss erfolgen. [2]Der Beschluss bedarf einer Zweidrittelmehrheit der abstimmenden Mitglieder des Kreistags.

Art. 107 Einschränkung von Grundrechten. Auf Grund dieses Gesetzes können die Grundrechte auf Freiheit der Person und der Unverletzlichkeit der Wohnung eingeschränkt werden (Art. 2 Abs. 2, Art. 13 des Grundgesetzes, Art. 102 und 106 Abs. 3 der Verfassung).

Art. 108 Inkrafttreten, Außerkrafttreten. (1) [1]Dieses Gesetz ist dringlich. [2]Es tritt am 14. Februar 1952 in Kraft.*

(2) Art. 41a tritt mit Ablauf des 31. Dezember 2022 außer Kraft.

(3) Art. 106a Satz 1 und 2 tritt mit Ablauf des 31. Dezember 2022, Art. 106a Satz 3 tritt mit Ablauf des 31. Dezember 2032 außer Kraft.

(4) Art. 106b tritt mit Ablauf des 31. Dezember 2021 außer Kraft.

---

* *Diese Vorschrift betrifft das Inkrafttreten des Gesetzes in der ursprünglichen Fassung vom 16.2.1952 (GVBl. S. 39). Der Zeitpunkt des Inkrafttretens der späteren Änderungen ergibt sich aus den jeweiligen Änderungsgesetzen.*

Bezirksordnung für den Freistaat Bayern

(Bezirksordnung – BezO)
(BayRS 2020-4-2-I)
in der Fassung der Bekanntmachung vom 22. August 1998 (GVBl. S. 850),
zuletzt geändert durch Gesetz vom 9. März 2021 (GVBl. S. 74)

INHALTSÜBERSICHT*

ERSTER TEIL
Wesen und Aufgaben des Bezirks

1. Abschnitt
Begriff, Benennung und Hoheitszeichen

Art. 1 Begriff
Art. 2 Name; Sitz der Bezirksverwaltung
Art. 3 Wappen und Fahnen; Dienstsiegel

2. Abschnitt
Wirkungskreis

Art. 4 Wirkungskreis im allgemeinen
Art. 5 Eigene Angelegenheiten
Art. 6 Übertragene Angelegenheiten

3. Abschnitt
Bezirksgebiet

Art. 7 Gebietsumfang
Art. 8 Änderungen und Zuständigkeit
Art. 9 Folgen der Änderungen
Art. 10 Gebühren

4. Abschnitt
Bezirksangehörige

Art. 11 Bezirkseinwohner und Bezirksbürger
Art. 12 Wahlrecht
Art. 13 Ehrenamtliche Tätigkeit
Art. 14 Sorgfalts- und Verschwiegenheitspflicht
Art. 14a Entschädigung
Art. 15 Benutzung öffentlicher Einrichtungen; Tragung der Bezirkslasten

5. Abschnitt
Bezirkshoheit

Art. 16 Umfang der Bezirkshoheit
Art. 17 Bezirksrecht
Art. 18 Inhalt von Satzungen
Art. 19 Inkrafttreten; Ausfertigung und Bekanntmachung
Art. 20 Verwaltungsverfügungen; Zwangsmaßnahmen

ZWEITER TEIL
Verfassung und Verwaltung des Bezirks

1. Abschnitt
Bezirksorgane und ihre Hilfskräfte

Art. 21 Hauptorgane

a) Der Bezirkstag

Art. 22 Rechtsstellung; Aufgaben des Bezirkstags
Art. 23 Zusammensetzung des Bezirkstags
Art. 24 Einberufung des Bezirkstags

b) Der Bezirksausschuß und die weiteren Ausschüsse

Art. 25 Aufgaben des Bezirksausschusses
Art. 26 Zusammensetzung
Art. 27 Einberufung
Art. 28 Weitere Ausschüsse
Art. 29 Dem Bezirkstag vorbehaltene Angelegenheiten

c) Der Bezirkstagspräsident

Art. 30 Wahl und Rechtsstellung des Bezirkstagspräsidenten und seines Stellvertreters

* *Inhaltsübersicht nicht amtlich.*

Art. 31 Weitere Stellvertreter; Übertragung von Befugnissen
Art. 32 Vorsitz im Bezirkstag; Vollzug der Beschlüsse
Art. 33 Zuständigkeit des Bezirkstagspräsidenten
Art. 33a Vertretung des Bezirks nach außen; Verpflichtungsgeschäfte

d) Bezirksbedienstete

Art. 34 Bezirksbedienstete

2. Abschnitt
Regierung und Bezirk

Art. 35 Verwaltungsverbund
Art. 35a Bereitstellung von Bediensteten und Einrichtungen
Art. 35b Erledigung von Bezirksaufgaben durch die Regierung
Art. 36 Regierungspräsident und Bezirkstag

3. Abschnitt
Geschäftsgang

Art. 37 Geschäftsordnung und Geschäftsgang der Ausschüsse
Art. 38 Sitzungszwang; Beschlußfähigkeit
Art. 38a Sitzungsteilnahme durch Ton-Bild-Übertragung
Art. 39 Teilnahmepflicht; Ordnungsgeld gegen Säumige
Art. 40 Ausschluß wegen persönlicher Beteiligung
Art. 41 Einschränkung des Vertretungsrechts
Art. 42 Form der Beschlußfassung; Wahlen
Art. 43 Öffentlichkeit
Art. 44 Handhabung der Ordnung
Art. 45 Niederschrift
Art. 46 *(aufgehoben)*

4. Abschnitt
Verwaltungsgrundsätze und Verwaltungsaufgaben

Art. 47 Gesetzmäßigkeit; Unparteilichkeit
Art. 47a Geheimhaltung
Art. 48 Aufgaben des eigenen Wirkungskreises; Pflichtaufgaben
Art. 49 Übernahme von Kreisaufgaben
Art. 50 Aufgaben des übertragenen Wirkungskreises
Art. 51 *(aufgehoben)*
Art. 52 Zuständigkeit für den Gesetzesvollzug

DRITTER TEIL
Bezirkswirtschaft

1. Abschnitt
Haushaltswirtschaft

Art. 53 Allgemeine Haushaltsgrundsätze
Art. 54 Grundsätze der Einnahmebeschaffung
Art. 55 Haushaltssatzung
Art. 56 Haushaltsplan
Art. 57 Erlaß der Haushaltssatzung
Art. 58 Planabweichungen
Art. 59 Verpflichtungsermächtigungen
Art. 60 Nachtragshaushaltssatzungen
Art. 61 Vorläufige Haushaltsführung
Art. 62 Mittelfristige Finanzplanung

2. Abschnitt
Kreditwesen

Art. 63 Kredite
Art. 64 Kreditähnliche Verpflichtungen; Sicherheiten
Art. 65 Kassenkredite

3. Abschnitt
Vermögenswirtschaft

a) Allgemeines

Art. 66 Erwerb und Verwaltung von Vermögen, Wertansätze
Art. 67 Veräußerung von Vermögen
Art. 68 Rücklagen, Rückstellungen
Art. 69 Insolvenzverfahren

b) Vom Bezirk verwaltete nichtrechtsfähige (fiduziarische) Stiftungen

Art. 70 Begriff; Verwaltung
Art. 71 Änderung des Verwendungszwecks; Aufhebung der Zweckbestimmung

4. Abschnitt
Unternehmen des Bezirks

Art. 72 Rechtsformen

Art. 73 Allgemeine Zulässigkeit von Unternehmen und Beteiligungen
Art. 74 Eigenbetriebe
Art. 75 Selbständige Kommunalunternehmen des öffentlichen Rechts
Art. 76 Organe des Kommunalunternehmens; Personal
Art. 77 Sonstige Vorschriften für Kommunalunternehmen
Art. 78 Unternehmen in Privatrechtsform
Art. 79 Vertretung des Bezirks in Unternehmen in Privatrechtsform
Art. 80 Sonstige Vorschriften für Unternehmen in Privatrechtsform
Art. 81 Grundsätze für die Führung von Unternehmen des Bezirks
Art. 81a Anzeigepflichten

5. Abschnitt
Kassen- und Rechnungswesen

Art. 82 Kassengeschäfte des Bezirks
Art. 83 Übertragung von Kassen- und Rechnungsgeschäften
Art. 84 Rechnungslegung, Jahresabschluss
Art. 84a Konsolidierter Jahresabschluss

6. Abschnitt
Prüfungswesen

Art. 85 Örtliche Prüfungen
Art. 86 Rechnungsprüfungsamt
Art. 87 Überörtliche Prüfungen
Art. 88 Inhalt der Rechnungs- und Kassenprüfung
Art. 89 Abschlussprüfung bei Eigenbetrieben und Kommunalunternehmen

VIERTER TEIL
Staatliche Aufsicht und Rechtsmittel

1. Abschnitt
Rechtsaufsicht und Fachaufsicht

Art. 90 Sinn der staatlichen Aufsicht
Art. 91 Inhalt und Grenzen der Aufsicht
Art. 92 Rechtsaufsichtsbehörde
Art. 93 Informationsrecht der Rechtsaufsichtsbehörde
Art. 94 Beanstandungsrecht
Art. 95 Recht der Ersatzvornahme
Art. 96 Bestellung eines Beauftragten
Art. 97 Fachaufsichtsbehörden
Art. 98 Befugnisse der Fachaufsicht
Art. 99 Genehmigungsbehörde
Art. 99a Ausnahmegenehmigungen

2. Abschnitt
Rechtsmittel

Art. 100 Erlaß des Widerspruchsbescheids (§ 73 der Verwaltungsgerichtsordnung)

FÜNFTER TEIL
Übergangs- und Schlußvorschriften

Art. 101 Ausführungsvorschriften
Art. 101a Bezirkswirtschaftliche Erleichterungen anlässlich der Corona-Pandemie
Art. 101b Weitere Erleichterungen anlässlich der Corona-Pandemie
Art. 102 Einschränkung von Grundrechten
Art. 103 Inkrafttreten, Außerkrafttreten

ERSTER TEIL

Wesen und Aufgaben des Bezirks

1. Abschnitt

Begriff, Benennung und Hoheitszeichen

Art. 1 Begriff. Die Bezirke sind Gebietskörperschaften mit dem Recht, überörtliche Angelegenheiten, die über die Zuständigkeit oder das Leistungsvermögen der Landkreise und kreisfreien Gemeinden hinausgehen und deren

Bedeutung über das Gebiet des Bezirks nicht hinausreicht, im Rahmen der Gesetze selbst zu ordnen und zu verwalten.

Art. 2 Name; Sitz der Bezirksverwaltung. Der Name der Bezirke und der Sitz der Bezirksverwaltung werden durch Gesetz bestimmt.

Art. 3 Wappen und Fahnen; Dienstsiegel. (1) [1]Die Bezirke können ihre geschichtlichen Wappen und Fahnen führen. [2]Sie sind verpflichtet, sich bei der Änderung bestehender und der Annahme neuer Wappen und Fahnen von der Generaldirektion der Staatlichen Archive Bayerns beraten zu lassen und, soweit sie deren Stellungnahme nicht folgen wollen, den Entwurf der Rechtsaufsichtsbehörde vorzulegen.

(2) [1]Bezirke mit eigenem Wappen führen dieses in ihrem Dienstsiegel. [2]Die übrigen Bezirke führen in ihrem Dienstsiegel das große Staatswappen.

(3) Von Dritten dürfen Wappen und Fahnen des Bezirks nur mit dessen Genehmigung verwendet werden.

2. Abschnitt

Wirkungskreis

Art. 4 Wirkungskreis im allgemeinen. (1) Den Bezirken steht die Erfüllung öffentlicher Aufgaben zu, die sich auf das Gebiet des Bezirks beschränken und über die Zuständigkeit oder das Leistungsvermögen der Landkreise und kreisfreien Gemeinden hinausgehen.

(2) Die Aufgaben der Bezirke sind eigene oder übertragene Angelegenheiten.

Art. 5 Eigene Angelegenheiten. (1) Der eigene Wirkungskreis der Bezirke umfaßt die Angelegenheit der durch das Gebiet des Bezirks begrenzten überörtlichen Gemeinschaft.

(2) [1]In Angelegenheiten des eigenen Wirkungskreises handeln die Bezirke nach eigenem Ermessen. [2]Sie sind nur an die gesetzlichen Vorschriften gebunden.

Art. 6 Übertragene Angelegenheiten. (1) Der übertragene Wirkungskreis der Bezirke umfaßt alle Angelegenheiten, die das Gesetz den Bezirken zur Besorgung im Auftrag des Staates zuweist.

(2) Für die Erledigung übertragener Angelegenheiten können die zuständigen Staatsbehörden den Bezirken Weisungen erteilen.

(3) [1]Den Bezirken können Angelegenheiten auch zur selbständigen Besorgung übertragen werden. [2]Art. 5 Abs. 2 ist hierbei sinngemäß anzuwenden.

(4) Bei der Zuweisung von Angelegenheiten sind gleichzeitig die notwendigen Mittel zur Verfügung zu stellen.

3. Abschnitt

Bezirksgebiet

Art. 7 Gebietsumfang. Die Gesamtfläche der dem Bezirk zugeteilten Landkreise und kreisfreien Gemeinden bildet das Bezirksgebiet.

Art. 8 Änderungen und Zuständigkeit. (1) Regierungsbezirke können nur aus Gründen des öffentlichen Wohls in ihrem Gebietsumfang geändert werden.

(2) [1]Wird mindestens ein ganzer Landkreis oder mindestens eine ganze kreisfreie Gemeinde umgegliedert, erfolgt die Änderung durch Gesetz. [2]Vor der Änderung sind außer den Landkreisen bzw. Gemeinden des Änderungsgebiets die beteiligten Bezirkstage zu hören. [3]Den Bezirksbürgern, deren Bezirkszugehörigkeit wechselt, soll Gelegenheit gegeben werden, zu der Änderung in geheimer Abstimmung Stellung zu nehmen.

(3) Sonstige Änderungen werden im Verfahren nach Art. 8 Abs. 2 bis 4 der Landkreisordnung (LKrO) miterledigt, wobei zusätzlich die beteiligten Bezirke zu hören sind.

Art. 9 Folgen der Änderungen. (1) [1]Das Recht des aufnehmenden Bezirks erstreckt sich auf das aufgenommene Gebiet, wenn nicht in der Vorschrift über die Gebietsänderung etwas Abweichendes bestimmt ist. [2]Entsprechendes gilt für das Recht der durch die Änderung betroffenen Landkreise und Gemeinden.

(2) [1]Das Staatsministerium des Innern, für Sport und Integration regelt die für den Bezirk mit der Änderung zusammenhängenden weiteren Rechts- und Verwaltungsfragen. [2]Es kann insbesondere eine Neuwahl oder Ergänzung des Bezirkstags für den Rest der Wahlzeit anordnen. [3]Das Staatsministerium des Innern, für Sport und Integration trifft auch entsprechende Regelungen für die durch die Änderung betroffenen Landkreise und Gemeinden oder beauftragt damit die Regierungen oder für kreisangehörige Gemeinden die Landratsämter.

(3) [1]Die vermögensrechtlichen Verhältnisse werden durch Übereinkunft der beteiligten Bezirke geregelt. [2]Der Übereinkunft kommt in dem in ihr bestimmten Zeitpunkt, frühestens jedoch mit Rechtswirksamkeit der Änderung, unmittelbar rechtsbegründende Wirkung zu. [3]Kommt eine Übereinkunft nicht zustande, so entscheiden das Verwaltungsgericht und in der Berufungsinstanz der Verwaltungsgerichtshof als Schiedsgerichte.

(4) Soweit der Aufenthalt Voraussetzung für Rechte und Pflichten ist, gilt der vor der Änderung liegende Aufenthalt in dem Änderungsgebiet als Aufenthalt im neuen Bezirk.

Art. 10 Gebühren. Für Änderungen nach Art. 8 und Rechtshandlungen, die aus Anlaß solcher Änderungen erforderlich sind, werden landesrechtlich geregelte Abgaben nicht erhoben.

4. Abschnitt

Bezirksangehörige

Art. 11 Bezirkseinwohner und Bezirksbürger. (1) [1]Bezirksangehörige sind alle Bezirkseinwohner. [2]Sie haben gegenüber dem Bezirk die gleichen Rechte und Pflichten. [3]Ausnahmen bedürfen eines besonderen Rechtstitels.

(2) Bezirksbürger sind alle Bezirksangehörigen, die das Wahlrecht für die Bezirkswahlen besitzen.*

Art. 12 Wahlrecht. Die Bezirksbürger wählen den Bezirkstag.**

Art. 13 Ehrenamtliche Tätigkeit. (1) [1]Die Bezirksbürger sind zur Übernahme von Ehrenämtern des Bezirks verpflichtet. [2]Sie können nur aus wichtigem Grund die Übernahme von Ehrenämtern ablehnen oder ein Ehrenamt niederlegen. [3]Als wichtiger Grund ist es insbesondere anzusehen, wenn der Verpflichtete die Tätigkeit nicht ordnungsgemäß ausüben kann. [4]Wer ohne wichtigen Grund die Übernahme eines Ehrenamts ablehnt oder ein Ehrenamt niederlegt, kann mit Ordnungsgeld bis zu fünfhundert Euro belegt werden.

(2) [1]Ehrenamtlich tätige Personen können von der Stelle, die sie berufen hat, abberufen werden, wenn ein wichtiger Grund vorliegt. [2]Ein solcher liegt auch dann vor, wenn die ehrenamtlich tätige Person ihre Pflichten gröblich verletzt oder sich als unwürdig erwiesen hat.

(3) Die besonderen gesetzlichen Vorschriften bleiben unberührt.

Art. 14 Sorgfalts- und Verschwiegenheitspflicht. (1) Ehrenamtlich tätige Personen sind verpflichtet, ihre Obliegenheiten gewissenhaft wahrzunehmen.

(2) [1]Sie haben über die ihnen bei ihrer ehrenamtlichen Tätigkeit bekanntgewordenen Angelegenheiten Verschwiegenheit zu bewahren; das gilt nicht für Mitteilungen im amtlichen Verkehr oder über Tatsachen, die offenkundig sind oder ihrer Bedeutung nach keiner Geheimhaltung bedürfen. [2]Sie dürfen die

---

* *Vgl. hierzu Art. 4 Abs. 1 Nr. 1 Bezirkswahlgesetz in der Fassung der Bekanntmachung vom 12. Februar 2003 (GVBl. S. 144), Gesetz zuletzt geändert durch Gesetz vom 26. März 2019 (GVBl. S. 98):*

Art. 4 Wahl der Bezirksräte. (1) Für die Wahl der Bezirksräte finden die nachstehenden Vorschriften des Landeswahlgesetzes *(abgedruckt unter Ordnungsnummer 12)* Anwendung:

1. Art. 1 Abs. 1 und 3 mit der Maßgabe, dass an die Stelle der Wohnung oder des gewöhnlichen Aufenthalts in Bayern die Wohnung oder der gewöhnliche Aufenthalt im Bezirk tritt, ferner Art. 2 und 3 (Bestimmungen über das Stimmrecht).

** *Vgl. hierzu Art. 1 Abs. 1 Satz 1 Bezirkswahlgesetz in der Fassung der Bekanntmachung vom 12. Februar 2003 (GVBl. S. 144), Gesetz zuletzt geändert durch Gesetz vom 26. März 2019 (GVBl. S. 98):*

Art. 1 Bezirkswahlen. (1) [1]Die Bezirkstagsmitglieder (Bezirksräte) werden in allgemeiner, gleicher, unmittelbarer und geheimer Wahl nach einem verbesserten Verhältniswahlrecht auf die Dauer von fünf Jahren gewählt.

Kenntnis der nach Satz 1 geheimzuhaltenden Angelegenheit nicht unbefugt verwerten. [3]Sie haben auf Verlangen des Bezirkstags amtliche Schriftstücke, Zeichnungen, bildliche Darstellungen und Aufzeichnungen jeder Art über dienstliche Vorgänge herauszugeben, auch soweit es sich um Wiedergaben handelt. [4]Diese Verpflichtungen bestehen auch nach Beendigung des Ehrenamts fort. [5]Die Herausgabepflicht trifft auch die Hinterbliebenen und Erben.

(3) [1]Ehrenamtlich tätige Personen dürfen ohne Genehmigung über Angelegenheiten, über die sie Verschwiegenheit zu bewahren haben, weder vor Gericht noch außergerichtlich aussagen oder Erklärungen abgeben. [2]Über die Genehmigung entscheidet der Bezirkstagspräsident; im Übrigen gelten Art. 84 Abs. 3 und 4 des Bayerischen Verwaltungsverfahrensgesetzes.

(4) [1]Wer den Verpflichtungen der Absätze 1, 2 oder 3 Satz 1 schuldhaft zuwiderhandelt, kann im Einzelfall mit Ordnungsgeld bis zu zweihundertfünfzig Euro, bei unbefugter Offenbarung personenbezogener Daten bis zu fünfhundert Euro, belegt werden; die Verantwortlichkeit nach anderen gesetzlichen Vorschriften bleibt unberührt. [2]Die Haftung gegenüber dem Bezirk richtet sich nach den für den Bezirkstagspräsidenten geltenden Vorschriften. [3]Der Bezirk stellt die Verantwortlichen von der Haftung frei, wenn sie von Dritten unmittelbar in Anspruch genommen werden und der Schaden weder vorsätzlich noch grob fahrlässig verursacht worden ist.

Art. 14a Entschädigung. (1) [1]Ehrenamtlich tätige Personen haben Anspruch auf angemessene Entschädigung. [2]Das Nähere wird durch Satzung bestimmt. [3]Auf die Entschädigung kann nicht verzichtet werden. [4]Der Anspruch ist nicht übertragbar.

(2) Ehrenamtlich tätige Personen erhalten ferner für die nach Maßgabe näherer Bestimmung in der Satzung zur Wahrnehmung des Ehrenamts notwendige Teilnahme an Sitzungen, Besprechungen oder anderen Veranstaltungen folgende Ersatzleistungen:

1. Arbeitnehmern wird der ihnen entstandene nachgewiesene Verdienstausfall ersetzt.
2. [1]Selbständig Tätige können für die ihnen entstandene Zeitversäumnis eine Verdienstausfallentschädigung erhalten. [2]Die Entschädigung wird auf der Grundlage eines satzungsmäßig festgelegten Pauschalsatzes gewährt. [3]Wegezeiten können in angemessenem Umfang berücksichtigt werden.
3. [1]Personen, die keine Ersatzansprüche nach Nummern 1 und 2 haben, denen aber im beruflichen oder häuslichen Bereich ein Nachteil entsteht, der in der Regel nur durch das Nachholen versäumter Arbeit oder die Inanspruchnahme einer Hilfskraft ausgeglichen werden kann, können eine Entschädigung erhalten. [2]Die Entschädigung wird auf der Grundlage eines satzungsmäßig festgelegten Pauschalsatzes gewährt. [3]Der Pauschalsatz darf nicht höher sein als der Pauschalsatz nach Nummer 2. [4]Wegezeiten können in angemessenem Umfang berücksichtigt werden.

(3) Für den Bezirkstagspräsidenten und seinen gewählten Stellvertreter gelten die besonderen gesetzlichen Vorschriften.

(4) [1]Vergütungen für Tätigkeiten, die ehrenamtlich tätige Personen kraft Amts oder auf Vorschlag oder Veranlassung des Bezirks in einem Aufsichtsrat, Vorstand oder sonstigen Organ oder Gremium eines privatrechtlich oder öffentlich-rechtlich organisierten Unternehmens wahrnehmen, sind an den Bezirk abzuführen, soweit sie insgesamt einen Betrag von 6400 Euro im Kalenderjahr übersteigen; mit einem Vomhundertsatz benannte Änderungen des Grundgehalts der Beamten mit einer Besoldung nach Besoldungsgruppe A 13 gelten ab dem auf das Inkrafttreten der Änderung folgenden Kalenderjahr mit dem gleichen Vomhundertsatz für den in Halbsatz 1 genannten Betrag. [2]Vom Bezirk veranlasst sind auch Tätigkeiten, die von einem Unternehmen, an dem er unmittelbar oder mittelbar ganz oder mehrheitlich beteiligt ist, einer ehrenamtlich tätigen Person übertragen werden. [3]Der Betrag verdoppelt sich für Vorsitzende des Aufsichtsrats oder eines vergleichbaren Organs der in Satzung 1 genannten Unternehmen und erhöht sich für deren Stellvertreter um 50 v.H. [4]Bei der Festsetzung des abzuführenden Betrags sind von den Vergütungen Aufwendungen abzusetzen, die im Zusammenhang mit der Tätigkeit nachweislich entstanden sind. [5]Die Ablieferungsregelungen nach dem beamtenrechtlichen Nebentätigkeitsrecht finden keine Anwendung.

Art. 15 Benutzung öffentlicher Einrichtungen; Tragung der Bezirkslasten.
(1) Alle Bezirksangehörigen sind nach den bestehenden allgemeinen Vorschriften berechtigt, die öffentlichen Einrichtungen des Bezirks zu benutzen, und verpflichtet, die Bezirkslasten zu tragen.

(2) [1]Mehrere technisch selbständige Anlagen des Bezirks, die demselben Zweck dienen, können eine Einrichtung oder einzelne rechtlich selbständige Einrichtungen bilden. [2]Der Bezirk entscheidet das durch Satzung; trifft er keine Regelung, liegt nur eine Einrichtung vor.

(3) Auswärts wohnende Personen haben für ihren Grundbesitz oder ihre gewerblichen Niederlassungen im Bezirksgebiet gegenüber dem Bezirk die gleichen Rechte und Pflichten wie im Bezirk wohnende Grundbesitzer und Gewerbetreibende.

(4) Die Vorschriften in den Absätzen 1 und 3 finden auf juristische Personen und Personenvereinigungen mit Sitz oder Niederlassung im Bezirksgebiet entsprechende Anwendung.

(5) [1]Die Benutzung der öffentlichen, dem Gemeingebrauch dienenden Einrichtungen des Bezirks steht nach Maßgabe der bestehenden Vorschriften jedermann zu. [2]Die Zulassung kann von einer vorherigen Belehrung und dem ausdrücklichen Anerkenntnis der bestehenden Vorschriften abhängig gemacht werden.

5. Abschnitt

Bezirkshoheit

Art. 16 Umfang der Bezirkshoheit. (1) Die Hoheitsgewalt des Bezirks umfaßt das Bezirksgebiet und seine gesamte Bevölkerung (Bezirkshoheit).

(2) Die Bezirke können zur Aufbringung der für ihre Aufgaben nötigen Mittel im Rahmen der Gesetze Abgaben erheben.

Art. 17 Bezirksrecht. [1]Die Bezirke können zur Regelung ihrer Angelegenheiten Satzungen erlassen. [2]Satzungen zur Regelung übertragener Angelegenheiten, bewehrte Satzungen und Verordnungen sind nur in den gesetzlich bestimmten Fällen zulässig. [3]In solchen Satzungen und in Verordnungen soll ihre besondere Rechtsgrundlage angegeben werden.

Art. 18 Inhalt von Satzungen. (1) [1]In den Satzungen können die Bezirke insbesondere die Benutzung ihres Eigentums und ihrer öffentlichen Einrichtungen regeln. [2]In diesen Satzungen können Zuwiderhandlungen als Ordnungswidrigkeit mit Geldbuße bis zu zweitausendfünfhundert Euro bedroht werden (bewehrte Satzungen).

(2) In Satzungen nach Absatz 1 und in Satzungen, die auf Grund anderer Gesetze, die auf diesen Artikel verweisen, erlassen werden, kann bestimmt werden, daß die von dem Bezirk mit dem Vollzug dieser Satzung beauftragten Personen berechtigt sind, zur Überwachung der Pflichten, die sich nach diesen Satzungen und Gesetzen ergeben, zu angemessener Tageszeit Grundstücke, Gebäude, Anlagen, Einrichtungen, Wohnungen und Wohnräume im erforderlichen Umfang zu betreten.

Art. 19 Inkrafttreten; Ausfertigung und Bekanntmachung. (1) [1]Satzungen treten eine Woche nach ihrer Bekanntmachung in Kraft. [2]In der Satzung kann ein anderer Zeitpunkt bestimmt werden, in bewehrten Satzungen und anderen Satzungen, die nicht mit rückwirkender Kraft erlassen werden dürfen, jedoch frühestens der auf die Bekanntmachung folgende Tag.

(2) Satzungen sind auszufertigen und im Amtsblatt des Bezirks oder der Regierung, sonst im Staatsanzeiger bekanntzumachen.

Art. 20 Verwaltungsverfügungen; Zwangsmaßnahmen. (1) Die Bezirke können im eigenen und im übertragenen Wirkungskreis die zur Durchführung von Gesetzen, Rechtsverordnungen und Satzungen notwendigen Einzelverfügungen erlassen und unter Anwendung der gesetzlichen Zwangsmittel vollziehen.

(2) [1]Verwaltungsakte, Ladungen oder sonstige Mitteilungen, die auf Grund von Rechtsvorschriften außerhalb dieses Gesetzes amtlich, öffentlich oder ortsüblich bekanntzumachen sind, hat der Bezirk wie seine Satzungen bekanntzumachen. [2]Sind Pläne, Karten oder sonstige Nachweise Bestandteil einer Mitteilung nach Satz 1, so kann die Bekanntmachung unbeschadet anderer Vorschriften auch dadurch bewirkt werden, daß die Mitteilung mit den Nachweisen auf die Dauer von zwei Wochen in der Verwaltung des Bezirks oder in der Regierung ausgelegt wird; der Gegenstand der Mitteilung sowie Ort und Zeit der Bekanntmachung sind mindestens eine Woche vorher nach Satz 1 bekanntzumachen.

(3) Geldbußen und Verwarnungsgelder, die auf Grund bewehrter Satzungen und Verordnungen festgesetzt werden, fließen dem Bezirk zu.

ZWEITER TEIL

Verfassung und Verwaltung des Bezirks

1. Abschnitt

Bezirksorgane und ihre Hilfskräfte

Art. 21 Hauptorgane. Der Bezirk wird durch den Bezirkstag verwaltet, soweit nicht vom Bezirkstag bestellte Ausschüsse (Art. 25 und 28) über Bezirksangelegenheiten beschließen, der Bezirkstagspräsident selbständig entscheidet (Art. 33 Abs. 1 und 2) oder die Regierung gemäß Art. 35b tätig wird.

a) Der Bezirkstag

Art. 22 Rechtsstellung; Aufgaben des Bezirkstags. (1) [1]Der Bezirkstag ist die Vertretung der Bezirksbürger. [2]Er entscheidet im Rahmen des Art. 21 über die Angelegenheiten der Bezirksverwaltung.

(2) [1]Der Bezirkstag überwacht die gesamte Bezirksverwaltung, insbesondere auch die Ausführung seiner Beschlüsse. [2]Er kann hierfür Richtlinien aufstellen.

Art. 23 Zusammensetzung des Bezirkstags. (1) [1]Der Bezirkstag besteht aus den Bezirkstagsmitgliedern (Bezirksräten). [2]Sie sind ehrenamtlich tätig.

(2) In den Bezirkstag sind so viele Bezirksräte zu wählen, als Landtagsabgeordnete nach dem Landeswahlgesetz auf den Bezirk treffen.

(3) Das Nähere regelt das Bezirkswahlgesetz.

(4) [1]Bezirksräte können nicht sein

1. Beamte und leitende oder hauptberufliche Arbeitnehmer des Bezirks,
2. leitende Beamte und leitende Arbeitnehmer von juristischen Personen oder sonstigen Organisationen des öffentlichen oder privaten Rechts, an denen der Bezirk mit mehr als 50 v.H. beteiligt ist; eine Beteiligung am Stimmrecht genügt,
3. Beamte und Arbeitnehmer der Regierung, die unmittelbar mit Aufgaben des Bezirks befaßt sind (Art. 35a und 35b),
4. Beamte und Arbeitnehmer der Rechtsaufsichtsbehörde, die unmittelbar mit Aufgaben der Rechtsaufsicht befaßt sind,
5. Bezirksräte eines anderen Bezirks.

[2]Als Arbeitnehmer im Sinn des Satzes 1 gilt nicht, wer überwiegend körperliche Arbeit verrichtet. [3]Satz 1 ist nicht anzuwenden, wenn der Beamte während der Dauer des Ehrenamts ohne Dienstbezüge beurlaubt ist, im Rahmen von Altersteilzeit im Blockmodell vollständig vom Dienst freigestellt ist oder wenn

seine Rechte und Pflichten aus dem Dienstverhältnis wegen der Wahl in eine gesetzgebende Körperschaft ruhen; dies gilt für Arbeitnehmer entsprechend.

Art. 24 Einberufung des Bezirkstags. (1) [1]Der Bezirkstagspräsident beruft den Bezirkstag mit angemessener Frist und unter Angabe der Tagesordnung ein und bereitet die Beratungsgegenstände vor. [2]Er hat ihn einzuberufen, wenn es der Bezirksausschuss oder ein Drittel der Bezirksräte unter Bezeichnung des Verhandlungsgegenstands schriftlich oder elektronisch beantragt. [3]Die erste Sitzung des Bezirkstags nach seiner Neuwahl beruft abweichend von Satz 1 der Regierungspräsident spätestens am 26. Tag nach der Wahl ein.

(2) [1]Alle Bezirksräte sind alsbald nach ihrer Berufung in feierlicher Form zu vereidigen. [2]Die Eidesformel lautet:

„Ich schwöre Treue dem Grundgesetz für die Bundesrepublik Deutschland und der Verfassung des Freistaates Bayern. Ich schwöre, den Gesetzen gehorsam zu sein und meine Amtspflichten gewissenhaft zu erfüllen. Ich schwöre, die Rechte der Selbstverwaltung zu wahren und ihren Pflichten nachzukommen, so wahr mir Gott helfe."

[3]Der Eid kann auch ohne die Worte „so wahr mir Gott helfe" geleistet werden. [4]Erklärt ein Bezirksrat, daß er aus Glaubens- oder Gewissensgründen keinen Eid leisten könne, so hat er an Stelle der Worte „ich schwöre" die Worte „ich gelobe" zu sprechen oder das Gelöbnis mit einer dem Bekenntnis seiner Religionsgemeinschaft oder der Überzeugung seiner Weltanschauungsgemeinschaft entsprechenden, gleichwertigen Beteuerungsformel einzuleiten. [5]Den Eid nimmt der Bezirkstagspräsident ab. [5]Die Eidesleistung entfällt für die Bezirksräte, die im Anschluß an ihre Amtszeit wieder zum Bezirksrat des gleichen Bezirks gewählt wurden.

b) Der Bezirksausschuß und die weiteren Ausschüsse

Art. 25 Aufgaben des Bezirksausschusses. [1]Der Bezirksausschuß ist ein vom Bezirkstag bestellter ständiger Ausschuß. [2]Er bereitet die Verhandlungen des Bezirkstags vor und beschließt über die ihm vom Bezirkstag übertragenen Angelegenheiten. [3]In der Geschäftsordnung (Art. 37) kann bestimmt werden, dass der Bezirkstag Empfehlungen der Fachausschüsse auch ohne Vorbereitung durch den Bezirksausschuss behandeln kann.

Art. 26 Zusammensetzung. (1) [1]Der Bezirksausschuß besteht aus dem Bezirkstagspräsidenten und weiteren Bezirksräten. [2]Die Zahl der weiteren Bezirksräte beträgt in Bezirken

mit bis zu	2 Millionen Einwohnern	8,
mit mehr als	2 Millionen Einwohnern	12.

(2) [1]Die weiteren Bezirksräte des Bezirksausschusses werden vom Bezirkstag für die Dauer der Wahlzeit aus seiner Mitte bestellt. [2]Hierbei hat der Bezirkstag dem Stärkeverhältnis der in ihm vertretenen Parteien und Wählergruppen Rechnung zu tragen. [3]Haben dabei mehrere Parteien oder Wählergruppen

gleichen Anspruch auf einen Sitz, so ist statt eines Losentscheids auch der Rückgriff auf die Zahl der bei der Wahl auf diese Parteien oder Wählergruppen abgegebenen Stimmen zulässig. 4Die Bestellung anderer als der von den Parteien oder Wählergruppen vorgeschlagenen Personen ist nicht zulässig. 5Bezirksräte können sich zur Entsendung gemeinsamer Vertreter in den Bezirksausschuß zusammenschließen.

(3) 1Während der Wahlzeit im Bezirkstag eintretende Änderungen des Stärkeverhältnisses der Parteien und Wählergruppen sind auszugleichen. 2Scheidet ein Mitglied aus der von ihm vertretenen Partei oder Wählergruppe aus, so verliert es seinen Sitz im Bezirksausschuß.

Art. 27 Einberufung. 1Der Bezirksausschuß wird vom Bezirkstagspräsidenten nach Bedarf einberufen. 2Er muß einberufen werden, wenn es die Hälfte der Mitglieder unter Angabe des Beratungsgegenstands schriftlich beantragt.

Art. 28 Weitere Ausschüsse. (1) 1Der Bezirkstag kann im Bedarfsfall weitere vorberatende und beschließende Ausschüsse bilden. 2Die Zusammensetzung der Ausschüsse regelt der Bezirkstag in der Geschäftsordnung (Art. 37). 3Art. 26 Abs. 2 und 3 und Art. 27 gelten entsprechend.

(2) 1Der Bezirkstag kann in der Geschäftsordnung eine Ferienzeit bis zu sechs Wochen bestimmen. 2Für die Dauer der Ferienzeit ist ein Ferienausschuss nach den für beschließende Ausschüsse geltenden Vorschriften zu bilden, der alle Aufgaben erledigt, für die sonst der Bezirkstag, der Bezirksausschuss oder ein anderer beschließender Ausschuss zuständig ist; Art. 29 ist nicht anzuwenden. 3Der Ferienausschuss kann jedoch keine Aufgaben erledigen, die dem Werkausschuss obliegen oder kraft Gesetzes von besonderen Ausschüssen wahrgenommen werden müssen oder nach der Geschäftsordnung nicht vom Ferienausschuss wahrgenommen werden dürfen.

(3) 1Den Vorsitz in den weiteren Ausschüssen führt der Bezirkstagspräsident. 2Mit seiner Zustimmung kann sein gewählter Stellvertreter, mit Zustimmung des Bezirkstagspräsidenten und seines gewählten Stellvertreters auch ein vom Bezirkstag bestimmter Bezirksrat den Vorsitz führen. 3Ist der Vorsitzende verhindert oder persönlich beteiligt, so führt sein Vertreter den Vorsitz. 4Ist dieser bereits Mitglied des Ausschusses, nimmt dessen Vertreter für die Dauer der Vertretung den Sitz im Ausschuss ein.

(4) Weiter Ausschüsse können vom Bezirkstag jederzeit aufgelöst werden.

Art. 29 Dem Bezirkstag vorbehaltene Angelegenheiten. Der Bezirkstag kann dem Bezirksausschuß und weiteren beschließenden Ausschüssen folgende Angelegenheiten nicht übertragen:
1. den Erlaß, die Änderung und die Aufhebung von Satzungen und Verordnungen des Bezirks,
2. die Festsetzung öffentlicher Abgaben und Gebühren,

3. die Festsetzung der Entschädigung für ehrenamtlich tätige Personen (Art. 14a),
4. die Beschlußfassung in beamtenrechtlichen Angelegenheiten des Bezirkstagspräsidenten und seines gewählten Stellvertreters, soweit nicht das Kommunal-Wahlbeamten-Gesetz etwas anderes bestimmt,
5. die Beschlußfassung über die Haushaltssatzung, über die Nachtragshaushaltssatzung sowie die Beschlußfassung über die Aufnahme von zusätzlichen Krediten während der vorläufigen Haushaltsführung (Art. 57, 60 und 61 Abs. 2),
6. die Beschlußfassung über den Finanzplan (Art. 62),
7. die Feststellung der Jahresrechnung und der Jahresabschlüsse der Eigenbetriebe und der Krankenhäuser mit kaufmännischem Rechnungswesen sowie die Beschlußfassung über die Entlastung (Art. 84 Abs. 4),
8. Entscheidungen über Unternehmen des Bezirks im Sinn von Art. 81a,
9. die hinsichtlich der Eigenbetriebe dem Bezirkstag im übrigen vorbehaltenen Angelegenheiten (Art. 74),
10. die Bestellung und die Abberufung des Leiters des Rechnungsprüfungsamts sowie seines Stellvertreters,
11. die Beschlußfassung über Änderungen von bewohntem Bezirksgebiet.

c) Der Bezirkstagspräsident

Art. 30 Wahl und Rechtsstellung des Bezirkstagspräsidenten und seines Stellvertreters. (1) [1]Der Bezirkstagspräsident und sein Stellvertreter werden vom Bezirkstag in seiner ersten Sitzung aus der Mitte des Bezirkstags gewählt. [2]Art. 39 Abs. 2 Satz 1 des Gemeinde- und Landkreiswahlgesetzes gilt entsprechend.

(2) Der Bezirkstagspräsident und sein gewählter Stellvertreter sind Ehrenbeamte des Bezirks.

(3) [1]Endet das Beamtenverhältnis des Bezirkstagspräsidenten oder seines gewählten Stellvertreters während der Wahlzeit des Bezirkstags, so findet innerhalb von drei Monaten eine Neuwahl für den Rest der Wahlzeit statt. [2]Beträgt der Rest der Wahlzeit weniger als sechs Monate, so findet eine Neuwahl nur statt, wenn der Bezirkstag eine Neuwahl beschließt oder das Beamtenverhältnis des Bezirkstagspräsidenten und seines gewählten Stellvertreters geendet hat.

Art. 31 Weitere Stellvertreter; Übertragung von Befugnissen. (1) Die weitere Stellvertretung des Bezirkstagspräsidenten regelt der Bezirkstag durch Beschluß.

(2) Der Bezirkstagspräsident kann im Rahmen der Geschäftsverteilung (Art. 37 Abs. 3) einzelne seiner Befugnisse dem gewählten Stellvertreter, nach dessen Anhörung auch einem Bezirksrat und in Angelegenheiten der laufenden Verwaltung dem leitenden Verwaltungsbeamten, dem leitenden Beamten der Sozialhilfeverwaltung oder anderen beim Bezirk tätigen Bediensteten

übertragen; eine darüber hinausgehende Übertragung auf einen Bediensteten bedarf zusätzlich der Zustimmung des Bezirkstags.

Art. 32 Vorsitz im Bezirkstag; Vollzug der Beschlüsse. [1]Der Bezirkstagspräsident führt den Vorsitz im Bezirkstag und im Bezirksausschuß. [2]Er vollzieht die Beschlüsse des Bezirkstags und seiner Ausschüsse. [3]Soweit er verhindert oder persönlich beteiligt ist, handelt sein Vertreter. [4]Ist dieser bereits Mitglied des Bezirksausschusses, nimmt dessen Vertreter für die Dauer der Vertretung den Sitz im Ausschuss ein.

Art. 33 Zuständigkeit des Bezirkstagspräsidenten. (1) [1]Der Bezirkstagspräsident erledigt in eigener Zuständigkeit
1. die laufenden Angelegenheiten, die für den Bezirk keine grundsätzliche Bedeutung haben und keine erheblichen Verpflichtungen erwarten lassen,
2. die Angelegenheiten des Bezirks, die im Interesse der Sicherheit der Bundesrepublik oder eines ihrer Länder geheimzuhalten sind.

[2]Für die laufenden Angelegenheiten nach Satz 1 Nr. 1, die nicht unter Nummer 2 fallen, kann der Bezirkstag Richtlinien aufstellen.

(2) [1]Der Bezirkstag kann dem Bezirkstagspräsidenten durch die Geschäftsordnung weitere Angelegenheiten zur selbständigen Erledigung übertragen. [2]Das gilt nicht für Angelegenheiten, die nach Art. 29 nicht auf beschließende Ausschüsse übertragen werden können. [3]Der Bezirkstag kann dem Bezirkstagspräsidenten übertragene Angelegenheiten im Einzelfall nicht wieder an sich ziehen; das Recht des Bezirkstags, die Übertragung allgemein zu widerrufen, bleibt unberührt.

(3) [1]Der Bezirkstagspräsident ist befugt, an Stelle des Bezirkstags oder seiner Ausschüsse dringliche Anordnungen zu treffen und unaufschiebbare Geschäfte zu besorgen. [2]Hiervon hat er dem Bezirkstag oder den Ausschüssen in der nächsten Sitzung Kenntnis zu geben.

(4) Der Bezirkstagspräsident kann den Bezirksbediensteten und den gemäß Art. 35a Abs. 1 dem Bezirk zur Verfügung gestellten staatlichen Bediensteten allgemein und im Einzelfall sachliche Weisungen erteilen.

Art. 33a Vertretung des Bezirks nach außen; Verpflichtungsgeschäft.

(1) [1]Der Bezirkstagspräsident vertritt den Bezirk nach außen. [2]Der Umfang der Vertretungsmacht ist auf seine Befugnisse beschränkt.

(2) [1]Erklärungen, durch welche der Bezirk verpflichtet werden soll, bedürfen der Schriftform; das gilt nicht für ständig wiederkehrende Geschäfte des täglichen Lebens, die finanziell von unerheblicher Bedeutung sind. [2]Die Erklärungen sind durch den Bezirkstagspräsidenten oder seinen Stellvertreter unter Angabe der Amtsbezeichnung zu unterzeichnen. [3]Sie können auf Grund einer den vorstehenden Erfordernissen entsprechenden Vollmacht auch durch Bedienstete, die beim Bezirk tätig sind, unterzeichnet werden.

d) Bezirksbedienstete

Art. 34 Bezirksbedienstete. (1) [1]Der Bezirkstag ist zuständig,
1. die Beamten des Bezirks ab Besoldungsgruppe A 9 zu ernennen, zu befördern, abzuordnen oder zu versetzen, an eine Einrichtung zuzuweisen, in den Ruhestand zu versetzen und zu entlassen,
2. die Arbeitnehmer des Bezirks ab Entgeltgruppe 9 des Tarifvertrags für den öffentlichen Dienst oder ab einem entsprechenden Entgelt einzustellen, höherzugruppieren, abzuordnen oder zu versetzen, einem Dritten zuzuweisen, mittels Personalgestellung zu beschäftigen und zu entlassen.

[2]Befugnisse nach Satz 1 kann der Bezirkstag dem Bezirksausschuss oder einem weiteren beschließenden Ausschuss übertragen. [3]Der Bezirkstag kann die Befugnisse nach Satz 1 für Beamte bis zur Besoldungsgruppe A 14 und für Arbeitnehmer bis zur Entgeltgruppe 14 des Tarifvertrags für den öffentlichen Dienst oder mit einem entsprechenden Entgelt dem Bezirkstagspräsidenten übertragen; Art. 31 Abs. 2 findet Anwendung. [4]Ein solcher Beschluss bedarf der Mehrheit der stimmberechtigten Mitglieder des Bezirkstags; falls der Beschluss nicht mit dieser Mehrheit wieder aufgehoben wird, gilt er bis zum Ende der Wahlzeit des Bezirkstags.

(2) [1]Für Beamte des Bezirks bis zur Besoldungsgruppe A 8 und für Arbeitnehmer des Bezirks bis zur Entgeltgruppe 8 des Tarifvertrags für den öffentlichen Dienst oder bis zu einem entsprechenden Entgelt obliegen die in Abs. 1 genannten personalrechtlichen Befugnisse dem Bezirkstagspräsidenten. [2]Art. 31 Abs. 2 findet Anwendung.

(3) [1]Die Dienstaufsicht über die Bezirksbediensteten führt der Bezirkstagspräsident. [2]Er ist Dienstvorgesetzter der Bezirksbeamten.

(4) [1]Bezirksbedienstete müssen die für eine vergleichbare Tätigkeit im Staatsdienst erforderliche Vorbildung nachweisen. [2]Zu ärztlichen Direktoren der Nervenkrankenhäuser der Bezirke und zu deren Stellvertretern können nur Nervenärzte bestellt werden, die eine hauptberufliche Tätigkeit von mindestens drei Jahren an einem Nervenkrankenhaus ausgeübt haben und besondere Kenntnisse für die Leitung eines Nervenkrankenhauses besitzen.

(5) Die Arbeitsbedingungen und das Entgelt der Arbeitnehmer müssen angemessen sein.

(6) [1]Der Stellenplan (Art. 56 Abs. 2 Satz 2) ist einzuhalten. [2]Abweichungen sind nur im Rahmen des Art. 60 Abs. 3 Nr. 2 zulässig.

2. Abschnitt

Regierung und Bezirk

Art. 35 Verwaltungsverbund. [1]Die Verwaltung des Bezirks wird im organisatorischen und nach Maßgabe der Art. 35a und 35b im personellen und sächlichen Verwaltungsverbund mit der Regierung geführt. [2]Die Einzelheiten werden durch ergänzende Vereinbarung zwischen Bezirk und Regierung geregelt.

Art. 35a Bereitstellung von Bediensteten und Einrichtungen. (1) [1]Die Regierung stellt dem Bezirk die leitenden Verwaltungsbeamten der Hauptverwaltung und der Sozialhilfeverwaltung sowie für weitere zentrale Verwaltungsaufgaben staatliche Dienstkräfte nach Maßgabe des Staatshaushalts zur Verfügung. [2]Der leitende Verwaltungsbeamte und der leitende Beamte der Sozialhilfeverwaltung werden im Einvernehmen mit dem Bezirkstagspräsidenten bestellt.

(2) Soweit der Bezirk seine Verwaltungsaufgaben nicht mit eigenen Verwaltungseinrichtungen erledigt, stellt ihm die Regierung ihre Einrichtungen nach Maßgabe des Staatshaushalts zur Verfügung.

(3) Der Bezirk und die Regierung leisten sich in Fachfragen zur Erfüllung ihrer Aufgaben gegenseitig gutachtliche Hilfe.

(4) [1]Für Amtspflichtverletzungen der für den Bezirk tätigen Staatsbediensteten haftet der Bezirk. [2]Für Amtspflichtverletzungen der für die Regierung tätigen Bezirksbediensteten haftet der Freistaat Bayern.

Art. 35b Erledigung von Bezirksaufgaben durch die Regierung. (1) [1]Der Bezirkstag kann durch Beschluß im Benehmen mit der Regierung die Erfüllung von Verwaltungsaufgaben auf die Regierung übertragen. [2]Die Übertragung ist gemäß Art. 19 Abs. 2 bekanntzumachen.

(2) [1]Bei der Erfüllung dieser Verwaltungsaufgaben obliegt der Regierung die verwaltungsmäßige Vorbereitung und der verwaltungsmäßige Vollzug der Beschlüsse des Bezirkstags, seiner Ausschüsse und der Entscheidungen des Bezirkstagspräsidenten nach Art. 33 Abs. 2. [2]Die Regierung erledigt in diesem Bereich ferner die laufenden Verwaltungsangelegenheiten, die für den Bezirk keine grundsätzliche Bedeutung haben und keine erheblichen Verpflichtungen erwarten lassen. [3]Hierfür kann der Bezirkstag Richtlinien aufstellen.

(3) [1]Die Regierung vertritt insoweit den Bezirk nach außen, soweit sich nicht der Bezirkstagspräsident in Angelegenheiten, die nicht zu den laufenden Verwaltungsangelegenheiten nach Absatz 2 gehören, die Vertretung vorbehält. [2]Art. 33a Abs. 2 gilt entsprechend.

Art. 36 Regierungspräsident und Bezirkstag. (1) Der Regierungspräsident wird im Benehmen mit dem Bezirkstag von der Staatsregierung ernannt.

(2) [1]Der Regierungspräsident und sein Stellvertreter haben zu allen Sitzungen des Bezirkstags und seiner Ausschüsse Zutritt. [2]Zu den Sitzungen der Ausschüsse können sie Beauftragte entsenden.

(3) Der Bezirkstag und seine Ausschüsse können das Erscheinen des Regierungspräsidenten verlangen.

3. Abschnitt

Geschäftsgang

Art. 37 Geschäftsordnung und Geschäftsgang der Ausschüsse. (1) Der Bezirkstag gibt sich eine Geschäftsordnung.

(2) [1]Die Geschäftsordnung muß Bestimmungen über die Frist und Form der Einladungen zu den Sitzungen sowie über den Geschäftsgang des Bezirkstags, des Bezirksausschusses und der weiteren Ausschüsse enthalten. [2]Auf den Geschäftsgang des Bezirksausschusses und der weiteren beschließenden Ausschüsse finden die Vorschriften der Art. 24 Abs. 1 Satz 1 und 2 und Art. 38 bis 45 entsprechende Anwendung.

(3) Im Rahmen der Geschäftsordnung leitet und verteilt der Bezirkstagspräsident die Geschäfte.

(4) Der Regierungspräsident muß zu allen Sitzungen des Bezirkstags und seiner Ausschüsse eingeladen werden.

Art. 38 Sitzungszwang; Beschlußfähigkeit. (1) [1]Der Bezirkstag beschließt in Sitzungen. [2]Er ist beschlußfähig, wenn sämtliche Bezirksräte ordnungsgemäß geladen sind und die Mehrheit der Bezirksräte anwesend und stimmberechtigt ist.

(2) [1]Wird der Bezirkstag infolge vorausgegangener Beschlußunfähigkeit zum zweiten Mal zur Verhandlung über denselben Gegenstand zusammengerufen, so ist er ohne Rücksicht auf die Zahl der Erschienenen beschlußfähig. [2]Bei der zweiten Einladung muß auf diese Bestimmung hingewiesen werden.

Art. 38a Sitzungsteilnahme durch Ton-Bild-Übertragung.* (1) [1]Die Bezirksräte mit Ausnahme des Bezirkstagspräsidenten können an den Sitzungen des Bezirkstags mittels Ton-Bild-Übertragung teilnehmen, soweit der Bezirkstag dies in der Geschäftsordnung zugelassen hat. [2]Der Beschluss bedarf einer Zweidrittelmehrheit der abstimmenden Bezirksräte. [3]Zugeschaltete Bezirksräte gelten in diesem Fall als anwesend im Sinn von Art. 38 Abs. 1 Satz 2. [4]Der Bezirkstag kann die Anzahl der in einer Sitzung zuschaltbaren Bezirksräte in der Geschäftsordnung zahlen- oder quotenmäßig begrenzen. [5]Er kann die Zuschaltmöglichkeit auch von weiteren Voraussetzungen abhängig machen, insbesondere von einer Verhinderung an der Teilnahme im Sitzungssaal. [6]Bei einer Zuschaltung mittels Ton-Bild-Übertragung ist eine Teilnahme an Wahlen nicht möglich.

(2) Die Möglichkeit einer Sitzungsteilnahme mittels Ton-Bild-Übertragung ist ausgeschlossen, soweit die Sitzung als solche oder Beratungsgegenstände nach Art. 47a Abs. 1 Satz 1 geheim zu halten sind oder nach den gemäß Art. 47a Abs. 2 zu beachtenden Verwaltungsvorschriften und Richtlinien der Geheimhaltung unterliegen.

---

* *Beachte Art. 103 Abs. 2.*

(3) [1]Die Bezirksräte müssen sich in der Sitzung gegenseitig optisch und akustisch wahrnehmen können. [2]In öffentlichen Sitzungen müssen per Ton-Bild-Übertragung teilnehmende Bezirksräte zudem für die im Sitzungssaal anwesende Öffentlichkeit entsprechend wahrnehmbar sein. [3]Für die Zwecke der Sätze 1 und 2 ist die Übertragung von Bild und Ton der an der Sitzung teilnehmenden Personen unabhängig davon zulässig, ob sie in die Übertragung einwilligen.

(4) [1]Der Bezirk hat dafür Sorge zu tragen, dass in seinem Verantwortungsbereich die technischen Voraussetzungen für eine Zuschaltung mittels Ton-Bild-Übertragung während der Sitzung durchgehend bestehen. [2]Ist dies nicht der Fall oder steht nicht fest, ob eine Nichtzuschaltung in den Verantwortungsbereich des Bezirks oder des Bezirksrats fällt, darf die Sitzung nicht beginnen oder ist sie unverzüglich zu unterbrechen. [3]Ein Verstoß ist unbeachtlich, falls die zunächst nicht zugeschalteten Bezirksräte rügelos an der Beschlussfassung teilnehmen. [4]Kommt eine Zuschaltung aus Gründen, die nicht im Verantwortungsbereich des Bezirks liegen, nicht zu Stande oder wird sie unterbrochen, hat dies keine Auswirkung auf die Wirksamkeit eines ohne den betroffenen Bezirksrat gefassten Beschlusses. [5]Soweit sich ein Bezirk darauf beschränkt, die Plattform zur audiovisuellen Zuschaltung zur Verfügung zu stellen, und entweder mindestens ein Bezirksrat zugeschaltet ist oder ein Test bestätigt, dass eine Zuschaltmöglichkeit besteht, wird vermutet, dass der Grund für eine Nichtzuschaltung eines Bezirksrats nicht im Verantwortungsbereich des Bezirks liegt.

(5) [1]Lässt ein Bezirkstag eine Zuschaltung mittels Ton-Bild-Übertragung bei nichtöffentlichen Sitzungen zu, haben die zugeschalteten Bezirksräte dafür Sorge zu tragen, dass die Übertragung in ihrem Verantwortungsbereich nur von ihnen wahrgenommen werden kann. [2]Art. 14 Abs. 4 Satz 1 gilt entsprechend.

Art. 39 Teilnahmepflicht; Ordnungsgeld gegen Säumige. (1) [1]Die Bezirksräte sind verpflichtet, an den Sitzungen und Abstimmungen teilzunehmen und die ihnen zugewiesenen Geschäfte zu übernehmen. [2]Kein Bezirksrat darf sich der Stimme enthalten.

(2) Gegen Bezirksräte, die sich diesen Verpflichtungen ohne genügende Entschuldigung entziehen, kann der Bezirkstag Ordnungsgeld bis zu zweihundertfünfzig Euro im Einzelfall verhängen.

(3) Ordnungsgeld wird als Einnahme des Bezirks behandelt.

Art. 40 Ausschluß wegen persönlicher Beteiligung. (1) [1]Ein Mitglied kann an der Beratung und Abstimmung nicht teilnehmen, wenn der Beschluss ihm selbst, einem Angehörigen (Art. 20 Abs. 5 des Bayerischen Verwaltungsverfahrensgesetzes) oder einer von ihm vertretenen natürlichen oder juristischen Person oder sonstigen Vereinigung einen unmittelbaren Vorteil oder Nachteil bringen kann. [2]Gleiches gilt, wenn ein Bezirksrat in anderer als öffentlicher Eigenschaft ein Gutachten abgegeben hat.

(2) Absatz 1 gilt nicht
1. für Wahlen,
2. für Beschlüsse, mit denen der Bezirkstag eine Person zum Mitglied eines Ausschusses bestellt oder sie zur Wahrnehmung von Interessen des Bezirks in eine andere Einrichtung entsendet, dafür vorschlägt oder daraus abberuft.

(3) Ob die Voraussetzungen des Absatzes 1 vorliegen, entscheidet der Bezirkstag.

(4) Die Mitwirkung eines wegen persönlicher Beteiligung ausgeschlossenen Bezirksrats hat die Ungültigkeit des Beschlusses nur zur Folge, wenn sie für das Abstimmungsergebnis entscheidend war.

Art. 41 Einschränkung des Vertretungsrechts. Mitglieder des Bezirkstags dürfen Ansprüche Dritter gegen den Bezirk nur als gesetzliche Vertreter geltend machen.

Art. 42 Form der Beschlußfassung; Wahlen. (1) [1]Beschlüsse des Bezirkstags werden in offener Abstimmung mit Mehrheit der Abstimmenden gefaßt. [2]Bei Stimmengleichheit ist der Antrag abgelehnt.

(2) [1]Kein Bezirksrat darf zu irgendeiner Zeit wegen seiner Abstimmung gerichtlich oder dienstlich verfolgt oder sonst außerhalb des Bezirkstags zur Verantwortung gezogen werden. [2]Die Haftung gegenüber dem Bezirk ist nicht ausgeschlossen, wenn das Abstimmungsverhalten eine vorsätzliche Pflichtverletzung darstellt. [3]Die Verantwortlichkeit nach bundesrechtlichen Vorschriften bleibt unberührt.

(3) [1]Wahlen werden in geheimer Abstimmung vorgenommen. [2]Sie sind nur gültig, wenn sämtliche Bezirksräte unter Angabe des Gegenstands geladen sind und die Mehrheit von ihnen anwesend und stimmberechtigt ist. [3]Gewählt ist, wer mehr als die Hälfte der abgegebenen gültigen Stimmen erhält. [4]Neinstimmen und leere Stimmzettel sind ungültig. [5]Ist mindestens die Hälfte der abgegebenen Stimmen ungültig, ist die Wahl zu wiederholen. [6]Ist die Mehrheit der abgegebenen Stimmen gültig und erhält keiner der Bewerber mehr als die Hälfte der abgegebenen gültigen Stimmen, so tritt Stichwahl unter den beiden Bewerbern mit den höchsten Stimmenzahlen ein. [7]Bei Stimmengleichheit in der Stichwahl entscheidet das Los.

(4) Absatz 3 gilt für alle Entscheidungen des Bezirkstags, die in diesem Gesetz oder in anderen Rechtsvorschriften als Wahlen bezeichnet werden.

Art. 43 Öffentlichkeit. (1) Zeitpunkt und Ort der öffentlichen Sitzungen des Bezirkstags sind unter Angabe der Tagesordnung spätestens eine Woche vor der Sitzung öffentlich bekanntzumachen.

(2) [1]Die Sitzungen sind öffentlich, soweit nicht Rücksichten auf das Wohl der Allgemeinheit oder auf berechtigte Ansprüche einzelner entgegenstehen. [2]Über den Ausschluß der Öffentlichkeit wird in nichtöffentlicher Sitzung beraten und entschieden.

(3) Die in nichtöffentlicher Sitzung gefaßten Beschlüsse sind der Öffentlichkeit bekanntzugeben, sobald die Gründe für die Geheimhaltung weggefallen sind.

Art. 44 Handhabung der Ordnung. (1) [1]Der Vorsitzende handhabt die Ordnung und übt das Hausrecht aus. [2]Er ist berechtigt, Zuhörer, welche die Ordnung stören, entfernen zu lassen. [3]Er kann mit Zustimmung des Bezirkstags Bezirksräte, welche die Ordnung fortgesetzt erheblich stören, von der Sitzung ausschließen.

(2) Wird durch einen bereits von einer früheren Sitzung ausgeschlossenen Bezirksrat die Ordnung innerhalb von zwei Monaten neuerdings erheblich gestört, so kann ihm der Bezirkstag für zwei weitere Sitzungen die Teilnahme untersagen.

Art. 45 Niederschrift. (1) [1]Die Verhandlungen des Bezirkstags sind niederzuschreiben. [2]Die Niederschrift muß Tag und Ort der Sitzung, die anwesenden Bezirksräte, die behandelten Gegenstände, die Beschlüsse und das Abstimmungsergebnis ersehen lassen. [3]Jedes Mitglied kann verlangen, daß in der Niederschrift festgehalten wird, wie es abgestimmt hat.

(2) [1]Die Bezirksräte können jederzeit die Niederschrift einsehen und sich Abschriften der in öffentlicher Sitzung gefaßten Beschlüsse erteilen lassen. [2]Die Einsicht in die Niederschriften über öffentliche Sitzungen steht allen Bezirksbürgern frei.

Art. 46 *(aufgehoben)*

4. Abschnitt

Verwaltungsgrundsätze und Verwaltungsaufgaben

Art. 47 Gesetzmäßigkeit; Unparteilichkeit. [1]Die Verwaltungstätigkeit des Bezirks muß mit der Verfassung und den Gesetzen im Einklang stehen. [2]Sie darf nur von sachlichen Gesichtspunkten geleitet sein.

Art. 47a Geheimhaltung. (1) [1]Alle Angelegenheiten, die im Interesse der Sicherheit oder anderer wichtiger Belange der Bundesrepublik oder eines ihrer Länder Unbefugten nicht bekannt werden dürfen, sind von den Bezirken geheimzuhalten. [2]Die in anderen Rechtsvorschriften geregelte Verpflichtung zur Verschwiegenheit bleibt unberührt.

(2) [1]Zur Geheimhaltung der in Absatz 1 Satz 1 bezeichneten Angelegenheiten haben die Bezirke die notwendigen Vorkehrungen zu treffen. [2]Sie haben insoweit auch die für die Behörden des Freistaates Bayern geltenden Verwaltungsvorschriften zu beachten. [3]Das Staatsministerium des Innern, für Sport und Integration kann hierzu Richtlinien aufstellen und Weisungen erteilen, die nicht der Einschränkung nach Art. 91 Abs. 2 Satz 2 unterliegen.

(3) [1]Der Bezirkstagspräsident ist zu Beginn seiner Amtszeit durch die Rechtsaufsichtsbehörde schriftlich besonders zu verpflichten, die in Absatz 1 Satz 1 genannten Angelegenheiten geheimzuhalten und die hierfür geltenden Vorschriften zu beachten. [2]In gleicher Weise hat der Bezirkstagspräsident seinen Stellvertreter zu verpflichten. [3]Bezirksbedienstete hat er zu verpflichten, bevor sie mit den in Absatz 1 Satz 1 genannten Angelegenheiten befaßt werden. [4]Art. 3a des Bayerischen Verwaltungsverfahrensgesetzes findet keine Anwendung.

Art. 48 Aufgaben des eigenen Wirkungskreises; Pflichtaufgaben. (1) Im eigenen Wirkungskreis sollen die Bezirke in den Grenzen ihrer Leistungsfähigkeit die öffentlichen Einrichtungen schaffen, die für das wirtschaftliche, soziale und kulturelle Wohl ihrer Einwohner nach den Verhältnissen des Bezirks erforderlich sind; hierbei sind die Belange des Natur- und Umweltschutzes zu berücksichtigen.

(2) Im Rahmen des Absatzes 1 sind die Bezirke unbeschadet bestehender Verbindlichkeiten Dritter verpflichtet, nach Maßgabe der gesetzlichen Vorschriften die erforderlichen Maßnahmen auf den Gebieten der Sozialhilfe, der Jugendhilfe, der Kriegsopferfürsorge, des Gesundheitswesens, des Sonderschulwesens, des Wasserbaus, der Denkmalpflege und der Heimatpflege zu treffen oder die nötigen Leistungen für solche Maßnahmen zu erbringen.

(3) Die Bezirke sind unbeschadet bestehender Verbindlichkeiten Dritter in den Grenzen ihrer Leistungsfähigkeit verpflichtet, die erforderlichen Einrichtungen oder Dienste

1. für Psychiatrie und Neurologie, für Menschen mit einer Suchterkrankung sowie für Menschen mit einer wesentlichen Seh-, Hör-, und Sprachbehinderung zu errichten, zu unterhalten und zu betreiben,
2. für die Eingliederung von Menschen mit Behinderung bereitzustellen, zu unterhalten oder zu fördern, soweit sie als zentrale Einrichtungen für das gesamte oder überwiegende Bezirksgebiet geboten sind und freie Träger hierfür nicht tätig werden.

Art. 49 Übernahme von Kreisaufgaben. (1) Auf Antrag von Landkreisen und kreisfreien Gemeinden können die Bezirke deren Aufgaben des eigenen Wirkungskreises (Art. 52 LKrO, Art. 7 Abs. 1 GO) übernehmen, wenn und solange diese das Leistungsvermögen der beteiligten Landkreise und kreisfreien Gemeinden übersteigen.

(2) Der Beschluß bedarf einer Mehrheit von zwei Dritteln der gesetzlichen Mitgliederzahl des Bezirkstags.

Art. 50 Aufgaben des übertragenen Wirkungskreises. Im übertragenen Wirkungskreis haben die Bezirke die staatlichen Verwaltungsaufgaben zu erfüllen, die ihnen durch Gesetz zugewiesen sind.

Art. 51 *(aufgehoben)*

Art. 52 Zuständigkeit für den Gesetzesvollzug. (1) Der Vollzug der gesetzlichen Vorschriften im eigenen und im übertragenen Wirkungskreis und die Durchführung der gesetzmäßigen Anordnungen und Weisungen der Staatsbehörden obliegen dem Bezirkstag oder dem Bezirksausschuß, in den Fällen des Art. 33 Abs. 1, 2 und 3 dem Bezirkstagspräsidenten.

(2) [1]Hält der Bezirkstagspräsident Entscheidungen des Bezirkstags oder seiner Ausschüsse für rechtswidrig, so hat er sie zu beanstanden, ihren Vollzug auszusetzen und, soweit erforderlich, die Entscheidung der Rechtsaufsichtsbehörde herbeizuführen. [2]Diese Befugnisse stehen dem Regierungspräsidenten zu, soweit die Regierung Verwaltungsaufgaben des Bezirks nach Art. 35b erledigt.

DRITTER TEIL

Bezirkswirtschaft

1. Abschnitt

Haushaltswirtschaft

Art. 53 Allgemeine Haushaltsgrundsätze. (1) [1]Der Bezirk hat seine Haushaltswirtschaft so zu planen und zu führen, daß die stetige Erfüllung seiner Aufgaben gesichert ist. [2]Die dauernde Leistungsfähigkeit des Bezirks ist sicherzustellen, eine Überschuldung zu vermeiden. [3]Dabei ist § 51 des Haushaltsgrundsätzegesetzes Rechnung zu tragen.

(2) [1]Die Haushaltswirtschaft ist sparsam und wirtschaftlich zu planen und zu führen. [2]Aufgaben sollen in geeigneten Fällen daraufhin untersucht werden, ob und in welchem Umfang sie durch nichtkommunale Stellen, insbesondere durch private Dritte oder unter Heranziehung Dritter, mindestens ebenso gut erledigt werden können.

(3) [1]Bei der Führung der Haushaltswirtschaft hat der Bezirk finanzielle Risiken zu minimieren. [2]Ein erhöhtes Risiko liegt vor, wenn besondere Umstände, vor allem ein grobes Missverhältnis bei der Risikoverteilung zu Lasten des Bezirks, die Gefahr eines erheblichen Vermögensschadens begründen.

(4) Die Haushaltswirtschaft ist nach den Grundsätzen der doppelten kommunalen Buchführung oder nach den Grundsätzen der Kameralistik zu führen.

Art. 54 Grundsätze der Einnahmebeschaffung. (1) Der Bezirk erhebt Abgaben nach den gesetzlichen Vorschriften.

(2) Er hat die zur Erfüllung seiner Aufgaben erforderlichen Einnahmen
1. soweit vertretbar und geboten aus besonderen Entgelten für die von ihm erbrachten Leistungen,
2. im übrigen durch die Bezirksumlage

zu beschaffen, soweit die sonstigen Einnahmen nicht ausreichen.

(3) Der Bezirk darf Kredite nur aufnehmen, wenn eine andere Finanzierung nicht möglich ist oder wirtschaftlich unzweckmäßig wäre.

Art. 55 Haushaltssatzung. (1) [1]Der Bezirk hat für jedes Haushaltsjahr eine Haushaltssatzung zu erlassen. [2]Die Haushaltssatzung kann Festsetzungen für zwei Haushaltsjahre, nach Jahren getrennt, enthalten.

(2) [1]Die Haushaltssatzung enthält die Festsetzung
1. des Haushaltsplans unter Angabe
   a) des Gesamtbetrags der Erträge und Aufwendungen des Haushaltsjahres sowie des sich daraus ergebenden Saldos des Ergebnishaushalts, des Gesamtbetrags der Einzahlungen und Auszahlungen aus laufender Verwaltungstätigkeit, aus der Investitionstätigkeit und aus der Finanzierungstätigkeit des Haushaltsjahres sowie des sich daraus ergebenden Saldos des Finanzhaushalts bei Haushaltswirtschaft nach den Grundsätzen der doppelten kommunalen Buchführung,
   b) des Gesamtbetrags der Einnahmen und Ausgaben des Haushaltsjahres bei Haushaltswirtschaft nach den Grundsätzen der Kameralistik,
2. des Gesamtbetrags der vorgesehenen Kreditaufnahmen für Investitionen und Investitionsförderungsmaßnahmen (Kreditermächtigungen),
3. des Gesamtbetrags der vorgesehenen Ermächtigungen zum Eingehen von Verpflichtungen, die künftige Haushaltsjahre mit Auszahlungen beziehungsweise Ausgaben für Investitionen und Investitionsförderungsmaßnahmen belasten (Verpflichtungsermächtigungen),
4. der Bezirksumlage (Umlagesoll und Umlagesätze),
5. des Höchstbetrags der Kassenkredite.

[2]Die Angaben nach Satz 1 Nrn. 2, 3 und 5 sind getrennt für das Haushaltswesen des Bezirks und die Wirtschaftsführung von Eigenbetrieben zu machen. [3]Die Haushaltssatzung kann weitere Vorschriften enthalten, die sich auf die Erträge und Einzahlungen sowie Aufwendungen und Auszahlungen beziehungsweise auf die Einnahmen und Ausgaben und den Stellenplan des Haushaltsjahres beziehen.

(3) Die Haushaltssatzung tritt mit Beginn des Haushaltsjahres in Kraft und gilt für das Haushaltsjahr.

(4) Haushaltsjahr ist das Kalenderjahr, soweit für einzelne Bereiche durch Gesetz oder Rechtsverordnung nichts anderes bestimmt ist.

Art. 56 Haushaltsplan. (1) [1]Der Haushaltsplan enthält alle im Haushaltsjahr für die Erfüllung der Aufgaben des Bezirks voraussichtlich
1. anfallenden Erträge, eingehenden Einzahlungen, entstehenden Aufwendungen sowie zu leistenden Auszahlungen bei Haushaltswirtschaft nach den Grundsätzen der doppelten kommunalen Buchführung,
2. zu erwartenden Einnahmen und zu leistenden Ausgaben bei Haushaltswirtschaft nach den Grundsätzen der Kameralistik,
3. benötigten Verpflichtungsermächtigungen.

[2]Die Vorschriften über die Einzahlungen und Auszahlungen sowie Erträge und Aufwendungen beziehungsweise Einnahmen, Ausgaben und Verpflichtungsermächtigungen der Eigenbetriebe des Bezirks bleiben unberührt.

(2) [1]Der Haushaltsplan ist bei Haushaltswirtschaft nach den Grundsätzen der doppelten kommunalen Buchführung in einen Ergebnishaushalt und einen Finanzhaushalt, bei Haushaltswirtschaft nach den Grundsätzen der Kameralistik in einen Verwaltungshaushalt und einen Vermögenshaushalt zu gliedern. [2]Der Stellenplan für die Beamten und Arbeitnehmer des Bezirks ist Teil des Haushaltsplans.

(3) [1]Der Haushaltsplan muß ausgeglichen sein. [2]Er ist Grundlage für die Haushaltswirtschaft des Bezirks und nach Maßgabe dieses Gesetzes und der auf Grund dieses Gesetzes erlassenen Vorschriften für die Haushaltsführung verbindlich. [3]Ansprüche und Verbindlichkeiten Dritter werden durch ihn weder begründet noch aufgehoben.

Art. 57 Erlaß der Haushaltssatzung. (1) Der Bezirkstag beschließt über die Haushaltssatzung samt ihren Anlagen in öffentlicher Sitzung.

(2) Die Haushaltssatzung ist mit ihren Anlagen spätestens einen Monat vor Beginn des Haushaltsjahres der Rechtsaufsichtsbehörde vorzulegen.

(3) [1]Haushaltssatzungen mit genehmigungspflichtigen Bestandteilen sind sogleich nach der Genehmigung amtlich bekanntzumachen. [2]Haushaltssatzungen ohne solche Bestandteile sind frühestens einen Monat nach der Vorlage an die Rechtsaufsichtsbehörde amtlich bekanntzumachen, sofern nicht die Rechtsaufsichtsbehörde die Satzung beanstandet. [3]Gleichzeitig ist die Haushaltssatzung samt ihren Anlagen bis zur nächsten amtlichen Bekanntmachung einer Haushaltssatzung öffentlich zugänglich zu machen; darauf ist in der amtlichen Bekanntmachung der Haushaltssatzung hinzuweisen.

Art. 58 Planabweichungen. (1) [1]Überplanmäßige und außerplanmäßige Aufwendungen und Auszahlungen beziehungsweise Ausgaben sind nur zulässig, wenn sie unabweisbar sind und die Deckung gewährleistet ist. [2]Sind sie erheblich, sind sie vom Bezirkstag zu beschließen.

(2) Absatz 1 findet entsprechende Anwendung auf Maßnahmen, durch die im Haushaltsplan nicht vorgesehene Verpflichtungen zu Leistungen des Bezirks entstehen können.

(3) Art. 60 Abs. 2 bleibt unberührt.

(4) [1]Für Investitionen, die im folgenden Jahr fortgesetzt werden, sind überplanmäßige Aufwendungen und Auszahlungen beziehungsweise Ausgaben in nicht erheblichem Umfang auch dann zulässig, wenn ihre Deckung im laufenden Jahr nur durch Erlaß einer Nachtragshaushaltssatzung möglich wäre, die Deckung aber im folgenden Jahr gewährleistet ist. [2]Hierüber entscheidet der Bezirkstag.

(5) Der Bezirkstag kann Richtlinien über die Abgrenzungen aufstellen.

Art. 59 Verpflichtungsermächtigungen. (1) Verpflichtungen zur Leistung von Auszahlungen beziehungsweise Ausgaben für Investitionen und Investitionsförderungsmaßnahmen in künftigen Jahren dürfen unbeschadet des Abs. 5 nur eingegangen werden, wenn der Haushaltsplan hierzu ermächtigt.

(2) Die Verpflichtungsermächtigungen dürfen in der Regel zu Lasten der dem Haushaltsjahr folgenden drei Jahre vorgesehen werden, in Ausnahmefällen bis zum Abschluß einer Maßnahme; sie sind nur zulässig, wenn durch sie der Ausgleich künftiger Haushalte nicht gefährdet wird.

(3) Die Verpflichtungsermächtigungen gelten bis zum Ende des Haushaltsjahres und, wenn die Haushaltssatzung für das folgende Haushaltsjahr nicht rechtzeitig amtlich bekanntgemacht wird, bis zum Erlaß dieser Haushaltssatzung.

(4) Der Gesamtbetrag der Verpflichtungsermächtigungen bedarf im Rahmen der Haushaltssatzung der Genehmigung, wenn in den Jahren, zu deren Lasten sie vorgesehen sind, Kreditaufnahmen geplant sind.

(5) [1]Verpflichtungen im Sinn des Abs. 1 dürfen überplanmäßig oder außerplanmäßig eingegangen werden, wenn ein dringendes Bedürfnis besteht und der in der Haushaltssatzung festgesetzte Gesamtbetrag der Verpflichtungsermächtigungen nicht überschritten wird. [2]Art. 58 Abs. 1 Satz 2 gilt entsprechend.

Art. 60 Nachtragshaushaltssatzungen. (1) [1]Die Haushaltssatzung kann nur bis zum Ablauf des Haushaltsjahres durch Nachtragshaushaltssatzung geändert werden. [2]Für die Nachtragshaushaltssatzung gelten die Vorschriften für die Haushaltssatzung entsprechend.

(2) Der Bezirk hat unverzüglich eine Nachtragshaushaltssatzung zu erlassen wenn

1. sich zeigt, daß trotz Ausnutzung jeder Sparmöglichkeit ein Fehlbetrag entstehen wird und der Haushaltsausgleich nur durch eine Änderung der Haushaltssatzung erreicht werden kann,
2. bisher nicht veranschlagte oder zusätzliche einzelne Aufwendungen und Auszahlungen beziehungsweise Ausgaben in einem im Verhältnis zu den Gesamtaufwendungen und -auszahlungen beziehungsweise Gesamtausgaben des Haushaltsplans erheblichen Umfang geleistet werden müssen,
3. Auszahlungen des Finanzhaushalts beziehungsweise Ausgaben des Vermögenshaushalts für bisher nicht veranschlagte Investitionen oder Investitionsförderungsmaßnahmen geleistet werden sollen,
4. Beamte oder Arbeitnehmer eingestellt, befördert oder in eine höhere Entgeltgruppe eingestuft werden sollen und der Stellenplan die entsprechenden Stellen nicht enthält.

(3) Absatz 2 Nrn. 2 bis 4 finden keine Anwendung auf

1. Investitionen und Investitionsförderungsmaßnahmen, soweit die Auszahlungen beziehungsweise Ausgaben nicht erheblich und unabweisbar sind,

2. Abweichungen vom Stellenplan und die Leistung höherer Personalausgaben, die auf Grund des Beamten- oder Tarifrechts oder für die Erfüllung neuer Aufgaben notwendig werden.

Art. 61 Vorläufige Haushaltsführung. (1) Ist die Haushaltssatzung bei Beginn des Haushaltsjahres noch nicht bekanntgemacht, so darf der Bezirk
1. finanzielle Leistungen erbringen, zu denen er rechtlich verpflichtet ist oder die für die Weiterführung notwendiger Aufgaben unaufschiebbar sind; er darf insbesondere Bauten, Beschaffungen und sonstige Leistungen des Finanzhaushalts beziehungsweise des Vermögenshaushalts, für die im Haushaltsplan eines Vorjahres Beträge vorgesehen waren, fortsetzen,
2. Kredite umschulden,
3. Kassenkredite bis zu dem zuletzt in einer Haushaltssatzung festgesetzten Höchstbetrag oder, wenn besondere Umstände im Einzelfall eine Erhöhung rechtfertigen, auch darüber hinaus aufnehmen.

(2) [1]Reichen die Deckungsmittel für die Fortsetzung der Bauten, der Beschaffungen und der sonstigen Leistungen nach Abs. 1 Nr. 1 nicht aus, darf der Bezirk Kredite für Investitionen und Investitionsförderungsmaßnahmen bis zu einem Viertel des durchschnittlichen Betrags der für die vier Vorjahre festgesetzten Kredite aufnehmen. [2]Eine angemessene Erhöhung dieser Kreditaufnahme ist zulässig, wenn besondere Umstände im Einzelfall die Erhöhung rechtfertigen.

(3) Der Stellenplan des Vorjahres gilt weiter, bis die Haushaltssatzung für das neue Jahr erlassen ist.

(4) [1]Maßnahmen nach Abs. 1 Nr. 3 Halbsatz 2 und Abs. 2 bedürfen der Genehmigung. [2]Der Bezirk hat im Antrag darzulegen, wie und bis wann er den Erlass einer Haushaltssatzung sicherstellen kann. [3]Die Genehmigung darf den Zielen der Wiederherstellung einer geordneten Haushaltswirtschaft und der dauernden Leistungsfähigkeit nicht widersprechen; sie kann unter Bedingungen und Auflagen erteilt werden.

Art. 62 Mittelfristige Finanzplanung. (1) [1]Der Bezirk hat seiner Haushaltswirtschaft eine fünfjährige Finanzplanung zugrundezulegen. [2]Das erste Planungsjahr der Finanzplanung ist das laufende Haushaltsjahr.

(2) Als Unterlage für die Finanzplanung ist ein Investitionsprogramm aufzustellen.

(3) Im Finanzplan sind Umfang und Zusammensetzung der voraussichtlichen Aufwendungen und Auszahlungen beziehungsweise Ausgaben und die Deckungsmöglichkeiten darzustellen.

(4) Der Finanzplan ist dem Bezirkstag spätestens mit dem Entwurf der Haushaltssatzung vorzulegen.

(5) Der Finanzplan und das Investitionsprogramm sind jährlich der Entwicklung anzupassen und fortzuführen.

2. Abschnitt

Kreditwesen

Art. 63 Kredite. (1) Kredite dürfen unter der Voraussetzung des Art. 54 Abs. 3 nur im Finanzhaushalt beziehungsweise im Vermögenshaushalt und nur für Investitionen, für Investitionsförderungsmaßnahmen und zur Umschuldung aufgenommen werden.

(2) [1]Der Gesamtbetrag der vorgesehenen Kreditaufnahmen für Investitionen und Investitionsförderungsmaßnahmen bedarf im Rahmen der Haushaltssatzung der Genehmigung (Gesamtgenehmigung). [2]Die Genehmigung soll unter dem Gesichtspunkt einer geordneten Haushaltswirtschaft erteilt oder versagt werden; sie kann unter Bedingungen und Auflagen erteilt werden. [3]Sie ist in der Regel zu versagen, wenn die Kreditverpflichtungen mit der dauernden Leistungsfähigkeit des Bezirks nicht im Einklang stehen.

(3) Die Kreditermächtigung gilt bis zum Ende des auf das Haushaltsjahr folgenden Jahres und, wenn die Haushaltssatzung für das übernächste Jahr nicht rechtzeitig amtlich bekanntgemacht wird, bis zum Erlaß dieser Haushaltssatzung.

(4) [1]Die Aufnahme der einzelnen Kredite bedarf der Genehmigung (Einzelgenehmigung), sobald die Kreditaufnahmen für die Bezirke nach § 19 des Gesetzes zur Förderung der Stabilität und des Wachstums der Wirtschaft beschränkt worden sind. [2]Die Einzelgenehmigung kann nach Maßgabe der Kreditbeschränkungen versagt werden.

(5) [1]Das Staatsministerium des Innern, für Sport und Integration kann im Einvernehmen mit dem Staatsministerien der Finanzen und für Heimat und dem Staatsministgerium für Wirtschaft, Landesentwicklung und Energie durch Rechtsverordnung die Aufnahme von Krediten von der Genehmigung (Einzelgenehmigung) abhängig machen, wenn der Konjunkturrat für die öffentliche Hand nach § 18 Abs. 2 des Gesetzes zur Förderung der Stabilität und des Wachstums der Wirtschaft eine Beschränkung der Kreditaufnahme durch die Gemeinden und Gemeindeverbände empfohlen hat. [2]Die Genehmigung ist zu versagen, wenn dies zur Abwehr einer Störung des gesamtwirtschaftlichen Gleichgewichts geboten ist oder wenn die Kreditbedingungen wirtschaftlich nicht vertretbar sind. [3]Solche Rechtsverordnungen sind auf längstens ein Jahr zu befristen.

(6) [1]Der Bezirk darf zur Sicherung des Kredits keine Sicherheiten bestellen. [2]Die Rechtsaufsichtsbehörde kann Ausnahmen zulassen, wenn die Bestellung von Sicherheiten der Verkehrsübung entspricht.

Art. 64 Kreditähnliche Verpflichtungen; Sicherheiten. (1) Der Abschluß von Rechtsgeschäften, die der Kreditaufnahme wirtschaftlich gleichkommen, bedarf der Genehmigung.

(2) [1]Der Bezirk darf Bürgschaften, Gewährverträge und Verpflichtungen aus verwandten Rechtsgeschäften, die ein Einstehen für fremde Schuld oder für

den Eintritt oder Nichteintritt bestimmter Umstände zum Gegenstand haben, nur zur Erfüllung seiner Aufgaben übernehmen. [2]Die Rechtsgeschäfte bedürfen der Genehmigung, wenn sie nicht im Rahmen der laufenden Verwaltung abgeschlossen werden.

(3) Der Bezirk bedarf zur Bestellung von Sicherheiten zugunsten Dritter der Genehmigung.

(4) [1]Für die Genehmigung gelten Art. 63 Abs. 2 Sätze 2 und 3, im Fall der vorläufigen Haushaltsführung Art. 61 Abs. 4 Sätze 2 und 3 entsprechend. [2]Die Genehmigung ist zu versagen, wenn das Rechtsgeschäft nicht eine Investition zum Gegenstand hat, sondern auf die Erzielung wirtschaftlicher Vorteile dadurch gerichtet ist, dass der Bezirk einem Dritten inländische steuerliche Vorteile verschafft.

(5) Das Staatsministerium des Innern, für Sport und Integration kann im Einvernehmen mit dem Staatsministerium der Finanzen und für Heimat durch Rechtsverordnung Rechtsgeschäfte von der Genehmigung freistellen,
1. die die Bezirke zur Erfüllung bestimmter Aufgaben eingehen oder
2. die für die Bezirke keine besondere Belastung bedeuten oder
3. die ihrer Natur nach regelmäßig wiederkehren.

Art. 65 Kassenkredite. (1) Zur rechtzeitigen Leistung seiner Auszahlungen beziehungsweise Ausgaben kann der Bezirk Kassenkredite bis zu dem in der Haushaltssatzung festgesetzten Höchstbetrag aufnehmen, soweit für die Kasse keine anderen Mittel zur Verfügung stehen.

(2) Der in der Haushaltssatzung festgesetzte Höchstbetrag soll für die Haushaltswirtschaft ein Fünftel der im Finanzhaushalt veranschlagten Einzahlungen aus der laufenden Verwaltungstätigkeit beziehungsweise ein Sechstel der im Verwaltungshaushalt veranschlagten Einnahmen und für den Eigenbetrieb ein Sechstel der im Erfolgsplan vorgesehenen Erträge nicht übersteigen.

3. Abschnitt

Vermögenswirtschaft

a) Allgemeines

Art. 66 Erwerb und Verwaltung von Vermögen, Wertansätze. (1) Der Bezirk soll Vermögensgegenstände nur erwerben, wenn das zur Erfüllung seiner Aufgaben erforderlich ist.

(2) [1]Die Vermögensgegenstände sind pfleglich und wirtschaftlich zu verwalten und ordnungsgemäß nachzuweisen. [2]Bei Geldanlagen ist auf eine ausreichende Sicherheit zu achten; sie sollen einen angemessenen Ertrag bringen.

(3) [1]Vermögensgegenstände sind mit den Anschaffungs- oder Herstellungskosten, vermindert um Abschreibungen, anzusetzen. [2]Verbindlichkeiten sind

zu ihrem Rückzahlungsbetrag und Rückstellungen nur in Höhe des Betrags anzusetzen, der nach sachgerechter Beurteilung notwendig ist.

Art. 67 Veräußerung von Vermögen. (1) [1]Der Bezirk darf Vermögensgegenstände, die er zur Erfüllung seiner Aufgaben nicht braucht, veräußern. [2]Vermögensgegenstände dürfen in der Regel nur zu ihrem vollen Wert veräußert werden.

(2) [1]Für die Überlassung der Nutzung eines Vermögensgegenstands gilt Absatz 1 entsprechend. [2]Ausnahmen sind insbesondere zulässig bei der Vermietung von Gebäuden zur Sicherung preiswerten Wohnens und zur Sicherung der Existenz kleiner und ertragsschwacher Gewerbebetriebe.

(3) [1]Die Verschenkung und die unentgeltliche Überlassung von Bezirksvermögen sind unzulässig (Art. 12 Abs. 2 Satz 2 der Verfassung). [2]Die Veräußerung oder Überlassung von Bezirksvermögen in Erfüllung von Bezirksaufgaben oder herkömmlicher Anstandspflichten fällt nicht unter dieses Verbot.

(4) Bezirksvermögen darf nur im Rahmen der Aufgabenerfüllung des Bezirks und nur dann in Stiftungsvermögen eingebracht werden, wenn der mit der Stiftung verfolgte Zweck auf andere Weise nicht erreicht werden kann.

Art. 68 Rücklagen, Rückstellungen. (1) [1]Bei Haushaltswirtschaft nach den Grundsätzen der doppelten kommunalen Buchführung hat der Bezirk seine stetige Zahlungsfähigkeit sicherzustellen. [2]Überschüsse der Ergebnisrechnung sind den Rücklagen zuzuführen, soweit nicht Fehlbeträge aus Vorjahren auszugleichen sind.

(2) Bei Haushaltswirtschaft nach den Grundsätzen der doppelten kommunalen Buchführung sind für ungewisse Verbindlichkeiten und unterlassene Aufwendungen für Instandhaltung Rückstellungen zu bilden.

(3) [1]Bei Haushaltswirtschaft nach den Grundsätzen der Kameralistik hat der Bezirk für Zwecke des Vermögenshaushalts und zur Sicherung der Haushaltswirtschaft Rücklagen in angemessener Höhe zu bilden. [2]Rücklagen für andere Zwecke sind zulässig.

Art. 69 Insolvenzverfahren. Über das Vermögen des Bezirks findet ein Insolvenzverfahren nicht statt.

b) Vom Bezirk verwaltete nichtrechtsfähige (fiduziarische) Stiftungen

Art. 70 Begriff; Verwaltung. (1) Vermögenswerte, die der Bezirk von Dritten unter der Auflage entgegennimmt, sie zu einem bestimmten öffentlichen Zweck zu verwenden, ohne daß eine rechtsfähige Stiftung entsteht, sind ihrer Zweckbestimmung gemäß nach den für das Bezirksvermögen geltenden Vorschriften zu verwalten.

(2) [1]Die Vermögenswerte sind in ihrem Bestand ungeschmälert zu erhalten. [2]Sie sind vom übrigen Bezirksvermögen getrennt zu verwalten und so anzulegen, daß sie für ihren Verwendungszweck verfügbar sind.

(3) [1]Der Ertrag darf nur für den Stiftungszweck verwendet werden. [2]Ist eine Minderung eingetreten, so sollen die Vermögensgegenstände aus dem Ertrag wieder ergänzt werden.

Art. 71 Änderung des Verwendungszwecks; Aufhebung der Zweckbestimmung. [1]Soweit eine Änderung des Verwendungszwecks oder die Aufhebung der Zweckbestimmung zulässig ist, beschließt hierüber der Bezirkstag. [2]Der Beschluß bedarf der Genehmigung.

4. Abschnitt

Unternehmen des Bezirks

Art. 72 Rechtsformen. Der Bezirk kann Unternehmen außerhalb seiner allgemeinen Verwaltung in folgenden Rechtsformen betreiben:
1. als Eigenbetrieb,
2. als selbständiges Kommunalunternehmen des öffentlichen Rechts,
3. in den Rechtsformen des Privatrechts.

Art. 73 Allgemeine Zulässigkeit von Unternehmen und Beteiligungen.

(1) [1]Der Bezirk darf ein Unternehmen im Sinn von Art. 72 nur errichten, übernehmen oder wesentlich erweitern, wenn
1. ein öffentlicher Zweck das Unternehmen erfordert, insbesondere wenn der Bezirk mit ihm gesetzliche Verpflichtungen oder seine Aufgaben gemäß Art. 48 erfüllen will,
2. das Unternehmen nach Art und Umfang in einem angemessenen Verhältnis zur Leistungsfähigkeit des Bezirks und zum voraussichtlichen Bedarf steht,
3. die dem Unternehmen zu übertragenen Aufgaben für die Wahrnehmung außerhalb der allgemeinen Verwaltung geeignet sind,
4. bei einem Tätigwerden außerhalb der kommunalen Daseinsvorsorge der Zweck nicht ebenso gut und wirtschaftlich durch einen anderen erfüllt wird oder erfüllt werden kann.

[2]Alle Tätigkeiten oder Tätigkeitsbereiche, mit denen der Bezirk oder seine Unternehmen an dem vom Wettbewerb beherrschten Wirtschaftsleben teilnehmen, um Gewinn zu erzielen, entsprechen keinem öffentlichen Zweck. [3]Soweit Unternehmen entgegen Satz 2 vor dem 1. September 1998 errichtet oder übernommen wurden, dürfen sie weitergeführt, jedoch nicht erweitert werden.

(2) Der Bezirk darf mit seinen Unternehmen außerhalb des Bezirksgebiets nur tätig werden, wenn dafür die Voraussetzungen des Absatzes 1 vorliegen und die berechtigten Interessen der betroffenen kommunalen Gebietskörperschaften gewahrt sind.

(3) [1]Für die Beteiligung des Bezirks an einem Unternehmen gilt Absatz 1 entsprechend. [2]Absatz 2 gilt entsprechend, wenn sich der Bezirk an einem auch außerhalb seines Gebiets tätigen Unternehmen in einem Ausmaß beteiligt, das den auf das Bezirksgebiet entfallenden Anteil an den Leistungen des Unternehmens erheblich übersteigt.

(4) Bankunternehmen darf der Bezirk weder errichten noch sich an ihnen beteiligen.

Art. 74 Eigenbetriebe. (1) Eigenbetriebe sind Unternehmen des Bezirks, die außerhalb der allgemeinen Verwaltung als Sondervermögen ohne eigene Rechtspersönlichkeit geführt werden.

(2) Für Eigenbetriebe bestellt der Bezirkstag eine Werkleitung und einen Werkausschuß.

(3) [1]Die Werkleitung führt die laufenden Geschäfte des Eigenbetriebs. [2]Sie ist insoweit zur Vertretung nach außen befugt; der Bezirkstag kann ihr mit Zustimmung des Bezirkstagspräsidenten weitere Vertretungsbefugnisse übertragen. [3]Die Werkleitung ist Dienstvorgesetzter der Beamten im Eigenbetrieb und führt die Dienstaufsicht über sie und die im Eigenbetrieb tätigen Arbeitnehmer. [4]Der Bezirkstag kann mit Zustimmung des Bezirkstagspräsidenten der Werkleitung für Beamte und Arbeitnehmer im Eigenbetrieb die personalrechtlichen Befugnisse in entsprechender Anwendung von Art. 34 Abs. 1 Satz 3 Halbsatz 1 und Abs. 2 Satz 1 übertragen.

(4) [1]Im übrigen beschließt über die Angelegenheiten des Eigenbetriebs der Werkausschuß, soweit nicht der Bezirkstag sich die Entscheidung allgemein vorbehält oder im Einzelfall an sich zieht. [2]Der Werkausschuß ist ein beschließender Ausschuß im Sinn der Art. 28 und 37 Abs. 2 Satz 2. [3]Im Fall des Art. 34 Abs. 1 Satz 2 sollen Befugnisse gegenüber Beamten und Arbeitnehmern im Eigenbetrieb auf den Werkausschuß übertragen werden.

(5) [1]Die Art. 53 Abs. 1 bis 3, Art. 54, 59, 61 bis 64, 65 Abs. 1, Art. 66 Abs. 1 und 2, Art. 67, 69, 82 Abs. 4 und Art. 83 gelten entsprechend. [2]Im Rahmen der gesetzlichen Vorschriften werden die Angelegenheiten des Eigenbetriebs durch eine Betriebssatzung geregelt.

(6) [1]Der Bezirk kann Einrichtungen innerhalb der allgemeinen Verwaltung (Regiebetriebe) ganz oder teilweise nach den Vorschriften über die Wirtschaftsführung der Eigenbetriebe führen, wenn die Abweichung von den allgemeinen kommunalwirtschaftlichen Vorschriften nach Art und Umfang der Einrichtung zweckmäßig ist. [2]Hierbei können auch Regelungen getroffen werden, die von einzelnen für Eigenbetriebe geltenden Vorschriften abweichen.

Art. 75 Selbständige Kommunalunternehmen des öffentlichen Rechts.
(1) [1]Der Bezirk kann selbständige Unternehmen in der Rechtsform einer Anstalt des öffentlichen Rechts (Kommunalunternehmen) errichten oder bestehende Regie- oder Eigenbetriebe im Weg der Gesamtrechtsnachfolge in Kom-

munalunternehmen umwandeln. [2]Das Kommunalunternehmen kann sich nach Maßgabe der Unternehmenssatzung und in entsprechender Anwendung der für den Bezirk geltenden Vorschriften an anderen Unternehmen beteiligen, wenn das dem Unternehmenszweck dient.

(2) [1]Der Bezirk kann dem Kommunalunternehmen einzelne oder alle mit einem bestimmten Zweck zusammenhängende Aufgaben ganz oder teilweise übertragen. [2]Er kann ihm auch das Recht einräumen, an seiner Stelle Satzungen und, soweit Landesrecht zu deren Erlaß ermächtigt, auch Verordnungen für das übertragene Aufgabengebiet zu erlassen; Art. 19 gilt sinngemäß.

(2a) [1]Ein Unternehmen in der Rechtsform einer Kapitalgesellschaft, an dem ausschließlich der Bezirk beteiligt ist, kann durch Formwechsel in ein Kommunalunternehmen umgewandelt werden. [2]Die Umwandlung ist nur zulässig, wenn keine Sonderrechte im Sinn des § 23 des Umwandlungsgesetzes (UmwG) und keine Rechte Dritter an den Anteilen des Bezirks bestehen. [3]Der Formwechsel setzt den Erlass der Unternehmenssatzung durch den Bezirk und einen sich darauf beziehenden Umwandlungsbeschluss der formwechselnden Gesellschaft voraus. [4]Die §§ 193 bis 195, 197 bis 199, 200 Abs. 1 und § 201 UmwG sind entsprechend anzuwenden. [5]Die Anmeldung zum Handelsregister entsprechend § 198 UmwG erfolgt durch das vertretungsberechtigte Organ der Kapitalgesellschaft. [6]Abweichend von Abs. 3 Satz 4 wird die Umwandlung einer Kapitalgesellschaft in ein Kommunalunternehmen mit dessen Eintragung oder, wenn es nicht eingetragen wird, mit der Eintragung der Umwandlung in das Handelsregister wirksam; § 202 Abs. 1 und Abs. 3 UmwG ist entsprechend anzuwenden. [7]Ist bei der Kapitalgesellschaft ein Betriebsrat eingerichtet, bleibt dieser nach dem Wirksamwerden der Umwandlung als Personalrat des Kommunalunternehmens bis zu den nächsten regelmäßigen Personalratswahlen bestehen.

(3) [1]Der Bezirk regelt die Rechtsverhältnisse des Kommunalunternehmens durch eine Unternehmenssatzung. [2]Die Unternehmenssatzung muß Bestimmungen über den Namen und die Aufgaben des Unternehmens, die Anzahl der Mitglieder des Vorstands und des Verwaltungsrats und die Höhe des Stammkapitals enthalten. [3]Der Bezirk hat die Unternehmenssatzung und deren Änderung gemäß Art. 19 Abs. 2 bekanntzumachen. [4]Das Kommunalunternehmen entsteht am Tag nach der Bekanntmachung, wenn nicht in der Unternehmenssatzung ein späterer Zeitpunkt bestimmt ist.

(4) Der Bezirk haftet für die Verbindlichkeiten des Kommunalunternehmens unbeschränkt, soweit nicht Befriedigung aus dessen Vermögen zu erlangen ist (Gewährträgerschaft).

Art. 76 Organe des Kommunalunternehmens; Personal. (1) [1]Das Kommunalunternehmen wird von einem Vorstand in eigener Verantwortung geleitet, soweit nicht gesetzlich oder durch die Unternehmenssatzung etwas anderes bestimmt ist. [2]Der Vorstand vertritt das Kommunalunternehmen nach außen. [3]Der Bezirk hat darauf hinzuwirken, daß jedes Vorstandsmitglied vertraglich verpflichtet wird, die ihm im Geschäftsjahr jeweils gewährten Bezüge im Sinn von § 285 Nr. 9 Buchst. a des Handelsgesetzbuchs dem Bezirk jährlich zur Veröffentlichung mitzuteilen.

(2) [1]Die Geschäftsführung des Vorstands wird von einem Verwaltungsrat überwacht. [2]Der Verwaltungsrat bestellt den Vorstand auf höchstens fünf Jahre, eine erneute Bestellung ist zulässig. [3]Er entscheidet außerdem über
1. den Erlaß von Satzungen und Verordnungen gemäß Art. 75 Abs. 2 Satz 2,
2. die Feststellung des Wirtschaftsplans und des Jahresabschlusses,
3. die Festsetzung allgemein geltender Tarife und Entgelte für die Leistungsnehmer,
4. die Beteiligung des Kommunalunternehmens an anderen Unternehmen,
5. die Bestellung des Abschlußprüfers,
6. die Ergebnisverwendung.

[4]Im Fall des Satzes 3 Nr. 1 unterliegen die Mitglieder des Verwaltungsrats den Weisungen des Bezirkstags. [5]Die Unternehmenssatzung kann vorsehen, daß der Bezirkstag den Mitgliedern des Verwaltungsrats auch in bestimmten anderen Fällen Weisungen erteilen kann. [6]Die Abstimmung entgegen der Weisung berührt die Gültigkeit des Beschlusses des Verwaltungsrats nicht. [7]Für den Ausschluss wegen persönlicher Beteiligung gilt Art. 40 entsprechend.

(3) [1]Der Verwaltungsrat besteht aus dem vorsitzenden Mitglied und den übrigen Mitgliedern. [2]Den Vorsitz führt der Bezirkstagspräsident; mit seiner Zustimmung kann der Bezirkstag eine andere Person zum vorsitzenden Mitglied bestellen. [3]Das vorsitzende Mitglied nach Satz 2 Halbsatz 2 und die übrigen Mitglieder des Verwaltungsrats werden vom Bezirkstag für fünf Jahre bestellt. [4]Die Amtszeit von Mitgliedern des Verwaltungsrats, die dem Bezirkstag angehören, endet mit dem Ende der Wahlzeit oder dem vorzeitigen Ausscheiden aus dem Bezirkstag. [5]Die Mitglieder des Verwaltungsrats üben ihr Amt bis zum Amtsantritt der neuen Mitglieder weiter aus. [6]Mitglieder des Verwaltungsrats können nicht sein:
1. Beamte und leitende oder hauptberufliche Arbeitnehmer des Kommunalunternehmens,
2. leitende Beamte und leitende Arbeitnehmer von juristischen Personen oder sonstigen Organisationen des öffentlichen oder privaten Rechts, an denen das Kommunalunternehmen mit mehr als 50 v.H. beteiligt ist; eine Beteiligung am Stimmrecht genügt,
3. Beamte und Arbeitnehmer der Rechtsaufsichtsbehörde, die unmittelbar mit Aufgaben der Aufsicht über das Kommunalunternehmen befaßt sind.

[7]Art. 23 Abs. 4 Sätze 2 und 3 gelten entsprechend.

(4) [1]Das Kommunalunternehmen hat das Recht, Dienstherr von Beamten zu sein, wenn es auf Grund einer Aufgabenübertragung nach Art. 75 Abs. 2 hoheitliche Befugnisse ausübt. [2]Wird es aufgelöst, hat der Bezirk die Beamten und Versorgungsempfänger zu übernehmen. [3]Wird das Unternehmensvermögen ganz oder teilweise auf andere juristische Personen des öffentlichen Rechts mit Dienstherrnfähigkeit übertragen, so gelten für die Übernahme und

die Rechtsstellung der Beamten und Versorgungsempfänger des Kommunalunternehmens Art. 51 bis 54 und 69 des Bayerischen Beamtengesetzes, bei länderübergreifendem Vermögensübergang §§ 16 bis 19 des Beamtenstatusgesetzes.

Art. 77 Sonstige Vorschriften für Kommunalunternehmen. (1) Der Jahresabschluß und der Lagebericht werden nach den für große Kapitalgesellschaften geltenden Vorschriften des Handelsgesetzbuchs aufgestellt und geprüft, sofern nicht weitergehende gesetzliche Vorschriften gelten oder andere gesetzliche Vorschriften entgegenstehen.

(2) Die Organe der Rechnungsprüfung des Bezirks haben das Recht, sich zur Klärung von Fragen, die bei der Prüfung nach Art. 88 Abs. 4 Sätze 2 und 3 auftreten, unmittelbar zu unterrichten und zu diesem Zweck den Betrieb, die Bücher und Schriften des Kommunalunternehmens einzusehen.

(3) Die Art. 3 Abs. 2, Art. 53 Abs. 1 bis 3, Art. 54, 61, 62, 66 Abs. 1 und 2, Art. 67, 69 und 83 und die Vorschriften des Vierten Teils über die staatliche Aufsicht und die Rechtsmittel sind sinngemäß anzuwenden.

(4) Das Unternehmen ist zur Vollstreckung von Verwaltungsakten in demselben Umfang berechtigt wie der Bezirk, wenn es auf Grund einer Aufgabenübertragung nach Art. 75 Abs. 2 hoheitliche Befugnisse ausübt und bei der Aufgabenübertragung nichts Abweichendes geregelt wird.

Art. 78 Unternehmen in Privatrechtsform. (1) [1]Unternehmen des Bezirks in Privatrechtsform und Beteiligungen des Bezirks an Unternehmen in Privatrechtsform sind nur zulässig, wenn

1. im Gesellschaftsvertrag oder in der Satzung sichergestellt ist, daß das Unternehmen den öffentlichen Zweck gemäß Art. 73 Abs. 1 Satz 1 Nr. 1 erfüllt,
2. der Bezirk angemessenen Einfluß im Aufsichtsrat oder in einem entsprechenden Gremium erhält,
3. die Haftung des Bezirks auf einen bestimmten, seiner Leistungsfähigkeit angemessenen Betrag begrenzt wird; die Rechtsaufsichtsbehörde kann von der Haftungsbegrenzung befreien.

[2]Zur Sicherstellung des öffentlichen Zwecks von Gesellschaften mit beschränkter Haftung soll im Gesellschaftsvertrag oder in der Satzung bestimmt werden, daß die Gesellschafterversammlung auch über den Erwerb und die Veräußerung von Unternehmen und Beteiligungen und über den Abschluß und die Änderung von Unternehmensverträgen beschließt. [3]In der Satzung von Aktiengesellschaften soll bestimmt werden, daß zum Erwerb und zur Veräußerung von Unternehmen und Beteiligungen die Zustimmung des Aufsichtsrats notwendig ist.

(2) Der Bezirk darf dem Erwerb von Unternehmen und Beteiligungen durch Unternehmen in Privatrechtsform, an denen er unmittelbar oder mittelbar beteiligt ist, nur unter entsprechender Anwendung der für ihn selbst geltenden Vorschriften zustimmen.

Art. 79 Vertretung des Bezirks in Unternehmen in Privatrechtsform.

(1) [1]Der Bezirkstagspräsident vertritt den Bezirk in der Gesellschafterversammlung oder einem entsprechenden Organ. [2]Mit Zustimmung des Bezirkstagspräsidenten und seines gewählten Stellvertreters kann der Bezirkstag eine andere Person zur Vertretung widerruflich bestellen.

(2) [1]Der Bezirk soll bei der Ausgestaltung des Gesellschaftsvertrags oder der Satzung darauf hinwirken, daß ihm das Recht eingeräumt wird, Mitglieder in einen Aufsichtsrat oder ein entsprechendes Gremium zu entsenden, soweit das zur Sicherung eines angemessenen Einflusses notwendig ist. [2]Vorbehaltlich entgegenstehender gesetzlicher Vorschriften haben Personen, die vom Bezirk entsandt oder auf seine Veranlassung gewählt worden sind, den Bezirk über alle wichtigen Angelegenheiten möglichst frühzeitig zu unterrichten und ihm auf Verlang Auskunft zu erteilen. [3]Soweit zulässig, soll sich der Bezirk ihnen gegenüber Weisungsrechte im Gesellschaftsvertrag oder der Satzung vorbehalten.

(3) [1]Wird die Person, die den Bezirk vertritt oder werden die in Absatz 2 genannten Personen aus ihrer Tätigkeit haftbar gemacht, stellt der Bezirk sie von der Haftung frei. [2]Bei Vorsatz oder grober Fahrlässigkeit kann der Bezirk Rückgriff nehmen, es sei denn, das schädigende Verhalten beruhte auf seiner Weisung. [3]Die Sätze 1 und 2 gelten entsprechend für Personen, die auf Veranlassung des Bezirks als nebenamtliche Mitglieder des geschäftsführenden Unternehmensorgans bestellt sind.

Art. 80 Sonstige Vorschriften für Unternehmen in Privatrechtsform.

(1) [1]Gehören dem Bezirk Anteile an einem Unternehmen in dem in § 53 des Haushaltsgrundsätzegesetzes (HGrG) bezeichneten Umfang, so hat er

1. darauf hinzuwirken, daß in sinngemäßer Anwendung der für Eigenbetriebe geltenden Vorschriften für jedes Wirtschaftsjahr ein Wirtschaftsplan aufgestellt und der Wirtschaftsführung eine fünfjährige Finanzplanung zugrundegelegt wird,
2. dafür Sorge zu tragen, daß der Jahresabschluß und der Lagebericht nach den für große Kapitalgesellschaften geltenden Vorschriften des Handelsgesetzbuchs aufgestellt und geprüft werden, sofern nicht weitergehende gesetzliche Vorschriften gelten oder andere gesetzliche Vorschriften entgegenstehen,
3. die Rechte nach § 53 Abs. 1 HGrG auszuüben,
4. darauf hinzuwirken, daß ihm und dem Bayerischen Kommunalen Prüfungsverband die in § 54 HGrG vorgesehenen Befugnisse eingeräumt werden,
5. darauf hinzuwirken, daß jedes Mitglied des geschäftsführenden Unternehmensorgans vertraglich verpflichtet wird, die ihm im Geschäftsjahr jeweils gewährten Bezüge im Sinn von § 285 Nr. 9 Buchst. a des Handelsgesetzbuchs dem Bezirks jährlich zur Veröffentlichung entsprechend Absatz 3 Satz 2 mitzuteilen.

[2]Die Rechtsaufsichtsbehörde kann Ausnahmen zulassen.

(2) [1]Ist eine Beteiligung des Bezirks an einem Unternehmen keine Mehrheitsbeteiligung im Sinn des § 53 HGrG, so soll der Bezirk, soweit sein Interesse das erfordert, darauf hinwirken, daß in der Satzung oder im Gesellschaftsvertrag dem Bezirk die Rechte nach § 53 Abs. 1 HGrG und dem Bezirk und dem Bayerischen Kommunalen Prüfungsverband die Befugnisse nach § 54 HGrG eingeräumt werden. [2]Bei mittelbaren Beteiligungen gilt dies nur, wenn die Beteiligung den vierten Teil der Anteile übersteigt und einer Gesellschaft zusteht, an der der Bezirk allein oder zusammen mit anderen Gebietskörperschaften oder deren Zusammenschlüssen mit Mehrheit im Sinn des § 53 HGrG beteiligt ist.

(3) [1]Der Bezirk hat jährlich einen Bericht über seine Beteiligungen an Unternehmen in einer Rechtsform des Privatrechts zu erstellen, wenn ihm mindestens der zwanzigste Teil der Anteile eines Unternehmens gehört. [2]Der Beteiligungsbericht soll insbesondere Angaben über die Erfüllung des öffentlichen Zwecks, die Beteiligungsverhältnisse, die Zusammensetzung der Organe der Gesellschaft, die Bezüge der einzelnen Mitglieder des geschäftsführenden Unternehmensorgans gemäß Absatz 1 Nr. 5, die Ertragslage und die Kreditaufnahme enthalten. [3]Haben die Mitglieder des geschäftsführenden Unternehmensorgans ihr Einverständnis mit der Veröffentlichung ihrer Einzelbezüge nicht erklärt, sind ihre Gesamtbezüge so zu veröffentlichen, wie sie von der Gesellschaft nach den Vorschriften des Handelsgesetzbuchs in den Anhang zum Jahresabschluß aufgenommen werden. [4]Der Bericht ist dem Bezirkstag vorzulegen. [5]Der Bezirk weist ortsüblich darauf hin, daß jeder Einsicht in den Bericht nehmen kann.

Art. 81 Grundsätze für die Führung von Unternehmen des Bezirks.
(1) [1]Eigenbetriebe und Kommunalunternehmen sind unter Beachtung betriebswirtschaftlicher Grundsätze und des Grundsatzes der Sparsamkeit und Wirtschaftlichkeit so zu führen, daß der öffentliche Zweck erfüllt wird. [2]Entsprechendes gilt für die Steuerung und Überwachung von Unternehmen in Privatrechtsform, an denen der Bezirk mit mehr als 50 v.H. beteiligt ist; bei einer geringeren Beteiligung soll der Bezirk darauf hinwirken.

(2) Unternehmen des Bezirks dürfen keine wesentliche Schädigung und keine Aufsaugung selbständiger Betriebe in Landwirtschaft, Handwerk, Handel, Gewerbe und Industrie bewirken.

Art. 81a Anzeigepflichten. (1) [1]Entscheidungen des Bezirks über
1. die Errichtung, Übernahme und wesentliche Erweiterung sowie die Änderung der Rechtsform oder der Aufgaben von Unternehmen des Bezirks,
2. die unmittelbare oder mittelbare Beteiligung des Bezirks an Unternehmen,
3. die gänzliche oder teilweise Veräußerung von Unternehmen oder Beteiligungen des Bezirks,
4. die Auflösung von Kommunalunternehmen

sind der Rechtsaufsichtsbehörde rechtzeitig, mindestens aber sechs Wochen vor ihrem Vollzug, vorzulegen. [2]In den Fällen des Satzes 1 Nrn. 2 und 3 besteht keine Anzeigepflicht, wenn die Entscheidung weniger als den zwanzigsten Teil der Anteile des Unternehmens betrifft. [3]Aus der Vorlage muß zu ersehen sein, ob die gesetzlichen Voraussetzungen erfüllt sind. [4]Die Unternehmenssatzung von Kommunalunternehmen ist der Rechtsaufsichtsbehörde stets vorzulegen.

(2) Abs. 1 Satz 1 Nrn. 1 bis 3 und die Sätze 2 und 3 gelten entsprechend für Entscheidungen des Verwaltungsrats eines Kommunalunternehmens.

5. Abschnitt

Kassen- und Rechnungswesen

Art. 82 Kassengeschäfte des Bezirks. (1) [1]Die Kassengeschäfte des Bezirks führt die Staatsoberkasse unentgeltlich nach den Weisungen des Bezirks, in den Fällen des Art. 35b nach den Weisungen der Regierung. [2]Die Staatsoberkasse unterliegt auch insoweit der staatlichen Kassenaufsicht. [3]Sonderkassen der Einrichtungen und rechtsfähigen Stiftungen sind zulässig. [4]Der Bezirk muß eine Sonderkasse errichten, wenn und soweit die Rechnung nach den Regeln der kaufmännischen doppelten Buchführung gelegt wird.

(2) [1]Abweichend von Absatz 1 kann der Bezirk Kassengeschäfte selbst erledigen und eine Bezirkskasse errichten. [2]Die Entscheidung, eine Bezirkskasse zu errichten, ist rechtzeitig der Staatsoberkasse mitzuteilen. [3]Der Bezirk und die Staatsoberkasse vereinbaren die Einzelheiten des Übergangs der Kassengeschäfte.

(3) Wird eine Bezirkskasse errichtet, so gilt folgendes:

1. [1]Die Bezirkskasse erledigt alle Kassengeschäfte des Bezirks. [2]Die Buchführung kann von den übrigen Kassengeschäften abgetrennt werden.
2. [1]Der Bezirk hat einen Kassenverwalter und einen Stellvertreter zu bestellen. [2]Diese Verpflichtung entfällt, wenn der Bezirk seine Kassengeschäfte durch eine Stelle außerhalb der Bezirksverwaltung besorgen läßt. [3]Die Anordnungsbefugten, der Leiter und die Prüfer des Rechnungsprüfungsamts können nicht gleichzeitig die Aufgaben eines Kassenverwalters oder seines Stellvertreters wahrnehmen.
3. Der Kassenverwalter und sein Stellvertreter dürfen weder miteinander noch mit den Anordnungsbefugten, dem Leiter und den Prüfern des Rechnungsprüfungsamts durch ein Angehörigenverhältnis im Sinn des Art. 20 Abs. 5 des Bayerischen Verwaltungsverfahrensgesetzes verbunden sein.

(4) [1]Sonderkassen sollen mit der Bezirkskasse verbunden werden. [2]Ist eine Sonderkasse nicht mit der Bezirkskasse verbunden, gelten für den Verwalter der Sonderkasse und dessen Stellvertreter Absatz 3 Nrn. 2 und 3 entsprechend.

Art. 83 Übertragung von Kassen- und Rechnungsgeschäften. Der Bezirk kann das Ermitteln von Ansprüchen und von Zahlungsverpflichtungen, das Vorbereiten der entsprechenden Kassenanordnungen, die Kassengeschäfte und das Rechnungswesen ganz oder zum Teil von einer Stelle außerhalb der Bezirksverwaltung besorgen lassen, wenn die ordnungsgemäße und sichere Erledigung und die Prüfung nach den für den Bezirk geltenden Vorschriften gewährleistet sind.

Art. 84 Rechnungslegung, Jahresabschluss. (1) [1]Im Jahresabschluss beziehungsweise in der Jahresrechnung ist das Ergebnis der Haushaltswirtschaft einschließlich des Stands des Vermögens und der Verbindlichkeiten zu Beginn und am Ende des Haushaltsjahres nachzuweisen. [2]Bei Haushaltswirtschaft nach den Grundsätzen der doppelten kommunalen Buchführung besteht der Jahresabschluss aus der Ergebnisrechnung, der Finanzrechnung, der Vermögensrechnung (Bilanz) und dem Anhang. [3]Bei Haushaltswirtschaft nach den Grundsätzen der Kameralistik besteht die Jahresrechnung aus dem kassenmäßigen Abschluss und der Haushaltsrechnung. [4]Der Jahresabschluss beziehungsweise die Jahresrechnung ist durch einen Rechenschaftsbericht zu erläutern.

(2) Der Jahresabschluss beziehungsweise die Jahresrechnung ist innerhalb von sechs Monaten, der konsolidierte Jahresabschluss (Art. 84a) innerhalb von zehn Monaten nach Abschluss des Haushaltsjahres aufzustellen und sodann dem Bezirksausschuss vorzulegen.

(3) [1]Nach Durchführung der örtlichen Prüfung der Jahresrechnung und der Jahresabschlüsse (Art. 85) und Aufklärung etwaiger Unstimmigkeiten stellt der Bezirkstag alsbald, jedoch in der Regel bis zum 30. Juni des auf das Haushaltsjahr folgenden übernächsten Jahres den Jahresabschluss beziehungsweise die Jahresrechnung in öffentlicher Sitzung fest und beschließt über die Entlastung. [2]Ist ein konsolidierter Jahresabschluss aufzustellen (Art. 84a), tritt an die Stelle des 30. Juni der 31. Dezember des auf das Haushaltsjahr folgenden übernächsten Jahres. [3]Verweigert der Bezirkstag die Entlastung oder spricht er sie mit Einschränkungen aus, hat er die dafür maßgebenden Gründe anzugeben.

(4) Die Bezirksräte können jederzeit die Berichte über die Prüfungen einsehen.

Art. 84a Konsolidierter Jahresabschluss. (1) Mit dem Jahresabschluss des Bezirks sind die Jahresabschlüsse

1. der außerhalb der allgemeinen Verwaltung geführten Sondervermögen ohne eigene Rechtspersönlichkeit,
2. der rechtlich selbstständigen Organisationseinheiten und Vermögensmassen mit Nennkapital oder variablen Kapitalanteilen,
3. der Zweckverbände mit kaufmännischer Rechnungslegung und der gemeinsamen Kommunalunternehmen und
4. der von dem Bezirk verwalteten kommunalen Stiftungen mit kaufmännischem Rechnungswesen

zu konsolidieren.

(2) [1]Aufgabenträger nach Abs. 1 sind entsprechend den §§ 300 bis 309 des Handelsgesetzbuchs zu konsolidieren (Vollkonsolidierung), wenn bei dem Be-

zirk die dem § 290 Abs. 1 und 2 des Handelsgesetzbuchs entsprechenden Voraussetzungen vorliegen. [2]Andere Aufgabenträger als nach Satz 1 sind entsprechend den §§ 311 und 312 des Handelsgesetzbuchs zu konsolidieren, es sei denn, sie sind für die Vermittlung eines den tatsächlichen Verhältnissen entsprechenden Bildes der Vermögens-, Finanz- und Ertragslage von untergeordneter Bedeutung. [3]Aufgabenträger nach Abs. 1 Nr. 3 können auch entsprechend § 310 des Handelsgesetzbuchs anteilsmäßig konsolidiert werden. [4]Für den Anteil an einem Zweckverband ist der Umlageschlüssel maßgebend.

(3) Der konsolidierte Jahresabschluss ist durch eine Kapitalflussrechnung zu ergänzen und durch einen Konsolidierungsbericht zu erläutern.

(4) Der Bezirk hat bei den in Abs. 1 genannten Aufgabenträgern, Organisationseinheiten und Vermögensmassen darauf hinzuwirken, dass ihm das Recht eingeräumt wird, von diesen alle Informationen und Unterlagen zu erhalten, die er für die Konsolidierung der Jahresabschlüsse für erforderlich hält.

6. Abschnitt

Prüfungswesen

Art. 85 Örtliche Prüfungen. (1) [1]Der Jahresabschluss und der konsolidierte Jahresabschluss beziehungsweise die Jahresrechnung sowie die Jahresabschlüsse der Eigenbetriebe, der Krankenhäuser und der Pflegeeinrichtungen mit kaufmännischem Rechnungswesen werden von einem Rechnungsprüfungsausschuss geprüft (örtliche Rechnungsprüfung). [2]Über die Beratungen sind Niederschriften aufzunehmen.

(2) Der Bezirkstag bildet aus seiner Mitte einen Rechnungsprüfungsausschuß mit mindestens drei und höchstens sieben Mitgliedern und bestimmt ein Ausschußmitglied zum Vorsitzenden; Art. 28 Abs. 2 findet keine Anwendung.

(3) [1]Zur Prüfung der Jahresabschlüsse und des konsolidierten Jahresabschlusses sowie der Jahresrechnung können Sachverständige zugezogen werden. [2]Das Rechnungsprüfungsamt ist umfassend als Sachverständiger heranzuziehen.

(4) Die örtliche Prüfung der Jahresrechnung und der Jahresabschlüsse ist innerhalb von zwölf Monaten, die des konsolidierten Jahresabschlusses innerhalb von 18 Monaten nach Abschluß des Haushaltsjahres durchzuführen.

(5) [1]Die örtliche Kassenprüfung obliegt dem Bezirkstagspräsidenten. [2]Er bedient sich des Rechnungsprüfungsamts.

Art. 86 Rechnungsprüfungsamt. (1) Bezirke müssen ein Rechnungsprüfungsamt einrichten.

(2) [1]Das Rechnungsprüfungsamt ist bei der örtlichen Rechnungsprüfung dem Bezirkstag und bei den örtlichen Kassenprüfungen dem Bezirkstagspräsidenten unmittelbar verantwortlich. [2]Der Bezirkstag und der Bezirkstagspräsi-

dent können besondere Aufträge zur Prüfung der Verwaltung erteilen. [3]Das Rechnungsprüfungsamt ist bei der Wahrnehmung seiner Aufgaben unabhängig und nur dem Gesetz unterworfen. [4]Im übrigen bleiben die Befugnisse des Bezirkstagspräsidenten unberührt, dem das Rechnungsprüfungsamt unmittelbar untersteht.

(3) [1]Der Bezirkstag bestellt den Leiter, seinen Stellvertreter und die Prüfer des Rechnungsprüfungsamts und beruft sie ab. [2]Der Bezirkstag kann den Leiter des Rechnungsprüfungsamts und seinen Stellvertreter gegen ihren Willen nur mit einer Mehrheit von zwei Dritteln der gesetzlichen Zahl der Mitglieder des Bezirkstags abberufen, wenn sie ihre Aufgabe nicht ordnungsgemäß erfüllen. [3]Die Abberufung von Prüfern des Rechnungsprüfungsamts gegen ihren Willen bedarf einer Mehrheit von zwei Dritteln der stimmberechtigten Bezirksräte.

(4) [1]Der Leiter des Rechnungsprüfungsamts muß Beamter auf Lebenszeit sein. [2]Er muß in der Fachlaufbahn Verwaltung und Finanzen, fachlicher Schwerpunkt nichttechnischer Verwaltungsdienst, für ein Amt ab der Besoldungsgruppe A 10 qualifiziert sein sowie die für sein Amt erforderliche Erfahrung und Eignung besitzen.

(5) [1]Der Leiter, sein Stellvertreter und die Prüfer des Rechnungsprüfungsamts dürfen eine andere Stellung in dem Bezirk nur innehaben, wenn das mit ihren Prüfungsaufgaben vereinbar ist. [2]Sie dürfen Zahlungen für den Bezirk weder anordnen noch ausführen. [3]Für den Leiter des Rechnungsprüfungsamts und seinen Stellvertreter gilt außerdem Art. 82 Abs. 3 Nr. 3 entsprechend.

Art. 87 Überörtliche Prüfungen. (1) [1]Die überörtlichen Rechnungs- und Kassenprüfungen werden vom Bayerischen Kommunalen Prüfungsverband (überörtliches Prüfungsorgan) durchgeführt. [2]Die überörtlichen Kassenprüfungen erstrecken sich nicht auf die von der Staatsoberkasse zu erledigenden Kassengeschäfte.

(2) Die überörtliche Rechnungsprüfung findet alsbald nach der Feststellung des Jahresabschlusses und des konsolidierten Jahresabschlusses beziehungsweise der Jahresrechnung sowie der Jahresabschlüsse der Eigenbetriebe, der Krankenhäuser und der Pflegeeinrichtungen mit kaufmännischem Rechnungswesen statt.

Art. 88 Inhalt der Rechnungs- und Kassenprüfung. (1) Die Rechnungsprüfung erstreckt sich auf die Einhaltung der für die Wirtschaftsführung geltenden Vorschriften und Grundsätze, insbesondere darauf, ob

1. die Haushaltssatzung und der Haushaltsplan eingehalten worden sind,
2. die Einzahlungen und Auszahlungen sowie Erträge und Aufwendungen beziehungsweise die Einnahmen und Ausgaben begründet und belegt sind sowie der Jahresabschluss und der konsolidierte Jahresabschluss beziehungsweise die Jahresrechnung sowie die Vermögensnachweise ordnungsgemäß aufgestellt sind,

3. wirtschaftlich und sparsam verfahren wird,
4. die Aufgaben mit geringerem Personal- oder Sachaufwand oder auf andere Weise wirksamer erfüllt werden können.

(2) [1]Die Wirtschaftsführung der Krankenhäuser und der Pflegeeinrichtungen einschließlich der Jahresabschlüsse unterliegen der Rechnungsprüfung. [2]Absatz 1 gilt entsprechend.

(3) [1]Die Rechnungsprüfung umfaßt auch die Wirtschaftsführung der Eigenbetriebe unter entsprechender Anwendung des Absatzes 1. [2]Dabei ist auf das Ergebnis der Abschlußprüfung (Art. 89) mit abzustellen.

(4) [1]Im Rahmen der Rechnungsprüfung wird die Betätigung des Bezirks bei Unternehmen in einer Rechtsform des privaten Rechts, an denen der Bezirk unmittelbar oder mittelbar beteiligt ist, unter Beachtung kaufmännischer Grundsätze mitgeprüft. [2]Entsprechendes gilt bei Erwerbs- und Wirtschaftsgenossenschaften, in denen der Bezirk Mitglied ist, sowie bei Kommunalunternehmen. [3]Die Rechnungsprüfung umfaßt ferner die Buch-, Betriebs- und sonstigen Prüfungen, die sich der Bezirk bei der Hingabe eines Darlehens oder sonst vorbehalten hat.

(5) Durch Kassenprüfung werden die ordnungsmäßige Erledigung der Kassengeschäfte, die ordnungsmäßige Einrichtung der Kassen und das Zusammenwirken mit der Verwaltung geprüft.

(6) [1]Die Organe der Rechnungsprüfung des Bezirks und das überörtliche Prüfungsorgan können verlangen, dass ihnen oder ihren beauftragten Prüfern Unterlagen, die sie zur Erfüllung ihrer Aufgaben für erforderlich halten, vorgelegt oder innerhalb einer bestimmten Frist übersandt werden. [2]Auskünfte sind ihnen oder ihren beauftragten Prüfern zu erteilen. [3]Die Auskunftspflicht nach den Sätzen 1 und 2 besteht auch, soweit hierfür in anderen Bestimmungen eine besondere Rechtsvorschrift gefordert wird, und umfasst auch elektronisch gespeicherte Daten sowie deren automatisierten Abruf.

Art. 89 Abschlussprüfung bei Eigenbetrieben und Kommunalunternehmen. (1) Der Jahresabschluß und der Lagebericht eines Eigenbetriebs und eines Kommunalunternehmens sollen spätestens innerhalb von neun Monaten nach Schluß des Wirtschaftsjahres durch einen sachverständigen Prüfer (Abschlußprüfer) geprüft sein.

(2) Die Abschlußprüfung wird vom Bayerischen Kommunalen Prüfungsverband oder von einem Wirtschaftsprüfer oder von einer Wirtschaftsprüfungsgesellschaft durchgeführt.

(3) [1]Die Abschlußprüfung erstreckt sich auf die Vollständigkeit und Ordnungsmäßigkeit des Jahresabschlusses unter Einbeziehung der Buchführung und des Lageberichts. [2]Dabei werden auch geprüft
1. die Ordnungsmäßigkeit der Geschäftsführung,
2. die Entwicklung der Vermögens- und Ertragslage sowie die Liquidität und Rentabilität,

3. die verlustbringenden Geschäfte und die Ursachen der Verluste, wenn diese Geschäfte und die Ursachen für die Vermögens- und Ertragslage von Bedeutung waren,
4. die Ursachen eines in der Gewinn- und Verlustrechnung ausgewiesenen Jahresfehlbetrags.

VIERTER TEIL

Staatliche Aufsicht und Rechtsmittel

1. Abschnitt

Rechtsaufsicht und Fachaufsicht

Art. 90 Sinn der staatlichen Aufsicht. Die Aufsichtsbehörden sollen die Bezirke bei der Erfüllung ihrer Aufgaben verständnisvoll beraten, fördern und schützen sowie die Entschlußkraft und die Selbstverantwortung der Bezirksorgane stärken.

Art. 91 Inhalt und Grenzen der Aufsicht. (1) In den Angelegenheiten des eigenen Wirkungskreises (Art. 5) beschränkt sich die staatliche Aufsicht darauf, die Erfüllung der gesetzlich festgelegten und übernommenen öffentlich-rechtlichen Aufgaben und Verpflichtungen der Bezirke und die Gesetzmäßigkeit ihrer Verwaltungstätigkeit zu überwachen (Rechtsaufsicht).

(2) [1]In den Angelegenheiten des übertragenen Wirkungskreises (Art. 6) erstreckt sich die staatliche Aufsicht auch auf die Handhabung des Verwaltungsermessens der Bezirke (Fachaufsicht). [2]Eingriffe in das Verwaltungsermessen sind auf die Fälle zu beschränken, in denen
1. das Gemeinwohl oder öffentlich-rechtliche Ansprüche einzelner eine Weisung oder Entscheidung erfordern oder
2. die Bundesregierung nach Art. 84 Abs. 5 oder Art. 85 Abs. 3 des Grundgesetzes eine Weisung erteilt.

Art. 92 Rechtsaufsichtsbehörde. Die Rechtsaufsicht über die Bezirke obliegt dem Staatsministerium des Innern, für Sport und Integration.

Art. 93 Informationsrecht der Rechtsaufsichtsbehörde. [1]Die Rechtsaufsichtsbehörde ist befugt, sich jederzeit über alle Angelegenheiten des Bezirks zu unterrichten. [2]Sie kann insbesondere Anstalten und Einrichtungen des Bezirks besichtigen, die Geschäfts- und Kassenführung prüfen sowie Berichte und Akten einfordern.

Art. 94 Beanstandungsrecht. [1]Die Rechtsaufsichtsbehörde kann rechtswidrige Beschlüsse und Verfügungen des Bezirks beanstanden und ihre Aufhebung oder Änderung verlangen. [2]Bei Nichterfüllung öffentlich-rechtlicher

Aufgaben oder Verpflichtungen kann die Rechtsaufsichtsbehörde den Bezirk zur Durchführung der notwendigen Maßnahmen auffordern.

Art. 95 Recht der Ersatzvornahme. [1]Kommt der Bezirk binnen einer ihm gesetzten angemessenen Frist den Anordnungen der Rechtsaufsichtsbehörde nicht nach, so kann diese die notwendigen Maßnahmen an Stelle des Bezirks verfügen und vollziehen. [2]Die Kosten trägt der Bezirk.

Art. 96 Bestellung eines Beauftragten. (1) Ist der geordnete Gang der Verwaltung durch Beschlußunfähigkeit des Bezirkstags oder durch seine Weigerung, gesetzmäßige Anordnungen der Rechtsaufsichtsbehörde auszuführen, ernstlich behindert, so kann die Rechtsaufsichtsbehörde den Bezirkstagspräsidenten ermächtigen, bis zur Behebung des gesetzwidrigen Zustands für den Bezirk zu handeln.

(2) [1]Weigert sich der Bezirkstagspräsident oder ist er aus tatsächlichen oder rechtlichen Gründen verhindert, die Aufgaben nach Absatz 1 wahrzunehmen, so beauftragt die Rechtsaufsichtsbehörde den gewählten Stellvertreter des Bezirkstagspräsidenten, für den Bezirk zu handeln, solange es erforderlich ist. [2]Ist kein gewählter Stellvertreter des Bezirkstagspräsidenten vorhanden oder ist auch er verhindert oder nicht handlungswillig, so handelt die Rechtsaufsichtsbehörde für den Bezirk; sie kann die Regierung damit beauftragen.

(3) Die Staatsregierung kann ferner, wenn sich der gesetzwidrige Zustand anders nicht beheben lässt, den Bezirkstag auflösen und dessen Neuwahl anordnen.

Art. 97 Fachaufsichtsbehörden. [1]Die Zuständigkeit zur Führung der Fachaufsicht auf den einzelnen Gebieten des übertragenen Wirkungskreises bestimmt sich nach den hierfür geltenden besonderen Vorschriften. [2]Soweit solche besonderen Vorschriften nicht bestehen, obliegt den Rechtsaufsichtsbehörden auch die Führung der Fachaufsicht.

Art. 98 Befugnisse der Fachaufsicht. (1) [1]Die Fachaufsichtsbehörden können sich über Angelegenheiten des übertragenen Wirkungskreises in gleicher Weise wie die Rechtsaufsichtsbehörde unterrichten (Art. 93). [2]Sie können ferner dem Bezirk für die Behandlung übertragener Angelegenheiten unter Beachtung des Art. 91 Abs. 2 Satz 2 Weisungen erteilen. [3]Zu weitergehenden Eingriffen in die Bezirksverwaltung sind die Fachaufsichtsbehörden nicht befugt.

(2) [1]Die Rechtsaufsichtsbehörde ist verpflichtet, die Fachaufsichtsbehörden bei der Durchführung ihrer gesetzlichen Aufgaben nötigenfalls unter Anwendung der in den Art. 95 und 96 festgelegten Befugnisse zu unterstützen. [2]Bei der Ersatzvornahme tritt die Weisung der Fachaufsichtsbehörde an die Stelle der Anordnung der Rechtsaufsichtsbehörde.

Art. 99 Genehmigungsbehörde. (1) Die in diesem Gesetz vorgeschriebenen Genehmigungen erteilt, soweit nichts anderes bestimmt ist, die Rechtsaufsichtsbehörde (Art. 92).

(2) Genehmigungspflichtige Beschlüsse sowie genehmigungspflichtige Geschäfte des bürgerlichen Rechts erlangen Rechtswirksamkeit erst mit der Erteilung der nach diesem Gesetz erforderlichen Genehmigung.

Art. 99a Ausnahmegenehmigungen. [1]Das Staatsministerium des Innern, für Sport und Integration kann im Interesse der Weiterentwicklung der kommunalen Selbstverwaltung zur Erprobung neuer Modelle der Steuerung und des Haushalts- und Rechnungswesens, der Verfahrensvereinfachung und der Verwaltungsführung auf Antrag im Einzelfall Ausnahmen von Regelungen dieses Gesetzes und der nach Art. 101 erlassenen Vorschriften genehmigen. [2]Die Genehmigung ist zu befristen. [3]Bedingungen und Auflagen sind insbesondere zulässig, um die Vergleichbarkeit des Kommunalrechtsvollzugs auch im Rahmen einer Erprobung möglichst zu wahren und die Ergebnisse der Erprobung für Gemeinden, für Landkreise und für andere Bezirke nutzbar zu machen.

2. Abschnitt
Rechtsmittel

Art. 100 Erlaß des Widerspruchsbescheids (§ 73 der Verwaltungsgerichtsordnung). Den Widerspruchsbescheid erläßt in Angelegenheiten des eigenen und des übertragenen Wirkungskreises der Bezirk.

FÜNFTER TEIL
Übergangs- und Schlußvorschriften

Art. 101 Ausführungsvorschriften. (1) [1]Das Staatsministerium des Innern, für Sport und Integration erläßt die zum Vollzug dieses Gesetzes erforderlichen Ausführungsvorschriften. [2]Es wird insbesondere ermächtigt, im Einvernehmen mit dem Staatsministerium für Finanzen und für Heimat durch Rechtsverordnungen zu regeln:
1. den Inhalt und die Gestaltung des Haushaltsplans einschließlich des Stellenplans, der mittelfristigen Finanzplanung und des Investitionsprogramms, ferner die Veranschlagung von Einzahlungen, Auszahlungen, Erträgen und Aufwendungen beziehungsweise Einnahmen, Ausgaben und Verpflichtungsermächtigungen für einen vom Haushaltsjahr abweichenden Wirtschaftszeitraum,
2. die Ausführung des Haushaltsplans, die Anordnung von Zahlungen, die Haushaltsüberwachung, die Stundung, die Niederschlagung und den Erlaß von Ansprüchen und die Behandlung von Kleinbeträgen,
3. die Ausschreibung von Lieferungen und Leistungen und die Vergabe von Aufträgen,

4. die Bildung, vorübergehende Inanspruchnahme und Verwendung von Rücklagen und deren Mindesthöhe,
5. die Bidlung und Auflösung von Rückstellungen,
6. die Geldanlagen und ihre Sicherung,
7. die Erfassung, den Nachweis, die Bewertung und die Abschreibung der Vermögensgegenstände; dabei kann die Bewertung und Abschreibung auf einzelne Bereiche beschränkt werden,
8. die Aufstellung der Eröffnungsbilanz auch unter Abweichung von Art. 66 Abs. 3 und der folgenden Bilanzen,
9. die Kassenanordnungen, die Aufgaben und die Organisation der Kassen, die vom Bezirk eingerichtet sind, den Zahlungsverkehr, die Verwaltung der Kassenmittel, der Wertgegenstände und anderer Gegenstände, die Buchführung sowie die Möglichkeit, daß die Buchführung und die Verwahrung von Wertgegenständen von den Kassengeschäften abgetrennt werden können,
10. den Inhalt und die Gestaltung der Jahresrechnung und die Abwicklung der Vorjahresergebnisse,
11. den Inhalt und die Gestaltung des Jahresabschlusses und des konsolidierten Jahresabschlusses; dabei können auch Ausnahmen von der und Übergangsfristen für die Konsolidierungspflicht vorgesehen werden,
12. den Inhalt und die Gestaltung des Rechenschaftsberichts zur Jahresrechnung beziehungsweise zum Jahresabschluss, des Anhangs zum Jahresabschluss sowie des Konsolidierungsberichts zum konsolidierten Jahresabschluss,
13. den Aufbau und die Verwaltung, die Wirtschaftsführung, das Rechnungswesen und die Prüfung der Eigenbetriebe,
14. die Prüfung der Jahresrechnungen, der Jahresabschlüsse und der konsolidierten Jahresabschlüsse, die Prüfung der Kassen, die vom Bezirk eingerichtet sind, die Abschlußprüfung und die Freistellung von der Abschlußprüfung, die Prüfung von Verfahren der automatisierten Datenverarbeitung im Bereich des Finanzwesens der Bezirke, die Rechte und Pflichten der Prüfer, die über Prüfungen zu erstellenden Berichte und deren weitere Behandlung,
15. das Verfahren bei der Errichtung der Kommunalunternehmen sowie der Umwandlung von Kapitalgesellschaften in Kommunalunternehmen und den Aufbau, die Verwaltung, die Wirtschaftsführung sowie das Rechnungs- und Prüfungswesen der Kommunalunternehmen.

[3]Das Staatsministerium des Innern, für Sport und Integration wird weiter ermächtigt, im Einvernehmen mit dem Staatsministerium für Gesundheit und Pflege und mit dem Staatsministerium der Finanzen und für Heimat die Wirtschaftsführung der Krankenhäuser und der Pflegeeinrichtungen der Bezirke durch Rechtsverordnung zu regeln.

(2) [1]Das Staatsministerium des Innern, für Sport und Integration erläßt die erforderliche Verwaltungsvorschriften und gibt Muster, insbesondere für

1. die Haushaltssatzung und die Nachtragshaushaltssatzung,
2. die Darstellung des Haushaltsplans und des mittelfristigen Finanzplans insbesondere
   a) die Konten und Produkte bei Haushaltswirtschaft nach den Grundsätzen der doppelten kommunalen Buchführung,
   b) die Gliederung und die Gruppierung bei Haushaltswirtschaft nach den Grundsätzen der Kameralistik,
3. die Form des Haushaltsplans und seiner Anlagen, des mittelfristigen Finanzplans und des Investitionsprogramms,
4. die Gliederung und die Form des Jahresabschlusses und des konsolidierten Jahresabschlusses,
5. die Darstellung und die Form der Vermögensnachweise,
6. die Kassenanordnungen, die Buchführung, die Jahresrechnung und ihre Anlagen,
7. die Gliederung und die Form des Wirtschaftsplans und seiner Anlagen, des mittelfristigen Finanzplans und des Investitionsprogramms, des Jahresabschlusses, der Anlagenachweise und der Erfolgsübersicht für Eigenbetriebe und für Krankenhäuser mit kaufmännischem Rechnungswesen,

im Bayerischen Ministerialblatt bekannt. [2]Es kann solche Muster für verbindlich erklären. [3]Die Zuordnung der einzelnen Geschäftsvorfälle zu den Darstellungen gemäß Satz 1 Nrn. 2 bis 5 kann durch Verwaltungsvorschrift in gleicher Weise verbindlich festgelegt werden. [4]Die Verwaltungsvorschriften zur Darstellung des Haushaltsplans und des mittelfristigen Finanzplans sind im Einvernehmen mit dem Staatsministerium der Finanzen und für Heimat zu erlassen.

Art. 101a Bezirkswirtschaftliche Erleichterungen anlässlich der Corona-Pandemie.* [1]Das Staatsministerium des Innern, für Sport und Integration wird ermächtigt, im Einvernehmen mit dem Staatsministerium der Finanzen und für Heimat und dem Staatsministerium für Wirtschaft, Landesentwicklung und Energie durch Rechtsverordnungen für die Haushaltsjahre 2020 und 2021 Abweichungen von den bezirkswirtschaftlichen Bestimmungen des dritten Teils sowie der auf Grund des Art. 101 erlassenen Rechtsverordnungen zuzulassen, insbesondere bezüglich

1. vorübergehender Abweichungen von einer sichergestellten dauernden Leistungsfähigkeit (Art. 53 Abs. 1 Satz 2),
2. der Bekanntmachung einer nicht genehmigungspflichtigen Haushaltssatzung oder Nachtragshaushaltssatzung (Art. 57 Abs. 3, Art. 60 Abs. 1 Satz 2),
3. der Genehmigungspflicht für Verpflichtungsermächtigungen (Art. 59 Abs. 4),
4. der unverzüglichen Pflicht zum Erlass einer Nachtragshaushaltssatzung (Art. 60 Abs. 2),

---

* *Beachte Art. 103 Abs. 3.*

5. des grundsätzlichen Nachrangs der Aufnahme von Krediten (Art. 63 Abs. 1, Art. 54 Abs. 3),
6. der Beschränkung des Zwecks der Aufnahme von Krediten auf Investitionen, auf Investitionsförderungsmaßnahmen und zur Umschuldung (Art. 63 Abs. 1),
7. der rechtsaufsichtlichen Genehmigung des Gesamtbetrags vorgesehener Kreditaufnahmen und des hieran anzulegenden Maßstabs (Art. 63 Abs. 2),
8. der Geltungsdauer von Kreditermächtigungen (Art. 63 Abs. 3),
9. des Nachrangs der Aufnahme von Kassenkrediten (Art. 65 Abs. 1),
10. des Höchstbetrags für die Aufnahme von Kassenkrediten (Art. 65 Abs. 2) und
11. der Erstellung eines konsolidierten Jahresabschlusses (Art. 84 Abs. 2, Abs. 3 Satz 2, Art. 84a).

[2]Die aufgrund von Satz 1 erlassenen Rechtsverordnungen treten spätestens am 31. Dezember 2022 außer Kraft. [3]Die in den Haushaltsjahren 2020 und 2021 angelegten und betätigten Abweichungen von bezirkswirtschaftlichen Bestimmungen dürfen sich auf nachfolgende Haushaltsjahre auswirken, längstens jedoch auf das Haushaltsjahr 2032.

Art. 101b Weitere Erleichterungen anlässlich der Corona-Pandemie. * *(1) [1]Der Bezirkstag kann den Einsetzungszeitraum eines Ferienausschusses für das Jahr 2021 abweichend von Art. 28 Abs. 2 Satz 1 durch Beschluss auf drei Monate erhöhen. [2]Für die Zeiträume, in denen er keinen Ferienausschuss einsetzt, kann er dem Bezirksausschuss für die Dauer von bis zu drei Monaten, längstens bis zum Ablauf des 31. Dezember 2021, auch die Befugnisse eines Ferienausschusses nach Art. 28 Abs. 2 übertragen. [3]Der Bezirkstag kann diese Übertragung durch Beschluss um jeweils bis zu weitere drei Monate, längstens bis zum Ablauf des 31. Dezember 2021, verlängern. [4]Beschlüsse nach den Sätzen 1 bis 3 bedürfen einer Zweidrittelmehrheit der abstimmenden Bezirksräte. [5]Endet die vom Deutschen Bundestag auf Grund der Ausbreitung des neuartigen Coronavirus SARS-CoV-2 festgestellte epidemische Lage von nationaler Tragweite nach den Bestimmungen des Infektionsschutzgesetzes, treten Beschlüsse nach den Sätzen 2 und 3 eine Woche nach dem Ende der epidemischen Lage mit Wirkung für die Zukunft außer Kraft.*

(2) [1]Die Zulassung im Sinn des Art. 38a Abs. 1 Satz 1 kann für Sitzungen vor dem 1. Januar 2022 auch durch Beschluss erfolgen. [2]Der Beschluss bedarf einer Zweidrittelmehrheit der abstimmenden Bezirksräte.

Art. 102 Einschränkung von Grundrechten. Auf Grund dieses Gesetzes können die Grundrechte auf Freiheit der Person und der Unverletzlichkeit der Wohnung eingeschränkt werden (Art. 2 Abs. 2, Art. 13 des Grundgesetzes, Art. 102 und 106 Abs. 3 der Verfassung).

---

* *Beachte Art. 103 Abs. 4.*

Art. 103 Inkrafttreten, Außerkrafttreten. (1) Art. 101 dieses Gesetzes tritt am 1. Juni 1953, die übrigen Bestimmungen treten am 1. Dezember 1954 in Kraft.*

(2) Art. 38a tritt mit Ablauf des 31. Dezember 2022 außer Kraft.

(3) Art. 101a Satz 1 und 2 tritt mit Ablauf des 31. Dezember 2022, Art. 101a Satz 3 tritt mit Ablauf des 31. Dezember 2032 außer Kraft.

(4) Art. 101b tritt mit Ablauf des 31. Dezember 2021 außer Kraft.

---

* *Diese Vorschrift betrifft das Inkrafttreten des Gesetzes in der ursprünglichen Fassung vom 27.7.1953 (GVBl. S. 107). Der Zeitpunkt des Inkrafttretens der späteren Änderungen ergibt sich aus den jeweiligen Änderungsgesetzen.*

Verordnung über Aufgaben der Großen Kreisstädte (GrKrV)

(BayRS 2020-1-1-3-I)
in der Fassung der Bekanntmachung vom 25. März 1991 (GVBl. S. 123),
zuletzt geändert durch Verordnung vom 13. April 2021
(GVBl. S. 205)

Auf Grund des Art. 9 Abs. 2 Satz 1 der Gemeindeordnung und des § 36 Abs. 2 Satz 1 des Gesetzes über Ordnungswidrigkeiten erläßt die Bayerische Staatsregierung folgende Verordnung:

§ 1 [Aufgaben der Großen Kreisstädte]. (1) Die Großen Kreisstädte erfüllen im übertragenen Wirkungskreis folgende Aufgaben, die sonst vom Landratsamt als der unteren staatlichen Verwaltungsbehörde wahrzunehmen sind:
1. Aufgaben der unteren Bauaufsichtsbehörde (Art. 53 Abs. 1 der Bayerischen Bauordnung),
2. Aufgaben der Kreisverwaltungsbehörde (§ 101 des Wasserhaushaltsgesetzes – WHG –, Art. 58, 61 und 63 des Bayerischen Wassergesetzes – BayWG –)
   a) in Verfahren über eine Erlaubnis nach § 10 WHG in Verbindung mit § 15 WHG, Art. 15 und 70 BayWG für das Einleiten von Abwasser aus Kleinkläranlagen mit einem Anfall häuslicher Abwässer bis zu 8 m^3 je Tag und von Niederschlagswasser, soweit die Einleitung nicht nach § 7 Abs. 1 in Verbindung mit § 10 Abs. 1 Nr. 4 des Abwasserabgabengesetzes abgabepflichtig ist, in Gewässer,
   b) nach §§ 62, 63 WHG und der darauf gestützten Verordnung über Anlagen zum Umgang mit wassergefährdenden Stoffen vom 31. März 2010 (BGBl I S. 377) sowie der Anlagenverordnung bei Heizölverbrauchertankanlagen,
   c) nach § 101 WHG, Art. 58 und 61 BayWG in den Fällen der Buchst. a und b,
   d) nach § 78 Abs. 3 WHG,
3. Aufgaben der unteren Straßenverkehrsbehörde (Art. 4 Abs. 1 des Gesetzes über Zuständigkeiten im Verkehrswesen),
4. Aufgaben der Kreisverwaltungsbehörde zum Vollzug des Gaststättengesetzes und der auf Grund des Gaststättengesetzes ergangenen Verordnung (§ 1 Abs. 1 der Gaststättenverordnung) sowie zum Vollzug des § 15 Abs. 2 Satz 1 bezieht, die den Vorschriften des Gaststättengesetzes unterliegen,
5. Aufgaben der Kreisverwaltungsbehörde zum Vollzug der §§ 33 a und 33 i der Gewerbeordnung (GewO) sowie des § 15 Abs. 2 Satz 1 GewO, soweit sich diese Vorschrift auf Gewerbebetriebe bezieht, die den Vorschriften der §§ 33 a und 33 i GewO unterliegen (§ 1 Abs. 1 Nr. 1 der Verordnung zur Durchführung der Gewerbeordnung),

6. Aufgaben der Kreisverwaltungsbehörde zum Vollzug des Bestattungsgesetzes und der auf Grund des Bestattungsgesetzes ergangenen Verordnung (§ 31 der Bestattungsverordnung),
7. *(aufgehoben)*,
8. Aufgaben der Kreisverwaltungsbehörde zum Vollzug des § 1 Abs. 2 der Verordnung zur Durchführung des Wohnraumförderungs- und Wohnungsbindungsrechts (DVWoR),
9. Aufgaben der Kreisverwaltungsbehörde zum Vollzug des Art. 19 Abs. 3 und 5 des Landesstraf- und Verordnungsgesetzes,
10. Aufgaben der Kreisverwaltungsbehörde zum Vollzug des Prostituiertenschutzgesetzes,
11. Aufgaben der Kreisverwaltungsbehörde zum Vollzug des § 11 der Zuständigkeitsverordnung im Bauwesen, wenn das Bauprodukt ausschließlich im bauaufsichtlichen Bereich oder in einem Bereich Verwendung findet, für den den Großen Kreisstädten nach den vorstehenden Nummern der Aufgabenvollzug übertragen worden ist.

(2) Die Zuständigkeit der Großen Kreisstädte für die Verfolgung und Ahndung von Ordnungswidrigkeiten richtet sich nach der Verordnung über Zuständigkeiten im Ordnungswidrigkeitenrecht.

§ 2 [Inkrafttreten]. Diese Verordnung tritt am 1. Juli 1972 in Kraft.*

---

* *Diese Vorschrift betrifft das Inkrafttreten der Verordnung in der ursprünglichen Fassung vom 15. Juni 1972 (GVBl. S. 202). Der Zeitpunkt des Inkrafttretens der späteren Änderungen ergibt sich aus den jeweiligen Änderungsverordnungen.*

Verwaltungsgemeinschaftsordnung für den Freistaat Bayern (Verwaltungsgemeinschaftsordnung – VGemO)

(BayRS 2020-2-1-I) in der Fassung der Bekanntmachung vom 26. Oktober 1982 (GVBl. S. 965),
zuletzt geändert durch Verordnung vom 26. März 2019 (GVBl. S. 98)

INHALTSÜBERSICHT*

ERSTER TEIL

Die Verwaltungsgemeinschaft

Art. 1 Wesen und Rechtsform
Art. 2 Bildung und Erweiterung
Art. 3 Bestimmung von Name und Sitz
Art. 4 Aufgaben
Art. 5 Mitwirkung der Gemeinden
Art. 6 Organe der Verwaltungsgemeinschaft
Art. 7 Bedienstete der Verwaltungsgemeinschaft
Art. 8 Deckung des Finanzbedarfs
Art. 9 Auflösung und Entlassung
Art. 10 Bekanntmachung; Anwendung des Gesetzes über die kommunale Zusammenarbeit

ZWEITER TEIL

Übergangs- und Schlußvorschriften

Art. 11 Übergangsvorschriften
Art. 12 Inkrafttreten

ERSTER TEIL

Die Verwaltungsgemeinschaft

Art. 1 Wesen und Rechtsform. (1) [1]Die Verwaltungsgemeinschaft ist ein Zusammenschluß benachbarter kreisangehöriger Gemeinden unter Aufrechterhaltung des Bestands der beteiligten Gemeinden. [2]Sie erfüllt öffentliche Aufgaben nach Maßgabe der folgenden Bestimmungen und dient der Stärkung der Leistungs- und Verwaltungskraft ihrer Mitglieder.

(2) [1]Die Verwaltungsgemeinschaft ist eine Körperschaft des öffentlichen Rechts. [2]Sie kann Dienstherr von Beamten sein.

Art. 2 Bildung und Erweiterung. (1) Verwaltungsgemeinschaften können gebildet werden,
1. wenn die beteiligten Gemeinden einverstanden sind,
2. gegen den Willen beteiligter Gemeinden, wenn Gründe des öffentlichen Wohls vorliegen; die beteiligten Gemeinden sind vorher zu hören.

(2) Eine Gemeinde kann in eine bestehende Verwaltungsgemeinschaft aufgenommen werden,
1. wenn die Gemeinde, die Verwaltungsgemeinschaft und deren Mitgliedsgemeinden einverstanden sind,

* *Inhaltsübersicht nicht amtlich.*

2. gegen den Willen der Gemeinde, der Verwaltungsgemeinschaft oder einer Mitgliedsgemeinde, wenn Gründe des öffentlichen Wohls vorliegen; die Gemeinde, die Verwaltungsgemeinschaft und deren Mitgliedsgemeinden sind vorher zu hören.

(3) Verwaltungsgemeinschaften werden durch Gesetz gebildet oder erweitert.

(4) Die mit der Bildung oder Erweiterung von Verwaltungsgemeinschaften zusammenhängenden Rechts- und Verwaltungsfragen regelt die Regierung.

(5) [1]Im Fall der Bildung einer Verwaltungsgemeinschaft dürfen bis zur Bekanntmachung ihrer ersten Haushaltssatzung ausgabenwirksame Maßnahmen nur getroffen werden, wenn und soweit sie für eine ordnungsgemäße Aufgabenerfüllung unerläßlich sind; insoweit dürfen Ausgaben geleistet werden. [2]Bis zum gleichen Zeitpunkt kann die Verwaltungsgemeinschaft nach Maßgabe des Art. 8 Abs. 1 Sätze 1 und 2 eine vorläufige Umlage erheben. [3]Sie kann ferner einen vorläufigen Höchstbetrag für Kassenkredite festsetzen. [4]Der Stellenplan gilt insoweit als festgesetzt, als Beamte und Angestellte von Mitgliedsgemeinden übernommen werden.

Art. 3 Bestimmung von Name und Sitz. (1) Name und Sitz einer neuen Verwaltungsgemeinschaft werden durch Rechtsverordnung der Regierung bestimmt, sofern das nach Art. 2 Abs. 3 erlassene Gesetz dazu nichts bestimmt.

(2) [1]Die Regierung kann durch Rechtsverordnung nach Anhörung der Verwaltungsgemeinschaft deren Namen und Sitz ändern. [2]Die Namensänderung setzt ein öffentliches Bedürfnis, die Sitzänderung ein dringendes öffentliches Bedürfnis voraus.

Art. 4 Aufgaben. (1) [1]Die Verwaltungsgemeinschaft nimmt alle Angelegenheiten des übertragenen Wirkungskreises ihrer Mitgliedsgemeinden wahr, ausgenommen den Erlaß von Satzungen und Verordnungen. [2]Die Mitgliedsgemeinden sind über die sie betreffenden Vorgänge im übertragenen Wirkungskreis zu informieren. [3]Das Staatsministerium des Innern, für Sport und Integration kann durch Rechtsverordnung allgemein bestimmen, daß einzelne Aufgaben des übertragenen Wirkungskreises bei den Mitgliedsgemeinden verbleiben.

(2) [1]Die Mitgliedsgemeinden der Verwaltungsgemeinschaft erfüllen die Aufgaben des eigenen Wirkungskreises. [2]Die Verwaltungsgemeinschaft führt dabei die Aufgaben nach den folgenden Sätzen 3 und 4 als Behörde der jeweiligen Mitgliedsgemeinde nach deren Weisung aus; der erste Bürgermeister kann die Mitgliedsgemeinde auch insoweit vertreten. [3]Der Verwaltungsgemeinschaft obliegen die verwaltungsmäßige Vorbereitung und der verwaltungsmäßige Vollzug der Beschlüsse der Mitgliedsgemeinden sowie die Besorgung der laufenden Verwaltungsangelegenheiten, die für die Mitgliedsgemeinden keine grundsätzliche Bedeutung haben und keine erheblichen Verpflichtungen erwarten lassen. [4]Das gleiche gilt für die Aufgaben, die nach Absatz 1 bei den Mitgliedsgemeinden verbleiben.

(3) Die Mitgliedsgemeinden können durch Zweckvereinbarung einzelne Aufgaben und Befugnisse des eigenen Wirkungskreises auf die Verwaltungsgemeinschaft übertragen.

(4) [1]Mit dem Inkrafttreten des Gesetzes (Art. 2 Abs. 3) tritt die Verwaltungsgemeinschaft an die Stelle von Zweckverbänden, die aus denselben Mitgliedern wie die Verwaltungsgemeinschaft bestehen; solche Zweckverbände können nicht neu gebildet werden. [2]Andere Zweckverbände können ihre Verwaltungsaufgaben (Absatz 2) durch Zweckvereinbarung auf die Verwaltungsgemeinschaft übertragen. [3]Die Aufgaben und Befugnisse von Verbänden, die nicht auf Grund des Gesetzes über die kommunale Zusammenarbeit, sondern auf Grund anderer Rechtsvorschriften gebildet sind, können nach Maßgabe der für sie geltenden Vorschriften auf die Verwaltungsgemeinschaft übertragen werden.

(5) Die Verwaltungsgemeinschaft soll ihre Mitgliedsgemeinden bei der Erfüllung der übrigen gemeindlichen Aufgaben beraten.

Art. 5 Mitwirkung der Gemeinden. Die Mitgliedsgemeinden sind verpflichtet, die Verwaltungsgemeinschaft bei der Durchführung ihrer Aufgaben zu unterstützen.

Art. 6 Organe der Verwaltungsgemeinschaft. (1) Die Verwaltungsgemeinschaft wird durch die Gemeinschaftsversammlung verwaltet, soweit nicht der Gemeinschaftsvorsitzende zuständig ist.

(2) [1]Die Gemeinschaftsversammlung besteht aus den Vertretern der Mitgliedsgemeinden. [2]Vertreter sind die ersten Bürgermeister und je ein Gemeinderatsmitglied; für jedes volle Tausend ihrer Einwohner entsenden die Mitgliedsgemeinden ein weiteres Gemeinderatsmitglied. [3]Die ersten Bürgermeister werden im Fall der Verhinderung durch ihre Stellvertreter vertreten. [4]Für jedes der übrigen Mitglieder der Gemeinschaftsversammlung ist für den Fall, daß es verhindert ist oder den ersten Bürgermeister nach Satz 3 vertritt, ein Stellvertreter aus der Mitte des Gemeinderats zu bestellen. [5]Bei der Bestellung der übrigen Mitglieder und ihrer Stellvertreter gelten Art. 33 Abs. 1 Sätze 2 bis 5 der Gemeindeordnung (GO) entsprechend. [6]Jede Mitgliedsgemeinde hat so viele einzeln abzugebende Stimmen, als Vertreter von ihr anwesend sind.

(3) [1]Die Gemeinschaftsversammlung wählt aus ihrer Mitte einen der ersten Bürgermeister zum Gemeinschaftsvorsitzenden und einen oder zwei Stellvertreter, und zwar je auf die Dauer ihres gemeindlichen Amts. [2]Die Vertreter der Mitgliedsgemeinden sind insoweit an Weisungen nicht gebunden.

(4) [1]Für die Aufgaben und Befugnisse des Gemeinschaftsvorsitzenden gelten die Vorschriften über die Zuständigkeit des Verbandsvorsitzenden eines Zweckverbands entsprechend. [2]Er führt die Dienstaufsicht über die Dienstkräfte der Verwaltungsgemeinschaft und ist Dienstvorgesetzter ihrer Beamten.

Art. 7 Bedienstete der Verwaltungsgemeinschaft. (1) [1]Die Verwaltungsgemeinschaft stellt das fachlich geeignete Verwaltungspersonal an, das erforderlich ist, um den ordnungsmäßigen Gang der Geschäfte zu gewährleisten. [2]Unbeschadet der Verpflichtung nach Satz 1 soll die Verwaltungsgemeinschaft mindestens einen Beamten haben, der in der Fachlaufbahn Verwaltung und Finanzen, fachlicher Schwerpunkt nichttechnischer Verwaltungsdienst, für ein Amt ab der Besoldungsgruppe A 10 qualifiziert ist.

(2) [1]Der Gemeinschaftsvorsitzende kann dem Leiter der Geschäftsstelle laufende Angelegenheiten zur selbständigen Erledigung übertragen. [2]Der Leiter der Geschäftsstelle nimmt an den Sitzungen der Gemeinschaftsversammlung beratend teil.

Art. 8 Deckung des Finanzbedarfs. (1) [1]Die Verwaltungsgemeinschaft erhebt von ihren Mitgliedsgemeinden eine Umlage, soweit ihre sonstigen Einnahmen nicht ausreichen, um ihren Finanzbedarf zu decken. [2]Die Umlage wird für die Aufgaben nach Art. 4 Abs. 1 und 2 nach dem Verhältnis der Einwohnerzahl der Mitgliedsgemeinden bemessen; maßgebend ist die auf der Grundlage der letzten Volkszählung fortgeschriebene Einwohnerzahl nach dem Stand vom 30. Juni des vorausgegangenen Jahres. [3]Durch einstimmigen Beschluß der Gemeinschaftsversammlung kann eine andere Regelung getroffen werden. [4]Die Regierung soll für die Bemessung der Umlage ein anderes Verhältnis festlegen oder die Umlage für eine oder mehrere Mitgliedsgemeinden abweichend von Satz 2 festsetzen, wenn das erforderlich ist, um eine unbillige Härte zu vermeiden. [5]Der Kostenersatz für die Wahrnehmung der Aufgaben nach Art. 4 Abs. 3 und 4 Satz 2 bleibt der besonderen Regelung in der Zweckvereinbarung vorbehalten. [6]In den Fällen des Art. 4 Abs. 4 Sätze 1 und 3 verbleibt es bei der bisherigen Kostenregelung, soweit sie nicht durch Beschluß der Gemeinschaftsversammlung mit den Stimmenzahlen der Mitglieder des früheren Verbands aufgehoben wird.

(2) [1]Die Verwaltungsgemeinschaft ist verpflichtet, eine Haushaltssatzung zu erlassen. [2]Die Höhe der Umlage ist für jedes Rechnungsjahr durch Beschluß der Gemeinschaftsversammlung in der Haushaltssatzung festzusetzen.

Art. 9 Auflösung und Entlassung. (1) Aus Gründen des öffentlichen Wohls kann
1. eine Verwaltungsgemeinschaft aufgelöst werden,
2. eine Mitgliedsgemeinde aus einer Verwaltungsgemeinschaft entlassen werden.

(2) [1]Maßnahmen nach Absatz 1 werden durch Gesetz vorgenommen. [2]Die Verwaltungsgemeinschaft und die Mitgliedsgemeinden sind vorher zu hören.

(3) Die mit der Auflösung oder Entlassung zusammenhängenden Rechts- und Verwaltungsfragen regelt die Regierung.

[4]Im Fall der Auflösung der Verwaltungsgemeinschaft bestimmt die Regierung eine Gemeinde oder eine neu entstehende Verwaltungsgemeinschaft zur Gesamtrechtsnachfolgerin, die im Bereich der bisherigen Verwaltungsgemeinschaft deren Geschäfte einschließlich der Rechnungslegung abwickelt. [2]Über das Ergebnis der Haushaltswirtschaft und das Vermögen setzen sich die bishe-

rigen Mitgliedsgemeinden durch Übereinkunft auseinander. [3]Im Fall der Entlassung einer Mitgliedsgemeinde findet eine Auseinandersetzung zwischen der Verwaltungsgemeinschaft und der entlassenen Gemeinde statt. [4]Der Übereinkunft kommt mit dem in ihr bestimmten Zeitpunkt, frühestens jedoch mit Rechtswirksamkeit der Auflösung oder Entlassung, unmittelbar rechtsbegründende Wirkung zu. [5]Kommt eine Übereinkunft nicht zustande, so entscheiden das Verwaltungsgericht und in der Berufungsinstanz der Verwaltungsgerichtshof als Schiedsgerichte.

Art. 10 Bekanntmachung; Anwendung des Gesetzes über die kommunale Zusammenarbeit. (1) [1]Rechtsvorschriften der Verwaltungsgemeinschaft sind im Amtsblatt der Verwaltungsgemeinschaft amtlich bekanntzumachen. [2]Unterhält die Verwaltungsgemeinschaft kein Amtsblatt, so sind die Rechtsvorschriften im Amtsblatt des Landkreises oder des Landratsamts, sonst in anderen regelmäßig erscheinenden Druckwerken amtlich bekanntzumachen. [3]Die amtliche Bekanntmachung kann auch dadurch bewirkt werden, daß die Rechtsvorschrift in der Geschäftsstelle der Verwaltungsgemeinschaft niedergelegt und die Niederlegung durch Anschlag an den für öffentliche Bekanntmachungen allgemein bestimmten Stellen oder durch Mitteilung in einer Tageszeitung bekanntgegeben wird; diese Form der Bekanntmachung ist nur zulässig, wenn sämtliche Mitgliedsgemeinden dieselbe Art der Bekanntmachung gewählt haben. [4]Für die öffentliche Bekanntmachung von Verwaltungsakten, Ladungen und sonstigen Mitteilungen gilt Art. 27 Abs. 2 GO entsprechend.

(2) Soweit nichts anderes bestimmt ist, gelten für die Verwaltungsgemeinschaft die Bestimmungen des Gesetzes über die kommunale Zusammenarbeit entsprechend.

ZWEITER TEIL

Übergangs- und Schlußvorschriften

Art. 11 Übergangsvorschriften. (1) [1]Für Rechtsgeschäfte, die aus Anlaß der Bildung, Erweiterung oder Auflösung einer Verwaltungsgemeinschaft oder der Entlassung von Mitgliedsgemeinden aus einer Verwaltungsgemeinschaft erforderlich werden, werden Abgaben nicht erhoben, soweit eine Befreiung landesrechtlich zulässig ist. [2]Auslagen werden nicht ersetzt.

(2) Die Behandlung der Verwaltungsgemeinschaften im Finanzausgleich bleibt besonderer gesetzlicher Regelung vorbehalten; die Bildung von Verwaltungsgemeinschaften ist dabei finanziell zu fördern.

Art. 12 Inkrafttreten. (1) *Art. 4 dieses Gesetzes* tritt am 1. Januar 1976, *Art. 17* am 1. Januar 1970 in Kraft.*

(2) Im übrigen tritt das Gesetz am 1. August 1971 in Kraft.

---

* *Betrifft die ursprüngliche Fassung – Erstes Gesetz zur Stärkung der kommunalen Selbstverwaltung – vom 27. Juli 1971 (GVBl. S. 247). Der Zeitpunkt des Inkrafttretens der späteren Änderungen ergibt sich aus den jeweiligen Änderungsverordnungen.*

Verordnung über Aufgaben der Mitgliedsgemeinden von Verwaltungsgemeinschaften

(BayRS 2020-2-1-1-I) vom 30. April 1995 (GVBl. S. 259),
zuletzt geändert durch Verordnung vom 23. Dezember 2020 (GVBl. S. 663)

Auf Grund des Art. 4 Abs. 1 Satz 3 der Verwaltungsgemeinschaftsordnung (BayRS 2020-2-1-I), geändert durch § 2 des Gesetzes vom 10. Juni 1994 (GVBl. S. 426), erlässt das Bayerische Staatsministerium des Innern folgende Verordnung:

§ 1 [Aufgaben der Mitgliedsgemeinden]. Bei den Mitgliedsgemeinden von Verwaltungsgemeinschaften verbleiben folgende Aufgaben des übertragenen Wirkungskreises:

1. die Aufgaben der unteren Bauaufsichtsbehörden nach Art. 53 Abs. 2, die Erklärung nach Art. 58 Abs. 1 Nr. 5, Entscheidungen nach Art. 63 Abs. 3, die Stellungnahme nach Art. 64 Abs. 1 Satz 2, das Widersprechen nach Art. 73 Abs. 1 Satz 3 und die Äußerung bei der Anhörung nach Art. 73 Abs. 2 Satz 4 der Bayerischen Bauordnung,
2. die Wahrnehmung der Aufgaben der Katastrophenschutzbehörde bei fehlender Verbindung zur Kreisverwaltungsbehörde nach Art. 2 Abs. 1 Satz 2 des Bayerischen Katastrophenschutzgesetzes,
3. die Unterstützung benachbarter Gemeinden bei unaufschiebbaren Vorkehrungen zur Abwendung von Wasser- und Eisgefahr nach Art. 66 Abs. 1 des Bayerischen Wassergesetzes,
4. die Aufstellung der Vorschlagslisten für Schöffen nach § 36 des Gerichtsverfassungsgesetzes,
5. die Wahrnehmung der Aufgaben der örtlichen Straßenverkehrsbehörde nach Art. 2 Nr. 1, Art. 3 des Gesetzes über Zuständigkeiten im Verkehrswesen,
6. die Vornahme des Sühneversuchs in Privatklageverfahren nach Art. 49 des Gesetzes zur Ausführung des Gerichtsverfassungsgesetzes und von Verfahrensgesetzen des Bundes,
7. die Durchführung des Zertifizierungsverfahrens sowie des Kontrollverfahrens für Hopfen und Hopfenerzeugnisse, die nicht der Zertifizierung unterliegen, und die amtliche Aufsicht in den Zertifizierungsstellen außerhalb der gemeindlichen Siegelhallen nach § 5 Nr. 3 der Verordnung über Zuständigkeiten zur Ausführung von Verordnungen der Europäischen Gemeinschaften im Geschäftsbereich des Bayerischen Staatsministeriums für Ernährung, Landwirtschaft und Forsten,
8. der Vollzug von Satzungen und Verordnungen des übertragenen Wirkungskreises,
9. die Entscheidung über Gastschulverhältnisse nach Art. 43 Abs. 1 des Bayerischen Gesetzes über das Erziehungs- und Unterrichtswesen,

10. die Anordnung von Ausnahmen von der Sperrzeit für einzelne Betriebe nach § 11 der Gaststättenverordnung.

§ 2 [Inkrafttreten]. [1]Diese Verordnung tritt am 1. Juni 1995 in Kraft.* [2]Gleichzeitig tritt die Verordnung über Aufgaben der Mitgliedsgemeinden von Verwaltungsgemeinschaften vom 25. September 1979 (BayRS 2020-2-1-1-I), zuletzt geändert durch Verordnung vom 24. August 1993 (GVBl. S. 641), außer Kraft.

---

* *Diese Vorschrift betrifft das Inkrafttreten der Verordnung in der ursprünglichen Fassung vom 30. April 1995 (GVBl. S. 259). Der Zeitpunkt des Inkrafttretens der späteren Änderungen ergibt sich aus den jeweiligen Änderungsverordnungen.*

Verordnung über die amtliche Bekanntmachung gemeindlicher Satzungen und von Rechtsvorschriften der Verwaltungsgemeinschaften (Bekanntmachungsverordnung – BekV)

(BayRS 2020-1-1-2-I) vom 19. Januar 1983 (GVBl. S. 14)

Auf Grund des Art. 123 Abs. 1 Satz 1 der Gemeindeordnung (GO) und des Art. 10 Abs. 2 der Verwaltungsgemeinschaftsordnung (VGemO) in Verbindung mit Art. 27 Abs. 1 Satz 1* des Gesetzes über die kommunale Zusammenarbeit (KommZG) erläßt das Bayerische Staatsministerium des Innern folgende Verordnung:

INHALTSÜBERSICHT**

§ 1	Regelung der amtlichen Bekanntmachung	§ 3	Bekanntmachungsvermerk; Mitteilungspflicht
§ 2	Tag der amtlichen Bekanntmachung	§ 4	Sammlung der Vorschriften
		§ 5	Inkrafttreten

§ 1 Regelung der amtlichen Bekanntmachung. (1) [1]Gemeinden, die kein Amtsblatt im Sinn des Art. 26 Abs. 2 Satz 1 GO haben, müssen in der Geschäftsordnung oder durch Beschluß des Gemeinderats die Art der Bekanntmachung und das Amtsblatt oder regelmäßig erscheinende Druckwerk oder den Ort, an dem die Amtstafel (Gemeindetafel) aufgestellt ist, oder die Tageszeitung im Sinn des Art. 26 Abs. 2 Satz 2 GO bestimmen. [2]Eine andere als die bestimmte Art der Bekanntmachung darf nur gewählt werden, wenn im Einzelfall ein wichtiger Grund es erfordert; in diesem Fall ist auf die Satzung und die Art ihrer Bekanntmachung an der Stelle hinzuweisen, an der die Satzungen sonst abzudrucken sind oder ihre Niederlegung bekanntzugeben ist.

(2) [1]Gemeinden, die ihre Satzungen nach Art. 26 Abs. 2 Satz 2 Halbsatz 2 GO durch Niederlegung und Bekanntgabe der Niederlegung durch Anschlag amtlich bekanntmachen, müssen in der Gemeinde eine Amtstafel (Gemeindetafel) unterhalten und dort die Anschläge anheften, mit denen die Niederlegung bekanntgegeben wird. [2]Die Gemeinden sollen weitere Gemeindetafeln in größeren, siedlungsmäßig selbständigen Gemeindeteilen unterhalten und die Anschläge auch an diesen Gemeindetafeln anheften. [3]Die Anschläge sollen 14 Tage angeheftet bleiben.

(3) [1]Für die amtliche Bekanntmachung von Rechtsvorschriften der Verwaltungsgemeinschaften gelten die Absätze 1 und 2 entsprechend. [2]Verwaltungs-

* *Nunmehr Art. 26 Abs. 1 Satz 1.*
** *Inhaltsübersicht nicht amtlich.*

gemeinschaften, die ihre Rechtsvorschriften nach Art. 10 Abs. 1 Satz 3 VGemO durch Niederlegung und Bekanntgabe der Niederlegung durch Anschlag amtlich bekanntmachen, müssen am Sitz der Verwaltungsgemeinschaft eine Amtstafel unterhalten; der Anschlag soll auch an den Gemeindetafeln der Mitgliedsgemeinden angeheftet werden.

§ 2 Tag der amtlichen Bekanntmachung. [1]Wird eine gemeindliche Satzung oder eine Rechtsvorschrift einer Verwaltungsgemeinschaft durch Abdruck in einem Amtsblatt oder in einem anderen regelmäßig erscheinenden Druckwerk amtlich bekanntgemacht, so ist sein Ausgabetag der Tag der amtlichen Bekanntmachung. [2]Wird eine solche Vorschrift nach Art. 26 Abs. 2 Satz 2 Halbsatz 2 GO oder Art. 10 Abs. 1 Satz 3 VGemO amtlich bekanntgemacht, so ist Tag der amtlichen Bekanntmachung der Tag, an dem die Niederlegung durch Anschlag bekanntgegeben wird, oder der Ausgabetag der Tageszeitung; der Anschlag darf erst angebracht oder die Mitteilung in der Tageszeitung erst bekanntgegeben werden, wenn die Niederlegung erfolgt ist.

§ 3 Bekanntmachungsvermerk; Mitteilungspflicht. [1]Auf gemeindlichen Satzungen oder Rechtsvorschriften einer Verwaltungsgemeinschaft, die nicht in einem Amtsblatt amtlich bekanntgemacht worden sind, sollen die Art und der Tag ihrer amtlichen Bekanntmachung vermerkt werden. [2]Die Vorschriften sind mit Bekanntmachungsvermerk in beglaubigter Abschrift oder Ablichtung in doppelter Fertigung der Rechtsaufsichtsbehörde zu übersenden, bewehrte Satzungen außerdem dem Amtsgericht, zu dessen Bezirk die Gemeinde oder Verwaltungsgemeinschaft gehört, und der örtlich zuständigen Polizeidienststelle.

§ 4 Sammlung der Vorschriften. [1]Die Vorschriften sind zu sammeln und für die Dauer ihrer Gültigkeit zur Einsicht bereitzuhalten; auf Verlangen sind Abschriften oder Ablichtungen zu erteilen. [2]Das gilt auch für Vorschriften, die vor dem Inkrafttreten dieser Verordnung erlassen worden sind.

§ 5 Inkrafttreten. [1]Diese Verordnung tritt am 1. April 1983 in Kraft. [2]Gleichzeitig tritt die Verordnung über die amtliche Bekanntmachung gemeindlicher Satzungen (Bekanntmachungsverordnung – BekV) vom 3. März 1959 (GVBl. S. 121) außer Kraft.

Kommunalabgabengesetz (KAG)

(BayRS 2024-1-I)
in der Fassung der Bekanntmachung vom 4. April 1993 (GVBl. S. 264),
zuletzt geändert durch Gesetz vom 10. Dezember 2021 (GVBl. S. 638)

INHALTSÜBERSICHT*

I. Abschnitt
Abgaben nach diesem Gesetz

Art. 1 Abgabenberechtigte
Art. 2 Abgabesatzung
Art. 3 Örtliche Verbrauch- und Aufwandsteuern
Art. 4 *(aufgehoben)*
Art. 5 Beiträge
Art. 5a Erschließungsbeitrag
Art. 5b *(aufgehoben)*
Art. 6 Fremdenverkehrsbeitrag
Art. 7 Kurbeitrag
Art. 8 Benutzungsgebühren
Art. 9 Erstattung von Kosten für Grundstücksanschlüsse

II. Abschnitt
Allgemeine Vorschriften für Kommunalabgaben

Art. 10 Geltungsbereich
Art. 11 Verpflichtung Dritter
Art. 12 Abgabebescheide
Art. 13 Anwendung von Vorschriften der Abgabenordnung; besondere Vorschriften
Art. 14 Abgabehinterziehung
Art. 15 Leichtfertige Abgabeverkürzung
Art. 16 Abgabegefährdung
Art. 17 Geldbußen

III. Abschnitt
Verwaltung der kommunalen Steuern

Art. 18 Zuständigkeit

IV. Abschnitt
Übergangs- und Schlußvorschriften

Art. 19 Übergangsvorschriften
Art. 19a Härteausgleich Straßenausbaubeitrag
Art. 20 Einschränkung von Grundrechten
Art. 21 Inkrafttreten

I. Abschnitt

Abgaben nach diesem Gesetz

Art. 1 Abgabenberechtigte. Die Gemeinden, Landkreise und Bezirke sind berechtigt, nach diesem Gesetz Abgaben zu erheben, soweit nicht Bundesrecht oder Landesrecht etwas anderes bestimmen.

Art. 2 Abgabesatzung. (1) [1]Die Abgaben werden auf Grund einer besonderen Abgabesatzung erhoben. [2]Die Satzung muß die Schuldner, den die Abgabe begründenden Tatbestand, den Maßstab, den Satz der Abgabe sowie die Entstehung und die Fälligkeit der Abgabeschuld bestimmen. [3]In der Satzung können für die elektronische Übermittlung der für die Ermittlung und Festsetzung

* *Inhaltsübersicht nicht amtlich.*

der Abgaben erforderlichen Daten Bestimmungen über diese Daten und zum Übermittlungsverfahren getroffen werden; § 87a Abs. 6 der Abgabenordnung (AO) gilt unabhängig von etwaigen Satzungsregelungen für das zur Verfügung gestellte Übermittlungsverfahren sinngemäß.

(2) Das Staatsministerium des Innern, für Sport und Integration kann Mustersatzungen erlassen, die im Bayerischen Ministerialblatt veröffentlicht werden.

(3)* [1]Satzungen nach Art. 3 bedürfen der Genehmigung durch die Rechtsaufsichtsbehörde, wenn durch die Satzung erstmalig eine in Bayern bisher nicht erhobene kommunale Steuer eingeführt wird. [2]Die Genehmigung bedarf der Zustimmung des Staatsministeriums des Innern, für Sport und Integration. [3]Genehmigung und Zustimmung dürfen nur versagt werden, wenn die Satzung höherrangigem Recht widerspricht oder wenn die Steuer öffentliche Belange, insbesondere volkswirtschaftliche oder steuerliche Interessen des Staates, beeinträchtigt.

Art. 3 Örtliche Verbrauch- und Aufwandsteuern. (1) Die Gemeinden können örtliche Verbrauch- und Aufwandsteuern erheben, solange und soweit diese nicht bundesrechtlich geregelten Steuern gleichartig sind.

(2) [1]Die Landkreise können örtliche Verbrauch- und Aufwandsteuern, die bundesrechtlich geregelten Steuern nicht gleichartig sind, dort erheben, wo die kreisangehörige Gemeinde diese Steuern nicht selbst erhebt. [2]Die kreisangehörigen Gemeinden dürfen Steuern, die der Landkreis erhebt, nur vom Beginn eines Jahres an selbst erheben.

(3) [1]Eine Getränkesteuer, eine Jagdsteuer, eine Speiseeissteuer und eine Vergnügungssteuer dürfen nicht erhoben werden. [2]Eine Steuer auf das Innehaben einer Wohnung wird nicht erhoben, wenn die Summe der positiven Einkünfte des Steuerpflichtigen nach § 2 Abs. 1, 2 und 5a des Einkommensteuergesetzes (EStG) im vorletzten Jahr vor Entstehen der Steuerpflicht 29 000 € nicht überschritten hat. [3]Bei nicht dauernd getrennt lebenden Ehegatten und Lebenspartnern beträgt die Summe der positiven Einkünfte 37 000 €. [4]Bezieht der Steuerpflichtige Leistungen nach § 22 Nr. 1 Satz 3 Buchst. a oder Nr. 5 Satz 2 Buchst. a EStG, ist den positiven Einkünften der nicht steuerpflichtige Anteil der Leistungen hinzuzurechnen. [5]Ist die Summe der positiven Einkünfte im Steuerjahr voraussichtlich niedriger, so ist von den Einkommensverhältnissen dieses Jahres auszugehen. [6]Die Steuer wird nicht höher festgesetzt als ein Drittel des Betrags, um den die Summe der positiven Einkünfte 29 000 € bzw. 37 000 € übersteigt. [7]Entscheidungen nach den Sätzen 2 bis 6 setzen einen Antrag voraus, der bis zum Ende des Kalendermonats, der auf das Steuerjahr

---

* *Vgl. hierzu § 11 Abs. 1 des Gesetzes zur Änderung des Kommunalrechts vom 26. Juli 2004 (GVBl. S. 272):*

§ 11 Übergangsvorschrift, In-Kraft-Treten. (1) Art. 2 Abs. 3 des Kommunalabgabengesetzes gilt nicht für diejenige Satzung, mit der erstmalig in Bayern die Zweitwohnungssteuer eingeführt wird.

folgt, gestellt sein muss. [8]Sie stehen in den Fällen des Satzes 5 unter dem Vorbehalt der Nachforderung.

(4) [1]Vereinbarungen mit einem Steuerschuldner über die Abrechnung, Fälligkeit, Erhebung und Pauschalierung örtlicher Verbrauch- und Aufwandsteuern sind zulässig, soweit sie die Besteuerung vereinfachen und das steuerliche Ergebnis im Einzelfall voraussichtlich nicht wesentlich verändern. [2]Die Vereinbarungen sind jederzeit widerruflich.

Art. 4 *(aufgehoben)*

Art. 5 Beiträge. (1) [1]Die Gemeinden und Landkreise können zur Deckung des Aufwands für die Herstellung, Anschaffung, Verbesserung oder Erneuerung ihrer öffentlichen Einrichtungen (Investitionsaufwand) Beiträge von den Grundstückseigentümern und Erbbauberechtigten erheben, denen die Möglichkeit der Inanspruchnahme dieser Einrichtungen besondere Vorteile bietet. [2]Der Investitionsaufwand umfaßt auch den Wert der von der Gebietskörperschaft aus ihrem Vermögen bereitgestellten Sachen und Rechte im Zeitpunkt der Bereitstellung sowie der vom Personal des Beitragsberechtigten erbrachten Werk- und Dienstleistungen für die technische Herstellung der Einrichtung; er ist beitragsfähig, soweit er erforderlich ist. [3]Für die Verbesserung oder Erneuerung von Ortsstraßen, beschränkt-öffentlichen Wegen, in der Baulast der Gemeinden stehenden Teilen von Ortsdurchfahrten und der Straßenbeleuchtung (Straßenausbaubeitragsmaßnahmen) werden keine Beiträge erhoben; Art. 5a bleibt unberührt. [4]Bei der Ermittlung von Beiträgen für die Herstellung und Anschaffung leitungsgebundener Einrichtungen kann der durchschnittliche Investitionsaufwand für die gesamte Einrichtung veranschlagt und zugrunde gelegt werden. [5]Bei leitungsgebundenen Einrichtungen kann der Aufwand, unbeschadet der Art. 21 Abs. 2 der Gemeindeordnung (GO), Art. 15 Abs. 2 der Landkreisordnung und Art. 15 Abs. 2 der Bezirksordnung nicht für bestimmte Abschnitte der Einrichtung ermittelt werden; bei nicht leitungsgebundenen Einrichtungen kann der Aufwand für mehrere Einrichtungen, die für die Erschließung der Grundstücke eine Einheit bilden, insgesamt ermittelt werden. [6]Der Beitrag kann für den Grunderwerb, die Freilegung und für Teile der nichtleitungsgebundenen Einrichtung selbständig erhoben werden (Kostenspaltung).

(1a) Die Gemeinden und Landkreise sollen die voraussichtlich Beitragspflichtigen möglichst frühzeitig über beabsichtigte beitragsfähige Vorhaben und das Verfahren der Beitragserhebung einschließlich in Betracht kommender Billigkeitsmaßnahmen informieren.

(2) [1]Sind die Vorteile der Beitragspflichtigen verschieden hoch, so sind die Beiträge entsprechend abzustufen. [2]Beitragsmaßstäbe sind insbesondere
1. die Art und das Maß der baulichen oder sonstigen Nutzung,
2. die Grundstücksflächen,

sowie Kombinationen hieraus. [3]In der Beitragssatzung kann bestimmt werden, daß Grundstücke bis zu ihrer Bebauung oder gewerblichen Nutzung nur mit dem auf die Grundstücksfläche entfallenden Beitrag herangezogen werden. [4]In der Beitragssatzung für leitungsgebundene Einrichtungen soll bestimmt werden, daß Gebäude oder selbständige Gebäudeteile, die nach der Art ihrer Nutzung keinen Bedarf nach Anschluß an die gemeindliche Einrichtung auslösen oder nicht angeschlossen werden dürfen, nicht zum Beitrag herangezogen werden; das gilt nicht für Gebäude oder Gebäudeteile, die tatsächlich angeschlossen sind. [5]Stellt der Beitragsmaßstab von Beitragssatzungen für leitungsgebundene Einrichtungen nicht auf die vorhandene Bebauung ab, soll bestimmt werden, dass der auf solche Gebäude oder Gebäudeteile entfallende Beitragsteil als Abzugsposten Berücksichtigung findet. [6]Für übergroße Grundstücke in unbeplanten Gebieten ist in der Beitragssatzung für leitungsgebundene Einrichtungen eine Begrenzung der beitragspflichtigen Grundstücksfläche vorzunehmen.

(2a) [1]Ändern sich die für die Beitragsbemessung maßgeblichen Umstände nachträglich und erhöht sich dadurch der Vorteil, so entsteht damit ein zusätzlicher Beitrag. [2]Die Beitragspflichtigen sind verpflichtet, dem Beitragsgläubiger für die Höhe des Beitrags maßgebliche Veränderungen unverzüglich zu melden und über den Umfang dieser Veränderungen, auf Verlangen auch unter Vorlage entsprechender Unterlagen, Auskunft zu erteilen.

(3) [1]Kommt die Einrichtung neben den Beitragspflichtigen nicht nur unbedeutend auch der Allgemeinheit zugute, so ist in der Abgabesatzung (Art. 2) eine Eigenbeteiligung vorzusehen. [2]Die Eigenbeteiligung muß die Vorteile für die Allgemeinheit angemessen berücksichtigen.

(4) Steht im Zeitpunkt des Satzungserlasses der Aufwand nach Absatz 1 noch nicht fest, so kann in Abweichung von Art. 2 Abs. 1 davon abgesehen werden, den Abgabesatz festzulegen; es müssen aber die wesentlichen Bestandteile der einzelnen Einrichtung in der Satzung nach Art und Umfang bezeichnet und der umzulegende Teil der Gesamtkosten bestimmt sein.

(5) [1]Für ein Grundstück, für das eine Beitragspflicht noch nicht oder nicht in vollem Umfang entstanden ist, können Vorauszahlungen auf den Beitrag verlangt werden, wenn mit der Herstellung, Anschaffung, Verbesserung oder Erneuerung der Einrichtung begonnen worden ist. [2]Die Vorauszahlung ist mit der endgültigen Beitragsschuld zu verrechnen, auch wenn der Vorauszahlende nicht beitragspflichtig ist. [3]Ist die Beitragspflicht sechs Jahre nach Erlaß des Vorauszahlungsbescheids noch nicht entstanden, kann die Vorauszahlung zurückverlangt werden, wenn die Einrichtung bis zu diesem Zeitpunkt noch nicht benutzbar ist. [4]Die Rückzahlungsschuld ist ab Erhebung der Vorauszahlung mit zwei Prozentpunkten über dem Basiszinssatz nach § 247 des Bürgerlichen Gesetzbuchs (BGB) jährlich zu verzinsen. [5]Ist eine Beitragspflicht bereits entstanden, können Vorschüsse auf den Beitrag erhoben werden, sofern die endgültige Beitragsschuld noch nicht berechnet werden kann.

(6) [1]Beitragspflichtig ist, wer im Zeitpunkt des Entstehens der Beitragsschuld Eigentümer des Grundstücks oder Erbbauberechtigter ist. [2]Mehrere

Beitragspflichtige sind Gesamtschuldner; bei Wohnungs- und Teileigentum sind die einzelnen Wohnungs- und Teileigentümer nur entsprechend ihrem Miteigentumsanteil beitragspflichtig.

(7) [1]Der Beitrag ruht als öffentliche Last auf dem Grundstück oder dem Erbbaurecht, im Fall des Absatzes 6 Satz 2 auf dem Wohnungs- oder dem Teileigentum; die öffentliche Last erlischt nicht, solange die persönliche Schuld besteht. [2]Der Duldungsbescheid, mit dem die öffentliche Last geltend gemacht wird, ist wie ein Leistungsbescheid zu vollstrecken.

(8) Ein Beitrag kann auch für öffentliche Einrichtungen erhoben werden, die vor Inkrafttreten der Abgabesatzung hergestellt, angeschafft, verbessert oder erneuert wurden.

(9) [1]Der Beitragsberechtigte kann die Ablösung des Beitrags vor Entstehung der Beitragspflicht gegen eine angemessene Gegenleistung zulassen. [2]Das Nähere ist in der Beitragssatzung (Art. 2) zu bestimmen. [3]Die vertragliche Übernahme beitragsfähiger Aufwendungen ist auch im Rahmen städtebaulicher Verträge möglich; § 11 des Baugesetzbuchs (BauGB) gilt entsprechend.

Art. 5a Erschließungsbeitrag. (1) Die Gemeinden erheben zur Deckung ihres anderweitig nicht gedeckten Aufwands für Erschließungsanlagen einen Erschließungsbeitrag nach Maßgabe der folgenden Vorschriften.

(2) Mit Ausnahme der § 128 Abs. 2 und § 135 Abs. 6 BauGB gelten die §§ 127 Abs. 2 und 128 bis 135 sowie § 242 Abs. 2 bis 8 BauGB jeweils in der am 8. September 2015 geltenden Fassung entsprechend.

(3) Grünanlagen zur Erschließung der Baugebiete sind nicht notwendig im Sinn des § 127 Abs. 2 Nr. 4 BauGB,

1. wenn sie über die unmittelbare Bedeutung und den unmittelbaren Nutzen für das Baugebiet hinausgehen, in dem sie ausgewiesen werden sollen; dies ist insbesondere dann der Fall, wenn Grünflächen wegen der Schaffung stadt- bzw. ortsteilübergreifender Grünzüge oder der Vernetzung vorhandener Grün- und Freizeitflächen sowohl von ihrer Größe als auch von ihrem Ausbau her baugebietsübergreifende Bedeutung haben,
2. wenn sie in einer ausreichenden Größe vorhanden sind und in ihrer bisherigen Beschaffenheit den Ansprüchen der anwohnenden Bevölkerung genügt haben, oder
3. wenn wegen des vorhandenen innerörtlichen Grüns ein städtebauliches Bedürfnis nach weiterer Begrünung nicht zu erkennen ist.

(4) Die vertragliche Übernahme erschließungsbeitragsfähiger Aufwendungen ist auch im Rahmen städtebaulicher Verträge möglich; § 11 BauGB gilt entsprechend.

(5) Art. 5 Abs. 1 Satz 2 und 6 sowie Abs. 1a gilt entsprechend.

(6) [1]Das Recht, Abgaben für Anlagen zu erheben, die nicht Erschließungsanlagen sind, bleibt unberührt. [2]Dies gilt insbesondere für Anlagen zur Ableitung von Abwasser sowie zur Versorgung mit Elektrizität, Gas, Wärme und Wasser.

(7) [1]Für vorhandene Erschließungsanlagen, für die eine Beitragspflicht auf Grund der bis zum 29. Juni 1961 geltenden Vorschriften nicht entstehen konnte, kann auch nach diesem Gesetz kein Erschließungsbeitrag erhoben werden. [2]Dies gilt auch, sofern seit dem Beginn der erstmaligen technischen Herstellung einer Erschließungsanlage mindestens 25 Jahre vergangen sind. [3]Bezieht sich der Beginn der technischen Herstellung nur auf eine Teilstrecke der Erschließungsanlage, so gilt Satz 2 nur für diese Teilstrecke.

(8) Soweit für Erschließungsanlagen nach Abs. 7 oder Art. 13 Abs. 1 Nr. 4 Buchst. b Doppelbuchst. bb Spiegelstrich 1 kein Beitrag mehr erhoben werden kann, gelten diese Erschließungsanlagen als erstmalig hergestellt.

Art. 5b *(aufgehoben)*

Art. 6 Fremdenverkehrsbeitrag. (1) Gemeinden, in denen die Zahl der Fremdenübernachtungen im Jahr in der Regel das Siebenfache der Einwohnerzahl übersteigt, können zur Deckung des gemeindlichen Aufwands für die Fremdenverkehrsförderung von den selbständig tätigen, natürlichen und den juristischen Personen, den offenen Handelsgesellschaften und den Kommanditgesellschaften, denen durch den Fremdenverkehr im Gemeindegebiet unmittelbar oder mittelbar wirtschaftliche Vorteile erwachsen, einen Fremdenverkehrsbeitrag erheben.

(2) [1]Die Satzung kann bestimmen, dass Daten verpflichtend elektronisch an den Abgabenberechtigten zu übermitteln sind. [2]Art. 2 Abs. 1 Satz 3 gilt entsprechend.

(3) Die Abgabe bemißt sich nach den besonderen wirtschaftlichen Vorteilen, die dem einzelnen Abgabepflichtigen aus dem Fremdenverkehr erwachsen.

(4) Die Gemeinden können auf die Beitragsschuld eines Kalenderjahres bereits während dieses Jahres Vorauszahlungen verlangen.

(5) Art. 3 Abs. 4 gilt entsprechend.

Art. 7 Kurbeitrag. (1) [1]Gemeinden, die ganz oder teilweise als Heilbad, Kneippheilbad, Kneippkurort, Schrothheilbad, Schrothkurort, heilklimatischer Kurort, Ort mit Heilquellenkurbetrieb, Ort mit Heilstollenkurbetrieb, Ort mit Peloid-Kurbetrieb, Luftkurort oder Erholungsort anerkannt sind, können im Rahmen der Anerkennung zur Deckung ihres Aufwands für Einrichtungen und Veranstaltungen, die Kur- oder Erholungszwecken der Kurgäste dienen, einen Beitrag erheben. [2]Einrichtungen und Veranstaltungen außerhalb des Gemeindegebiets können einbezogen werden, sofern der regionale Bezug eine regelmäßige Inanspruchnahme durch die Kurgäste der Gemeinde zu Kur- oder Erholungszwecken erwarten lässt. [3]Zum Aufwand nach Satz 1 kann auch ein Finanzierungsanteil am öffentlichen Personennahverkehr zählen, der auf die Kurgäste entfällt.

(2) [1]Beitragspflichtig sind alle Personen, die sich in dem nach Absatz 1 anerkannten Gebiet zu Kur- oder Erholungszwecken aufhalten, ohne dort ihre

Hauptwohnung im Sinn des Melderechts zu haben, und denen die Möglichkeit zur Benutzung der Einrichtungen und zur Teilnahme an den Veranstaltungen geboten ist (Kurgäste). [2]Sind die Vorteile, die den Beitragspflichtigen aus den Einrichtungen und Veranstaltungen erwachsen können, verschieden groß, so ist das durch entsprechende Abstufung der Beitragshöhe zu berücksichtigen. [3]Die Beitragssatzung kann aus wichtigen Gründen vollständige oder teilweise Befreiung von der Beitragspflicht vorsehen. [4]In der Beitragssatzung können die in Satz 1 bezeichneten Personen verpflichtet werden, der Gemeinde unverzüglich die für die Feststellung der Beitragspflicht notwendigen Angaben zu machen; Inhaber von Zweitwohnungen können verpflichtet werden, über die Benutzung der Zweitwohnung der Gemeinde Auskunft zu geben. [5]Die Gemeinden können für Inhaber von Zweitwohnungen, für deren nicht dauernd von ihnen getrennt lebende Ehegatten oder Lebenspartner und für die im Haushalt des Inhabers der Zweitwohnung lebenden Kinder bis zur Vollendung des 16. Lebensjahres in der Abgabesatzung eine pauschale Abgeltung des Kurbeitrags vorschreiben, die sich jeweils an deren durchschnittlicher Aufenthaltsdauer in der Gemeinde zu orientieren hat. [6]Die Pauschalierung entfällt, wenn der Beitragspflichtige nachweist, daß er sich im Veranlagungszeitraum nicht in der Gemeinde aufgehalten hat.

(3) Art. 3 Abs. 4 gilt entsprechend.

(4) [1]Wer Personen beherbergt oder ihnen Wohnraum überläßt, kann in der Satzung verpflichtet werden, diese Personen der Gemeinde zu melden, ferner den Beitrag einzuheben und an die Gemeinde abzuführen. [2]Die Satzung kann bestimmen, dass Daten verpflichtend elektronisch an den Abgabenberechtigten zu übermitteln sind. [3]Art. 2 Abs. 1 Satz 3 gilt entsprechend. [4]Dieselben Verpflichtungen können den Inhabern von Campingplätzen auferlegt werden. [5]Die Satzung kann bestimmen, daß die in den Sätzen 1 und 4 Genannten neben den Beitragspflichtigen als Gesamtschuldner haften. [6]Die Sätze 1 und 5 gelten auch für die Inhaber von Kuranstalten, soweit der Kurbeitrag von Personen erhoben wird, welche die Kuranstalten benutzen, ohne in der Gemeinde zu übernachten. [7]Ist der Kurbeitrag im Preis für eine Gesellschaftsreise enthalten, so kann die Satzung die Reiseunternehmer verpflichten, den Beitrag an die Gemeinde abzuführen; Satz 5 gilt entsprechend.

(5) [1]Zuständig für die Anerkennung nach Absatz 1 ist das Staatsministerium des Innern, für Sport und Integration im Einvernehmen mit den Staatsministerien für Wirtschaft, Landesentwicklung und Energie und für Gesundheit und Pflege. [2]Die Anerkennung kann erteilt werden, wenn natürliche und sonstige Gegebenheiten sowie zweckentsprechende Einrichtungen, die der Erholung, der Heilung und Linderung von Krankheiten, ihrer Nachbehandlung oder ihrer Vorbeugung dienen, vorhanden sind. [3]Die Anerkennung kann aufgehoben werden. [4]Vor der Entscheidung über die Anerkennung oder deren Aufhebung ist der Bayerische Fachausschuß für Kurorte, Erholungsorte und Heilbrunnen gutachtlich zu hören. [5]Das Staatsministerium des Innern, für Sport und Integration trifft im Einvernehmen mit den Staatsministerien für Wirtschaft, Landesent-

wicklung und Energie und für Gesundheit und Pflege durch Rechtsverordnung Bestimmungen über die näheren Voraussetzungen für die Anerkennung, die Aufhebung der Anerkennung und das Verfahren, über die Verwendung der gemäß Absatz 1 verliehenen Prädikate und über den Bayerischen Fachausschuß für Kurorte, Erholungsorte und Heilbrunnen, insbesondere dessen Bildung und Zusammensetzung.

Art. 8 Benutzungsgebühren. (1) [1]Gemeinden, Landkreise und Bezirke können für die Benutzung ihrer öffentlichen Einrichtungen und ihres Eigentums Benutzungsgebühren erheben. [2]Benutzungsgebühren sollen erhoben werden, wenn und soweit eine Einrichtung überwiegend dem Vorteil einzelner Personen oder Personengruppen dient, sofern nicht ein privatrechtliches Entgelt gefordert wird. [3]Das Nehmen eines Anschlusses ist keine Benutzung im Sinn dieses Gesetzes.

(2) [1]Das Gebührenaufkommen soll die nach betriebswirtschaftlichen Grundsätzen ansatzfähigen Kosten einschließlich der Kosten für die Ermittlung und Anforderung von einrichtungsbezogenen Abgaben decken. [2]Sind die Schuldner zur Benutzung verpflichtet, so soll das Aufkommen die Kosten nach Satz 1 nicht übersteigen. [3]Zur Deckung der verbrauchsunabhängigen Kosten (Vorhaltekosten) kann eine Grundgebühr erhoben werden, die – unter besonderer Beachtung des Absatzes 5 – so zu bemessen ist, daß neben ihr in der Mehrzahl der Fälle noch eine angemessene Abrechnung nach der tatsächlichen Benutzung stattfindet; die Erhebung einer Mindestgebühr ist bei der Wasserversorgung und der Abwasserbeseitigung unzulässig. (3) [1]Zu den Kosten im Sinn des Absatzes 2 Satz 1 gehören insbesondere angemessene Abschreibungen und eine angemessene Verzinsung des Anlagekapitals. [2]Den Abschreibungen zugrunde zu legen sind die Anschaffungs- und Herstellungskosten oder Wiederbeschaffungszeitwerte, die jeweils um Beiträge und ähnliche Entgelte zu kürzen sind und um Zuwendungen gekürzt werden können. [3]Bei der Verzinsung des Anlagekapitals bleibt der durch Beiträge und ähnliche Entgelte sowie der aus Zuwendungen aufgebrachte Kapitalanteil außer Betracht; das gilt für Zuwendungen nur insoweit, als es Zweck der Zuwendung ist, die Gebührenschuldner zu entlasten. [4]Mehrerlöse, die sich aus einer Abschreibung von Wiederbeschaffungszeitwerten gegenüber einer Abschreibung von Anschaffungs- und Herstellungskosten oder dadurch ergeben, dass Zuwendungen nicht in Abzug gebracht werden, sind der Einrichtung einschließlich einer angemessenen Verzinsung wieder zuzuführen. [5]Zu den Kosten im Sinn des Abs. 2 Satz 1 gehören auch die Aufwendungen für einrichtungsbezogene Informationsmaßnahmen.

(4) Die Gebühren sind nach dem Ausmaß zu bemessen, in dem die Gebührenschuldner die öffentliche Einrichtung oder das kommunale Eigentum benutzen; sonstige Merkmale können zusätzlich berücksichtigt werden, wenn öffentliche Belange das rechtfertigen.

(5) [1]Die Gebührenbemessung bei der Wasserversorgung und der Abwasserbeseitigung hat dem schonenden und sparsamen Umgang mit Wasser zu dienen. [2]Sie erfolgt grundsätzlich linear. [3]Wassergebühren und Abwassergebühren kön-

nen für gewerbliche Betriebe degressiv bemessen werden, wenn der Betrieb Sparvorkehrungen trifft. [4]Eine degressive Gebührenbemessung ist bei der Abwasserbeseitigung außerdem insoweit zulässig, als sie der Vermeidung einer unangemessenen Gebührenbelastung für die Niederschlagswasserbeseitigung dient.

(6) [1]Bei der Gebührenbemessung können die Kosten für einen mehrjährigen Zeitraum berücksichtigt werden, der jedoch höchstens vier Jahre umfassen soll. [2]Kostenüberdeckungen, die sich am Ende des Bemessungszeitraums ergeben, sind innerhalb des folgenden Bemessungszeitraums auszugleichen; Kostenunterdeckungen sollen in diesem Zeitraum ausgeglichen werden. [3]Satz 2 findet bei Gebühren für die Inanspruchnahme gemeindlicher Bestattungseinrichtungen keine Anwendung.

(7) Auf die Gebührenschuld aus einem Dauerbenutzungsverhältnis können vom Beginn des Erhebungszeitraums an angemessene Vorauszahlungen verlangt werden.

(8) Für grundstücksbezogene Benutzungsgebühren gilt Art. 5 Abs. 7 entsprechend.

Art. 9 Erstattung von Kosten für Grundstücksanschlüsse. (1) Die Gemeinden, Landkreise und Bezirke können bestimmen, daß ihnen der Aufwand für die Herstellung, Anschaffung, Verbesserung, Erneuerung, Veränderung und Beseitigung sowie für die Unterhaltung des Teils eines Grundstücksanschlusses an Versorgungs- und Entwässerungseinrichtungen, der sich nicht im öffentlichen Straßengrund befindet, in der tatsächlichen Höhe oder nach Einheitssätzen (§ 130 BauGB) erstattet wird.

(2) [1]Zahlungspflichtig ist, wer im Zeitpunkt des Entstehens des Erstattungsanspruchs Eigentümer des Grundstücks oder Erbbauberechtigter ist. [2]Mehrere Zahlungspflichtige sind Gesamtschuldner. [3]Art. 5 Abs. 7 gilt entsprechend.

(3) Die Art der Ermittlung des Aufwands sowie die Höhe des Einheitssatzes sind in der Satzung festzulegen.

(4) [1]Der Abgabeberechtigte kann die Ablösung des Erstattungsanspruchs vor dessen Entstehung gegen eine angemessene Gegenleistung zulassen. [2]Das Nähere ist in der Abgabesatzung (Art. 2) zu bestimmen. [3]Die vertragliche Übernahme erstattungsfähiger Aufwendungen ist auch im Rahmen städtebaulicher Verträge möglich; § 11 BauGB gilt entsprechend.

(5)* Ortsrechtliche Regelungen auf Grund eines Anschluss- und Benutzungszwangs, wonach die Bewirtschaftung des Grundstücksanschlusses ein-

---

* *Art. 9 KAG geändert durch § 1 Gesetz zur Änderung des Kommunalabgabengesetzes vom 25. Juli 2002 (GVBl. S. 322). Beachte hierzu § 2 Abs. 1 und 2 Gesetz zur Änderung des Kommunalabgabengesetzes:*

§ 2 (1) Dieses Gesetz tritt am 1. August 2002 in Kraft.

(2) Abweichend von Absatz 1 treten in § 1 Nr. 5 der Art. 9 Abs. 5 *[KAG]* [...] mit Wirkung vom 1. Januar 1993 in Kraft.

schließlich der in Absatz 1 genannten Maßnahmen auch im öffentlichen Straßengrund vom Anlieger in eigener Regie und auf eigene Kosten vorzunehmen ist, werden durch dieses Gesetz nicht beschränkt.

II. Abschnitt

Allgemeine Vorschriften für Kommunalabgaben

Art. 10 Geltungsbereich. Die Vorschriften dieses Abschnitts gelten
1. für Abgaben nach dem I. Abschnitt dieses Gesetzes,
2. für Abgaben und Umlagen der Gemeinden, Landkreise und Bezirke, die auf Grund anderer Gesetze erhoben werden, soweit gesetzlich nichts anderes bestimmt ist.

Art. 11 Verpflichtung Dritter. Die Steuersatzung kann Dritte, die zwar nicht Steuerschuldner sind, aber in engen rechtlichen oder wirtschaftlichen Beziehungen zum Steauergegenstand oder zu einem Sachverhalt stehen, an den die Steuerpflicht oder der Steuergegenstand anknüpft, verpflichten, die Steuer einzuheben, abzuführen und Nachweise darüber zu führen, und ferner bestimmen, daß sie für die Steuer neben dem Steuerschuldner haften.

Art. 12 Abgabebescheide. (1) [1]Die Gemeinden, Landkreise und Bezirke können in Bescheiden über Abgaben, die für einen Zeitabschnitt erhoben werden, bestimmen, daß diese Bescheide auch für die folgenden Zeitabschnitte gelten. [2]Dabei ist anzugeben, an welchen Tagen und mit welchen Beträgen die Abgaben jeweils fällig werden.

(2) Bescheide, die für mehrere Zeitabschnitte gelten, sind
1. von Amts wegen oder auf Antrag durch einen neuen Bescheid zu ersetzen, wenn sich die Berechnungsgrundlagen ändern,
2. auf Antrag des Schuldners für die nach der Antragstellung beginnenden neuen Zeitabschnitte zu ändern, wenn sie sachlich unrichtig sind.

Art. 13 Anwendung von Vorschriften der Abgabenordnung; besondere Vorschriften. (1) Soweit gesetzlich nicht anders bestimmt, sind in ihrer jeweils geltenden Fassung vorbehaltlich des Abs. 7 folgende Bestimmungen der Abgabenordnung (AO) entsprechend anzuwenden:
1. aus dem Ersten Teil – Einleitende Vorschriften –
   a) über den Anwendungsbereich:
      § 1 Abs. 3 AO und § 2 AO,
   b) über die steuerlichen Begriffsbestimmungen:
      § 3 Abs. 1, Abs. 4 ohne die Nrn. 6 bis 9, Abs. 5 AO, §§ 4, 5, 7 bis 15 AO,
   c) über das Steuergeheimnis:
      § 30 AO mit folgenden Maßgaben:
      aa) die Vorschrift gilt nur für kommunale Steuern, die Feuerschutzab-

gabe und den Fremdenverkehrsbeitrag,

bb) die Offenbarung nach Abs. 4 Nr. 1a ist zulässig, soweit sie einer Verarbeitung nach Maßgabe des Art. 6 Abs. 1 des Bayerischen Datenschutzgesetzes dient,

cc) die Offenbarung nach Abs. 4 Nr. 2 kann auch durch Landesgesetz ausdrücklich zugelassen werden,

dd) die Entscheidung nach Abs. 4 Nr. 5 Buchst. c trifft die Körperschaft, der die Abgabe zusteht,

§§ 31a und 31b AO,

d) über die Haftungsbeschränkung für Amtsträger:
§ 32 AO,

2. aus dem Zweiten Teil – Steuerschuldrecht –

a) über die Steuerpflichtigen:
§§ 33 bis 36 AO,

b) über das Steuerschuldverhältnis:
§§ 37 bis 50 AO,

c) über die Haftung:
§§ 69 bis 71, 72a Abs. 1 AO mit der Maßgabe, dass in Satz 1 die Wörter „steuerliche Vorteile" durch das Wort „Abgabevorteile" ersetzt werden, §§ 73 bis 75, 77 AO,

3. aus dem Dritten Teil – Allgemeine Verfahrensvorschriften –

a) über die Verfahrensgrundsätze:

aa) Beteiligung am Verfahren:
§§ 78 bis 80 AO, § 81 AO,

bb) Ausschließung und Ablehnung von Amtsträgern und anderen Personen:
§ 82 Abs. 1 und 2 AO, § 83 Abs. 1 AO mit der Maßgabe, dass in den Fällen des Satzes 2 beim Ersten Bürgermeister und bei den weiteren Bürgermeistern der Gemeinderat und beim Landrat und seinem gewählten Stellvertreter der Kreistag die Anordnung trifft,

cc) Besteuerungsgrundsätze, Beweismittel, Fristen, Termine:

aaa) §§ 85 bis 87 AO,

bbb) § 87a AO mit der Maßgabe,

– dass die Schriftform auch durch sonstige sichere Verfahren ersetzt werden kann, die durch Rechtsverordnung der Staatsregierung gemäß Art. 3a Abs. 2 Satz 4 Nr. 4 des Bayerischen Verwaltungsverfahrensgesetzes festgelegt werden, und

– dass in Abs. 8 an die Stelle der Finanzverwaltung die Körperschaft, der die Abgabe zusteht, tritt,

ccc) § 87c Abs. 1, 2, 3 Satz 1, Abs. 6 AO, §§ 88, 88a, 89 bis 93, 96 Abs. 1 bis 7 Satz 2 AO, §§ 97, 98, 99 AO mit der Maßgabe, dass im Kurbeitragsrecht von einer vorhergehenden Verständigung des Betroffenen abgesehen werden kann, § 101 Abs. 1 AO, §§ 102 bis 108, 109 Abs. 1 und 3 AO,

dd) Rechts- und Amtshilfe:
§ 111 Abs. 1 bis 3 und 5 AO, §§ 112 bis 115, 117 Abs. 1, 2 und 4 AO,

b) über die Verwaltungsakte:
§§ 118 bis 133 AO mit der Maßgabe, dass in § 122 Abs. 1 Satz 4 AO die Wörter „nach amtlich vorgeschriebenem Datensatz elektronisch übermittelte Empfangsvollmacht“ durch die Wörter „Empfangsvollmacht in schriftformersetzender elektronischer Form“, in § 122 Abs. 5 Satz 2 AO das Wort „Verwaltungszustellungsgesetzes“ durch die Wörter „Bayerischen Verwaltungszustellungs- und Vollstreckungsgesetzes“, in § 122 Abs. 5 Satz 3 AO die Wörter „§ 7 Absatz 1 Satz 2 des Verwaltungszustellungsgesetzes“ durch die Wörter „Art. 8 Abs. 1 Satz 2 des Bayerischen Verwaltungszustellungs- und Vollstreckungsgesetzes“ und in § 132 Satz 1 und 2 AO jeweils das Wort „finanzgerichtlichen“ durch das Wort „verwaltungsgerichtlichen“ ersetzt werden,

4. aus dem Vierten Teil – Durchführung der Besteuerung –

a) über die Mitwirkungspflichten:
§ 140 AO ohne die Wörter „als den Steuergesetzen“, §§ 145 bis 148, 149 Abs. 1 und 2 AO, § 150 Abs. 1 bis 5 AO, §§ 151, 152 Abs. 1, 4 bis 6 und 8 bis 12 AO mit der Maßgabe, dass die Höhe des Verspätungszuschlags abweichend von Abs. 5 im Ermessen des Abgabenberechtigten steht, 10 % der festgesetzten Steuer oder des festgesetzten Messbetrags nicht übersteigen und höchstens 25 000 € betragen darf; bei der Bemessung des Verspätungszuschlags sind neben seinem Zweck, den Steuerpflichtigen zur rechtzeitigen Abgabe der Steuererklärung anzuhalten, die Dauer der Fristüberschreitung, die Höhe des sich aus der Steuerfestsetzung ergebenden Zahlungsanspruchs, die aus der verspäteten Abgabe der Steuererklärung gezogenen Vorteile, sowie das Verschulden und die wirtschaftliche Leistungsfähigkeit des Steuerpflichtigen zu berücksichtigen, § 153 AO,

b) über das Festsetzungs- und Feststellungsverfahren:

aa) § 155 Abs. 1 bis 3 und 5 AO, § 156 Abs. 2 AO, §§ 157 bis 162 AO, § 163 Abs. 1 Satz 1, Abs. 2 bis 4 AO, § 165 Abs. 1 AO, §§ 166, 167 AO,

bb) § 169 AO mit der Maßgabe,

- dass über Abs. 1 Satz 1 hinaus die Festsetzung eines Beitrags ohne Rücksicht auf die Entstehung der Beitragsschuld spätestens 20 Jahre nach Ablauf des Jahres, in dem die Vorteilslage eintrat, nicht mehr zulässig ist; liegt ein Verstoß gegen die Mitwirkungspflicht nach Art. 5 Abs. 2a vor und kann der Beitrag deswegen nicht festgesetzt werden, beträgt die Frist 25 Jahre,
- dass in Abs. 1 Satz 3 Nr. 2 die Wörter „§ 10 des Verwaltungszustellungsgesetzes“ durch die Wörter „Art. 15 des Bayerischen Verwaltungszustellungs- und Vollstreckungsgesetzes“ ersetzt werden und

– dass die Festsetzungsfrist nach Abs. 2 Satz 1 einheitlich vier Jahre beträgt,

cc) § 170 Abs. 1 AO mit der Maßgabe,

– dass die Festsetzungsfrist dann, wenn die Forderung im Zeitpunkt des Entstehens aus tatsächlichen Gründen noch nicht berechnet werden kann, erst mit Ablauf des Kalenderjahres beginnt, in dem die Berechnung möglich ist, und

– *dass im Fall der Ungültigkeit einer Beitragssatzung die Festsetzungsfrist erst mit Ablauf des Kalenderjahres zu laufen beginnt, in dem die gültige Beitragssatzung bekanntgemacht worden ist,**

und § 170 Abs. 3 AO,

dd) § 171 AO mit der Maßgabe, dass in Abs. 3a Satz 3 die Bezugnahmen „§ 100 Abs. 1 Satz 1, Abs. 2 Satz 2, Abs. 3 Satz 1, § 101 der Finanzgerichtsordnung" durch die Bezugnahmen „§ 113 Abs. 1 Satz 1 und Abs. 5 der Verwaltungsgerichtsordnung" ersetzt werden,

ee) §§ 191 bis 194 AO, § 195 Satz 1 AO mit der Maßgabe, dass auch Organe der überörtlichen Rechnungsprüfung mit der Prüfung betraut werden können, §§ 196 bis 203 AO mit der Maßgabe, dass in § 196 AO die Angabe „nach § 356" entfällt,

5. aus dem Fünften Teil – Erhebungsverfahren –

a) über die Verwirklichung, die Fälligkeit und das Erlöschen von Ansprüchen aus dem Steuerschuldverhältnis:
§§ 218, 219, 221, 222 AO, § 224 Abs. 1 und 2 AO, §§ 225, 226, 227, 228 bis 232 AO,

b) über die Verzinsung und die Säumniszuschläge:

aa) § 233 AO, § 234 Abs. 1 und 2 AO, § 235 AO,

bb) § 236 AO mit der Maßgabe,

– dass in Abs. 1 Satz 1 nach den Wörtern „durch eine rechtskräftige gerichtliche Entscheidung" die Wörter „oder eine bestandskräftige Widerspruchsentscheidung", nach den Wörtern „vorbehaltlich des Absatzes 3 vom" die Wörter „Tag der Einlegung des Widerspruchs, oder wenn ein Widerspruchsverfahren nicht vorausgegangen ist, vom" einzufügen sind,

– dass in Abs. 1 Satz 2 nach den Wörtern „der zu erstattende Betrag erst" die Wörter „nach Einlegung des Widerspruchs, wenn

---

* *Hervorhebung durch Herausgeber. Siehe dazu die Entscheidung des Bundesverfassungsgerichts vom 5. März 2013, 1 BvR 2457/08 (GVBl. S. 242), Entscheidungsformel:* „Artikel 13 Absatz 1 Nummer 4 Buchstabe b Doppelbuchstabe cc Spiegelstrich 2 des Bayerischen Kommunalabgabengesetzes in der Fassung des Gesetzes zur Änderung des Kommunalabgabengesetzes vom 28. Dezember 1992 (Bayerisches Gesetz- und Verordnungsblatt Seite 775) ist mit Artikel 2 Absatz 1 des Grundgesetzes in Verbindung mit dem verfassungsrechtlichen Grundsatz der Rechtssicherheit (Artikel 20 Absatz 3 des Grundgesetzes) unvereinbar. Ersetzt der Gesetzgeber Artikel 13 Absatz 1 Nummer 4 Buchstabe b Doppelbuchstabe cc Spiegelstrich 2 des Bayerischen Kommunalabgabengesetzes nicht bis zum 1. April 2014 durch eine verfassungsgemäße Neuregelung, tritt Nichtigkeit der Vorschrift ein."

ein Widerspruchsverfahren nicht vorausgegangen ist" einzufügen sind,
- dass in Abs. 2 Nr. 2 im Satzteil vor Buchst. a den Wörtern „eine rechtskräftige" die Wörter „eine bestandskräftige Widerspruchsentscheidung," voranzustellen sind und
- dass in Abs. 3 an die Stelle der Bezugnahme „§ 137 Satz 1 der Finanzgerichtsordnung" die Bezugnahme „§ 155 Abs. 4 der Verwaltungsgerichtsordnung" tritt,

cc) § 237 Abs. 1, 2 und 4 AO mit der Maßgabe,
- dass in Abs. 1 Satz 1 die Wörter „eine Einspruchsentscheidung" durch die Wörter „einen Widerspruchsbescheid"
- sowie in Abs. 4 die Wörter „und 3 gelten" durch das Wort „gilt" ersetzt werden,

dd) §§ 238 bis 240 AO mit der Maßgabe, dass die Höhe der Zinsen abweichend vom § 238 Abs. 1 Satz 1 AO zwei Prozentpunkte über dem Basiszinssatz nach § 247 BGB jährlich beträgt,

c) über die Sicherheitsleistung:
§§ 241 bis 248 AO,

6. aus dem Sechsten Teil – Vollstreckung –
   a) über die allgemeinen Vorschriften:
   § 251 Abs. 2 und 3 AO und § 254 Abs. 2 AO,
   b) über die Niederschlagung:
   § 261 AO.

(2) Bei der Anwendung der in Abs. 1 bezeichneten Vorschriften tritt jeweils an die Stelle
a) der Finanzbehörde oder des Finanzamts die Körperschaft, der die Abgabe zusteht,
b) des Worts „Steuer(n)" – allein oder in Wortzusammensetzungen – das Wort „Abgabe(n)",
c) des Worts „Besteuerung" die Worte „Heranziehung zu Abgaben".

(3) [1]Eine erhebliche Härte im Sinn des § 222 AO (Stundung) kann bei Beitragsforderungen insbesondere für unbebaute beitragspflichtige Grundstücke sowie für Grundstücke, die nur mit landwirtschaftlich genutzten Gebäuden zur überdachten Pflanzenproduktion bebaut sind, vorliegen, wenn deren landwirtschaftliche Nutzung weiterhin notwendig ist oder deren Nichtbebauung im Interesse der Erhaltung der charakteristischen Siedlungsstruktur oder der Erhaltung des Ortsbildes liegt. [2]Das Gleiche gilt auch bei Beitragsforderungen zu leitungsgebundenen Einrichtungen für bebaute Grundstücke, deren landwirtschaftliche Nutzung weiterhin notwendig ist, jedoch nicht hinsichtlich des auf das Wohnen entfallenden Beitragsteils. [3]Grundstücke im Sinn der Sätze 1 und 2 sind auch abgrenzbare, selbständig nutzbare Grundstücksteile. [4]In den Fällen des Satzes 1 soll, in den Fällen des Satzes 2 kann auf die Erhebung von Zinsen ganz oder teilweise verzichtet werden. [5]Die Regelung gilt auch für die Fälle der Nutzungsüberlassung und Betriebsübergabe an Familienangehörige im Sinn des § 15 AO.

(4) [1]Wenn eine Gemeinde von Art. 5 Abs. 2 Sätze 4 und 5 Gebrauch macht, kann hinsichtlich der bereits entstandenen Beiträge für Gebäude oder selbständige Gebäudeteile im Sinn dieser Regelung eine erhebliche Härte im Sinn des § 222 AO (Stundung) vorliegen. [2]In diesen Fällen soll auf die Erhebung von Zinsen verzichtet werden.

(5) [1]Die Gemeinde kann in der Erschließungsbeitragssatzung bestimmen, dass Erschließungsbeiträge bis zur Hälfte des nachzuerhebenden Betrags erlassen werden, wenn ein für diese Erschließungsmaßnahme ergangener endgültiger Straßenausbaubeitragsbescheid bestandskräftig geworden ist. [2]Ein weitergehender Erlass nach § 227 AO bleibt unberührt.

(6) [1]Die Gemeinde kann in der Erschließungsbeitragssatzung bestimmen, dass Erschließungsbeiträge bis zu einem Drittel des zu erhebenden oder bereits erhobenen Betrags erlassen werden, sofern seit dem Beginn der erstmaligen technischen Herstellung der Erschließungsanlagen mindestens 25 Jahre vergangen sind und die Beitragspflichten im Zeitraum vom 1. April 2012 bis 31. März 2021 entstanden sind oder entstehen. [2]Liegt der Zeitraum zwischen dem 1. Januar 2018 und dem 31. März 2021, so kann die Gemeinde in der Satzung auch einen höheren Anteil festlegen oder den Beitrag ganz erlassen. [3]Ein weitergehender Erlass nach § 227 AO bleibt unberührt.

(7) [1]Bei der Hundesteuer finden auf die Verarbeitung personenbezogener Daten die allgemeinen datenschutzrechtlichen Regelungen Anwendung. [2]In Schadensfällen darf Auskunft über Namen und Anschrift des Hundehalters an Behörden und Schadensbeteiligte gegeben werden. [3]Bei Kampfhunden im Sinn des Art. 37 Abs. 1 Satz 2 des Landesstraf- und Verordnungsgesetzes dürfen die Gemeinden Namen und Anschrift der Halter sowie die Hunderasse auch zum Vollzug der Vorschriften über Kampfhunde verarbeiten, insbesondere an andere zum Vollzug dieser Vorschriften zuständige Behörden übermitteln. [4]Weitergehende Befugnisse bleiben unberührt.

Art. 14 Abgabehinterziehung. (1) [1]Mit Freiheitsstrafe bis zu zwei Jahren oder mit Geldstrafe wird bestraft, wer
1. der Körperschaft, der die Abgabe zusteht, oder einer anderen Behörde über abgaberechtlich erhebliche Tatsachen unrichtige oder unvollständige Angaben macht oder
2. die Körperschaft, der die Abgabe zusteht, pflichtwidrig über abgaberechtlich erhebliche Tatsachen in Unkenntnis läßt

und dadurch Abgaben verkürzt oder für sich oder einen anderen nicht gerechtfertigte Abgabevorteile erlangt. [2]§ 370 Abs. 4, §§ 371 und 376 AO sind in ihrer jeweils geltenden Fassung entsprechend anzuwenden.

(2) Der Versuch ist strafbar.

Art. 15 Leichtfertige Abgabeverkürzung. [1]Mit Geldbuße bis zu zehntausend Euro kann belegt werden, wer als Abgabepflichtiger oder bei Wahrnehmung der Angelegenheiten eines Abgabepflichtigen eine der in Art. 14 Abs. 1

Satz 1 bezeichneten Taten leichtfertig begeht. [2]§ 370 Abs. 4 und § 378 Abs. 3 AO sind in ihrer jeweils geltenden Fassung entsprechend anzuwenden.

Art. 16 Abgabegefährdung. Mit Geldbuße bis zu fünftausend Euro kann, wenn die Handlung nicht nach Art. 15 geahndet werden kann, belegt werden, wer vorsätzlich oder leichtfertig
1. Belege ausstellt, die in tatsächlicher Hinsicht unrichtig sind, oder
2. den Vorschriften zur Sicherung oder Erleichterung der Abgabeerhebung, insbesondere zur Anmeldung und Anzeige von Tatsachen, zur Führung von Aufzeichnungen oder Nachweisen, zur Kennzeichnung oder Vorlegung von Gegenständen oder zur Erhebung und Abführung von Abgaben zuwiderhandelt,

und es dadurch ermöglicht, eine Abgabe zu verkürzen oder nicht gerechtfertigte Abgabevorteile zu erlangen.

Art. 17 Geldbußen. Die Geldbuße fließt in die Kasse der Körperschaft, der die Abgabe, auf die sich die Ordnungswidrigkeit bezieht, zusteht.

III. Abschnitt

Verwaltung der kommunalen Steuern

Art. 18 Zuständigkeit. Die Verwaltung der Realsteuern mit Ausnahme *des Äquivalenzbetrags-,** des Meßbetrags- und des Zerlegungsverfahrens und die Verwaltung der örtlichen Verbrauch- und Aufwandsteuern obliegen den steuerberechtigten Gemeinden und Landkreisen.

IV. Abschnitt

Übergangs- und Schlußvorschriften

Art. 19 Übergangsvorschriften. (1) Soweit Fristen nach Art. 13 Abs. 1 Nr. 4 Buchst. b Doppelbuchst. bb Spiegelstrich 1 mit Ablauf des 31. Dezember 2014 oder des 31. Dezember 2015 enden würden, verlängern sie sich bis zum 31. März 2016.

(2) Für Beiträge, die vor dem 1. April 2014 durch nicht bestandskräftigen Bescheid festgesetzt sind, gilt Art. 13 Abs. 1 Nr. 4 Buchst. b Doppelbuchst. bb Spiegelstrich 1 mit der Maßgabe, dass die Frist einheitlich 30 Jahre beträgt.

---

* *Hervorgehobener Teil eingefügt durch Art. 10b Bayerisches Grundsteuergesetz (BayGrStG) vom 10. Dezember 2021 (GVBl. S. 638). Beachte hierzu Art. 11 BayGrStG:*

Art. 11 Inkrafttreten, Außerkrafttreten.
(1) Dieses Gesetz tritt am 1. Januar 2022 in Kraft.
(2) [1]Art. 10b tritt am 1. Juli 2022 außer Kraft. [2]*(nicht abgedruckt)*

(3) [1]Satzungsregelungen, die einen Erstattungsanspruch gemäß Art. 9 in der Fassung des Kommunalabgabengesetzes vom 4. Februar 1977 (GVBl. S. 82) beinhalten, entfalten nur noch insoweit Rechtswirkungen, als sie von Art. 9 in der Fassung dieses Gesetzes gedeckt sind. [2]Die Einbeziehung der Grundstücksanschlüsse im öffentlichen Straßengrund in eine öffentliche Einrichtung mit Anschluss- und Benutzungszwang und damit ihre Bewirtschaftung durch den Einrichtungsträger sind von den Eigentümern und sonst Berechtigten unentgeltlich zu dulden, wenn es in der Benutzungssatzung angeordnet wird.

(4) [1]Die Verpflichtungen des Art. 5 Abs. 2 Sätze 4 und 6 gelten nur für Satzungen, die nach dem 1. Januar 1994 erlassen oder hinsichtlich des Beitragsmaßstabs geändert werden. [2]Die Verpflichtung des Art. 5 Abs. 2 Satz 5 gilt nur für Satzungen, die nach dem 31. Juli 2002 erlassen oder hinsichtlich des Beitragsmaßstabs geändert werden. [3]Die Möglichkeit, entsprechende Regelungen auch in andere Satzungen zu übernehmen, bleibt hiervon unberührt.

(5) Die für Zuwendungen maßgeblichen Regelungen in Art. 8 Abs. 3 Sätze 2 und 4 gelten auch in Fällen, in denen Anlagenteile vor dem 1. Januar 2000 mit Zuwendungen finanziert worden sind.

(6) Art. 5 Abs. 5 Satz 3 ist in der ab 1. August 2002 geltenden Fassung anzuwenden, wenn der Vorauszahlungsbescheid nach diesem Zeitpunkt bekannt gegeben wird.

(7) [1]Für die Erhebung von Beiträgen für Straßenausbaubeitragsmaßnahmen sowie die Erhebung von wiederkehrenden Beiträgen für Verkehrsanlagen gilt das Kommunalabgabengesetz in der bis zum 31. Dezember 2017 geltenden Fassung, sofern die Beiträge jeweils spätestens am 31. Dezember 2017 durch Bescheid festgesetzt worden sind. [2]Bescheide, mit denen ab dem 1. Januar 2018 Beiträge festgesetzt wurden, sind aufzuheben. [3]Die auf Grund solcher Bescheide vereinnahmten Beiträge sind zu erstatten. [4]Eine Erstattung nach Satz 3 kann frühestens ab dem 1. Mai 2019 verlangt werden. [5]Die Sätze 1 bis 4 gelten für Vorauszahlungen entsprechend.

(8) [1]Hatte eine Gemeinde bis zum 31. Dezember 2017 Vorauszahlungen auf den Beitrag für Straßenausbaubeitragsmaßnahmen erhoben, den endgültigen Beitrag hingegen noch nicht festgesetzt, hebt sie diese Vorauszahlungsbescheide ab dem 1. Januar 2025 auf Antrag auf und erstattet die Vorauszahlungen frühestens ab dem 1. Mai 2025 zurück. [2]Dies gilt nicht, wenn bis 31. Dezember 2024 die Vorteilslage entstanden ist und die Gemeinde eine fiktive Abrechnung des endgültigen Beitrags vorgenommen hat. [3]Ergibt die fiktive Abrechnung, dass die Vorauszahlung den endgültigen Beitrag übersteigt, erstattet die Gemeinde auf Antrag den Unterschiedsbetrag. [4]Der Antrag nach Satz 1 ist spätestens bis 31. Dezember 2025 zu stellen. [5]Art. 5 Abs. 5 Satz 4 ist für Erstattungen nach Satz 1 nicht anzuwenden. [6]Unberührt bleiben Ansprüche auf Erstattung von Vorauszahlungen aus anderen Gründen.

(9) [1]Der Freistaat Bayern erstattet den Gemeinden auf Antrag diejenigen Beträge, die ihnen unmittelbar dadurch entgehen, dass sie infolge der Ände-

rungen des Kommunalabgabengesetzes zum 1. Januar 2018 Beiträge für Straßenausbaubeitragsmaßnahmen sowie wiederkehrende Beiträge für Verkehrsanlagen nicht mehr erheben können. [2]Eine Erstattung nach Satz 1 kann frühestens ab dem 1. Januar 2019 und nach Abschluss des Jahres beantragt werden, in dem die sachlichen Beitragspflichten für die beitragsfähige Maßnahme oder die wiederkehrenden Beiträge entstanden sind oder nach dem Kommunalabgabengesetz in der bis zum 31. Dezember 2017 geltenden Fassung und der gemeindlichen Beitragssatzung entstanden wären. [3]Ein Erstattungsanspruch nach Satz 1 setzt voraus, dass die Gemeinde

1. spätestens bis zum 11. April 2018 eine Satzung nach Art. 5 Abs. 1 Satz 3 oder Art. 5b Abs. 1 jeweils in der bis zum 31. Dezember 2017 geltenden Fassung erlassen hatte,
2. für die demnach beitragsfähige Maßnahme in einem der Rechtsaufsichtsbehörde nach Art. 65 Abs. 2 GO spätestens am 11. April 2018 vorgelegten Haushaltsplan Ausgaben im Vermögenshaushalt, Auszahlungen aus Investitionstätigkeit oder Verpflichtungsermächtigungen veranschlagt hatte,
3. spätestens bis zum 11. April 2018 das Vergabeverfahren für die erste Bauleistung bereits eingeleitet hatte oder mit eigenem Personal mit der technischen Herstellung begonnen hatte und
4. den Antrag auf Erstattung spätestens am 30. April 2028 gestellt hat.

[4]Eine Erstattung nach Satz 1 ist ausgeschlossen, wenn am 11. April 2018 die sachlichen Beitragspflichten allein deshalb nicht entstanden waren oder entstanden gewesen wären, weil die Gemeinde als Straßenbaubehörde eine hierfür erforderliche straßenrechtliche Widmung nicht innerhalb eines Jahres nach ordnungsgemäßer Herstellung der Straße vorgenommen hatte. [5]Für Maßnahmen, für die am 11. April 2018 die sachlichen Beitragspflichten noch nicht entstanden waren oder gewesen wären, werden höchstens die Beiträge erstattet, die sich bei Ausführung der Maßnahme gemäß dem an diesem Tag bestehenden Bauprogramm ergeben hätten. [6]Der Freistaat Bayern erstattet den Gemeinden auf Antrag ihre vor dem 11. April 2018 getätigten Aufwendungen für Planung und Vorbereitung von Straßenausbaubeitragsmaßnahmen, sofern diese Aufwendungen nicht von einer Erstattung nach Satz 1 umfasst sind und die Voraussetzungen nach den Sätzen 3 und 5 mit Ausnahme von Satz 3 Nr. 3 vorliegen, es sei denn eine Erstattung ist nach Satz 4 ausgeschlossen; Aufwendungen für Grunderwerb oder die Übernahme von Anlagen werden nicht erstattet. [7]Eine Erstattung nach Satz 6 kann frühestens ab dem 1. Januar 2019 beantragt werden. [8]Die Erstattungsansprüche nach den Sätzen 1 und 6 werden nach Maßgabe der im Staatshaushalt für diesen Zweck bereitgestellten Mittel erfüllt. [9]Das Staatsministerium des Innern, für Sport und Integration wird ermächtigt, im Einvernehmen mit dem Staatsministerium der Finanzen und für Heimat durch Rechtsverordnung das Verfahren der Antragstellung, der Aufteilung der für die Erstattungsleistungen bereitgestellten Haushaltsmittel, der Auszahlung und der Fälligkeit der Erstattungsleistungen nach Maßgabe der im Staatshaushalt bereitgestellten Mittel sowie die zuständigen Verwaltungsbehörden näher zu regeln.

(10) [1]In den Fällen des Art. 5a Abs. 8 sind festgesetzte und erhobene Vorausleistungen nicht zu erstatten, wenn die Erschließungsanlage mit Ablauf einer der Fristen nach Art. 5a Abs. 8 benutzbar war und die Vorausleistungen bis spätestens 31. Dezember 2019 festgesetzt wurden. [2]Auf Antrag hat die Gemeinde eine fiktive Abrechnung des endgültigen Beitrags auf Grund der bis zum Ablauf einer der Fristen nach Art. 5a Abs. 8 entstandenen Kosten vorzunehmen und den Unterschiedsbetrag zu erstatten, wenn die fiktive Abrechnung ergibt, dass die Vorausleistung den fiktiven endgültigen Beitrag übersteigt. [3]Der Antrag kann ab Ablauf einer der Fristen nach Art. 5a Abs. 8 gestellt werden. [4]Art. 5 Abs. 5 Satz 4 ist für Erstattungen nach Satz 3 nicht anzuwenden. [5]Sofern die Frist nach Art. 13 Abs. 1 Nr. 4 Buchst. b Doppelbuchst. bb Spiegelstrich 1 zum 1. März 2021 bereits abgelaufen ist, findet das Kommunalabgabengesetz in der am 28. Februar 2021 geltenden Fassung weiterhin Anwendung.

Art. 19a Härteausgleich Straßenausbaubeitrag.* (1) [1]Zum anteiligen Ausgleich besonderer Härten durch Straßenausbaubeiträge, die nach den Bestimmungen dieses Gesetzes für den Zeitraum vom 1. Januar 2014 bis zum 31. Dezember 2017 erhoben wurden, errichtet der Freistaat Bayern einen Härtefallfonds. [2]Dieser wird einmalig mit 50 Mio. € ausgestattet.

(2) [1]Über Leistungen aus dem Härtefallfonds wird auf Antrag durch eine unabhängige und an fachliche Weisungen nicht gebundene Kommission durch Verwaltungsakt entschieden. [2]Der Kommission gehören folgende vom Staatsminister des Innern, für Sport und Integration berufene Mitglieder an:
1. ein vom Ministerrat benanntes Mitglied, das den Vorsitz führt,
2. zwei vom Staatsministerium des Innern, für Sport und Integration benannte Mitglieder,
3. zwei vom Staatsministerium für Wirtschaft, Landesentwicklung und Energie benannte Mitglieder.

[3]Für jedes Mitglied wird ein stellvertretendes Mitglied berufen. [4]Satz 2 gilt entsprechend. [5]Die Mitglieder sollen Bedienstete des Freistaates Bayern sein.

(3) Die Kommission entscheidet mit der Mehrheit ihrer Mitglieder.

(4) [1]Für die Kommission wird im Geschäftsbereich des Staatsministeriums des Innern, für Sport und Integration eine Geschäftsstelle eingerichtet. [2]Die Geschäftsstelle wird im Namen der Kommission tätig.

(5) [1]Anträge können nur vom 1. Juli 2019 bis zum Ablauf des 31. Dezember 2019 gestellt werden. [2]Ist der Bescheid oder die Vereinbarung, durch die eine Zahlungspflicht in Bezug auf eine Straßenausbaumaßnahme geschaffen wird, an mehrere Personen gemeinschaftlich gerichtet, können die Adressaten oder die Parteien einen Antrag nur gemeinschaftlich stellen.

(6) [1]Jeder Antragsteller hat bei der Ermittlung des Sachverhalts sowohl im Rahmen der Bewilligung als auch im Rahmen einer etwaigen späteren Über-

---

* *Beachte Art. 21 Abs. 2.*

prüfung mitzuwirken und geforderte Unterlagen oder Nachweise beizubringen. [2]Die Kommission kann für die Mitwirkung jeweils angemessene Fristen setzen. [3]Ein Antrag wird ohne weitere Prüfung abgelehnt oder eine bereits erteilte Bewilligung widerrufen oder zurückgenommen, wenn der Antragsteller seiner Mitwirkungspflicht nach Satz 1 und 2 nicht fristgerecht nachkommt und auf Verlangen der Kommission nicht unverzüglich glaubhaft macht, dass die Verspätung nicht auf seinem Verschulden beruht; hierauf ist der Antragsteller bei der Fristsetzung hinzuweisen.

(7) [1]Antragsbefugt sind natürliche Personen, Personengesellschaften und juristische Personen des Privatrechts. [2]Ausgenommen sind Personengesellschaften und juristische Personen, bei denen ein überwiegender Einfluss des Staates insbesondere durch seine Mehrheit am Grundkapital oder durch sein Stimmrecht oder durch die rechtlichen oder organisatorischen Verhältnisse besteht. [3]Unter Staat sind der Freistaat Bayern, der Bund, ein ausländischer Staat, die Länder oder andere Gebietskörperschaften oder Einrichtungen der mittelbaren Staatsverwaltung alleine oder zusammen zu verstehen. [4]Antragsbefugt ist nur,

1. gegen wen nach den Bestimmungen dieses Gesetzes durch Bescheid, Vergleich oder Vereinbarung im Zeitraum vom 1. Januar 2014 bis zum Ablauf des 31. Dezember 2017 Straßenausbaubeiträge, entsprechende Vorauszahlungen oder eine entsprechende Ablöse in Höhe von mindestens 2000 € festgesetzt wurden, soweit die Beiträge nicht erlassen oder anderweitig erstattet worden sind, und
2. wer bei Antragstellung Eigentümer oder beitragspflichtig dinglich Nutzungsberechtigter des Grundstücks ist, auf das die Belastung zurückgeht, und
3. wer im Jahr der Festsetzung der Belastung über ein zu versteuerndes Einkommen von nicht mehr als 100 000 €, bei Zusammenveranlagung von Ehegatten oder Lebenspartnern von nicht mehr als 200 000 € verfügte.

[5]Das zu versteuernde Einkommen richtet sich nach Wahl der Antragsteller entweder nach dem im Zeitpunkt der Antragstellung gültigen Steuerbescheid des Jahres des Bescheiderlasses oder der Vereinbarung oder nach dem Mittelwert der durch im Zeitpunkt der Antragstellung gültigen Steuerbescheide belegten Einkommen aus einem Dreijahreszeitraum, dessen letztes Jahr dem Jahr des Bescheiderlasses oder der Vereinbarung entspricht. [6]Sofern für den maßgeblichen Zeitraum eine Befreiung von der Abgabe einer Einkommensteuererklärung besteht, sind dem Antrag geeignete Unterlagen beizufügen, aus denen sich das zu versteuernde Einkommen ergibt. [7]Ist der Bescheid oder die Vereinbarung, durch die eine Zahlungspflicht in Bezug auf eine Straßenausbaumaßnahme geschaffen wird, an mehrere Personen gemeinschaftlich oder an eine Personengesellschaft gerichtet, so bestimmt sich die Einkommensgrenze aus der Summe der einzelnen Einkommensgrenzen und das relevante Einkommen aus der Summe der entsprechend Satz 5 und 6 ermittelten Einkommen der einzelnen Personen oder Gesellschafter.

(8) [1]Die Gewährung eines Härteausgleichs nach diesem Artikel ist eine freiwillige Leistung. [2]Auf sie besteht kein Rechtsanspruch.

(9) [1]Eine ausgleichsfähige Härte liegt nur vor, soweit die Belastung dem Betroffenen unter Berücksichtigung insbesondere systemischer Härten, der zeitlichen Nähe der Bekanntgabe des Beitragsbescheids zum Stichtag des Art. 19 Abs. 7 Satz 1, der Einkommensverhältnisse und der Höhe des Beitrags nicht zugemutet werden kann. [2]Der Kommission kommt hinsichtlich des Vorliegens einer Härte sowie deren Gewichtung ein freier Beurteilungsspielraum zu. [3]Der Härteausgleich kann maximal in Höhe der geleisteten Beiträge abzüglich einer Eigenbelastung in Höhe von 2000 € erfolgen. [4]Ein Härteausgleich unterbleibt, soweit er für den Betroffenen als unerlaubte Beihilfe nach europarechtlichen Vorschriften zu bewerten wäre.

(10) [1]Erstattungsansprüche des Leistungsempfängers bezüglich der den Härteausgleich begründenden Zahlung gegenüber der Gemeinde insbesondere nach Art. 5 Abs. 5 Satz 2 und 3 sowie Art. 19 Abs. 8 gehen mit der Leistungsgewährung aus dem Härtefallfonds in Höhe des Härteausgleichs auf den Freistaat Bayern über. [2]Der Leistungsempfänger ist verpflichtet, dem Freistaat Bayern die zur Geltendmachung der Forderung nötigen Auskünfte zu erteilen und ihm die zum Beweis der Forderung dienenden Urkunden, soweit sie sich in seinem Besitz befinden, vorzulegen. [3]Daneben ist er verpflichtet, den Forderungsschuldner von dem Forderungsübergang in Kenntnis zu setzen. [4]Leistungen aus dem Härtefallfonds sind an den Freistaat Bayern zurückzuzahlen, soweit der betroffene Beitrag endgültig erlassen oder erstattet oder der Bescheid endgültig aufgehoben wird; soweit dies der Fall ist, ist der Bewilligungsbescheid aufzuheben. [5]Satz 4 gilt nicht, wenn der Härteausgleich durch einen Forderungsübergang nach Satz 1 ausgeglichen wurde. [6]Abs. 5 findet Anwendung.

(11) [1]Das Staatsministerium des Innern, für Sport und Integration kann im Einvernehmen mit dem Staatsministerium für Wirtschaft, Landesentwicklung und Energie das Nähere
1. zur dienstlichen Stellung der Mitglieder der Kommission,
2. zur Organisation der Geschäftsstelle,
3. zum Verfahren der Kommission,
4. zum Nachweis der antragsbegründenden Tatsachen

durch Rechtsverordnung regeln.

Art. 20 Einschränkung von Grundrechten. Auf Grund dieses Gesetzes können die Grundrechte auf Freiheit der Person und der Unverletzlichkeit der Wohnung eingeschränkt werden (Art. 2 Abs. 2, Art. 13 des Grundgesetzes, Art. 102 und 106 Abs. 3 der Verfassung).

Art. 21 Inkrafttreten. (1) Dieses Gesetz tritt am 1. Juli 1974 in Kraft.*

(2) Art. 19a tritt mit Ablauf des 31. Dezember 2027 außer Kraft.

---

* *Diese Vorschrift betrifft das Inkrafttreten des Gesetzes in der ursprünglichen Fassung vom 26. März 1974 (GVBl. S. 109). Der Zeitpunkt des Inkrafttretens der späteren Änderungen ergibt sich aus den jeweiligen Änderungsgesetzen.*

Gesetz über die kommunale Zusammenarbeit (KommZG)

(BayRS 2020-6-1-I) in der Fassung der Bekanntmachung vom 20. Juni 1994 (GVBl. S. 555, ber. 1995, S. 98),
zuletzt geändert durch Gesetz vom 9. März 2021 (GVBl. S. 74)

INHALTSÜBERSICHT*

ERSTER TEIL
Allgemeine Vorschriften

Art. 1 Anwendungsbereich
Art. 2 Rechtsformen der kommunalen Zusammenarbeit
Art. 3 Voraussetzungen der kommunalen Zusammenarbeit

ZWEITER TEIL
Kommunale Arbeitsgemeinschaften

Art. 4 Einfache Arbeitsgemeinschaften
Art. 5 Besondere Arbeitsgemeinschaften
Art. 6 Aufhebung und Kündigung besonderer Arbeitsgemeinschaften

DRITTER TEIL
Zweckvereinbarungen

Art. 7 Beteiligte und Aufgaben
Art. 8 Übergang der Befugnisse
Art. 9 *(aufgehoben)*
Art. 10 Inhalt
Art. 11 Satzungs- und Verordnungsrecht
Art. 12 Anzeige und Genehmigung
Art. 13 Amtliche Bekanntmachung und Wirksamwerden
Art. 14 Änderung, Aufhebung und Kündigung
Art. 15 Wegfall von Beteiligten
Art. 16 Pflichtvereinbarung

VIERTER TEIL
Zweckverbände

1. Abschnitt
Bildung und grundsätzliche Bestimmungen

Art. 17 Beteiligte und Aufgaben
Art. 18 Bildung des Zweckverbands
Art. 19 Inhalt der Verbandssatzung
Art. 20 Genehmigung der Verbandssatzung
Art. 21 Amtliche Bekanntmachung der Verbandssatzung, Zeitpunkt des Entstehens des Zweckverbands
Art. 22 Übergang von Aufgaben und Befugnissen, Satzungs- und Verordnungsrecht
Art. 23 Dienstherrneigenschaft
Art. 24 Amtliche Bekanntmachung von Satzungen und Verordnungen des Zweckverbands
Art. 25 Wappenführung
Art. 26 Anzuwendende Vorschriften
Art. 27 Ausgleich
Art. 28 Pflichtverband

2. Abschnitt
Verfassung und Verwaltung

Art. 29 Organe
Art. 30 Rechtsstellung des Verbandsvorsitzenden und der übrigen Verbandsräte
Art. 31 Zusammensetzung der Verbandsversammlung
Art. 32 Einberufung der Verbandsversammlung, Öffentlichkeit

---

* *Inhaltsübersicht nicht amtlich.*

Art. 33 Beschlüsse und Wahlen in der Verbandsversammlung
Art. 33a Sitzungsteilnahme durch Ton-Bild-Übertragung
Art. 34 Zuständigkeit der Verbandsversammlung
Art. 34a Weitere Erleichterungen anlässlich der Corona-Pandemie
Art. 35 Wahl des Verbandsvorsitzenden
Art. 36 Zuständigkeit des Verbandsvorsitzenden
Art. 37 Form der Vertretung nach außen
Art. 38 Dienstkräfte
Art. 39 Geschäftsstelle und Geschäftsleiter

3. Abschnitt
Verbandswirtschaft

Art. 40 Anzuwendende Vorschriften
Art. 41 Haushaltssatzung
Art. 42 Deckung des Finanzbedarfs
Art. 43 Prüfungswesen

4. Abschnitt
Änderung der Verbandssatzung und Auflösung

Art. 44 Änderung der Verbandssatzung, Kündigung aus wichtigem Grund
Art. 45 Wegfall von Verbandsmitgliedern
Art. 46 Auflösung
Art. 47 Abwicklung
Art. 48 Genehmigung, Anzeige und Bekanntmachung

FÜNFTER TEIL
Gemeinsame Kommunalunternehmen

Art. 49 Entstehung
Art. 50 Vorschriften für gemeinsame Kommunalunternehmen

SECHSTER TEIL
Aufsicht und Rechtsbehelfe

1. Abschnitt
Aufsicht

Art. 51 Grundsatz
Art. 52 Aufsichtsbehörden

2. Abschnitt
Schlichtung von Streitigkeiten, Rechtsbehelfe

Art. 53 Schlichtung von Streitigkeiten
Art. 54 Erlaß des Widerspruchsbescheids (§ 73 der Verwaltungsgerichtsordnung – VwGO)

SIEBTER TEIL
Übergangs- und Schlußvorschriften

Art. 55 Inkrafttreten

ERSTER TEIL

Allgemeine Vorschriften

Art. 1 Anwendungsbereich. (1) [1]Dieses Gesetz regelt die kommunale Zusammenarbeit von Gemeinden, Landkreisen und Bezirken. [2]Verwaltungsgemeinschaften stehen für ihren Aufgabenbereich Gemeinden gleich; das gilt auch für die Eigentümer gemeindefreier Grundstücke, soweit sie öffentliche Aufgaben zu erfüllen haben, die im Gemeindegebiet der Gemeinde obliegen. [3]Andere Körperschaften, Anstalten und Stiftungen des öffentlichen Rechts, ferner natürliche Personen und juristische Personen des Privatrechts können sich nur nach den Vorschriften dieses Gesetzes an der Zusammenarbeit beteiligen.

(2) [1]Für die Beteiligung von Zweckverbänden an der kommunalen Zusammenarbeit gelten die gleichen Vorschriften wie für die ihnen angehörenden Gemeinden, Landkreise oder Bezirke. [2]Für die Beteiligung selbständiger Kom-

munalunternehmen des öffentlichen Rechts sind die für ihre Gewährträger geltenden Vorschriften maßgebend.

(3) [1]Vorschriften anderer Gesetze über die kommunale Zusammenarbeit oder die gemeinsame Wahrnehmung von Aufgaben in privatrechtlicher Form bleiben unberührt. [2]Auf Planungsverbände nach § 205 des Baugesetzbuchs sind unbeschadet des § 205 Abs. 2 bis 5 des Baugesetzbuchs die für die Zweckverbände geltenden Vorschriften dieses Gesetzes einschließlich des Art. 20 entsprechend anzuwenden.

(4) [1]Dieses Gesetz ist nicht anzuwenden, wenn es gesetzlich ausgeschlossen ist, Aufgaben oder Befugnisse gemeinsam wahrzunehmen. [2]Das Recht, Steuern zu erheben und eine eigene Polizei zu errichten, kann nicht übertragen werden.

Art. 2 Rechtsformen der kommunalen Zusammenarbeit. (1) Für die kommunale Zusammenarbeit können kommunale Arbeitsgemeinschaften gegründet, Zweckvereinbarungen geschlossen und Zweckverbände sowie gemeinsame Kommunalunternehmen gebildet werden.

(2) Durch kommunale Arbeitsgemeinschaften und Zweckvereinbarungen entstehen keine neuen Rechtspersönlichkeiten.

(3) [1]Die Zweckverbände sind Körperschaften des öffentlichen Rechts. [2]Sie verwalten ihre Angelegenheiten im Rahmen der Gesetze unter eigener Verantwortung.

(4) Gemeinsame Kommunalunternehmen sind selbständige Unternehmen in der Rechtsform einer Anstalt des öffentlichen Rechts, die von mehreren kommunalen Gebietskörperschaften getragen werden.

Art. 3 Voraussetzungen der kommunalen Zusammenarbeit. (1) [1]Gemeinden, Landkreise und Bezirke können nach den Vorschriften dieses Gesetzes zusammenarbeiten, um Aufgaben, zu deren Wahrnehmung sie berechtigt oder verpflichtet sind, gemeinsam zu erfüllen. [2]Das gilt nicht für Gemeinden, die der gleichen Verwaltungsgemeinschaft angehören, wenn die Verwaltungsgemeinschaft die Aufgabe ebenso wirkungsvoll und wirtschaftlich erfüllen kann.

(2) Sieht dieses Gesetz eine Verpflichtung zur Zusammenarbeit vor (Art. 16 und 28), so kann sie nur zwischen Gebietskörperschaften gleicher Art angeordnet werden, ferner zwischen kreisfreien und kreisangehörigen Gemeinden und zwischen Landkreisen und kreisfreien Gemeinden, wenn diese Gebietskörperschaften gleiche Pflichtaufgaben zu erfüllen haben.

ZWEITER TEIL

Kommunale Arbeitsgemeinschaften

Art. 4 Einfache Arbeitsgemeinschaften. (1) [1]Gemeinden, Landkreise und Bezirke können durch öffentlich-rechtlichen Vertrag eine Arbeitsgemeinschaft bilden. [2]An ihr können sich auch sonstige Körperschaften, Anstalten und Stiftungen des öffentlichen Rechts, ferner natürliche Personen und juristische Personen des Privatrechts beteiligen.

(2) [1]Die Arbeitsgemeinschaft befaßt sich mit Angelegenheiten, welche die an ihr Beteiligten gemeinsam berühren. [2]Sie dient insbesondere dazu, Planungen der einzelnen Beteiligten und das Tätigwerden von Einrichtungen aufeinander abzustimmen, gemeinsame Flächennutzungspläne vorzubereiten und die gemeinsame wirtschaftliche und zweckmäßige Erfüllung der Aufgaben in einem größeren nachbarlichen Gebiet sicherzustellen.

(3) Durch die Beteiligung an einer Arbeitsgemeinschaft werden die Rechte und Pflichten der Beteiligten als Träger von Aufgaben und Befugnissen gegenüber Dritten nicht berührt.

(4) [1]In dem öffentlich-rechtlichen Vertrag sind die Aufgaben der Arbeitsgemeinschaft und, soweit das erforderlich ist, die Geschäftsordnung und die Dekkung des Finanzbedarfs zu regeln. [2]Der Vertrag wird wirksam, sobald er von allen Beteiligten beschlossen und unterschrieben ist. [3]In dem Vertrag kann ein anderer Zeitpunkt für sein Wirksamwerden bestimmt werden.

(5) *(aufgehoben)*

Art. 5 Besondere Arbeitsgemeinschaften. (1) [1]Es kann vereinbart werden, daß die Beteiligten an Beschlüsse der Arbeitsgemeinschaft gebunden sind, wenn die zuständigen Organe aller Beteiligten diesen Beschlüssen zugestimmt haben. [2]Ferner kann vereinbart werden, daß die Beteiligten an Beschlüsse über Angelegenheiten der Geschäftsführung und des Finanzbedarfs, Verfahrensfragen und den Erlaß von Richtlinien für die Planung und Durchführung einzelner Aufgaben gebunden sind, wenn die Mehrheit der zuständigen Organe der beteiligten Gebietskörperschaften diesen Beschlüssen zugestimmt hat.

(2) Es kann vereinbart werden, daß die zuständigen Organe der Beteiligten verpflichtet sind, binnen drei Monaten über Anregungen der Arbeitsgemeinschaft zu beschließen; in der Vereinbarung kann eine andere Frist festgelegt werden.

(3) *(aufgehoben)*

Art. 6 Aufhebung und Kündigung besonderer Arbeitsgemeinschaften. (1) [1]Wird eine besondere Arbeitsgemeinschaft aufgehoben, so hat eine Auseinandersetzung stattzufinden, soweit das erforderlich ist. [2]Der Vertrag soll hierüber das Nähere bestimmen.

(2) [1]Wird eine besondere Arbeitsgemeinschaft auf unbestimmte Zeit oder auf mehr als 20 Jahre gebildet, so ist in der Vereinbarung über ihre Bildung zu bestimmen, unter welchen Voraussetzungen, innerhalb welcher Frist und in welcher Form sie von den Beteiligten gekündigt werden kann (ordentliche Kündigung). [2]Eine besondere Arbeitsgemeinschaft kann auch aus wichtigem Grund gekündigt werden (außerordentliche Kündigung).

DRITTER TEIL

Zweckvereinbarungen

Art. 7 Beteiligte und Aufgaben. (1) Gemeinden, Landkreise und Bezirke können durch öffentlich-rechtlichen Vertrag eine Zweckvereinbarung schließen.

(2) [1]Auf Grund einer Zweckvereinbarung können die beteiligten Gebietskörperschaften einer von ihnen einzelne oder alle mit einem bestimmten Zweck zusammenhängenden Aufgaben übertragen; eine Gebietskörperschaft kann dabei insbesondere gestatten, daß die übrigen eine von ihr betriebene Einrichtung mitbenutzen. [2]Der Umfang der übertragenen Aufgaben soll im Verhältnis zum Umfang der entsprechenden eigenen Aufgaben der übernehmenden Gebietskörperschaft nachrangig sein.

(3) Auf Grund einer Zweckvereinbarung können die beteiligten Gebietskörperschaften einzelne oder alle mit einem bestimmten Zweck zusammenhängenden Aufgaben gemeinschaftlich durchführen und hierzu gemeinschaftliche Einrichtungen schaffen oder betreiben.

(4) In einer Zweckvereinbarung kann auch geregelt werden, daß eine Gebietskörperschaft den beteiligten anderen Gebietskörperschaften Dienstkräfte zur Erfüllung ihrer Aufgaben zeitanteilig zur Verfügung stellt.

(5) [1]Ein Zweckverband kann eine Zweckvereinbarung abschließen, soweit das der Erfüllung der ihm von seinen Mitgliedern übertragenen Aufgaben dient. [2]Darüber hinaus kann er mit Zustimmung einer Mehrheit von zwei Dritteln der satzungsmäßigen Stimmenzahl in der Verbandsversammlung durch eine Zweckvereinbarung Aufgaben anderer Gebietskörperschaften übernehmen, wenn

1. diese Aufgaben seinen Aufgaben gleichartig sind,
2. der Umfang der Aufgaben im Verhältnis zum Umfang der dem Zweckverband von seinen Mitgliedern übertragenen Aufgaben nachrangig ist,
3. die anderen Gebietskörperschaften sich in der Zweckvereinbarung das Recht zur Steuerung der Aufgabenerfüllung vorbehalten,
4. in der Zweckvereinbarung ein angemessener Kostenersatz vereinbart wird und
5. die Übernahme der Aufgaben dem öffentlichen Wohl entspricht, z.B. der Verwaltungsvereinfachung oder Kostensenkung im Rahmen nachbarschaftlicher Zusammenarbeit dient.

Art. 8 Übergang der Befugnisse. (1) Wird einer Gebietskörperschaft durch Zweckvereinbarung eine Aufgabe übertragen (Art. 7 Abs. 2), so gehen auch die zur Erfüllung dieser Aufgabe notwendigen Befugnisse auf sie über, es sei denn, daß in der Zweckvereinbarung ausdrücklich etwas anderes bestimmt wird.

(2) Die übrigen Beteiligten werden durch die Zweckvereinbarung von ihrer gesetzlichen Pflicht insoweit befreit, als gesetzliche Aufgaben auf eine andere Gebietskörperschaft übertragen werden oder Befugnisse auf sie übergehen.

(3) Im Fall des Art. 7 Abs. 3 verbleiben die Befugnisse bei den Beteiligten; sie können nicht gemeinschaftlich ausgeübt werden.

(4) Gebietskörperschaften, denen gemäß Art. 7 Abs. 4 Dienstkräfte zur Verfügung gestellt werden, können ihnen wie eigenen Bediensteten Befugnisse übertragen.

Art. 9 *(aufgehoben)*

Art. 10 Inhalt. (1) Die Zweckvereinbarung muß die Aufgaben aufführen, die einer der beteiligten Gebietskörperschaften übertragen oder die gemeinschaftlich durchgeführt werden sollen.

(2) Werden Aufgaben übertragen, so kann den übrigen Beteiligten durch die Zweckvereinbarung das Recht auf Anhörung oder Zustimmung in bestimmten Angelegenheiten eingeräumt werden.

(3) In der Zweckvereinbarung kann ein angemessener Kostenersatz für die Erfüllung der übertragenen Aufgaben vorgesehen werden; er darf höchstens so bemessen sein, daß der nach den Grundsätzen einer ordnungsgemäßen Wirtschaftsführung berechnete Aufwand gedeckt wird.

(4) Werden Aufgaben gemeinschaftlich durchgeführt, so muß die Zweckvereinbarung bestimmen, nach welchem Maßstab der Aufwand unter die Beteiligten verteilt wird.

Art. 11 Satzungs- und Verordnungsrecht. (1) [1]Durch die Zweckvereinbarung kann der Gebietskörperschaft, auf die Aufgaben übergehen, das Recht übertragen werden, zur Erfüllung dieser Aufgaben Satzungen und Verordnungen auch für das Gebiet der übrigen Beteiligten zu erlassen. [2]Bereits geltende Satzungen und Verordnungen der Gebietskörperschaft können auch durch die Zweckvereinbarung auf dieses Gebiet erstreckt werden; sie sind in der Zweckvereinbarung unter Angabe ihrer Fundstelle genau zu bezeichnen. [3]Die übrigen Beteiligten haben in der für die Bekanntmachung ihrer Satzungen vorgesehenen Form auf die Veröffentlichung der Satzungen oder Verordnungen hinzuweisen.

(2) In den Fällen des Absatzes 1 kann in der Zweckvereinbarung bestimmt werden, daß die Gebietskörperschaft im Geltungsbereich der von ihr erlassenen Satzungen oder Verordnungen alle zu deren Durchführung erforderlichen Maßnahmen wie im eigenen Gebiet treffen kann.

Art. 12 Anzeige und Genehmigung. (1) Eine Zweckvereinbarung, nach der nur Aufgaben übertragen oder gemeinschaftlich durchgeführt werden, ist der Aufsichtsbehörde anzuzeigen.

(2) [1]Eine Zweckvereinbarung, durch die eine beteiligte Gebietskörperschaft auch Befugnisse erhält, bedarf der Genehmigung der Aufsichtsbehörde. [2]Die Genehmigung kann nur versagt werden, wenn dem Abschluß der Zweckvereinbarung Gründe des öffentlichen Wohls entgegenstehen, der Abschluß der

Vereinbarung nicht zulässig ist oder die Vereinbarung den gesetzlichen Vorschriften nicht entspricht. [3]Sollen durch die Zweckvereinbarung Angelegenheiten des übertragenen Wirkungskreises wahrgenommen werden, so entscheidet die Aufsichtsbehörde nach Anhörung der Fachaufsichtsbehörde über die Genehmigung nach pflichtgemäßem Ermessen. [4]Äußert sich die Fachaufsichtsbehörde nicht binnen eines Monats nach Eingang der Anfrage, kann die Aufsichtsbehörde davon ausgehen, dass die von der Fachaufsichtsbehörde zu vertretenden Belange von der Zweckvereinbarung nicht berührt werden.

(3) Ist für die Durchführung einer Angelegenheit, zu deren Erfüllung eine Zweckvereinbarung abgeschlossen werden soll, eine besondere Genehmigung erforderlich, so kann die Vereinbarung nicht genehmigt werden, wenn zu erwarten ist, daß die besondere Genehmigung versagt wird.

(4) *(aufgehoben)*

Art. 13 Amtliche Bekanntmachung und Wirksamwerden. (1) [1]Die Aufsichtsbehörde hat eine genehmigungspflichtige Zweckvereinbarung und ihre Genehmigung in ihrem Amtsblatt amtlich bekanntzumachen. [2]Die Zweckvereinbarung wird am Tag nach der amtlichen Bekanntmachung wirksam.

(2) Teile einer genehmigungspflichtigen Zweckvereinbarung, die nur das Verhältnis der Beteiligten untereinander betreffen, ohne daß Rechte oder Pflichten Dritter berührt werden, brauchen nicht amtlich bekanntgemacht zu werden.

(3) Eine anzeigepflichtige Zweckvereinbarung wird ohne amtliche Bekanntmachung wirksam, sobald sie von allen Beteiligten beschlossen und unterschrieben ist.

(4) In der Zweckvereinbarung kann ein Zeitpunkt für ihr Wirksamwerden abweichend von Absatz 1 Satz 2 und Absatz 3 bestimmt werden.

Art. 14 Änderung, Aufhebung und Kündigung. (1) War die Zweckvereinbarung anzeigepflichtig, so ist auch ihre Änderung oder Aufhebung der Aufsichtsbehörde anzuzeigen.

(2) [1]War die Zweckvereinbarung genehmigungspflichtig, so bedarf auch ihre Änderung oder Aufhebung der Genehmigung. [2]Die Vorschriften des Art. 12 über die Genehmigung einer Zweckvereinbarung gelten entsprechend. [3]Der Genehmigung zur Aufh ebung oder zur Änderung auf Grund einer Kündigung können Gründe des öffentlichen Wohls nur entgegenstehen, wenn die Voraussetzungen für eine Pflichtvereinbarung vorliegen.

(3) [1]Ist die Zweckvereinbarung nicht befristet oder auf mehr als 20 Jahre geschlossen, so muß sie bestimmen, unter welchen Voraussetzungen, innerhalb welcher Frist und in welcher Form sie von einem Beteiligten gekündigt werden kann (ordentliche Kündigung). [2]Jede Zweckvereinbarung kann auch aus wichtigem Grund gekündigt werden (außerordentliche Kündigung).

(4) [1]Wird eine Zweckvereinbarung aufgehoben, so hat eine Auseinandersetzung stattzufinden, soweit das erforderlich ist. [2]Die Zweckvereinbarung soll hierüber das Nähere bestimmen.

(5) Wird die Zweckvereinbarung geändert oder aufgehoben, so gilt Art. 13 entsprechend.

Art. 15 Wegfall von Beteiligten. (1) [1]Wird eine Gebietskörperschaft, die an einer Zweckvereinbarung beteiligt ist, in eine andere Gebietskörperschaft eingegliedert oder mit einer anderen zusammengeschlossen, so tritt die Gebietskörperschaft, in welche die an der Zweckvereinbarung beteiligte Körperschaft eingegliedert oder zu der sie zusammengeschlossen wird, an die Stelle der früheren. [2]Das gleiche gilt, wenn eine Gebietskörperschaft auf mehrere andere aufgeteilt wird oder wenn ihre Aufgaben oder Befugnisse, die Gegenstand der Zweckvereinbarung sind, auf eine oder mehrere andere Gebietskörperschaften übergehen.

(2) [1]Wenn Gründe des öffentlichen Wohls nicht entgegenstehen, kann jeder Beteiligte die Zweckvereinbarung bis zum Ablauf von drei Monaten nach dem Eintritt der neuen Körperschaft kündigen. [2]Die Art. 13 und 14 Abs. 1 und 2 gelten entsprechend.

Art. 16 Pflichtvereinbarung. (1) Ist der Abschluß einer Zweckvereinbarung zur Erfüllung von Pflichtaufgaben einer Gebietskörperschaft aus zwingenden Gründen des öffentlichen Wohls geboten, so kann die Aufsichtsbehörde den beteiligten Gebietskörperschaften eine angemessene Frist setzen, die Zweckvereinbarung zu schließen.

(2) [1]Kommt innerhalb der Frist die Zweckvereinbarung nicht zustande, so trifft die Aufsichtsbehörde eine Regelung, die wie eine Vereinbarung zwischen den Beteiligten gilt (Pflichtvereinbarung). [2]Ehe die Aufsichtsbehörde hierüber entscheidet, muß sie den beteiligten Gebietskörperschaften Gelegenheit geben, ihre Auffassung darzulegen. [3]Die Erörterung kann in einer gemeinsamen Besprechung nach Art. 9 Abs. 2 Satz 2 stattfinden.

(3) [1]Die Art. 8, 10, 11 und 13 bis 15 gelten entsprechend. [2]Die Pflichtvereinbarung kann jedoch von den Beteiligten nur mit Genehmigung der Aufsichtsbehörde geändert werden. [3]Für die Genehmigung gelten Art. 12 Abs. 2 Sätze 2 und 3 und Abs. 3 entsprechend.

(4) [1]Die Beteiligten können eine Pflichtvereinbarung nicht von sich aus aufheben. [2]Sind die Gründe für eine Pflichtvereinbarung weggefallen, so hat die Aufsichtsbehörde das den Beteiligten mitzuteilen. [3]Die Pflichtvereinbarung gilt in diesem Fall als einfache Zweckvereinbarung weiter; sie kann von jedem Beteiligten innerhalb einer Frist von sechs Monaten seit dem Zugang der Mitteilung gekündigt werden.

Vierter Teil

Zweckverbände

1. Abschnitt

Bildung und grundsätzliche Bestimmungen

Art. 17 Beteiligte und Aufgaben. (1) Gemeinden, Landkreise und Bezirke können sich zu einem Zweckverband (Freiverband) zusammenschließen und ihm einzelne Aufgaben oder alle mit einem bestimmten Zweck zusammenhängenden Aufgaben übertragen.

(2) [1]Neben einer der in Absatz 1 genannten Gebietskörperschaften können auch andere Körperschaften, Anstalten und Stiftungen des öffentlichen Rechts Mitglieder eines Zweckverbands sein, wenn nicht die für sie geltenden besonderen Vorschriften die Beteiligung ausschließen. [2]Ebenso können natürliche Personen und juristische Personen des Privatrechts Mitglieder eines Zweckverbands sein, wenn die Erfüllung der Verbandsaufgaben dadurch gefördert wird und Gründe des öffentlichen Wohls nicht entgegenstehen.

(3) [1]Die Mitgliedschaft einer Gemeinde oder eines Gemeindeverbands außerhalb des Freistaates Bayern oder einer sonstigen nicht der Aufsicht des Freistaates Bayern unterstehenden Körperschaft, Anstalt oder Stiftung des öffentlichen Rechts in einem Zweckverband, der innerhalb des Freistaates Bayern seinen Sitz hat, bedarf der Genehmigung des Staatsministeriums des Innern, für Sport und Integration. [2]Das gleiche gilt, wenn eine Gemeinde, ein Landkreis, ein Bezirk oder eine sonstige der Aufsicht des Freistaates Bayern unterstehende Körperschaft, Anstalt oder Stiftung des öffentlichen Rechts in einem Zweckverband Mitglied werden will, der seinen Sitz außerhalb des Freistaates Bayern hat.

Art. 18 Bildung des Zweckverbands. Die Rechtsverhältnisse des Zweckverbands werden im Rahmen dieses Gesetzes durch eine von den Beteiligten zu vereinbarende Verbandssatzung geregelt.

Art. 19 Inhalt der Verbandssatzung. (1) Die Verbandssatzung muß enthalten

1. den Namen und den Sitz des Zweckverbands,
2. die Verbandsmitglieder und den räumlichen Wirkungsbereich des Zweckverbands,
3. die Aufgaben des Zweckverbands,
4. die Sitz- und Stimmenverteilung in der Verbandsversammlung,
5. den Maßstab, nach dem die Verbandsmitglieder zur Deckung des Finanzbedarfs des Zweckverbands beizutragen haben (Umlegungsschlüssel).

(2) Die Verbandssatzung kann darüber hinaus weitere Vorschriften enthalten über

1. die Verfassung und Verwaltung,
2. die Verbandswirtschaft,

3. die Abwicklung im Fall der Auflösung des Zweckverbands,
4. die Schlichtung von Streitigkeiten durch ein besonderes Schiedsverfahren,
5. sonstige Rechtsverhältnisse des Zweckverbands,

soweit dieses Gesetz keine Vorschriften enthält oder die Regelung in der Verbandssatzung zuläßt.

Art. 20 Genehmigung der Verbandssatzung. (1) [1]Die Verbandssatzung bedarf der Genehmigung der Aufsichtsbehörde. [2]Die Genehmigung kann nur versagt werden, wenn der Bildung des Zweckverbands Gründe des öffentlichen Wohls entgegenstehen, die Bildung des Verbands unzulässig ist oder die Satzung den gesetzlichen Vorschriften nicht entspricht. [3]Sollen durch den Zweckverband Aufgaben des übertragenen Wirkungskreises wahrgenommen werden, so entscheidet die Aufsichtsbehörde nach Anhörung der Fachaufsichtsbehörde über die Genehmigung nach pflichtgemäßem Ermessen. [4]Äußert sich die Fachaufsichtsbehörde nicht binnen eines Monats nach Eingang der Anfrage, kann die Aufsichtsbehörde davon ausgehen, dass die von der Fachaufsichtsbehörde zu vertretenden Belange von der Bildung des Zweckverbands nicht berührt werden.

(2) Ist für die Übernahme oder Durchführung einer Aufgabe, für die der Zweckverband gebildet werden soll, eine besondere Genehmigung erforderlich, so kann die Verbandssatzung nicht genehmigt werden, wenn zu erwarten ist, daß die besondere Genehmigung versagt wird.

(3) *(aufgehoben)*

Art. 21 Amtliche Bekanntmachung der Verbandssatzung, Zeitpunkt des Entstehens des Zweckverbands. (1) [1]Die Aufsichtsbehörde hat die Verbandssatzung und ihre Genehmigung in ihrem Amtsblatt amtlich bekanntzumachen. [2]Der Zweckverband entsteht am Tag nach dieser Bekanntmachung, wenn nicht in der Verbandssatzung ein späterer Zeitpunkt bestimmt ist. [3]Nach der ordnungsgemäßen Bekanntmachung können Rechtsverstöße bei der Gründung des Zweckverbands nur mit Wirkung für die Zukunft geltend gemacht werden.

(2) Verbandsmitglieder, die Gebietskörperschaften sind, sollen in der für die Bekanntmachung ihrer Satzungen vorgesehenen Form auf die Veröffentlichung nach Absatz 1 Satz 1 hinweisen.

Art. 22 Übergang von Aufgaben und Befugnissen, Satzungs- und Verordnungsrecht. (1) Das Recht und die Pflicht der Verbandsmitglieder, die dem Zweckverband übertragenen Aufgaben zu erfüllen und die dazu notwendigen Befugnisse auszuüben, gehen auf den Zweckverband über.

(2) Der Zweckverband kann an Stelle der Verbandsmitglieder Satzungen und Verordnungen für das übertragene Aufgabengebiet erlassen.

(3) Die Verbandssatzung kann den Übergang einzelner Befugnisse und das Recht, Satzungen und Verordnungen zu erlassen, ausschließen; das gilt nicht,

wenn der Übergang nach der Natur der übertragenen Aufgaben zwingend erforderlich ist.

(4) Hat der Zweckverband nach den ihm in der Verbandssatzung übertragen Aufgaben an Stelle der Verbandsmitglieder deren Beteiligung an Unternehmen oder deren Mitgliedschaft an Verbänden zu übernehmen, so sind die einzelnen Verbandsmitglieder zu den entsprechenden Rechtsgeschäften und Verwaltungsmaßnahmen verpflichtet.

Art. 23 Dienstherrneigenschaft. (1) [1]Den Zweckverbänden steht das Recht zu, Dienstherr von Beamten zu sein, wenn ihnen nur Körperschaften, Anstalten und Stiftungen des öffentlichen Rechts angehören, die selbst Dienstherrneigenschaft besitzen. [2]Anderen Zweckverbänden kann das Recht, Dienstherr von Beamten zu sein, mit Genehmigung der Aufsichtsbehörde durch die Verbandssatzung verliehen werden.

(2) [1]Gehen Aufgaben eines Zweckverbands wegen Auflösung oder aus anderen Gründen ganz oder teilweise auf andere juristische Personen des öffentlichen Rechts mit Dienstherrnfähigkeit über, so gelten für die Übernahme und die Rechtsstellung der Beamten und Versorgungsempfänger des Zweckverbands Art. 51 bis 54 und 69 des Bayerischen Beamtengesetzes, bei länderübergreifendem Aufgabenübergang §§ 16 bis 19 des Beamtenstatusgesetzes. [2]Die Verbandssatzung eines Zweckverbands, der Dienstherr von Beamten werden soll, muß Bestimmungen darüber enthalten, wer die Beamten und Versorgungsempfänger zu übernehmen hat, wenn der Zweckverband aufgelöst wird, ohne daß seine bisherigen Aufgaben auf andere juristische Personen des öffentlichen Rechts mit Dienstherrnfähigkeit übergehen.

Art. 24 Amtliche Bekanntmachung von Satzungen und Verordnungen des Zweckverbands. (1) [1]Der Zweckverband macht seine Satzungen und Verordnungen in seinem Amtsblatt amtlich bekannt. [2]Unterhält er kein eigenes Amtsblatt, werden die Satzungen und Verordnungen im Amtsblatt des Landratsamts oder des Landkreises oder den Amtsblättern aller Beteiligten, wenn sich der räumliche Wirkungskreis des Zweckverbands über den Landkreis hinaus erstreckt, im Amtsblatt der Aufsichtsbehörde oder den Amtsblättern aller Beteiligten bekannt gemacht.

(2) Verbandsmitglieder, die Gebietskörperschaften sind, sollen in der für die Bekanntmachung ihrer Satzungen vorgesehenen Form auf die Veröffentlichung nach Absatz 1 hinweisen.

Art. 25 Wappenführung. [1]Der Zweckverband führt weder Fahne noch eigenes Wappen. [2]Mit Zustimmung eines Verbandsmitglieds kann er dessen Wappen führen. [3]Die Führung des kleinen Staatswappens regelt sich nach den hierfür geltenden besonderen Vorschriften.

Art. 26 Anzuwendende Vorschriften. (1) [1]Soweit nicht dieses Gesetz oder in seinem Rahmen die Verbandssatzung besondere Vorschriften enthalten, sind auf den Zweckverband die für Gemeinden geltenden Vorschriften entsprechend anzuwenden. [2]Gehören einem Zweckverband als kommunale Gebietskörperschaft nur Landkreise oder nur Landkreise und Bezirke an, so sind die für Landkreise, gehören ihm nur Bezirke an, so sind die für Bezirke geltenden Vorschriften entsprechend anzuwenden. [3]Die Verbandssatzung kann mit Genehmigung der Aufsichtsbehörde vorschreiben, daß abweichend von den Sätzen 1 und 2 die Vorschriften entsprechend anzuwenden sind, die für andere dem Zweckverband angehörende Gebietskörperschaften gelten.

(2) In Satzungen des Zweckverbands können Zuwiderhandlungen als Ordnungswidrigkeiten mit Geldbuße bedroht werden, soweit das nach den Vorschriften, die gemäß Absatz 1 entsprechend anwendbar sind, zulässig ist (bewehrte Satzungen).

(3) Für die Voraussetzungen und das Verfahren zum Erlaß von Verordnungen, deren Übertretung mit Strafe oder als Ordnungswidrigkeit mit Geldbuße bedroht ist, gelten die Vorschriften des Landesstraf- und Verordnungsgesetzes entsprechend; Art. 24 bleibt unberührt.

(4) Verordnungen, zu deren Erlaß die Zweckverbände ermächtigt sind, werden von der Verbandsversammlung, dringliche Verordnungen vom Verbandsvorsitzenden, als Verbandsverordnung erlassen.

Art. 27 Ausgleich. (1) [1]Neben der Verbandssatzung können die Beteiligten Abmachungen über den Ausgleich von Vorteilen und Nachteilen treffen, die sich aus der Bildung des Zweckverbands ergeben. [2]Entsprechendes gilt für den Ausgleich von Vor- und Nachteilen aus der Tätigkeit des Zweckverbands, wenn eine Regelung in der Verbandssatzung oder durch die Festsetzung der Verbandsumlage nicht möglich oder nicht zweckmäßig ist. [3]Die Abmachungen sind der Aufsichtsbehörde anzuzeigen.

(2) [1]Auf Antrag sämtlicher Beteiligter, für die ein Ausgleich in Betracht kommt, regelt die Aufsichtsbehörde diesen Ausgleich. [2]Für einen Pflichtverband kann die Aufsichtsbehörde den Ausgleich auch dann regeln, wenn sie einen solchen für erforderlich hält und die betroffenen Beteiligten sich nicht innerhalb einer von der Aufsichtsbehörde gesetzten angemessenen Frist einigen.

Art. 28 Pflichtverband. (1) Ist die Bildung eines Zweckverbands zur Erfüllung von Pflichtaufgaben einer Gebietskörperschaft aus zwingenden Gründen des öffentlichen Wohls geboten, so kann die Aufsichtsbehörde den Beteiligten eine angemessene Frist setzen, den Zweckverband zu bilden.

(2) [1]Kommt innerhalb der Frist der Zweckverband nicht zustande, so bildet ihn die Aufsichtsbehörde dadurch, daß sie die Verbandssatzung erläßt (Pflichtverband). [2]Ehe die Aufsichtsbehörde hierüber entscheidet, muß sie den beteiligten Gebietskörperschaften Gelegenheit geben, ihre Auffassung zur Bildung des Zweckverbands und zur Verbandssatzung darzulegen; die Erörterung kann in einer gemeinsamen Besprechung nach Art. 18 Abs. 3 Satz 2 stattfinden. [3]Art. 21 gilt entsprechend.

(3) Die Absätze 1 und 2 gelten entsprechend, wenn aus den in Absatz 1 genannten Gründen eine weitere Gebietskörperschaft an einen bestehenden Zweckverband angeschlossen werden muß.

(4) [1]Die Vorschriften über den Inhalt der Verbandssatzung (Art. 19) gelten auch für Pflichtverbände. [2]Soweit erforderlich, muß die Verbandssatzung die Ausstattung des Zweckverbands mit Dienstkräften regeln.

2. Abschnitt

Verfassung und Verwaltung

Art. 29 Organe. [1]Notwendige Organe des Zweckverbands sind die Verbandsversammlung und die Person, die den Verbandsvorsitz führt (Verbandsvorsitzender). [2]Die Verbandssatzung kann regeln, ob und wie ein Verbandsausschuß, weitere beschließende Ausschüsse und ein Ferienausschuss gebildet werden.

Art. 30 Rechtsstellung des Verbandsvorsitzenden und der übrigen Verbandsräte. (1) Der Verbandsvorsitzende, seine Stellvertreter und die übrigen Mitglieder der Verbandsversammlung (Verbandsräte) sind ehrenamtlich tätig.

(2) [1]Der Zweckverband entschädigt die Verbandsräte entsprechend den Vorschriften der Gemeindeordnung (GO) über die Entschädigung ehrenamtlich tätiger Gemeindebürger. [2]Verbandsräte gemäß Art. 31 Abs. 2 Satz 1 haben, soweit sie nicht Verbandsvorsitzende, Ausschußvorsitzende oder deren Stellvertreter sind, nur Anspruch auf Ersatz ihrer Auslagen. [3]Art. 20a Abs. 4 GO gilt entsprechend; er gilt nicht für Verbandsräte kraft Amtes, die kommunale Wahlbeamte auf Zeit sind; für sie gelten die Ablieferungsregelungen nach dem beamtenrechtlichen Nebentätigkeitsrecht.

(3) [1]Die wählbaren Bürger jener Gemeinden, Landkreise und Bezirke, die Verbandsmitglieder sind, können die Übernahme oder die weitere Ausübung des Amts eines Verbandsrats nur aus wichtigen Gründen ablehnen. [2]Als wichtiger Grund ist es insbesondere anzusehen, wenn der Verpflichtete durch sein Alter, seine Berufs- oder Familienverhältnisse, seinen Gesundheitszustand oder sonstige in seiner Person liegende Umstände an der Übernahme oder weiteren Ausübung des Amts verhindert ist. [3]Ob ein wichtiger Grund vorliegt, entscheidet die Gebietskörperschaft, die den Verbandsrat bestellt.

(4) [1]Verbandsräte können nicht sein:

1. Beamte und leitende oder hauptberufliche Arbeitnehmer des Zweckverbands,
2. leitende Beamte und leitende Arbeitnehmer von juristischen Personen oder sonstigen Organisationen des öffentlichen oder privaten Rechts, an denen der Zweckverband mit mehr als 50 v.H. beteiligt ist; eine Beteiligung am Stimmrecht genügt,

3. Beamte und Arbeitnehmer der Aufsichtsbehörde, die unmittelbar mit Aufgaben der Aufsicht über Zweckverbände befaßt sind, ausgenommen die für die Stellvertretung des Landrats gewählte Person.

[2]Als Arbeitnehmer im Sinn des Satzes 1 gilt nicht, wer überwiegend körperliche Arbeit verrichtet. [3]Satz 1 ist nicht anzuwenden, wenn Beamte während der Dauer des Ehrenamts ohne Dienstbezüge beurlaubt sind, im Rahmen von Altersteilzeit im Blockmodell vollständig vom Dienst freigestellt sind oder wenn ihre Rechte und Pflichten aus dem Dienstverhältnis wegen der Wahl in eine gesetzgebende Körperschaft ruhen; das gilt für Arbeitnehmer entsprechend.

Art. 31 Zusammensetzung der Verbandsversammlung. (1) [1]Die Verbandsversammlung besteht aus dem Verbandsvorsitzenden und den übrigen Verbandsräten. [2]Jedes Verbandsmitglied entsendet mindestens einen Verbandsrat in die Verbandsversammlung. [3]Die Verbandssatzung kann bestimmen, daß einzelne oder alle Verbandsmitglieder mehrere Vertreter in die Verbandsversammlung entsenden oder daß die Vertreter einzelner Verbandsmitglieder ein mehrfaches Stimmrecht haben; außerdem kann bestimmt werden, daß die Stimmen mehrerer Vertreter eines Verbandsmitglieds nur einheitlich abgegeben werden können. [4]Sind natürliche Personen oder juristische Personen des Privatrechts Verbandsmitglieder, so dürfen ihre Stimmen insgesamt zwei Fünftel der in der Verbandssatzung festgelegten Stimmenzahl nicht erreichen; dies gilt nicht für juristische Personen des Privatrechts, deren Kapital sich ganz oder überwiegend in öffentlicher Hand befindet. [5]Die Vertretung einer kommunalen Gebietskörperschaft in der Verbandsversammlung soll in einem angemessenen Verhältnis zu ihrem Anteil an der gemeinsamen Erfüllung der Aufgaben stehen.

(2) [1]Eine Gemeinde wird in der Verbandsversammlung durch den ersten Bürgermeister, ein Landkreis durch den Landrat, ein Bezirk durch den Bezirkstagspräsidenten kraft Amtes vertreten. [2]Mit Zustimmung der in Satz 1 Genannten und ihrer gewählten Stellvertreter kann eine beteiligte Gebietskörperschaft andere Personen als ihre Vertreter bestellen. [3]Die weiteren Vertreter einer Gebietskörperschaft in der Verbandsversammlung werden durch die Beschlußorgane der Gebietskörperschaften bestellt.

(3) [1]Die Verbandsräte kraft Amtes werden im Fall ihrer Verhinderung durch ihre Stellvertreter vertreten; mit deren Zustimmung können die Gebietskörperschaften auch andere Stellvertreter bestellen. [2]Für die anderen Verbandsräte bestellen die entsendenden Verbandsmitglieder jeweils Stellvertreter. [3]Verbandsräte können sich nicht untereinander vertreten.

(4) [1]Die Amtszeit der bestellten Verbandsräte und Stellvertreter dauert sechs Jahre. [2]Abweichend hiervon endet sie

1. bei Mitgliedern der Vertretungskörperschaft eines Verbandsmitglieds mit dem Ende der Wahlzeit oder dem vorzeitigen Ausscheiden aus der Vertretungskörperschaft,
2. bei berufsmäßigen Gemeinderatsmitgliedern mit der Beendigung des Beamtenverhältnisses.

[3]Die Verbandsräte und ihre Stellvertreter üben ihr Amt bis zum Amtsantritt der neuen Verbandsräte weiter aus.

Art. 32 Einberufung der Verbandsversammlung, Öffentlichkeit.

(1) [1]Die Verbandsversammlung wird durch den Verbandsvorsitzenden schriftlich oder elektronisch einberufen. [2]Ist noch kein Verbandsvorsitzender gewählt oder durch die Verbandssatzung bestimmt und enthält die Verbandssatzung keine Regelung über die Einberufung in diesem Fall, beruft die Aufsichtsbehörde die Verbandsversammlung schriftlich oder elektronisch ein. [3]Die Einladung muß Tagungszeit und -ort und die Beratungsgegenstände angeben und den Verbandsräten spätestens eine Woche vor der Sitzung zugehen. [4]In dringenden Fällen kann der Verbandsvorsitzende die Frist bis auf 24 Stunden abkürzen.

(2) [1]Die Verbandsversammlung ist jährlich mindestens einmal einzuberufen. [2]Sie muß außerdem einberufen werden, wenn es ein Drittel der Verbandsräte unter Angabe der Beratungsgegenstände beantragt. [3]Die Verbandssatzung kann den Antrag einer anderen Zahl von Verbandsräten oder weitere Antragsberechtigte vorsehen.

(3) [1]Die Vertreter der Aufsichtsbehörden haben das Recht, an der Verbandsversammlung teilzunehmen. [2]Auf Antrag ist ihnen das Wort zu erteilen.

(4) Die Vorschriften der Gemeindeordnung über die Öffentlichkeit gelten entsprechend, soweit nicht nach Maßgabe von Art. 26 Abs. 1 Sätze 2 und 3 die Vorschriften für die Landkreise oder die Bezirke anzuwenden sind.

Art. 33 Beschlüsse und Wahlen in der Verbandsversammlung. (1) [1]Die Verbandsversammlung ist beschlußfähig, wenn sämtliche Verbandsräte ordnungsgemäß geladen sind und die anwesenden stimmberechtigten Verbandsräte die Mehrheit der von der Verbandssatzung vorgesehenen Stimmenzahl erreichen. [2]Dabei dürfen die Stimmen von Verbandsmitgliedern gemäß Art. 31 Abs. 1 Satz 4 nicht überwiegen. [3]Wird die Verbandsversammlung wegen Beschlußunfähigkeit, die nicht auf der persönlichen Beteiligung der Mehrheit der Verbandsräte beruht, innerhalb von vier Wochen zum zweitenmal zur Verhandlung über denselben Gegenstand einberufen, so ist sie, unbeschadet des Satzes 2, ohne Rücksicht auf die Zahl der Erschienenen beschlußfähig; auf diese Folge ist in der zweiten Einladung ausdrücklich hinzuweisen.

(2) [1]Beschlüsse werden mit einfacher Stimmenmehrheit gefaßt, soweit das Gesetz oder die Verbandssatzung nicht etwas anderes vorschreibt. [2]Bei Stimmengleichheit ist der Antrag abgelehnt. [3]Es wird offen abgestimmt. [4]Die Verbandsmitglieder können ihre Verbandsräte anweisen, wie sie in der Verbandsversammlung abzustimmen haben. [5]Die Abstimmung entgegen der Weisung berührt die Gültigkeit des Beschlusses der Verbandsversammlung nicht.

(3) [1]Für Wahlen gilt Absatz 1 entsprechend. [2]Es wird geheim abgestimmt. [3]Gewählt ist, wer mehr als die Hälfte der abgegebenen gültigen Stimmen erhält. [4]Wird die Mehrheit im ersten Wahlgang nicht erreicht, so findet Stichwahl unter den beiden Bewerbern mit den höchsten Stimmenzahlen statt. [5]Bei Stim-

mengleichheit in der Stichwahl entscheidet das Los. [6]Haben im ersten Wahlgang drei oder mehr Bewerber die gleiche Anzahl von Stimmen erhalten, so entscheidet das Los, welche Bewerber in die Stichwahl kommen. [7]Hat ein Bewerber die höchste, zwei oder mehr Bewerber die gleiche nächsthöhere Stimmenzahl erhalten, so entscheidet das Los, wer von diesen in die Stichwahl mit dem Bewerber mit der höchsten Stimmenzahl kommt.

(4) [1]Die Vorschriften der Gemeindeordnung über den Ausschluß wegen persönlicher Beteiligung sind entsprechend anzuwenden. [2]Sie gelten nicht für die Teilnahme von Verbandsräten an der Beratung und Abstimmung bei Beschlüssen, die einem Verbandsmitglied einen unmittelbaren Vor- oder Nachteil bringen können.

Art. 33a Sitzungsteilnahme durch Ton-Bild-Übertragung.* (1) [1]Verbandsräte können an den Sitzungen der Verbandsversammlung mittels Ton-Bild-Übertragung teilnehmen, soweit dies in der Verbandssatzung zugelassen wird. [2]Der Beschluss bedarf einer Zweidrittelmehrheit der abgegebenen Stimmen. [3]Zugeschaltete Verbandsräte gelten in diesem Fall als anwesend im Sinn von Art. 33 Abs. 1 Satz 1. [4]In der Verbandssatzung kann die Anzahl der in einer Sitzung zuschaltbaren Verbandsräte zahlen- oder quotenmäßig begrenzt werden. [5]Sie kann die Zuschaltmöglichkeit auch von weiteren Voraussetzungen abhängig machen, insbesondere von einer Verhinderung der Teilnahme im Sitzungssaal. [6]Bei einer Zuschaltung mittels Ton-Bild-Übertragung ist eine Teilnahme an Wahlen nicht möglich.

(2) [1]Die Möglichkeit einer Sitzungsteilnahme mittels Ton-Bild-Übertragung ist ausgeschlossen, soweit die Sitzung als solche oder Beratungsgegenstände geheim zu halten sind oder nach den zu beachtenden Verwaltungsvorschriften und Richtlinien der Geheimhaltung unterliegen. [2]Art. 56a Abs. 1 Satz 1 und Abs. 2 GO gilt entsprechend.

(3) [1]Der Verbandsvorsitzende und die Verbandsräte müssen sich in der Sitzung gegenseitig optisch und akustisch wahrnehmen können. [2]In öffentlichen Sitzungen müssen per Ton-Bild-Übertragung teilnehmende Verbandsräte zudem für die im Sitzungssaal anwesende Öffentlichkeit entsprechend wahrnehmbar sein. [3]Für die Zwecke der Sätze 1 und 2 ist die Übertragung von Bild und Ton der an der Sitzung teilnehmenden Personen unabhängig davon zulässig, ob sie in die Übertragung einwilligen.

(4) [1]Der Zweckverband hat dafür Sorge zu tragen, dass in seinem Verantwortungsbereich die technischen Voraussetzungen für eine Zuschaltung mittels Ton-Bild-Übertragung während der Sitzung durchgehend bestehen. [2]Ist dies nicht der Fall oder steht nicht fest, ob eine Nichtzuschaltung in den Verantwortungsbereich des Zweckverbands oder des Verbandsrats fällt, darf die Sitzung nicht beginnen oder ist sie unverzüglich zu unterbrechen. [3]Ein Verstoß ist unbeachtlich, falls die zunächst nicht zugeschalteten Verbandsräte rügelos an der Beschlussfassung teilnehmen. [4]Kommt eine Zuschaltung aus Gründen, die

* *Beachte Art. 55 Abs. 2 und 3.*

nicht im Verantwortungsbereich des Zweckverbands liegen, nicht zu Stande oder wird sie unterbrochen, hat dies keine Auswirkung auf die Wirksamkeit eines ohne den betroffenen Verbandsrat gefassten Beschlusses. [5]Soweit sich ein Zweckverband darauf beschränkt, die Plattform zur audiovisuellen Zuschaltung zur Verfügung zu stellen, und entweder mindestens ein Verbandsrat zugeschaltet ist oder ein Test bestätigt, dass eine Zuschaltmöglichkeit besteht, wird vermutet, dass der Grund für eine Nichtzuschaltung eines Verbandsrats nicht im Verantwortungsbereich des Zweckverbands liegt.

(5) [1]Lässt die Zweckverbandssatzung eine Zuschaltung mittels Ton-Bild-Übertragung bei nichtöffentlichen Sitzungen zu, haben die zugeschalteten Verbandsräte dafür Sorge zu tragen, dass die Übertragung in ihrem Verantwortungsbereich nur von ihnen wahrgenommen werden kann. [2]Art. 20 Abs. 4 Satz 1 GO gilt entsprechend.

(6) [1]Die Zulassung im Sinne des Abs. 1 Satz 1 kann für Sitzungen vor dem 1. Januar 2022 auch durch Beschluss der Verbandsversammlung erfolgen. [2]Der Beschluss bedarf einer Zweidrittelmehrheit der abgegebenen Stimmen.

Art. 34 Zuständigkeit der Verbandsversammlung. (1) Die Aufgaben des Zweckverbands werden von der Verbandsversammlung wahrgenommen, soweit nicht nach diesem Gesetz, der Verbandssatzung oder besonderen Beschlüssen der Verbandsversammlung der Verbandsvorsitzende, der Verbandsausschuß, ein anderer beschließender Ausschuß, ein Ferienausschuss oder ein Geschäftsleiter selbständig entscheidet.

(2) Folgende Angelegenheiten können nicht auf den Verbandsvorsitzenden, den Verbandsausschuß, einen anderen beschließenden Ausschuß oder einen Geschäftsleiter übertragen werden:
1. die Entscheidung über die Errichtung und die wesentliche Erweiterung der den Verbandsaufgaben dienenden Einrichtungen,
2. die Beschlußfassung über den Erlaß, die Änderung oder die Aufhebung von Satzungen und Verordnungen,
3. die Beschlußfassung über die Haushaltssatzung, die Nachtragshaushaltssatzungen und die Aufnahme von zusätzlichen Krediten während der vorläufigen Haushaltsführung,
4. die Beschlußfassung über den Finanzplan,
5. die Feststellung der Jahresrechnung oder des Jahresabschlusses und die Entlastung,
6. die Wahl des Verbandsvorsitzenden und seiner Stellvertreter, die Bestellung der Mitglieder des Verbandsausschusses und die Festsetzung von Entschädigungen,
7. die Bildung, Besetzung und Auflösung weiterer Ausschüsse,
8. der Erlaß, die Änderung oder die Aufhebung der Geschäftsordnung für die Verbandsversammlung,
9. der Erlaß, die Änderung oder die Aufhebung der Betriebssatzung für einen Eigenbetrieb oder der Unternehmenssatzung für ein Kommunalunternehmen des Zweckverbands,

10. die Entscheidung über die unmittelbare oder mittelbare Beteiligung sowie die Veräußerung einer solchen Beteiligung eines Zweckverbands an einem Unternehmen in Privatrechtsform,
11. die Beschlußfassung über die Änderung der Verbandssatzung, die Auflösung des Zweckverbands und die Bestellung von Abwicklern.

(3) [1]Soweit in der Verbandssatzung nichts anderes geregelt ist, gilt für die Bildung von Ferienausschüssen Art. 32 Abs. 4 GO entsprechend. [2]Art. 29 Satz 2 bleibt unberührt.

Art. 34a Weitere Erleichterungen anlässlich der Corona-Pandemie.* *[1]Die Verbandsversammlung kann den Einsetzungszeitraum eines Ferienausschusses für das Jahr 2021 abweichend von Art. 34 Abs. 3 in Verbindung mit Art. 32 Abs. 4 Satz 1 GO durch Beschluss auf drei Monate erhöhen. [2]Für die Zeiträume, in denen sie keinen Ferienausschuss einsetzt, kann sie für die Dauer von bis zu drei Monaten, längstens bis zum Ablauf des 31. Dezember 2021, einen beschließenden Ausschuss einsetzen, der die Befugnisse eines Ferienausschusses nach Art. 34 Abs. 3 in Verbindung mit Art. 32 Abs. 4 GO hat. [3]Die Verbandsversammlung kann den Einsetzungszeitraum nach Satz 2 durch Beschluss um jeweils bis zu weitere drei Monate, längstens bis zum Ablauf des 31. Dezember 2021, verlängern. [4]Beschlüsse nach den Sätzen 1 bis 3 bedürfen einer Zweidrittelmehrheit der abgegebenen Stimmen. [5]Endet die vom Deutschen Bundestag auf Grund der Ausbreitung des neuartigen Coronavirus SARS-CoV-2 festgestellte epidemische Lage von nationaler Tragweite nach den Bestimmungen des Infektionsschutzgesetzes, treten Beschlüsse nach den Sätzen 2 und 3 eine Woche nach dem Ende der epidemischen Lage mit Wirkung für die Zukunft außer Kraft.*

Art. 35 Wahl des Verbandsvorsitzenden. (1) [1]Der Verbandsvorsitzende und sein Stellvertreter werden vonß der Verbandsversammlung aus ihrer Mitte nach Art. 33 Abs. 3 gewählt; die Verbandsversammlung kann einen weiteren Stellvertreter wählen. [2]Der Verbandsvorsitzende soll der gesetzliche Vertreter einer Gemeinde oder eines Landkreises oder der Bezirkstagspräsident eines Bezirks sein, die dem Zweckverband angehören.

(2) [1]Der Verbandsvorsitzende und seine Stellvertreter werden auf die Dauer von sechs Jahren, sind sie Inhaber eines kommunalen Wahlamts eines Verbandsmitglieds, auf die Dauer dieses Amts gewählt. [2]Sie üben ihr Amt nach Ablauf der Zeit, für die sie gewählt sind, bis zum Amtsantritt des neugewählten Verbandsvorsitzenden weiter aus.

(3) Die Verbandssatzung kann von den Vorschriften der Absätze 1 und 2 abweichen.

Art. 36 Zuständigkeit des Verbandsvorsitzenden. (1) [1]Der Verbandsvorsitzende vertritt den Zweckverband nach außen. [2]Der Umfang der Vertretungs-

* *Beachte Art. 55 Abs. 2.*

macht ist auf seine Befugnisse beschränkt. [3]Er bereitet die Beratungsgegenstände der Verbandsversammlung vor und führt in ihr den Vorsitz.

(2) Der Verbandsvorsitzende vollzieht ferner die Beschlüsse der Verbandsversammlung und erledigt in eigener Zuständigkeit alle Angelegenheiten, die nach der Gemeindeordnung kraft Gesetzes dem ersten Bürgermeister zukommen.

(3) Durch besonderen Beschluß der Verbandsversammlung können dem Verbandsvorsitzenden unbeschadet des Art. 34 Abs. 2 weitere Angelegenheiten zur selbständigen Erledigung übertragen werden.

(4) Der Verbandsvorsitzende kann einzelne seiner Befugnisse seinen Stellvertretern und in Angelegenheiten der laufenden Verwaltung Dienstkräften des Zweckverbands oder mit Zustimmung des Verbandsmitglieds dessen vertretungsberechtigtem Organ oder dessen Dienstkräften übertragen.

Art. 37 Form der Vertretung nach außen. (1) [1]Erklärungen, durch welche der Zweckverband verpflichtet werden soll, bedürfen der Schriftform oder müssen in elektronischer Form mit einer dauerhaft überprüfbaren qualifizierten elektronischen Signatur versehen sein. [2]Die Erklärungen sind durch den Verbandsvorsitzenden oder seinen Stellvertreter unter Angabe der Amtsbezeichnung zu unterzeichnen. [3]Sie können auf Grund einer den vorstehenden Erfordernissen entsprechenden Vollmacht auch von Bediensteten des Zweckverbands unterzeichnet werden.

(2) Absatz 1 Satz 1 findet keine Anwendung auf ständig wiederkehrende Geschäfte des täglichen Lebens, die finanziell von unerheblicher Bedeutung sind.

Art. 38 Dienstkräfte. (1) [1]Die Verbandsversammlung ist zuständig,
1. die Beamten des Zweckverbands ab Besoldungsgruppe A 9 zu ernennen, zu befördern, abzuordnen oder zu versetzen, an eine Einrichtung zuzuweisen, in den Ruhestand zu versetzen und zu entlassen,
2. die Arbeitnehmer des Zweckverbands ab Entgeltgruppe 9 des Tarifvertrags für den öffentlichen Dienst oder ab einem entsprechenden Entgelt einzustellen, höherzugruppieren, abzuordnen oder zu versetzen, einem Dritten zuzuweisen, mittels Personalgestellung zu beschäftigen und zu entlassen.

[2]Befugnisse nach Satz 1 kann die Verbandsversammlung dem Verbandsausschuss oder einem anderen beschließenden Ausschuss übertragen. [3]In Zweckverbänden, bei denen der Stellenplan mehr als 400 Planstellen ausweist, kann die Verbandsversammlung die Befugnisse nach Satz 1 für Beamte bis zur Besoldungsgruppe A 14 und für Arbeitnehmer bis zur Entgeltgruppe 14 des Tarifvertrags für den öffentlichen Dienst oder mit einem entsprechenden Entgelt dem Verbandsvorsitzenden übertragen; Art. 36 Abs. 4 findet Anwendung.

(2) [1]Für Beamte des Zweckverbands bis zur Besoldungsgruppe A 8 und für Arbeitnehmer des Zweckverbands bis zur Entgeltgruppe 8 des Tarifvertrags für den öffentlichen Dienst oder bis zu einem entsprechenden Entgelt obliegen

die in Abs. 1 genannten personalrechtlichen Befugnisse dem Verbandsvorsitzenden. [2]Art. 36 Abs. 4 findet Anwendung.

(3) [1]Der Verbandsvorsitzende führt die Dienstaufsicht über die Dienstkräfte des Zweckverbands. [2]Er ist Dienstvorgesetzter der Beamten.

Art. 39 Geschäftsstelle und Geschäftsleiter. (1) [1]Der Zweckverband muß eine Geschäftsstelle unterhalten, wenn das für den ordnungsgemäßen Gang der Geschäfte erforderlich ist. [2]Die Geschäftsstelle unterstützt den Verbandsvorsitzenden nach seinen Weisungen bei den Angelegenheiten der laufenden Verwaltung.

(2) [1]Die Geschäftsstelle wird durch eine leitende Person geführt (Geschäftsleiter); wird kein Geschäftsleiter bestellt, durch den Verbandsvorsitzenden. [2]Die Verbandsversammlung kann dem Geschäftsleiter durch Beschluß mit Zustimmung des Verbandsvorsitzenden
1. Zuständigkeiten des Verbandsvorsitzenden nach Art. 36 Abs. 2,
2. weitere Angelegenheiten unbeschadet des Art. 34 Abs. 2

zur selbständigen Erledigung übertragen. [3]Soweit die Verbandsversammlung dem Geschäftsleiter Aufgaben übertragen hat, ist er zur Vertretung des Zweckverbands nach außen berechtigt. [4]Der Geschäftsleiter nimmt an den Sitzungen der Verbandsversammlung beratend teil.

3. Abschnitt

Verbandswirtschaft

Art. 40 Anzuwendende Vorschriften. (1) [1]Soweit nicht dieses Gesetz etwas anderes vorschreibt, gelten für die Verbandswirtschaft die Vorschriften über die Gemeindewirtschaft oder nach Art. 26 Abs. 1 Satz 2 oder Satz 3 die Vorschriften über die Landkreiswirtschaft oder die Bezirkswirtschaft entsprechend. [2]Die Verbandssatzung kann vorschreiben, daß die Aufgaben eines Werkausschusses von der Verbandsversammlung und die Aufgaben einer Werkleitung vom Verbandsvorsitzenden oder vom Geschäftsleiter wahrgenommen werden.

(2) [1]Ist Hauptaufgabe des Zweckverbands der Betrieb eines Unternehmens, das nach den Vorschriften der Eigenbetriebsverordnung geführt wird, kann die Verbandssatzung vorschreiben, daß diese Vorschriften auch auf die Haushaltswirtschaft, die Vermögenswirtschaft sowie das Kassen- und Rechnungswesen des Zweckverbands selbst anzuwenden sind. [2]In diesem Fall ist durch die Haushaltssatzung der Wirtschaftsplan an Stelle des Haushaltsplans festzusetzen.

(3) [1]Ist Hauptaufgabe eines Zweckverbands der Betrieb eines Krankenhauses, das nach den Vorschriften der Krankenhaus-Buchführungsverordnung sowie der Verordnung über die Wirtschaftsführung der kommunalen Kranken-

häuser zu führen ist, kann die Verbandssatzung vorschreiben, daß für die Verbandswirtschaft diese Vorschriften entsprechend gelten. [2]Absatz 2 Satz 2 findet Anwendung.

Art. 41 Haushaltssatzung. (1) Der Verbandsvorsitzende gibt den Entwurf der Haushaltssatzung rechtzeitig, jedoch mindestens einen Monat vor dem Beschluß über die Haushaltssatzung, den Verbandsmitgliedern bekannt.

(2) Die Verbandsversammlung kann beschließen, daß eine Finanzplanung nicht erstellt wird.

Art. 42 Deckung des Finanzbedarfs. (1) [1]Der Zweckverband erhebt von den Verbandsmitgliedern eine Umlage, soweit seine Einnahmen aus besonderen Entgelten für die von ihm erbrachten Leistungen und seine sonstigen Einnahmen nicht ausreichen, um seinen Finanzbedarf zu decken. [2]Die Umlagepflicht einzelner Verbandsmitglieder kann durch die Verbandssatzung auf einen Höchstbetrag beschränkt oder ausgeschlossen werden.

(2) [1]Die Umlage soll nach dem Verhältnis des Nutzens bemessen werden, den die einzelnen Verbandsmitglieder aus der Erfüllung der Aufgaben des Zweckverbands haben und die Leistungskraft der einzelnen Verbandsmitglieder berücksichtigen. [2]Ein anderer Maßstab (z.B. Größe, Einwohnerzahl, Umlagegrundlagen, Aufwand für die einzelnen Verbandsmitglieder) kann zugrundegelegt werden, wenn das angemessen ist. [3]Wird die Umlage nach den Umlagegrundlagen bemessen, so gelten die Vorschriften über die Kreisumlage, für Zweckverbände, denen als Gebietskörperschaften nur Bezirke angehören, die Vorschriften über die Bezirksumlage entsprechend.

(3) [1]Die Höhe der Umlage ist in der Haushaltssatzung für jedes Haushaltsjahr festzusetzen. [2]Art. 19 des Gesetzes über den Finanzausgleich zwischen Staat, Gemeinden und Gemeindeverbänden ist entsprechend anzuwenden; im Umlagebescheid kann die Fälligkeit abweichend von dieser Vorschrift bestimmt werden.

(4) Auf die Erhebung von Kommunalabgaben sind die Vorschriften des Kommunalabgabenrechts entsprechend anzuwenden; Art. 1 Abs. 4 Satz 2 bleibt unberührt.

Art. 43 Kassenverwaltung, Rechnungs- und Prüfungswesen. (1) Die Verbandssatzung kann vorschreiben, daß das Rechnungsprüfungsamt eines Verbandsmitglieds als Sachverständiger zur Prüfung der Jahresrechnung oder des Jahresabschlusses umfassend heranzuziehen ist.

(2) Überörtliche Rechnungs- und Kassenprüfungen werden bei den Mitgliedern des Bayerischen Kommunalen Prüfungsverbands durch diesen Verband, bei den übrigen Zweckverbänden durch die staatlichen Rechnungsprüfungsstellen der Landratsämter durchgeführt (überörtliche Prüfungsorgane).

4. Abschnitt

Änderung der Verbandssatzung und Auflösung

Art. 44 Änderung der Verbandssatzung, Kündigung aus wichtigem Grund. (1) [1]Die Änderung der Verbandsaufgabe, der Austritt von Verbandsmitgliedern und deren Ausschluß bedürfen einer Mehrheit von zwei Dritteln, sonstige Änderungen der Verbandssatzung der einfachen Mehrheit der satzungsmäßigen Stimmenzahl in der Verbandsversammlung. [2]Die Verbandssatzung kann größere Mehrheiten oder die Notwendigkeit der Zustimmung bestimmter oder aller Verbandsmitglieder vorschreiben.

(2) [1]Der Beschluß über eine Übernahme weiterer Aufgaben oder über eine Änderung der Verbandssatzung im Fall des Art. 23 Abs. 2 Satz 2 setzt das Einverständnis der betroffenen Verbandsmitglieder voraus. [2]Der Beschluß über einen Beitritt oder Austritt setzt einen Antrag des Beteiligten voraus. [3]Ein Ausschluß ist nur aus wichtigem Grund zulässig.

(3) Ohne Rücksicht auf Absatz 1 kann jedes Verbandsmitglied seine Mitgliedschaft aus wichtigem Grund kündigen.

Art. 45 Wegfall von Verbandsmitgliedern. (1) [1]Wird eine Körperschaft des öffentlichen Rechts, die Verbandsmitglied ist, in eine andere Körperschaft eingegliedert oder mit einer anderen zusammengeschlossen, so tritt die Körperschaft des öffentlichen Rechts, in die das Verbandsmitglied eingegliedert oder zu der es zusammengeschlossen wird, an die Stelle des früheren Verbandsmitglieds. [2]Das gleiche gilt, wenn eine Körperschaft auf mehrere andere Körperschaften aufgeteilt wird oder wenn ihre Aufgaben und Befugnisse auf eine oder mehrere andere Körperschaften übergehen.

(2) [1]Der Zweckverband kann bis zum Ablauf von drei Monaten nach dem Wirksamwerden der Änderung die neue Körperschaft mit einfacher Mehrheit der satzungsmäßigen Stimmenzahl ausschließen. [2]Im gleichen Zeitraum kann die Körperschaft ihren Austritt aus dem Zweckverband einseitig erklären.

(3) Die Absätze 1 und 2 gelten für andere Verbandsmitglieder entsprechend.

Art. 46 Auflösung. (1) [1]Die Auflösung des Zweckverbands bedarf einer Mehrheit von zwei Dritteln der satzungsmäßigen Stimmenzahl in der Verbandsversammlung. [2]Art. 44 Abs. 1 Satz 2 gilt entsprechend.

(2) [1]Die Beteiligten können einen Pflichtverband nicht von sich aus auflösen. [2]Sind die Gründe für seine zwangsweise Bildung weggefallen, so hat das die Aufsichtsbehörde dem Pflichtverband mitzuteilen. [3]Der Fortbestand des Zweckverbands als Freiverband wird dadurch nicht berührt. [4]Der Zweckverband hat die Mitteilung den Verbandsmitgliedern in einer alsbald einzuberufenden Verbandsversammlung bekanntzugeben. [5]Innerhalb von sechs Monaten vom Zeitpunkt der Verbandsversammlung ab kann jedes Verbandsmitglied seinen Austritt erklären.

(3) [1]Der Zweckverband ist aufgelöst, wenn seine Aufgaben durch ein Gesetz oder auf Grund einer besonderen gesetzlichen Regelung vollständig auf andere juristische Personen des öffentlichen Rechts übergehen. [2]Er ist auch aufgelöst, wenn er nur noch aus einem Mitglied besteht; in diesem Fall tritt das Mitglied an die Stelle des Zweckverbands.

Art. 47 Abwicklung. (1) [1]Wird der Zweckverband aufgelöst, so hat er seine Geschäfte abzuwickeln. [2]Das gilt auch, wenn er nach Art. 46 Abs. 3 Satz 1 aufgelöst ist, aber eine Gesamtrechtsnachfolge nicht eingetreten ist. [3]Der Zweckverband gilt bis zum Ende der Abwicklung als fortbestehend, soweit es der Zweck der Abwicklung erfordert:

(2) Abwickler ist der Verbandsvorsitzende, wenn nicht die Verbandsversammlung etwas anderes beschließt.

(3) [1]Der Abwickler beendigt die laufenden Geschäfte und zieht die Forderungen ein. [2]Um schwebende Geschäfte zu beenden, kann er auch neue Geschäfte eingehen. [3]Er fordert die bekannten Gläubiger besonders, andere Gläubiger durch öffentliche Bekanntmachung auf, ihre Ansprüche anzumelden.

(4) [1]Der Abwickler befriedigt die Ansprüche der Gläubiger. [2]Im übrigen ist das Verbandsvermögen nach dem Umlegungsschlüssel im Zeitpunkt der Auflösung auf die Verbandsmitglieder zu verteilen.

(5) [1]Die Verbandssatzung kann für die Abwicklung etwas anderes vorschreiben. [2]Die Abwicklung eines Zweckverbands mit überwiegend wirtschaftlichen Aufgaben soll die Verbandssatzung dem Handelsrecht anpassen.

(6) [1]Scheidet ein Verbandsmitglied aus dem Zweckverband aus, so findet keine Abwicklung statt. [2]Die Verbandssatzung kann vorschreiben, daß mit dem ausscheidenden Verbandsmitglied eine Auseinandersetzung stattzufinden hat; die Verbandssatzung eines Pflichtverbands muß Bestimmungen über die Auseinandersetzung enthalten.

Art. 48 Genehmigung, Anzeige und Bekanntmachung. (1) [1]Der Genehmigung der Aufsichtsbehörde bedürfen

1. die Änderung der Verbandsaufgabe, der Beitritt und der Ausschluß von Verbandsmitgliedern und deren Austritt in den Fällen der Art. 44 Abs. 1 und 45 Abs. 2 Satz 2,
2. die Kündigung aus wichtigem Grund,
3. die Auflösung des Zweckverbands gemäß Art. 46 Abs. 1,
4. jede Änderung der Satzung eines Pflichtverbands.

[2]Für die Genehmigung gilt Art. 20 entsprechend. [3]Der Genehmigung des Ausschlusses, des Austritts, der Kündigung aus wichtigem Grund und der Auflösung können Gründe des öffentlichen Wohls nur entgegenstehen, wenn die Voraussetzungen für einen Pflichtverband vorliegen.

(2) In Absatz 1 Satz 1 Nr. 1 nicht genannte Änderungen der Verbandssatzung und der Austritt im Fall des Art. 46 Abs. 2 Satz 5 sind der Aufsichtsbehörde anzuzeigen.

(3) [1]Die Aufsichtsbehörde hat die genehmigungs- und anzeigepflichtigen Maßnahmen einschließlich erforderlicher Genehmigungen in ihrem Amtsblatt amtlich bekanntzumachen. [2]Die Maßnahmen werden am Tag nach der Bekanntmachung wirksam, wenn nicht in der Verbandssatzung oder im Auflösungsbeschluß ein anderer Zeitpunkt bestimmt ist. [3]Bei einer Auflösung des Zweckverbands gemäß Art. 46 Abs. 3 hat die Aufsichtsbehörde in ihrem Amtsblatt auf die Auflösung und den Übergang der Aufgaben hinzuweisen. [4]Verbandsmitglieder, die Gebietskörperschaften sind, sollen in der für die Bekanntmachung ihrer Satzungen vorgesehenen Form auf die Veröffentlichungen der Aufsichtsbehörde hinweisen.

FÜNFTER TEIL
Gemeinsame Kommunalunternehmen

Art. 49 Entstehung. (1) [1]Gemeinden, Landkreise und Bezirke können ein gemeinsames Kommunalunternehmen durch Vereinbarung einer Unternehmenssatzung errichten. [2]Sie können auch einem bestehenden Kommunalunternehmen oder einem bestehenden gemeinsamen Kommunalunternehmen beitreten; der Beitritt erfolgt durch die zwischen den Beteiligten zu vereinbarende Änderung der Unternehmenssatzung. [3]Die Zulässigkeit der Errichtung oder des Beitritts richtet sich nach den allgemeinen Vorschriften des kommunalen Unternehmensrechts. [4]Die Beteiligten können bestehende Regie- und Eigenbetriebe auf das gemeinsame Kommunalunternehmen im Weg der Gesamtrechtsnachfolge ausgliedern. [5]Die Vereinbarung über die Ausgliederung ist in die Unternehmenssatzung aufzunehmen.

(2) Ein Kommunalunternehmen kann mit einem anderen durch Vereinbarung einer entsprechenden Änderung der Unternehmenssatzung des aufnehmenden Unternehmens im Weg der Gesamtrechtsnachfolge zu einem gemeinsamen Kommunalunternehmen verschmolzen werden.

(3) [1]Das Kommunalunternehmen eines Zweckverbands, dem nur kommunale Körperschaften angehören, kann als gemeinsames Kommunalunternehmen der Verbandsmitglieder fortgeführt werden, wenn diese die Verschmelzung des Zweckverbands mit dem Kommunalunternehmen im Weg der Gesamtrechtsnachfolge zu einem gemeinsamen Kommunalunternehmen und eine entsprechende Änderung der Unternehmenssatzung vereinbaren. [2]Ein Zweckverband im Sinn des Satzes 1, der Träger eines Eigenbetriebs oder Regiebetriebs ist, kann im Weg der Gesamtrechtsnachfolge in ein gemeinsames Kommunalunternehmen umgewandelt werden, wenn seine Mitglieder die Umwandlung und die Unternehmenssatzung vereinbaren. [3]Entscheidungen nach den Sätzen 1 und 2 sind der für den Zweckverband zuständigen Aufsichtsbehörde anzuzeigen; soweit sie Pflichtverbände betreffen, bedürfen sie der Genehmigung.

(4) [1]Ein Unternehmen in der Rechtsform einer Kapitalgesellschaft, an dem ausschließlich mehrere kommunale Körperschaften des öffentlichen Rechts

beteiligt sind, kann durch Formwechsel in ein gemeinsames Kommunalunternehmen umgewandelt werden. [2]Die Umwandlung ist nur zulässig, wenn keine Sonderrechte im Sinn des § 23 des Umwandlungsgesetzes (UmwG) und keine Rechte Dritter an den Anteilen der formwechselnden Rechtsträger bestehen. [3]Der Formwechsel setzt voraus:

1. die Vereinbarung der Unternehmenssatzung des gemeinsamen Kommunalunternehmens durch die beteiligten kommunalen Körperschaften,
2. einen sich darauf beziehenden einstimmigen Umwandlungsbeschluss der Anteilsinhaber der formwechselnden Gesellschaft.

[4]Die §§ 193 bis 195, 197 bis 199, 200 Abs. 1 und § 201 UmwG sind entsprechend anzuwenden. [5]Die Anmeldung zum Handelsregister entsprechend § 198 UmwG erfolgt durch das vertretungsberechtigte Organ der Kapitalgesellschaft. [6]Ist bei der Kapitalgesellschaft ein Betriebsrat eingerichtet, bleibt dieser nach dem Wirksamwerden der Umwandlung als Personalrat des gemeinsamen Kommunalunternehmens bis zu den nächsten regelmäßigen Personalratswahlen bestehen.

(5) [1]Die in den Abs. 1 bis 3 genannten Entscheidungen werden am Tag nach der Bekanntmachung der Unternehmenssatzung oder ihrer Änderung wirksam, wenn nicht in der Unternehmenssatzung ein späterer Zeitpunkt bestimmt ist. [2]Art. 21 Abs. 1 Satz 3 gilt entsprechend. [3]Die Umwandlung einer Kapitalgesellschaft in ein gemeinsames Kommunalunternehmen wird mit dessen Eintragung oder, wenn es nicht eingetragen wird, mit der Eintragung der Umwandlung in das Handelsregister wirksam; § 202 Abs. 1 und Abs. 3 UmwG ist entsprechend anzuwenden.

Art. 50 Vorschriften für gemeinsame Kommunalunternehmen. (1) Soweit nachstehend nichts Abweichendes geregelt ist, sind die für Kommunalunternehmen von Gemeinden, Landkreisen und Bezirken geltenden Vorschriften nach Maßgabe des Art. 26 Abs. 1 entsprechend anzuwenden.

(2) [1]Die Unternehmenssatzung eines gemeinsamen Kommunalunternehmens muss auch Angaben enthalten über

1. die Träger des Unternehmens (Beteiligte),
2. den Sitz des Unternehmens,
3. den Betrag der von jedem Beteiligten auf das Stammkapital zu leistenden Einlage (Stammeinlage),
4. den räumlichen Wirkungsbereich, wenn dem Unternehmen hoheitliche Befugnisse oder das Recht, Satzungen und Verordnungen zu erlassen, übertragen werden,
5. die Sitz- und Stimmenverteilung im Verwaltungsrat.

[2]Art. 23 Abs. 2 Satz 2 gilt für die Unternehmenssatzung eines gemeinsamen Kommunalunternehmens entsprechend. [3]Sollen Sacheinlagen geleistet werden, müssen der Gegenstand der Sacheinlage und der Betrag der Stammeinlage, auf die sich die Sacheinlage bezieht, in der Unternehmenssatzung festgesetzt werden.

(3) [1]Die Unternehmenssatzung ist im Amtsblatt der Aufsichtsbehörde amtlich bekannt zu machen. [2]Für die amtliche Bekanntmachung von Satzungen und Verordnungen des gemeinsamen Kommunalunternehmens gilt Art. 24 Abs. 1 entsprechend.

(4) [1]Für die Vertretung der Träger des gemeinsamen Kommunalunternehmens im Verwaltungsrat gelten Art. 31 Abs. 1 Sätze 2, 3 und 5 und Abs. 2 entsprechend. [2]Das vorsitzende Mitglied des Verwaltungsrats wird von diesem gewählt; Art. 35 Abs. 1 und Abs. 3 gilt entsprechend. [3]Für den Ausschluss wegen persönlicher Beteiligung gilt Art. 33 Abs. 4 entsprechend. [4]Für die Einberufung zur Verwaltungsratssitzung gelten Art. 32 Abs. 1 Sätze 1 und 2 entsprechend.

(5) [1]Soweit die Träger für die Verbindlichkeiten des gemeinsamen Kommunalunternehmens einzutreten haben, haften sie als Gesamtschuldner. [2]Der Ausgleich im Innenverhältnis richtet sich vorbehaltlich einer abweichenden Regelung in der Unternehmenssatzung nach dem Verhältnis der Stammeinlagen zueinander.

(6) [1]Über Änderungen der Unternehmenssatzung und die Auflösung des gemeinsamen Kommunalunternehmens beschließt der Verwaltungsrat. [2]Die Änderung der Unternehmensaufgabe, der Beitritt zur Trägerschaft und der Austritt, die Erhöhung des Stammkapitals, die Verschmelzung und die Auflösung bedürfen der Zustimmung aller Träger. [3]Art. 44 Abs. 2 Sätze 1 und 2, Abs. 3 und Art. 45 sind entsprechend anzuwenden. [4]Die Abwicklung des gemeinsamen Kommunalunternehmens besorgen die Vorstandsmitglieder als Abwickler; im Übrigen gilt Art. 47 entsprechend. [4]Die Abwicklung des gemeinsamen Kommunalunternehmens besorgen die Vorstandsmitglieder als Abwickler; im Übrigen gilt Art. 27 entsprechend.

(7) Art. 25 gilt entsprechend.

(8) Das Staatsministerium des Innern, für Sport und Integration wird ermächtigt, durch Rechtsverordnung zu regeln

1. das Verfahren bei der Errichtung eines gemeinsamen Kommunalunternehmens und in den in Art. 49 Abs. 3 und 4 genannten Fällen,
2. den Aufbau und die Verwaltung des gemeinsamen Kommunalunternehmens.

SECHSTER TEIL
Aufsicht und Rechtsbehelfe

1. Abschnitt
Aufsicht

Art. 51 Grundsatz. (1) [1]Die Zweckverbände und die gemeinsamen Kommunalunternehmen unterstehen staatlicher Aufsicht. [2]Soweit sie Angelegenheiten des eigenen Wirkungskreises erfüllen, unterstehen sie der Rechtsaufsicht, soweit sie Angelegenheiten des übertragenen Wirkungskreises erfüllen, auch der Fachaufsicht. [3]Art. 26 Abs. 1 findet Anwendung; Vorschriften durch die Verbandssatzung oder die Unternehmenssatzung sind ausgeschlossen.

(2) [1]Die Aufsicht über Gebietskörperschaften erstreckt sich auch auf die ihnen durch Zweckvereinbarungen übertragenen Aufgaben und Befugnisse. [2]Absatz 1 Satz 2 gilt entsprechend.

Art. 52 Aufsichtsbehörden. (1) [1]Aufsichtsbehörde ist
1. das Staatsministerium des Innern, für Sport und Integration,
   a) wenn ein Bezirk oder der Freistaat Bayern beteiligt ist,
   b) wenn ein anderes Land, eine Gemeinde oder ein Gemeindeverband eines anderen Landes oder der Bund beteiligt ist;
2. die Regierung, wenn ein Landkreis oder eine kreisfreie Gemeinde beteiligt ist;
3. im übrigen die Kreisverwaltungsbehörde.

[2]Gehören die Beteiligten im Fall der Nr. 2 mehreren Regierungsbezirken oder im Fall der Nr. 3 mehreren Landkreisen an, so ist die Aufsichtsbehörde zuständig, in deren Bereich der Zweckverband oder das gemeinsame Kommunalunternehmen seinen Sitz hat oder die Körperschaft liegt, der durch Zweckvereinbarung die Aufgabe übertragen ist.

(2) [1]Wenn eine Gemeinde, ein Landkreis, ein Bezirk oder eine sonstige der Aufsicht des Freistaates Bayern unterstehende Körperschaft, Anstalt oder Stiftung des öffentlichen Rechts in einem Zweckverband Mitglied wird, der seinen Sitz außerhalb des Freistaates Bayern hat, so kann das Staatsministerium des Innern, für Sport und Integration durch Vereinbarung mit der für den Sitz des Zweckverbands zuständigen obersten Aufsichtsbehörde die zuständige Aufsichtsbehörde bestimmen. [2]Für die Beteiligung einer Gemeinde, eines Landkreises oder eines Bezirks an einem gemeinsamen Kommunalunternehmen mit Sitz außerhalb des Freistaates Bayern gilt Entsprechendes.

(3) [1]Wenn das Staatsministerium des Innern, für Sport und Integration oder die Regierung Aufsichtsbehörden sind, können sie eine unmittelbar nachgeordnete Behörde zur Aufsichtsbehörde bestimmen. [2]Die Bestimmung kann sich auch auf einzelne aufsichtliche Maßnahmen beschränken. [3]Die Bestimmung einer anderen Behörde zur Aufsichtsbehörde und der Umfang der Bestimmung ist den Beteiligten mitzuteilen.

(4) Die Zuständigkeit der Fachaufsichtsbehörden bleibt unberührt.

2. Abschnitt

Schlichtung von Streitigkeiten, Rechtsbehelfe

Art. 53 Schlichtung von Streitigkeiten. Bei Streitigkeiten
1. über Rechte und Pflichten der Beteiligten aus einer Zweckvereinbarung,
2. zwischen einem Zweckverband und seinen Verbandsmitgliedern, wenn sie sich gleichgeordnet gegenüberstehen,

3. der Mitglieder eines Zweckverbands untereinander aus dem Verbandsverhältnis,
4. der Träger eines gemeinsamen Kommunalunternehmens untereinander aus der Beteiligung an der Trägerschaft

soll die Aufsichtsbehörde zur Schlichtung angerufen werden, wenn nicht die Beteiligten in der Zweckvereinbarung oder in der Verbandssatzung oder in der Unternehmenssatzung ein besonderes Schiedsverfahren vorgesehen haben.

Art. 54 Erlaß des Widerspruchsbescheids (§ 73 der Verwaltungsgerichtsordnung – VwGO). Wird gegen den Verwaltungsakt eines Zweckverbands Widerspruch erhoben, so erläßt den Widerspruchsbescheid

1. in Angelegenheiten des eigenen Wirkungskreises die Aufsichtsbehörde, die dabei auf die Prüfung der Rechtmäßigkeit beschränkt ist; zuvor hat der Zweckverband nach § 72 VwGO auch die Zweckmäßigkeit zu überprüfen; ist die Aufsichtsbehörde das Staatsministerium des Innern, für Sport und Integration, so erläßt den Widerspruchsbescheid der Zweckverband;
2. in Angelegenheiten des übertragenen Wirkungskreises die Fachaufsichtsbehörde; ist Fachaufsichtsbehörde eine oberste Landesbehörde, so entscheidet der Zweckverband.

SIEBTER TEIL

Übergangs- und Schlußvorschriften

Art. 55 Inkrafttreten. (1)[1]Dieses Gesetz ist dringlich. [2]Es tritt am 1. Juli 1966 in Kraft.*

(2) Art. 33a Abs. 6 und Art. 34a treten mit Ablauf des 31. Dezember 2021 außer Kraft.

(3) Art. 33a Abs. 1 bis 5 tritt mit Ablauf des 31. Dezember 2022 außer Kraft.

---

* *Diese Vorschrift betrifft das Inkrafttreten des Gesetzes in der ursprünglichen Fassung vom 12. Juli 1966 (GVBl. S. 218, ber. S. 314). Der Zeitpunkt des Inkrafttretens der späteren Änderungen ergibt sich aus den jeweiligen Änderungsgesetzen.*

Bayerische Bauordnung (BayBO)

(BayRS 2132-1-I) in der Fassung der Bekanntmachung
vom 14. August 2007 (GVBl. S. 588),
zuletzt geändert durch Gesetz vom 25. Mai 2021 (GVBl. S. 286)

INHALTSÜBERSICHT*

ERSTER TEIL

Allgemeine Vorschriften

Art. 1 Anwendungsbereich
Art. 2 Begriffe
Art. 3 Allgemeine Anforderungen

ZWEITER TEIL

Das Grundstück und seine Bebauung

Art. 4 Bebauung der Grundstücke mit Gebäuden
Art. 5 Zugänge und Zufahrten auf den Grundstücken
Art. 6 Abstandsflächen, Abstände
Art. 7 Begrünung, Kinderspielplätze

DRITTER TEIL

Bauliche Anlagen

Abschnitt I

Baugestaltung

Art. 8 Baugestaltung

Abschnitt II

Allgemeine Anforderungen an die Bauausführung

Art. 9 Baustelle
Art. 10 Standsicherheit
Art. 11 Schutz gegen Einwirkungen
Art. 12 Brandschutz
Art. 13 Wärme-, Schall- und Erschütterungsschutz
Art. 14 Verkehrssicherheit

Abschnitt III

Bauarten und Bauprodukte

Art. 15 Bauarten
Art. 16 Verwendung von Bauprodukten
Art. 17 Verwendbarkeitsnachweise
Art. 18 Allgemeine bauaufsichtliche Zulassung
Art. 19 Allgemeines bauaufsichtliches Prüfzeugnis
Art. 20 Zustimmung im Einzelfall
Art. 21 Übereinstimmungserklärung, Zertifizierung
Art. 22 Besondere Sachkunde- und Sorgfaltsanforderungen
Art. 23 Zuständigkeiten

Abschnitt IV

Brandverhalten von Baustoffen und Bauteilen; Wände, Decken, Dächer

Art. 24 Allgemeine Anforderungen an das Brandverhalten von Baustoffen und Bauteilen
Art. 25 Tragende Wände, Stützen
Art. 26 Außenwände
Art. 27 Trennwände
Art. 28 Brandwände
Art. 29 Decken
Art. 30 Dächer

Abschnitt V

Rettungswege, Öffnungen, Umwehrungen

Art. 31 Rettungswege
Art. 32 Treppen
Art. 33 Notwendige Treppenräume, Ausgänge
Art. 34 Notwendige Flure, offene Gänge
Art. 35 Fenster, Türen, sonstige Öffnungen
Art. 36 Umwehrungen

* *Inhaltsübersicht nicht amtlich.*

Abschnitt VI

Technische Gebäudeausrüstung

Art. 37 Aufzüge
Art. 38 Leitungsanlagen, Installationsschächte und -kanäle
Art. 39 Lüftungsanlagen
Art. 40 Feuerungsanlagen, sonstige Anlagen zur Wärmeerzeugung, Brennstoffversorgung
Art. 41 Nicht durch Sammelkanalisation erschlossene Anwesen
Art. 42 Sanitäre Anlagen
Art. 43 Aufbewahrung fester Abfallstoffe
Art. 44 Blitzschutzanlagen

Abschnitt VII

Nutzungsbedingte Anforderungen

Art. 45 Aufenthaltsräume
Art. 46 Wohnungen
Art. 47 Stellplätze, Verordnungsermächtigung
Art. 48 Barrierefreies Bauen

VIERTER TEIL

Die am Bau Beteiligten

Art. 49 Grundpflichten
Art. 50 Bauherr
Art. 51 Entwurfsverfasser
Art. 52 Unternehmer

FÜNFTER TEIL

Bauaufsichtsbehörden, Verfahren

Abschnitt I

Bauaufsichtsbehörden

Art. 53 Aufbau und Zuständigkeit der Bauaufsichtsbehörden, Verordnungsermächtigung
Art. 54 Aufgaben und Befugnisse der Bauaufsichtsbehörden

Abschnitt II

Genehmigungspflicht, Genehmigungsfreiheit

Art. 55 Grundsatz
Art. 56 Vorrang anderer Gestattungsverfahren
Art. 57 Verfahrensfreie Bauvorhaben, Beseitigung von Anlagen
Art. 58 Genehmigungsfreistellung

Abschnitt III

Genehmigungsverfahren

Art. 59 Vereinfachtes Baugenehmigungsverfahren
Art. 60 Baugenehmigungsverfahren
Art. 61 Bauvorlageberechtigung
Art. 62 Bautechnische Nachweise
Art. 62a Standsicherheitsnachweis
Art. 62b Brandschutznachweis
Art. 63 Abweichungen
Art. 64 Bauantrag, Bauvorlagen
Art. 65 Behandlung des Bauantrags
Art. 66 Beteiligung des Nachbarn
Art. 66a Beteiligung der Öffentlichkeit
Art. 67 Ersetzung des gemeindlichen Einvernehmens
Art. 68 Baugenehmigung, Genehmigungsfiktion und Baubeginn
Art. 69 Geltungsdauer der Baugenehmigung und der Teilbaugenehmigung
Art. 70 Teilbaugenehmigung
Art. 71 Vorbescheid
Art. 72 Genehmigung fliegender Bauten
Art. 73 Bauaufsichtliche Zustimmung
Art. 73a Typengenehmigung

Abschnitt IV

Bauaufsichtliche Maßnahmen

Art. 74 Verbot unrechtmäßig gekennzeichneter Bauprodukte
Art. 75 Einstellung von Arbeiten
Art. 76 Beseitigung von Anlagen, Nutzungsuntersagung

Abschnitt V

Bauüberwachung

Art. 77 Bauüberwachung
Art. 78 Bauzustandsanzeigen, Aufnahme der Nutzung

SECHSTER TEIL

Ordnungswidrigkeiten, Rechtsvorschriften

Art. 79 Ordnungswidrigkeiten
Art. 80 Rechtsverordnungen
Art. 80a Digitale Baugenehmigung, digitale Verfahren
Art. 81 Örtliche Bauvorschriften
Art. 81a Technische Baubestimmungen

SIEBTER TEIL
Ausführungsbestimmungen zum Baugesetzbuch

Art. 82 Windenergie und Nutzungsänderung ehemaliger landwirtschaftlicher Gebäude

ACHTER TEIL
Übergangs- und Schlussvorschriften

Art. 83 Übergangsvorschriften
Art. 84 Inkrafttreten

ERSTER TEIL

Allgemeine Vorschriften

Art. 1 Anwendungsbereich. (1) [1]Dieses Gesetz gilt für alle baulichen Anlagen und Bauprodukte. [2]Es gilt auch für Grundstücke sowie für andere Anlagen und Einrichtungen, an die nach diesem Gesetz oder in Vorschriften auf Grund dieses Gesetzes Anforderungen gestellt werden.

(2) Dieses Gesetz gilt nicht für
1. Anlagen des öffentlichen Verkehrs sowie ihre Nebenanlagen und Nebenbetriebe, ausgenommen Gebäude an Flugplätzen,
2. Anlagen, die der Bergaufsicht unterliegen,
3. Rohrleitungsanlagen sowie Leitungen aller Art, ausgenommen in Gebäuden,
4. Kräne und Krananlagen,
5. Gerüste,
6. Feuerstätten, die nicht der Raumheizung oder der Brauchwassererwärmung dienen, ausgenommen Gas-Haushalts-Kochgeräte,
7. Einrichtungsgegenstände, insbesondere Regale und Messestände.

Art. 2 Begriffe. (1) [1]Bauliche Anlagen sind mit dem Erdboden verbundene, aus Bauprodukten hergestellte Anlagen. [2]Ortsfeste Anlagen der Wirtschaftswerbung (Werbeanlagen) einschließlich Automaten sind bauliche Anlagen. [3]Als bauliche Anlagen gelten Anlagen, die nach ihrem Verwendungszweck dazu bestimmt sind, überwiegend ortsfest benutzt zu werden, sowie
1. Aufschüttungen, soweit sie nicht unmittelbare Folge von Abgrabungen sind,
2. Lagerplätze, Abstellplätze und Ausstellungsplätze,
3. Campingplätze und Wochenendplätze,
4. Freizeit- und Vergnügungsparks,
5. Stellplätze für Kraftfahrzeuge.

[4]Anlagen sind bauliche Anlagen sowie andere Anlagen und Einrichtungen im Sinn des Art. 1 Abs. 1 Satz 2.

(2) Gebäude sind selbständig benutzbare, überdeckte bauliche Anlagen, die von Menschen betreten werden können.

(3) [1]Gebäude werden in folgende Gebäudeklassen eingeteilt:
1. Gebäudeklasse 1:
   a) freistehende Gebäude mit einer Höhe bis zu 7 m und nicht mehr als zwei Nutzungseinheiten von insgesamt nicht mehr als 400 m^2 und
   b) land- oder forstwirtschaftlich genutzte Gebäude,

2. Gebäudeklasse 2:
   Gebäude mit einer Höhe bis zu 7 m und nicht mehr als zwei Nutzungseinheiten von insgesamt nicht mehr als 400 m^2,
3. Gebäudeklasse 3:
   sonstige Gebäude mit einer Höhe bis zu 7 m,
4. Gebäudeklasse 4:
   Gebäude mit einer Höhe bis zu 13 m und Nutzungseinheiten mit jeweils nicht mehr als 400 m^2,
5. Gebäudeklasse 5:
   sonstige Gebäude einschließlich unterirdischer Gebäude.

[2]Höhe im Sinn des Satzes 1 ist das Maß der Fußbodenoberkante des höchstgelegenen Geschosses, in dem ein Aufenthaltsraum möglich ist, über der Geländeoberfläche im Mittel. [3]Bei der Berechnung der Flächen nach Satz 1 bleiben die Flächen im Kellergeschoss außer Betracht.

(4) Sonderbauten sind Anlagen und Räume besonderer Art oder Nutzung, die einen der nachfolgenden Tatbestände erfüllen:

1. Hochhäuser (Gebäude mit einer Höhe nach Abs. 3 Satz 2 von mehr als 22 m),
2. bauliche Anlagen mit einer Höhe von mehr als 30 m,
3. Gebäude mit mehr als 1600 m^2 Fläche des Geschosses mit der größten Ausdehnung, ausgenommen Wohngebäude und Garagen,
4. Verkaufsstätten, deren Verkaufsräume und Ladenstraßen eine Fläche von insgesamt mehr als 800 m^2 haben,
5. Gebäude mit Räumen, die einer Büro- oder Verwaltungsnutzung dienen und einzeln mehr als 400 m^2 haben,
6. Gebäude mit Räumen, die einzeln für eine Nutzung durch mehr als 100 Personen bestimmt sind,
7. Versammlungsstätten
   a) mit Versammlungsräumen, die insgesamt mehr als 200 Besucher fassen, wenn diese Versammlungsräume gemeinsame Rettungswege haben,
   b) im Freien mit Szenenflächen sowie Freisportanlagen jeweils mit Tribünen, die keine fliegenden Bauten sind und insgesamt mehr als 1000 Besucher fassen,
8. Gaststätten mit mehr als 40 Gastplätzen in Gebäuden oder mehr als 1000 Gastplätzen im Freien, Beherbergungsstätten mit mehr als zwölf Betten und Spielhallen mit mehr als 150 m^2,
9. Gebäude mit Nutzungseinheiten zum Zweck der Pflege oder Betreuung von Personen mit Pflegebedürftigkeit oder Behinderung, deren Selbstrettungsfähigkeit eingeschränkt ist, wenn die Nutzungseinheiten
   a) einzeln für mehr als sechs Personen bestimmt sind,
   b) für Personen mit Intensivpflegebedarf bestimmt sind oder
   c) einen gemeinsamen Rettungsweg haben und für insgesamt mehr als zwölf Personen bestimmt sind,
10. Krankenhäuser,

11. sonstige Einrichtungen zur Unterbringung von Personen sowie Wohnheime,
12. Tageseinrichtungen für Kinder, Menschen mit Behinderung und alte Menschen, in denen mehr als zehn Personen betreut werden,
13. Schulen, Hochschulen und ähnliche Einrichtungen,
14. Justizvollzugsanstalten und bauliche Anlagen für den Maßregelvollzug,
15. Camping- und Wochenendplätze,
16. Freizeit- und Vergnügungsparks,
17. fliegende Bauten, soweit sie einer Ausführungsgenehmigung bedürfen, sowie Fahrgeschäfte, die keine fliegenden Bauten und nicht verfahrensfrei sind,
18. Regale mit einer Oberkante Lagerguthöhe von mehr als 7,50 m,
19. bauliche Anlagen, deren Nutzung durch Umgang mit oder Lagerung von Stoffen mit Explosions- oder erhöhter Brandgefahr verbunden ist,
20. Anlagen und Räume, die in den Nrn. 1 bis 19 nicht aufgeführt und deren Art oder Nutzung mit vergleichbaren Gefahren verbunden sind, ausgenommen Wohngebäude, die keine Hochhäuser sind.

(5) Aufenthaltsräume sind Räume, die zum nicht nur vorübergehenden Aufenthalt von Menschen bestimmt oder geeignet sind.

(6) Flächen von Gebäuden, Geschossen, Nutzungseinheiten und Räumen sind als Brutto-Grundfläche zu ermitteln, soweit nichts anderes geregelt ist.

(7) [1]Geschosse sind oberirdische Geschosse, wenn ihre Deckenoberkanten im Mittel mehr als 1,40 m über die Geländeoberfläche hinausragen; im Übrigen sind sie Kellergeschosse. [2]Hohlräume zwischen der obersten Decke und der Bedachung, in denen Aufenthaltsräume nicht möglich sind, sind keine Geschosse.

(8) [1]Stellplätze sind Flächen, die dem Abstellen von Kraftfahrzeugen außerhalb der öffentlichen Verkehrsfläche dienen. [2]Garagen sind Gebäude oder Gebäudeteile zum Abstellen von Kraftfahrzeugen. [3]Ausstellungs-, Verkaufs-, Werk- und Lagerräume für Kraftfahrzeuge sind keine Stellplätze oder Garagen.

(9) Feuerstätten sind in oder an Gebäuden ortsfest benutzte Anlagen, die dazu bestimmt sind, durch Verbrennung Wärme zu erzeugen.

(10) Barrierefrei sind bauliche Anlagen, soweit sie für Menschen mit Behinderung in der allgemein üblichen Weise, ohne besondere Erschwernis und grundsätzlich ohne fremde Hilfe zugänglich und nutzbar sind.

(11) Bauprodukte sind
1. Produkte, Baustoffe, Bauteile, Anlagen und Bausätze gemäß Art. 2 Nr. 2 der Verordnung (EU) Nr. 305/2011, die hergestellt werden, um dauerhaft in bauliche Anlagen eingebaut zu werden,
2. aus ihnen vorgefertigte Anlagen, die hergestellt werden, um mit dem Erdboden verbunden zu werden,

wenn sich deren Verwendung auf die Anforderungen nach Art. 3 Satz 1 auswirken kann.

(12) Bauart ist das Zusammenfügen von Bauprodukten zu baulichen Anlagen oder Teilen von baulichen Anlagen.

Art. 3 Allgemeine Anforderungen. [1]Bei der Anordnung, Errichtung, Änderung, Nutzungsänderung, Instandhaltung und Beseitigung von Anlagen sind die Belange der Baukultur, insbesondere die anerkannten Regeln der Baukunst, so zu berücksichtigen, dass die öffentliche Sicherheit und Ordnung, insbesondere Leben und Gesundheit, und die natürlichen Lebensgrundlagen nicht gefährdet werden. [2]Anlagen müssen bei ordnungsgemäßer Instandhaltung die Anforderungen des Satzes 1 während einer dem Zweck entsprechenden angemessenen Zeitdauer erfüllen und ohne Missstände benutzbar sein.

ZWEITER TEIL

Das Grundstück und seine Bebauung

Art. 4 Bebauung der Grundstücke mit Gebäuden. (1) Gebäude dürfen nur unter folgenden Voraussetzungen errichtet werden:
1. Das Grundstück muss nach Lage, Form, Größe und Beschaffenheit für die beabsichtigte Bebauung geeignet sein;
2. das Grundstück muss in einer angemessenen Breite an einer befahrbaren öffentlichen Verkehrsfläche liegen.

(2) Abweichend von Abs. 1 Nr. 2 sind im Geltungsbereich eines Bebauungsplans im Sinn der §§ 12 und 30 Abs. 1 des Baugesetzbuchs (BauGB) und innerhalb eines im Zusammenhang bebauten Ortsteils (§ 34 BauGB) nicht erforderlich
1. die Befahrbarkeit von Wohnwegen begrenzter Länge, wenn keine Bedenken wegen des Brandschutzes oder des Rettungsdienstes bestehen,
2. die Widmung von Wohnwegen begrenzter Länge, wenn von dem Wohnweg nur Wohngebäude der Gebäudeklassen 1 bis 3 erschlossen werden und gegenüber dem Rechtsträger der Bauaufsichtsbehörde rechtlich gesichert ist, dass der Wohnweg sachgerecht unterhalten wird und allgemein benutzt werden kann.

(3) Im Außenbereich genügt eine befahrbare, gegenüber dem Rechtsträger der Bauaufsichtsbehörde rechtlich gesicherte Zufahrt zu einem befahrbaren öffentlichen Weg.

Art. 5 Zugänge und Zufahrten auf den Grundstücken. (1) [1]Von öffentlichen Verkehrsflächen ist insbesondere für die Feuerwehr ein geradliniger Zu- oder Durchgang zu rückwärtigen Gebäuden zu schaffen; zu anderen Gebäuden ist er zu schaffen, wenn der zweite Rettungsweg dieser Gebäude über Rettungsgeräte der Feuerwehr führt. [2]Zu Gebäuden, bei denen die Oberkante der Brüstung von zum Anleitern bestimmten Fenstern oder Stellen mehr als 8 m über dem Gelände liegt, ist in den Fällen des Satzes 1 an Stelle eines Zu- oder

Durchgangs eine Zu- oder Durchfahrt zu schaffen. [3]Ist für die Personenrettung der Einsatz von Hubrettungsfahrzeugen erforderlich, sind die dafür erforderlichen Aufstell- und Bewegungsflächen vorzusehen. [4]Bei Gebäuden, die ganz oder mit Teilen mehr als 50 m von einer öffentlichen Verkehrsfläche entfernt sind, sind Zufahrten oder Durchfahrten nach Satz 2 zu den vor und hinter den Gebäuden gelegenen Grundstücksteilen und Bewegungsflächen herzustellen, wenn sie aus Gründen des Feuerwehreinsatzes erforderlich sind.

(2) [1]Zu- und Durchfahrten, Aufstellflächen und Bewegungsflächen müssen für Feuerwehreinsatzfahrzeuge ausreichend befestigt und tragfähig sein; sie sind als solche zu kennzeichnen und ständig frei zu halten; die Kennzeichnung von Zufahrten muss von der öffentlichen Verkehrsfläche aus sichtbar sein. [2]Fahrzeuge dürfen auf den Flächen nach Satz 1 nicht abgestellt werden.

Art. 6 Abstandsflächen, Abstände. (1) [1]Vor den Außenwänden von Gebäuden sind Abstandsflächen von oberirdischen Gebäuden freizuhalten. [2]Satz 1 gilt entsprechend für andere Anlagen, von denen Wirkungen wie von Gebäuden ausgehen, gegenüber Gebäuden und Grundstücksgrenzen. [3]Eine Abstandsfläche ist nicht erforderlich vor Außenwänden, die an Grundstücksgrenzen errichtet werden, wenn nach planungsrechtlichen Vorschriften an die Grenze gebaut werden muss oder gebaut werden darf. [4]Art. 63 bleibt unberührt.

(2) [1]Abstandsflächen sowie Abstände nach Art. 28 Abs. 2 Nr. 1 und Art. 30 Abs. 2 müssen auf dem Grundstück selbst liegen. [2]Sie dürfen auch auf öffentlichen Verkehrs-, Grün- und Wasserflächen liegen, jedoch nur bis zu deren Mitte. [3]Abstandsflächen sowie Abstände im Sinn des Satzes 1 dürfen sich ganz oder teilweise auf andere Grundstücke erstrecken, wenn rechtlich oder tatsächlich gesichert ist, dass sie nicht überbaut werden, oder wenn der Nachbar gegenüber der Bauaufsichtsbehörde schriftlich zustimmt; die Zustimmung des Nachbarn gilt auch für und gegen seinen Rechtsnachfolger. [4]Abstandsflächen dürfen auf die auf diesen Grundstücken erforderlichen Abstandsflächen nicht angerechnet werden.

(3) Die Abstandsflächen dürfen sich nicht überdecken; das gilt nicht für
1. Außenwände, die in einem Winkel von mehr als 75 Grad zueinander stehen,
2. Außenwände zu einem fremder Sicht entzogenen Gartenhof bei Wohngebäuden der Gebäudeklassen 1 und 2,
3. Gebäude und andere bauliche Anlagen, die in den Abstandsflächen zulässig sind.

(4) [1]Die Tiefe der Abstandsfläche bemisst sich nach der Wandhöhe; sie wird senkrecht zur Wand gemessen. [2]Wandhöhe ist das Maß von der Geländeoberfläche bis zum Schnittpunkt der Wand mit der Dachhaut oder bis zum oberen Abschluss der Wand. [3]Die Höhe von Dächern mit einer Neigung von bis einschließlich 70 Grad wird zu einem Drittel der Wandhöhe, von Dächern mit einer Neigung von mehr als 70 Grad voll der Wandhöhe hinzugerechnet. [4]Die

Sätze 1 bis 3 gelten für Dachaufbauten entsprechend. [5]Das sich ergebende Maß ist H.

(5) [1]Die Tiefe der Abstandsflächen beträgt 0,4 H, in Gewerbe- und Industriegebieten 0,2 H, jeweils aber mindestens 3 m. [2]Durch städtebauliche Satzung oder eine Satzung nach Art. 81 kann ein abweichendes Maß der Tiefe der Abstandsfläche zugelassen oder vorgeschrieben werden. [3]Für solche Regelungen in Bebauungsplänen gilt § 33 BauGB entsprechend.

(5a) [1]Abweichend von Abs. 5 Satz 1 beträgt die Abstandsfläche in Gemeinden mit mehr als 250 000 Einwohnern außerhalb von Gewerbe-, Kern- und Industriegebieten sowie festgesetzten urbanen Gebieten 1 H, mindestens jedoch 3 m. [2]Vor bis zu zwei Außenwänden von nicht mehr als 16 m Länge genügen in diesen Fällen 0,5 H, mindestens jedoch 3 m, wenn das Gebäude an mindestens zwei Außenwänden Satz 1 beachtet. [3]Abweichend von Abs. 4 Satz 3 wird die Höhe von Dächern mit einer Neigung von mehr als 45 Grad zu einem Drittel, mit einer Neigung von mehr als 70 Grad voll der Wandhöhe hinzugerechnet. [4]Die Höhe der Giebelflächen im Bereich des Dachs wird abweichend von Satz 3 und von Abs. 4 Satz 3 bei Dachneigung von mehr als 70 Grad voll, im Übrigen zu einem Drittel angerechnet. [5]Dabei bleiben auch untergeordnete Dachgauben bei der Bemessung der Abstandsfläche außer Betracht, wenn

1. sie insgesamt nicht mehr als ein Drittel der Breite der Außenwand des jeweiligen Gebäudes, höchstens jeweils 5 m in Anspruch nehmen und
2. ihre Ansichtsfläche jeweils nicht mehr als 4 m^2 beträgt und eine Höhe von nicht mehr als 2,5 m aufweist.

(6) [1]Bei der Bemessung der Abstandsflächen bleiben außer Betracht

1. vor die Außenwand vortretende Bauteile wie Gesimse und Dachüberstände,
2. untergeordnete Vorbauten wie Balkone und eingeschossige Erker, wenn sie
   a) insgesamt nicht mehr als ein Drittel der Breite der Außenwand des jeweiligen Gebäudes, höchstens jeweils 5 m, in Anspruch nehmen,
   b) nicht mehr als 1,50 m vor diese Außenwand vortreten und
   c) mindestens 2 m von der gegenüberliegenden Nachbargrenze entfernt bleiben,
3. bei Gebäuden an der Grundstücksgrenze die Seitenwände von Vorbauten und Dachaufbauten, auch wenn sie nicht an der Grundstücksgrenze errichtet werden,
4. Maßnahmen zum Zwecke der Energieeinsparung an bestehenden Gebäuden, wenn sie
   a) eine Stärke von nicht mehr als 0,30 m aufweisen und
   b) mindestens 2,50 m von der Grundstücksgrenze zurückbleiben.

[2]Abs. 5a Satz 5 bleibt unberührt.

(7) [1]In den Abstandsflächen sowie ohne eigene Abstandsflächen sind, auch wenn sie nicht an der Grundstücksgrenze errichtet werden, zulässig

1. Garagen einschließlich ihrer Nebenräume, überdachte Tiefgaragenzufahrten, Aufzüge zu Tiefgaragen und Gebäude ohne Aufenthaltsräume und Feuerstätten mit einer mittleren Wandhöhe bis zu 3 m und einer Gesamt-

länge je Grundstücksgrenze von 9 m, wobei die Höhe von Dächern mit einer Neigung von mehr als 45 Grad zu einem Drittel, mit einer Neigung von mehr als 70 Grad voll der Wandhöhe hinzugerechnet wird; Giebelflächen bleiben bei einer Dachneigung bis zu 45 Grad unberücksichtigt,
2. gebäudeunabhängige Solaranlagen mit einer Höhe bis zu 3 m und einer Gesamtlänge je Grundstücksgrenze von 9 m,
3. Stützmauern und geschlossene Einfriedungen in Gewerbe- und Industriegebieten, außerhalb dieser Baugebiete mit einer Höhe bis zu 2 m.

[2]Die Länge der die Abstandsflächentiefe gegenüber den Grundstücksgrenzen nicht einhaltenden Bebauung nach den Nrn. 1 und 2 darf auf einem Grundstück insgesamt 15 m nicht überschreiten.

Art. 7 Begrünung, Kinderspielplätze. (1) [1]Die nicht mit Gebäuden oder vergleichbaren baulichen Anlagen überbauten Flächen der bebauten Grundstücke sind
1. wasseraufnahmefähig zu belassen oder herzustellen und
2. zu begrünen oder zu bepflanzen, soweit dem nicht die Erfordernisse einer anderen zulässigen Verwendung der Flächen entgegenstehen.

[2]Satz 1 findet keine Anwendung, soweit Bebauungspläne oder andere Satzungen Festsetzungen zu den nicht überbauten Flächen treffen.

(2) [1]Im Eigentum des Freistaates Bayern stehende Gebäude und ihre zugehörigen Freiflächen sollen über Abs. 1 hinaus vorbehaltlich der bestehenden baurechtlichen, satzungsrechtlichen, denkmalschützenden oder sonstigen rechtlichen Festlegungen angemessen begrünt oder bepflanzt werden. [2]Den kommunalen Gebietskörperschaften wird empfohlen, hinsichtlich ihrer Gebäude und zugehörigen Freiflächen entsprechend Satz 1 zu verfahren.

(3) [1]Bei der Errichtung von Gebäuden mit mehr als drei Wohnungen ist ein ausreichend großer Kinderspielplatz anzulegen. [2]Art. 47 Abs. 3 gilt entsprechend. [3]Die Gemeinde hat den Geldbetrag für die Ablösung von Kinderspielplätzen für die Herstellung oder Unterhaltung einer örtlichen Kinder- oder Jugendfreizeiteinrichtung zu verwenden.

DRITTER TEIL

Bauliche Anlagen

Abschnitt I

Baugestaltung

Art. 8 Baugestaltung. [1]Bauliche Anlagen müssen nach Form, Maßstab, Verhältnis der Baumassen und Bauteile zueinander, Werkstoff und Farbe so gestaltet sein, dass sie nicht verunstaltet wirken. [2]Bauliche Anlagen dürfen das Straßen-, Orts- und Landschaftsbild nicht verunstalten. [3]Die störende Häufung von Werbeanlagen ist unzulässig.

Abschnitt II

Allgemeine Anforderungen an die Bauausführung

Art. 9 Baustelle. (1) Baustellen sind so einzurichten, dass bauliche Anlagen ordnungsgemäß errichtet, geändert, beseitigt oder instand gehalten werden können und dass keine Gefahren, vermeidbaren Nachteile oder vermeidbaren Belästigungen entstehen.

(2) Öffentliche Verkehrsflächen, Versorgungs-, Abwasserbeseitigungs- und Meldeanlagen, Grundwassermessstellen, Vermessungszeichen, Abmarkungszeichen und Grenzzeichen sind für die Dauer der Bauausführung zu schützen und, soweit erforderlich, unter den notwendigen Sicherheitsvorkehrungen zugänglich zu halten.

(3) Bei der Ausführung nicht verfahrensfreier Bauvorhaben hat der Bauherr an der Baustelle ein Schild, das die Bezeichnung des Bauvorhabens sowie die Namen und Anschriften des Bauherrn und des Entwurfsverfassers enthalten muss, dauerhaft und von der öffentlichen Verkehrsfläche aus sichtbar anzubringen.

Art. 10 Standsicherheit. [1]Jede bauliche Anlage muss im Ganzen, in ihren einzelnen Teilen und für sich allein standsicher sein. [2]Die Standsicherheit muss auch während der Errichtung und bei der Änderung und der Beseitigung gewährleistet sein. [3]Die Standsicherheit anderer baulicher Anlagen und die Tragfähigkeit des Baugrunds des Nachbargrundstücks dürfen nicht gefährdet werden.

Art. 11 Schutz gegen Einwirkungen. Bauliche Anlagen sind so anzuordnen, zu errichten, zu ändern und instand zu halten, dass durch Wasser, Feuchtigkeit, pflanzliche und tierische Schädlinge sowie andere chemische, physikalische oder biologische Einflüsse Gefahren oder unzumutbare Belästigungen nicht entstehen.

Art. 12 Brandschutz. Bauliche Anlagen sind so anzuordnen, zu errichten, zu ändern und instand zu halten, dass der Entstehung eines Brandes und der Ausbreitung von Feuer und Rauch (Brandausbreitung) vorgebeugt wird und bei einem Brand die Rettung von Menschen und Tieren sowie wirksame Löscharbeiten möglich sind.

Art. 13 Wärme-, Schall- und Erschütterungsschutz. (1) Gebäude müssen einen ihrer Nutzung und den klimatischen Verhältnissen entsprechenden Wärmeschutz haben.

(2) [1]Gebäude müssen einen ihrer Nutzung entsprechenden Schallschutz haben. [2]Geräusche, die von ortsfesten Einrichtungen in baulichen Anlagen oder auf Baugrundstücken ausgehen, sind so zu dämmen, dass Gefahren oder unzumutbare Belästigungen nicht entstehen.

(3) Erschütterungen oder Schwingungen, die von ortsfesten Einrichtungen in baulichen Anlagen oder auf Baugrundstücken ausgehen, sind so zu dämmen, dass Gefahren oder unzumutbare Belästigungen nicht entstehen.

Art. 14 Verkehrssicherheit. (1) Bauliche Anlagen und die dem Verkehr dienenden nicht überbauten Flächen bebauter Grundstücke müssen verkehrssicher sein.

(2) Die Sicherheit und Leichtigkeit des öffentlichen Verkehrs darf durch bauliche Anlagen und deren Nutzung nicht gefährdet werden.

Abschnitt III

Bauarten und Bauprodukte

Art. 15 Bauarten. (1) Bauarten dürfen nur angewendet werden, wenn sie für ihren Anwendungszweck tauglich sind und bei ihrer Anwendung die baulichen Anlagen bei ordnungsgemäßer Instandhaltung während einer dem Zweck entsprechenden angemessenen Zeitdauer die Anforderungen dieses Gesetzes oder auf Grund dieses Gesetzes erfüllen.

(2) [1]Bauarten, die von Technischen Baubestimmungen in Bezug auf die Planung, Bemessung und Ausführung baulicher Anlagen und ihrer Teile wesentlich abweichen, oder für die es keine allgemein anerkannten Regeln der Technik gibt, dürfen nur angewendet werden, wenn für sie
1. eine allgemeine Bauartgenehmigung oder
2. eine vorhabenbezogene Bauartgenehmigung

erteilt worden ist. [2]Art. 18 gilt entsprechend.

(3) [1]Anstelle einer allgemeinen Bauartgenehmigung genügt ein allgemeines bauaufsichtliches Prüfzeugnis, wenn die Bauart nach allgemein anerkannten Prüfverfahren beurteilt werden kann. [2]Art. 18 gilt entsprechend.

(4) Sind Gefahren für die öffentliche Sicherheit und Ordnung, insbesondere Leben und Gesundheit, und die natürlichen Lebensgrundlagen nicht zu erwarten, kann die oberste Bauaufsichtsbehörde festlegen, dass eine Bauartgenehmigung nicht erforderlich ist.

(5) [1]Für jede Bauart muss bestätigt werden, dass sie mit den Technischen Baubestimmungen, den allgemeinen Bauartgenehmigungen, den allgemeinen bauaufsichtlichen Prüfzeugnissen für Bauarten oder den vorhabenbezogenen Bauartgenehmigungen übereinstimmt. [2]Unwesentliche Abweichungen bleiben außer Betracht. [3]Art. 21 Abs. 3 gilt für den Anwender der Bauart entsprechend.

(6) Hängt die Anwendung einer Bauart in außergewöhnlichem Maß von der Sachkunde und Erfahrung der damit betrauten Personen oder von einer Ausstattung mit besonderen Vorrichtungen ab oder bedarf die Bauart einer außergewöhnlichen Sorgfalt bei Ausführung oder Instandhaltung, gilt Art. 22 entsprechend.

Art. 16 Verwendung von Bauprodukten. (1) [1]CE-gekennzeichnete Bauprodukte dürfen verwendet werden, wenn die erklärten Leistungen den in diesem Gesetz oder auf Grund dieses Gesetzes festgelegten Anforderungen für diese Verwendung entsprechen. [2]Auf Bauprodukte, die die CE-Kennzeichnung auf Grund der Verordnung (EU) Nr. 305/2011 tragen, finden die Art. 17 bis 22 Nr. 1 und Art. 23 keine Anwendung.

(2) [1]Im Übrigen dürfen Bauprodukte nur verwendet werden, wenn sie gebrauchstauglich sind und bei ihrer Verwendung die baulichen Anlagen bei ordnungsgemäßer Instandhaltung während einer dem Zweck entsprechenden angemessenen Zeitdauer die Anforderungen dieses Gesetzes oder auf Grund dieses Gesetzes erfüllen. [2]Dies gilt auch für Bauprodukte, die technischen Anforderungen entsprechen, wie sie in den Vorschriften anderer Vertragsstaaten des Abkommens vom 2. Mai 1992 über den Europäischen Wirtschaftsraum enthalten sind.

Art. 17 Verwendbarkeitsnachweise. Die in Art. 16 Abs. 2 Satz 1 genannten Anforderungen sind für Bauprodukte, die für die Erfüllung der Anforderungen dieses Gesetzes oder auf Grund dieses Gesetzes nicht nur eine untergeordnete Bedeutung haben, durch eine allgemeine bauaufsichtliche Zulassung, ein allgemeines bauaufsichtliches Prüfzeugnis oder eine Zustimmung im Einzelfall (Verwendbarkeitsnachweise) nachzuweisen, wenn

1. es keine Technische Baubestimmung oder allgemein anerkannte Regel der Technik gibt,
2. das Bauprodukt von einer Technischen Baubestimmung in Bezug auf die Leistung von Bauprodukten wesentlich abweicht oder
3. eine Rechtsverordnung nach Art. 80 Abs. 5 Nr. 5 es vorsieht.

Art. 18 Allgemeine bauaufsichtliche Zulassung. (1) Eine allgemeine bauaufsichtliche Zulassung wird auf Antrag erteilt und nach Gegenstand und wesentlichem Inhalt öffentlich bekannt gemacht.

(2) [1]Der Antrag ist zu begründen. [2]Soweit erforderlich, sind Probestücke vom Antragsteller zur Verfügung zu stellen, durch sachverständige Stellen zu entnehmen oder Probeausführungen unter Aufsicht dieser sachverständigen Stellen vorzunehmen. [3]Art. 65 Abs. 2 gilt entsprechend.

(3) [1]Die allgemeine bauaufsichtliche Zulassung wird widerruflich und befristet erteilt. [2]Die Frist beträgt in der Regel fünf Jahre. [3]Die Zulassung kann auf Antrag verlängert werden. [4]Art. 69 Abs. 2 Satz 2 gilt entsprechend.

(4) Die Zulassung wird unbeschadet der Rechte Dritter erteilt.

(5) Allgemeine bauaufsichtliche Zulassungen nach dem Recht anderer Länder gelten auch im Freistaat Bayern.

Art. 19 Allgemeines bauaufsichtliches Prüfzeugnis. [1]Anstelle einer allgemeinen bauaufsichtlichen Zulassung bedarf es nur eines allgemeinen bauaufsichtlichen Prüfzeugnisses, wenn allgemein anerkannte Prüfverfahren bestehen. [2]Art. 18 gilt entsprechend.

Art. 20 Zustimmung im Einzelfall. [1]Ein Bauprodukt darf auch verwendet werden, wenn die Verwendbarkeit durch Zustimmung im Einzelfall nachgewiesen ist. [2]Die Zustimmung kann außer in den Fällen des Art. 16 Abs. 2 Satz 1 auch erteilt werden, wenn Gefahren für die öffentliche Sicherheit und Ordnung, insbesondere Leben und Gesundheit, und die natürlichen Lebensgrundlagen nicht zu erwarten sind.

Art. 21 Übereinstimmungserklärung, Zertifizierung. (1) [1]Bauprodukte bedürfen einer Bestätigung ihrer Übereinstimmung mit den Technischen Baubestimmungen oder den Verwendbarkeitsnachweisen. [2]Unwesentliche Abweichungen bleiben außer Betracht.

(2) [1]Der Hersteller erklärt die Übereinstimmung, die er durch werkseigene Produktionskontrolle sicherzustellen hat, durch Kennzeichnung der Bauprodukte mit dem Übereinstimmungszeichen (Ü-Zeichen) unter Hinweis auf den Verwendungszweck. [2]Das Ü-Zeichen ist auf dem Bauprodukt, auf einem Beipackzettel oder auf seiner Verpackung oder, wenn dies Schwierigkeiten bereitet, auf dem Lieferschein oder auf einer Anlage zum Lieferschein anzubringen. [3]Ü-Zeichen aus anderen Ländern und aus anderen Staaten gelten auch im Freistaat Bayern.

(3) [1]Soweit in den Technischen Baubestimmungen nichts Näheres geregelt ist, kann in den Verwendbarkeitsnachweisen eine Regelung zur Prüfung der Bauprodukte vor Abgabe der Übereinstimmungserklärung oder deren Zertifizierung vorgeschrieben werden, wenn dies zur Sicherung oder zum Nachweis einer ordnungsgemäßen Herstellung erforderlich ist. [2]Im Übrigen bedürfen Bauprodukte, die nicht in Serie hergestellt werden, nur der Übereinstimmungserklärung des Herstellers nach Abs. 2.

(4) [1]Dem Hersteller ist das Zertifikat für Bauprodukte zu erteilen, wenn sie den Technischen Baubestimmungen oder den Verwendbarkeitsnachweisen entsprechen und die Übereinstimmung durch werkseigene Produktionskontrolle und regelmäßige Fremdüberwachung sichergestellt ist. [2]Im Einzelfall kann die Verwendung von Bauprodukten ohne Zertifizierung gestattet werden.

Art. 22 Besondere Sachkunde- und Sorgfaltsanforderungen. In der allgemeinen bauaufsichtlichen Zulassung oder in der Zustimmung im Einzelfall kann vorgeschrieben werden, dass

1. der Hersteller von Bauprodukten, deren Herstellung in außergewöhnlichem Maß von der Sachkunde und Erfahrung der damit betrauten Personen oder von einer Ausstattung mit besonderen Vorrichtungen abhängt, über solche Fachkräfte und Vorrichtungen verfügen muss und den Nachweis hierüber gegenüber einer Prüfstelle zu erbringen hat,
2. der Einbau, der Transport, die Instandhaltung oder die Reinigung von Bauprodukten, die wegen ihrer besonderen Eigenschaften oder ihres besonderen Verwendungszwecks einer außergewöhnlichen Sorgfalt bedürfen, durch eine Überwachungsstelle zu überwachen sind, soweit diese Tätigkeiten nicht bereits durch die Verordnung (EU) Nr. 305/2011 erfasst sind.

Art. 23 Zuständigkeiten. (1) [1]Das Deutsche Institut für Bautechnik erteilt die allgemeine Bauartgenehmigung nach Art. 15 Abs. 2 Satz 1 Nr. 1 und die allgemeine bauaufsichtliche Zulassung nach Art. 18 Abs. 1. [2]Es kann vorschreiben, wann welche sachverständige Stelle die Prüfung durchzuführen oder nach Art. 18 Abs. 2 Satz 2 eine Probeausführung vorzunehmen oder Probestücke zu entnehmen hat.

(2) [1]Die oberste Bauaufsichtsbehörde erteilt die vorhabenbezogene Bauartgenehmigung nach Art. 15 Abs. 2 Satz 1 Nr. 2 sowie die Zustimmung im Einzelfall nach Art. 20. [2]Art. 6 Abs. 3 des Bayerischen Denkmalschutzgesetzes bleibt unberührt. [3]Die oberste Bauaufsichtsbehörde kann die Verwendung von Bauprodukten ohne Zertifizierung nach Art. 21 Abs. 4 Satz 2 gestatten.

(3) [1]Es obliegen die Aufgaben
1. der Prüfung nach Art. 15 Abs. 3 und 6, Art. 19, Art. 21 Abs. 3 Satz 1, Art. 22 Nr. 1 den anerkannten Prüfstellen,
2. der Überwachung nach Art. 15 Abs. 6, Art. 21 Abs. 4 Satz 1, Art. 22 Nr. 2 den anerkannten Überwachungsstellen und
3. der Zertifizierung nach Art. 21 Abs. 3 Satz 1 den anerkannten Zertifizierungsstellen.

[2]Die Anerkennung der in Satz 1 genannten Stellen erteilt die oberste Bauaufsichtsbehörde oder nach Art. 80 Abs. 5 Nr. 2 das Deutsche Institut für Bautechnik an private Träger, wenn die privaten Träger oder die bei ihr Beschäftigten nach ihrer Ausbildung, Fachkenntnis, persönlichen Zuverlässigkeit, ihrer Unparteilichkeit und ihren Leistungen die Gewähr dafür bieten, dass diese Aufgaben den öffentlich-rechtlichen Vorschriften entsprechend wahrgenommen werden, und wenn die privaten Träger über die erforderlichen Vorrichtungen verfügen. [3]Soweit und solange solche Stellen von privaten Trägern nicht zur Verfügung stehen, kann eine Behörde die Aufgaben nach Satz 1 wahrnehmen. [4]Die Anerkennung von Prüf-, Zertifizierungs- und Überwachungsstellen anderer Länder gilt auch im Freistaat Bayern.

(4) Die Anerkennungsbehörde nach Abs. 3 Satz 2 kann allgemeine bauaufsichtliche Prüfzeugnisse nach Art. 15 Abs. 3, Art. 19 zurücknehmen oder widerrufen.

Abschnitt IV

Brandverhalten von Baustoffen und Bauteilen; Wände, Decken, Dächer

Art. 24 Allgemeine Anforderungen an das Brandverhalten von Baustoffen und Bauteilen. (1) [1]Baustoffe werden nach den Anforderungen an ihr Brandverhalten unterschieden in
1. nichtbrennbare,
2. schwerentflammbare,
3. normalentflammbare.

[2]Baustoffe, die nicht mindestens normalentflammbar sind (leichtentflammbare Baustoffe), dürfen nicht verwendet werden; das gilt nicht, wenn sie in Verbindung mit anderen Baustoffen nicht leichtentflammbar sind.

(2) [1]Bauteile werden nach den Anforderungen an ihre Feuerwiderstandsfähigkeit unterschieden in
1. feuerbeständige,
2. hochfeuerhemmende,
3. feuerhemmende;

die Feuerwiderstandsfähigkeit bezieht sich bei tragenden und aussteifenden Bauteilen auf deren Standsicherheit im Brandfall, bei raumabschließenden Bauteilen auf deren Widerstand gegen die Brandausbreitung. [2]Bauteile werden zusätzlich nach dem Brandverhalten ihrer Baustoffe unterschieden in
1. Bauteile aus nichtbrennbaren Baustoffen,
2. Bauteile, deren tragende und aussteifende Teile aus nichtbrennbaren Baustoffen bestehen und die bei raumabschließenden Bauteilen zusätzlich eine in Bauteilebene durchgehende Schicht aus nichtbrennbaren Baustoffen haben,
3. Bauteile, deren tragende und aussteifende Teile aus brennbaren Baustoffen bestehen und die allseitig eine brandschutztechnisch wirksame Bekleidung aus nichtbrennbaren Baustoffen (Brandschutzbekleidung) und Dämmstoffe aus nichtbrennbaren Baustoffen haben,
4. Bauteile aus brennbaren Baustoffen.

[3]Soweit in diesem Gesetz oder in Vorschriften auf Grund dieses Gesetzes nichts anderes bestimmt ist, müssen
1. Bauteile, die feuerbeständig sein müssen, mindestens den Anforderungen des Satzes 2 Nr. 2,
2. Bauteile, die hochfeuerhemmend sein müssen, mindestens den Anforderungen des Satzes 2 Nr. 3 entsprechen; das gilt nicht für feuerwiderstandsfähige Abschlüsse von Öffnungen.

[4]Abweichend von Satz 3 sind Bauteile, die feuerbeständig oder hochfeuerhemmend sein müssen, aus brennbaren Baustoffen zulässig, sofern sie den Technischen Baubestimmungen nach Art. 81a entsprechen. [5]Satz 4 gilt nicht für Brandwände nach Art. 28 Abs. 3 Satz 1 und Wände notwendiger Treppenräume nach Art. 33 Abs. 4 Satz 1 Nr. 1.

Art. 25 Tragende Wände, Stützen. (1) [1]Tragende und aussteifende Wände und Stützen müssen im Brandfall ausreichend lang standsicher sein. [2]Sie müssen
1. in Gebäuden der Gebäudeklasse 5 feuerbeständig,
2. in Gebäuden der Gebäudeklasse 4 hochfeuerhemmend,
3. in Gebäuden der Gebäudeklassen 2 und 3 feuerhemmend

sein. [3]Satz 2 gilt
1. für Geschosse im Dachraum nur, wenn darüber noch Aufenthaltsräume möglich sind; Art. 27 Abs. 4 bleibt unberührt,
2. nicht für Balkone, ausgenommen offene Gänge, die als notwendige Flure dienen.

(2) Im Kellergeschoss müssen tragende und aussteifende Wände und Stützen
1. in Gebäuden der Gebäudeklassen 3 bis 5 feuerbeständig,
2. in Gebäuden der Gebäudeklassen 1 und 2 feuerhemmend

sein.

Art. 26 Außenwände. (1) Außenwände und Außenwandteile wie Brüstungen und Schürzen sind so auszubilden, dass eine Brandausbreitung auf und in diesen Bauteilen ausreichend lang begrenzt ist.

(2) [1]Nichttragende Außenwände und nichttragende Teile tragender Außenwände müssen aus nichtbrennbaren Baustoffen bestehen; sie sind aus brennbaren Baustoffen zulässig, wenn sie als raumabschließende Bauteile feuerhemmend sind. [2]Satz 1 gilt nicht für
1. Fenster und Türen,
2. Fugendichtungen und
3. brennbare Dämmstoffe in nichtbrennbaren geschlossenen Profilen der Außenwandkonstruktion.

(3) [1]Oberflächen von Außenwänden sowie Außenwandbekleidungen müssen einschließlich der Dämmstoffe und Unterkonstruktionen schwerentflammbar sein; Unterkonstruktionen aus normalentflammbaren Baustoffen sind zulässig, wenn die Anforderungen nach Abs. 1 erfüllt sind. [2]Balkonbekleidungen, die über die erforderliche Umwehrungshöhe hinaus hochgeführt werden, und mehr als zwei Geschosse überbrückende Solaranlagen an Außenwänden müssen schwerentflammbar sein. [3]Baustoffe, die schwerentflammbar sein müssen, in Bauteilen nach Satz 1 Halbsatz 1 und Satz 2 dürfen nicht brennend abfallen oder abtropfen.

(4) Bei Außenwandkonstruktionen mit geschossübergreifenden Hohl- oder Lufträumen wie Doppelfassaden sind gegen die Brandausbreitung besondere Vorkehrungen zu treffen; das gilt für hinterlüftete Außenwandbekleidungen entsprechend.

(5) [1]Die Abs. 2, 3 und 4 Halbsatz 2 gelten nicht für Gebäude der Gebäudeklassen 1 bis 3, Abs. 4 Halbsatz 1 nicht für Gebäude der Gebäudeklassen 1 und 2. [2]Abweichend von Abs. 3 sind Außenwandbekleidungen, die den Technischen Baubestimmungen nach Art. 81a entsprechen, mit Ausnahme der Dämmstoffe, aus normalentflammbaren Baustoffen zulässig.

Art. 27 Trennwände. (1) Trennwände nach Abs. 2 müssen als raumabschließende Bauteile von Räumen oder Nutzungseinheiten innerhalb von Geschossen ausreichend lang widerstandsfähig gegen die Brandausbreitung sein.

(2) Trennwände sind erforderlich
1. zwischen Nutzungseinheiten sowie zwischen Nutzungseinheiten und anders genutzten Räumen, ausgenommen notwendigen Fluren,
2. zum Abschluss von Räumen mit Explosions- oder erhöhter Brandgefahr,
3. zwischen Aufenthaltsräumen und anders genutzten Räumen im Kellergeschoss.

(3) [1]Trennwände nach Abs. 2 Nrn. 1 und 3 müssen die Feuerwiderstandsfähigkeit der tragenden und aussteifenden Bauteile des Geschosses haben, jedoch mindestens feuerhemmend sein. [2]Trennwände nach Abs. 2 Nr. 2 müssen feuerbeständig sein.

(4) Die Trennwände nach Abs. 2 sind bis zur Rohdecke, im Dachraum bis unter die Dachhaut zu führen; werden in Dachräumen Trennwände nur bis zur Rohdecke geführt, ist diese Decke als raumabschließendes Bauteil einschließlich der sie tragenden und aussteifenden Bauteile feuerhemmend herzustellen.

(5) Öffnungen in Trennwänden nach Abs. 2 sind nur zulässig, wenn sie auf die für die Nutzung erforderliche Zahl und Größe beschränkt sind; sie müssen feuerhemmende, dicht- und selbstschließende Abschlüsse haben.

(6) Die Abs. 1 bis 5 gelten nicht für Wohngebäude der Gebäudeklassen 1 und 2.

Art. 28 Brandwände. (1) Brandwände müssen als raumabschließende Bauteile zum Abschluss von Gebäuden (Gebäudeabschlusswand) oder zur Unterteilung von Gebäuden in Brandabschnitte (innere Brandwand) ausreichend lang die Brandausbreitung auf andere Gebäude oder Brandabschnitte verhindern.

(2) Brandwände sind erforderlich
1. als Gebäudeabschlusswand, ausgenommen von Gebäuden ohne Aufenthaltsräume und ohne Feuerstätten mit nicht mehr als 50 m^3 Brutto-Rauminhalt, wenn diese Abschlusswände an oder mit einem Abstand von weniger als 2,50 m gegenüber der Grundstücksgrenze errichtet werden, es sei denn, dass ein Abstand von mindestens 5 m zu bestehenden oder nach den baurechtlichen Vorschriften zulässigen künftigen Gebäuden gesichert ist,
2. als innere Brandwand zur Unterteilung ausgedehnter Gebäude in Abständen von nicht mehr als 40 m,
3. als innere Brandwand zur Unterteilung land- oder forstwirtschaftlich genutzter Gebäude in Brandabschnitte von nicht mehr als 10 000 m^3 Brutto-Rauminhalt,
4. als Gebäudeabschlusswand zwischen Wohngebäuden und angebauten land- oder forstwirtschaftlich genutzten Gebäuden sowie als innere Brandwand zwischen dem Wohnteil und dem land- oder forstwirtschaftlich genutzten Teil eines Gebäudes.

(3) [1]Brandwände müssen auch unter zusätzlicher mechanischer Beanspruchung feuerbeständig sein und aus nichtbrennbaren Baustoffen bestehen. [2]An Stelle von Brandwänden sind in den Fällen von Abs. 1 Nrn. 1 bis 3 zulässig
1. für Gebäude der Gebäudeklasse 4 Wände, die auch unter zusätzlicher mechanischer Beanspruchung hochfeuerhemmend sind,
2. für Gebäude der Gebäudeklassen 1 bis 3 hochfeuerhemmende Wände,
3. für Gebäude der Gebäudeklassen 1 bis 3 Gebäudeabschlusswände, die jeweils von innen nach außen die Feuerwiderstandsfähigkeit der tragenden und aussteifenden Teile des Gebäudes, mindestens jedoch feuerhemmende

Bauteile, und von außen nach innen die Feuerwiderstandsfähigkeit feuerbeständiger Bauteile haben.
[3]In den Fällen des Abs. 2 Nr. 4 sind an Stelle von Brandwänden feuerbeständige Wände zulässig, wenn der Brutto-Rauminhalt des land- oder forstwirtschaftlich genutzten Gebäudes oder Gebäudeteils nicht größer als 2000 m³ ist.

(4) [1]Brandwände müssen durchgehend und in allen Geschossen und dem Dachraum übereinander angeordnet sein. [2]Abweichend davon dürfen an Stelle innerer Brandwände Wände geschossweise versetzt angeordnet werden, wenn

1. die Wände im Übrigen Abs. 3 Satz 1 entsprechen,
2. die Decken, soweit sie in Verbindung mit diesen Wänden stehen, feuerbeständig sind, aus nichtbrennbaren Baustoffen bestehen und keine Öffnungen haben,
3. die Bauteile, die diese Wände und Decken unterstützen, feuerbeständig sind und aus nichtbrennbaren Baustoffen bestehen,
4. die Außenwände in der Breite des Versatzes in dem Geschoss oberhalb oder unterhalb des Versatzes feuerbeständig sind und
5. Öffnungen in den Außenwänden im Bereich des Versatzes so angeordnet oder andere Vorkehrungen so getroffen sind, dass eine Brandausbreitung in andere Brandabschnitte nicht zu befürchten ist.

(5) [1]Brandwände sind 0,30 m über die Bedachung zu führen oder in Höhe der Dachhaut mit einer beiderseits 0,50 m auskragenden feuerbeständigen Platte aus nichtbrennbaren Baustoffen abzuschließen; darüber dürfen brennbare Teile des Dachs nicht hinweggeführt werden. [2]Bei Gebäuden der Gebäudeklassen 1 bis 3 sind Brandwände mindestens bis unter die Dachhaut zu führen. [3]Verbleibende Hohlräume sind vollständig mit nichtbrennbaren Baustoffen auszufüllen.

(6) Müssen Gebäude oder Gebäudeteile, die über Eck zusammenstoßen, durch eine Brandwand getrennt werden, so muss der Abstand dieser Wand von der inneren Ecke mindestens 5 m betragen; das gilt nicht, wenn der Winkel der inneren Ecke mehr als 120 Grad beträgt oder mindestens eine Außenwand auf 5 m Länge als öffnungslose feuerbeständige Wand aus nichtbrennbaren Baustoffen, bei Gebäuden der Gebäudeklassen 1 bis 4 als öffnunsglose hochfeuerhemmende Wand ausgebildet ist.

(7) [1]Bauteile mit brennbaren Baustoffen dürfen über Brandwände nicht hinweggeführt werden. [2]Bei Außenwandkonstruktionen, die eine seitliche Brandausbreitung begünstigen können, wie hinterlüfteten Außenwandbekleidungen oder Doppelfassaden, sind gegen die Brandausbreitung im Bereich der Brandwände besondere Vorkehrungen zu treffen. [3]Außenwandbekleidungen von Gebäudeabschlusswänden müssen einschließlich der Dämmstoffe und Unterkonstruktionen nichtbrennbar sein. [4]Bauteile dürfen in Brandwände nur so weit eingreifen, dass deren Feuerwiderstandsfähigkeit nicht beeinträchtigt wird; für Leitungen, Leitungsschlitze und Kamine gilt dies entsprechend.

(8) [1]Öffnungen in Brandwänden sind unzulässig. [2]Sie sind in inneren Brandwänden nur zulässig, wenn sie auf die für die Nutzung erforderliche Zahl und

Größe beschränkt sind; die Öffnungen müssen feuerbeständige, dicht- und selbstschließende Abschlüsse haben.

(9) In inneren Brandwänden sind feuerbeständige Verglasungen nur zulässig, wenn sie auf die für die Nutzung erforderliche Zahl und Größe beschränkt sind.

(10) Abs. 2 Nr. 1 gilt nicht für seitliche Wände von Vorbauten im Sinn des Art. 6 Abs. 6, wenn sie von dem Nachbargebäude oder der Nachbargrenze einen Abstand einhalten, der ihrer eigenen Ausladung entspricht, mindestens jedoch 1 m beträgt.

(11) Die Abs. 4 bis 10 gelten entsprechend auch für Wände, die an Stelle von Brandwänden zulässig sind.

Art. 29 Decken. (1) [1]Decken müssen als tragende und raumabschließende Bauteile zwischen Geschossen im Brandfall ausreichend lang standsicher und widerstandsfähig gegen die Brandausbreitung sein. [2]Sie müssen
1. in Gebäuden der Gebäudeklasse 5 feuerbeständig,
2. in Gebäuden der Gebäudeklasse 4 hochfeuerhemmend,
3. in Gebäuden der Gebäudeklassen 2 und 3 feuerhemmend

sein. [3]Satz 2 gilt
1. für Geschosse im Dachraum nur, wenn darüber Aufenthaltsräume möglich sind; Art. 27 Abs. 4 bleibt unberührt,
2. nicht für Balkone, ausgenommen offene Gänge, die als notwendige Flure dienen.

(2) [1]Im Kellergeschoss müssen Decken
1. in Gebäuden der Gebäudeklassen 3 bis 5 feuerbeständig,
2. in Gebäuden der Gebäudeklassen 1 und 2 feuerhemmend

sein. [2]Decken müssen feuerbeständig sein
1. unter und über Räumen mit Explosions- oder erhöhter Brandgefahr, ausgenommen in Wohngebäuden der Gebäudeklassen 1 und 2,
2. zwischen dem land- oder forstwirtschaftlich genutzten Teil und dem Wohnteil eines Gebäudes.

(3) Der Anschluss der Decken an die Außenwand ist so herzustellen, dass er den Anforderungen aus Abs. 1 Satz 1 genügt.

(4) Öffnungen in Decken, für die eine Feuerwiderstandsfähigkeit vorgeschrieben ist, sind nur zulässig
1. in Gebäuden der Gebäudeklassen 1 und 2,
2. innerhalb derselben Nutzungseinheit mit insgesamt nicht mehr als 400 m^2 in nicht mehr als zwei Geschossen,
3. im Übrigen, wenn sie auf die für die Nutzung erforderliche Zahl und Größe beschränkt sind und Abschlüsse mit der Feuerwiderstandsfähigkeit der Decke haben.

Art. 30 Dächer. (1) Bedachungen müssen gegen eine Brandbeanspruchung von außen durch Flugfeuer und strahlende Wärme ausreichend lang widerstandsfähig sein (harte Bedachung).

(2) [1]Bedachungen, die die Anforderungen nach Abs. 1 nicht erfüllen, sind zulässig bei Gebäuden der Gebäudeklassen 1 bis 3, wenn die Gebäude
1. einen Abstand von der Grundstücksgrenze von mindestens 12 m,
2. von Gebäuden auf demselben Grundstück mit harter Bedachung einen Abstand von mindestens 12 m,
3. von Gebäuden auf demselben Grundstück mit Bedachungen, die die Anforderungen nach Abs. 1 nicht erfüllen, einen Abstand von mindestens 24 m,
4. von Gebäuden auf demselben Grundstück ohne Aufenthaltsräume und ohne Feuerstätten mit nicht mehr als 50 m^3 Brutto-Rauminhalt einen Abstand von mindestens 5 m

einhalten. [2]Soweit Gebäude nach Satz 1 Abstand halten müssen, genügt bei Wohngebäuden der Gebäudeklassen 1 und 2 in den Fällen
1. der Nrn. 1 und 2 ein Abstand von mindestens 9 m,
2. der Nr. 3 ein Abstand von mindestens 12 m.

(3) Die Abs. 1 und 2 gelten nicht für
1. Gebäude ohne Aufenthaltsräume und ohne Feuerstätten mit nicht mehr als 50 m^3 Brutto-Rauminhalt,
2. lichtdurchlässige Bedachungen aus nichtbrennbaren Baustoffen; brennbare Fugendichtungen und brennbare Dämmstoffe in nichtbrennbaren Profilen sind zulässig,
3. Dachflächenfenster, Lichtkuppeln und Oberlichte von Wohngebäuden,
4. Eingangsüberdachungen und Vordächer aus nichtbrennbaren Baustoffen,
5. Eingangsüberdachungen aus brennbaren Baustoffen, wenn die Eingänge nur zu Wohnungen führen.

(4) Abweichend von den Abs. 1 und 2 sind
1. lichtdurchlässige Teilflächen aus brennbaren Baustoffen in Bedachungen nach Abs. 1 und
2. begrünte Bedachungen

zulässig, wenn eine Brandentstehung bei einer Brandbeanspruchung von außen durch Flugfeuer und strahlende Wärme nicht zu befürchten ist oder Vorkehrungen hiergegen getroffen werden.

(5) [1]Dachüberstände, Dachgesimse und Dachaufbauten, lichtdurchlässige Bedachungen, Dachflächenfenster, Lichtkuppeln, Oberlichte und Solaranlagen sind so anzuordnen und herzustellen, dass Feuer nicht auf andere Gebäudeteile und Nachbargrundstücke übertragen werden kann. [2]Von Brandwänden und von Wänden, die an Stelle von Brandwänden zulässig sind, müssen
1. mindestens 1,25 m entfernt sein
   a) Dachflächenfenster, Oberlichte, Lichtkuppeln und Öffnungen in der Bedachung, wenn diese Wände nicht mindestens 0,30 m über die Bedachung geführt sind, und
   b) Photovoltaikanlagen, Dachgauben und ähnliche Dachaufbauten aus brennbaren Baustoffen, wenn sie nicht durch diese Wände gegen Brandübertragung geschützt sind, und

2. mindestens 0,50 m entfernt sein
   a) dachparallel installierte Photovoltaikanlagen, deren Außenseiten und Unterkonstruktion aus nichtbrennbaren Baustoffen bestehen, und
   b) dachparallel installierte Solarthermieanlagen.

(6) [1]Dächer von traufseitig aneinandergebauten Gebäuden müssen als raumabschließende Bauteile für eine Brandbeanspruchung von innen nach außen einschließlich der sie tragenden und aussteifenden Bauteile feuerhemmend sein. [2]Öffnungen in diesen Dachflächen müssen waagerecht gemessen mindestens 1,25 m von der Brandwand oder der Wand, die an Stelle der Brandwand zulässig ist, entfernt sein.

(7) [1]Dächer von Anbauten, die an Außenwände mit Öffnungen oder ohne Feuerwiderstandsfähigkeit anschließen, müssen innerhalb eines Abstands von 5 m von diesen Wänden als raumabschließende Bauteile für eine Brandbeanspruchung von innen nach außen einschließlich der sie tragenden und aussteifenden Bauteile die Feuerwiderstandsfähigkeit der Decken des Gebäudeteils haben, an den sie angebaut werden. [2]Das gilt nicht für Anbauten an Wohngebäude der Gebäudeklassen 1 bis 3.

(8) Für vom Dach aus vorzunehmende Arbeiten sind sicher benutzbare Vorrichtungen anzubringen.

Abschnitt V

Rettungswege, Öffnungen, Umwehrungen

Art. 31 Rettungswege. (1) [1]Für Nutzungseinheiten mit mindestens einem Aufenthaltsraum wie Wohnungen, Praxen, selbstständige Betriebsstätten müssen in jedem Geschoss mindestens zwei voneinander unabhängige Rettungswege ins Freie vorhanden sein; beide Rettungswege dürfen jedoch innerhalb des Geschosses über denselben notwendigen Flur führen. [2]Abweichend von Satz 1 genügt ein Rettungsweg
1. aus Geschossen ohne Aufenthaltsräume,
2. bei zu ebener Erde liegenden Geschossen bis 400 m^2, wenn dieser aus der Nutzungseinheit unmittelbar ins Freie führt; Art. 34 Abs. 3 Satz 4 gilt entsprechend.

(2) [1]Für Nutzungseinheiten nach Abs. 1, die nicht zu ebener Erde liegen, muss der erste Rettungsweg über eine notwendige Treppe führen. [2]Der zweite Rettungsweg kann eine weitere notwendige Treppe oder eine mit Rettungsgeräten der Feuerwehr erreichbare Stelle der Nutzungseinheit sein. [3]Ein zweiter Rettungsweg ist nicht erforderlich, wenn die Rettung über einen sicher erreichbaren Treppenraum möglich ist, in den Feuer und Rauch nicht eindringen können (Sicherheitstreppenraum).

(3) [1]Gebäude, deren zweiter Rettungsweg über Rettungsgeräte der Feuerwehr führt und bei denen die Oberkante der Brüstung von zum Anleitern be-

stimmten Fenstern oder Stellen mehr als 8 m über der Geländeoberfläche liegt, dürfen nur errichtet werden, wenn die Feuerwehr über die erforderlichen Rettungsgeräte wie Hubrettungsfahrzeuge verfügt. [2]Bei Sonderbauten ist der zweite Rettungsweg über Rettungsgeräte der Feuerwehr nur zulässig, wenn keine Bedenken wegen der Personenrettung bestehen.

Art. 32 Treppen. (1) [1]Jedes nicht zu ebener Erde liegende Geschoss und der benutzbare Dachraum eines Gebäudes müssen über mindestens eine Treppe zugänglich sein (notwendige Treppe). [2]Statt notwendiger Treppen sind Rampen mit flacher Neigung zulässig.

(2) [1]Einschiebbare Treppen und Rolltreppen sind als notwendige Treppen unzulässig. [2]In Gebäuden der Gebäudeklassen 1 und 2 sind einschiebbare Treppen und Leitern als Zugang zu einem Dachraum ohne Aufenthaltsraum zulässig.

(3) [1]Notwendige Treppen sind in einem Zuge zu allen angeschlossenen Geschossen zu führen; sie müssen mit den Treppen zum Dachraum unmittelbar verbunden sein. [2]Das gilt nicht für Treppen

1. in Gebäuden der Gebäudeklassen 1 bis 3,
2. nach Art. 33 Abs. 1 Satz 3 Nr. 2.

(4) [1]Die tragenden Teile notwendiger Treppen müssen

1. in Gebäuden der Gebäudeklasse 5 feuerhemmend und aus nichtbrennbaren Baustoffen,
2. in Gebäuden der Gebäudeklasse 4 aus nichtbrennbaren Baustoffen,
3. in Gebäuden der Gebäudeklasse 3 aus nichtbrennbaren Baustoffen oder feuerhemmend

sein. [2]Tragende Teile von Außentreppen nach Art. 33 Abs. 1 Satz 3 Nr. 3 für Gebäude der Gebäudeklassen 3 bis 5 müssen aus nichtbrennbaren Baustoffen bestehen.

(5) Die nutzbare Breite der Treppenläufe und Treppenabsätze notwendiger Treppen muss für den größten zu erwartenden Verkehr ausreichen.

(6) [1]Treppen müssen einen festen und griffsicheren Handlauf haben. [2]Für Treppen sind Handläufe auf beiden Seiten und bei großer nutzbarer Breite auch Zwischenhandläufe vorzusehen,

1. in Gebäuden mit mehr als zwei nicht stufenlos erreichbaren Wohnungen,
2. im Übrigen, soweit es die Verkehrssicherheit erfordert.

Art. 33 Notwendige Treppenräume, Ausgänge. (1) [1]Jede notwendige Treppe muss zur Sicherung der Rettungswege aus den Geschossen ins Freie in einem eigenen, durchgehenden Treppenraum liegen (notwendiger Treppenraum). [2]Notwendige Treppenräume müssen so angeordnet und ausgebildet sein, dass die Nutzung der notwendigen Treppen im Brandfall ausreichend lang möglich ist. [3]Notwendige Treppen sind ohne eigenen Treppenraum zulässig

1. in Gebäuden der Gebäudeklassen 1 und 2,
2. für die Verbindung von höchstens zwei Geschossen innerhalb derselben Nutzungseinheit von insgesamt nicht mehr als 200 m^2, wenn in jedem Geschoss ein anderer Rettungsweg erreicht werden kann,
3. als Außentreppe, wenn ihre Nutzung ausreichend sicher ist und im Brandfall nicht gefährdet werden kann.

(2) [1]Von jeder Stelle eines Aufenthaltsraums sowie eines Kellergeschosses muss mindestens ein Ausgang in einen notwendigen Treppenraum oder ins Freie in höchstens 35 m Entfernung erreichbar sein; das gilt nicht für land- oder forstwirtschaftlich genutzte Gebäude. [2]Übereinanderliegende Kellergeschosse müssen jeweils mindestens zwei Ausgänge in notwendige Treppenräume oder ins Freie haben. [3]Sind mehrere notwendige Treppenräume erforderlich, müssen sie so verteilt sein, dass sie möglichst entgegengesetzt liegen und dass die Rettungswege möglichst kurz sind.

(3) [1]Jeder notwendige Treppenraum muss einen unmittelbaren Ausgang ins Freie haben. [2]Sofern der Ausgang eines notwendigen Treppenraums nicht unmittelbar ins Freie führt, muss der Raum zwischen dem notwendigen Treppenraum und dem Ausgang ins Freie

1. mindestens so breit sein wie die dazugehörigen Treppenläufe,
2. Wände haben, die die Anforderungen an die Wände des Treppenraums erfüllen,
3. rauchdichte und selbstschließende Abschlüsse zu notwendigen Fluren haben und
4. ohne Öffnungen zu anderen Räumen, ausgenommen zu notwendigen Fluren, sein.

(4) [1]Die Wände notwendiger Treppenräume müssen als raumabschließende Bauteile

1. in Gebäuden der Gebäudeklasse 5 die Bauart von Brandwänden haben,
2. in Gebäuden der Gebäudeklasse 4 auch unter zusätzlicher mechanischer Beanspruchung hochfeuerhemmend und
3. in Gebäuden der Gebäudeklasse 3 feuerhemmend

sein. [2]Dies ist nicht erforderlich für Außenwände von Treppenräumen, die aus nichtbrennbaren Baustoffen bestehen und durch andere an diese Außenwände anschließende Gebäudeteile im Brandfall nicht gefährdet werden können. [3]Der obere Abschluss notwendiger Treppenräume muss als raumabschließendes Bauteil die Feuerwiderstandsfähigkeit der Decken des Gebäudes haben; das gilt nicht, wenn der obere Abschluss das Dach ist und die Treppenraumwände bis unter die Dachhaut reichen.

(5) In notwendigen Treppenräumen und in Räumen nach Abs. 3 Satz 2 müssen

1. Bekleidungen, Putze, Dämmstoffe, Unterdecken und Einbauten aus nichtbrennbaren Baustoffen bestehen,
2. Wände und Decken aus brennbaren Baustoffen eine Bekleidung aus nichtbrennbaren Baustoffen in ausreichender Dicke haben,

3. Bodenbeläge, ausgenommen Gleitschutzprofile, aus mindestens schwerentflammbaren Baustoffen bestehen.

(6) [1]In notwendigen Treppenräumen müssen Öffnungen
1. zu Kellergeschossen, zu nicht ausgebauten Dachräumen, Werkstätten, Läden, Lager- und ähnlichen Räumen sowie zu sonstigen Räumen und Nutzungseinheiten mit mehr als 200 m^2, ausgenommen Wohnungen, mindestens feuerhemmende, rauchdichte und selbstschließende Abschlüsse,
2. zu notwendigen Fluren rauchdichte und selbstschließende Abschlüsse,
3. zu sonstigen Räumen und Nutzungseinheiten mindestens vollwandige, dicht- und selbstschließende Abschlüsse

haben. [2]Die Feuerschutz- und Rauchschutzabschlüsse dürfen lichtdurchlässige Seitenteile und Oberlichte enthalten, wenn der Abschluss insgesamt nicht breiter als 2,50 m ist.

(7) [1]Notwendige Treppenräume müssen zu beleuchten sein. [2]Notwendige Treppenräume ohne Fenster müssen in Gebäuden mit einer Höhe nach Art. 2 Abs. 3 Satz 2 von mehr als 13 m eine Sicherheitsbeleuchtung haben.

(8) [1]Notwendige Treppenräume müssen belüftet und zur Unterstützung wirksamer Löscharbeiten entraucht werden können. [2]Die Treppenräume müssen
1. in jedem oberirdischen Geschoss unmittelbar ins Freie führende Fenster mit einem freien Querschnitt von mindestens 0,50 m^2 haben, die geöffnet werden können, oder
2. an der obersten Stelle eine Öffnung zur Rauchableitung haben.

[3]Im Fall des Satzes 2 Nr. 1 ist in Gebäuden mit einer Höhe nach Art. 2 Abs. 3 Satz 2 von mehr als 13 m an der obersten Stelle eine Öffnung zur Rauchableitung erforderlich. [4]Öffnungen zur Rauchableitung nach Sätzen 2 und 3 müssen in jedem Treppenraum einen freien Querschnitt von mindestens 1 m^2 und Vorrichtungen zum Öffnen ihrer Abschlüsse haben, die vom Erdgeschoss sowie vom obersten Treppenabsatz aus bedient werden können.

Art. 34 Notwendige Flure, offene Gänge. (1) [1]Flure, über die Rettungswege aus Aufenthaltsräumen oder aus Nutzungseinheiten mit Aufenthaltsräumen zu Ausgängen in notwendige Treppenräume oder ins Freie führen (notwendige Flure), müssen so angeordnet und ausgebildet sein, dass die Nutzung im Brandfall ausreichend lang möglich ist. [2]Notwendige Flure sind nicht erforderlich
1. in Wohngebäuden der Gebäudeklassen 1 und 2,
2. in sonstigen Gebäuden der Gebäudeklassen 1 und 2, ausgenommen in Kellergeschossen,
3. innerhalb von Nutzungseinheiten mit nicht mehr als 200 m^2 und innerhalb von Wohnungen,
4. innerhalb von Nutzungseinheiten, die einer Büro- oder Verwaltungsnutzung dienen, mit nicht mehr als 400 m^2; das gilt auch für Teile größerer Nutzungseinheiten, wenn diese Teile nicht größer als 400 m^2 sind, Trenn-

wände nach Art. 27 Abs. 2 Nr. 1 haben und jeder Teil unabhängig von anderen Teilen Rettungswege nach Art. 31 Abs. 1 hat.

(2) [1]Notwendige Flure müssen so breit sein, dass sie für den größten zu erwartenden Verkehr ausreichen. [2]In den Fluren ist eine Folge von weniger als drei Stufen unzulässig.

(3) [1]Notwendige Flure sind durch nichtabschließbare, rauchdichte und selbstschließende Abschlüsse in Rauchabschnitte zu unterteilen. [2]Die Rauchabschnitte sollen nicht länger als 30 m sein. [3]Die Abschlüsse sind bis an die Rohdecke zu führen; sie dürfen bis an die Unterdecke der Flure geführt werden, wenn die Unterdecke feuerhemmend ist. [4]Notwendige Flure mit nur einer Fluchtrichtung, die zu einem Sicherheitstreppenraum führen, dürfen nicht länger als 15 m sein. [5]Die Sätze 1 bis 4 gelten nicht für notwendige Flure, die als offene Gänge vor den Außenwänden angeordnet sind.

(4) [1]Die Wände notwendiger Flure müssen als raumabschließende Bauteile feuerhemmend, in Kellergeschossen, deren tragende und aussteifende Bauteile feuerbeständig sein müssen, feuerbeständig sein. [2]Die Wände sind bis an die Rohdecke zu führen. [3]Sie dürfen bis an die Unterdecke der Flure geführt werden, wenn die Unterdecke feuerhemmend und ein demjenigen nach Satz 1 vergleichbarer Raumabschluss sichergestellt ist. [4]Türen in diesen Wänden müssen dicht schließen; Öffnungen zu Lagerbereichen im Kellergeschoss müssen feuerhemmende, dicht- und selbstschließende Abschlüsse haben.

(5) [1]Für Wände und Brüstungen notwendiger Flure mit nur einer Fluchtrichtung, die als offene Gänge vor den Außenwänden angeordnet sind, gilt Abs. 4 entsprechend. [2]Fenster sind in diesen Außenwänden ab einer Brüstungshöhe von 0,90 m zulässig.

(6) In notwendigen Fluren sowie in offenen Gängen nach Abs. 5 müssen

1. Bekleidungen, Putze, Unterdecken und Dämmstoffe aus nichtbrennbaren Baustoffen bestehen,
2. Wände und Decken aus brennbaren Baustoffen eine Bekleidung aus nichtbrennbaren Baustoffen in ausreichender Dicke haben.

Art. 35 Fenster, Türen, sonstige Öffnungen. (1) [1]Glastüren und andere Glasflächen, die bis zum Fußboden allgemein zugänglicher Verkehrsflächen herabreichen, sind so zu kennzeichnen, dass sie leicht erkannt werden können. [2]Weitere Schutzmaßnahmen sind für größere Glasflächen vorzusehen, wenn dies die Verkehrssicherheit erfordert.

(2) Eingangstüren von Wohnungen, die über Aufzüge erreichbar sein müssen, müssen eine lichte Durchgangsbreite von mindestens 0,90 m haben.

(3) [1]Jedes Kellergeschoss ohne Fenster muss mindestens eine Öffnung ins Freie haben, um eine Rauchableitung zu ermöglichen. [2]Gemeinsame Kellerlichtschächte für übereinander liegende Kellergeschosse sind unzulässig.

(4) [1]Fenster, die als Rettungswege nach Art. 31 Abs. 2 Satz 2 dienen, müssen in der Breite mindestens 0,60 m, in der Höhe mindestens 1 m groß, von

innen zu öffnen und nicht höher als 1,20 m über der Fußbodenoberkante angeordnet sein. [2]Liegen diese Fenster in Dachschrägen oder Dachaufbauten, so darf ihre Unterkante oder ein davor liegender Austritt von der Traufkante horizontal gemessen nicht mehr als 1 m entfernt sein.

Art. 36 Umwehrungen. (1) In, an und auf baulichen Anlagen sind zu umwehren

1. Flächen, die im Allgemeinen zum Begehen bestimmt sind und unmittelbar an mehr als 0,50 m tiefer liegende Flächen angrenzen; das gilt nicht, wenn die Umwehrung dem Zweck der Flächen widerspricht,
2. Dächer, die zum Aufenthalt von Menschen bestimmt sind, sowie Öffnungen und nicht begehbare Flächen in diesen Dächern und in begehbaren Decken, soweit sie nicht sicher abgedeckt oder gegen Betreten gesichert sind,
3. die freien Seiten von Treppenläufen, Treppenabsätzen und Treppenöffnungen (Treppenaugen); Fenster, die unmittelbar an Treppen und deren Brüstungen unter der notwendigen Umwehrungshöhe liegen, sind zu sichern.

(2) [1]Die Umwehrungen müssen ausreichend hoch und fest sein. [2]Ist mit der Anwesenheit unbeaufsichtigter Kleinkinder auf der zu sichernden Fläche üblicherweise zu rechnen, müssen Umwehrungen so ausgebildet werden, dass sie Kleinkindern das Über- oder Durchklettern nicht erleichtern; das gilt nicht innerhalb von Wohngebäuden der Gebäudeklassen 1 und 2 und innerhalb von Wohnungen.

Abschnitt VI

Technische Gebäudeausrüstung

Art. 37 Aufzüge. (1) [1]Aufzüge im Innern von Gebäuden müssen eigene Fahrschächte haben, um eine Brandausbreitung in andere Geschosse ausreichend lang zu verhindern. [2]In einem Fahrschacht dürfen bis zu drei Aufzüge liegen. [3]Aufzüge ohne eigene Fahrschächte sind zulässig

1. innerhalb eines notwendigen Treppenraums, ausgenommen in Hochhäusern,
2. innerhalb von Räumen, die Geschosse überbrücken,
3. zur Verbindung von Geschossen, die offen miteinander in Verbindung stehen dürfen,
4. in Gebäuden der Gebäudeklassen 1 und 2;

sie müssen sicher umkleidet sein.

(2) [1]Die Fahrschachtwände müssen als raumabschließende Bauteile

1. in Gebäuden der Gebäudeklasse 5 feuerbeständig und aus nichtbrennbaren Baustoffen,
2. in Gebäuden der Gebäudeklasse 4 hochfeuerhemmend,
3. in Gebäuden der Gebäudeklasse 3 feuerhemmend

sein; Fahrschachtwände aus brennbaren Baustoffen müssen schachtseitig eine Bekleidung aus nichtbrennbaren Baustoffen in ausreichender Dicke haben.

[2]Fahrschachttüren und andere Öffnungen in Fahrschachtwänden mit erforderlicher Feuerwiderstandsfähigkeit sind so herzustellen, dass die Anforderungen nach Abs. 1 Satz 1 nicht beeinträchtigt werden.

(3) [1]Fahrschächte müssen zu lüften sein und eine Öffnung zur Rauchableitung mit einem freien Querschnitt von mindestens 2,5 v.H. der Fahrschachtgrundfläche, mindestens jedoch 0,10 m^2 haben. [2]Diese Öffnung darf einen Abschluss haben, der im Brandfall selbsttätig öffnet und von mindestens einer geeigneten Stelle aus bedient werden kann. [3]Die Lage der Rauchaustrittsöffnungen muss so gewählt werden, dass der Rauchaustritt durch Windeinfluss nicht beeinträchtigt wird.

(4) [1]Gebäude mit einer Höhe nach Art. 2 Abs. 3 Satz 2 von mehr als 13 m müssen Aufzüge in ausreichender Zahl haben. [2]Von diesen Aufzügen muss mindestens ein Aufzug Kinderwagen, Rollstühle, Krankentragen und Lasten aufnehmen können und Haltestellen in allen Geschossen haben. [3]Dieser Aufzug muss von allen Wohnungen in dem Gebäude und von der öffentlichen Verkehrsfläche aus stufenlos erreichbar sein. [4]Haltestellen im obersten Geschoss, im Erdgeschoss und in den Kellergeschossen sind nicht erforderlich, wenn sie nur unter besonderen Schwierigkeiten hergestellt werden können. [5]Die Sätze 1 bis 4 gelten nicht bei der Schaffung von Wohnraum durch Aufstockung, wenn die Anforderungen nur mit einem unverhältnismäßigen Aufwand erfüllt werden können.

(5) [1]Fahrkörbe zur Aufnahme einer Krankentrage müssen eine nutzbare Grundfläche von mindestens 1,10 m × 2,10 m, zur Aufnahme eines Rollstuhls von mindestens 1,10 m × 1,40 m haben; Türen müssen eine lichte Durchgangsbreite von mindestens 0,90 m haben. [2]In einem Aufzug für Rollstühle und Krankentragen darf der für Rollstühle nicht erforderliche Teil der Fahrkorbgrundfläche durch eine verschließbare Tür abgesperrt werden. [3]Vor den Aufzügen muss eine ausreichende Bewegungsfläche vorhanden sein.

Art. 38 Leitungsanlagen, Installationsschächte und -kanäle. (1) Leitungen dürfen durch raumabschließende Bauteile, für die eine Feuerwiderstandsfähigkeit vorgeschrieben ist, nur hindurchgeführt werden, wenn eine Brandausbreitung ausreichend lang nicht zu befürchten ist oder Vorkehrungen hiergegen getroffen sind; das gilt nicht

1. innerhalb von Gebäuden der Gebäudeklassen 1 und 2,
2. innerhalb von Wohnungen,
3. innerhalb derselben Nutzungseinheit mit insgesamt nicht mehr als 400 m^2 in nicht mehr als zwei Geschossen.

(2) In notwendigen Treppenräumen, in Räumen nach Art. 33 Abs. 3 Satz 2 und in notwendigen Fluren sind Leitungsanlagen nur zulässig, wenn eine Nutzung als Rettungsweg im Brandfall ausreichend lang möglich ist.

(3) Für Installationsschächte und -kanäle gelten Abs. 1 sowie Art. 39 Abs. 2 Satz 1 und Abs. 3 entsprechend.

Art. 39 Lüftungsanlagen. (1) Lüftungsanlagen müssen betriebssicher und brandsicher sein; sie dürfen den ordnungsgemäßen Betrieb von Feuerungsanlagen nicht beeinträchtigen.

(2) [1]Lüftungsleitungen sowie deren Bekleidungen und Dämmstoffe müssen aus nichtbrennbaren Baustoffen bestehen; brennbare Baustoffe sind zulässig, wenn ein Beitrag der Lüftungsleitung zur Brandentstehung und Brandweiterleitung nicht zu befürchten ist. [2]Lüftungsleitungen dürfen raumabschließende Bauteile, für die eine Feuerwiderstandsfähigkeit vorgeschrieben ist, nur überbrücken, wenn eine Brandausbreitung ausreichend lang nicht zu befürchten ist oder wenn Vorkehrungen hiergegen getroffen sind.

(3) Lüftungsanlagen sind so herzustellen, dass sie Gerüche und Staub nicht in andere Räume übertragen.

(4) [1]Lüftungsanlagen dürfen nicht in Abgasanlagen eingeführt werden; die gemeinsame Nutzung von Lüftungsleitungen zur Lüftung und zur Ableitung der Abgase von Feuerstätten ist zulässig, wenn keine Bedenken wegen der Betriebssicherheit und des Brandschutzes bestehen. [2]Die Abluft ist ins Freie zu führen. [3]Nicht zur Lüftungsanlage gehörende Einrichtungen sind in Lüftungsleitungen unzulässig.

(5) Die Abs. 2 und 3 gelten nicht
1. innerhalb von Gebäuden der Gebäudeklassen 1 und 2,
2. innerhalb von Wohnungen,
3. innerhalb derselben Nutzungseinheit mit insgesamt nicht mehr als 400 m^2 in nicht mehr als zwei Geschossen.

(6) Für raumlufttechnische Anlagen und Warmluftheizungen gelten die Abs. 1 bis 5 entsprechend.

Art. 40 Feuerungsanlagen, sonstige Anlagen zur Wärmeerzeugung, Brennstoffversorgung. (1) Feuerstätten und Abgasanlagen (Feuerungsanlagen) müssen betriebssicher und brandsicher sein.

(2) Feuerstätten dürfen in Räumen nur aufgestellt werden, wenn nach der Art der Feuerstätte und nach Lage, Größe, baulicher Beschaffenheit und Nutzung der Räume Gefahren nicht entstehen.

(3) [1]Abgase von Feuerstätten sind durch Abgasleitungen, Kamine und Verbindungsstücke (Abgasanlagen) so abzuführen, dass keine Gefahren oder unzumutbaren Belästigungen entstehen. [2]Abgasanlagen sind in solcher Zahl und Lage und so herzustellen, dass die Feuerstätten des Gebäudes ordnungsgemäß angeschlossen werden können. [3]Sie müssen leicht gereinigt werden können.

(4) [1]Behälter und Rohrleitungen für brennbare Gase und Flüssigkeiten müssen betriebssicher und brandsicher sein. [2]Diese Behälter sowie feste Brennstoffe sind so aufzustellen oder zu lagern, dass keine Gefahren oder unzumutbaren Belästigungen entstehen.

(5) Für die Aufstellung von ortsfesten Verbrennungsmotoren, Blockheizkraftwerken, Brennstoffzellen und Verdichtern sowie die Ableitung ihrer Verbrennungsgase gelten die Abs. 1 bis 3 entsprechend.

Art. 41 Nicht durch Sammelkanalisation erschlossene Anwesen. (1) Die einwandfreie Beseitigung des Abwassers einschließlich des Fäkalschlamms innerhalb und außerhalb des Grundstücks muss gesichert sein.

(2) Hausabwässer aus abgelegenen landwirtschaftlichen Anwesen oder abgelegenen Anwesen, die früher einem landwirtschaftlichen Betrieb dienten und deren Hausabwässer bereits in Gruben eingeleitet worden sind, dürfen in Gruben eingeleitet werden, wenn
1. das Abwasser in einer Mehrkammerausfaulgrube vorbehandelt wird und
2. die ordnungsgemäße Entsorgung oder Verwertung des geklärten Abwassers und des Fäkalschlamms gesichert ist.

(3) [1]Für die Einleitung von Hausabwässern aus abgelegenen landwirtschaftlichen Anwesen in Biogasanlagen gilt Abs. 2 entsprechend. [2]Die Vorbehandlung in einer Mehrkammerausfaulgrube ist nicht erforderlich, wenn durch den Betrieb der Biogasanlage eine gleichwertige Hygienisierung sichergestellt ist.

Art. 42 Sanitäre Anlagen. Fensterlose Bäder und Toiletten sind nur zulässig, wenn eine wirksame Lüftung gewährleistet ist.

Art. 43 Aufbewahrung fester Abfallstoffe. Feste Abfallstoffe dürfen innerhalb von Gebäuden vorübergehend aufbewahrt werden, in Gebäuden der Gebäudeklassen 3 bis 5 jedoch nur, wenn die dafür bestimmten Räume
1. Trennwände und Decken als raumabschließende Bauteile mit der Feuerwiderstandsfähigkeit der tragenden Wände und
2. Öffnungen vom Gebäudeinnern zum Aufstellraum mit feuerhemmenden, dicht- und selbstschließenden Abschlüssen haben,
3. unmittelbar vom Freien entleert werden können und
4. eine ständig wirksame Lüftung haben.

Art. 44 Blitzschutzanlagen. Bauliche Anlagen, bei denen nach Lage, Bauart oder Nutzung Blitzschlag leicht eintreten oder zu schweren Folgen führen kann, sind mit dauernd wirksamen Blitzschutzanlagen zu versehen.

Abschnitt VII

Nutzungsbedingte Anforderungen

Art. 45 Aufenthaltsräume. (1) [1]Aufenthaltsräume müssen eine lichte Raumhöhe von mindestens 2,40 m, im Dachgeschoss über der Hälfte ihrer Nutzfläche 2,20 m haben, wobei Raumteile mit einer lichten Höhe unter 1,50 m außer Betracht bleiben. [2]Das gilt nicht für Aufenthaltsräume in Wohngebäuden der Gebäudeklassen 1 und 2.

(2) [1]Aufenthaltsräume müssen ausreichend belüftet und mit Tageslicht belichtet werden können. [2]Sie müssen Fenster mit einem Rohbaumaß der Fensteröffnungen von mindestens einem Achtel der Netto-Grundfläche des Raums einschließlich der Netto-Grundfläche verglaster Vorbauten und Loggien haben.

(3) Aufenthaltsräume, deren Nutzung eine Belichtung mit Tageslicht verbietet, sowie Verkaufsräume, Schank- und Speisegaststätten, ärztliche Behandlungs-, Sport-, Spiel-, Werk- und ähnliche Räume sind ohne Fenster zulässig.

Art. 46 Wohnungen. (1) [1]Jede Wohnung muss eine Küche oder Kochnische haben. [2]Fensterlose Küchen oder Kochnischen sind zulässig, wenn eine wirksame Lüftung gewährleistet ist.

(2) Für Gebäude der Gebäudeklassen 3 bis 5 sind für jede Wohnung ein ausreichend großer Abstellraum und, soweit die Wohnungen nicht nur zu ebener Erde liegen, leicht erreichbare und gut zugängliche Abstellräume für Kinderwagen, Fahrräder und Mobilitätshilfen erforderlich.

(3) Jede Wohnung muss ein Bad mit Badewanne oder Dusche und eine Toilette haben.

(4) [1]In Wohnungen müssen Schlafräume und Kinderzimmer sowie Flure, die zu Aufenthaltsräumen führen, jeweils mindestens einen Rauchwarnmelder haben. [2]Die Rauchwarnmelder müssen so eingebaut oder angebracht und betrieben werden, dass Brandrauch frühzeitig erkannt und gemeldet wird. [3]Die Eigentümer vorhandener Wohnungen sind verpflichtet, jede Wohnung bis zum 31. Dezember 2017 entsprechend auszustatten. [4]Die Sicherstellung der Betriebsbereitschaft obliegt den unmittelbaren Besitzern, es sei denn, der Eigentümer übernimmt diese Verpflichtung selbst.

(5) Sollen Nutzungseinheiten mit Aufenthaltsräumen in bestandsgeschützten Gebäuden in Wohnraum umgewandelt werden, sind auf bestehende Bauteile Art. 6, 25, 26, 28, 29 und 30 nicht anzuwenden.

Art. 47 Stellplätze, Verordnungsermächtigung. (1) [1]Werden Anlagen errichtet, bei denen ein Zu- oder Abfahrtsverkehr zu erwarten ist, sind Stellplätze in ausreichender Zahl und Größe und in geeigneter Beschaffenheit herzustellen. [2]Bei Änderungen oder Nutzungsänderungen von Anlagen sind Stellplätze in solcher Zahl und Größe herzustellen, dass die Stellplätze die durch die Änderung zusätzlich zu erwartenden Kraftfahrzeuge aufnehmen können. [3]Das gilt nicht, wenn sonst die Schaffung oder Erneuerung von Wohnraum auch unter Berücksichtigung der Möglichkeit einer Ablösung nach Abs. 3 Nr. 3 erheblich erschwert oder verhindert würde.

(2) [1]Die Zahl der notwendigen Stellplätze nach Abs. 1 Satz 1 legt das Staatsministerium für Wohnen, Bau und Verkehr durch Rechtsverordnung fest. [2]Wird die Zahl der notwendigen Stellplätze durch eine örtliche Bauvorschrift oder eine städtebauliche Satzung festgelegt, ist diese Zahl maßgeblich.

(3) Die Stellplatzpflicht kann erfüllt werden durch
1. Herstellung der notwendigen Stellplätze auf dem Baugrundstück,
2. Herstellung der notwendigen Stellplätze auf einem geeigneten Grundstück in der Nähe des Baugrundstücks, wenn dessen Benutzung für diesen Zweck gegenüber dem Rechtsträger der Bauaufsichtsbehörde rechtlich gesichert ist, oder
3. Übernahme der Kosten für die Herstellung der notwendigen Stellplätze durch den Bauherrn gegenüber der Gemeinde (Ablösungsvertrag).

(4) Die Gemeinde hat den Geldbetrag für die Ablösung notwendiger Stellplätze zu verwenden für
1. die Herstellung zusätzlicher oder die Instandhaltung, die Instandsetzung oder die Modernisierung bestehender Parkeinrichtungen einschließlich der Ausstattung mit Elektroladestationen,
2. den Bau und die Einrichtung von innerörtlichen Radverkehrsanlagen, die Schaffung von öffentlichen Fahrradabstellplätzen und gemeindlichen Mietfahrradanlagen einschließlich der Ausstattung mit Elektroladestationen,
3. sonstige Maßnahmen zur Entlastung der Straßen vom ruhenden Verkehr einschließlich investiver Maßnahmen des öffentlichen Personennahverkehrs.

Art. 48 Barrierefreies Bauen. (1) [1]In Gebäuden mit mehr als zwei Wohnungen müssen die Wohnungen eines Geschosses barrierefrei erreichbar sein; diese Verpflichtung kann auch durch barrierefrei erreichbare Wohnungen in mehreren Geschossen erfüllt werden. [2]In Gebäuden mit mehr als zwei Wohnungen und mit nach Art. 37 Abs. 4 Satz 1 erforderlichen Aufzügen muss ein Drittel der Wohnungen barrierefrei erreichbar sein. [3]In den Wohnungen nach den Sätzen 1 und 2 müssen die Wohn- und Schlafräume, eine Toilette, ein Bad, die Küche oder Kochnische sowie der Raum mit Anschlussmöglichkeit für eine Waschmaschine barrierefrei sein. [4]Art. 32 Abs. 6 Satz 2, Art. 35 Abs. 2 und Art. 37 Abs. 4 und 5 bleiben unberührt.

(2) [1]Bauliche Anlagen, die öffentlich zugänglich sind, müssen in den dem allgemeinen Besucher- und Benutzerverkehr dienenden Teilen barrierefrei sein. [2]Dies gilt insbesondere für
1. Einrichtungen der Kultur und des Bildungswesens,
2. Tageseinrichtungen für Kinder,
3. Sport- und Freizeitstätten,
4. Einrichtungen des Gesundheitswesens,
5. Büro-, Verwaltungs- und Gerichtsgebäude,
6. Verkaufsstätten,
7. Gaststätten, die keiner gaststättenrechtlichen Erlaubnis bedürfen,
8. Beherbergungsstätten,
9. Stellplätze, Garagen und Toilettenanlagen.

[3]Für die der zweckentsprechenden Nutzung dienenden Räume und Anlagen genügt es, wenn sie in dem erforderlichen Umfang barrierefrei sind. [4]Toilettenräume und notwendige Stellplätze für Besucher und Benutzer müssen in der

erforderlichen Anzahl barrierefrei sein. [5]Diese Anforderungen gelten nicht bei Nutzungsänderungen, wenn die Anforderungen nur mit unverhältnismäßigem Aufwand erfüllt werden können. [6]Die Anforderungen an Gaststätten, die einer gaststättenrechtlichen Erlaubnis bedürfen, sind im Rahmen des gaststättenrechtlichen Erlaubnisverfahrens zu beachten.

(3) Bauliche Anlagen und Einrichtungen, die überwiegend oder ausschließlich von Menschen mit Behinderung, alten Menschen und Personen mit Kleinkindern genutzt werden, wie
1. Tagesstätten, Werkstätten und stationäre Einrichtungen für Menschen mit Behinderung,
2. stationäre Einrichtungen für pflegebedürftige und alte Menschen

müssen in allen der zweckentsprechenden Nutzung dienenden Teilen barrierefrei sein.

(4) [1]Die Abs. 1 bis 3 gelten nicht, soweit die Anforderungen wegen schwieriger Geländeverhältnisse, wegen ungünstiger vorhandener Bebauung oder im Hinblick auf die Sicherheit der Menschen mit Behinderung oder alten Menschen oder bei Anlagen nach Abs. 1 auch wegen des Einbaus eines sonst nicht erforderlichen Aufzugs nur mit einem unverhältnismäßigen Mehraufwand erfüllt werden können. [2]Bei bestehenden baulichen Anlagen im Sinn der Abs. 2 und 3 soll die Bauaufsichtsbehörde verlangen, dass ein gleichwertiger Zustand hergestellt wird, wenn das technisch möglich und dem Eigentümer wirtschaftlich zumutbar ist.

VIERTER TEIL

Die am Bau Beteiligten

Art. 49 Grundpflichten. Bei der Errichtung, Änderung, Nutzungsänderung und der Beseitigung von Anlagen sind der Bauherr und im Rahmen ihres Wirkungskreises die anderen am Bau Beteiligten dafür verantwortlich, dass die öffentlich-rechtlichen Vorschriften eingehalten werden.

Art. 50 Bauherr. (1) [1]Der Bauherr hat zur Vorbereitung, Überwachung und Ausführung eines nicht verfahrensfreien Bauvorhabens sowie der Beseitigung von Anlagen geeignete Beteiligte nach Maßgabe der Art. 51 und 52 zu bestellen, soweit er nicht selbst zur Erfüllung der Verpflichtungen nach diesen Vorschriften geeignet ist. [2]Dem Bauherrn obliegen außerdem die nach den öffentlich-rechtlichen Vorschriften erforderlichen Anträge und Anzeigen. [3]Erforderliche Nachweise und Unterlagen hat er bereitzuhalten. [4]Werden Bauprodukte verwendet, die die CE-Kennzeichnung nach der Verordnung (EU) Nr. 305/2011 tragen, ist die Leistungserklärung bereitzuhalten. [5]Wechselt der Bauherr, hat der neue Bauherr dies der Bauaufsichtsbehörde unverzüglich in Textform mitzuteilen.

(2) [1]Treten bei einem Bauvorhaben mehrere Personen als Bauherr auf, so kann die Bauaufsichtsbehörde verlangen, dass ihr gegenüber ein Vertreter be-

stellt wird, der die dem Bauherrn nach den öffentlich-rechtlichen Vorschriften obliegenden Verpflichtungen zu erfüllen hat. [2]Im Übrigen finden Art. 18 Abs. 1 Sätze 2 und 3 sowie Abs. 2 des Bayerischen Verwaltungsverfahrensgesetzes (BayVwVfG) mit der Maßgabe entsprechende Anwendung, dass eine Erklärung in Textform ausreichend ist.

Art. 51 Entwurfsverfasser. (1) [1]Der Entwurfsverfasser muss nach Sachkunde und Erfahrung zur Vorbereitung des jeweiligen Bauvorhabens geeignet sein. [2]Er ist für die Vollständigkeit und Brauchbarkeit seines Entwurfs verantwortlich. [3]Der Entwurfsverfasser hat dafür zu sorgen, dass die für die Ausführung notwendigen Einzelzeichnungen, Einzelberechnungen und Anweisungen den öffentlich-rechtlichen Vorschriften entsprechen.

(2) [1]Hat der Entwurfsverfasser auf einzelnen Fachgebieten nicht die erforderliche Sachkunde und Erfahrung, so hat er den Bauherrn zu veranlassen, geeignete Fachplaner heranzuziehen. [2]Diese sind für die von ihnen gefertigten Unterlagen, die sie zu unterzeichnen haben, verantwortlich. [3]Für das ordnungsgemäße Ineinandergreifen aller Fachplanungen bleibt der Entwurfsverfasser verantwortlich.

Art. 52 Unternehmer. (1) [1]Jeder Unternehmer ist für die mit den öffentlich-rechtlichen Anforderungen übereinstimmende Ausführung der von ihm übernommenen Arbeiten und insoweit für die ordnungsgemäße Einrichtung und den sicheren Betrieb der Baustelle verantwortlich. [2]Erforderliche Nachweise und Unterlagen hat er zu erbringen und auf der Baustelle bereitzuhalten. [3]Werden Bauprodukte verwendet, die die CE-Kennzeichnung nach der Verordnung (EU) Nr. 305/2011 tragen, ist die Leistungserklärung bereitzuhalten.

(2) Jeder Unternehmer hat auf Verlangen der Bauaufsichtsbehörde für Arbeiten, bei denen die Sicherheit der Anlage in außergewöhnlichem Maße von der besonderen Sachkenntnis und Erfahrung des Unternehmers oder von einer Ausstattung des Unternehmens mit besonderen Vorrichtungen abhängt, nachzuweisen, dass er für diese Arbeiten geeignet ist und über die erforderlichen Vorrichtungen verfügt.

FÜNFTER TEIL
Bauaufsichtsbehörden, Verfahren

Abschnitt I
Bauaufsichtsbehörden

Art. 53 Aufbau und Zuständigkeit der Bauaufsichtsbehörden, Verordnungsermächtigung. (1) [1]Untere Bauaufsichtsbehörden sind die Kreisverwaltungsbehörden, höhere Bauaufsichtsbehörden sind die Regierungen, oberste Bauaufsichtsbehörde ist das Staatsministerium für Wohnen, Bau und

Verkehr. [2]Für den Vollzug dieses Gesetzes sowie anderer öffentlich-rechtlicher Vorschriften für die Errichtung, Änderung, Nutzungsänderung und Beseitigung sowie die Nutzung und Instandhaltung von Anlagen ist die untere Bauaufsichtsbehörde zuständig, soweit nichts anderes bestimmt ist.

(2) [1]Das Staatsministerium für Wohnen, Bau und Verkehr überträgt leistungsfähigen kreisangehörigen Gemeinden auf Antrag durch Rechtsverordnung

1. alle Aufgaben der unteren Bauaufsichtsbehörde oder
2. Aufgaben der unteren Bauaufsichtsbehörde für
   a) Wohngebäude der Gebäudeklassen 1 bis 3,
   b) Gebäude der Gebäudeklassen 1 bis 3, die neben einer Wohnnutzung teilweise oder ausschließlich freiberuflich oder gewerblich im Sinn des § 13 der Baunutzungsverordnung (BauNVO) genutzt werden,

einschließlich ihrer jeweiligen Nebengebäude und Nebenanlagen im Geltungsbereich von Bebauungsplänen im Sinn der §§ 12, 30 Abs. 1 und 2 BauGB. [2]Das Staatsministerium für Wohnen, Bau und Verkehr kann die Rechtsverordnung nach Satz 1 auf Antrag der Gemeinde aufheben. [3]Die Rechtsverordnung ist aufzuheben, wenn die Voraussetzungen für ihren Erlass nach Satz 1 und Abs. 3 Sätze 1 bis 4 nicht vorgelegen haben oder nicht mehr vorliegen. [4]Werden Aufgaben der unteren Bauaufsichtsbehörde nach Satz 1 übertragen, ist für die Entscheidung über Anträge nach Art. 63 Abs. 2 Satz 2, Art. 64 Abs. 1 Satz 1, Art. 70 Satz 1 und Art. 71 Satz 1 als untere Bauaufsichtsbehörde diejenige Behörde zuständig, die zum Zeitpunkt des Eingangs des Antrags bei der Gemeinde zuständig war; das gilt entsprechend bei der Erhebung einer Gemeinde zur Großen Kreisstadt. [5]Die Aufhebung eines Verwaltungsakts der unteren Bauaufsichtsbehörde kann nicht allein deshalb beansprucht werden, weil er unter Verletzung von Vorschriften über die sachliche Zuständigkeit zustande gekommen ist, wenn diese Verletzung darauf beruht, dass eine sachliche Zuständigkeit nach Satz 1 Nr. 2 wegen Unwirksamkeit des zugrunde liegenden Bebauungsplans nicht begründet war; das gilt nicht, wenn zum Zeitpunkt der Entscheidung der unteren Bauaufsichtsbehörde die Unwirksamkeit des Bebauungsplans gemäß § 47 Abs. 5 Satz 2 der Verwaltungsgerichtsordnung (VwGO) rechtskräftig festgestellt war. [6]Art. 46 BayVwVfG bleibt unberührt.

(3) [1]Die Bauaufsichtsbehörden sind für ihre Aufgaben ausreichend mit geeigneten Fachkräften zu besetzen. [2]Den unteren Bauaufsichtsbehörden müssen

1. Beamte in der Fachlaufbahn Verwaltung und Finanzen, fachlicher Schwerpunkt nichttechnischer Verwaltungsdienst,
2. Beamte in der Fachlaufbahn Naturwissenschaft und Technik, fachlicher Schwerpunkt bautechnischer und umweltfachlicher Verwaltungsdienst, mit besonderen Kenntnissen im Hochbau oder Städtebau

angehören, die jeweils mindestens ein Amt der Besoldungsgruppe A 13 innehaben und für ein Amt ab der Besoldungsgruppe A 14 qualifiziert sind. [3]An Stelle von Beamten im Sinn des Satzes 2 Nr. 2 können auch Beamte, die mindestens ein Amt der Besoldungsgruppe A 9 in der Fachlaufbahn Naturwissenschaft und Technik, fachlicher Schwerpunkt bautechnischer und umweltfachlicher Verwaltungsdienst, innehaben und für ein Amt ab der Besoldungsgruppe A 10 qualifiziert sind, beschäftigt werden, wenn sie über eine langjährige Berufserfahrung im Aufgabenbereich des leitenden bautechnischen Mitarbeiters der unteren Bauaufsichtsbehörde verfügen und sich in diesem Aufgabenbereich bewährt haben; in begründeten Ausnahmefällen, insbesondere wenn geeignete Beamte des bautechnischen Verwaltungsdienstes nicht gewonnen werden können, dürfen an Stelle von Beamten auch vergleichbar qualifizierte Arbeitnehmer beschäftigt werden. [4]In Gemeinden, denen nach Abs. 2 Satz 1 Nr. 2 Aufgaben der unteren Bauaufsichtsbehörde übertragen worden sind, genügt es, dass an Stelle von Beamten im Sinn des Satzes 2 Nr. 1 Beamte, die mindestens ein Amt der Besoldungsgruppe A 9 in der Fachlaufbahn Verwaltung und Finanzen, fachlicher Schwerpunkt nichttechnischer Verwaltungsdienst, innehaben und für ein Amt ab der Besoldungsgruppe A 10 qualifiziert sind, an Stelle von Beamten im Sinn des Satzes 2 Nr. 2 auch sonstige Bedienstete, beschäftigt werden, die mindestens einen Fachhochschulabschluss der Fachrichtung Hochbau, Städtebau oder konstruktiver Ingenieurbau erworben haben. [5]Das bautechnische Personal und die notwendigen Hilfskräfte bei den Landratsämtern sind von den Landkreisen anzustellen.

Art. 54 Aufgaben und Befugnisse der Bauaufsichtsbehörden. (1) Die Aufgaben der Bauaufsichtsbehörden sind Staatsaufgaben; für die Gemeinden sind sie übertragene Aufgaben.

(2) [1]Die Bauaufsichtsbehörden haben bei der Errichtung, Änderung, Nutzungsänderung und Beseitigung sowie bei der Nutzung und Instandhaltung von Anlagen darüber zu wachen, dass die öffentlich-rechtlichen Vorschriften und die auf Grund dieser Vorschriften erlassenen Anordnungen eingehalten werden, soweit nicht andere Behörden zuständig sind. [2]Sie können in Wahrnehmung dieser Aufgaben die erforderlichen Maßnahmen treffen; sie sind berechtigt, die Vorlage von Bescheinigungen von Prüfsachverständigen zu verlangen. [3]Bauaufsichtliche Genehmigungen, Vorbescheide und sonstige Maßnahmen gelten auch für und gegen die Rechtsnachfolger; das gilt auch für Personen, die ein Besitzrecht nach Erteilung einer bauaufsichtlichen Genehmigung, eines Vorbescheids oder nach Erlass einer bauaufsichtlichen Maßnahme erlangt haben. [4]Die mit dem Vollzug dieses Gesetzes beauftragten Personen sind berechtigt, in Ausübung ihres Amtes Grundstücke und Anlagen einschließlich der Wohnungen zu betreten; das Grundrecht der Unverletzlichkeit der Wohnung (Art. 13 des Grundgesetzes, Art. 106 Abs. 3 der Verfassung) wird insoweit eingeschränkt.*

---

* *Beachte die für Art. 54 Abs. 2 Satz 4 BayBO entsprechend geltende Entscheidung des Bayerischen Verfassungsgerichtshofs v. 30. Januar 2006, Vf. 5-VII-05 (GVBl. S. 103), zu Art. 83 BayBO a.F., amtlicher Leitsatz:* „Art. 83 BayBO ist – soweit er Wohnungen betrifft – in verfassungskonformer Auslegung um die sich aus dem unmittelbar anzuwendenden Art. 13 Abs. 7 (früher Abs. 3) GG ergebenden Einschränkungen zu ergänzen."

(3) [1]Soweit die Vorschriften des Zweiten und des Dritten Teils mit Ausnahme der Art. 8 und 9 und die auf Grund dieses Gesetzes erlassenen Vorschriften nicht ausreichen, um die Anforderungen nach Art. 3 zu erfüllen, können die Bauaufsichtsbehörden im Einzelfall weitergehende Anforderungen stellen, um erhebliche Gefahren abzuwehren, bei Sonderbauten auch zur Abwehr von Nachteilen; dies gilt nicht für Sonderbauten, soweit für sie eine Rechtsverordnung nach Art. 80 Abs. 1 Nr. 4 erlassen worden ist. [2]Die Anforderungen des Satzes 1 Halbsatz 1 gelten nicht für Sonderbauten, wenn ihre Erfüllung wegen der besonderen Art oder Nutzung oder wegen anderer besonderer Anforderungen nicht erforderlich ist.

(4) Bei bestandsgeschützten baulichen Anlagen können Anforderungen gestellt werden, wenn das zur Abwehr von erheblichen Gefahren für Leben und Gesundheit notwendig ist.

(5) Werden bestehende bauliche Anlagen wesentlich geändert, so kann angeordnet werden, dass auch die von der Änderung nicht berührten Teile dieser baulichen Anlagen mit diesem Gesetz oder den auf Grund dieses Gesetzes erlassenen Vorschriften in Einklang gebracht werden, wenn das aus Gründen des Art. 3 Satz 1 erforderlich und dem Bauherrn wirtschaftlich zumutbar ist und diese Teile mit den Teilen, die geändert werden sollen, in einem konstruktiven Zusammenhang stehen oder mit ihnen unmittelbar verbunden sind.

(6) Bei Modernisierungsvorhaben soll von der Anwendung des Abs. 5 abgesehen werden, wenn sonst die Modernisierung erheblich erschwert würde.

Abschnitt II

Genehmigungspflicht, Genehmigungsfreiheit

Art. 55 Grundsatz. (1) Die Errichtung, Änderung und Nutzungsänderung von Anlagen bedürfen der Baugenehmigung, soweit in Art. 56 bis 58, 72 und 73 nichts anderes bestimmt ist.

(2) Die Genehmigungsfreiheit nach Art. 56 bis 58, 72 und 73 Abs. 1 Satz 3, die Beschränkung der bauaufsichtlichen Prüfung nach Art. 59, 60, 62a Abs. 2, Art. 62b Abs. 2, Art. 73 Abs. 2 und Art. 73a sowie die Genehmigungsfiktion nach Art. 68 Abs. 2 entbinden nicht von der Verpflichtung zur Einhaltung der Anforderungen, die durch öffentlich-rechtliche Vorschriften an Anlagen gestellt werden, und lassen die bauaufsichtlichen Eingriffsbefugnisse unberührt.

Art. 56 Vorrang anderer Gestattungsverfahren. [1]Keiner Baugenehmigung, Abweichung, Genehmigungsfreistellung, Zustimmung und Bauüberwachung nach diesem Gesetz bedürfen

1. nach anderen Rechtsvorschriften zulassungsbedürftige Anlagen in oder an oberirdischen Gewässern und Anlagen, die dem Ausbau, der Unterhaltung oder der Benutzung eines Gewässers dienen oder als solche gelten, ausgenommen Gebäude, Überbrückungen, Lager-, Camping- und Wochenendplätze,

2. Anlagen, die einer Genehmigung nach dem Bayerischen Abgrabungsgesetz bedürfen,
3. nach anderen Rechtsvorschriften zulassungsbedürftige Anlagen für die öffentliche Versorgung mit Elektrizität, Gas, Wärme, Wasser und für die öffentliche Verwertung oder Entsorgung von Abwässern, ausgenommen oberirdische Anlagen mit einem Brutto-Rauminhalt von mehr als 100 m^3, Gebäude und Überbrückungen,
4. nichtöffentliche Eisenbahnen, nichtöffentliche Seilbahnen und sonstige Bahnen besonderer Bauart, auf die die Vorschriften über fliegende Bauten keine Anwendung finden, im Sinn des Bayerischen Eisenbahn- und Seilbahngesetzes (BayESG),
5. Werbeanlagen, soweit sie einer Ausnahmegenehmigung nach Straßenverkehrsrecht bedürfen,
6. Anlagen, die nach dem Kreislaufwirtschafts- und Abfallgesetz (KrW-/AbfG) einer Genehmigung bedürfen,
7. Beschneiungsanlagen nach Art. 35 des Bayerischen Wassergesetzes (BayWG),
8. Anlagen, die einer Gestattung nach Produktsicherheitsrecht bedürfen,
9. Anlagen, die einer Errichtungsgenehmigung nach dem Atomgesetz bedürfen,
10. Friedhöfe, die einer Genehmigung nach dem Bestattungsgesetz (BestG) bedürfen.

[2]Für Anlagen, bei denen ein anderes Gestattungsverfahren die Baugenehmigung, die Abweichung oder die Zustimmung einschließt oder die nach Satz 1 keiner Baugenehmigung, Abweichung oder Zustimmung bedürfen, nimmt die für den Vollzug der entsprechenden Rechtsvorschriften zuständige Behörde die Aufgaben und Befugnisse der Bauaufsichtsbehörde wahr. [3]Sie kann Prüfingenieure, Prüfämter und Prüfsachverständige in entsprechender Anwendung der Art. 62a Abs. 2, Art. 62b Abs. 2 und Art. 77 Abs. 2 sowie der auf Grund des Art. 80 Abs. 2 erlassenen Rechtsverordnung heranziehen; Art. 59 Satz 1, Art. 60 Satz 1, Art. 62, 62a Abs. 1 und 2 Satz 3 Nr. 2, Art. 62b Abs. 1, Art. 63 Abs. 1 Satz 3 und Art. 77 Abs. 2 Satz 3 gelten entsprechend.

Art. 57 Verfahrensfreie Bauvorhaben, Beseitigung von Anlagen.

(1) Verfahrensfrei sind

1. folgende Gebäude:
   a) Gebäude mit einem Brutto-Rauminhalt bis zu 75 m^3, außer im Außenbereich,
   b) Garagen einschließlich überdachter Stellplätze im Sinn des Art. 6 Abs. 7 Satz 1 Nr. 1 mit einer Fläche bis zu 50 m^2, außer im Außenbereich,
   c) freistehende Gebäude ohne Feuerungsanlagen, die einem land- oder forstwirtschaftlichen Betrieb oder einem Betrieb der gartenbaulichen Erzeugung im Sinn der § 35 Abs. 1 Nrn. 1 und 2, § 201 BauGB dienen, nur eingeschossig und nicht unterkellert sind, höchstens 100 m^2 Brutto-

Grundfläche und höchstens 140 m^2 überdachte Fläche haben und nur zur Unterbringung von Sachen oder zum vorübergehenden Schutz von Tieren bestimmt sind,

d) Gewächshäuser mit einer Firsthöhe bis zu 5 m und nicht mehr als 1600 m^2 Fläche, die einem land- oder forstwirtschaftlichen Betrieb oder einem Betrieb der gartenbaulichen Erzeugung im Sinn der § 35 Abs. 1 Nrn. 1 und 2, § 201 BauGB dienen,

e) Fahrgastunterstände, die dem öffentlichen Personenverkehr oder der Schülerbeförderung dienen,

f) Schutzhütten für Wanderer, die jedermann zugänglich sind und keine Aufenthaltsräume haben,

g) Terrassenüberdachungen mit einer Fläche bis zu 30 m^2 und einer Tiefe bis zu 3 m,

h) Gartenlauben in Kleingartenanlagen im Sinn des § 1 Abs. 1 des Bundeskleingartengesetzes (BKleingG) vom 28. Februar 1983 (BGBl I S. 210), zuletzt geändert durch Art. 11 des Gesetzes vom 19. September 2006 (BGBl I S. 2146),

2. folgende Anlagen der technischen Gebäudeausrüstung:
   a) Abgasanlagen in, auf und an Gebäuden sowie freistehende Abgasanlagen mit einer freien Höhe bis zu 10 m,
   b) sonstige Anlagen der technischen Gebäudeausrüstung,
3. folgende Energiegewinnungsanlagen:
   a) Solarenergieanlagen und Sonnenkollektoren
      aa) in, auf und an Dach- und Außenwandflächen sowie, soweit sie in, auf oder an einer bestehenden baulichen Anlage errichtet werden, die damit verbundene Änderung der Nutzung oder der äußeren Gestalt der Anlage,
      bb) gebäudeunabhängig mit einer Höhe bis zu 3 m und einer Gesamtlänge bis zu 9 m,
   b) Kleinwindkraftanlagen mit einer freien Höhe bis zu 10 m,
   c) Blockheizkraftwerke,
4. folgende Anlagen der Versorgung:
   a) Brunnen,
   b) Anlagen, die der Telekommunikation, der öffentlichen Versorgung mit Elektrizität einschließlich Trafostationen, Gas, Öl oder Wärme dienen, mit einer Höhe bis zu 5 m und einer Fläche bis zu 10 m^2,
5. folgende Masten, Antennen und ähnliche Anlagen:
   a) aa) Antennen und Antennen tragende Masten mit einer freien Höhe bis zu 10 m, imAußenbereich bis zu 15 m,
      bb) zugehörige Versorgungseinheiten mit einem Brutto-Rauminhalt bis zu 10 m^3
      sowie die mit solchen Vorhaben verbundene Änderung der Nutzung oder der äußeren Gestalt einer bestehenden baulichen Anlage,
   b) Masten und Unterstützungen für Fernsprechleitungen, für Leitungen zur Versorgung mit Elektrizität, für Sirenen und für Fahnen,

c) Masten, die aus Gründen des Brauchtums errichtet werden,
d) Signalhochbauten für die Landesvermessung,
e) Flutlichtmasten mit einer freien Höhe bis zu 10 m,

6. folgende Behälter:
   a) ortsfeste Behälter für Flüssiggas mit einem Fassungsvermögen von weniger als 3 t, für nicht verflüssigte Gase mit einem Rauminhalt bis zu 6 m^3,
   b) ortsfeste Behälter für brennbare oder wassergefährdende Flüssigkeiten mit einem Rauminhalt bis zu 10 m^3,
   c) ortsfeste Behälter sonstiger Art mit einem Rauminhalt bis zu 50 m^3,
   d) Gülle- und Jauchebehälter und -gruben mit einem Rauminhalt bis zu 50 m^3 und einer Höhe bis zu 3 m,
   e) Gärfutterbehälter mit einer Höhe bis zu 6 m und Schnitzelgruben,
   f) Dungstätten, Fahrsilos, Kompost- und ähnliche Anlagen, ausgenommen Biomasselager für den Betrieb von Biogasanlagen,
   g) Wasserbecken mit einem Beckeninhalt bis zu 100 m^3,
7. folgende Mauern und Einfriedungen:
   a) Mauern einschließlich Stützmauern und Einfriedungen, Sichtschutzräumen und Terrassentrennwänden mit einer Höhe bis zu 2 m, außer im Außenbereich,
   b) offene, sockellose Einfriedungen im Außenbereich, soweit sie der Hoffläche eines landwirtschaftlichen Betriebs, der Weidewirtschaft einschließlich der Haltung geeigneter Schalenwildarten für Zwecke der Landwirtschaft, dem Erwerbsgartenbau oder dem Schutz von Forstkulturen und Wildgehegen zu Jagdzwecken oder dem Schutz landwirtschaftlicher Kulturen vor Schalenwild sowie der berufsmäßigen Binnenfischerei dienen,
8. private Verkehrsanlagen einschließlich Brücken und Durchlässen mit einer lichten Weite bis zu 5 m und Untertunnelungen mit einem Durchmesser bis zu 3 m,
9. Aufschüttungen mit einer Höhe bis zu 2 m und einer Fläche bis zu 500 m^2,
10. folgende Anlagen in Gärten und zur Freizeitgestaltung:
    a) Schwimmbecken mit einem Beckeninhalt bis zu 100 m^3 einschließlich dazugehöriger temporärer luftgetragener Überdachungen, außer im Außenbereich,
    b) Sprungschanzen, Sprungtürme und Rutschbahnen mit einer Höhe bis zu 10 m,
    c) Anlagen, die der zweckentsprechenden Einrichtung von Spiel-, Abenteuerspiel-, Bolz- und Sportplätzen, Reit- und Wanderwegen, Trimm- und Lehrpfaden dienen, ausgenommen Gebäude und Tribünen,
    d) Wohnwagen, Zelte und bauliche Anlagen, die keine Gebäude sind, auf Camping-, Zelt- und Wochenendplätzen,
    e) Anlagen, die der Gartennutzung, der Gartengestaltung oder der zweckentsprechenden Einrichtung von Gärten dienen, ausgenommen Gebäude und Einfriedungen,

11. folgende tragende und nichttragende Bauteile:
    a) nichttragende und nichtaussteifende Bauteile in baulichen Anlagen,
    b) die Änderung tragender oder aussteifender Bauteile innerhalb von Wohngebäuden,
    c) zur Errichtung einzelner Aufenthaltsräume, die zu Wohnzwecken genutzt werden, im Dachgeschoss überwiegend zu Wohnzwecken genutzter Gebäude, wenn die Dachkonstruktion und die äußere Gestalt des Gebäudes nicht in genehmigungspflichtiger Weise verändert werden,
    d) Fenster und Türen sowie die dafür bestimmten Öffnungen,
    e) Außenwandbekleidungen einschließlich Maßnahmen der Wärmedämmung, ausgenommen bei Hochhäusern, Verblendungen und Verputz baulicher Anlagen,
    f) Bedachungen einschließlich Maßnahmen der Wärmedämmung ausgenommen bei Hochhäusern,

    auch vor Fertigstellung der Anlage,
12. folgende Werbeanlagen:
    a) Werbeanlagen in Auslagen oder an Schaufenstern, im Übrigen mit einer Ansichtsfläche bis zu 1 m^2,
    b) Warenautomaten,
    c) Werbeanlagen, die nicht vom öffentlichen Verkehrsraum aus sichtbar sind,
    d) Werbeanlagen, die nach ihrem erkennbaren Zweck nur vorübergehend für höchstens zwei Monate angebracht werden, im Außenbereich nur, soweit sie einem Vorhaben im Sinn des § 35 Abs. 1 BauGB dienen,
    e) Zeichen, die auf abseits oder versteckt gelegene Stätten hinweisen (Hinweiszeichen), außer im Außenbereich,
    f) Schilder, die Inhaber und Art gewerblicher Betriebe kennzeichnen (Hinweisschilder), wenn sie vor Ortsdurchfahrten auf einer einzigen Tafel zusammengefasst sind,
    g) Werbeanlagen in durch Bebauungsplan festgesetzten Gewerbe-, Industrie- und vergleichbaren Sondergebieten an der Stätte der Leistung, an und auf Flugplätzen, Sportanlagen, auf abgegrenzten Versammlungsstätten, Ausstellungs- und Messegeländen, soweit sie nicht in die freie Landschaft wirken, mit einer freien Höhe bis zu 10 m, sowie, soweit sie in, auf oder an einer bestehenden baulichen Anlage errichtet werden, die damit verbundene Änderung der Nutzung oder der äußeren Gestalt der Anlage,
13. folgende vorübergehend aufgestellte oder benutzbare Anlagen:
    a) Baustelleneinrichtungen einschließlich der Lagerhallen, Schutzhallen und Unterkünfte,
    b) Toilettenwagen,
    c) Behelfsbauten, die der Landesverteidigung, dem Katastrophenschutz oder der Unfallhilfe dienen,

d) bauliche Anlagen, die für höchstens drei Monate auf genehmigtem Messe- und Ausstellungsgelände errichtet werden, ausgenommen fliegende Bauten,
e) Verkaufsstände und andere bauliche Anlagen auf Straßenfesten, Volksfesten und Märkten, ausgenommen fliegende Bauten,
f) Zeltlager, die nach ihrem erkennbaren Zweck gelegentlich, höchstens für zwei Monate errichtet werden,

14. Fahrgeschäfte mit einer Höhe bis zu 5 m, die für Kinder betrieben werden und eine Geschwindigkeit von höchstens 1 m/s haben,
15. folgende Plätze:
a) Lager-, Abstell- und Ausstellungsplätze, die einem land- oder forstwirtschaftlichen Betrieb oder einem Betrieb der gartenbaulichen Erzeugung im Sinn der § 35 Abs. 1 Nrn. 1 und 2, § 201 BauGB dienen,
b) nicht überdachte Stellplätze und sonstige Lager- und Abstellplätze mit einer Fläche bis zu 300 m^2 und deren Zufahrten, außer im Außenbereich,
c) Kinderspielplätze im Sinn des Art. 7 Abs. 3 Satz 1,
d) Freischankflächen bis zu 40 m^2 einschließlich einer damit verbundenen Nutzungsänderung einer Gaststätte oder einer Verkaufsstelle des Lebensmittelhandwerks,
16. folgende sonstige Anlagen:
a) Fahrradabstellanlagen mit einer Fläche bis zu 50 m^2,
b) Ladestationen für Elektrofahrzeuge mit einer Höhe bis zu 2 m, einer Breite bis zu 1 m und einer Tiefe bis zu 1 m,
c) Zapfsäulen und Tankautomaten genehmigter Tankstellen,
d) Regale mit einer Höhe bis zu 7,50 m Oberkante Lagergut,
e) Grabdenkmale auf Friedhöfen, Feldkreuze, Denkmäler und sonstige Kunstwerke jeweils mit einer Höhe bis zu 4 m,
f) transparente Wetterschutzeinrichtungen, die auf Masten mit einer Höhe bis zu 10 m befestigt werden und einem Betrieb der gartenbaulichen Erzeugung im Sinn von § 35 Abs. 1 Nr. 2 BauGB dienen,
g) andere unbedeutende Anlagen oder unbedeutende Teile von Anlagen wie Hauseingangsüberdachungen, Markisen, Rollläden, Terrassen, Maschinenfundamente, Straßenfahrzeugwaagen, Pergolen, Jägerstände, Wildfütterungen, Bienenfreistände, Taubenhäuser, Hofeinfahrten und Teppichstangen.

(2) Unbeschadet des Abs. 1 sind verfahrensfrei

1. Garagen mit einer Nutzfläche bis zu 100 m^2 sowie überdachte Stellplätze,
2. Wochenendhäuser sowie Anlagen, die keine Gebäude sind, in durch Bebauungsplan festgesetzten Wochenendhausgebieten,
3. Anlagen in Dauerkleingärten im Sinn des § 1 Abs. 3 BKleingG,
4. Dachgauben und vergleichbare Dachaufbauten,
5. Mauern und Einfriedungen,
6. Werbeanlagen mit einer freien Höhe bis zu 10 m, sowie, soweit sie in, auf oder an einer bestehenden baulichen Anlage errichtet werden, die damit verbundene Änderung der Nutzung oder der äußeren Gestalt der Anlage,

7. Kinderspiel-, Bolz- und Abenteuerspielplätze,
8. Friedhöfe,
9. Solarenergieanlagen und Sonnenkollektoren sowie, soweit sie in, auf oder an einer bestehenden baulichen Anlage errichtet werden, die damit verbundene Änderung der Nutzung oder der äußeren Gestalt der Anlage

im Geltungsbereich einer städtebaulichen oder einer Satzung nach Art. 81, die Regelungen über die Zulässigkeit, den Standort und die Größe der Anlage enthält, wenn sie den Festsetzungen der Satzung entspricht.

(3) [1]Verfahrensfrei sind luftrechtlich zugelassenen Flugplätzen dienende Anlagen, ausgenommen Gebäude, die Sonderbauten sind. [2]Für nach Satz 1 verfahrensfreie Anlagen gelten Art. 61 bis 62b entsprechend.

(4) Verfahrensfrei ist die Änderung der Nutzung von Anlagen, wenn
1. für die neue Nutzung keine anderen öffentlich-rechtlichen Anforderungen nach Art. 60 Satz 1 und Art. 62 bis 62b als für die bisherige Nutzung in Betracht kommen oder
2. die Errichtung oder Änderung der Anlagen nach Abs. 1 und 2 verfahrensfrei wäre.

(5) [1]Verfahrensfrei ist die Beseitigung von
1. Anlagen nach Abs. 1 bis 3,
2. freistehenden Gebäuden der Gebäudeklassen 1 und 3,
3. sonstigen Anlagen, die keine Gebäude sind, mit einer Höhe bis zu 10 m.

[2]Im Übrigen ist die beabsichtigte Beseitigung von Anlagen mindestens einen Monat zuvor der Gemeinde und der Bauaufsichtsbehörde anzuzeigen. [3]Bei nicht freistehenden Gebäuden muss durch einen qualifizierten Tragwerksplaner im Sinn des Art. 62a Abs. 1 beurteilt und im erforderlichen Umfang nachgewiesen werden, dass das Gebäude oder die Gebäude, an die das zu beseitigende Gebäude angebaut ist, während und nach der Beseitigung standsicher sind; die Beseitigung ist, soweit notwendig, durch den qualifizierten Tragwerksplaner zu überwachen. [4]Satz 3 gilt nicht, soweit an verfahrensfreie Gebäude angebaut ist. [5]Art. 68 Abs. 6 Nr. 3 und Abs. 8 gelten entsprechend.

(6) Verfahrensfrei sind Instandhaltungsarbeiten.

Art. 58 Genehmigungsfreistellung. (1) [1]Die Errichtung, Änderung und Nutzungsänderung einer baulichen Anlage, die kein Sonderbau ist, ist genehmigungsfrei gestellt, wenn
1. sie im Geltungsbereich eines Bebauungsplans im Sinn des § 30 Abs. 1 oder der §§ 12, 30 Abs. 2 BauGB liegt,
2. sie den Festsetzungen des Bebauungsplans und den Regelungen örtlicher Bauvorschriften im Sinn des Art. 81 Abs. 1 nicht widerspricht,
3. die Erschließung im Sinn des Baugesetzbuchs gesichert ist,
4. sie nicht die Errichtung, Änderung oder Nutzungsänderung baulicher Anlagen betrifft,

a) durch die dem Wohnen dienende Nutzungseinheiten mit einer Größe von insgesamt mehr als 5000 m^2 Bruttogrundfläche geschaffen werden oder
b) die öffentlich zugänglich sind und der gleichzeitigen Nutzung durch mehr als 100 Personen dienen und die Vorhaben den angemessenen Sicherheitsabstand im Sinn des Art. 13 Abs. 2 Buchst. a der Richtlinie 2012/18/EU zu einem Betriebsbereich nicht einhalten und

5. die Gemeinde nicht innerhalb der Frist nach Abs. 3 Satz 3 erklärt, dass das vereinfachte Baugenehmigungsverfahren durchgeführt werden soll, oder eine vorläufige Untersagung nach § 15 Abs. 1 Satz 2 BauGB beantragt.

[2]Die Gemeinde kann durch örtliche Bauvorschrift im Sinn des Art. 81 Abs. 2 die Anwendung dieser Vorschrift auf bestimmte handwerkliche und gewerbliche Bauvorhaben ausschließen.

(2) [1]Genehmigungsfrei gestellt ist die Änderung und Nutzungsänderung von Dachgeschossen zu Wohnzwecken einschließlich der Errichtung von Dachgauben im Anwendungsbereich des § 34 Abs. 1 Satz 1 BauGB. [2]Abs. 1 Satz 1 Nr. 3 und 5 gilt entsprechend.

(3) [1]Der Bauherr hat die erforderlichen Unterlagen bei der Gemeinde einzureichen; die Gemeinde legt, soweit sie nicht selbst Bauaufsichtsbehörde ist, eine Fertigung der Unterlagen unverzüglich der unteren Bauaufsichtsbehörde vor. [2]Spätestens mit der Vorlage bei der Gemeinde benachrichtigt der Bauherr die Eigentümer der benachbarten Grundstücke von dem Bauvorhaben. [3]Ist ein zu benachrichtigender Eigentümer nur unter Schwierigkeiten zu ermitteln oder zu benachrichtigen, so genügt die Benachrichtigung des unmittelbaren Besitzers. [4]Art. 66 Abs. 1 Satz 1 und 2 und Abs. 3 gilt entsprechend. [5]Mit dem Bauvorhaben darf einen Monat nach Vorlage der erforderlichen Unterlagen bei der Gemeinde begonnen werden. [6]Teilt die Gemeinde dem Bauherrn vor Ablauf der Frist schriftlich mit, dass kein Genehmigungsverfahren durchgeführt werden soll und sie eine Untersagung nach § 15 Abs. 1 Satz 2 BauGB nicht beantragen wird, darf der Bauherr mit der Ausführung des Bauvorhabens beginnen; von der Mitteilung nach Halbsatz 1 hat die Gemeinde die Bauaufsichtsbehörde zu unterrichten. [7]Will der Bauherr mit der Ausführung des Bauvorhabens mehr als vier Jahre, nachdem die Bauausführung nach den Sätzen 5 und 6 zulässig geworden ist, beginnen, gelten die Sätze 1 bis 6 entsprechend.

(4) [1]Die Erklärung der Gemeinde nach Abs. 1 Satz 1 Nr. 5 Alternative 1 kann insbesondere deshalb erfolgen, weil sie eine Überprüfung der sonstigen Voraussetzungen des Abs. 2 oder des Bauvorhabens aus anderen Gründen für erforderlich hält. [2]Darauf, dass die Gemeinde von ihrer Erklärungsmöglichkeit keinen Gebrauch macht, besteht kein Rechtsanspruch. [3]Hat der Bauherr bei der Vorlage der Unterlagen bestimmt, dass seine Vorlage im Fall der Erklärung nach Abs. 1 Nr. 5 als Bauantrag zu behandeln ist, leitet sie die Unterlagen gleichzeitig mit der Erklärung an die Bauaufsichtsbehörde weiter.

(5) [1]Die Art. 62 bis 62b bleiben unberührt. [2]Art. 64 Abs. 2 Satz 1, Abs. 4 Sätze 1 und 2, Art. 68 Abs. 6 Nr. 2 und 3, *Abs. 6 und 7** sind entsprechend anzuwenden.

Abschnitt III

Genehmigungsverfahren

Art. 59 Vereinfachtes Baugenehmigungsverfahren. [1]Außer bei Sonderbauten prüft die Bauaufsichtsbehörde
1. die Übereinstimmung mit
   a) den Vorschriften über die Zulässigkeit der baulichen Anlagen nach den §§ 29 bis 38 BauGB,
   b) den Vorschriften über Abstandsflächen nach Art. 6,
   c) den Regelungen örtlicher Bauvorschriften im Sinn des Art. 81 Abs. 1,
2. beantragte Abweichungen im Sinn des Art. 63 Abs. 1 und Abs. 2 Satz 2 sowie
3. andere öffentlich-rechtliche Anforderungen, soweit wegen der Baugenehmigung eine Entscheidung nach anderen öffentlich-rechtlichen Vorschriften entfällt, ersetzt oder eingeschlossen wird.

[2]Die Art. 62 bis 62b bleiben unberührt.

Art. 60 Baugenehmigungsverfahren. [1]Bei Sonderbauten prüft die Bauaufsichtsbehörde
1. die Übereinstimmung mit den Vorschriften über die Zulässigkeit der baulichen Anlagen nach den §§ 29 bis 38 BauGB,
2. Anforderungen nach den Vorschriften dieses Gesetzes und auf Grund dieses Gesetzes,
3. andere öffentlich-rechtliche Anforderungen, soweit wegen der Baugenehmigung eine Entscheidung nach anderen öffentlich-rechtlichen Vorschriften entfällt, ersetzt oder eingeschlossen wird.

[2]Die Art. 62 bis 62b bleiben unberührt.

Art. 61 Bauvorlageberechtigung. (1) Bauvorlagen für die nicht verfahrensfreie Errichtung und Änderung von Gebäuden müssen von einem Entwurfsverfasser erstellt sein, der bauvorlageberechtigt ist.

(2) Bauvorlageberechtigt ist, wer
1. die Berufsbezeichnung „Architektin“ oder „Architekt“ führen darf,
2. in die von der Bayerischen Ingenieurekammer-Bau geführte Liste der bauvorlageberechtigten Ingenieure eingetragen ist; vergleichbare Eintragungen anderer Länder gelten auch im Freistaat Bayern.

---

* *Hervorhebung durch Herausgeber. Der Gesetzgeber hat Art. 68 Abs. 6 und 7 durch Gesetz vom 23. Dezember 2020 (GVBl. S. 663) zu Art. 68 Abs. 7 und 8 geändert, diese Änderung in Art. 58 Abs. 5 Satz 2 aber nicht vollzogen. Richtig müsste es an dieser Stelle heißen: „Abs. 7 und 8“.*

(3) [1]Bauvorlageberechtigt sind ferner die Angehörigen der Fachrichtungen Architektur, Hochbau oder Bauingenieurwesen, die nach dem Ingenieurgesetz die Berufsbezeichnung „Ingenieurin“ oder „Ingenieur“ führen dürfen, sowie die staatlich geprüften Techniker der Fachrichtung Bautechnik und die Handwerksmeister des Maurer- und Betonbauer- sowie des Zimmererfachs für

1. freistehende oder nur einseitig angebaute oder anbaubare Wohngebäude der Gebäudeklassen 1 bis 3 mit nicht mehr als drei Wohnungen,
2. eingeschossige gewerblich genutzte Gebäude mit freien Stützweiten von nicht mehr als 12 m und nicht mehr als 250 m^2,
3. land- oder forstwirtschaftlich genutzte Gebäude,
4. Kleingaragen im Sinn der Rechtsverordnung nach Art. 80 Abs. 1 Satz 1 Nr. 3,
5. einfache Änderungen von sonstigen Gebäuden.

[2]Staatsangehörige eines anderen Mitgliedstaates der Europäischen Union oder eines nach dem Recht der Europäischen Gemeinschaft gleichgestellten Staates sind im Sinn des Satzes 1 bauvorlageberechtigt, wenn sie eine vergleichbare Berechtigung besitzen und dafür den staatlich geprüften Technikern der Fachrichtung Bautechnik oder den Handwerksmeistern des Maurer- und Betonbauer- sowie des Zimmererfachs vergleichbare Anforderungen erfüllen mussten.

(4) Bauvorlageberechtigt ist ferner, wer

1. unter Beschränkung auf sein Fachgebiet Bauvorlagen aufstellt, die üblicherweise von Fachkräften mit einer anderen Ausbildung als sie die in Abs. 2 genannten Personen haben, aufgestellt werden,
2. für ein Amt ab der Besoldungsgruppe A 10 in der Fachlaufbahn Naturwissenschaft und Technik, fachlicher Schwerpunkt bautechnischer und umweltfachlicher Verwaltungsdienst, qualifiziert ist, für seine Tätigkeit für seinen Dienstherrn,
3. einen berufsqualifizierenden Hochschulabschluss eines Studiums der Fachrichtung Architektur, Hochbau (Art. 49 Abs. 1 der Richtlinie 2005/36/EG) oder Bauingenieurwesen nachweist, danach mindestens zwei Jahre auf dem Gebiet der Entwurfsplanung von Gebäuden praktisch tätig gewesen ist und Bedienstete oder Bediensteter einer juristischen Person des öffentlichen Rechts ist, für die dienstliche Tätigkeit,
4. die Berufsbezeichnung „Innenarchitektin“ oder „Innenarchitekt“ führen darf, für die mit der Berufsaufgabe verbundenen baulichen Änderungen von Gebäuden,
5. Ingenieurin oder Ingenieur der Fachrichtung Innenausbau ist und eine praktische Tätigkeit in dieser Fachrichtung von mindestens zwei Jahren ausgeübt hat, für die Planung von Innenräumen und die damit verbundenen baulichen Änderungen von Gebäuden; Abs. 3 Satz 2 gilt entsprechend,
6. einen Studiengang der Fachrichtung Holzbau und Ausbau, den das Staatsministerium für Wohnen, Bau und Verkehr als gleichwertig mit einer Ausbildung nach Abs. 3 einschließlich der Anforderungen auf Grund der Rechtsverordnung nach Art. 80 Abs. 3 anerkannt hat, erfolgreich abge-

schlossen hat, für die Bauvorhaben nach Abs. 3, sofern sie in Holzbauweise errichtet werden; Abs. 3 Satz 2 gilt entsprechend.

(5) [1]In die Liste der bauvorlageberechtigten Ingenieure nach Abs. 2 Nr. 2 ist auf Antrag von der Bayerischen Ingenieurekammer-Bau einzutragen, wer

1. auf Grund eines Studiums des Bauingenieurwesens die Voraussetzungen zur Führung der Berufsbezeichnung „Ingenieur" oder „Ingenieurin" nach dem Gesetz zum Schutze der Berufsbezeichnung „Ingenieur" und „Ingenieurin" – Ingenieurgesetz – IngG – (BayRS 702-2-W) in der jeweils geltenden Fassung, erfüllt oder einen berufsqualifizierenden Hochschulabschluss eines Studiums der Fachrichtung Hochbau (Art. 49 Abs. 1 der Richtlinie 2005/36/EG) nachweist und
2. danach mindestens zwei Jahre auf dem Gebiet der Entwurfsplanung von Gebäuden praktisch tätig gewesen ist.

[2]Art. 7 des Baukammerngesetzes (BauKaG) gilt entsprechend. [3]Dem Antrag sind die zur Beurteilung erforderlichen Unterlagen beizufügen. [4]Hat die Bayerische Ingenieurekammer-Bau nicht innerhalb der in Art. 42a BayVwVfG festgelegten Frist entschieden, gilt der Antrag als genehmigt.

(6) [1]Personen, die in einem anderen Mitgliedstaat der Europäischen Union oder einem nach dem Recht der Europäischen Gemeinschaft gleichgestellten Staat als Bauvorlageberechtigte niedergelassen sind, sind ohne Eintragung in die Liste nach Abs. 2 Nr. 2 bauvorlageberechtigt, wenn sie

1. eine vergleichbare Berechtigung besitzen und
2. dafür dem Abs. 5 Satz 1 Nrn. 1 und 2 vergleichbare Anforderungen erfüllen mussten.

[2]Sie haben das erstmalige Tätigwerden als Bauvorlageberechtigter vorher der Bayerischen Ingenieurekammer-Bau anzuzeigen und dabei

1. eine Bescheinigung darüber, dass sie in einem Mitgliedstaat der Europäischen Union oder einem nach dem Recht der Europäischen Gemeinschaft gleichgestellten Staat rechtmäßig als Bauvorlageberechtigte niedergelassen sind und ihnen die Ausübung dieser Tätigkeiten zum Zeitpunkt der Vorlage der Bescheinigung nicht, auch nicht vorübergehend, untersagt ist, und
2. einen Nachweis darüber, dass sie im Staat ihrer Niederlassung für die Tätigkeit als Bauvorlageberechtigter mindestens die Voraussetzungen des Abs. 6 Satz 1 Nrn. 1 und 2 erfüllen mussten,

vorzulegen; sie sind in einem Verzeichnis zu führen. [3]Die Bayerische Ingenieurekammer-Bau hat auf Antrag des Bauvorlageberechtigten zu bestätigen, dass die Anzeige nach Satz 2 erfolgt ist; sie kann das Tätigwerden als Bauvorlageberechtigter untersagen und die Eintragung in dem Verzeichnis nach Satz 2 löschen, wenn die Voraussetzungen des Satzes 1 nicht erfüllt sind.

(7) [1]Personen, die in einem anderen Mitgliedstaat der Europäischen Union oder einem nach dem Recht der Europäischen Gemeinschaft gleichgestellten Staat als Bauvorlageberechtigte niedergelassen sind, ohne dass die Voraussetzung für die Vergleichbarkeit im Sinn des Abs. 6 Satz 1 Nr. 2 erfüllt ist, sind bauvorlageberechtigt, wenn ihnen die Bayerische Ingenieurekammer-Bau be-

scheinigt hat, dass sie die Anforderungen des Abs. 5 Satz 1 Nrn. 1 und 2 tatsächlich erfüllen; sie sind in einem Verzeichnis zu führen. [2]Die Bescheinigung wird auf Antrag erteilt. [3]Abs. 5 Sätze 3 und 4 sind entsprechend anzuwenden.

(8) [1]Anzeigen und Bescheinigungen nach den Abs. 6 und 7 sind nicht erforderlich, wenn bereits in einem anderen Land eine Anzeige erfolgt ist oder eine Bescheinigung erteilt wurde; eine weitere Eintragung in die von der Bayerischen Ingenieurekammer-Bau geführten Verzeichnisse erfolgt nicht. [2]Verfahren nach den Abs. 5 bis 7 können über die einheitliche Stelle nach den Vorschriften des Bayerischen Verwaltungsverfahrensgesetzes abgewickelt werden.

(9) [1]Unternehmen dürfen Bauvorlagen als Entwurfsverfasser erstellen, wenn dies unter der Leitung eines Bauvorlageberechtigten nach den Abs. 2 bis 4, 6 und 7 erfolgt. [2]Auf den Bauvorlagen ist der Name des Bauvorlageberechtigten anzugeben.

(10) Für Bauvorlageberechtigte, die weder Mitglied der Bayerischen Architektenkammer noch der Bayerischen Ingenieurekammer-Bau sind, gilt Art. 24 Abs. 1 Satz 2 Nr. 4 BauKaG entsprechend.

Art. 62 Bautechnische Nachweise. (1) [1]Die Einhaltung der Anforderungen an die Standsicherheit, den Brand-, Schall- und Erschütterungsschutz ist nach Maßgabe der Rechtsverordnung auf Grund des Art. 80 Abs. 4 nachzuweisen (bautechnische Nachweise). [2]Bautechnische Nachweise sind nicht erforderlich für verfahrensfreie Bauvorhaben. [3]Art. 57 Abs. 5 Satz 2 bis 5 und Regelungen auf Grund des Art. 80 Abs. 4 bleiben unberührt. [4]Werden bautechnische Nachweise durch einen Prüfsachverständigen bescheinigt, gelten die entsprechenden Anforderungen auch in den Fällen des Art. 63 als eingehalten.

(2) Die Bauvorlageberechtigung nach Art. 61 Abs. 2, 3 und 4 Nr. 2 bis 6 berechtigt zur Erstellung bautechnischer Nachweise, soweit die Art. 62a und 62b nichts Abweichendes bestimmen.

(3) [1]Tragwerksplaner nach Art. 62a Abs. 1 und Brandschutzplaner nach Art. 62b Abs. 1 Nr. 3 sind in eine von der Bayerischen Architektenkammer oder der Bayerischen Ingenieurekammer-Bau zu führende Liste einzutragen. [2]Vergleichbare Berechtigungen anderer Länder gelten auch im Freistaat Bayern. [3]Für Personen, die in einem anderen Mitgliedstaat der Europäischen Union oder einem nach dem Recht der Europäischen Gemeinschaft gleichgestellten Staat zur Erstellung von Standsicherheits- oder Brandschutznachweisen niedergelassen sind, gilt Art. 61 Abs. 6 bis 8 mit der Maßgabe entsprechend, dass die Anzeige oder der Antrag auf Erteilung einer Bescheinigung bei der zuständigen Bayerischen Architektenkammer oder der Bayerischen Ingenieurekammer-Bau einzureichen ist. [4]Art. 61 Abs. 10 ist anzuwenden.

Art. 62a Standsicherheitsnachweis. (1) Bei Gebäuden der Gebäudeklassen 1 bis 3 und bei sonstigen baulichen Anlagen, die keine Gebäude sind, muss der Standsicherheitsnachweis erstellt sein

1. von Personen mit einem berufsqualifizierenden Hochschulabschluss eines Studiums der Fachrichtung Architektur, Hochbau (Art. 49 Abs. 1 der Richtlinie 2005/36/EG) oder des Bauingenieurwesens mit einer mindestens dreijährigen Berufserfahrung in der Tragwerksplanung oder
2. im Rahmen ihrer Bauvorlageberechtigung von
   a) staatlich geprüften Technikern der Fachrichtung Bautechnik und Handwerksmeistern des Maurer- und Betonbauer- sowie des Zimmererfachs (Art. 61 Abs. 3), wenn sie mindestens drei Jahre zusammenhängende Berufserfahrung nachweisen und die durch Rechtsverordnung gemäß Art. 80 Abs. 3 näher bestimmte Zusatzqualifikation besitzen oder
   b) Bauvorlageberechtigten nach Art. 61 Abs. 4 Nr. 6.

(2) [1]Der Standsicherheitsnachweis muss durch einen Prüfsachverständigen bescheinigt sein bei
1. Gebäuden der Gebäudeklassen 4 und 5 sowie
2. Gebäuden der Gebäudeklassen 1 bis 3, bei Behältern, Brücken, Stützmauern, Tribünen und bei sonstigen baulichen Anlagen mit einer freien Höhe von mehr als 10 m, die keine Gebäude sind, wenn dies nach Maßgabe eines in der Rechtsverordnung nach Art. 80 Abs. 4 geregelten Kriterienkatalogs erforderlich ist.

[2]Bei baulichen Anlagen nach Satz 1, die Sonderbauten sind, muss der Standsicherheitsnachweis durch die Bauaufsichtsbehörde, einen Prüfingenieur oder ein Prüfamt geprüft sein. [3]Einer Bescheinigung oder Prüfung bedarf es nicht,
1. für Wohngebäude der Gebäudeklassen 1 und 2 sowie für oberirdische eingeschossige Gebäude mit freien Stützweiten von nicht mehr als 12 m und nicht mehr als 1600 m^2, die nicht oder nur zum vorübergehenden Aufenthalt einzelner Personen bestimmt sind, sowie
2. für Bauvorhaben oder deren Teile, für die Standsicherheitsnachweise vorliegen, die von einem Prüfamt oder der zuständigen Stelle eines anderen Landes allgemein geprüft sind (Typenprüfung).

[4]Im Übrigen wird der Standsicherheitsnachweis nicht geprüft.

Art. 62b Brandschutznachweis. (1) Der Brandschutznachweis muss erstellt sein von Personen, die
1. für das Bauvorhaben bauvorlageberechtigt sind,
2. zur Bescheinigung von Brandschutznachweisen befugt sind oder
3. nach Abschluss der Ausbildung mindestens zwei Jahre auf dem Gebiet der brandschutztechnischen Planung und Ausführung von Gebäuden oder deren Prüfung praktisch tätig gewesen sind und die erforderlichen Kenntnisse des Brandschutzes nachgewiesen haben
   a) als Angehöriger eines Studiengangs der Fachrichtung Architektur, Hochbau (Art. 49 Abs. 1 der Richtlinie 2005/36/EG), Bauingenieurwesen oder eines Studiengangs mit Schwerpunkt Brandschutz, der ein Studium an einer deutschen Hochschule oder ein gleichwertiges Studium an einer ausländischen Hochschule abgeschlossen hat, oder

b) als Absolvent einer Ausbildung für Ämter mit Einstieg in der dritten und vierten Qualifikationsebene in der Fachlaufbahn Naturwissenschaft und Technik, Schwerpunkt feuerwehrtechnischer Dienst.

(2) [1]Der Brandschutznachweis muss durch einen Prüfsachverständigen für Brandschutz bescheinigt sein oder wird bauaufsichtlich geprüft bei
1. Sonderbauten,
2. Mittel- und Großgaragen im Sinn der Rechsverordnung nach Art. 80 Abs. 1 Satz 1 Nr. 3,
3. Gebäuden der Gebäudeklasse 5.

[2]Im Übrigen wird der Brandschutznachweis nicht geprüft.

Art. 63 Abweichungen. (1) [1]Die Bauaufsichtsbehörde kann Abweichungen von Anforderungen dieses Gesetzes und auf Grund dieses Gesetzes erlassener Vorschriften zulassen, wenn sie unter Berücksichtigung des Zwecks der jeweiligen Anforderung und unter Würdigung der öffentlich-rechtlich geschützten nachbarlichen Belange mit den öffentlichen Belangen, insbesondere den Anforderungen des Art. 3 Satz 1 vereinbar sind; Art. 81a Abs. 1 Satz 2 bleibt unberührt. [2]Von den Anforderungen des Art. 6 sollen Abweichungen insbesondere zugelassen werden, wenn ein rechtmäßig errichtetes Gebäude durch ein Wohngebäude höchstens gleicher Abmessung und Gestalt ersetzt wird. [3]Der Zulassung einer Abweichung bedarf es nicht, wenn bautechnische Nachweise durch einen Prüfsachverständigen bescheinigt werden oder in den Fällen des Abs. 2 Satz 2 Halbsatz 1 das Vorliegen der Voraussetzung für eine Abweichung durch ihn bescheinigt wird.

(2) [1]Die Zulassung von Abweichungen nach Abs. 1 Satz 1, von Ausnahmen und Befreiungen von den Festsetzungen eines Bebauungsplans, einer sonstigen städtebaulichen Satzung oder von Regelungen der Baunutzungsverordnung ist gesondert schriftlich zu beantragen; der Antrag ist zu begründen. [2]Für Anlagen, die keiner Genehmigung bedürfen, sowie für Abweichungen von Vorschriften, die im Genehmigungsverfahren nicht geprüft werden, gilt Satz 1 entsprechend; bei Bauvorhaben, die einer Genehmigung bedürfen, ist der Abweichungsantrag mit dem Bauantrag zu stellen.

(3) [1]Über Abweichungen nach Abs. 1 Satz 1 von örtlichen Bauvorschriften sowie über Ausnahmen und Befreiungen nach Abs. 2 Satz 1 entscheidet bei verfahrensfreien Bauvorhaben die Gemeinde nach Maßgabe der Abs. 1 und 2. [2]Im Übrigen lässt die Bauaufsichtsbehörde Abweichungen von örtlichen Bauvorschriften im Einvernehmen mit der Gemeinde zu; § 36 Abs. 2 Satz 2 BauGB gilt entsprechend.

Art. 64 Bauantrag, Bauvorlagen. (1) [1]Der Bauantrag ist schriftlich bei der Gemeinde einzureichen. [2]Diese legt ihn, sofern sie nicht selbst zur Entscheidung zuständig ist, mit ihrer Stellungnahme unverzüglich bei der Bauaufsichtsbehörde vor. [3]Die Gemeinden können die Ergänzung oder Berichtigung unvollständiger oder unrichtiger Bauanträge verlangen.

(2) [1]Mit dem Bauantrag sind alle für die Beurteilung des Bauvorhabens und die Bearbeitung des Bauantrags erforderlichen Unterlagen (Bauvorlagen) einzureichen. [2]Es kann gestattet werden, dass einzelne Bauvorlagen nachgereicht werden.

(3) In besonderen Fällen kann zur Beurteilung der Einwirkung des Bauvorhabens auf die Umgebung verlangt werden, dass es in geeigneter Weise auf dem Baugrundstück dargestellt wird.

(4) [1]Der Bauherr und der Entwurfsverfasser haben den Bauantrag und die Bauvorlagen zu unterschreiben. [2]Soweit der Eigentümer oder der Erbbauberechtigte dem Bauvorhaben zugestimmt hat, ist er verpflichtet, bauaufsichtliche Maßnahmen zu dulden, die aus Nebenbestimmungen der Baugenehmigung herrühren.

Art. 65 Behandlung des Bauantrags. (1) [1]Die Bauaufsichtsbehörde hört zum Bauantrag diejenigen Stellen,
1. deren Beteiligung oder Anhörung für die Entscheidung über den Bauantrag durch Rechtsvorschrift vorgeschrieben ist, oder
2. ohne deren Stellungnahme die Genehmigungsfähigkeit des Bauantrags nicht beurteilt werden kann;

die Beteiligung oder Anhörung entfällt, wenn die jeweilige Stelle dem Bauantrag bereits vor Einleitung des Baugenehmigungsverfahrens in Textform zugestimmt hat. [2]Bedarf die Erteilung der Baugenehmigung der Zustimmung oder des Einvernehmens einer anderen Körperschaft, Behörde oder sonstigen Stelle, so gilt diese als erteilt, wenn sie nicht einen Monat nach Eingang des Ersuchens verweigert wird; von der Frist nach Halbsatz 1 abweichende Regelungen durch Rechtsvorschrift bleiben unberührt. [3]Stellungnahmen bleiben unberücksichtigt, wenn sie nicht innerhalb eines Monats nach Aufforderung zur Stellungnahme bei der Bauaufsichtsbehörde eingehen, es sei denn, die verspätete Stellungnahme ist für die Rechtmäßigkeit der Entscheidung über den Bauantrag von Bedeutung.

(2) [1]Ist der Bauantrag unvollständig oder weist er sonstige erhebliche Mängel auf, fordert die Bauaufsichtsbehörde den Bauherrn zur Behebung der Mängel innerhalb einer angemessenen Frist auf. [2]Werden die Mängel innerhalb der Frist nicht behoben, gilt der Antrag als zurückgenommen, wenn der Antragsteller auf diese Rechtsfolge hingewiesen worden ist.

Art. 66 Beteiligung des Nachbarn. (1) [1]Den Eigentümern der benachbarten Grundstücke sind vom Bauherrn oder seinem Beauftragten der Lageplan und die Bauzeichnungen zur Zustimmung vorzulegen. [2]Die Zustimmung bedarf der Schriftform. [3]Im Bauantrag ist anzugeben, ob zugestimmt wurde. [4]Hat ein Nachbar nicht zugestimmt oder wird seinen Einwendungen nicht entsprochen, so ist ihm eine Ausfertigung der Baugenehmigung zuzustellen.

(2) [1]Der Nachbar ist Beteiligter im Sinn des Art. 13 Abs. 1 Nr. 1 BayVwVfG. [2]Art. 28 BayVwVfG findet keine Anwendung. [3]Sind an einem Bau-

genehmigungsverfahren mindestens zehn Nachbarn im gleichen Interesse beteiligt, ohne vertreten zu sein, so kann die Bauaufsichtsbehörde sie auffordern, innerhalb einer angemessenen Frist einen Vertreter zu bestellen; Art. 18 Abs. 1 Sätze 2 und 3, Abs. 2 BayVwVfG finden Anwendung. [4]Bei mehr als 20 Beteiligten im Sinn des Satzes 3 kann die Zustellung nach Abs. 1 Satz 4 durch öffentliche Bekanntmachung ersetzt werden; die Bekanntmachung hat den verfügenden Teil der Baugenehmigung, die Rechtsbehelfsbelehrung sowie einen Hinweis darauf zu enthalten, wo die Akten des Baugenehmigungsverfahrens eingesehen werden können. [5]Sie ist im amtlichen Veröffentlichungsblatt der zuständigen Bauaufsichtsbehörde bekannt zu machen. [6]Die Zustellung gilt mit dem Tag der Bekanntmachung als bewirkt.

(3) [1]Ein Erbbauberechtigter tritt an die Stelle des Eigentümers. [2]Ist Eigentümer des Nachbargrundstücks eine Eigentümergemeinschaft nach dem Wohnungseigentumsgesetz, so genügt die Vorlage nach Abs. 1 Satz 1 an den Verwalter; seine Zustimmung gilt jedoch nicht als Zustimmung der einzelnen Wohnungseigentümer. [3]Der Eigentümer des Nachbargrundstücks nimmt auch die Rechte des Mieters oder Pächters wahr, die aus deren Eigentumsgrundrecht folgen.

Art. 66a Beteiligung der Öffentlichkeit. (1) [1]Bei baulichen Anlagen, die auf Grund ihrer Beschaffenheit oder ihres Betriebs geeignet sind, die Allgemeinheit oder die Nachbarschaft zu gefährden, zu benachteiligen oder zu belästigen, kann die Bauaufsichtsbehörde auf Antrag des Bauherrn das Bauvorhaben in ihrem amtlichen Veröffentlichungsblatt und außerdem in örtlichen Tageszeitungen, die im Bereich des Standorts der Anlage verbreitet sind, öffentlich bekannt machen; verfährt die Bauaufsichtsbehörde nach Halbsatz 1, findet Art. 66 Abs. 1 und 3 keine Anwendung. [2]Mit Ablauf einer Frist von einem Monat nach der Bekanntmachung des Bauvorhabens sind alle öffentlich-rechtlichen Einwendungen gegen das Bauvorhaben ausgeschlossen. [3]Die Zustellung der Baugenehmigung nach Art. 66 Abs. 1 Satz 4 kann durch öffentliche Bekanntmachung ersetzt werden; Satz 1 und Art. 66 Abs. 2 Satz 6 gelten entsprechend. [4]In der Bekanntmachung nach Satz 1 ist darauf hinzuweisen,
1. wo und wann Beteiligte nach Art. 29 BayVwVfG die Akten des Verfahrens einsehen können,
2. wo und wann Beteiligte Einwendungen gegen das Bauvorhaben vorbringen können,
3. welche Rechtsfolgen mit Ablauf der Frist des Satzes 2 eintreten und
4. dass die Zustellung der Baugenehmigung durch öffentliche Bekanntmachung ersetzt werden kann.

(2) [1]Bei der Errichtung, Änderung oder Nutzungsänderung
1. von Vorhaben nach Art. 58 Abs. 1 Nr. 4 sowie
2. baulicher Anlagen, die nach Durchführung des Bauvorhabens Sonderbauten nach Art. 2 Abs. 4 Nr. 9 bis 13, 15 und 16 sind,

ist eine Öffentlichkeitsbeteiligung nach Abs. 1 durchzuführen, wenn sie den angemessenen Sicherheitsabstand im Sinn des Art. 13 Abs. 2 Buchst. a der

Richtlinie 2012/18/EU zu einem Betriebsbereich nicht einhalten. [2]In die öffentliche Bekanntmachung nach Abs. 1 Satz 4 sind zusätzlich folgende Angaben aufzunehmen:

1. ob für das Vorhaben eine Umweltverträglichkeitsprüfung durchzuführen ist (§§ 3a, 8 und 9 des Gesetzes über die Umweltverträglichkeitsprüfung),
2. wo und wann die betroffene Öffentlichkeit im Sinn des Art. 3 Nr. 18 der Richtlinie 2012/18/EU Einwendungen gegen das Bauvorhaben vorbringen kann und
3. die grundsätzlichen Entscheidungsmöglichkeiten der Behörde oder, soweit vorhanden, der Entscheidungsentwurf.

[3]Die Baugenehmigung ist nach Art. 41 Abs. 4 BayVwVfG öffentlich bekannt zu geben und, soweit Einwendungen vorgebracht wurden, zu begründen. [4]In der Begründung sind die wesentlichen tatsächlichen und rechtlichen Gründe, die Behandlung der Einwendungen sowie Angaben über das Verfahren zur Beteiligung der Öffentlichkeit aufzunehmen.

Art. 67 Ersetzung des gemeindlichen Einvernehmens. (1) [1]Hat eine Gemeinde ihr nach § 14 Abs. 2 Satz 2, § 22 Abs. 5 Satz 1, § 145 Abs. 1 Satz 2, § 173 Abs. 1 Satz 2 Halbsatz 1 BauGB oder nach Art. 63 Abs. 3 Satz 2 Halbsatz 1 erforderliches Einvernehmen rechtswidrig versagt und besteht ein Rechtsanspruch auf Erteilung der Genehmigung, kann das fehlende Einvernehmen nach Maßgabe der Abs. 2 bis 4 ersetzt werden; in den Fällen der § 36 Abs. 1 Sätze 1 und 2 BauGB ist das fehlende Einvernehmen nach Maßgabe von Abs. 2 bis 4 zu ersetzen. [2]Außer in den Fällen des § 36 Abs. 2 Satz 3 BauGB besteht kein Rechtsanspruch auf Ersetzung des gemeindlichen Einvernehmens.

(2) Art. 112 der Gemeindeordnung (GO) findet keine Anwendung.

(3) [1]Die Genehmigung gilt zugleich als Ersatzvornahme im Sinn des Art. 113 GO; sie ist insoweit zu begründen. [2]Entfällt die aufschiebende Wirkung der Anfechtungsklage gegen die Genehmigung nach § 80 Abs. 2 Satz 1 Nr. 3 oder 4 VwGO, hat die Anfechtungsklage auch insoweit keine aufschiebende Wirkung, als die Genehmigung als Ersatzvornahme gilt.

(4) [1]Die Gemeinde ist vor Erlass der Genehmigung anzuhören. [2]Dabei ist ihr Gelegenheit zu geben, binnen angemessener Frist erneut über das gemeindliche Einvernehmen zu entscheiden.

Art. 68 Baugenehmigung, Genehmigungsfiktion und Baubeginn. (1) [1]Die Baugenehmigung ist zu erteilen, wenn dem Bauvorhaben keine öffentlich-rechtlichen Vorschriften entgegenstehen, die im bauaufsichtlichen Genehmigungsverfahren zu prüfen sind; die Bauaufsichtsbehörde darf den Bauantrag auch ablehnen, wenn das Bauvorhaben gegen sonstige öffentlich-rechtliche Vorschriften verstößt. [2]Die durch eine Umweltverträglichkeitsprüfung ermittelten, beschriebenen und bewerteten Umweltauswirkungen sind nach Maßgabe der hierfür geltenden Vorschriften zu berücksichtigen.

(2)* [1]Betrifft ein Bauantrag die Errichtung oder Änderung eines Gebäudes, das ausschließlich oder überwiegend dem Wohnen dient, oder eine Nutzungsänderung, durch die Wohnraum geschaffen werden soll, und ist über diesen Bauantrag im vereinfachten Genehmigungsverfahren nach Art. 59 zu entscheiden, gilt Art. 42a BayVwVfG mit folgenden Maßgaben entsprechend:

1. Die Frist für die Entscheidung beginnt
   a) drei Wochen nach Zugang des Bauantrags oder
   b) drei Wochen nach Zugang der verlangten Unterlagen, wenn die Bauaufsichtsbehörde vor Fristbeginn eine Aufforderung nach Art. 65 Abs. 2 versandt hat.
2. Die Bescheinigung nach Art. 42a Abs. 3 BayVwVfG ist unverlangt und unverzüglich auszustellen; sie hat den Inhalt der Genehmigung wiederzugeben, eine Rechtsbehelfsbelehrung nach § 58 VwGO zu enthalten und ist dem Antragsteller, der Gemeinde sowie jedem Nachbarn zuzustellen, der dem Bauantrag nicht zugestimmt hat.

[2]Satz 1 findet keine Anwendung, wenn der Antragsteller vor Ablauf der Entscheidungsfrist gegenüber der Baugenehmigungsbehörde in Textform auf den Eintritt der Genehmigungsfiktion verzichtet hat. [3]Im Fall des Satzes 1 finden die Abs. 3 und 4 keine Anwendung.

(3) [1]Die Baugenehmigung bedarf der Schriftform. [2]Sie ist nur insoweit zu begründen, als ohne Zustimmung des Nachbarn von nachbarschützenden Vorschriften abgewichen wird oder der Nachbar gegen das Bauvorhaben in Textform Einwendungen erhoben hat; Art. 39 Abs. 2 Nr. 2 BayVwVfG und Art. 66a Abs. 2 Satz 3 bleiben unberührt. [3]Sie ist mit einer Ausfertigung der mit einem Genehmigungsvermerk zu versehenden Bauvorlagen dem Antragsteller zuzustellen. [4]Die Gemeinde erhält die Baugenehmigung und die Bauvorlagen; hat sie dem Bauvorhaben nicht zugestimmt, ist die Baugenehmigung zuzustellen.

(4) Wird die Baugenehmigung unter Auflagen oder Bedingungen erteilt, kann eine Sicherheitsleistung verlangt werden.

(5) Die Baugenehmigung wird unbeschadet der privaten Rechte Dritter erteilt.

(6) Mit der Bauausführung oder mit der Ausführung des jeweiligen Bauabschnitts darf erst begonnen werden, wenn

1. die Baugenehmigung oder eine Bescheinigung gemäß Art. 42a BayVwVfG dem Bauherrn zugegangen ist sowie
2. die Bescheinigungen nach Art. 62a Abs. 2 und Art. 62b Abs. 2 und
3. die Baubeginnsanzeige

der Bauaufsichtsbehörde vorliegen.

(7) [1]Vor Baubeginn müssen die Grundfläche der baulichen Anlage abgesteckt und ihre Höhenlage festgelegt sein. [2]Die Bauaufsichtsbehörde kann verlangen, dass Absteckung und Höhenlage von ihr abgenommen oder die Einhal-

* *Beachte Art. 83 Abs. 7.*

tung der festgelegten Grundfläche und Höhenlage nachgewiesen wird. [3]Baugenehmigungen, Bauvorlagen, bautechnische Nachweise, soweit es sich nicht um Bauvorlagen handelt, sowie Bescheinigungen von Prüfsachverständigen müssen an der Baustelle von Baubeginn an vorliegen.

(8) Der Bauherr hat den Ausführungsbeginn genehmigungspflichtiger Bauvorhaben und die Wiederaufnahme der Bauarbeiten nach einer Unterbrechung von mehr als sechs Monaten mindestens eine Woche vorher der Bauaufsichtsbehörde schriftlich mitzuteilen (Baubeginnsanzeige).

Art. 69 Geltungsdauer der Baugenehmigung und der Teilbaugenehmigung. (1) Sind in ihnen keine anderen Fristen bestimmt, erlöschen die Baugenehmigung und die Teilbaugenehmigung, wenn innerhalb von vier Jahren nach ihrer Erteilung mit der Ausführung des Bauvorhabens nicht begonnen oder die Bauausführung vier Jahre unterbrochen worden ist; die Einlegung eines Rechtsbehelfs hemmt den Lauf der Frist bis zur Unanfechtbarkeit der Genehmigung.

(2) [1]Die Frist nach Abs. 1 kann auf schriftlichen Antrag jeweils bis zu zwei Jahre verlängert werden. [2]Sie kann auch rückwirkend verlängert werden, wenn der Antrag vor Fristablauf bei der Bauaufsichtsbehörde eingegangen ist.

Art. 70 Teilbaugenehmigung. [1]Ist ein Bauantrag eingereicht, kann der Beginn der Bauarbeiten für die Baugrube und für einzelne Bauteile oder Bauabschnitte auf schriftlichen Antrag schon vor Erteilung der Baugenehmigung gestattet werden (Teilbaugenehmigung); eine Teilbaugenehmigung kann auch für die Errichtung einer baulichen Anlage unter Vorbehalt der künftigen Nutzung erteilt werden, wenn und soweit die Genehmigungsfähigkeit der baulichen Anlage nicht von deren künftiger Nutzung abhängt. [2]Art. 67 und 68 Abs. 1 und Abs. 3 bis 8 gelten entsprechend.

Art. 71 Vorbescheid. [1]Vor Einreichung des Bauantrags ist auf Antrag des Bauherrn zu einzelnen Fragen des Bauvorhabens ein Vorbescheid zu erteilen. [2]Der Vorbescheid gilt drei Jahre, soweit in ihm keine andere Frist bestimmt ist. [3]Die Frist kann auf schriftlichen Antrag jeweils bis zu zwei Jahre verlängert werden. [4]Art. 64 bis 67, Art. 68 Abs. 1 und Abs. 3 bis 5 sowie Art. 69 Abs. 2 Satz 2 gelten entsprechend; die Bauaufsichtsbehörde kann von der Anwendung des Art. 66 absehen, wenn der Bauherr dies beantragt.

Art. 72 Genehmigung fliegender Bauten. (1) [1]Fliegende Bauten sind bauliche Anlagen, die geeignet und bestimmt sind, wiederholt an wechselnden Orten aufgestellt und zerlegt zu werden. [2]Baustelleneinrichtungen gelten nicht als fliegende Bauten.

(2) [1]Fliegende Bauten dürfen nur aufgestellt und in Gebrauch genommen werden, wenn vor ihrer erstmaligen Aufstellung oder Ingebrauchnahme eine Ausführungsgenehmigung erteilt worden ist. [2]Die Ausführungsgenehmigung wird für eine bestimmte Frist erteilt, die höchstens fünf Jahre betragen soll; sie

kann auf schriftlichen Antrag von der für die Ausführungsgenehmigung zuständigen Behörde oder der nach Art. 80 Abs. 5 Nr. 5 bestimmten Stelle jeweils um bis zu fünf Jahre verlängert werden, wenn das der Inhaber vor Ablauf der Frist schriftlich beantragt. [3]Die Ausführungsgenehmigung kann vorschreiben, dass der fliegende Bau vor jeder Inbetriebnahme oder in bestimmten zeitlichen Abständen jeweils vor einer Inbetriebnahme von einem Sachverständigen abgenommen wird. [4]Ausführungsgenehmigungen anderer Länder der Bundesrepublik Deutschland gelten auch im Freistaat Bayern.

(3) Keiner Ausführungsgenehmigung bedürfen
1. fliegende Bauten bis zu 5 m Höhe, die nicht dazu bestimmt sind, von Besuchern betreten zu werden,
2. fliegende Bauten mit einer Höhe bis zu 5 m, die für Kinder betrieben werden und eine Geschwindigkeit von höchstens 1 m/s haben,
3. Bühnen, die fliegende Bauten sind, einschließlich Überdachungen und sonstigen Aufbauten mit einer Höhe bis zu 5 m, einer Grundfläche bis zu 100 m^2 und einer Fußbodenhöhe bis zu 1,50 m,
4. erdgeschossige Zelte und betretbare Verkaufsstände, die fliegende Bauten sind, jeweils mit einer Grundfläche bis zu 75 m^2,
5. aufblasbare Spielgeräte mit einer Höhe des betretbaren Bereichs von bis zu 5 m oder mit überdachten Bereichen, bei denen die Entfernung zum Ausgang nicht mehr als 3 m, oder, sofern ein Absinken der Überdachung konstruktiv verhindert wird, nicht mehr als 10 m, beträgt,
6. Toilettenwagen.

(4) [1]Für jeden genehmigungspflichtigen fliegenden Bau ist ein Prüfbuch anzulegen. [2]Wird die Aufstellung oder der Gebrauch des fliegenden Baus wegen Mängeln untersagt, die eine Versagung der Ausführungsgenehmigung rechtfertigen würden, ist das Prüfbuch einzuziehen und der für die Ausführungsgenehmigung zuständigen Behörde oder Stelle zuzuleiten. [3]In das Prüfbuch sind einzutragen
1. die Erteilung der Ausführungsgenehmigung und deren Verlängerungen unter Beifügung einer mit einem Genehmigungsvermerk versehenen Ausfertigung der Bauvorlagen,
2. die Übertragung des fliegenden Baus an Dritte,
3. die Änderung der für die Ausführungsgenehmigung zuständigen Behörde oder Stelle,
4. Durchführung und Ergebnisse bauaufsichtlicher Überprüfungen und Abnahmen,
5. die Einziehung des Prüfbuchs nach Satz 2.

[4]Umstände, die zu Eintragungen nach Nrn. 2 und 3 führen, hat der Inhaber der Ausführungsgenehmigung der dafür zuletzt zuständigen Behörde oder Stelle unverzüglich anzuzeigen.

(5) [1]Die beabsichtigte Aufstellung genehmigungspflichtiger fliegender Bauten ist der Bauaufsichtsbehörde mindestens eine Woche zuvor unter Vorlage des Prüfbuchs anzuzeigen, es sei denn, dass dies nach der Ausführungsgeneh-

migung nicht erforderlich ist. [2]Genehmigungsbedürftige fliegende Bauten dürfen nur in Betrieb genommen werden, wenn
1. sie von der Bauaufsichtsbehörde abgenommen worden sind (Gebrauchsabnahme), es sei denn, dass dies nach der Ausführungsgenehmigung nicht erforderlich ist oder die Bauaufsichtsbehörde im Einzelfall darauf verzichtet, und
2. in der Ausführungsgenehmigung vorgeschriebene Abnahmen durch Sachverständige nach Abs. 2 Satz 3 vorgenommen worden sind.

(6) [1]Auf fliegende Bauten, die der Landesverteidigung oder dem Katastrophenschutz dienen, finden die Abs. 1 bis 5 und Art. 73 keine Anwendung. [2]Sie bedürfen auch keiner Baugenehmigung.

Art. 73 Bauaufsichtliche Zustimmung. (1) [1]Nicht verfahrensfreie Bauvorhaben bedürfen keiner Baugenehmigung, Genehmigungsfreistellung, Anzeige und Bauüberwachung (Art. 57 Abs. 5, Art. 58, 68, 77 und 78), wenn
1. die Leitung der Entwurfsarbeiten und die Bauüberwachung einer Baudienststelle des Bundes, eines Landes oder eines Bezirks übertragen sind und
2. die Baudienststelle mindestens mit einem Bediensteten, der für ein Amt ab der Besoldungsgruppe A 14 in der Fachlaufbahn Naturwissenschaft und Technik, fachlicher Schwerpunkt bautechnischer und umweltfachlicher Verwaltungsdienst, qualifiziert ist, und mit sonstigen geeigneten Fachkräften ausreichend besetzt

ist. [2]Solche Bauvorhaben bedürfen der Zustimmung der Regierung (Zustimmungsverfahren). [3]Die Zustimmung der Regierung entfällt, wenn
1. die Gemeinde nicht widerspricht,
2. die Nachbarn dem Bauvorhaben zustimmen und
3. keine Öffentlichkeitsbeteiligung nach Art. 66a Abs. 2 vorgeschrieben ist.

[4]Keiner Baugenehmigung, Genehmigungsfreistellung oder Zustimmung bedürfen unter den Voraussetzungen des Satzes 1 Baumaßnahmen in oder an bestehenden Gebäuden, soweit sie nicht zur Erweiterung des Bauvolumens oder zu einer der Genehmigungspflicht unterliegenden Nutzungsänderung führen.

(2) [1]Der Antrag auf Zustimmung ist bei der Regierung einzureichen. [2]Die Regierung prüft
1. die Übereinstimmung des Bauvorhabens mit den Vorschriften über die Zulässigkeit der baulichen Anlagen nach den §§ 29 bis 38 BauGB und den Regelungen örtlicher Bauvorschriften im Sinn des Art. 81 Abs. 1 sowie
2. andere öffentlich-rechtliche Anforderungen, soweit wegen der Zustimmung eine Entscheidung nach anderen öffentlich-rechtlichen Vorschriften entfällt, ersetzt oder eingeschlossen wird.

[3]Sie führt eine Öffentlichkeitsbeteiligung nach Art. 66a Abs. 2 durch. [4]Die Regierung entscheidet über Abweichungen von den nach Satz 2 zu prüfenden sowie sonstigen Vorschriften, soweit sie drittschützend sind; darüber hinaus bedarf die Zulässigkeit von Ausnahmen, Befreiungen und Abweichungen keiner bauaufsichtlichen Entscheidung. [5]Die Gemeinde ist vor Erteilung der Zu-

stimmung zu hören; § 36 Abs. 2 Satz 2 Halbsatz 1 BauGB gilt entsprechend. [6]Im Übrigen sind die Vorschriften über das Genehmigungsverfahren entsprechend anzuwenden.

(3) [1]Die Baudienststelle trägt die Verantwortung dafür, dass die Errichtung, die Änderung, die Nutzungsänderung und die Beseitigung baulicher Anlagen den öffentlich-rechtlichen Vorschriften entsprechen; die Verantwortung für die Unterhaltung baulicher Anlagen trägt die Baudienststelle nur, wenn und solang sie der für die Anlage Verantwortliche ausschließlich ihr überträgt. [2]Die Baudienststelle kann Sachverständige in entsprechender Anwendung der Art. 62a Abs. 2, Art. 62b Abs. 2 und Art. 77 Abs. 2 sowie der auf Grund des Art. 80 Abs. 2 erlassenen Rechtsverordnung heranziehen. [3]Die Verantwortung des Unternehmers (Art. 52) bleibt unberührt.

(4) [1]Bauvorhaben, die der Landesverteidigung, dienstlichen Zwecken der Bundespolizei oder dem zivilen Bevölkerungsschutz dienen, sind vor Baubeginn mit Bauvorlagen in dem erforderlichen Umfang der Regierung zur Kenntnis zu bringen; Abs. 1 Satz 3 gilt entsprechend. [2]Im Übrigen wirken die Bauaufsichtsbehörden nicht mit.

(5) [1]Für nicht verfahrensfreie Bauvorhaben der Landkreise und Gemeinden gelten die Abs. 1 Sätze 2 bis 4 sowie die Abs. 2 und 3 entsprechend, soweit der Landkreis oder die Gemeinde mindestens mit einem Bediensteten, der für ein Amt ab der Besoldungsgruppe A 14 in der Fachlaufbahn Naturwissenschaft und Technik, fachlicher Schwerpunkt bautechnischer und umweltfachlicher Verwaltungsdienst, qualifiziert ist, und mit sonstigen geeigneten Fachkräften ausreichend besetzt ist und diesen Bediensteten die Leitung der Entwurfsarbeiten und die Bauüberwachung übertragen sind. [2]An Stelle der Regierung ist die untere Bauaufsichtsbehörde zuständig.

Art. 73a Typengenehmigung. (1) [1]Für bauliche Anlagen, die mehrfach in derselben Ausführung errichtet werden sollen, erteilt die oberste Bauaufsichtsbehörde eine allgemeine bautechnische Genehmigung (Typengenehmigung), wenn diese den Anforderungen dieses Gesetzes entsprechen. [2]Für bauliche Anlagen, die in unterschiedlicher Ausführung, aber nach einem bestimmten System aus Bauteilen errichtet werden sollen, gilt Satz 1 mit der Maßgabe entsprechend, dass die Zulässigkeit der Veränderbarkeit festgelegt wird.

(2) [1]Regelt die Typengenehmigung Anforderungen an die Standsicherheit, den Brand-, Schall- und Erschütterungsschutz und stellt sie fest, welche dieser Anforderungen eingehalten sind, gilt sie insoweit als bautechnischer Nachweis im Sinn von Art. 62 bis 62b. [2]Art. 81a Abs. 1 Satz 2 gilt mit der Maßgabe entsprechend, dass Art. 15 Abs. 2 und Art. 17 keine Anwendung finden. [3]Art. 63 gilt entsprechend.

(3) [1]Der Antrag ist schriftlich bei der obersten Bauaufsichtsbehörde einzureichen. [2]Die Typengenehmigung bedarf der Schriftform. [3]Sie wird befristet für die Dauer von fünf Jahren erteilt. [4]Die Frist kann auf schriftlichen Antrag jeweils bis zu fünf Jahre verlängert werden.

(4) Vergleichbare Typengenehmigungen anderer Länder gelten auch im Freistaat Bayern.

(5) Eine Typengenehmigung entbindet nicht von der Verfahrenspflicht nach Art. 58 bis 60.

Abschnitt IV

Bauaufsichtliche Maßnahmen

Art. 74 Verbot unrechtmäßig gekennzeichneter Bauprodukte. Sind Bauprodukte entgegen Art. 21 mit dem Ü-Zeichen gekennzeichnet, kann die Bauaufsichtsbehörde die Verwendung dieser Bauprodukte untersagen und deren Kennzeichnung entwerten oder beseitigen lassen.

Art. 75 Einstellung von Arbeiten. (1) [1]Werden Anlagen im Widerspruch zu öffentlich-rechtlichen Vorschriften errichtet, geändert oder beseitigt, kann die Bauaufsichtsbehörde die Einstellung der Arbeiten anordnen. [2]Das gilt auch dann, wenn

1. die Ausführung eines Bauvorhabens entgegen den Vorschriften des Art. 68 Abs. 6 begonnen wurde oder
2. bei der Ausführung
   a) eines genehmigungsbedürftigen Bauvorhabens von den genehmigten Bauvorlagen,
   b) eines genehmigungsfreigestellten Bauvorhabens von den eingereichten Unterlagen

   abgewichen wird,
3. Bauprodukte verwendet werden, die entgegen der Verordnung (EU) Nr. 305/2011 keine CE-Kennzeichnung oder entgegen Art. 21 kein Ü-Zeichen tragen,
4. Bauprodukte verwendet werden, die unberechtigt mit der CE-Kennzeichnung oder entgegen Art. 21 Abs. 2 Satz 2 dem Ü-Zeichen gekennzeichnet sind.

(2) Werden unzulässige Arbeiten trotz einer verfügten Einstellung fortgesetzt, kann die Bauaufsichtsbehörde die Baustelle versiegeln oder die an der Baustelle vorhandenen Bauprodukte, Geräte, Maschinen und Bauhilfsmittel in amtlichen Gewahrsam bringen.

Art. 76 Beseitigung von Anlagen, Nutzungsuntersagung. [1]Werden Anlagen im Widerspruch zu öffentlich-rechtlichen Vorschriften errichtet oder geändert, so kann die Bauaufsichtsbehörde die teilweise oder vollständige Beseitigung der Anlagen anordnen, wenn nicht auf andere Weise rechtmäßige Zustände hergestellt werden können. [2]Werden Anlagen im Widerspruch zu öffentlich-rechtlichen Vorschriften genutzt, so kann diese Nutzung untersagt werden. [3]Die Bauaufsichtsbehörde kann verlangen, dass ein Bauantrag gestellt wird.

Abschnitt V

Bauüberwachung

Art. 77 Bauüberwachung. (1) Die Bauaufsichtsbehörde kann die Einhaltung der öffentlich-rechtlichen Vorschriften und Anforderungen und die ordnungsgemäße Erfüllung der Pflichten der am Bau Beteiligten überprüfen.

(2) [1]Die Bauaufsichtsbehörde sowie nach Maßgabe der Rechtsverordnung gemäß Art. 80 Abs. 2 der Prüfingenieur, das Prüfamt oder der Prüfsachverständige überwachen die Bauausführung bei baulichen Anlagen
1. nach Art. 62a Abs. 2 hinsichtlich des von ihr oder ihm geprüften oder bescheinigten Standsicherheitsnachweises,
2. nach Art. 62b Abs. 2 hinsichtlich des von ihr oder ihm geprüften oder bescheinigten Brandschutznachweises.

[2]Bei Gebäuden der Gebäudeklasse 4, ausgenommen Sonderbauten sowie Mittel- und Großgaragen im Sinn der Rechtsverordnung nach Art. 80 Abs. 1 Satz 1 Nr. 3, ist die mit dem Brandschutznachweis übereinstimmende Bauausführung vom Nachweisersteller oder einem anderen Nachweisberechtigten im Sinn des Art. 62b Abs. 1 zu bestätigen. [3]Wird die Bauausführung durch einen Prüfsachverständigen bescheinigt oder nach Satz 2 bestätigt, gelten insoweit die jeweiligen bauaufsichtlichen Anforderungen als eingehalten.

(3) [1]Bei nicht oder nur zum vorübergehenden Aufenthalt einzelner Personen bestimmten oberirdischen eingeschossigen Gebäuden im Sinn des Art. 62a Abs. 2 Satz 3 Nr. 1 ist der Ersteller des Standsicherheitsnachweises nach Art. 62a Abs. 1 auch für die Einhaltung der bauaufsichtlichen Anforderungen an die Standsicherheit bei der Bauausführung verantwortlich; benennt der Bauherr der Bauaufsichtsbehörde einen anderen Tragwerksplaner im Sinn des Art. 62a Abs. 1, ist dieser verantwortlich.

(4) Im Rahmen der Bauüberwachung können Proben von Bauprodukten, soweit erforderlich, auch aus fertigen Bauteilen zu Prüfzwecken entnommen werden.

(5) Im Rahmen der Bauüberwachung ist jederzeit Einblick in die Genehmigungen, Zulassungen, Prüfzeugnisse, Übereinstimmungszertifikate, Zeugnisse und Aufzeichnungen über die Prüfungen von Bauprodukten, in die CE-Kennzeichnungen und Leistungserklärungen nach der Verordnung (EU) Nr. 305/2011, in die Bautagebücher und andere vorgeschriebene Aufzeichnungen zu gewähren.

(6) Rechtsverstöße gegen die Verordnung (EU) Nr. 305/2011 sollen die Bauaufsichtsbehörde oder der Prüfsachverständige der für die Marktüberwachung zuständigen Stelle mitteilen.

Art. 78 Bauzustandsanzeigen, Aufnahme der Nutzung. (1) [1]Die Bauaufsichtsbehörde, der Prüfingenieur, das Prüfamt oder der Prüfsachverständige kann verlangen, dass ihm Beginn und Beendigung bestimmter Bauarbeiten angezeigt werden. [2]Die Bauarbeiten dürfen erst fortgesetzt werden, wenn die Bauaufsichtsbehörde, der Prüfingenieur, das Prüfamt oder der Prüfsachverständige der Fortführung der Bauarbeiten zugestimmt hat.

(2) [1]Der Bauherr hat die beabsichtigte Aufnahme der Nutzung einer nicht verfahrensfreien baulichen Anlage mindestens zwei Wochen vorher der Bauaufsichtsbehörde anzuzeigen. [2]Mit der Anzeige nach Satz 1 sind vorzulegen
1. bei Bauvorhaben nach Art. 62a Abs. 2 Satz 1 eine Bescheinigung des Prüfsachverständigen über die ordnungsgemäße Bauausführung hinsichtlich der Standsicherheit,
2. bei Bauvorhaben nach Art. 62b Abs. 2 Satz 1 eine Bescheinigung des Prüfsachverständigen über die ordnungsgemäße Bauausführung hinsichtlich des Brandschutzes (Art. 77 Abs. 2 Satz 1), soweit kein Fall des Art. 62b Abs. 2 Satz 1 Alternative 2 vorliegt,
3. in den Fällen des Art. 77 Abs. 2 Satz 2 die jeweilige Bestätigung.

[3]Eine bauliche Anlage darf erst benutzt werden, wenn sie selbst, Zufahrtswege, Wasserversorgungs- und Abwasserentsorgungs- sowie Gemeinschaftsanlagen in dem erforderlichen Umfang sicher benutzbar sind, nicht jedoch vor dem in Satz 1 bezeichneten Zeitpunkt.

(3) Feuerstätten dürfen erst in Betrieb genommen werden, wenn der bevollmächtigte Bezirksschornsteinfeger die Tauglichkeit und die sichere Benutzbarkeit der Abgasanlagen bescheinigt hat; ortsfeste Verbrennungsmotoren und Blockheizkraftwerke dürfen erst dann in Betrieb genommen werden, wenn er die Tauglichkeit und sichere Benutzbarkeit der Leitungen zur Abführung von Verbrennungsgasen bescheinigt hat.

SECHSTER TEIL

Ordnungswidrigkeiten, Rechtsvorschriften

Art. 79 Ordnungswidrigkeiten. (1) [1]Mit Geldbuße bis zu fünfhunderttausend Euro kann belegt werden, wer vorsätzlich oder fahrlässig
1. einem Gebot oder Verbot einer Rechtsverordnung nach Art. 80 Abs. 1 bis 4 oder Art. 80a oder einer Satzung nach Art. 81 Abs. 1 oder einer vollziehbaren Anordnung der Bauaufsichtsbehörde auf Grund einer solchen Rechtsverordnung oder Satzung zuwiderhandelt, sofern die Rechtsverordnung oder die Satzung für einen bestimmten Tatbestand auf diese Bußgeldvorschrift verweist,
2. einer vollziehbaren schriftlichen Anordnung der Bauaufsichtsbehörde auf Grund dieses Gesetzes zuwiderhandelt,
3. entgegen Art. 9 Abs. 1 eine Baustelle nicht ordnungsgemäß einrichtet, entgegen Art. 9 Abs. 2 Verkehrsflächen, Versorgungs-, Abwasserbeseitigungs- oder Meldeanlagen, Grundwassermessstellen, Vermessungszeichen, Abmarkungszeichen oder Grenzzeichen nicht schützt oder zugänglich hält oder entgegen Art. 9 Abs. 3 ein Schild nicht oder nicht ordnungsgemäß anbringt,

4. Bauprodukte entgegen Art. 21 Abs. 2 Satz 1 ohne Ü-Zeichen verwendet,
5. Bauarten entgegen Art. 15 Abs. 2 Satz 1 ohne Bauartgenehmigung oder entgegen Art. 15 Abs. 3 Satz 1 ohne allgemeines bauaufsichtliches Prüfzeugnis für Bauarten anwendet,
6. entgegen Art. 21 Abs. 2 Satz 2 ein Ü-Zeichen nicht oder nicht ordnungsgemäß anbringt,
7. als Verfügungsberechtigter entgegen Art. 5 Abs. 2 Satz 1 Halbsatz 2 Zu- oder Durchfahrten, Aufstellflächen oder Bewegungsflächen nicht frei hält,
8. entgegen Art. 55 Abs. 1, Art. 63 Abs. 1 Satz 1 oder Art. 70 bauliche Anlagen errichtet, ändert oder benutzt oder entgegen Art. 57 Abs. 5 Satz 2 eine Beseitigung nicht oder nicht rechtzeitig anzeigt,
9. entgegen Art. 58 Abs. 2 Satz 5 und 6, auch in Verbindung mit Satz 7, mit der Ausführung eines Bauvorhabens beginnt,
10. entgegen Art. 72 Abs. 2 Satz 1 fliegende Bauten aufstellt oder einer nach Art. 72 Abs. 2 Satz 3 mit einer Ausführungsgenehmigung verbundenen vollziehbaren Auflage zuwiderhandelt oder entgegen Art. 72 Abs. 5 Satz 1 die Aufstellung eines fliegenden Baus nicht oder nicht rechtzeitig anzeigt oder entgegen Art. 72 Abs. 5 Satz 2 einen fliegenden Bau in Gebrauch nimmt,
11. entgegen Art. 68 Abs. 6, auch in Verbindung mit Art. 57 Abs. 5 Satz 5, mit der Bauausführung, der Ausführung eines Bauabschnitts oder der Beseitigung einer Anlage beginnt, entgegen Art. 78 Abs. 1 Bauarbeiten fortsetzt, entgegen Art. 78 Abs. 2 Satz 1 in Verbindung mit Satz 2 die Aufnahme der Nutzung nicht, nicht rechtzeitig oder nicht richtig anzeigt oder entgegen Art. 78 Abs. 3 Feuerstätten, Verbrennungsmotoren oder Blockheizkraftwerke in Betrieb nimmt,
12. entgegen Art. 68 Abs. 8 den Ausführungsbeginn oder die Wiederaufnahme der Bauarbeiten nicht oder nicht rechtzeitig mitteilt,
13. entgegen Art. 50 Abs. 1 Satz 1 keine geeigneten Beteiligten bestellt oder entgegen Art. 50 Abs. 1 Satz 5 eine Mitteilung nicht oder nicht rechtzeitig erstattet oder entgegen Art. 50 Abs. 1 Satz 4 oder entgegen Art. 52 Abs. 1 Satz 2 und 3 die erforderlichen Nachweise und Unterlagen nicht bereithält.

[2]Ist eine Ordnungswidrigkeit nach Satz 1 Nrn. 9 bis 11 begangen worden, können Gegenstände, auf die sich die Ordnungswidrigkeit bezieht, eingezogen werden; § 23 des Gesetzes über Ordnungswidrigkeiten (OWiG) ist anzuwenden.

(2) Mit einer Geldbuße bis zu fünfhunderttausend Euro belegt werden kann ferner, wer

1. vorsätzlich oder fahrlässig unrichtige Angaben macht oder unrichtige Pläne oder Unterlagen vorlegt, um einen nach diesem Gesetz vorgesehenen Verwaltungsakt zu erwirken oder zu verhindern,
2. vorsätzlich oder fahrlässig unrichtige Angaben in dem Kriterienkatalog nach Art. 62a Abs. 2 Satz 1 macht,

3. ohne dazu berechtigt zu sein, bautechnische Nachweise im Sinn des Art. 57 Abs. 5 Satz 3, des Art. 62 Abs. 1 Satz 1 oder des Art. 78 Abs. 2 Satz 2 erstellt, bescheinigt oder bestätigt,
4. als Prüfsachverständiger unrichtige Bescheinigungen über die Einhaltung bauordnungsrechtlicher Anforderungen ausstellt.

Art. 80 Rechtsverordnungen. (1) [1]Zur Verwirklichung der in Art. 3 Satz 1, Art. 15 Abs. 1 und Art. 16 Abs. 2 Satz 1 bezeichneten Anforderungen wird das Staatsministerium für Wohnen, Bau und Verkehr ermächtigt, durch Rechtsverordnung Vorschriften zu erlassen über
1. die nähere Bestimmung allgemeiner Anforderungen der Art. 4 bis 46,
2. Anforderungen an Feuerungsanlagen (Art. 40),
3. Anforderungen an Garagen (Art. 2 Abs. 8),
4. besondere Anforderungen oder Erleichterungen, die sich aus der besonderen Art oder Nutzung der baulichen Anlagen für Errichtung, Änderung, Unterhaltung, Betrieb und Nutzung ergeben (Art. 2 Abs. 4), sowie über die Anwendung solcher Anforderungen auf bestehende bauliche Anlagen dieser Art,
5. Erst-, Wiederholungs- und Nachprüfung von Anlagen, die zur Verhütung erheblicher Gefahren oder Nachteile ständig ordnungsgemäß unterhalten werden müssen, und die Erstreckung dieser Nachprüfungspflicht auf bestehende Anlagen,
6. die Anwesenheit fachkundiger Personen beim Betrieb technisch schwieriger baulicher Anlagen und Einrichtungen wie Bühnenbetriebe und technisch schwierige fliegende Bauten einschließlich des Nachweises der Befähigung dieser Personen.

[2]In diesen Rechtsverordnungen kann wegen der technischen Anforderungen auf Bekanntmachungen besonders sachverständiger Stellen mit Angabe der Fundstelle verwiesen werden.

(2) [1]Das Staatsministerium für Wohnen, Bau und Verkehr wird ermächtigt, durch Rechtsverordnung Vorschriften zu erlassen über
1. Prüfingenieure und Prüfämter, denen bauaufsichtliche Prüfaufgaben einschließlich der Bauüberwachung und der Bauzustandsbesichtigung übertragen werden, sowie
2. Prüfsachverständige, die im Auftrag des Bauherrn oder des sonstigen nach Bauordnungsrecht Verantwortlichen die Einhaltung bauordnungsrechtlicher Anforderungen prüfen und bescheinigen.

[2]Die Rechtsverordnungen nach Satz 1 regeln, soweit erforderlich,
1. die Fachbereiche und die Fachrichtungen, in denen Prüfingenieure, Prüfämter und Prüfsachverständige tätig werden,
2. die Anerkennungsvoraussetzungen und das Anerkennungsverfahren,
3. Erlöschen, Rücknahme und Widerruf der Anerkennung einschließlich der Festlegung einer Altersgrenze,
4. die Aufgabenerledigung,
5. die Vergütung.

[3]Das Staatsministerium für Wohnen, Bau und Verkehr kann durch Rechtsverordnung ferner
1. den Leitern und stellvertretenden Leitern von Prüfämtern die Stellung eines Prüfsachverständigen nach Satz 1 Nr. 2 zuweisen,
2. soweit für bestimmte Fachbereiche und Fachrichtungen Prüfsachverständige nach Satz 1 Nr. 2 noch nicht in ausreichendem Umfang anerkannt sind, anordnen, dass die von solchen Prüfsachverständigen zu prüfenden und zu bescheinigenden bauordnungsrechtlichen Anforderungen bauaufsichtlich geprüft werden können,
3. soweit Tragwerksplaner oder Brandschutzplaner nach Art. 62 Abs. 3 noch nicht in ausreichendem Umfang eingetragen sind, anordnen, dass die Standsicherheits- oder Brandschutznachweise bauaufsichtlich geprüft werden und die Bauausführung bauaufsichtlich überwacht wird.

(3) [1]Das Staatsministerium für Wohnen, Bau und Verkehr wird ermächtigt, durch Rechtsverordnung Vorschriften für eine Zusatzqualifikation im Sinn des Art. 62a Abs. 1 zu erlassen, die bezogen auf die Bauvorhaben nach Art. 61 Abs. 3 Satz 1 ausreichende Kenntnisse und Fertigkeiten hinsichtlich Standsicherheit, Schall-, Wärme- und baulichen Brandschutz sicherstellen. [2]Dabei können insbesondere geregelt werden
1. die Notwendigkeit einer staatlichen Anerkennung, die die erfolgreiche Ablegung der Prüfung voraussetzt,
2. die Voraussetzungen, die Inhalte und das Verfahren für diese Prüfung,
3. das Verfahren sowie die Voraussetzungen der Anerkennung, ihren Widerruf, ihre Rücknahme und ihr Erlöschen,
4. Weiter- und Fortbildungserfordernisse sowie
5. die Maßnahmen bei Pflichtverletzungen.

(4) [1]Das Staatsministerium für Wohnen, Bau und Verkehr wird ermächtigt, durch Rechtsverordnung Vorschriften zu erlassen über
1. Umfang, Inhalt und Zahl der erforderlichen Unterlagen einschließlich der Vorlagen bei der Anzeige der beabsichtigten Beseitigung von Anlagen nach Art. 57 Abs. 5 Satz 2 und bei der Genehmigungsfreistellung nach Art. 58,
2. die erforderlichen Anträge, Anzeigen, Nachweise, Bescheinigungen und Bestätigungen, auch bei verfahrensfreien Bauvorhaben,
3. das Verfahren im Einzelnen.

[2]Es kann dabei für verschiedene Arten von Bauvorhaben unterschiedliche Anforderungen und Verfahren festlegen.

(5) Das Staatsministerium für Wohnen, Bau und Verkehr wird ermächtigt, durch Rechtsverordnung
1. die Zuständigkeit für die vorhabenbezogene Bauartgenehmigung nach Art. 15 Abs. 2 Satz 1 Nr. 2 und den Verzicht darauf nach Art. 15 Abs. 4 sowie die Zustimmung im Einzelfall nach Art. 20 auf ihm unmittelbar nachgeordnete Behörden zu übertragen,
2. die Zuständigkeit für die Anerkennung von Prüf-, Zertifizierungs- und Überwachungsstellen nach Art. 23 Abs. 3 auf das Deutsche Institut für Bautechnik zu übertragen,

3. das Ü-Zeichen festzulegen und zu diesem Zeichen zusätzliche Angaben zu verlangen,
4. das Anerkennungsverfahren nach Art. 23 Abs. 3, die Voraussetzungen für die Anerkennung, ihre Rücknahme, ihren Widerruf und ihr Erlöschen zu regeln, insbesondere auch Altersgrenzen festzulegen, sowie eine ausreichende Haftpflichtversicherung zu fordern,
5. die Anwendbarkeit der Art. 15 Abs. 2, Art. 17 bis 23 für bestimmte Bauprodukte und Bauarten, auch soweit sie Anforderungen nach anderen Rechtsvorschriften unterliegen, hinsichtlich dieser Anforderungen ganz oder teilweise vorzuschreiben, wenn die anderen Rechtsvorschriften dies verlangen oder zulassen,
6. besondere Sachkunde- und Sorgfaltsanforderungen nach Art. 22, insbesondere auch Mindestanforderungen an die Ausbildung, die durch Prüfung nachzuweisende Befähigung und die Ausbildungsstätten einschließlich der Anerkennungsvoraussetzungen zu stellen,
7. zu bestimmen, dass Ausführungsgenehmigungen für fliegende Bauten nur durch bestimmte Bauaufsichtsbehörden oder durch von ihm bestimmte Stellen erteilt werden, und die Vergütung dieser Stellen zu regeln.

(6) [1]Das Staatsministerium für Wohnen, Bau und Verkehr wird ermächtigt, durch Rechtsverordnung zu bestimmen, dass die Anforderungen der auf Grund des § 34 des Produktsicherheitsgesetzes (ProdSG) und des § 49 Abs. 4 des Energiewirtschaftsgesetzes erlassenen Rechtsverordnungen entsprechend für Anlagen gelten, die weder gewerblichen noch wirtschaftlichen Zwecken dienen und in deren Gefahrenbereich auch keine Arbeitnehmer beschäftigt werden. [2]Es kann auch die Verfahrensvorschriften dieser Rechtsverordnungen für anwendbar erklären oder selbst das Verfahren bestimmen sowie Zuständigkeiten und Gebühren regeln. [3]Dabei kann es auch vorschreiben, dass danach zu erteilende Erlaubnisse die Baugenehmigung einschließlich der zugehörigen Abweichungen einschließen und dass § 35 Abs. 2 ProdSG insoweit Anwendung findet.

(7) [1]Das Staatsministerium für Wohnen, Bau und Verkehr wird ermächtigt, durch Rechtsverordnung die zuständigen Behörden zur Durchführung
1. des Baugesetzbuchs,
2. des § 6b Abs. 9 des Einkommensteuergesetzes,
3. der Verordnung (EG) Nr. 765/2008, der Verordnung (EU) Nr. 305/2011 und des Bauproduktengesetzes

in den jeweils geltenden Fassungen zu bestimmen, soweit nicht durch Bundesgesetz oder Landesgesetz etwas anderes vorgeschrieben ist. [2]Die Zuständigkeiten nach Satz 1 Nr. 3 können auch auf das Deutsche Institut für Bautechnik übertragen werden.

Art. 80a Digitale Baugenehmigung, digitale Verfahren. [1]Die Staatsregierung wird ermächtigt, zur Digitalisierung der Baugenehmigung oder anderer bauaufsichtlicher Verfahren durch Rechtsverordnung räumlich bestimmte Abweichungen von den durch oder aufgrund dieses Gesetzes bestehenden Zuständigkeits-, Verfahrens- und Formvorschriften vorzusehen. [2]Abweichungen nach Satz 1 für Zuständigkeits- und Verfahrensvorschriften können sich auch auf die Einreichung in Papierform erstrecken. [3]Soweit die Festlegung des örtlichen Anwendungsbereichs einer Rechtsverordnung nach Satz 1 und 2 betroffen ist, kann die Staatsregierung die Ermächtigung nach Satz 1 und 2 durch Rechtsverordnung auf das Staatsministerium für Wohnen, Bau und Verkehr übertragen.

Art. 81 Örtliche Bauvorschriften. (1) Die Gemeinden können durch Satzung im eigenen Wirkungskreis örtliche Bauvorschriften erlassen
1. über besondere Anforderungen an die äußere Gestaltung von baulichen Anlagen zur Erhaltung und Gestaltung des Ortsbildes, insbesondere zur Begrünung von Gebäuden,
2. über das Verbot der Errichtung von Werbeanlagen aus ortsgestalterischen Gründen,
3. über die Lage, Größe, Beschaffenheit, Ausstattung und Unterhaltung von Spielplätzen, die Art der Erfüllung sowie über die Ablöse der Pflicht (Art. 7 Abs. 3),
4. über Zahl, Größe und Beschaffenheit der Stellplätze für Kraftfahrzeuge und der Abstellplätze für Fahrräder, einschließlich der Ausstattung mit Elektroladestationen, des Mehrbedarfs bei Änderungen und Nutzungsänderungen der Anlagen, der Berücksichtigung örtlicher Infrastruktur sowie die Ablösung der Herstellungspflicht und die Höhe der Ablösungsbeträge, die nach Art der Nutzung und Lage der Anlage unterschiedlich geregelt werden kann,
5. über die Gestaltung der Plätze für bewegliche Abfallbehälter, die Gestaltung und Bepflanzung der unbebauten Flächen der bebauten Grundstücke sowie über die Notwendigkeit, Art, Gestaltung und Höhe von Einfriedungen; dabei kann bestimmt werden, dass Vorgärten nicht als Arbeitsflächen oder Lagerflächen benutzt werden dürfen,
6. über von Art. 6 abweichende Maße der Abstandsflächentiefe,
   a) eine Erhöhung auf bis zu 1,0 H, mindestens 3 m, insbesondere, wenn dies die Erhaltung des Ortsbildes im Gemeindegebiet oder in Teilen des Gemeindegebiets bezweckt oder der Verbesserung oder Erhaltung der Wohnqualität dient,
   b) eine Verkürzung auf bis zu 0,4 H, mindestens 3 m, in Gemeinden mit mehr als 250 000 Einwohnern, wenn eine ausreichende Belichtung und Belüftung sowie der Brandschutz gewährleistet sind,
7. in Gebieten, in denen es für das Straßen- und Ortsbild oder für den Lärmschutz oder die Luftreinhaltung bedeutsam oder erforderlich ist, darüber, dass auf den nicht überbaubaren Flächen der bebauten Grundstücke Bäume nicht beseitigt oder beschädigt werden dürfen, und dass die Flächen nicht unterbaut werden dürfen.

(2) [1]Örtliche Bauvorschriften können auch durch Bebauungsplan oder, soweit das Baugesetzbuch dies vorsieht, durch andere Satzungen nach den Vor-

schriften des Baugesetzbuchs erlassen werden. [2]In diesen Fällen sind, soweit das Baugesetzbuch kein abweichendes Verfahren regelt, die Vorschriften des Ersten und des Dritten Abschnitts des Ersten Teils, des Ersten Abschnitts des Zweiten Teils des Ersten Kapitels, die §§ 13, 13a, 13b, 30, 31, 33, 36, 214 und 215 BauGB entsprechend anzuwenden.

(3) [1]Anforderungen nach den Abs. 1 und 2 können in der Satzung auch zeichnerisch gestellt werden. [2]Die zeichnerischen Darstellungen können auch dadurch bekannt gemacht werden, dass sie bei der erlassenden Behörde zur Einsicht ausgelegt werden. [3]Hierauf ist in der Satzung hinzuweisen.

Art. 81a Technische Baubestimmungen. (1) [1]Die vom Staatsministerium für Wohnen, Bau und Verkehr öffentlich bekanntgemachten Technischen Baubestimmungen sind zu beachten. [2]Von den Technischen Baubestimmungen kann abgewichen werden, wenn mit einer anderen Lösung in gleichem Maße die allgemeinen Anforderungen des Art. 3 Satz 1 erfüllt werden und in der Technischen Baubestimmung eine Abweichung nicht ausgeschlossen ist; Art. 15 Abs. 2 und Art. 17 bleiben unberührt. [3]Werden die allgemein anerkannten Regeln der Baukunst und Technik beachtet, gelten die entsprechenden bauaufsichtlichen Anforderungen dieses Gesetzes und der auf Grund dieses Gesetzes erlassenen Vorschriften als eingehalten.

(2) Zur Sicherstellung der Anforderungen nach Art. 3 Satz 1, Art. 15 Abs. 1 und Art. 16 Abs. 2 Satz 1 können im Rahmen der Technischen Baubestimmungen im erforderlichen Umfang Regelungen getroffen werden in Bezug auf

1. bestimmte bauliche Anlagen oder ihre Teile,
2. die Planung, Bemessung und Ausführung baulicher Anlagen und ihrer Teile,
3. die Leistung von Bauprodukten in bestimmten baulichen Anlagen oder ihren Teilen, insbesondere
   a) Planung, Bemessung und Ausführung baulicher Anlagen bei Einbau eines Bauprodukts,
   b) Merkmale von Bauprodukten, die sich für einen Verwendungszweck auf die Erfüllung der Anforderungen nach Art. 3 Satz 1 auswirken,
   c) Verfahren für die Feststellung der Leistung eines Bauproduktes im Hinblick auf Merkmale, die sich für einen Verwendungszweck auf die Erfüllung der Anforderungen nach Art. 3 Satz 1 auswirken,
   d) zulässige oder unzulässige besondere Verwendungszwecke,
   e) die Festlegung von Klassen und Stufen in Bezug auf bestimmte Verwendungszwecke,
   f) die für einen bestimmten Verwendungszweck anzugebende oder erforderliche und anzugebende Leistung in Bezug auf ein Merkmal, das sich für einen Verwendungszweck auf die Erfüllung der Anforderungen nach Art. 3 Satz 1 auswirkt, soweit vorgesehen in Klassen und Stufen,
4. die Bauprodukte, die keines Verwendbarkeitsnachweises nach Art. 17 bedürfen,

5. die Bauarten und die Bauprodukte, die nur eines allgemeinen bauaufsichtlichen Prüfzeugnisses nach allgemein anerkannten Prüfverfahren nach Art. 15 Abs. 3 oder Art. 19 bedürfen,
6. Voraussetzungen zur Abgabe der Übereinstimmungserklärung für ein Bauprodukt nach Art. 21,
7. die Art, den Inhalt und die Form technischer Dokumentation.

SIEBTER TEIL

Ausführungsbestimmungen zum Baugesetzbuch

Art. 82 Windenergie und Nutzungsänderung ehemaliger landwirtschaftlicher Gebäude. (1) § 35 Abs. 1 Nr. 5 BauGB findet auf Vorhaben, die der Erforschung, Entwicklung oder Nutzung der Windenergie dienen, nur Anwendung, wenn diese Vorhaben einen Mindestabstand vom 10-fachen ihrer Höhe zu Wohngebäuden in Gebieten mit Bebauungsplänen (§ 30 BauGB), innerhalb im Zusammenhang bebauter Ortsteile (§ 34 BauGB) – sofern in diesen Gebieten Wohngebäude nicht nur ausnahmsweise zulässig sind – und im Geltungsbereich von Satzungen nach § 35 Abs. 6 BauGB einhalten.*

(2) [1]Höhe im Sinn des Abs. 1 ist die Nabenhöhe zuzüglich Radius des Rotors. [2]Der Abstand bemisst sich von der Mitte des Mastfußes bis zum nächstgelegenen Wohngebäude, das im jeweiligen Gebiet im Sinn des Abs. 1 zulässigerweise errichtet wurde bzw. errichtet werden kann.**

(3) Soll auf einem gemeindefreien Gebiet ein Vorhaben nach Abs. 1 errichtet werden und würde der in Abs. 1 beschriebene Mindestabstand auch entsprechende Wohngebäude auf dem Gebiet einer Nachbargemeinde einschließen, gilt hinsichtlich dieser Gebäude der Schutz der Abs. 1 und 2, solange und soweit die Gemeinde nichts anderes in einem ortsüblich bekannt gemachten Beschluss feststellt.

(4) Abs. 1 und 2 finden keine Anwendung,
1. wenn in einem Flächennutzungsplan für Vorhaben der in Abs. 1 beschriebenen Art vor dem 21. November 2014 eine Darstellung für die Zwecke des § 35 Abs. 3 Satz 3 BauGB erfolgt ist,
2. soweit und sobald die Gemeinde der Fortgeltung der Darstellung nicht bis einschließlich 21. Mai 2015 in einem ortsüblich bekannt gemachten Beschluss widerspricht und
3. soweit und sobald auch eine betroffene Nachbargemeinde der Fortgeltung der Darstellung nicht bis einschließlich 21. Mai 2015 in einem ortsüblich bekannt gemachten Beschluss widerspricht; als betroffen gilt dabei eine Nachbargemeinde, deren Wohngebäude in Gebieten im Sinn des Abs. 1 in

* *Beachte Art. 83 Abs. 1.*
** *Beachte Art. 83 Abs. 1.*

einem geringeren Abstand als dem 10-fachen der Höhe der Windkraftanlagen, sofern der Flächennutzungsplan jedoch keine Regelung enthält, maximal in einem Abstand von 2 000 m, stehen.

(5) Die Frist nach § 35 Abs. 4 Satz 1 Nr. 1 Buchst. c BauGB ist nicht anzuwenden.

ACHTER TEIL

Übergangs- und Schlussvorschriften

Art. 83 Übergangsvorschriften. (1) Art. 82 Abs. 1 und 2 findet keine Anwendung auf Anlagen zur Erforschung, Entwicklung oder Nutzung der Windenergie, soweit

1. vor Ablauf des 4. Februar 2014 bei der zuständigen Behörde ein vollständiger Antrag auf Genehmigung eingegangen ist, oder
2. die Anlage am selben Standort mit gleicher, geringfügig höherer oder niedrigerer Höhe statt einer anderen Anlage errichtet wurde, die mit Ablauf des 20. November 2014 zwar noch nicht errichtet aber entweder bereits genehmigt oder nach Nr. 1 genehmigungsfähig war.

(2) Bis zum Ablauf des 31. August 2018 für Bauarten erteilte allgemeine bauaufsichtliche Zulassungen oder Zustimmungen im Einzelfall gelten als Bauartgenehmigung fort.

(3) Als Tragwerksplaner im Sinn des Art. 62a Abs. 1 gelten die im Sinn des Art. 68 Abs. 7 Satz 2 in der bis zum 31. Dezember 2007 geltenden Fassung Nachweisberechtigten.

(4) Als Brandschutzplaner im Sinn des Art. 62b Abs. 1 gelten die im Sinn des Art. 68 Abs. 7 Satz 3 in der bis zum 31. Dezember 2007 geltenden Fassung Nachweisberechtigten sowie die auf der Grundlage der Rechtsverordnung nach Art. 90 Abs. 9 in der bis zum 31. Dezember 2007 geltenden Fassung anerkannten verantwortlichen Sachverständigen für vorbeugenden Brandschutz.

(5) Art. 53 Abs. 1 Satz 2 in der bis zum 31. Dezember 2007 geltenden Fassung findet keine Anwendung im Geltungsbereich von Satzungen, die auf Grund von Art. 91 Abs. 2 Nr. 4 in der bis zum 31. Dezember 2007 geltenden Fassung erlassen worden sind.

(6) Soweit § 20 Abs. 1 BauNVO zur Begriffsbestimmung des Vollgeschosses auf Landesrecht verweist, gilt insoweit Art. 2 Abs. 5 in der bis zum 31. Dezember 2007 geltenden Fassung fort.

(7) Die Vorschriften zur Genehmigungsfiktion gemäß Art. 68 Abs. 2 gelten für ab dem 1. Mai 2021 eingereichte Bauanträge.

Art. 84 Inkrafttreten. [1]Dieses Gesetz tritt am 1. Oktober 1962 in Kraft.* [2]Die Vorschriften über die Ermächtigung zum Erlass von Rechtsverordnungen und von örtlichen Bauvorschriften treten jedoch bereits am 1. August 1962 in Kraft.

---

* *Diese Vorschrift betrifft das Inkrafttreten des Gesetzes in der ursprünglichen Fassung vom 1. August 1962 (GVBl. S. 179, ber. S. 250). Der Zeitpunkt des Inkrafttretens der späteren Änderungen ergibt sich aus den jeweiligen Änderungsgesetzen.*

Zuständigkeitsverordnung im Bauwesen (ZustVBau)

(BayRS 2130-3-I) vom 5. Juli 1994 (GVBl. S. 573),
zuletzt geändert durch Verordnung vom 16. Juni 2020 (GVBl. S. 310)

Es erlassen auf Grund von

1. § 19 Abs. 5 und § 203 Abs. 1 und 3 des Baugesetzbuchs (BauGB) in der Fassung der Bekanntmachung vom 27. August 1997 (BGBl. I S. 2141) die Bayerische Staatsregierung
2. § 11 Abs. 1, 2, 3 und 7, § 13 Abs. 1 und 2 sowie § 16 Abs. 4 des Bauproduktengesetzes (BauPG) vom 10. August 1992 (BGBl. I S. 1495), zuletzt geändert durch § 16 des Gesetzes vom 22. April 1997 (BGBl. I S. 934), Art. 59 Abs. 2 und 3, Art. 90 Abs. 7 und 8 und Art. 92 der Bayerischen Bauordnung (BayBO) in der Fassung der Bekanntmachung vom 4. August 1997 (GVBl. S. 433, BayRS 2132-1-I) das Bayerische Staatsministerium des Innern

folgende Verordnung:

INHALTSÜBERSICHT*

§ 1 Zuständigkeiten der Regierungen
§ 2 Zuständigkeiten der Landratsämter
§ 3 Zuständigkeiten für Enteignungen und vergleichbare Verfahren
§ 4 Zuständigkeit für die Bescheinigung nach § 6b Abs. 9 EStG
§ 5 Übertragung nach Art. 53 Abs. 2 BayBO
§ 6 Zuständigkeit für fliegende Bauten
§ 7 Vergütung
§ 8 Rechts- und Fachaufsicht
§ 9 Anerkennung von Prüf-, Überwachungs- und Zertifizierungsstellen
§ 10 Marktüberwachung
§ 11 Inkrafttreten, Außerkrafttreten

§ 1 Zuständigkeiten der Regierungen. (1) Die Regierung ist zuständige Behörde für die Zustimmung zur Beschränkung der Kosten- und Finanzierungsübersicht nach § 149 Abs. 4 Satz 1 BauGB.

(2) Die Regierung ist zuständige Behörde zum Erlaß von Rechtsverordnungen nach § 203 Abs. 1 BauGB; soweit Gemeinden aus verschiedenen Regierungsbezirken betroffen sind, ist das Staatsministerium für Wohnen, Bau und Verkehr zuständige Behörde.

§ 2 Zuständigkeiten der Landratsämter. (1) Die Genehmigung von Flächennutzungsplänen (§ 6 BauGB) und von Bebauungsplänen (§ 10 Abs. 2 Satz 1 BauGB) kreisangehöriger Gemeinden erteilen die Landratsämter.

(2) Absatz 1 gilt nicht für Flächennutzungspläne und Bebauungspläne der Großen Kreisstädte.

---

* *Inhaltsübersicht nicht amtlich.*

(3) Das Verlangen, daß bestimmte Verfahrensabschnitte wiederholt werden (§ 204 Abs. 3 Satz 3 BauGB), obliegt für kreisangehörige Gemeinden mit Ausnahme der in Abs. 2 genannten Gemeinden den Landratsämtern.

(4) Schließen sich Gemeinden, die demselben Landkreis angehören, zur Wahrnehmung von Aufgaben nach dem BauGB zusammen (gemäß §§ 204, 205 BauGB oder im Sinn von § 205 Abs. 6 BauGB), so obliegen die in Abs. 1 und 3 genannten Befugnisse ebenfalls den Landratsämtern, sofern diese jeweils gemäß Abs. 1 bis 3 im Fall jeder der beteiligten Gemeinden zuständig wären.

(5) [1]Die Landratsämter sind zuständige Behörden für die Erteilung der Abweichungen nach § 246 Abs. 14 BauGB. [2]Satz 1 gilt nicht für Vorhaben im Zuständigkeitsbereich Großer Kreisstädte und kreisfreier Gemeinden sowie für bauaufsichtliche Zustimmungen der Regierungen nach Art. 73 Abs. 1 BayBO.*

§ 3 Zuständigkeit für Enteignungen und vergleichbare Verfahren.**

(1) Enteignungen nach dem Baugesetzbuch und Verfahren, in denen die Enteignungsbehörde in entsprechender Anwendung der Vorschriften des Fünften Teils des Ersten Kapitels des Baugesetzbuchs zu entscheiden hat, führen die Kreisverwaltungsbehörden durch (Enteignungsbehörden).

(2) Ist in von Abs. 1 nicht erfaßten Fällen eine Entschädigung in Geld, durch Übernahme eines Grundstücks oder Begründung eines Rechts zu leisten, werden die Aufgaben der höheren Verwaltungsbehörde, die darüber mangels Einigung des Entschädigungsberechtigten und des Entschädigungsverpflichteten zu entscheiden hat, den Kreisverwaltungsbehörden übertragen (§ 18 Abs. 2 Satz 4, § 28 Abs. 6 Satz 3, § 43 Abs. 2 Satz 1, § 126 Abs. 2 Satz 2, § 150 Abs. 2, § 185 Abs. 2 Satz 2 und Abs. 3 Satz 3, § 209 Abs. 2 Satz 1 Halbsatz 2 BauGB).

(3) Die Zustimmung zum Antrag auf Durchführung einer Unternehmensflurbereinigung (§ 190 Abs. 1 Satz 1 BauGB) erteilt die Kreisverwaltungsbehörde.

§ 4 Zuständigkeit für die Bescheinigung nach § 6b Abs. 9 EStG. Die unteren Bauaufsichtsbehörden sind zuständige Behörden für die Bescheinigung nach § 6b Abs. 9 des Einkommensteuergesetzes.

§ 5 Übertragung nach Art. 53 Abs. 2 BayBO. (1) Die Aufgaben der unteren Bauaufsichtsbehörde im Sinn von Art. 53 Abs. 2 Satz 1 Nr. 1 BayBO werden den Städten Burghausen, Feuchtwangen, Friedberg, Sulzbach-Rosenberg,

---

* *Beachte § 11 Satz 2.*

** *Die Überschrift des § 3 ZustVBau wurde in der Inhaltsübersicht durch § 1 Nr. 1 der Verordnung zur Änderung der Zuständigkeitsverordnung im Bauwesen vom 12. Juli 2016 (GVBl. S. 191) geändert. Eine Anpassung der amtlichen Überschrift im Normtext ist nicht erfolgt.*

Waldkraiburg und Alzenau i. UFr. sowie dem Markt Garmisch-Partenkirchen und der Gemeinde Vaterstetten übertragen.

(2) Die Aufgaben der unteren Bauaufsichtsbehörde im Sinn von Art. 53 Abs. 2 Satz 1 Nr. 2 BayBO werden den Städten Neustadt a. d. Aisch, Pfaffenhofen a. d. Ilm, Waldsassen, Bad Wörishofen und Wunsiedel übertragen.

§ 6 Zuständigkeit für fliegende Bauten. Zur Entscheidung über die Ausführungsgenehmigung für fliegende Bauten nach Art. 72 Abs. 2 BayBO sind

– die TÜV SÜD Industrie Service GmbH, München, für die Regierungsbezirke Oberbayern, Niederbayern, Oberpfalz und Schwaben und
– die LGA (Landesgewerbeanstalt Bayern), Nürnberg, für die Regierungsbezirke Oberfranken, Mittelfranken und Unterfranken zuständig.

§ 7 Vergütung. (1) [1]Der TÜV SÜD Industrie Service GmbH, München und der LGA (Landesgewerbeanstalt Bayern) steht für Amtshandlungen im Vollzug von Art. 72 BayBO eine Vergütung zu. [2]Die Vergütung besteht aus Gebühren und Auslagen.

(2) [1]Die Höhe der Gebühren bemisst sich nach dem dieser Verordnung als **Anlage*** beigefügten Verzeichnis. [2]Soweit sich die Gebühr nach dem Zeitaufwand bestimmt, ist die Zeit anzusetzen, die unter regelmäßigen Verhältnissen von einer entsprechend ausgebildeten Fachkraft benötigt wird. [3]Für jede Arbeitsstunde wird ein Betrag von 1,552 v.H. des Monatsgrundgehalts eines Staatsbeamten in der Endstufe der Besoldungsgruppe A 15 zuzüglich der gesetzlichen Umsatzsteuer berechnet; angefangene Arbeitsstunden werden zeitanteilig verrechnet. [4]Der Betrag ist auf volle Euro aufzurunden. [5]Bei der Abnahme von fliegenden Bauten im Rahmen der Erteilung der Ausführungsgenehmigung kann bei dringlichen vom Benutzer veranlassten Arbeiten an Samstagen oder an Sonn- und Feiertagen ein Zuschlag bis zu 70 v.H. und bei Nachtarbeit ein Zuschlag bis zu 40 v.H. erhoben werden.

(3) Als Auslagen werden die Reisekosten nach den für Landesbeamte geltenden Vorschriften und die anderen Behörden oder anderen Personen für ihre Tätigkeit zustehenden Beträge erhoben.

(4) Im übrigen findet der Erste Abschnitt des Kostengesetzes entsprechende Anwendung.

§ 8 Rechts- und Fachaufsicht. Beim Vollzug von Art. 72 BayBO führt die Regierung von Oberbayern die Aufsicht über die TÜV SÜD Industrie Service GmbH, München, die Regierung von Mittelfranken die Aufsicht über die LGA (Landesgewerbeanstalt Bayern).

§ 9 Anerkennung von Prüf-, Überwachungs- und Zertifizierungsstellen. Das Deutsche Institut für Bautechnik in Berlin ist zuständige Behörde für die

---

* *Nicht abgedruckt.*

Anerkennung von Prüf-, Überwachungs- und Zertifizierungsstellen nach § 7 Abs. 1 der Verordnung über das Inverkehrbringen von Heizkesseln und Geräten nach dem Bauproduktengesetz (BauPGHeizkesselV) und nach Art. 23 Abs. 3 BayBO.

§ 10 Marktüberwachung. (1) Marktüberwachungsbehörden sind
1. die Kreisverwaltungsbehörden oder, wenn ein Bauprodukt nur im bauaufsichtlichen Bereich zur Verwendung kommt, die Gemeinden nach § 5 Abs. 1 (untere Marktüberwachungsbehörden),
2. die Landesbaudirektion Bayern (höhere Marktüberwachungsbehörde),
3. das Staatsministerium für Wohnen, Bau und Verkehr (oberste Marktüberwachungsbehörde),
4. das Deutsche Institut für Bautechnik (gemeinsame Marktüberwachungsbehörde).

(2) [1]Die Marktüberwachungsbehörden nehmen die Aufgaben und Befugnisse wahr nach
1. Kapitel III der Verordnung (EG) Nr. 765/2008 bezüglich Bauprodukten im Sinn des Art. 16 Abs. 1 Satz 2 BayBO,
2. dem Produktsicherheitsgesetz (ProdSG), soweit es auf die Marktüberwachung nach dem Bauproduktengesetz Anwendung findet,
3. der Verordnung (EU) Nr. 305/2011 und
4. dem Bauproduktengesetz.

[2]Die Aufgaben der Marktüberwachung sind Staatsaufgaben; für die Gemeinden sind sie übertragene Aufgaben. [3]Die Aufsicht über die gemeinsame Marktüberwachungsbehörde richtet sich nach Art. 5 des DIBt-Abkommens.

(3) [1]Die untere Marktüberwachungsbehörde ist zuständig für die Untersagung des Inverkehrbringens und des Warenverkehrs mit Bauprodukten und die Entwertung oder Beseitigung ihrer Kennzeichnung mit der CE-Kennzeichnung oder mit dieser verwechselbaren Zeichen nach Kapitel IV der Verordnung (EG) Nr. 765/2008 in Verbindung mit Art. 8 der Verordnung (EU) Nr. 305/2011. [2]Die höhere Marktüberwachungsbehörde ist zuständig für
1. Marktüberwachungsmaßnahmen nach Art. 19 Abs. 1 der Verordnung (EG) Nr. 765/2008,
2. Maßnahmen zum Vollzug von Anordnungen der obersten Marktüberwachungsbehörde.

[3]Im Übrigen ist die oberste Marktüberwachungsbehörde zuständig. [4]Die oberste Marktüberwachungsbehörde führt die Fachaufsicht über die höhere Marktüberwachungsbehörde und die unteren Marktüberwachungsbehörden; bei Gefahr im Verzug stehen ihr auch die Befugnisse der höheren Marktüberwachungsbehörde zu.

(4) Die gemeinsame Marktüberwachungsbehörde ist zuständig
1. für die einheitliche Prüfung und Bewertung von Bauprodukten in technischer Hinsicht,
2. in Fällen, in denen Bauprodukte nach den Anforderungen der Verordnung (EU) Nr. 305/2011 die in Bezug auf die wesentlichen Merkmale erklärte

Leistung nicht erbringen oder eine Gefahr im Sinn des Art. 58 der Verordnung (EU) Nr. 305/2011 darstellen, Maßnahmen nach Art. 56 und 58 der Verordnung (EU) Nr. 305/2011, nach § 26 ProdSG und Art. 16, 19, 20, 28 und 29 der Verordnung (EG) Nr. 765/2008 zu ergreifen.

(5) [1]Stellt eine Marktüberwachungsbehörde nach Abs. 1 Satz 1 Nr. 1 bis 3 fest, dass Maßnahmen nach Abs. 3 in Betracht kommen, gibt sie die Sachbehandlung für das Bauprodukt an die gemeinsame Marktüberwachungsbehörde ab. [2]Die ausschließliche Zuständigkeit der gemeinsamen Marktüberwachungsbehörde für das Bauprodukt beginnt mit dem Zugang der Abgabeerklärung; das gilt auch für eine Zuständigkeit der gemeinsamen Marktüberwachungsbehörde für ein Bauprodukt, die durch eine Abgabeerklärung eines anderen Landes begründet worden ist. [3]Die Zuständigkeit der Marktüberwachungsbehörden bei Gefahr im Verzug bleibt unberührt.

(6) Verwaltungsakte der gemeinsamen Marktüberwachungsbehörde gelten auch im Freistaat Bayern.

(7) Die Vollstreckung von Verwaltungsakten der gemeinsamen Marktüberwachungsbehörde obliegt, abweichend von Art. 30 Abs. 1 des Verwaltungszustellungs- und Vollstreckungsgesetzes, der höheren Marktüberwachungsbehörde.

§ 11 Inkrafttreten, Außerkrafttreten. [1]Diese Verordnung tritt am 1. September 1994 in Kraft.* [2]§ 2 Abs. 5 tritt mit Ablauf des 31. Dezember 2019 außer Kraft.

Anlage (zu § 7 Abs. 2 Satz 1)**

---

* *Diese Vorschrift betrifft das Inkrafttreten der Verordnung in der ursprünglichen Fassung vom 5. Juli 1994 (GVBl. S. 573). Der Zeitpunkt des Inkrafttretens der späteren Änderungen ergibt sich aus den jeweiligen Änderungsverordnungen.*

** *Nicht abgedruckt.*

Gesetz über die Aufgaben und Befugnisse der Bayerischen Polizei (Polizeiaufgabengesetz – PAG)

(BayRS 2012-1-1-I)
in der Fassung der Bekanntmachung vom 14. September 1990 (GVBl. S. 397),
zuletzt geändert durch Gesetz vom 23. Juli 2021 (GVBl. S. 418).

INHALTSÜBERSICHT*

I. Abschnitt
Allgemeine Vorschriften

Art. 1 Begriff der Polizei
Art. 2 Aufgaben der Polizei
Art. 3 Verhältnis zu anderen Behörden
Art. 4 Grundsatz der Verhältnismäßigkeit
Art. 5 Ermessen, Wahl der Mittel
Art. 6 Ausweispflicht des Polizeibeamten
Art. 7 Verantwortlichkeit für das Verhalten von Personen
Art. 8 Verantwortlichkeit für den Zustand von Sachen
Art. 9 Unmittelbare Ausführung einer Maßnahme
Art. 10 Inanspruchnahme nicht verantwortlicher Personen

II. Abschnitt
Befugnisse der Polizei

Art. 11 Allgemeine Befugnisse
Art. 11a Allgemeine Befugnisse bei drohender Gefahr.
Art. 12 Auskunftspflicht
Art. 13 Identitätsfeststellung und Prüfung von Berechtigungsscheinen
Art. 14 Erkennungsdienstliche Maßnahmen
Art. 15 Vorladung
Art. 16 Platzverweis, Kontaktverbot, Aufenthalts- und Meldeanordnung
Art. 17 Gewahrsam
Art. 18 Richterliche Entscheidung
Art. 19 Behandlung festgehaltener Personen
Art. 20 Dauer der Freiheitsentziehung
Art. 21 Durchsuchung von Personen
Art. 22 Durchsuchung von Sachen
Art. 23 Betreten und Durchsuchen von Wohnungen
Art. 24 Verfahren bei der Durchsuchung von Wohnungen
Art. 25 Sicherstellung
Art. 26 Verwahrung sichergestellter Sachen
Art. 27 Verwertung und Vernichtung sichergestellter Sachen
Art. 28 Beendigung der Sicherstellung, Kosten
Art. 29 *(aufgehoben)*

III. Abschnitt
Datenverarbeitung

Art. 30 Allgemeine Grundsätze

1. Unterabschnitt
Datenerhebung

Art. 31 Grundsätze der Datenerhebung
Art. 32 Datenerhebung
Art. 32a Molekulargenetische Untersuchung bei Spurenmaterial unbekannter Herkunft

2. Unterabschnitt
Besondere Befugnisse und Maßnahmen der Datenerhebung

Art. 33 Offene Bild- und Tonaufnahmen
Art. 34 Elektronische Aufenthaltsüberwachung
Art. 35 Postsicherstellung

---

* *Inhaltsübersicht nicht amtlich.*

Art. 36 Besondere Mittel der Datenerhebung
Art. 37 Einsatz Verdeckter Ermittler
Art. 38 Einsatz von Vertrauenspersonen
Art. 39 Automatisierte Kennzeichenerkennungssysteme
Art. 40 Ausschreibung zur polizeilichen Beobachtung
Art. 41 Einsatz technischer Mittel in Wohnungen
Art. 42 Eingriffe in den Telekommunikationsbereich
Art. 43 Mitwirkungspflichten der Diensteanbieter
Art. 44 Besondere Verfahrensregelungen für Maßnahmen nach den Art. 42 und 43
Art. 45 Verdeckter Zugriff auf informationstechnische Systeme
Art. 46 Rasterfahndung
Art. 47 Einsatz von unbemannten Luftfahrtsystemen
Art. 47a Überwindung besonderer Sicherungen
Art. 48 Weiterverarbeitung von Daten, Datenübermittlung, Kennzeichnung und Sicherung
Art. 49 Schutz von Berufsgeheimnisträgern und des Kernbereichs privater Lebensgestaltung
Art. 50 Benachrichtigungspflichten
Art. 51 Protokollierung, Kontrolle durch den Landesbeauftragten für den Datenschutz
Art. 52 Parlamentarische Kontrolle, Unterrichtung der Öffentlichkeit

3. Unterabschnitt
Datenspeicherung, -übermittlung und sonstige Datenverarbeitung

Art. 53 Allgemeine Regeln der Datenspeicherung und sonstigen Datenverarbeitung
Art. 54 Speicherung, Veränderung und Nutzung von Daten
Art. 55 Allgemeine Regelungen der Datenübermittlung
Art. 56 Übermittlung an öffentliche Stellen im Inland
Art. 57 Übermittlung an öffentliche Stellen der Mitgliedstaaten und an Organisationen der Europäischen Union
Art. 58 Übermittlung an öffentliche Stellen in Drittstaaten und an internationale Organisationen
Art. 59 Übermittlung an nichtöffentliche Stellen
Art. 60 Datenempfang durch die Polizei
Art. 60a Zuverlässigkeitsüberprüfung
Art. 61 Datenabgleich innerhalb der Polizei
Art. 62 Berichtigung, Löschung und Verarbeitungseinschränkung von Daten
Art. 63 Automatisiertes Abrufverfahren
Art. 64 Errichtungsanordnung für Dateien, Datenschutz-Folgenabschätzung
Art. 65 Auskunftsrecht

4. Unterabschnitt
Anwendung des Bayerischen Datenschutzgesetzes

Art. 66 Anwendung des Bayerischen Datenschutzgesetzes

IV. Abschnitt
Vollzugshilfe

Art. 67 Vollzugshilfe
Art. 68 Verfahren
Art. 69 Vollzugshilfe bei Freiheitsentziehung

V. Abschnitt
Zwang

1. Unterabschnitt
Erzwingung von Handlungen, Duldungen und Unterlassungen

Art. 70 Zulässigkeit des Verwaltungszwangs
Art. 71 Zwangsmittel
Art. 72 Ersatzvornahme
Art. 73 Zwangsgeld
Art. 74 Ersatzzwangshaft
Art. 75 Unmittelbarer Zwang
Art. 76 Androhung der Zwangsmittel

2. Unterabschnitt
Anwendung unmittelbaren Zwangs

Art. 77 Rechtliche Grundlagen
Art. 78 Begriffsbestimmung
Art. 79 Handeln auf Anordnung

Art. 80 Hilfeleistung für Verletzte
Art. 81 Androhung unmittelbaren Zwangs
Art. 82 Fesselung von Personen
Art. 83 Allgemeine Vorschriften für den Schußwaffengebrauch
Art. 84 Schußwaffengebrauch gegen Personen
Art. 85 Schußwaffengebrauch gegen Personen in einer Menschenmenge
Art. 86 Besondere Waffen, Sprengmittel

VI. Abschnitt
Entschädigungs-, Erstattungs- und Ersatzansprüche

Art. 87 Entschädigungsanspruch
Art. 88 Erstattungsanspruch
Art. 89 Ersatzanspruch
Art. 90 Rechtsweg

VII. Abschnitt
Opferschutz

Art. 91 Opferschutzmaßnahmen
Art. 92 Verwendung personenbezogener Daten bei Opferschutz

VIII. Abschnitt
Kostenwesen

Art. 93 Verhältnis zum Kostengesetz, Verordnungsermächtigung

IX. Abschnitt
Richtervorbehalte; gerichtliches Verfahren

Art. 94 Richtervorbehalte
Art. 95 Gefahr im Verzug
Art. 96 Verfahren für gerichtliche Entscheidungen; Wegfall der Anordnungsvoraussetzungen
Art. 97 Richterliche Entscheidung bei Freiheitsentziehung; anwaltlicher Vertreter
Art. 98 Zuständigkeit für gerichtliche Entscheidungen
Art. 99 Beschwerde, Rechtsbeschwerde

X. Abschnitt
Schlussbestimmungen

Art. 100 Einschränkung von Grundrechten
Art. 101 Übergangsbestimmungen
Art. 102 Inkrafttreten, Außerkrafttreten

I. Abschnitt

Allgemeine Vorschriften

Art. 1 Begriff der Polizei. Polizei im Sinn dieses Gesetzes sind die im Vollzugsdienst tätigen Dienstkräfte der Polizei des Freistaates Bayern.

Art. 2 Aufgaben der Polizei. (1) Die Polizei hat die Aufgabe, die allgemein oder im Einzelfall bestehenden Gefahren für die öffentliche Sicherheit oder Ordnung abzuwehren.

(2) Im Rahmen ihrer Aufgabe nach Abs. 1 obliegt der Polizei der Schutz privater Rechte nach diesem Gesetz nur dann, wenn gerichtlicher Schutz nicht rechtzeitig zu erlangen ist und wenn ohne polizeiliche Hilfe die Verwirklichung des Rechts vereitelt oder wesentlich erschwert werden würde.

(3) Die Polizei leistet anderen Behörden und den Gerichten Vollzugshilfe (Art. 67 bis 69).

(4) Die Polizei hat ferner die Aufgaben zu erfüllen, die ihr durch andere Rechtsvorschriften übertragen sind.

Art. 3 Verhältnis zu anderen Behörden. Die Polizei wird tätig, soweit ihr die Abwehr der Gefahr durch eine andere Behörde nicht oder nicht rechtzeitig möglich erscheint.

Art. 4 Grundsatz der Verhältnismäßigkeit. (1) Von mehreren möglichen und geeigneten Maßnahmen hat die Polizei diejenige zu treffen, die den einzelnen und die Allgemeinheit am wenigsten beeinträchtigt.

(2) Eine Maßnahme darf nicht zu einem Nachteil führen, der zu dem erstrebten Erfolg erkennbar außer Verhältnis steht.

(3) Eine Maßnahme ist nur so lange zulässig, bis ihr Zweck erreicht ist oder sich zeigt, daß er nicht erreicht werden kann.

Art. 5 Ermessen, Wahl der Mittel. (1) Die Polizei trifft ihre Maßnahmen nach pflichtgemäßem Ermessen.

(2) [1]Kommen zur Abwehr einer Gefahr mehrere Mittel in Betracht, so genügt es, wenn eines davon bestimmt wird. [2]Dem Betroffenen ist auf Antrag zu gestatten, ein anderes ebenso wirksames Mittel anzuwenden, sofern die Allgemeinheit dadurch nicht stärker beeinträchtigt wird.

Art. 6 Ausweispflicht des Polizeibeamten. [1]Auf Verlangen des von einer Maßnahme Betroffenen hat der Polizeibeamte sich auszuweisen, soweit der Zweck der Maßnahme dadurch nicht beeinträchtigt wird. [2]Das Nähere wird durch Dienstvorschrift geregelt.

Art. 7 Verantwortlichkeit für das Verhalten von Personen. (1) Verursacht eine Person eine Gefahr, so sind die Maßnahmen gegen sie zu richten.

(2) [1]Ist die Person noch nicht 14 Jahre alt oder ist für sie wegen einer psychischen Krankheit oder einer geistigen oder seelischen Behinderung zur Besorgung aller ihrer Angelegenheiten ein Betreuer bestellt, können Maßnahmen auch gegen die Person gerichtet werden, die zur Aufsicht über sie verpflichtet ist. [2]Dies gilt auch, wenn der Aufgabenkreis des Betreuers die in § 1896 Abs. 4 und § 1905 des Bürgerlichen Gesetzbuchs (BGB) bezeichneten Angelegenheiten nicht erfaßt.

(3) Verursacht eine Person, die zu einer Verrichtung bestellt ist, die Gefahr in Ausführung der Verrichtung, so können Maßnahmen auch gegen die Person gerichtet werden, die die andere zu der Verrichtung bestellt hat.

(4) Die Abs. 1 bis 3 sind nicht anzuwenden, soweit andere Vorschriften dieses Gesetzes oder andere Rechtsvorschriften bestimmen, gegen wen eine Maßnahme zu richten ist.

Art. 8 Verantwortlichkeit für den Zustand von Sachen. (1) Geht von einer Sache eine Gefahr aus, so sind die Maßnahmen gegen den Inhaber der tatsächlichen Gewalt zu richten.

(2) [1]Maßnahmen können auch gegen den Eigentümer oder einen anderen Berechtigten gerichtet werden. [2]Das gilt nicht, wenn der Inhaber der tatsächlichen Gewalt diese ohne den Willen des Eigentümers oder Berechtigten ausübt.

(3) Geht die Gefahr von einer herrenlosen Sache aus, so können die Maßnahmen gegen denjenigen gerichtet werden, der das Eigentum an der Sache aufgegeben hat.

(4) Art. 7 Abs. 4 gilt entsprechend.

Art. 9 Unmittelbare Ausführung einer Maßnahme. (1) [1]Die Polizei kann eine Maßnahme selbst oder durch einen Beauftragten ausführen, wenn der Zweck der Maßnahme durch Inanspruchnahme der nach den Art. 7 oder 8 Verantwortlichen nicht oder nicht rechtzeitig erreicht werden kann. [2]Der von der Maßnahme Betroffene ist unverzüglich zu unterrichten.

Art 70 II

(2) Für die unmittelbare Ausführung einer Maßnahme werden von den nach Art. 7 oder 8 Verantwortlichen Kosten erhoben.

Art. 10 Inanspruchnahme nicht verantwortlicher Personen. (1) Die Polizei kann Maßnahmen gegen andere Personen als die nach den Art. 7 oder 8 Verantwortlichen richten, wenn
1. eine gegenwärtige erhebliche Gefahr abzuwehren ist,
2. Maßnahmen gegen die nach den Art. 7 oder 8 Verantwortlichen nicht oder nicht rechtzeitig möglich sind oder keinen Erfolg versprechen,
3. die Polizei die Gefahr nicht oder nicht rechtzeitig selbst oder durch Beauftragte abwehren kann und
4. die Personen ohne erhebliche eigene Gefährdung und ohne Verletzung höherwertiger Pflichten in Anspruch genommen werden können.

(2) Die Maßnahmen nach Abs. 1 dürfen nur aufrechterhalten werden, solange die Abwehr der Gefahr nicht auf andere Weise möglich ist.

(3) Art. 7 Abs. 4 gilt entsprechend.

II. Abschnitt

Befugnisse der Polizei

Art. 11 Allgemeine Befugnisse. (1) [1]Die Polizei kann die notwendigen Maßnahmen treffen, um eine im einzelnen Fall bestehende Gefahr für die öffentliche Sicherheit oder Ordnung abzuwehren, soweit nicht die Art. 12 bis 65 die Befugnisse der Polizei besonders regeln. [2]Unter einer solchen konkreten Gefahr (Gefahr) ist eine Sachlage zu verstehen, die bei ungehindertem Ablauf des objektiv zu erwartenden Geschehens im Einzelfall mit hinreichender Wahrscheinlichkeit zu einer Verletzung von Schutzgütern der öffentlichen Sicherheit oder Ordnung führt.

(2) [1]Eine Maßnahme im Sinn des Abs. 1 kann die Polizei insbesondere dann treffen, wenn sie notwendig ist, um

1. Straftaten, Ordnungswidrigkeiten oder verfassungsfeindliche Handlungen zu verhüten oder zu unterbinden,
2. durch solche Handlungen verursachte Zustände zu beseitigen oder
3. Gefahren abzuwehren oder Zustände zu beseitigen, die Leben, Gesundheit oder die Freiheit der Person oder die Sachen, deren Erhaltung im öffentlichen Interesse geboten erscheint, bedrohen oder verletzen.

[2]Straftaten im Sinn dieses Gesetzes sind rechtswidrige Taten, die den Tatbestand eines Strafgesetzes verwirklichen. [3]Ordnungswidrigkeiten im Sinn dieses Gesetzes sind rechtswidrige Taten, die den Tatbestand einer Ordnungswidrigkeit verwirklichen. [4]Verfassungsfeindlich im Sinn des Satzes 1 Nr. 1 ist eine Handlung, die darauf gerichtet ist, die verfassungsmäßige Ordnung der Bundesrepublik Deutschland oder eines ihrer Länder auf verfassungswidrige Weise zu stören oder zu ändern, ohne eine Straftat oder Ordnungswidrigkeit zu verwirklichen.

(3) [1]Zur Erfüllung der Aufgaben, die der Polizei durch andere Rechtsvorschriften zugewiesen sind (Art. 2 Abs. 4), hat sie die dort vorgesehenen Befugnisse. [2]Soweit solche Rechtsvorschriften Befugnisse der Polizei nicht regeln, hat sie die Befugnisse, die ihr nach diesem Gesetz zustehen.

Art. 11a Allgemeine Befugnisse bei drohender Gefahr. (1) Wenn die Voraussetzungen des Art. 11 Abs. 1 und 2 nicht vorliegen, kann die Polizei die notwendigen Maßnahmen treffen, um den Sachverhalt aufzuklären und die Entstehung einer Gefahr für ein bedeutendes Rechtsgut zu verhindern, wenn im Einzelfall

1. das individuelle Verhalten einer Person die konkrete Wahrscheinlichkeit begründet oder
2. Vorbereitungshandlungen für sich oder zusammen mit weiteren bestimmten Tatsachen den Schluss auf ein seiner Art nach konkretisiertes Geschehen zulassen,

wonach in absehbarer Zeit Angriffe von erheblicher Intensität oder Auswirkung zu erwarten sind (drohende Gefahr), soweit nicht die Art. 12 bis 65 die Befugnisse der Polizei besonders regeln.

(2) Bedeutende Rechtsgüter sind

1. der Bestand oder die Sicherheit des Bundes oder eines Landes,
2. Leben, Gesundheit oder Freiheit,
3. die sexuelle Selbstbestimmung, soweit sie durch Straftatbestände geschützt ist, die im Mindestmaß mit wenigstens drei Monaten Freiheitsstrafe bedroht sind, oder
4. Anlagen der kritischen Infrastruktur sowie Kulturgüter von mindestens überregionalem Rang.

Art. 12 Auskunftspflicht. [1]Auf Befragen durch die Polizei ist eine Person verpflichtet, Name, Vorname, Tag und Ort der Geburt, Wohnanschrift und

Staatsangehörigkeit anzugeben, wenn anzunehmen ist, daß sie sachdienliche Angaben machen kann, die zur Erfüllung einer bestimmten polizeilichen Aufgabe erforderlich sind. [2]Zu weiteren Auskünften gegenüber der Polizei ist die Person nur verpflichtet, soweit für sie gesetzliche Handlungspflichten bestehen. [3]Für die Dauer der Befragung kann die Person angehalten werden.

Art. 13 Identitätsfeststellung und Prüfung von Berechtigungsscheinen.

(1) Die Polizei kann die Identität einer Person feststellen

1. zur Abwehr
   a) einer Gefahr oder
   b) einer drohenden Gefahr für ein bedeutendes Rechtsgut,
2. wenn die Person sich an einem Ort aufhält,
   a) von dem auf Grund tatsächlicher Anhaltspunkte anzunehmen ist, daß dort
      aa) Personen Straftaten verabreden, vorbereiten oder verüben,
      bb) sich Personen ohne erforderliche Aufenthaltserlaubnis treffen, oder
      cc) sich Straftäter verbergen, oder
   b) an dem Personen der Prostitution nachgehen, oder
   c) der als Unterkunft oder dem sonstigen, auch vorübergehenden Aufenthalt von Asylbewerbern und unerlaubt Aufhältigen dient,
3. wenn sie sich in einer Verkehrs- oder Versorgungsanlage oder -einrichtung, einem öffentlichen Verkehrsmittel, Amtsgebäude oder einem anderen besonders gefährdeten Objekt oder in unmittelbarer Nähe hiervon aufhält und Tatsachen die Annahme rechtfertigen, daß in oder an Objekten dieser Art Straftaten begangen werden sollen, durch die in oder an diesen Objekten befindliche Personen oder diese Objekte selbst unmittelbar gefährdet sind,
4. an einer polizeilichen Kontrollstelle, die eingerichtet worden ist,
   a) um Straftaten nach § 100a der Strafprozessordnung (StPO) oder Art. 20 Abs. 1 Nr. 1 und 3, Abs. 2 Nr. 5 bis 7 des Bayerischen Versammlungsgesetzes (BayVersG) zu verhüten, die aufgrund tatsächlicher Anhaltspunkte zu erwarten sind,
   b) um gefahrenträchtige Großereignisse zu schützen, oder
   c) zum Zwecke spezifischer polizeilicher Ermittlungsstrategien der Gefahrenabwehr,
5. im Grenzgebiet bis zu einer Tiefe von 30 km sowie auf Durchgangsstraßen (Bundesautobahnen, Europastraßen und andere Straßen von erheblicher Bedeutung für den grenzüberschreitenden Verkehr) und in öffentlichen Einrichtungen des internationalen Verkehrs zur Verhütung oder Unterbindung des unerlaubten Aufenthalts und zur Bekämpfung der grenzüberschreitenden Kriminalität oder
6. zum Schutz privater Rechte (Art. 2 Abs. 2).

(2) [1]Die Polizei kann zur Feststellung der Identität die erforderlichen Maßnahmen treffen. [2]Sie kann den Betroffenen insbesondere anhalten, ihn nach seinen Personalien befragen und verlangen, daß er mitgeführte Ausweispapiere zur Prüfung aushändigt und Kleidungsstücke sowie Gegenstände, die

eine Identitätsfeststellung verhindern oder erschweren, abnimmt. [3]Der Betroffene kann festgehalten werden, wenn die Identität auf andere Weise nicht oder nur unter erheblichen Schwierigkeiten festgestellt werden kann. [4]Im Fall einer Freiheitsentziehung hat die Polizei unverzüglich eine richterliche Entscheidung nach Art. 97 herbeizuführen. [5]Unter den Voraussetzungen von Satz 3 können der Betroffene sowie die von ihm mitgeführten Sachen durchsucht werden.

(3) Die Polizei kann verlangen, daß ein Berechtigungsschein zur Prüfung ausgehändigt wird, wenn der Betroffene auf Grund einer Rechtsvorschrift verpflichtet ist, diesen Berechtigungsschein mitzuführen.

Art. 14 Erkennungsdienstliche Maßnahmen. (1) Die Polizei kann erkennungsdienstliche Maßnahmen vornehmen, wenn
1. eine nach Art. 13 zulässige Identitätsfeststellung auf andere Weise nicht oder nur unter erheblichen Schwierigkeiten möglich ist,
2. trotz einer nach Art. 13 getroffenen Maßnahme der Identitätsfeststellung Zweifel über die Person oder die Staatsangehörigkeit bestehen,
3. dies zur vorbeugenden Bekämpfung von Straftaten erforderlich ist, weil der Betroffene verdächtig ist, eine Tat begangen zu haben, die mit Strafe bedroht ist und wegen der Art und Ausführung der Tat die Gefahr der Wiederholung besteht oder
4. dies zur Abwehr einer Gefahr oder einer drohenden Gefahr für ein bedeutendes Rechtsgut erforderlich ist.

(2) Erkennungsdienstliche Maßnahmen sind insbesondere
1. die Abnahme von Finger- und Handflächenabdrucken,
2. die Aufnahme von Lichtbildern,
3. die Feststellung äußerer körperlicher Merkmale,
4. Messungen.

(3) [1]Die Polizei kann dem Betroffenen zudem Körperzellen entnehmen und diese zur Feststellung des DNA-Identifizierungsmusters molekulargenetisch untersuchen, wenn dies zur Abwehr einer Gefahr für ein bedeutendes Rechtsgut erforderlich ist und andere erkennungsdienstliche Maßnahmen nicht hinreichend sind. [2]Die Entnahme von Körperzellen darf nur mit schriftlicher Einwilligung des Betroffenen oder auf Anordnung durch den Richter, die molekulargenetische Untersuchung nur auf Anordnung durch den Richter erfolgen. [3]Die einwilligende Person ist darüber zu belehren, für welchen Zweck die zu erhebenden Daten verwendet werden.

(4) [1]Die Polizei kann zur Feststellung der Identität einer hilflosen Person oder einer Leiche deren DNA-Identifizierungsmuster abgleichen, wenn die Feststellung der Identität auf andere Weise nicht oder nur unter erheblichen Schwierigkeiten möglich ist. [2]Zu diesem Zweck dürfen
1. der hilflosen Person oder Leiche Körperzellen entnommen,
2. Proben von Gegenständen mit Spurenmaterial einer relevanten Vergleichsperson genommen und

3. auf Anordnung durch den Richter die Proben nach den Nrn. 1 und 2 molekulargenetisch untersucht werden.

[3]Die DNA-Identifizierungsmuster können zum Zweck des Abgleichs in einer Datei gespeichert werden.

(5) [1]Ein körperlicher Eingriff darf nur von einem Arzt vorgenommen werden. [2]Die Körperzellen dürfen nur für die molekulargenetische Untersuchung nach Abs. 3 und Abs. 4 verwendet werden. [3]Die molekulargenetische Untersuchung darf sich allein auf das DNA-Identifizierungsmuster, im Falle des Abs. 4 soweit erforderlich auch auf das Geschlecht, erstrecken. [4]Anderweitige Untersuchungen oder anderweitige Feststellungen sind unzulässig. [5]Für die Durchführung der Untersuchungen gilt § 81f Abs. 2 StPO entsprechend.

(6) [1]Die Körperzellen sind unverzüglich, spätestens einen Monat nach der Untersuchung zu vernichten, es sei denn, sie dürfen nach anderen Rechtsvorschriften aufbewahrt werden oder werden benötigt

1. zur Verfolgung von Ordnungswidrigkeiten von erheblicher Bedeutung oder Straftaten,
2. zur Überprüfung der Rechtmäßigkeit der polizeilichen Maßnahme, wenn eine solche Überprüfung zu erwarten steht.

[2]Sind die Voraussetzungen nach den Abs. 1, 3 oder 4 entfallen, sind die erkennungsdienstlichen Unterlagen unverzüglich zu vernichten.

(7) [1]Der Betroffene kann festgehalten werden, wenn eine erkennungsdienstliche Maßnahme nach den Abs. 1 bis 4 auf andere Weise nicht oder nur unter erheblichen Schwierigkeiten durchgeführt werden kann. [2]Im Falle einer Freiheitsentziehung hat die Polizei unverzüglich eine richterliche Entscheidung nach Art. 97 herbeizuführen.

Art. 15 Vorladung. (1) Die Polizei kann eine Person schriftlich oder mündlich vorladen, wenn

1. Tatsachen die Annahme rechtfertigen, daß die Person sachdienliche Angaben machen kann, die für die Erfüllung einer bestimmten polizeilichen Aufgabe erforderlich sind, oder
2. das zur Durchführung erkennungsdienstlicher Maßnahmen oder einer elektronischen Aufenthaltsüberwachung erforderlich ist.

(2) [1]Bei der Vorladung soll deren Grund angegeben werden. [2]Bei der Festsetzung des Zeitpunkts soll auf den Beruf und die sonstigen Lebensverhältnisse des Betroffenen Rücksicht genommen werden.

(3) [1]Leistet eine betroffene Person der Vorladung ohne hinreichenden Grund keine Folge, so kann sie zwangsweise durchgesetzt werden,

1. wenn die Angaben zur Abwehr einer Gefahr oder einer drohenden Gefahr für Leben, Gesundheit oder Freiheit einer Person erforderlich sind, oder
2. zur Durchführung der in Abs. 1 Nr. 2 genannten Maßnahmen.

[2]Im Fall einer Freiheitsentziehung hat die Polizei unverzüglich eine richterliche Entscheidung nach Art. 97 herbeizuführen

(4) § 136a StPO gilt entsprechend.

Art. 16 Platzverweis, Kontaktverbot, Aufenthalts- und Meldeanordnung.
(1) [1]Die Polizei kann zur Abwehr
1. einer Gefahr oder
2. einer drohenden Gefahr für ein bedeutendes Rechtsgut

eine Person vorübergehend von einem Ort verweisen oder ihr vorübergehend das Betreten eines Orts verbieten. [2]Die Platzverweisung kann ferner gegen Personen angeordnet werden, die den Einsatz der Feuerwehr oder von Hilfs- oder Rettungsdiensten behindern.

(2) [1]Die Polizei kann zur Abwehr einer Gefahr oder einer drohenden Gefahr für ein bedeutendes Rechtsgut einer Person verbieten, ohne polizeiliche Erlaubnis
1. zu bestimmten Personen oder zu Personen einer bestimmten Gruppe Kontakt zu suchen oder aufzunehmen (Kontaktverbot) oder
2. wenn die Begehung von Straftaten droht,
   a) sich an bestimmte Orte oder in ein bestimmtes Gebiet zu begeben (Aufenthaltsverbot) oder
   b) ihren Wohn- oder Aufenthaltsort oder ein bestimmtes Gebiet zu verlassen (Aufenthaltsgebot).

[2]Unter den in Satz 1 Nr. 1 genannten Voraussetzungen kann sie eine Person auch verpflichten, in bestimmten zeitlichen Abständen bei einer Polizeidienststelle persönlich zu erscheinen (Meldeanordnung). [3]Die Anordnungen dürfen die Dauer von drei Monaten nicht überschreiten und können um jeweils längstens drei Monate verlängert werden. [4]Die Vorschriften des Versammlungsrechts bleiben unberührt.

Art. 17 Gewahrsam. (1) Die Polizei kann eine Person in Gewahrsam nehmen, wenn
1. das zum Schutz der Person gegen eine Gefahr für Leib oder Leben erforderlich ist, insbesondere weil die Person sich erkennbar in einem die freie Willensbestimmung ausschließenden Zustand oder sonst in hilfloser Lage befindet,
2. das unerläßlich ist, um die unmittelbar bevorstehende Begehung oder Fortsetzung einer Ordnungswidrigkeit von erheblicher Bedeutung für die Allgemeinheit oder einer Straftat zu verhindern; die Annahme, daß eine Person eine solche Tat begehen oder zu ihrer Begehung beitragen wird, kann sich insbesondere darauf stützen, daß
   a) die Person die Begehung der Tat angekündigt oder dazu aufgefordert hat oder Transparente oder sonstige Gegenstände mit einer solchen Aufforderung mit sich führt; dies gilt auch für Flugblätter solchen Inhalts, soweit sie in einer Menge mitgeführt werden, die zur Verteilung geeignet ist,
   b) bei der Person Waffen, Werkzeuge oder sonstige Gegenstände aufgefunden werden, die ersichtlich zur Tatbegehung bestimmt sind oder erfahrungsgemäß bei derartigen Taten verwendet werden, oder ihre Begleitperson solche Gegenstände mit sich führt und sie den Umständen nach hiervon Kenntnis haben mußte, oder

c) die Person bereits in der Vergangenheit mehrfach aus vergleichbarem Anlaß bei der Begehung von Ordnungswidrigkeiten von erheblicher Bedeutung für die Allgemeinheit oder Straftaten als Störer betroffen worden ist und nach den Umständen eine Wiederholung dieser Verhaltensweise zu erwarten ist;

3. dies zur Abwehr einer Gefahr für ein bedeutendes Rechtsgut unerlässlich ist,
4. dies unerlässlich ist, um Maßnahmen nach Art. 16 durchzusetzen, oder
5. einer Anordnung nach Art. 34 Abs. 1 Satz 1 nicht Folge geleistet wird.

(2) Die Polizei kann Minderjährige, die sich der Obhut der Sorgeberechtigten entzogen haben oder sich an Orten aufhalten, an denen ihnen eine sittliche Gefahr oder Verwahrlosung droht, in Gewahrsam nehmen, um sie den Sorgeberechtigten oder dem Jugendamt zuzuführen.

(3) Die Polizei kann eine Person, die aus dem Vollzug von Untersuchungshaft, Freiheitsstrafen oder freiheitsentziehenden Maßregeln der Besserung und Sicherung entwichen ist oder sich sonst ohne Erlaubnis außerhalb der Vollzugsanstalt aufhält, in Gewahrsam nehmen und in die Anstalt zurückbringen.

Art. 18 Richterliche Entscheidung. Wird einer Person aufgrund von Art. 17 die Freiheit entzogen, hat die Polizei unverzüglich eine richterliche Entscheidung nach Art. 97 herbeizuführen.

Art. 19 Behandlung festgehaltener Personen. (1) [1]Wird eine Person auf Grund von Art. 13 Abs. 2 Satz 3, Art. 14 Abs. 7, Art. 15 Abs. 3 oder Art. 17 festgehalten, ist ihr unverzüglich der Grund bekanntzugeben; sie ist über die ihr zustehenden Rechtsmittel zu belehren. [2]Zu der Belehrung gehört der Hinweis, daß eine etwaige Aussage freiwillig erfolgt.

(2) [1]Der festgehaltenen Person ist unverzüglich Gelegenheit zu geben, einen Angehörigen oder eine Person ihres Vertrauens zu benachrichtigen, soweit dadurch der Zweck der Freiheitsentziehung nicht gefährdet wird. [2]Unberührt bleibt die Benachrichtigungspflicht bei einer richterlichen Freiheitsentziehung. [3]Die Polizei hat die Benachrichtigung zu übernehmen, wenn die festgehaltene Person nicht in der Lage ist, von dem Recht nach Satz 1 Gebrauch zu machen und die Benachrichtigung ihrem mutmaßlichen Willen nicht widerspricht. [4]Ist die festgehaltene Person minderjährig oder ist für sie ein Betreuer mit dem Aufgabenkreis der Personensorge oder der Aufenthaltsbestimmung bestellt, so ist in jedem Fall unverzüglich der Betreuer oder derjenige zu benachrichtigen, dem die Sorge für die Person obliegt.

(3) [1]Die festgehaltene Person soll gesondert, insbesondere ohne ihre Einwilligung nicht in demselben Raum mit Straf- oder Untersuchungsgefangenen untergebracht werden. [2]Männer und Frauen sollen getrennt untergebracht werden. [3]Der festgehaltenen Person dürfen nur solche Beschränkungen auferlegt werden, die der Zweck der Freiheitsentziehung oder die Ordnung im Gewahr-

sam erfordert. [4]Art. 96 Abs. 1 und 2 des Bayerischen Strafvollzugsgesetzes (BayStVollzG) und hinsichtlich der Verwendung technischer Mittel zudem Art. 33 Abs. 6 gelten entsprechend.

Art. 20 Dauer der Freiheitsentziehung. (1) Die festgehaltene Person ist zu entlassen,

1. sobald der Grund für die Maßnahme der Polizei weggefallen ist,
2. wenn die Fortdauer der Freiheitsentziehung durch richterliche Entscheidung für unzulässig erklärt wird,
3. in jedem Fall spätestens bis zum Ende des Tages nach dem Ergreifen, wenn nicht vorher die Fortdauer der Freiheitsentziehung durch richterliche Entscheidung angeordnet ist.

(2) [1]In der richterlichen Entscheidung ist die höchstzulässige Dauer der Freiheitsentziehung zu bestimmen. [2]Sie darf jeweils nicht mehr als einen Monat betragen und kann insgesamt nur bis zu einer Gesamtdauer von zwei Monaten verlängert werden.

Art. 21 Durchsuchung von Personen. (1) Die Polizei kann, außer in den Fällen des Art. 13 Abs. 2 Satz 5 eine Person durchsuchen, wenn

1. Tatsachen die Annahme rechtfertigen, daß sie Sachen mit sich führt, die sichergestellt werden dürfen,
2. sie sich erkennbar in einem die freie Willensbestimmung ausschließenden Zustand oder sonst in hilfloser Lage befindet,
3. eine drohende Gefahr für ein bedeutendes Rechtsgut vorliegt,
4. sie sich an einem der in Art. 13 Abs. 1 Nr. 2 oder 5 genannten Ort aufhält oder
5. sie sich in einem Objekt im Sinn des Art. 13 Abs. 1 Nr. 3 oder in dessen unmittelbarer Nähe aufhält und Tatsachen die Annahme rechtfertigen, daß in oder an Objekten dieser Art Straftaten begangen werden sollen.

(2) Die Polizei kann eine Person, deren Identität nach diesem Gesetz oder anderen Rechtsvorschriften festgestellt werden soll oder die nach diesem Gesetz oder anderen Rechtsvorschriften festgehalten werden kann, nach Waffen, anderen gefährlichen Werkzeugen und Explosionsmitteln durchsuchen, wenn dies nach den Umständen zum Schutz des Polizeibeamten oder eines Dritten gegen eine Gefahr für Leib oder Leben erforderlich ist.

(3) Personen dürfen nur von Personen gleichen Geschlechts oder Ärzten durchsucht werden; dies gilt nicht, wenn die sofortige Durchsuchung zum Schutz gegen eine Gefahr für Leib oder Leben erforderlich ist.

Art. 22 Durchsuchung von Sachen. (1) Die Polizei kann außer in den Fällen des Art. 13 Abs. 2 Satz 5 eine Sache durchsuchen, wenn

1. sie von einer Person mitgeführt wird, die nach Art. 21 durchsucht werden darf,
2. Tatsachen die Annahme rechtfertigen, daß sich in ihr eine Person befindet, die

   a) in Gewahrsam genommen werden darf,
   b) widerrechtlich festgehalten wird oder
   c) hilflos ist,
3. Tatsachen die Annahme rechtfertigen, daß sich in ihr eine andere Sache befindet, die sichergestellt werden darf,
4. sie sich an einem der in Art. 13 Abs. 1 Nr. 2 oder 5 genannten Ort befindet oder
5. sie sich in einem Objekt im Sinn des Art. 13 Abs. 1 Nr. 3 oder in dessen unmittelbarer Nähe befindet und Tatsachen die Annahme rechtfertigen, daß Straftaten in oder an Objekten dieser Art begangen werden sollen,
6. es sich um eine bewegliche Sache handelt, die sich an einer Kontrollstelle nach Art. 13 Abs. 1 Nr. 4 befindet.

(2) [1]Betrifft die Durchsuchung ein elektronisches Speichermedium, können auch vom Durchsuchungsobjekt räumlich getrennte Speichermedien durchsucht werden, soweit von diesem aus auf sie zugegriffen werden kann. [2]Personenbezogene Daten dürfen darüber hinaus nur dann weiterverarbeitet werden, wenn dies gesetzlich zugelassen ist.

(3) [1]Bei der Durchsuchung vor Ort hat der Inhaber der tatsächlichen Gewalt das Recht, anwesend zu sein. [2]Ist er abwesend, so sollen sein Vertreter oder ein anderer Zeuge hinzugezogen werden.

(4) Dem Inhaber der tatsächlichen Gewalt ist auf Verlangen eine Bescheinigung über die Durchsuchung und ihren Grund zu erteilen.

Art. 23 Betreten und Durchsuchen von Wohnungen. (1) [1]Die Polizei kann eine Wohnung ohne Einwilligung des Inhabers betreten und durchsuchen, wenn
1. Tatsachen die Annahme rechtfertigen, daß sich in ihr eine Person befindet, die nach Art. 15 Abs. 3 vorgeführt oder nach Art. 17 in Gewahrsam genommen werden darf,
2. Tatsachen die Annahme rechtfertigen, daß sich in ihr eine Sache befindet, die nach Art. 25 Abs. 1 Nr. 1 sichergestellt werden darf, oder
3. das zur Abwehr einer dringenden Gefahr für ein bedeutendes Rechtsgut erforderlich ist.

[2]Die Wohnung umfaßt die Wohn- und Nebenräume, Arbeits-, Betriebs- und Geschäftsräume sowie anderes befriedetes Besitztum.

(2) Während der Nachtzeit (§ 104 Abs. 3 StPO) ist das Betreten und Durchsuchen einer Wohnung in den Fällen des Abs. 1 nur zur Abwehr einer gegenwärtigen Gefahr für ein bedeutendes Rechtsgut zulässig.

(3) Wohnungen dürfen jedoch zur Abwehr dringender Gefahren jederzeit betreten werden, wenn
1. aufgrund tatsächlicher Anhaltspunkte anzunehmen ist, daß dort
   a) Personen Straftaten verabreden, vorbereiten oder verüben,
   b) sich Personen ohne erforderliche Aufenthaltserlaubnis treffen oder
   c) sich Straftäter verbergen, oder

2. sie der Prostitution dienen oder
3. sie als Unterkunft oder dem sonstigen, auch vorübergehenden Aufenthalt von Asylbewerbern und unerlaubt Aufhältigen dient.

(4) Arbeits-, Betriebs- und Geschäftsräume sowie andere Räume und Grundstücke, die der Öffentlichkeit zugänglich sind oder zugänglich waren und den Anwesenden zum weiteren Aufenthalt zur Verfügung stehen, dürfen zum Zweck der Gefahrenabwehr (Art. 2 Abs. 1) während der Arbeits-, Geschäfts- oder Aufenthaltszeit betreten werden.

Art. 24 Verfahren bei der Durchsuchung von Wohnungen. (1) Durchsuchungen von Wohnungen dürfen, außer bei Gefahr im Verzug, nur durch den Richter angeordnet werden.

(2) [1]Bei der Durchsuchung einer Wohnung hat der Wohnungsinhaber das Recht, anwesend zu sein. [2]Ist er abwesend, so ist, wenn möglich, sein Vertreter, ein erwachsener Angehöriger oder ein nicht beteiligter Zeuge zuzuziehen.

(3) Dem Wohnungsinhaber oder seinem Vertreter ist der Grund der Durchsuchung unverzüglich bekanntzugeben, soweit dadurch der Zweck der Maßnahme nicht gefährdet wird.

(4) [1]Über die Durchsuchung ist eine Niederschrift zu fertigen. [2]Sie muß die verantwortliche Dienststelle, Grund, Zeit und Ort der Durchsuchung und ihr Ergebnis enthalten. [3]Die Niederschrift ist von einem durchsuchenden Beamten und dem Wohnungsinhaber oder der zugezogenen Person zu unterzeichnen. [4]Wird die Unterschrift verweigert, so ist hierüber ein Vermerk aufzunehmen. [5]Dem Wohnungsinhaber oder seinem Vertreter ist auf Verlangen eine Abschrift der Niederschrift auszuhändigen.

(5) Ist die Anfertigung der Niederschrift oder die Aushändigung einer Abschrift nach den besonderen Umständen des Falls nicht möglich oder würde sie den Zweck der Durchsuchung gefährden, so sind dem Betroffenen lediglich die Durchsuchung unter Angabe der verantwortlichen Dienststelle sowie Zeit und Ort der Durchsuchung schriftlich zu bestätigen.

Art. 25 Sicherstellung. (1) Die Polizei kann eine Sache sicherstellen
1. zur Abwehr
   a) einer gegenwärtigen Gefahr oder
   b) einer Gefahr oder einer drohenden Gefahr für ein bedeutendes Rechtsgut,
2. um den Eigentümer oder den rechtmäßigen Inhaber der tatsächlichen Gewalt vor Verlust oder Beschädigung einer Sache zu schützen, oder
3. wenn sie von einer Person mitgeführt wird, die nach diesem Gesetz oder anderen Rechtsvorschriften festgehalten wird, und diese Person die Sache verwenden kann, um
   a) sich zu töten oder zu verletzen,
   b) Leben oder Gesundheit anderer zu schädigen,
   c) fremde Sachen zu beschädigen oder
   d) sich oder anderen die Flucht zu ermöglichen oder zu erleichtern.

(2) [1]Unter den Voraussetzungen des Abs. 1 kann die Polizei durch Pfändung auch eine Forderung sowie sonstige Vermögensrechte sicherstellen. [2]Die Vorschriften der Zivilprozessordnung (ZPO) über die Zwangsvollstreckung in Forderungen und andere Vermögensrechte sind sinngemäß anzuwenden.

(3) [1]Unter den Voraussetzungen des Abs. 1 kann die Polizei auch Daten sicherstellen und erforderlichenfalls den weiteren Zugriff auf diese ausschließen, wenn andernfalls die Abwehr der Gefahr, der Schutz vor Verlust oder die Verhinderung der Verwendung aussichtslos oder wesentlich erschwert wäre. [2]Art. 22 Abs. 2 Satz 1 sowie Art. 48 Abs. 5 bis 7 und Art. 49 Abs. 5 gelten entsprechend. [3]Daten, die nach diesen Vorschriften nicht weiterverarbeitet werden dürfen, sind zu löschen, soweit es sich nicht um Daten handelt, die zusammen mit dem Datenträger sichergestellt wurden, auf dem sie gespeichert sind; Löschungen sind zu dokumentieren. [4]Die Bestimmungen in den Art. 26, 27 Abs. 4 und Art. 28 Abs. 2 hinsichtlich Verwahrung, Benachrichtigung, Vernichtung und Herausgabe gelten unter Berücksichtigung der unkörperlichen Natur von Daten sinngemäß.

Art. 26 Verwahrung sichergestellter Sachen. (1) [1]Sichergestellte Sachen sind in Verwahrung zu nehmen. [2]Läßt die Beschaffenheit der Sachen das nicht zu oder erscheint die Verwahrung bei der Polizei unzweckmäßig, sind die Sachen auf andere geeignete Weise aufzubewahren oder zu sichern. [3]In diesem Fall kann die Verwahrung auch einem Dritten übertragen werden.

(2) [1]Dem Betroffenen ist eine Bescheinigung auszustellen, die den Grund der Sicherstellung erkennen läßt und die sichergestellten Sachen bezeichnet. [2]Kann nach den Umständen des Falls eine Bescheinigung nicht ausgestellt werden, so ist über die Sicherstellung eine Niederschrift aufzunehmen, die auch erkennen läßt, warum eine Bescheinigung nicht ausgestellt worden ist. [3]Der Eigentümer oder der rechtmäßige Inhaber der tatsächlichen Gewalt ist unverzüglich zu unterrichten.

(3) [1]Wird eine sichergestellte Sache verwahrt, so hat die Polizei nach Möglichkeit Wertminderungen vorzubeugen. [2]Das gilt nicht, wenn die Sache durch den Dritten auf Verlangen eines Berechtigten verwahrt wird.

(4) Die verwahrten Sachen sind zu verzeichnen und so zu kennzeichnen, daß Verwechslungen vermieden werden.

Art. 27 Verwertung und Vernichtung sichergestellter Sachen. (1) Die Verwertung einer sichergestellten Sache ist zulässig, wenn
1. ihr Verderb oder eine wesentliche Wertminderung droht,
2. ihre Verwahrung, Pflege oder Erhaltung mit unverhältnismäßig hohen Kosten oder Schwierigkeiten verbunden ist,
3. sie infolge ihrer Beschaffenheit nicht so verwahrt werden kann, daß weitere Gefahren für die öffentliche Sicherheit oder Ordnung ausgeschlossen sind,
4. sie nach einer Frist von einem Jahr nicht an einen Berechtigten herausgegeben werden kann, ohne daß die Voraussetzungen der Sicherstellung erneut eintreten würden, oder

5. der Berechtigte sie nicht innerhalb einer ausreichend bemessenen Frist abholt, obwohl ihm eine Mitteilung über die Frist mit dem Hinweis zugestellt worden ist, daß die Sache verwertet wird, wenn sie nicht innerhalb der Frist abgeholt wird.

(2) [1]Der Betroffene, der Eigentümer und andere Personen, denen ein Recht an der Sache zusteht, sollen vor der Verwertung gehört werden. [2]Die Anordnung sowie Zeit und Ort der Verwertung sind ihnen mitzuteilen, soweit die Umstände und der Zweck der Maßnahme es erlauben.

(3) [1]Die Sache wird durch öffentliche Versteigerung verwertet; § 979 Abs. 1 bis 1b BGB gilt entsprechend. [2]Bleibt die Versteigerung erfolglos, erscheint sie von vornherein aussichtslos oder würden die Kosten der Versteigerung voraussichtlich den zu erwartenden Erlös übersteigen, so kann die Sache freihändig verkauft werden. [3]Der Erlös tritt an die Stelle der verwerteten Sache. [4]Läßt sich innerhalb angemessener Frist kein Käufer finden, so kann die Sache einem gemeinnützigen Zweck zugeführt werden. [5]Bei der Verwertung von Datenträgern ist sicherzustellen, dass zuvor personenbezogene Daten dem Stand der Technik entsprechend gelöscht wurden.

(4) [1]Sichergestellte Sachen können unbrauchbar gemacht oder vernichtet werden, wenn

1. im Fall einer Verwertung die Gründe, die zu ihrer Sicherstellung berechtigten, fortbestehen oder Sicherstellungsgründe erneut entstehen würden, oder
2. die Verwertung aus anderen Gründen nicht möglich ist.

[2]Abs. 2 gilt sinngemäß.

Art. 28 Beendigung der Sicherstellung, Kosten. (1) Die Sicherstellung ist zu beenden, sobald ihre Voraussetzungen entfallen sind.

(2) [1]Sachen sind an denjenigen herauszugeben, bei dem sie sichergestellt wurden. [2]Ist das nicht möglich, können sie an jeden herausgegeben werden, der eine Berechtigung an der Sache glaubhaft macht. [3]Die Herausgabe ist ausgeschlossen, wenn dadurch erneut die Voraussetzungen für eine Sicherstellung eintreten würden.

(3) [1]Die Sicherstellung im Sinn des Art. 25 Abs. 2 darf nicht länger als ein Jahr aufrechterhalten werden. [2]Kann das Vermögensrecht nicht freigegeben werden, ohne dass die Voraussetzungen der Sicherstellung erneut eintreten, kann die Sicherstellung mit gerichtlicher Zustimmung um jeweils ein weiteres Jahr verlängert werden.

(4) [1]Sind sichergestellte Sachen verwertet worden, ist der Erlös herauszugeben. [2]Ist ein Berechtigter nicht vorhanden oder nicht zu ermitteln, ist der Erlös nach den Vorschriften des BGB zu hinterlegen. [3]Der Anspruch des Berechtigten auf Herausgabe des Erlöses erlischt drei Jahre nach Ablauf des Jahres, in dem die Sache verwertet worden ist.

(5) [1]Für die Sicherstellung, Verwertung und für Maßnahmen nach Art. 27 Abs. 4 werden Kosten erhoben. [2]Die Kosten und die Benutzungsgebühren für

die Verwahrung haben die nach Art. 7 oder 8 Verantwortlichen zu tragen. [3]Die Herausgabe der Sache kann von der Zahlung der geschuldeten Beträge abhängig gemacht werden; ist eine Sache verwertet worden, so können die geschuldeten Beträge aus dem Erlös gedeckt werden. [4]Im übrigen gilt das Kostengesetz.

(6) § 983 BGB bleibt unberührt.

Art. 29 *(aufgehoben)*

III. Abschnitt

Datenverarbeitung

Art. 30 Allgemeine Grundsätze. (1) Vorbehaltlich abweichender Regelung gelten die Vorschriften dieses Abschnitts für alle Datenverarbeitungen der Polizei nach diesem Gesetz, unabhängig davon, ob diese in Akten, Dateien oder anderer Form erfolgen.

(2) [1]Die Verarbeitung besonderer Kategorien personenbezogener Daten ist zulässig,
1. soweit andernfalls die Erfüllung polizeilicher Aufgaben, insbesondere die Verhütung oder Unterbindung von Straftaten, gefährdet oder wesentlich erschwert ist,
2. zur Abwehr von
   a) Gefahren oder
   b) drohenden Gefahren für ein bedeutendes Rechtsgut,
3. wenn der Betroffene der Datenverarbeitung schriftlich zugestimmt hat und die Daten nur für den Zweck verarbeitet werden, zu dem die Zustimmung erteilt wurde; vor Erteilung der Zustimmung ist der Betroffene über den Zweck der Verarbeitung sowie darüber aufzuklären, dass er die Zustimmung verweigern sowie jederzeit widerrufen kann,
4. wenn der Betroffene sie bereits offensichtlich öffentlich gemacht hat oder
5. wenn dies zu Zwecken der Eigensicherung erforderlich ist.

[2]Solche Daten sollen besonders gekennzeichnet und der Zugriff darauf besonders ausgestaltet werden, wenn und soweit dies der Schutz des Betroffenen erfordert.

(3) Soweit möglich soll erkennbar werden, ob Daten auf Tatsachen oder persönlichen Einschätzungen beruhen.

(4) Bei einer Datenverarbeitung im Zusammenhang mit einer begangenen oder drohenden Straftat soll nach Möglichkeit unterschieden werden, ob die Daten
1. Verdächtige,
2. Verurteilte,
3. Opfer oder
4. andere Personen

betreffen.

1. Unterabschnitt

Datenerhebung

Art. 31 Grundsätze der Datenerhebung. (1) Die Polizei darf personenbezogene Daten nur erheben, soweit dies durch Rechtsvorschrift zugelassen ist.

(2) [1]Personenbezogene Daten sind grundsätzlich bei dem Betroffenen zu erheben. [2]Sie können auch bei Behörden, sonstigen öffentlichen Stellen oder bei Dritten erhoben werden, wenn die Datenerhebung beim Betroffenen nicht oder nur mit unverhältnismäßig hohem Aufwand möglich ist oder die Erfüllung der polizeilichen Aufgaben gefährden würde.

(3) [1]Personenbezogene Daten sind von der Polizei grundsätzlich offen zu erheben. [2]Die Polizei informiert in allgemeiner und jedermann zugänglicher Form über
1. die Zwecke, zu denen personenbezogene Daten verarbeitet werden,
2. den Namen und die Kontaktdaten der erhebenden Stelle und des behördlichen Datenschutzbeauftragten,
3. das Recht, sich an den Landesbeauftragten für den Datenschutz (Landesbeauftragter) zu wenden sowie dessen Kontaktdaten und
4. die Rechte auf Auskunft, Berichtigung, Löschung und Einschränkung der Verarbeitung personenbezogener Daten.

[3]Die Polizei informiert auf Verlangen darüber hinaus in geeigneter Weise über die Rechtsgrundlage der Datenerhebung sowie eine im Einzelfall bestehende gesetzliche Auskunftspflicht oder die Freiwilligkeit der Auskunft.

(4) [1]Eine Datenerhebung, die nicht als polizeiliche Maßnahme erkennbar sein soll, ist zulässig, wenn
1. die Erfüllung polizeilicher Aufgaben auf andere Weise gefährdet oder wesentlich erschwert würde oder
2. anzunehmen ist, dass dies überwiegenden Interessen oder Belangen des Betroffenen oder Dritter dient.

[2]Die Information nach Abs. 3 Satz 3 kann in diesen Fällen zunächst unterbleiben. [3]Sind die Voraussetzungen für eine Datenerhebung im Sinn des Satzes 1 entfallen, ist der Betroffene zu benachrichtigen und sind unterbliebene Informationen unverzüglich zu erteilen. [4]Dies kann in den Fällen des Satzes 1 auch auf Dauer unterbleiben, wenn es sich nur um einen kurzfristigen Eingriff handelt, an den sich keine Folgemaßnahmen anschließen. [5]Die Benachrichtigung hat zumindest die Angaben nach Abs. 3 Satz 2, die Rechtsgrundlage der Datenerhebung und gegebenenfalls der weiteren Verarbeitung, Informationen über die mutmaßliche Dauer der Datenspeicherung oder, falls diese Angabe nicht möglich ist, Kriterien hierfür sowie gegebenenfalls über die Kategorien der Empfänger der Daten zu enthalten. [6]Bezieht sich die Benachrichtigung auf die Herkunft personenbezogener Daten von oder deren Übermittlung an Verfassungsschutzbehörden des Bundes oder der Länder, den Bundesnachrichtendienst oder den Militärischen Abschirmdienst, ist sie nur nach Zustimmung dieser Stellen zulässig.

(5) Die Vorschriften des 2. Unterabschnitts über besondere Befugnisse und Maßnahmen der Datenerhebung bleiben unberührt.

Art. 32 Datenerhebung. (1) Die Polizei kann personenbezogene Daten über die in Art. 7, 8 und 10 genannten Personen und über andere Personen erheben, wenn dies erforderlich ist

1. zur Gefahrenabwehr (Art. 2 Abs. 1), insbesondere
   a) zur vorbeugenden Bekämpfung von Straftaten sowie
   b) zu Zwecken des Personenschutzes, soweit sich die diesbezügliche Gefahrenabwehr auf ein bedeutendes Rechtsgut bezieht,
2. zum Schutz privater Rechte (Art. 2 Abs. 2),
3. zur Vollzugshilfe (Art. 2 Abs. 3) oder
4. zur Erfüllung ihr durch andere Rechtsvorschriften übertragener Aufgaben (Art. 2 Abs. 4)

und die Art. 11 bis 65 die Befugnisse der Polizei nicht besonders regeln.

(2) Die Polizei kann ferner über

1. Verantwortliche für Anlagen oder Einrichtungen, von denen eine erhebliche Gefahr ausgehen kann,
2. Verantwortliche für gefährdete Anlagen oder Einrichtungen,
3. Verantwortliche für Veranstaltungen in der Öffentlichkeit,
4. Personen, deren besondere Kenntnisse und Fähigkeiten zur Gefahrenabwehr benötigt werden,

Namen, Vornamen, akademische Grade, Anschriften, Telefonnummern und andere Informationen über die Erreichbarkeit sowie nähere Angaben über die Zugehörigkeit zu einer der genannten Personengruppen erheben, soweit dies zur Vorbereitung für die Hilfeleistung in Gefahrenfällen erforderlich ist.

Art. 32a Molekulargenetische Untersuchung bei Spurenmaterial unbekannter Herkunft. (1) [1]Die Polizei kann auf Anordnung durch den Richter personenbezogene Daten durch molekulargenetische Untersuchung aufgefundenen Spurenmaterials unbekannter Herkunft erheben, wenn dies zur Gefahrenabwehr (Art. 2 Abs. 1) erforderlich ist. [2]Die molekulargenetische Untersuchung darf nur zum Zwecke der Feststellung des DNA-Identifizierungsmusters, des Geschlechts, der Augen-, Haar- und Hautfarbe und des biologischen Alters des Spurenverursachers durchgeführt werden. [3]Andere Feststellungen als die in Satz 2 genannten dürfen nicht getroffen werden. [4]Hierauf gerichtete Untersuchungen sind unzulässig. [5]Für die Durchführung der Untersuchung gilt Art. 14 Abs. 5 Satz 5 entsprechend.

(2) [1]Die DNA-Identifizierungsmuster können in einer Datei gespeichert werden. [2]Die DNA-Identifizierungsmuster sind unverzüglich zu löschen, wenn der Zweck der Maßnahme nach Abs. 1 erreicht ist und soweit sie nicht nach anderen Rechtsvorschriften aufbewahrt werden dürfen. [3]Art. 63 Abs. 2 und 3 gilt entsprechend.

2. Unterabschnitt

Besondere Befugnisse und Maßnahmen der Datenerhebung

Art. 33 Offene Bild- und Tonaufnahmen. (1) Die Polizei kann bei oder im Zusammenhang mit öffentlichen Veranstaltungen oder Ansammlungen personenbezogene Daten offen

1. auch durch den Einsatz technischer Mittel zur Anfertigung von Bild- und Tonaufnahmen oder -aufzeichnungen über die für eine Gefahr Verantwortlichen erheben, wenn tatsächliche Anhaltspunkte die Annahme rechtfertigen, dass dabei Ordnungswidrigkeiten von erheblicher Bedeutung oder Straftaten begangen werden, oder
2. mittels
   a) Bildaufnahmen oder Übersichtsaufnahmen oder
   b) Übersichtsaufzeichnungen

erheben, wenn dies wegen der Größe oder Unübersichtlichkeit der Örtlichkeit erforderlich ist; die gezielte Feststellung der Identität einer auf der Übersichtsaufzeichnung abgebildeten Person ist nur unter den Voraussetzungen der Nr. 1 zulässig.

(2) Die Polizei kann

1. zur Abwehr
   a) einer Gefahr oder
   b) einer drohenden Gefahr für ein bedeutendes Rechtsgut,
2. an den in Art. 13 Abs. 1 Nr. 2 genannten Orten, wenn sie öffentlich zugänglich sind, oder
3. an Orten, bei denen tatsächliche Anhaltspunkte die Annahme rechtfertigen, dass dort Ordnungswidrigkeiten von erheblicher Bedeutung oder Straftaten begangen werden, wenn diese Orte öffentlich zugänglich sind,

offen Bild- und Tonaufnahmen oder -aufzeichnungen von Personen anfertigen.

(3) Die Polizei kann an oder in den in Art. 13 Abs. 1 Nr. 3 genannten Objekten offen Bild- und Tonaufnahmen oder -aufzeichnungen von Personen anfertigen, soweit tatsächliche Anhaltspunkte die Annahme rechtfertigen, daß an oder in Objekten dieser Art Straftaten begangen werden sollen, durch die Personen, diese Objekte oder andere darin befindliche Sachen gefährdet sind.

(4) [1]Die Polizei kann bei Maßnahmen der Gefahrenabwehr an öffentlich zugänglichen Orten Personen offen mittels automatisierter Bild- und Tonaufzeichnung, insbesondere auch mit körpernah getragenen Aufnahmegeräten, kurzfristig technisch erfassen, wenn dies zum Schutz von Polizeibeamten oder Dritten erforderlich ist. [2]Verarbeitungsfähige Aufzeichnungen dürfen gefertigt werden, wenn dies nach den Umständen zum Schutz von Polizeibeamten oder eines Dritten vor Gefahren für ein bedeutendes Rechtsgut erforderlich ist. [3]In Wohnungen dürfen Maßnahmen nach diesem Absatz nur zur Abwehr einer dringenden Gefahr für Leben, Gesundheit oder Freiheit einer Person erfolgen,

sofern damit nicht die Überwachung der Wohnung verbunden ist. [4]Der Einsatz von körpernah getragenen Aufzeichnungsgeräten in Wohnungen soll gegenüber den Betroffenen in geeigneter Weise dokumentiert werden. [5]Eine Verwertung der nach Satz 3 erlangten Erkenntnisse ist zum Zweck der Gefahrenabwehr nur zulässig, wenn zuvor die Rechtmäßigkeit der Maßnahme richterlich festgestellt wurde. [6]In Wohnungen darf zudem keine kurzfristige technische Erfassung ohne unverzügliche Fertigung verarbeitungsfähiger Aufzeichnungen erfolgen. [7]Es ist sicherzustellen, dass im Falle einer kurzfristigen technischen Erfassung im Sinn von Satz 1, an die sich keine unverzügliche Fertigung verarbeitungsfähiger Aufzeichnungen anschließt, die betroffenen personenbezogenen Daten unverzüglich gelöscht werden.

(5) Bei Maßnahmen nach den Abs. 1 bis 3 dürfen Systeme zur automatischen Erkennung und Auswertung von Mustern bezogen auf Gegenstände einschließlich der automatischen Systemsteuerung zu diesem Zweck verwendet werden, soweit dies die jeweilige Gefahrenlage auf Grund entsprechender Erkenntnisse erfordert.

(6) [1]Die Polizei weist bei Maßnahmen nach den Abs. 1 bis 4 in geeigneter Weise auf die Bild- und Tonaufnahmen und -aufzeichnungen hin, soweit diese nicht offenkundig sind oder Gefahr im Verzug besteht. [2]Auf die Verwendung von Systemen im Sinn von Abs. 5 ist dabei gesondert hinzuweisen.

(7) Maßnahmen nach den Abs. 1 bis 5 dürfen auch dann durchgeführt werden, wenn Dritte unvermeidlich betroffen werden.

(8) [1]Bild- und Tonaufnahmen oder -aufzeichnungen und daraus gefertigte Unterlagen sind spätestens zwei Monate nach der Datenerhebung zu löschen oder zu vernichten, soweit diese nicht benötigt werden

1. zur Verfolgung von Ordnungswidrigkeiten von erheblicher Bedeutung oder Straftaten, oder
2. zur Überprüfung der Rechtmäßigkeit der polizeilichen Maßnahme, wenn eine solche Überprüfung zu erwarten steht.

[2]Die Löschung ist zu dokumentieren.

(9) Für Bild- und Tonaufnahmen oder -aufzeichnungen durch die Polizei bei oder im Zusammenhang mit öffentlichen Versammlungen und Aufzügen gilt Art. 9 BayVersG.

Art. 34 Elektronische Aufenthaltsüberwachung. (1) [1]Zur Abwehr einer Gefahr oder einer drohenden Gefahr für ein bedeutendes Rechtsgut kann durch den Richter gegenüber der dafür verantwortlichen Person angeordnet werden, die für eine elektronische Überwachung ihres Aufenthaltsorts erforderlichen technischen Mittel ständig in betriebsbereitem Zustand bei sich zu führen und deren Funktionsfähigkeit nicht zu beeinträchtigen. [2]Eine Anordnung kann insbesondere mit Maßnahmen nach Art. 16 Abs. 2 verbunden werden. [3]Die Maßnahme ist zu beenden, sobald der Grund hierfür entfallen ist.

(2) [1]Die Polizei darf mit Hilfe der von der verantwortlichen Person mitgeführten technischen Mittel automatisiert Daten über deren Aufenthaltsort

sowie über etwaige Beeinträchtigungen der Datenerhebung erheben und speichern. [2]Soweit es technisch möglich ist, ist sicherzustellen, dass innerhalb von Wohnungen keine über den Umstand der Anwesenheit der verantwortlichen Person hinausgehende Aufenthaltsdaten erhoben werden.

(3) Soweit dies zur Erfüllung des Überwachungszwecks erforderlich ist, dürfen die erhobenen Daten auf Anordnung durch den Richter zu einem Bewegungsbild verbunden werden.

(4) [1]In der schriftlichen Anordnung sind Adressat und Art sowie einzelfallabhängig Umfang und Dauer der Maßnahme zu bestimmen und die wesentlichen Gründe anzugeben. [2]Die Maßnahme ist auf höchstens drei Monate zu befristen und kann um jeweils längstens drei Monate verlängert werden.

(5) [1]Die nach Abs. 1 erhobenen Daten sind spätestens zwei Monate nach Beendigung der Maßnahme zu löschen, soweit sie nicht zulässigerweise für andere Zwecke verarbeitet werden. [2]Bei jedem Abruf sind der Zeitpunkt, die abgerufenen Daten, der Bearbeiter und der Grund des Abrufs samt Geschäftszeichen zu protokollieren.

Art. 35 Postsicherstellung. (1) [1]Die Polizei kann auf Anordnung durch den Richter ohne Wissen des Betroffenen Postsendungen sicherstellen, wenn sich diese im Gewahrsam von Personen oder Unternehmen befinden, die geschäftsmäßig Post- oder Telekommunikationsdienste erbringen oder daran mitwirken (Postdienstleister), und von einer Person versandt wurden oder an eine Person gerichtet sind,

1. die für eine Gefahr oder eine drohende Gefahr für ein in Art. 11a Abs. 2 Nr. 1, 2 oder Nr. 4 genanntes bedeutendes Rechtsgut verantwortlich ist, oder
2. bei der bestimmte Tatsachen die Annahme rechtfertigen, dass sie für eine Person nach Nr. 1 bestimmte oder von dieser herrührende Postsendungen entgegennimmt oder weitergibt und sie daher in Zusammenhang mit der Gefahrenlage steht, ohne diesbezüglich das Recht zur Verweigerung des Zeugnisses nach den §§ 53, 53a StPO zu haben,

sofern die Abwehr der Gefahr auf andere Weise aussichtslos oder wesentlich erschwert wäre. [2]Postdienstleister haben die Sicherstellung zu ermöglichen und unter den Voraussetzungen des Satzes 1 der Polizei auf Verlangen Auskünfte über derzeit oder ehemals in ihrem Gewahrsam befindliche oder angekündigte Postsendungen zu erteilen.

(2) [1]In der schriftlichen Anordnung sind einzelfallabhängig anzugeben:

1. der Adressat der Maßnahme, möglichst mit Namen und Anschrift,
2. die Dauer,
3. eine möglichst genaue Bezeichnung des Auskunftsverlangens und der der Sicherstellung unterliegenden Postsendungen sowie
4. die wesentlichen Gründe.

[2]Die Maßnahme ist auf höchstens drei Monate zu befristen und kann um jeweils längstens drei Monate verlängert werden.

(3) [1]Die Öffnung der ausgelieferten Postsendungen steht dem Gericht zu. [2]In Eilfällen kann es diese Befugnis auf die Polizei übertragen. [3]Bestehen Zweifel hinsichtlich der Verwertbarkeit der erlangten Erkenntnisse, hat die Entscheidung hierüber im Benehmen mit der in Art. 41 Abs. 5 Satz 1 genannten Stelle zu erfolgen.

(4) [1]Ist eine Übertragung nach Abs. 3 Satz 2 nicht erfolgt, legt die Polizei die ihr ausgelieferten Postsendungen unverzüglich ohne vorherige inhaltliche Kenntnisnahme und ungeöffnet dem Gericht vor. [2]Dieses entscheidet unverzüglich über die Öffnung.

(5) Postsendungen sind unverzüglich an den vorgesehenen Empfänger weiterzuleiten, soweit
1. ihre Öffnung nicht angeordnet wurde oder
2. nach der Öffnung die Zurückbehaltung zur Gefahrenabwehr nicht mehr erforderlich ist.

Art. 36 Besondere Mittel der Datenerhebung.

(1) Besondere Mittel der Datenerhebung sind
1. die planmäßig angelegte Beobachtung einer Person, die durchgehend länger als 24 Stunden oder an mehr als zwei Tagen durchgeführt werden soll (längerfristige Observation),
2. der verdeckte Einsatz technischer Mittel
   a) zum Abhören oder zur Aufzeichnung des außerhalb von Wohnungen nichtöffentlich gesprochenen Wortes,
   b) zur Feststellung des Standortes oder der Bewegungen einer Person oder einer beweglichen Sache, mit dem Ziel der Erstellung eines Bewegungsbildes,
   c) zur Feststellung des Standortes oder der Bewegung einer Person oder einer beweglichen Sache, ohne dass ein Bewegungsbild erstellt werden soll,
   d) zur Anfertigung von Bildaufzeichnungen außerhalb von Wohnungen, auch unter Verwendung von Systemen zur automatischen Erkennung und Auswertung von Mustern im Sinn von Art. 33 Abs. 5 und zum automatischen Datenabgleich,
   e) zur Anfertigung von Bildaufnahmen außerhalb von Wohnungen, auch unter Verwendung von Systemen zur automatischen Erkennung und Auswertung von Mustern im Sinn von Art. 33 Abs. 5 und zum automatischen Datenabgleich.

(2) [1]Die Polizei kann zur Abwehr einer Gefahr oder einer drohenden Gefahr für ein bedeutendes Rechtsgut personenbezogene Daten mit den besonderen Mitteln nach Abs. 1 erheben über
1. die hierfür Verantwortlichen,
2. Kontakt- und Begleitpersonen, wenn bestimmte Anhaltspunkte die Annahme rechtfertigen, dass sie mit der Gefahrenlage in Zusammenhang stehen oder
3. unter den Voraussetzungen des Art. 10 über die dort genannten Personen,

wenn andernfalls die Erfüllung polizeilicher Aufgaben gefährdet oder wesentlich erschwert würde. [2]Datenerhebungen dürfen auch durchgeführt werden, wenn Dritte unvermeidbar betroffen werden.

(3) Maßnahmen unter Einsatz besonderer Mittel der Datenerhebung nach Abs. 1 Nr. 1 und 2 Buchst. a und b dürfen nur durch den Richter angeordnet werden.

(4) [1]Maßnahmen unter Einsatz besonderer Mittel der Datenerhebung nach Abs. 1 Nr. 2 Buchst. c und d dürfen nur durch den Leiter des Landeskriminalamtes oder eines Präsidiums der Landespolizei angeordnet werden. [2]Diese Anordnungsbefugnis kann auf Polizeivollzugsbeamte, die die Ausbildungsqualifizierung für die Ämter ab der vierten Qualifikationsebene absolviert haben, oder Beamte mit der Befähigung zum Richteramt, die in Ämter ab der vierten Qualifikationsebene, fachlicher Schwerpunkt Polizeivollzugsdienst gewechselt sind, übertragen werden.

(5) [1]Maßnahmen nach Abs. 1 Nr. 2 können auch zum Schutz der bei einem polizeilichen Einsatz tätigen Personen (Personenschutzmaßnahme) erfolgen. [2]Soweit sie ausschließlich zum Schutz der bei einem polizeilichen Einsatz tätigen Personen erfolgen, werden sie abweichend von Abs. 3 durch den Leiter des Landeskriminalamtes oder eines Präsidiums der Landespolizei oder durch einen vom Leiter des Landeskriminalamtes oder eines Präsidiums der Landespolizei bestellten Beauftragten der Behörde oder den verantwortlichen Einsatzleiter angeordnet.

(6) [1]In den Fällen des Abs. 1 Nr. 2 Buchst. b und c gelten Art. 34 Abs. 2 Satz 2 sowie Art. 49 Abs. 4 entsprechend, soweit die Maßnahme nicht ausschließlich als Personenschutzmaßnahme erfolgt. [2]Im Fall des Abs. 1 Nr. 2 Buchst. b gilt Art. 34 Abs. 3 entsprechend.

(7) [1]In der schriftlichen Anordnung von Maßnahmen nach Abs. 3 bis 5 sind Adressat und Art sowie einzelfallabhängig Umfang und Dauer der Maßnahme zu bestimmen und die wesentlichen Gründe anzugeben. [2]Die jeweilige Maßnahme ist auf höchstens drei Monate zu befristen und kann um jeweils längstens drei Monate verlängert werden.

Art. 37 Einsatz Verdeckter Ermittler. (1) [1]Die Polizei kann personenbezogene Daten unter den Voraussetzungen und nach Maßgabe des Art. 36 Abs. 2 Satz 1 durch den Einsatz von Polizeibeamten unter einer Legende (Verdeckte Ermittler) erheben. [2]Derartige Datenerhebungen dürfen auch erfolgen, wenn Dritte unvermeidbar betroffen sind.

(2) [1]Richtet sich der Einsatz eines Verdeckten Ermittlers gegen eine bestimmte Person oder soll eine nicht allgemein zugängliche Wohnung betreten werden, dürfen die Maßnahmen nur durch den Richter angeordnet werden. [2]Art. 36 Abs. 7 Satz 1 gilt entsprechend. [3]Die Anordnung ist auf höchstens sechs Monate zu befristen und kann um jeweils längstens sechs Monate verlängert werden.

(3) [1]In anderen als den in Abs. 2 Satz 1 genannten Fällen dürfen die Maßnahmen nur durch die in Art. 36 Abs. 4 Satz 1 und 2 genannten Personen angeordnet werden. [2]Art. 36 Abs. 7 Satz 1 gilt entsprechend. [3]Die Anordnung ist auf höchstens sechs Monate zu befristen und kann um jeweils längstens sechs Monate verlängert werden.

(4) [1]Soweit es für den Aufbau und die Aufrechterhaltung der Legende erforderlich ist, dürfen entsprechende Urkunden hergestellt, verändert oder gebraucht werden. [2]Ein Verdeckter Ermittler darf mit Einverständnis des Berechtigten unter der Legende dessen Wohnung betreten. [3]Er darf zur Erfüllung seines Auftrages unter der Legende am Rechtsverkehr teilnehmen. [4]Die Sätze 1 und 3 gelten entsprechend für
1. das Auftreten und Handlungen eines Verdeckten Ermittlers in elektronischen Medien und Kommunikationseinrichtungen sowie
2. die polizeilichen Führungspersonen eines Verdeckten Ermittlers, soweit dies zur Vorbereitung, Durchführung, Lenkung oder Absicherung von dessen Einsatz erforderlich ist.

[5]Im Übrigen richten sich die Befugnisse eines Verdeckten Ermittlers nach den sonstigen Bestimmungen dieses Gesetzes und der StPO.

Art. 38 Einsatz von Vertrauenspersonen. (1) [1]Die Polizei kann personenbezogene Daten unter den Voraussetzungen und nach Maßgabe des Art. 36 Abs. 2 Satz 1 durch den Einsatz von Privatpersonen erheben, deren Zusammenarbeit mit der Polizei Dritten nicht bekannt ist (Vertrauenspersonen), wenn dies im Einzelfall zur Gefahrenabwehr erforderlich ist. [2]Ein solcher Einsatz liegt nicht vor, soweit sich eine, auch wiederkehrende, polizeiliche Datenerhebung auf die Erlangung von bei dieser Person bereits vorhandenen und von dieser angebotenen Daten beschränkt. [3]Datenerhebungen nach Satz 1 dürfen auch erfolgen, wenn Dritte unvermeidbar betroffen werden.

(2) [1]Richtet sich der Einsatz einer Vertrauensperson gegen eine bestimmte Person oder soll eine nicht allgemein zugängliche Wohnung betreten werden, dürfen die Maßnahmen nur durch den Richter angeordnet werden. [2]Die Art. 36 Abs. 7 Satz 1 und Art. 37 Abs. 2 Satz 3 gelten entsprechend. [3]Die Anordnung kann insbesondere auch nähere Maßgaben zur Führung der Vertrauensperson enthalten.

(3) [1]In anderen als den in Abs. 2 Satz 1 genannten Fällen dürfen die Maßnahmen nur durch die in Art. 36 Abs. 4 Satz 1 und 2 genannten Personen angeordnet werden. [2]Die Art. 36 Abs. 7 Satz 1 und Art. 37 Abs. 3 Satz 3 gelten entsprechend.

(4) Vertrauenspersonen dürfen insbesondere nicht eingesetzt werden, um
1. in einer Person, die nicht zur Begehung von Straftaten bereit ist, den Entschluss zu wecken, solche zu begehen,
2. eine Person zur Begehung einer über ihre erkennbare Bereitschaft hinausgehenden Straftat zu bestimmen oder
3. Daten mit Mitteln oder Methoden zu erheben, die die Polizei nicht einsetzen dürfte.

(5) Als Vertrauensperson darf nicht eingesetzt werden, wer
1. nicht voll geschäftsfähig, insbesondere minderjährig ist,
2. an einem Aussteigerprogramm teilnimmt,
3. Mitglied des Europäischen Parlaments, des Deutschen Bundestages, eines Landesparlaments oder diesbezüglicher Mitarbeiter eines solchen Mitglieds ist oder
4. im Bundeszentralregister mit einer Verurteilung als Täter eines Totschlags (§§ 212, 213 des Strafgesetzbuchs – StGB) oder einer allein mit lebenslanger Haft bedrohten Straftat eingetragen ist.

(6) [1]Eine Vertrauensperson ist fortlaufend auf ihre Zuverlässigkeit zu überprüfen. [2]Die von der Vertrauensperson bei einem Einsatz gewonnenen Informationen sind unverzüglich auf ihren Wahrheitsgehalt zu prüfen. [3]Ergeben sich begründete Zweifel an der Zuverlässigkeit, ist der Einsatz nicht durchzuführen oder zu beenden. [4]Bei der Prüfung der Zuverlässigkeit ist insbesondere zu berücksichtigen, ob die einzusetzende Vertrauensperson
1. von den Geld- und Sachzuwendungen für die Tätigkeit auf Dauer als überwiegende Lebensgrundlage abhängen würde oder
2. im Bundeszentralregister mit einer Verurteilung wegen eines Verbrechens oder zu einer Freiheitsstrafe, deren Vollstreckung nicht zur Bewährung ausgesetzt wurde, eingetragen ist.

(7) Art. 37 Abs. 4 Satz 1 und 3 findet auf die polizeilichen Führungspersonen einer Vertrauensperson Anwendung, soweit dies zur Vorbereitung, Durchführung, Lenkung oder Absicherung ihres Einsatzes erforderlich ist.

Art. 39 Automatisierte Kennzeichenerkennungssysteme. (1) [1]Die Polizei kann durch den verdeckten Einsatz automatisierter Kennzeichenerkennungssysteme bei Vorliegen entsprechender Lageerkenntnisse in den Fällen des Art. 13 Abs. 1 Nr. 1 bis 5 Kennzeichen von Kraftfahrzeugen sowie Ort, Datum, Uhrzeit und Fahrtrichtung erfassen. [2]Das gilt im Fall des Art. 13 Abs. 1 Nr. 1 Buchst. a jedoch nur bei einer Gefahr für ein bedeutendes Rechtsgut und im Fall des Art. 13 Abs. 1 Nr. 5 bei Durchgangsstraßen nur, soweit Europastraßen oder Bundesfernstraßen betroffen sind. [3]Zulässig ist der Abgleich der Kennzeichen mit polizeilichen Fahndungsbeständen, die erstellt wurden
1. über Kraftfahrzeuge oder Kennzeichen,
   a) die durch Straftaten oder sonst abhandengekommen sind oder
   b) hinsichtlich derer auf Grund tatsächlicher Anhaltspunkte anzunehmen ist, dass sie bei der Begehung von Straftaten benutzt werden,
2. über Personen, die ausgeschrieben sind
   a) zur polizeilichen Beobachtung, gezielten Kontrolle oder verdeckten Registrierung,
   b) aus Gründen der Strafverfolgung, Strafvollstreckung, Auslieferung oder Überstellung,
   c) zum Zweck der Durchführung ausländerrechtlicher Maßnahmen,
   d) wegen gegen sie veranlasster polizeilicher Maßnahmen der Gefahrenabwehr.

[4]Ein Abgleich mit polizeilichen Dateien, die zur Abwehr von im Einzelfall oder im Hinblick auf bestimmte Ereignisse allgemein bestehenden Gefahren errichtet wurden, ist nur zulässig, wenn dies zur Abwehr einer solchen Gefahr erforderlich ist und diese Gefahr Anlass für die Kennzeichenerfassung war. [5]Die Kennzeichenerfassung darf nicht flächendeckend eingesetzt werden.

(2) [1]Maßnahmen nach Abs. 1 dürfen nur von den in Art. 36 Abs. 4 Satz 1 und 2 genannten Personen angeordnet werden. [2]In der schriftlichen Anordnung sind Adressat und Art, einzelfallabhängig Umfang und Dauer der Maßnahme sowie die Auswahl der Fahndungsbestände oder Dateien zu bestimmen und die wesentlichen Gründe einschließlich der zugrundeliegenden Lageerkenntnisse anzugeben.

(3) [1]Die nach Abs. 1 erfassten Kennzeichen sind nach Durchführung des Datenabgleichs unverzüglich zu löschen, soweit nicht ein Kennzeichen in den abgeglichenen Fahndungsbeständen oder Dateien enthalten ist. [2]Außer in den Fällen des Abs. 1 Satz 3 Nr. 2 Buchst. a dürfen Einzelerfassungen nicht zu einem Bewegungsbild verbunden werden. [3]Abgleiche nach Abs. 1 dürfen nicht protokolliert werden.

Art. 40 Ausschreibung zur polizeilichen Beobachtung. (1) Die Polizei kann personenbezogene Daten, insbesondere die Personalien einer Person sowie Kennzeichen eines von ihr benutzten Fahrzeugs, zur polizeilichen Beobachtung oder gezielten Kontrolle ausschreiben, wenn

1. die Gesamtwürdigung der Person einschließlich ihrer bisher begangenen Straftaten erwarten lässt, dass von ihr auch künftig eine Gefahr für bedeutende Rechtsgüter ausgeht,
2. sie für eine drohende Gefahr für bedeutende Rechtsgüter verantwortlich ist oder
3. tatsächliche Anhaltspunkte die Annahme rechtfertigen, dass es sich um eine mutmaßlich mit der Gefahrenlage im Zusammenhang stehende Kontaktperson einer Person nach Nr. 1 oder Nr. 2 handelt.

(2) [1]Im Fall eines Antreffens der Personen im Sinn des Abs. 1 Nr. 1 bis 3 oder des Fahrzeugs können Erkenntnisse über das Antreffen sowie über mutmaßlich in Zusammenhang mit der Gefahrenlage stehende Begleitpersonen, Fahrzeugführer und mitgeführte Sachen an die ausschreibende Polizeidienststelle übermittelt werden. [2]Ist die Ausschreibung zur gezielten Kontrolle erfolgt, gilt dies insbesondere auch für die aus Maßnahmen nach den Art. 13, 21 und 22 gewonnenen Erkenntnisse.

(3) [1]Die Ausschreibung zur polizeilichen Beobachtung oder gezielten Kontrolle darf nur durch die in Art. 36 Abs. 4 Satz 1 und 2 genannten Personen angeordnet werden. [2]Art. 36 Abs. 7 Satz 1 gilt entsprechend. [3]Die Maßnahme ist auf höchstens ein Jahr zu befristen und kann um jeweils längstens ein Jahr verlängert werden.

(4) Liegen die Voraussetzungen für die Anordnung nicht mehr vor, ist der Zweck der Maßnahme erreicht oder zeigt sich, dass er nicht erreicht werden

kann, ist die Ausschreibung zur polizeilichen Beobachtung oder gezielten Kontrolle unverzüglich zu löschen.

Art. 41 Einsatz technischer Mittel in Wohnungen. (1) [1]Die Polizei kann auf Anordnung durch den Richter durch den verdeckten Einsatz technischer Mittel in oder aus Wohnungen (Art. 23 Abs. 1 Satz 2) personenbezogene Daten über die für eine Gefahr Verantwortlichen erheben, wenn dies erforderlich ist zur Abwehr einer dringenden Gefahr für ein in Art. 11a Abs. 2 Nr. 1, 2 oder Nr. 4 genanntes bedeutendes Rechtsgut. [2]Eine Maßnahme nach Satz 1 ist nur zulässig, wenn und soweit die dort genannten Gefahren nicht anders abgewehrt werden können und

1. falls zu privaten Wohnzwecken genutzte Räumlichkeiten betroffen sind, in denen sich die Person, gegen die sich die Maßnahme richtet, allein oder ausschließlich mit engsten Familienangehörigen, mit in gleicher Weise Vertrauten oder mit Berufsgeheimnisträgern nach den §§ 53, 53a StPO aufhält,
   a) tatsächliche Anhaltspunkte die Annahme rechtfertigen, dass Gespräche geführt werden, die einen unmittelbaren Bezug zu den in Satz 1 genannten Gefahren haben, ohne dass über ihren Inhalt das Zeugnis nach den §§ 53, 53a StPO verweigert werden könnte, oder
   b) die Maßnahme sich auch gegen die Familienangehörigen, Vertrauten oder Berufsgeheimnisträger richtet, oder
2. falls sich die Maßnahme gegen einen Berufsgeheimnisträger nach den §§ 53, 53a StPO selbst richtet und die zu seiner Berufsausübung bestimmten Räumlichkeiten betroffen sind, die Voraussetzungen der Nr. 1 Buchst. a vorliegen.

[3]Die Daten können erhoben werden, indem das nichtöffentlich gesprochene Wort abgehört oder aufgezeichnet oder Bildaufnahmen oder -aufzeichnungen, auch unter Verwendung von Systemen zur automatischen Steuerung, angefertigt werden. [4]Wort- und bildbezogene Maßnahmen dürfen nur dann gemeinsam erfolgen, wenn die Abwehr der Gefahr auf andere Weise aussichtslos oder wesentlich erschwert wäre.

(2) [1]In den Fällen des Abs. 1 Satz 2 Nr. 1 und 2 ist eine nur automatische Aufzeichnung nicht zulässig. [2]Soweit begründete Zweifel bestehen, ob ein Fall des Art. 49 Abs. 3 Satz 1 vorliegt, oder wenn auf Grund tatsächlicher Anhaltspunkte anzunehmen ist, dass Gespräche geführt werden, die einen unmittelbaren Bezug zu den in Abs. 1 Satz 1 genannten Gefahren haben, darf eine Maßnahme nach Abs. 1 Satz 1 in Form einer ausschließlich automatischen Aufzeichnung fortgeführt werden.

(3) [1]Die Maßnahme darf nur in den Wohnungen des Adressaten durchgeführt werden. [2]In Wohnungen anderer Personen ist die Maßnahme zulässig, wenn es nicht Wohnungen von Berufsgeheimnisträgern nach §§ 53, 53a StPO sind und auf Grund bestimmter Tatsachen anzunehmen ist, dass

1. der in der Anordnung bezeichnete Adressat sich dort aufhält,
2. die Maßnahme in Wohnungen des Adressaten allein zur Abwehr der Gefahr oder der Straftat nicht möglich oder nicht ausreichend ist und

3. Informationen gewonnen werden können, die für die Abwehr der Gefahr von Bedeutung sind.

[3]Die Maßnahme darf auch durchgeführt werden, wenn Dritte unvermeidbar betroffen sind.

(4) [1]In der schriftlichen Anordnung nach Abs. 1 Satz 1 sind Adressat, Art, Umfang und Dauer der Maßnahme zu bestimmen und die wesentlichen Gründe anzugeben. [2]Die Anordnung darf auch zum Betreten der Wohnung des Betroffenen ermächtigen, soweit dies erforderlich ist, um Maßnahmen nach Abs. 1 durchzuführen. [3]Die Maßnahme ist einzelfallabhängig auf höchstens einen Monat zu befristen und kann um jeweils längstens einen Monat verlängert werden.

(5) [1]Personenbezogene Daten, die durch Maßnahmen nach Abs. 1 erlangt wurden, dürfen nur verarbeitet werden, soweit die hierfür eingerichtete unabhängige Stelle oder, soweit dieses angerufen wurde, das zuständige Gericht sie freigegeben hat. [2]Zur Herbeiführung ihrer Entscheidung sind der unabhängigen Stelle die erhobenen Daten vollständig vorzulegen, in den Fällen des Abs. 2 Satz 2 möglichst bereits ohne vorhergehende inhaltliche Kenntnisnahme. [3]Die unabhängige Stelle gibt die Daten für die Weiterverarbeitung durch die Polizei frei, soweit sie nicht dem Kernbereich privater Lebensgestaltung zuzurechnen sind. [4]Nicht freigegebene Daten löscht die unabhängige Stelle, sobald die Frist für einen Antrag auf gerichtliche Überprüfung der von ihr getroffenen Entscheidung abgelaufen ist, ohne dass ein entsprechender Antrag gestellt wurde, oder das zuständige Gericht die Löschung angeordnet hat. [5]Löschungen sind zu dokumentieren. [6]Bei Gefahr im Verzug kann die Entscheidung nach Satz 1 auch durch die in Art. 36 Abs. 4 Satz 1 und 2 genannten Personen getroffen werden. [7]Für die nachträgliche Kontrolle der Entscheidung durch die unabhängige Stelle gilt Art. 95 Abs. 5 sinngemäß.

(6) [1]Erfolgt die Anordnung eines verdeckten Einsatzes technischer Mittel in Wohnungen ausschließlich als Personenschutzmaßnahme, gilt Art. 36 Abs. 5 Satz 2 entsprechend. [2]Außer in Fällen der Gefahr im Verzug ist eine anderweitige Verwendung der hierbei erlangten Erkenntnisse zu Zwecken der Gefahrenabwehr oder der Strafverfolgung erst zulässig, wenn zuvor die Rechtsmäßigkeit der Maßnahme richterlich festgestellt ist. [3]Aufzeichnungen aus einem solchen Einsatz sind unverzüglich nach Beendigung des Einsatzes zu löschen, soweit sie nicht zur Strafverfolgung oder Gefahrenabwehr benötigt werden.

Art. 42 Eingriffe in den Telekommunikationsbereich. (1) [1]Die Polizei kann auf Anordnung durch den Richter durch die Überwachung und Aufzeichnung der Telekommunikation personenbezogene Daten erheben

1. über die für eine Gefahr oder eine drohende Gefahr Verantwortlichen, soweit dies zur Abwehr einer Gefahr oder einer drohenden Gefahr für ein in Art. 11a Abs. 2 Nr. 1, 2 oder Nr. 4 genanntes bedeutendes Rechtsgut erforderlich ist, oder
2. über Personen, soweit bestimmte Tatsachen die Annahme rechtfertigen, dass

a) sie für Personen nach Nr. 1 bestimmte oder von diesen herrührende Mitteilungen entgegennehmen oder weitergeben, ohne insoweit das Recht zur Verweigerung des Zeugnisses nach den §§ 53, 53a StPO zu haben, oder
b) die unter Nr. 1 genannten Personen deren Kommunikationssysteme benutzen werden und sie daher mutmaßlich in Zusammenhang mit der Gefahrenlage stehen.

[2]Die Maßnahme darf dabei auch auf Kommunikationssysteme erstreckt werden, die räumlich von den durch die Betroffenen genutzten Kommunikationssystemen getrennt sind, soweit sie im Rahmen des Telekommunikationsvorgangs verwendet werden. [3]Datenerhebungen nach den Sätzen 1 und 2 dürfen nur durchgeführt werden, wenn die Erfüllung einer polizeilichen Aufgabe auf andere Weise aussichtslos oder wesentlich erschwert wäre.

(2) [1]Die Überwachung und Aufzeichnung der Telekommunikation darf auf Anordnung durch den Richter unter den Voraussetzungen des Abs. 1 ohne Wissen der Betroffenen in der Weise erfolgen, dass mit technischen Mitteln verdeckt auf informationstechnische Systeme zugegriffen wird, wenn
1. durch technische Maßnahmen sichergestellt ist, dass ausschließlich laufende Telekommunikation überwacht und aufgezeichnet wird, und
2. der Zugriff auf das informationstechnische System notwendig ist, um die Überwachung und Aufzeichnung der Telekommunikation insbesondere auch in unverschlüsselter Form zu ermöglichen.

[2]Dabei dürfen, soweit zu Zwecken des Satzes 1 unerlässlich, auch visualisierte Darstellungen der Telekommunikation ausgeleitet und erhoben werden. [3]Durch technische Maßnahmen ist sicherzustellen, dass
1. an dem informationstechnischen System nur Veränderungen vorgenommen werden, die für die Datenerhebung unerlässlich sind, und
2. die vorgenommenen Veränderungen bei Beendigung der Maßnahme soweit technisch möglich automatisiert rückgängig gemacht werden.

[4]Das eingesetzte Mittel ist nach dem Stand der Technik gegen unbefugte Nutzung zu schützen. [5]Art. 45 bleibt unberührt.

(3) [1]Die Polizei kann auf Anordnung durch den Richter unter den Voraussetzungen des Abs. 1 auch technische Mittel einsetzen, um
1. zur Vorbereitung einer Maßnahme nach Abs. 1 spezifische Kennungen, insbesondere die Geräte- und Kartennummer von Mobilfunkendgeräten, sowie
2. den Standort eines Mobilfunkendgerätes zu ermitteln.

[2]Personenbezogene Daten Dritter dürfen dabei nur erhoben werden, wenn dies aus technischen Gründen unvermeidbar ist. [3]Nach Beendigung der Maßnahme sind diese unverzüglich zu löschen. [4]Die Löschung ist zu dokumentieren.

(4) [1]Die Polizei kann auf Anordnung durch den Richter bei Gefahr oder drohender Gefahr für ein in Art. 11a Abs. 2 Nr. 2 genanntes bedeutendes Rechtsgut hinsichtlich des Betroffenen
1. durch die Überwachung und Aufzeichnung der Telekommunikation personenbezogene Daten erheben oder

2. technische Mittel einsetzen, um den Standort eines von ihm mitgeführten Mobilfunkendgerätes zu ermitteln.

[2]Soweit die Maßnahme nach Satz 1 ausschließlich dazu dient, den Aufenthaltsort einer dort genannten Person zu ermitteln, darf sie durch die in Art. 36 Abs. 5 Satz 2 genannten Personen angeordnet werden. [3]Weitergehende Maßnahmen nach Art. 43 Abs. 1 und 2 bleiben unberührt.

(5) [1]Die Polizei kann auf Anordnung durch den Richter zur Abwehr einer Gefahr für ein in Art. 11a Abs. 2 Nr. 1, 2 oder Nr. 4 genanntes bedeutendes Rechtsgut unter den übrigen Voraussetzungen des Abs. 1 Kommunikationsverbindungen durch den Einsatz technischer Mittel unterbrechen oder verhindern oder die Verfügungsgewalt darüber in anderer geeigneter Weise entziehen. [2]Kommunikationsverbindungen Dritter dürfen nur unterbrochen oder verhindert werden, wenn eine gegenwärtige Gefahr für Leib, Leben oder Freiheit einer Person durch andere Mittel nicht abgewehrt werden kann. [3]Unter den Voraussetzungen des Satzes 2 darf auf Anordnung durch den Richter auch der Zugang der in Abs. 1 genannten Personen zu Rundfunk und Fernsehen sowie zu vergleichbaren Medien vorübergehend unterbrochen werden, auch wenn Dritte hiervon unvermeidlich mitbetroffen werden.

(6) Für personenbezogene Daten, die durch Maßnahmen nach Abs. 1 im Wege einer automatischen Aufzeichnung ohne zeitgleiche Prüfung, ob der Kernbereich privater Lebensgestaltung berührt ist, erlangt wurden, gilt Art. 41 Abs. 5 entsprechend.

Art. 43 Mitwirkungspflichten der Diensteanbieter. (1) Ist eine Datenerhebung nach Art. 42 Abs. 1, auch mit Mitteln des Art. 42 Abs. 2, oder Art. 42 Abs. 4 Satz 1 Nr. 1 angeordnet, hat jeder, der ganz oder teilweise geschäftsmäßig Telekommunikationsdienste erbringt oder daran mitwirkt (Diensteanbieter), nach Maßgabe der Regelungen des Telekommunikationsgesetzes (TKG) und der darauf beruhenden Rechtsverordnungen zur technischen und organisatorischen Umsetzung von Überwachungsmaßnahmen in der jeweils geltenden Fassung der Polizei die Überwachung und Aufzeichnung der Telekommunikation zu ermöglichen.

(2) [1]Unter den Voraussetzungen des Art. 42 Abs. 1 Satz 1 oder Abs. 4 Satz 1 kann die Polizei auf Anordnung durch den Richter von Diensteanbietern verlangen,

1. ihr vorhandene Telekommunikationsverkehrsdaten im Sinn von § 96 Abs. 1 TKG der in Art. 42 Abs. 1 Satz 1 und Abs. 4 Satz 1 genannten Personen zu übermitteln,
2. Auskunft über deren zukünftige Telekommunikationsverkehrsdaten zu erteilen oder
3. ihr die für die Ermittlung des Standortes eines Mobilfunkendgerätes dieser Personen erforderlichen spezifischen Kennungen, insbesondere die Geräte und Kartennummer mitzuteilen.

[2]Art. 42 Abs. 4 Satz 2 gilt entsprechend. [3]Soweit es zur Abwehr einer dringenden Gefahr für den Bestand des Bundes oder eines Landes oder für Leib,

Leben oder Freiheit einer Person erforderlich ist, kann die Polizei von Diensteanbietern auch die Übermittlung der nach § 113b TKG gespeicherten Daten zu den in Art. 42 Abs. 1 Satz 1 und Abs. 4 Satz 1 genannten Personen verlangen. [4]Die Übermittlung von Daten über Telekommunikationsverbindungen, die zu diesen Personen hergestellt worden sind, darf nur angeordnet werden, wenn die Erforschung des Sachverhalts oder die Ermittlung ihres Aufenthaltsorts auf andere Weise aussichtslos oder wesentlich erschwert wäre.

(3) Telekommunikationsverkehrsdaten sind alle nicht inhaltsbezogenen Daten, die bei der Erbringung eines Telekommunikationsdienstes auch unabhängig von einer konkreten Telekommunikationsverbindung technisch verarbeitet werden, einschließlich der nach § 113b TKG gespeicherten Daten, insbesondere

1. Berechtigungskennung, Kartennummer, Standortkennung sowie Rufnummer oder Kennung des anrufenden und angerufenen Anschlusses oder der Endeinrichtung,
2. Beginn und Ende der Verbindung nach Datum und Uhrzeit,
3. vom Kunden in Anspruch genommene Telekommunikationsdienstleistung,
4. Endpunkte fest geschalteter Verbindungen, ihr Beginn und Ende nach Datum und Uhrzeit.

(4) [1]Unter den Voraussetzungen des Art. 42 Abs. 1 Satz 1 oder Abs. 4 Satz 1 kann die Polizei auf Anordnung durch den Richter von denjenigen, die geschäftsmäßig eigene oder fremde Telemedien zur Nutzung bereithalten oder den Zugang zur Nutzung vermitteln, Auskunft über dort gespeicherte Nutzungsdaten im Sinn des § 15 Abs. 1 des Telemediengesetzes (TMG) verlangen. [2]Das Auskunftsverlangen kann auch auf künftige Nutzungsdaten erstreckt werden. [3]Art. 42 Abs. 4 Satz 2 gilt entsprechend.

(5) Die Polizei kann von Diensteanbietern verlangen, dass diese ihr Auskunft über die nach den §§ 95 und 111 TKG sowie § 14 Abs. 1 TMG erhobenen Bestandsdaten erteilen, soweit dies zur Abwehr einer Gefahr oder einer drohenden Gefahr für die öffentliche Sicherheit oder Ordnung erforderlich ist.

(6) [1]Bezieht sich das Auskunftsverlangen nach Abs. 5 auf Daten, mittels derer der Zugriff auf Endgeräte oder auf Speichereinrichtungen, die in diesen Endgeräten oder hiervon räumlich getrennt eingesetzt werden, geschützt wird, darf die Auskunft auf Anordnung durch den Richter und nur dann verlangt werden, wenn die gesetzlichen Voraussetzungen für die konkret beabsichtigte Nutzung der Daten zum Zeitpunkt des Ersuchens vorliegen. [2]Dies gilt nicht, wenn der Betroffene von dem Auskunftsverlangen bereits Kenntnis hat oder haben muss oder wenn die Nutzung der Daten bereits durch eine gerichtliche Entscheidung gestattet wird; das Vorliegen dieser Voraussetzungen ist aktenkundig zu machen.

(7) Die Auskunft nach Abs. 5 darf auch anhand einer zu einem bestimmten Zeitpunkt zugewiesenen Internetprotokoll-Adresse verlangt werden.

(8) Die nach den Abs. 2 und 4 bis 7 verlangten Daten sind der Polizei unverzüglich zu übermitteln.

(9) Für die Entschädigung der Diensteanbieter ist § 23 des Justizvergütungs- und -entschädigungsgesetzes (JVEG) entsprechend anzuwenden, soweit nicht eine Entschädigung nach dem TKG oder dem TMG zu gewähren ist.

Art. 44 Besondere Verfahrensregelungen für Maßnahmen nach den Art. 42 und 43. (1) [1]Anordnungen nach den Art. 42 und 43 Abs. 2, 4 und 6 sind schriftlich zu erlassen. [2]Die Anordnung muss, soweit möglich, Namen und Anschrift des Betroffenen, gegen den sich die Maßnahme richtet, sowie die Rufnummer oder eine andere Kennung des Telekommunikationsanschlusses oder des Endgerätes, bei Maßnahmen mit Mitteln des Art. 42 Abs. 2 auch eine möglichst genaue Bezeichnung des informationstechnischen Systems, auf das zugegriffen werden soll, enthalten. [3]Es genügt eine räumlich und zeitlich hinreichende Bezeichnung der Telekommunikation, sofern andernfalls die Erreichung des Zwecks der Maßnahme aussichtslos oder wesentlich erschwert wäre. [4]In der Anordnung sind Art, Umfang und Dauer der Maßnahme zu bestimmen. [5]Die Anordnung von Maßnahmen nach Art. 42 darf auch zur nicht offenen Durchsuchung von Sachen sowie zum verdeckten Betreten und Durchsuchen der Wohnung des Betroffenen ermächtigen, soweit dies zur Durchführung der Maßnahme erforderlich ist.

(2) [1]Die Anordnung ist einzelfallabhängig wie folgt zu befristen:
1. im Fall des Art. 42 Abs. 5 Satz 1 auf höchstens zwei Wochen,
2. in den Fällen des Art. 42 Abs. 5 Satz 2 und 3 auf höchstens drei Tage,
3. in allen anderen Fällen auf höchstens drei Monate.

[2]In der Anordnung sind Adressat, Art, Umfang und Dauer der Maßnahme zu bestimmen und die wesentlichen Gründe anzugeben. [3]Eine Verlängerung um jeweils längstens den in Satz 1 genannten Zeitraum ist möglich, soweit die Voraussetzungen fortbestehen.

Art. 45 Verdeckter Zugriff auf informationstechnische Systeme. (1) [1]Die Polizei kann auf Anordnung durch den Richter mit technischen Mitteln verdeckt auf informationstechnische Systeme zugreifen, um Zugangsdaten und gespeicherte Daten zu erheben,
1. von den für eine Gefahr oder drohende Gefahr Verantwortlichen, soweit dies erforderlich ist zur Abwehr einer Gefahr oder einer drohenden Gefahr für ein in Art. 11a Abs. 2 Nr. 1 oder Nr. 2 genanntes bedeutendes Rechtsgut oder für Güter der Allgemeinheit, deren Bedrohung die Grundlagen der Existenz der Menschen berührt, oder
2. von anderen Personen, soweit bestimmte Tatsachen die Annahme rechtfertigen, dass die unter Nr. 1 genannten Personen deren informationstechnischen Systeme benutzen oder benutzt haben und die Personen daher mutmaßlich in Zusammenhang mit der Gefahrenlage stehen.

[2]Auf informationstechnische Systeme und Speichermedien, die räumlich von dem von dem Betroffenen genutzten informationstechnischen System getrennt sind, darf die Maßnahme erstreckt werden, soweit von dem unmittelbar untersuchten informationstechnischen System aus auf sie zugegriffen werden kann

oder diese für die Speicherung von Daten des Betroffenen genutzt werden. [3]Maßnahmen nach den Sätzen 1 und 2 dürfen nur durchgeführt werden, wenn die Erfüllung einer polizeilichen Aufgabe auf andere Weise aussichtslos oder wesentlich erschwert wäre. [4]Sie dürfen auch durchgeführt werden, wenn Dritte unvermeidbar betroffen werden. [5]Die eingesetzten Mittel sind entsprechend dem Stand der Technik gegen unbefugte Benutzung zu schützen. [6]Bei dringender Gefahr für ein in Satz 1 in Bezug genommenes Rechtsgut darf die Polizei Daten unter den übrigen Voraussetzungen des Satzes 1 löschen oder verändern, wenn die Gefahr nicht anders abgewehrt werden kann. [7]Im Übrigen dürfen Veränderungen am informationstechnischen System nur vorgenommen werden, wenn sie für die Datenerhebung unerlässlich sind. [8]Vorgenommene Veränderungen sind, soweit technisch möglich, automatisiert rückgängig zu machen, wenn die Maßnahme beendet wird.

(2) [1]Die Polizei kann auf Anordnung durch den Richter unter den Voraussetzungen des Abs. 1 Satz 1 bis 5 auch technische Mittel einsetzen, um

1. zur Vorbereitung einer Maßnahme nach Abs. 1 spezifische Kennungen sowie
2. den Standort eines informationstechnischen Systems zu ermitteln.

[2]Personenbezogene Daten Dritter dürfen dabei nur erhoben werden, wenn dies aus technischen Gründen unvermeidbar ist. [3]Nach Beendigung der Maßnahme sind diese unverzüglich zu löschen. [4]Die Löschung ist zu dokumentieren.

(3) [1]Die Anordnung der Maßnahmen ist schriftlich zu erlassen und zu begründen. [2]Die Anordnung muss, soweit möglich, Namen und Anschrift des Adressaten sowie die Bezeichnung des informationstechnischen Systems, auf das zugegriffen werden soll, enthalten. [3]In der Anordnung sind Art, Umfang und Dauer der Maßnahme zu bestimmen. [4]Die Anordnung darf auch zur nicht offenen Durchsuchung von Sachen sowie zum verdeckten Betreten und Durchsuchen der Wohnung des Betroffenen ermächtigen, soweit dies zur Durchführung von Maßnahmen nach Abs. 1 oder Abs. 2 erforderlich ist. [5]Die Anordnung ist einzelfallabhängig auf höchstens drei Monate zu befristen und kann um jeweils längstens drei Monate verlängert werden.

(4) Art. 41 Abs. 5 gilt für die durch Maßnahmen nach Abs. 1 erlangten personenbezogenen Daten entsprechend.

Art. 46 Rasterfahndung. (1) [1]Öffentliche und nichtöffentliche Stellen können auf Anordnung durch den Richter verpflichtet werden, der Polizei personenbezogene Daten bestimmter Personengruppen aus Dateien zum Zwecke des Abgleichs mit anderen Datenbeständen zu übermitteln, soweit dies zur Abwehr einer Gefahr für ein in Art. 11a Abs. 2 Nr. 1, 2 oder Nr. 4 genanntes bedeutendes Rechtsgut erforderlich ist. [2]Eine Verpflichtung der Verfassungsschutzbehörden des Bundes oder der Länder, des Bundesnachrichtendienstes sowie des Militärischen Abschirmdienstes zur Übermittlung nach Satz 1 erfolgt nicht.

(2) [1]Das Ersuchen um Übermittlung ist auf Namen, Anschriften, Tag und Ort der Geburt und andere für den Einzelfall benötigte Daten zu beschränken.

[2]Soweit die zu übermittelnden Daten von anderen Daten nicht oder nur mit unverhältnismäßigem Aufwand getrennt werden können, sind auf Anordnung auch die anderen Daten zu übermitteln; die Nutzung dieser Daten ist nicht zulässig. [3]Berufsgeheimnisträger nach den §§ 53, 53a StPO sind nicht verpflichtet, personenbezogene Daten, die einem Berufs- oder besonderen Amtsgeheimnis unterliegen, zu übermitteln; hierauf ist im Ersuchen um Übermittlung hinzuweisen.

(3) [1]Die Anordnung nach Abs. 1 ist schriftlich zu erlassen und zu begründen. [2]Sie muss den zur Übermittlung Verpflichteten bezeichnen und ist auf die Daten und Prüfungsmerkmale zu beschränken, die für den Einzelfall benötigt werden. [3]Von der Maßnahme ist der Landesbeauftragte unverzüglich zu unterrichten.

(4) [1]Ist der Zweck der Maßnahme erreicht oder zeigt sich, dass er nicht erreicht werden kann, sind die übermittelten und im Zusammenhang mit der Maßnahme zusätzlich angefallenen Daten unverzüglich zu löschen und die Unterlagen, soweit sie nicht für eine nach Art. 48 Abs. 1 bis 3 zulässige Verarbeitung erforderlich sind, unverzüglich zu vernichten. [2]Die Löschung und Vernichtung ist zu dokumentieren.

Art. 47 Einsatz von unbemannten Luftfahrtsystemen. (1) Bei den nachfolgenden Maßnahmen dürfen Daten unter den dort genannten Voraussetzungen auch durch den Einsatz unbemannter Luftfahrtsysteme erhoben werden:
1. offene Bild- und Tonaufnahmen oder -aufzeichnungen nach Art. 33 Abs. 1 bis 3,
2. Einsatz besonderer Mittel der Datenerhebung nach Art. 36 Abs. 1,
3. Einsatz technischer Mittel in Wohnungen nach Art. 41 Abs. 1,
4. Eingriffe in den Telekommunikationsbereich nach Art. 42 Abs. 1 bis 5 und
5. verdeckter Zugriff auf informationstechnische Systeme nach Art. 45 Abs. 1 und 2.

(2) [1]In den Fällen des Abs. 1 Nr. 1 dürfen unbemannte Luftfahrtsysteme nur dann eingesetzt werden, wenn die Offenheit der Maßnahme gewahrt bleibt. [2]In diesen Fällen soll auf die Verwendung unbemannter Luftfahrtsysteme durch die Polizei gesondert hingewiesen werden.

(3) Soweit in den Fällen des Abs. 1 eine richterliche Anordnung erforderlich ist, muss diese auch den Einsatz von unbemannten Luftfahrtsystemen umfassen.

(4) Diese unbemannten Luftfahrtsysteme dürfen nicht bewaffnet werden.

Art. 47a Überwindung besonderer Sicherungen. (1) [1]Soweit Maßnahmen auf Grund besonderer Sicherungen an Sachen, durch die der Zutritt von Personen verhindert werden soll, nicht hinreichend durchgeführt werden können, kann die Polizei auf Anordnung durch den Richter diejenigen dritten Personen, welche die besondere Sicherung geschaffen oder deren Schaffung beauftragt haben, im Rahmen des Zumutbaren verpflichten, die Sicherung selbst zu überwinden oder der Polizei die zur Überwindung der Sicherung erforderlichen Daten oder Hilfsmittel zur Verfügung zu stellen, wenn dies zur Abwehr einer Gefahr für ein nach der jeweiligen Befugnisnorm zu schützendes Rechtsgut unerlässlich ist. [2]Die Verpflichtung nach Satz 1 ist auf den zur Überwindung der Sicherung unverzichtbaren Umfang zu beschränken. [3]Sie kann mit der Verpflichtung verbunden werden, im Rahmen des Zumutbaren dafür Sorge zu tragen, dass eine Maßnahme verdeckt vorbereitet oder durchgeführt werden kann.

(2) [1]Die Anordnung ist schriftlich zu erlassen und zu begründen. [2]Sie muss Namen und Anschrift des Adressaten und soweit möglich den konkreten Umfang der benötigten Mitwirkung enthalten. [3]Die Umstände, die die Verpflichtung unerlässlich machen, sind darzulegen.

(3) [1]Die Polizei darf die übermittelten Daten oder Hilfsmittel nur zur Überwindung der Sicherung im konkreten Einzelfall nutzen und verarbeiten. [2]Nach Beendigung der Maßnahme sind die übermittelten Daten unverzüglich zu löschen. [3]Von den Verpflichteten überlassene Hilfsmittel sind auf deren Verlangen zurückzugeben, zu vernichten oder unbrauchbar zu machen. [4]Maßnahmen nach den Sätzen 2 und 3 sind zu dokumentieren.

(4) Für die Entschädigung der Verpflichteten ist § 23 Abs. 2 JVEG entsprechend anzuwenden.

(5) Die Nutzung und Verarbeitung von Daten oder Hilfsmitteln zur Überwindung von besonderen Sicherungen, die der Polizei unabhängig von einer Verpflichtung nach Abs. 1 oder auf Grund des Einverständnisses der Verpflichteten zur Verfügung stehen, bleibt unberührt.

Art. 48 Weiterverarbeitung von Daten, Datenübermittlung, Kennzeichnung und Sicherung. (1) Die Polizei darf die durch folgende Maßnahmen erhobenen personenbezogenen Daten für Zwecke der Gefahrenabwehr zum Schutz eines Rechtsguts, das in der jeweiligen Befugnisnorm enthalten ist, weiterverarbeiten:

1. elektronische Aufenthaltsüberwachung nach Art. 34 Abs. 1,
2. Postsicherstellung nach Art. 35 Abs. 1,
3. Einsatz besonderer Mittel der Datenerhebung nach Art. 36 Abs. 2,
4. Einsatz Verdeckter Ermittler nach Art. 37 Abs. 1,
5. Einsatz von Vertrauenspersonen nach Art. 38 Abs. 1,
6. Einsatz automatisierter Kennzeichenerkennungssysteme nach Art. 39 Abs. 1,
7. Eingriffe in den Telekommunikationsbereich nach Art. 42 Abs. 1 und 3 bis 4 oder Inanspruchnahme von Diensteanbietern nach Art. 43 Abs. 2 und 4 oder
8. Rasterfahndung nach Art. 46 Abs. 1;

ausreichend ist dabei auch ein Ansatz für weitere Sachverhaltsaufklärungen.

(2) Die Polizei darf die in Abs. 1 bezeichneten Daten an andere für die Gefahrenabwehr zuständige Behörden nur übermitteln, wenn dies zum Schutz

eines Rechtsguts, das in der jeweiligen Befugnisnorm enthalten ist, erforderlich ist und die Daten insoweit einen konkreten Ermittlungsansatz erkennen lassen.

(3) Die Polizei darf personenbezogene Daten, die durch in Abs. 1 genannte Maßnahmen erhoben wurden, für Zwecke der Strafverfolgung weiterverarbeiten und an andere Strafverfolgungsbehörden übermitteln, wenn die Daten insoweit einen konkreten Ermittlungsansatz erkennen lassen und

1. wenn die Daten mittels elektronischer Aufenthaltsüberwachung nach Art. 34 Abs. 1 erhoben wurden,
   a) und die Voraussetzungen des § 68b Abs. 1 Satz 3 StGB vorliegen, zur
      aa) Feststellung des Verstoßes gegen eine Führungsaufsichtsweisung nach § 68b Abs. 1 Satz 1 Nr. 1 oder Nr. 2 StGB,
      bb) Ergreifung von Maßnahmen der Führungsaufsicht, die sich an einen Verstoß gegen eine Führungsaufsichtsweisung nach § 68b Abs. 1 Satz 1 Nr. 1 oder Nr. 2 StGB anschließen können, oder
      cc) Ahndung eines Verstoßes gegen eine Führungsaufsichtsweisung nach § 68b Abs. 1 Satz 1 Nr. 1 oder Nr. 2 StGB oder
   b) zur Verfolgung von Straftaten der in § 66 Abs. 3 Satz 1 StGB genannten Art, oder
2. wenn die Daten durch eine der in Abs. 1 Nr. 2 bis 8 genannten Maßnahmen erhoben wurden, zur Verfolgung von Straftaten, zu deren Aufklärung eine solche Maßnahme nach den entsprechenden strafprozessualen Befugnissen angeordnet werden dürfte.

(4) [1]Die Polizei darf die erhobenen Daten bei folgenden Maßnahmen in dem jeweiligen Verfahren verarbeiten:

1. Einsatz technischer Mittel in Wohnungen nach Art. 41 Abs. 1 Satz 1, auch wenn dieser nach Art. 41 Abs. 6 als Personenschutzmaßnahme erfolgt ist, und
2. verdeckter Zugriff auf informationstechnische Systeme nach Art. 45 Abs. 1 und 2.

[2]Wenn die Daten einen konkreten Ermittlungsansatz erkennen lassen, darf sie die Polizei

1. unter den in der jeweiligen Befugnisnorm genannten Erhebungsvoraussetzungen für Zwecke der Gefahrenabwehr auch in anderen Verfahren weiterverarbeiten und an andere für die Gefahrenabwehr zuständige Behörden übermitteln sowie
2. für Zwecke der Strafverfolgung weiterverarbeiten und an eine andere Strafverfolgungsbehörde übermitteln, sofern die Daten der Verfolgung von Straftaten dienen, zu deren Aufklärung eine solche Maßnahme nach den entsprechenden strafprozessualen Befugnissen angeordnet werden dürfte, in den Fällen des Satzes 1 Nr. 1 jedoch nur, soweit die Erhebung durch das ausschließlich akustische Abhören und Aufzeichnen des nichtöffentlich gesprochenen Wortes erfolgt ist.

(5) [1]Personenbezogene Daten, die durch die in den Abs. 1 und 4 bezeichneten Maßnahmen erhoben wurden, sind besonders zu kennzeichnen. [2]Bei Daten,

die unter Inanspruchnahme von Diensteanbietern nach Art. 43 Abs. 2 erlangt wurden, ist dabei auch zwischen Daten nach § 96 Abs. 1 TKG und Daten nach § 113b TKG zu unterscheiden. [3]Durch geeignete technische Maßnahmen ist sicherzustellen, dass die Kennzeichnung auch nach einer Übermittlung an eine andere Stelle erhalten bleibt.

(6) Jede Zweckänderung ist festzustellen, zu kennzeichnen und zu dokumentieren.

(7) Personenbezogene Daten, die durch die in den Abs. 1 und 4 bezeichneten Maßnahmen erhoben wurden, sind entsprechend dem Stand der Technik gegen unbefugte Kenntnisnahme, Veränderung und Löschung besonders zu sichern.

Art. 49 Schutz von Berufsgeheimnisträgern und des Kernbereichs privater Lebensgestaltung. (1) [1]Ist oder wird bei folgenden Maßnahmen erkennbar, dass in ein durch ein Berufsgeheimnis nach den §§ 53, 53a StPO geschütztes Vertrauensverhältnis eingegriffen wird, ist die Datenerhebung insoweit unzulässig, es sei denn, die Maßnahme richtet sich gegen den Berufsgeheimnisträger selbst:
1. offene Bild- und Tonaufnahmen oder -aufzeichnungen in Wohnungen nach Art. 33 Abs. 4 Satz 3,
2. Postsicherstellung nach Art. 35 Abs. 1,
3. längerfristige Observation, Anfertigung von Bildaufnahmen oder -aufzeichnungen oder Abhören oder Aufzeichnen des nichtöffentlich gesprochenen Wortes nach Art. 36 Abs. 1 Nr. 1 oder Nr. 2 Buchst. a, Buchst. d oder Buchst. e, Abs. 2,
4. Eingriffe in den Telekommunikationsbereich nach Art. 42 Abs. 1 oder
5. verdeckter Zugriff auf informationstechnische Systeme nach Art. 45 Abs. 1.

[2]Eine bereits laufende Datenerhebung ist unverzüglich und solange erforderlich zu unterbrechen oder zu beenden. [3]Dennoch erlangte Erkenntnisse dürfen nicht weiter verarbeitet werden. [4] Art. 41 Abs. 1 Satz 2 Nr. 1 und 2, Abs. 2 Satz 1 und Abs. 3 Satz 2 sowie Art. 42 Abs. 1 Satz 1 Nr. 2 bleiben unberührt.

(2) [1]Telekommunikationsverkehrsdaten nach Art. 43 Abs. 2 Satz 3, durch deren Verarbeitung in ein durch ein Berufsgeheimnis nach den §§ 53, 53a StPO geschütztes Vertrauensverhältnis eingegriffen würde, dürfen nicht erhoben werden, es sei denn, die Maßnahme richtet sich gegen den Berufsgeheimnisträger selbst. [2]Dennoch erlangte Erkenntnisse dürfen nicht weiterverarbeitet werden.

(3) [1]Ist oder wird bei folgenden Maßnahmen erkennbar, dass dem Kernbereich privater Lebensgestaltung zuzurechnende Daten (Kernbereichsdaten) betroffen sind und bestehen keine Anhaltspunkte dafür, dass diese Daten dazu dienen sollen, ein Erhebungsverbot herbeizuführen, ist die Datenerhebung unzulässig:
1. offene Bild- und Tonaufnahmen oder -aufzeichnungen in Wohnungen nach Art. 33 Abs. 4 Satz 3,

2. Postsicherstellung nach Art. 35 Abs. 1,
3. längerfristige Observation, Anfertigung von Bildaufnahmen oder -aufzeichnungen oder Abhören oder Aufzeichnen des nichtöffentlich gesprochenen Wortes nach Art. 36 Abs. 1 Nr. 1 oder Nr. 2 Buchst. a, Buchst. d oder Buchst. e, Abs. 2,
4. Einsatz Verdeckter Ermittler nach Art. 37 Abs. 1,
5. Einsatz von Vertrauenspersonen nach Art. 38 Abs. 1,
6. Einsatz technischer Mittel in Wohnungen nach Art. 41 Abs. 1,
7. Eingriffe in den Telekommunikationsbereich nach Art. 42 Abs. 1 oder
8. verdeckter Zugriff auf informationstechnische Systeme nach Art. 45 Abs. 1.

[2]Eine bereits laufende Datenerhebung ist
1. bei den in Satz 1 Nr. 4 und 5 genannten Maßnahmen sobald dies ohne Gefährdung der eingesetzten Personen möglich ist,
2. bei den übrigen in Satz 1 genannten Maßnahmen unverzüglich

und solange erforderlich zu unterbrechen oder zu beenden. [3]Dennoch erlangte Erkenntnisse dürfen nicht weiter verarbeitet werden. [4] Art. 41 Abs. 2 Satz 2 bleibt unberührt. [5]Bei den in Satz 1 Nr. 8 genannten Maßnahmen hat die Polizei, soweit dies informations- und ermittlungstechnisch möglich ist, sicherzustellen, dass die Erhebung von Kernbereichsdaten unterbleibt. [6]Können in diesen Fällen Kernbereichsdaten vor oder bei der Datenerhebung nicht ausgesondert werden, darf auf das informationstechnische System auch dann zugegriffen werden, wenn hierbei eine Wahrscheinlichkeit besteht, dass dabei in untergeordnetem Umfang höchstpersönliche Daten miterfasst werden.

(4) Werden bei Maßnahmen der elektronischen Aufenthaltsüberwachung nach Art. 34 Daten im Sinn von Art. 34 Abs. 2 Satz 2 erhoben, dürfen diese nicht verarbeitet werden.

(5) Ergibt sich bei der Auswertung von Daten, die durch die nachfolgend benannten Maßnahmen erhoben wurden, dass sie Inhalte betreffen, über die das Zeugnis nach den §§ 53, 53a StPO verweigert werden könnte, dass sie einem Vertrauensverhältnis mit anderen Berufsgeheimnisträgern zuzuordnen sind oder dass es sich um Kernbereichsdaten handelt und die Daten keinen unmittelbaren Bezug zu den in der jeweiligen Befugnisnorm genannten Gefahren haben, dürfen diese nicht weiterverarbeitet werden:
1. Postsicherstellung nach Art. 35 Abs. 1,
2. Einsatz besonderer Mittel der Datenerhebung nach Art. 36 Abs. 2,
3. Einsatz Verdeckter Ermittler nach Art. 37 Abs. 1,
4. Einsatz von Vertrauenspersonen nach Art. 38 Abs. 1,
5. Einsatz technischer Mittel in Wohnungen nach Art. 41 Abs. 1 Satz 1, auch wenn dieser nach Art. 41 Abs. 6 als Personenschutzmaßnahme erfolgt ist,
6. Eingriffe in den Telekommunikationsbereich nach Art. 42 Abs. 1 und 3 oder Inanspruchnahme von Diensteanbietern nach Art. 43 Abs. 2 und 4 oder
7. verdeckter Zugriff auf informationstechnische Systeme nach Art. 45 Abs. 1 und 2.

(6) [1]Daten, die dem Kernbereich privater Lebensgestaltung zuzurechnen sind und nicht verarbeitet werden dürfen, sind unverzüglich zu löschen. [2]Im Übrigen ist die Verarbeitung personenbezogener Daten, die durch die in Abs. 5 genannten Maßnahmen erlangt wurden und

1. die für eine nach Art. 48 Abs. 1 bis 4 zulässige Verarbeitung nicht erforderlich sind oder
2. für die ein Verbot der Weiterverarbeitung besteht,

einzuschränken, wenn sie zum Zweck der Information der Betroffenen oder zur gerichtlichen Überprüfung der Erhebung oder Verwendung der Daten noch benötigt werden. [3]Andernfalls sind die Daten unverzüglich zu löschen.

(7) [1]Wurde der von einer Maßnahme Betroffene nach Art. 50 unterrichtet, sind Daten im Sinn des Abs. 6 Satz 2 zu löschen, wenn der Betroffene sich nicht innerhalb eines Monats nach Zugang der Benachrichtigung mit einem Rechtsbehelf gegen die Maßnahme gewendet hat. [2]Auf die Frist ist in der Benachrichtigung hinzuweisen. [3]Wurde ein Rechtsbehelf nach Satz 1 eingelegt, sind die Daten nach rechtskräftigem Abschluss des Rechtsbehelfsverfahrens zu löschen.

(8) Löschungen sind zu dokumentieren.

Art. 50 Benachrichtigungspflichten. (1) [1]Bei folgenden Maßnahmen sind die dort jeweils benannten Personen unverzüglich zu benachrichtigen, sobald dies ohne Gefährdung des Zwecks der Maßnahme, der eingesetzten Polizeibeamten oder Vertrauenspersonen oder der in der jeweiligen Befugnisnorm genannten Rechtsgüter geschehen kann:

1. bei elektronischer Aufenthaltsüberwachung nach Art. 34 Abs. 1 die Adressaten der Maßnahme, wenn Bewegungsbilder nach Art. 34 Abs. 3 erstellt wurden, wobei die Benachrichtigung spätestens zwei Monate nach deren Beendigung zu erfolgen hat,
2. bei Postsicherstellung nach Art. 35 Abs. 1 der Absender und der Adressat der Postsendung,
3. bei Einsatz besonderer Mittel der Datenerhebung nach Art. 36 Abs. 2, Einsatz Verdeckter Ermittler nach Art. 37 Abs. 1 oder Einsatz von Vertrauenspersonen nach Art. 38 Abs. 1
   a) die Adressaten der Maßnahme,
   b) diejenigen, deren personenbezogene Daten erhoben und weiterverarbeitet wurden, und
   c) diejenigen, deren nicht allgemein zugängliche Wohnung betreten wurde,
4. bei Ausschreibung zur polizeilichen Beobachtung oder gezielten Kontrolle nach Art. 40
   a) die Adressaten der Maßnahme und
   b) diejenigen, deren personenbezogene Daten erhoben und weiterverarbeitet wurden,
5. bei Einsatz technischer Mittel in Wohnungen nach Art. 41 Abs. 1 Satz 1 die von der Maßnahme Betroffenen, auch wenn die Maßnahme nach Art. 41 Abs. 6 als Personenschutzmaßnahme erfolgt ist,

6. bei Eingriffen in den Telekommunikationsbereich nach Art. 42 Abs. 1, 3 und 5, Inanspruchnahme von Diensteanbietern nach Art. 43 Abs. 2, 4 und 6 oder verdecktem Zugriff auf informationstechnische Systeme nach Art. 45 Abs. 1 und 2
   a) die Adressaten der Maßnahme und
   b) diejenigen, deren personenbezogene Daten im Rahmen einer solchen Maßnahme erhoben und weiterverarbeitet wurden, und
7. bei Rasterfahndung nach Art. 46 Abs. 1 die Personen, gegen die nach Auswertung der Daten weitere Maßnahmen durchgeführt wurden.

[2]In den Fällen des Satzes 1 Nr. 3 und, wenn die Maßnahme nach Art. 41 Abs. 6 als Personenschutzmaßnahme erfolgt ist, des Satzes 1 Nr. 5, ist auch eine Gefährdung der weiteren Verwendung von Vertrauenspersonen und Verdeckten Ermittlern als bedeutender Belang zu berücksichtigen. [3]Erfolgen Maßnahmen mit Mitteln des Art. 42 Abs. 2, sind die in Satz 1 Nr. 6 genannten Personen auch darüber zu unterrichten, dass mit technischen Mitteln verdeckt auf informationstechnische Systeme zugegriffen wurde. [4]Die Benachrichtigung unterbleibt, soweit überwiegende schutzwürdige Belange eines Betroffenen entgegenstehen. [5]Zudem kann die Benachrichtigung einer in Satz 1 Nr. 2 bis 4 und 6 bezeichneten Person, gegen die sich die Maßnahme nicht gerichtet hat, unterbleiben, wenn diese von der Maßnahme nur unerheblich betroffen wurde. [6]Nachforschungen zur Feststellung der Identität oder des Aufenthaltsortes einer in Satz 1 bezeichneten Person sind nur vorzunehmen, wenn dies unter Berücksichtigung der Eingriffsintensität der Maßnahme gegenüber dieser Person, des Aufwands für die Feststellung sowie der daraus für diese oder andere Personen folgenden Beeinträchtigungen geboten ist.

(2) Art. 31 Abs. 4 Satz 5 und 6 gilt entsprechend.

(3) Ist wegen desselben Sachverhalts ein strafrechtliches Ermittlungsverfahren gegen den Betroffenen eingeleitet worden, ist die Unterrichtung im Sinn des Abs. 1 in Abstimmung mit der Staatsanwaltschaft nachzuholen, sobald dies der Stand des Ermittlungsverfahrens zulässt.

(4) [1]Die weitere Zurückstellung der Benachrichtigung im Sinn des Abs. 1 bedarf der richterlichen Zustimmung, wenn sie nicht innerhalb des folgenden Zeitraums erfolgt:
1. sechs Monate nach Beendigung des Einsatzes technischer Mittel in Wohnungen nach Art. 41 Abs. 1 Satz 1 oder des verdeckten Zugriffs auf informationstechnische Systeme nach Art. 45 Abs. 1 oder Abs. 2 oder
2. ein Jahr nach Beendigung der übrigen in Abs. 1 Satz 1 Nr. 2 bis 7 bezeichneten Maßnahmen.

[2]Sind mehrere Maßnahmen in einem engen zeitlichen Zusammenhang durchgeführt worden, so beginnt die in Satz 1 genannte Frist mit der Beendigung der letzten Maßnahme. [3]Die richterliche Entscheidung ist vorbehaltlich einer anderen richterlichen Anordnung jeweils nach einem Jahr erneut einzuholen. [4]Eine Unterrichtung kann mit richterlicher Zustimmung frühestens nach dem Ablauf von fünf Jahren auf Dauer unterbleiben, wenn

1. überwiegende Interessen eines Betroffenen entgegenstehen oder
2. die Voraussetzungen für eine Benachrichtigung mit an Sicherheit grenzender Wahrscheinlichkeit auch in Zukunft nicht eintreten werden

und eine Verwendung der Daten gegen den Betroffenen ausgeschlossen ist. [5]In diesem Fall sind die Daten zu löschen und ist die Löschung zu dokumentieren. [6]Im Fall des Abs. 3 richten sich die gerichtliche Zuständigkeit und das Verfahren nach den Regelungen der StPO.

(5) Die Gründe für die Zurückstellung oder das Unterbleiben der Benachrichtigung sind zu dokumentieren.

Art. 51 Protokollierung, Kontrolle durch den Landesbeauftragten für den Datenschutz. (1) [1]Die nach den Art. 34 bis 46 durchgeführten Maßnahmen sind zu protokollieren, soweit dies ohne Gefährdung der jeweiligen Maßnahme möglich ist. [2]Aus den Protokollen müssen ersichtlich sein:
1. der für die Maßnahmen und Datenerhebungen Verantwortliche,
2. Ort, Zeitpunkt und Dauer der Maßnahme,
3. Zweck und Art der Ausführung,
4. Angaben über die Weiterverarbeitung der erhobenen Daten,
5. Angaben zu den nach Art. 50 Abs. 1 Satz 1 zu unterrichtenden Personen, wobei Art. 50 Abs. 1 Satz 6 entsprechend gilt, und
6. das wesentliche Ergebnis der Maßnahme.

[3]Die Protokolldaten dürfen nur zur Erfüllung der Benachrichtigungspflichten nach Art. 50 Abs. 1 und der Unterrichtungspflichten nach Art. 52 sowie zu den in Art. 63 Abs. 3 Satz 1 genannten Zwecken verwendet werden; Art. 63 Abs. 3 Satz 4 gilt entsprechend.

(2) [1]Der Landesbeauftragte führt im Bereich der Maßnahmen nach den Art. 34 bis 46 im Abstand von längstens zwei Jahren eine Kontrolle durch. [2]Zu diesem Zweck sind ihm die Protokolle nach Abs. 1 sowie die Dokumentationen von Datenlöschungen und Vernichtungen von Unterlagen in auswertbarer Weise zur Verfügung zu stellen. [3]Sobald sie hierfür oder für die weiteren in Abs. 1 Satz 3 genannten Zwecke nicht mehr benötigt werden, sind sie zu löschen.

Art. 52 Parlamentarische Kontrolle, Unterrichtung der Öffentlichkeit. (1) [1]Das Staatsministerium des Innern, für Sport und Integration unterrichtet das Parlamentarische Kontrollgremium nach dem Parlamentarischen Kontrollgremium-Gesetz (PKGG) jährlich über folgende durchgeführte Maßnahmen:
1. Postsicherstellung nach Art. 35 Abs. 1,
2. Einsatz besonderer Mittel der Datenerhebung nach Art. 36 Abs. 2,
3. Einsatz Verdeckter Ermittler nach Art. 37 Abs. 1,
4. Einsatz von Vertrauenspersonen nach Art. 38 Abs. 1,
5. Einsatz technischer Mittel in Wohnungen nach Art. 41 Abs. 1 Satz 1, auch wenn dieser nach Art. 41 Abs. 6 als Personenschutzmaßnahme erfolgt ist,
6. Eingriffe in den Telekommunikationsbereich nach Art. 42 Abs. 1 und 5 oder Inanspruchnahme von Diensteanbietern nach Art. 43 Abs. 2 und, soweit dort auf Art. 42 Abs. 1 Bezug genommen wird, Art. 43 Abs. 4,

7. verdeckter Zugriff auf informationstechnische Systeme nach Art. 45 Abs. 1 und
8. Rasterfahndung nach Art. 46 Abs. 1,

in den Fällen der Nrn. 5 bis 7 einschließlich etwaiger Betretungen und Durchsuchungen. [2]In den Berichten ist darzustellen, in welchem Umfang von den Befugnissen aus Anlass welcher Art von Gefahrenlagen Gebrauch gemacht wurde und Betroffene informiert wurden. [3]Das Parlamentarische Kontrollgremium erstattet dem Landtag jährlich einen Bericht auf der Grundlage der Unterrichtung nach den Sätzen 1 und 2. [4]Die Grundsätze des Art. 9 Abs. 1 PKGG sind zu beachten.

(2) Das Staatsministerium des Innern, für Sport und Integration unterrichtet in geeigneter Weise jährlich die Öffentlichkeit über die Anzahl der in Abs. 1 Satz 1 genannten Maßnahmen.

3. Unterabschnitt

Datenspeicherung, -übermittlung und sonstige Datenverarbeitung

Art. 53 Allgemeine Regeln der Datenspeicherung und sonstigen Datenverarbeitung. (1) Die Polizei kann personenbezogene Daten in Akten oder Dateien speichern und anderweitig verarbeiten, soweit dies durch Rechtsvorschrift zugelassen ist.

(2) [1]Die Speicherung und anderweitige Verarbeitung darf nur zu dem Zweck erfolgen, zu dem diese Daten erhoben worden sind. [2]Die Verarbeitung einschließlich einer erneuten Speicherung und einer Veränderung sowie die Übermittlung zu einem anderen polizeilichen Zweck ist zulässig, soweit die Polizei die Daten zu diesem Zweck erheben dürfte oder dies anderweitig besonders gestattet ist.

(3) [1]Daten, die erhoben wurden, ohne dass die Voraussetzungen für ihre Erhebung vorgelegen haben, dürfen nur dann weiterverarbeitet werden, wenn
1. dies zur Abwehr einer gegenwärtigen Gefahr für ein in Art. 11a Abs. 2 Nr. 1 oder Nr. 2 genanntes bedeutendes Rechtsgut oder für Güter der Allgemeinheit, deren Bedrohung die Grundlagen der Existenz der Menschen berührt, erforderlich ist und
2. die hierfür eingerichtete unabhängige Stelle oder das zuständige Gericht sie freigegeben hat, weil nach deren Prüfung
   a) keine Inhalte betroffen sind, über die das Zeugnis nach den §§ 53, 53a StPO verweigert werden könnte, und
   b) die Daten nicht dem Kernbereich privater Lebensgestaltung oder einem Vertrauensverhältnis mit anderen Berufsgeheimnisträgern zuzuordnen sind.

[2]Hinsichtlich der Entscheidung nach Satz 1 Nr. 2 gilt Art. 41 Abs. 5 Satz 4 bis 7 entsprechend.

(4) Die Polizei darf folgende Grunddaten einer Person stets verarbeiten, um die Identität der Person festzustellen:
1. Familiennamen,
2. Vornamen,
3. Geburtsnamen,
4. sonstige Namen wie Spitznamen und andere Namensschreibweisen,
5. Geschlecht,
6. Geburtsdatum,
7. Geburtsort,
8. Geburtsstaat,
9. derzeitige Staatsangehörigkeit und frühere Staatsangehörigkeiten,
10. gegenwärtiger Aufenthaltsort und frühere Aufenthaltsorte,
11. Wohnanschrift,
12. Sterbedatum sowie
13. abweichende Angaben zu den Nrn. 1 bis 12.

(5) [1]Die Dauer der Speicherung ist auf das erforderliche Maß zu beschränken. [2]Für automatisierte Dateien sind Termine festzulegen, an denen spätestens überprüft wird, ob die Speicherung von Daten weiterhin erforderlich ist (Prüfungstermine). [3]Für nichtautomatisierte Dateien und Akten sind Prüfungstermine oder Aufbewahrungsfristen festzulegen. [4]Dabei ist Folgendes zu berücksichtigen:
1. der Umstand, dass es sich um Daten handelt, die besonderen Kategorien im Sinn des Art. 30 Abs. 2 zugehören,
2. der Umstand, ob es sich um tatsachen- oder einschätzungsbasierte Daten im Sinn des Art. 30 Abs. 3 handelt,
3. die verschiedenen Kategorien betroffener Personen im Sinn des Art. 30 Abs. 4,
4. der Speicherungszweck und
5. Art und Bedeutung des Anlasses der Speicherung.

[5]Es ist ein Verfahren festzulegen, das die Einhaltung der Fristen sicherstellt.

Art. 54 Speicherung, Veränderung und Nutzung von Daten. (1) Die Polizei kann personenbezogene Daten in Akten oder Dateien speichern und anderweitig verarbeiten, soweit dies zur Erfüllung ihrer Aufgaben, zu einer zeitlich befristeten Dokumentation oder zur Vorgangsverwaltung erforderlich ist.

(2) [1]Die Polizei kann insbesondere personenbezogene Daten, die sie im Rahmen strafrechtlicher Ermittlungsverfahren oder von Personen gewonnen hat, die verdächtig sind, eine Straftat begangen zu haben, speichern und anderweitig verarbeiten, soweit dies zur Gefahrenabwehr, insbesondere zur vorbeugenden Bekämpfung von Straftaten erforderlich ist. [2]Entfällt der der Speicherung zugrunde liegende Verdacht, sind die Daten unverzüglich zu löschen. [3]Die nach Art. 53 Abs. 5 festzulegenden Prüfungstermine oder Aufbewahrungsfristen betragen in der Regel bei Erwachsenen zehn Jahre, bei Jugendlichen fünf Jahre und bei Kindern zwei Jahre. [4]In Fällen von geringerer Bedeutung sind kürzere Fristen festzusetzen. [5]Die Frist beginnt regelmäßig mit dem

Ende des Jahres, in dem das letzte Ereignis erfaßt worden ist, das zur Speicherung der Daten geführt hat, jedoch nicht vor Entlassung des Betroffenen aus einer Justizvollzugsanstalt oder der Beendigung einer mit Freiheitsentziehung verbundenen Maßregel der Besserung und Sicherung. [6]Werden innerhalb der Frist der Sätze 3 bis 5 weitere personenbezogene Daten über dieselbe Person gespeichert, so gilt für alle Speicherungen gemeinsam der Prüfungstermin, der als letzter eintritt, oder die Aufbewahrungsfrist, die als letzte endet.

(3) [1]In den Fällen des Art. 40 Abs. 1 kann abweichend von Abs. 2 eine längere Frist festgelegt werden. [2]Wird nach Fristablauf die Aufbewahrung fortgesetzt, ist nach spätestens drei Jahren die Aussonderung erneut zu prüfen.

(4) [1]Die Polizei kann personenbezogene Daten auch zur Aus- und Fortbildung oder zu statistischen Zwecken weiterverarbeiten. [2]Die Anonymisierung kann unterbleiben, wenn diese nicht mit vertretbarem Aufwand möglich ist oder dem Aus- und Fortbildungszweck entgegensteht und jeweils die berechtigten Interessen des Betroffenen an der Geheimhaltung der Daten nicht überwiegen. [3]Zu wissenschaftlichen Zwecken können personenbezogene Daten durch die Polizei weiterverarbeitet werden, soweit eine Verwendung anonymisierter oder pseudonymisierter Daten nicht möglich ist und das öffentliche Interesse das schutzwürdige Interesse des Betroffenen erheblich überwiegt. [4]Ausgenommen sind personenbezogene Daten, die mittels Maßnahmen nach Art. 41 Abs. 1 Satz 1 und Abs. 6 Satz 1 sowie Art. 45 Abs. 1 und 2 erhoben wurden.

(5) Die Polizei soll angemessene Maßnahmen ergreifen, dass gespeicherte personenbezogene Daten sachlich richtig, vollständig und erforderlichenfalls auf dem neusten Stand sind, und zu diesem Zweck die Qualität der Daten überprüfen.

Art. 55 Allgemeine Regelungen der Datenübermittlung. (1) [1]Die übermittelnde Stelle prüft die Zulässigkeit der Datenübermittlung. [2]Erfolgt die Datenübermittlung auf Grund eines Ersuchens des Empfängers, hat dieser die zur Prüfung erforderlichen Angaben zu machen. [3]Bei Ersuchen von Polizeidienststellen und sonstigen öffentlichen Stellen prüft die übermittelnde Stelle nur, ob das Ersuchen im Rahmen der Aufgaben des Empfängers liegt. [4]Erfolgt die Datenübermittlung durch automatisierten Abruf, trägt der Empfänger die Verantwortung für die Rechtmäßigkeit des Abrufs.

(2) [1]Die übermittelnde Stelle unterlässt die Übermittlung personenbezogener Daten, die erkennbar unrichtig, unvollständig oder nicht mehr auf dem gegenwärtigen Stand sind. [2]Soweit möglich unterzieht sie die Daten vor Übermittlung einer diesbezüglichen Überprüfung. [3]Die empfangende Stelle beurteilt die Richtigkeit, Vollständigkeit, die Zuverlässigkeit und Aktualität der Daten in eigener Zuständigkeit. [4]Die übermittelnde Stelle fügt nach Möglichkeit die zur Prüfung erforderlichen Informationen bei.

(3) [1]Die empfangende Stelle darf die übermittelten personenbezogenen Daten, soweit nichts anderes bestimmt ist, nur zu dem Zweck verarbeiten, zu

dem sie ihr übermittelt worden sind. [2]Bestehen für die Verarbeitung besondere Bedingungen, ist die empfangende Stelle darauf hinzuweisen, soweit dieses Gesetz dies nicht besonders regelt. [3]Behörden und sonstige Stellen außerhalb des Geltungsbereichs des Grundgesetzes, über- und zwischenstaatliche Stellen sowie Personen und Stellen außerhalb des öffentlichen Bereichs sind bei der Datenübermittlung auf die Sätze 1 und 2 hinzuweisen. [4]Erweist sich die Übermittlung der Daten als unrechtmäßig, ist dies der empfangenden Stelle unverzüglich mitzuteilen. [5]Die Daten dürfen von dieser nicht mehr verarbeitet werden und sind unverzüglich in der Verarbeitung einzuschränken, wenn sie zu Zwecken der Dokumentation noch benötigt werden, andernfalls sind sie von dieser unverzüglich zu löschen.

(4) [1]Unterliegen personenbezogene Daten einem Berufs- oder besonderen Amtsgeheimnis und sind sie der Polizei von der zur Verschwiegenheit verpflichteten Person in Ausübung ihrer Berufs- oder Amtspflicht übermittelt worden, ist die Datenübermittlung durch die Polizei nur zulässig, wenn der Empfänger die Daten zur Erfüllung des gleichen Zwecks benötigt, zu dem die Polizei sie erlangt hat. [2]In die Übermittlung an Personen und Stellen außerhalb des öffentlichen Bereichs muß, außer bei Gefahr im Verzug, der Betroffene, oder soweit dies im Einzelfall nicht sachdienlich ist, die zur Verschwiegenheit verpflichtete Stelle einwilligen.

(5) Andere Rechtsvorschriften über die Datenübermittlung bleiben unberührt.

Art. 56 Übermittlung an öffentliche Stellen im Inland. (1) Die Polizei kann personenbezogene Daten übermitteln

1. von sich aus oder auf Ersuchen an andere Polizeidienststellen, soweit dies zur Erfüllung polizeilicher Aufgaben erforderlich ist,
2. von sich aus an Behörden oder sonstige öffentliche Stellen, soweit dies der Erfüllung polizeilicher Aufgaben oder der Gefahrenabwehr durch die empfangende Stelle dient,
3. auf Ersuchen an Behörden oder sonstige öffentliche Stellen, soweit dies der
   a) Wahrnehmung von Aufgaben der Gefahrenabwehr durch die empfangende Stelle,
   b) Verhütung oder Beseitigung erheblicher Nachteile für das Gemeinwohl oder
   c) Wahrung sonstiger schutzwürdiger Interessen dient, oder
4. von sich aus oder auf Ersuchen an Verfassungsschutzbehörden des Bundes oder der Länder, den Bundesnachrichtendienst und den Militärischen Abschirmdienst, wenn die Daten zugleich konkrete Erkenntnisse zu einer Gefährdung der jeweiligen Rechtsgüter erkennen lassen, die für die Lagebeurteilung nach Maßgabe der Aufgaben der genannten Behörden bedeutsam sind.

(2) [1]Art. 48 Abs. 1 bis 4 bleibt unberührt. [2]Die in Abs. 1 Nr. 4 genannten Behörden sind andere für die Gefahrenabwehr zuständige Behörden im Sinn des Art. 48.

Art. 57 Übermittlung an öffentliche Stellen der Mitgliedstaaten und an Organisationen der Europäischen Union. Die Polizei kann personenbezogene Daten unter den gleichen Voraussetzungen wie im Inland an Behörden und sonstige öffentliche Stellen
1. eines Mitgliedstaats oder einer Organisation der Europäischen Union oder
2. eines Staats, der die Bestimmungen des Schengen-Besitzstandes auf Grund eines Assoziierungsübereinkommens mit der Europäischen Union über die Umsetzung, Anwendung und Entwicklung des Schengen-Besitzstandes anwendet (Schengenassoziierter Staat)

übermitteln.

Art. 58 Übermittlung an öffentliche Stellen in Drittstaaten und an internationale Organisationen. (1) [1]Die Polizei kann personenbezogene Daten an Behörden und sonstige öffentliche Stellen anderer als der in Art. 57 genannten Staaten (Drittstaaten) sowie an internationale Organisationen übermitteln, wenn dies auf Grund eines konkreten Ermittlungsansatzes zur Verhütung, Unterbindung oder Verfolgung von Straftaten oder zur Abwehr von sonstigen Gefahren für die öffentliche Sicherheit erforderlich ist, die empfangende Stelle für diese Zwecke zuständig ist und
1. die Europäische Kommission einen Beschluss gefasst hat, wonach der Drittstaat oder die internationale Organisation ein angemessenes Datenschutzniveau bietet,
2. auf Grund völkerrechtlicher Vereinbarungen oder anderer geeigneter Garantien der Schutz personenbezogener Daten sichergestellt ist oder,
3. soweit die Voraussetzungen der Nr. 1 oder Nr. 2 nicht vorliegen, die Übermittlung erforderlich ist
   a) zur Abwehr von Gefahren für Leben, Gesundheit oder Freiheit einer Person oder für Güter der Allgemeinheit, deren Bedrohung die Grundlagen der Existenz der Menschen berührt,
   b) zur Wahrung schutzwürdiger Interessen oder Belange des Betroffenen, sofern Rechte oder Interessen Dritter nicht überwiegen, oder
   c) zur Abwehr einer gegenwärtigen Gefahr für die öffentliche Sicherheit eines Mitgliedstaats der Europäischen Union oder eines Drittstaats.

[2]Art. 48 Abs. 1 bis 4 bleibt unberührt. [3]Eine Übermittlung unterbleibt, soweit im konkreten Einzelfall
1. begründete Zweifel an der Angemessenheit des Datenschutzniveaus im Empfängerstaat bestehen,
2. schutzwürdige Interessen oder Belange des Betroffenen das öffentliche Interesse an der Übermittlung überwiegen oder
3. begründete Zweifel bestehen, ob die Weiterverarbeitung nach Übermittlung der Daten im Einklang mit der Charta der Grundrechte der Europäischen Union oder der Konvention zum Schutz der Menschrechte und Grundfreiheiten steht.

[4]Die Polizei berücksichtigt die in der Aufstellung nach § 28 Abs. 3 des Bundeskriminalamtgesetzes aufgeführten Erkenntnisse.

(2) [1]Für Übermittlungen nach Abs. 1 gilt Art. 63 Abs. 2 Satz 1 Nr. 4 und Satz 2 entsprechend. [2]Informationen über die Art der übermittelten personenbezogenen Daten sind in die Protokolle aufzunehmen. [3]Die Protokollinhalte können angemessen kategorisiert werden. [4]Für die Verwendung der Protokolldaten gilt Art. 63 Abs. 3 Satz 1 und 4, für die Kontrolle durch den Landesbeauftragten gilt Art. 51 Abs. 2 entsprechend.

(3) [1]In Fällen, in denen personenbezogene Daten aus einem anderen Mitgliedstaat der Europäischen Union übermittelt wurden, muss dieser der Übermittlung durch die Polizei zuvor nach seinem Recht zugestimmt haben. [2]Ohne Zustimmung ist eine Übermittlung durch die Polizei nur dann zulässig, wenn diese erforderlich ist, um eine gegenwärtige Gefahr für

1. die öffentliche Sicherheit eines Mitgliedstaats der Europäischen Union oder eines Drittstaats oder
2. die wesentlichen Interessen des Bundes, eines Landes oder eines anderen Mitgliedstaats der Europäischen Union

abzuwehren und die Zustimmung nicht rechtzeitig eingeholt werden kann. [3]Die Behörde oder Stelle des anderen Mitgliedstaats der Europäischen Union, die für die Erteilung der Zustimmung zuständig ist, wird im Fall des Satzes 2 unverzüglich unterrichtet. [4]Die Polizei stellt in geeigneter Weise sicher, dass ein empfangender Drittstaat oder eine empfangende internationale Organisation personenbezogene Daten nur dann an einen anderen Drittstaat oder eine andere internationale Organisation weiterleitet, wenn hierfür eine Zustimmung der übermittelnden Stelle vorliegt.

(4) [1]Die Polizei kann personenbezogene Daten im Einzelfall unmittelbar an andere als in Abs. 1 Satz 1 genannte öffentliche Stellen in Drittstaaten übermitteln, wenn

1. dies zur Erfüllung polizeilicher Aufgaben erforderlich ist,
2. eine Übermittlung an eine in Abs. 1 Satz 1 genannte Behörde oder sonstige öffentliche Stelle wirkungslos, nicht rechtzeitig möglich oder zur Gefahrenabwehr ungeeignet wäre,
3. Grundrechte des Betroffenen das öffentliche Interesse an der Übermittlung nicht überwiegen und
4. die übrigen für die Übermittlung von Daten in Drittstaaten geltenden Voraussetzungen vorliegen.

[2]Die Polizei teilt dem Empfänger die festgelegten Zwecke mit, zu denen die Verarbeitung der Daten erfolgen darf. [3]Soweit vorhanden, soll die Polizei unverzüglich die an sich nach Abs. 1 Satz 1 zuständige Behörde oder öffentliche Stelle des Drittstaats über die Übermittlung unterrichten. [4]Abs. 2 gilt entsprechend.

(5) Die Abs. 1, 2 und 4 sind auch anzuwenden, wenn ein Ersuchen der Polizei an die dort genannten Behörden, Stellen und Organisationen die Übermittlung personenbezogener Daten erforderlich macht.

(6) [1]Das Staatsministerium des Innern, für Sport und Integration unterrichtet das Parlamentarische Kontrollgremium jährlich über erfolgte Übermittlungen

nach den Abs. 1 und 4. [2]Art. 52 Abs. 1 Satz 2 bis 4 gilt entsprechend. [3]Für die Unterrichtung der Öffentlichkeit gilt Art. 52 Abs. 2 entsprechend.

Art. 59 Übermittlung an nichtöffentliche Stellen. (1) Die Polizei kann von sich aus personenbezogene Daten an nichtöffentliche Stellen im Inland übermitteln, soweit dies erforderlich ist

1. zur Erfüllung polizeilicher Aufgaben,
2. zur Verhütung oder Beseitigung erheblicher Nachteile für das Gemeinwohl oder
3. zur Wahrung schutzwürdiger Interessen oder Belange Einzelner, wenn kein Grund zu der Annahme besteht, dass schutzwürdige Interessen oder Belange des Betroffenen an dem Ausschluss der Übermittlung überwiegen.

(2) Die Polizei kann nichtöffentlichen Stellen im Inland auf Antrag personenbezogene Daten übermitteln, soweit diese Stellen

1. ein rechtliches Interesse an der Kenntnis der zu übermittelnden Daten glaubhaft machen und kein Grund zu der Annahme besteht, dass schutzwürdige Interessen oder Belange des Betroffenen an dem Ausschluss der Übermittlung überwiegen oder
2. ein berechtigtes Interesse geltend machen, offensichtlich ist, daß die Datenübermittlung im Interesse des Betroffenen liegt, und kein Grund zu der Annahme besteht, daß er in Kenntnis der Sachlage seine Einwilligung verweigern würde.

(3) [1]Daten, die durch eine der in Art. 48 Abs. 1 genannten Maßnahmen erhoben wurden, dürfen an nichtöffentliche Stellen nur übermittelt werden, wenn dies zum Schutz eines in der jeweiligen Befugnisnorm genannten Rechtsguts erforderlich ist. [2]Daten die durch eine der in Art. 48 Abs. 4 Satz 1 genannten Maßnahmen erhoben wurden, dürfen darüber hinaus nur dann übermittelt werden, wenn der in der jeweiligen Befugnisnorm enthaltende Gefahrengrad erreicht wird und die Übermittlung erforderlich macht.

(4) Für die Übermittlung personenbezogener Daten an nichtöffentliche Stellen eines Mitgliedstaats der Europäischen Union oder eines Schengenassoziierten Staats gelten die Abs. 1 bis 3 entsprechend.

(5) [1]Die Polizei kann personenbezogene Daten unter den Voraussetzungen des Art. 58 Abs. 4 an nichtöffentliche Stellen in Drittstaaten übermitteln. [2]Art. 58 Abs. 2 und 6 gilt entsprechend.

Art. 60 Datenempfang durch die Polizei. (1) Öffentliche Stellen können, soweit gesetzlich nichts anderes bestimmt ist, von sich aus personenbezogene Daten an die Polizei übermitteln, wenn anzunehmen ist, daß die Übermittlung zur Erfüllung der Aufgaben der Polizei erforderlich sein kann.

(2) [1]Die Polizei kann an öffentliche Stellen Ersuchen um Übermittlung personenbezogener Daten stellen, soweit diese zur Erfüllung ihrer Aufgaben erforderlich sind. [2]Die Polizei hat die zur Prüfung des Ersuchens erforderlichen

Angaben zu machen. [3]Die ersuchte öffentliche Stelle hat die Daten an die Polizei zu übermitteln, soweit gesetzlich nichts anderes bestimmt ist.

(3) Die Polizei kann die Verfassungsschutzbehörden des Bundes oder der Länder, den Bundesnachrichtendienst und den Militärischen Abschirmdienst um Übermittlung mit nachrichtendienstlichen Mitteln erhobener personenbezogener Daten nur ersuchen,

1. zur Abwehr einer im Einzelfall bestehenden Gefahr oder einer drohenden Gefahr für ein bedeutendes Rechtsgut oder
2. wenn die Informationen auch mit eigenen Befugnissen in gleicher Weise hätten erhoben werden können.

Art. 60a Zuverlässigkeitsüberprüfung. (1) [1]Bei Anlässen, die mit erheblichen Sicherheitsrisiken verbunden sind, kann die Polizei personenbezogene Daten einer Person mit deren schriftlicher oder elektronischer Zustimmung bei öffentlichen und nichtöffentlichen Stellen erheben, übermitteln und anderweitig verarbeiten (Zuverlässigkeitsüberprüfung), soweit dies im Hinblick auf den Anlass und die Tätigkeit der betroffenen Person erforderlich und angemessen ist. [2]Die Erforderlichkeit und der Umfang der Verarbeitung sind anhand einer Gefährdungsanalyse festzulegen, wobei sich die Datenerhebung nach dem Zweck der Zuverlässigkeitsüberprüfung richtet. [3]Zuverlässigkeitsüberprüfungen können insbesondere erfolgen

1. zur Regelung der besonderen Zugangsberechtigung zu Veranstaltungen und Veranstaltungsreihen, die besonders gefährdet sind,
2. für den privilegierten Zutritt zu einem Amtsgebäude oder einem anderen gefährdeten Objekt oder Bereich,
3. für die Erbringung von Dienstleistungen zur Unterstützung behördlicher Aufgaben,
4. bei Personen, die Zugang zu Unterlagen oder ähnlichen Inhalten haben sollen, aus denen sich sicherheitsrelevante Erkenntnisse für die Tätigkeit von Polizei und Sicherheitsbehörden ergeben oder
5. zu Zwecken des Personen- und Objektschutzes.

[4]Die Polizei kann hierzu die Identität der Person feststellen, deren Zuverlässigkeit überprüft werden soll, und zu diesem Zweck auch von ihr vorgelegte Ausweisdokumente kopieren oder Kopien von Ausweisdokumenten anfordern.

(2) [1]Die Polizei ist befugt, das Ergebnis ihrer Zuverlässigkeitsüberprüfung an eine andere Stelle zu übermitteln, wenn die Beurteilung der Zuverlässigkeit der anderen Stelle obliegt. [2]Hat die Polizei dabei Zuverlässigkeitsbedenken, ist die betroffene Person vor der Datenübermittlung an die andere Stelle über die Bedenken der Polizei zu informieren, wenn die betroffene Person dies schriftlich oder in elektronischer Form gegenüber der Polizei zuvor erklärt hat. [3]In den Fällen des Satzes 2 gibt die Polizei der betroffenen Person Gelegenheit, Einwände gegen die Sicherheitsbedenken schriftlich oder in elektronischer Form vorzubringen, welche vor der Übermittlung nach Satz 1 zu prüfen sind. [4]Die betroffene Person ist von der anderen Stelle auf die Möglichkeiten nach den Sätzen 2 und 3 und über Ablauf und Inhalt des polizeilichen Überprü-

fungsverfahrens spätestens vor der erstmaligen Datenübermittlung an die Polizei hinzuweisen. [5]Hat die Polizei Zweifel daran, dass die andere Stelle ihrer Verpflichtung nach Satz 4 nachgekommen ist, ist die betroffene Person durch die Polizei vor der Übermittlung nach Satz 1 über das Bestehen von Sicherheitsbedenken zu informieren. [6]Von der Information des Betroffenen nach den Sätzen 2 und 5 kann unter den Voraussetzungen des Art. 65 Abs. 2 und 3 abgesehen werden. [7]Erfolgt die Mitteilung an eine nichtöffentliche Stelle, beschränkt sich die Mitteilung nach Satz 1 darauf, dass Zuverlässigkeitsbedenken bestehen.

(3) Die Polizei kann die andere Stelle dazu verpflichten, ihr mitzuteilen, wenn sie eine Person trotz bekannter Zuverlässigkeitsbedenken der Polizei gleichwohl für den Anlass verwendet, für den die Zuverlässigkeitsüberprüfung durchgeführt wurde.

(4) Art. 54 Abs. 2 Satz 6 findet keine Anwendung.

(5) [1]Die Polizei kann ferner Personen, die eine Tätigkeit in einer Behörde der Polizei oder des Verfassungsschutzes anstreben, mit deren schriftlicher oder elektronischer Zustimmung einer Zuverlässigkeitsüberprüfung nach Abs. 1 unterziehen. [2]In diesen Fällen findet Arbeits- und Beamtenrecht Anwendung.

Art. 61 Datenabgleich innerhalb der Polizei. (1) [1]Die Polizei kann personenbezogene Daten der in Art. 7 und 8 genannten Personen mit dem Inhalt polizeilicher Dateien abgleichen. [2]Personenbezogene Daten anderer Personen kann die Polizei nur abgleichen, wenn Tatsachen die Annahme rechtfertigen, daß dies zur Erfüllung einer bestimmten polizeilichen Aufgabe erforderlich ist. [3]Die Polizei kann ferner im Rahmen ihrer Aufgabenerfüllung erlangte personenbezogene Daten mit dem Fahndungsbestand abgleichen. [4]Der Betroffene kann außer in den Fällen des Art. 12 für die Dauer des Datenabgleichs angehalten werden. [5] Art. 13 bleibt unberührt.

(2) Maßnahmen im Sinn des Abs. 1 können auch unter Verwendung bildverarbeitender Systeme und durch Auswertung biometrischer Daten erfolgen, wenn andernfalls die Erfüllung polizeilicher Aufgaben gefährdet oder wesentlich erschwert würde.

(3) Rechtsvorschriften über den Datenabgleich in anderen Fällen bleiben unberührt.

Art. 62 Berichtigung, Löschung und Verarbeitungseinschränkung von Daten. (1) [1]Personenbezogene Daten sind zu berichtigen, wenn sie unrichtig sind. [2]Die Berichtigung kann auch eine Ergänzung der Daten erforderlich machen, wenn eine mangelnde Vollständigkeit die Unrichtigkeit der Daten für den Verarbeitungszweck zur Folge hat. [3]Wurden die Daten zuvor an die Polizei übermittelt, ist der übermittelnden Stelle die Berichtigung mitzuteilen, soweit dies möglich und zumutbar ist. [4]Erweisen sich personenbezogene Daten nach ihrer Übermittlung durch die Polizei als unrichtig, sind sie unverzüglich ge

genüber der empfangenden Stelle zu berichtigen, wenn dies zur Wahrung schutzwürdiger Interessen des Betroffenen erforderlich ist. [5]Ist die Berichtigung nicht möglich oder nicht hinreichend, ist eine weitere Verarbeitung der Daten unzulässig. [6]Die Daten sind durch die empfangende Stelle unverzüglich zu löschen oder, wenn dies nicht möglich ist, unverzüglich in der Verarbeitung einzuschränken.

(2) [1]In Dateien gespeicherte personenbezogene Daten sind unverzüglich zu löschen und die zu dem Betroffenen geführten Akten zu vernichten, wenn

1. ihre Erhebung oder weitere Verarbeitung unzulässig war,
2. sie zur Erfüllung einer rechtlichen Verpflichtung gelöscht werden müssen oder
3. bei der zu bestimmten Fristen oder Terminen vorzunehmenden Überprüfung oder aus Anlaß einer Einzelfallbearbeitung festgestellt wird, daß ihre Kenntnis für die speichernde Stelle zur Erfüllung der ihr obliegenden Aufgaben nicht mehr erforderlich ist. Art. 54 Abs. 2 Satz 3 bis 5 gilt entsprechend.

[2]Wurden die Daten übermittelt, ist dem Empfänger die Löschung unverzüglich mitzuteilen.

(3) [1]Löschung und Vernichtung unterbleiben, soweit und solange

1. Grund zu der Annahme besteht, daß schutzwürdige Interessen des Betroffenen beeinträchtigt würden,
2. die Daten für Beweiszwecke einer weiteren Aufbewahrung bedürfen,
3. dies im Einzelfall nicht oder nur mit unverhältnismäßig hohem Aufwand möglich ist oder
4. ein Fall des Art. 53 Abs. 3 oder Art. 54 Abs. 4 vorliegt.

[2]In diesen Fällen sind die Daten in der Verarbeitung einzuschränken. [3]Sie dürfen nur zu den in Satz 1 Nr. 2 und 4 genannten Zwecken oder mit Einwilligung des Betroffenen genutzt werden. [4]Wurden die Daten übermittelt, ist dem Empfänger die Verarbeitungseinschränkung unverzüglich mitzuteilen.

(4) [1]Der Betroffene kann nach Maßgabe der Abs. 1 bis 3 die unverzügliche Berichtigung oder Löschung verlangen. [2]Im Fall von Aussagen, Beurteilungen oder anderweitigen Wertungen betrifft die Frage der Richtigkeit nicht deren Inhalt, sondern die Tatsache, ob die Aussage, Beurteilung oder anderweitige Wertung so erfolgt ist. [3]Kann die Richtigkeit der Daten nicht erwiesen werden, werden die Daten in der Verarbeitung eingeschränkt. [4]In diesem Fall wird der Betroffene unterrichtet, bevor die Verarbeitungseinschränkung aufgehoben wird. [5]Bestehen begründete Zweifel an der Identität der antragstellenden Person, kann die Bearbeitung ihres Anliegens von der Erbringung geeigneter Nachweise abhängig gemacht werden.

(5) [1]Der Betroffene wird unverzüglich darüber in Kenntnis gesetzt, wie mit dem Antrag nach Abs. 4 verfahren wird, falls über ihn nicht unverzüglich entschieden wird. [2]Soweit ein Antrag abgelehnt wird, ist der Betroffene hierüber schriftlich und unter Mitteilung der Gründe zu unterrichten. [3]Der Betroffene ist darauf hinzuweisen, dass er Beschwerde bei dem Landesbeauftragten einle-

gen, seine Rechte auch über diesen ausüben oder gerichtlichen Rechtsschutz in Anspruch nehmen kann. [4]Unterrichtungen können unterbleiben, soweit und solange hierdurch
1. die Erfüllung polizeilicher Aufgaben gefährdet oder wesentlich erschwert würde,
2. die öffentliche Sicherheit oder Ordnung gefährdet würde oder
3. überwiegende Rechte Dritter gefährdet würden.

(6) Bei offensichtlich unbegründeten oder in ungebührlichem Umfang gestellten Anträgen können angemessene Kosten erhoben werden, soweit nicht ausnahmsweise schon von der Bearbeitung abgesehen werden kann.

Art. 63 Automatisiertes Abrufverfahren. (1) [1]Die Einrichtung eines automatisierten Verfahrens, das die Verarbeitung, insbesondere die Übermittlung personenbezogener Daten durch Abruf ermöglicht, ist zulässig, soweit dieses Verfahren unter Berücksichtigung der schutzwürdigen Interessen der Betroffenen und der Erfüllung polizeilicher Aufgaben angemessen ist. [2]Der Abruf durch andere als Polizeidienststellen ist nur auf Grund besonderer Rechtsvorschriften zulässig.

(2) [1]Folgende Verarbeitungsvorgänge nach Abs. 1 müssen protokolliert werden:
1. Erhebung,
2. Veränderung,
3. Abruf,
4. Offenlegung einschließlich Übermittlung,
5. Verknüpfung und
6. Löschung.

[2]Die Protokolle über Abrufe und Offenlegungen müssen die dafür maßgeblichen Gründe nennen sowie Datum und Uhrzeit dieser Vorgänge enthalten und, soweit möglich, die Feststellung der Identität der abrufenden oder offenlegenden Person sowie des Empfängers ermöglichen.

(3) [1]Die nach Abs. 2 erstellten Protokolle dürfen nur verwendet werden zur
1. Überprüfung der Rechtmäßigkeit der Datenverarbeitung, einschließlich der Eigenüberwachung,
2. Gewährleistung der Integrität und Sicherheit der personenbezogenen Daten,
3. Verhütung oder Verfolgung von Straftaten und Ordnungswidrigkeiten und
4. Kontrolle durch den Landesbeauftragten.

[2]Sie sind dem Landesbeauftragten auf Anforderung in auswertbarer Weise zur Verfügung zu stellen. [3]Soweit sie für Zwecke des Satzes 1 nicht mehr benötigt werden, sind sie zu löschen. [4]Die Auswertung für Zwecke des Satzes 1 Nr. 3 bedarf der Anordnung einer der in Art. 36 Abs. 4 Satz 1 oder Satz 2 genannten Personen.

(4) Das Staatsministerium des Innern, für Sport und Integration kann mit anderen Ländern und dem Bund einen Datenverbund vereinbaren, der eine automatisierte Datenübermittlung ermöglicht.

Art. 64 Errichtungsanordnung für Dateien, Datenschutz-Folgenabschätzung. (1) [1]Für den erstmaligen Einsatz von automatisierten Verfahren, mit denen personenbezogene Daten verarbeitet werden, ist in einer Errichtungsanordnung, die der Zustimmung des Staatsministeriums des Innern, für Sport und Integration bedarf, festzulegen:

1. speichernde Stelle,
2. Bezeichnung der Datei,
3. Zweck der Datei,
4. betroffener Personenkreis,
5. Art der zu speichernden Daten,
6. Eingabeberechtigung,
7. Zugangsberechtigung,
8. regelmäßige Datenübermittlungen,
9. Überprüfungsfristen, Speicherungsdauer,
10. Protokollierung von Verarbeitungsvorgängen nach Art. 63 Abs. 2,
11. besondere Regelungen über die Verarbeitung von Daten, die nach dem 2. Unterabschnitt erhoben wurden, insbesondere zum Verhältnis von Speicherinhalt und Abrufberechtigung, und
12. Angaben nach Abs. 2 Satz 4 Halbsatz 2.

[2]Nach der Zustimmung gemäß Satz 1 ist die Errichtungsanordnung dem Landesbeauftragten mitzuteilen. [3]Das gleiche gilt für wesentliche Änderungen des Verfahrens.

(2) [1]Birgt eine Datenverarbeitung oder deren Änderung auf Grund ihrer Art, ihres Umfangs, ihres Zwecks, des Einsatzes neuer Technologien oder sonstiger Umstände voraussichtlich ein hohes Risiko für die Rechte natürlicher Personen, führt die Polizei vor ihrer erstmaligen Anwendung eine Abschätzung der Folgen für den Schutz personenbezogener Daten durch. [2]In den Fällen des Art. 61 Abs. 2 gilt dies insbesondere dann, wenn durch den Abgleich Bild- oder anderweitige Aufnahmen automatisch gesteuert werden können. [3]Der Landesbeauftragte kann zudem festlegen, welche Verarbeitungsvorgänge vor ihrer erstmaligen Anwendung einer Folgenabschätzung bedürfen. [4]Die Folgenabschätzung muss den Rechten und schutzwürdigen Interessen betroffener Personen Rechnung tragen und eine allgemeine Beschreibung der vorgesehenen Verarbeitungsvorgänge und -zwecke, eine Bewertung der Risiken im Hinblick auf die Rechte der betroffenen Personen sowie eine Darstellung der vorgesehenen Abhilfe- und Schutzmaßnahmen enthalten. [5]Ist zugleich eine Errichtungsanordnung nach Abs. 1 erforderlich, so ist vor deren Erstellung eine entsprechende Folgenabschätzung vorzunehmen; die Angaben nach Satz 4 sind in die Errichtungsanordnung aufzunehmen. [6]Abs. 1 Satz 2 findet mit der Maßgabe Anwendung, dass dem Landesbeauftragten vor der erstmaligen Anwendung vorgesehener Verarbeitungsvorgänge Gelegenheit zur Stellungnahme binnen sechs Wochen zu geben ist, wobei diese Frist auf dessen Ersuchen hin auf zehn Wochen verlängert werden kann. [7]Bei Gefahr im Verzug findet Satz 6 keine Anwendung; die Mitteilung an den Landesbeauftragten ist in diesen Fällen unverzüglich nachzuholen. [8]Ihm sind auf Anforderung alle für

seine Kontrolle erforderlichen und für die Polizei verfügbaren Informationen zu übermitteln.

(3) [1]Die speichernde Stelle hat in angemessenem Abstand die Notwendigkeit der Weiterführung oder Änderung ihrer Dateien zu prüfen. [2]Dabei berücksichtigt sie auch die Kategorien personenbezogener Daten nach Art. 30 Abs. 2 bis 4.

Art. 65 Auskunftsrecht. (1) [1]Die Polizei teilt einer Person auf Antrag mit, ob sie betreffende personenbezogene Daten, einschließlich Bild- und Tonaufnahmen, verarbeitet werden. [2]Ist dies der Fall, erhält die Person ihrem Antrag entsprechend Auskunft über sie betreffende personenbezogene Daten und über
1. die Rechtsgrundlage und die Zwecke der Verarbeitung,
2. verfügbare Informationen zur Herkunft der Daten oder, falls dies im Einzelfall nicht möglich ist, zu den Kategorien personenbezogener Daten, die verarbeitet werden,
3. die Empfänger, gegenüber denen die personenbezogenen Daten offengelegt wurden,
4. die für deren Speicherung vorgesehene Dauer oder, falls dies im Einzelfall nicht möglich ist, die Kriterien für deren Festlegung,
5. die bestehenden Rechte auf Berichtigung, Löschung oder Verarbeitungseinschränkung und
6. die Kontaktdaten des Landesbeauftragten und die Möglichkeit, bei ihm Beschwerde einzulegen.

[3]Bestehen begründete Zweifel an der Identität der antragstellenden Person, kann die Erteilung der Auskunft von der Erbringung geeigneter Nachweise abhängig gemacht werden. [4]Auskunft zur Herkunft personenbezogener Daten von oder zu deren Übermittlung an Verfassungsschutzbehörden des Bundes oder der Länder, den Bundesnachrichtendienst oder den Militärischen Abschirmdienst, wird nur mit Zustimmung dieser Stellen erteilt.

(2) [1]Die Auskunft kann unterbleiben, soweit und solange andernfalls
1. die Erfüllung polizeilicher Aufgaben gefährdet oder wesentlich erschwert würde,
2. die öffentliche Sicherheit oder Ordnung gefährdet würde oder
3. die im Einzelfall, insbesondere wegen der überwiegenden berechtigten Interessen eines Dritten, erforderliche Geheimhaltung verarbeiteter Daten gefährdet würde und das Interesse der antragstellenden Person an der Auskunftserteilung nicht überwiegt.

[2]Art. 50 bleibt unberührt.

(3) [1]Art. 62 Abs. 5 gilt entsprechend. [2]Die Gründe für die Ablehnung eines Antrags sind von der Polizei zu dokumentieren. [3]Sie sind dem Landesbeauftragten für dessen Kontrolle in auswertbarer Weise zur Verfügung zu stellen, soweit nicht das Staatsministerium des Innern, für Sport und Integration im Einzelfall feststellt, dass dadurch die Sicherheit des Bundes oder eines Landes gefährdet würde. [4]Eine Mitteilung des Landesbeauftragten an den Betroffenen

im Beschwerdeverfahren darf keine Rückschlüsse auf den Erkenntnisstand der Polizei zulassen, sofern diese nicht einer weitergehenden Auskunft zustimmt.

(4) Art. 62 Abs. 6 gilt entsprechend.

4. Unterabschnitt

Anwendung des Bayerischen Datenschutzgesetzes

Art. 66 Anwendung des Bayerischen Datenschutzgesetzes. [1]Das Bayerische Datenschutzgesetz (BayDSG) findet für den Bereich der Polizei ergänzend Anwendung, soweit in diesem Gesetz nichts Besonderes geregelt ist. [2]Art. 24 BayDSG gilt ausschließlich in Ausübung des Hausrechts.

IV. Abschnitt

Vollzugshilfe

Art. 67 Vollzugshilfe. (1) Die Polizei leistet anderen Behörden auf Ersuchen Vollzugshilfe, wenn unmittelbarer Zwang anzuwenden ist und die anderen Behörden nicht über die hierzu erforderlichen Dienstkräfte verfügen oder ihre Maßnahmen nicht auf andere Weise selbst durchsetzen können.

(2) Soweit Dienstkräfte der Justizverwaltung nicht oder nicht ausreichend zur Verfügung stehen, führt die Polizei Personen dem Gericht oder der Staatsanwaltschaft vor und unterstützt die Gerichtsvorsitzenden bei der Aufrechterhaltung der Ordnung in der Sitzung.

(3) Die Grundsätze der Amtshilfe gelten entsprechend.

(4) Die Verpflichtung zur Amtshilfe bleibt unberührt.

Art. 68 Verfahren. (1) [1]Vollzugshilfeersuchen sind schriftlich zu stellen. [2]Sie haben den Grund und die Rechtsgrundlage der Maßnahme anzugeben.

(2) [1]In Eilfällen kann das Ersuchen formlos gestellt werden. [2]Es ist jedoch auf Verlangen unverzüglich schriftlich zu bestätigen.

(3) [1]Vollzugshilfeersuchen sollen an die unterste Polizeidienststelle gerichtet werden, deren Dienstbereich für den Vollzug des Ersuchens ausreicht. [2]Weisungen der Sicherheitsbehörden gehen dem Ersuchen anderer Verwaltungsbehörden vor.

(4) Die ersuchende Behörde ist von der Ausführung des Ersuchens zu verständigen.

Art. 69 Vollzugshilfe bei Freiheitsentziehung. (1) Hat das Vollzugshilfeersuchen eine Freiheitsentziehung zum Inhalt, ist auch die richterliche Entscheidung über die Zulässigkeit der Freiheitsentziehung vorzulegen oder in dem Ersuchen zu bezeichnen.

(2) Ist eine vorherige richterliche Entscheidung nicht ergangen, hat die Polizei die festgehaltene Person zu entlassen, wenn die ersuchende Behörde diese nicht übernimmt oder die richterliche Entscheidung nicht unverzüglich nachträglich beantragt.

(3) Die Art. 19 und 20 gelten entsprechend.

V. Abschnitt

Zwang

1. Unterabschnitt

Erzwingung von Handlungen, Duldungen und Unterlassungen

Art. 70 Zulässigkeit des Verwaltungszwangs. (1) Der Verwaltungsakt der Polizei, der auf die Vornahme einer Handlung oder auf Duldung oder Unterlassung gerichtet ist, kann mit Zwangsmitteln durchgesetzt werden, wenn er unanfechtbar ist oder wenn ein Rechtsmittel keine aufschiebende Wirkung hat.

(2) Der Verwaltungszwang kann ohne vorausgehenden Verwaltungsakt angewendet werden, wenn das zur Abwehr einer Gefahr notwendig ist, insbesondere weil Maßnahmen gegen Personen nach den Art. 7 bis 10 nicht oder nicht rechtzeitig möglich sind oder keinen Erfolg versprechen, und die Polizei hierbei innerhalb ihrer Befugnisse handelt.

Art. 71 Zwangsmittel. (1) Zwangsmittel sind:
1. Ersatzvornahme (Art. 72),
2. Zwangsgeld (Art. 73),
3. unmittelbarer Zwang (Art. 75).

(2) Sie sind nach Maßgabe der Art. 76 und 81 anzudrohen.

(3) Die Zwangsmittel können auch neben einer Strafe oder Geldbuße angewandt und so lange wiederholt und gewechselt werden, bis der Verwaltungsakt befolgt worden ist oder sich auf andere Weise erledigt hat.

Art. 72 Ersatzvornahme. (1) [1]Wird die Verpflichtung, eine Handlung vorzunehmen, deren Vornahme durch einen anderen möglich ist, nicht erfüllt, so kann die Polizei die Handlung selbst ausführen oder einen anderen mit der Ausführung beauftragen. [2]Für die Ausführung der Ersatzvornahme werden vom Betroffenen Kosten erhoben. [3]Im übrigen gilt das Kostengesetz.

(2) [1]Es kann bestimmt werden, daß der Betroffene die voraussichtlichen Kosten der Ersatzvornahme im voraus zu bezahlen hat. [2]Zahlt der Betroffene die Kosten der Ersatzvornahme oder die voraussichtlich entstehenden Kosten der Ersatzvornahme nicht fristgerecht, so können die Kosten im Verwaltungs-

zwangsverfahren beigetrieben werden. [3]Die Beitreibung der voraussichtlichen Kosten unterbleibt, sobald der Betroffene die gebotene Handlung ausführt.

Art. 73 Zwangsgeld. (1) Das Zwangsgeld wird auf mindestens fünfzehn und höchstens fünftausend Euro schriftlich festgesetzt.

(2) Mit der Festsetzung des Zwangsgeldes ist dem Betroffenen eine angemessene Frist zur Zahlung einzuräumen.

(3) [1]Zahlt der Betroffene das Zwangsgeld nicht fristgerecht, so wird es im Verwaltungszwangsverfahren beigetrieben. [2]Die Beitreibung unterbleibt, sobald der Betroffene die gebotene Handlung ausführt oder die zu duldende Maßnahme gestattet.

(4) [1]Für die Festsetzung des Zwangsgeldes werden vom Betroffenen Kosten erhoben. [2]Im übrigen gilt das Kostengesetz.

Art. 74 Ersatzzwangshaft. (1) [1]Ist das Zwangsgeld uneinbringlich, so kann das Verwaltungsgericht auf Antrag der Polizei die Ersatzzwangshaft anordnen, wenn bei Androhung des Zwangsgeldes hierauf hingewiesen worden ist. [2]Die Ersatzzwangshaft beträgt mindestens einen Tag, höchstens zwei Wochen.

(2) Die Ersatzzwangshaft ist auf Antrag der Polizei von der Justizverwaltung nach den Bestimmungen der § 802g Abs. 2 und § 802h ZPO zu vollstrecken.

Art. 75 Unmittelbarer Zwang. (1) [1]Die Polizei kann unmittelbaren Zwang anwenden, wenn andere Zwangsmittel nicht in Betracht kommen oder keinen Erfolg versprechen oder unzweckmäßig sind. [2]Für die Art und Weise der Anwendung unmittelbaren Zwangs gilt der 2. Unterabschnitt.

(2) Unmittelbarer Zwang zur Abgabe einer Erklärung ist ausgeschlossen.

(3) [1]Für die Anwendung unmittelbaren Zwangs werden Kosten erhoben. [2]Im übrigen gilt das Kostengesetz.

Art. 76 Androhung der Zwangsmittel. (1) [1]Zwangsmittel sind möglichst schriftlich anzudrohen. [2]Dem Betroffenen ist in der Androhung zur Erfüllung der Verpflichtung eine angemessene Frist zu bestimmen; eine Frist braucht nicht bestimmt zu werden, wenn eine Duldung oder Unterlassung erzwungen werden soll. [3]Von der Androhung kann abgesehen werden, wenn die Umstände sie nicht zulassen, insbesondere wenn die sofortige Anwendung des Zwangsmittels zur Abwehr einer Gefahr notwendig ist.

(2) [1]Die Androhung kann mit dem Verwaltungsakt verbunden werden, durch den die Handlung, Duldung oder Unterlassung aufgegeben wird. [2]Sie soll mit ihm verbunden werden, wenn ein Rechtsmittel keine aufschiebende Wirkung hat.

(3) [1]Die Androhung muß sich auf bestimmte Zwangsmittel beziehen. [2]Werden mehrere Zwangsmittel angedroht, ist anzugeben, in welcher Reihenfolge sie angewandt werden sollen.

(4) Wird die Ersatzvornahme angedroht, so sollen in der Androhung die voraussichtlichen Kosten angegeben werden.

(5) Das Zwangsgeld ist in bestimmter Höhe anzudrohen.

(6) [1]Die Androhung ist zuzustellen. [2]Das gilt auch dann, wenn sie mit dem zugrunde liegenden Verwaltungsakt verbunden ist und für ihn keine Zustellung vorgeschrieben ist.

(7) [1]Für die Androhung werden Kosten erhoben. [2]Dies gilt nicht, wenn nach Abs. 2 Satz 1 verfahren wird und der Verwaltungsakt, durch den die Handlung, Duldung oder Unterlassung aufgegeben wird, kostenfrei ist. [3]Im übrigen gilt das Kostengesetz.

2. Unterabschnitt

Anwendung unmittelbaren Zwangs

Art. 77 Rechtliche Grundlagen. (1) Ist die Polizei nach diesem Gesetz oder anderen Rechtsvorschriften zur Anwendung unmittelbaren Zwangs befugt, gelten für die Art und Weise der Anwendung die Art. 78 bis 86 und, soweit sich aus diesen nichts Abweichendes ergibt, die übrigen Vorschriften dieses Gesetzes.

(2) Die zivil- und strafrechtlichen Wirkungen nach den Vorschriften über Notwehr und Notstand bleiben unberührt.

Art. 78 Begriffsbestimmung. (1) Unmittelbarer Zwang ist die Einwirkung auf Personen oder Sachen durch körperliche Gewalt, ihre Hilfsmittel, Waffen und Explosivmittel.

(2) Körperliche Gewalt ist jede unmittelbare körperliche Einwirkung auf Personen oder Sachen.

(3) Hilfsmittel der körperlichen Gewalt sind insbesondere Fesseln, Wasserwerfer, technische Sperren, Diensthunde, Dienstpferde, Dienstfahrzeuge, Luftfahrzeuge, Reiz- und Betäubungsstoffe sowie zum Sprengen bestimmte explosionsfähige Stoffe (Sprengmittel).

(4) [1]Als Waffen sind Schlagstock, Elektroimpulsgerät und vergleichbare Waffen, Pistole, Revolver, Gewehr, Maschinenpistole und Maschinengewehr zugelassen. [2]Waffen können auf Anordnung des Staatsministeriums des Innern, für Sport und Integration zeitlich befristet als Einsatzmittel erprobt werden.

(5) [1]Explosivmittel sind besondere Sprengmittel, namentlich Handgranaten, Sprenggeschosse, die aus Schusswaffen verschossen werden können und sonstige explosionsfähige Stoffe, die vor Umsetzung von einem festen Mantel umgeben sind. [2]Abs. 4 Satz 2 gilt entsprechend.

Art. 79 Handeln auf Anordnung. (1) [1]Die Polizeibeamten sind verpflichtet, unmittelbaren Zwang anzuwenden, der von einem Weisungsberechtigten angeordnet wird. [2]Dies gilt nicht, wenn die Anordnung die Menschenwürde verletzt oder nicht zu dienstlichen Zwecken erteilt worden ist.

(2) [1]Eine Anordnung darf nicht befolgt werden, wenn dadurch eine Straftat begangen würde. [2]Befolgt der Polizeibeamte die Anordnung trotzdem, so trifft ihn eine Schuld nur, wenn er erkennt oder wenn es nach den ihm bekannten Umständen offensichtlich ist, daß dadurch eine Straftat begangen wird.

(3) Bedenken gegen die Rechtmäßigkeit der Anordnung hat der Polizeibeamte dem Anordnenden gegenüber vorzubringen, soweit das nach den Umständen möglich ist.

(4) § 36 Abs. 2 und 3 des Beamtenstatusgesetzes sind nicht anzuwenden.

Art. 80 Hilfeleistung für Verletzte. Wird unmittelbarer Zwang angewendet, ist Verletzten, soweit es nötig ist und die Lage es zuläßt, Beistand zu leisten und ärztliche Hilfe zu verschaffen.

Art. 81 Androhung unmittelbaren Zwangs. (1) [1]Unmittelbarer Zwang ist vor seiner Anwendung anzudrohen. [2]Von der Androhung kann abgesehen werden, wenn die Umstände sie nicht zulassen, insbesondere wenn die sofortige Anwendung des Zwangsmittels zur Abwehr einer Gefahr notwendig ist. [3]Als Androhung des Schußwaffengebrauchs gilt auch die Abgabe eines Warnschusses.

(2) Schußwaffen und Explosivmittel dürfen nur dann ohne Androhung gebraucht werden, wenn das zur Abwehr einer gegenwärtigen Gefahr für Leib oder Leben erforderlich ist.

(3) [1]Gegenüber einer Menschenmenge ist die Anwendung unmittelbaren Zwangs möglichst so rechtzeitig anzudrohen, daß sich Unbeteiligte noch entfernen können. [2]Der Gebrauch von Schußwaffen gegen Personen in einer Menschenmenge ist stets anzudrohen; die Androhung ist vor dem Gebrauch durch Warnschuß zu wiederholen. [3]Beim Gebrauch von technischen Sperren und Dienstpferden kann von einer Androhung abgesehen werden.

Art. 82 Fesselung von Personen. Eine Person, die nach diesem Gesetz oder anderen Rechtsvorschriften festgehalten wird, darf gefesselt werden, wenn Tatsachen die Annahme rechtfertigen, daß sie

1. Polizeibeamte oder Dritte angreifen, Widerstand leisten oder Sachen beschädigen wird,
2. fliehen wird oder befreit werden soll oder
3. sich töten oder verletzen wird.

Art. 83 Allgemeine Vorschriften für den Schußwaffengebrauch. (1) [1]Schußwaffen dürfen nur gebraucht werden, wenn andere Maßnahmen des unmittelbaren Zwangs erfolglos angewendet sind oder offensichtlich kei-

nen Erfolg versprechen. [2]Gegen Personen ist ihr Gebrauch nur zulässig, wenn der Zweck nicht durch Schußwaffengebrauch gegen Sachen erreicht werden kann.

(2) [1]Schußwaffen dürfen gegen Personen nur gebraucht werden, um angriffs- oder fluchtunfähig zu machen. [2]Ein Schuß, der mit an Sicherheit grenzender Wahrscheinlichkeit tödlich wirken wird, ist nur zulässig, wenn er das einzige Mittel zur Abwehr einer gegenwärtigen Gefahr für Leib oder Leben einer Person ist.

(3) [1]Gegen Personen, die dem äußeren Eindruck nach noch nicht 14 Jahre alt sind, dürfen Schußwaffen nicht gebraucht werden. [2]Das gilt nicht, wenn der Schußwaffengebrauch das einzige Mittel zur Abwehr einer gegenwärtigen Gefahr für Leib oder Leben ist.

(4) [1]Der Schußwaffengebrauch ist unzulässig, wenn für den Polizeibeamten erkennbar Unbeteiligte mit hoher Wahrscheinlichkeit gefährdet werden. [2]Das gilt nicht, wenn der Schußwaffengebrauch das einzige Mittel zur Abwehr einer gegenwärtigen Gefahr für das Leben einer Person ist.

Art. 84 Schußwaffengebrauch gegen Personen. (1) Schußwaffen dürfen gegen Personen nur gebraucht werden,

1. um eine gegenwärtige Gefahr für Leib oder Leben abzuwehren,
2. um die unmittelbar bevorstehende Begehung oder Fortsetzung eines Verbrechens oder eines Vergehens unter Anwendung oder Mitführung von Schußwaffen oder Sprengmitteln zu verhindern,
3. um eine Person anzuhalten, die sich der Festnahme oder Identitätsfeststellung durch Flucht zu entziehen versucht, wenn sie
   a) eines Verbrechens dringend verdächtig ist oder
   b) eines Vergehens dringend verdächtig ist und Tatsachen die Annahme rechtfertigen, daß sie Schußwaffen oder Sprengmittel mit sich führt,
4. zur Vereitelung der Flucht oder zur Ergreifung einer Person, die in amtlichem Gewahrsam zu halten oder ihm zuzuführen ist
   a) auf Grund richterlicher Entscheidung wegen eines Verbrechens oder auf Grund des dringenden Verdachts eines Verbrechens oder
   b) auf Grund richterlicher Entscheidung wegen eines Vergehens oder auf Grund des dringenden Verdachts eines Vergehens, sofern Tatsachen die Annahme rechtfertigen, daß sie Schußwaffen oder Sprengmittel mit sich führt,
5. um die gewaltsame Befreiung einer Person aus amtlichem Gewahrsam zu verhindern oder in sonstigen Fällen des Art. 107 BayStVollzG.

(2) Schußwaffen dürfen nach Abs. 1 Nr. 4 nicht gebraucht werden, wenn es sich um den Vollzug eines Jugendarrestes oder eines Strafarrestes handelt oder wenn die Flucht aus einer offenen Anstalt verhindert werden soll.

Art. 85 Schußwaffengebrauch gegen Personen in einer Menschenmenge. (1) Schußwaffen dürfen gegen Personen in einer Menschenmenge nur gebraucht werden, wenn von ihr oder aus ihr heraus schwerwiegende Gewaltta-

ten begangen werden oder unmittelbar bevorstehen und andere Maßnahmen keinen Erfolg versprechen.

(2) Wer sich aus einer solchen Menschenmenge nach wiederholter Androhung des Schußwaffengebrauchs nicht entfernt, obwohl ihm das möglich ist, ist nicht als Unbeteiligter anzusehen.

Art. 86 Besondere Waffen, Sprengmittel. (1) [1]Maschinengewehre dürfen gegen Personen nur in den Fällen des Art. 84 Abs. 1 Nr. 1, 2 und 5 angewendet werden, wenn
1. diese Personen von Schusswaffen oder Sprengmitteln Gebrauch gemacht haben und
2. der vorherige Gebrauch anderer Waffen erfolglos geblieben ist.

[2]Der Einsatz von Explosivmitteln gegen Personen ist bereits dann zulässig, wenn diese selbst erkennbar den unmittelbaren Gebrauch von Schusswaffen, Sprengmitteln oder anderer, im Einzelfall vergleichbar gefährlicher Mittel beabsichtigen und der vorherige Gebrauch anderer Waffen durch die Polizei ersichtlich aussichtlos oder unzureichend ist.

(2) [1]Einsätze nach Abs. 1 bedürfen der Zustimmung des Landespolizeipräsidenten als Leiter der zuständigen Abteilung im Staatsministerium des Innern, für Sport und Integration oder eines von ihm hierfür besonders Beauftragten. [2]Explosivmittel dürfen bei Gefahr im Verzug auch ohne vorhergehende Zustimmung eingesetzt werden; das Staatsministerium des Innern, für Sport und Integration ist unverzüglich zu unterrichten.

(3) [1]Maschinengewehre und Explosivmittel dürfen nicht gebraucht werden,
1. um fluchtunfähig zu machen oder
2. gegen Personen in einer Menschenmenge.

[2]Andere Sprengmittel dürfen nicht gegen Personen angewendet werden.

(4) Im übrigen sind die Vorschriften über den Schußwaffengebrauch entsprechend anzuwenden.

VI. Abschnitt

Entschädigungs-, Erstattungs- und Ersatzansprüche

Art. 87 Entschädigungsanspruch. (1) Erleidet jemand, gegen den Maßnahmen nach Art. 10 getroffen worden sind, einen Schaden, so ist dem Geschädigten dafür Entschädigung zu leisten, soweit der Schaden durch die polizeiliche Maßnahme entstanden ist und der Geschädigte nicht von einem anderen Ersatz zu erlangen vermag.

(2) [1]Das gleiche gilt, wenn jemand, der nicht nach den Art. 7 oder 8 verantwortlich ist und gegen den nicht Maßnahmen nach Art. 10 gerichtet worden sind, durch eine polizeiliche Maßnahme getötet oder verletzt wird oder einen nicht zumutbaren sonstigen Schaden erleidet. [2]Die Entschädigung ist

auch zu leisten, soweit die Maßnahme auf einer richterlichen Anordnung beruht.

(3) Im Fall der Tötung ist dem Unterhaltsberechtigten in entsprechender Anwendung von § 844 Abs. 2 BGB Entschädigung zu leisten.

(4) Ein Entschädigungsanspruch nach den Abs. 1 bis 3 besteht nicht, soweit die Maßnahme auch unmittelbar dem Schutz der Person oder des Vermögens des Geschädigten gedient hat.

(5) Ist die Entschädigungspflicht aus Anlaß von Maßnahmen der Polizei in besonderen gesetzlichen Vorschriften geregelt, so gelten diese Vorschriften.

(6) Entschädigungspflichtig ist der Träger der Polizei, welche die zur Entschädigung verpflichtende Maßnahme getroffen hat.

(7) [1]Entschädigung nach den Abs. 1 bis 3 wird für Vermögensschäden gewährt; dabei sind Vermögensvorteile, die dem Berechtigten aus der zur Entschädigung verpflichtenden Maßnahme entstehen, zu berücksichtigen. [2]Bei Freiheitsentziehungen wird Entschädigung auch für Nichtvermögensschäden entsprechend § 7 Abs. 3 des Gesetzes über die Entschädigung für Strafverfolgungsmaßnahmen (StrEG) gewährt. [3]Ein mitwirkendes Verschulden des Berechtigten ist zu berücksichtigen. [4]Die Entschädigung wird in Geld gewährt.

Art. 88 Erstattungsanspruch. (1) Ist die Polizei auf Weisung oder Ersuchen einer nichtstaatlichen Behörde tätig geworden, so ist die Körperschaft, der die Behörde angehört, dem nach Art. 87 Abs. 6 Entschädigungspflichtigen erstattungspflichtig, soweit nicht der Schaden durch ein Verschulden der Polizei bei Durchführung der Maßnahme entstanden ist.

(2) Die erstattungspflichtige Körperschaft hat dem entschädigungspflichtigen Polizeiträger die auf Grund des Art. 87 geleisteten notwendigen Aufwendungen zu erstatten.

Art. 89 Ersatzanspruch. (1) Hat der nach Art. 87 Abs. 6 entschädigungspflichtige Polizeiträger keinen Erstattungsanspruch nach Art. 88, so kann er von der nach Art. 7 oder 8 verantwortlichen Person Ersatz der notwendigen Aufwendungen verlangen.

(2) Hat die nach Art. 88 erstattungspflichtige Körperschaft ihre Verpflichtung erfüllt, so kann sie von dem nach Art. 7 oder 8 Verantwortlichen Ersatz der notwendigen Aufwendungen verlangen.

Art. 90 Rechtsweg. (1) Über die Entschädigungsansprüche nach Art. 87 entscheiden im Streitfall die ordentlichen Gerichte nach den Vorschriften der ZPO.

(2) Über die Erstattungsansprüche nach Art. 88 und die Ersatzansprüche nach Art. 89 entscheiden im Streitfall die Verwaltungsgerichte nach den Vorschriften der Verwaltungsgerichtsordnung.

VII. Abschnitt

Opferschutz

Art. 91 Opferschutzmaßnahmen. (1) [1]Für eine Person, die Opfer einer Straftat wurde oder bei der davon auszugehen ist, dass sie in absehbarer Zeit Opfer einer Straftat werden kann, dürfen auf Anordnung der in Art. 36 Abs. 4 Satz 1 und 2 genannten Personen Urkunden und sonstige Dokumente zum Aufbau und zur Aufrechterhaltung einer vorübergehend geänderten Identität hergestellt, vorübergehend verändert und die entsprechend geänderten Daten verarbeitet werden, wenn

1. dies zu ihrem Schutz vor einer Gefahr für ein in Art. 11a Abs. 2 Nr. 2 oder Nr. 3 genanntes bedeutendes Rechtsgut erforderlich ist und
2. die Person für diese Schutzmaßnahme geeignet ist.

[2]Die zu schützende Person darf unter der vorübergehend geänderten Identität am Rechtsverkehr teilnehmen.

(2) Soweit erforderlich, können Maßnahmen nach Abs. 1 auch auf Angehörige einer in Abs. 1 genannten Person oder ihr sonst nahe stehende Personen erstreckt werden.

(3) Art. 37 Abs. 4 Satz 1 und 3 und 3 findet auf die mit dem Schutz betrauten Polizeibeamten Anwendung, soweit dies zur Vorbereitung, Durchführung, Lenkung oder Absicherung der Schutzmaßnahmen erforderlich ist.

Art. 92 Verwendung personenbezogener Daten bei Opferschutz. (1) Die Polizei kann Auskünfte über personenbezogene Daten einer zu schützenden Person verweigern, soweit dies für den Opferschutz erforderlich ist.

(2) [1]Öffentliche Stellen sind berechtigt, auf Ersuchen der Polizei personenbezogene Daten einer zu schützenden Person zu sperren oder nicht zu übermitteln. [2]Sie sollen dem Ersuchen entsprechen, soweit entgegenstehende öffentliche Interessen oder schutzwürdige Interessen Dritter nicht überwiegen. [3]Die Beurteilung der Erforderlichkeit der Maßnahme durch die Polizei ist für die ersuchte Stelle bindend.

(3) Die Polizei kann von nicht öffentlichen Stellen verlangen, personenbezogene Daten einer zu schützenden Person zu sperren oder nicht zu übermitteln.

(4) Bei der Datenverarbeitung innerhalb der öffentlichen und nichtöffentlichen Stellen ist sicherzustellen, dass der Opferschutz nicht beeinträchtigt wird.

(5) Die öffentlichen und nichtöffentlichen Stellen teilen der Polizei jedes Ersuchen um Bekanntgabe von gesperrten oder sonst von ihr bestimmten Daten unverzüglich mit.

VIII. Abschnitt

Kostenwesen

Art. 93 Verhältnis zum Kostengesetz, Verordnungsermächtigung. [1]Art. 3 des Kostengesetzes ist nicht anzuwenden, soweit dieses Gesetz die Erhebung von Kosten bestimmt. [2]In diesen Fällen können Kosten auch dann erhoben werden, wenn auf Grund desselben Lebenssachverhalts neben Maßnahmen nach diesem Gesetz auch Maßnahmen nach der StPO oder dem Gesetz über Ordnungswidrigkeiten (OWiG) getroffen werden, wobei etwaige für die zuletzt genannten Maßnahmen erhobene Kosten in Abzug zu bringen sind. [3]Die Gebühren sind abweichend von den Art. 6 und 8 des Kostengesetzes nach dem Verwaltungsaufwand und der Bedeutung der Amtshandlung zu bemessen. [4]Das Staatsministerium des Innern, für Sport und Integration wird ermächtigt, im Einvernehmen mit dem Staatsministerium der Finanzen und für Heimat durch Rechtsverordnung die Gebühren zu bestimmen und die pauschale Abgeltung der Auslagen zu regeln. [5]Von der Erhebung der Kosten kann abgesehen werden, soweit sie der Billigkeit widerspricht.

IX. Abschnitt

Richtervorbehalte; gerichtliches Verfahren

Art. 94 Richtervorbehalte. Vorbehaltlich anderer gesetzlicher Regelungen bedürfen folgende polizeiliche Maßnahmen einer gerichtlichen Entscheidung:

1. Entnahme von Körperzellen und molekulargenetische Untersuchung zur Feststellung von DNA-Identifizierungs-Mustern (Art. 14 Abs. 3),
2. molekulargenetische Untersuchung von Proben nach Art. 14 Abs. 4 Satz 2 Nr. 1 und 2 zur Feststellung der Identität einer hilflosen Person oder einer Leiche (Art. 14 Abs. 4 Satz 2 Nr. 3),
3. Durchsuchung von Wohnungen (Art. 24 Abs. 1),
4. Verlängerung der Sicherstellung (Art. 28 Abs. 3 Satz 2),
5. molekulargenetische Untersuchung aufgefundenen Spurenmaterials unbekannter Herkunft (Art. 32a Abs. 1 Satz 1),
6. Verwertung von automatisierten Bild- und Tonaufzeichnungen körpernah getragener Aufzeichnungsgeräte in Wohnungen (Art. 33 Abs. 4 Satz 5),
7. elektronische Aufenthaltsüberwachung und Erstellung eines Bewegungsprofils (Art. 34 Abs. 1 Satz 1 und Abs. 3),
8. Postsicherstellung (Art. 35 Abs. 1 Satz 1), Öffnung ausgelieferter Postsendungen (Art. 35 Abs. 3 Satz 1 und Abs. 4 Satz 2) sowie Übertragung der Befugnis der Öffnung auf die Polizei (Art. 35 Abs. 3 Satz 2),
9. längerfristige Observationen (Art. 36 Abs. 3),
10. verdeckter Einsatz technischer Mittel zum Abhören oder zur Aufzeichnung des außerhalb von Wohnungen nichtöffentlich gesprochenen Wortes (Art. 36 Abs. 3),

11. verdeckter Einsatz technischer Mittel zur Feststellung des Standortes oder der Bewegungen einer Person oder einer beweglichen Sache mit dem Ziel der Erstellung eines Bewegungsbildes (Art. 36 Abs. 3),
12. Einsatz verdeckter Ermittler gegen eine bestimmte Person oder in der Absicht, eine nicht allgemein zugängliche Wohnung zu betreten (Art. 37 Abs. 2 Satz 1),
13. Einsatz von Vertrauenspersonen gegen eine bestimmte Person oder in der Absicht, eine nicht allgemein zugängliche Wohnung zu betreten (Art. 38 Abs. 2 Satz 1),
14. Einsatz technischer Mittel in Wohnungen (Art. 41 Abs. 1 Satz 1), sowie Freigabe oder Löschung von hieraus erlangten Daten (Art. 41 Abs. 5 Satz 1 und 4),
15. Feststellung der Rechtmäßigkeit der Anordnung eines verdeckten Einsatzes technischer Mittel in Wohnungen im Fall einer beabsichtigten anderweitigen Verwendung der hierbei erlangten Erkenntnisse (Art. 41 Abs. 6 Satz 2),
16. Eingriffe in den Telekommunikationsbereich nach Art. 42 Abs. 1 Satz 1, Abs. 2 Satz 1, Abs. 3 Satz 1, Abs. 4 Satz 1 und Abs. 5 Satz 1 und 3, sowie Freigabe oder Löschung von nach Art. 42 Abs. 1 erlangten personenbezogenen Daten (Art. 42 Abs. 6 in Verbindung mit Art. 41 Abs. 5),
17. Verpflichtung von Diensteanbietern zur Übermittlung von Daten und zur Auskunft (Art. 43 Abs. 2 Satz 1, Abs. 4 Satz 1, Abs. 6 Satz 1),
18. verdeckter Zugriff auf informationstechnische Systeme (Art. 45 Abs. 1 Satz 1 und Abs. 2 Satz 1) sowie Freigabe oder Löschung von hieraus erlangten Daten (Art. 45 Abs. 4 in Verbindung mit Art. 41 Abs. 5),
19. Rasterfahndung (Art. 46 Abs. 1 Satz 1),
20. Einsatz von unbemannten Luftfahrtsystemen, soweit eine damit verbundene Maßnahme der Datenerhebung einer Anordnung durch den Richter bedarf (Art. 47 Abs. 3),
21. Verpflichtung Dritter zur Überwindung besonderer Sicherungen oder zur Mitwirkung hieran (Art. 47a Abs. 1 Satz 1),
22. weitergehende Zurückstellung oder Unterbleiben der Benachrichtigung von Personen nach erfolgter Datenerhebung (Art. 50 Abs. 4 Satz 1 und 4),
23. Freigabe von erhobenen Daten, ohne dass die Voraussetzungen für ihre Erhebung vorgelegen haben (Art. 53 Abs. 3 Satz 1 Nr. 2),
24. Bestätigung der Maßnahme, die bei Gefahr im Verzug durch Polizeivollzugsbeamte angeordnet wurde (Art. 95 Abs. 5 Satz 1),
25. Zulässigkeit und Fortdauer der Freiheitsentziehung (Art. 97 Abs. 1 und Abs. 2 Satz 4).

Art. 95 Gefahr im Verzug. (1) [1]Bei Gefahr im Verzug können Maßnahmen, die eine Anordnung durch einen Richter voraussetzen, auch durch den Leiter des Landeskriminalamtes oder eines Präsidiums der Landespolizei angeordnet werden. [2]Satz 1 gilt nicht für die Anordnung von Maßnahmen der molekular-

genetischen Untersuchung nach Art. 14 Abs. 3 Satz 2 Alternative 2 und freiheitsentziehende Maßnahmen nach Art. 97.

(2) [1]Die Anordnungsbefugnis kann auf Polizeivollzugsbeamte, die die Ausbildungsqualifizierung für die Ämter ab der vierten Qualifikationsebene absolviert haben, oder Beamte mit der Befähigung zum Richteramt, die in Ämter ab der vierten Qualifikationsebene, fachlicher Schwerpunkt Polizeivollzugsdienst, gewechselt sind, übertragen werden. [2]Satz 1 gilt nicht für folgende Maßnahmen:

1. elektronische Aufenthaltsüberwachung nach Art. 34,
2. Postsicherstellung nach Art. 35,
3. verdeckter Einsatz technischer Mittel nach Art. 36 Abs. 1 Nr. 2 Buchst. b, sofern ein Bewegungsbild einer Person erstellt werden soll,
4. verdeckter Zugriff auf informationstechnische Systeme nach Art. 45,
5. Einsatz technischer Mittel in Wohnungen nach Art. 41,
6. Rasterfahndung nach Art. 46.

(3) Im Fall des Art. 24 können die Maßnahmen bei Gefahr im Verzug abweichend von Abs. 1 und 2 durch jeden Polizeivollzugsbeamten angeordnet werden.

(4) Maßnahmen nach Art. 47a können bei Gefahr im Verzug durch diejenigen Personen angeordnet werden, die die Maßnahme nach dem 2. Unterabschnitt des III. Abschnitts, zu deren Durchführung eine Verpflichtung nach Art. 47a erforderlich geworden ist, anordnen dürfen.

(5) [1]Wurde bei Gefahr im Verzug mit einer Maßnahme begonnen, ohne eine vorherige richterliche Anordnung einzuholen, ist unverzüglich eine richterliche Bestätigung der Maßnahme nachzuholen. [2]Satz 1 gilt außer in Fällen des Art. 41 Abs. 1 nicht, wenn die Maßnahme bereits vorher erledigt ist. [3]Die Maßnahme tritt außer Kraft, soweit sie nicht binnen drei Werktagen richterlich bestätigt wird.

Art. 96 Verfahren für gerichtliche Entscheidungen; Wegfall der Anordnungsvoraussetzungen. (1) Soweit Vorschriften dieses Gesetzes eine gerichtliche Entscheidung vorsehen, gelten vorbehaltlich abweichender Regelung die Vorschriften des Buches 1 und für Freiheitsentziehungsverfahren zusätzlich des Buches 7 des Gesetzes über das Verfahren in Familiensachen und in den Angelegenheiten der freiwilligen Gerichtsbarkeit (FamFG) entsprechend.

(2) [1]Maßnahmen, die eine richterliche Anordnung oder Bestätigung erfordern, sind unverzüglich zu beenden, sobald die Anordnungsvoraussetzungen entfallen. [2]Besondere Regelungen dieses Gesetzes bleiben unberührt. 3Die Beendigung einer in Art. 33 bis 52 geregelten Maßnahme, die richterlicher Anordnung bedarf, und das Ergebnis der Maßnahme sind dem anordnenden Gericht mitzuteilen.

Art. 97 Richterliche Entscheidung bei Freiheitsentziehung; anwaltlicher Vertreter. (1) Wird eine Person auf Grund von Art. 13 Abs. 2 Satz 3, Art. 14

Abs. 7 Satz 1, Art. 15 Abs. 3 Satz 1 oder Art. 17 festgehalten, hat die Polizei unverzüglich eine richterliche Entscheidung über Zulässigkeit und Fortdauer der Freiheitsentziehung herbeizuführen.

(2) [1]Die richterliche Entscheidung kann ohne persönliche Anhörung der in Gewahrsam genommenen Person ergehen, wenn diese rauschbedingt nicht in der Lage ist, den Gegenstand der persönlichen Anhörung durch das Gericht ausreichend zu erfassen und in der Anhörung zur Feststellung der entscheidungserheblichen Tatsachen beizutragen. [2]In diesen Fällen wird die richterliche Entscheidung mit Erlass wirksam und bedarf hierzu nicht der Bekanntgabe an die in Gewahrsam genommene Person. [3]Dauert die Freiheitsentziehung nicht länger als bis zum Ende des Tages nach dem Ergreifen, findet § 419 Abs. 1 Satz 2 FamFG bei Vorliegen der Voraussetzungen des Satzes 1 keine Anwendung. [4]Dauert die Freiheitsentziehung länger als bis zum Ende des Tages nach dem Ergreifen, ist in den Fällen des Satzes 1 unverzüglich eine erneute richterliche Entscheidung herbeizuführen. [5]Ist eine Anhörung hierbei nicht möglich, hat sich das Gericht einen persönlichen Eindruck von der in Gewahrsam genommenen Person zu verschaffen.

(3) Der Herbeiführung einer richterlichen Entscheidung bedarf es nicht, wenn anzunehmen ist, dass die Entscheidung des Richters erst nach Freilassung der in Gewahrsam genommenen Person ergehen würde.

(4) Zur richterlichen Entscheidung über die Fortdauer der Freiheitsentziehung über das Ende des Tages nach dem Ergreifen hinaus bestellt das Gericht der in Gewahrsam genommenen Person, die noch keinen anwaltlichen Vertreter hat, von Amts wegen für die Dauer des Vollzugs einen anwaltlichen Vertreter als Bevollmächtigten.

(5) [1]Ist die Freiheitsentziehung vor Erlass einer gerichtlichen Entscheidung beendet, kann die festgehaltene Person, bei Minderjährigkeit auch ihr gesetzlicher Vertreter, innerhalb eines Monats nach Beendigung der Freiheitsentziehung die Feststellung beantragen, dass die Freiheitsentziehung rechtswidrig gewesen ist, wenn hierfür ein berechtigtes Interesse besteht. [2]Der Antrag kann bei dem zuständigen Gericht schriftlich oder durch Erklärung zu Protokoll der Geschäftsstelle dieses Gerichts gestellt werden.

(6) [1]Für Gerichtskosten gelten die Vorschriften des Gerichts- und Notarkostengesetzes entsprechend, soweit durch Rechtsvorschrift nichts anderes bestimmt ist. [2]Für den Vergütungsanspruch eines nach Abs. 4 bestellten Rechtsanwalts gelten die Vorschriften des Rechtsanwaltsvergütungsgesetzes entsprechend.

Art. 98 Zuständigkeit für gerichtliche Entscheidungen. (1) Für die gerichtliche Entscheidung ist vorbehaltlich abweichender Regelung das Amtsgericht am Sitz des Landgerichts zuständig, in dessen Bezirk die beantragende Polizeidienststelle ihren Sitz hat.

(2) Abweichend von Abs. 1 ist zuständig

1. für die Entscheidung nach Art. 97 Abs. 1 das Amtsgericht, in dessen Bezirk die Freiheitsentziehung vollzogen wird, und
2. für die Entscheidung nach Art. 97 Abs. 5 das Amtsgericht, in dessen Bezirk die Person von der Polizei in Gewahrsam genommen wurde.

Art. 99 Beschwerde, Rechtsbeschwerde. (1) [1]Gegen die im ersten Rechtszug ergangenen Entscheidungen der Amtsgerichte in Angelegenheiten nach diesem Gesetz findet die Beschwerde nach Maßgabe der §§ 58 bis 69 FamFG statt. [2]Über die Beschwerde gegen Entscheidungen der Amtsgerichte entscheiden die Landgerichte.

(2) [1]Gegen die im zweiten Rechtszug in der Hauptsache ergangenen Entscheidungen der Landgerichte in Angelegenheiten nach diesem Gesetz findet die Rechtsbeschwerde nach Maßgabe der §§ 70 bis 75 FamFG statt. [2]§ 62 FamFG gilt entsprechend. [3]Über die Rechtsbeschwerde entscheidet das Bayerische Oberste Landesgericht. [4]Vor dem Bayerischen Obersten Landesgericht müssen sich die Beteiligten außer im Verfahren über die Ausschließung und Ablehnung von Gerichtspersonen und im Verfahren über die Verfahrenskostenhilfe durch einen Rechtsanwalt vertreten lassen. [5]§ 10 Abs. 4 Satz 2 FamFG gilt entsprechend.

X. Abschnitt

Schlussbestimmungen

Art. 100 Einschränkung von Grundrechten. Auf Grund dieses Gesetzes können die Grundrechte auf Leben und körperliche Unversehrtheit, Freiheit der Person (Art. 2 Abs. 2 Satz 1 und 2 des Grundgesetzes und Art. 102 Abs. 1 der Verfassung), auf Versammlungsfreiheit (Art. 8 Abs. 1 des Grundgesetzes und Art. 113 der Verfassung), des Brief-, Post- und Fernmeldegeheimnisses (Art. 10 des Grundgesetzes und Art. 112 Abs. 1 der Verfassung) sowie auf Freizügigkeit (Art. 11 des Grundgesetzes und Art. 109 der Verfassung) und auf Unverletzlichkeit der Wohnung (Art. 13 des Grundgesetzes und Art. 106 Abs. 3 der Verfassung) eingeschränkt werden.

Art. 101* Übergangsbestimmungen. (1) Abweichend von Art. 30 Abs. 2 Satz 2 sowie Art. 48 Abs. 5 dürfen personenbezogene Daten auch ohne eine dort vorgesehene Kennzeichnung nach den am 24. Mai 2018 für die betreffenden Dateien und automatisierten Verfahren geltenden Errichtungsanordnungen weiterverarbeitet, insbesondere übermittelt werden.

(2) [1]Protokollierungen im Sinn von Art. 63 Abs. 2 müssen bei vor dem 6. Mai 2016 eingerichteten, automatisierten Verarbeitungssystemen erst bis zum 6. Mai 2023 erfolgen, wenn andernfalls ein unverhältnismäßiger Aufwand entstünde. [2]Die Anwendung von Satz 1 ist zu begründen, zu dokumen-

* *Beachte dazu Art. 102 Abs. 2.*

tieren und dem Staatsministerium des Innern, für Sport und Integration mitzuteilen. [3]Der Landesbeauftragte ist über das betroffene Verarbeitungssystem und die Gründe für die Anwendung von Satz 1 zu unterrichten.

(3) [1]Gewahrsamnahmen, die vor Inkrafttreten dieses Gesetzes angeordnet wurden und über den Zeitpunkt des Inkrafttretens hinaus andauern sollen, sind spätestens einen Monat nach Inkrafttreten dieses Gesetzes zu beenden, es sei denn, die Fortdauer des Gewahrsams wird richterlich bestätigt. [2]Für die Anordnung der Verlängerung finden die zu diesem Zeitpunkt geltenden Regelungen dieses Gesetzes Anwendung.

Art. 102 Inkrafttreten, Außerkrafttreten. (1) Dieses Gesetz tritt am 1. Oktober 1978 in Kraft.*

(2) Außer Kraft treten:
1. Art. 101 Abs. 2 mit Ablauf des 6. Mai 2023 sowie
2. Art. 101 Abs. 1 mit Ablauf des 25. Mai 2028.

* *Diese Vorschrift betrifft das Inkrafttreten des Gesetzes in der ursprünglichen Fassung vom 24. August 1978 (GVBl. S. 561). Der Zeitpunkt des Inkrafttretens der späteren Änderungen ergibt sich aus den jeweiligen Änderungsgesetzen.*

Gesetz über die Organisation der Bayerischen Polizei (Polizeiorganisationsgesetz – POG)

(BayRS 2012-2-1-I) vom 10. August 1976 (GVBl. S. 303), zuletzt geändert durch Gesetz vom 23. Juli 2021 (GVBl. S. 418)

INHALTSÜBERSICHT*

Art. 1	Begriff, Träger und Gliederung der Polizei
Art. 2	Dienstkräfte der Polizei
Art. 3	Zuständigkeit, Dienstbereiche
Art. 4	Landespolizei, Verordnungsermächtigung
Art. 5	Grenzpolizei, Verordnungsermächtigung
Art. 6	Bereitschaftspolizei, Verordnungsermächtigung
Art. 7	Landeskriminalamt
Art. 8	Polizeiverwaltungsamt
Art. 9	Zusammenarbeit
Art. 10	Besondere Zuständigkeiten, Verordnungsermächtigung
Art. 11	Dienstkräfte anderer Länder sowie des Bundes oder anderer Staaten
Art. 12	Rechtsbehelfe
Art. 13	Zentrale Datenprüfstelle
Art. 14	Verfahren der zentralen Datenprüfstelle
Art. 15	Inkrafttreten

Art. 1 Begriff, Träger und Gliederung der Polizei. (1) Polizei im Sinn dieses Gesetzes ist die gesamte Polizei des Freistaates Bayern.

(2) Träger der Polizei ist der Freistaat Bayern.

(3) [1]Die Polizei ist nach den Art. 4 bis 8 gegliedert. [2]Oberste Dienstbehörde und Führungsstelle der Polizei ist das Staatsministerium des Innern, für Sport und Integration (Staatsministerium).

Art. 2 Dienstkräfte der Polizei. (1) Als Dienstkräfte des polizeilichen Vollzugsdienstes dürfen nur Beamte verwendet werden.

(2) Zur Verwarnung von Verkehrsteilnehmern nach § 57 des Gesetzes über Ordnungswidrigkeiten (OWiG) wegen Zuwiderhandlungen gegen Vorschriften des Straßenverkehrsrechts können auch Angestellte ermächtigt werden.

(3) [1]Dienstkräfte der Polizei dürfen sich während des Dienstes, in Dienst- oder Unterkunftsräumen oder in Dienstkleidung parteipolitisch nicht betätigen. [2]In Dienstkleidung dürfen die Dienstkräfte politische Veranstaltungen nur dienstlich besuchen. [3]Politische Abzeichen dürfen während des Dienstes und an der Dienstkleidung nicht getragen werden.

Art. 3 Zuständigkeit, Dienstbereiche. (1) Jeder im Vollzugsdienst tätige Beamte der Polizei ist zur Wahrnehmung der Aufgaben der Polizei im gesamten Staatsgebiet befugt.

* *Inhaltsübersicht nicht amtlich.*

(2) [1]Die Beamten der Polizei werden unbeschadet des Abs. 1 nach Maßgabe dieses Gesetzes in bestimmten örtlichen und sachlichen Dienstbereichen eingesetzt. [2]Beamte der Polizei werden jedoch im Einzelfall auch in Dienstbereichen, in denen sie nicht eingesetzt sind, tätig, wenn
1. die dort eingesetzte Polizei nicht oder nicht rechtzeitig ausreichend zur Verfügung steht;
2. das wegen des Zusammenhangs von Dienstverrichtungen im eigenen und in einem anderen Dienstbereich zweckmäßig ist;
3. die für beide Dienstbereiche zuständige vorgesetzte Stelle sie dazu anweist oder
4. das Gericht oder die Staatsanwaltschaft nach Feststellung schwerwiegender Gründe die Dienststelle der Beamten ersucht, in einem anderen örtlichen Dienstbereich an Stelle der dort eingesetzten Polizei strafverfolgend tätig zu werden.

Art. 4 Landespolizei, Verordnungsermächtigung. (1) Die Bayerische Landespolizei wird im gesamten Staatsgebiet für alle der Polizei obliegenden Aufgaben eingesetzt, soweit nicht besondere örtliche und sachliche Dienstbereiche anderen Teilen der Polizei zugewiesen sind.

(2) [1]Die Landespolizei gliedert sich in
1. Präsidien, die dem Staatsministerium unmittelbar nachgeordnet sind,
2. Inspektionen und Kriminalfachdezernate, die den Präsidien unmittelbar nachgeordnet sind, und
3. soweit erforderlich, den Inspektionen unmittelbar nachgeordnete Stationen.

[2]Für bestimmte sachliche Dienstbereiche können besondere Inspektionen und Stationen der Landespolizei errichtet werden.

(3) Das Staatsministerium errichtet durch Rechtsverordnung die einzelnen Dienststellen der Landespolizei und bestimmt dabei insbesondere Bezeichnung, Sitz und Nachordnung.

Art. 5 Grenzpolizei; Verordnungsermächtigung. (1) [1]Die Bayerische Grenzpolizei ist Teil der Landespolizei. [2]Sie wird insbesondere für grenzpolizeiliche Aufgaben und die Aufgaben des grenzpolizeilichen Fahndungsdienstes im Sinn des Art. 13 Abs. 1 Nr. 5 des Polizeiaufgabengesetzes eingesetzt. [3]Die Zuständigkeit der übrigen Dienststellen der Landespolizei zur Wahrnehmung der in Satz 2 genannten Aufgaben bleibt unberührt.

(2) Die grenzpolizeilichen Aufgaben umfassen:
1. die polizeiliche Überwachung der Grenzen;
2. die polizeiliche Kontrolle des grenzüberschreitenden Verkehrs einschließlich
   a) der Überprüfung der Grenzübertrittspapiere und der Berechtigung zum Grenzübertritt sowie der beim Grenzübertritt mitgeführten Gegenstände und Transportmittel,
   b) der Grenzfahndung,

c) der Beseitigung von Störungen und der Abwehr von Gefahren, die ihren Ursprung außerhalb des Bundesgebietes haben,

3. im Grenzgebiet bis zu einer Tiefe von 30 Kilometern die Beseitigung von Störungen und die Abwehr von Gefahren, die die Sicherheit der Grenzen beeinträchtigen.

(3) [1]Die Grenzpolizei gliedert sich in
1. die Direktion der Bayerischen Grenzpolizei, angegliedert an ein Präsidium, als Führungsstelle Grenze,
2. Grenzpolizeiinspektionen,
3. Grenzpolizeistationen.

[2]Zudem können bei Dienststellen der Landespolizei Grenzpolizeigruppen eingerichtet werden. [3]Für Fragen der grenzüberschreitenden Zusammenarbeit können durch das Staatsministerium Koordinatoren bestellt und Gemeinsame Zentren eingerichtet werden.

(4) Art. 4 Abs. 3 gilt entsprechend.

Art. 6 Bereitschaftspolizei, Verordnungsermächtigung. (1) [1]Die Bayerische Bereitschaftspolizei ist ein Polizeiverband, der insbesondere in geschlossenen Einheiten
1. aus besonderem Anlaß zum Schutz oberster Staatsorgane und Behörden sowie lebenswichtiger Einrichtungen und Anlagen,
2. zur Unterstützung anderer Teile der Polizei,
3. zur Katastrophenhilfe

eingesetzt wird. [2]Für diese Einsätze bedarf es der Weisung des Staatsministeriums.

(2) Der Bereitschaftspolizei obliegt es ferner, Polizeivollzugsbeamte für den Einstieg in der zweiten Qualifikationsebene auszubilden und unbeschadet der Fortbildungsveranstaltungen anderer Teile der Polizei Dienstkräfte der Polizei fortzubilden.

(3) Bei der Bereitschaftspolizei besteht eine Hubschrauberstaffel, die nach Weisung des Staatsministeriums eingesetzt wird.

(4) Die Bereitschaftspolizei gliedert sich in das Präsidium, das dem Staatsministerium unmittelbar nachgeordnet ist, und in Abteilungen, Ausbildungs- und Fortbildungseinrichtungen.

(5) Das Staatsministerium errichtet durch Rechtsverordnung das Präsidium und die einzelnen Abteilungen und bestimmt deren Bezeichnung und Sitz.

Art. 7 Landeskriminalamt. (1) [1]Das Bayerische Landeskriminalamt ist die zentrale Dienststelle für kriminalpolizeiliche Aufgaben. [2]Es ist dem Staatsministerium unmittelbar nachgeordnet. [3]Das Landeskriminalamt ist weiterhin zugleich zentrale Dienststelle der Kriminalpolizei im Sinn des Bundeskriminalamtgesetzes (BKAG), Zentralstelle für die polizeiliche Datenverarbeitung einschließlich Datenübermittlung, Fernmeldeleitstelle für die polizeiliche Nach-

richtenübermittlung sowie zentrale Stelle für den Digitalfunk der Behörden und Organisationen mit Sicherheitsaufgaben in Bayern (Autorisierte Stelle).

(2) Dem Landeskriminalamt obliegt es insbesondere

1. Nachrichten und Unterlagen für die Verhütung und polizeiliche Verfolgung von Straftaten zu sammeln und auszuwerten und über die Aufbewahrung solcher Unterlagen bei der Polizei für den Einzelfall zu entscheiden, soweit das Staatsministerium die Entscheidung nicht Dienststellen der Landespolizei übertragen hat;
2. kriminalistische Methoden weiter zu entwickeln;
3. andere Teile der Polizei über Maßnahmen zur Verhütung und polizeilichen Verfolgung von Straftaten zu beraten und die Beratung Dritter durch andere Teile der Polizei zu lenken, zu unterstützen sowie in besonderen Fällen selbst durchzuführen;
4. Einrichtungen für erkennungsdienstliche, kriminaltechnische und kriminologische Untersuchungen und Forschungen zu unterhalten;
5. auf Anforderung anderer Teile der Polizei, der Staatsanwaltschaft oder auf Anordnung des Staatsministeriums oder des Gerichts erkennungsdienstliche und kriminaltechnische Untersuchungen durchzuführen, sowie Gutachten zu erstatten und andere Teile der Polizei, soweit sie solche Aufgaben erfüllt, zu beraten und fachlich zu überwachen;
6. mit Zustimmung des Staatsministeriums Richtlinien für die Durchführung kriminalpolizeilicher Aufgaben zu erlassen;
7. als Zentralstelle Fahndungsmaßnahmen aufeinander abzustimmen sowie auf Weisung des Staatsministeriums zu lenken;
8. die Aufgaben nach dem Fluggastdatengesetz sowie einer sich daraus ergebenden polizeilichen Datenverarbeitung wahrzunehmen.

(3) [1]Dem Landeskriminalamt obliegt die polizeiliche Verfolgung

1. der Kernenergie-, Sprengstoff- und Strahlungsstraftaten in den Fällen der §§ 307, 308 Abs. 1 bis 4, §§ 309 bis 312, 326 Abs. 1 Nr. 3 dritte Alternative, auch in Verbindung mit Abs. 2, 4 und 5, § 326 Abs. 3, § 327 Abs. 1 und 3 Nr. 1, §§ 328, 330 des Strafgesetzbuchs (StGB) und der Straftaten nach § 40 des Sprengstoffgesetzes und nach §§ 19, 20, 22a des Gesetzes über die Kontrolle von Kriegswaffen;
2. des unbefugten Handels mit Betäubungsmitteln oder neuen psychoaktiven Stoffen in Fällen von präsidialübergreifender, landesweiter, bundesweiter oder internationaler Bedeutung;
3. der Geld- und Wertzeichenfälschung (Achter Abschnitt StGB);
4. des unbefugten Handelns mit Schußwaffen und Munition;
5. der Gründung politisch motivierter krimineller und terroristischer Vereinigungen und der Tätigkeit für solche Vereinigungen (§§ 129, 129a, 129b StGB);
6. des Friedensverrats, Hochverrats, Landesverrats und der Gefährdung der äußeren Sicherheit (§§ 80, 80a, 81 bis 83, 93 bis 101a StGB, § 1 des NATO-Truppen-Schutzgesetzes);

7. der Straftaten, deren polizeiliche Verfolgung wegen der besonderen Gefährlichkeit, der räumlichen Ausdehnung oder wegen der besonderen Umstände der Begehung durch das Staatsministerium allgemein oder für den Einzelfall, im Bereich der Wirtschaftskriminalität und des Umweltschutzes auch durch das Gericht oder die Staatsanwaltschaft für den Einzelfall, dem Landeskriminalamt zugewiesen wird;
8. der im Zusammenhang mit Straftaten in den Fällen der Nrn. 1 bis 7 stehenden anderen Straftaten und Ordnungswidrigkeiten.

[2]In den Fällen des Satzes 1 obliegt dem Landeskriminalamt neben den Dienststellen der Landespolizei auch die Verhütung der jeweiligen Straftaten und Ordnungswidrigkeiten.

(4) [1]Das Staatsministerium kann in den Fällen des Abs. 3 Satz 1 Nr. 1 bis 6 die Verhütung und polizeiliche Verfolgung für bestimmte Fallgruppen den Dienststellen der Landespolizei zuweisen. [2]Das Landeskriminalamt kann in den Fällen des Abs. 3 Satz 1 Nr. 1 bis 6 und 8 Dienststellen der Landespolizei je nach deren Dienstbereichen mit einzelnen Ermittlungshandlungen oder in den Fällen des Abs. 3 Satz 1 Nr. 1 bis 6 mit der Verhütung und polizeilichen Verfolgung von Straftaten insgesamt beauftragen. [3]Es kann der Landespolizei fachliche Weisungen erteilen, soweit es sich um die polizeiliche Verfolgung von Straftaten im Sinn des Abs. 3 Satz 1 Nr. 1 bis 6 und 8 oder sonstiger Straftaten gegen die freiheitliche demokratische Grundordnung, den Bestand oder die Sicherheit des Bundes oder eines Landes handelt.

Art. 8 Polizeiverwaltungsamt. [1]Das Bayerische Polizeiverwaltungsamt nimmt zentrale Verwaltungsaufgaben der Polizei wahr. [2]Es ist eine dem Staatsministerium unmittelbar nachgeordnete Dienststelle.

Art. 9 Zusammenarbeit. (1) Die Dienststellen der Polizei haben miteinander und mit anderen Stellen, denen die Abwehr von Gefahren für die öffentliche Sicherheit und Ordnung obliegt, zusammenzuarbeiten und die Sicherheitsbehörden über den Sicherheitszustand zu unterrichten.

(2) Unbeschadet anderer Rechtsvorschriften, insbesondere des Gerichtsverfassungsgesetzes, der Strafprozeßordnung (StPO) und des Gesetzes über Ordnungswidrigkeiten, können die Sicherheitsbehörden Dienststellen der Landespolizei Weisungen im polizeilichen Aufgabenbereich erteilen.

(3) [1]Weisungen nach Abs. 2 sollen an die unterste Polizeidienststelle gerichtet werden, deren Dienstbereich für den Vollzug der Weisung ausreicht. [2]Satz 1 gilt nicht für Weisungen des Staatsministeriums und der Regierungen.

Art. 10 Besondere Zuständigkeiten, Verordnungsermächtigung. (1) Im Rahmen des Staatshaushaltsplans kann das Staatsministerium durch Rechtsverordnung einzelne Aufgaben der ihm unmittelbar nachgeordneten Dienststellen der Polizei einer dieser Dienststellen allein übertragen.

(2) Die Polizei darf im Zuständigkeitsbereich eines anderen Landes der Bundesrepublik Deutschland oder des Bundes nur in den Art. 11 Abs. 3 ent-

sprechenden Fällen und nach Art. 91 Abs. 2 des Grundgesetzes und nur dann tätig werden, wenn das jeweilige Landes- oder das Bundesrecht es vorsieht.

(3) [1]Einer Anforderung von Polizei durch ein anderes Land oder den Bund ist zu entsprechen, soweit nicht die Verwendung der Polizei in Bayern dringender ist als die Unterstützung der Polizei des anderen Landes oder des Bundes. [2]Die Anforderung soll alle für die Entscheidung wesentlichen Merkmale des Einsatzauftrags enthalten.

Art. 11 Dienstkräfte anderer Länder sowie des Bundes oder anderer Staaten. (1) Die Anforderung polizeilicher Dienstkräfte anderer Länder und des Bundes zur Abwehr einer drohenden Gefahr für den Bestand oder die freiheitliche demokratische Grundordnung des Bundes oder des Freistaates Bayern (Art. 91 Abs. 1 des Grundgesetzes) ist dem Bayerischen Ministerpräsidenten vorbehalten.

(2) Zuständige Landesbehörde im Sinn von § 4 Abs. 2 Satz 1 Nr. 1 und § 35 Abs. 1 Satz 1 BKAG für Ersuchen an das Bundeskriminalamt,
1. polizeiliche Aufgaben auf dem Gebiet der Strafverfolgung in Einzelfällen wahrzunehmen, sind das Staatsministerium und die Generalstaatsanwälte bei den Oberlandesgerichten;
2. Dienstkräfte zur Unterstützung polizeilicher Strafverfolgungsmaßnahmen zu Dienststellen der Polizei zu entsenden, ist das Staatsministerium.

(3) [1]Polizeivollzugsbeamte eines anderen Landes der Bundesrepublik Deutschland können im Zuständigkeitsbereich des Freistaates Bayern Amtshandlungen vornehmen
1. auf Anforderung oder mit Zustimmung des Staatsministeriums,
2. in den Fällen des Art. 35 Abs. 2 und 3 und Art. 91 Abs. 1 des Grundgesetzes,
3. zur Abwehr einer gegenwärtigen erheblichen Gefahr, zur Verfolgung von Straftaten auf frischer Tat sowie zur Verfolgung und Wiederergreifung Entwichener, wenn die zuständige Polizei die erforderlichen Maßnahmen nicht rechtzeitig treffen kann,
4. zur Erfüllung polizeilicher Aufgaben bei Gefangenentransporten oder
5. zur Erfüllung ihrer Aufgaben in den durch Verwaltungsabkommen des Staatsministeriums mit anderen Ländern geregelten Fällen.

[2]In den Fällen der Nrn. 3 und 5 ist die zuständige Polizeidienststelle unverzüglich zu unterrichten.

(4) [1]Werden Polizeivollzugsbeamte eines anderen Landes nach Abs. 3 tätig, haben sie die gleichen Befugnisse wie die Bayerische Polizei. [2]Ihre Maßnahmen gelten als Maßnahmen derjenigen Polizeidienststelle, in deren örtlichem und sachlichem Dienstbereich sie tätig geworden sind; sie unterliegen insoweit deren Weisungen.

(5) [1]Die Abs. 3 und 4 gelten für Polizeivollzugsbeamte des Bundes und Zollbedienstete, denen der Gebrauch von Schusswaffen bei Anwendung des unmittelbaren Zwanges nach dem Gesetz über den unmittelbaren Zwang bei

Ausübung öffentlicher Gewalt durch Vollzugsbeamte des Bundes gestattet ist, entsprechend. [2]Das gleiche gilt für Bedienstete ausländischer Polizeibehörden und -dienststellen, soweit völkerrechtliche Verträge dies vorsehen oder das Staatsministerium Amtshandlungen dieser Polizeibehörden oder -dienststellen allgemein oder im Einzelfall zustimmt; in Bezug auf Maßnahmen der Strafverfolgung gelten die Abs. 3 und 4 entsprechend, soweit die auf Grund einer zwischenstaatlichen Vereinbarung oder sonst nach dem Recht der internationalen Rechtshilfe zuständige Behörde zustimmt oder eine derartige Zustimmung nach den genannten Vorschriften entbehrlich ist.

Art. 12 Rechtsbehelfe. (1) Für Rechtsbehelfe gegen Maßnahmen der Polizei gelten die Vorschriften der Verwaltungsgerichtsordnung, soweit eine Zuständigkeit nach § 23 des Einführungsgesetzes zum Gerichtsverfassungsgesetz* nicht gegeben ist.

(2) Über Aufsichtsbeschwerden gegen Maßnahmen, deren Ablehnung oder Unterlassung oder gegen das sonstige Verhalten der Polizei entscheidet

1. das Staatsministerium, wenn es die Beschwerde an sich zieht;
2. im Übrigen die dem Staatsministerium unmittelbar nachgeordnete Polizeidienststelle, wenn die Maßnahme von einem Beamten getroffen worden ist, der dieser oder einer ihr nachgeordneten Dienststelle angehört; hat eine andere Polizeidienststelle die Einsatzleitung übernommen oder zu der Maßnahme angewiesen, so ist die Maßnahme dieser Stelle zuzurechnen.

(3) [1]Abweichend von Abs. 2 entscheidet die Staatsanwaltschaft, wenn

1. der Beschwerdeführer geltend macht, durch eine strafprozessuale Maßnahme, ihre Ablehnung oder Unterlassung in seinen Rechten verletzt zu sein, oder
2. die Beschwerde sich gegen eine Maßnahme richtet, die auf einer Anordnung der Staatsanwaltschaft beruht.

[2]Die Polizei kann der Beschwerde abhelfen, wenn die Maßnahme nicht auf einer Anordnung der Staatsanwaltschaft beruht. [3]Im übrigen hat die Polizei die

---

* *§ 23 Einführungsgesetz zum Gerichtsverfassungsgesetz vom 27. Januar 1877 (RGBl. S. 77), Gesetz zuletzt geändert durch Gesetz vom 25. Juni 2021 (BGBl. I S. 2099), lautet:*

§ 23 ***[Justizverwaltungsakte, Rechtsweg].*** (1) [1]Über die Rechtmäßigkeit der Anordnungen, Verfügungen oder sonstigen Maßnahmen, die von den Justizbehörden zur Regelung einzelner Angelegenheiten auf den Gebieten des bürgerlichen Rechts einschließlich des Handelsrechts, des Zivilprozesses, der freiwilligen Gerichtsbarkeit und der Strafrechtspflege getroffen werden, entscheiden auf Antrag die ordentlichen Gerichte. [2]Das gleiche gilt für Anordnungen, Verfügungen oder sonstige Maßnahmen der Vollzugsbehörden im Vollzug der Untersuchungshaft sowie derjenigen Freiheitsstrafen und Maßregeln der Besserung und Sicherung, die außerhalb des Justizvollzuges vollzogen werden.

(2) Mit dem Antrag auf gerichtliche Entscheidung kann auch die Verpflichtung der Justiz- oder Vollzugsbehörde zum Erlaß eines abgelehnten oder unterlassenen Verwaltungsaktes begehrt werden.

(3) Soweit die ordentlichen Gerichte bereits auf Grund anderer Vorschriften angerufen werden können, behält es hierbei sein Bewenden.

Staatsanwaltschaft von Aufsichtsbeschwerden in Angelegenheiten der Strafverfolgung, die sich nicht lediglich gegen das Verhalten der Polizei richten, vor der Entscheidung zu unterrichten.

Art. 13 Zentrale Datenprüfstelle. (1) [1]Die Zentrale Datenprüfstelle nimmt die Aufgaben wahr, die nach dem Polizeiaufgabengesetz der Entscheidung einer hierfür eingerichteten unabhängigen Stelle bedürfen. [2]Sie übt ihre Tätigkeit im Rahmen der Gesetze unabhängig und in eigener Verantwortung aus und gilt als oberste Dienstbehörde im Sinn des § 96 Satz 1 StPO und des Art. 6 Abs. 3 Satz 3 des Bayerischen Beamtengesetzes.

(2) [1]Die Zentrale Datenprüfstelle wird von einem Beamten mit der Befähigung zum Richteramt geleitet, der durch das Staatsministerium für die Dauer von fünf Jahren bestellt wird. [2]Die Wiederbestellung ist zulässig. [3]Die Bestellung kann ohne die schriftliche Zustimmung des Beamten nur widerrufen werden, wenn eine entsprechende Anwendung der Vorschriften des Deutschen Richtergesetzes über die Versetzung oder die Amtsenthebung von Richtern auf Lebenszeit dies zulässt. [4]Der Leiter der Zentralen Datenprüfstelle untersteht der Dienstaufsicht durch das Staatsministerium; Abs. 1 Satz 2 bleibt unberührt.

(3) [1]Die Stellen der Bediensteten sind im Einvernehmen mit dem Leiter der Zentralen Datenprüfstelle zu besetzen. [2]Die Bediensteten können gegen ihren Willen nur im Einvernehmen mit dem Leiter versetzt, abgeordnet oder umgesetzt werden. [3]Sie sind in ihrer Tätigkeit im Sinn des Abs. 1 nur an die Weisungen des Leiters gebunden. [4]Der Leiter und die Bediensteten nehmen im Rahmen ihrer Tätigkeit für die Zentrale Datenprüfstelle keine darüber hinausgehenden Aufgaben wahr. [5]Art. 19 Abs. 5 des Bayerischen Datenschutzgesetzes (BayDSG) gilt entsprechend.

(4) [1]Die Zentrale Datenprüfstelle kann sich zur Aufgabenerfüllung der Unterstützung von Polizeidienststellen bedienen. [2]Die inhaltliche Prüfung und Entscheidungsverantwortung obliegt allein der Zentralen Datenprüfstelle. [3]Die nach Satz 1 eingesetzten Dienstkräfte sind hinsichtlich der ihnen bekannt gewordenen Umstände auch ihren Dienststellen gegenüber zur Verschwiegenheit verpflichtet. [4]Art. 19 Abs. 5 Satz 2 BayDSG gilt entsprechend.

(5) Die Zentrale Datenprüfstelle wird an das Polizeiverwaltungsamt organisatorisch angegliedert.

Art. 14 Verfahren der Zentralen Datenprüfstelle. (1) [1]Die Zentrale Datenprüfstelle entscheidet über die Freigabe der ihr nach den Vorschriften des Polizeiaufgabengesetzes vorgelegten Daten. [2]Soweit die Zentrale Datenprüfstelle Daten nicht für die Verarbeitung durch die Polizei freigibt, begründet sie ihre Entscheidung schriftlich. [3]Der für die Maßnahme zuständigen Polizeidienststelle gibt sie eine Ausfertigung der Entscheidung ohne Gründe bekannt.

(2) [1]Auf Antrag der zuständigen Polizeidienststelle legt die Zentrale Datenprüfstelle die Entscheidung zusammen mit den Daten, auf die sie sich bezieht,

dem Amtsgericht vor, in dessen Bezirk die Zentrale Datenprüfstelle ihren Sitz hat. [2]Dieses entscheidet in entsprechender Anwendung der Vorschriften des Gesetzes über das Verfahren in Familiensachen und in den Angelegenheiten der freiwilligen Gerichtsbarkeit. [3]Eine Beteiligung des durch die polizeiliche Maßnahme Betroffenen unterbleibt, es sei denn der Zweck der polizeilichen Maßnahme wird hierdurch nicht gefährdet. [4]Der Antrag nach Satz 1 ist binnen einer Woche ab der Bekanntgabe der Entscheidung der Zentralen Datenprüfstelle beim Amtsgericht zu stellen. [5]Zu seiner Begründung soll die für die Maßnahme zuständige Polizeidienststelle darlegen, warum sie der Kenntnis des Inhalts der Daten bedarf.

(3) [1]Die Entscheidung des Amtsgerichts ist unanfechtbar. [2]Gibt das Amtsgericht die Daten nicht für die Verarbeitung durch die Polizei frei, soll die Entscheidung den Inhalt der Daten nur offenlegen, soweit dies für die Abgrenzung der vorzunehmenden Löschung erforderlich ist.

Art. 15 Inkrafttreten. (1) Dieses Gesetz tritt am 1. Oktober 1976 in Kraft.*

(2) Abweichend von Abs. 1 treten Art. 4 Abs. 3, Art. 5 Abs. 2 und 4, Art. 6 Abs. 5 und Art. 10 Abs. 1 am 1. September 1976 in Kraft.

---

* *Diese Vorschrift betrifft das Inkrafttreten des Gesetzes in der ursprünglichen Fassung vom 10. August 1976 (GVBl. S. 303). Der Zeitpunkt des Inkrafttretens der späteren Änderungen ergibt sich aus den jeweiligen Änderungsgesetzen.*

Gesetz über das Landesstrafrecht und das Verordnungsrecht auf dem Gebiet der öffentlichen Sicherheit und Ordnung (Landesstraf- und Verordnungsgesetz – LStVG)

(BayRS 2011-2-I)
in der Fassung der Bekanntmachung vom 13. Dezember 1982
(GVBl. S. 1099),
zuletzt geändert durch Gesetz vom 27. April 2020 (GVBl. S. 236)

INHALTSÜBERSICHT

ERSTER TEIL

Allgemeine Vorschriften über Straftaten und Ordnungswidrigkeiten

Art. 1 Einteilung der Tatbestände
Art. 2 Straftaten
Art. 3 Ordnungswidrigkeiten
Art. 4 Zuwiderhandlungen gegen Rechtsvorschriften oder Anordnungen für den Einzelfall
Art. 5 Vollstreckung des Bußgeldbescheids

ZWEITER TEIL

Aufgaben und Befugnisse der Sicherheitsbehörden; Entschädigung

Art. 6 Aufgaben der Sicherheitsbehörden
Art. 7 Befugnisse der Sicherheitsbehörden
Art. 8 Grundsatz der Verhältnismäßigkeit
Art. 9 Richtung der Maßnahmen
Art. 10 Sicherheitsbehörden und Polizei
Art. 11 Entschädigung

DRITTER TEIL

Einzelne Ermächtigungen und Ordnungswidrigkeiten

1. Abschnitt

Schutz der Gesundheit und Reinlichkeit

Art. 12–15 *(aufgehoben)*
Art. 16 Bekämpfung verwilderter Tauben
Art. 17 (aufgehoben)
Art. 18 Halten von Hunden

2. Abschnitt

Vergnügungen

Art. 19 Veranstaltung von Vergnügungen

3. Abschnitt

Weitere Vorschriften zum Schutz der öffentlichen Sicherheit und Ordnung

Art. 20 Staatliche Parkanlagen
Art. 21 Unerlaubter Verkehr mit Verwahrten
Art. 22 Notzeichen
Art. 23 Menschenansammlungen
Art. 23a Uniform- und politisches Kennzeichenverbot
Art. 23b Verbot der Gesichtsverhüllung
Art. 24 Ski- und Skibobfahren, Rodeln
Art. 25 Zelten, Aufstellen von Wohnwagen
Art. 26 Betreten und Befahren von Grundstücken
Art. 27 Baden; Betreten und Befahren von Eisflächen
Art. 28 Öffentliche Anschläge
Art. 29 Fliegende Verkaufsanlagen
Art. 30 Verzehr alkoholischer Getränke auf öffentlichen Flächen

Art. 31 Gifte, Giftwaren, Arzneien
Art. 32 Hochgiftige Stoffe
Art. 33 Überwachung
Art. 34–36 *(aufgehoben)*
Art. 37 Halten gefährlicher Tiere
Art. 37a Zucht und Ausbildung von Kampfhunden
Art. 38 Verhütung von Bränden

4. Abschnitt
Schutz von Feld und Flur

Art. 39 Feld und Flur
Art. 40 Weidefrevel
Art. 41 Feldgefährdung

VIERTER TEIL
Verfahren beim Erlaß von Verordnungen

Art. 42 Verordnungen der Gemeinden, Landkreise und Bezirke
Art. 43 Vollzug der Verordnungen
Art. 44 Zuständigkeit verschiedener Behörden oder Stellen
Art. 45 Rechtmäßigkeit und Angabe der Rechtsgrundlage
Art. 46 Pflicht zum Erlaß von Verordnungen
Art. 47 *(aufgehoben)*
Art. 48 Änderung und Aufhebung von Verordnungen
Art. 49 Allgemeine Aufsichtspflicht
Art. 50 Geltungsdauer
Art. 51 Amtliche Bekanntmachung
Art. 52 Hinweis auf die Bekanntmachung
Art. 53 Mitteilungen

FÜNFTER TEIL
Übergangs- und Schlußvorschriften

Art. 54 *(aufgehoben)*
Art. 55 Verordnungsermächtigungen für besondere Zuständigkeiten
Art. 56 Zuständigkeit für gemeindefreie Gebiete
Art. 57 *(aufgehoben)*
Art. 58 Einschränkung von Grundrechten
Art. 59 Zuständigkeit zur Verfolgung und Ahndung von Ordnungswidrigkeiten nach § 112 des Gesetzes über Ordnungswidrigkeiten
Art. 60 Fortbestand alten Verordnungsrechts
Art. 61 Einstweilige Vorschriften über die Stillegung und Beseitigung von Anlagen und Geräten
Art. 62 Inkrafttreten

ERSTER TEIL

Allgemeine Vorschriften über Straftaten und Ordnungswidrigkeiten

Art. 1 Einteilung der Tatbestände. (1) Die im Landesrecht mit Freiheitsstrafe oder mit Geldstrafe bedrohten Handlungen sind Straftaten.

(2) Die im Landesrecht mit Geldbuße bedrohten Handlungen sind Ordnungswidrigkeiten.

Art. 2 Straftaten. Auf die Straftaten des Landesrechts sind die im Allgemeinen Teil des Strafgesetzbuchs enthaltenen Vorschriften sowie die Vorschriften des Jugendgerichtsgesetzes, der Strafprozeßordnung und des Gerichtsverfassungsgesetzes anzuwenden, soweit gesetzlich nichts anderes bestimmt ist.

Art. 3 Ordnungswidrigkeiten. Für die Ordnungswidrigkeiten des Landesrechts gilt das Gesetz über Ordnungswidrigkeiten (OWiG), soweit gesetzlich nichts anderes bestimmt ist.

Art. 4 Zuwiderhandlungen gegen Rechtsvorschriften oder Anordnungen für den Einzelfall. (1) Zuwiderhandlungen gegen Rechtsvorschriften im Rang unter dem Gesetz können auf Grund eines Landesgesetzes mit Strafe oder Geldbuße nur geahndet werden, wenn die Rechtsvorschrift für einen bestimmten Tatbestand auf die zugrundeliegende gesetzliche Straf- oder Bußgeldvorschrift verweist.

(2) Zuwiderhandlungen gegen Anordnungen der Verwaltungsbehörden für den Einzelfall können nach Landesrecht mit Strafe oder Geldbuße nur geahndet werden, wenn die Anordnung nicht mehr mit ordentlichen Rechtsbehelfen angefochten werden kann oder ihre Vollziehung angeordnet ist.

Art. 5 Vollstreckung des Bußgeldbescheids. Der Bußgeldbescheid wird nach den Vorschriften des Bayerischen Verwaltungszustellungs- und Vollstreckungsgesetzes vollstreckt, soweit nicht das Gesetz über Ordnungswidrigkeiten etwas anderes bestimmt.

ZWEITER TEIL

Aufgaben und Befugnisse der Sicherheitsbehörden; Entschädigung

Art. 6 Aufgaben der Sicherheitsbehörden. Die Gemeinden, Landratsämter, Regierungen und das Staatsministerium des Innern, für Sport und Integration haben als Sicherheitsbehörden die Aufgabe, die öffentliche Sicherheit und Ordnung durch Abwehr von Gefahren und durch Unterbindung und Beseitigung von Störungen aufrechtzuerhalten.

Art. 7 Befugnisse der Sicherheitsbehörden. (1) Anordnungen und sonstige Maßnahmen, die in Rechte anderer eingreifen, dürfen nur getroffen werden, wenn die Sicherheitsbehörden durch Gesetz oder auf Grund eines Gesetzes dazu besonders ermächtigt sind.

(2) Soweit eine solche gesetzliche Ermächtigung nicht in Vorschriften dieses Gesetzes oder in anderen Rechtsvorschriften enthalten ist, können die Sicherheitsbehörden zur Erfüllung ihrer Aufgaben für den Einzelfall Anordnungen nur treffen, um

1. rechtswidrige Taten, die den Tatbestand eines Strafgesetzes oder einer Ordnungswidrigkeit verwirklichen, oder verfassungsfeindliche Handlungen zu verhüten oder zu unterbinden,
2. durch solche Handlungen verursachte Zustände zu beseitigen,
3. Gefahren abzuwehren oder Störungen zu beseitigen, die Leben, Gesundheit oder die Freiheit von Menschen oder Sachwerte, deren Erhaltung im öffentlichen Interesse geboten erscheint, bedrohen oder verletzen.

(3) Sind Anordnungen nach Absatz 2 nicht möglich, nicht zulässig oder versprechen sie keinen Erfolg, so können die Sicherheitsbehörden die Gefahr oder Störung selbst, durch die Polizei oder durch vertraglich Beauftragte abwehren oder beseitigen.

(4) Die Freiheit der Person und die Unverletzlichkeit der Wohnung (Art. 2 Abs. 2 Satz 2 und Art. 13 des Grundgesetzes, Art. 102 Abs. 1 und Art. 106 Abs. 3 der Verfassung) dürfen durch Maßnahmen auf Grund der Absätze 2 und 3 nicht eingeschränkt werden.

(5) Verfassungsfeindlich im Sinn dieses Gesetzes ist eine Handlung, die darauf gerichtet ist, die verfassungsmäßige Ordnung der Bundesrepublik Deutschland oder eines ihrer Länder auf verfassungswidrige Weise zu stören oder zu ändern, ohne den Tatbestand eines Strafgesetzes oder einer Ordnungswidrigkeit zu verwirklichen.

Art. 8 Grundsatz der Verhältnismäßigkeit. (1) Unter mehreren möglichen und geeigneten Maßnahmen ist diejenige zu treffen, die den einzelnen und die Allgemeinheit am wenigsten beeinträchtigt.

(2) Ein durch die Maßnahme zu erwartender Schaden darf nicht erkennbar außer Verhältnis zu dem beabsichtigten Erfolg stehen.

(3) Maßnahmen sind zu beenden, wenn ihr Zweck erreicht ist oder sich zeigt, daß er nicht erreicht werden kann.

Art. 9 Richtung der Maßnahmen. (1) [1]Macht das Verhalten oder der Zustand einer Person Maßnahmen nach diesem Gesetz notwendig, so sind diese gegen die Person zu richten, die die Gefahr oder die Störung verursacht hat. [2]Hat ein strafunmündiges Kind oder eine Person, für die wegen einer psychischen Krankheit oder einer geistigen oder seelischen Behinderung zur Besorgung aller ihrer Angelegenheiten ein Betreuer bestellt ist, die Gefahr oder die Störung verursacht, so können die Sicherheitsbehörden ihre Maßnahmen auch gegen den richten, dem die Aufsicht über eine solche Person obliegt. [3]Dies gilt auch, wenn der Aufgabenkreis des Betreuers die in § 1896 Abs. 4 und § 1905 des Bürgerlichen Gesetzbuchs bezeichneten Angelegenheiten nicht erfaßt. [4]Hat eine Person, die zu einer Verrichtung bestellt ist, in Ausführung dieser Verrichtung die Gefahr oder die Störung verursacht, so kann die Maßnahme auch gegen den gerichtet werden, der die Person zu der Verrichtung bestellt hat.

(2) [1]Macht das Verhalten oder der Zustand eines Tieres oder der Zustand einer anderen Sache Maßnahmen nach diesem Gesetz notwendig, so sind diese gegen den Inhaber der tatsächlichen Gewalt zu richten. [2]Die Maßnahmen können auch gegen den Eigentümer oder den sonst dinglich Verfügungsberechtigten gerichtet werden; das gilt nicht, wenn der Inhaber der tatsächlichen Gewalt diese gegen den Willen des Eigentümers oder sonst dinglich Verfügungsberechtigten ausübt. [3]Soweit auf Grund besonderer Vorschriften eine andere Person verantwortlich ist, sind die Maßnahmen in erster Linie gegen diese zu richten.

(3) [1]Zur Abwehr einer unmittelbar bevorstehenden erheblichen Gefahr oder zur Beseitigung einer erheblichen Störung können Maßnahmen auch gegen eine Person gerichtet werden, die nicht nach Absatz 1 oder Absatz 2 verantwortlich ist; insbesondere kann sie zur Hilfeleistung angehalten werden, wenn und soweit weder Maßnahmen gegen die verantwortliche Person noch Maßnahmen nach Art. 7 Abs. 3 möglich, ausreichend oder zulässig sind. [2]Maßnahmen nach Satz 1 dürfen nicht getroffen werden, wenn die nicht verantwortliche Person dadurch selbst an Leben oder Gesundheit gefährdet oder an der Erfüllung überwiegender anderweitiger Pflichten gehindert würde.

Art. 10 Sicherheitsbehörden und Polizei. [1]Maßnahmen der Sicherheitsbehörden nach diesem Gesetz schließen widersprechende Maßnahmen der Polizei aus. [2]Das Recht der Sicherheitsbehörden, der Polizei Weisungen zu erteilen, und die Vorschriften über die Strafverfolgung und die Verfolgung von Ordnungswidrigkeiten bleiben unberührt.

Art. 11 Entschädigung. (1) [1]Soweit Maßnahmen auf Grund dieses Gesetzes getroffen werden, ist Art. 87 des Polizeiaufgabengesetzes sinngemäß anzuwenden. [2]Zur Entschädigung verpflichtet ist der Träger der Behörde, die die Maßnahme getroffen hat; hat das Landratsamt die Maßnahme getroffen, so ist der Landkreis verpflichtet, soweit nicht der Staat nach Art. 35 Abs. 3 oder Art. 37 Abs. 5 der Landkreisordnung haftet.

(2) Stellen Maßnahmen auf Grund dieses Gesetzes eine Enteignung dar, so ist nach den Vorschriften des Bayerischen Gesetzes über die entschädigungspflichtige Enteignung Entschädigung in Geld zu leisten.

DRITTER TEIL

Einzelne Ermächtigungen und Ordnungswidrigkeiten

1. Abschnitt

Schutz der Gesundheit und Reinlichkeit

Art. 12–15 *(aufgehoben)*

Art. 16 Bekämpfung verwilderter Tauben. (1) [1]Zur Verhütung von Gefahren für das Eigentum und zum Schutz der öffentlichen Reinlichkeit können die Gemeinden Verordnungen über die Bekämpfung verwilderter Tauben erlassen. [2]In den Verordnungen kann insbesondere bestimmt werden, daß
1. das Füttern von verwilderten Tauben verboten ist,
2. die Eigentümer von Grundstücken, die Nutzungsberechtigten und ihre Vertreter Maßnahmen der Gemeinde oder deren Beauftragter zur Beseitigung der Nistplätze und Vergrämung verwilderter Tauben zu dulden haben.

(2) Mit Geldbuße kann belegt werden, wer vorsätzlich oder fahrlässig einer auf Grund des Absatzes 1 erlassenen Verordnung oder einer vollziehbaren An-

ordnung, die auf Grund einer solchen Verordnung getroffen wurde, zuwiderhandelt.

Art. 17 *(aufgehoben)*

Art. 18 Halten von Hunden. (1) [1]Zur Verhütung von Gefahren für Leben, Gesundheit, Eigentum oder die öffentliche Reinlichkeit können die Gemeinden durch Verordnung das freie Umherlaufen von großen Hunden und Kampfhunden im Sinn des Art. 37 Abs. 1 Satz 2 in öffentlichen Anlagen sowie auf öffentlichen Wegen, Straßen oder Plätzen einschränken. [2]Der räumliche und zeitliche Geltungsbereich der Verordnung ist auf die örtlichen Verhältnisse abzustimmen, wobei auch dem Bewegungsbedürfnis der Hunde ausreichend Rechnung zu tragen ist.

(2) Zum Schutz der in Absatz 1 genannten Rechtsgüter können die Gemeinden Anordnungen für den Einzelfall zur Haltung von Hunden treffen.

(3) Mit Geldbuße kann belegt werden, wer vorsätzlich oder fahrlässig einer auf Grund des Absatzes 1 erlassenen Verordnung oder einer auf Grund des Absatzes 2 erlassenen vollziehbaren Anordnung zuwiderhandelt.

2. Abschnitt

Vergnügungen

Art. 19 Veranstaltung von Vergnügungen. (1) [1]Wer eine öffentliche Vergnügung veranstalten will, hat das der Gemeinde unter Angabe der Art, des Orts und der Zeit der Veranstaltung und der Zahl der zuzulassenden Teilnehmer spätestens eine Woche vorher schriftlich anzuzeigen. [2]Für regelmäßig wiederkehrende, gleichartige öffentliche Vergnügungen genügt eine einmalige Anzeige.

(2) Absatz 1 gilt nicht für Vergnügungen, die vorwiegend religiösen, künstlerischen, kulturellen, wissenschaftlichen, belehrenden oder erzieherischen Zwecken oder der Wirtschaftswerbung dienen, sofern die Vergnügungen in Räumen stattfinden, die für Veranstaltungen der beabsichtigten Art bestimmt sind.

(3) [1]Die Veranstaltung öffentlicher Vergnügungen bedarf der Erlaubnis, wenn

1. die nach Absatz 1 erforderliche Anzeige nicht fristgemäß erstattet wird,
2. es sich um eine motorsportliche Veranstaltung handelt oder
3. zu einer Veranstaltung, die außerhalb dafür bestimmter Anlagen stattfinden soll, mehr als eintausend Besucher zugleich zugelassen werden sollen.

[2]Zuständig sind die Gemeinden, für motorsportliche Veranstaltungen die Kreisverwaltungsbehörden.

(4) [1]Die Erlaubnis nach Absatz 3 ist zu versagen, wenn es zur Verhütung von Gefahren für Leben, Gesundheit oder Sachgüter oder zum Schutz vor er-

heblichen Nachteilen oder erheblichen Belästigungen für die Allgemeinheit oder Nachbarschaft oder vor erheblichen Beeinträchtigungen der Natur oder Landschaft erforderlich erscheint. [2]Das gleiche gilt, sofern andere öffentlich-rechtliche Vorschriften entgegenstehen.

(5) [1]Die Gemeinden, für motorsportliche Veranstaltungen die Kreisverwaltungsbehörden, können zum Schutz der in Absatz 4 Satz 1 bezeichneten Rechtsgüter Anordnungen für den Einzelfall für die Veranstaltung öffentlicher Vergnügungen und sonstiger Vergnügungen treffen. [2]Reichen Anordnungen nach Satz 1 nicht aus oder stehen andere öffentlich-rechtliche Vorschriften entgegen, so kann die Veranstaltung untersagt werden.

(6) [1]Die Gemeinden können durch Verordnung

1. die Veranstaltung von Vergnügungen bestimmter Art von der Anzeigepflicht nach Absatz 1 oder von der Erlaubnispflicht nach Absatz 3 ausnehmen, soweit die Gemeinden nach Absatz 3 Satz 2 zuständig sind und diese Pflichten zum Schutz der in Absatz 4 Satz 1 bezeichneten Rechtsgüter nicht erforderlich erscheinen,
2. zum Schutz der in Absatz 4 Satz 1 bezeichneten Rechtsgüter die Anzeigepflicht nach Absatz 1 auf die Veranstaltung bestimmter Arten öffentlicher Vergnügungen im Sinn des Absatzes 2 erstrecken und Anforderungen an die Veranstaltung öffentlicher oder sonstiger Vergnügungen stellen,
3. zum Schutz der in Absatz 4 Satz 1 bezeichneten Rechtsgüter eine Sperrzeit für die Veranstaltung öffentlicher Vergnügungen oder bestimmter Arten öffentlicher Vergnügungen festsetzen; in der Verordnung kann bestimmt werden, daß die Sperrzeit bei Vorliegen eines öffentlichen Bedürfnisses oder besonderer örtlicher Verhältnisse für den Einzelfall verlängert, verkürzt oder aufgehoben werden kann.

[2]Das Staatsministerium des Innern, für Sport und Integration kann durch Rechtsverordnung gleiches für das gesamte Staatsgebiet bestimmen.

(7) Mit Geldbuße kann belegt werden, wer vorsätzlich oder fahrlässig

1. eine öffentliche Vergnügung ohne die erforderliche Anzeige oder Erlaubnis veranstaltet,
2. als Veranstalter einer Vergnügung die mit der Erlaubnis verbundenen vollziehbaren Auflagen nicht erfüllt oder einer vollziehbaren Anordnung nach Absatz 5 nicht Folge leistet oder
3. einer Verordnung nach Abs. 6 Satz 1 Nr. 2 oder 3 zuwiderhandelt.

3. Abschnitt

Weitere Vorschriften zum Schutz der öffentlichen Sicherheit und Ordnung

Art. 20 Staatliche Parkanlagen. (1) [1]Zur Verhütung von Gefahren für Leben, Gesundheit, Sittlichkeit, Eigentum oder die öffentliche Reinlichkeit, zur Sicherung der Erholung in der freien Natur, zum Schutz der Natur und

Landschaft sowie zum Schutz vor erheblichen Nachteilen oder erheblichen Belästigungen für die Allgemeinheit kann das Staatsministerium der Finanzen und für Heimat Verordnungen über die Benutzung der Grünanlagen und Grünflächen, die im Eigentum des Freistaates Bayern stehen und von der Verwaltung der staatlichen Schlösser, Gärten und Seen verwaltet werden (staatliche Parkanlagen), erlassen. [2]Die Regelungen sind auf die örtlichen Verhältnisse abzustimmen. [3]Das Staatsministerium der Finanzen und für Heimat kann die Ermächtigung nach Satz 1 durch Verordnung auf die Verwaltung der staatlichen Schlösser, Gärten und Seen übertragen; Verordnungen der Verwaltung der staatlichen Schlösser, Gärten und Seen sind im Bayerischen Ministerialblatt amtlich bekannt zu machen. [4]Der Vollzug der Anlagenverordnungen obliegt der Verwaltung der staatlichen Schlösser, Gärten und Seen.

(2) Zur Verhütung von Verstößen gegen auf Grund des Abs. 1 erlassene Verordnungen können das Staatsministerium der Finanzen und für Heimat und die Verwaltung der staatlichen Schlösser, Gärten und Seen Anordnungen für den Einzelfall treffen.

(3) Mit Geldbuße kann belegt werden, wer vorsätzlich oder fahrlässig
1. einer auf Grund des Abs. 1 erlassenen Verordnung oder
2. einer auf Grund des Abs. 2 erlassenen vollziehbaren Anordnung

zuwiderhandelt.

Art. 21 Unerlaubter Verkehr mit Verwahrten. (1) Mit Geldbuße kann belegt werden, wer unbefugt
1. einem Verwahrten Sachen oder Nachrichten übermittelt oder sich von ihm übermitteln läßt,
2. sich mit einem Verwahrten, der sich innerhalb einer Anstalt befindet, von außen durch Worte oder Zeichen verständigt.

(2) Verwahrter im Sinn des Absatzes 1 ist, wer sich in behördlichem Gewahrsam befindet, ohne Gefangener im Sinn des § 115 OWiG zu sein.

(3) Der Versuch der Ordnungswidrigkeit kann mit Geldbuße belegt werden.

Art. 22 Notzeichen. (1) Das Staatsministerium des Innern, für Sport und Integration kann, soweit bundesrechtliche Vorschriften nicht bestehen, durch Verordnung vorschreiben, daß bestimmte Schallzeichen, die der Warnung vor Gefahren, dem Rufen von Hilfsdiensten oder anderen öffentlichen Zwecken dienen (öffentliche Schallzeichen), nur durch bestimmte Stellen für diese Zwecke gegeben werden dürfen.

(2) Mit Geldbuße kann belegt werden, wer
1. entgegen einer nach Absatz 1 erlassenen Verordnung öffentliche Schallzeichen gibt,
2. öffentlich vernehmbar Schallzeichen gibt, die mit öffentlichen Schallzeichen verwechselt werden können,
3. ohne berechtigten Grund um Hilfe ruft oder ein anderes Notzeichen gibt.

Art. 23 Menschenansammlungen. (1) [1]Zur Verhütung von Gefahren für Leben, Gesundheit, Sittlichkeit, ungestörte Religionsausübung, Eigentum oder Besitz können die Gemeinden für Ansammlungen einer größeren Anzahl von Menschen, insbesondere bei religiösen Feiern, Volksfesten und Sportveranstaltungen, Verordnungen und Anordnungen für den Einzelfall erlassen. [2]Dies gilt nicht für Versammlungen im Sinn des Bayerischen Versammlungsgesetzes; die Vorschriften des Straßenverkehrsrechts bleiben unberührt.

(2) Für Ansammlungen, die über das Gebiet einer Gemeinde hinausgehen, kann auch die gemeinsame höhere Behörde Anordnungen für den Einzelfall erlassen.

(3) Mit Geldbuße kann belegt werden, wer einer auf Grund der Absätze 1 oder 2 erlassenen Verordnung oder vollziehbaren Anordnung zuwiderhandelt.

Art. 23a Uniform- und politisches Kennzeichenverbot. Mit Geldbuße bis zu dreitausend Euro kann belegt werden, wer außerhalb von Versammlungen öffentlich Uniformen, Uniformteile oder gleichartige Kleidungsstücke als Ausdruck einer politischen Gesinnung trägt, sofern damit eine einschüchternde Wirkung verbunden ist.

Art. 23b Verbot der Gesichtsverhüllung. (1) [1]Die Gemeinden können bei Vergnügungen und Ansammlungen zur Verhütung rechtswidriger Taten und zur Abwehr von Gefahren für Leben, Gesundheit, Freiheit, Sittlichkeit oder Sachgüter durch Verordnung oder Anordnung für den Einzelfall das Verhüllen des Gesichts verbieten. [2]Satz 1 gilt für Kreisverwaltungsbehörden im Rahmen ihrer Zuständigkeit nach Art. 19 entsprechend. [3]Zur Verhütung von Straftaten und zur Abwehr erheblicher Gefahren für eines der in Satz 1 genannten Rechtsgüter können die Gemeinden und Kreisverwaltungsbehörden durch Anordnung für den Einzelfall an bestimmten öffentlichen Orten das Verhüllen des Gesichts auch außerhalb von Vergnügungen und Ansammlungen verbieten.

(2) Mit Geldbuße kann belegt werden, wer einer auf Grund von Abs. 1 erlassenen Verordnung oder vollziehbaren Anordnung zuwiderhandelt.

Art. 24 Ski- und Skibobfahren, Rodeln. (1) Die Gemeinden können durch Verordnung ein Gelände außerhalb öffentlicher Wege und Plätze, das zum Skifahren, Skibobfahren oder Rodeln der Allgemeinheit zur Verfügung steht, zur Hauptabfahrt für solche Sportarten oder zum Hauptskiwanderweg erklären.

(2) [1]Die Gemeinden können durch Anordnung für den Einzelfall den Sportbetrieb auf einer Hauptabfahrt oder auf einer sonstigen Skiabfahrt, Rodelbahn oder einem Skiwanderweg vorübergehend untersagen oder beschränken, wenn es zur Verhütung von Gefahren oder sonst aus wichtigen Gründen erforderlich ist. [2]Sie können für den Einzelfall zulassen, daß Hauptabfahrten und Hauptskiwanderwege zur Zeit des Sportbetriebs zur Pistenpflege, zur Versorgung von Einrichtungen oder für land- und forstwirtschaftliche Zwecke benützt werden, soweit dadurch keine Gefahren für die Sicherheit der Sporttreibenden entste-

hen. [3]Eine Erlaubnis nach Satz 2 ist nicht erforderlich, soweit für den Betrieb motorisierter Schneefahrzeuge eine Ausnahme nach Art. 6 Abs. 2 des Bayerischen Immissionsschutzgesetzes (BayImSchG) zugelassen worden ist.

(3) Das Staatsministerium des Innern, für Sport und Integration kann durch Verordnung zur Verhütung von Gefahren für Leben oder Gesundheit oder zum Schutz vor erheblichen Nachteilen

1. das Verhalten beim Skifahren, Skibobfahren und Rodeln regeln,
2. bestimmen, wie
   a) Hauptabfahrten und sonstige Skiabfahrten, Rodelbahnen und Skiwanderwege,
   b) die Untersagung oder Beschränkung des Sportbetriebs auf solchem Gelände und
   c) Fahrzeuge, die sich auf Abfahrten befinden,

   gekennzeichnet sein müssen.

(4) [1]Die Kennzeichnung nach Absatz 3 Nr. 2 obliegt den Gemeinden, soweit es sich um Fahrzeuge handelt, dem Halter des Fahrzeugs. [2]Die Gemeinden können ihre Kosten der Kennzeichnung von demjenigen erstattet verlangen, der die Kosten für die Instandhaltung des Sportgeländes trägt.

(5) Mit Geldbuße kann belegt werden, wer auf einer Hauptabfahrt oder einem Hauptskiwanderweg, die in der vorgeschriebenen Weise gekennzeichnet sind,

1. sich zur Zeit des Sportbetriebs zu anderen Zwecken als der Ausübung der Sportart, für die die Abfahrt oder der Wanderweg bestimmt ist, ohne Erlaubnis nach Absatz 2 Satz 2 oder ohne Ausnahmegenehmigung nach Art. 12 Abs. 2 BayImSchG aufhält,
2. zur Zeit des Sportbetriebs ein Tier laufen läßt,
3. zur Zeit des Sportbetriebs mit einem Fahrzeug fährt, das nicht nach der auf Grund des Absatzes 3 Nr. 2 erlassenen Verordnung gekennzeichnet ist,
4. sonst ein Hindernis bereitet, ohne es der Gemeinde so rechtzeitig anzuzeigen, daß Gefahren für die Sicherheit der Skifahrer, Skibobfahrer oder Rodelfahrer verhütet werden können.

(6) Mit Geldbuße kann ferner belegt werden, wer als Skifahrer, Skibobfahrer oder Rodelfahrer

1. gegen eine auf Grund des Absatzes 2 Satz 1 erlassene vollziehbare Anordnung oder
2. gegen eine auf Grund des Absatzes 3 Nr. 1 erlassene Verordnung verstößt,
3. grob rücksichtslos Leib oder Leben eines anderen gefährdet oder
4. sich als Beteiligter an einem Unfall vom Unfallort entfernt, bevor er
   a) zugunsten der anderen Unfallbeteiligten und der Geschädigten die Feststellung seiner Person und der Art seiner Beteiligung durch seine Anwesenheit und durch die Angabe, daß er an dem Unfall beteiligt ist, ermöglicht hat oder
   b) eine nach den Umständen angemessene Zeit gewartet hat, ohne daß jemand bereit war, die Feststellungen zu treffen.

Art. 25 Zelten, Aufstellen von Wohnwagen. (1) Zur Sicherung der Erholung in der freien Natur, zum Schutz der Natur und Landschaft, zur Verhütung von Gefahren für Leben, Gesundheit, Eigentum oder Besitz, zum Schutz der Jagdausübung und zur Aufrechterhaltung der öffentlichen Ruhe können die Gemeinden, Landkreise und das Staatsministerium des Innern, für Sport und Integration durch Verordnung den Betrieb und die Benutzung von Plätzen, die zum Aufstellen und Bewohnen von mehr als drei Zelten oder Wohnwagen bestimmt sind (Campingplätze), regeln.

(2) Wer einen Campingplatz errichten und betreiben will, bedarf der Erlaubnis der Gemeinde. [2]Die Erlaubnis darf nur erteilt werden, wenn Rechtsgüter im Sinn des Absatzes 1 nicht gefährdet werden. [3]Versagungsgründe, die sich aus anderen Rechtsvorschriften, insbesondere des Naturschutzrechts, ergeben, bleiben unberührt. [4]Die Sätze 1 bis 3 gelten nicht für Campingplätze, die einer Genehmigung nach der Bayerischen Bauordnung (BayBO) bedürfen.

(3) Mit Geldbuße kann belegt werden, wer
1. einer auf Grund des Absatzes 1 erlassenen Verordnung zuwiderhandelt oder
2. ohne die nach Absatz 2 erforderliche Erlaubnis einen Campingplatz errichtet oder betreibt oder einer mit einer solchen Erlaubnis verbundenen vollziehbaren Auflage zuwiderhandelt.

Art. 26 Betreten und Befahren von Grundstücken. (1) [1]Zur Verhütung erheblicher Gefahren für Leben oder Gesundheit können die Gemeinden und die Landkreise durch Verordnung das Betreten und Befahren bewohnter oder unbewohnter Grundstücke oder bestimmter Gebiete auf die voraussichtliche Dauer der Gefahr verbieten. [2]Für öffentliche Wege, Straßen und Plätze gelten jedoch die Vorschriften des Straßen- und des Straßenverkehrsrechts.

(2) Absatz 1 gilt entsprechend für den Erlaß von Anordnungen für den Einzelfall durch die Gemeinden und die Landratsämter.

(3) Mit Geldbuße kann belegt werden, wer
1. einer auf Grund des Absatzes 1 erlassenen Verordnung,
2. einer auf Grund des Absatzes 2 erlassenen vollziehbaren Anordnung

zuwiderhandelt.

Art. 27 Baden; Betreten und Befahren von Eisflächen. (1) Zur Verhütung von Gefahren für Leben oder Gesundheit können die Gemeinden durch Verordnung das Baden an bestimmten Orten sowie das Betreten und Befahren von Eisflächen verbieten.

(2) [1]Zur Aufrechterhaltung der Sittlichkeit oder zur Verhütung von Gefahren für Leben und Gesundheit können die Gemeinden und das Staatsministerium des Innern, für Sport und Integration durch Verordnung Vorschriften über das Verhalten beim öffentlichen Baden und über Sicherheitsvorkehrungen in Badeanstalten erlassen. [2]In solchen Verordnungen kann auch bestimmt werden, daß der Badebetrieb in Badeanstalten durch geprüfte Schwimmeis-

tergehilfen, Schwimmeister oder andere dafür ausgebildete Personen zu beaufsichtigen ist.

(3) Die Vorschriften des Bayerischen Wassergesetzes bleiben unberührt.

(4) Mit Geldbuße kann belegt werden, wer
1. einem durch Verordnung nach Absatz 1 angeordneten Verbot des Badens an bestimmten Orten oder des Betretens oder Befahrens von Eisflächen zuwiderhandelt,
2. einer Verordnung nach Absatz 2 über das Verhalten beim Baden zuwiderhandelt,
3. vorsätzlich oder fahrlässig als Inhaber oder Verantwortlicher einer Badeanstalt entgegen einer Verordnung nach Absatz 2 nicht für die erforderlichen Sicherheitsvorkehrungen sorgt oder den Badebetrieb nicht genügend beaufsichtigt.

Art. 28 Öffentliche Anschläge. (1) [1]Zum Schutz des Orts- und Landschaftsbilds oder eines Natur-, Kunst- oder Kulturdenkmals können die Gemeinden durch Verordnung Anschläge, insbesondere Plakate, und Darstellungen durch Bildwerfer in der Öffentlichkeit auf bestimmte Flächen beschränken. [2]Dies gilt nicht für Werbeanlagen, die von der Bayerischen Bauordnung erfaßt werden.

(2) Wer vorsätzlich oder fahrlässig einer auf Grund des Absatzes 1 erlassenen Verordnung zuwiderhandelt, kann mit Geldbuße belegt werden.

(3) Die Gemeinde kann die Beseitigung von Anschlägen, insbesondere Plakaten, und von Darstellungen durch Bildwerfer in der Öffentlichkeit anordnen, wenn sie Rechtsgüter im Sinn des Absatzes 1 beeinträchtigen.

Art. 29 Fliegende Verkaufsanlagen. (1) [1]Zum Schutz des Orts- und Landschaftsbilds, eines Natur-, Kunst- oder Kulturdenkmals sowie zur Aufrechterhaltung der öffentlichen Reinlichkeit können die Gemeinden durch Verordnung oder Anordnung für den Einzelfall das Aufstellen fliegender Verkaufsanlagen an bestimmten Orten außerhalb der öffentlichen Wege, Straßen und Plätze verbieten oder davon abhängig machen, daß Störungen durch geeignete Vorkehrungen verhütet werden. [2]Fliegende Verkaufsanlagen sind vorübergehend aufgestellte, dem Vertrieb von Waren dienende Stände oder ähnliche Verkaufsstellen. [3]Art. 72 BayBO bleibt unberührt.

(2) Wer vorsätzlich oder fahrlässig einer auf Grund des Absatzes 1 erlassenen Verordnung oder vollziehbaren Anordnung zuwiderhandelt, kann mit Geldbuße belegt werden.

Art. 30 Verzehr alkoholischer Getränke auf öffentlichen Flächen.
(1) [1]Die Gemeinden können durch Verordnung auf bestimmten öffentlichen Flächen – außerhalb von Gebäuden und genehmigten Freischankflächen – den Verzehr alkoholischer Getränke verbieten, wenn tatsächliche Anhaltspunkte die Annahme rechtfertigen, dass dort auf Grund übermäßigen Alkoholkon-

sums regelmäßig Ordnungswidrigkeiten oder Straftaten begangen werden. [2]Die Verordnungen nach Satz 1 sind längstens auf vier Jahre zu befristen. [3]In ihnen können die Gemeinden auch das Mitführen alkoholischer Getränke an den in der Verordnung bezeichneten Orten verbieten, wenn die Getränke den Umständen nach zum dortigen Verzehr bestimmt sind.

(2) Mit Geldbuße kann belegt werden, wer einer auf Grund des Abs. 1 erlassenen Verordnung zuwiderhandelt.

Art. 31 Gifte, Giftwaren, Arzneien. (1) Zur Verhütung von Gefahren für Leben und Gesundheit kann das Staatsministerium des Innern, für Sport und Integration, soweit nicht bundesrechtliche Vorschriften bestehen, Verordnungen erlassen über

1. die Erlaubnispflicht für das Zubereiten, Feilhalten, Verkaufen oder sonstige Überlassen von Giftwaren, insbesondere von Giften selbst,
2. das Aufbewahren und Befördern von Giftwaren,
3. die Erlaubnispflicht für das Zubereiten, Feilhalten, Verkaufen oder sonstige Überlassen von Arzneien sowie die Ausübung einer erteilten Erlaubnis zum Zubereiten oder Feilhalten von Arzneien.

(2) Mit Geldbuße kann belegt werden, wer

1. ohne die erforderliche Erlaubnis Gifte oder Giftwaren zubereitet, feilhält, verkauft oder sonst an andere überläßt oder
2. einer auf Grund des Absatzes 1 erlassenen Verordnung über das Aufbewahren oder Befördern von Giftwaren oder über die Ausübung der Erlaubnis zum Zubereiten oder Feilhalten von Arzneien zuwiderhandelt.

Art. 32 Hochgiftige Stoffe. (1) Zur Verhütung von Gefahren für Leben oder Gesundheit kann das Staatsministerium des Innern, für Sport und Integration durch Verordnung Giftwaren, die bestimmungsgemäß zur Bekämpfung schädlicher Tiere und Pflanzen verwendet werden und durch deren Verwendung neben den daran Beteiligten auch andere Menschen oder Tiere in lebensbedrohender Weise gefährdet werden können, zu hochgiftigen Stoffen erklären und bestimmen, daß

1. hochgiftige Stoffe nur mit Erlaubnis angewendet werden dürfen oder ihre Anwendung vorher anzuzeigen ist,
2. hochgiftige Stoffe nur anwenden darf, wer eine bestimmte Ausbildung nachweist,
3. die Erlaubnis im Sinn der Nummer 1 mit Auflagen verbunden und auf Grund einer Anzeige im Sinn der Nummer 1 Anordnungen für den Einzelfall erlassen werden können,
4. hochgiftige Stoffe nur unter bestimmten Schutzvorkehrungen angewendet werden dürfen,
5. das Anwenden hochgiftiger Stoffe zu überwachen ist.

(2) Mit Geldbuße kann belegt werden, wer einer auf Grund des Absatzes 1 Nrn. 1 bis 4 erlassenen Verordnung oder einer vollziehbaren Anordnung oder Auflage, die auf einer solchen Verordnung beruht, zuwiderhandelt.

(3) Die Absätze 1 und 2 gelten nicht, soweit bundesrechtliche Vorschriften bestehen.

Art. 33 Überwachung. (1) [1]Wer eine der in Art. 31 Abs. 1 oder Art. 32 Abs. 1 Nrn. 1 bis 4 genannten Tätigkeiten ausübt, hat den Beauftragten der kreisfreien Gemeinden, der Landratsämter, der Gesundheitsämter, der Regierungen und des Staatsministeriums des Innern, für Sport und Integration und den von diesen zugezogenen Sachverständigen die Betriebsstätten, in denen die Tätigkeiten ausgeübt werden, zugänglich zu machen, Auskünfte zu erteilen und Unterlagen vorzulegen, verschlossene Behälter zu öffnen, Untersuchungen und gegen angemessene Entschädigung die Entnahme von Proben zu gestatten, ferner Arbeitskräfte und Hilfsmittel bereitzustellen, wenn das erforderlich ist, um den Vollzug der nach Art. 31 Abs. 1 oder Art. 32 Abs. 1 erlassenen Verordnungen zu überwachen. [2]Der zur Auskunft Verpflichtete kann die Auskunft auf solche Fragen verweigern, deren Beantwortung ihn selbst oder einen der in § 383 Abs. 1 Nrn. 1 bis 3 der Zivilprozeßordnung bezeichneten Angehörigen der Gefahr strafgerichtlicher Verfolgung oder eines Verfahrens nach dem Gesetz über Ordnungswidrigkeiten aussetzen würde.

(2) Wer einer Pflicht nach Absatz 1 zuwiderhandelt, kann mit Geldbuße belegt werden.

Art. 34–36 *(aufgehoben)*

Art. 37 Halten gefährlicher Tiere. (1) [1]Wer ein gefährliches Tier einer wildlebenden Art oder einen Kampfhund halten will, bedarf der Erlaubnis der Gemeinde, soweit das Bundesrecht nicht anderes vorschreibt. [2]Kampfhunde sind Hunde, bei denen auf Grund rassespezifischer Merkmale, Zucht oder Ausbildung von einer gesteigerten Aggressivität und Gefährlichkeit gegenüber Menschen oder Tieren auszugehen ist; das Staatsministerium des Innern, für Sport und Integration kann durch Verordnung Rassen, Kreuzungen und sonstige Gruppen von Hunden bestimmen, für welche die Eigenschaft als Kampfhunde vermutet wird.

(2) [1]Die Erlaubnis darf nur erteilt werden, wenn der Antragsteller ein berechtigtes Interesse nachweist, gegen seine Zuverlässigkeit keine Bedenken bestehen und Gefahren für Leben, Gesundheit, Eigentum oder Besitz nicht entgegenstehen; ein berechtigtes Interesse zur Haltung von Hunden im Sinn des Absatzes 1 Satz 2 kann insbesondere vorliegen, wenn diese der Bewachung eines gefährdeten Besitztums dient. [2]Die Erlaubnis kann vom Nachweis des Bestehens einer besonderen Haftpflichtversicherung abhängig gemacht werden. [3]Versagungsgründe, die sich aus anderen Vorschriften ergeben, bleiben unberührt.

(3) Die Erlaubnispflicht nach Absatz 1 Satz 1 gilt nicht für die Haltung von Diensthunden der Polizei, des Strafvollzugs, des Bundesgrenzschutzes und der Zollverwaltung.

(4) Mit Geldbuße bis zu zehntausend Euro kann belegt werden, wer vorsätzlich oder fahrlässig
1. ein gefährliches Tier einer wildlebenden Art oder einen Kampfhund ohne die erforderliche Erlaubnis hält oder
2. die mit der Erlaubnis verbundenen vollziehbaren Auflagen nicht erfüllt.

Art. 37a Zucht und Ausbildung von Kampfhunden. (1) Mit Geldbuße bis zu fünfzigtausend Euro kann belegt werden, wer Kampfhunde im Sinn des Art. 37 Abs. 1 Satz 2 züchtet oder kreuzt.

(2) [1]Wer Hunde mit dem Ziel einer gesteigerten Aggressivität und Gefährlichkeit gegenüber Menschen oder Tieren ausbildet, bedarf der Erlaubnis der Kreisverwaltungsbehörde, soweit das Bundesrecht nichts anderes vorschreibt. [2]Die Erlaubnis darf nur erteilt werden, wenn der Antragsteller die erforderliche Sachkunde besitzt, gegen seine Zuverlässigkeit keine Bedenken bestehen und die Ausbildung Schutzzwecken dient. [3]Die Erlaubnis darf nicht erteilt werden für Hunde im Sinn des Art. 37 Abs. 1 Satz 2 Halbsatz 2. [4]Art. 37 Abs. 3 gilt entsprechend.

(3) Mit Geldbuße bis zu fünfzigtausend Euro kann belegt werden, wer vorsätzlich oder fahrlässig
1. einen Hund ohne die erforderliche Erlaubnis ausbildet oder
2. die mit der Erlaubnis verbundenen vollziehbaren Auflagen nicht erfüllt.

Art. 38 Verhütung von Bränden. (1) Zur Verhütung von Gefahren für Leben, Gesundheit, Eigentum oder Besitz durch Brand kann, soweit nicht bundesrechtliche oder besondere landesrechtliche Vorschriften bestehen, das Staatsministerium des Innern, für Sport und Integration Verordnungen erlassen über
1. die der Feuerbeschau unterliegenden Gebäude, Feuerungsanlagen und sonstigen Anlagen und Gegenstände, von denen Brandgefahren ausgehen können, die Ausübung der Feuerbeschau und die Beseitigung der bei der Feuerbeschau festgestellten Mängel – dabei kann bestimmt werden, dass die zuständige Behörde die Durchführung der Feuerbeschau auf Betriebe oder sonstige Einrichtungen, für die nach Art. 15 des Bayerischen Feuerwehrgesetzes Werkfeuerwehren bestehen, auf deren Kosten übertragen kann,
2. Lichtspielvorführungen und die Einrichtung von Lichtspieltheatern, insbesondere der Zuschauer- und Bildwerferräume, sowie die Ausbildungs- und Bedienungsvorschriften für Filmvorführer,
3. Theateraufführungen und sonstige Schaustellungen, die Einrichtung von Theatern und sonstigen Versammlungsstätten, insbesondere die Zuschauer- und Bühnenräume, ferner über die Ausbildung und Prüfung der technischen Bühnenvorstände,
4. die Errichtung, die Einrichtung und den Betrieb elektrischer Anlagen.

(2) In den Verordnungen nach Absatz 1 kann zugelassen werden, daß bestimmte Gemeinden abweichende Vorschriften erlassen.

(3) Zur Verhütung von Gefahren für Leben, Gesundheit, Eigentum oder Besitz durch Brand können ferner, soweit nicht bundesrechtliche oder besondere landesrechtliche Vorschriften bestehen, die Gemeinden und das Staatsministerium des Innern, für Sport und Integration Verordnungen erlassen über

1. die Verwendung von Feuer und offenem Licht in Gebäuden oder in der Nähe von Gebäuden oder brandgefährlichen Stoffen,
2. Herstellung, Abgabe, Lagerung und Verwendung von Brennstoffen und brandgefährlichen Stoffen,
3. Auflagen und Schutzmaßnahmen für die Errichtung, die Einrichtung und den Betrieb brandgefährlicher Anlagen, die nicht unter Absatz 1 fallen,
4. Blitzableiter, Feuerlöscheinrichtungen und andere Schutzmaßnahmen zur Verhütung oder Beseitigung feuergefährlicher Zustände sowie zur Bekämpfung von Bränden.

(4) Mit Geldbuße kann belegt werden, wer einer auf Grund der Absätze 1 bis 3 erlassenen Verordnung oder einer vollziehbaren Anordnung, die auf Grund einer solchen Verordnung getroffen wurde, vorsätzlich oder fahrlässig zuwiderhandelt.

(5) [1]Die Eigentümer und Besitzer von Gebäuden, Anlagen oder Gegenständen, auf die sich Verordnungen nach den Absätzen 1 bis 3 beziehen, haben gegenüber den Beauftragten der Gemeinden und Landratsämter die in Art. 33 Abs. 1 Satz 1 genannten Pflichten, wenn das zur Prüfung der Brandgefährlichkeit erforderlich ist. [2]Art. 33 Abs. 1 Satz 2 gilt entsprechend.

(6) Wer den Pflichten nach Absatz 5 zuwiderhandelt, kann mit Geldbuße belegt werden.

4. Abschnitt

Schutz von Feld und Flur

Art. 39 Feld und Flur. (1) Feld und Flur im Sinn dieses Abschnittes sind

1. alle Grundstücke außerhalb eines Forstes, die der Gewinnung von Feldfrüchten, Gartenfrüchten, Bäumen, Sträuchern oder anderen Bodenerzeugnissen dienen, insbesondere Äcker, Wiesen, Weiden, Gärten, Obstanlagen, Baumschulen und Weinberge,
2. die Wege, Gräben und Böschungen, die mit den in Nummer 1 genannten Grundstücken räumlich zusammenhängen und ihrer Bewirtschaftung dienen,
3. die Ödflächen.

(2) Anpflanzungen in öffentlichen Anlagen und in Friedhöfen fallen nicht unter Absatz 1.

Art. 40 Weidefrevel. Mit Geldbuße kann belegt werden, wer vorsätzlich oder fahrlässig in Feld und Flur Vieh oder Hausgeflügel unbefugt auf fremden Grundstücken weiden läßt, soweit die Tat nicht nach anderen Vorschriften mit Strafe bedroht ist.

Art. 41 Feldgefährdung. (1) Mit Geldbuße kann belegt werden, wer das Eigentum anderer in Feld und Flur dadurch gefährdet, daß er

1. Vieh oder Hausgeflügel außerhalb genügend umschlossener Grundstücke ohne ausreichende Aufsicht oder Sicherung läßt,
2. Tauben, ausgenommen Brieftauben, zur Saat- oder Erntezeit nicht eingeschlossen hält,
3. vor beendeter Ernte über bestellte Grundstücke Vieh treibt,
4. fremde Grundstücke abgräbt oder abpflügt.

(2) Die Gemeinden und Landkreise können die Saat- und Erntezeit durch Verordnung näher bestimmen.

VIERTER TEIL

Verfahren beim Erlaß von Verordnungen

Art. 42 Verordnungen der Gemeinden, Landkreise und Bezirke. (1) [1]Verordnungen, zu deren Erlaß die Gemeinden, die Landkreise oder die Bezirke durch dieses Gesetz oder durch andere Rechtsvorschriften ermächtigt sind, werden vom Gemeinderat, vom Kreistag, vom Bezirkstag erlassen. [2]Der Erlaß solcher Verordnungen ist Angelegenheit des übertragenen Wirkungskreises, soweit nicht durch Gesetz etwas anderes bestimmt ist.

(2) [1]Ist der Erlaß einer Verordnung dringlich und duldet er keinen Aufschub bis zum Zusammentritt des nach Absatz 1 zuständigen Vertretungskörpers, so erläßt an dessen Stelle der erste Bürgermeister, der Landrat oder der Bezirkstagspräsident die Verordnung (dringliche Verordnung). [2]Hiervon ist dem Vertretungskörper in der nächsten Sitzung Kenntnis zu geben.

Art. 43 Vollzug der Verordnungen. Soweit nicht durch Rechtsvorschriften etwas anderes bestimmt ist, werden

1. Verordnungen der Gemeinde durch die Gemeinde,
2. Verordnungen der Landkreise durch den Landkreis oder, wenn die Verordnung das bestimmt, durch die Gemeinden oder diejenigen Gemeinden, denen die Aufgaben der unteren Bauaufsichtsbehörde übertragen sind,
3. Verordnungen der Bezirke durch den Bezirk oder, wenn die Verordnung das bestimmt, durch die Landratsämter und kreisfreien Gemeinden oder diejenigen Gemeinden, denen die Aufgaben der unteren Bauaufsichtsbehörde übertragen sind,
4. Verordnungen der Staatsministerien oder der Staatsregierung durch die Landratsämter und die kreisfreien Gemeinden oder, wenn die Verordnung das bestimmt, durch die Regierung oder die Gemeinden oder diejenigen Gemeinden, denen die Aufgaben der unteren Bauaufsichtsbehörde übertragen sind,

vollzogen.

Art. 44 Zuständigkeit verschiedener Behörden oder Stellen. (1) [1]Sind verschiedene Behörden oder Stellen zum Erlaß von Verordnungen zuständig, so soll die höhere Behörde oder Stelle von ihrer Befugnis nur Gebrauch machen, wenn eine einheitliche Regelung für ihren Bereich oder einen Teilbereich erforderlich oder zweckmäßig ist. [2]Sie kann insoweit in der Verordnung entgegenstehende oder gleichlautende Vorschriften der unteren Behörde oder Stelle außer Kraft setzen.

(2) Ist eine Verordnung für den örtlichen Bereich mehrerer ermächtigter Behörden oder Stellen der gleichen Verwaltungsebene erforderlich, so kann die gemeinsame höhere Behörde die Verordnung erlassen.

Art. 45 Rechtmäßigkeit und Angabe der Rechtsgrundlage. (1) Verordnungen dürfen dem geltenden Recht, insbesondere den Gesetzen sowie den Verordnungen einer höheren Behörde oder Stelle, nicht widersprechen.

(2) In jeder Verordnung soll ihre besondere Rechtsgrundlage angegeben werden.

Art. 46 Pflicht zum Erlaß von Verordnungen. (1) Erläßt eine Gemeinde, ein Landkreis oder ein Bezirk eine Verordnung, zu der diese Gebietskörperschaft ermächtigt ist, nicht, obwohl es das Wohl der Allgemeinheit zwingend erfordert, so kann die Rechtsaufsichtsbehörde die Verordnung erlassen, wenn die Gebietskörperschaft der Aufforderung der Rechtsaufsichtsbehörde, die erforderliche Verordnung binnen angemessener Frist zu erlassen, nicht nachkommt.

(2) Eine nach Absatz 1 erlassene Verordnung kann nur von der Rechtsaufsichtsbehörde, die sie erlassen hat, oder mit deren Zustimmung aufgehoben werden.

Art. 47 *(aufgehoben)*

Art. 48 Änderung und Aufhebung von Verordnungen. [1]Die Vorschriften dieses Gesetzes über den Erlaß von Verordnungen gelten sinngemäß auch für die Änderung und – mit Ausnahme des Art. 50 Abs. 2 – für die Aufhebung solcher Verordnungen. [2]Besteht im geltenden Recht keine Ermächtigung mehr für den Erlaß einer Verordnung, so kann die Stelle, die früher für den Erlaß der Verordnung zuständig war, die Verordnung aufheben. [3]Besteht die Stelle nicht mehr und ist die Aufgabe auch nicht einer anderen Stelle übertragen worden, so kann das fachlich zuständige Staatsministerium die Verordnung aufheben oder die dafür zuständigen Stellen durch Verordnung bestimmen.

Art. 49 Allgemeine Aufsichtspflicht. (1) [1]Die Rechtsaufsichtsbehörden haben auch bereits bekanntgemachte Verordnungen, die mit dem geltenden Recht, insbesondere mit Gesetzen oder mit Verordnungen einer höheren Behörde, in Widerspruch stehen, zu beanstanden und ihre Aufhebung oder Änderung zu verlangen. [2]Das gleiche gilt, wenn die Verordnung nicht in der genehmigten Fassung bekanntgemacht worden ist.

(2) Kommt die Gemeinde, der Landkreis oder der Bezirk binnen einer von der Rechtsaufsichtsbehörde gesetzten angemessenen Frist dem Verlangen nicht nach, so hebt die Rechtsaufsichtsbehörde die beanstandete Verordnung auf.

Art. 50 Geltungsdauer. (1) In jeder Verordnung muss der Zeitpunkt bestimmt werden, an dem sie in Kraft tritt.

(2) [1]Eine bewehrte Verordnung soll ihre Geltungsdauer festsetzen, jedoch in keinem Fall auf mehr als 20 Jahre. [2]Setzt sie keine oder eine längere Geltungsdauer fest, so gilt sie 20 Jahre, sofern sie nicht aus einem anderen Grund vorher außer Kraft tritt. [3]Die Vorschriften des Bürgerlichen Gesetzbuchs über die Berechnung von Fristen gelten entsprechend.

(3) Absatz 2 gilt nicht für Rechtsvorschriften, die auf Bundesrecht, dem Bayerischen Naturschutzgesetz oder dem Bayerischen Wassergesetz beruhen.

Art. 51 Amtliche Bekanntmachung. (1) Für die amtliche Bekanntmachung von Verordnungen der Gemeinden, Landkreise, Landratsämter, Bezirke und Regierungen gelten die Vorschriften über die Bekanntmachung kommunaler Satzungen entsprechend.

(2) [1]Lassen sich die Grenzen des Geltungsbereichs einer Verordnung oder die Grenzen des Bereichs, in dem einzelne ihrer Vorschriften gelten, nicht hinreichend deutlich und anschaulich beschreiben oder durch Abdruck einer genauen Karte festlegen, so genügt es, wenn die Verordnung die Grenzen des Bereichs grob umschreibt und im übrigen auf Karten (Maßstab mindestens 1 : 25 000) oder Verzeichnisse Bezug nimmt. [2]Diese Unterlagen müssen von der in der Verordnung bezeichneten Behörde archivmäßig verwahrt werden und allgemein zugänglich sein.

(3) [1]Ist es zur Verhütung erheblicher Gefahren für Leben, Gesundheit oder zum Schutz von Sachgütern erforderlich, eine Verordnung sofort bekanntzumachen und ist eine Bekanntmachung andernfalls nicht rechtzeitig möglich, so kann die Verordnung auch im Internet, in Rundfunk oder Medien oder durch geeignete Kommunikationsmittel wirksam bekannt gemacht werden. [2]Der Wortlaut der Verordnung ist anschließend nachrichtlich im amtlichen Verkündungsorgan zu veröffentlichen, soweit er nicht bereits im Rahmen der Bekanntmachung nach Satz 1 öffentlich und dauerhaft gesichert nachlesbar ist.

Art. 52 Hinweis auf die Bekanntmachung. Die Gemeinden haben auf die Bekanntmachung ihrer Verordnungen und von Verordnungen des Landkreises oder Landratsamtes, die im Gemeindegebiet gelten, in ortsüblicher Art hinzuweisen, sofern die Verordnungen nicht in einem Amtsblatt amtlich bekanntgemacht werden.

Art. 53 Mitteilungen. Verordnungen der Gemeinden, Landkreise und Landratsämter sind, wenn sie nicht in Amtsblättern amtlich bekanntgemacht wer-

den, in amtlich beglaubigter Abschrift dem Amtsgericht, der Staatsanwaltschaft und der örtlichen Polizeidienststelle mitzuteilen, in deren Bezirk oder Dienstbereich die Verordnung gilt.

FÜNFTER TEIL

Übergangs- und Schlußvorschriften

Art. 54 *(aufgehoben)*

Art. 55 Verordnungsermächtigungen für besondere Zuständigkeiten.
(1) [1]Das Staatsministerium für Wirtschaft, Landesentwicklung und Energie kann durch Verordnung im Einvernehmen mit dem Staatsministerium des Innern, für Sport und Integration abweichend von Art. 6 die Sicherheitsbehörden bestimmen, die für die Abwehr von Gefahren aus bergbaulichen Anlagen zuständig sind, welche nicht mehr der Bergaufsicht unterliegen. [2]Zur Erfüllung dieser Aufgabe können die in der Verordnung bestimmten Behörden Anordnungen für den Einzelfall nach Art. 7 Abs. 2 oder Art. 26 Abs. 2 treffen oder Verordnungen nach Art. 26 Abs. 1 erlassen.

(2) Das Staatsministerium des Innern, für Sport und Integration kann durch Verordnung die zuständigen Behörden nach dem Schornsteinfeger-Handwerksgesetz bestimmen.

Art. 56 Zuständigkeit für gemeindefreie Gebiete. (1) Für die im Kreisgebiet gelegenen gemeindefreien Gebiete können die Landkreise Verordnungen in den gleichen Fällen erlassen, in denen die Gemeinden zum Erlaß von Gemeindeverordnungen ermächtigt sind.

(2) [1]Soweit die Gemeinden zu einer Erlaubnis, zu Anordnungen für den Einzelfall oder zu sonstigen Maßnahmen ermächtigt oder verpflichtet sind, treten in gemeindefreien Gebieten die Landratsämter an die Stelle der Gemeinden. [2]Das gilt sinngemäß für Anzeigen, die an die Gemeinde zu richten sind.

Art. 57 *(aufgehoben)*

Art. 58 Einschränkung von Grundrechten. [1]Auf Grund dieses Gesetzes können die Grundrechte der Freiheit der Person (Art. 2 Abs. 2 Satz 1 und 2 des Grundgesetzes und Art. 102 Abs. 1 der Verfassung), auf Versammlungsfreiheit (Art. 8 Abs. 1 des Grundgesetzes und Art. 113 der Verfassung), auf Freizügigkeit (Art. 11 des Grundgesetzes und Art. 109 der Verfassung), auf Unverletzlichkeit der Wohnung (Art. 13 des Grundgesetzes und Art. 106 Abs. 3 der Verfassung) und des Eigentums (Art. 14 des Grundgesetzes und Art. 103 der Verfassung) eingeschränkt werden. [2]Art. 7 Abs. 4 bleibt unberührt.

Art. 59 Zuständigkeit zur Verfolgung und Ahndung von Ordnungswidrigkeiten nach § 112 des Gesetzes über Ordnungswidrigkeiten. Zustän-

dige Verwaltungsbehörde für die Verfolgung und Ahndung von Ordnungswidrigkeiten nach § 112 OWiG ist bei Zuwiderhandlungen gegen Anordnungen des Landtags oder seines Präsidenten der Direktor des Landtagsamts.

Art. 60 Fortbestand alten Verordnungsrechts. (1) [1]Die auf Grund des bisherigen Rechts erlassenen orts-, distrikts-, bezirks-, kreis- und oberpolizeilichen Vorschriften sowie die anderen auf gesetzlicher Ermächtigung beruhenden Vorschriften des Landesrechts, deren Übertretung mit Strafe oder als Ordnungswidrigkeit mit Geldbuße bedroht ist, treten ohne Rücksicht auf ihre Bezeichnung 20 Jahre nach dem Tag ihres Inkrafttretens, frühestens jedoch am 31. Dezember 1960, außer Kraft, wenn sie nicht aus einem anderen Grund ihre Geltung vorher verlieren. [2]Bis zu ihrem Außerkrafttreten gilt Art. 49.

(2) Absatz 1 gilt nicht

1. für Vorschriften, die auf einer fortgeltenden Ermächtigung des Bundesrechts beruhen,
2. für Satzungen der Gemeinden, Landkreise und Bezirke,
3. für Anordnungen durch amtliche Verkehrszeichen,
4. für Rechtsvorschriften, die auf dem Naturschutzrecht beruhen.

Art. 61 Einstweilige Vorschriften über die Stillegung und Beseitigung von Anlagen und Geräten. (1) [1]Werden Anlagen oder Geräte unter Zuwiderhandlung gegen ein Gesetz, eine Verordnung oder eine Anordnung für den Einzelfall errichtet, aufgestellt, verändert, betrieben oder in einem ordnungswidrigen Zustand erhalten und verwirklicht die rechtswidrige Tat den Tatbestand eines Strafgesetzes oder einer Ordnungswidrigkeit, so können die kreisfreien Gemeinden und die Landratsämter die Vornahme notwendiger Sicherungs- oder Ausbesserungsarbeiten oder die Stillegung anordnen. [2]Sie können auch die teilweise oder gänzliche Beseitigung der Anlage oder des Geräts anordnen, wenn Gefahr im Verzug oder ein dringendes öffentliches Interesse an einem sofortigen Vollzug besteht oder ein Straf- oder Bußgeldverfahren nicht durchgeführt werden kann. [3]Liegen diese Voraussetzungen nicht vor, so kann die Beseitigung der Anlage oder des Geräts nur angeordnet werden, wenn die Zuwiderhandlung rechtskräftig festgestellt ist. [4]Im Fall einer Genehmigungspflicht für die Anlage oder das Gerät darf die Beseitigung nach Satz 2 oder Satz 3 nur angeordnet werden, wenn die nachträgliche Genehmigung nach den Vorschriften des geltenden Rechts nicht erteilt werden kann.

(2) Absatz 1 gilt nicht, soweit Rechtsvorschriften außerhalb dieses Gesetzes besondere Bestimmungen über die Stillegung und Beseitigung von Anlagen oder Geräten enthalten.

Art. 62 Inkrafttreten. Dieses Gesetz tritt am 1. Januar 1957 in Kraft.*

---

* *Diese Vorschrift betrifft das Inkrafttreten des Gesetzes in der ursprünglichen Fassung vom 17. November 1956 (BayBS I S. 327). Der Zeitpunkt des Inkrafttretens der späteren Änderungen ergibt sich aus den jeweiligen Änderungsgesetzen.*

Gesetz zur Vermeidung, Verwertung und sonstigen Bewirtschaftung von Abfällen in Bayern (Bayerisches Abfallwirtschaftsgesetz – BayAbfG)

(BayRS 2129-2-1-U) in der Fassung der Bekanntmachung vom 9. August 1996 (GVBl. S. 396, ber. S. 449),
zuletzt geändert durch Gesetz vom 25. Mai 2021 (GVBl. S. 286)

INHALTSÜBERSICHT*

ERSTER TEIL

Ziele der Abfallbewirtschaftung, Pflichten der öffentlichen Hand

Art. 1 Ziele der Abfallbewirtschaftung
Art. 2 Pflichten der öffentlichen Hand

ZWEITER TEIL

Träger der Abfallentsorgung

Art. 3 Entsorgungspflichtige Körperschaften
Art. 4 Mindestausstattung mit Entsorgungseinrichtungen und -anlagen
Art. 5 Mitwirkung kreisangehöriger Gemeinden
Art. 6 *(aufgehoben)*
Art. 7 Satzungen zur Regelung der kommunalen Abfallentsorgung
Art. 8 Zusammenschlüsse
Art. 9 Besondere Einrichtungen
Art. 10 Entsorgung von Sonderabfällen

DRITTER TEIL

Abfallwirtschaftsplan, Abfallbilanz und Abfallwirtschaftskonzept

Art. 11 Abfallwirtschaftsplan
Art. 12 Abfallbilanz
Art. 13 Abfallwirtschaftskonzept der entsorgungspflichtigen Körperschaft

VIERTER TEIL

Abfallbeseitigungsanlagen

Abschnitt I

Planfeststellungs- und Genehmigungsverfahren

Art. 14 Veränderungssperre
Art. 15–19 *(aufgehoben)*

Abschnitt II

Beseitigung und Stillegung von Deponien

Art. 20 Baueinstellung, Beseitigungsanordnung, Betriebsuntersagung
Art. 21 Pflichten des Inhabers untersagter Deponien
Art. 22 Stillgelegte Deponien

FÜNFTER TEIL

Finanzielle Förderung abfallwirtschaftlicher Maßnahmen

Art. 23 Gewährung von Finanzierungshilfen
Art. 24 Finanzielle Förderung durch die Kommunen

SECHSTER TEIL

Sachliche Zuständigkeit, Anordnungen für den Einzelfall, Aufsicht

Art. 25 Sachliche Zuständigkeit
Art. 26 Anordnungen für den Einzelfall, Kosten
Art. 27 Beseitigung verbotener Ablagerungen
Art. 28 Aufsicht und Überwachung

SIEBTER TEIL

Ordnungswidrigkeiten

Art. 29 Ordnungswidrigkeiten

ACHTER TEIL

Inkrafttreten

Art. 30 Inkrafttreten

* *Inhaltsübersicht nicht amtlich.*

ERSTER TEIL

Ziele der Abfallbewirtschaftung, Pflichten der öffentlichen Hand

Art. 1 Ziele der Abfallbewirtschaftung. (1) [1]Ziele der Abfallbewirtschaftung sind,
1. den Anfall von Abfällen so gering wie möglich zu halten (Abfallvermeidung),
2. angefallene Abfälle zur Wiederverwendung vorzubereiten (Vorbereitung zur Wiederverwendung),
3. angefallene Abfälle, insbesondere Glas, Papier, Metall, Kunststoff und Bauschutt, durch Verfahren gemäß § 3 Abs. 25 des Kreislaufwirtschaftsgesetzes (KrWG) in den Stoffkreislauf zurückzuführen (Recycling),
4. nicht durch Recycling verwertbare Abfälle auf sonstige Weise, insbesondere durch Verfüllung und energetische Verwertung, zu verwerten (sonstige Verwertung),
5. nicht verwertbare Abfälle umweltverträglich zu beseitigen (Beseitigung).

[2]Die Rangfolge der Ziele ergibt sich aus der Reihenfolge der Nennung in Satz 1. [3]Die Ziele sind nach Maßgabe des Kreislaufwirtschaftsgesetzes, insbesondere der §§ 6, 7 und 8 KrWG, so zu verwirklichen, daß das Wohl der Allgemeinheit nicht beeinträchtigt wird, insbesondere nicht durch eine Gefährdung der menschlichen Gesundheit, der Umwelt und des Klimas.

(2) Jede einzelne Person soll durch ihr Verhalten dazu beitragen, daß die Ziele der Abfallbewirtschaftung erreicht werden.

(3) Zur Erreichung der Ziele der Abfallbewirtschaftung wirkt der Freistaat Bayern im Rahmen seiner Zuständigkeit insbesondere hin auf
1. das abfallarme und die Verwertung begünstigende Herstellen, Be- und Verarbeiten und Inverkehrbringen von Erzeugnissen,
2. die Erhöhung der Gebrauchsdauer und Haltbarkeit von Erzeugnissen,
3. die Steigerung der Wiederverwendung von Erzeugnissen,
4. die Entwicklung und Anwendung von Verfahren zur Verwertung von Abfällen,
5. die Verminderung des Schadstoffgehalts von Abfällen.

Art. 2 Pflichten der öffentlichen Hand. (1) [1]Staat, Gemeinden, Landkreise, Bezirke und die sonstigen juristischen Personen des öffentlichen Rechts haben vorbildhaft dazu beizutragen, daß die Ziele des Art. 1 Abs. 1 erreicht werden. [2]Dazu sind finanzielle Mehrbelastungen und Minderungen der Gebrauchstauglichkeit in angemessenem Umfang hinzunehmen.

(2) Die in Absatz 1 genannten juristischen Personen sind insbesondere verpflichtet,
1. bei der Gestaltung von Arbeitsabläufen und bei ihrem sonstigen Handeln, vor allem im Beschaffungs- und Auftragswesen und bei Bauvorhaben,

möglichst Erzeugnisse zu berücksichtigen, die sich durch Langlebigkeit, Reparaturfreundlichkeit und Wiederverwendbarkeit oder Verwertbarkeit auszeichnen, im Vergleich zu anderen Erzeugnissen zu weniger oder zu entsorgungsfreundlicheren Abfällen führen und aus Abfällen hergestellt worden sind,

2. Dritte zu einer Handhabung entsprechend Nummer 1 zu verpflichten, wenn sie diesen ihre Einrichtungen oder Grundstücke zur Verfügung stellen oder Zuwendungen bewilligen.

(3) Die in Absatz 1 genannten juristischen Personen wirken im Rahmen ihrer Möglichkeiten darauf hin, daß Gesellschaften des privaten Rechts, an denen sie beteiligt sind, die Verpflichtungen des Absatz 2 beachten.

ZWEITER TEIL
Träger der Abfallentsorgung

Art. 3 Entsorgungspflichtige Körperschaften. (1) [1]Die Landkreise und die kreisfreien Gemeinden sind für die in ihrem Gebiet anfallenden Abfälle öffentlich-rechtliche Entsorgungsträger im Sinn des Kreislaufwirtschaftsgesetzes (entsorgungspflichtige Körperschaften). [2]Sie erfüllen die sich aus dem Kreislaufwirtschaftsgesetz und aus diesem Gesetz ergebenden Aufgaben als Pflichtaufgaben im eigenen Wirkungskreis.

(2) [1]Die entsorgungspflichtigen Körperschaften können mit Zustimmung der zuständigen Behörde durch Satzung oder Anordnung für den Einzelfall Abfälle ganz oder teilweise von der Entsorgung ausschließen, soweit diese der Rücknahmepflicht aufgrund einer nach § 25 KrWG erlassenen Rechtsverordnung unterliegen und entsprechende Rücknahmeeinrichtungen tatsächlich zur Verfügung stehen. [2]Satz 1 gilt auch für Abfälle zur Beseitigung aus anderen Herkunftsbereichen als privaten Haushaltungen, soweit diese nach Art, Menge oder Beschaffenheit nicht mit den in Haushaltungen anfallenden Abfällen entsorgt werden können.

(3) [1]Die entsorgungspflichtigen Körperschaften haben Abfälle aus Haushaltungen, die wegen ihres Schadstoffgehalts zur Wahrung des Wohls der Allgemeinheit einer getrennten Entsorgung bedürfen, getrennt von den sonstigen Abfällen einzusammeln, zu befördern und umweltverträglich zu entsorgen. [2]Dies gilt auch für haushaltsübliche Kleinmengen vergleichbarer Abfälle aus Gewerbe- und Dienstleistungsbetrieben, soweit sie mit den in Satz 1 genannten Abfällen entsorgt werden können.

(4) [1]Die entsorgungspflichtigen Körperschaften wirken in ihrem Zuständigkeitsbereich darauf hin, daß möglichst wenig Abfall entsteht. [2]Insbesondere beraten sie die Abfallbesitzer über die Möglichkeiten zur Vermeidung und Verwertung von Abfällen. [3]Sie bestellen Fachkräfte zur Beratung der Abfallbesitzer.

(5) [1]Die entsorgungspflichtigen Körperschaften sind zur Entsorgung nach Maßgabe der Anforderungen aus § 11 Abs. 1 und § 14 Abs. 1 KrWG sowie unter Berücksichtigung der Verwertungsquoten nach § 14 Abs. 2 und 3 KrWG verpflichtet. [2]Soweit dies technisch möglich, wirtschaftlich zumutbar und ökologisch effizient ist, sollen höhere Verwertungsquoten als nach § 14 Abs. 2 und 3 KrWG angestrebt werden.

(6) Die entsorgungspflichtigen Körperschaften haben Anlagen zur Verwertung und zur Beseitigung von Abfällen nach dem Stand der Technik zu errichten, zu betreiben und entsprechend zu überwachen.

Art. 4 Mindestausstattung mit Entsorgungseinrichtungen und -anlagen.
(1) [1]Die entsorgungspflichtigen Körperschaften haben Erfassungssysteme zur stofflichen Verwertung vorzuhalten, die mindestens Wertstoffhöfe oder, soweit nicht gesonderte Holsysteme eingeführt sind oder werden, sonstige Bringsysteme wenigstens für Glas-, Papier-, Metall- und Kunststoffabfälle sowie, soweit dies technisch möglich und wirtschaftlich zumutbar ist, für Bioabfälle umfassen. [2]Die Verpflichtung besteht nicht, soweit entsprechende privatwirtschaftliche Erfassungssysteme tatsächlich eingerichtet sind.

(2) Die entsorgungspflichtigen Körperschaften haben Anlagen zu errichten und zu betreiben, in denen die nach Ausschöpfung der Möglichkeiten nach Art. 1 Abs. 1 Satz 1 Nrn. 1 bis 4 verbleibenden Abfälle so behandelt werden, dass sie umweltfreundlich beseitigt werden können.

(3) Die entsorgungspflichtigen Körperschaften haben mindestens eine Deponie der Klasse II nach § 2 Nr. 8 der Deponieverordnung mit einer ausreichenden Nutzungsdauer verfügbar zu halten.

Art. 5 Mitwirkung kreisangehöriger Gemeinden. (1) [1]Die Landkreise können durch Rechtsverordnung einzelne Aufgaben der Abfallentsorgung den kreisangehörigen Gemeinden oder deren Zusammenschlüssen für deren Gebiet mit deren Zustimmung übertragen, wenn eine ordnungsgemäße Abfallentsorgung gewährleistet ist und die Festlegungen des Abfallwirtschaftsplans nicht entgegenstehen. [2]Das Einsammeln, Befördern und Entsorgen von Bioabfällen kann der Landkreis im Benehmen mit den kreisangehörigen Gemeinden oder ihren Zusammenschlüssen übertragen; auf Antrag kreisangehöriger Gemeinden oder ihrer Zusammenschlüsse soll der Landkreis diese Aufgaben übertragen. [3]In den Fällen der Sätze 1 und 2 nehmen die kreisangehörigen Gemeinden die Rechte und Pflichten der entsorgungspflichtigen Körperschaften wahr.

(2) [1]Die kreisangehörigen Gemeinden unterstützen den Landkreis bei der Durchführung von Verwertungsmaßnahmen auf ihrem Gebiet. [2]Sie stellen insbesondere Grundstücke, Einrichtungen und Personal zur Erfassung von stofflich verwertbaren Abfällen bereit. [3]Vor der Festlegung solcher Maßnahmen hat der Landkreis den kreisangehörigen Gemeinden Gelegenheit zur Stellungnahme zu geben. [4]Die Kosten für die Leistungen der kreisangehörigen Gemeinden nach den Sätzen 1 und 2 trägt der Landkreis.

Art. 6 *(aufgehoben)*

Art. 7 Satzungen zur Regelung der kommunalen Abfallentsorgung.

(1) [1]Die entsorgungspflichtigen Körperschaften regeln durch Satzung den Anschlußzwang (Art. 18 der Landkreisordnung, Art. 24 der Gemeindeordnung) und die Überlassungspflicht (§ 17 KrWG). [2]Sie können insbesondere bestimmen, in welcher Art, in welcher Weise, an welchem Ort und zu welcher Zeit ihnen die Abfälle zu überlassen sind. [3]Die Besitzer von Abfällen sind zur getrennten Überlassung zu verpflichten, soweit die Pflicht der entsorgungspflichtigen Körperschaften zur stofflichen Verwertung reicht, die getrennte Erfassung der Abfälle der Nutzung von Verwertungsmöglichkeiten oder der ordnungsgemäßen Entsorgung sonst förderlich ist oder in einem Gesetz zur Regelung der abfallrechtlichen Produktverantwortung oder in einer Rechtsverordnung nach § 25 KrWG vorgeschrieben ist. [4]In den Fällen des Satzes 3 kann auch verlangt werden, Abfälle an zentralen Sammelstellen zu überlassen, soweit das Einsammeln am Anfallort nur mit erheblichem Aufwand möglich und das Verbringen zur Sammelstelle den Besitzern zumutbar ist.

(2) [1]Die Landkreise und die kreisfreien Gemeinden erheben für die Entsorgung der Abfälle Gebühren. [2]In den Fällen des Art. 5 Abs. 1 Sätze 1 und 2 werden die Gebühren von den kreisangehörigen Gemeinden oder ihren Zusammenschlüssen erhoben, soweit Abfälle ihnen überlassen oder von ihnen ohne Überlassung eingesammelt werden. [3]Soweit für bestimmte Abfälle nur einzelne Maßnahmen der Entsorgung übertragen werden, bemißt die für das Einsammeln zuständige Körperschaft die Gebühren so, daß hierin auch die Entgelte eingeschlossen sind, die der anderen Körperschaft für die Durchführung der ihr obliegenden Maßnahmen zustehen.

(3) Zur Deckung des Investitionsaufwands für ihre öffentlichen Entsorgungseinrichtungen können die entsorgungspflichtigen Körperschaften auch Beiträge erheben.

(4) [1]Soweit die Entsorgung der Abfälle einzelner Besitzer besondere Anlagen, Einrichtungen oder sonstige Aufwendungen erfordert, können wegen der daraus entstehenden Mehrkosten von den Besitzern besondere Gebühren und Beiträge erhoben werden. [2]Für diese Gebühren und Beiträge kann eine angemessene Sicherheitsleistung verlangt werden.

(5) Für die Gebühren- und Beitragserhebung gelten Art. 2 Abs. 1 und 2, Art. 5, 8 und 12 bis 17 des Kommunalabgabengesetzes mit der Maßgabe entsprechend, daß

1. Beiträge auch von Gewerbetreibenden erhoben werden können,

1a. durch die erhobenen Gebühren und Beiträge alle Kosten für die Abfallablagerung abgedeckt werden müssen, d.h. die Kosten für die Errichtung und den Betrieb einer Deponie oder einer immissionsschutzrechtlich genehmigungsbedürftigen Anlage zum Lagern von Abfällen im Sinn des § 44 Abs. 4 KrWG einschließlich der Kosten einer zu leistenden Sicherheit oder eines zu erbringenden gleichwertigen Sicherungsmittels sowie die ge-

schätzten Kosten für die Stilllegung und die Nachsorge für einen Zeitraum von mindestens 30 Jahren,
2. zu den ansatzfähigen Kosten auch die durch Rückstellungen nicht gedeckten Aufwendungen für notwendige Vorkehrungen an den nach dem 10. Juni 1972 stillgelegten Abfallbeseitigungsanlagen sowie die Aufwendungen für Maßnahmen nach Art. 3 Abs. 4, Art. 5 Abs. 2 und Art. 24 gehören,
3. zu den ansatzfähigen Kosten auch die in ordnungsgemäßer Wahrnehmung der Pflichtaufgabe nach Art. 3 Abs. 1 entstandenen Aufwendungen für Planung und Entwicklung nicht verwirklichter Vorhaben gehören,
4. zu den ansatzfähigen Kosten auch die in ordnungsgemäßer Wahrnehmung der Pflichtaufgabe nach Art. 3 Abs. 1 entstandenen Aufwendungen für Maßnahmen zur Beseitigung unerlaubter Abfallablagerungen gehören, soweit ein Pflichtiger nicht in Anspruch genommen werden kann,
5. im Rahmen des Äquivalenz- und des Kostendeckungsprinzips entsprechend den Abfallmengen progressiv gestaffelte Gebühren erhoben werden können, um Anreize zur Vermeidung von Abfällen zu schaffen,
6. auf Grund einer entsprechenden Bestimmung in der Satzung der entsorgungspflichtigen Körperschaft die Ermittlung der Berechnungsgrundlagen, die Gebühren- oder Beitragsabrechnung, die Ausfertigung und Versendung der Bescheide sowie die Entgegennahme der zu entrichtenden Gebühren oder Beiträge von einem damit beauftragten zuverlässigen Dritten wahrgenommen werden können.

Art. 8 Zusammenschlüsse. (1) [1]Die entsorgungspflichtigen Körperschaften können zur Erfüllung ihrer Aufgaben, auch mit sonst nach dem Kreislaufwirtschaftsgesetz oder diesem Gesetz zur Abfallentsorgung Verpflichteten, nach Maßgabe des Gesetzes über die kommunale Zusammenarbeit zusammenwirken, insbesondere sich zu Zweckverbänden zusammenschließen. [2]Entsorgungspflichtige Körperschaften können auch zu Zweckverbänden zusammengeschlossen werden, sofern dies aus zwingenden Gründen des öffentlichen Wohls geboten ist, insbesondere wenn dadurch
1. die Erfüllung der Entsorgungspflicht durch die Verpflichteten erst möglich wird,
2. die Entsorgung insgesamt wesentlich wirtschaftlicher gestaltet werden kann.

(2) [1]Entsorgungspflichtige Körperschaften können sich zur Erfüllung ihrer Verpflichtungen auch an Gesellschaften des privaten Rechts beteiligen. [2]Art. 92 der Gemeindeordnung, Art. 80 der Landkreisordnung und Art. 40 des Gesetzes über die kommunale Zusammenarbeit bleiben unberührt.

Art. 9 Besondere Einrichtungen. (1) Der Freistaat Bayern kann unter Heranziehung der Entsorgungspflichtigen besondere Einrichtungen zur Beseitigung von Abfällen, die wegen ihrer Art, Menge oder Beschaffenheit nicht mit den in Haushaltungen anfallenden Abfällen beseitigt werden können, schaffen, übernehmen oder sich an derartigen Einrichtungen selbst beteiligen.

(2) Entsprechendes gilt für Einrichtungen, die die Verwertung, insbesondere die Vermarktung der gewonnenen Produkte betreiben oder unterstützen.

Art. 10 Entsorgung von Sonderabfällen. (1) [1]Unter Beachtung der Zielhierarchie des Art. 1 Abs. 1 sind gefährliche Abfälle im Sinn von § 3 Abs. 5 und § 48 Satz 2 KrWG vorrangig zu verwerten. [2]Die Besitzer nicht aus privaten Haushaltungen stammender gefährlicher Abfälle zur Beseitigung im Sinn von § 3 Abs. 5 und § 48 Satz 2 KrWG, die gemäß Art. 3 Abs. 2 von der Entsorgung ausgeschlossen sind (Sonderabfälle), haben sich zur Erfüllung ihrer Entsorgungspflicht der GSB Sonderabfall-Entsorgung Bayern GmbH zu bedienen. [3]Der Umfang der Überlassungspflicht nach Satz 2 sowie die Art und Weise ihrer Erfüllung bestimmen sich nach dem Abfallwirtschaftsplan.

(2) [1]Als Trägerin der Sonderabfallentsorgung hat die GSB Sonderabfall-Entsorgung Bayern GmbH die Pflicht zur Entsorgung der ihr nach Abs. 1 zu überlassenden Abfälle. [2]Der Umfang dieser Entsorgungspflicht sowie die Art und Weise ihrer Erfüllung bestimmen sich nach dem Abfallwirtschaftsplan. [3]Die GSB Sonderabfall-Entsorgung Bayern GmbH hat regionale Sammelstellen zur dezentralen Erfassung von Sonderabfall verfügbar zu halten.

DRITTER TEIL

Abfallwirtschaftsplan, Abfallbilanz und Abfallwirtschaftskonzept

Art. 11 Abfallwirtschaftsplan. (1) [1]Die Staatsregierung stellt nach Anhörung der entsorgungspflichtigen Körperschaften, der sonstigen Entsorgungsträger oder ihrer Verbände und der berührten Träger öffentlicher Belange sowie der nach § 3 des Umwelt-Rechtsbehelfsgesetzes hinsichtlich des satzungsgemäßen Aufgabenbereichs der Abfallentsorgung anerkannten Vereinigungen mit einem satzungsgemäßen Tätigkeitsbereich in Bayern einen Abfallwirtschaftsplan als Rechtsverordnung auf. [2]Die Staatsregierung kann die Ermächtigung nach Satz 1 durch Rechtsverordnung auf das zuständige Staatsministerium übertragen. [3]Der Abfallwirtschaftsplan hat die Festlegungen nach § 30 KrWG zu enthalten und ist nach Maßgabe der §§ 31 und 32 KrWG aufzustellen. [4]Der Abfallwirtschaftsplan soll eine Verteilung der Abfallbeseitigungsanlagen entsprechend den anfallenden Abfallmengen vorgeben, die eine angemessene arbeitsteilige Mitwirkung aller entsorgungspflichtigen Körperschaften sicherstellt. [5]Die Möglichkeiten der kommunalen Zusammenarbeit sollen insbesondere im Interesse der Umweltverträglichkeit berücksichtigt werden. [6]Der Abfallwirtschaftsplan kann in sachlichen und räumlichen Teilabschnitten aufgestellt werden.

(2) [1]Das Staatsministerium für Umwelt und Verbraucherschutz (Staatsministerium) kann auf Antrag einer entsorgungspflichtigen Körperschaft oder eines sonstigen Entsorgungsträgers Ausnahmen von den Festlegungen des Ab-

fallwirtschaftsplans zulassen, wenn die Ziele des Kreislaufwirtschaftsgesetzes, dieses Gesetzes und des Abfallwirtschaftsplans nicht beeinträchtigt werden und sonstige Belange des Gemeinwohls nicht entgegenstehen. [2]Werden die Belange anderer entsorgungspflichtiger Körperschaften oder anderer sonstiger Entsorgungsträger berührt, sind diese vor der Entscheidung zu hören.

Art. 12 Abfallbilanz. (1) [1]Die entsorgungspflichtigen Körperschaften erstellen bis zum 31. März jeweils für das abgelaufene Jahr eine Bilanz über Art, Herkunft und Menge der angefallenen Abfälle sowie deren Verwertung, insbdesondere durch Vorbereitung zur Wiederverwendung und Recycling, und deren Beseitigung. [2]Soweit Abfälle nicht verwertet wurden, ist dies zu begründen. [3]Mit der Bilanz nach Satz 1 erstellen die entsorgungspflichtigen Körperschaften eine Übersicht über die Kosten für die Abfallablagerung nach Art. 7 Abs. 5 Nr. 1a und die dafür erhobenen Gebühren und Beiträge.

(2) Die Abfallbilanz und die Übersicht nach Abs. 1 Satz 3 sind der zuständigen Behörde vorzulegen.

Art. 13 Abfallwirtschaftskonzept der entsorgungspflichtigen Körperschaft. (1) [1]Die entsorgungspflichtigen Körperschaften stellen in einem Abfallwirtschaftskonzept die beabsichtigten Maßnahmen zur Vermeidung, zur Verwertung, insbesondere zur Vorbereitung zur Wiederverwendung und zum Recycling, und zur Beseitigung der in ihrem Bereich anfallenden und ihnen zu überlassenden Abfälle jeweils für einen Zeitraum von sieben Jahren im voraus dar. [2]Die Betroffenen und berührte Verbände sind vor der erstmaligen Erstellung und bei Fortschreibungen mit wesentlichen Änderungen zu hören. [3]Die Vorschriften des Gesetzes über die Umweltverträglichkeitsprüfung zu Notwendigkeit und Durchführung einer Strategischen Umweltprüfung für Pläne und Programme bleiben unberührt.

(2) [1]Das Abfallwirtschaftskonzept ist erstmals bis zum 31. Dezember 1997 zu erstellen. [2]Es ist alle sieben Jahre oder bei wesentlichen Änderungen fortzuschreiben und der zuständigen Behörde vorzulegen.

VIERTER TEIL

Abfallbeseitigungsanlagen

Abschnitt I

Planfeststellungs- und Genehmigungsverfahren

Art. 14 Veränderungssperre. (1) [1]Vom Beginn der Auslegung der Pläne im Planfeststellungsverfahren oder vom Beginn der Auslegung im immissionsschutzrechtlichen Genehmigungsverfahren an dürfen bis zum Abschluß des Verfahrens auf den vom Vorhaben betroffenen Flächen wesentlich wert-

steigernde oder die Errichtung der geplanten Abfallbeseitigungsanlage erheblich erschwerende Veränderungen nicht vorgenommen werden. [2]Veränderungen, die auf rechtlich zulässige Weise vorher begonnen wurden, Unterhaltungsarbeiten und die Fortführung einer bisher rechtmäßig ausgeübten Nutzung werden hiervon nicht berührt.

(2) [1]Dauert die Veränderungssperre länger als vier Jahre, so können die Eigentümer und die sonst zur Nutzung Berechtigten für danach entstehende Vermögensnachteile vom Träger der Abfallbeseitigungsanlage nach den Vorschriften des Bayerischen Gesetzes über die entschädigungspflichtige Enteignung Entschädigung in Geld verlangen. [2]Der Eigentümer einer vom Vorhaben betroffenen Fläche kann vom Träger der Abfallbeseitigungsanlage ferner verlangen, daß dieser die Fläche zu Eigentum übernimmt, wenn es dem Eigentümer wegen der Veränderungssperre wirtschaftlich nicht mehr zuzumuten ist, die Fläche in der bisherigen oder einer anderen zulässigen Art zu nutzen. [3]Kommt eine Einigung über die Übernahme nicht zustande, kann der Eigentümer das Enteignungsverfahren beantragen; im übrigen gelten die Vorschriften des Bayerischen Gesetzes über die entschädigungspflichtige Enteignung sinngemäß.

(3) [1]Zur Sicherung der Planung neuer oder der geplanten Erweiterung bestehender Abfallbeseitigungsanlagen kann die zuständige Behörde Planungsgebiete festlegen. [2]Für diese gilt Absatz 1 entsprechend. [3]Die Festlegung ist auf höchstens zwei Jahre zu befristen. [4]Sie tritt mit Beginn der Auslegung der Pläne im Planfeststellungsverfahren oder der Auslegung im immissionsschutzrechtlichen Genehmigungsverfahren außer Kraft. [5]Ihre Dauer ist auf die Vierjahresfrist nach Absatz 2 anzurechnen.

(4) [1]Die Festlegung eines Planungsgebiets ist in den Gemeinden, deren Gebiet betroffen wird, auf ortsübliche Weise bekanntzumachen. [2]Mit der Bekanntmachung tritt die Festlegung in Kraft. [3]Planungsgebiete sind in Karten einzutragen, die in den Gemeinden während der Geltungsdauer der Festlegung zur Einsicht auszulegen sind.

(5) Die zuständige Behörde kann im Einzelfall Ausnahmen von der Veränderungssperre nach den Absätzen 1 und 3 zulassen, wenn keine überwiegenden öffentlichen Belange entgegenstehen und die Einhaltung der Veränderungssperre zu einer offenbar nicht beabsichtigten Härte führen würde.

Art. 15–19 *(aufgehoben)*

Abschnitt II

Beseitigung und Stillegung von Deponien

Art. 20 Baueinstellung, Beseitigungsanordnung, Betriebsuntersagung. [1]Wird eine Deponie ohne den erforderlichen Planfeststellungsbeschluß, ohne die erforderliche Genehmigung oder entgegen den darin enthaltenen Festset-

zungen errichtet, betrieben oder geändert, so kann die zuständige Behörde die Einstellung der Bauarbeiten oder die teilweise oder vollständige Beseitigung anordnen oder den Betrieb untersagen. [2]Eine Beseitigungsanordnung darf nur erlassen werden, wenn nicht auf andere Weise ein rechtmäßiger Zustand hergestellt werden kann. [3]Anordnungen nach Satz 1 gelten auch gegenüber den Rechtsnachfolgern. [4]Die zuständige Behörde kann verlangen, daß ein Antrag auf Durchführung eines Planfeststellungs- oder Genehmigungsverfahrens gestellt wird.

Art. 21 Pflichten des Inhabers untersagter Deponien. (1) Wird der Betrieb einer Deponie nach § 39 Abs. 1 KrWG oder nach Art. 20 Satz 1 untersagt, so ist deren Inhaber verpflichtet, die erforderlichen Vorkehrungen zu treffen, um eine Beeinträchtigung des Wohls der Allgemeinheit zu verhüten oder zu unterbinden, insbesondere um die mit der Deponie verbundenen Eingriffe in Natur und Landschaft auszugleichen.

(2) Um die Erfüllung dieser Verpflichtung sicherzustellen, trifft die zuständige Behörde die erforderlichen Anordnungen.

Art. 22 Stillgelegte Deponien. (1) [1]Die ehemaligen Betreiber von Deponien, die vor dem 11. Juni 1972 stillgelegt worden sind, haben das Gelände, das für die Abfallentsorgung verwendet worden ist, auf ihre Kosten zu rekultivieren. [2]Die zuständige Behörde trifft die erforderlichen Anordnungen. [3]Sind Anordnungen gegen den ehemaligen Betreiber nicht möglich oder nicht erfolgversprechend, sollen sie gegen den Grundeigentümer gerichtet werden.

(2) Die Grundeigentümer oder sonstigen Berechtigten haben die Durchführung der nach Absatz 1 erforderlichen Maßnahmen zu dulden.

FÜNFTER TEIL
Finanzielle Förderung abfallwirtschaftlicher Maßnahmen

Art. 23 Gewährung von Finanzierungshilfen. (1) Zur Erfüllung der Aufgaben nach dem Kreislaufwirtschaftsgesetz und nach diesem Gesetz können Finanzierungshilfen nach Maßgabe der Absätze 2 bis 4 gewährt werden.

(2) [1]Vorhaben, die den Zielen des Art. 1 Abs. 1 Satz 1 Nrn. 1 bis 5 entsprechen, dürfen nur als Mustervorhaben gefördert werden. [2]In Ausnahmefällen können auch Maßnahmen gefördert werden, die der Erforschung oder Erprobung neuer Technologien für die Behandlung oder Ablagerung von Abfällen dienen.

(3) Die Finanzierungshilfen werden im Rahmen der zur Verfügung stehenden Haushaltsmittel und nach Maßgabe der Dringlichkeit des Vorhabens gewährt.

(4) Das Staatsministerium erläßt im Einvernehmen mit dem Staatsministerium des Innern, für Sport und Integration die zur Durchführung der Finanzierung erforderlichen Verwaltungsvorschriften.

Art. 24 Finanzielle Förderung durch die Kommunen. Die entsorgungspflichtigen Körperschaften sollen im Rahmen der zur Verfügung stehenden

Haushaltsmittel private Maßnahmen zur Abfallvermeidung, Schadstoffminimierung und Abfallverwertung unterstützen.

SECHSTER TEIL

Sachliche Zuständigkeit, Anordnungen für den Einzelfall, Aufsicht

Art. 25 Sachliche Zuständigkeit. (1) [1]Zuständige Behörde im Sinn der Verordnungen der Europäischen Union im Bereich der Abfallwirtschaft, im Sinn des Abfallverbringungsgesetzes, des Kreislaufwirtschaftsgesetzes, des Elektro- und Elektronikgerätegesetzes, des Batteriegesetzes, des Verpackungsgesetzes, dieses Gesetzes und der auf Grund der genannten Vorschriften erlassenen Rechtsverordnungen sowie Anhörungsbehörde im Sinn des § 73 des Verwaltungsverfahrensgesetzes ist die Regierung, soweit nichts anderes bestimmt ist. [2]Die Kreisverwaltungsbehörde ist zuständig für Anordnungen und Maßnahmen im Zusammenhang mit der sicheren Lagerung, Verwertung oder Beseitigung unzulässig behandelter, gelagerter oder abgelagerter Abfälle aus einer illegalen Verbringung nach Art. 2 Nr. 35 der Verordnung (EG) Nr. 1013/2006.

(2) Das Staatsministerium wird ermächtigt, durch Rechtsverordnung Zuständigkeiten abweichend von Absatz 1 festzulegen.

Art. 26 Anordnungen für den Einzelfall, Kosten. (1) Die zuständige Behörde kann zur Verhütung oder Unterbindung von Verstößen gegen Verordnungen der Europäischen Union im Bereich der Abfallwirtschaft, das Abfallverbringungsgesetz, das Kreislaufwirtschaftsgesetz, das Elektro- und Elektronikgerätegesetz, das Batteriegesetz, das Verpackungsgesetz, dieses Gesetz oder die auf Grund der genannten Vorschriften erlassenen Rechtsvorschriften Anordnungen für den Einzelfall treffen, soweit eine solche Befugnis nicht in anderen abfallrechtlichen Vorschriften enthalten ist.

(2) [1]Die Kosten von Überwachungsmaßnahmen, die bei der Überwachung von Deponien, sonstigen Abfallbeseitigungsanlagen und Abfallverwertungsanlagen sowie von Anlagen, in denen Abfälle mitbeseitigt oder mitverwertet werden, entstehen, trägt der Anlagenbetreiber. [2]Kosten, die bei der Entnahme von Stichproben und deren Untersuchung entstehen, trägt die nach § 47 Abs. 3 KrWG zur Auskunft verpflichtete Person. [3]In den sonstigen Fällen trägt die überwachte Person die Kosten der Überwachung, wenn die Ermittlungen ergeben, dass abfallrechtliche Vorschriften oder auferlegte Verpflichtungen nicht erfüllt worden sind.

(3) [1]Grundstücksbezogene Kosten der Ersatzvornahme ruhen als öffentliche Last auf dem Grundstück oder dem Erbbaurecht. [2]Die öffentliche Last ist im Grundbuch zu vermerken.

Art. 27 Beseitigung verbotener Ablagerungen. (1) Wer in unzulässiger Weise Abfälle behandelt, lagert oder ablagert, ist zur Beseitigung des rechtswidrigen Zustands verpflichtet.

(2) [1]Die zuständige Behörde kann die erforderlichen Anordnungen erlassen. [2]Sind solche Anordnungen nicht oder nur unter unverhältnismäßigem Aufwand möglich oder nicht erfolgversprechend, so hat die zuständige Behörde den rechtswidrigen Zustand auf Kosten des Pflichtigen zu beseitigen oder beseitigen zu lassen.

Art. 28 Aufsicht und Überwachung. (1) [1]Oberste Aufsichtsbehörde über den Vollzug der Verordnungen der Europäischen Union im Bereich der Abfallwirtschaft, des Abfallverbringungsgesetzes, des Kreislaufwirtschaftsgesetzes, des Elektro- und Elektronikgerätegesetzes, des Batteriegesetzes, des Verpackungsgesetzes, dieses Gesetzes und der auf Grund der genannten Vorschriften erlassenen Rechtsverordnungen ist das Staatsministerium. [2]Das Staatsministerium ist auch zuständig für die sonstigen in den in Satz 1 genannten Rechtsvorschriften den obersten Landesbehörden übertragenen Aufgaben. [3]Die Vorschriften über die Kommunalaufsicht und das Bergwesen bleiben unberührt.

(2) [1]Das Staatsministerium hat die bei der Überwachung von Abfallbeseitigungsanlagen erfaßten Umwelteinwirkungen zu bewerten und die Öffentlichkeit über die Ergebnisse zu unterrichten. [2]Das Staatsministerium kann sich zur Durchführung der Aufgaben nach Satz 1 anderer Behörden und sonstiger Dritter bedienen.

SIEBTER TEIL

Ordnungswidrigkeiten

Art. 29 Ordnungswidrigkeiten. Mit Geldbuße bis zu fünfzigtausend Euro kann belegt werden, soweit die Tat nicht nach anderen Vorschriften mit Geldbuße mit mindestens gleicher Höhe bedroht ist, wer vorsätzlich oder fahrlässig

1. sich entgegen Art. 10 Abs. 1 nicht der GSB Sonderabfall-Entsorgung Bayern GmbH bedient,
2. entgegen den Verboten des Art. 14 Abs. 1 oder 3 Veränderungen vornimmt oder
3. einer vollziehbaren Anordnung nach Art. 20 Satz 1, Art. 21 Abs. 2, Art. 22 Abs. 1 Satz 2 oder 3 oder Art. 31 Abs. 2 zuwiderhandelt.

ACHTER TEIL

Inkrafttreten

Art. 30 Inkrafttreten. Dieses Gesetz tritt am 1. März 1991 in Kraft.*

* *Diese Vorschrift betrifft das Inkrafttreten des Gesetzes in der ursprünglichen Fassung vom 27. Februar 1991 (GVBl. S. 64). Der Zeitpunkt des Inkrafttretens der späteren Änderungen ergibt sich aus den jeweiligen Änderungsgesetzen.*

Bayerisches Immissionsschutzgesetz (BayImSchG)

(BayRS 2129-1-1-U) vom 10. Dezember 2019 (GVBl. S. 686),
zuletzt geändert durch Gesetz vom 9. November 2021
(GVBl. S. 608)

INHALTSÜBERSICHT*

Teil 1
Ausführung des Bundes-Immissionsschutzgesetzes

Art. 1 Allgemeine Zuständigkeiten
Art. 2 Besondere Zuständigkeiten
Art. 3 Luftqualität
Art. 4 Lärmaktionspläne
Art. 5 Finanzhilfen

Teil 2
Landesrechtlicher Immissionsschutz

Art. 6 Schutz vor Einwirkungen durch Motoren
Art. 7 Rechtsverordnungen der Gemeinden
Art. 8 Nicht gewerbliche und nicht wirtschaftliche Betriebsbereiche
Art. 9 Vermeidbare Lichtemissionen

Teil 3
Gemeinsame und Schlussvorschriften

Art. 10 Oberste Landesbehörde
Art. 11 Ordnungswidrigkeiten
Art. 11a *(nicht abgedruckt)*
Art. 12 Inkrafttreten, Außerkrafttreten

Der Landtag des Freistaates Bayern hat das folgende Gesetz beschlossen, das hiermit bekannt gemacht wird:

Teil 1
Ausführung des Bundes-Immissionsschutzgesetzes

Art. 1 Allgemeine Zuständigkeiten. (1) [1]Genehmigungsbehörde im Sinne des § 10 Abs. 5 Satz 1 des Bundes-Immissionsschutzgesetzes (BImSchG) ist

1. die Regierung
   a) für Anlagen der öffentlichen Versorgung
      aa) zur Erzeugung von Strom, Dampf, Warmwasser, Prozesswärme oder erhitztem Abgas durch den Einsatz von Brennstoffen in einer Verbrennungseinrichtung, ausgenommen Anlagen zum Einsatz von Biogas und von naturbelassenem Holz mit einer Feuerungswärmeleistung von weniger als 10 MW,
      bb) zur Elektroumspannung mit einer Oberspannung von 220 kV oder mehr einschließlich der Schaltfelder,
   b) für Anlagen der öffentlichen Entsorgung zur thermischen Behandlung von Abfällen und zur Lagerung oder Behandlung gefährlicher Abfälle zur Beseitigung,
   c) für Tierköperbeseitigungsanstalten und Sammelstellen,

* *Inhaltsübersicht nicht amtlich.*

2. das Bergamt für Anlagen, die der Aufsicht der Bergbehörde unterliegen,
3. im Übrigen die Kreisverwaltungsbehörde.

[2]Satz 1 gilt entsprechend für die Genehmigungsbehörde nach § 23b Abs. 3 Satz 1 BImSchG. [3]Die Genehmigungsbehörde nimmt die Aufgaben der einheitlichen Stelle im Sinne des § 10 Abs. 5a BImSchG und § 23b Abs. 3a BImSchG wahr.

(2) Die Genehmigungsbehörde ist vorbehaltlich Art. 2 auch zuständig für den Vollzug
1. der weiteren anlagenbezogenen Vorschriften des Bundes-Immissionsschutzgesetzes und der auf dieses Gesetz gestützten Rechtsverordnungen (Immissionsschutzbehörde),
2. des § 19 Abs. 1 Satz 2 und Abs. 4 des Umwelthaftungsgesetzes.

(3) Bei nicht genehmigungsbedürftigen Anlagen ist vorbehaltlich Art. 2 Immissionsschutzbehörde
1. das Bergamt für Anlagen, die der Aufsicht der Bergbehörde unterliegen,
2. die Regierung für Anlagen, die
   a) Betriebsbereich nach § 3 Abs. 5a BImSchG oder Bestandteil eines Betriebsbereichs sind,
   b) nicht gewerblichen Zwecken dienen und
   c) nicht im Rahmen wirtschaftlicher Unternehmungen Verwendung finden,
3. im Übrigen die Kreisverwaltungsbehörde.

(4) [1]Für Maßnahmen, die einen Betriebsbereich nach § 3 Abs. 5a BImSchG betreffen, ist die Behörde zuständig, die für die Anlagen im Betriebsbereich zuständig ist. [2]Wenn nach Satz 1 mehr als eine Behörde zuständig wäre, ist die Regierung oder eine von ihr bestimmte Behörde nach Satz 1 zuständig. [3]Die nach Satz 2 zuständige Behörde holt vorab das Einvernehmen der weiteren betroffenen Behörden ein, es sei denn, dies ist nach den Umständen des Einzelfalls nicht geboten.

(5) Soweit Aufgaben und Befugnisse nach diesem Gesetz, dem Bundes-Immissionsschutzgesetz und den auf diese Gesetze gestützten Verordnungen keiner anderen Behörde zugewiesen sind, ist die Regierung zuständig.

Art. 2 Besondere Zuständigkeiten. (1) [1]Das Landesamt für Umwelt (Landesamt) ist zuständig für
1. den Vollzug
   a) der Verordnung über die Beschaffenheit und die Auszeichnung der Qualitäten von Kraft- und Brennstoffen (10. BImSchV) hinsichtlich der darin gestellten Anforderungen an Stoffe und Erzeugnisse,
   b) des § 27 BImSchG und der Verordnung über Emissionserklärungen (11. BImSchV),
   c) des § 25 der Verordnung über Großfeuerungs-, Gasturbinen- und Verbrennungsmotoranlagen (13. BImSchV),
   d) des § 22 der Verordnung über die Verbrennung und die Mitverbrennung von Abfällen (17. BImSchV),
   e) der Bekanntgabeverordnung (41. BImSchV),

2. Feststellungen und Untersuchungen nach § 44 Abs. 1 BImSchG,
3. die Ausarbeitung von Lärmkarten nach § 47c BImSchG,
4. die staatliche Anerkennung von Fachstellen und Lehrgängen nach dem Bundes-Immissionsschutzgesetz und den auf dieses Gesetz gestützten Rechtsverordnungen.

[2]Das Landesamt

1. überwacht
   a) Tierkörperbeseitigungsanstalten und Sammelstellen,
   b) Anlagen zur thermischen Behandlung von Abfällen zur Beseitigung, Anlagen zur thermischen Behandlung von Siedlungsabfällen sowie Verbrennungsanlagen für Klärschlämme nach § 2 Abs. 2 der Klärschlammverordnung und
   c) Anlagen der Träger der Sonderabfallbeseitigung,
2. ist Immissionsschutzbehörde im Sinne des § 40 Abs. 2 Satz 1 BImSchG.

(2) Die Regierung ist

1. Immissionsschutzbehörde für Anlagen, die einer Genehmigung nach § 7 des Atomgesetzes bedürfen,
2. zuständig für
   a) die Einrichtung des Überwachungssystems einschließlich der Koordinierung der Überwachung nach den §§ 16 und 17 der Störfall-Verordnung (12. BImSchV) mit Ausnahme der Betriebsbereiche, die der Aufsicht der Bergbehörde unterliegen,
   b) die Aufstellung von Luftreinhalteplänen nach § 47 BImSchG.

(3) [1]Die Regierung von Oberfranken ist zuständig für die Aufstellung eines zentralen Lärmaktionsplans nach § 47d BImSchG für Hauptverkehrsstraßen außerhalb von Ballungsräumen, Bundesautobahnen in Ballungsräumen und Haupteisenbahnstrecken. [2]Ferner ist sie zuständige Behörde für die Mitteilungen nach § 47d Abs. 7 BImSchG. [3]Auf Antrag einer Gemeinde kann die Regierung von Oberfranken ihr durch Rechtsverordnung die Zuständigkeit nach Satz 1 für nicht gemeindeübergreifende Fälle übertragen.

(4) Zuständige Regierung für die Aufstellung eines Lärmaktionsplans nach § 47d BImSchG für einen Großflughafen ist diejenige Regierung, der die luftrechtlichen Aufgaben für diesen übertragen sind.

(5) Die Regierung von Niederbayern ist zuständige Behörde für die Marktüberwachung nach § 10 Abs. 1 Nr. 2 der Verordnung über Emissionsgrenzwerte für Verbrennungsmotoren (28. BImSchV) und der Verordnung (EU) 2016/1628.

(6) Die Kreisverwaltungsbehörde setzt die Entschädigung nach § 42 Abs. 3 BImSchG fest.

(7) Die Gemeinde ist zuständig für den Vollzug des § 7 Abs. 2 der Geräte- und Maschinenlärmschutzverordnung (32. BImSchV).

(8) Abweichend von Abs. 2 Nr. 2 Buchst. b sind kreisfreie Gemeinden zuständig, wenn deren Einwohnerzahl 100 000 übersteigt.

Art. 3 Luftqualität. (1) [1]Das Staatsministerium für Umwelt und Verbraucherschutz kann zur Feststellung von Luftverunreinigungen die Zusammensetzung der Luft durch Messungen zeitweilig oder dauernd beobachten lassen. [2]Die mit Untersuchungen zur Überwachung der Luftqualität beauftragten Personen sind berechtigt, in Ausübung ihres Amtes Grundstücke zu betreten. [3]Das Grundrecht der Unverletzlichkeit der Wohnung (Art. 13 Abs. 1 des Grundgesetzes, Art. 106 Abs. 3 der Verfassung) wird insoweit eingeschränkt. [4]Auf die berechtigten Belange der Eigentümer und Besitzer ist Rücksicht zu nehmen.

(2) [1]Für Untersuchungsgebiete nach § 44 Abs. 2 BImSchG und besonders gefährdete oder schutzbedürftige Gebiete wird vom Landesamt ein Emissionskataster nach § 46 BImSchG aufgestellt. [2]Das Staatsministerium für Umwelt und Verbraucherschutz gibt die besonders gefährdeten oder schutzbedürftigen Gebiete bekannt.

Art. 4 Lärmaktionspläne. [1]Benachbarte Lärmaktionspläne sind aufeinander abzustimmen. [2]Lärmaktionspläne der Gemeinde bedürfen des Einvernehmens der Regierung. [3]Lärmaktionspläne der Regierung werden im Benehmen mit den betroffenen Gemeinden erstellt. [4]Die Umsetzung der vorgesehenen Maßnahmen richtet sich nach den hierfür verfügbaren Haushaltsmitteln und nach Maßgabe der festgestellten Prioritäten.

Art. 5 Finanzhilfen. [1]Zur Erfüllung von Verpflichtungen nach dem Bundes-Immissionsschutzgesetz können den Betreibern bestehender Anlagen Zuwendungen gewährt werden. [2]Die Zuwendungen werden nach Maßgabe der haushaltsrechtlichen Bestimmungen und der im Haushalt ausgewiesenen Mittel gewährt.

Teil 2

Landesrechtlicher Immissionsschutz

Art. 6 Schutz vor Einwirkungen durch Motoren. (1) Es ist verboten,
1. lärm- oder abgaserzeugende Motoren unnötig laufen zu lassen,
2. motorisierte Schneefahrzeuge, insbesondere Motorschlitten, zu betreiben.

(2) Wenn ein Bedürfnis hierfür auch unter Berücksichtigung der öffentlichen Sicherheit und Ordnung sowie des Schutzes der Allgemeinheit oder Nachbarschaft vor Lärm anzuerkennen ist, kann die Kreisverwaltungsbehörde Ausnahmen von dem Verbot nach Abs. 1 Nr. 2 zulassen.

Art. 7 Rechtsverordnungen der Gemeinden. (1) [1]Die Gemeinden werden ermächtigt, durch Rechtsverordnung zum Schutz vor schädlichen Einwirkungen durch Luftverunreinigungen oder Geräusche
1. die Errichtung und den Betrieb von Anlagen und die Verwendung bestimmter Brennstoffe zu verbieten, zeitlich zu beschränken oder von Vorkehrungen abhängig zu machen,
2. das Halten von Haustieren, die Benutzung von Musikinstrumenten, Tonübertragungsgeräten und Tonwiedergabegeräten und die zeitliche

Beschränkung ruhestörender Hausarbeiten oder Gartenarbeiten zu regeln.
[2]Der Vollzug der Verordnung obliegt der Gemeinde.

(2) [1]Die Gemeinden können von Verboten auf Grund von Abs. 1 Satz 1 Nr. 1 Ausnahmen für den Einzelfall zulassen, wenn schädliche Einwirkungen nicht zu befürchten sind. [2]Sie müssen Ausnahmen zulassen, wenn überwiegende öffentliche Belange dies erfordern.

Art. 8* Nicht gewerbliche und nicht wirtschaftliche Betriebsbereiche. [1]Für Anlagen, die Betriebsbereich oder Bestandteil eines Betriebsbereichs sind, die nicht gewerblichen Zwecken dienen und nicht im Rahmen wirtschaftlicher Unternehmungen Verwendung finden, gelten § 20 Abs. 1a, §§ 22, 23a, 23b Abs. 1 bis 4, §§ 24 bis 25a, § 31 Abs. 2a und § 52 BImSchG sowie die auf das Bundes-Immissionsschutzgesetz gestützten Rechtsverordnungen mit Ausnahme der §§ 20 und 21 12. BImSchV entsprechend. [2]Hinsichtlich der Kostenverteilung bei der Überwachung gilt die Regelung in § 52 Abs. 4 BImSchG für genehmigungsbedürftige Anlagen.

Art. 9 Vermeidbare Lichtemissionen. (1) Nach 23 Uhr und bis zur Morgendämmerung ist es verboten, die Fassaden baulicher Anlagen der öffentlichen Hand zu beleuchten, soweit das nicht aus Gründen der öffentlichen Sicherheit erforderlich oder durch oder auf Grund Rechtsvorschrift vorgeschrieben ist.

(2) [1]Im Außenbereich nach § 35 des Baugesetzbuchs sind beleuchtete oder lichtemittierende Werbeanlagen verboten. [2]Die Gemeinde kann bis längstens 23 Uhr Ausnahmen von Satz 1 zulassen für
1. Gaststätten und
2. zulässigerweise errichtete Gewerbebetriebe an der Stätte der Leistung, soweit dafür in Abwägung mit dem Gebot der Emissionsvermeidung ein erhebliches Bedürfnis besteht.

Teil 3

Gemeinsame und Schlussvorschriften

Art. 10 Oberste Landesbehörde. [1]Das Staatsministerium für Umwelt und Verbraucherschutz ist oberste Landesbehörde für den Vollzug dieses Gesetzes, des Bundes-Immissionsschutzgesetzes sowie der auf diese Gesetze gestützten Rechtsvorschriften. [2]Es ist insoweit oberste Aufsichtsbehörde.

Art. 11 Ordnungswidrigkeiten. (1) Mit Geldbuße bis zu fünfzigtausend Euro kann belegt werden, wer vorsätzlich oder fahrlässig
1. ohne Genehmigung nach Art. 8 Satz 1 in Verbindung mit § 23b Abs. 1 Satz 1 BImSchG eine dort genannte Anlage störfallrelevant errichtet oder ändert,
2. einer vollziehbaren Anordnung nach Art. 8 Satz 1 in Verbindung mit § 24 Satz 1 BImSchG nicht, nicht richtig, nicht vollständig oder nicht rechtzeitig nachkommt,

---
* *Art. 8 dieses Gesetzes dient der Umsetzung der Richtlinie 2012/18/EU.*

3. eine Anlage entgegen einer vollziehbaren Untersagung nach Art. 8 Satz 1 in Verbindung mit § 25 Abs. 1 BImSchG betreibt,
4. in Bezug auf eine Anlage im Sinne des Art. 8 Satz 1 eine der in
   a) § 62 Abs. 1 Nr. 2 BImSchG in Verbindung mit § 21 Abs. 1 12. BImSchV oder
   b) § 62 Abs. 1 Nr. 7 BImSchG in Verbindung mit § 21 Abs. 2 12. BImSchV bezeichneten Handlungen begeht

   oder
5. den Verboten nach Art. 9 Abs. 1 und Abs. 2 Satz 1 zuwiderhandelt.

(2) Mit Geldbuße bis zu zwanzigtausend Euro kann belegt werden, wer vorsätzlich oder fahrlässig
1. entgegen Art. 8 Satz 1 in Verbindung mit § 23a Abs. 1 Satz 1 BImSchG eine Anzeige nicht, nicht richtig oder nicht vollständig macht,
2. einer Vorschrift des Art. 8 Satz 1 in Verbindung mit § 52 BImSchG über die Mitwirkung im Rahmen der Überwachung zuwiderhandelt oder
3. einer Verordnung nach Art. 7 Abs. 1 Satz 1 Nr. 1 zuwiderhandelt, wenn die Verordnung für einen bestimmten Tatbestand auf diese Bußgeldvorschrift verweist.

(3) Mit Geldbuße bis zu fünftausend Euro kann belegt werden, wer vorsätzlich oder fahrlässig
1. entgegen Art. 6 Abs. 1 Nr. 1 Motoren laufen lässt,
2. entgegen Art. 6 Abs. 1 Nr. 2 motorisierte Schneefahrzeuge betreibt,
3. einer mit einer Erlaubnis nach Art. 6 Abs. 2 verbundenen vollziehbaren Auflage zuwiderhandelt,
4. einer Rechtsverordnung nach Art. 7 Abs. 1 Satz 1 Nr. 2 zuwiderhandelt, wenn die Verordnung für einen bestimmten Tatbestand auf diese Bußgeldvorschrift verweist, oder
5. einer Rechtsverordnung nach § 47 Abs. 7 BImSchG oder einer auf Grund einer solchen Rechtsverordnung erlassenen vollziehbaren Anordnung zuwiderhandelt, wenn die Verordnung für einen bestimmten Tatbestand auf diese Bußgeldvorschrift verweist.

Art. 11a *(nicht abgedruckt)*

Art. 12 Inkrafttreten, Außerkrafttreten. (1) [1]Dieses Gesetz tritt am 1. Januar 2020 in Kraft.* [2]*(nicht abgedruckt)*

(2) Das Bayerische Immissionsschutzgesetz (BayImSchG) in der in der Bayerischen Rechtssammlung (BayRS 2129-1-1-U) veröffentlichten bereinigten Fassung, das zuletzt durch § 2 des Gesetzes vom 24. Juli 2019 (GVBl. S. 408) geändert worden ist, tritt mit Ablauf des 31. Dezember 2019 außer Kraft.

---

* *Diese Vorschrift betrifft das Inkrafttreten des Gesetzes in der ursprünglichen Fassung vom 10. Mai 1990 (GVBl. S. 122, ber. S. 231). Der Zeitpunkt des Inkrafttretens der späteren Änderungen ergibt sich aus den jeweiligen Änderungsgesetzen.*

Gesetz über den Schutz der Natur, die Pflege der Landschaft und die Erholung in der freien Natur (Bayerisches Naturschutzgesetz – BayNatSchG)

(BayRS 791-1-UG)
vom 23. Februar 2011 (GVBl. S. 82),
zuletzt geändert durch Gesetz vom 23. Juni 2021 (GVBl. S. 352)

INHALTSÜBERSICHT*

Teil 1
Allgemeine Vorschriften

Art. 1 Allgemeine Verpflichtung zum Schutz der Natur
Art. 1a Artenvielfalt
Art. 1b Naturschutz als Aufgabe für Erziehung
Art. 2 Alpenschutz
Art. 3 Land-, Forst- und Fischereiwirtschaft
Art. 3a Bericht zur Lage der Natur

Teil 2
Landschaftsplanung, Landschaftspflege und allgemeiner Schutz von Natur und Landschaft

Art. 4 Landschaftsplanung
Art. 5 Durchführung der Landschaftspflege; Beratung
Art. 5a Landschaftspflegeprogramm
Art. 5b Bayerisches Vertragsnaturschutzprogramm
Art. 5c Bayerisches Vertragsnaturschutzprogramm Wald
Art. 5d Biodiversitätsberatung
Art. 6 Wegebau im Alpengebiet; genehmigungsfreie Eingriffe; Land-, Forst- und Fischereiwirtschaft
Art. 7 Ausgleichsmaßnahmen, Ersatzzahlungen
Art. 8 Kompensationsmaßnahmen
Art. 9 Kompensationsverzeichnis
Art. 10 Pisten
Art. 11 Zuständigkeit für die Eingriffsregelung
Art. 11a Himmelsstrahler und Beleuchtungsanlagen
Art. 11b Gentechnikanbauverbot

Teil 3
Schutz von Flächen und einzelnen Bestandteilen der Natur

Art. 12 Form der Schutzerklärung
Art. 13 Nationalparke
Art. 14 Biosphärenreservate
Art. 15 Naturparke
Art. 16 Schutz bestimmter Landschaftsbestandteile
Art. 17 Schutz von Kennzeichnungen; Registrierung
Art. 18 Vollzug von Schutzverordnungen
Art. 19 Biotopverbund, Biotopvernetzung, Arten- und Biotopschutzprogramm

Teil 4
Schutz des Europäischen ökologischen Netzes „Natura 2000", gesetzlicher Schutz von Biotopen

Art. 20 Auswahl und Festlegung von Natura 2000-Gebieten; besonderer Schutz der Gebiete
Art. 21 Gentechnisch veränderte Organismen
Art. 22 Zuständigkeiten für Natura 2000-Verfahren

* *Inhaltsübersicht nicht amtlich.*

Art. 23 Gesetzlich geschützte Biotope
Art. 23a Verbot von Pestiziden

Teil 5
Zoos und Tiergehege

Art. 24 Zoos
Art. 25 Tiergehege

Teil 6
Erholung in der freien Natur

Art. 26 Recht auf Naturgenuss und Erholung
Art. 27 Betretungsrecht; Gemeingebrauch an Gewässern
Art. 28 Benutzung von Wegen; Markierungen
Art. 29 Sportliche Betätigung
Art. 30 Land- und forstwirtschaftlich genutzte Flächen
Art. 31 Beschränkungen der Erholung in der freien Natur
Art. 32 Durchführung von Veranstaltungen
Art. 33 Zulässigkeit von Sperren
Art. 34 Verfahren
Art. 35 Durchgänge
Art. 36 Eigentumsbindung und Enteignung
Art. 37 Pflichten des Freistaates Bayern und der Gebietskörperschaften
Art. 38 Sauberhaltung der freien Natur

Teil 7
Vorkaufsrecht, Enteignung und Erschwernisausgleich

Art. 39 Vorkaufsrecht
Art. 40 Enteignung
Art. 41 Beschränkungen des Eigentums; Grundbesitz der öffentlichen Hand
Art. 42 Erschwernisausgleich; Ausgleich von Nutzungsbeschränkungen in der Land-, Forst- und Fischereiwirtschaft

Teil 8
Organisation, Zuständigkeit und Verfahren

Art. 43 Behörden
Art. 44 Zuständigkeiten; Ersetzung
Art. 45 Mitwirkung von anerkannten Naturschutzvereinigungen
Art. 46 Bayerisches Landesamt für Umwelt
Art. 47 Bayerische Akademie für Naturschutz und Landschaftspflege
Art. 48 Naturschutzbeiräte
Art. 49 Naturschutzwacht
Art. 50 Bayerischer Naturschutzfonds
Art. 51 Zuständigkeit für den Erlass von Rechtsverordnungen
Art. 52 Verfahren zur Inschutznahme
Art. 53 Kennzeichnung der Schutzgegenstände
Art. 54 Zutrittsrecht; einstweilige Sicherstellung; Veränderungssperre
Art. 55 Datenschutz
Art. 56 Befreiungen

Teil 9
Ordnungswidrigkeiten

Art. 57 Ordnungswidrigkeiten
Art. 58 Einziehung

Teil 10
Übergangs- und Schlussvorschriften

Art. 59 *(aufgehoben)*
Art. 60 Überleitungsvorschriften
Art. 61 Inkrafttreten

Teil 1

Allgemeine Vorschriften

Art. 1 Allgemeine Verpflichtung zum Schutz der Natur (abweichend von § 2 Abs. 4 Bundesnaturschutzgesetz – BNatSchG). [1]Naturschutz ist verpflichtende Aufgabe für Staat und Gesellschaft sowie für jeden einzelnen Bürger und für jede einzelne Bürgerin. [2]Staat, Gemeinden, Landkreise, Bezirke

und sonstige juristische Personen des öffentlichen Rechts sind verpflichtet, ihre Grundstücke im Sinn der Ziele und Grundsätze des Naturschutzes und der Landschaftspflege zu bewirtschaften. [3]Die jeweilige Zweckbestimmung eines Grundstücks bleibt unberührt. [4]Ökologisch besonders wertvolle Grundstücke im Eigentum von Staat, Gemeinden, Landkreisen, Bezirken und sonstigen juristischen Personen des öffentlichen Rechts dienen vorrangig den Zielen des Naturschutzes und der Landschaftspflege. [5]Bei Überlassung von ökologisch besonders wertvollen Grundstücken an Dritte ist die Beachtung der Verpflichtung nach Satz 4 sicherzustellen.

Art. 1a Artenvielfalt. [1]Über § 1 Abs. 2 BNatSchG hinaus verpflichtet sich der Freistaat Bayern, zur dauerhaften Sicherung und Entwicklung der Artenvielfalt in Flora und Fauna darauf hinzuwirken, deren Lebensräume zu erhalten und zu verbessern, um einen weiteren Verlust von Biodiversität zu verhindern. [2]Ziel ist, die landwirtschaftlich genutzten Flächen des Landes nach und nach, bis 2025 mindestens 20% und bis 2030 mindestens 30%, gemäß den Grundsätzen des ökologischen Landbaus gemäß der Verordnung (EG) Nr. 834/2007 und des Gesetzes zur Durchführung der Rechtsakte der Europäischen Gemeinschaft oder der Europäischen Union auf dem Gebiet des ökologischen Landbaus (Öko-Landbaugesetz – ÖLG) in der jeweils geltenden Fassung zu bewirtschaften. [3]Staatliche Flächen sind bereits ab 2020 gemäß diesen Vorgaben zu bewirtschaften.

Art. 1b Naturschutz als Aufgabe für Erziehung (zu § 2 Abs. 6 BNatSchG). [1]Die Ziele und Aufgaben des Naturschutzes und der Landschaftspflege werden bei der pädagogischen Aus- und Fortbildung, in den Lehr- und Bildungsplänen und bei den Lehr- und Lernmitteln berücksichtigt. [2]Insbesondere sind die Folgen des Stickstoffeintrages, die Auswirkungen von Schlaggrößen, die Bedeutung der Fruchtfolge-Entscheidungen und die Auswirkungen des Pestizideinsatzes und weiterer produktionsintegrierter Maßnahmen auf den Artenreichtum und das Bodenleben darzustellen. [3]Im Sinne eines umfassenden Bildungsauftrags werden die Aufgaben und die Leistungen der Landwirtschaft für die Kulturlandschaft und die Gemeinwohlleistungen für die Vielfalt in der Natur vermittelt. [4]Das ist zu integrieren in einen allgemeinen Bildungsauftrag, in dem Zusammenhänge und Wechselwirkungen in der Natur und die Bedeutung der Biodiversität vermittelt werden.

Art. 2 Alpenschutz (abweichend von § 1 Abs. 2 bis 6 BNatSchG). [1]Die bayerischen Alpen sind mit ihrer natürlichen Vielfalt an wild lebenden Tier- und Pflanzenarten einschließlich ihrer Lebensräume als Landschaft von einzigartiger Schönheit in ihren Naturräumen von herausragender Bedeutung zu erhalten. [2]Der Freistaat Bayern kommt dieser Verpflichtung auch durch den Vollzug verbindlicher internationaler Vereinbarungen, insbesondere der Alpenkonvention, nach.

Art. 3 Land-, Forst- und Fischereiwirtschaft (abweichend von § 5 BNatSchG). (1) Bei Maßnahmen des Naturschutzes und der Landschaftspflege ist

die besondere Bedeutung einer natur- und landschaftsverträglichen Land-, Forst- und Fischereiwirtschaft für die Erhaltung der Kultur- und Erholungslandschaft zu berücksichtigen.

(2) [1]Die Land- und Fischereiwirtschaft hat im Rahmen der guten fachlichen Praxis die Anforderungen der für sie geltenden Vorschriften, des § 17 Abs. 2 des Bundes-Bodenschutzgesetzes (BBodSchG), der sonstigen Vorschriften des Bundesnaturschutzgesetzes und dieses Gesetzes zu beachten. [2]Die Forstwirtschaft hat die Vorschriften des Waldgesetzes für Bayern und die sonstigen für sie geltenden Regelungen zu beachten, wobei im Staatswald das vorrangige Ziel zu verfolgen ist, die biologische Vielfalt des Waldes zu erhalten oder zu erreichen. [3]Dabei sollen die Nutz-, Schutz- und Erholungsfunktionen der Wälder erhalten bleiben.

(3) [1]Auf erosionsgefährdeten Hängen, in Überschwemmungsgebieten, auf Standorten mit hohem Grundwasserstand sowie auf Moorstandorten soll Grünland erhalten bleiben. [2]Dazu sollen vorrangig vertragliche Vereinbarungen und Förderprogramme genutzt werden. [3]§ 17 Abs. 8 BNatSchG gilt entsprechend.

(4) [1]Bei der landwirtschaftlichen Nutzung ist es verboten

1. Dauergrünland und Dauergrünlandbrachen umzuwandeln,
2. den Grundwasserstand in Nass- und Feuchtgrünland sowie -brachen und auf Moor- und Anmoorstandorten abzusenken, davon unberührt bleiben bestehende Absenkungs- und Drainagemaßnahmen,
3. Feldgehölze, Hecken, Säume, Baumreihen, Lesesteinhaufen, Natursteinmauern, natürliche Totholzansammlungen, Feldraine und Kleingewässer als naturbetonte Strukturelemente der Feldflur zu beeinträchtigen; eine solche Beeinträchtigung ist jede Schädigung oder Minderung der Substanz dieser Elemente, insbesondere das Unterpflügen oder Verfüllen; unberührt von diesem Verbot bleiben gewerbliche Anpflanzungen im Rahmen des Gartenbaus,
4. Dauergrünlandpflegemaßnahmen durch umbrechende Verfahren wie Pflügen oder umbruchlose Verfahren wie Drill-, Schlitz- oder Übersaat auf landwirtschaftlich genutzten Flächen, die als gesetzliche Biotope nach § 30 Abs. 2 Nr. 2 BNatSchG sowie nach Art. 23 Abs. 1 eingestuft sind, durchzuführen,
5. bei der Mahd auf Grünlandflächen ab 1 Hektar von außen nach innen zu mähen, davon unberührt bleibt stark hängiges Gelände,
6. ab dem Jahr 2020 auf 10% der Grünlandflächen der Landesfläche Bayerns die erste Mahd vor dem 15. Juni durchzuführen,
7. ab dem Jahr 2020 Grünlandflächen nach dem 15. März zu walzen und
8. ab dem 1. Januar 2022 auf Dauergrünlandflächen flächenhaft Pflanzenschutzmittel einzusetzen.

[2]Dauergrünland im Sinne dieses Gesetzes sind alle auf natürliche Weise entstandenen Grünlandflächen sowie angelegte und dauerhaft als Wiese, Mähweide oder Weide genutzte Grünlandflächen und deren Brachen. [3]Nicht auf Dauer angelegte Ackerfutterflächen sind kein Dauergrünland im Sinne dieses

Gesetzes. [4]Das in Satz 1 Nr. 6 für den Grünlandanteil der Landesfläche Bayerns insgesamt geregelte Schutzziel soll nach Maßgabe der verfügbaren Haushaltsmittel im Rahmen von vertraglichen Vereinbarungen oder der Teilnahme an Förderprogrammen auf Flächen einzelner Betriebe in allen Landesteilen umgesetzt werden.

(5) [1]Von dem Verbot des Abs. 4 Nr. 1 sind auf Antrag Ausnahmen zuzulassen, wenn die Beeinträchtigungen ausgeglichen werden. [2] Von den Verboten des Abs. 4 Nrn. 2 bis 4 können auf Antrag Ausnahmen zugelassen werden, wenn die Beeinträchtigungen ausgeglichen oder ersetzt werden. [3]Für die punktuelle Beseitigung giftiger, invasiver oder bei vermehrtem Auftreten für die Grünlandnutzung problematischen Pflanzenarten können von dem Verbot des Abs. 4 Nr. 8 auf Antrag Ausnahmen zugelassen werden.

(6) [1]Soweit auf Grund der örtlichen Witterungsverhältnisse voraussichtlich in einer erheblichen Zahl von Fällen die Voraussetzungen für die Erteilung einer Befreiung nach § 67 Abs. 1 Satz 1 BNatSchG gegeben wären, kann die Staatsregierung durch Rechtsverordnung gebietsbezogen gestatten, durch Allgemeinverfügung einen späteren als den in Abs. 4 Satz 1 Nr. 7 genannten Zeitpunkt zu bestimmen, ab dem Grünflächen nicht mehr gewalzt werden dürfen. [2]Zuständig für den Erlass der Allgemeinverfügung sind die Regierugen. [3]Hinsichtlich des Prüfungsmaßstabs gilt Satz 1 entsprechend.

(7) Die Beseitigung von Unwetter-, Wild- und Weideschäden bleibt von den Verboten des Abs. 4 Satz 1 Nr. 4 und 7 unberührt.

Art. 3a Bericht zur Lage der Natur (zu § 6 BNatSchG). [1]Die oberste Naturschutzbehörde ist verpflichtet, dem Landtag und der Öffentlichkeit in jeder Legislaturperiode auf der Basis ausgewählter Indikatoren über den Status und die Entwicklung der biologischen Vielfalt in Bayern zu berichten (Bericht zur Lage der Natur). [2]Einmal jährlich ist dem Landtag und der Öffentlichkeit ein Statusbericht zu den ökologisch genutzten Landwirtschaftsflächen im Sinne des Art. 1a vorzulegen.

Teil 2

Landschaftsplanung, Landschaftspflege und allgemeiner Schutz von Natur und Landschaft

Art. 4 Landschaftsplanung (Art. 4 Abs. 2 Satz 2 abweichend von § 11 Abs. 2 Satz 2 BNatSchG). (1) Die überörtlichen raumbedeutsamen Erfordernisse und Maßnahmen zur Verwirklichung der Ziele des Naturschutzes und der Landschaftspflege werden

1. im Landschaftsprogramm als Teil des Landesentwicklungsprogramms,
2. in Landschaftsrahmenplänen als Teile der Regionalpläne dargestellt.

(2) [1]Landschaftspläne sind Bestandteile der Flächennutzungspläne und Grünordnungspläne Bestandteile der Bebauungspläne. [2]Grünordnungspläne

sind von der Gemeinde aufzustellen, sobald und soweit dies aus Gründen des Naturschutzes und der Landschaftspflege erforderlich ist; sie können dabei auf Teile des Bebauungsplans beschränkt werden.

(3) [1]Ist ein Bauleitplan nicht erforderlich, gelten für das Verfahren zur Aufstellung von Landschafts- und Grünordnungsplänen sowie für die Genehmigung die Vorschriften für Bauleitpläne entsprechend. [2]Der Landschaftsplan hat in diesem Fall die Rechtswirkung eines Flächennutzungsplans, der Grünordnungsplan die eines Bebauungsplans.

Art. 5 Durchführung der Landschaftspflege; Beratung (Art. 5 Abs. 2 abweichend von § 3 Abs. 4 BNatSchG). (1) [1]Zur Verwirklichung der Ziele des Naturschutzes und der Landschaftspflege, insbesondere zum Erhalt der biologischen Vielfalt, können die unteren und höheren Naturschutzbehörden auf der Grundlage des Bayerischen Landschaftspflegekonzepts, des Arten- und Biotopschutzprogramms sowie der Bayerischen Biodiversitätsstrategie landschaftspflegerische und -gestalterische Maßnahmen durchführen. [2]Zur Umsetzung der Maßnahmen sollen die Formen der kooperativen Zusammenarbeit, insbesondere Vertragsnaturschutz- und Landschaftspflegeprogramme der obersten Naturschutzbehörde, genutzt werden. [3]Auch andere Behörden und öffentliche Stellen können durch vertragliche Vereinbarungen und Förderprogramme zur Verwirklichung der Ziele des Naturschutzes und der Landschaftspflege beitragen.

(2) [1]Mit der Ausführung der Maßnahmen nach Abs. 1 sollen nach Möglichkeit land- und forstwirtschaftliche Betriebe, Zusammenschlüsse solcher Betriebe, die sich zum Zweck der gemeinschaftlichen Bodenbewirtschaftung bilden, und Selbsthilfeeinrichtungen der Land- und Forstwirtschaft beauftragt werden. [2]Die Naturschutzbehörden können ferner öffentlich-rechtliche Körperschaften, Träger von Naturparken sowie Vereine und Verbände, die sich satzungsgemäß dem Naturschutz, der Landschaftspflege oder den Angelegenheiten der Erholung in der freien Natur widmen, beauftragen. [3]Die Beauftragung erfolgt nur mit Einverständnis der Beauftragten. [4]Hoheitliche Befugnisse können dadurch nicht übertragen werden.

(3) [1]Die Vorbereitung, Betreuung und Ausführung der Maßnahmen nach Abs. 1 kann auch Vereinen übertragen werden, in denen möglichst flächendeckend kommunale Gebietskörperschaften, Landwirte und anerkannte Naturschutzverbände sich gleichberechtigt und für den Naturschutz und die Landschaftspflege einsetzen (Landschaftspflegeverbände). [2]Der Staat unterstützt die Träger von Naturparken und die Landschaftspflegeverbände im Rahmen der verfügbaren Haushaltsmittel in ihren Tätigkeiten und gegenseitigen Abstimmung. [3]Abs. 2 Satz 3 und 4 gilt entsprechend.

(4) [1]Zu den Aufgaben der staatlichen Behörden gehört im Rahmen ihrer Zuständigkeit die Beratung über die Ziele und Grundsätze des Naturschutzes und der Landschaftspflege. [2]Die Beratung soll dazu beitragen, dass die Ziele des Naturschutzes und der Landschaftspflege auch ohne hoheitliche Maßnahmen verwirklicht werden können.

Art. 5a Landschaftspflegeprogramm. Zugunsten von Naturschutz und Landschaftspflege können im Rahmen der verfügbaren Haushaltsmittel insbesondere folgende Maßnahmen gefördert werden:
1. Erhaltung, Pflege, Entwicklung und Neuschaffung ökologisch wertvoller Lebensräume,
2. Erhaltung der Artenvielfalt einschließlich kommunaler Maßnahmen,
3. Naturschutzprojekte sowie Projekte zur Renaturierung von Mooren,
4. Umsetzung der Landschaftspläne,
5. Aufbau und Pflege des Biotopverbunds gemäß Art. 19 Abs. 1 und
6. naturschutzbezogene Information und Beratung.

Art. 5b Bayerisches Vertragsnaturschutzprogramm. Zur kooperativen Umsetzung natur- und artenschutzfachlicher Ziele kann im Rahmen der verfügbaren Haushaltsmittel die natur- und artenschutzverträgliche Bewirtschaftung und Pflege von
1. Natura 2000-Gebieten, Naturschutzgebieten, Nationalparken, Biosphärenreservaten, gesetzlich geschützten Biotopen, Streuobstbeständen und Wiesenbrütergebieten,
2. nationalen Naturmonumenten, Naturdenkmälern und geschützten Landschaftsbestandteilen,
3. Flächen mit Vorkommen geschützter oder gefährdeter Arten,
4. Flächen zum Aufbau des Biotopverbunds nach Art. 19 Abs. 1 und
5. Gewässerrandstreifen,

oder eine besonders naturverträgliche Weidetierhaltung gefördert werden.

Art. 5c Bayerisches Vertragsnaturschutzprogramm Wald. Zur kooperativen Umsetzung natur- und artenschutzschutzfachlicher Ziele im Privat- und Körperschaftswald können im Rahmen der verfügbaren Haushaltsmittel insbesondere in den in Art. 5b genannten Teilen der Natur und Landschaft ökologisch besonders wertvolle Nutzungsformen des Waldes und der Erhalt ökologisch besonders wertvoller Strukturen und Standorte gefördert werden.

Art. 5d Biodiversitätsberatung. [1]An den unteren Naturschutzbehörden werden im Rahmen der zur Verfügung stehenden Stellen Biodiversitätsberater eingesetzt. [2]Sie sollen helfen, in Zusammenarbeit mit den Eigentümern und Landbewirtschaftern, Kommunen, Erholungssuchenden, Verbänden und sonstigen Betroffenen in ökologisch wertvollen Teilen der Natur und Landschaft gemäß Art. 5b die natur- und artenschutzfachlichen Ziele und Maßnahmen umzusetzen, und den Aufbau des Biotopverbunds nach Art. 19 Abs. 1 begleiten.

Art. 6 Wegebau im Alpengebiet; genehmigungsfreie Eingriffe; Land-, Forst- und Fischereiwirtschaft (Art. 6 Abs. 1 bis 3 abweichend von § 17 Abs. 3 BNatSchG; Art. 6 Abs. 4 abweichend von § 14 Abs. 2 BNatSchG; Art. 6 Abs. 5 abweichend von § 14 Abs. 3 BNatSchG). (1) [1]Im Alpengebiet im Sinn der Verordnung über das Landesentwicklungsprogramm Bayern

ist die Errichtung oder wesentliche Änderung von Straßen und befahrbaren Wegen, die keiner öffentlich-rechtlichen Gestattung bedarf, mindestens drei Monate vorher der unteren Naturschutzbehörde anzuzeigen. [2]Anordnungen nach § 15 BNatSchG sind nur innerhalb von drei Monaten nach der Anzeige zulässig.

(2) [1]Ein Eingriff, der nicht von einer Behörde durchgeführt wird und der keiner behördlichen Zulassung oder Anzeige nach anderen Rechtsvorschriften bedarf, kann untersagt werden, wenn erhebliche Beeinträchtigungen von Natur und Landschaft vermeidbar oder unvermeidbare erhebliche Beeinträchtigungen nicht im erforderlichen Maß auszugleichen oder zu ersetzen sind und die Belange des Naturschutzes und der Landschaftspflege bei Abwägung aller Anforderungen an Natur und Landschaft im Rang vorgehen. [2]Die Durchführung des Eingriffs kann vorläufig eingestellt werden, wenn erhebliche Beeinträchtigungen zu erwarten sind. [3]Es können die Wiederherstellung des ursprünglichen Zustands oder, soweit diese nur mit unverhältnismäßigem Aufwand möglich ist, Maßnahmen nach § 15 BNatSchG angeordnet werden.

(3) Auf Antrag des Verursachers eines Eingriffs wird ein Genehmigungsverfahren nach § 17 Abs. 3 BNatSchG durchgeführt.

(4) [1]Die land-, forst- und fischereiwirtschaftliche Bodennutzung ist ordnungsgemäß und nicht als Eingriff anzusehen, soweit dabei die Ziele des Naturschutzes und der Landschaftspflege berücksichtigt werden. [2]Die den in Art. 3 Abs. 2 genannten Anforderungen sowie den Regeln der guten fachlichen Praxis, die sich aus dem Recht der Land-, Forst- und Fischereiwirtschaft und § 17 Abs. 2 BBodSchG ergeben, entsprechende land-, forst- und fischereiwirtschaftliche Bodennutzung widerspricht in der Regel nicht den in Satz 1 genannten Zielen. [3]Als ordnungsgemäß gilt die nach dem Waldgesetz für Bayern zulässige und vorgeschriebene Waldbewirtschaftung.

(5) Nicht als Eingriff gilt die Wiederaufnahme einer land-, forst- und fischereiwirtschaftlichen Bodennutzung, wenn sie zeitweise eingeschränkt oder unterbrochen war

1. auf Grund vertraglicher Vereinbarungen oder auf Grund der Teilnahme an öffentlichen Programmen zur Bewirtschaftungsbeschränkung und wenn die Wiederaufnahme innerhalb von fünfzehn Jahren nach Auslaufen der Einschränkung oder Unterbrechung erfolgt,
2. auf Grund der Durchführung von vorgezogenen Kompensationsmaßnahmen, die vorgezogene Maßnahme aber nicht für eine Kompensation in Anspruch genommen wird.

Art. 7 Ausgleichsmaßnahmen, Ersatzzahlungen. [1]Ausgleichsmaßnahmen im Sinne des § 15 BNatSchG sollen im Sinne der Artenvielfalt festgelegt werden, wobei insbesondere auch auf die Förderung alter Kultursorten geachtet werden soll. [2]Ersatzzahlungen im Sinn des § 15 Abs. 6 BNatSchG sind an den Bayerischen Naturschutzfonds zu entrichten und von diesem im Bereich der vom Eingriff räumlich betroffenen unteren Naturschutzbehörde nach deren nä-

herer Bestimmung für Maßnahmen des Naturschutzes und der Landschaftspflege zu verwenden. [3]Eine Verwendung in anderen Bereichen ist möglich, wenn die betroffenen unteren Naturschutzbehörden ihr Einvernehmen erteilt haben oder nach Bestimmung der obersten Naturschutzbehörde, sofern Mittel nach zwei Jahren nicht für konkrete Maßnahmen verwendet worden sind.

Art. 8 Kompensationsmaßnahmen (Art. 8 Abs. 1 Satz 2 abweichend von § 14 Abs. 3 BNatSchG; Art. 8 Abs. 3 abweichend von § 15 Abs. 7 und 8 BNatSchG). (1) [1]Die untere Naturschutzbehörde bestätigt im Benehmen mit der betroffenen Fachbehörde die grundsätzliche Eignung der Fläche und der vorgesehenen vorgezogenen Ausgleichs- und Ersatzmaßnahmen nach § 16 Abs. 1 Nr. 1 BNatSchG. [2]Die Wiederherstellung des Ausgangszustands bleibt bis zur Entscheidung durch die nach § 17 Abs. 1 BNatSchG zuständige Behörde möglich.

(2) Die Staatsregierung wird ermächtigt, Regelungen zur Bevorratung von vorgezogenen Ausgleichs- und Ersatzmaßnahmen, insbesondere die Erfassung, Bewertung oder Buchung vorgezogener Ausgleichs- und Ersatzmaßnahmen, deren Genehmigungsbedürftigkeit und Handelbarkeit sowie den Übergang der Verantwortung nach § 15 Abs. 4 BNatSchG auf Dritte, die vorgezogene Ausgleichs- und Ersatzmaßnahmen durchführen, durch Rechtsverordnung zu treffen.

(3) [1]Die Staatsregierung wird ermächtigt, das Nähere zur Kompensation von Eingriffen durch Rechtsverordnung zu regeln, insbesondere

1. zu Inhalt, Art und Umfang von Ausgleichs- und Ersatzmaßnahmen einschließlich Maßnahmen zur Entsiegelung, zur Wiedervernetzung von Lebensräumen und zur Bewirtschaftung und Pflege sowie zur Festlegung diesbezüglicher Standards, insbesondere für vergleichbare Eingriffsarten,
2. die Höhe der Ersatzzahlung und das Verfahren zu ihrer Erhebung.

[2]§ 15 Abs. 7 und 8 BNatSchG und darauf gestützte Verordnungen des Bundes finden keine Anwendung. [3]Abweichend vom Bundesrecht gelten die Regelungen nach Abs. 2 und Abs. 3 Satz 1 sowie die auf dieser Grundlage erlassene Bayerische Kompensationsverordnung auch im Anwendungsbereich des § 15 Abs. 8 BNatSchG und der darauf gestützten Bundeskompensationsverordnung.

Art. 9 Kompensationsverzeichnis (Art. 9 Satz 4 abweichend von § 17 Abs. 6 BNatSchG). [1]Die für Ausgleichs- und Ersatzmaßnahmen festgesetzten Flächen sowie Flächen im Sinn des § 16 Abs. 1 BNatSchG werden im Kompensationsverzeichnis als Teil des Ökoflächenkatasters erfasst. [2]Hierzu übermitteln die nach § 17 Abs. 1 BNatSchG zuständigen Behörden dem Landesamt für Umwelt rechtzeitig die für die Erfassung und Kontrolle der Flächen erforderlichen Angaben in aufbereitbarer Form. [3]Die unteren Naturschutzbehörden übermitteln in den Fällen des Art. 7 und des § 16 Abs. 1 BNatSchG die erforderlichen Angaben. [4]Die Gemeinden übermitteln die erforderlichen Angaben, wenn Flächen oder Maßnahmen zum Ausgleich im Sinn des § 1a

Abs. 3 des Baugesetzbuchs in einem gesonderten Bebauungsplan festgesetzt sind oder Maßnahmen auf von der Gemeinde bereitgestellten Flächen durchgeführt werden.

Art. 10 Pisten. (1) [1]Das erstmalige dauerhafte Herrichten eines durch eine mechanische Aufstiegshilfe erschlossenen Geländes zum Zweck des Abfahrens mit Ski, Skibobs oder Rodeln (Skipiste) oder mit anderen Sportgeräten und seine wesentliche Änderung oder Erweiterung bedürfen der Erlaubnis. [2]Die Erlaubnispflicht für Skipisten tritt ab den in Abs. 2 genannten Schwellenwerten ein. [3]In der Erlaubnis ist über die Zulässigkeit von zugehörigen Einrichtungen mit zu entscheiden. [4]Die Entscheidung über die Erlaubnis ersetzt die Entscheidung über eine nach anderen Vorschriften erforderliche behördliche Gestattung; die Entscheidung wird im Einvernehmen mit der für die andere Gestattung zuständigen Behörde getroffen. [5]Die Erlaubnis darf nur erteilt werden, wenn dem Vorhaben keine Belange des Allgemeinwohls entgegenstehen und die Anforderungen des § 15 BNatSchG erfüllt sind; ersetzt die Erlaubnis eine andere behördliche Gestattung, darf sie unbeschadet des Halbsatzes 1 nur erteilt werden, wenn das Vorhaben den in dem anderen behördlichen Gestattungsverfahren zu prüfenden öffentlich-rechtlichen Vorschriften nicht widerspricht. [6]Die Erlaubnis kann mit Bedingungen und Auflagen versehen sowie befristet werden.

(2) [1]Betrifft das Vorhaben eine Skipiste von mehr als 10 ha, in Gebieten von gemeinschaftlicher Bedeutung oder in Europäischen Vogelschutzgebieten, in Nationalparken, Naturschutzgebieten oder Biotopen im Sinn des § 30 Abs. 2 BNatSchG von mehr als 5 ha Fläche oder soll es ganz oder zu wesentlichen Teilen in einer Höhe von über 1800 m üNN verwirklicht werden, ist eine Umweltverträglichkeitsprüfung nach Maßgabe des Fünften Teils Abschnitt III des Bayerischen Verwaltungsverfahrensgesetzes (BayVwVfG) durchzuführen. [2]Bei einer Änderung oder Erweiterung von Skipisten ist eine Umweltverträglichkeitsprüfung durchzuführen, wenn

1. der durch die Erweiterung hinzukommende Teil für sich betrachtet oder
2. das durch die Änderung oder Erweiterung entstehende Vorhaben bei einheitlicher Betrachtung erstmals die in Satz 1 genannten Schwellenwerte erfüllt.

[3]Im Fall des Satzes 2 Nr. 2 ist dem geänderten oder erweiterten Vorhaben derjenige Teil des Bestands nicht mehr zuzurechnen, der früher als zwei Jahre vor Eingang des Antrags auf Zulassung des Änderungs- oder Erweiterungsvorhabens bei der zuständigen Behörde in Betrieb genommen worden ist.

Art. 11 Zuständigkeit für die Eingriffsregelung. (1) Die nach § 17 Abs. 1 BNatSchG für Naturschutz und Landschaftspflege zuständige Behörde ist die Naturschutzbehörde der vergleichbaren Verwaltungsstufe.

(2) Die Beurteilung einer land-, forst- oder fischereiwirtschaftlichen Bodennutzung als Eingriff in Natur und Landschaft bedarf des Einvernehmens mit der jeweiligen Fachbehörde der vergleichbaren Verwaltungsstufe.

Art. 11a Himmelstrahler und Beleuchtungsanlagen. [1]Eingriffe in die Insektenfauna durch künstliche Beleuchtung im Außenbereich sind zu vermeiden. [2]Himmelstrahler und Einrichtungen mit ähnlicher Wirkung sind unzulässig. [3]Beim Aufstellen von Beleuchtungsanlagen im Außenbereich müssen die Auswirkungen auf die Insektenfauna, insbesondere deren Beeinträchtigung und Schädigung, überprüft und die Ziele des Artenschutzes berücksichtigt werden. [4]Beleuchtungen in unmittelbarer Nähe von geschützten Landschaftsbestandteilen und Biotopen sind nur in Ausnahmefällen von der zuständigen Behörde oder mit deren Einvernehmen zu genehmigen.

Art. 11b Gentechnikanbauverbot. Der Anbau gentechnisch veränderter Pflanzen ist in Bayern verboten.

Teil 3

Schutz von Flächen und einzelnen Bestandteilen der Natur

Art. 12 Form der Schutzerklärung. (1) [1]Die Unterschutzstellung von Teilen von Natur und Landschaft nach § 20 Abs. 2 Nrn. 1, 2, 4, 6 und 7 BNatSchG erfolgt durch Rechtsverordnung, sofern in diesem Gesetz nichts anderes bestimmt ist. [2]Die Unterschutzstellung eines Gebiets als Nationalpark nach § 24 Abs. 1 BNatSchG bedarf hinsichtlich der Erklärung, des Gebietsumfangs und des Schutzzwecks der Zustimmung des Landtags.

(2) Die Erklärung zum Biosphärenreservat und zum Naturpark erfolgt durch Allgemeinverfügung.

(3) Auch ohne Erlass einer Rechtsverordnung kann durch Einzelanordnung verboten werden, Gegenstände, die die Voraussetzungen des § 28 Abs. 1 BNatSchG oder des § 29 Abs. 1 BNatSchG erfüllen, zu beseitigen, zu zerstören, zu beschädigen oder zu verändern.

Art. 13 Nationalparke. Nationalparke sollen ergänzend zu § 24 Abs. 1 Nr. 1 BNatSchG eine Mindestfläche von 10000 ha haben.

Art. 14 Biosphärenreservate (abweichend von § 25 BNatSchG). (1) [1]Die oberste Naturschutzbehörde kann großflächige, repräsentative Ausschnitte von Kulturlandschaften nach Anerkennung durch die Organisation der Vereinten Nationen für Erziehung, Wissenschaft und Kultur zu Biosphärenreservaten erklären. [2]Biosphärenreservate dienen in beispielhafter Weise insbesondere

1. dem Schutz, der Pflege und der Entwicklung von Kulturlandschaften und deren Biotop- und Artenvielfalt,
2. der Entwicklung einer nachhaltigen Wirtschaftsweise, die den Ansprüchen von Mensch und Natur gleichermaßen gerecht wird,
3. der Bildung für nachhaltige Entwicklung, der naturkundlichen Bildung und dem Naturerlebnis, der Beobachtung von Natur und Landschaft sowie der Forschung.

(2) Biosphärenreservate sollen entsprechend dem Einfluss menschlicher Tätigkeit in Kern-, Pflege- und Entwicklungszonen gegliedert werden.

(3) Biosphärenreservate können auch als Biosphärengebiete oder Biosphärenregionen bezeichnet werden.

Art. 15 Naturparke (abweichend von § 27 BNatSchG). (1) Großräumige, der naturräumlichen Gliederung entsprechende Gebiete von in der Regel mindestens 20000 ha Fläche, die
1. überwiegend als Landschaftsschutzgebiete oder Naturschutzgebiete festgesetzt sind,
2. sich wegen ihrer landschaftlichen Voraussetzungen für umweltverträgliche Erholungsformen besonders eignen,
3. der Erhaltung, Entwicklung oder Wiederherstellung einer durch vielfältige Nutzungsformen geprägten Landschaft und ihrer Arten- und Biotopvielfalt dienen und in denen zu diesem Zweck eine dauerhaft umweltgerechte Landnutzung angestrebt wird,
4. besonders dazu geeignet sind, eine nachhaltige Regionalentwicklung zu fördern und
5. durch einen Träger entsprechend ihrem Naturschutz- und Erholungszweck entwickelt und gepflegt werden,

können von der obersten Naturschutzbehörde zu Naturparken erklärt werden.

(2) Naturparkverordnungen der obersten Naturschutzbehörde gelten hinsichtlich der Festsetzung von Schutzzonen mit Verboten als Rechtsverordnungen über Landschaftsschutzgebiete weiter.

Art. 16 Schutz bestimmter Landschaftsbestandteile. (1) [1]Es ist verboten, in der freien Natur
1. Hecken, lebende Zäune, Feldgehölze oder -gebüsche einschließlich Ufergehölze oder -gebüsche zu roden, abzuschneiden, zu fällen oder auf sonstige Weise erheblich zu beeinträchtigen,
2. Höhlen, ökologisch oder geomorphologisch bedeutsame Dolinen, Toteislöcher, aufgelassene künstliche unterirdische Hohlräume, Trockenmauern, Lesesteinwälle sowie Tümpel und Kleingewässer zu beseitigen oder erheblich zu beeinträchtigen,
3. entlang natürlicher oder naturnaher Bereiche fließender oder stehender Gewässer, ausgenommen künstliche Gewässer im Sinne von § 3 Nr. 4 des Wasserhaushaltsgesetzes und Be- und Entwässerungsgräben im Sinne von Art. 1 des Bayerischen Wassergesetzes, in einer Breite von mindestens 5 m von der Uferlinie diese garten- oder ackerbaulich zu nutzen (Gewässerrandstreifen),
4. Bodensenken im Außenbereich im Sinne des § 35 des Baugesetzbuches zu verfüllen,
5. Alleen an öffentlichen oder privaten Verkehrsflächen und Wirtschaftswegen zu beseitigen, beschädigen oder auf sonstige Weise erheblich zu beeinträchtigen.

[2]Das Verbot nach Satz 1 Nr. 1 gilt nicht für
1. die ordnungsgemäße Nutzung und Pflege im Zeitraum vom 1. Oktober bis 28. Februar, die den Bestand erhält,
2. schonende Form- und Pflegeschnitte zur Beseitigung des Zuwachses,
3. Maßnahmen, die zur Gewährleistung der Verkehrssicherheit öffentlicher Verkehrswege oder der öffentlich-rechtlichen Verpflichtung zur Unterhaltung der Gewässer erforderlich sind.

(2) § 17 Abs. 8 BNatSchG sowie Art. 23 Abs. 3 gelten entsprechend.

Art. 17 Schutz von Kennzeichnungen; Registrierung. (1) Die Schutzbegriffe „Naturschutzgebiet", „Nationalpark", „Nationale Naturmonumente", „Naturdenkmal", „geschützter Landschaftsbestandteil", „Landschaftsschutzgebiet", „Naturpark", „Biosphärenreservat", „Biosphärengebiet" und „Biosphärenregion" dürfen nur für die nach den Bestimmungen dieses Teils ausgewiesenen bzw. erklärten Gebiete und Gegenstände verwendet werden.

(2) [1]Die nach diesem Teil geschützten Flächen und einzelnen Bestandteile der Natur sind in Verzeichnisse einzutragen; dies gilt nicht für den Schutz bestimmter Landschaftsbestandteile nach Art. 16. [2]Die Verzeichnisse für Naturschutzgebiete, Nationalparke, Nationale Naturmonumente, Landschaftsschutzgebiete, Naturparke, Biosphärenreservate, Biosphärengebiete und Biosphärenregionen werden beim Landesamt für Umwelt, die sonstigen Verzeichnisse bei den unteren Naturschutzbehörden geführt.

Art. 18 Vollzug von Schutzverordnungen. (1) Eine auf Grund einer Schutzverordnung erforderliche behördliche Gestattung wird durch eine nach anderen Vorschriften erforderliche behördliche Gestattung ersetzt; diese Gestattung darf nur erteilt werden, wenn die Voraussetzungen für die Erteilung der nach der Schutzverordnung erforderlichen Gestattung vorliegen und die nach Naturschutzrecht zuständige Behörde ihr Einvernehmen erklärt.

(2) Werden Veränderungen oder Störungen von geschützten oder von einstweilig sichergestellten Gebieten oder Gegenständen oder von geplanten Naturschutzgebieten im Sinn des Art. 54 Abs. 3 im Widerspruch zu öffentlich-rechtlichen Vorschriften begonnen oder durchgeführt, sind die Vorschriften des § 17 Abs. 8 BNatSchG entsprechend anzuwenden.

Art. 19 Biotopverbund, Biotopvernetzung, Arten- und Biotopschutzprogramm. (1) [1]Der Freistaat Bayern schafft ein Netz räumlich oder funktional verbundener Biotope (Biotopverbund), das bis zum Jahr 2023 mindestens 10% Offenland und bis zum Jahr 2027 mindestens 13% Offenland der Landesfläche umfasst. [2]Ziel ist, dass der Biotopverbund bis zum Jahr 2030 mindestens 15% Offenland der Landesfläche umfasst.

(2) Fachliche Grundlage für die Auswahl der Bestandteile des Biotopverbunds nach § 21 Abs. 3 BNatSchG ist insbesondere das Arten- und Biotopschutzprogramm. [2]Es enthält

1. die Darstellung und Bewertung der unter dem Gesichtspunkt des Arten- und Biotopschutzes bedeutsamen Populationen, Lebensgemeinschaften und Biotope wild lebender Tier- und Pflanzenarten, insbesondere der in ihrem Bestand gefährdeten Arten und Lebensräume,
2. die zu deren Schutz, Pflege und Entwicklung erforderlichen Ziele und Maßnahmen sowie Wege zu ihrer Verwirklichung.

[3]Für die Auswahl von Flächen hat der funktionale Zusammenhang innerhalb des Biotopverbunds besonderes Gewicht. [4]Zur Umsetzung sollen unter anderem entlang von Gewässern, Waldrändern und Verkehrswegen Vernetzungskorridore geschaffen werden. [5]Die Umsetzung erfolgt im Wege kooperativer Maßnahmen. [6]Das Arten- und Biotopschutzprogramm unterliegt als Fachkonzept der ständigen Fortentwicklung. [7]Die Verwirklichung der Ziele und Maßnahmen des Arten- und Biotopschutzprogramms erfolgt insbesondere in Biotopverbundprojekten.

(3) Die oberste Naturschutzbehörde soll dem Landtag und der Öffentlichkeit jährlich einen Statusbericht über den Biotopverbund vorlegen.

(4) Zur Renaturierung von Mooren sowie für eine moorverträgliche land- und forstwirtschaftliche Nutzung erstellt die oberste Naturschutzbehörde im Einvernehmen mit dem Staatsministerium für Ernährung, Landwirtschaft und Forsten einen Fachplan Moore und schreibt diesen bei Bedarf fort.

Teil 4

Schutz des Europäischen ökologischen Netzes „Natura 2000“, gesetzlicher Schutz von Biotopen

Art. 20 Auswahl und Festlegung von Natura 2000-Gebieten; besonderer Schutz der Gebiete (Art. 20 Abs. 2 abweichend von § 32 Abs. 4 BNatSchG).

(1) [1]Die Staatsregierung wählt die Natura 2000-Gebiete unter Beteiligung der Betroffenen aus. [2]Die oberste Naturschutzbehörde wird ermächtigt, die Natura 2000-Gebiete sowie die Gebietsbegrenzungen und die Erhaltungsziele dieser Gebiete durch Rechtsverordnung festzulegen; die Rechtsverordnung ergeht im Einvernehmen mit den Staatsministerien für Wohnen, Bau und Verkehr sowie für Ernährung, Landwirtschaft und Forsten.

(2) Die Unterschutzstellung nach § 32 Abs. 4 BNatSchG kann auch dann unterbleiben, wenn Maßnahmen auf Grund von Förderprogrammen einen gleichwertigen Schutz gewährleisten.

Art. 21 Gentechnisch veränderte Organismen (abweichend von § 35 BNatSchG). Auf

1. Freisetzungen gentechnisch veränderter Organismen im Sinn des § 3 Nr. 5 des Gentechnikgesetzes und
2. die land-, forst- und fischereiwirtschaftliche Nutzung von rechtmäßig in Verkehr gebrachten Produkten, die gentechnisch veränderte Organismen

enthalten oder aus solchen bestehen, sowie den sonstigen, insbesondere auch nicht erwerbswirtschaftlichen, Umgang mit solchen Produkten, der in seinen Auswirkungen den vorgenannten Handlungen vergleichbar ist, innerhalb eines Natura 2000-Gebiets und eines Umgriffs von 1000 m um das Gebiet

sind § 34 Abs. 1 und 2 BNatSchG entsprechend anzuwenden; im Fall der Nr. 2 gilt § 34 Abs. 6 BNatSchG entsprechend mit der Maßgabe, dass § 34 Abs. 3 bis 5 BNatSchG nicht anzuwenden sind.

Art. 22 Zuständigkeiten für Natura 2000-Verfahren. (1) [1]Zuständig für Entscheidungen und Maßnahmen nach § 33 Abs. 1 Satz 2 und § 34 Abs. 3 bis 5 BNatSchG ist die nach Art. 56 Satz 1 zuständige Behörde; sind danach für ein Vorhaben neben der höheren Naturschutzbehörde weitere Naturschutzbehörden zuständig, entscheidet die höhere Naturschutzbehörde über das gesamte Vorhaben. [2]Die Entscheidung wird durch eine nach anderen Vorschriften erforderliche behördliche Gestattung ersetzt, soweit für diese nicht ihrerseits eine Ersetzung geregelt ist; die Entscheidung ersetzt auch eine nach Art. 56 gleichzeitig erforderliche Befreiung. [3]Die behördliche Gestattung darf nur ergehen, wenn die Voraussetzungen für die Entscheidung vorliegen und die nach Satz 1 zuständige Naturschutzbehörde ihr Einvernehmen erteilt hat.

(2) [1]Zuständige Behörde nach § 34 Abs. 6 BNatSchG ist die untere Naturschutzbehörde. [2]Ist das Projekt teilweise gestattungspflichtig, ist die nach Abs. 1 zuständige Behörde für das gesamte Projekt zuständig.

(3) [1]Eine Behörde, die ein Projekt durchführt, das weder einer Gestattung nach anderen Rechtsvorschriften noch einer Anzeige an eine andere Behörde bedarf, führt das Projekt unter den Voraussetzungen des § 34 Abs. 1 bis 5 BNatSchG im Einvernehmen mit der Naturschutzbehörde der vergleichbaren Verwaltungsstufe durch. [2]Das Einvernehmen entfällt in Gebieten, für die Bewirtschaftungspläne im Sinn des § 32 Abs. 5 BNatSchG vorliegen oder für die die zuständigen Wasserwirtschaftsbehörden Gewässerentwicklungskonzepte aufgestellt haben, die den Anforderungen an Bewirtschaftungspläne im Sinn des § 32 Abs. 5 BNatSchG entsprechen.

(4) Die Verträglichkeitsprüfung erfolgt durch die verfahrensführende Behörde im Benehmen mit der Naturschutzbehörde der vergleichbaren Verwaltungsstufe.

(5) Zuständige Behörde nach § 34 Abs. 4 Satz 2 und Abs. 5 Satz 2 BNatSchG ist die oberste Naturschutzbehörde.

Art. 23 Gesetzlich geschützte Biotope (Art. 23 Abs. 2 abweichend von § 30 Abs. 2, 3 und 5 BNatSchG, Art. 23 Abs. 3 abweichend von §§ 30 Abs. 3, 67 Abs. 1 BNatSchG, Art. 23 Abs. 4 abweichend von §§ 30 Abs. 3, 67 Abs. 1 BNatSchG). (1) [1]Gesetzlich geschützte Biotope im Sinn des § 30 Abs. 2 Satz 2 BNatSchG sind auch

1. Landröhrichte, Pfeifengraswiesen,
2. Moorwälder,

3. wärmeliebende Säume,
4. Magerrasen, Felsheiden,
5. alpine Hochstaudenfluren,
6. extensiv genutzte Obstbaumwiesen oder -weiden aus hochstämmigen Obstbäumen mit einer Fläche ab 2.500 Quadratmetern (Streuobstbestände) mit Ausnahme von Bäumen, die weniger als 50 Meter vom nächstgelegenen Wohngebäude oder Hofgebäude entfernt sind und
7. arten- und strukturreiches Dauergrünland.

[2]Die Staatsregierung wird ermächtigt, durch Rechtsverordnung Einzelheiten zur fachlichen Abgrenzung der in Satz 1 Nr. 6 und 7 genannten Biotope zu bestimmen.

(2) [1]Die Verbote nach § 30 Abs. 2 BNatSchG gelten nicht bei gesetzlich geschützten Biotopen, die
1. nach Inkrafttreten eines Bebauungsplans entstanden sind, wenn eine nach diesem Plan zulässige Nutzung in seinem Geltungsbereich verwirklicht wird,
2. während der Laufzeit einer vertraglichen Vereinbarung oder der Teilnahme an öffentlichen Programmen zur Bewirtschaftungsbeschränkung entstanden sind, soweit diese innerhalb einer Frist von fünfzehn Jahren nach Beendigung der vertraglichen Vereinbarung oder der Teilnahme an den öffentlichen Programmen wieder einer land-, forst- oder fischereiwirtschaftlichen Nutzung zugeführt werden.

[2]Die Verbote nach § 30 Abs. 2 BNatSchG gelten außerdem nicht für regelmäßig erforderliche Maßnahmen zur Unterhaltung
1. der künstlichen, zum Zweck der Fischereiwirtschaft angelegten geschlossenen Gewässer im Sinne des § 30 Abs. 2 Satz 1 Nr. 1 BNatSchG oder
2. der Obstbaumwiesen oder -weiden im Sinn des Abs. 1 Nr. 6.

(3) [1]Für eine Maßnahme kann auf Antrag eine Ausnahme zugelassen werden, wenn die Beeinträchtigungen ausgeglichen werden können oder wenn die Maßnahme aus Gründen des überwiegenden öffentlichen Interesses notwendig ist. [2]Die Entscheidung über die Ausnahme wird durch eine nach anderen Vorschriften erforderliche behördliche Gestattung ersetzt; diese Entscheidung wird im Benehmen mit der zuständigen Naturschutzbehörde getroffen.

(4) [1]Abweichend von § 30 Abs. 3 und § 67 Abs. 1 BNatSchG bedürfen Maßnahmen auf Grund der öffentlich-rechtlichen Verpflichtung zur Unterhaltung der Gewässer keiner behördlichen Ausnahme- oder Befreiungsentscheidung vom Verbot des § 30 Abs. 2 Satz 1 BNatSchG. [2]Sie dürfen nur unter den Voraussetzungen des Art. 23 Abs. 3 Satz 1 oder des § 67 Abs. 1 BNatSchG durchgeführt werden.

(5) Die Sicherung von Brut-, Nahrungs- und Aufzuchtbiotopen des Großen Brachvogels, der Uferschnepfe, des Rotschenkels, der Bekassine, des Weißstorchs, des Kiebitzes, des Braunkehlchens oder des Wachtelkönigs in feuchten Wirtschaftswiesen und -weiden (Wiesenbrütergebiete) soll in geeigneter Weise, insbesondere durch privatrechtliche Vereinbarungen, angestrebt werden.

(6) [1]Für Handlungen nach § 30 Abs. 2 BNatSchG, die der Verwendung der Biotope zu intensiver landwirtschaftlicher Nutzung dienen, ist eine Umweltverträglichkeitsprüfung nach Maßgabe des Fünften Teils Abschnitt III BayVwVfG durchzuführen, wenn die Gesamtfläche der betroffenen Biotope 1 ha oder mehr beträgt. [2]Bei Änderung oder Erweiterung der intensiven landwirtschaftlichen Nutzung der Biotope ist eine Umweltverträglichkeitsprüfung durchzuführen, wenn

1. der durch die Erweiterung hinzukommende Teil für sich betrachtet oder
2. das durch die Änderung oder Erweiterung entstehende Vorhaben bei einheitlicher Betrachtung erstmals

den in Satz 1 genannten Schwellenwert erfüllt. [3]Im Fall des Satzes 2 Nr. 2 ist dem geänderten oder erweiterten Vorhaben derjenige Teil des Bestands nicht mehr zuzurechnen, der früher als zwei Jahre vor dem Eingang des Antrags auf Zulassung des Änderungs- oder Erweiterungsvorhabens bei der zuständigen Behörde in Betrieb genommen worden ist.

Art. 23a Verbot von Pestiziden. [1]Die Anwendung von Pestiziden (Pflanzenschutzmittel und Biozide) gemäß Art. 3 Nr. 10 der Richtlinie 2009/128/EG des Europäischen Parlaments und des Rates vom 21. Oktober 2009 über einen Aktionsrahmen der Gemeinschaft für die nachhaltige Verwendung von Pestiziden (ABl. L 309 vom 24. November 2009, S. 71) in der jeweils geltenden Fassung ist in Naturschutzgebieten, in gesetzlich geschützten Landschaftsbestandteilen und in gesetzlich geschützten Biotopen außerhalb von intensiv genutzten land- und fischereiwirtschaftlichen Flächen verboten. [2]Die Naturschutzbehörde kann die Verwendung dieser Mittel zulassen, soweit eine Gefährdung des Schutzzwecks der in Satz 1 genannten Schutzgebiete oder geschützten Gegenstände nicht zu befürchten ist. [3]Weitergehende Vorschriften bleiben unberührt.

Teil 5
Zoos und Tiergehege

Art. 24 Zoos. [1]Die Genehmigung zur Errichtung, Erweiterung, wesentlichen Änderung und zum Betrieb eines Zoos nach § 42 Abs. 2 BNatSchG schließt die Erlaubnis nach § 11 Abs. 1 Satz 1 Nrn. 2a und 3 Buchst. d des Tierschutzgesetzes mit ein. [2]Sie setzt voraus, dass die für die Erlaubnis erforderlichen Voraussetzungen vorliegen. [3]Die Zoogenehmigung wird zusammen mit der tierschutzrechtlichen Erlaubnis durch eine nach anderen Vorschriften außerhalb des Naturschutzrechts erforderliche behördliche Gestattung ersetzt; die behördliche Gestattung darf nur erteilt werden, wenn die für die Genehmigung und die Erlaubnis erforderlichen Voraussetzungen vorliegen und die hierfür zuständigen Stellen ihr Einvernehmen erklärt haben.

Art. 25 Tiergehege. (1) Anträge auf Erteilung der jagdrechtlichen Genehmigung oder der Zoogenehmigung gelten als Anzeige im Sinn von § 43 Abs. 3 Satz 1 BNatSchG; dies gilt auch für die tierschutzrechtliche Anzeige.

(2) Ist bereits nach anderen Vorschriften eine Gestattung für die Errichtung, die Erweiterung, wesentliche Änderung oder den Betrieb eines Tiergeheges erforderlich, trifft die für die anderweitige Gestattung zuständige Behörde die Entscheidungen nach § 43 Abs. 3 Sätze 2 bis 4 BNatSchG im Benehmen mit der unteren Naturschutzbehörde.

(3) Eine Anzeigepflicht nach § 43 Abs. 3 Satz 1 BNatSchG besteht nicht für Gehege,

1. die unter staatlicher Aufsicht stehen,
2. die nur für kurze Zeit aufgestellt werden oder eine geringe Fläche beanspruchen oder
3. in denen nur eine geringe Anzahl von Tieren oder Tiere mit geringen Anforderungen an ihre Haltung gehalten werden.

Teil 6

Erholung in der freien Natur

Art. 26 Recht auf Naturgenuss und Erholung (Art. 26 Abs. 1 Satz 2 abweichend von § 59 Abs. 2 Satz 1 BNatSchG). (1) [1]Jedermann hat das Recht auf den Genuss der Naturschönheiten und auf die Erholung in der freien Natur. [2]Dieses Recht wird nach Maßgabe des Art. 141 Abs. 3 der Verfassung und der folgenden Bestimmungen dieses Teils gewährleistet; weitergehende Rechte auf Grund anderer Vorschriften bleiben unberührt.

(2) [1]Bei der Ausübung des Rechts nach Abs. 1 ist jedermann verpflichtet, mit Natur und Landschaft pfleglich umzugehen. [2]Dabei ist auf die Belange der Grundstückseigentümer und Nutzungsberechtigten Rücksicht zu nehmen. [3]Die Rechtsausübung anderer darf nicht verhindert oder mehr als nach den Umständen unvermeidbar beeinträchtigt werden (Gemeinverträglichkeit).

Art. 27 Betretungsrecht; Gemeingebrauch an Gewässern. (1) Alle Teile der freien Natur, insbesondere Wald, Bergweide, Fels, Ödungen, Brachflächen, Auen, Uferstreifen und landwirtschaftlich genutzte Flächen, können von jedermann unentgeltlich betreten werden.

(2) [1]Das Betretungsrecht umfasst auch die Befugnisse nach Art. 28 und 29. [2]Es ist beschränkt durch die allgemeinen Gesetze sowie durch Art. 30 bis 32 dieses Gesetzes.

(3) [1]Das Betretungsrecht kann von Grundeigentümern oder sonstigen Berechtigten nur unter den Voraussetzungen des Art. 33 verweigert werden. [2]Das Betretungsrecht kann nicht ausgeübt werden, soweit Grundeigentümer oder sonstige Berechtigte das Betreten ihres Grundstücks durch für die Allgemeinheit geltende, deutlich sichtbare Sperren, insbesondere durch Einfriedungen, andere tatsächliche Hindernisse oder Beschilderungen untersagt haben. [3]Beschilderungen sind jedoch nur wirksam, wenn sie auf einen gesetzlichen Grund hinweisen, der eine Beschränkung des Betretungsrechts rechtfertigt.

(4) [1]Der Gemeingebrauch an Gewässern bestimmt sich nach § 25 des Wasserhaushaltsgesetzes und Art. 18 des Bayerischen Wassergesetzes. [2]Der Gemeingebrauch an öffentlichen Straßen bestimmt sich nach Art. 14 des Bayerischen Straßen- und Wegegesetzes sowie § 7 des Bundesfernstraßengesetzes.

Art. 28 Benutzung von Wegen; Markierungen. (1) [1]Jedermann darf auf Privatwegen in der freien Natur wandern und, soweit sich die Wege dafür eignen, reiten und mit Fahrzeugen ohne Motorkraft sowie Krankenfahrstühlen fahren. [2]Den Fußgängern gebührt der Vorrang.

(2) [1]Markierungen und Wegetafeln müssen ohne Beeinträchtigung des Landschaftsbilds deutlich, aussagekräftig und unter Beachtung örtlicher und überörtlicher Wanderwegenetze einheitlich gestaltet sein. [2]Genügen Markierungen und Wegetafeln diesen Anforderungen nicht, kann ihre Beseitigung angeordnet werden.

(3) [1]Eigentümer oder sonstige Berechtigte haben Markierungen und Wegetafeln zu dulden, die Gemeinden oder Organisationen, die sich satzungsgemäß vorwiegend der Förderung des Naturschutzes und der Landschaftspflege widmen, mit Genehmigung der unteren Naturschutzbehörde anbringen. [2]Auf die Grundstücksnutzung ist Rücksicht zu nehmen. [3]Eigentümer oder sonstige Berechtigte sind vor der Anbringung zu benachrichtigen.

(4) Die Vorschriften des Straßen- und Wegerechts und des Straßenverkehrsrechts bleiben unberührt.

Art. 29 Sportliche Betätigung. Zum Betreten im Sinn dieses Teils gehören auch das Skifahren, das Schlittenfahren, das Reiten, das Ballspielen und ähnliche sportliche Betätigungen in der freien Natur.

Art. 30 Land- und forstwirtschaftlich genutzte Flächen. (1) [1]Landwirtschaftlich genutzte Flächen (einschließlich Sonderkulturen) und gärtnerisch genutzte Flächen dürfen während der Nutzzeit nur auf vorhandenen Wegen betreten werden. [2]Als Nutzzeit gilt die Zeit zwischen Saat oder Bestellung und Ernte, bei Grünland die Zeit des Aufwuchses.

(2) [1]Das Radfahren, das Fahren mit Krankenfahrstühlen und das Reiten ist im Wald nur auf Straßen und geeigneten Wegen zulässig. [2]Die Vorschriften des Straßen- und Wegerechts und des Straßenverkehrsrechts bleiben unberührt.

Art. 31 Beschränkungen der Erholung in der freien Natur. (1) Die untere oder höhere Naturschutzbehörde kann durch Rechtsverordnung oder Einzelanordnung die Erholung in Teilen der freien Natur im erforderlichen Umfang aus Gründen des Naturschutzes, zur Durchführung von landschaftspflegerischen Vorhaben, zur Regelung des Erholungsverkehrs oder aus anderen zwingenden Gründen des Gemeinwohls untersagen oder beschränken.

(2) Inhalt von Beschränkungen für das Reiten kann insbesondere sein,

1. das Reiten nur auf den durch die Behörde besonders dafür ausgewiesenen Wegen oder Flächen zu erlauben,

2. das Reiten nur zu bestimmten Zeiten zu gestatten,
3. für die Benutzung von Wegen und Flächen durch Reiter eine behördliche Genehmigung vorzusehen.

(3) Die untere oder höhere Naturschutzbehörde kann zum Schutz des Erholungsverkehrs und des Eigentums durch Rechtsverordnung eine Kennzeichnung der Reitpferde vorschreiben.

Art. 32 Durchführung von Veranstaltungen. Teilnehmern einer organisierten Veranstaltung steht das Betretungsrecht nur zu, wenn nach Art und Umfang der Veranstaltung und nach den örtlichen Gegebenheiten eine Beeinträchtigung der betroffenen Grundstücke nicht zu erwarten ist.

Art. 33 Zulässigkeit von Sperren. Grundeigentümer oder sonstige Berechtigte dürfen der Allgemeinheit das Betreten von Grundstücken in der freien Natur durch Sperren im Sinn des Art. 27 Abs. 3 Satz 2 nur unter folgenden Voraussetzungen verwehren:

1. Sperren können errichtet werden, wenn andernfalls die zulässige Nutzung des Grundstücks nicht unerheblich behindert oder eingeschränkt würde. Das gilt insbesondere, wenn die Beschädigung von Forstkulturen, Sonderkulturen oder sonstigen Nutzpflanzen zu erwarten ist, oder wenn das Grundstück regelmäßig von einer Vielzahl von Personen betreten und dadurch in seinem Ertrag erheblich gemindert oder in unzumutbarer Weise beschädigt oder verunreinigt wird.
2. Bei Wohngrundstücken ist eine Beschränkung nur für den Wohnbereich zulässig, der sich nach den berechtigten Wohnbedürfnissen und nach den örtlichen Gegebenheiten bestimmt.
3. Flächen können aus Gründen des Naturschutzes, zur Durchführung von landschaftspflegerischen Vorhaben oder forstwirtschaftlichen Maßnahmen, von Jagden, ferner zur Vorbereitung und Durchführung sportlicher Wettkämpfe in der freien Natur sowie aus anderen zwingenden Gründen des Gemeinwohls kurzzeitig gesperrt werden.

Art. 34 Verfahren. (1) [1]Bedarf die Errichtung einer Sperre im Sinn des Art. 27 Abs. 3 Satz 2 einer behördlichen Gestattung nach anderen Vorschriften, ist darüber unter Beachtung der Voraussetzungen des Abs. 2 Satz 1 im Benehmen mit der unteren Naturschutzbehörde zu entscheiden. [2]Ist eine Gestattung nach anderen Vorschriften nicht erforderlich, so darf eine Sperre in der freien Natur nur errichtet werden, wenn dies der unteren Naturschutzbehörde mindestens einen Monat vorher angezeigt wurde. [3]Sperren von Forstpflanzgärten, Forstkulturen und Sonderkulturen mit einer Fläche bis zu 5 ha bedürfen keiner Anzeige. [4]Für kurzzeitige Sperrungen genügt eine unverzügliche Anzeige an die untere Naturschutzbehörde.

(2) [1]Die Errichtung der Sperre ist zu untersagen, wenn dies im gegenwärtigen oder absehbaren zukünftigen Interesse der erholungsuchenden Bevölkerung erforderlich ist und die Sperre den Voraussetzungen des Art. 33 wider-

spricht. [2]Die Untersagung ist nur innerhalb von einem Monat nach der Anzeige zulässig.

(3) Unbeschadet sonstiger Vorschriften über die Rücknahme und den Widerruf der Gestattung oder über eine Beseitigungsanordnung kann die untere Naturschutzbehörde die Beseitigung einer bereits bestehenden Sperre anordnen, wenn die Voraussetzungen vorliegen, unter denen nach Abs. 2 die Errichtung der Sperre untersagt werden müsste.

Art. 35 Durchgänge. [1]Grundeigentümer oder sonstige Berechtigte müssen auf einem Grundstück, das nach vorstehenden Vorschriften nicht frei betreten werden kann, für die Allgemeinheit einen Durchgang offenhalten, wenn andere Teile der freien Natur, insbesondere Erholungsflächen, Naturschönheiten, Wald oder Gewässer, in anderer zumutbarer Weise nicht zu erreichen sind, und wenn sie dadurch in sinngemäßer Anwendung der Grundsätze des Art. 33 nicht übermäßig in ihren Rechten beeinträchtigt werden. [2]Die untere Naturschutzbehörde kann die entsprechenden Anordnungen treffen.

Art. 36 Eigentumsbindung und Enteignung. (1) Grundeigentümer oder sonstige Berechtigte haben Beeinträchtigungen, die sich aus vorstehenden Vorschriften und unter Beachtung der Grundsätze des Art. 33 aus behördlichen Maßnahmen nach Art. 34 und 35 ergeben, als Eigentumsbindung im Sinn von Art. 14 Abs. 1 Satz 2 und Abs. 2 des Grundgesetzes und von Art. 103 Abs. 2 und Art. 158 Satz 1 der Verfassung entschädigungslos zu dulden.

(2) [1]Darüber hinaus können im Einzelfall die Errichtung von Sperren untersagt und Anordnungen nach Art. 34 Abs. 3 und Art. 35 Satz 2 getroffen werden, wenn die Absperrung eines Grundstücks nicht gegen Art. 33 verstößt, wenn aber die unbeschränkte oder beschränkte Zugänglichkeit im überwiegenden Interesse einer Vielzahl Erholungsuchender geboten ist. [2]Grundeigentümern oder sonstigen Berechtigten ist eine Entschädigung zu gewähren; § 68 Abs. 1 und 2 BNatSchG in Verbindung mit Art. 41 Abs. 1 sind anzuwenden.

(3) Die Beseitigung rechtmäßig errichteter baulicher Anlagen ist nach den Vorschriften dieses Teils nur gegen Entschädigung zulässig; § 68 Abs. 1 und 2 BNatSchG in Verbindung mit Art. 41 Abs. 1 sind anzuwenden.

(4) [1]Die Entschädigungspflicht nach Abs. 2 und 3 trifft den durch die Maßnahme Begünstigten. [2]Bei Maßnahmen von überwiegend örtlicher Bedeutung sind die betroffenen Gebietskörperschaften, bei Maßnahmen von überwiegend überörtlicher Bedeutung ist der Freistaat Bayern begünstigt.

(5) [1]Soweit über die Entschädigung nach Abs. 2 und 3 keine Einigung zustande kommt, wird darüber auf Antrag eines Beteiligten durch die Behörde entschieden, auf deren Maßnahme die Entschädigungspflicht beruht. [2]Die Beteiligten sind vor der Entscheidung zu hören. [3]Im Übrigen gelten für das Verfahren Art. 30 Abs. 4, Art. 44 Abs. 1 und Art. 45 des Bayerischen Gesetzes über die entschädigungspflichtige Enteignung (BayEG) sinngemäß. [4]Ergeht in angemessener Frist keine Entscheidung, so ist die Klage spätestens innerhalb

eines Jahres nach Eingang des Antrags bei der Behörde zu erheben. [5]Aus einer nicht mehr anfechtbaren behördlichen Entscheidung findet wegen der darin festgesetzten Entschädigung die Zwangsvollstreckung nach den Vorschriften der Zivilprozessordnung über die Vollstreckung von Urteilen in bürgerlichen Rechtsstreitigkeiten statt; Art. 38 Abs. 2 BayEG gilt sinngemäß.

Art. 37 Pflichten des Freistaates Bayern und der Gebietskörperschaften (abweichend von § 62 BNatSchG). (1) Der Freistaat Bayern, die Bezirke, die Landkreise und die Gemeinden haben die Ausübung des Rechts nach Art. 26 zu gewährleisten und Voraussetzungen für die Rechtsausübung zu schaffen.

(2) [1]In Erfüllung dieser Pflichten haben sie der Allgemeinheit die Zugänge zu landschaftlichen Schönheiten und Erholungsflächen freizuhalten und, soweit erforderlich, durch Einschränkungen des Eigentumsrechts freizumachen sowie Uferwege, Wanderwege, Erholungsparke und Spielflächen anzulegen. [2]Sie stellen in ihrem Eigentum oder Besitz stehende geeignete Grundstücke in angemessenem Umfang für die Erholung zur Verfügung. [3]Außerdem sollen geeignete Wege und Flächen für den Reitsport bereitgestellt werden. [4]Grundsätzlich sollen dabei Gemeinden örtliche, Landkreise, Bezirke und der Freistaat Bayern überörtliche Maßnahmen durchführen.

(3) [1]Zum Zweck der Erfüllung ihrer Pflichten stellen die Verpflichtungsträger im Rahmen ihrer Leistungsfähigkeit öffentliche Mittel in ihren Haushalten bereit. [2]Der Freistaat Bayern gewährt Gemeinden, Landkreisen und Bezirken sowie kommunalen Einrichtungen, die sich die Sicherung und Bereitstellung von Erholungsflächen zur Aufgabe gemacht haben, Zuschüsse im Rahmen des Haushalts, wenn und soweit diese Träger überörtliche Aufgaben der Erholungsvorsorge wahrnehmen.

Art. 38 Sauberhaltung der freien Natur. (1) [1]Bei der Ausübung des Rechts nach Art. 26 dürfen bewegliche Sachen in der freien Natur außerhalb der dafür vorgesehenen Einrichtungen nicht zurückgelassen werden. [2]Werden Sachen entgegen Satz 1 zurückgelassen, kann die zuständige Naturschutzbehörde Anordnungen gegen den Verursacher treffen. [3]Sie kann zurückgelassene Sachen in Verwahrung nehmen und verwerten. [4]Für die Verwahrung, Verwertung und Herausgabe der verwahrten Sachen sowie für die Herausgabe des Erlöses finden Art. 26 bis 28 Abs. 2, 3 Satz 3 und Abs. 4 des Polizeiaufgabengesetzes sinngemäß Anwendung. [5]Die abfallrechtlichen Vorschriften bleiben unberührt.

(2) [1]Soweit Verursacher nicht herangezogen werden können, soll die Gemeinde unbeschadet anderer Vorschriften im Rahmen ihrer Leistungsfähigkeit Beschädigungen oder Verunreinigungen, die bei Ausübung des Rechts nach Art. 26 vorgenommen wurden, oder Sachen, die entgegen der Vorschrift in Abs. 1 zurückgelassen wurden, beseitigen. [2]Abs. 1 Sätze 3 und 4 finden entsprechende Anwendung.

(3) [1]Grundstückseigentümer oder sonstige Berechtigte haben Maßnahmen im Sinn der Abs. 1 und 2 durch die untere Naturschutzbehörde, die Gemeinde oder deren Beauftragte zu dulden. [2]Auf die Grundstücksnutzung ist Rücksicht zu nehmen.

Teil 7

Vorkaufsrecht, Enteignung und Erschwernisausgleich

Art. 39 Vorkaufsrecht. (1) [1]Dem Freistaat Bayern sowie den Bezirken, Landkreisen, Gemeinden und kommunalen Zweckverbänden stehen Vorkaufsrechte zu beim Verkauf von Grundstücken,

1. auf denen sich oberirdische Gewässer einschließlich von Verlandungsflächen, ausgenommen Be- und Entwässerungsgräben, befinden oder die daran angrenzen,
2. die ganz oder teilweise in Naturschutzgebieten, Nationalparken, als solchen einstweilig sichergestellten Gebieten oder in geplanten Naturschutzgebieten ab Eintritt der Veränderungsverbote nach Art. 54 Abs. 3 liegen,
3. auf denen sich Naturdenkmäler, geschützte Landschaftsbestandteile oder als solche einstweilig sichergestellte Schutzgegenstände befinden.

[2]Dies gilt auch bei Vertragsgestaltungen, die in ihrer Gesamtheit einem Kaufvertrag nahezu gleichkommen. [3]Liegen die Merkmale der Nrn. 1 bis 3 nur bei einem Teil des Grundstücks vor, so erstreckt sich das Vorkaufsrecht nur auf diese Teilfläche. [4]Ist die Restfläche für den Eigentümer nicht mehr in angemessenem Umfang baulich oder wirtschaftlich verwertbar, so kann er verlangen, dass der Vorkauf auf das gesamte Grundstück erstreckt wird.

(2) Das Vorkaufsrecht darf nur ausgeübt werden, wenn dies gegenwärtig oder zukünftig die Belange des Naturschutzes oder der Landschaftspflege oder das Bedürfnis der Allgemeinheit nach Naturgenuss und Erholung in der freien Natur rechtfertigen.

(3) [1]Die Ausübung des Vorkaufsrechts erfolgt durch den Freistaat Bayern, vertreten durch die Kreisverwaltungsbehörde. [2]Soweit der Freistaat Bayern das Vorkaufsrecht in den Fällen des Abs. 1 Satz 1 Nr. 1 wegen des Bedürfnisses der Allgemeinheit nach Naturgenuss und Erholung in der freien Natur für sich ausübt, vertritt ihn die Bayerische Verwaltung der staatlichen Schlösser, Gärten und Seen an den von ihr verwalteten oberirdischen Gewässern. [3]Die Mitteilung gemäß § 469 des Bürgerlichen Gesetzbuchs (BGB) über die in Abs. 1 Sätze 1 und 2 genannten Verträge ist in allen Fällen gegenüber der Kreisverwaltungsbehörde abzugeben. [4]Der Freistaat Bayern hat jedoch das Vorkaufsrecht zugunsten eines anderen Vorkaufsberechtigten nach Abs. 1 auszuüben, wenn dieser es verlangt. [5]Wollen mehrere Vorkaufsberechtigte nach Abs. 1 von ihrem Recht Gebrauch machen, so geht das Vorkaufsrecht des Freistaates Bayern den übrigen Vorkaufsrechten vor. [6]Innerhalb der Gebietskörperschaften einschließlich der kommunalen Zweckverbände bestimmt sich das Vorkaufs-

recht nach den geplanten Maßnahmen, wobei überörtliche den örtlichen Vorhaben vorgehen. [7]In Zweifelsfällen entscheidet das Staatsministerium der Finanzen und für Heimat im Einvernehmen mit der obersten Naturschutzbehörde.

(4) [1]Die Vorkaufsrechte gehen unbeschadet bundesrechtlicher Regelungen allen anderen Vorkaufsrechten im Rang vor, rechtsgeschäftlichen Vorkaufsrechten jedoch nur, wenn diese nach dem 1. August 1973 bestellt worden sind oder bestellt werden. [2]Sie bedürfen nicht der Eintragung in das Grundbuch. [3]Bei einem Eigentumserwerb auf Grund der Ausübung des Vorkaufsrechts erlöschen rechtsgeschäftliche Vorkaufsrechte.

(5) [1]Die Vorkaufsrechte können auch zugunsten eines überörtlichen gemeinnützigen Erholungsflächenvereins oder zugunsten von gemeinnützigen Naturschutz-, Fremdenverkehrs- und Wandervereinen, in den Fällen des Abs. 1 Satz 1 Nrn. 2 und 3 auch zugunsten des Bayerischen Naturschutzfonds ausgeübt werden, wenn diese einverstanden sind. [2]Wird das Vorkaufsrecht zugunsten der in Satz 1 genannten Vereine ausgeübt, ist das Einvernehmen der Immobilien Freistaat Bayern erforderlich. [3]Äußert sich dieses nicht innerhalb eines Monats, ist davon auszugehen, dass gegen die Ausübung des Vorkaufsrechts keine Bedenken bestehen.

(6) [1]In den Fällen der Abs. 3 und 5 kommt der Kauf zwischen dem Begünstigten und dem Verpflichteten zustande. [2]Im Fall des Abs. 5 haftet der ausübende Vorkaufsberechtigte für die Verpflichtungen aus dem Kauf neben dem Begünstigten als Gesamtschuldner.

(7) §§ 463 bis 468, 469, 471, 1098 Abs. 2, §§ 1099 bis 1102 BGB sind anzuwenden.

(8) [1]Abweichend von § 464 Abs. 2 BGB kann der Vorkaufsberechtigte den zu zahlenden Betrag nach dem Verkehrswert des Grundstücks im Zeitpunkt des Kaufs bestimmen, wenn der vereinbarte Kaufpreis den Verkehrswert deutlich überschreitet. [2]In diesem Fall ist der Verpflichtete berechtigt, bis zum Ablauf eines Monats nach Unanfechtbarkeit des Verwaltungsakts über die Ausübung des Vorkaufsrechts vom Vertrag zurückzutreten. [3]Auf das Rücktrittsrecht sind die §§ 346 bis 349 und 351 BGB entsprechend anzuwenden.

(9) Das Vorkaufsrecht ist ausgeschlossen, wenn der Eigentümer das Grundstück an seinen Ehegatten, eingetragenen Lebenspartner oder an eine Person veräußert, die mit ihm in gerader Linie verwandt ist.

Art. 40 Enteignung. Zugunsten des Freistaates Bayern, der Bezirke, Landkreise, Gemeinden und der kommunalen Zweckverbände, die sich den Belangen des Naturschutzes, der Landschaftspflege und der öffentlichen Erholung widmen, kann enteignet werden

1. zur Schaffung oder Änderung freier Zugänge zu Bergen, Gewässern und sonstigen landschaftlichen Schönheiten, von Wanderwegen, Erholungsparken, Ski- und Rodelabfahrten, Rad- und Reitwegen, Skiwanderwegen und

Loipen, zur Bereitstellung von Gewässer- und Hinterliegergrundstücken für öffentliche Badeanlagen oder Uferwege, zur Anlage von Schutzhütten, Naturlehrpfaden, Spiel-, Park-, Rast- und Aussichtsplätzen, sanitären Einrichtungen oder
2. wenn Gründe des Naturschutzes und der Landschaftspflege es zwingend erfordern.

Art. 41 Beschränkungen des Eigentums; Grundbesitz der öffentlichen Hand. (1) [1]Bei Beschränkungen des Eigentums im Sinn des § 68 Abs. 1 BNatSchG bestimmt sich das Nähere für die nach § 68 Abs. 2 BNatSchG zu leistende Entschädigung in Geld nach den Vorschriften des Bayerischen Gesetzes über die entschädigungspflichtige Enteignung. [2]Kommt im Fall des § 68 Abs. 2 Satz 3 BNatSchG eine Einigung über die Übernahme des Grundstücks nicht zustande, kann der Eigentümer das Enteignungsverfahren beantragen. [3]Im Übrigen gelten die Vorschriften des Bayerischen Gesetzes über die entschädigungspflichtige Enteignung sinngemäß.

(2) Staat, Gemeinden, Landkreise, Bezirke und sonstige juristische Personen des öffentlichen Rechts sollen in ihrem Eigentum befindliche geeignete Grundstücke im Tauschweg zur Verfügung stellen, wenn Beschränkungen der Nutzung privater Grundstücke aus Gründen des Naturschutzes und der Landschaftspflege für den privaten Eigentümer eine unzumutbare Belastung darstellen; dies gilt nicht für Grundstücke, die in absehbarer Zeit zur Erfüllung von Aufgaben des Staates, der Gemeinde, des Landkreises, des Bezirks oder sonstiger juristischer Personen des öffentlichen Rechts benötigt werden.

Art. 42 Erschwernisausgleich; Ausgleich von Nutzungsbeschränkungen in der Land-, Forst- und Fischereiwirtschaft. (1) [1]Wird Eigentümern oder Nutzungsberechtigten durch eine Versagung der Ausnahme nach Art. 23 Abs. 3 oder der Befreiung nach § 67 Abs. 1 BNatSchG die bestehende land-, forst- oder fischereiwirtschaftliche Bewirtschaftung eines nach § 30 Abs. 2 Satz 1 BNatSchG oder nach Art. 23 Abs. 1 gesetzlich geschützten Biotops wesentlich erschwert, wird ihnen dafür nach Maßgabe der verfügbaren Haushaltsmittel ein angemessener Geldausgleich gewährt. [2]Dieser Geldausgleich wird auch im Rahmen von vertraglichen Vereinbarungen oder der Teilnahme an Förderprogrammen gewährt, soweit Eigentümer oder Nutzungsberechtigte durch naturschonende Bewirtschaftung den ökologischen Wert des gesetzlich geschützten Biotops erhalten. [3]Eigentümer oder Nutzungsberechtigte erhalten im Rahmen der verfügbaren Haushaltsmittel eine Förderung, soweit sie durch naturschonende Bewirtschaftung den ökologischen Wert von Streuobstwiesen bewahren.

(2) [1]Werden in Schutzgebietsverordnungen, die nach dem 19. Juli 1995 in Kraft getreten sind, oder werden in nach diesem Zeitpunkt erlassenen Anordnungen zum Schutz von Naturdenkmälern und geschützten Landschaftsbestandteilen und Grünbeständen erhöhte Anforderungen festgesetzt, die die ausgeübte, im Sinn des Art. 6 Abs. 4 ordnungsgemäße land-, forst- oder fischereiwirtschaftliche Bodennutzung eines Grundstücks beschränken, so ist für die

dadurch verursachten wirtschaftlichen Nachteile ein angemessener Geldausgleich zu gewähren, soweit nicht eine Entschädigungspflicht nach § 68 Abs. 1 und 2 BNatSchG in Verbindung mit Art. 41 Abs. 1 besteht. [2]Bei Beschränkungen durch Anordnungen in Natura 2000-Gebieten kann unter den Voraussetzungen von Satz 1 ein Geldausgleich gewährt werden. [3]Das Nähere regelt die Staatsregierung durch Rechtsverordnung.

Teil 8

Organisation, Zuständigkeit und Verfahren

Art. 43 Behörden. (1) Die Durchführung des Bundesnaturschutzgesetzes, dieses Gesetzes und der auf Grund dieser Gesetze erlassenen Rechtsvorschriften ist grundsätzlich Aufgabe des Staates.

(2) Behörden für den Schutz der Natur, die Pflege der Landschaft und die Erholung in der freien Natur (Naturschutzbehörden) sind
1. das Staatsministerium für Umwelt und Verbraucherschutz als oberste Naturschutzbehörde,
2. die Regierungen als höhere Naturschutzbehörden,
3. die Kreisverwaltungsbehörden als untere Naturschutzbehörden.

(3) Die unteren und höheren Naturschutzbehörden werden mit hauptamtlichen Fachkräften ausgestattet, die von nebenamtlichen und ehrenamtlichen Mitarbeitern und Mitarbeiterinnen unterstützt werden können.

Art. 44 Zuständigkeiten; Ersetzung. (1) [1]Die oberste Naturschutzbehörde wird ermächtigt, durch Rechtsverordnung die Behörden zu bestimmen, die zum Vollzug von Vorschriften der Europäischen Union oder des Bundes im Bereich des Naturschutzes und der Landschaftspflege zuständig sind. [2]Die Rechtsverordnung ergeht im Einvernehmen mit dem Staatsministerium, dessen Geschäftsbereich berührt wird.

(2) [1]Der Vollzug des Bundesnaturschutzgesetzes und dieses Gesetzes sowie der Vollzug der auf Grund dieser Gesetze erlassenen Rechtsverordnungen obliegt, soweit nichts anderes bestimmt ist, den unteren Naturschutzbehörden. [2]Abweichend von Satz 1 sind zuständig für den Vollzug
1. des Art. 3 Abs. 2 Satz 2 die unteren Forstbehörden,
2. des Art. 11a die Immissionsschutzbehörden,
3. des Art. 11b die Behörden, die für den Vollzug des Gentechnikgesetzes zuständig sind,
4. des Art. 16 Abs. 1 Satz 1 Nr. 3 die Wasserbehörden nach Art. 63 Abs. 1 des Bayerischen Wassergesetzes,
5. der nach Art. 51 Abs. 1 Nr. 5 erlassenen Gemeindeverordnungen die Gemeinden.

(3) Zuständig für die Beobachtung von Natur und Landschaft nach § 6 BNatSchG sind die Naturschutzbehörden und das Landesamt für Umwelt.

(4) Genehmigungen nach § 40 Abs. 1 BNatSchG erteilt die höhere Naturschutzbehörde.

(5) Wird eine Entscheidung nach diesem Gesetz durch eine nach Vorschriften außerhalb dieses Gesetzes erforderliche behördliche Gestattung ersetzt, soll in der behördlichen Gestattung auf die Ersetzungswirkung hingewiesen werden.

Art. 45 Mitwirkung von anerkannten Naturschutzvereinigungen. [1]Sind keine oder nur geringfügige Auswirkungen auf Natur und Landschaft zu erwarten, kann von einer Mitwirkung anerkannter Naturschutzvereinigungen nach § 63 Abs. 2 BNatSchG abgesehen werden. [2]Wird von einer Mitwirkung abgesehen, ist dies zu begründen.

Art. 46 Bayerisches Landesamt für Umwelt. Unbeschadet sonstiger Vorschriften hat das Landesamt für Umwelt die Aufgabe,

1. die Naturschutzbehörden fachlich zu beraten,
2. bei der Durchführung von Schutz-, Pflege- und Gestaltungsmaßnahmen mitzuwirken,
3. den Vogelschutz als staatliche Vogelschutzwarte wahrzunehmen,
4. erhaltenswerte Biotope sowie Arten und deren Lebensräume zu erfassen und zu bewerten sowie die geeigneten Biotopverbundbestandteile zu ermitteln, Untersuchungen ökologisch bedeutsamer Flächen durchzuführen, Schutz- und Entwicklungskonzepte des Naturschutzes und der Landschaftspflege auf Grund von Bestandserfassungen wild lebender Tier- und Pflanzenarten eines bestimmten Gebiets zu erarbeiten und fortzuschreiben,
5. Verzeichnisse der Schutzgebiete nach Art. 17 Abs. 2 Satz 2 Halbsatz 1 sowie der ökologisch bedeutsamen Flächen (Ökoflächenkataster), die laufend fortzuschreiben sind, zu führen,
6. die Unterrichtung der Öffentlichkeit über die Aufgaben des Naturschutzes zu fördern,
7. die Grundlagen und Daten für die Beobachtung von Natur und Landschaft zusammenzuführen,
8. die Verbindung mit Naturschutzorganisationen und Institutionen des In- und Auslands zu pflegen,
9. in Zusammenarbeit mit der Bayerischen Akademie für Naturschutz und Landschaftspflege die Forschung auf dem Gebiet des Naturschutzes und der Landschaftspflege zu fördern,
10. bei der Aufstellung von Programmen und Plänen nach dem Bayerischen Landesplanungsgesetz, die der Verwirklichung der Zielsetzungen dieses Gesetzes dienen, mitzuwirken,
11. Artenhilfsprogramme zu entwickeln,
12. das Arten- und Biotopschutzprogramm nach Art. 19 aufzustellen und nach Bedarf fortzuentwickeln,
13. in geeigneten Zeitabständen den Stand der wissenschaftlichen Erkenntnisse über ausgestorbene oder gefährdete heimische Tier- und Pflanzenarten (Rote Listen) darzustellen.

Art. 47 Bayerische Akademie für Naturschutz und Landschaftspflege. (1) Es besteht eine Bayerische Akademie für Naturschutz und Landschaftspflege.

(2) Die Akademie hat die Aufgabe, in Zusammenarbeit mit den Hochschulen, dem Landesamt für Umwelt und anderen geeigneten Einrichtungen
1. die Durchführung von Forschungsaufgaben bei den dazu geeigneten wissenschaftlichen Einrichtungen anzuregen und zu unterstützen,
2. durch Lehrgänge, Fortbildungskurse und Öffentlichkeitsarbeit den neuesten Stand der wissenschaftlichen Erkenntnisse im Bereich Naturschutz und Landschaftspflege zu vermitteln,
3. den Austausch von Erkenntnissen und Erfahrungen zu betreiben,
4. anwendungsorientierte ökologische Forschung zu betreiben.

(3) [1]Die Akademie untersteht der Aufsicht des Staatsministeriums für Umwelt und Verbraucherschutz. [2]Das Nähere, insbesondere Rechtsform und Organisation, wird durch Rechtsverordnung der Staatsregierung geregelt.

Art. 48 Naturschutzbeiräte. (1) [1]Zur wissenschaftlichen und fachlichen Beratung sind bei den Naturschutzbehörden Beiräte aus sachverständigen Personen zu bilden. [2]Das Nähere, insbesondere Zusammensetzung, Stellung, Aufgabe und Entschädigung der Beiräte, regelt das Staatsministerium für Umwelt und Verbraucherschutz durch Rechtsverordnung im Einvernehmen mit den Staatsministerien der Finanzen und für Heimat, für Wohnen, Bau und Verkehr sowie für Ernährung, Landwirtschaft und Forsten.

(2) Will eine Naturschutzbehörde abweichend von einem Beschluss des bei ihr gebildeten Naturschutzbeirats entscheiden, so hat sie die Zustimmung der nächsthöheren Naturschutzbehörde einzuholen.

Art. 49 Naturschutzwacht. (1) [1]Zur Unterstützung der Naturschutzbehörden und der Polizei können bei der unteren Naturschutzbehörde Hilfskräfte eingesetzt werden. [2]Sie sind während der Ausübung ihres Dienstes Angehörige der unteren Naturschutzbehörde im Außendienst und dürfen Amtshandlungen nur in deren Gebiet vornehmen.

(2) Die in Abs. 1 genannten Hilfskräfte haben die Aufgabe, Zuwiderhandlungen gegen Rechtsvorschriften, die den Schutz der Natur, die Pflege der Landschaft und die Erholung in der freien Natur regeln und deren Übertretung mit Strafe oder Geldbuße bedroht ist, festzustellen, zu verhüten, zu unterbinden sowie bei der Verfolgung solcher Zuwiderhandlungen mitzuwirken.

(3) Die in Abs. 1 genannten Hilfskräfte können zur Erfüllung ihrer Aufgaben
1. eine Person zur Feststellung ihrer Personalien anhalten,
2. die angehaltene Person zu einer Polizeidienststelle bringen, wenn die Feststellung der Personalien an Ort und Stelle nicht vorgenommen werden kann oder wenn der Verdacht besteht, dass die Angaben unrichtig sind,
3. eine Person vorübergehend von einem Ort verweisen oder ihr vorübergehend das Betreten eines Orts verbieten (Platzverweis),

4. das unberechtigt entnommene Gut und Gegenstände sicherstellen, die bei Zuwiderhandlungen nach Abs. 2 verwendet wurden oder verwendet werden sollen.

(4) [1]Die in Abs. 1 genannten Hilfskräfte müssen bei Ausübung ihrer Tätigkeit ein Dienstabzeichen tragen und einen Dienstausweis mit sich führen, der bei Vornahme einer Amtshandlung auf Verlangen vorzuzeigen ist. [2]Dies gilt nicht, wenn die Ausweisung aus Sicherheitsgründen nicht zugemutet werden kann.

(5) Das Staatsministerium für Umwelt und Verbraucherschutz kann im Einvernehmen mit den Staatsministerien des Innern, für Sport und Integration, der Finanzen und für Heimat sowie der Justiz durch Rechtsverordnung die Begründung, die Ausgestaltung und den Umfang des Dienstverhältnisses regeln sowie Vorschriften über den Dienstausweis und die Dienstabzeichen erlassen.

Art. 50 Bayerischer Naturschutzfonds. (1) Unter dem Namen „Bayerischer Naturschutzfonds" besteht seit dem 1. September 1982 eine rechtsfähige Stiftung des öffentlichen Rechts mit dem Sitz in München.

(2) [1]Die Stiftung fördert die Bestrebungen für die Erhaltung der natürlichen Umwelt und der natürlichen Lebensgrundlagen und trägt zur Aufbringung der benötigten Mittel bei. [2]Sie hat insbesondere nachstehende Aufgaben:
1. Förderung von Maßnahmen zum Schutz, zur Pflege und zur Entwicklung von Natur und Landschaft,
2. Förderung von Maßnahmen zum Aufbau eines landesweiten Biotopverbundsystems einschließlich der erforderlichen Vorbereitung und Abwicklung,
3. Förderung von Maßnahmen des Naturschutzes und der Landschaftspflege im Rahmen der Umsetzung der gemeindlichen Landschaftsplanung,
4. Förderung der Pacht, des Erwerbs und der sonstigen zivilrechtlichen Sicherung von Grundstücken zu Zwecken des Naturschutzes und der Landschaftspflege durch Gebietskörperschaften und Organisationen, die sich satzungsgemäß überwiegend der Förderung des Naturschutzes und der Landschaftspflege widmen,
5. Pacht, Erwerb und sonstige zivilrechtliche Sicherung von Grundstücken zu Zwecken des Naturschutzes und der Landschaftspflege,
6. Verwendung der Ersatzzahlungen nach § 15 Abs. 6 BNatSchG,
7. Mitwirkung bei der Umsetzung von Kompensationsmaßnahmen und deren Bevorratung.

[3]Die Stiftung soll sich vorrangig bestehender Einrichtungen, Stellen oder Behörden bedienen. [4]Aufgaben des Freistaates Bayern, der Bezirke, der Landkreise und der Gemeinden werden durch die Stiftung nicht berührt.

(3) Die Stiftung erfüllt ihre Aufgaben aus
1. dem Ertrag des Stiftungsvermögens,
2. Zuwendungen,
3. Erträgnissen von Ausspielungen, Ausstellungen, Veranstaltungen und Sammlungen,

4. Ersatzzahlungen nach § 15 Abs. 6 BNatSchG,
5. Aufwendungsersatz für Leistungen nach Abs. 2 Nr. 7.

(4) Der Freistaat Bayern bringt in das Vermögen der Stiftung eine Grundausstattung ein.

(5) [1]Organe der Stiftung sind der Stiftungsrat und der Vorstand. [2]Der Stiftungsrat besteht aus
1. dem Staatsminister für Umwelt und Verbraucherschutz oder dessen Beauftragten als Vorsitzenden,
2. dem Vorsitzenden des Ausschusses für Umwelt und Gesundheit des Landtags,
3. je einem Vertreter der Staatsministerien für Wohnen, Bau und Verkehr, der Finanzen und für Heimat sowie für Ernährung, Landwirtschaft und Forsten,
4. einem Vertreter der kommunalen Spitzenverbände,
5. einem Vertreter der bayerischen Landschaftspflegeverbände,
6. drei vom Naturschutzbeirat beim Staatsministerium für Umwelt und Verbraucherschutz aus seiner Mitte zu wählenden Vertretern.

[3]Die Berufung der Mitglieder des Stiftungsrats nach Satz 2 Nrn. 4 und 5 erfolgt auf Vorschlag des jeweiligen Bereichs durch den Staatsminister für Umwelt und Verbraucherschutz. [4]Stellvertreter können benannt werden. [5]Bei Stimmengleichheit entscheidet die Stimme des Vorsitzenden. [6]Der Vorstand wird vom Staatsministerium für Umwelt und Verbraucherschutz im Benehmen mit dem Stiftungsrat bestellt.

(6) Das Nähere regelt das Staatsministerium für Umwelt und Verbraucherschutz durch Satzung, bezüglich der Grundausstattung im Einvernehmen mit dem Staatsministerium der Finanzen und für Heimat.

(7) Die Stiftung untersteht unmittelbar der Aufsicht des Staatsministeriums für Umwelt und Verbraucherschutz.

Art. 51 Zuständigkeit für den Erlass von Rechtsverordnungen. (1) Zuständig sind
1. die Staatsregierung für den Erlass von Rechtsverordnungen über Nationalparke nach § 24 Abs. 1 und Nationale Naturmonumente nach § 24 Abs. 4 BNatSchG,
2. die höheren Naturschutzbehörden für den Erlass von Rechtsverordnungen über Naturschutzgebiete nach § 23 BNatSchG,
3. die Landkreise und kreisfreien Gemeinden für den Erlass von Rechtsverordnungen über Landschaftsschutzgebiete nach § 26 BNatSchG,
4. die unteren Naturschutzbehörden für den Erlass von Rechtsverordnungen über Naturdenkmäler nach § 28 BNatSchG,
5. für den Erlass von Rechtsverordnungen über geschützte Landschaftsbestandteile
   a) die Gemeinden zum Schutz des Bestands von Bäumen und Sträuchern ganz oder teilweise innerhalb der im Zusammenhang bebauten Ortsteile, soweit nicht die untere oder höhere Naturschutzbehörde von ihrem Verordnungsrecht nach Buchst. b oder c Gebrauch macht,

b) die untere Naturschutzbehörde bei Schutzobjekten bis einschließlich 10 ha,

c) im Übrigen die höhere Naturschutzbehörde.

(2) [1]Die Rechtsverordnungen erlassen die Gemeinden, Landkreise und Naturschutzbehörden, in deren Bereich der Schutzgegenstand liegt. [2]Erstreckt sich ein Schutzgegenstand im Fall des Abs. 1 Nr. 2 über den Bereich mehrerer höherer Naturschutzbehörden, im Fall des Abs. 1 Nr. 4 über den Bereich mehrerer unterer Naturschutzbehörden, so wird die Rechtsverordnung von derjenigen Naturschutzbehörde erlassen, in deren Gebiet die größte Teilfläche des Schutzgegenstands liegt; die Rechtsverordnung ergeht im Einvernehmen mit den anderen betroffenen Naturschutzbehörden und ist auch von diesen amtlich bekannt zu machen. [3]Im Fall des Abs. 1 Nr. 3 erlässt der Bezirk die Rechtsverordnung, wenn sich der Schutzgegenstand über den Bereich mehrerer Landkreise oder kreisfreier Gemeinden erstreckt; für Änderungen von Verordnungen, die sich ausschließlich auf das Gebiet eines Landkreises oder einer kreisfreien Gemeinde beziehen, ist der betroffene Landkreis oder die betroffene kreisfreie Gemeinde allein zuständig; die Änderungen sind auch vom Bezirk amtlich bekannt zu machen.

Art. 52 Verfahren zur Inschutznahme. (1) Die Entwürfe der Rechtsverordnungen nach Teil 3 sind mit Karten, aus denen sich die Grenzen des Schutzgegenstands ergeben, den beteiligten Stellen, Gemeinden und Landkreisen zur Stellungnahme zuzuleiten.

(2) [1]Die Entwürfe der Rechtsverordnungen sind mit den Karten auf die Dauer eines Monats öffentlich in den davon betroffenen Gemeinden und Landkreisen auszulegen. [2]Ort und Dauer der Auslegung sind mindestens eine Woche vorher ortsüblich bekannt zu machen mit dem Hinweis, dass Bedenken und Anregungen während der Auslegungsfrist vorgebracht werden können.

(3) [1]Vor dem Erlass von Rechtsverordnungen zum Schutz von Naturdenkmälern (§ 28 BNatSchG) und Landschaftsbestandteilen (§ 29 BNatSchG) sind die betroffenen Grundeigentümer und sonstigen Berechtigten zu hören. [2]Im Übrigen kann das Verfahren nach Abs. 1 und 2 durch Anhörung der Gemeinde und der betroffenen Fachbehörden und -stellen ersetzt werden. [3]Sätze 1 und 2 gelten nicht für Verordnungen nach § 29 Abs. 1 Satz 2 BNatSchG zum Schutz von Bäumen und Sträuchern.

(4) Die für den Erlass der Rechtsverordnung zuständige Naturschutzbehörde oder Körperschaft prüft die fristgemäß vorgebrachten Bedenken und Anregungen und teilt das Ergebnis den Betroffenen mit.

(5) [1]Wird eine Rechtsverordnung oder nach dem Verfahren nach Abs. 1 bis 3 der Entwurf einer Rechtsverordnung erheblich geändert, so ist das Verfahren nach Abs. 1 bis 4 zu wiederholen. [2]Bei unerheblichen Änderungen kann von dem Verfahren nach Abs. 1 bis 3 abgesehen werden, wenn die Belange anderer nicht berührt werden oder wenn die betroffenen Berechtigten und Stellen angehört wurden.

(6) [1]Für das Verfahren zur Inschutznahme können auch Karten und Texte in unveränderlicher digitaler Form verwendet werden. [2]Eine ausreichende Möglichkeit zur Einsichtnahme muss gewährleistet sein.

(7) [1]Eine Verletzung der Vorschriften der Abs. 1 bis 6 ist unbeachtlich, wenn sie nicht innerhalb eines Jahres nach der Bekanntmachung der Rechtsverordnung schriftlich unter Angabe der Tatsachen, die die Verletzung begründen sollen, bei der für den Erlass zuständigen Behörde geltend gemacht wird. [2]Bei der Bekanntmachung der Verordnung ist auf die Rechtsfolge nach Satz 1 hinzuweisen.

Art. 53 Kennzeichnung der Schutzgegenstände. (1) [1]Die Schutzgegenstände sollen durch die unteren Naturschutzbehörden in der Natur in geeigneter Weise kenntlich gemacht werden. [2]Neben der Anbringung des von der obersten Naturschutzbehörde bestimmten amtlichen Schilds soll nach Möglichkeit auf die Bedeutung des Schutzgegenstands und auf die wichtigsten Bestimmungen der Rechtsverordnung hingewiesen werden. [3]Grundeigentümer oder sonstige Berechtigte haben die Aufstellung von Schildern zu dulden. [4]Bei der Aufstellung ist auf die Grundstücksnutzung Rücksicht zu nehmen.

(2) Für Rechtsverordnungen nach Art. 31 gelten Abs. 1 Sätze 1, 3 und 4 sinngemäß.

Art. 54 Zutrittsrecht; einstweilige Sicherstellung; Veränderungssperre (Art. 54 Abs. 3 abweichend von § 22 BNatSchG). (1) [1]Den Bediensteten und Beauftragten der für den Vollzug des Naturschutzrechts zuständigen Behörden und Gemeinden sowie des Landesamts für Umwelt ist der Zutritt zu einem Grundstück zum Zweck von Erhebungen, die zur Erfüllung ihrer Aufgaben erforderlich sind, gestattet; dies gilt auch für die Mitglieder der Naturschutzbeiräte bei der Vorbereitung und Durchführung von Sitzungen. [2]Dies gilt insbesondere zur Vorbereitung und Durchführung der zu treffenden Maßnahmen sowie zur Ausführung von Vermessungen, Bodenuntersuchungen und ähnlichen Vorhaben. [3]Das Grundrecht nach Art. 13 des Grundgesetzes wird hierdurch eingeschränkt. [4]Die Eigentümer und Besitzer der betroffenen Grundstücke sollen vor dem Betreten in geeigneter Weise benachrichtigt werden. [5]Die Ergebnisse der Biotopkartierung sind den Eigentümern bekanntzugeben.

(2) [1]Der Erlass von einstweiligen Sicherstellungen von Schutzgebieten und Schutzgegenständen erfolgt durch die nach Art. 51 Abs. 1 zuständigen Naturschutzbehörden oder Körperschaften durch Rechtsverordnung oder Einzelanordnung. [2]Die Maßnahme darf nicht ergehen, wenn die zuständige Naturschutzbehörde oder Körperschaft nicht gleichzeitig oder unmittelbar darauf das Verfahren für die endgültige Inschutznahme betreibt.

(3) [1]Ergänzend zu § 22 Abs. 3 BNatSchG sind in geplanten Naturschutzgebieten ab der Bekanntmachung der Auslegung (Art. 52 Abs. 2 Satz 2) bis zum Inkrafttreten der Schutzverordnung, längstens ein Jahr lang, alle Veränderungen verboten, soweit nicht in Rechtsverordnungen oder Einzelanordnungen

nach Abs. 2 abweichende Regelungen getroffen werden. [2]Die im Zeitpunkt der Bekanntmachung ausgeübte rechtmäßige Bodennutzung bleibt unberührt. [3]In der Bekanntmachung ist auf diese Wirkung hinzuweisen.

Art. 55 Datenschutz. (1) Die Naturschutzbehörden, das Landesamt für Umwelt und der Naturschutzfonds dürfen personenbezogene Daten erheben, soweit dies zur Erfüllung ihrer Aufgaben nach diesem Gesetz oder nach anderen Rechtsvorschriften erforderlich ist.

(2) Die Information nach Art. 14 der Verordnung (EU) 2016/679 (Datenschutz-Grundverordnung) kann durch ortsübliche Bekanntmachung in der Gemeinde erfolgen.

(3) Bewirtschaftungspläne nach § 32 Abs. 5 BNatSchG werden flurstücksbezogen oder nach Koordinaten in geeigneter Weise veröffentlicht.

Art. 56 Befreiungen. [1]Befreiungen nach § 67 Abs. 1 und 2 BNatSchG werden von der in der Rechtsverordnung bestimmten Naturschutzbehörde erteilt; fehlt eine Bestimmung, wird sie von der Naturschutzbehörde, die die Rechtsverordnung erlassen hat, bei Rechtsverordnungen über Naturschutzgebiete von der Regierung, bei Rechtsverordnungen über Landschaftsschutzgebiete von der unteren Naturschutzbehörde erteilt; bei Gemeindeverordnungen wird sie von der Gemeinde erteilt; bei Vorhaben der Landesverteidigung und des Zivilschutzes entscheidet über die Befreiung die oberste Naturschutzbehörde; im Übrigen wird die Befreiung von der höheren Naturschutzbehörde erteilt, soweit nicht in einer Rechtsverordnung nach Art. 44 Abs. 1 etwas anderes bestimmt ist. [2]Befreiungen von den Verboten des Art. 3 Abs. 4 Satz 1 Nr. 1, des Art. 16 Abs. 1, des § 30 Abs. 2 und § 61 Abs. 1 BNatSchG erteilt die untere Naturschutzbehörde. [3]Die Befreiung wird durch eine nach anderen Vorschriften gleichzeitig erforderliche behördliche Gestattung ersetzt, soweit diese Gestattung nicht ihrerseits ersetzt wird; die behördliche Gestattung darf nur erteilt werden, wenn die Gründe für eine Befreiung vorliegen und die nach Satz 1 sonst zuständige Behörde ihr Einvernehmen erklärt.

Teil 9

Ordnungswidrigkeiten

Art. 57 Ordnungswidrigkeiten. (1) Mit Geldbuße bis zu fünfzigtausend Euro kann belegt werden, wer vorsätzlich oder fahrlässig

1. einer vollziehbaren Einstellungsanordnung nach Art. 6 Abs. 2 Satz 2 zuwiderhandelt,

1a. entgegen Art. 11b eine gentechnisch veränderte Pflanze anbaut,

2. den Vorschriften einer nach Art. 12 Abs. 1 in Verbindung mit §§ 23, 24, 26, 28 oder § 29 BNatSchG oder einer nach Art. 54 Abs. 2 erlassenen Rechtsverordnung, soweit sie für einen bestimmten Tatbestand auf diese Bußgeldvorschrift verweist, zuwiderhandelt,

3. einer vollziehbaren Einzelanordnung nach Art. 12 Abs. 3 in Verbindung mit § 28 Abs. 1 BNatSchG oder § 29 Abs. 1 BNatSchG, nach Art. 54 Abs. 2 oder einer vollziehbaren Untersagungsanordnung nach Art. 18 Abs. 2 zuwiderhandelt,
4. den Vorschriften einer nach § 3 Abs. 2 BNatSchG vollziehbaren Anordnung zuwiderhandelt,
5. entgegen § 30 Abs. 2 BNatSchG ein in Art. 23 Abs. 1 Nrn. 1 bis 5 aufgeführtes Biotop zerstört oder erheblich beeinträchtigt,
6. entgegen Art. 54 Abs. 3 Veränderungen in einem geplanten Naturschutzgebiet vornimmt oder
7. einer vollziehbaren Nebenbestimmung in Form der Auflage zu einer Gestattung, wenn die Auflage auf dem Bundesnaturschutzgesetz, diesem Gesetz oder einer auf Grund dieser Gesetze erlassenen Rechtsverordnung beruht, nicht nachkommt.

(2) Mit Geldbuße bis zu fünfundzwanzigtausend Euro kann belegt werden, wer
1. den Vorschriften des Art. 16 Abs. 1 zuwiderhandelt,
2. bei Ausübung des Rechts nach Art. 26
   a) Grundstücke verunreinigt oder beschädigt oder
   b) entgegen Art. 38 Abs. 1 Sachen zurücklässt,
3. den Vorschriften einer auf Grund des Art. 31 erlassenen Rechtsverordnung, die für einen bestimmten Tatbestand auf diese Bußgeldvorschrift verweist, zuwiderhandelt,
4. einer vollziehbaren Einzelanordnung nach Art. 31 zuwiderhandelt,
5. die Errichtung von Sperren im Sinn des Art. 27 Abs. 3 Satz 2 entgegen Art. 34 Abs. 1 Satz 2 oder 4 nicht oder nicht rechtzeitig anzeigt oder durch sonstige Maßnahmen die Ausübung des Betretungsrechts nach Art. 26 Abs. 1 und 2 beeinträchtigt.

(3) Mit Geldbuße bis zu zehntausend Euro kann belegt werden, wer in den Fällen des Abs. 2 Nrn. 1, 2 Buchst. a und Nr. 3 fahrlässig handelt.

(4) Mit Geldbuße kann belegt werden, wer
1. entgegen Art. 30 Abs. 2 unbefugt im Wald außerhalb von Straßen und Wegen reitet,
2. auf Privatwegen in der freien Natur, die nicht für den öffentlichen Verkehr freigegeben sind, unbefugt mit Fahrzeugen mit Motorkraft, ausgenommen Krankenfahrstühle, fährt oder parkt oder, soweit die Wege dafür ungeeignet sind, unbefugt reitet oder mit Fahrzeugen ohne Motorkraft, ausgenommen Krankenfahrstühle, fährt,
3. auf Flächen in der freien Natur, die nicht für den öffentlichen Verkehr freigegeben sind, mit Fahrzeugen mit Motorkraft, ausgenommen Krankenfahrstühle, ohne Notwendigkeit fährt oder parkt oder mit Fahrzeugen ohne Motorkraft, ausgenommen Krankenfahrstühle, unbefugt fährt,
4. gesperrte Forstkulturen oder Forstpflanzgärten betritt.

(5) Kann in einem Bußgeldverfahren wegen eines Parkverstoßes nach Abs. 1 Nr. 2, Abs. 4 Nr. 2 oder 3 der Führer des Kraftfahrzeugs, der den Park-

verstoß begangen hat, nicht ermittelt werden, findet § 25a des Straßenverkehrsgesetzes entsprechende Anwendung; dies gilt auch im Fall des Abs. 8.

(6) Soweit Rechtsverordnungen und Anordnungen für einen bestimmten Tatbestand auf Bußgeldvorschriften des Art. 52 des Bayerischen Naturschutzgesetzes in der bis zum 31. August 1982 geltenden Fassung verweisen, treten die entsprechenden Bußgeldvorschriften der Abs. 1 bis 4 an deren Stelle; dies gilt auch im Fall des Abs. 8.

(7) Vorsätzliche oder fahrlässige Zuwiderhandlungen gegen Art. 7 Abs. 2, Art. 9 Abs. 4 und Art. 12 Abs. 3 in Verbindung mit Art. 9 Abs. 4 des Bayerischen Naturschutzgesetzes in der bis zum 28. Februar 2011 geltenden Fassung können mit Geldbuße bis zu fünfzigtausend Euro belegt werden, auch wenn in Rechtsverordnungen oder Anordnungen über Naturschutzgebiete, Naturdenkmäler, Landschaftsbestandteile und Grünbestände, die bis zum 31. August 1982 erlassen worden sind, eine Verweisung auf eine dem Art. 52 Abs. 1 Nr. 3 des Bayerischen Naturschutzgesetzes in der bis zum 28. Februar 2011 geltenden Fassung entsprechende frühere Bußgeldvorschrift fehlt; Art. 60 Abs. 2 gilt entsprechend.

(8) [1]Für Zuwiderhandlungen gegen Vorschriften einer nach Art. 7, 8 Abs. 1 und 4, Art. 9 Abs. 1 bis 4, Art. 10 Abs. 2, Art. 11 Abs. 2, Art. 12 oder 48 Abs. 2 des Bayerischen Naturschutzgesetzes in einer nicht mehr geltenden Fassung erlassenen Rechtsverordnung gilt Art. 52 Abs. 1 Nr. 3 des Bayerischen Naturschutzgesetzes in der bis zum 28. Februar 2011 geltenden Fassung fort. [2]Für Zuwiderhandlungen gegen Vorschriften einer nach Art. 26 des Bayerischen Naturschutzgesetzes in einer nicht mehr geltenden Fassung erlassenen Rechtsverordnung gilt Art. 52 Abs. 2 Nr. 6 des Bayerischen Naturschutzgesetzes in der bis zum 28. Februar 2011 geltenden Fassung fort.

Art. 58 Einziehung. [1]Die durch eine Ordnungswidrigkeit nach Art. 57 gewonnenen oder erlangten oder die zu ihrer Begehung gebrauchten oder dazu bestimmten Gegenstände einschließlich der bei der Ordnungswidrigkeit verwendeten Verpackungs- und Beförderungsmittel können eingezogen werden. [2]Es können auch Gegenstände eingezogen werden, auf die sich die Ordnungswidrigkeit bezieht. [3]§ 23 des Gesetzes über Ordnungswidrigkeiten ist anzuwenden.

Teil 10

Übergangs- und Schlussvorschriften

Art. 59 *(aufgehoben)*

Art. 60 Überleitungsvorschriften. (1) [1]Die auf Grund des Naturschutzgesetzes vom 26. Juni 1935 in der Fassung vom 1. August 1968 (BayBS ErgB S. 1), zuletzt geändert durch Gesetz vom 31. Juli 1970 (GVBl S. 345), und die auf Grund des Bayerischen Naturschutzgesetzes in einer nicht mehr geltenden

Fassung erlassenen Verordnungen und Anordnungen über den Schutz von Flächen und einzelnen Bestandteilen der Natur bleiben bis zu ihrer ausdrücklichen Aufhebung oder bis zum Ablauf ihrer Geltungsdauer in Kraft. [2]Für die Aufhebung und Änderung gelten die Zuständigkeits- und Verfahrensvorschriften des Teils 8 entsprechend.

(2) [1]Für Zuwiderhandlungen gegen auf Grund des Naturschutzgesetzes vom 26. Juni 1935 in der Fassung vom 1. August 1968 (BayBS ErgB S. 1), zuletzt geändert durch Gesetz vom 31. Juli 1970 (GVBl S. 345), erlassene Verordnungen und Anordnungen gilt Art. 55 Abs. 1 Satz 3 des Bayerischen Naturschutzgesetzes in der bis zum 28. Februar 2011 geltenden Fassung fort. [2]Art. 58 ist anzuwenden.

Art. 61 Inkrafttreten. Dieses Gesetz tritt am 1. März 2011 in Kraft.*

* *Diese Vorschrift betrifft das Inkrafttreten des Gesetzes in der ursprünglichen Fassung vom 23. Februar 2011 (GVBl. S. 82). Der Zeitpunkt des Inkrafttretens der späteren Änderungen ergibt sich aus den jeweiligen Änderungsgesetzen.*

Bayerisches Wassergesetz (BayWG)

(BayRS 753-1-UG) vom 25. Februar 2010 (GVBl. S. 66, ber. S. 130), zuletzt geändert durch Gesetz vom 9. November 2021 (GVBl. S. 608)

INHALTSÜBERSICHT*

TEIL 1

Allgemeine Bestimmungen

Art. 1 Anwendungsbereich
Art. 2 Einteilung der oberirdischen Gewässer
Art. 3 Gewässerverzeichnisse
Art. 4 Duldungspflicht
Art. 5 Eigentum an den Gewässern erster oder zweiter Ordnung
Art. 6 Eigentum an Gewässern, die kein selbstständiges Grundstück bilden
Art. 7 Überflutungen
Art. 8 Natürliche Verlandungen
Art. 9 Künstliche Verlandungen
Art. 10 Wiederherstellung eines Gewässers
Art. 11 Uferabriss
Art. 12 Uferlinie
Art. 13 Verlassenes Gewässerbett, Inseln

TEIL 2

Bewirtschaftung von Gewässern

Abschnitt 1

Gemeinsame Bestimmungen

Art. 14 Bewirtschaftung in Flussgebietseinheiten
Art. 15 Beschränkte Erlaubnis
Art. 16 Vorkehrungen bei Erlöschen einer Erlaubnis oder Bewilligung, eines alten Rechts oder einer alten Befugnis
Art. 17 Rechtsverordnungen zum WHG

Abschnitt 2

Bewirtschaftung oberirdischer Gewässer

Art. 18 Gemeingebrauch
Art. 19 Benutzung zu Zwecken der Fischerei
Art. 20 Genehmigung von Anlagen
Art. 21 Gewässerrandstreifen
Art. 22 Unterhaltungslast
Art. 23 Übertragung und Aufteilung der Unterhaltungslast
Art. 24 Ausführung, Ersatzvornahme und Sicherung der Unterhaltung
Art. 25 Besondere Pflichten im Interesse der Unterhaltung
Art. 26 Kosten der Unterhaltung, Kostenbeiträge
Art. 27 Festsetzung der Kostenbeiträge, des Kostenersatzes und der Kostenvorschüsse

Abschnitt 3

Schiff- und Floßfahrt

Art. 28 Schiffbare Gewässer, Schifffahrts- und Floßordnung

Abschnitt 4

Bewirtschaftung des Grundwassers

Art. 29 Beschränkung und Erweiterung der erlaubnisfreien Benutzungen
Art. 30 Erdaufschlüsse

TEIL 3

Besondere wasserwirtschaftliche Bestimmungen

Abschnitt 1

Öffentliche Wasserversorgung, Wasserschutzgebiete, Heilquellenschutz

Art. 31 Öffentliche Wasserversorgung, Wasser- und Heilquellenschutzgebiete

* *Inhaltsübersicht nicht amtlich.*

Art. 32 Ausgleich für schutzgebietsbedingte Belastungen
Art. 33 Staatliche Anerkennung von Heilquellen

Abschnitt 2
Abwasserbeseitigung

Art. 34 Zur Abwasserbeseitigung verpflichtete Personen

Abschnitt 3
Wasserwirtschaftliche Anlagen

Art. 35 Beschneiungsanlagen
Art. 36 Hafen- und Ländeordnungen
Art. 37 Unterhaltung von wasserwirtschaftlichen Anlagen

Abschnitt 4
Gewässerschutzbeauftragte

Art. 38 Gewässerschutzbeauftragte bei Körperschaften

Abschnitt 5
Gewässerausbau

Art. 39 Ausbaupflicht
Art. 40 Ausführung des Ausbaus
Art. 41 Besondere Pflichten im Interesse des Ausbaus, Schutzvorschriften
Art. 42 Kosten des Ausbaus, Vorteilsausgleich, Anwendung anderer Vorschriften

Abschnitt 6
Schutz vor Hochwasser und Dürre, Wasser- und Eisgefahr

Art. 43 Besondere Regelungen für bauliche Hochwasserschutzmaßnahmen
Art. 44 Grundsätze für den Schutz vor Hochwasser und Dürre
Art. 45 Risikobewertung, Gefahrenkarten, Risikokarten, Risikomanagementpläne
Art. 46 Überschwemmungsgebiete an oberirdischen Gewässern
Art. 47 Vorläufige Sicherung
Art. 48 Hochwassernachrichtendienst
Art. 49 Verpflichtungen der Anlieger und der Unternehmer von Wasserbenutzungsanlagen
Art. 50 Verpflichtungen der Gemeinden

Abschnitt 7
Wasserwirtschaftliche Planung und Dokumentation

Art. 51 Maßnahmenprogramme und Bewirtschaftungspläne
Art. 52 (*aufgehoben*)
Art. 53 Wasserbuch
Art. 54 Abwasserkataster

Abschnitt 8
Haftung für Gewässerveränderungen

Art. 55 Sanierung von Gewässerverunreinigungen

TEIL 4
Enteignung, Entschädigung, Vorkaufsrecht

Art. 56 Enteignung
Art. 57 Entschädigung, Ausgleich, Vollstreckung
Art. 57a Vorkaufsrecht

TEIL 5
Gewässeraufsicht

Art. 58 Zuständigkeit und Befugnisse
Art. 59 Kosten der technischen Gewässeraufsicht bei Abwasseranlagen
Art. 60 Technische Gewässeraufsicht bei Kleinkläranlagen
Art. 60a Abwassersammelgruben
Art. 61 Bauabnahme
Art. 62 Besondere Pflichten im Interesse der technischen Gewässeraufsicht

TEIL 6
Zuständigkeit, Verfahren

Art. 63 Sachliche und örtliche Zuständigkeit
Art. 64 Besondere Zuständigkeit bei integrierten Verfahren
Art. 65 Private Sachverständige
Art. 66 Prüflaboratorien
Art. 67 Antragstellung, Pläne
Art. 68 Zusammentreffen mehrerer Erlaubnis- oder Bewilligungsanträge
Art. 69 Verfahrensbestimmungen
Art. 70 Erlaubnis mit Zulassungsfiktion
Art. 71 Vorläufige Anordnung, Beweissicherung

Art. 72 Sicherheitsleistung
Art. 73 Erlass von Rechtsverordnungen, Aufstellung von Plänen

TEIL 7

Bußgeldbestimmung

Art. 74 Ordnungswidrigkeiten

TEIL 8

Schlussbestimmungen

Art. 75 Alte Rechte und alte Befugnisse
Art. 76 Einschränkung von Grundrechten
Art. 77 Inkrafttreten

Anlage 1

Verzeichnis der Gewässer erster Ordnung

Anlage 2

Technische Gewässeraufsicht bei Abwasseranlagen

TEIL 1

Allgemeine Bestimmungen

Art. 1 Anwendungsbereich (Abweichend von § 2 Abs. 2 des Wasserhaushaltsgesetzes – WHG). (1) Dieses Gesetz gilt für die in § 2 Abs. 1 des Wasserhaushaltsgesetzes (WHG) bezeichneten Gewässer, für als Heilquellen anerkannte Wasser- und Gasvorkommen und für das nicht aus Quellen wild abfließende Wasser.

(2) [1]Das Wasserhaushaltsgesetz und dieses Gesetz sind nicht anzuwenden auf

1. Be- und Entwässerungsgräben,
2. kleine Teiche und Weiher, wenn sie mit einem anderen Gewässer nicht oder nur durch künstliche Vorrichtungen verbunden sind,

soweit sie von wasserwirtschaftlich untergeordneter Bedeutung sind. [2]§§ 3 bis 7, 25, 32, 37, 50 bis 61, 89, 90, 100 bis 106 WHG und Art. 4 bis 14, 18, 19, 31 bis 34, 55, 58, 59, 60, 62, 63, 74 dieses Gesetzes, ferner die Vorschriften über das Einleiten und Einbringen von Stoffen in ein Gewässer bleiben unberührt.

Art. 2 Einteilung der oberirdischen Gewässer. (1) Die oberirdischen Gewässer mit Ausnahme des aus Quellen wild abfließenden Wassers werden nach ihrer wasserwirtschaftlichen Bedeutung eingeteilt in:

1. Gewässer erster Ordnung: die Bundeswasserstraßen und die in dem anliegenden Verzeichnis (**Anlage 1***) aufgeführten Gewässer,
2. Gewässer zweiter Ordnung: Gewässer, die in das nach Art. 3 aufzustellende Verzeichnis eingetragen sind,
3. Gewässer dritter Ordnung: alle anderen Gewässer.

(2) Altarme, die mit dem Gewässer bei Mittelwasserstand verbunden sind, Nebenarme, Flutmulden, Hafengewässer und ähnliche Verzweigungen eines Gewässers (ausgenommen Seitenkanäle) gehören zu der Ordnung des Gewäs-

---

* *Nicht abgedruckt.*

sers an der Stelle, an der das Seitengewässer vom Hauptgewässer abzweigt, soweit in Anlage 1* zu diesem Gesetz oder im Verzeichnis der Gewässer zweiter Ordnung (Art. 3) nichts anderes bestimmt ist.

(3) [1]Soll ein Gewässer oder eine Gewässerstrecke mit nur örtlicher Bedeutung die Eigenschaft einer Bundeswasserstraße erhalten oder verlieren, so kann das Staatsministerium für Umwelt und Verbraucherschutz (Staatsministerium) die hierfür nach § 2 Abs. 1 Satz 1 des Bundeswasserstraßengesetzes erforderliche Vereinbarung mit dem Bund abschließen. [2]Das Staatsministerium wird ermächtigt, in diesem Fall durch Rechtsverordnung die Ordnung des Gewässers zu bestimmen.

Art. 3 Gewässerverzeichnisse. (1) [1]Das Staatsministerium erlässt die Verzeichnisse über die Gewässer zweiter Ordnung und die Wildbäche durch Allgemeinverfügung. [2]In das Verzeichnis der Gewässer zweiter Ordnung sind die nicht zur ersten Ordnung gehörenden Gewässer aufzunehmen, die wasserwirtschaftlich, insbesondere wegen ihrer Wasser-, Geschiebe-, Schwebstoff- oder Eisführung, wegen ihrer ökologischen Funktionen oder wegen ihrer Nutzbarkeit von größerer Bedeutung sind. [3]In das Verzeichnis der Wildbäche sind die Gewässer dritter Ordnung einzutragen, die zumindest streckenweise wildbachtypische Eigenschaften aufweisen. [4]Die Aufnahme in ein Gewässerverzeichnis nach Sätzen 1 bis 3 kann auf einzelne Gewässerabschnitte beschränkt werden.

(2) [1]Das Staatsministerium gibt ein Verzeichnis aller Wasserkörper bekannt. [2]Es umfasst Oberflächenwasserkörper und Grundwasserkörper und ordnet sie Planungseinheiten zu.

Art. 4 Duldungspflicht (Zu § 4 Abs. 5 WHG). [1]Durch Inhalts- und Nebenbestimmungen sind Art, Maß und Dauer der Duldungspflicht, insbesondere die Folgen der Beendigung der Benutzung zu regeln. [2]Die zur Duldung Verpflichteten können für Gewässerbenutzungen, für die eine behördliche Zulassung erteilt worden ist, von den die Gewässerbenutzung ausübenden Personen ein Entgelt verlangen. [3]Ist der Freistaat Bayern zur Duldung verpflichtet, kann das Entgelt als Nutzungsgebühr erhoben werden. [4]Die Gebührenpflicht, die Höhe der Gebühr, das Festsetzungs- und Erhebungsverfahren werden durch Rechtsverordnung des Staatsministeriums geregelt.

Art. 5 Eigentum an den Gewässern erster oder zweiter Ordnung (Zu § 4 Abs. 5 WHG). Soweit das Eigentum an einem Gewässer erster oder zweiter Ordnung einem anderen als dem Bund oder dem Freistaat Bayern zusteht, kann der Freistaat Bayern das Eigentum nach den Vorschriften des Bayerischen Gesetzes über die entschädigungspflichtige Enteignung in Anspruch nehmen.

Art. 6 Eigentum an Gewässern, die kein selbstständiges Grundstück bilden (Zu § 4 Abs. 5 WHG). (1) Bildet ein fließendes Gewässer kein selbstständiges Grundstück, so ist es Bestandteil der Ufergrundstücke.

---

* *Nicht abgedruckt.*

(2) Gehören die Ufer verschiedenen Eigentümern, so ist vorbehaltlich abweichender privatrechtlicher Regelung Eigentumsgrenze:
1. für gegenüberliegende Ufergrundstücke eine durch die Mitte des Gewässers bei Mittelwasserstand zu ziehende Linie,
2. für nebeneinander liegende Ufergrundstücke eine von dem Endpunkt der Landgrenze rechtwinklig zu der in Nr. 1 bezeichneten Mittellinie zu ziehende Linie.

Art. 7 Überflutungen (Zu § 4 Abs. 5 WHG). (1) [1]Werden an Gewässern, die ein selbstständiges Grundstück bilden, Grundstücke bei Mittelwasserstand dauernd überflutet, so wächst das Eigentum an den überfluteten Flächen den Gewässereigentümern zu. [2]Die neue Grenze zwischen dem Gewässer und dem Ufergrundstück ist die Uferlinie.

(2) Ist die Überflutung künstlich herbeigeführt, so hat derjenige, der sie verursacht hat, die bisherigen Eigentümer zu entschädigen.

(3) [1]Werden an Gewässern, die kein selbstständiges Grundstück bilden, Grundstücke dauernd überflutet, so ist Art. 6 anzuwenden. [2]Für künstliche Überflutungen gilt Abs. 2.

Art. 8 Natürliche Verlandungen (Zu § 4 Abs. 5 WHG). (1) Eine durch allmähliches Anlanden oder durch Zurücktreten des Wassers entstandene Verlandung an fließenden Gewässern wächst den Eigentümern der Ufergrundstücke zu, wenn die Verlandung mit dem bisherigen Ufer bei Mittelwasserstand zusammenhängt und sich darauf Pflanzenwuchs gebildet hat.

(2) [1]An stehenden Gewässern, die nicht Eigentum der Anlieger sind, gehören Verlandungen innerhalb der bisherigen Eigentumsgrenze den Gewässereigentümern. [2]Die früheren Anlieger haben Zutritt zum Gewässer, soweit es erforderlich ist, um den Gemeingebrauch in der bisherigen Weise auszuüben.

(3) [1]Verlandet ein Gewässer an einer Stelle, an der mehrere Ufergrundstücke aneinandergrenzen, so verläuft die Grundstücksgrenze auf der Verlandung in Verlängerung der bisherigen Grundstücksgrenze auf dem Land. [2]Schneiden sich hierbei die Grundstücksgrenzen, so verläuft die Grundstücksgrenze vom Schnittpunkt aus in der Winkelhalbierenden der sich schneidenden Grenzen.

Art. 9 Künstliche Verlandungen (Zu § 4 Abs. 5 WHG). Verlandungen, die durch künstliche Einwirkungen entstanden sind, stehen im Eigentum der Gewässereigentümer.

Art. 10 Wiederherstellung eines Gewässers (Zu § 4 Abs. 5 WHG). (1) Hat ein Gewässer durch natürliche Ereignisse sein bisheriges Bett verlassen, so sind die davon Betroffenen insgesamt oder einzeln berechtigt, den früheren Zustand auf ihre Kosten wieder herzustellen.

(2) [1]Das Recht zur Wiederherstellung erlischt, wenn die Wiederherstellung nicht binnen fünf Jahren, gerechnet vom Schluss des Jahres, in dem sich das

Gewässer verändert hat, ausgeführt ist. [2]Die Kreisverwaltungsbehörde kann die Frist zur Wiederherstellung des Gewässers im Einzelfall angemessen verlängern, wenn mit der Wiederherstellung fristgerecht begonnen wurde.

Art. 11 Uferabriss (Zu § 4 Abs. 5 WHG). (1) Wird ein Stück Land durch Naturgewalt von dem Ufer abgerissen und mit einem anderen Ufergrundstück vereinigt, so wird es dessen Bestandteil, wenn es von diesem Grundstück in der Natur nicht mehr unterschieden werden kann oder wenn die Vereinigung drei Jahre bestanden hat, ohne dass Eigentümer oder sonst berechtigte Personen das abgerissene Stück wieder weggenommen haben.

(2) Unter den gleichen Voraussetzungen wird ein abgerissenes Stück Land, das sich ohne Zusammenhang mit einem Ufer im Gewässer festgesetzt hat, Bestandteil des Gewässereigentums.

Art. 12 Uferlinie (Zu § 4 Abs. 5 WHG). (1) Die Grenze zwischen dem Gewässer und den Ufergrundstücken wird durch die Linie des Mittelwasserstands unter besonderer Berücksichtigung der Grenze des Pflanzenwuchses (Uferlinie) bestimmt.

(2) Die Uferlinie wird, falls erforderlich, durch die Kreisverwaltungsbehörde festgestellt und auf Kosten desjenigen, der die Kosten der Uferlinienfeststellung zu tragen hat, kenntlich gemacht.

Art. 13 Verlassenes Gewässerbett, Inseln (Zu § 4 Abs. 5 WHG). (1) Wird ein Gewässerbett vom Wasser verlassen oder tritt in einem Gewässer eine Insel hervor, die den Mittelwasserstand überragt, so bleibt das Eigentum an den hierdurch zutage getretenen Landflächen unverändert.

(2) Art. 11 und 12 gelten für Inseln entsprechend.

TEIL 2

Bewirtschaftung von Gewässern

Abschnitt 1

Gemeinsame Bestimmungen

Art. 14 Bewirtschaftung in Flussgebietseinheiten. [1]Die auf den Freistaat Bayern entfallenden Anteile der Flussgebietseinheiten der Donau, des Rheins, der Elbe und der Weser werden in Planungseinheiten bewirtschaftet. [2]Die Zuordnung der Wasserkörper zu den Planungseinheiten richtet sich nach Art. 3 Abs. 2.

Art. 15 Beschränkte Erlaubnis (Abweichend von § 10 Abs. 1 und § 15 WHG). (1) Eine Erlaubnis im Sinn des § 10 Abs. 1 WHG (beschränkte Er-

laubnis) kann erteilt werden, wenn die Voraussetzungen des § 15 Abs. 1 WHG nicht vorliegen oder nur eine beschränkte Erlaubnis beantragt wird.

(2) [1]Nur eine beschränkte Erlaubnis ist zu erteilen, wenn ein Gewässer zu vorübergehenden Zwecken und für einen Zeitraum von nicht mehr als einem Jahr benutzt werden soll. [2]Die beschränkte Erlaubnis ist dann dem Zweck des Unternehmens entsprechend zu befristen. [3]Die beschränkte Erlaubnis ist als solche zu bezeichnen.

(3) Art. 70 bleibt unberührt.

Art. 16 Vorkehrungen bei Erlöschen einer Erlaubnis oder Bewilligung, eines alten Rechts oder einer alten Befugnis. (1) Ist eine Erlaubnis oder Bewilligung ganz oder teilweise erloschen, so können die Inhaber der bisherigen Zulassung aus Gründen des Wohls der Allgemeinheit verpflichtet werden,
1. die Anlagen für die Benutzung des Gewässers ganz oder teilweise
   a) bestehen zu lassen,
   b) auf ihre Kosten zu beseitigen und den früheren Zustand wieder herzustellen,
2. auf ihre Kosten andere Vorkehrungen zu treffen, die geeignet sind, nachteilige Folgen des Erlöschens der Erlaubnis oder Bewilligung zu verhüten.

(2) [1]Im Fall des Abs. 1 Nr. 1 Buchst. a sind diejenigen, in deren Interesse der Fortbestand der Anlage liegt, verpflichtet, für die künftige Unterhaltung und, soweit erforderlich, für den Betrieb der Anlage zu sorgen. [2]Art. 26 Abs. 2 Satz 2 gilt sinngemäß.

(3) [1]Kann die Verpflichtung nach Abs. 1 oder 2 wegen Mittellosigkeit nicht erfüllt werden, so haben die in Art. 24 Abs. 2 bezeichneten Körperschaften nach Maßgabe ihrer Leistungsfähigkeit einzutreten. [2]Diejenigen, die von der Erfüllung der Verpflichtung einen Vorteil haben, können zu den Kosten herangezogen werden. [3]Art. 26 Abs. 2 Satz 2 und Art. 27 gelten entsprechend.

(4) Ist ein altes Recht oder eine alte Befugnis ganz oder teilweise erloschen, so gelten Abs. 1 bis 3 sinngemäß.

(5) Bei Wasserkraftanlagen, die mehr als drei Jahre nicht betrieben worden sind, kann eine Wiederaufnahme des Betriebs nur dann erfolgen, wenn sie den Anforderungen der §§ 33 bis 35 WHG entsprechen.

Art. 17 Rechtsverordnungen zum WHG (Zu den §§ 23 und 24 WHG, abweichend von § 23 Abs. 1 und 2 und § 24 Abs. 1 WHG). (1) Die Ermächtigungen nach § 23 Abs. 3 Satz 1, § 24 Abs. 3 Satz 1 WHG werden auf das Staatsministerium übertragen.

(2) § 23 Abs. 2 WHG findet keine Anwendung.

(3) [1]Das Staatsministerium wird ermächtigt, an Stelle der Bundesregierung im Rahmen des Art. 72 Abs. 3 Nr. 5 des Grundgesetzes Rechtsverordnungen nach § 23 Abs. 1 Nr. 4 und 7, § 23 Abs. 1 Nr. 8 – auch in Verbindung mit § 50 Abs. 5, § 23 Abs. 1 Nr. 10 bis 13 und § 24 WHG zu erlassen. [2]Rechtsverord-

nungen der Bundesregierung nach diesen Vorschriften finden nur Anwendung, solange und soweit das Staatsministerium von der Ermächtigung zum Erlass einer Rechtsverordnung nach Satz 1 keinen Gebrauch gemacht hat.

Abschnitt 2

Bewirtschaftung oberirdischer Gewässer

Art. 18 Gemeingebrauch (Zu § 25 Satz 1 und 3 WHG). (1) [1]Jede Person darf unter den Voraussetzungen des § 25 WHG und soweit es ohne rechtswidrige Benutzung fremder Grundstücke geschehen kann und, soweit eine erhebliche Beeinträchtigung des Gewässers und seiner Ufer sowie der Tier- und Pflanzenwelt nicht zu erwarten ist, außerhalb von Schilf- und Röhrichtbeständen oberirdische Gewässer zum Baden, Waschen, Tränken, Schwemmen, Schöpfen mit Handgefäßen, Betrieb von Modellbooten ohne Verbrennungsmotoren, Eissport und Befahren mit kleinen Fahrzeugen ohne eigene Triebkraft benutzen. [2]Der Betrieb von Modellbooten mit Elektroantrieb ist nicht zulässig in Gebieten von gemeinschaftlicher Bedeutung, Europäischen Vogelschutzgebieten und Naturschutzgebieten; weitergehende naturschutzrechtliche Bestimmungen bleiben unberührt. [3]Zum Gemeingebrauch gehören auch

1. das Einleiten von Grundwasser und Quellwasser,
2. das schadlose Einleiten von gesammeltem Niederschlagswasser, das nicht mit anderem Abwasser oder wassergefährdenden Stoffen vermischt ist, entsprechend den vom Staatsministerium bekannt gemachten Regeln der Technik; dies gilt nicht für Niederschlagswassereinleitungen von Flächen in Anlagen zum Umgang mit wassergefährdenden Stoffen, von Bundesfern- und Staatsstraßen, sowie von Straßen mit mehr als zwei Fahrstreifen,
3. das Entnehmen von Wasser in geringen Mengen für
   a) das Tränken von Vieh,
   b) den häuslichen Bedarf der Landwirtschaft.

[4]Die Kreisverwaltungsbehörden können bestimmen, an welchen Gewässern oder Gewässerteilen weitere Tätigkeiten der Sportausübung und Freizeitgestaltung, insbesondere das Tauchen mit Atemgerät oder das Betreiben von Modellbooten mit Verbrennungsmotor als Gemeingebrauch zulässig sind.

(2) Abs. 1 ist nicht anzuwenden auf Gewässer in Hofräumen, Gärten, Park- und Betriebsanlagen, wenn sie den Eigentümern dieser Grundstücke oder Anlagen gehören, sowie auf ablassbare, ausschließlich der Fischzucht dienende Teiche.

(3) Die Kreisverwaltungsbehörde kann durch Rechtsverordnung, Allgemeinverfügung oder Anordnung im Einzelfall Gewässer oder Gewässerteile nach Abs. 1 Satz 4 bestimmen sowie die Ausübung des Gemeingebrauchs regeln, beschränken oder verbieten, um Gefahren für Leben, Gesundheit, Eigentum, eigentumsgleiche Rechte oder Besitz zu verhüten, die Sicherheit und Leichtigkeit des Verkehrs zu erhalten, die Natur, insbesondere die Tier- und

Pflanzenwelt oder das Gewässer und seine Ufer zu schützen, den Erholungsverkehr zu regeln oder die Benutzung eines Gewässers auf Grund von Erlaubnissen, Bewilligungen, alten Rechten und alten Befugnissen oder den Eigentümer- und Anliegergebrauch sicherzustellen.

Art. 19 Benutzung zu Zwecken der Fischerei (Abweichend von § 25 Satz 3 Nr. 2 WHG). Das Einbringen von Stoffen in oberirdische Gewässer zu Zwekken der Fischerei bedarf keiner Erlaubnis, wenn dadurch keine signifikanten nachteiligen Auswirkungen auf den Gewässerzustand zu erwarten sind.

Art. 20 Genehmigung von Anlagen (Zu § 36 WHG). (1) [1]Anlagen im Sinn des § 36 WHG, die nicht der Benutzung, der Unterhaltung oder dem Ausbau dienen, dürfen an Gewässern erster oder zweiter Ordnung nur mit Genehmigung der Kreisverwaltungsbehörde errichtet, wesentlich geändert oder stillgelegt werden. [2]Genehmigungspflichtig sind Anlagen, die weniger als sechzig Meter von der Uferlinie entfernt sind oder die die Unterhaltung oder den Ausbau beeinträchtigen können.

(2) Die Regierungen können durch Rechtsverordnung die Genehmigungspflicht auch für Anlagen im Sinn des § 36 WHG an Gewässern dritter Ordnung oder Teilen davon begründen, wenn und soweit das aus Gründen des Wohls der Allgemeinheit geboten ist, insbesondere um schädliche Gewässerveränderungen zu verhindern oder die Gewässerunterhaltung nicht zu erschweren.

(3) Hat die Kreisverwaltungsbehörde nicht innerhalb der nach Art. 42a Abs. 2 des Bayerischen Verwaltungsverfahrensgesetzes (BayVwVfG) festgelegten Frist entschieden, gilt die Genehmigung als erteilt.

(4) [1]Die Genehmigung kann befristet werden. [2]Sie darf nur versagt, an Bedingungen und Auflagen geknüpft oder widerrufen werden, soweit das Wohl der Allgemeinheit, insbesondere die in Abs. 2 aufgezählten Gründe, es erfordern. [3]Bei der Entscheidung ist auch das öffentliche Interesse an der Errichtung oder am Fortbestand der Anlagen zu berücksichtigen.

(5) [1]Ist eine Baugenehmigung, eine bauaufsichtliche Zustimmung oder eine Entscheidung nach § 78 Abs. 5 Satz 1 oder § 78a Abs. 2 Satz 1 WHG zu erteilen, entfällt die Genehmigung nach diesem Artikel. [2]Im Verfahren nach § 78 Abs. 5 Satz 1 oder § 78a Abs. 2 Satz 1 WHG sind insoweit auch die Voraussetzungen des Abs. 4 zu beachten.

(6) Für Anlagen nach Abs. 1 oder 2, die in den Anwendungsbereich der Richtlinie (EU) 2018/2001 fallen, finden ergänzend die Regelungen in § 11a Abs. 2 bis 4 WHG entsprechende Anwendung.

Art. 21 Gewässerrandstreifen (Zu § 38 WHG, abweichend von § 38 Abs. 3 bis 5 WHG). (1) [1]Der Gewässerrandstreifen ist an Gewässern erster und zweiter Ordnung auf Grundstücken des Freistaates Bayern 10 Meter breit. [2]Auf Gewässerrandstreifen nach Satz 1 sind

1. die ackerbauliche und gartenbauliche Nutzung sowie der Einsatz und die Lagerung von Dünge- und Pflanzenschutzmitteln, ausgenommen Wundverschlussmittel zur Baumpflege und Wildbissschutzmittel, verboten und
2. Bäume und Sträucher zu erhalten, soweit die Beseitigung nicht für den Ausbau oder die Unterhaltung der Gewässer, zur Pflege des Bestandes, aus besonderen Artenschutzgründen oder zur Gefahrenabwehr erforderlich ist oder im Rahmen ordnungsgemäßer Forstwirtschaft erfolgt.

[3]§ 38 Abs. 5 WHG gilt entsprechend. [4]Art. 16 Abs. 1 Satz 1 Nr. 3 des Bayerischen Naturschutzgesetzes bleibt unberührt.

(2) Über Abs. 1 hinaus können im Rahmen der zur Verfügung stehenden Haushaltsmittel die Zwecke des Gewässerrandstreifens an allen Gewässern durch Einbeziehung der Grundstücke oder der Flächen in eine Fördermaßnahme erreicht werden, die auch dem Schutz des jeweiligen Gewässers dient.

(3) Für die mit Art. 16 Abs. 1 Satz 1 Nr. 3 des Bayerischen Naturschutzgesetzes einhergehenden Einschränkungen bisher zulässiger und tatsächlich ausgeübter Nutzungen wird nach Maßgabe der verfügbaren Haushaltsmittel ein angemessener Geldausgleich gewährt.

Art. 22 Unterhaltungslast (Zu § 40 Abs. 1 Satz 1 WHG). (1) Es obliegt die Unterhaltung

1. der Gewässer erster Ordnung dem Freistaat Bayern unbeschadet der Aufgaben des Bundes als Eigentümer von Bundeswasserstraßen,
2. der Gewässer zweiter Ordnung dem Freistaat Bayern,
3. der Gewässer dritter Ordnung den Gemeinden als eigene Aufgabe, soweit nicht Wasser- und Bodenverbände dafür bestehen, in gemeindefreien Gebieten den Eigentümern.

(2) Anstelle des Trägers der Unterhaltungslast nach Abs. 1 Nr. 3 obliegen dem Freistaat Bayern

1. die Unterhaltung der Gewässer, die zugleich die Grenze der Bundesrepublik Deutschland bilden,
2. die Unterhaltung und der Betrieb von Wasserspeichern mit überwiegend übergebietlicher wasserwirtschaftlicher Bedeutung, die der öffentlichen Wasserversorgung, dem Gewässerschutz, dem Hochwasserschutz und der Niedrigwasseraufhöhung dienen,
3. die Unterhaltung der ausgebauten und als solche im Wildbachverzeichnis eingetragenen Wildbachstrecken.

(3) Den Unternehmern von Wasserbenutzungsanlagen oder sonstigen Anlagen in oder an Gewässern obliegt die Unterhaltung des Gewässers insoweit, als sie durch diese Anlagen bedingt ist.

(4) Den Baulastträgern öffentlicher Verkehrsanlagen obliegt die Unterhaltung des Gewässers insoweit, als sie zum Schutz dieser Anlagen erforderlich ist.

(5) Die Unterhaltung von Hafengewässern obliegt dem Träger des Hafens.

Art. 23 Übertragung und Aufteilung der Unterhaltungslast (Abweichend von § 40 Abs. 2 WHG). (1) [1]Durch öffentlich-rechtlichen Vertrag, der für Gewässer dritter Ordnung der Zustimmung der Kreisverwaltungsbehörde bedarf, können Dritte die Unterhaltungslast übernehmen. [2]Die Zustimmung kann widerrufen werden, wenn die übernommenen Verpflichtungen nicht ordnungsgemäß erfüllt werden.

(2) Bürgerlich-rechtliche Verpflichtungen Dritter zur Unterhaltung von Gewässern lassen die Unterhaltungslast als solche unberührt.

(3) Die Kreisverwaltungsbehörde kann die Unterhaltungslast ganz oder teilweise auf Dritte übertragen, wenn und soweit die Unterhaltung deren Interessen dient oder der Aufwand für die Unterhaltung durch sie verursacht wird.

(4) Haben mehrere Unterhaltungspflichtige dieselbe Gewässerstrecke teilweise zu unterhalten, so kann die Kreisverwaltungsbehörde entweder den Unterhaltungspflichtigen eine angemessene Strecke des Gewässers zur vollständigen Unterhaltung zuweisen oder die Unterhaltungsarbeiten zwischen den Unterhaltungspflichtigen angemessen aufteilen oder bestimmen, dass einzelne unterhaltungspflichtige Personen anstelle der Unterhaltung einen Kostenbeitrag an den oder die verbleibenden Unterhaltungspflichtigen leisten.

Art. 24 Ausführung, Ersatzvornahme und Sicherung der Unterhaltung (Zu § 40 Abs. 4 WHG). (1) Obliegt die Unterhaltung der Gewässer dem Freistaat Bayern, so wird sie von den Wasserwirtschaftsämtern ausgeführt.

(2) [1]Sind andere als Körperschaften des öffentlichenRechts (Art. 22 und 23) Träger der Unterhaltungslast und kommen sie ihren Verpflichtungen nicht ordnungsgemäß nach, so sind

1. für Gewässer erster und zweiter Ordnung, Wildbäche und Gewässer, die zugleich die Grenze der Bundesrepublik Deutschland bilden, der Staat,
2. für die übrigen Gewässer die Gemeinden, in gemeindefreien Gebieten die Landkreise,

verpflichtet, innerhalb ihres Gebiets die erforderlichen Unterhaltungsarbeiten auszuführen. [2]Die pflichtigen Personen haben die Kosten zu ersetzen; von ihnen können angemessene Vorschüsse verlangt werden.

(3) [1]Die Kreisverwaltungsbehörde kann zur Sicherung der Durchführung der Unterhaltung von Gewässern dritter Ordnung Rechtsverordnungen erlassen. [2]In der Rechtsverordnung kann den Trägern der Unterhaltungslast insbesondere vorgeschrieben werden, in welchem Umfang und zu welchem Zeitpunkt die Unterhaltung durchzuführen ist.

Art. 25 Besondere Pflichten im Interesse der Unterhaltung (Zu § 41 Abs. 1 Satz 3 und abweichend von § 41 Abs. 4 WHG). (1) [1]Die Eigentümer des Gewässers und die Anlieger haben die zur Unterhaltung erforderlichen Arbeiten und Maßnahmen am Gewässer und auf den Ufergrundstücken zu dulden. [2]Sie haben alles zu unterlassen, was die Sicherheit und den Schutz

der Ufer gefährdet oder die Unterhaltung unmöglich macht oder wesentlich erschweren würde.

(2) Die Eigentümer des Gewässers und die Anlieger haben insbesondere zu dulden, dass Festpunkte eingebaut, Flusseinteilungszeichen, Höhenmaße, Warn- und Hinweisschilder aufgestellt werden.

(3) Die Anlieger und Hinterlieger haben auch zu dulden, dass auf ihren Grundstücken der Aushub vorübergehend gelagert und, soweit es nicht die bisherige Nutzung dauernd beeinträchtigt, eingeebnet wird.

(4) [1]Der Träger der Unterhaltungslast hat den Duldungspflichtigen alle nach § 41 WHG und nach dieser Vorschrift beabsichtigten Maßnahmen rechtzeitig vorher anzukündigen. [2]§ 41 Abs. 4 WHG gilt entsprechend, auch für Fischereiberechtigte. [3]Auf die Interessen der Duldungspflichtigen ist Rücksicht zu nehmen.

Art. 26 Kosten der Unterhaltung, Kostenbeiträge (Zu § 40 Abs. 1 Satz 3 WHG). (1) Die Kosten der Unterhaltung treffen den Träger der Unterhaltungslast.

(2) [1]Körperschaften, die nach Art. 22 die Unterhaltungslast tragen, können nach § 40 Abs. 1 Satz 2 und 3 WHG zu den Kosten der Unterhaltung folgende Beiträge verlangen:
1. für Gewässer erster Ordnung bis zu 10 v.H. der Unterhaltungskosten,
2. für Gewässer zweiter Ordnung bis zu 25 v.H. der Unterhaltungskosten,
3. für Gewässer dritter Ordnung die vollen Unterhaltungskosten, wenn der Träger der Unterhaltungslast eine Gemeinde ist; sind an Gewässern dritter Ordnung Wasser- und Bodenverbände Träger der Unterhaltungslast, so gilt das Wasserverbandsgesetz.

[2]Die Kosten der Unterhaltung oder der Kostenbeitrag verteilen sich auf die Beitragspflichtigen nach Satz 1 je nach ihrem Vorteil (Nutzenmehrung, Schadensabwehr) oder nach dem Einfluss, den eine Anlage in oder an einem Gewässer auf dessen Unterhaltung ausübt. [3]Die Träger der Unterhaltungslast können von den Beitragspflichtigen angemessene Vorschüsse verlangen.

(3) Die Baulastträger öffentlicher Verkehrsanlagen und Eigentümer sonstiger Anlagen haben die Mehrkosten der Unterhaltung der Gewässer zu tragen, die durch die Anlagen verursacht werden, soweit sie nicht nach Art. 22 Abs. 3 und 4 die Unterhaltung selbst ausführen.

Art. 27 Festsetzung der Kostenbeiträge, des Kostenersatzes und der Kostenvorschüsse (Abweichend von § 42 Abs. 2 WHG). (1) [1]Wird über die Kostenbeiträge, den Kostenersatz oder über die Kostenvorschüsse der Beteiligten keine Einigung erzielt, so werden sie von der Kreisverwaltungsbehörde festgesetzt. [2]Wenn nichts anderes bestimmt ist, so richtet sich die Höhe des Kostenbeitrags und der Kostenvorschüsse nach Art. 26 Abs. 2.

(2) [1]Bleiben wiederkehrende Unterhaltungsmaßnahmen im Wesentlichen gleich, so kann die Kreisverwaltungsbehörde das Verhältnis der Kostenbei-

träge der Pflichtigen auch für die Zukunft festsetzen. [2]Das Gleiche gilt, wenn vor Durchführung einer Unterhaltungsmaßnahme Träger der Unterhaltungslast oder Pflichtige nach Art. 26 Abs. 2 die Festsetzung beantragen.

(3) [1]Die Kreisverwaltungsbehörde erteilt der unterhaltungspflichtigen Person, der ein Kostenbeitrag, Kostenersatz oder Kostenvorschuss zuerkannt wurde, auf Antrag eine vollstreckbare Ausfertigung des Festsetzungsbescheids, wenn die Voraussetzungen der Art. 19 und 23 des Bayerischen Verwaltungszustellungs- und Vollstreckungsgesetzes (VwZVG) gegeben sind. [2]Für die Vollstreckung der Forderung gelten die Vorschriften des Achten Buchs der Zivilprozessordnung über die Zwangsvollstreckung mit Ausnahme der §§ 883 bis 898, soweit Art. 25 bis 28 VwZVG nichts anderes bestimmen.

Abschnitt 3

Schiff- und Floßfahrt

Art. 28 Schiffbare Gewässer, Schifffahrts- und Floßordnung. (1) [1]Jede Person darf schiffbare Gewässer zur Schiff- und Floßfahrt benutzen. [2]Welche Gewässer schiffbar sind, bestimmt das Staatsministerium (Zulassung).

(2) Aus Gründen des Wohls der Allgemeinheit oder wenn das Gewässer seine Bedeutung für die Schiff- und Floßfahrt verloren hat, kann das Staatsministerium die Zulassung aufheben.

(3) Die Zulassung zur Schiff- und Floßfahrt und die Aufhebung sind öffentlich bekannt zu machen.

(4) [1]An Gewässern, die nicht allgemein zur Schiff- und Floßfahrt zugelassen sind (Abs. 1), darf die Schiff- und Floßfahrt nur mit Genehmigung der Kreisverwaltungsbehörde ausgeübt werden. [2]Die Genehmigung kann versagt, an Bedingungen und Auflagen geknüpft oder widerrufen werden, soweit das Wohl der Allgemeinheit, die Sicherheit und Leichtigkeit des Verkehrs, die öffentliche Ruhe, der Schutz des Eigentums oder der Fischerei oder die Reinhaltung oder Unterhaltung des Gewässers es erfordern.

(5) Der Genehmigungspflicht nach Abs. 4 unterliegt auch das Bereithalten von Wasserfahrzeugen an oder in Gewässern für die Ausübung des Gemeingebrauchs durch Dritte.

(6) [1]Für alle oberirdischen Gewässer kann durch Rechtsverordnung der Kreisverwaltungsbehörde aus den in Abs. 4 Satz 2 genannten Gründen die Ausübung der Schiff- und Floßfahrt geregelt oder beschränkt werden. [2]Wenn eine einheitliche Regelung oder Beschränkung über den Bereich eines Regierungsbezirks hinaus erforderlich ist, so erlässt das Staatsministerium für Wohnen, Bau und Verkehr auch im Hinblick auf Art. 18 Abs. 3 die Rechtsverordnung.

(7) Zwischenstaatliche Vereinbarungen bleiben unberührt.

Abschnitt 4

Bewirtschaftung des Grundwassers

Art. 29 Beschränkung und Erweiterung der erlaubnisfreien Benutzungen (Zu § 46 Abs. 3 WHG). (1) Eine Erlaubnis oder eine Bewilligung ist außer in den Fällen des § 46 Abs. 1 WHG nicht erforderlich für das Entnehmen, Zutagefördern, Zutageleiten oder Ableiten von Grundwasser in geringen Mengen für Zwecke der Land- und Forstwirtschaft und des Gartenbaus zur Erhaltung der Bodenfruchtbarkeit.

(2) Das Staatsministerium kann durch Rechtsverordnung für einzelne Gebiete die erlaubnisfreien Benutzungen nach Abs. 1 einschränken und die in § 46 Abs. 3 WHG vorgesehenen Bestimmungen treffen, wenn es der Grundwasservorrat nach Menge und Güte erfordert oder zulässt.

Art. 30 Erdaufschlüsse (Abweichend von § 49 WHG). (1) [1]Der Anzeige nach § 49 Abs. 1 Satz 1 WHG sind die zur Beurteilung erforderlichen Unterlagen beizufügen. [2]Werden Dritte mit der Durchführung der Arbeiten beauftragt, so obliegt diesen die Anzeige. [3]Bei erlaubnispflichtigen Gewässerbenutzungen, gestattungsbedürftigen Anlagen nach dem Bayerischen Abgrabungsgesetz oder nach der Bayerischen Bauordnung (BayBO) gilt der Antrag auf Genehmigung als Anzeige; in diesen Fällen kommt Abs. 2 nicht zur Anwendung. [4]Im Vollzug des § 49 Abs. 1 Satz 3 WHG ist zuständige Behörde die Kreisverwaltungsbehörde in Abstimmung mit dem Wasserwirtschaftsamt.

(2) Ist seit der Anzeige ein Monat vergangen, ohne dass eine Einstellungs- oder Beseitigungsanordnung nach § 49 Abs. 3 WHG ergangen ist, können die Arbeiten begonnen und so lange durchgeführt werden, bis auf das Grundwasser eingewirkt wird.

(3) [1]Ergibt sich, dass auf das Grundwasser eingewirkt wird, so sind die Arbeiten einzustellen, bis die Gewässerbenutzung oder der Gewässerausbau vorzeitig zugelassen oder die erforderliche Erlaubnis oder Bewilligung erteilt oder der Plan festgestellt oder genehmigt ist; dies gilt nicht für erlaubnisfreie Grundwasserbenutzungen. [2]Ist eine baurechtliche Genehmigung oder Zustimmung zu erteilen, so entfällt die wasserrechtliche Erlaubnis für das Einbringen von Stoffen in das Grundwasser.

(4) Abs. 1 und 2 gelten nicht für Arbeiten, die von Staatsbaubehörden oder unter deren Aufsicht ausgeführt werden oder die der bergbehördlichen Aufsicht unterliegen.

(5) Wird durch Arbeiten, die der bergbehördlichen Aufsicht unterliegen, unbefugt oder unbeabsichtigt Grundwasser erschlossen, so ist die Bergbehörde für die zum Schutz des Grundwassers erforderlichen Anordnungen zuständig.

TEIL 3

Besondere wasserwirtschaftliche Bestimmungen

Abschnitt 1

Öffentliche Wasserversorgung, Wasserschutzgebiete, Heilquellenschutz

Art. 31 Öffentliche Wasserversorgung, Wasser- und Heilquellenschutzgebiete (Zu § 50 Abs. 5, abweichend von § 51 Abs. 1 Satz 1 Nr. 1 und zu § 51 Abs. 1 Satz 3, § 53 Abs. 4 WHG). (1) In einer Rechtsverordnung nach § 50 Abs. 5 WHG kann bestimmt werden, dass § 101 Abs. 1 WHG für die Eigenüberwachung in Wasserschutzgebieten und Heilquellenschutzgebieten durch öffentlich-rechtliche Körperschaften oder von ihnen entsprechend beliehene Dritte Anwendung findet.

(2) Innerhalb der im Zusammenhang bebauten Ortsteile soll die Ausweisung von Wasserschutzgebieten für neue Wassergewinnungsanlagen nicht erfolgen.

(3) Soweit es dem öffentlichen Interesse entspricht, können auf Antrag Wasserschutzgebiete auch für Gewässer, die der privaten Wassergewinnung dienen, ausgewiesen werden; § 51 Abs. 2 und § 52 WHG sowie Art. 32 gelten entsprechend.

Art. 32 Ausgleich für schutzgebietsbedingte Belastungen (Abweichend von § 52 Abs. 5 WHG). [1]Setzt eine Anordnung nach § 52 Abs. 1 Satz 1 Nr. 1 oder 2 WHG, auch in Verbindung mit § 52 Abs. 2 und 3 WHG, erhöhte Anforderungen fest, die

1. die ordnungsgemäße land- oder forstwirtschaftliche Nutzung einschränken oder
2. Mehraufwendungen für den Bau und Betrieb land- und forstwirtschaftlicher Betriebsanlagen
   a) an bestehenden Betriebsstandorten oder
   b) an neuen Betriebsstandorten, soweit keine anderen Möglichkeiten der räumlichen Betriebsentwicklung bestehen oder geschaffen werden können,

zur Folge haben,

so ist für die dadurch verursachten wirtschaftlichen Nachteile ein angemessener Ausgleich zu leisten, soweit nicht eine Entschädigungspflicht nach § 52 Abs. 4 WHG besteht. [2]Als Anordnungen nach Satz 1 Nr. 1 gelten auch für Wasserschutzgebiete erlassene Verbote oder Beschränkungen für die Anwendung von Pflanzenschutzmitteln. [3]Satz 1 Nr. 2 gilt auch, wenn die Mehraufwendungen durch eine wasserschutzgebietsbezogene Anordnung in einer Rechtsverordnung nach § 62 Abs. 4 WHG verursacht werden.

Art. 33 Staatliche Anerkennung von Heilquellen. [1]Für die Anerkennung und den Widerruf sind die Regierungen zuständig. [2]Das Anerkennungsverfahren regelt das Staatsministerium durch Rechtsverordnung.

Abschnitt 2

Abwasserbeseitigung

Art. 34 Zur Abwasserbeseitigung verpflichtete Personen (Zu § 56 WHG).
(1) [1]Zur Abwasserbeseitigung sind die Gemeinden verpflichtet, soweit sich nach Abs. 3 und 5 nichts anderes ergibt. [2]Sie wird von den Gemeinden im eigenen Wirkungskreis wahrgenommen.

(2) [1]Durch Satzung können Gemeinden oder Zweckverbände bestimmen, dass die Übernahme des Abwassers abgelehnt werden darf,
1. wenn das Abwasser wegen seiner Art oder Menge besser von demjenigen behandelt wird, bei dem es anfällt,
2. wenn eine gesonderte Behandlung des Abwassers wegen der Siedlungsstruktur das Wohl der Allgemeinheit nicht beeinträchtigt oder
3. solange eine Übernahme des Abwassers technisch oder wegen des unverhältnismäßig hohen Aufwands nicht möglich ist.

[2]In den Fällen des Satzes 1 Nr. 2 und 3 ist ein Abwasserbeseitigungskonzept aufzustellen und fortzuschreiben. [3]Liegt eine der in Satz 1 Nr. 1 bis 3 genannten Voraussetzungen vor, so können die Kreisverwaltungsbehörden andere zur Abwasserbeseitigung verpflichtete Personen von der Übernahme von Abwasser widerruflich befreien.

(3) Den Trägern öffentlicher Verkehrsanlagen obliegt die Abwasserbeseitigung anstelle der Gemeinden, soweit sie nach anderen Vorschriften zur Entwässerung verpflichtet sind und es sich nicht um die Abwasserbeseitigung von bebauten Grundstücken handelt.

(4) Ist das Einleiten von Abwasser in ein Gewässer Dritten erlaubt oder besteht hierfür ein altes Recht oder eine alte Befugnis, so bedarf es insoweit keiner Regelung nach Abs. 2; der kommunale Anschluss- und Benutzungszwang bleibt unberührt.

(5) [1]Hat eine Gemeinde oder ein Zweckverband die Übernahme des Abwassers nach Abs. 2 Satz 1 abgelehnt oder ist eine andere zur Abwasserbeseitigung verpflichtete Person nach Abs. 2 Satz 3 oder Abs. 4 von der Pflicht zur Abwasserbeseitigung entbunden, so hat derjenige diese Pflicht zu erfüllen, der befugt ist, das Abwasser in ein Gewässer einzuleiten, oder bei dem das Abwasser anfällt. [2]Die Verpflichtung der zur Einleitung befugten Person geht der Verpflichtung derjenigen vor, bei der das Abwasser anfällt, soweit in einem wasserrechtlichen Bescheid keine andere Regelung getroffen ist.

(6) Verpflichtete nach Abs. 1, 3 und 5 können sich zur gemeinsamen Erfüllung der Pflicht zur Abwasserbeseitigung zusammenschließen.

(7) Abwasser ist von demjenigen, bei dem es anfällt, der zur Beseitigung verpflichteten Person nach Abs. 1, 3 und 5 zu überlassen.

Abschnitt 3

Wasserwirtschaftliche Anlagen

Art. 35 Beschneiungsanlagen. (1) [1]Anlagen oder Einrichtungen, die der Herstellung und Verteilung von künstlichem Schnee dienen, um eine Schneedecke zu erzeugen, dürfen nur mit Genehmigung der Kreisverwaltungsbehörde errichtet, aufgestellt oder betrieben werden. [2]Dies gilt auch für Erweiterungen und sonstige wesentliche Änderungen.

(2) Ist mit der Errichtung oder wesentlichen Änderung einer Anlage oder Einrichtung nach Abs. 1 eine Gewässerbenutzung oder der Ausbau eines Gewässers verbunden, so ist die Genehmigung nach Abs. 1 zusammen mit der dafür erforderlichen Gestattung zu erteilen.

(3) [1]§ 13 Abs. 1 und 2 WHG und Art. 20 Abs. 4 Satz 2 und Abs. 5 gelten entsprechend. [2]Bedingungen und Auflagen sowie Versagung und Widerruf der Genehmigung sind insbesondere zulässig, um Auswirkungen zu verhüten, die den Naturhaushalt oder das Landschaftsbild beeinträchtigen können. [3]Zur Beschneiung darf nur Wasser ohne Zusätze verwendet werden.

(4) [1]Eine Umweltverträglichkeitsprüfung nach Maßgabe des Gesetzes über die Umweltverträglichkeitsprüfung ist durchzuführen, wenn
1. der mit der Anlage oder Einrichtung nach Abs. 1 künstlich erzeugte Schnee auf einer Fläche aufgebracht und verteilt werden soll, die mehr als 15 ha beträgt, oder
2. sich die zum Betrieb einer Anlage oder Einrichtung nach Abs. 1 notwendigen technischen Einrichtungen ganz oder zu wesentlichen Teilen auf einer Höhe von mehr als 1800 m üNN befinden.

[2]Bei der Ermittlung der Fläche im Sinn des Satzes 1 Nr. 1 sind einzelne Flächen innerhalb eines Skigebiets zusammenzurechnen, wenn sie sich auf einer Skiabfahrt befinden, deren Anfangs- und Endpunkt durch dieselbe Aufstiegshilfe verbunden sind, oder wenn gemeinsame technische Einrichtungen zur Versorgung mit Wasser oder Energie benutzt werden. [3]Befindet sich die Anlage oder Einrichtung in einem Gebiet von gemeinschaftlicher Bedeutung, in einem Europäischen Vogelschutzgebiet, in einem Nationalpark, einem Naturschutzgebiet oder einem Wasserschutzgebiet oder werden gesetzlich geschützte Biotope nach Naturschutzrecht betroffen, so gilt Satz 1 Nr. 1 bei einer Fläche, die mehr als 7,5 ha beträgt. [4]Bei Änderung oder Erweiterung einer bestehenden Beschneiungsanlage ist eine Umweltverträglichkeitsprüfung durchzuführen, wenn
1. der durch die Erweiterung hinzukommende Teil für sich betrachtet oder
2. die durch die Änderung oder Erweiterung entstehende Beschneiungsanlage bei einheitlicher Betrachtung erstmals

die Schwellenwerte nach Satz 1 oder 3 erfüllt. [5]Im Fall des Satzes 4 Nr. 2 ist der geänderten oder erweiterten Beschneiungsanlage derjenige Teil des Bestands nicht mehr zuzurechnen, der früher als zwei Jahre vor dem Antrag auf Zulassung des Änderungs- oder Erweiterungsvorhabens in Betrieb genommen

worden ist. [6]In den Fällen des Abs. 2 sind nach wasserrechtlichen Vorschriften notwendige Umweltverträglichkeitsprüfungen mit denen, die nach den Sätzen 1, 3 oder Satz 4 erforderlich sind, in einem Verfahren zusammenzufassen.

Art. 36 Hafen- und Ländeordnungen. [1]Zum Wohl der Allgemeinheit, insbesondere um Gefahren für Leben, Gesundheit, Eigentum, eigentumsgleiche Rechte oder Besitz zu verhüten, die Sicherheit und Leichtigkeit des Verkehrs zu erhalten und die Reinhaltung, den Ausbau und die Unterhaltung des Gewässers nicht zu beeinträchtigen, kann die Kreisverwaltungsbehörde Rechtsverordnungen über die Benutzung von Hafen- und Ländeanlagen und über das Verhalten im Hafen- und Ländebereich (Hafen- und Ländeordnungen) erlassen. [2]Dabei ist vorzuschreiben, wem jeweils der Vollzug der Hafen- und Ländeordnung obliegt. [3]Abweichend von Art. 58 Abs. 1 können als Vollzugsbehörden auch bestimmt werden:
1. Behörden des Freistaates Bayern oder seiner Aufsicht unterstehende Gemeinden und Gemeindeverbände oder
2. Gesellschaften oder juristische Personen des Privatrechts (Beleihung).

[4]Eine Beleihung ist nur zulässig, wenn sie im öffentlichen Interesse liegt und die beliehene Person die Gewähr für eine ordnungsgemäße Erfüllung der Aufgaben bietet. [5]Sie unterliegt der Rechts- und Fachaufsicht der Kreisverwaltungsbehörde. [6]Die Bestimmungen der Gemeindeordnung über die Rechts- und Fachaufsicht gelten entsprechend.

Art. 37 Unterhaltung von wasserwirtschaftlichen Anlagen. [1]Die Unternehmer haben wasserwirtschaftliche Anlagen in dem bewilligten, erlaubten, genehmigten, planfestgestellten oder plangenehmigten Zustand zu erhalten. [2]Sonstige Anlagen sind so zu unterhalten, dass schädliche Gewässerveränderungen vermieden werden.

Abschnitt 4

Gewässerschutzbeauftragte

Art. 38 Gewässerschutzbeauftragte bei Körperschaften (Abweichend von § 64 Abs. 1 WHG). Gewässerschutzbeauftragte für Abwassereinleitungen von Gebietskörperschaften, aus Gebietskörperschaften gebildeten Zusammenschlüssen oder öffentlich-rechtlichen Wasserverbänden sind die für die Abwasseranlagen zuständigen Betriebsleiter oder sonstige Beauftragte.

Abschnitt 5

Gewässerausbau

Art. 39 Ausbaupflicht. (1) Soweit es das Wohl der Allgemeinheit erfordert und die Finanzierung, insbesondere auch durch gemeindliche Vorschüsse nach Art. 42 Abs. 2 Satz 2, gesichert ist, sind

1. die Träger der Unterhaltungslast nach Art. 22 Abs. 1 zum Ausbau eines Gewässers gemäß § 67 Abs. 2 WHG,
2. abweichend von Nr. 1 der Freistaat Bayern für Gewässer erster Ordnung zum Ausbau gemäß § 67 Abs. 2 Satz 3 WHG,
3. der Freistaat Bayern für Wildbäche sowie für Gewässer dritter Ordnung als Träger der Unterhaltungslast nach Art. 22 Abs. 2 Nr. 1 und 2 zum Ausbau gemäß § 67 Abs. 2 WHG

verpflichtet.

(2) Die Aufgabe nach Abs. 1 ist eine öffentlich-rechtliche Verpflichtung.

Art. 40 Ausführung des Ausbaus. Ist der Freistaat Bayern zum Ausbau verpflichtet, so wird der Ausbau von den Wasserwirtschaftsämtern ausgeführt.

Art. 41 Besondere Pflichten im Interesse des Ausbaus, Schutzvorschriften.

(1) [1]Soweit es zur Vorbereitung oder Durchführung des Ausbaus erforderlich ist, haben die Anlieger und die Hinterlieger zu dulden, dass die Personen, die den Ausbau veranlassen (Unternehmer) oder deren Beauftragte die Grundstücke betreten oder vorübergehend benutzen. [2]Die Gewässereigentümer haben den Ausbau eines Gewässers, der dem Wohl der Allgemeinheit dient, zu dulden.

(2) § 41 WHG und Art. 25 gelten entsprechend.

Art. 42 Kosten des Ausbaus, Vorteilsausgleich, Anwendung anderer Vorschriften. (1) Die Kosten des Ausbaus tragen die Unternehmer.

(2) [1]Sind die Unternehmer zum Ausbau verpflichtet, so können sie von denen, die von dem Ausbau Vorteile haben, je nach ihrem Vorteil (Nutzenmehrung, Schadensabwehr), Beiträge und Vorschüsse verlangen. [2]Die örtlich zuständigen Gemeinden können diese Beiträge und Vorschüsse übernehmen. [3]Der den Gemeinden erwachsende Aufwand kann auf die nach Satz 1 verpflichteten Personen umgelegt werden.

(3) [1]Erlangt eine Person durch einen Ausbau, der in einem anderen Land durchgeführt wird, einen Vorteil, so ist sie verpflichtet, auf Verlangen der zuständigen Behörde des Landes, in dem der Ausbau durchgeführt wird, nach den Bestimmungen des dortigen Rechts Kostenbeiträge zu leisten. [2]Das gilt nur, soweit Gegenseitigkeit besteht.

(4) [1]Gemeinden setzen die Beiträge oder Vorschüsse nach Abs. 2 Satz 1 oder ihren Aufwand nach Abs. 2 Satz 3 selbst fest. [2]Sie können dazu durch Satzung das Nähere, insbesondere den Beitragsmaßstab und die Grundsätze der Beitragserhebung, regeln. [3]Für andere Ausbaupflichtige gilt Art. 27 Abs. 1 Satz 1 und Abs. 3 sinngemäß.

Abschnitt 6

Schutz vor Hochwasser und Dürre, Wasser- und Eisgefahr

Art. 43 Besondere Regelungen für bauliche Hochwasserschutzmaßnahmen. (1) Flächen, die sich zur Hochwasserrückhaltung und -entlastung eignen, sollen vorrangig für diese Zwecke genutzt werden.

(2) Die Regierung ist Anhörungs- und Planfeststellungsbehörde nach § 68 Abs. 1 WHG für gesteuerte Flutpolder mit einem Rückhaltevolumen von mehr als einer Million Kubikmeter.

Art. 44 Grundsätze für den Schutz vor Hochwasser und Dürre. (1) [1]Zur Minderung von Hochwasser- und Dürregefahren sollen Staat und Gemeinden im Rahmen ihrer Aufgaben auf

1. Erhalt oder Wiederherstellung der Versickerungsfähigkeit der Böden,
2. dezentrale Versickerung von Niederschlagswasser,
3. Maßnahmen zur natürlichen Wasserrückhaltung und zur Wasserspeicherung

hinwirken. [2]Wasserspeicher sind so zu bewirtschaften, dass Hochwasser- und Dürregefahren gemindert werden.

(2) Bei der Planung von Hochwasserschutzeinrichtungen sind die Auswirkungen der Klimaänderung angemessen zu berücksichtigen.

Art. 45 Risikobewertung, Gefahrenkarten, Risikokarten, Risikomanagementpläne. [1]Zuständig für die Bewertung der Hochwasserrisiken nach § 73 Abs. 1 WHG, für die Zuordnung nach § 73 Abs. 3 Satz 2 WHG und für die Erstellung von Gefahren- und Risikokarten nach § 74 WHG ist das Staatsministerium. [2]Risikomanagementpläne nach § 75 WHG sind als Fachpläne vom Staatsministerium im Einvernehmen mit den für Inneres, für Wirtschaft und für Landwirtschaft zuständigen Staatsministerien aufzustellen; Gemeinden, für deren Gebiet Maßnahmen aufgenommen werden, sind zu hören. [3]Art. 51 Abs. 1 Satz 6 gilt entsprechend. [4]Das Landesamt für Umwelt (LfU) und die Wasserwirtschaftsämter leisten fachliche Zuarbeit. [5]Die Kreisverwaltungsbehörden können mit einer Zuarbeit im Rahmen ihrer Aufgaben beauftragt werden. [6]Das Staatsministerium ist auch für den Vollzug des § 79 Abs. 1 WHG zuständig. [7]Die in den Sätzen 1, 2, 4 und 5 genannten Behörden unterrichten im Rahmen ihrer Aufgaben die Öffentlichkeit gemäß § 79 Abs. 2 WHG.

Art. 46 Überschwemmungsgebiete an oberirdischen Gewässern (Zu § 76, abweichend von § 78 Abs. 5 Satz 1 Nr. 1 Buchst. a und § 78 Abs. 1 Satz 1 Nr. 7 WHG). (1) [1]Überschwemmungsgebiete im Sinn des § 76 Abs. 1 WHG sind von den wasserwirtschaftlichen Fachbehörden zu ermitteln und fortzuschreiben, auf Karten darzustellen und in den jeweiligen Gebieten von den Kreisverwaltungsbehörden zur Information der Öffentlichkeit ortsüblich bekannt zu machen; Art. 47 bleibt unberührt. [2]Gleiches gilt für Wildbachgefähr-

dungsbereiche. [3]An Gewässern dritter Ordnung können auch die Gemeinden im Benehmen mit dem Wasserwirtschaftsamt die Überschwemmungsgebiete ermitteln, fortschreiben, auf Karten darstellen und den Kreisverwaltungsbehörden zum Zwecke der Information der Öffentlichkeit, der vorläufigen Sicherung oder der Festsetzung übermitteln. [4]Die Wasserwirtschaftsämter stellen den Gemeinden hierzu geeignete, bei ihnen vorhandene Daten zur Verfügung.

(2) [1]Für die Ermittlung ist ein Hochwasserereignis zugrunde zu legen, das statistisch einmal in 100 Jahren zu erwarten ist (Bemessungshochwasser); für die Ermittlung des vom Bemessungshochwasser betroffenen Überschwemmungsgebiets kann, soweit eine genauere Ermittlung nicht oder nur mit unverhältnismäßigem Aufwand möglich wäre, der Flächenumgriff auch auf Grund geeigneter Höhenangaben und früherer Hochwasserereignisse geschätzt werden. [2]Für Wildbachgefährdungsbereiche ist das Bemessungshochwasser unter Berücksichtigung der wildbachtypischen Eigenschaften auf den Bereich mit signifikantem Hochwasserrisiko zu beziehen. [3]Abweichend von Satz 1 gilt für Gewässer und Gewässerabschnitte im Wirkungsbereich von Stauanlagen, die den Hochwasserabfluss maßgeblich beeinflussen können, für die Ermittlung von Überschwemmungsgebieten jeweils ein gesondertes Bemessungshochwasser, das im Einzelfall auf der Grundlage der allgemein anerkannten Regeln der Technik von den wasserwirtschaftlichen Fachbehörden festgelegt wird.

(3) [1]Überschwemmungsgebiete im Sinn des § 76 Abs. 2 WHG und Wildbachgefährdungsbereiche müssen, die sonstigen Überschwemmungsgebiete können durch Rechtsverordnung festgesetzt werden. [2]Nach früherem Recht festgesetzte Überschwemmungsgebiete gelten fort und sind gemäß Abs. 2 zu aktualisieren.

(4) In der Rechtsverordnung kann für die Umwandlung von Dauergrünland in Ackerland ein Genehmigungsvorbehalt angeordnet werden, soweit dies zum Schutz vor Hochwassergefahren erforderlich ist; § 78a Abs. 1 Satz 1 Nr. 7 WHG ist nicht anzuwenden.

(5) Zur Vermeidung von Hochwassergefahren können von der Kreisverwaltungsbehörde durch Anordnungen für den Einzelfall gegenüber den Eigentümern und Nutzungsberechtigten der Grundstücke Verbote, Beschränkungen, Duldungspflichten und Handlungspflichten erlassen werden, wenn ein Überschwemmungsgebiet festgesetzt oder vorläufig gesichert ist.

(6) Um einen schadlosen Hochwasserabfluss sicherzustellen, kann die Kreisverwaltungsbehörde in einem Überschwemmungsgebiet nach § 76 Abs. 1 WHG gegenüber den Eigentümern oder Nutzungsberechtigten der Grundstücke anordnen, Hindernisse zu beseitigen, Eintiefungen aufzufüllen, Maßnahmen zur Verhütung von Auflandungen zu treffen und die Grundstücke so zu bewirtschaften, dass ein Aufstau und eine Bodenabschwemmung möglichst vermieden werden.

(7) Ist im Einzelfall bei baulichen Anlagen eine Erfüllung der Ausgleichspflicht für verlorengehenden Rückhalteraum nach § 78 Abs. 5 Satz 1 Nr. 1

Buchst. a WHG nicht möglich, so können die Ausgleichsverpflichteten diese durch Beteiligung an der Maßnahme einer öffentlich-rechtlichen Gebietskörperschaft zur Hochwasserrückhaltung im Gemeindegebiet erfüllen, soweit die öffentlich-rechtliche Gebietskörperschaft zustimmt; § 13 Abs. 2 Nr. 4 WHG gilt entsprechend.

Art. 47 Vorläufige Sicherung. (1) Für Wildbachgefährdungsbereiche gilt § 76 Abs. 3 WHG entsprechend.

(2) [1]Überschwemmungsgebiete im Sinn des § 76 Abs. 2 WHG und Wildbachgefährdungsbereiche, die von den wasserwirtschaftlichen Fachbehörden oder von den Gemeinden ermittelt und kartiert wurden und noch nicht als Überschwemmungsgebiete festgesetzt sind, gelten als vorläufig gesicherte Überschwemmungsgebiete, wenn sie als solche ortsüblich bekannt gemacht sind. [2]Satz 1 gilt für vor dem Inkrafttreten dieses Gesetzes bekannt gemachte Überschwemmungsgebiete entsprechend. [3]Die vorläufige Sicherung nach Satz 1 entfällt, soweit ein Überschwemmungsgebiet bereits in einem für verbindlich erklärten Regionalplan als Vorranggebiet für den Hochwasserschutz ausgewiesen ist; § 78 Abs. 5 und § 78a Abs. 2 WHG gilt im Vorranggebiet entsprechend. [4]Sonstige Überschwemmungsgebiete im Sinn des Art. 46 Abs. 3 können vorläufig gesichert werden; Satz 1 gilt entsprechend.

(3) [1]Die Kreisverwaltungsbehörde hat die Bekanntmachung im Sinn des Abs. 2 innerhalb von drei Monaten nach Übermittlung der vollständigen Karten zu bewirken; liegt zu diesem Zeitpunkt eine Bewertung des Hochwasserrisikos nach Art. 45 nicht vor, ist die vorläufige Sicherung mindestens auf die im ermittelten Gebiet gelegenen im Zusammenhang bebauten Ortsteile im Sinn des § 34 des Baugesetzbuchs und auf Grundstücke zu erstrecken, für die nach § 1 Abs. 1 bis 3 der Baunutzungsverordnung eine Baufläche oder ein Baugebiet im Flächennutzungsplan dargestellt oder in einem Bebauungsplan festgesetzt ist. [2]Für die Bekanntmachung gilt Art. 73 Abs. 1 Satz 2 und 3 entsprechend; in der Bekanntmachung sind Ort und Zeit der möglichen Einsichtnahme in das Kartenwerk zu bestimmen und dessen Fundstelle im Internet anzugeben.

(4) [1]Die vorläufige Sicherung endet, sobald die Rechtsverordnung zur Festsetzung des Überschwemmungsgebiets in Kraft tritt oder das Festsetzungsverfahren eingestellt wird. [2]Sie endet spätestens nach Ablauf von fünf Jahren. [3]Im begründeten Einzelfall kann die Frist von der Kreisverwaltungsbehörde höchstens um zwei weitere Jahre verlängert werden.

Art. 48 Hochwassernachrichtendienst (Zu § 79 Abs. 2 WHG). [1]Zur Abwehr von Wasser- und Eisgefahr kann das Staatsministerium durch Rechtsverordnung einen vom Landesamt für Umwelt (LfU) geleiteten Hochwasserbeobachtungs-, Melde- und Vorhersagedienst (Hochwassernachrichtendienst) einrichten. [2]Die Rechtsverordnung kann vorsehen, dass Körperschaften und Anstalten des öffentlichen Rechts, Unternehmen von Wasserbenutzungsanlagen

oder sonstigen Anlagen in oder an Gewässern oder Dritte für den Hochwassernachrichtendienst ihre dafür geeigneten Sachmittel zur Verfügung zu stellen oder Dienst zu leisten haben.

Art. 49 Verpflichtungen der Anlieger und der Unternehmer von Wasserbenutzungsanlagen. (1) [1]Die Anlieger haben, soweit es zur Bekämpfung von Wasser-, Eis- und Murgefahr erforderlich ist, einen Uferstreifen von allen Hindernissen freizuhalten, die das Begehen und, an Gewässern erster und zweiter Ordnung sowie an Wildbächen, auch das Befahren der Anliegergrundstücke wesentlich erschweren oder unmöglich machen. [2]Die Kreisverwaltungsbehörde kann verlangen, dass die Anlieger solche Hindernisse beseitigen. [3]Eingriffe, die das Landschaftsbild verunstalten oder gefährden würden, dürfen nur angeordnet werden, soweit es die Abwehr von Wasser-, Eis- und Murgefahr zwingend erfordert.

(2) [1]Soweit es die Abwehr von Wassergefahr erfordert, sind die Unternehmer von Wasserbenutzungsanlagen verpflichtet, ihre Anlagen einschließlich der Nachrichtenmittel für eine Hochwasserrückhaltung oder eine Niedrigwasseraufhöhung einzusetzen. [2]Die Anordnungen über Beginn, Ausmaß und Durchführung der Maßnahmen und über den Nachrichtendienst erlässt das Staatsministerium.

Art. 50 Verpflichtungen der Gemeinden. (1) [1]Werden zur Abwendung von Wasser-, Eis- und Murgefahr unaufschiebbare Vorkehrungen notwendig, so sind die benachbarten Gemeinden nach ihren Möglichkeiten und auf ihre Kosten zur Unterstützung der bedrohten Gemeinde verpflichtet. [2]Sie haben insbesondere nach Bedarf Hilfskräfte, Materialien, Werkzeuge, Geräte und Fahrzeuge zur Verfügung zu stellen.

(2) Gemeinden, die erfahrungsgemäß von Überschwemmungen oder Muren bedroht sind, haben dafür zu sorgen, dass ein Wach- und Hilfsdienst für Wassergefahr (Wasserwehr, Dammwehr, Murenabwehr) eingerichtet wird; sie haben die dafür erforderlichen Hilfsmittel (Abs. 1 Satz 2) bereitzuhalten.

Abschnitt 7

Wasserwirtschaftliche Planung und Dokumentation

Art. 51 Maßnahmenprogramme und Bewirtschaftungspläne. (1) [1]Für die Teilbereiche einer Flussgebietseinheit, die sich im Freistaat Bayern befinden, werden Beiträge zu den Bewirtschaftungsplänen und Maßnahmenprogrammen für die Flussgebietseinheit erstellt und diese mit den übrigen an der Flussgebietseinheit beteiligten Ländern koordiniert. [2]Bei Flussgebietseinheiten, die auch im Hoheitsgebiet anderer Mitgliedstaaten der Europäischen Union liegen, werden die Bewirtschaftungspläne und die Maßnahmenprogramme mit den zuständigen Behörden dieser Staaten koordiniert. [3]Bei Fluss-

gebietseinheiten, die auch in Staaten liegen, die nicht Mitglied der Europäischen Union sind, koordiniert das Staatsministerium Bewirtschaftungspläne und Maßnahmenprogramme mit den Behörden dieser Staaten. [4]Die Koordinierung erfolgt im Benehmen und, soweit auch Verwaltungskompetenzen des Bundes berührt sind, im Einvernehmen mit den zuständigen Bundesbehörden. [5]In den Fällen der Sätze 2 und 3 ist das Einvernehmen der zuständigen Bundesbehörden auch erforderlich, soweit die Pflege der Beziehungen zu auswärtigen Staaten nach Art. 32 des Grundgesetzes berührt ist. [6]Das Staatsministerium wird ermächtigt, durch Verwaltungsabkommen mit den nach den Sätzen 1 bis 5 Beteiligten Einzelheiten der Koordinierung zu regeln.

(2) [1]Die Bewirtschaftungspläne oder deren Teile, die sich auf die im Freistaat Bayern liegenden Gebiete einer Flussgebietseinheit beziehen, sowie die entsprechenden Maßnahmenprogramme werden vom Staatsministerium im Bayerischen Ministerialblatt veröffentlicht. [2]Sie sind mit der Veröffentlichung für alle staatlichen Behörden verbindlich.

(3) Zuständige Behörde im Vollzug des § 83 Abs. 4 WHG ist die Regierung.

(4) Zuständige Behörde im Vollzug des § 85 WHG ist das Staatsministerium unter Mitwirkung der Regierungen als höhere Wasserbehörde sowie der nachgeordneten Fachbehörden.

Art. 52 (*aufgehoben*)

Art. 53 Wasserbuch. (1) [1]Die Kreisverwaltungsbehörde führt für die nach § 87 WHG einzutragenden Rechtsakte von Amts wegen das Wasserbuch als Sammlung der Bescheide und Verordnungen mit deren Anlagen und den zugehörigen Planbeilagen. [2]Bei rechtzeitig angemeldeten behaupteten alten Rechten und Befugnissen tritt an die Stelle des Bescheids die Anmeldung.

(2) Entstehung, Abänderung und Untergang eintragungsfähiger Rechtsverhältnisse bleiben durch die Eintragung in das Wasserbuch unberührt.

Art. 54 Abwasserkataster. [1]Die Betreiber von öffentlichen Abwasserbehandlungsanlagen haben ein Abwasserkataster zu führen, in dem die Informationen über die Einleiter in die Abwasseranlagen in jeweils aktualisierter Form enthalten sind. [2]Sind die Betreiber der Abwasserbehandlungsanlage nicht Träger der Kanalisation, kann die Kreisverwaltungsbehörde zulassen, dass das Abwasserkataster vom Träger der Kanalisation geführt wird. [3]Das Abwasserkataster besteht mindestens aus dem

1. Kanalkataster, in dem
   a) der Kanalbestand,
   b) die Sonderbauwerke,
   c) die maschinellen Einrichtungen,
   d) die Messeinrichtungen,
   e) die wesentlichen Einleitungen in die Kanalisation, das sind die nach § 58 WHG genehmigungspflichtigen Einleitungen und die nach den

Einleitungsbedingungen vorbehandlungspflichtigen oder besonders überwachungspflichtigen Einleitungen, und

f) die Einleitungsstellen in die Gewässer sowie

g) der Zustand der Anlagen

zu beschreiben und in Übersichtsplänen darzustellen sind;

2. Einleiterkataster, in dem die wesentlichen Einleitungen namentlich und in einer den Kennzeichnungen im Kanalkataster zugeordneten Weise zu erfassen sind.

Abschnitt 8

Haftung für Gewässerveränderungen

Art. 55 Sanierung von Gewässerverunreinigungen (Zu § 90 Abs. 3 WHG).

(1) [1]Die für Gewässerverunreinigungen Verantwortlichen haben die erforderlichen Maßnahmen zur Ermittlung, Eingrenzung und Beseitigung von Verunreinigungen durchzuführen, soweit diese nicht bereits durch Vorschriften des Bundes-Bodenschutzgesetzes (BBodSchG) und des Bayerischen Bodenschutzgesetzes gefordert sind. [2]Verantwortlich sind die Verursacher, deren Gesamtrechtsnachfolger, die Grundstückseigentümer und die Inhaber der tatsächlichen Gewalt über die Grundstücke. [3]Im Übrigen gilt Art. 9 des Landesstraf- und Verordnungsgesetzes sinngemäß. [4]Die allgemein anerkannten Regeln der Technik sind zu beachten.

(2) [1]Die Kreisverwaltungsbehörden können bei Gewässerverunreinigungen Anordnungen für den Einzelfall erlassen, insbesondere

1. Untersuchungsmaßnahmen anordnen,
2. die Begrenzung, Verminderung oder Beseitigung durch geeignete Maßnahmen fordern, um eine nachhaltige oder nicht unerhebliche Beeinträchtigung des Wohls der Allgemeinheit, insbesondere eine Gefährdung der öffentlichen Wasserversorgung zu verhüten, auszugleichen oder zu beseitigen,
3. Sicherungs- und Überwachungsmaßnahmen anordnen.

[2]Die Kreisverwaltungsbehörden können verlangen, dass ein Sanierungsplan, der die zu ergreifenden Maßnahmen nach Satz 1 Nr. 2 oder 3 enthält, zur Genehmigung vorgelegt wird. [3]Die Genehmigung schließt die nach Bau- und Wasserrecht erforderlichen Verwaltungsakte mit Ausnahme einer wasserrechtlichen Erlaubnis und Bewilligung mit ein. [4]Erstreckt sich eine Gewässerverunreinigung auf mehrere Grundstücke, kann die Kreisverwaltungsbehörde für den Sanierungsplan nach Satz 2 ein Planfeststellungsverfahren durchführen, wenn ein Verantwortlicher oder die Gesellschaft zur Altlastensanierung in Bayern mbH (GABmbH) als Vorhabensträger auftritt; § 52 Abs. 4 und 5 WHG und Art. 32 gelten entsprechend.

(3) [1]Die Kosten der Maßnahmen nach Abs. 2 trägt der Verantwortliche. [2]Mehrere Verantwortliche haften als Gesamtschuldner.

(4) Soweit durch den Einsatz öffentlicher Mittel der Verkehrswert eines Grundstücks nicht nur unwesentlich erhöht wird und die Eigentümer die Kosten hierfür nicht oder nicht vollständig getragen haben, haben diese einen Wertausgleich zu leisten; § 25 BBodSchG gilt entsprechend.

TEIL 4

Enteignung, Entschädigung, Vorkaufsrecht

Art. 56 Enteignung. [1]Im Interesse einer geordneten Wasserwirtschaft, der Unterhaltung und des Ausbaus der Gewässer, der Schiff- und Floßfahrt, zur Förderung der Fischerei, zur Ermöglichung und Erleichterung der Gewässerbenutzung, der Aussiedlung aus Überschwemmungs- und Wasserschutzgebieten, zur Errichtung, zum Betrieb und zur Unterhaltung von Anlagen für Häfen, für die Gewässerbenutzung, die Wasserversorgung, die Abwasserbeseitigung und die Be- und Entwässerung und zur Mitbenutzung solcher Anlagen durch Dritte kann enteignet werden. [2]§§ 96 bis 98 WHG gelten entsprechend. [3]Im Übrigen ist das Bayerische Gesetz über die entschädigungspflichtige Enteignung anzuwenden.

Art. 57 Entschädigung, Ausgleich, Vollstreckung. [1]Für Entschädigungen nach diesem Gesetz, die außerhalb eines Enteignungsverfahrens zu leisten sind, gelten §§ 96 bis 98 WHG entsprechend; für Ausgleichsleistungen gelten § 96 Abs. 1 und 5, §§ 97 und 98 Abs. 2 WHG entsprechend. [2]Der Ausgleich ist, sofern nichts anderes vereinbart wird, durch einen jährlich zum 10. Januar für das vorhergehende Kalenderjahr fällig werdenden Betrag in Geld zu leisten. [3]Ein Ausgleich wird nicht geleistet, soweit die wirtschaftlichen Nachteile
1. durch betriebliche Maßnahmen ausgeglichen werden können oder
2. durch andere Leistungen aus öffentlichen Haushalten oder von dritten Personen ausgeglichen werden.

[4]Für nach diesem Gesetz oder nach dem Wasserhaushaltsgesetz festgesetzte Entschädigungs- und Ausgleichsleistungen gelten die Vorschriften des Achten Buchs der Zivilprozessordnung über die Zwangsvollstreckung mit Ausnahme der §§ 883 bis 898, soweit Art. 25 bis 28 VwZVG nichts anderes bestimmen; Art. 56 bleibt unberührt.

Art. 57a Vorkaufsrecht (Zu § 99a WHG). (1) [1]Das LfU führt ein Verzeichnis über die Grundstücke, für die dem Freistaat Bayern ein Vorkaufsrecht nach § 99a WHG zusteht. [2]Die Einsicht des Verzeichnisses ist jedem gestattet, der ein berechtigtes Interesse darlegt. [3]Notare dürfen das Verzeichnis elektronisch einsehen und bedürfen hierfür nicht der Darlegung eines berechtigten Interesses.

(2) [1]Die Ausübung des Vorkaufsrechts nach § 99a WHG erfolgt durch den Freistaat Bayern, vertreten durch das Wasserwirtschaftsamt. [2]Die Mitteilung gemäß § 469 des Bürgerlichen Gesetzbuchs (BGB) über den Verkauf eines

Grundstücks im Sinn des § 99a Abs. 1 WHG ist gegenüber dem Wasserwirtschaftsamt abzugeben.

(3) [1]Abweichend von § 464 Abs. 2 BGB kann der Vorkaufsberechtigte den zu zahlenden Betrag nach dem Verkehrswert des Grundstücks im Zeitpunkt des Kaufs bestimmen, wenn der vereinbarte Kaufpreis den Verkehrswert deutlich überschreitet. [2]In diesem Fall ist der Verpflichtete berechtigt, bis zum Ablauf eines Monats nach Unanfechtbarkeit des Verwaltungsakts über die Ausübung des Vorkaufsrechts vom Vertrag zurückzutreten. [3]Auf das Rücktrittsrecht sind die §§ 346 bis 349 und 351 BGB entsprechend anzuwenden.

(4) Das Vorkaufsrecht beschränkt sich auf Maßnahmen des technischen Hochwasserschutzes und des natürlichen Rückhalts.

TEIL 5
Gewässeraufsicht

Art. 58 Zuständigkeit und Befugnisse (Zu § 100 WHG). (1) [1]Die Gewässeraufsicht obliegt den Kreisverwaltungsbehörden. [2]Sie ordnen nach pflichtgemäßem Ermessen die Maßnahmen an, die im Einzelfall notwendig sind, um Beeinträchtigungen des Wasserhaushalts zu vermeiden oder zu beseitigen oder die Erfüllung von Verpflichtungen nach § 100 Abs. 1 Satz 1 WHG sicherzustellen. [3]Die technische Gewässeraufsicht obliegt den dem Staatsministerium nachgeordneten Fachbehörden, soweit nicht Fachaufgaben den Kreisverwaltungsbehörden übertragen sind. [4]Die technische Gewässeraufsicht
1. ermittelt die für die Wasserwirtschaft notwendigen Daten und Grundlagen (gewässerkundliches Messwesen),
2. überwacht die Gewässer sowie die sie beeinflussenden Anlagen und Nutzungen stichprobenartig, objektbezogen und nach pflichtgemäßem Ermessen (Gewässer- und Anlagenüberwachung),
3. errichtet und betreibt die dazu dienenden Mess- und Untersuchungseinrichtungen,
4. untersucht den natürlichen Wasserkreislauf, auch soweit er außerhalb von Gewässern stattfindet, im Hinblick auf Klimaauswirkungen.

[5]Die für die technische Gewässeraufsicht zuständigen Behörden können private Sachverständige nach Art. 65 oder Prüflaboratorien nach Art. 66 mit Kontrollen, Messungen und Untersuchungen beauftragen; die Beauftragten handeln im Namen und auf Weisung der Behörde. [6]In den Bergbaubetrieben obliegt die gesamte Gewässeraufsicht den Bergbehörden; sie sind insoweit zu Anordnungen nach Satz 2 befugt.

(2) § 102 WHG bleibt von den Vorschriften des Teil 5 unberührt.

Art. 59 Kosten der technischen Gewässeraufsicht bei Abwasseranlagen. [1]Die Betreiber von Abwasseranlagen, aus denen erlaubnispflichtig in Gewässer oder genehmigungspflichtig in öffentliche Abwasseranlagen eingeleitet

wird, ausgenommen Kleinkläranlagen, die einer Bescheinigungspflicht nach Art. 60 unterliegen, tragen die Kosten der behördlichen Überwachung nach Art. 58, soweit diese die Festlegungen der **Anlage 2*** nicht überschreitet; die Kosten werden von der für die technische Gewässeraufsicht zuständigen Behörde erhoben. [2]Zu den Kosten gehören auch die Kosten von Untersuchungen, die außerhalb des Betriebs und der Grundstücke des Benutzers, insbesondere in den benutzten und in gefährdeten Gewässern erforderlich sind. [3]Die Kosten können als Pauschalbeträge erhoben werden. [4]Im Übrigen bleibt das Kostengesetz unberührt.

Art. 60 Technische Gewässeraufsicht bei Kleinkläranlagen. (1) [1]Bei Kleineinleitungen im Sinn des § 8 in Verbindung mit § 9 Abs. 2 Satz 2 des Abwasserabgabengesetzes haben die Betreiber von Kleinkläranlagen deren Funktionstüchtigkeit einschließlich der Zu- und Ableitungen, die ordnungsgemäße Kontrolle durch den Betreiber, die fachgerecht durchgeführte Wartung sowie die ordnungsgemäße Beseitigung der festgestellten Mängel alle zwei Jahre durch entsprechend anerkannte private Sachverständige in der Wasserwirtschaft (Art. 65) prüfen und bescheinigen zu lassen. [2]Die privaten Sachverständigen legen die Bescheinigung bei Kleinkläranlagen, aus denen unmittelbar in ein Gewässer eingeleitet wird, unverzüglich der Kreisverwaltungsbehörde und bei Kleinkläranlagen, aus denen in eine Abwasseranlage Dritter eingeleitet wird, zusätzlich auch der diese Abwasseranlage betreibenden Person vor. [3]Wurde nach dem 9. Juni 2006 eine Bescheinigung mit der Gesamtbewertung „ohne Mängel" ausgestellt, verlängert sich die Frist nach Satz 1 für die folgende Prüfung auf vier Jahre; dies gilt nicht für Bescheinigungen im Rahmen der Bauabnahme.

(2) [1]Die Betreiber haben die bei Prüfungen festgestellten Mängel unverzüglich zu beseitigen oder beseitigen zu lassen. [2]Bei erheblichen Mängeln ist innerhalb von zwei Monaten nach Ausstellung der Bescheinigung eine Nachprüfung durchzuführen; Abs. 1 Sätze 1 und 2 gelten entsprechend.

(3) Hinsichtlich Kleinkläranlagen, aus denen in eine öffentliche Abwasseranlage eingeleitet wird, kann der Träger der öffentlichen Abwasseranlage durch Satzung bestimmen, dass die Prüfung und Bescheinigung nach Abs. 1 und 2 durch geeignete Bedienstete des Trägers der öffentlichen Abwasseranlage vorgenommen wird.

(4) Für bei Inkrafttreten dieses Gesetzes bereits bestehende Kleinkläranlagen beginnt die Frist nach Abs. 1 Satz 1 mit dem Tag der Vorlage einer Bescheinigung nach Anhang 2 Vierter Teil der Eigenüberwachungsverordnung in der bis zum Ablauf des 28. Februar 2010 geltenden Fassung bei der Kreisverwaltungsbehörde, im Übrigen mit dem Inkrafttreten dieses Gesetzes.

Art. 60a Abwassersammelgruben (zu § 60 Abs. 7 WHG). (1) [1]Die Betreiber von geschlossenen Behältern zum Sammeln von Abwasser im Sinne des

---

* *Nicht abgedruckt.*

§ 54 Abs. 1 Satz 1 Nr. 1 WHG (Abwassersammelgruben) haben die Dichtheit der gesamten Anlage, einschließlich deren Zu- und Ableitungen und von etwaigen Anlagen zur Vorreinigung, sowie die fachgerecht durchgeführte Abfuhr des Abwassers alle zehn Jahre durch entsprechend anerkannte private Sachverständige in der Wasserwirtschaft (Art. 65) prüfen und bescheinigen zu lassen. [2]Bei Anlagen, die

1. nach dem 17. November 2021 errichtet werden, beginnt die Frist mit Inbetriebnahme der Abwassersammelgrube,
2. am 17. November 2021 bereits errichtet sind (bestehende Anlagen), ist die Bescheinigung innerhalb von fünf Jahren nach dem 17. November 2021 erstmalig vorzulegen.

[3]Art. 60 Abs. 1 Satz 2 und Abs. 2 gilt entsprechend.

(2) Abwassersammelgruben, die nach dem 5. Januar 2022 errichtet werden, sind gegenüber der zuständigen Behörde mindestens sechs Wochen im Voraus schriftlich anzuzeigen.

Art. 61 Bauabnahme. (1) [1]Nach Fertigstellung von Baumaßnahmen, die einer Erlaubnis, Bewilligung, Genehmigung oder Planfeststellung nach dem Wasserhaushaltsgesetz oder nach diesem Gesetz bedürfen, hat der Bauherr der Kreisverwaltungsbehörde die Bestätigung eines privaten Sachverständigen nach Art. 65 vorzulegen, aus der sich ergibt, dass die Baumaßnahmen entsprechend dem Bescheid ausgeführt oder welche Abweichungen von der zugelassenen Bauausführung vorgenommen worden sind. [2]Kann durch eine Bauabnahme nach Fertigstellung der Baumaßnahmen die bescheidsgemäße Ausführung oder eine Abweichung von der zugelassenen Ausführung nicht mehr festgestellt werden, ist eine baubegleitende Bauabnahme zu fordern. [3]Die Kreisverwaltungsbehörde kann Abweichungen von der zugelassenen Ausführung ohne Änderung der wasserrechtlichen Gestattung im Sinn des Satzes 1 genehmigen, sofern die Abweichung eine schädliche Gewässerveränderung nicht erwarten lässt. [4]Die Genehmigung kann unter Auflagen erteilt werden, soweit der zugrundeliegende Bescheid mit Auflagen verbunden werden kann. [5]Werden durch die Abweichungen Ansprüche Dritter berührt, über die im vorausgegangenen Verfahren zu entscheiden war, so können nach Anhörung der Dritten auch Ausgleichsmaßnahmen oder Entschädigungen festgesetzt werden.

(2) [1]Die Kreisverwaltungsbehörde kann im Einzelfall auf die Bauabnahme verzichten, wenn nach Größe und Art der baulichen Anlage nicht zu erwarten ist, dass durch sie erhebliche Gefahren oder Nachteile herbeigeführt werden können, oder eine Bauabnahme nach anderen Vorschriften durchgeführt wird; dies gilt nicht für Anlagen nach Art. 70 Abs. 1 Nr. 2. [2]Bauliche Anlagen des Bundes, der Länder und der Kommunen bedürfen keiner Bauabnahme nach Abs. 1, wenn der öffentliche Bauherr die Bauabnahme Beamten des höheren bautechnischen Verwaltungsdienstes übertragen hat.

Art. 62 Besondere Pflichten im Interesse der technischen Gewässeraufsicht (Abweichend von § 91 Satz 1 WHG). (1) Soweit es das Wohl der All-

gemeinheit erfordert, sind die Eigentümer oder Nutzungsberechtigten von Grundstücken, Wasserbenutzungsanlagen oder sonstigen Anlagen in oder an einem Gewässer verpflichtet, die Errichtung, den Betrieb, die Unterhaltung oder die Mitbenutzung von Messeinrichtungen für wasserwirtschaftliche Daten einschließlich der Zufahrten und der Anlagen zu ihrer Ver- und Entsorgung, die Durchführung von Probebohrungen und Pumpversuchen sowie die Entnahme von Boden-, Biota- und Wasserproben auf ihren Grundstücken oder Anlagen zu dulden.

(2) Handlungen, die geeignet sind, den Bestand, den Betrieb oder die Unterhaltung von Messeinrichtungen für wasserwirtschaftliche Daten einschließlich der Zufahrten und der Anlagen zu ihrer Ver- und Entsorgung, die Durchführung von Probebohrungen und Pumpversuchen sowie die Entnahme von Boden-, Biota- und Wasserproben zu beeinträchtigen, können von der Kreisverwaltungsbehörde untersagt werden.

(3) Entstehen wegen der Verpflichtungen nach Abs. 1 den Eigentümern oder Nutzungsberechtigten von Grundstücken Schäden, gilt § 91 Satz 2 und 3 WHG.

(4) Das Einbringen von Einrichtungen oder Geräten und das Einleiten oder Einbringen von Stoffen in Gewässer zum Zweck der Durchführung von Messungen und Untersuchungen im Rahmen der technischen Gewässeraufsicht bedürfen keiner Erlaubnis oder Genehmigung, soweit die Maßnahmen nicht geeignet sind, dauernd oder in einem nicht nur unerheblichen Ausmaß schädliche Veränderungen der physikalischen, chemischen oder biologischen Beschaffenheit des Wassers im Sinn des § 9 Abs. 2 Nr. 2 WHG herbeizuführen.

TEIL 6

Zuständigkeit, Verfahren

Art. 63 Sachliche und örtliche Zuständigkeit. (1) [1]Der Vollzug des Wasserhaushaltsgesetzes, dieses Gesetzes und der auf Grund dieser Gesetze erlassenen Rechtsverordnungen ist grundsätzlich Aufgabe des Staates. [2]Der Vollzug obliegt, soweit nichts anderes bestimmt ist, den Kreisverwaltungsbehörden. [3]Werden einer kreisangehörigen Gemeinde nach Art. 53 Abs. 2 BayBO Aufgaben der unteren Bauaufsichtsbehörde übertragen, ist sie im Umfang der Übertragung Kreisverwaltungsbehörde nach Satz 1, soweit für den Vollzug eine Große Kreisstadt zuständig wäre.

(2) [1]Das Staatsministerium ist unter Mitwirkung der nachgeordneten Fachbehörden für die Aufstellung, Überprüfung und Aktualisierung der Bewirtschaftungspläne und Maßnahmenprogramme sowie der Hochwasserrisikomanagementpläne in den Teilbereichen der Flussgebietseinheiten, die sich im Freistaat Bayern befinden, und für die Koordinierung und Steuerung der Maßnahmen und Verfahren zur Erreichung der Bewirtschaftungsziele zuständig.

[2]Soweit dabei die Bewirtschaftung und Nutzung land- und forstwirtschaftlich oder fischereilich genutzter Flächen betroffen ist, sind die jeweils zuständigen Fachbehörden zu beteiligen. [3]Bewilligungsbehörden für den Geldausgleich nach Art. 21 Abs. 3 sind die Ämter für Ernährung, Landwirtschaft und Forsten.

(3) [1]Das LfU und die Wasserwirtschaftsämter sind wasserwirtschaftliche Fachbehörden. [2]Sie wirken beim Vollzug des Wasserhaushaltsgesetzes und dieses Gesetzes mit, soweit nicht wasserwirtschaftliche Fachaufgaben den Kreisverwaltungsbehörden übertragen sind. [3]Sie haben außerdem, unbeschadet der Zuständigkeit sonstiger Behörden, die fachlichen Belange der Wasserwirtschaft in anderen Verfahren zu vertreten.

(4) [1]Für den Vollzug der §§ 52 bis 63 der Verordnung über Anlagen zum Umgang mit wassergefährdenden Stoffen ist das LfU zuständig. [2]Sachverständigenorganisationen sowie Güte und Überwachungsgemeinschaften mit Sitz in Bayern werden vom LfU anerkannt. [3]Sie unterliegen der Aufsicht durch das LfU.

(5) [1]Ist eine Rechtsverordnung, zu deren Erlass die Kreisverwaltungsbehörden aufgrund wasserrechtlicher Vorschriften zuständig sind, für das Gebiet mehrerer Kreisverwaltungsbehörden aufgrund wasserrechtlicher Vorschriften erforderlich, handelt die Kreisverwaltungsbehörde, in deren Gebiet der überwiegende Teil des Geltungsbereichs liegt. [2]Die Rechtsverordnung ergeht im Einvernehmen mit den anderen betroffenen Kreisverwaltungsbehörden und ist auch in deren Amtsbezirken amtlich bekannt zu machen. [3]Bestehen Zweifel über die örtliche Zuständigkeit, kann die gemeinsame nächst höhere Behörde die zuständige Behörde durch Rechtsverordnung bestimmen. [4]Ist auch eine Behörde eines anderen Landes zuständig, so kann das Staatsministerium mit der zuständigen Behörde des anderen Landes eine gemeinsame zuständige Behörde vereinbaren.

(6) Einheitliche Stelle im Sinne des § 11a Abs. 2 WHG sind die für den wasserrechtlichen Vollzug zuständigen Behörden nach Abs. 1.

Art. 64 Besondere Zuständigkeit bei integrierten Verfahren (Abweichend von § 19 Abs. 2 WHG). (1) [1]Sieht ein bergrechtlicher Betriebsplan die Benutzung von Gewässern vor, so entscheiden die Bergbehörden im Einvernehmen mit den Kreisverwaltungsbehörden über die Erlaubnis und über die Bewilligung. [2]Sie entscheiden auch über die Benutzung von Grubenwässern für andere als bergbauliche Zwecke.

(2) [1]Wird für ein Vorhaben, mit dem die Benutzung eines Gewässers verbunden ist, ein immissionsschutzrechtliches Genehmigungsverfahren durchgeführt, so entscheidet die für die Erteilung der immissionsschutzrechtlichen Genehmigung zuständige Behörde auch über die Erteilung der Erlaubnis oder Bewilligung. [2]Für die Erteilung der Erlaubnis und der Bewilligung gilt § 10 Abs. 5 des Bundes-Immissionsschutzgesetzes entsprechend. [3]Im Rahmen der Antragsberatung ist auf eine einheitliche Antragstellung für die durchzufüh-

renden Verfahren hinzuwirken. [4]Die Erlaubnis oder Bewilligung kann mit der Genehmigung nach dem Bundes-Immissionsschutzgesetz in einem Bescheid zusammengefasst werden.

Art. 65 Private Sachverständige. [1]Das Staatsministerium wird ermächtigt, durch Rechtsverordnung die Aufgaben und die Anerkennung von privaten Sachverständigen in der Wasserwirtschaft zu regeln. [2]In der Rechtsverordnung können insbesondere geregelt werden

1. die Übertragung von fachlichen Aufgaben im Vollzug des Wasserhaushaltsgesetzes, dieses Gesetzes, der auf Grund dieser Gesetze erlassenen Rechtsverordnungen sowie der für wasserwirtschaftliche Zwecke erlassenen Zuwendungsrichtlinien auf private Sachverständige,
2. die Anerkennungsvoraussetzungen und das Anerkennungsverfahren,
3. Erlöschen, Rücknahme und Widerruf der Anerkennung,
4. die Aufgabenerledigung und
5. die Entgelte für die Leistungen der privaten Sachverständigen.

Art. 66 Prüflaboratorien. [1]Das Staatsministerium für wird ermächtigt, durch Rechtsverordnung Anforderungen an die Zulassung von privaten Prüflaboratorien und an das Laborpersonal zu stellen, die Probenahmen und analytische Untersuchungen im Vollzug des Wasserhaushaltsgesetzes, dieses Gesetzes oder im Rahmen der nach diesen Gesetzen bestehenden öffentlich-rechtlichen Verpflichtungen durchführen. [2]In der Rechtsverordnung können insbesondere

1. die Teilnahme an Laboraudits und Ringversuchen, die Kompetenz hinsichtlich bestimmter Analyseverfahren und andere Maßnahmen des analytischen Qualitätsmanagements,
2. die bei der Tätigkeit einzuhaltenden Verpflichtungen wie Weiterbildungs-, Aufzeichnungs- und Mitteilungspflichten,
3. die Anforderungen an die fachliche Qualifikation, die Zuverlässigkeit und die Unabhängigkeit der Person, die das Labor leitet und des Laborpersonals sowie an die Zahl des einzusetzenden Personals und dessen Ausbildung,
4. die Anforderungen an die betriebliche Ausstattung,
5. das Zulassungsverfahren,
6. das Erlöschen und der Widerruf der Zulassung,
7. die Bekanntgabe der zugelassenen Prüflaboratorien und
8. die Entgelte für die Laborleistungen

geregelt werden.

Art. 67 Antragstellung, Pläne. (1) Werden Benutzungen ohne die erforderliche Erlaubnis oder Bewilligung ausgeübt, Gewässer oder Anlagen ohne die erforderliche Planfeststellung, Genehmigung, Eignungsfeststellung oder Bauartzulassung ausgebaut, errichtet, eingebaut, verwendet oder geändert, so kann die Verwaltungsbehörde verlangen, dass ein entsprechender Antrag gestellt wird.

(2) [1]Die für die Entscheidung oder Regelung der Verwaltungsbehörde erforderlichen Pläne mit Beilagen hat der vorzulegen, der die Entscheidung beantragt oder in dessen Interesse, insbesondere zum Schutz der öffentlichen Trinkwasserversorgung und von Heilquellen, sie ergehen soll. [2]Art und Zahl der in den einzelnen Verfahren erforderlichen Pläne und Beilagen bestimmt das Staatsministerium durch Rechtsverordnung.

Art. 68 Zusammentreffen mehrerer Erlaubnis- oder Bewilligungsanträge. [1]Treffen mehrere Erlaubnis- oder Bewilligungsanträge zusammen, die sich gegenseitig ausschließen, so entscheidet zunächst die Bedeutung der beabsichtigten Benutzung für das Wohl der Allgemeinheit unter besonderer Berücksichtigung der wasserwirtschaftlichen Auswirkungen. [2]Stehen mehrere beabsichtigte Benutzungen hiernach einander gleich, so gebührt zunächst dem Antrag der das Gewässereigentum innehabenden Person, sodann demjenigen Antrag der Vorzug, der zuerst gestellt wurde. [3]Soweit durch Vertrag oder förmlichen Bescheid eine Erlaubnis oder Bewilligung in Aussicht gestellt ist, darf sie Dritten nicht erteilt werden, es sei denn, dass die durch die Inaussichtstellung begünstigte Person zustimmt. [4]Nach Einleitung des Anhörungsverfahrens werden neue Erlaubnis- oder Bewilligungsanträge in demselben Verfahren nicht mehr berücksichtigt.

Art. 69 Verfahrensbestimmungen (Abweichend von § 18 Abs. 2, § 21 Abs. 1, § 70 Abs. 1 WHG). [1]Soweit das Wasserhaushaltsgesetz auf Bestimmungen des Verwaltungsverfahrensgesetzes verweist, finden die entsprechenden Regelungen des Bayerischen Verwaltungsverfahrensgesetzes Anwendung. [2]Für das Bewilligungsverfahren, das Verfahren für eine Erlaubnis nach § 15 WHG und das Verfahren für eine Genehmigung nach Art. 35 gelten Art. 72 bis 78 BayVwVfG entsprechend. [3]Besteht eine Verpflichtung zur Durchführung einer Umweltverträglichkeitsprüfung, muss das Verfahren den Anforderungen des Gesetzes über die Umweltverträglichkeitsprüfung entsprechen. [4]Sind Privatrechte streitig, kann den Beteiligten aufgegeben werden, eine Entscheidung des ordentlichen Gerichts herbeizuführen.

Art. 70 Erlaubnis mit Zulassungsfiktion. (1) [1]Für die folgenden Benutzungen außerhalb von Wasser- und Heilquellenschutzgebieten sowie im Altlastenkataster eingetragener Flächen ist die beschränkte Erlaubnis nach Art. 15 im Verfahren nach Art. 42a Abs. 1 BayVwVfG durchzuführen:

1. Entnehmen, Zutageleiten, Zutagefördern oder Ableiten von oberflächennahem, nicht gespannten Grundwasser für thermische Nutzungen bis einschließlich 50 kJ/s (bis zu etwa drei Wohneinheiten) und Wiedereinleiten des abgekühlten oder erwärmten und in seiner Beschaffenheit nicht weiter veränderten Wassers in das oberflächennahe Grundwasser; Einbringen von Stoffen in das oberflächennahe, nicht gespannte Grundwasser für thermische Nutzungen bis einschließlich 50 kJ/s;
2. Einleiten von in Kleinkläranlagen behandeltem Hausabwasser oder ähnlichem Schmutzwasser bis acht Kubikmeter je Tag in ein Gewässer, wenn

das Bauvorhaben in einem von der Kreisverwaltungsbehörde im Einvernehmen mit dem Wasserwirtschaftsamt und nach Anhörung des Trägers der Abwasserentsorgung bezeichneten Gebiet liegt und dabei bekannt gegebene Anforderungen an die Abwasserbeseitigung erfüllt werden; die Vorschriften über die Bekanntmachung kommunaler Satzungen gelten für die Bezeichnung entsprechend;
3. Entnehmen, Zutageleiten, Zutagefördern oder Ableiten, Aufstauen, Absenken und Umleiten von oberflächennahem Grundwasser für einen vorübergehenden Zweck und Wiedereinleiten ohne nachteilige Veränderung seiner Eigenschaften in das oberflächennahe Grundwasser oder, wenn das Wiedereinleiten nicht oder nur unter unzumutbarem Aufwand möglich ist, in ein oberirdisches Gewässer;
4. Einleiten von Regenerationsmitteln in das Grundwasser zur ordnungsgemäßen Brunnenregeneration;
5. Zutagefördern von Grundwasser für die Durchführung von Pumpversuchen für die öffentliche Wasserversorgung und Wiedereinleiten ohne nachteilige Veränderung seiner Eigenschaften in das Grundwasser oder, wenn das nicht möglich oder nur unter unzumutbarem Aufwand möglich ist, in ein oberirdisches Gewässer;
6. Entnehmen, Zutageleiten, Zutagefördern oder Ableiten von oberflächennahem oder freigelegtem Grundwasser zum Zweck der Kies- oder Sandwäsche im Rahmen eines im gleichen Gebiet zugelassenen Kies- oder Sandabbaus und Wiedereinleiten des Waschwassers ohne weitere nachteilige Veränderung seiner Eigenschaften in das Grundwasser oder, wenn das nicht möglich oder nur unter unzumutbarem Aufwand möglich ist, in ein oberirdisches Gewässer.

[2]Entscheidet die zuständige Behörde nicht innerhalb der Frist nach Art. 42a Abs. 2 BayVwVfG, gilt die Erlaubnis als erteilt.

(2) [1]Die Frist nach Art. 42a Abs. 2 Satz 2 BayVwVfG beginnt, wenn der Antrag
1. den genauen Ort der Benutzungen durch einen Übersichts- und Lageplan nach Maßgabe der Rechtsverordnung nach Art. 67 Abs. 2 Satz 2,
2. die benutzten Gewässer,
3. den Beginn und das Ende der Benutzungen bezeichnet und
4. eine Kurzbeschreibung der verwendeten Anlagen und der Einrichtungen mit Angaben der damit maximal entnehmbaren oder einleitbaren Mengen und gegebenenfalls des Absenktrichters, bei Erdaufschlüssen zusätzlich mit Angabe der Eindringtiefe und der Art der Abdichtung, gegebenenfalls mit Angabe der verwendeten Wärmeträgerflüssigkeiten,
5. in den Fällen des Abs. 1 Nr. 1 und 2 ein Gutachten eines privaten Sachverständigen nach Art. 65

enthält. [2]Im Gutachten ist durch den privaten Sachverständigen zu bescheinigen, dass
1. sich im Fall des Abs. 1 Nr. 1 erste Alternative die Benutzung auf oberflächennahes, nicht gespanntes Grundwasser beschränkt und die allgemein

anerkannten Regeln der Technik für die Errichtung und den Betrieb der Anlage erfüllt sind,
2. im Fall des Abs. 1 Nr. 1 zweite Alternative zusätzlich bei Errichtung und Betrieb der zur Grundwasserbenutzung verwendeten Anlagen keine Verunreinigung des Grundwassers zu besorgen ist,
3. im Fall des Abs. 1 Nr. 2 die Planung der einzelnen Kleinkläranlage den bekanntgegebenen Anforderungen an die Abwasserbeseitigung, dem Abwasserbeseitigungskonzept der Gemeinde und im Übrigen den Anforderungen nach § 60 WHG entspricht.

[3]Art. 63 Abs. 3 bleibt im Übrigen unberührt.

(3) Die nach Abs. 1 erteilte Erlaubnis ergeht unbeschadet Rechte Dritter.

Art. 71 Vorläufige Anordnung, Beweissicherung. (1) [1]Aus Gründen des Wohls der Allgemeinheit kann die Verwaltungsbehörde im Vollzug des Wasserhaushaltsgesetzes und dieses Gesetzes die dem augenblicklichen Erfordernis entsprechenden vorläufigen Anordnungen treffen. [2]Diese sind zu befristen.

(2) Zur Feststellung von Tatsachen, die für eine nach dem Wasserhaushaltsgesetz oder diesem Gesetz zu treffende Entscheidung von Bedeutung sein können, kann die Verwaltungsbehörde das Erforderliche anordnen, wenn sonst die Feststellung unmöglich oder wesentlich erschwert würde.

Art. 72 Sicherheitsleistung. (1) [1]Zur Erfüllung von Bedingungen, Auflagen und sonstigen Verpflichtungen kann die Verwaltungsbehörde Sicherheitsleistung oder den Nachweis einer Haftpflichtversicherung verlangen, soweit eine solche erforderlich ist. [2]§§ 232, 234 bis 240 BGB sind entsprechend anzuwenden.

(2) Art und Ausmaß der Sicherheitsleistung und die Hinterlegungsstelle werden von der Verwaltungsbehörde bestimmt.

(3) Ist der Grund für die Sicherheitsleistung weggefallen, so hat die Verwaltungsbehörde die Rückgabe der Sicherheit anzuordnen.

Art. 73 Erlass von Rechtsverordnungen, Aufstellung von Plänen. (1) [1]Rechtsverordnungen nach dem Wasserhaushaltsgesetz oder diesem Gesetz werden nach den Vorschriften des Landesstraf- und Verordnungsgesetzes erlassen. [2]Für das Verfahren können auch Karten in unveränderlicher digitaler Form verwendet werden. [3]Eine ausreichende Möglichkeit zur Einsichtnahme muss gewährleistet sein.

(2) Die Grenzen des Geltungsbereichs einer Rechtsverordnung nach §§ 51, 53, 76 WHG, Art. 18 und Art. 31 Abs. 3 sind, soweit erforderlich, durch den, in dessen Interesse die Rechtsverordnung erlassen wurde, sonst durch die erlassende Behörde in der Natur in geeigneter Weise kenntlich zu machen.

(3) [1]Vor dem Erlass einer Rechtsverordnung nach §§ 51, 53, 76 WHG und Art. 31 Abs. 3 führt die zuständige Behörde ein Anhörungsverfahren entsprechend Art. 73 Abs. 2 bis 8 BayVwVfG durch. [2]Wer Bedenken oder Anregun-

gen vorgebracht hat, die beim Erlass der Rechtsverordnung nicht berücksichtigt wurden, ist über die Gründe zu unterrichten.

TEIL 7

Bußgeldbestimmung

Art. 74 Ordnungswidrigkeiten. (1) Mit Geldbuße bis zu fünftausend Euro kann belegt werden, wer vorsätzlich oder fahrlässig

1. zur Bestimmung der Uferlinie angebrachte Zeichen (Art. 12 Abs. 2), ferner eingebaute Festpunkte, aufgestellte Flusseinteilungszeichen und andere Messeinrichtungen (Art. 62 Abs. 1) entfernt, abändert oder beschädigt,
2. entgegen Art. 28 Abs. 4 die Schiff- und Floßfahrt ausübt oder entgegen Art. 28 Abs. 5 Wasserfahrzeuge an oder in Gewässern für die Ausübung des Gemeingebrauchs durch Dritte bereithält,
3. entgegen Art. 20 Abs. 1, auch in Verbindung mit einer Rechtsverordnung nach Art. 20 Abs. 2, Anlagen errichtet, wesentlich verändert oder stilllegt,
4. entgegen Art. 35 Abs. 1 Anlagen oder Einrichtungen aufstellt, betreibt, erweitert oder wesentlich ändert,
5. einer Rechtsverordnung
   a) zur Regelung des Gemeingebrauchs (Art. 18 Abs. 3),
   b) zur Sicherung der Unterhaltung der Gewässer Dritter Ordnung (Art. 24 Abs. 3),
   c) über die Ausübung der Schiff- und Floßfahrt (Art. 28 Abs. 6),
   d) über die Benutzung von Hafen- und Ländeanlagen und das Verhalten im Hafen und Ländebereich (Art. 36),
   e) zur Festsetzung eines Überschwemmungsgebiets (§ 46 Abs. 3 in Verbindung mit § 78a Abs. 5 WHG),
   f) über den Hochwassernachrichtendienst (Art. 48)

   zuwiderhandelt, wenn die Rechtsverordnung für einen bestimmten Tatbestand auf diese Bußgeldvorschrift verweist,
6. entgegen Art. 30 Abs. 1 Satz 1, 2 und 3 eine Anzeige nicht, nicht richtig oder nicht vollständig erstattet,
7. einer vollziehbaren Anordnung auf Grund einer Rechtsverordnung nach Art. 48 zuwiderhandelt, soweit die Rechtsverordnung für einen bestimmten Tatbestand auf diese Bußgeldvorschrift verweist,
8. einer vollziehbaren Anordnung
   a) über die Hochwasserrückhaltung oder Niedrigwasseraufhöhung (Art. 49 Abs. 2 Satz 2),
   b) zur vorläufigen Regelung eines Zustands (Art. 72 Abs. 1 Satz 1) oder zur Beweissicherung (Art. 71 Abs. 2)

   zuwiderhandelt,
9. entgegen Art. 60 Abs. 1 Satz 1 oder Art. 60a Abs. 1 Satz 1 private Sachverständige nicht beauftragt oder entgegen Art. 60 Abs. 2 oder Art. 60a Abs. 1 Satz 3 in Verbindung mit Art. 60 Abs. 2 Mängel nicht beseitigt.

(2) Mit Geldbuße bis zu fünfzigtausend Euro kann belegt werden, wer vorsätzlich oder fahrlässig

1. einer Rechtsverordnung nach § 50 Abs. 5 WHG, § 51 Abs. 1 WHG, § 53 Abs. 4 WHG oder einer vollziehbaren Anordnung auf Grund einer solchen Rechtsverordnung zuwiderhandelt, soweit die Rechtsverordnung für einen bestimmten Tatbestand auf diese Bußgeldvorschrift verweist,
2. einer vollziehbaren Anordnung
   a) zur Regelung des Gemeingebrauchs (Art. 18 Abs. 3),
   b) zum Hochwasserschutz (Art. 46 Abs. 5 und 6),
   c) zur Sanierung von Gewässerverunreinigungen (Art. 55 Abs. 2 Satz 1 und 2),
   d) zur Gewässeraufsicht (Art. 58 Abs. 1 Satz 2)

   zuwiderhandelt.

TEIL 8

Schlussbestimmungen

Art. 75 Alte Rechte und alte Befugnisse (Zu § 20 WHG). (1) [1]In den Fällen des § 20 Abs. 1 ist eine Erlaubnis oder Bewilligung nicht erforderlich, wenn bis spätestens 1. März 1965 rechtmäßige Anlagen für die Wasserbenutzung vorhanden waren. [2]Als Recht im Sinn dieses Gesetzes gilt auch die Rechtsstellung nach Art. 207 des Wassergesetzes vom 23. März 1907.

(2) Außer in den Fällen des § 20 Abs. 1 und 2 WHG bedürfen keiner Erlaubnis oder Bewilligung Gewässerbenutzungen im Sinn des § 9 WHG, die auf Grund eines förmlichen Verfahrens nach den bisher geltenden Vorschriften, insbesondere nach Maßgabe der Art. 19, 37 bis 39, 42 und 45 bis 47 des Wassergesetzes vom 23. März 1907 zugelassen worden sind.

Art. 76 Einschränkung von Grundrechten. Dieses Gesetz schränkt die Grundrechte der Unverletzlichkeit der Wohnung und des Eigentums ein (Art. 13 und 14 des Grundgesetzes, Art. 103 und 106 der Verfassung).

Art. 77 Inkrafttreten. (1) Dieses Gesetz tritt am 1. März 2010 in Kraft.*

(2) *(aufgehoben)*

Anlage 1

Verzeichnis der Gewässer erster Ordnung

(nicht abgedruckt)

* *Diese Vorschrift betrifft das Inkrafttreten des Gesetzes in der ursprünglichen Fassung vom 25. Februar 2010 (GVBl. S. 66, ber. S. 130). Der Zeitpunkt des Inkrafttretens der späteren Änderungen ergibt sich aus den jeweiligen Änderungsgesetzen.*

Anlage 2

Technische Gewässeraufsicht bei Abwasseranlagen

(nicht abgedruckt)

Bayerisches Gesetz zur Ausführung des Bundes-Bodenschutzgesetzes (Bayerisches Bodenschutzgesetz – BayBodSchG)

(BayRS 2129-4-1-U) vom 23. Februar 1999 (GVBl. S. 36), zuletzt geändert durch Verordnung vom 9. Dezember 2020 (GVBl. S. 640)

INHALTSÜBERSICHT*

ERSTER TEIL
Erfassung von schädlichen Bodenveränderungen und Altlasten, Überwachung und Gefahrenabwehr

Art. 1 Mitteilungs- und Auskunftspflichten
Art. 2 Erstbewertung
Art. 3 Katastermäßige Erfassung
Art. 4 Duldungspflichten, Entschädigung
Art. 5 Ergänzende Vorschriften für schädliche Bodenveränderungen und Verdachtsflächen
Art. 6 Sachverständige und Untersuchungsstellen

ZWEITER TEIL
Bodeninformationssystem

Art. 7 Zweck des Bodeninformationssystems
Art. 8 Inhalt des Bodeninformationssystems
Art. 9 Mitwirkungspflichten, Entschädigung

DRITTER TEIL
Aufgaben und Zuständigkeit, Anordnungen, Pflichten der Behörden und sonstiger öffentlicher Stellen

Art. 10 Aufgaben und Zuständigkeit
Art. 11 Anordnungen
Art. 12 Pflichten der Behörden und sonstiger öffentlicher Stellen

VIERTER TEIL
Ausgleichsleistungen, Finanzierung

Art. 13 Ausgleichsleistungen bei Beschränkung der land- und forstwirtschaftlichen Bodennutzung
Art. 13a Erkundung und Sanierung gemeindeeigener Hausmülldeponien

FÜNFTER TEIL
Schlussvorschriften

Art. 14 Ordnungswidrigkeiten
Art. 15 Außerkrafttreten

ERSTER TEIL

Erfassung von schädlichen Bodenveränderungen und Altlasten, Überwachung und Gefahrenabwehr

Art. 1 Mitteilungs- und Auskunftspflichten. [1]Die in § 4 Abs. 3 und 6 des Bundes-Bodenschutzgesetzes genannten Personen sind verpflichtet, konkrete Anhaltspunkte dafür, dass eine schädliche Bodenveränderung oder Altlast vorliegt, unverzüglich der zuständigen Behörde mitzuteilen. [2]Sie haben der zuständigen Behörde auf Verlangen die zur Erfüllung der Aufgaben nach dem

* *Inhaltsübersicht nicht amtlich.*

Bundes-Bodenschutzgesetz und diesem Gesetz erforderlichen Auskünfte zu erteilen und Unterlagen vorzulegen. [3]Die Verpflichtungen nach den Sätzen 1 und 2 bestehen nicht, soweit sich die verpflichtete Person durch die Mitteilung oder Auskunft selbst oder einen der in § 383 Abs. 1 Nr. 1 bis 3 der Zivilprozessordnung bezeichneten Angehörigen der Gefahr strafgerichtlicher Verfolgung oder eines Verfahrens nach dem Gesetz über Ordnungswidrigkeiten aussetzen würde.

Art. 2 Erstbewertung. [1]Die zuständige Behörde soll Flächen, bei denen auf Grund von Mitteilungen nach Art. 1 Satz 1, Art. 12 Abs. 2 oder sonstiger Erkenntnisse Anhaltspunkte dafür bestehen, dass eine schädliche Bodenveränderung oder Altlast vorliegt, einer ersten Gefährdungsabschätzung (Erstbewertung) unterziehen. [2]Sie unterrichtet das Landesamt für Umwelt und die betroffene Gemeinde über das Ergebnis der Erstbewertung, wenn der Verdacht besteht oder feststeht, dass eine schädliche Bodenveränderung, von der auf Grund von Art, Ausbreitung oder Menge der Schadstoffe in besonderem Maße Gefahren, erhebliche Nachteile oder erhebliche Belästigungen für den einzelnen oder die Allgemeinheit ausgehen, oder eine Altlast vorliegt.

Art. 3 Katastermäßige Erfassung. (1) [1]Das Landesamt für Umwelt führt ein Kataster, in dem die von der zuständigen Behörde nach Art. 2 Satz 2 gemeldeten Flächen erfasst werden. [2]Die Meldung wird dadurch bewirkt, dass die zuständige Behörde die Eintragungen im Kataster vornimmt.

(2) Die zuständige Behörde unterrichtet das Landesamt für Umwelt über die Durchführung und das Ergebnis sämtlicher Maßnahmen, die zur Untersuchung, Überwachung oder Sanierung der im Kataster erfassten Flächen vorgenommen werden und nimmt die entsprechenden Eintragungen im Kataster vor.

Art. 4 Duldungspflichten, Entschädigung. (1) [1]Der Grundstückseigentümer, der Inhaber der tatsächlichen Gewalt über ein Grundstück und die Betroffenen nach § 12 des Bundes-Bodenschutzgesetzes sind verpflichtet, der zuständigen Behörde und deren Beauftragten zur Wahrnehmung der Aufgaben nach dem Bundes-Bodenschutzgesetz und diesem Gesetz das Betreten der Grundstücke, Geschäfts- und Betriebsräume sowie die Vornahme von Ermittlungen und die Einrichtung von Messstellen zu gestatten. [2]Zur Verhütung dringender Gefahren für die öffentliche Sicherheit und Ordnung ist auch der Zutritt zu Wohnräumen und die Vornahme von Ermittlungen in diesen zu gestatten. [3]Das Grundrecht der Unverletzlichkeit der Wohnung (Art. 13 des Grundgesetzes, Art. 106 Abs. 3 der Verfassung) wird insoweit eingeschränkt.

(2) [1]Bei Ausübung der Befugnisse nach Absatz 1 ist auf die berechtigten Belange der Betroffenen nach § 12 des Bundes-Bodenschutzgesetzes Rücksicht zu nehmen. [2]Für Schäden, die den Betroffenen bei Ausübung der Befugnisse nach Absatz 1 entstehen, gilt Art. 11 Abs. 1 des Landesstraf- und Verordnungsgesetzes in Verbindung mit Art. 70 Abs. 1 des Polizeiaufgabengesetzes entsprechend.

Art. 5 Ergänzende Vorschriften für schädliche Bodenveränderungen und Verdachtsflächen. (1) Schädliche Bodenveränderungen und Verdachtsflächen unterliegen, soweit erforderlich und nicht abweichend oder inhaltsgleich in anderen Rechtsvorschriften geregelt, der Überwachung durch die zuständige Behörde.

(2) [1]Bei schädlichen Bodenveränderungen, von denen auf Grund von Art, Ausbreitung oder Menge der Schadstoffe in besonderem Maße Gefahren, erhebliche Nachteile oder erhebliche Belästigungen für den Einzelnen oder die Allgemeinheit ausgehen, kann die zuständige Behörde Sanierungsuntersuchungen, die Erstellung eines Sanierungsplans und die Durchführung von Eigenkontrollmaßnahmen verlangen. [2]Die §§ 13, 14, 15 Abs. 2 und 3 sowie § 24 des Bundes-Bodenschutzgesetzes gelten entsprechend.

Art. 6 Sachverständige und Untersuchungsstellen. (1) [1]Das Staatsministerium für Umwelt und Verbraucherschutz wird ermächtigt, durch Rechtsverordnung die Anforderungen an die Sachkunde, Zuverlässigkeit und gerätetechnische Ausstattung der Sachverständigen und Untersuchungsstellen, die Aufgaben nach dem Bundes-Bodenschutzgesetz oder nach diesem Gesetz wahrnehmen, sowie Art und Umfang ihrer Aufgaben und die Vorlage der Ergebnisse ihrer Tätigkeit zu regeln. [2]In der Rechtsverordnung können auch die von Sachverständigen oder den Leitern von Untersuchungsstellen zu erfüllenden persönlichen Voraussetzungen und die bei Ausübung ihrer Tätigkeit einzuhaltenden Verpflichtungen geregelt werden.

(2) [1]Sachverständige und Untersuchungsstellen, die nachweisen, dass sie den in der Rechtsverordnung nach Absatz 1 festgelegten Anforderungen genügen, werden auf Antrag durch das Landesamt für Umwelt zugelassen. [2]Die Zulassung kann befristet und auf bestimmte Aufgabenbereiche beschränkt werden. [3]Wird über den Antrag auf Erteilung einer Zulassung nach Satz 1 nicht innerhalb einer Frist von sechs Monaten entschieden, gilt die Zulassung als erteilt. [4]Das Zulassungsverfahren kann nach den Vorschriften des Bayerischen Verwaltungsverfahrensgesetzes über eine einheitliche Stelle abgewickelt werden. [5]Weitere Einzelheiten des Zulassungsverfahrens, die Bekanntgabe der zugelassenen Sachverständigen und Untersuchungsstellen sowie die Voraussetzungen für den Widerruf der Zulassung können in der Rechtsverordnung nach Abs. 1 geregelt werden.

(3) [1]Zulassungen anderer Länder der Bundesrepublik Deutschland gelten auch im Freistaat Bayern. [2]Gleichwertige Zulassungen anderer Mitgliedstaaten der Europäischen Union oder anderer Vertragsstaaten des Abkommens über den Europäischen Wirtschaftsraum stehen Zulassungen nach Abs. 2 gleich. [3]Sie sind der Zulassungsstelle vor Aufnahme der Tätigkeit im Original oder in Kopie vorzulegen. [4]Eine Beglaubigung der Kopie kann verlangt werden. [5]Nachweise aus einem anderen Mitgliedstaat der Europäischen Union oder einem anderen Vertragsstaat des Abkommens über den Europäischen Wirtschaftsraum stehen inländischen Nachweisen gleich, wenn sie mit diesen

gleichwertig sind oder wenn aus ihnen hervorgeht, dass die betreffenden Zulassungsvoraussetzungen erfüllt sind.

ZWEITER TEIL

Bodeninformationssystem

Art. 7 Zweck des Bodeninformationssystems. Um die geowissenschaftlichen Grundlagen für eine nachhaltige Sicherung der Funktionen des Bodens bereitzustellen, wird beim Landesamt für Umwelt ein Bodeninformationssystem geführt.

Art. 8 Inhalt des Bodeninformationssystems. Das Bodeninformationssystem umfasst von staatlichen oder sonstigen öffentlichen Stellen erhobene Daten aus Untersuchungen über die physikalische, chemische und biologische Beschaffenheit des Bodens, die Daten der landesweit eingerichteten Bodendauerbeobachtungsflächen und der beim Landesamt für Umwelt eingerichteten Bodenprobenbank sowie deren Auswertung und sonstige geowissenschaftliche Daten und Erkenntnisse.

Art. 9 Mitwirkungspflichten, Entschädigung. [1]Der Grundstückseigentümer und der Inhaber der tatsächlichen Gewalt über ein Grundstück haben den zuständigen Fachbehörden und deren Beauftragten auf Verlangen die zur Erfüllung der Aufgaben nach Art. 8 erforderlichen Auskünfte zu erteilen. [2]Sie sind auch verpflichtet, den zuständigen Fachbehörden und deren Beauftragten das Betreten des Grundstücks sowie die Vornahme von Ermittlungen zu gestatten. [3]Art. 4 Abs. 2 gilt entsprechend.

DRITTER TEIL

Aufgaben und Zuständigkeit, Anordnungen, Pflichten der Behörden und sonstiger öffentlicher Stellen

Art. 10 Aufgaben und Zuständigkeit. (1) Die zuständige Behörde hat darüber zu wachen, dass die Bestimmungen des Bundes-Bodenschutzgesetzes, dieses Gesetzes und der auf Grund dieser Gesetze erlassenen Rechtsverordnungen eingehalten und auferlegte Verpflichtungen erfüllt werden; sie wird hierbei von den dem Staatsministerium für Umwelt und Verbraucherschutz nachgeordneten Fachbehörden unterstützt.

(2) [1]Zuständige Behörde im Sinn des Bundes-Bodenschutzgesetzes, dieses Gesetzes und der auf Grund dieser Gesetze erlassenen Rechtsverordnungen ist die Kreisverwaltungsbehörde. [2]Sie beteiligt, soweit nichts anderes bestimmt ist, bei Fragen fachlicher Art die wasserwirtschaftliche Fachbehörde; diese kann insoweit von den der zuständigen Behörde nach Art. 1 Satz 2 und Art. 4 zustehenden Rechten und Befugnissen Gebrauch machen.

(3) [1]Die Vermittlung der Grundsätze der guten fachlichen Praxis der landwirtschaftlichen Bodennutzung nach § 17 Abs. 1 Satz 2 des Bundes-Bodenschutzgesetzes obliegt den Landwirtschaftsbehörden. [2]Das Amt für Ernährung, Landwirtschaft und Forsten stellt fest, ob die sich aus den Grundsätzen der guten fachlichen Praxis ergebenden Anforderungen an die Gefahrenabwehr im Sinn von § 17 Abs. 3 des Bundes-Bodenschutzgesetzes eingehalten sind.

(4) Bei Fragen, die die landwirtschaftliche oder forstwirtschaftliche Bodennutzung betreffen, entscheidet die zuständige Behörde im Einvernehmen mit dem Amt für Ernährung, Landwirtschaft und Forsten; die den Forstbehörden obliegende Aufsicht über die Erfüllung der Vorsorgepflicht bei der forstwirtschaftlichen Bodennutzung und die sachgemäße Waldbewirtschaftung bleibt unberührt.

(5) Das Nähere über das Zusammenwirken der in den Absätzen 1 bis 4 genannten Behörden regelt das Staatsministerium für Umwelt und Verbraucherschutz, soweit andere Staatsministerien betroffen sind, im Einvernehmen mit diesen, durch Verwaltungsvorschrift.

(6) Bei stillgelegten Deponien gelten bis zum Ende der Nachsorgephase die Zuständigkeiten nach Abfallrecht.

Art. 11 Anordnungen. Die zuständige Behörde kann Anordnungen treffen, soweit dies zur Erfüllung der sich aus diesem Gesetz oder den auf Grund dieses Gesetzes erlassenen Rechtsverordnungen ergebenden Pflichten erforderlich ist.

Art. 12 Pflichten der Behörden und sonstiger öffentlicher Stellen.

(1) Staat, Gemeinden, Landkreise, Bezirke und sonstige juristische Personen des öffentlichen Rechts haben vorbildhaft dazu beizutragen, dass die Zielsetzungen und Grundsätze des § 1 des Bundes-Bodenschutzgesetzes erreicht werden.

(2) Die in Absatz 1 genannten öffentlichen Stellen teilen ihre Erkenntnisse über die Besorgnis einer schädlichen Bodenveränderung sowie Anhaltspunkte dafür, dass eine schädliche Bodenveränderung oder Altlast vorliegt, unverzüglich der zuständigen Behörde mit.

VIERTER TEIL
Ausgleichsleistungen, Finanzierung

Art. 13 Ausgleichsleistungen bei Beschränkung der land- und forstwirtschaftlichen Bodennutzung. (1) Über die Gewährung eines Ausgleichs nach § 10 Abs. 2 des Bundes-Bodenschutzgesetzes entscheidet die zuständige Behörde im Einvernehmen mit dem Amt für Ernährung, Landwirtschaft und Forsten.

(2) Die Staatsregierung wird ermächtigt, die Einzelheiten der Ausgleichsgewährung, insbesondere das Verfahren sowie Art und Umfang des Ausgleichsanspruchs, durch Rechtsverordnung zu regeln.

Art. 13a Erkundung und Sanierung gemeindeeigener Hausmülldeponien.*

(1) [1]Die Kosten für die Erkundung und Sanierung stillgelegter gemeindeeigener Hausmülldeponien tragen der Freistaat Bayern und die kreisangehörigen Gemeinden gemäß den nachfolgenden Bestimmungen gemeinsam. [2]Gemeindeeigene Hausmülldeponie ist eine Deponie, die von einer kreisangehörigen Gemeinde in Erfüllung ihrer gesetzlichen Aufgabe der Abfallentsorgung betrieben worden ist, sofern nicht ein Landkreis oder eine kreisfreie Gemeinde als entsorgungspflichtige Körperschaft im Sinn des Art. 3 Abs. 1 des Bayerischen Abfallwirtschaftsgesetzes die Inhaberstellung übernommen hat oder sofern die Deponie nicht ausschließlich für die Ablagerung mineralischer Abfälle genehmigt worden ist. [3]Eine gemeindeeigene Hausmülldeponie ist stillgelegt, wenn auf ihr nach dem 30. April 2006 keine Abfälle mehr abgelagert werden.

(2) [1]Das Staatsministerium für Umwelt und Verbraucherschutz errichtet und verwaltet mit Wirkung zum 1. Januar 2006 einen Unterstützungsfonds als staatliches Sondervermögen ohne eigene Rechtspersönlichkeit. [2]Die jährlichen Beiträge an den Unterstützungsfonds werden vom Freistaat Bayern und von den kreisangehörigen Gemeinden je zur Hälfte aufgebracht. [3]Die Beiträge betragen in der Regel je fünf Millionen Euro pro Jahr.

(3) Die Beiträge der einzelnen Gemeinden zu dem von ihnen insgesamt gemäß Abs. 2 zum Unterstützungsfonds zu leistenden Anteil bestimmen sich nach dem Verhältnis ihrer für das laufende Rechnungsjahr maßgebenden Umlagegrundlagen (Art. 18 Abs. 3 des Finanzausgleichsgesetzes – FAG).

(4) [1]Aus dem Unterstützungsfonds erhalten die Gemeinden im Rahmen der verfügbaren Mittel Zuschüsse, soweit sie nach anderen Rechtsvorschriften die Kosten für die Erkundung und die Sanierung stillgelegter gemeindeeigener Hausmülldeponien zu tragen haben. [2]Zuschussfähig sind die notwendigen Kosten für Erkundungs- oder Sanierungsmaßnahmen, soweit diese einen angemessenen Eigenanteil übersteigen. [3]Der Eigenanteil der betroffenen Gemeinde gemäß Satz 2 beträgt je Hausmülldeponie 1,5 v.H. der Umlagegrundlagen (Art. 18 Abs. 3 FAG), höchstens 200 000 Euro. [4]Maßgeblich für die Ermittlung der Umlagegrundlagen ist der Durchschnittswert der letzten drei Rechnungsjahre, die dem Jahr der Erstattungsantragstellung vorangehen. [5]Die Kosten für die Erkundung und die Sanierung gemeindeeigener Hausmülldeponien bis zu einer Höhe von 20 000 Euro trägt allein die betroffene Gemeinde. [6]Die Zuschussgewährung setzt voraus, dass die Erkundungs- oder Sanierungsmaßnahmen jeweils in eine nach Maßgabe der zur Verfügung stehenden Fondsmittel halbjährlich aufzustellende Prioritätenliste aufgenommen sind.

---

* *Beachte Art. 15.*

(5) [1]Das Staatsministerium für Umwelt und Verbraucherschutz wird ermächtigt, im Einvernehmen mit den Staatsministerien des Innern, für Sport und Integration und der Finanzen und für Heimat durch Rechtsverordnung die weiteren Einzelheiten, insbesondere des Berechnungs- und Erhebungsverfahrens, zu regeln. [2]Es kann vorgesehen werden, dass das Landesamt für Statistik die Beiträge ermittelt und festsetzt und dass die Erhebung bei den kreisangehörigen Gemeinden im Weg der Verrechnung erfolgt. [3]Ferner kann vorgesehen werden, dass bei Vorliegen einer besonderen Härte, insbesondere wenn ausgeschlossen ist, dass eine Gemeinde den Unterstützungsfonds in Anspruch nehmen kann, weil sie ihre Hausmülldeponien bereits vollständig saniert hat, der Beitrag einer Gemeinde reduziert werden kann. [4]Die Verwaltung des Sondervermögens kann auf Dritte übertragen werden, sofern diese die erforderliche Zuverlässigkeit und Sachkunde bei der verfahrensrechtlichen Behandlung von Altlastensanierungen besitzen; die Übertragung ist stets widerruflich.

FÜNFTER TEIL

Schlussvorschriften

Art. 14 Ordnungswidrigkeiten. Mit Geldbuße bis zu zehntausend Euro kann belegt werden, wer vorsätzlich oder fahrlässig

1. entgegen Art. 1 Satz 2 oder Art. 9 Satz 1 verlangte Auskünfte nicht, nicht richtig, nicht vollständig oder nicht rechtzeitig erteilt oder Unterlagen nicht vorlegt,
2. entgegen Art. 4 Abs. 1 oder Art. 9 Satz 2 das Betreten eines Grundstücks, eines Wohn-, Geschäfts- oder Betriebsraumes oder die Vornahme von Ermittlungen nicht gestattet oder
3. einer vollziehbaren Anordnung nach Art. 5 Abs. 2 in Verbindung mit § 13 Abs. 1 oder § 15 Abs. 2 Sätze 1, 3 oder 4 des Bundes-Bodenschutzgesetzes zuwiderhandelt,
4. entgegen Art. 5 Abs. 2 i.V.m. § 15 Abs. 3 Satz 1 des Bundes-Bodenschutzgesetzes eine Mitteilung nicht, nicht richtig, nicht vollständig oder nicht rechtzeitig macht.

Art. 15 Außerkrafttreten. Art. 13a tritt mit Ablauf des 31. Dezember 2025 außer Kraft.

Gesetz zur Regelung des Statusrechts der Beamtinnen und Beamten in den Ländern (Beamtenstatusgesetz – BeamtStG)

vom 17. Juni 2008 (BGBl. I S. 1010),
zuletzt geändert durch Gesetz vom 28. Juni 2021 (BGBl. I S. 2250)

INHALTSÜBERSICHT

Abschnitt 1
Allgemeine Vorschriften

§ 1 Geltungsbereich
§ 2 Dienstherrnfähigkeit

Abschnitt 2
Beamtenverhältnis

§ 3 Beamtenverhältnis
§ 4 Arten des Beamtenverhältnisses
§ 5 Ehrenbeamtinnen und Ehrenbeamte
§ 6 Beamtenverhältnis auf Zeit
§ 7 Voraussetzungen des Beamtenverhältnisses
§ 8 Ernennung
§ 9 Kriterien der Ernennung
§ 10 Voraussetzung der Ernennung auf Lebenszeit
§ 11 Nichtigkeit der Ernennung
§ 12 Rücknahme der Ernennung

Abschnitt 3
Länderübergreifender Wechsel und Wechsel in die Bundesverwaltung

§ 13 Grundsatz
§ 14 Abordnung
§ 15 Versetzung
§ 16 Umbildung einer Körperschaft
§ 17 Rechtsfolgen der Umbildung
§ 18 Rechtsstellung der Beamtinnen und Beamten
§ 19 Rechtsstellung der Versorgungsempfängerinnen und Versorgungsempfänger

Abschnitt 4
Zuweisung einer Tätigkeit bei anderen Einrichtungen

§ 20 Zuweisung

Abschnitt 5
Beendigung des Beamtenverhältnisses

§ 21 Beendigungsgründe
§ 22 Entlassung kraft Gesetzes
§ 23 Entlassung durch Verwaltungsakt
§ 24 Verlust der Beamtenrechte
§ 25 Ruhestand wegen Erreichens der Altersgrenze
§ 26 Dienstunfähigkeit
§ 27 Begrenzte Dienstfähigkeit
§ 28 Ruhestand bei Beamtenverhältnis auf Probe
§ 29 Wiederherstellung der Dienstfähigkeit
§ 30 Einstweiliger Ruhestand
§ 31 Einstweiliger Ruhestand bei Umbildung und Auflösung von Behörden
§ 32 Wartezeit

Abschnitt 6
Rechtliche Stellung im Beamtenverhältnis

§ 33 Grundpflichten
§ 34 Wahrnehmung der Aufgaben, Verhalten und Erscheinungsbild
§ 35 Folgepflicht
§ 36 Verantwortung für die Rechtmäßigkeit
§ 37 Verschwiegenheitspflicht
§ 38 Diensteid
§ 39 Verbot der Führung der Dienstgeschäfte
§ 40 Nebentätigkeit
§ 41 Tätigkeit nach Beendigung des Beamtenverhältnisses
§ 42 Verbot der Annahme von Belohnungen, Geschenken und sonstigen Vorteilen

§ 43 Teilzeitbeschäftigung
§ 44 Erholungsurlaub
§ 45 Fürsorge
§ 46 Mutterschutz und Elternzeit
§ 47 Nichterfüllung von Pflichten
§ 48 Pflicht zum Schadensersatz
§ 49 Übermittlungen bei Strafverfahren
§ 50 Personalakte
§ 51 Personalvertretung
§ 52 Mitgliedschaft in Gewerkschaften und Berufsverbänden
§ 53 Beteiligung der Spitzenorganisationen

Abschnitt 7
Rechtsweg

§ 54 Verwaltungsrechtsweg

Abschnitt 8
Spannungs- und Verteidigungsfall

§ 55 Anwendungsbereich
§ 56 Dienstleistung im Verteidigungsfall
§ 57 Aufschub der Entlassung und des Ruhestands
§ 58 Erneute Berufung von Ruhestandsbeamtinnen und Ruhestandsbeamten
§ 59 Verpflichtung zur Gemeinschaftsunterkunft und Mehrarbeit

Abschnitt 9
Sonderregelungen für Verwendungen im Ausland

§ 60 Verwendungen im Ausland

Abschnitt 10
Sonderregelungen für wissenschaftliches Hochschulpersonal

§ 61 Hochschullehrerinnen und Hochschullehrer

Abschnitt 11
Schlussvorschriften

§ 62 *(nicht abgedruckt)*
§ 63 Inkrafttreten, Außerkrafttreten

Abschnitt 1

Allgemeine Vorschriften

§ 1 Geltungsbereich. Dieses Gesetz regelt das Statusrecht der Beamtinnen und Beamten der Länder, Gemeinden und Gemeindeverbände sowie der sonstigen der Aufsicht eines Landes unterstehenden Körperschaften, Anstalten und Stiftungen des öffentlichen Rechts.

§ 2 Dienstherrnfähigkeit. Das Recht, Beamtinnen und Beamte zu haben, besitzen

1. Länder, Gemeinden und Gemeindeverbände,
2. sonstige Körperschaften, Anstalten und Stiftungen des öffentlichen Rechts, die dieses Recht im Zeitpunkt des Inkrafttretens dieses Gesetzes besitzen oder denen es durch ein Landesgesetz oder aufgrund eines Landesgesetzes verliehen wird.

Abschnitt 2

Beamtenverhältnis

§ 3 Beamtenverhältnis. (1) Beamtinnen und Beamte stehen zu ihrem Dienstherrn in einem öffentlich-rechtlichen Dienst- und Treueverhältnis (Beamtenverhältnis).

(2) Die Berufung in das Beamtenverhältnis ist nur zulässig zur Wahrnehmung
1. hoheitsrechtlicher Aufgaben oder
2. solcher Aufgaben, die aus Gründen der Sicherung des Staates oder des öffentlichen Lebens nicht ausschließlich Personen übertragen werden dürfen, die in einem privatrechtlichen Arbeitsverhältnis stehen.

§ 4 Arten des Beamtenverhältnisses. (1) [1]Das Beamtenverhältnis auf Lebenszeit dient der dauernden Wahrnehmung von Aufgaben nach § 3 Abs. 2. [2]Es bildet die Regel.

(2) Das Beamtenverhältnis auf Zeit dient
a) der befristeten Wahrnehmung von Aufgaben nach § 3 Abs. 2 oder
b) der zunächst befristeten Übertragung eines Amtes mit leitender Funktion.

(3) Das Beamtenverhältnis auf Probe dient der Ableistung einer Probezeit
a) zur späteren Verwendung auf Lebenszeit oder
b) zur Übertragung eines Amtes mit leitender Funktion.

(4) Das Beamtenverhältnis auf Widerruf dient
a) der Ableistung eines Vorbereitungsdienstes oder
b) der nur vorübergehenden Wahrnehmung von Aufgaben nach § 3 Abs. 2.

§ 5 Ehrenbeamtinnen und Ehrenbeamte. (1) Als Ehrenbeamtin oder Ehrenbeamter kann berufen werden, wer Aufgaben im Sinne des § 3 Abs. 2 unentgeltlich wahrnehmen soll.

(2) Die Rechtsverhältnisse der Ehrenbeamtinnen und Ehrenbeamten können durch Landesrecht abweichend von den für Beamtinnen und Beamte allgemein geltenden Vorschriften geregelt werden, soweit es deren besondere Rechtsstellung erfordert.

(3) Ein Ehrenbeamtenverhältnis kann nicht in ein Beamtenverhältnis anderer Art, ein solches Beamtenverhältnis nicht in ein Ehrenbeamtenverhältnis umgewandelt werden.

§ 6 Beamtenverhältnis auf Zeit. Für die Rechtsverhältnisse der Beamtinnen auf Zeit und Beamten auf Zeit gelten die Vorschriften für Beamtinnen auf Lebenszeit und Beamte auf Lebenszeit entsprechend, soweit durch Landesrecht nichts anderes bestimmt ist.

§ 7 Voraussetzungen des Beamtenverhältnisses. (1) [1]In das Beamtenverhältnis darf nur berufen werden, wer
1. Deutsche oder Deutscher im Sinne des Artikels 116 Absatz 1 des Grundgesetzes ist oder die Staatsangehörigkeit
   a) eines anderen Mitgliedstaates der Europäischen Union oder
   b) eines anderen Vertragsstaates des Abkommens über den Europäischen Wirtschaftsraum oder
   c) eines Drittstaates, dem die Bundesrepublik Deutschland und die Europäische Union vertraglich einen entsprechenden Anspruch auf Anerkennung von Berufsqualifikationen eingeräumt haben,

besitzt,
2. die Gewähr dafür bietet, jederzeit für die freiheitliche demokratische Grundordnung im Sinne des Grundgesetzes einzutreten, und
3. die nach Landesrecht vorgeschriebene Befähigung besitzt.

[2]In das Beamtenverhältnis darf nicht berufen werden, wer unveränderliche Merkmale des Erscheinungsbilds aufweist, die mit der Erfüllung der Pflichten nach § 34 Absatz 2 nicht vereinbar sind.

(2) Wenn die Aufgaben es erfordern, darf nur eine Deutsche oder ein Deutscher im Sinne des Artikels 116 Absatz 1 des Grundgesetzes* in ein Beamtenverhältnis berufen werden.

(3) Ausnahmen von Absatz 1 Nr. 1 und Absatz 2 können nur zugelassen werden, wenn
1. für die Gewinnung der Beamtin oder des Beamten ein dringendes dienstliches Interesse besteht oder
2. bei der Berufung von Hochschullehrerinnen und Hochschullehrern und anderen Mitarbeiterinnen und Mitarbeitern des wissenschaftlichen und künstlerischen Personals in das Beamtenverhältnis andere wichtige Gründe vorliegen.

§ 8 Ernennung. (1) Einer Ernennung bedarf es zur
1. Begründung des Beamtenverhältnisses,
2. Umwandlung des Beamtenverhältnisses in ein solches anderer Art (§ 4),
3. Verleihung eines anderen Amtes mit anderem Grundgehalt oder
4. Verleihung eines anderen Amtes mit anderer Amtsbezeichnung,

soweit das Landesrecht dies bestimmt.

(2) [1]Die Ernennung erfolgt durch Aushändigung einer Ernennungsurkunde. [2]In der Urkunde müssen enthalten sein
1. bei der Begründung des Beamtenverhältnisses die Wörter „unter Berufung in das Beamtenverhältnis“ mit dem die Art des Beamtenverhältnisses bestimmenden Zusatz „auf Lebenszeit“, „auf Probe“, „auf Widerruf“, „als Ehrenbeamtin“ oder „als Ehrenbeamter“ oder „auf Zeit“ mit der Angabe der Zeitdauer der Berufung,
2. bei der Umwandlung des Beamtenverhältnisses in ein solches anderer Art die diese Art bestimmenden Wörter nach Nummer 1 und
3. bei der Verleihung eines Amtes die Amtsbezeichnung.

(3) Mit der Begründung eines Beamtenverhältnisses auf Probe, auf Lebenszeit und auf Zeit wird gleichzeitig ein Amt verliehen.

---

* *Art. 116 Abs. 1 Grundgesetz für die Bundesrepublik Deutschland vom 23. Mai 1949 (BGBl. S. 1), Grundgesetz zuletzt geändert durch Gesetz vom 29. September 2020 (BGBl. I S. 2048), lautet:*

Art. 116. (1) Deutscher im Sinne dieses Grundgesetzes ist vorbehaltlich anderweitiger gesetzlicher Regelung, wer die deutsche Staatsangehörigkeit besitzt oder als Flüchtling oder Vertriebener deutscher Volkszugehörigkeit oder als dessen Ehegatte oder Abkömmling in dem Gebiete des Deutschen Reiches nach dem Stande vom 31. Dezember 1937 Aufnahme gefunden hat.

(4) Eine Ernennung auf einen zurückliegenden Zeitpunkt ist unzulässig und insoweit unwirksam.

§ 9 Kriterien der Ernennung. Ernennungen sind nach Eignung, Befähigung und fachlicher Leistung ohne Rücksicht auf Geschlecht, Abstammung, Rasse oder ethnische Herkunft, Behinderung, Religion oder Weltanschauung, politische Anschauungen, Herkunft, Beziehungen oder sexuelle Identität vorzunehmen.

§ 10 Voraussetzung der Ernennung auf Lebenszeit. [1]Die Ernennung zur Beamtin auf Lebenszeit oder zum Beamten auf Lebenszeit ist nur zulässig, wenn die Beamtin oder der Beamte sich in einer Probezeit von mindestens sechs Monaten und höchstens fünf Jahren bewährt hat. [2]Von der Mindestprobezeit können durch Landesrecht Ausnahmen bestimmt werden.

§ 11 Nichtigkeit der Ernennung. (1) Die Ernennung ist nichtig, wenn
1. sie nicht der in § 8 Abs. 2 vorgeschriebenen Form entspricht,
2. sie von einer sachlich unzuständigen Behörde ausgesprochen wurde oder
3. zum Zeitpunkt der Ernennung
   a) nach § 7 Absatz 1 Satz 1 Nummer 1 keine Ernennung erfolgen durfte und keine Ausnahme nach § 7 Abs. 3 zugelassen war,
   b) nicht die Fähigkeit zur Bekleidung öffentlicher Ämter vorlag oder
   c) eine ihr zu Grunde liegende Wahl unwirksam ist.

(2) Die Ernennung ist von Anfang an als wirksam anzusehen, wenn
1. im Fall des Absatzes 1 Nr. 1 aus der Urkunde oder aus dem Akteninhalt eindeutig hervorgeht, dass die für die Ernennung zuständige Stelle ein bestimmtes Beamtenverhältnis begründen oder ein bestehendes Beamtenverhältnis in ein solches anderer Art umwandeln wollte, für das die sonstigen Voraussetzungen vorliegen, und die für die Ernennung zuständige Stelle die Wirksamkeit schriftlich bestätigt; das Gleiche gilt, wenn die Angabe der Zeitdauer fehlt, durch Landesrecht aber die Zeitdauer bestimmt ist,
2. im Fall des Absatzes 1 Nr. 2 die sachlich zuständige Behörde die Ernennung bestätigt oder
3. im Fall des Absatzes 1 Nr. 3 Buchstabe a eine Ausnahme nach § 7 Abs. 3 nachträglich zugelassen wird.

§ 12 Rücknahme der Ernennung. (1) Die Ernennung ist mit Wirkung für die Vergangenheit zurückzunehmen, wenn
1. sie durch Zwang, arglistige Täuschung oder Bestechung herbeigeführt wurde,
2. dem Dienstherrn zum Zeitpunkt der Ernennung nicht bekannt war, dass die ernannte Person vor ihrer Ernennung ein Verbrechen oder Vergehen begangen hat, aufgrund dessen sie vor oder nach ihrer Ernennung rechtskräftig zu einer Strafe verurteilt worden ist und das sie für die Berufung in das Beamtenverhältnis als unwürdig erscheinen lässt,
3. die Ernennung nach § 7 Abs. 2 nicht erfolgen durfte und eine Ausnahme nach § 7 Abs. 3 nicht zugelassen war und die Ausnahme nicht nachträglich erteilt wird oder

4. eine durch Landesrecht vorgeschriebene Mitwirkung einer unabhängigen Stelle oder einer Aufsichtsbehörde unterblieben ist und nicht nachgeholt wurde.

(2) [1]Die Ernennung soll zurückgenommen werden, wenn nicht bekannt war, dass gegen die ernannte Person in einem Disziplinarverfahren auf Entfernung aus dem Beamtenverhältnis oder auf Aberkennung des Ruhegehalts erkannt worden war. [2]Dies gilt auch, wenn die Entscheidung gegen eine Beamtin oder einen Beamten der Europäischen Union oder eines Staates nach § 7 Absatz 1 Satz 1 Nummer 1 ergangen ist.

Abschnitt 3

Länderübergreifender Wechsel und Wechsel in die Bundesverwaltung

§ 13 Grundsatz. Die Vorschriften dieses Abschnitts gelten nur bei landesübergreifender Abordnung, Versetzung und Umbildung von Körperschaften sowie bei einer Abordnung oder Versetzung aus einem Land in die Bundesverwaltung.

§ 14 Abordnung. (1) Beamtinnen und Beamte können aus dienstlichen Gründen vorübergehend ganz oder teilweise zu einer dem übertragenen Amt entsprechenden Tätigkeit in den Bereich eines Dienstherrn eines anderen Landes oder des Bundes abgeordnet werden.

(2) [1]Aus dienstlichen Gründen ist eine Abordnung vorübergehend ganz oder teilweise auch zu einer nicht dem Amt entsprechenden Tätigkeit zulässig, wenn der Beamtin oder dem Beamten die Wahrnehmung der neuen Tätigkeit aufgrund der Vorbildung oder Berufsausbildung zuzumuten ist. [2]Dabei ist auch die Abordnung zu einer Tätigkeit, die nicht einem Amt mit demselben Grundgehalt entspricht, zulässig.

(3) [1]Die Abordnung bedarf der Zustimmung der Beamtin oder des Beamten. [2]Abweichend von Satz 1 ist die Abordnung auch ohne Zustimmung zulässig, wenn die neue Tätigkeit zuzumuten ist und einem Amt mit demselben Grundgehalt entspricht und die Abordnung die Dauer von fünf Jahren nicht übersteigt.

(4) [1]Die Abordnung wird von dem abgebenden im Einverständnis mit dem aufnehmenden Dienstherrn verfügt. [2]Soweit zwischen den Dienstherren nichts anderes vereinbart ist, sind die für den Bereich des aufnehmenden Dienstherrn geltenden Vorschriften über die Pflichten und Rechte der Beamtinnen und Beamten mit Ausnahme der Regelungen über Diensteid, Amtsbezeichnung, Zahlung von Bezügen, Krankenfürsorgeleistungen und Versorgung entsprechend anzuwenden. [3]Die Verpflichtung zur Bezahlung hat auch der Dienstherr, zu dem die Abordnung erfolgt ist.

§ 15 Versetzung. (1) Beamtinnen und Beamte können auf Antrag oder aus dienstlichen Gründen in den Bereich eines Dienstherrn eines anderen Landes

oder des Bundes in ein Amt einer Laufbahn versetzt werden, für die sie die Befähigung besitzen.

(2) [1]Eine Versetzung bedarf der Zustimmung der Beamtin oder des Beamten. [2]Abweichend von Satz 1 ist die Versetzung auch ohne Zustimmung zulässig, wenn das neue Amt mit mindestens demselben Grundgehalt verbunden ist wie das bisherige Amt. [3]Stellenzulagen gelten hierbei nicht als Bestandteile des Grundgehalts.

(3) [1]Die Versetzung wird von dem abgebenden im Einverständnis mit dem aufnehmenden Dienstherrn verfügt. [2]Das Beamtenverhältnis wird mit dem neuen Dienstherrn fortgesetzt.

§ 16 Umbildung einer Körperschaft. (1) Beamtinnen und Beamte einer juristischen Person des öffentlichen Rechts mit Dienstherrnfähigkeit (Körperschaft), die vollständig in eine andere Körperschaft eingegliedert wird, treten mit der Umbildung kraft Gesetzes in den Dienst der aufnehmenden Körperschaft über.

(2) [1]Die Beamtinnen und Beamten einer Körperschaft, die vollständig in mehrere andere Körperschaften eingegliedert wird, sind anteilig in den Dienst der aufnehmenden Körperschaften zu übernehmen. [2]Die beteiligten Körperschaften haben innerhalb einer Frist von sechs Monaten nach der Umbildung im Einvernehmen miteinander zu bestimmen, von welchen Körperschaften die einzelnen Beamtinnen und Beamten zu übernehmen sind. [3]Solange eine Beamtin oder ein Beamter nicht übernommen ist, haften alle aufnehmenden Körperschaften für die ihr oder ihm zustehenden Bezüge als Gesamtschuldner.

(3) [1]Die Beamtinnen und Beamten einer Körperschaft, die teilweise in eine oder mehrere andere Körperschaften eingegliedert wird, sind zu einem verhältnismäßigen Teil, bei mehreren Körperschaften anteilig, in den Dienst der aufnehmenden Körperschaften zu übernehmen. [2]Absatz 2 Satz 2 ist entsprechend anzuwenden.

(4) Die Absätze 1 bis 3 gelten entsprechend, wenn eine Körperschaft mit einer oder mehreren anderen Körperschaften zu einer neuen Körperschaft zusammengeschlossen wird, wenn ein oder mehrere Teile verschiedener Körperschaften zu einem oder mehreren neuen Teilen einer Körperschaft zusammengeschlossen werden, wenn aus einer Körperschaft oder aus Teilen einer Körperschaft eine oder mehrere neue Körperschaften gebildet werden, oder wenn Aufgaben einer Körperschaft vollständig oder teilweise auf eine oder mehrere andere Körperschaften übergehen.

§ 17 Rechtsfolgen der Umbildung. (1) Tritt eine Beamtin oder ein Beamter aufgrund des § 16 Abs. 1 kraft Gesetzes in den Dienst einer anderen Körperschaft über oder wird sie oder er aufgrund des § 16 Abs. 2 oder 3 von einer anderen Körperschaft übernommen, wird das Beamtenverhältnis mit dem neuen Dienstherrn fortgesetzt.

(2) Im Fall des § 16 Abs. 1 ist der Beamtin oder dem Beamten von der aufnehmenden oder neuen Körperschaft die Fortsetzung des Beamtenverhältnisses schriftlich zu bestätigen.

(3) [1]In den Fällen des § 16 Abs. 2 und 3 wird die Übernahme von der Körperschaft verfügt, in deren Dienst die Beamtin oder der Beamte treten soll. [2]Die Verfügung wird mit der Zustellung an die Beamtin oder den Beamten wirksam. [3]Die Beamtin oder der Beamte ist verpflichtet, der Übernahmeverfügung Folge zu leisten. [4]Kommt die Beamtin oder der Beamte der Verpflichtung nicht nach, ist sie oder er zu entlassen.

(4) Die Absätze 1 bis 3 gelten entsprechend in den Fällen des § 16 Abs. 4.

§ 18 Rechtsstellung der Beamtinnen und Beamten. (1) [1]Beamtinnen und Beamten, die nach § 16 in den Dienst einer anderen Körperschaft kraft Gesetzes übertreten oder übernommen werden, soll ein gleich zu bewertendes Amt übertragen werden, das ihrem bisherigen Amt nach Bedeutung und Inhalt ohne Rücksicht auf Dienststellung und Dienstalter entspricht. [2]Wenn eine dem bisherigen Amt entsprechende Verwendung nicht möglich ist, kann ihnen auch ein anderes Amt mit geringerem Grundgehalt übertragen werden. [3]Das Grundgehalt muss mindestens dem des Amtes entsprechen, das die Beamtinnen und Beamten vor dem bisherigen Amt innehatten. [4]In diesem Fall dürfen sie neben der neuen Amtsbezeichnung die des früheren Amtes mit dem Zusatz „außer Dienst" („a.D.") führen.

(2) [1]Die aufnehmende oder neue Körperschaft kann, wenn die Zahl der bei ihr nach der Umbildung vorhandenen Beamtinnen und Beamten den tatsächlichen Bedarf übersteigt, innerhalb einer Frist, deren Bestimmung dem Landesrecht vorbehalten bleibt, Beamtinnen und Beamte im Beamtenverhältnis auf Lebenszeit oder auf Zeit in den einstweiligen Ruhestand versetzen, wenn deren Aufgabengebiet von der Umbildung berührt wurde. [2]Bei Beamtinnen auf Zeit und Beamten auf Zeit, die nach Satz 1 in den einstweiligen Ruhestand versetzt sind, endet der einstweilige Ruhestand mit Ablauf der Amtszeit; sie gelten in diesem Zeitpunkt als dauernd in den Ruhestand versetzt, wenn sie bei Verbleiben im Amt mit Ablauf der Amtszeit in den Ruhestand getreten wären.

§ 19 Rechtsstellung der Versorgungsempfängerinnen und Versorgungsempfänger. (1) Die Vorschriften des § 16 Abs. 1 und 2 und des § 17 gelten entsprechend für die im Zeitpunkt der Umbildung bei der abgebenden Körperschaft vorhandenen Versorgungsempfängerinnen und Versorgungsempfänger.

(2) In den Fällen des § 16 Abs. 3 bleiben die Ansprüche der im Zeitpunkt der Umbildung vorhandenen Versorgungsempfängerinnen und Versorgungsempfänger gegenüber der abgebenden Körperschaft bestehen.

(3) Die Absätze 1 und 2 gelten entsprechend in den Fällen des § 16 Abs. 4.

Abschnitt 4

Zuweisung einer Tätigkeit bei anderen Einrichtungen

§ 20 Zuweisung. (1) Beamtinnen und Beamten kann mit ihrer Zustimmung vorübergehend ganz oder teilweise eine ihrem Amt entsprechende Tätigkeit zugewiesen werden

1. bei einer öffentlichen Einrichtung ohne Dienstherrneigenschaft oder bei einer öffentlich-rechtlichen Religionsgemeinschaft im dienstlichen oder öffentlichen Interesse oder
2. bei einer anderen Einrichtung, wenn öffentliche Interessen es erfordern.

(2) Beamtinnen und Beamten einer Dienststelle, die ganz oder teilweise in eine öffentlich-rechtlich organisierte Einrichtung ohne Dienstherrneigenschaft oder eine privatrechtlich organisierte Einrichtung der öffentlichen Hand umgewandelt wird, kann auch ohne ihre Zustimmung ganz oder teilweise eine ihrem Amt entsprechende Tätigkeit bei dieser Einrichtung zugewiesen werden, wenn öffentliche Interessen es erfordern.

(3) Die Rechtsstellung der Beamtinnen und Beamten bleibt unberührt.

Abschnitt 5

Beendigung des Beamtenverhältnisses

§ 21 Beendigungsgründe. Das Beamtenverhältnis endet durch

1. Entlassung,
2. Verlust der Beamtenrechte,
3. Entfernung aus dem Beamtenverhältnis nach den Disziplinargesetzen oder
4. Eintritt oder Versetzung in den Ruhestand.

§ 22 Entlassung kraft Gesetzes. (1) Beamtinnen und Beamte sind entlassen, wenn

1. die Voraussetzungen des § 7 Absatz 1 Satz 1 Nr. 1 nicht mehr vorliegen und eine Ausnahme nach § 7 Absatz 3 auch nachträglich nicht zugelassen wird oder
2. sie die Altersgrenze erreichen und das Beamtenverhältnis nicht durch Eintritt in den Ruhestand endet.

(2) [1]Die Beamtin oder der Beamte ist entlassen, wenn ein öffentlich-rechtliches Dienst- oder Amtsverhältnis zu einem anderen Dienstherrn oder zu einer Einrichtung ohne Dienstherrneigenschaft begründet wird, sofern nicht im Einvernehmen mit dem neuen Dienstherrn oder der Einrichtung die Fortdauer des Beamtenverhältnisses neben dem neuen Dienst- oder Amtsverhältnis angeordnet oder durch Landesrecht etwas anderes bestimmt wird. [2]Dies gilt nicht für den Eintritt in ein Beamtenverhältnis auf Widerruf oder als Ehrenbeamtin oder Ehrenbeamter.

(3) Die Beamtin oder der Beamte ist mit der Berufung in ein Beamtenverhältnis auf Zeit aus einem anderen Beamtenverhältnis bei demselben Dienstherrn entlassen, soweit das Landesrecht keine abweichenden Regelungen trifft.

(4) Das Beamtenverhältnis auf Widerruf endet mit Ablauf des Tages der Ablegung oder dem endgültigen Nichtbestehen der für die Laufbahn vorgeschriebenen Prüfung, sofern durch Landesrecht nichts anderes bestimmt ist.

(5) Das Beamtenverhältnis auf Probe in einem Amt mit leitender Funktion endet mit Ablauf der Probezeit oder mit Versetzung zu einem anderen Dienstherrn.

§ 23 Entlassung durch Verwaltungsakt. (1) [1]Beamtinnen und Beamte sind zu entlassen, wenn sie
1. den Diensteid oder ein an dessen Stelle vorgeschriebenes Gelöbnis verweigern,
2. nicht in den Ruhestand oder einstweiligen Ruhestand versetzt werden können, weil eine versorgungsrechtliche Wartezeit nicht erfüllt ist,
3. dauernd dienstunfähig sind und das Beamtenverhältnis nicht durch Versetzung in den Ruhestand endet,
4. die Entlassung in schriftlicher Form verlangen oder
5. nach Erreichen der Altersgrenze berufen worden sind.

[2]Im Fall des Satzes 1 Nr. 3 ist § 26 Abs. 2 entsprechend anzuwenden.

(2) Beamtinnen und Beamte können entlassen werden, wenn sie in Fällen des § 7 Abs. 2 die Eigenschaft als Deutsche oder Deutscher im Sinne des Artikels 116 Absatz 1 des Grundgesetzes verlieren.

(3) [1]Beamtinnen auf Probe und Beamte auf Probe können entlassen werden,
1. wenn sie eine Handlung begehen, die im Beamtenverhältnis auf Lebenszeit mindestens eine Kürzung der Dienstbezüge zur Folge hätte,
2. wenn sie sich in der Probezeit nicht bewährt haben oder
3. wenn ihr Aufgabengebiet bei einer Behörde von der Auflösung dieser Behörde oder einer auf landesrechtlicher Vorschrift beruhenden wesentlichen Änderung des Aufbaus oder Verschmelzung dieser Behörde mit einer anderen oder von der Umbildung einer Körperschaft berührt wird und eine andere Verwendung nicht möglich ist. [2]Im Fall des Satzes 1 Nr. 2 ist § 26 Abs. 2 bei allein mangelnder gesundheitlicher Eignung entsprechend anzuwenden.

(4) [1]Beamtinnen auf Widerruf und Beamte auf Widerruf können jederzeit entlassen werden. [2]Die Gelegenheit zur Beendigung des Vorbereitungsdienstes und zur Ablegung der Prüfung soll gegeben werden.

§ 24 Verlust der Beamtenrechte. (1) [1]Wenn eine Beamtin oder ein Beamter im ordentlichen Strafverfahren durch das Urteil eines deutschen Gerichts
1. wegen einer vorsätzlichen Tat zu einer Freiheitsstrafe von mindestens einem Jahr oder
2. wegen einer vorsätzlichen Tat, die nach den Vorschriften über Friedensverrat, Hochverrat und Gefährdung des demokratischen Rechtsstaates, Lan-

desverrat und Gefährdung der äußeren Sicherheit oder, soweit sich die Tat auf eine Diensthandlung im Hauptamt bezieht, Bestechlichkeit, strafbar ist,
zu einer Freiheitsstrafe von mindestens sechs Monaten verurteilt wird,

endet das Beamtenverhältnis mit der Rechtskraft des Urteils. [2]Entsprechendes gilt, wenn die Fähigkeit zur Bekleidung öffentlicher Ämter aberkannt wird oder wenn die Beamtin oder der Beamte aufgrund einer Entscheidung des Bundesverfassungsgerichts nach Artikel 18 des Grundgesetzes ein Grundrecht verwirkt hat.

(2) Wird eine Entscheidung, die den Verlust der Beamtenrechte zur Folge hat, in einem Wiederaufnahmeverfahren aufgehoben, gilt das Beamtenverhältnis als nicht unterbrochen.

§ 25 Ruhestand wegen Erreichens der Altersgrenze. Beamtinnen auf Lebenszeit und Beamte auf Lebenszeit treten nach Erreichen der Altersgrenze in den Ruhestand.

§ 26 Dienstunfähigkeit. (1) [1]Beamtinnen auf Lebenszeit und Beamte auf Lebenszeit sind in den Ruhestand zu versetzen, wenn sie wegen ihres körperlichen Zustands oder aus gesundheitlichen Gründen zur Erfüllung ihrer Dienstpflichten dauernd unfähig (dienstunfähig) sind. [2]Als dienstunfähig kann auch angesehen werden, wer infolge Erkrankung innerhalb eines Zeitraums von sechs Monaten mehr als drei Monate keinen Dienst getan hat und keine Aussicht besteht, dass innerhalb einer Frist, deren Bestimmung dem Landesrecht vorbehalten bleibt, die Dienstfähigkeit wieder voll hergestellt ist. [3]In den Ruhestand wird nicht versetzt, wer anderweitig verwendbar ist. [4]Für Gruppen von Beamtinnen und Beamten können besondere Voraussetzungen für die Dienstunfähigkeit durch Landesrecht geregelt werden.

(2) [1]Eine anderweitige Verwendung ist möglich, wenn der Beamtin oder dem Beamten ein anderes Amt derselben oder einer anderen Laufbahn übertragen werden kann. [2]In den Fällen des Satzes 1 ist die Übertragung eines anderen Amtes ohne Zustimmung zulässig, wenn das neue Amt zum Bereich desselben Dienstherrn gehört, es mit mindestens demselben Grundgehalt verbunden ist wie das bisherige Amt und wenn zu erwarten ist, dass die gesundheitlichen Anforderungen des neuen Amtes erfüllt werden. [3]Beamtinnen und Beamte, die nicht die Befähigung für die andere Laufbahn besitzen, haben an Qualifizierungsmaßnahmen für den Erwerb der neuen Befähigung teilzunehmen.

(3) Zur Vermeidung der Versetzung in den Ruhestand kann der Beamtin oder dem Beamten unter Beibehaltung des übertragenen Amtes ohne Zustimmung auch eine geringerwertige Tätigkeit im Bereich desselben Dienstherrn übertragen werden, wenn eine anderweitige Verwendung nicht möglich ist und die Wahrnehmung der neuen Aufgabe unter Berücksichtigung der bisherigen Tätigkeit zumutbar ist.

§ 27 Begrenzte Dienstfähigkeit. (1) Von der Versetzung in den Ruhestand wegen Dienstunfähigkeit ist abzusehen, wenn die Beamtin oder der Beamte

unter Beibehaltung des übertragenen Amtes die Dienstpflichten noch während mindestens der Hälfte der regelmäßigen Arbeitszeit erfüllen kann (begrenzte Dienstfähigkeit).

(2) [1]Die Arbeitszeit ist entsprechend der begrenzten Dienstfähigkeit herabzusetzen. [2]Mit Zustimmung der Beamtin oder des Beamten ist auch eine Verwendung in einer nicht dem Amt entsprechenden Tätigkeit möglich.

§ 28 Ruhestand bei Beamtenverhältnis auf Probe. (1) Beamtinnen auf Probe und Beamte auf Probe sind in den Ruhestand zu versetzen, wenn sie infolge Krankheit, Verwundung oder sonstiger Beschädigung, die sie sich ohne grobes Verschulden bei Ausübung oder aus Veranlassung des Dienstes zugezogen haben, dienstunfähig geworden sind.

(2) Beamtinnen auf Probe und Beamte auf Probe können in den Ruhestand versetzt werden, wenn sie aus anderen Gründen dienstunfähig geworden sind.

(3) § 26 Abs. 1 Satz 3, Abs. 2 und 3 sowie § 27 sind entsprechend anzuwenden.

§ 29 Wiederherstellung der Dienstfähigkeit. (1) Wird nach der Versetzung in den Ruhestand wegen Dienstunfähigkeit die Dienstfähigkeit wiederhergestellt und beantragt die Ruhestandsbeamtin oder der Ruhestandsbeamte vor Ablauf einer Frist, deren Bestimmung dem Landesrecht vorbehalten bleibt, spätestens zehn Jahre nach der Versetzung in den Ruhestand, eine erneute Berufung in das Beamtenverhältnis, ist diesem Antrag zu entsprechen, falls nicht zwingende dienstliche Gründe entgegenstehen.

(2) [1]Beamtinnen und Beamte, die wegen Dienstunfähigkeit in den Ruhestand versetzt worden sind, können erneut in das Beamtenverhältnis berufen werden, wenn im Dienstbereich des früheren Dienstherrn ein Amt mit mindestens demselben Grundgehalt übertragen werden soll und wenn zu erwarten ist, dass die gesundheitlichen Anforderungen des neuen Amtes erfüllt werden. [2]Beamtinnen und Beamte, die nicht die Befähigung für die andere Laufbahn besitzen, haben an Qualifizierungsmaßnahmen für den Erwerb der neuen Befähigung teilzunehmen. [3]Den wegen Dienstunfähigkeit in den Ruhestand versetzten Beamtinnen und Beamten kann unter Übertragung eines Amtes ihrer früheren Laufbahn nach Satz 1 auch eine geringerwertige Tätigkeit im Bereich desselben Dienstherrn übertragen werden, wenn eine anderweitige Verwendung nicht möglich ist und die Wahrnehmung der neuen Aufgabe unter Berücksichtigung ihrer früheren Tätigkeit zumutbar ist.

(3) Die erneute Berufung in ein Beamtenverhältnis ist auch in den Fällen der begrenzten Dienstfähigkeit möglich.

(4) Beamtinnen und Beamte, die wegen Dienstunfähigkeit in den Ruhestand versetzt worden sind, sind verpflichtet, sich geeigneten und zumutbaren Maßnahmen zur Wiederherstellung ihrer Dienstfähigkeit zu unterziehen; die zuständige Behörde kann ihnen entsprechende Weisungen erteilen.

(5) [1]Die Dienstfähigkeit der Ruhestandsbeamtin oder des Ruhestandsbeamten kann nach Maßgabe des Landesrechts untersucht werden; sie oder er ist verpflichtet, sich nach Weisung der zuständigen Behörde ärztlich untersuchen zu lassen. [2]Die Ruhestandsbeamtin oder der Ruhestandsbeamte kann eine solche Untersuchung verlangen, wenn sie oder er einen Antrag nach Absatz 1 zu stellen beabsichtigt.

(6) Bei einer erneuten Berufung gilt das frühere Beamtenverhältnis als fortgesetzt.

§ 30 Einstweiliger Ruhestand. (1) [1]Beamtinnen auf Lebenszeit und Beamte auf Lebenszeit können jederzeit in den einstweiligen Ruhestand versetzt werden, wenn sie ein Amt bekleiden, bei dessen Ausübung sie in fortdauernder Übereinstimmung mit den grundsätzlichen politischen Ansichten und Zielen der Regierung stehen müssen. [2]Die Bestimmung der Ämter nach Satz 1 ist dem Landesrecht vorbehalten.

(2) Beamtinnen und Beamte, die auf Probe ernannt sind und ein Amt im Sinne des Absatzes 1 bekleiden, können jederzeit entlassen werden.

(3) [1]Für den einstweiligen Ruhestand gelten die Vorschriften über den Ruhestand. [2]§ 29 Abs. 2 und 6 gilt entsprechend. [3]Der einstweilige Ruhestand endet bei erneuter Berufung in das Beamtenverhältnis auf Lebenszeit auch bei einem anderen Dienstherrn, wenn den Beamtinnen oder Beamten ein Amt verliehen wird, das derselben oder einer gleichwertigen Laufbahn angehört wie das frühere Amt und mit mindestens demselben Grundgehalt verbunden ist.

(4) Erreichen Beamtinnen und Beamte, die in den einstweiligen Ruhestand versetzt sind, die gesetzliche Altersgrenze, gelten sie mit diesem Zeitpunkt als dauernd in den Ruhestand versetzt.

§ 31 Einstweiliger Ruhestand bei Umbildung und Auflösung von Behörden. (1) [1]Bei der Auflösung einer Behörde oder bei einer auf landesrechtlicher Vorschrift beruhenden wesentlichen Änderung des Aufbaus oder bei Verschmelzung einer Behörde mit einer oder mehreren anderen kann eine Beamtin auf Lebenszeit oder ein Beamter auf Lebenszeit in den einstweiligen Ruhestand versetzt werden, wenn das übertragene Aufgabengebiet von der Auflösung oder Umbildung berührt wird und eine Versetzung nach Landesrecht nicht möglich ist. [2]Zusätzliche Voraussetzungen können geregelt werden.

(2) [1]Die erneute Berufung der in den einstweiligen Ruhestand versetzten Beamtin oder des in den einstweiligen Ruhestand versetzten Beamten in ein Beamtenverhältnis ist vorzusehen, wenn ein der bisherigen Tätigkeit entsprechendes Amt zu besetzen ist, für das sie oder er geeignet ist. [2]Für erneute Berufungen nach Satz 1, die weniger als fünf Jahre vor Erreichen der Altersgrenze (§ 25) wirksam werden, können durch Landesrecht abweichende Regelungen getroffen werden.

(3) § 29 Abs. 6 gilt entsprechend.

§ 32 Wartezeit. Die Versetzung in den Ruhestand setzt die Erfüllung einer versorgungsrechtlichen Wartezeit voraus.

Abschnitt 6

Rechtliche Stellung im Beamtenverhältnis

§ 33 Grundpflichten. (1) [1]Beamtinnen und Beamte dienen dem ganzen Volk, nicht einer Partei. [2]Sie haben ihre Aufgaben unparteiisch und gerecht zu erfüllen und ihr Amt zum Wohl der Allgemeinheit zu führen. [3]Beamtinnen und Beamte müssen sich durch ihr gesamtes Verhalten zu der freiheitlichen demokratischen Grundordnung im Sinne des Grundgesetzes bekennen und für deren Erhaltung eintreten.

(2) Beamtinnen und Beamte haben bei politischer Betätigung diejenige Mäßigung und Zurückhaltung zu wahren, die sich aus ihrer Stellung gegenüber der Allgemeinheit und aus der Rücksicht auf die Pflichten ihres Amtes ergibt.

§ 34 Wahrnehmung der Aufgaben, Verhalten und Erscheinungsbild. (1) [1]Beamtinnen und Beamte haben sich mit vollem persönlichem Einsatz ihrem Beruf zu widmen. [2]Sie haben die übertragenen Aufgaben uneigennützig nach bestem Gewissen wahrzunehmen. [3]Ihr Verhalten innerhalb und außerhalb des Dienstes muss der Achtung und dem Vertrauen gerecht werden, die ihr Beruf erfordert.

(2) [1]Beamtinnen und Beamte haben bei der Ausübung des Dienstes oder bei einer Tätigkeit mit unmittelbarem Dienstbezug auch hinsichtlich ihres Erscheinungsbilds Rücksicht auf das ihrem Amt entgegengebrachte Vertrauen zu nehmen. [2]Insbesondere das Tragen von bestimmten Kleidungsstücken, Schmuck, Symbolen und Tätowierungen im sichtbaren Bereich sowie die Art der Haar- und Barttracht können eingeschränkt oder untersagt werden, soweit die Funktionsfähigkeit der Verwaltung oder die Pflicht zum achtungs- und vertrauenswürdigen Verhalten dies erfordert. [3]Das ist insbesondere dann der Fall, wenn Merkmale des Erscheinungsbilds nach Satz 2 durch ihre über das übliche Maß hinausgehende besonders individualisierende Art geeignet sind, die amtliche Funktion der Beamtin oder des Beamten in den Hintergrund zu drängen. [4]Religiös oder weltanschaulich konnotierte Merkmale des Erscheinungsbilds nach Satz 2 können nur dann eingeschränkt oder untersagt werden, wenn sie objektiv geeignet sind, das Vertrauen in die neutrale Amtsführung der Beamtin oder des Beamten zu beeinträchtigen. [5]Die Einzelheiten nach den Sätzen 2 bis 4 können durch Landesrecht bestimmt werden. [6]Die Verhüllung des Gesichts bei der Ausübung des Dienstes oder bei einer Tätigkeit mit unmittelbarem Dienstbezug ist stets unzulässig, es sei denn, dienstliche oder gesundheitliche Gründe erfordern dies.

§ 35 Folgepflicht. (1) [1]Beamtinnen und Beamte haben ihre Vorgesetzten zu beraten und zu unterstützen. [2]Sie sind verpflichtet, deren dienstliche Anordnungen auszuführen und deren allgemeine Richtlinien zu befolgen. [3]Dies gilt

nicht, soweit die Beamtinnen und Beamten nach besonderen gesetzlichen Vorschriften an Weisungen nicht gebunden und nur dem Gesetz unterworfen sind.

(2) Beamtinnen und Beamte haben bei organisatorischen Veränderungen dem Dienstherrn Folge zu leisten.

§ 36 Verantwortung für die Rechtmäßigkeit. (1) Beamtinnen und Beamte tragen für die Rechtmäßigkeit ihrer dienstlichen Handlungen die volle persönliche Verantwortung.

(2) [1]Bedenken gegen die Rechtmäßigkeit dienstlicher Anordnungen haben Beamtinnen und Beamte unverzüglich auf dem Dienstweg geltend zu machen. [2]Wird die Anordnung aufrechterhalten, haben sie sich, wenn die Bedenken fortbestehen, an die nächst höhere Vorgesetzte oder den nächst höheren Vorgesetzten zu wenden. [3]Wird die Anordnung bestätigt, müssen die Beamtinnen und Beamten sie ausführen und sind von der eigenen Verantwortung befreit. [4]Dies gilt nicht, wenn das aufgetragene Verhalten die Würde des Menschen verletzt oder strafbar oder ordnungswidrig ist und die Strafbarkeit oder Ordnungswidrigkeit für die Beamtinnen oder Beamten erkennbar ist. [5]Die Bestätigung hat auf Verlangen schriftlich zu erfolgen.

(3) [1]Wird von den Beamtinnen oder Beamten die sofortige Ausführung der Anordnung verlangt, weil Gefahr im Verzug besteht und die Entscheidung der oder des höheren Vorgesetzten nicht rechtzeitig herbeigeführt werden kann, gilt Absatz 2 Satz 3 und 4 entsprechend. [2]Die Anordnung ist durch die anordnende oder den anordnenden Vorgesetzten schriftlich zu bestätigen, wenn die Beamtin oder der Beamte dies unverzüglich nach Ausführung der Anordnung verlangt.

§ 37 Verschwiegenheitspflicht. (1) [1]Beamtinnen und Beamte haben über die ihnen bei oder bei Gelegenheit ihrer amtlichen Tätigkeit bekannt gewordenen dienstlichen Angelegenheiten Verschwiegenheit zu bewahren. [2]Dies gilt auch über den Bereich eines Dienstherrn hinaus sowie nach Beendigung des Beamtenverhältnisses.

(2) [1]Absatz 1 gilt nicht, soweit

1. Mitteilungen im dienstlichen Verkehr geboten sind,
2. Tatsachen mitgeteilt werden, die offenkundig sind oder ihrer Bedeutung nach keiner Geheimhaltung bedürfen, oder
3. gegenüber der zuständigen obersten Dienstbehörde, einer Strafverfolgungsbehörde oder einer durch Landesrecht bestimmten weiteren Behörde oder außerdienstlichen Stelle ein durch Tatsachen begründeter Verdacht einer Korruptionsstraftat nach den §§ 331 bis 337 des Strafgesetzbuches angezeigt wird.

[2]Im Übrigen bleiben die gesetzlich begründeten Pflichten, geplante Straftaten anzuzeigen und für die Erhaltung der freiheitlichen demokratischen Grundordnung einzutreten, von Absatz 1 unberührt.

(3) [1]Beamtinnen und Beamte dürfen ohne Genehmigung über Angelegenheiten, für die Absatz 1 gilt, weder vor Gericht noch außergerichtlich aussagen oder Erklärungen abgeben. [2]Die Genehmigung erteilt der Dienstherr oder,

wenn das Beamtenverhältnis beendet ist, der letzte Dienstherr. [3]Hat sich der Vorgang, der den Gegenstand der Äußerung bildet, bei einem früheren Dienstherrn ereignet, darf die Genehmigung nur mit dessen Zustimmung erteilt werden. [4]Durch Landesrecht kann bestimmt werden, dass an die Stelle des in den Sätzen 2 und 3 genannten jeweiligen Dienstherrn eine andere Stelle tritt.

(4) [1]Die Genehmigung, als Zeugin oder Zeuge auszusagen, darf nur versagt werden, wenn die Aussage dem Wohl des Bundes oder eines deutschen Landes erhebliche Nachteile bereiten oder die Erfüllung öffentlicher Aufgaben ernstlich gefährden oder erheblich erschweren würde. [2]Durch Landesrecht kann bestimmt werden, dass die Verweigerung der Genehmigung zur Aussage vor Untersuchungsausschüssen des Deutschen Bundestages oder der Volksvertretung eines Landes einer Nachprüfung unterzogen werden kann. [3]Die Genehmigung, ein Gutachten zu erstatten, kann versagt werden, wenn die Erstattung den dienstlichen Interessen Nachteile bereiten würde.

(5) [1]Sind Beamtinnen oder Beamte Partei oder Beschuldigte in einem gerichtlichen Verfahren oder soll ihr Vorbringen der Wahrnehmung ihrer berechtigten Interessen dienen, darf die Genehmigung auch dann, wenn die Voraussetzungen des Absatzes 4 Satz 1 erfüllt sind, nur versagt werden, wenn die dienstlichen Rücksichten dies unabweisbar erfordern. [2]Wird sie versagt, ist Beamtinnen oder Beamten der Schutz zu gewähren, den die dienstlichen Rücksichten zulassen.

(6) [1]Beamtinnen und Beamte haben, auch nach Beendigung des Beamtenverhältnisses, auf Verlangen des Dienstherrn oder des letzten Dienstherrn amtliche Schriftstücke, Zeichnungen, bildliche Darstellungen sowie Aufzeichnungen jeder Art über dienstliche Vorgänge, auch soweit es sich um Wiedergaben handelt, herauszugeben. [2]Die gleiche Verpflichtung trifft ihre Hinterbliebenen und Erben.

§ 38 Diensteid. (1) [1]Beamtinnen und Beamte haben einen Diensteid zu leisten. [2]Der Diensteid hat eine Verpflichtung auf das Grundgesetz zu enthalten.

(2) In den Fällen, in denen Beamtinnen und Beamte erklären, dass sie aus Glaubens- oder Gewissensgründen den Eid nicht leisten wollen, kann für diese an Stelle des Eides ein Gelöbnis zugelassen werden.

(3) In den Fällen, in denen nach § 7 Abs. 3 eine Ausnahme von § 7 Absatz 1 Satz 1 Nummer 1 zugelassen worden ist, kann an Stelle des Eides ein Gelöbnis vorgeschrieben werden.

§ 39 Verbot der Führung der Dienstgeschäfte. [1]Beamtinnen und Beamten kann aus zwingenden dienstlichen Gründen die Führung der Dienstgeschäfte verboten werden. [2]Das Verbot erlischt, wenn nicht bis zum Ablauf von drei Monaten gegen die Beamtin oder den Beamten ein Disziplinarverfahren oder ein sonstiges auf Rücknahme der Ernennung oder auf Beendigung des Beamtenverhältnisses gerichtetes Verfahren eingeleitet worden ist.

§ 40 Nebentätigkeit. [1]Eine Nebentätigkeit ist grundsätzlich anzeigepflichtig. [2]Sie ist unter Erlaubnis- oder Verbotsvorbehalt zu stellen, soweit sie geeignet ist, dienstliche Interessen zu beeinträchtigen.

§ 41 Tätigkeit nach Beendigung des Beamtenverhältnisses. [1]Ruhestandsbeamtinnen und Ruhestandsbeamte sowie frühere Beamtinnen mit Versorgungsbezügen und frühere Beamte mit Versorgungsbezügen haben die Ausübung einer Erwerbstätigkeit oder sonstigen Beschäftigung außerhalb des öffentlichen Dienstes, die mit der dienstlichen Tätigkeit innerhalb eines Zeitraums, dessen Bestimmung dem Landesrecht vorbehalten bleibt, im Zusammenhang steht und durch die dienstliche Interessen beeinträchtigt werden können, anzuzeigen. [2]Die Erwerbstätigkeit oder sonstige Beschäftigung ist zu untersagen, wenn zu besorgen ist, dass durch sie dienstliche Interessen beeinträchtigt werden. [3]Das Verbot endet spätestens mit Ablauf von fünf Jahren nach Beendigung des Beamtenverhältnisses.

§ 42 Verbot der Annahme von Belohnungen, Geschenken und sonstigen Vorteilen. (1) [1]Beamtinnen und Beamte dürfen, auch nach Beendigung des Beamtenverhältnisses, keine Belohnungen, Geschenke oder sonstigen Vorteile für sich oder eine dritte Person in Bezug auf ihr Amt fordern, sich versprechen lassen oder annehmen. [2]Ausnahmen bedürfen der Zustimmung ihres gegenwärtigen oder letzten Dienstherrn.

(2) Wer gegen das in Absatz 1 genannte Verbot verstößt, hat das aufgrund des pflichtwidrigen Verhaltens Erlangte auf Verlangen dem Dienstherrn herauszugeben, soweit nicht die Einziehung von Taterträgen angeordnet worden oder es auf andere Weise auf den Staat übergegangen ist.

§ 43 Teilzeitbeschäftigung. Teilzeitbeschäftigung ist zu ermöglichen.

§ 44 Erholungsurlaub. Beamtinnen und Beamten steht jährlicher Erholungsurlaub unter Fortgewährung der Bezüge zu.

§ 45 Fürsorge. [1]Der Dienstherr hat im Rahmen des Dienst- und Treueverhältnisses für das Wohl der Beamtinnen und Beamten und ihrer Familien, auch für die Zeit nach Beendigung des Beamtenverhältnisses, zu sorgen. [2]Er schützt die Beamtinnen und Beamten bei ihrer amtlichen Tätigkeit und in ihrer Stellung.

§ 46 Mutterschutz und Elternzeit. Effektiver Mutterschutz und Elternzeit sind zu gewährleisten.

§ 47 Nichterfüllung von Pflichten. (1) [1]Beamtinnen und Beamte begehen ein Dienstvergehen, wenn sie schuldhaft die ihnen obliegenden Pflichten verletzen. [2]Ein Verhalten außerhalb des Dienstes ist nur dann ein Dienstvergehen, wenn es nach den Umständen des Einzelfalls in besonderem Maße geeignet ist, das Vertrauen in einer für ihr Amt bedeutsamen Weise zu beeinträchtigen.

(2) [1]Bei Ruhestandsbeamtinnen und Ruhestandsbeamten oder früheren Beamtinnen mit Versorgungsbezügen und früheren Beamten mit Versorgungsbezügen gilt es als Dienstvergehen, wenn sie sich gegen die freiheitliche demokratische Grundordnung im Sinne des Grundgesetzes betätigen oder an Bestrebungen teilnehmen, die darauf abzielen, den Bestand oder die Sicherheit der Bundesrepublik Deutschland zu beeinträchtigen, oder wenn sie schuldhaft gegen die

in den §§ 37, 41 und 42 bestimmten Pflichten verstoßen. [2]Bei sonstigen früheren Beamtinnen und früheren Beamten gilt es als Dienstvergehen, wenn sie schuldhaft gegen die in den §§ 37, 41 und 42 bestimmten Pflichten verstoßen. [3]Für Beamtinnen und Beamte nach den Sätzen 1 und 2 können durch Landesrecht weitere Handlungen festgelegt werden, die als Dienstvergehen gelten.

(3) Das Nähere über die Verfolgung von Dienstvergehen regeln die Disziplinargesetze.

§ 48 Pflicht zum Schadensersatz. [1]Beamtinnen und Beamte, die vorsätzlich oder grob fahrlässig die ihnen obliegenden Pflichten verletzen, haben dem Dienstherrn, dessen Aufgaben sie wahrgenommen haben, den daraus entstehenden Schaden zu ersetzen. [2]Haben mehrere Beamtinnen oder Beamte gemeinsam den Schaden verursacht, haften sie als Gesamtschuldner.

§ 49 Übermittlungen bei Strafverfahren. (1) [1]Das Gericht, die Strafverfolgungs- oder die Strafvollstreckungsbehörde hat in Strafverfahren gegen Beamtinnen und Beamte zur Sicherstellung der erforderlichen dienstrechtlichen Maßnahmen im Fall der Erhebung der öffentlichen Klage

1. die Anklageschrift oder eine an ihre Stelle tretende Antragsschrift,
2. den Antrag auf Erlass eines Strafbefehls und
3. die einen Rechtszug abschließende Entscheidung mit Begründung

zu übermitteln.

[2]Ist gegen die Entscheidung ein Rechtsmittel eingelegt worden, ist die Entscheidung unter Hinweis auf das eingelegte Rechtsmittel zu übermitteln. [3]Der Erlass und der Vollzug eines Haftbefehls oder eines Unterbringungsbefehls sind mitzuteilen.

(2) In Verfahren wegen fahrlässig begangener Straftaten werden die in Absatz 1 Satz 1 bestimmten Übermittlungen nur vorgenommen, wenn

1. es sich um schwere Verstöße handelt, namentlich Vergehen der Trunkenheit im Straßenverkehr oder der fahrlässigen Tötung, oder
2. in sonstigen Fällen die Kenntnis der Daten aufgrund der Umstände des Einzelfalls erforderlich ist, um zu prüfen, ob dienstrechtliche Maßnahmen zu ergreifen sind.

(3) [1]Entscheidungen über Verfahrenseinstellungen, die nicht bereits nach Absatz 1 oder 2 zu übermitteln sind, sollen übermittelt werden, wenn die in Absatz 2 Nr. 2 genannten Voraussetzungen erfüllt sind. [2]Dabei ist zu berücksichtigen, wie gesichert die zu übermittelnden Erkenntnisse sind.

(4) [1]Sonstige Tatsachen, die in einem Strafverfahren bekannt werden, dürfen mitgeteilt werden, wenn ihre Kenntnis aufgrund besonderer Umstände des Einzelfalls für dienstrechtliche Maßnahmen gegen eine Beamtin oder einen Beamten erforderlich ist und soweit nicht für die übermittelnde Stelle erkennbar ist, dass schutzwürdige Interessen der Beamtin oder des Beamten an dem Ausschluss der Übermittlung überwiegen. [2]Erforderlich ist die Kenntnis der Daten auch dann, wenn diese Anlass zur Prüfung bieten, ob dienstrechtliche Maßnahmen zu ergreifen sind. [3]Absatz 3 Satz 2 ist entsprechend anzuwenden.

(5) Nach den Absätzen 1 bis 4 übermittelte Daten dürfen auch für die Wahrnehmung der Aufgaben nach dem Sicherheitsüberprüfungsgesetz oder einem entsprechenden Landesgesetz verwendet werden.

(6) [1]Übermittlungen nach den Absätzen 1 bis 3 sind auch zulässig, soweit sie Daten betreffen, die dem Steuergeheimnis (§ 30 der Abgabenordnung) unterliegen. [2]Übermittlungen nach Absatz 4 sind unter den Voraussetzungen des § 30 Abs. 4 Nr. 5 der Abgabenordnung zulässig.

§ 50 Personalakte. [1]Für jede Beamtin und jeden Beamten ist eine Personalakte zu führen. [2]Zur Personalakte gehören alle Unterlagen, die die Beamtin oder den Beamten betreffen, soweit sie mit dem Dienstverhältnis in einem unmittelbaren inneren Zusammenhang stehen (Personalaktendaten). [3]Die Personalakte ist vertraulich zu behandeln. [4]Personalaktendaten dürfen ohne Einwilligung der Beamtin oder des Beamten nur für Zwecke der Personalverwaltung oder Personalwirtschaft verarbeitet werden. [5]Für Ausnahmefälle kann landesrechtlich eine von Satz 4 abweichende Verarbeitung vorgesehen werden.

§ 51 Personalvertretung. Die Bildung von Personalvertretungen zum Zweck der vertrauensvollen Zusammenarbeit zwischen der Behördenleitung und dem Personal ist unter Einbeziehung der Beamtinnen und Beamten zu gewährleisten.

§ 52 Mitgliedschaft in Gewerkschaften und Berufsverbänden. [1]Beamtinnen und Beamte haben das Recht, sich in Gewerkschaften oder Berufsverbänden zusammenzuschließen. [2]Sie dürfen wegen Betätigung für ihre Gewerkschaft oder ihren Berufsverband nicht dienstlich gemaßregelt oder benachteiligt werden.

§ 53 Beteiligung der Spitzenorganisationen. [1]Bei der Vorbereitung gesetzlicher Regelungen der beamtenrechtlichen Verhältnisse durch die obersten Landesbehörden sind die Spitzenorganisationen der zuständigen Gewerkschaften und Berufsverbände zu beteiligen. [2]Das Beteiligungsverfahren kann auch durch Vereinbarung ausgestaltet werden.

Abschnitt 7

Rechtsweg

§ 54 Verwaltungsrechtsweg. (1) Für alle Klagen der Beamtinnen, Beamten, Ruhestandsbeamtinnen, Ruhestandsbeamten, früheren Beamtinnen, früheren Beamten und der Hinterbliebenen aus dem Beamtenverhältnis sowie für Klagen des Dienstherrn ist der Verwaltungsrechtsweg gegeben.

(2) [1]Vor allen Klagen ist ein Vorverfahren nach den Vorschriften des 8. Abschnitts der Verwaltungsgerichtsordnung durchzuführen. [2]Dies gilt auch dann, wenn die Maßnahme von der obersten Dienstbehörde getroffen worden ist. [3]Ein Vorverfahren ist nicht erforderlich, wenn ein Landesgesetz dieses ausdrücklich bestimmt.

(3) [1]Den Widerspruchsbescheid erlässt die oberste Dienstbehörde. [2]Sie kann die Entscheidung für Fälle, in denen sie die Maßnahme nicht selbst getroffen hat, durch allgemeine Anordnung auf andere Behörden übertragen. [3]Die Anordnung ist zu veröffentlichen.

(4) Widerspruch und Anfechtungsklage gegen Abordnung oder Versetzung haben keine aufschiebende Wirkung.

Abschnitt 8

Spannungs- und Verteidigungsfall

§ 55 Anwendungsbereich. [1]Beschränkungen, Anordnungen und Verpflichtungen nach den §§ 56 bis 59 sind nur nach Maßgabe des Artikels 80a des Grundgesetzes zulässig. [2]Sie sind auf Personen im Sinne des § 5 Abs. 1 des Arbeitssicherstellungsgesetzes nicht anzuwenden.

§ 56 Dienstleistung im Verteidigungsfall. (1) Beamtinnen und Beamte können für Zwecke der Verteidigung auch ohne ihre Zustimmung zu einem anderen Dienstherrn abgeordnet oder zur Dienstleistung bei über- oder zwischenstaatlichen zivilen Dienststellen verpflichtet werden.

(2) [1]Beamtinnen und Beamten können für Zwecke der Verteidigung auch Aufgaben übertragen werden, die nicht ihrem Amt oder ihrer Laufbahnbefähigung entsprechen, sofern ihnen die Übernahme nach ihrer Vor- und Ausbildung und im Hinblick auf die Ausnahmesituation zumutbar ist. [2]Aufgaben einer Laufbahn mit geringeren Zugangsvoraussetzungen dürfen ihnen nur übertragen werden, wenn dies aus dienstlichen Gründen unabweisbar ist.

(3) Beamtinnen und Beamte haben bei der Erfüllung der ihnen für Zwecke der Verteidigung übertragenen Aufgaben Gefahren und Erschwernisse auf sich zu nehmen, soweit diese ihnen nach den Umständen und den persönlichen Verhältnissen zugemutet werden können.

(4) Beamtinnen und Beamte sind bei einer Verlegung der Behörde oder Dienststelle auch in das Ausland zur Dienstleistung am neuen Dienstort verpflichtet.

§ 57 Aufschub der Entlassung und des Ruhestands. [1]Die Entlassung der Beamtinnen und Beamten auf ihren Antrag kann für Zwecke der Verteidigung hinausgeschoben werden, wenn dies im öffentlichen Interesse erforderlich ist und der Personalbedarf der öffentlichen Verwaltung im Bereich ihres Dienstherrn auf freiwilliger Grundlage nicht gedeckt werden kann. [2]Satz 1 gilt entsprechend für den Ablauf der Amtszeit bei Beamtenverhältnissen auf Zeit. [3]Der Eintritt der Beamtinnen und Beamten in den Ruhestand nach Erreichen der Altersgrenze und die vorzeitige Versetzung in den Ruhestand auf Antrag ohne Nachweis der Dienstunfähigkeit können unter den Voraussetzungen des Satzes 1 bis zum Ende des Monats hinausgeschoben werden, in dem die für Bundesbeamtinnen und Bundesbeamte geltende Regelaltersgrenze erreicht wird.

§ 58 Erneute Berufung von Ruhestandsbeamtinnen und Ruhestandsbeamten. [1]Ruhestandsbeamtinnen und Ruhestandsbeamte, die die für Bundesbeamtinnen und Bundesbeamte geltende Regelaltersgrenze noch nicht erreicht haben, können für Zwecke der Verteidigung erneut in ein Beamtenverhältnis berufen werden, wenn dies im öffentlichen Interesse erforderlich ist und der Personalbedarf der öffentlichen Verwaltung im Bereich ihres bisherigen Dienstherrn auf freiwilliger Grundlage nicht gedeckt werden kann. [2]Das Beamtenverhältnis endet, wenn es nicht vorher beendet wird, mit dem Ende des Monats, in dem die für Bundesbeamtinnen und Bundesbeamte geltende Regelaltersgrenze erreicht wird.

§ 59 Verpflichtung zur Gemeinschaftsunterkunft und Mehrarbeit.

(1) Wenn dienstliche Gründe es erfordern, können Beamtinnen und Beamte für Zwecke der Verteidigung verpflichtet werden, vorübergehend in einer Gemeinschaftsunterkunft zu wohnen und an einer Gemeinschaftsverpflegung teilzunehmen.

(2) [1]Beamtinnen und Beamte sind verpflichtet, für Zwecke der Verteidigung über die regelmäßige Arbeitszeit hinaus ohne besondere Vergütung Dienst zu tun. [2]Für die Mehrbeanspruchung wird ein Freizeitausgleich nur gewährt, soweit es die dienstlichen Erfordernisse gestatten.

Abschnitt 9

Sonderregelungen für Verwendungen im Ausland

§ 60 Verwendungen im Ausland. (1) [1]Beamtinnen und Beamte, die zur Wahrnehmung des ihnen übertragenen Amtes im Ausland oder außerhalb des Deutschen Hoheitsgebiets auf Schiffen oder in Luftfahrzeugen verwendet werden und dabei wegen vom Inland wesentlich abweichender Verhältnisse erhöhten Gefahren ausgesetzt sind, können aus dienstlichen Gründen verpflichtet werden,

1. vorübergehend in einer Gemeinschaftsunterkunft zu wohnen und an einer Gemeinschaftsverpflegung teilzunehmen,
2. Schutzkleidung zu tragen,
3. Dienstkleidung zu tragen und
4. über die regelmäßige Arbeitszeit hinaus ohne besondere Vergütung Dienst zu tun.

[2]In den Fällen des Satzes 1 Nr. 4 wird für die Mehrbeanspruchung ein Freizeitausgleich nur gewährt, soweit es die dienstlichen Erfordernisse gestatten.

(2) Sind nach Absatz 1 verwendete Beamtinnen und Beamte zum Zeitpunkt des vorgesehenen Eintritts in den Ruhestand nach den §§ 25 und 26 oder des vorgesehenen Ablaufs ihrer Amtszeit wegen Verschleppung, Gefangenschaft oder aus sonstigen mit dem Dienst zusammenhängenden Gründen, die sie nicht zu vertreten haben, dem Einflussbereich des Dienstherrn entzogen, verlängert sich das Dienstverhältnis bis zum Ablauf des auf die Beendigung dieses Zustands folgenden Monats.

Abschnitt 10

Sonderregelungen für wissenschaftliches Hochschulpersonal

§ 61 Hochschullehrerinnen und Hochschullehrer. [1]Abweichend von den §§ 14 und 15 können Hochschullehrerinnen und Hochschullehrer nur mit ihrer Zustimmung in den Bereich eines Dienstherrn eines anderen Landes oder des Bundes abgeordnet oder versetzt werden. [2]Abordnung oder Versetzung im Sinne von Satz 1 sind auch ohne Zustimmung der Hochschullehrerinnen oder Hochschullehrer zulässig, wenn die Hochschule oder die Hochschuleinrichtung, an der sie tätig sind, aufgelöst oder mit einer anderen Hochschule zusammengeschlossen wird oder wenn die Studien- oder Fachrichtung, in der sie tätig sind, ganz oder teilweise aufgehoben oder an eine andere Hochschule verlegt wird. [3]In diesen Fällen beschränkt sich eine Mitwirkung der aufnehmenden Hochschule oder Hochschuleinrichtung bei der Einstellung auf eine Anhörung. [4]Die Vorschriften über den einstweiligen Ruhestand sind auf Hochschullehrerinnen und Hochschullehrer nicht anzuwenden.

Abschnitt 11

Schlussvorschriften

§ 62 *(nicht abgedruckt)*

§ 63 Inkrafttreten, Außerkrafttreten.* (1) [1]Die §§ 25 und 50 treten am Tag nach der Verkündung in Kraft. [2]Gleichzeitig treten die §§ 25 und 26 Abs. 3 sowie die §§ 56 bis 56f des Beamtenrechtsrahmengesetzes in der Fassung der Bekanntmachung vom 31. März 1999 (BGBl. I S. 654), das zuletzt durch Artikel 2 Abs. 1 des Gesetzes vom 5. Dezember 2006 (BGBl. I S. 2748) geändert worden ist, außer Kraft.

(2) § 62 Abs. 13 und 14 tritt für Bundesbeamtinnen und Bundesbeamte am 12. Februar 2009 in Kraft.

(3) [1]Im Übrigen tritt das Gesetz am 1. April 2009 in Kraft. [2]Gleichzeitig tritt das Beamtenrechtsrahmengesetz mit Ausnahme von Kapitel II und § 135 außer Kraft.

(4) [1]Die Länder können für die Zeit bis zum Inkrafttreten des § 11 Landesregelungen im Sinne dieser Vorschrift in Kraft setzen. [2]In den Ländern, die davon Gebrauch machen, ist § 8 des Beamtenrechtsrahmengesetzes nicht anzuwenden.

---

* *Diese Vorschrift betrifft das Inkrafttreten des Gesetzes in der ursprünglichen Fassung vom 17. Juni 2008 (BGBl. I S. 1010). Der Zeitpunkt des Inkrafttretens der späteren Änderungen ergibt sich aus den jeweiligen Änderungsgesetzen.*

Bayerisches Beamtengesetz (BayBG)

(BayRS 2030-1-1-F) vom 29. Juli 2008 (GVBl. S. 500),
zuletzt geändert durch Gesetz vom 23. Dezember 2021 (GVBl. S. 663)

INHALTSÜBERSICHT*

Art. 1 Geltungsbereich

TEIL 1
Allgemeine Bestimmungen

Abschnitt 1
Begriffsbestimmungen und Zuständigkeiten

Art. 2 Oberste Dienstbehörde
Art. 3 Dienstvorgesetzte, Vorgesetzte
Art. 4 Angehörige
Art. 5 Leistungen
Art. 6 Zuständigkeiten nach dem Beamtenstatusgesetz

Abschnitt 2
Beschwerdeweg und Rechtsschutz

Art. 7 Antrags- und Beschwerderecht
Art. 8 Aufschiebende Wirkung
Art. 9 Vertretung des Dienstherrn
Art. 10 Zustellung von Entscheidungen

Abschnitt 3
Leistungserfüllung

Art. 11 Abtretung, Verpfändung, Aufrechnung
Art. 12 Verjährung
Art. 13 Rückforderung
Art. 14 Übergang von Ansprüchen

Abschnitt 4
Verfahren bei Erlass allgemeiner beamtenrechtlicher Regelungen

Art. 15 Zuständigkeit zum Erlass von Verwaltungsvorschriften
Art. 16 Beteiligung der Spitzenorganisationen
Art. 17 Beteiligung der kommunalen Spitzenverbände

TEIL 2
Beamtenverhältnis

Abschnitt 1
Ernennungen

Art. 18 Ernennungszuständigkeit und Wirksamwerden von Ernennungen
Art. 19 *(aufgehoben)*
Art. 20 Stellenausschreibungen
Art. 21 Verfahren und Rechtsfolgen bei nichtiger oder rücknehmbarer Ernennung

Abschnitt 2
Begründung des Beamtenverhältnisses

Art. 22 *(aufgehoben)*
Art. 23 Altersgrenze für die Berufung
Art. 24 Erlöschen des privatrechtlichen Arbeitsverhältnisses zum Dienstherrn
Art. 25 Berufung in ein Beamtenverhältnis auf Lebenszeit

Abschnitt 3
Laufbahnen

(aufgehoben)

Abschnitt 4
Führungspositionen auf Zeit und auf Probe

Art. 45 Ämter mit leitender Funktion im Beamtenverhältnis auf Zeit
Art. 46 Ämter mit leitender Funktion im Beamtenverhältnis auf Probe

* *Inhaltsübersicht nicht amtlich.*

Abschnitt 5

Abordnung und Versetzung innerhalb des Geltungsbereichs dieses Gesetzes

Art. 47 Abordnung
Art. 48 Versetzung
Art. 49 Zuständigkeit für Abordnung und Versetzung

Abschnitt 6

Rechtsstellung der Beamten, Beamtinnen, Versorgungsempfänger und Versorgungsempfängerinnen bei Auflösung oder Umbildung von Behörden oder Körperschaften

Art. 50 Auflösung oder Umbildung von Behörden
Art. 51 Auflösung oder Umbildung einer Körperschaft
Art. 52 Rechtsfolgen der Umbildung
Art. 53 Rechtsstellung der Beamten und Beamtinnen
Art. 54 Rechtsstellung der Versorgungsempfänger und Versorgungsempfängerinnen

TEIL 3

Beendigung des Beamtenverhältnisses

Abschnitt 1

Entlassung

Art. 55 *(aufgehoben)*
Art. 56 Zuständigkeiten und Verfahren
Art. 57 Entlassung auf eigenen Antrag
Art. 58 Rechtsfolgen der Entlassung

Abschnitt 2

Verlust der Beamtenrechte

Art. 59 Rechtsfolgen des Verlustes der Beamtenrechte
Art. 60 Wiederaufnahmeverfahren
Art. 61 Gnadenerweis

Abschnitt 3

Ruhestand

Unterabschnitt 1

Ruhestandseintritt

Art. 62 Altersgrenze für den gesetzlichen Ruhestandseintritt
Art. 63 Hinausschieben des Ruhestandseintritts

Unterabschnitt 2

Ruhestandsversetzung

Art. 64 Ruhestandsversetzung auf Antrag
Art. 65 Verfahren bei Ruhestandsversetzungen wegen Dienstunfähigkeit
Art. 66 Zwangspensionierungsverfahren
Art. 67 Mitteilung aus Untersuchungsbefunden

Unterabschnitt 3

Einstweiliger Ruhestand

Art. 68 Auflösung oder Umbildung von Behörden
Art. 69 Auflösung oder Umbildung von Körperschaften
Art. 70 Beginn des einstweiligen Ruhestands

Unterabschnitt 4

Gemeinsame Vorschriften

Art. 71 Zuständigkeit für Ruhestandsversetzung, Beginn des Ruhestands

Abschnitt 4

Dienstzeugnis

Art. 72 Dienstzeugnis

TEIL 4

Rechtliche Stellung der Beamten und Beamtinnen

Abschnitt 1

Allgemeines

Art. 73 Eid und Gelöbnis
Art. 74 Residenzpflicht
Art. 75 Bekleidung, äußeres Erscheinungsbild
Art. 76 Amtsbezeichnung

Abschnitt 2

Folgen der Nichterfüllung von Pflichten

Art. 77 Dienstvergehen von Ruhestandsbeamten und Ruhestandsbeamtinnen
Art. 78 Verjährung der Schadensersatzpflicht und gesetzlicher Forderungsübergang

Abschnitt 3

Beschränkung der Vornahme von Amtshandlungen

Art. 79 Befreiung von Amtshandlungen

Abschnitt 4

Erteilung von Auskünften

Art. 80 Auskünfte an die Medien

Abschnitt 5

Nebentätigkeiten und Tätigkeiten von Ruhestandsbeamten und Ruhestandsbeamtinnen sowie früheren Beamten und Beamtinnen mit Versorgungsbezügen

Art. 81 Nebentätigkeit auf Verlangen des Dienstherrn, Genehmigungspflicht
Art. 82 Genehmigungsfreie Nebentätigkeit
Art. 83 Rückgriffshaftung des Dienstherrn
Art. 84 Beendigung der Nebentätigkeit im öffentlichen Dienst
Art. 85 Ausführungsverordnung
Art. 86 Beschäftigung oder Erwerbstätigkeit von Ruhestandsbeamten und Ruhestandsbeamtinnen sowie früheren Beamten und Beamtinnen mit Versorgungsbezügen

Abschnitt 6

Arbeitszeit, Teilzeit und Beurlaubung

Art. 87 Regelung der Arbeitszeit, Mehrarbeit
Art. 88 Antragsteilzeit
Art. 89 Familienpolitische Teilzeit und Beurlaubung
Art. 90 Arbeitsmarktpolitische Beurlaubung
Art. 91 Altersteilzeit
Art. 92 Zeitliche Höchstgrenzen, Zuständigkeit, Hinweispflicht
Art. 93 Erholungs- und Sonderurlaub
Art. 94 Rechtsfolgen der Wahl in das Parlament eines anderen Landes
Art. 95 Fernbleiben vom Dienst

Abschnitt 7

Besondere Fürsorgepflichten

Art. 96 Beihilfe in Krankheits-, Geburts-, Pflege- und sonstigen Fällen
Art. 97 Erfüllungsübernahme bei Schmerzensgeldansprüchen
Art. 98 Schadensersatz bei Gewaltakten Dritter und Sachschadensersatz bei Unfällen
Art. 99 Mutterschutz, Elternzeit, Schwerbehinderung, Arbeitsschutz, Gendiagnostik
Art. 100 Jugendarbeitsschutz
Art. 101 Jubiläumszuwendung

Abschnitt 8

Personalakten und Einsatz automatisierter Verfahren

Unterabschnitt 1

Verarbeitung personenbezogener Daten

Art. 102 *(aufgehoben)*
Art. 103 Verarbeitung personenbezogener Daten

Unterabschnitt 2

Personalakten

Art. 104 Führung der Personalakten
Art. 105 Beihilfeunterlagen
Art. 106 Anhörung
Art. 107 Auskunft an Beamte und Beamtinnen
Art. 108 Übermittlung von Personaldaten und Auskunft an nicht betroffene Personen
Art. 109 Entfernung von Unterlagen aus Personalakten
Art. 110 Aufbewahrung und Vernichtung von Personalakten

Unterabschnitt 3

Einsatz automatisierter Verfahren

Art. 111 Einsatz automatisierter Verfahren

TEIL 5

Landespersonalausschuss

Art. 112 Errichtung, Unabhängigkeit
Art. 113 Zusammensetzung

Art. 114 Rechtsstellung der Mitglieder
Art. 115 Aufgaben
Art. 116 Geschäftsordnung
Art. 117 Sitzungen, Beschlussfähigkeit
Art. 118 Beweiserhebungsrecht, Amts- und Rechtshilfe
Art. 119 Bekanntmachung und Bindungswirkung der Beschlüsse
Art. 120 Geschäftsstelle

TEIL 6

Besondere Beamtengruppen

Abschnitt 1

Beamte und Beamtinnen des Landtags

Art. 121 Beamte und Beamtinnen des Landtags

Abschnitt 2

Beamtenverhältnis auf Zeit

Art. 122 Beamte und Beamtinnen auf Zeit
Art. 123 Ruhestandseintritt

Abschnitt 3

Beamte und Beamtinnen der Polizei, der Justizvollzugsanstalten, des Landesamts für Verfassungsschutz, der Feuerwehren und Notariatsbeamte und Notariatsbeamtinnen

Art. 124 Polizeivollzugsbeamte und Polizeivollzugsbeamtinnen
Art. 125 Status der Beamten und Beamtinnen im Polizeivollzugsdienst in Ausbildung
Art. 126 *(aufgehoben)*
Art. 127 Gemeinschaftsunterkunft
Art. 128 Polizeidienstunfähigkeit
Art. 129 Altersgrenze
Art. 130 Beamte und Beamtinnen bei den Justizvollzugsanstalten
Art. 131 Beamte und Beamtinnen des Landesamts für Verfassungsschutz
Art. 132 Feuerwehrbeamte und Feuerwehrbeamtinnen
Art. 133 Notariatsbeamte und Notariatsbeamtinnen

Abschnitt 4

Ehrenbeamte und Ehrenbeamtinnen

Art. 134 Ehrenbeamte und Ehrenbeamtinnen

TEIL 7

Besondere Vorschriften für die unter der Aufsicht des Staates stehenden Körperschaften, Anstalten und Stiftungen des öffentlichen Rechts

Art. 135 Bestimmung von Dienstvorgesetzten oder Vorgesetzten
Art. 136 Zuständigkeiten bei nichtstaatlichen Dienstherren
Art. 137 Oberste Aufsichtsbehörde

TEIL 8

Dienstherrnwechsel

Art. 138 Übernahme von Kirchenbeamten und Kirchenbeamtinnen in ein Beamtenverhältnis im Sinn des Bayerischen Beamtengesetzes
Art. 139 Ausbildungskostenerstattung
Art. 140 *(aufgehoben)*

TEIL 9

Übergangsregelungen und Schlussvorschriften

Art. 141 *(aufgehoben)*
Art. 142 *(aufgehoben)*
Art. 142a Übergangsregelung zur Altersteilzeit
Art. 143 Übergangsregelungen zur Anhebung der Altersgrenzen
Art. 144 Übergangsregelungen zur Beihilfe
Art. 145 Vertraglich Beschäftigte im öffentlichen Dienst
Art. 146 *(aufgehoben)*
Art. 147 Inkrafttreten

Art. 1 Geltungsbereich. (1) Dieses Gesetz gilt, soweit es nichts anderes bestimmt, für die Beamten und Beamtinnen des Staates, der Gemeinden, der Gemeindeverbände und der sonstigen unter der Aufsicht des Staates stehenden Körperschaften, Anstalten und Stiftungen des öffentlichen Rechts.

(2) Es gilt nicht für die Beamten und Beamtinnen der öffentlich-rechtlichen Religionsgesellschaften und ihrer Verbände.

TEIL 1

Allgemeine Bestimmungen

Abschnitt 1

Begriffsbestimmungen und Zuständigkeiten

Art. 2 Oberste Dienstbehörde. [1]Oberste Dienstbehörde ist die oberste Behörde des Dienstherrn in dem Dienstbereich, in dem der Beamte oder die Beamtin ein Amt bekleidet. [2]Als oberste Dienstbehörde von Ruhestandsbeamten, Ruhestandsbeamtinnen, sonstigen Versorgungsberechtigten oder früheren Beamten und Beamtinnen gilt die Behörde, die zuletzt oberste Dienstbehörde der Beamten und Beamtinnen war.

Art. 3 Dienstvorgesetzte, Vorgesetzte. [1]Dienstvorgesetzte sind diejenigen, die für beamtenrechtliche Entscheidungen über die persönlichen Angelegenheiten der ihnen nachgeordneten Beamten und Beamtinnen zuständig sind. [2]Vorgesetzte sind diejenigen, die Beamten und Beamtinnen für ihre dienstliche Tätigkeit Anordnungen erteilen können.

Art. 4 Angehörige. Angehörige im Sinn dieses Gesetzes sind die in Art. 20 Abs. 5 des Bayerischen Verwaltungsverfahrensgesetzes (BayVwVfG) aufgeführten Personen.

Art. 5 Leistungen. (1) Leistungen des Dienstherrn sind Besoldung, Versorgung und sonstige Leistungen.

(2) Sonstige Leistungen sind Kostenerstattungen und Fürsorgeleistungen, soweit sie nicht zur Besoldung oder Versorgung gehören.

(3) [1]Dienstbezüge im Sinn dieses Gesetzes sowie der auf dieses Gesetz gestützten Verordnungen sind die Grundbezüge im Sinn des Art. 2 Abs. 1 und Abs. 2 Nr. 1 bis 5 des Bayerischen Besoldungsgesetzes (BayBesG). [2]Amtszulagen im Sinn des Art. 34 Abs. 1 BayBesG gelten als Bestandteil des Grundgehalts im Sinn dieses Gesetzes.

Art. 6 Zuständigkeiten nach dem Beamtenstatusgesetz. (1) Ausnahmen von dem Erfordernis einer bestimmten Staatsangehörigkeit nach § 7 Abs. 3 des

Beamtenstatusgesetzes (BeamtStG) lässt bei Beamten und Beamtinnen des Staates die oberste Dienstbehörde, im Übrigen die oberste Aufsichtsbehörde zu.

(2) Für Abordnungen und Versetzungen nach §§ 14 und 15 BeamtStG gelten Art. 49 Abs. 2 und 3 entsprechend.

(3) [1]Die Genehmigung gemäß § 37 Abs. 3 BeamtStG, vor Gericht oder außergerichtlich auszusagen oder Erklärungen abzugeben, erteilt der oder die Dienstvorgesetzte oder, wenn das Beamtenverhältnis beendet ist, der oder die letzte Dienstvorgesetzte. [2]Hat sich der Vorgang, den die Äußerung betrifft, bei einem früheren Dienstherrn ereignet, so darf die Genehmigung nur mit dessen Zustimmung erteilt werden. [3]Über die Versagung der Aussagegenehmigung nach § 37 Abs. 4 und 5 BeamtStG entscheidet die oberste Dienstbehörde; für die Beamten und Beamtinnen der Gemeinden, der Gemeindeverbände und der sonstigen unter der Aufsicht des Staates stehenden Körperschaften, Anstalten und Stiftungen des öffentlichen Rechts tritt an die Stelle der obersten Dienstbehörde die oberste Aufsichtsbehörde oder die von ihr durch Rechtsverordnung bestimmte Behörde. [4]Für Beamte und Beamtinnen der Polizei und des Landesamtes für Verfassungsschutz kann das Staatsministerium des Innern, für Sport und Integration die Ausübung der Befugnis nach Satz 3 durch Rechtsverordnung auf unmittelbar nachgeordnete Behörden übertragen. [5]Zuständig für die Entscheidung über die Herausgabe von Unterlagen nach § 37 Abs. 6 BeamtStG ist der oder die Dienstvorgesetzte oder der oder die letzte Dienstvorgesetzte.

(4) [1]Die oberste Dienstbehörde oder die von ihr bestimmte Behörde kann Beamten und Beamtinnen aus zwingenden dienstlichen Gründen die Führung der Dienstgeschäfte nach § 39 BeamtStG verbieten. [2]Der Beamte oder die Beamtin soll vor Erlass des Verbots gehört werden.

(5) [1]Ausnahmen von dem Verbot der Annahme von Belohnungen, Geschenken und sonstigen Vorteilen nach § 42 Abs. 1 Satz 2 BeamtStG bedürfen der Zustimmung der obersten oder der letzten obersten Dienstbehörde. [2]Die Befugnis zur Zustimmung kann auf andere Behörden übertragen werden.

(6) Übermittlungen bei Strafverfahren nach § 49 BeamtStG sind an die jeweils zuständigen Dienstvorgesetzten oder ihre Vertreter im Amt zu richten und als „Vertrauliche Personalsache“ zu kennzeichnen.

Abschnitt 2

Beschwerdeweg und Rechtsschutz

Art. 7 Antrags- und Beschwerderecht. (1) [1]Beamte und Beamtinnen können Anträge stellen und Beschwerden vorbringen; hierbei ist der Dienstweg einzuhalten. [2]Der Beschwerdeweg bis zur obersten Dienstbehörde steht offen.

(2) Richten sich Beschwerden gegen unmittelbare Vorgesetzte (Art. 3 Satz 2), so können sie bei den nächsthöheren Vorgesetzten unmittelbar eingereicht werden.

Art. 8 Aufschiebende Wirkung. Widerspruch und Anfechtungsklage gegen Abordnung oder Versetzung haben keine aufschiebende Wirkung.

Art. 9 Vertretung des Dienstherrn. (1) Soweit durch Gesetz, Rechtsverordnung oder Satzung nichts anderes bestimmt ist, wird der Dienstherr bei Klagen aus dem Beamtenverhältnis durch die oberste Dienstbehörde vertreten, welcher der Beamte oder die Beamtin untersteht oder bei Beendigung des Beamtenverhältnisses unterstanden hat.

(2) Besteht die oberste Dienstbehörde nicht mehr und ist eine andere Dienstbehörde nicht bestimmt, so tritt an ihre Stelle bei Beamten und Beamtinnen des Staates das Staatsministerium der Finanzen und für Heimat im Übrigen die frühere oberste Aufsichtsbehörde.

(3) Die Staatsregierung kann für den staatlichen Bereich durch Rechtsverordnung die den obersten Dienstbehörden zustehende Vertretungsbefugnis anderen Behörden übertragen.

Art. 10 Zustellung von Entscheidungen. [1]Verfügungen und Entscheidungen, die den Beamten und Beamtinnen oder den Versorgungsberechtigten nach den Vorschriften dieses Gesetzes bekanntzugeben sind, sind zuzustellen, wenn durch sie eine Frist in Lauf gesetzt wird oder Rechte der Beamten und Beamtinnen oder Versorgungsberechtigten berührt werden. [2]Soweit gesetzlich nichts anderes bestimmt ist, richtet sich die Zustellung nach den Vorschriften des Bayerischen Verwaltungszustellungs- und Vollstreckungsgesetzes.

Abschnitt 3

Leistungserfüllung

Art. 11 Abtretung, Verpfändung, Aufrechnung. (1) Ist bundesgesetzlich nichts anderes bestimmt, können Ansprüche auf sonstige Leistungen (Art. 5 Abs. 2) nur insoweit abgetreten oder verpfändet werden, als sie der Pfändung unterliegen.

(2) Der Dienstherr kann ein Aufrechnungs- oder Zurückbehaltungsrecht gegenüber Ansprüchen auf sonstige Leistungen (Art. 5 Abs. 2) nur insoweit geltend machen, als sie pfändbar sind; diese Einschränkung gilt nicht, soweit gegen den Empfänger oder die Empfängerin ein Anspruch auf Schadensersatz wegen vorsätzlicher unerlaubter Handlung besteht.

Art. 12 Verjährung. [1]Ansprüche aus dem Beamtenverhältnis verjähren in drei Jahren. [2]Im Übrigen sind die §§ 194 bis 218 des Bürgerlichen Gesetzbuches entsprechend anzuwenden, soweit in diesem Gesetz nichts anderes bestimmt ist. [3]Abweichende besoldungs-, versorgungs-, und beihilferechtliche Vorschriften zur Verjährung bleiben unberührt.

Art. 13 Rückforderung. Für die Rückforderung von sonstigen Leistungen (Art. 5 Abs. 2) gilt Art. 15 BayBesG entsprechend.

Art. 14 Übergang von Ansprüchen. [1]Werden Beamte, Beamtinnen oder Versorgungsberechtigte oder ihre Angehörigen körperlich verletzt oder getötet, so geht ein gesetzlicher Schadensersatzanspruch, der diesen Personen infolge der Körperverletzung oder der Tötung gegen Dritte zusteht, insoweit auf den Dienstherrn über, als dieser während einer auf der Körperverletzung beruhenden Aufhebung der Dienstfähigkeit oder infolge der Körperverletzung oder der Tötung zur Gewährung von Leistungen verpflichtet ist. [2]Ist eine Versorgungskasse zur Gewährung der Versorgung verpflichtet, so geht der Anspruch auf sie über. [3]Der Übergang des Anspruchs kann nicht zum Nachteil von Verletzten oder Hinterbliebenen geltend gemacht werden. [4]Steht Beihilfeberechtigten gegen einen Leistungserbringer oder eine Leistungserbringerin ein Anspruch auf Rückerstattung oder Schadensersatz auf Grund einer unrichtigen Abrechnung zu, kann der Dienstherr des oder der Beihilfeberechtigten durch schriftliche Anzeige gegenüber dem Leistungserbringer, der Leistungserbringerin oder dessen beziehungsweise deren Abrechnungsstelle bewirken, dass der Anspruch insoweit auf den Dienstherrn übergeht, als dieser auf Antrag des oder der Beihilfeberechtigten zu hohe Beihilfeleistungen an den Beihilfeberechtigten oder die Beihilfeberechtigte erbracht hat. [5]Für den Freistaat Bayern regelt die Zuständigkeit für die Überleitung nach Satz 4 das Staatsministerium der Finanzen und für Heimat durch Rechtsverordnung.

Abschnitt 4

Verfahren bei Erlass allgemeiner beamtenrechtlicher Regelungen

Art. 15 Zuständigkeit zum Erlass von Verwaltungsvorschriften. Soweit dieses Gesetz nichts anderes bestimmt, erlässt die zu seiner Durchführung erforderlichen Verwaltungsvorschriften das Staatsministerium der Finanzen und für Heimat im Benehmen mit den jeweils beteiligten Staatsministerien; Verwaltungsvorschriften, die nur den Geschäftsbereich eines Staatsministeriums betreffen, erlässt dieses Staatsministerium im Einvernehmen mit dem Staatsministerium der Finanzen und für Heimat.

Art. 16 Beteiligung der Spitzenorganisationen. (1) Bei der Vorbereitung allgemeiner Regelungen der beamtenrechtlichen Verhältnisse durch die obersten Landesbehörden wirken die Spitzenorganisationen der zuständigen Gewerkschaften und Berufsverbände nach Maßgabe der folgenden Absätze in einer laufenden, umfassenden und vertrauensvollen Zusammenarbeit mit.

(2) [1]Die Spitzenorganisationen der zuständigen Gewerkschaften und Berufsverbände und das Staatsministerium der Finanzen und für Heimat kommen

regelmäßig, mindestens jedoch zweimal im Jahr, zu Gesprächen über allgemeine Regelungen beamtenrechtlicher Verhältnisse zusammen. [2]Darüber hinaus können beide Seiten aus besonderem Anlass innerhalb einer Frist von einem Monat ein Gespräch verlangen.

(3) [1]Die Entwürfe allgemeiner beamtenrechtlicher Regelungen werden den Spitzenorganisationen mit einer angemessenen Frist zur Stellungnahme zugeleitet. [2]Die Stellungnahmen sollen mit dem Ziel der Einigung erörtert werden. [3]Die Spitzenorganisationen können in den Erörterungen verlangen, dass ihre Vorschläge, die in Gesetzentwürfen keine Berücksichtigung finden, mit Begründung und einer Stellungnahme der Staatsregierung dem Landtag mitgeteilt werden.

Art. 17 Beteiligung der kommunalen Spitzenverbände. Bei der Vorbereitung gesetzlicher Regelungen der beamtenrechtlichen Verhältnisse durch die obersten Landesbehörden sind die kommunalen Spitzenverbände zu beteiligen, wenn die Rechtsverhältnisse der Beamten und Beamtinnen im kommunalen Bereich berührt werden.

TEIL 2

Beamtenverhältnis

Abschnitt 1

Ernennungen

Art. 18 Ernennungszuständigkeit und Wirksamwerden von Ernennungen. (1) [1]Die Staatsregierung ernennt die Beamten und Beamtinnen der Staatskanzlei und der Staatsministerien von der Besoldungsgruppe A 16 an und die in der Besoldungsordnung B aufgeführten Vorstände der den Staatsministerien unmittelbar nachgeordneten Behörden. [2]Abweichend von Satz 1 ist in den Fällen der Art. 49 Abs. 2, Art. 56 Abs. 1 und 2 und Art. 71 Abs. 1 das jeweils zuständige Mitglied der Staatsregierung Ernennungsbehörde; dieses kann die Ausübung dieser Befugnisse innerhalb der obersten Dienstbehörde übertragen. [3]Das Staatsministerium der Finanzen und für Heimat ist zu unterrichten. [4]Die übrigen Beamten und Beamtinnen des Staates werden durch die jeweils zuständigen Mitglieder der Staatsregierung ernannt; diese können die Ausübung dieser Befugnisse innerhalb der obersten Dienstbehörde oder durch Rechtsverordnung auf andere Behörden übertragen.

(2) Die Beamten und Beamtinnen der Gemeinden, der Gemeindeverbände und der sonstigen unter der Aufsicht des Staates stehenden Körperschaften, Anstalten und Stiftungen des öffentlichen Rechts werden von den nach Gesetz, Rechtsverordnung oder Satzung hierfür zuständigen Stellen ernannt.*

---

* *Gemeindebeamte Art. 43 GO; Landkreisbeamte Art. 38 LKrO; Bezirksbeamte Art. 34 BezO; Stiftungsbeamte Art. 137 ff. BayBG.*

(3) Die Ernennung wird mit dem Tag der Aushändigung der Ernennungsurkunde wirksam, wenn nicht in der Urkunde ausdrücklich ein späterer Tag bestimmt ist.

Art. 19 *(aufgehoben)*

Art. 20 Stellenausschreibungen. (1) [1]Bewerber und Bewerberinnen sind durch Stellenausschreibung zu ermitteln, wenn es im besonderen dienstlichen Interesse liegt. [2]Ein besonderes dienstliches Interesse liegt insbesondere dann vor, wenn für die Besetzung freier Stellen geeignete Regelbewerber und Regelbewerberinnen (Art. 4 Abs. 1 des Gesetzes über die Leistungslaufbahn und die Fachlaufbahnen der bayerischen Beamten und Beamtinnen – Leistungslaufbahngesetz – LlbG) beim Dienstherrn nicht zur Verfügung stehen.

(2) [1]Die Stellenausschreibung muss für die Bewerbung eine Frist von mindestens zwei Wochen vorsehen. [2]Auf gesetzliche Vorschriften, nach denen bestimmte Personengruppen bevorzugt einzustellen sind, soll besonders hingewiesen werden.

Art. 21 Verfahren und Rechtsfolgen bei nichtiger oder rücknehmbarer Ernennung. (1) [1]Ist eine Ernennung nichtig, hat der oder die Dienstvorgesetzte dem oder der Ernannten die weitere Führung der Dienstgeschäfte zu verbieten. [2]Das Verbot ist erst dann auszusprechen, wenn die sachlich zuständigen Stellen es abgelehnt haben, die Ernennung zu bestätigen oder eine Ausnahme nachträglich zuzulassen (§ 11 Abs. 2 BeamtStG).

(2) [1]Die Rücknahme einer Ernennung (§ 12 BeamtStG) wird von der obersten Dienstbehörde erklärt; die Erklärung ist dem Beamten, der Beamtin oder seinen oder ihren versorgungsberechtigten Hinterbliebenen zuzustellen. [2]Die Ernennung kann in den Fällen des § 12 Abs. 1 Nr. 1 bis 3 BeamtStG nur innerhalb einer Frist von sechs Monaten, in den Fällen des § 12 Abs. 1 Nr. 4 BeamtStG nur innerhalb einer Frist von einem Jahr zurückgenommen werden, nachdem die oberste Dienstbehörde, bei den Gemeinden, den Gemeindeverbänden und den sonstigen unter der Aufsicht des Staates stehenden Körperschaften, Anstalten und Stiftungen des öffentlichen Rechts die in beamtenrechtlichen Angelegenheiten zur Vertretung nach außen berechtigte Stelle von der Ernennung und dem Rücknahmegrund Kenntnis erlangt hat.

(3) Ist eine Ernennung nichtig oder ist sie zurückgenommen worden, so sind die bis zu dem Verbot nach Abs. 1 oder bis zu der Rücknahme nach Abs. 2 vorgenommenen Amtshandlungen des oder der Ernannten in gleicher Weise gültig, wie wenn sie ein Beamter oder eine Beamtin ausgeführt hätte.

(4) Die Leistungen des Dienstherrn können belassen werden.

Abschnitt 2

Begründung des Beamtenverhältnisses

Art. 22 *(aufgehoben)*

Art. 23 Altersgrenze für die Berufung. (1) [1]In das Beamtenverhältnis darf nicht berufen werden, wer bereits das 45. Lebensjahr vollendet hat. [2]Ausnahmen kann die oberste Dienstbehörde zulassen; bei Beamten und Beamtinnen des Staates ist das Einvernehmen des Staatsministeriums der Finanzen und für Heimat, im Übrigen die Zustimmung des Landespersonalausschusses erforderlich.

(2) Abs. 1 gilt nicht für Beamte und Beamtinnen auf Zeit.

Art. 24 Erlöschen des privatrechtlichen Arbeitsverhältnisses zum Dienstherrn. Mit der Begründung des Beamtenverhältnisses erlischt ein privatrechtliches Arbeitsverhältnis zum Dienstherrn.

Art. 25 Berufung in ein Beamtenverhältnis auf Lebenszeit. [1]Ein Beamtenverhältnis auf Probe ist spätestens nach fünf Jahren in ein solches auf Lebenszeit umzuwandeln, wenn der Beamte oder die Beamtin die beamtenrechtlichen Voraussetzungen hierfür erfüllt. [2]Zeiten einer Beurlaubung ohne Dienstbezüge gelten nicht als Probezeit.

Abschnitt 3

Laufbahnen

(aufgehoben)

Abschnitt 4

Führungspositionen auf Zeit und auf Probe

Art. 45 Ämter mit leitender Funktion im Beamtenverhältnis auf Zeit.
(1) [1]Die Ämter
1. der Amtschefs und Amtschefinnen, der Bereichsleiter und Bereichsleiterinnen sowie der Abteilungsleiter und Abteilungsleiterinnen in den obersten Landesbehörden,
2. der Leiter und Leiterinnen sowie der stellvertretenden Leiter und Leiterinnen von Behörden, soweit sie in der Besoldungsordnung B eingestuft sind, und
3. der Leiter und Leiterinnen von Organisationseinheiten von Behörden, soweit sie mindestens in der Besoldungsgruppe B 4 eingestuft sind,

werden zunächst im Beamtenverhältnis auf Zeit übertragen; Art. 46 findet keine Anwendung. [2]Die Dauer der Amtsperiode beträgt fünf Jahre. [3]Zeiten, in

denen dem Beamten oder der Beamtin die leitende oder eine vergleichbare Funktion bereits übertragen worden ist, werden bei der Festlegung der Dauer der Amtsperiode angerechnet. [4]Zeiten in einer vergleichbar oder höher bewerteten Funktion, welche der Beamte oder die Beamtin unmittelbar vor der Übertragung eines Amtes in leitender Funktion wahrgenommen hat, werden auf die Dauer der Amtsperiode angerechnet. [5]Beamte und Beamtinnen können vor der Übertragung im Beamtenverhältnis auf Zeit auf die Anrechnung verzichten. [6]Mit Ablauf der Amtsperiode ist dem Beamten oder der Beamtin das Amt mit leitender Funktion auf Lebenszeit zu übertragen, wenn der Beamte oder die Beamtin im Rahmen der bisherigen Amtsführung den Anforderungen des Amtes in vollem Umfang gerecht geworden ist. [7]Eine weitere Übertragung des Amtes auf Zeit ist nicht zulässig.

(2) Abweichend von Abs. 1 wird das Amt sogleich im Beamtenverhältnis auf Lebenszeit übertragen, wenn der Beamte oder die Beamtin
1. bereits ein Amt mit mindestens demselben Endgrundgehalt im Beamten- oder Richterverhältnis auf Lebenszeit innehat oder innehatte oder
2. innerhalb von fünf Jahren nach der Übertragung des Amtes die gesetzliche Altersgrenze erreicht.

(3) Abs. 1 gilt nicht für die Ämter der Mitglieder des Obersten Rechnungshofs sowie für die Ämter, die auf Grund anderer gesetzlicher Vorschriften im Beamtenverhältnis auf Zeit übertragen werden.

(4) Die Gemeinden, Gemeindeverbände und sonstigen unter der Aufsicht des Staates stehenden Körperschaften, Anstalten und Stiftungen des öffentlichen Rechts können für ihre Beamten und Beamtinnen durch Satzung oder Beschluss des obersten Entscheidungsgremiums weitere Ämter der Besoldungsordnung B festlegen, die zunächst im Beamtenverhältnis auf Zeit vergeben werden.

(5) [1]In ein Amt mit leitender Funktion nach den Abs. 1 und 4 darf nur berufen werden, wer sich in einem Beamten- oder Richterverhältnis auf Lebenszeit befindet und in dieses Amt auch als Beamter oder Beamtin auf Lebenszeit berufen werden könnte. [2]Die Staatsregierung oder das Präsidium des Landtags können im Rahmen ihrer Ernennungskompetenz Ausnahmen von Satz 1 zulassen; die Zuständigkeit des Landespersonalausschusses ist dabei zu wahren. [3]Richter und Richterinnen dürfen in ein Amt nach Abs. 1 nur berufen werden, wenn sie zugleich zustimmen, bei Wiederaufleben des Richterverhältnisses auf Lebenszeit auch in einem anderen Richteramt desselben Gerichtszweigs mit mindestens demselben Endgrundgehalt verwendet zu werden.

(6) [1]Vom Tag der Ernennung an ruhen für die Dauer des Zeitbeamtenverhältnisses die Rechte und Pflichten aus dem Amt, das dem Beamten oder der Beamtin zuletzt im Beamten- oder Richterverhältnis auf Lebenszeit übertragen worden ist; das Beamtenverhältnis auf Lebenszeit oder das Richterverhältnis auf Lebenszeit besteht fort. [2]Dienstvergehen, die mit Bezug auf das Beamten- oder Richterverhältnis auf Lebenszeit oder das Beamtenverhältnis auf Zeit be-

gangen worden sind, werden so verfolgt, als stünde der Beamte oder die Beamtin nur im Beamten- oder Richterverhältnis auf Lebenszeit.

(7) Wird der Beamte oder die Beamtin in ein anderes Amt mit leitender Funktion nach Abs. 1 Satz 1 versetzt oder umgesetzt, das in derselben oder einer niedrigeren Besoldungsgruppe eingestuft ist wie das ihm oder ihr zuletzt übertragene Amt mit leitender Funktion, so läuft die Amtszeit weiter.

(8) Vor der Übertragung eines anderen, einer höheren Besoldungsgruppe angehörenden Amtes mit leitender Funktion aus einem Beamtenverhältnis auf Zeit heraus ist dem Beamten oder der Beamtin das bisher auf Zeit übertragene Amt auf Lebenszeit zu übertragen.

(9) Der Beamte oder die Beamtin ist außer in den in diesem Gesetz oder im Beamtenstatusgesetz bestimmten Fällen
1. mit Ablauf der Amtszeit,
2. mit der Versetzung zu einem anderen Dienstherrn,
3. mit Verhängung einer Disziplinarmaßnahme, die über Verweis oder Geldbuße hinausgeht,
4. mit Beendigung des Beamten- oder Richterverhältnisses auf Lebenszeit

aus dem Beamtenverhältnis auf Zeit entlassen.

(10) [1]Mit der Entlassung aus dem Beamtenverhältnis auf Zeit endet der Anspruch auf Besoldung aus diesem Amt. [2]Weitergehende besoldungsrechtliche Ansprüche bestehen nicht. [3]Der Beamte oder die Beamtin darf während der Amtszeit nur die Amtsbezeichnung des übertragenen Amtes mit leitender Funktion führen; Art. 76 Abs. 4 Satz 2 findet keine entsprechende Anwendung.

(11) *(aufgehoben)*

(12) Dienstunfähige Beamte und Beamtinnen sind aus dem Beamtenverhältnis auf Zeit in den Ruhestand zu versetzen, wenn sie
1. eine Amtsperiode von mindestens zwei Jahren zurückgelegt haben und die Voraussetzungen des Art. 11 Abs. 1 des Bayerischen Beamtenversorgungsgesetzes (BayBeamtVG) erfüllen oder
2. infolge eines Dienstunfalls dienstunfähig geworden sind.

(13) Art. 17 Abs. 1 Satz 3 Nr. 2 LlbG findet keine Anwendung.

(14) *(aufgehoben)*

Art. 46 Ämter mit leitender Funktion im Beamtenverhältnis auf Probe.

(1) [1]Für die Beamten und Beamtinnen des Freistaates Bayern legt die Staatsregierung durch Rechtsverordnung die mindestens der Besoldungsgruppe A 15 angehörenden Ämter der Leiter und Leiterinnen von Behörden oder Teilen von Behörden fest, die zunächst im Beamtenverhältnis auf Probe vergeben werden. [2]Die Gemeinden, Gemeindeverbände und sonstigen unter der Aufsicht des Staates stehenden Körperschaften, Anstalten und Stiftungen des öffentlichen Rechts können für ihre Beamten und Beamtinnen durch Satzung oder Beschluss des obersten Entscheidungsgremiums die der Besoldungsordnung B

angehörenden Ämter mit leitender Funktion sowie die Ämter der Leiter und Leiterinnen von Behörden oder Teilen von Behörden bestimmen, die zunächst auf Probe vergeben werden. [3]Die regelmäßige Probezeit beträgt zwei Jahre; Art. 25 Satz 2 gilt entsprechend. [4]Eine Verkürzung der Probezeit kann zugelassen werden; die Mindestprobezeit beträgt ein Jahr. [5]Zeiten, in denen dem Beamten oder der Beamtin die leitende oder eine vergleichbare Funktion nach den Sätzen 1 und 2 bereits übertragen worden ist, werden auf die Probezeit angerechnet. [6]Zeiten in einer vergleichbar oder höher bewerteten Funktion, welche der Beamte oder die Beamtin unmittelbar vor der Übertragung eines Amtes in leitender Funktion wahrgenommen hat, werden auf die Dauer der Probezeit angerechnet. [7]Eine Verlängerung der Probezeit ist nicht zulässig. [8]Art. 46 findet keine Anwendung auf Ämter, die gemäß Art. 45 im Beamtenverhältnis auf Zeit übertragen werden.

(2) Art. 45 Abs. 5 Satz 1 und 2, Abs. 6 bis 8 und 13 gelten entsprechend.

(3) [1]Mit dem erfolgreichen Abschluss der Probezeit ist dem Beamten oder der Beamtin das Amt nach Abs. 1 im Beamtenverhältnis auf Lebenszeit zu übertragen; eine erneute Berufung des Beamten oder der Beamtin in ein Beamtenverhältnis auf Probe zur Übertragung dieses Amtes innerhalb eines Jahres ist nicht zulässig. [2]Art. 45 Abs. 10 gilt entsprechend.

Abschnitt 5
Abordnung und Versetzung innerhalb des Geltungsbereichs dieses Gesetzes

Art. 47 Abordnung. (1) Beamte und Beamtinnen können, wenn ein dienstliches Bedürfnis besteht, vorübergehend ganz oder teilweise zu einer ihrem Amt entsprechenden Tätigkeit an eine andere Dienststelle abgeordnet werden.

(2) [1]Aus dienstlichen Gründen können Beamte und Beamtinnen vorübergehend ganz oder teilweise auch zu einer nicht ihrem Amt entsprechenden Tätigkeit abgeordnet werden, wenn ihnen die Wahrnehmung der neuen Tätigkeit auf Grund ihrer Vorbildung oder Berufsausbildung zuzumuten ist. [2]Dabei ist auch die Abordnung zu einer Tätigkeit, die nicht einem Amt mit demselben Endgrundgehalt entspricht, zulässig. [3]Die Abordnung nach den Sätzen 1 und 2 bedarf der Zustimmung des Beamten oder der Beamtin, wenn sie die Dauer von zwei Jahren übersteigt.

(3) Die Abordnung zu einem anderen Dienstherrn bedarf der Zustimmung des Beamten oder der Beamtin, wenn die neue Tätigkeit nicht einem Amt mit mindestens demselben Endgrundgehalt entspricht oder die Abordnung die Dauer von fünf Jahren übersteigt.

(4) Werden Beamte oder Beamtinnen zu einem anderen Dienstherrn abgeordnet, so sind auf sie für die Dauer der Abordnung die für den Bereich dieses Dienstherrn geltenden Vorschriften über die Pflichten und Rechte mit Aus-

nahme der Regelungen über Diensteid, Amtsbezeichnung, Besoldung und Versorgung entsprechend anzuwenden.

(5) Zur Zahlung der dem Beamten oder der Beamtin zustehenden Leistungen ist auch der Dienstherr verpflichtet, zu dem der Beamte oder die Beamtin abgeordnet ist.

Art. 48 Versetzung. (1) [1]Beamte und Beamtinnen können in ein anderes Amt einer Fachlaufbahn, für die sie die Qualifikation besitzen, versetzt werden, wenn sie es beantragen oder ein dienstliches Bedürfnis besteht. [2]Eine Versetzung bedarf nicht ihrer Zustimmung, wenn das neue Amt zum Bereich desselben Dienstherrn gehört, derselben Fachlaufbahn und, soweit gebildet, demselben fachlichen Schwerpunkt angehört wie das bisherige Amt und mit mindestens demselben Endgrundgehalt verbunden ist; Stellenzulagen gelten hierbei nicht als Bestandteile des Grundgehalts.

(2) [1]Aus dienstlichen Gründen können Beamte und Beamtinnen ohne ihre Zustimmung in ein Amt mit demselben Endgrundgehalt auch einer anderen Fachlaufbahn, auch im Bereich eines anderen Dienstherrn, versetzt werden; Stellenzulagen gelten hierbei nicht als Bestandteile des Grundgehalts. [2]Bei der Auflösung oder einer wesentlichen Änderung des Aufbaus oder der Aufgaben einer Behörde oder der Verschmelzung von Behörden können Beamte und Beamtinnen, deren Aufgabengebiet davon berührt ist, auch ohne ihre Zustimmung in ein anderes Amt derselben Fachlaufbahn mit geringerem Endgrundgehalt im Bereich desselben Dienstherrn versetzt werden, wenn eine ihrem bisherigen Amt entsprechende Verwendung nicht möglich ist; das Endgrundgehalt muss mindestens dem des Amtes entsprechen, das die Beamten oder Beamtinnen vor dem bisherigen Amt innehatten.

(3) Besitzen Beamte und Beamtinnen nicht die Qualifikation für die andere Fachlaufbahn, haben sie an geeigneten Maßnahmen für den Erwerb der neuen Qualifikation teilzunehmen.

(4) Werden Beamte und Beamtinnen in ein Amt eines anderen Dienstherrn versetzt, wird das Beamtenverhältnis mit dem neuen Dienstherrn fortgesetzt.

Art. 49 Zuständigkeit für Abordnung und Versetzung. (1) [1]Die Abordnung oder Versetzung ordnet die abgebende Stelle an, bei Abordnung oder Versetzung zu einer anderen obersten Dienstbehörde oder einem anderen Dienstherrn im Einvernehmen mit der aufnehmenden Stelle. [2]Das Einvernehmen ist schriftlich zu erklären. [3]In der Verfügung ist auszudrücken, dass das Einvernehmen vorliegt.

(2) Abgebende oder aufnehmende Stelle ist die für die Ernennung zuständige Behörde.

(3) Die oberste Dienstbehörde kann die Befugnis zur Abordnung oder Versetzung auf Behörden übertragen, die nicht für die Ernennung zuständig sind.

Abschnitt 6

Rechtsstellung der Beamten, Beamtinnen, Versorgungsempfänger und Versorgungsempfängerinnen bei Auflösung oder Umbildung von Behörden oder Körperschaften

Art. 50 Auflösung oder Umbildung von Behörden. Wird eine Behörde oder eine Organisationseinheit einer Behörde einer anderen Behörde angeschlossen oder gehen deren Aufgaben auf eine andere Behörde über, so werden im Zeitpunkt des Wirksamwerdens der Organisationsänderung die davon betroffenen Beamten und Beamtinnen, sofern sie nicht nach Art. 48 Abs. 2 Satz 2 versetzt oder nach Art. 68 in den einstweiligen Ruhestand versetzt werden, bei der aufnehmenden Behörde in ihrem bisherigen Amt übernommen; laufbahnrechtliche Bestimmungen bleiben unberührt.

Art. 51 Auflösung oder Umbildung einer Körperschaft. (1) Beamte und Beamtinnen einer juristischen Person des öffentlichen Rechts mit Dienstherrnfähigkeit (Körperschaft), die vollständig in eine andere Körperschaft eingegliedert wird, treten mit der Umbildung kraft Gesetzes in den Dienst der aufnehmenden Körperschaft über.

(2) [1]Die Beamten und Beamtinnen einer Körperschaft, die vollständig in mehrere andere Körperschaften eingegliedert wird, sind anteilig in den Dienst der aufnehmenden Körperschaften zu übernehmen. [2]Die beteiligten Körperschaften haben innerhalb einer Frist von sechs Monaten nach dem Zeitpunkt, in dem die Umbildung vollzogen ist, im Einvernehmen miteinander zu bestimmen, von welchen Körperschaften die einzelnen Beamten und Beamtinnen zu übernehmen sind. [3]Solange ein Beamter oder eine Beamtin nicht übernommen ist, haften alle aufnehmenden Körperschaften für die ihm oder ihr zustehenden Bezüge als Gesamtschuldner.

(3) [1]Die Beamten und Beamtinnen einer Körperschaft, die teilweise in eine andere Körperschaft oder mehrere andere Körperschaften eingegliedert wird, sind zu einem verhältnismäßigen Teil, bei mehreren Körperschaften anteilig, in den Dienst der aufnehmenden Körperschaften zu übernehmen. [2]Abs. 2 Satz 2 ist entsprechend anzuwenden.

(4) Abs. 1 bis 3 gelten entsprechend, wenn eine Körperschaft mit einer anderen Körperschaft oder mehreren anderen Körperschaften zu einer neuen Körperschaft zusammengeschlossen wird, wenn Teile von Körperschaften zu einem neuen Teil oder mehreren neuen Teilen einer Körperschaft zusammengeschlossen werden, wenn aus einer Körperschaft oder aus Teilen einer Körperschaft eine neue Körperschaft gebildet wird oder mehrere neue Körperschaften gebildet werden, oder wenn Aufgaben einer Körperschaft vollständig oder teilweise auf eine andere Körperschaft oder mehrere andere Körperschaften übergehen.

Art. 52 Rechtsfolgen der Umbildung. (1) Tritt ein Beamter oder eine Beamtin auf Grund des Art. 51 Abs. 1 kraft Gesetzes in den Dienst einer anderen Körperschaft über oder wird er oder sie auf Grund des Art. 51 Abs. 2 oder 3 von einer anderen Körperschaft übernommen, wird das Beamtenverhältnis mit dem neuen Dienstherrn fortgesetzt.

(2) Im Fall des Art. 51 Abs. 1 ist dem Beamten oder der Beamtin von der aufnehmenden oder neuen Körperschaft die Fortsetzung des Beamtenverhältnisses schriftlich zu bestätigen.

(3) [1]In den Fällen des Art. 51 Abs. 2 und 3 wird die Übernahme von der Körperschaft verfügt, in deren Dienst der Beamte oder die Beamtin treten soll. [2]Die Verfügung wird mit der Zustellung an den Beamten oder die Beamtin wirksam. [3]Der Beamte oder die Beamtin ist verpflichtet, der Übernahmeverfügung Folge zu leisten. [4]Wird diese Verpflichtung nicht erfüllt, so ist er oder sie zu entlassen.

(4) Die Abs. 1 bis 3 gelten entsprechend in den Fällen des Art. 51 Abs. 4.

Art. 53 Rechtsstellung der Beamten und Beamtinnen. [1]Nach Art. 51 in den Dienst einer anderen Körperschaft kraft Gesetzes übergetretenen oder von ihr übernommenen Beamten und Beamtinnen soll ein ihrem bisherigen Amt nach Bedeutung und Inhalt ohne Rücksicht auf Dienststellung und Dienstalter gleichzubewertendes Amt übertragen werden. [2]Wenn eine dem bisherigen Amt entsprechende Verwendung nicht möglich ist, kann ihnen auch ein anderes Amt mit geringerem Endgrundgehalt übertragen werden. [3]Das Endgrundgehalt muss mindestens dem des Amtes entsprechen, das der Beamte oder die Beamtin vor dem bisherigen Amt innehatte. [4]In diesen Fällen darf der Beamte oder die Beamtin neben der neuen Amtsbezeichnung die des früheren Amtes mit dem Zusatz „außer Dienst" („a. D.") führen.

Art. 54 Rechtsstellung der Versorgungsempfänger und Versorgungsempfängerinnen. (1) Die Vorschriften des Art. 51 Abs. 1 und 2 und des Art. 52 gelten entsprechend für die im Zeitpunkt der Umbildung bei der abgebenden Körperschaft vorhandenen Versorgungsempfänger und Versorgungsempfängerinnen.

(2) In den Fällen des Art. 51 Abs. 3 bleiben die Ansprüche der im Zeitpunkt der Umbildung vorhandenen Versorgungsempfänger und Versorgungsempfängerinnen gegenüber der abgebenden Körperschaft bestehen.

(3) Abs. 1 und 2 gelten entsprechend in den Fällen des Art. 51 Abs. 4.

TEIL 3

Beendigung des Beamtenverhältnisses

Abschnitt 1

Entlassung

Art. 55 *(aufgehoben)*

Art. 56 Zuständigkeiten und Verfahren. (1) [1]Die für die Ernennung zuständige Behörde entscheidet darüber, ob die Voraussetzungen für eine Entlassung kraft Gesetzes vorliegen; sie stellt den Tag der Beendigung des Beamtenverhältnisses fest. [2]Im Fall des § 22 Abs. 1 Nr. 1 BeamtStG tritt an die Stelle der für die Ernennung zuständigen Behörde die oberste Dienstbehörde, für die Beamten und Beamtinnen der Gemeinden, der Gemeindeverbände und der sonstigen unter der Aufsicht des Staates stehenden Körperschaften, Anstalten und Stiftungen des öffentlichen Rechts die oberste Aufsichtsbehörde.

(2) Im Fall einer Entlassung durch Verwaltungsakt (Entlassungsverfügung) wird die Entlassung von der Stelle verfügt, die für die Ernennung zuständig wäre, soweit gesetzlich nichts anderes bestimmt ist.

(3) Die Entlassungsverfügung ist unter Angabe des Grundes und des Zeitpunkts der Entlassung zuzustellen.

(4) [1]Die Entlassung wird wirksam

1. im Fall des § 23 Abs. 1 Nr. 1 BeamtStG mit der Zustellung der Entlassungsverfügung,
2. in den Fällen des § 23 Abs. 1 Nr. 2 bis 4, Abs. 3 und Abs. 4 Satz 1 BeamtStG mit dem in der Entlassungsverfügung bezeichneten Zeitpunkt,
3. im Übrigen mit dem Ende des Monats, der auf den Monat folgt, in dem die Entlassungsverfügung zugestellt worden ist.

[2]Die Entlassung von Beamten und Beamtinnen auf Zeit nach Art. 122 Abs. 3 Satz 2 wird mit Ablauf des letzten Tages der Amtszeit wirksam.

(5) [1]Bei Entlassungen nach § 23 Abs. 1 Nr. 3, Abs. 3 Nr. 2 und 3 sowie Abs. 4 BeamtStG sind folgende Fristen einzuhalten:

bei einer Beschäftigungszeit	
bis zu drei Monaten	zwei Wochen zum Monatsschluss,
von mehr als drei Monaten	sechs Wochen zum Schluss eines Kalendervierteljahres.

[2]Als Beschäftigungszeit gilt die Zeit ununterbrochener Tätigkeit im Beamtenverhältnis.

Art. 57 Entlassung auf eigenen Antrag. (1) [1]Beamte und Beamtinnen können jederzeit gegenüber ihren Dienstvorgesetzten ihre Entlassung verlangen. [2]Die Erklärung kann, solange die Entlassungsverfügung noch nicht zuge-

gangen ist, innerhalb zweier Wochen nach Zugang bei dem oder der Dienstvorgesetzten schriftlich zurückgenommen werden, mit Zustimmung der Entlassungsbehörde auch nach Ablauf dieser Frist.

(2) [1]Die Entlassung ist zum beantragten Zeitpunkt auszusprechen. [2]Sie kann so lange hinausgeschoben werden, bis die Amtsgeschäfte des Beamten oder der Beamtin ordnungsgemäß erledigt sind, längstens jedoch drei Monate; bei Lehrkräften an öffentlichen Schulen kann sie bis zum Schluss des laufenden Schulhalbjahres hinausgeschoben werden.

Art. 58 Rechtsfolgen der Entlassung. [1]Nach der Entlassung haben frühere Beamte und Beamtinnen keinen Anspruch auf Leistungen des Dienstherrn, soweit gesetzlich nichts anderes bestimmt ist. [2]Sie dürfen die Amtsbezeichnung und die im Zusammenhang mit dem Amt verliehenen Titel nur führen, wenn ihnen die Erlaubnis nach Art. 76 Abs. 5 erteilt ist.

Abschnitt 2

Verlust der Beamtenrechte

Art. 59 Rechtsfolgen des Verlustes der Beamtenrechte. [1]Endet das Beamtenverhältnis nach § 24 Abs. 1 BeamtStG, so entstehen keine Ansprüche auf Leistungen des Dienstherrn, soweit gesetzlich nichts anderes bestimmt ist. [2]Beamte und Beamtinnen dürfen die Amtsbezeichnung und die im Zusammenhang mit dem Amt verliehenen Titel nicht führen.

Art. 60 Wiederaufnahmeverfahren. (1) [1]Im Fall des § 24 Abs. 2 BeamtStG entsteht ein Anspruch auf Übertragung eines Amtes derselben Fachlaufbahn und mit mindestens demselben Endgrundgehalt wie das bisherige Amt, sofern die Altersgrenze noch nicht erreicht ist und noch Dienstfähigkeit besteht. [2]Bis zur Übertragung des neuen Amtes stehen die Leistungen des Dienstherrn zu, die aus dem bisherigen Amt zugestanden hätten.

(2) Wird auf Grund des im Wiederaufnahmeverfahren festgestellten Sachverhalts ein Disziplinarverfahren mit dem Ziel der Entfernung aus dem Beamtenverhältnis eingeleitet, so gehen die nach Abs. 1 zustehenden Ansprüche unter, wenn auf Entfernung aus dem Beamtenverhältnis erkannt wird; bis zum rechtskräftigen Abschluss des Disziplinarverfahrens können die Ansprüche nicht geltend gemacht werden.

(3) Rechtfertigt der im Wiederaufnahmeverfahren festgestellte Sachverhalt die Einleitung eines Disziplinarverfahrens mit dem Ziel der Entfernung aus dem Beamtenverhältnis nicht, wird aber auf Grund eines rechtskräftigen Strafurteils, das nach der früheren Entscheidung ergangen ist, ein Disziplinarverfahren mit dem Ziel der Entfernung aus dem Beamtenverhältnis eingeleitet, so gilt Abs. 2 entsprechend; es werden jedoch in diesem Fall die Leistungen des Dienstherrn nachgezahlt, die dem Beamten oder der Beamtin bis zur Rechtskraft des Strafurteils aus dem bisherigen Amt zugestanden hätten.

(4) Abs. 2 und 3 gelten entsprechend in Fällen der Entlassung von Beamten und Beamtinnen auf Probe oder auf Widerruf wegen eines Verhaltens der in § 23 Abs. 3 Satz 1 Nr. 1 BeamtStG bezeichneten Art.

(5) Auf die nach den Abs. 1 und 3 zustehenden Leistungen des Dienstherrn wird ein anderes Arbeitseinkommen oder ein Unterhaltsbeitrag angerechnet; Beamte und Beamtinnen sind zur Auskunft über dieses Einkommen verpflichtet.

Art. 61 Gnadenerweis. (1) Dem Ministerpräsidenten steht hinsichtlich des Verlustes der Beamtenrechte das Gnadenrecht zu.

(2) Wird im Gnadenweg der Verlust der Beamtenrechte in vollem Umfang beseitigt, so gilt von diesem Zeitpunkt ab Art. 60 entsprechend.

(3) Auf Unterhaltsbeiträge, die im Gnadenweg bewilligt werden, finden Art. 74 Abs. 3 und 4 des Bayerischen Disziplinargesetzes (BayDG) entsprechende Anwendung, soweit die Gnadenentscheidung nichts anderes bestimmt.

Abschnitt 3

Ruhestand

Unterabschnitt 1

Ruhestandseintritt

Art. 62 Altersgrenze für den gesetzlichen Ruhestandseintritt. [1]Altersgrenze für den gesetzlichen Ruhestandseintritt ist das Ende des Monats, in dem Beamte und Beamtinnen das 67. Lebensjahr vollenden. [2]Abweichend von Satz 1 ist Altersgrenze für Lehrkräfte an öffentlichen Schulen das Ende des Schulhalbjahres, in dem sie das 67. Lebensjahr vollenden; das Ende des jeweiligen Schulhalbjahres wird durch die Schulordnungen festgelegt. [3]Für einzelne Beamtengruppen kann gesetzlich eine andere Altersgrenze bestimmt werden, wenn die Eigenart der Amtsaufgaben es erfordert.

Art. 63 Hinausschieben des Ruhestandseintritts. (1) [1]Wenn zwingende dienstliche Rücksichten im Einzelfall die Fortführung der Dienstgeschäfte durch einen bestimmten Beamten oder eine bestimmte Beamtin erfordern, kann der Eintritt in den Ruhestand über die gesetzlich festgesetzte Altersgrenze für eine bestimmte Frist, die jeweils ein Jahr nicht übersteigen darf, hinausgeschoben werden, höchstens jedoch um insgesamt drei Jahre. [2]Die Entscheidung trifft bei den Beamten und Beamtinnen der Staatskanzlei und der Staatsministerien von der Besoldungsgruppe A 16 an, den in der Besoldungsordnung B aufgeführten Vorständen der den Staatsministerien unmittelbar nachgeordneten Behörden sowie den Generalstaatsanwälten und Generalstaatsanwältinnen die Staatsregierung, bei den übrigen Beamten und Beamtinnen die oberste Dienstbehörde.

(2) [1]Wenn die Fortführung der Dienstgeschäfte im dienstlichen Interesse liegt, kann der Eintritt in den Ruhestand auf Antrag über die gesetzlich festgesetzte Altersgrenze für eine bestimmte Frist, die jeweils ein Jahr nicht übersteigen darf, hinausgeschoben werden, höchstens jedoch um drei Jahre oder bei sonst gesetzlich festgesetzten Altersgrenzen höchstens bis zur Vollendung des 65. Lebensjahres; der Antrag soll spätestens sechs Monate vor Erreichen der gesetzlich festgelegten Altersgrenze gestellt werden. [2]Die Entscheidung trifft die Behörde, die für die Ruhestandsversetzung zuständig ist.

Unterabschnitt 2
Ruhestandsversetzung

Art. 64 Ruhestandsversetzung auf Antrag. Ein Beamter oder eine Beamtin auf Lebenszeit kann auf Antrag in den Ruhestand versetzt werden, wenn er oder sie
1. das 64. Lebensjahr vollendet hat oder
2. schwerbehindert im Sinn des § 2 Abs. 2 des Neunten Buches Sozialgesetzbuch (SGB IX) ist und mindestens das 60. Lebensjahr vollendet hat.

Art. 65 Verfahren bei Ruhestandsversetzungen wegen Dienstunfähigkeit. (1) Als dienstunfähig nach § 26 Abs. 1 Satz 1 BeamtStG können Beamte und Beamtinnen auch dann angesehen werden, wenn sie infolge einer Erkrankung innerhalb von sechs Monaten mehr als drei Monate keinen Dienst geleistet haben und keine Aussicht besteht, dass sie innerhalb von weiteren sechs Monaten wieder voll dienstfähig werden.

(2) [1]Bestehen Zweifel über die Dienstunfähigkeit, so ist der Beamte oder die Beamtin verpflichtet, sich nach Weisung des oder der Dienstvorgesetzten ärztlich untersuchen und, falls ein Amtsarzt oder eine Amtsärztin dies für erforderlich hält, beobachten zu lassen. [2]Wer sich trotz wiederholter schriftlicher Aufforderung ohne hinreichenden Grund der Verpflichtung, sich nach Weisung des oder der Dienstvorgesetzten untersuchen oder beobachten zu lassen entzieht, kann so behandelt werden, wie wenn die Dienstunfähigkeit amtsärztlich festgestellt worden wäre.

(3) [1]Wird in den Fällen des § 26 Abs. 1 BeamtStG ein Antrag auf Versetzung in den Ruhestand gestellt, so wird die Dienstunfähigkeit dadurch festgestellt, dass der unmittelbare Dienstvorgesetzte oder die unmittelbare Dienstvorgesetzte auf Grund eines amtsärztlichen Gutachtens über den Gesundheitszustand erklärt, er oder sie halte den Beamten oder die Beamtin nach pflichtgemäßem Ermessen für dauernd unfähig, die Dienstpflichten zu erfüllen. [2]Die über die Versetzung in den Ruhestand entscheidende Behörde ist an die Erklärung des oder der unmittelbaren Dienstvorgesetzten nicht gebunden; sie kann andere Beweise erheben.

(4) Wird nach der Versetzung in den Ruhestand wegen Dienstunfähigkeit die Dienstfähigkeit wiederhergestellt und beantragt der Ruhestandsbeamte

oder die Ruhestandsbeamtin vor Ablauf von fünf Jahren seit der Versetzung in den Ruhestand eine erneute Berufung in das Beamtenverhältnis, ist diesem Antrag zu entsprechen, falls nicht zwingende dienstliche Gründe entgegenstehen.

Art. 66 Zwangspensionierungsverfahren. (1) Hält der oder die Dienstvorgesetzte den Beamten oder die Beamtin für dienstunfähig und beantragt dieser oder diese die Versetzung in den Ruhestand nicht, so teilt der oder die Dienstvorgesetzte dem Beamten, der Beamtin, dessen oder deren Vertreter oder Vertreterin schriftlich mit, dass die Versetzung in den Ruhestand beabsichtigt sei; dabei sind die Gründe für die Versetzung in den Ruhestand anzugeben.

(2) [1]Gegen die beabsichtigte Versetzung in den Ruhestand können innerhalb eines Monats Einwendungen erhoben werden. [2]Danach entscheidet die für die Versetzung in den Ruhestand zuständige Behörde. [3]Mit dem Ende des Monats, in dem die Entscheidung über die Versetzung in den Ruhestand zugestellt wird, ist bis zu deren Unanfechtbarkeit die das Ruhegehalt zuzüglich des Unterschiedsbetrags nach Art. 69 Abs. 2 Satz 1 BayBeamtVG übersteigende Besoldung mit Ausnahme der vermögenswirksamen Leistungen einzubehalten. [4]Wird die Versetzung in den Ruhestand unanfechtbar aufgehoben, sind die einbehaltenen Dienstbezüge nachzuzahlen.

Art. 67 Mitteilung aus Untersuchungsbefunden. (1) Wird in den Fällen des Art. 65 eine amtsärztliche Untersuchung durchgeführt, teilt der Amtsarzt oder die Amtsärztin im Einzelfall auf Anforderung der Behörde die tragenden Feststellungen und Gründe des Gutachtens und die in Frage kommenden Maßnahmen zur Wiederherstellung der Dienstfähigkeit mit, soweit deren Kenntnis für die Behörde unter Beachtung des Grundsatzes der Verhältnismäßigkeit für die von ihr zu treffende Entscheidung erforderlich ist.

(2) [1]Die amtsärztliche Mitteilung über die Untersuchungsbefunde nach Abs. 1 ist in einem gesonderten, verschlossenen und versiegelten Umschlag zu übersenden. [2]Die an die Behörde übermittelten Daten dürfen nur für die nach § 26 BeamtStG zu treffende Entscheidung verarbeitet oder genutzt werden. [3]Die Mitteilung ist verschlossen zur Personalakte zu nehmen.

(3) [1]Die Behörde hat vor der Untersuchung auf den Zweck der Untersuchung und auf die amtsärztliche Befugnis zur Übermittlung der Untersuchungsbefunde nach Abs. 1 an die Behörde hinzuweisen. [2]Der Amtsarzt oder die Amtsärztin übermittelt dem Beamten oder der Beamtin oder, soweit dem ärztliche Gründe entgegenstehen, dem Vertreter oder der Vertreterin eine Ablichtung der auf Grund dieser Vorschrift an die Behörde erteilten Auskünfte.

Unterabschnitt 3

Einstweiliger Ruhestand

Art. 68 Auflösung oder Umbildung von Behörden. [1]Bei der Auflösung einer Behörde oder bei einer auf Landesgesetz oder -verordnung beruhenden wesentlichen Änderung des Aufbaus oder Verschmelzung einer Behörde mit

einer anderen Behörde kann ein Beamter oder eine Beamtin, dessen oder deren Aufgabengebiet von der Auflösung oder Umbildung berührt wird, in den einstweiligen Ruhestand versetzt werden, wenn eine Versetzung nach Art. 48 nicht möglich ist. [2]Die Versetzung in den einstweiligen Ruhestand ist nur dann zulässig, wenn aus Anlass der Auflösung oder Umbildung Planstellen eingespart werden. [3]Freie Planstellen im Bereich desselben Dienstherrn sollen den in den einstweiligen Ruhestand versetzten Beamten und Beamtinnen vorbehalten werden, die für diese Stellen geeignet sind.

Art. 69 Auflösung oder Umbildung von Körperschaften. (1) [1]Bei der Auflösung oder Umbildung einer Körperschaft (Art. 51) kann die aufnehmende oder neue Körperschaft, wenn die Zahl der bei ihr nach der Umbildung vorhandenen Beamten oder Beamtinnen den tatsächlichen Bedarf übersteigt, innerhalb einer Frist von sechs Monaten Beamte oder Beamtinnen auf Lebenszeit oder auf Zeit, deren Aufgabengebiet von der Umbildung berührt wurde, in den einstweiligen Ruhestand versetzen. [2]Die Frist des Satzes 1 beginnt im Fall des Art. 51 Abs. 1 mit dem Übertritt, in den Fällen des Art. 51 Abs. 2 und 3 mit der Bestimmung derjenigen Beamten oder Beamtinnen, zu deren Übernahme die Körperschaft verpflichtet ist; Entsprechendes gilt in den Fällen des Art. 51 Abs. 4. [3]Art. 68 Satz 3 gilt entsprechend. [4]Bei Beamten oder Beamtinnen auf Zeit, die nach Satz 1 in den einstweiligen Ruhestand versetzt sind, endet der einstweilige Ruhestand mit Ablauf der Amtszeit; sie gelten in diesem Zeitpunkt als dauernd in den Ruhestand versetzt, wenn sie bei Verbleiben im Amt mit Ablauf der Amtszeit in den Ruhestand getreten wären.

(2) In den Fällen einer landesübergreifenden Körperschaftsumbildung nach § 18 Abs. 2 Satz 1 BeamtStG beträgt die Frist sechs Monate; Abs. 1 Satz 2 gilt in diesen Fällen entsprechend.

Art. 70 Beginn des einstweiligen Ruhestands. [1]Der einstweilige Ruhestand beginnt, wenn nicht im Einzelfall ausdrücklich ein späterer Zeitpunkt festgesetzt wird, mit dem Zeitpunkt, in dem die Verfügung über die Versetzung in den einstweiligen Ruhestand zugestellt wird, spätestens jedoch mit dem Ende der drei Monate, die auf den Monat der Zustellung folgen. [2]Die Verfügung kann bis zum Beginn des einstweiligen Ruhestands zurückgenommen werden.

Unterabschnitt 4
Gemeinsame Vorschriften

Art. 71 Zuständigkeit für Ruhestandsversetzung, Beginn des Ruhestands.
(1) [1]Die Versetzung in den Ruhestand sowie die Entscheidung über das Vorliegen begrenzter Dienstfähigkeit im Sinn des § 27 Abs. 1 BeamtStG wird, soweit gesetzlich nichts anderes bestimmt ist, von der Behörde verfügt, die für die Ernennung zuständig wäre. [2]Die Verfügung ist zuzustellen; sie kann bis zum Beginn des Ruhestands zurückgenommen werden.

(2) Die Ruhestandsversetzung nach § 28 Abs. 2 BeamtStG bedarf der Zustimmung der obersten Dienstbehörde sowie bei Beamten und Beamtinnen des Staates der des Staatsministeriums der Finanzen und für Heimat.

(3) Der Ruhestand beginnt, abgesehen von den Fällen des § 30 Abs. 4 BeamtStG sowie der Art. 62, 64, 70 und 123 Abs. 2 Satz 3 Halbsatz 2 und Abs. 3 mit dem Ende des Monats, in dem die Verfügung über die Versetzung in den Ruhestand zugestellt worden ist, sofern nicht auf Antrag oder mit schriftlicher Zustimmung des Beamten oder der Beamtin ein früherer Zeitpunkt festgesetzt wird.

Abschnitt 4

Dienstzeugnis

Art. 72 Dienstzeugnis. [1]Nach Beendigung des Beamtenverhältnisses wird auf Antrag von dem oder der letzten Dienstvorgesetzten ein Dienstzeugnis über Art und Dauer der bekleideten Ämter erteilt. [2]Das Dienstzeugnis muss auf Verlangen auch über die ausgeübte Tätigkeit, die Führung und die Leistungen Auskunft geben.

TEIL 4

Rechtliche Stellung der Beamten und Beamtinnen

Abschnitt 1

Allgemeines

Art. 73 Eid und Gelöbnis. (1) Der Diensteid nach § 38 BeamtStG hat folgenden Wortlaut:

„Ich schwöre Treue dem Grundgesetz für die Bundesrepublik Deutschland und der Verfassung des Freistaates Bayern, Gehorsam den Gesetzen und gewissenhafte Erfüllung meiner Amtspflichten, so wahr mir Gott helfe."

(2) [1]Der Eid kann auch ohne die Worte „so wahr mir Gott helfe" geleistet werden. [2]Erklärt ein Beamter oder eine Beamtin, dass aus Glaubens- oder Gewissensgründen kein Eid geleistet werden könne, so sind an Stelle der Worte „ich schwöre" die Worte „ich gelobe" zu sprechen oder es ist das Gelöbnis mit einer dem Bekenntnis der Religionsgemeinschaft oder der Überzeugung der Weltanschauungsgemeinschaft des Beamten oder der Beamtin entsprechenden, gleichwertigen Beteuerungsformel einzuleiten.

(3) [1]In den Fällen des § 38 Abs. 3 BeamtStG kann von einer Eidesleistung abgesehen werden. [2]An die Stelle des Eides tritt dann ein Gelöbnis mit folgendem Wortlaut:

„Ich gelobe, meine Amtspflichten gewissenhaft zu erfüllen."

Art. 74 Residenzpflicht. (1) Der Beamte oder die Beamtin hat eine Wohnung so zu nehmen, dass die ordnungsmäßige Wahrnehmung der Dienstgeschäfte nicht beeinträchtigt wird.

(2) Der oder die Dienstvorgesetzte kann den Beamten oder die Beamtin anweisen, die Wohnung innerhalb einer bestimmten Entfernung von der Dienststelle zu nehmen oder eine Dienstwohnung zu beziehen, wenn die dienstlichen Verhältnisse es erfordern.

(3) Wenn besondere dienstliche Verhältnisse es dringend erfordern, kann der Beamte oder die Beamtin angewiesen werden, sich während der dienstfreien Zeit erreichbar in Nähe des Dienstorts aufzuhalten.

Art. 75 Bekleidung, äußeres Erscheinungsbild. (1) Beamte und Beamtinnen dürfen bei Ausübung des Dienstes ihr Gesicht nicht verhüllen, es sei denn, dienstliche Gründe erfordern dies.

(2) [1]Soweit es das Amt erfordert, kann die oberste Dienstbehörde nähere Bestimmungen über das Tragen von Dienstkleidung und das während des Dienstes zu wahrende äußere Erscheinungsbild der Beamten und Beamtinnen treffen. [2]Dazu zählen auch Haar- und Barttracht sowie sonstige sichtbare und nicht sofort ablegbare Erscheinungsmerkmale.

Art. 76 Amtsbezeichnung. (1) Eine Amtsbezeichnung, die herkömmlich für ein Amt verwendet wird, das eine bestimmte Befähigung voraussetzt und einen bestimmten Aufgabenkreis umfasst, darf nur Beamten und Beamtinnen verliehen werden, die ein solches Amt bekleiden.

(2) [1]Soweit es das Amt erfordert, kann die oberste Dienstbehörde nähere Bestimmungen über das Tragen von Dienstkleidung und das während des Dienstes zu wahrende äußere Erscheinungsbild der Beamten und Beamtinnen treffen. [2]Dazu zählen auch Haar- und Barttracht sowie sonstige sichtbare und nicht sofort ablegbare Erscheinungsmerkmale.

(3) [1]Beamte und Beamtinnen führen im Dienst die Amtsbezeichnung des ihnen übertragenen Amtes; sie dürfen sie auch außerhalb des Dienstes führen. [2]Nach dem Übertritt in ein anderes Amt darf die bisherige Amtsbezeichnung nicht mehr geführt werden; in den Fällen der Versetzung in ein Amt mit geringerem Endgrundgehalt gilt Abs. 4 Satz 2 und 3 entsprechend.

(4) [1]Ruhestandsbeamte und Ruhestandsbeamtinnen dürfen die ihnen bei der Versetzung in den Ruhestand zustehende Amtsbezeichnung mit dem Zusatz „außer Dienst (a.D.)“ und die im Zusammenhang mit dem Amt verliehenen Titel weiterführen. [2]Wird ihnen ein neues Amt übertragen, so erhalten sie die Amtsbezeichnung des neuen Amtes; gehört dieses Amt nicht einer Besoldungsgruppe mit mindestens demselben Endgrundgehalt an wie das bisherige Amt, so darf neben der neuen Amtsbezeichnung die des früheren Amtes mit dem Zusatz „außer Dienst (a.D.)“ geführt werden. [3]Ändert sich die Bezeichnung des früheren Amtes, so darf die geänderte Amtsbezeichnung geführt werden.

(5) [1]Entlassenen Beamten und Beamtinnen kann die oberste Dienstbehörde die Erlaubnis erteilen, die Amtsbezeichnung mit dem Zusatz „außer Dienst (a.D.)" sowie die im Zusammenhang mit dem Amt verliehenen Titel zu führen. [2]Die Erlaubnis kann zurückgenommen werden, wenn der frühere Beamte oder die frühere Beamtin sich ihrer als nicht würdig erweist.

Abschnitt 2

Folgen der Nichterfüllung von Pflichten

Art. 77 Dienstvergehen von Ruhestandsbeamten und Ruhestandsbeamtinnen. Bei Ruhestandsbeamten und Ruhestandsbeamtinnen oder früheren Beamten und Beamtinnen mit Versorgungsbezügen gilt es über § 47 BeamtStG hinaus als Dienstvergehen, wenn sie

1. an Bestrebungen teilnehmen, die darauf abzielen, den Bestand oder die Sicherheit des Freistaates Bayern zu beeinträchtigen,
2. entgegen § 29 Abs. 2, § 30 Abs. 3 Satz 1 BeamtStG schuldhaft einer erneuten Berufung in das Beamtenverhältnis oder den Verpflichtungen nach § 29 Abs. 4 und 5 BeamtStG nicht nachkommen,
3. einer Untersagung nach § 41 Satz 2 BeamtStG zuwiderhandeln oder
4. im Zusammenhang mit dem Bezug von Leistungen des Dienstherrn falsche oder pflichtwidrig unvollständige Angaben machen.

Art. 78 Verjährung der Schadensersatzpflicht und gesetzlicher Forderungsübergang. (1) [1]Ansprüche nach § 48 BeamtStG verjähren in drei Jahren von dem Zeitpunkt an, in dem der Dienstherr von dem Schaden und der Person des oder der Ersatzpflichtigen Kenntnis erlangt hat, ohne Rücksicht auf diese Kenntnis in zehn Jahren von der Begehung der Handlung an. [2]Hat der Dienstherr einem Dritten Schadensersatz geleistet, so tritt an die Stelle des Zeitpunkts, in dem der Dienstherr von dem Schaden Kenntnis erlangt, der Zeitpunkt, in dem der Ersatzanspruch des Dritten diesem gegenüber vom Dienstherrn anerkannt oder dem Dienstherrn gegenüber rechtskräftig festgestellt wird.

(2) Leistet der Beamte oder die Beamtin dem Dienstherrn Ersatz und hat dieser einen Ersatzanspruch gegen einen Dritten, so geht der Ersatzanspruch auf den Beamten oder die Beamtin über.

Abschnitt 3

Beschränkung der Vornahme von Amtshandlungen

Art. 79 Befreiung von Amtshandlungen. (1) Beamte und Beamtinnen sind von Amtshandlungen zu befreien, die sich gegen sie selbst oder Angehörige richten würden.

(2) Gesetzliche Vorschriften, insbesondere Art. 20 BayVwVfG, nach denen Beamte und Beamtinnen von einzelnen Amtshandlungen ausgeschlossen sind, bleiben unberührt.

Abschnitt 4

Erteilung von Auskünften

Art. 80 Auskünfte an die Medien. Auskünfte an die Medien erteilt die Leitung der Behörde oder die von ihr bestimmte Person.

Abschnitt 5

Nebentätigkeiten und Tätigkeiten von Ruhestandsbeamten und Ruhestandsbeamtinnen sowie früheren Beamten und Beamtinnen mit Versorgungsbezügen

Art. 81 Nebentätigkeit auf Verlangen des Dienstherrn, Genehmigungspflicht. (1) Beamte und Beamtinnen sind verpflichtet, auf schriftliches Verlangen ihres Dienstherrn eine Nebentätigkeit (Nebenamt, Nebenbeschäftigung) im öffentlichen Dienst zu übernehmen, sofern diese Tätigkeit ihrer Vorbildung oder Berufsausbildung entspricht und sie nicht über Gebühr in Anspruch nimmt.

(2) [1]Beamte und Beamtinnen bedürfen zur Übernahme jeder anderen Nebentätigkeit der vorherigen Genehmigung, soweit die Nebentätigkeit nicht nach Art. 82 Abs. 1 genehmigungsfrei ist. [2]Als Nebentätigkeit gilt nicht die Wahrnehmung öffentlicher Ehrenämter sowie die unentgeltliche Führung der Vormundschaft, Betreuung oder Pflegschaft für Angehörige; ihre Übernahme ist vor Aufnahme dem oder der unmittelbaren Dienstvorgesetzten schriftlich anzuzeigen.

(3) [1]Die Genehmigung ist zu versagen, wenn zu besorgen ist, dass durch die Nebentätigkeit dienstliche Interessen beeinträchtigt werden. [2]Ein solcher Versagungsgrund liegt insbesondere vor, wenn die Nebentätigkeit

1. nach Art und Umfang die Arbeitskraft des Beamten oder der Beamtin so stark in Anspruch nimmt, dass die ordnungsgemäße Erfüllung der dienstlichen Pflichten behindert werden kann,
2. den Beamten oder die Beamtin in einen Widerstreit mit dienstlichen Pflichten bringen kann,
3. in einer Angelegenheit ausgeübt wird, in der die Behörde, der der Beamte oder die Beamtin angehört, tätig wird oder tätig werden kann,
4. die Unparteilichkeit oder Unbefangenheit des Beamten oder der Beamtin beeinflussen kann,
5. zu einer wesentlichen Einschränkung der künftigen dienstlichen Verwendbarkeit des Beamten oder der Beamtin führen kann,
6. dem Ansehen der öffentlichen Verwaltung abträglich sein kann.

[3]Die Voraussetzung des Satzes 2 Nr. 1 gilt in der Regel als erfüllt, wenn die zeitliche Beanspruchung durch eine oder mehrere Nebentätigkeiten in der Woche acht Stunden überschreitet. [4]Das Vorliegen eines Versagungsgrundes nach Satz 3 ist besonders zu prüfen, wenn abzusehen ist, dass die Entgelte und geldwerten Vorteile aus genehmigungspflichtigen Nebentätigkeiten im Kalenderjahr 30 v.H. der jährlichen Dienstbezüge des Beamten oder der Beamtin bei Vollzeitbeschäftigung überschreiten werden; das Ergebnis der Prüfung ist aktenkundig zu machen. [5]Die Genehmigung ist auf längstens fünf Jahre zu befristen; sie kann mit Auflagen und Bedingungen versehen werden. [6]Beamte und Beamtinnen können verpflichtet werden, nach Ablauf eines jeden Kalenderjahres ihren Dienstvorgesetzten eine Aufstellung über alle im Kalenderjahr ausgeübten genehmigungspflichtigen Nebentätigkeiten und die dafür erhaltenen Entgelte und geldwerten Vorteile vorzulegen. [7]Ergibt sich eine Beeinträchtigung dienstlicher Interessen nach Erteilung der Genehmigung, so ist diese zu widerrufen.

(4) [1]Nebentätigkeiten, die nicht auf Verlangen, Vorschlag oder Veranlassung des Dienstherrn übernommen wurden oder bei denen der oder die Dienstvorgesetzte ein dienstliches Interesse an der Übernahme der Nebentätigkeit nicht anerkannt hat, dürfen nur außerhalb der Arbeitszeit ausgeübt werden. [2]Ausnahmen dürfen nur in besonders begründeten Fällen, insbesondere im öffentlichen Interesse, zugelassen werden, wenn dienstliche Gründe nicht entgegenstehen und die versäumte Arbeitszeit nachgeleistet wird.

(5) [1]Beamte und Beamtinnen dürfen bei der Ausübung von Nebentätigkeiten Einrichtungen, Personal oder Material des Dienstherrn nur bei Vorliegen eines öffentlichen oder wissenschaftlichen Interesses mit vorheriger Genehmigung und gegen Entrichtung eines angemessenen Entgelts in Anspruch nehmen. [2]Das Entgelt hat sich nach den dem Dienstherrn entstehenden Kosten zu richten und muss den besonderen Vorteil berücksichtigen, der dem Beamten oder der Beamtin durch die Inanspruchnahme entsteht. [3]Der Beamte oder die Beamtin ist verpflichtet, soweit bei der Ausübung von Nebentätigkeiten Einrichtungen, Personal oder Material des Dienstherrn in Anspruch genommen werden, auf Verlangen über Art und Umfang der Nebentätigkeiten, die hierdurch erzielte Vergütung sowie über Art und Umfang der Inanspruchnahme Auskunft zu geben. [4]Die Vergütung sowie Art und Umfang der Inanspruchnahme können geschätzt werden, wenn hierüber keine Auskunft gegeben wird oder über entsprechende Angaben keine ausreichende Aufklärung gegeben werden kann oder Aufzeichnungen nicht vorgelegt werden, die nach beamtenrechtlichen Rechtsvorschriften zu führen sind.

(6) [1]Die Entscheidungen nach den Abs. 1 bis 5 trifft, soweit nichts anderes bestimmt ist, die oberste Dienstbehörde. [2]Sie kann ihre Befugnisse durch Rechtsverordnung auf andere Behörden übertragen.

(7) [1]Anträge auf Erteilung einer Genehmigung (Abs. 2) oder auf Zulassung einer Ausnahme (Abs. 4 Satz 2) und Entscheidungen über diese Anträge bedürfen der Schriftform. [2]Von den Beamten und Beamtinnen sind die für die

Entscheidung erforderlichen Nachweise über Art und Umfang der Nebentätigkeit zu führen. [3]Das dienstliche Interesse (Abs. 4 Satz 1) ist aktenkundig zu machen.

Art. 82 Genehmigungsfreie Nebentätigkeit. (1) [1]Nicht genehmigungspflichtig ist

1. eine Nebentätigkeit, die auf Vorschlag oder Veranlassung des Dienstherrn übernommen wird,
2. eine unentgeltliche Nebentätigkeit mit Ausnahme
   a) der Übernahme eines Nebenamtes, einer in Art. 81 Abs. 2 Satz 2 Halbsatz 1 nicht genannten Vormundschaft, Betreuung oder Pflegschaft sowie einer Testamentsvollstreckung,
   b) der Übernahme einer gewerblichen Tätigkeit, der Ausübung eines freien Berufs oder der Mitarbeit bei einer dieser Tätigkeiten,
   c) des Eintritts in ein Organ eines Unternehmens, sofern es sich bei dem Unternehmen nicht um eine Genossenschaft handelt, sowie der Übernahme einer Treuhänderschaft,
3. die Verwaltung eigenen oder der eigenen Nutznießung unterliegenden Vermögens,
4. eine schriftstellerische, wissenschaftliche, künstlerische Tätigkeit oder Vortragstätigkeit,
5. die mit Lehr- oder Forschungsaufgaben zusammenhängende selbstständige Gutachtertätigkeit von Professoren und Professorinnen an staatlichen Hochschulen sowie von Beamten und Beamtinnen an wissenschaftlichen Instituten und Anstalten,
6. die Tätigkeit zur Wahrung von Berufsinteressen in Gewerkschaften oder Berufsverbänden oder in Selbsthilfeeinrichtungen der Beamten und Beamtinnen.

[2]Die Unentgeltlichkeit einer Nebentätigkeit nach Satz 1 Nr. 2 wird durch die Gewährung einer angemessenen Aufwandsentschädigung oder einer Gegenleistung von geringem Wert nicht ausgeschlossen.

(2) [1]Liegen Anhaltspunkte für eine Verletzung von Dienstpflichten vor, können Dienstvorgesetzte verlangen, dass Beamte und Beamtinnen über Art und Umfang nicht genehmigungspflichtiger Nebentätigkeiten und die hieraus erzielten Vergütungen schriftlich Auskunft erteilen und die erforderlichen Nachweise führen. [2]Eine nicht genehmigungspflichtige Nebentätigkeit ist von den Dienstvorgesetzten ganz oder teilweise zu untersagen, wenn bei ihrer Ausübung dienstliche Pflichten verletzt werden.

(3) Art. 81 Abs. 4 und 5 gilt entsprechend.

Art. 83 Rückgriffshaftung des Dienstherrn. [1]Werden Beamte und Beamtinnen aus ihrer Tätigkeit im Vorstand, Aufsichtsrat, Verwaltungsrat oder in einem sonstigen Organ einer Gesellschaft, Genossenschaft oder eines in einer anderen Rechtsform betriebenen Unternehmens, die sie auf schriftliches Verlangen, Vorschlag oder Veranlassung des Dienstherrn übernommen haben,

haftbar gemacht, so besteht gegen den Dienstherrn Anspruch auf Ersatz des ihnen entstandenen Schadens. [2]Ist der Schaden vorsätzlich oder grob fahrlässig herbeigeführt worden, so ist der Dienstherr nur dann ersatzpflichtig, wenn der Beamte oder die Beamtin auf schriftliches Verlangen eines oder einer Vorgesetzten gehandelt hat.

Art. 84 Beendigung der Nebentätigkeit im öffentlichen Dienst. Endet das Beamtenverhältnis, so enden, wenn im Einzelfall nichts anderes bestimmt wird, auch die Nebenämter und Nebenbeschäftigungen, die im Zusammenhang mit dem Hauptamt übertragen worden sind oder die auf schriftliches Verlangen, Vorschlag oder Veranlassung des Dienstherrn übernommen worden sind.

Art. 85 Ausführungsverordnung. (1) [1]Die zur Ausführung der Art. 81 bis 84 notwendigen Vorschriften über die Nebentätigkeit erlässt die Staatsregierung durch Rechtsverordnung. [2]In ihr kann auch bestimmt werden,

1. welche Tätigkeiten als öffentlicher Dienst im Sinn dieser Vorschriften anzusehen sind oder ihm gleichstehen,
2. ob und inwieweit für eine im öffentlichen Dienst ausgeübte oder auf Verlangen, Vorschlag oder Veranlassung des Dienstherrn übernommene Nebentätigkeit eine Vergütung gezahlt wird oder eine erhaltene Vergütung abzuführen ist und diese Vergütung geschätzt werden kann, wenn hierüber keine Auskunft gegeben wird oder über entsprechende Angaben keine ausreichende Aufklärung gegeben werden kann oder Aufzeichnungen nicht vorgelegt werden, die nach beamtenrechtlichen Rechtsvorschriften zu führen sind,
3. inwieweit Auskunft über eine Vergütung aus einer genehmigungspflichtigen Nebentätigkeit zu erteilen ist,
4. unter welchen Voraussetzungen bei der Ausübung von Nebentätigkeiten Einrichtungen, Personal oder Material des Dienstherrn in Anspruch genommen werden dürfen und welches Entgelt hierfür zu entrichten ist,
5. das Nähere hinsichtlich der Auskunftspflicht nach Art. 81 Abs. 3 Satz 6 und Abs. 5 Satz 3, Art. 82 Abs. 2 und 3, der Schätzung nach Art. 81 Abs. 5 Satz 4, Art. 82 Abs. 3 sowie der Unentgeltlichkeit nach Art. 82 Abs. 1 Satz 1 Nr. 2 und Satz 2.

(2) [1]Im staatlichen Bereich kann das zuständige Staatsministerium in Ergänzung einer Rechtsverordnung nach Abs. 1 Satz 2 Nr. 2 die Höhe der Vergütung für eine Nebentätigkeit durch Verwaltungsvorschriften regeln. [2]Wird eine Verwaltungsvorschrift nicht erlassen, ist die Höhe der Vergütung vom zuständigen Staatsministerium durch Einzelentscheidung zu bestimmen. [3]Verwaltungsvorschriften und Einzelentscheidungen bedürfen der Zustimmung des Staatsministeriums der Finanzen und für Heimat.

Art. 86 Beschäftigung oder Erwerbstätigkeit von Ruhestandsbeamten und Ruhestandsbeamtinnen sowie früheren Beamten und Beamtinnen mit Versorgungsbezügen. (1) [1]Der Zeitraum, in dem die Pflicht der Anzeige

einer Erwerbstätigkeit oder sonstigen Beschäftigung außerhalb des öffentlichen Dienstes im Sinn des § 41 Satz 1 BeamtStG besteht, beträgt fünf Jahre vor Beendigung des Beamtenverhältnisses. [2]Die Tätigkeit gemäß § 41 Satz 1 BeamtStG ist der letzten obersten Dienstbehörde gegenüber anzuzeigen. [3]Die Anzeigepflicht endet nach

1. drei Jahren, wenn das Beamtenverhältnis mit dem Erreichen der in den Art. 62 und 143 genannten gesetzlichen Altersgrenze, oder zu einem späteren Zeitpunkt beendet worden ist,
2. fünf Jahren, spätestens jedoch drei Jahre nach dem in Nr. 1 bestimmten Zeitpunkt, wenn das Beamtenverhältnis zu einem früheren Zeitpunkt beendet worden ist.

(2) [1]Die Untersagung wird durch die letzte oberste Dienstbehörde ausgesprochen. [2]Sie endet mit Ablauf des Zeitraums, für den eine Anzeigepflicht nach Abs. 1 besteht, spätestens mit Ablauf des in § 41 Satz 3 BeamtStG genannten Zeitpunkts. [3]Die oberste Dienstbehörde kann ihre Befugnisse durch Rechtsverordnung auf andere Behörden übertragen.

Abschnitt 6

Arbeitszeit, Teilzeit und Beurlaubung

Art. 87 Regelung der Arbeitszeit, Mehrarbeit. (1) Die Staatsregierung regelt die Arbeitszeit durch Rechtsverordnung.

(2) [1]Beamte und Beamtinnen sind verpflichtet, ohne Entschädigung über die regelmäßige wöchentliche Arbeitszeit hinaus Dienst zu tun, wenn zwingende dienstliche Verhältnisse dies erfordern und sich die Mehrarbeit auf Ausnahmefälle beschränkt. [2]Werden sie durch dienstlich angeordnete oder genehmigte Mehrarbeit mehr als fünf Stunden im Monat über die regelmäßige Arbeitszeit hinaus beansprucht, ist innerhalb eines Jahres für die über die regelmäßige Arbeitszeit hinaus geleistete Mehrarbeit entsprechende Dienstbefreiung zu gewähren. [3]Ist die Dienstbefreiung aus zwingenden dienstlichen Gründen nicht möglich, so können an ihrer Stelle Beamte und Beamtinnen in Besoldungsgruppen mit aufsteigenden Gehältern eine Vergütung erhalten.

(3) [1]Zur Bewältigung eines länger andauernden, aber vorübergehenden Personalbedarfs kann eine ungleichmäßige Verteilung der regelmäßigen Arbeitszeit festgelegt werden. [2]Hierbei soll die Arbeitszeit zehn Stunden am Tag und im Jahresdurchschnitt 48 Stunden in der Woche nicht überschreiten. [3]Die ungleichmäßige Verteilung der regelmäßigen Arbeitszeit soll einen Zeitraum von zehn Jahren nicht übersteigen. [4]Die Arbeitszeiterhöhung ist durch eine Minderung der Arbeitszeit vollständig auszugleichen; die Minderung der Arbeitszeit muss sich nicht unmittelbar an den Zeitraum der Arbeitszeiterhöhung anschließen. [5]Der Ausgleich kann auch durch eine volle Freistellung vom Dienst vorgenommen werden. [6]Für teilzeitbeschäftigte Beamte und Beamtinnen gilt Art. 88 Abs. 5 entsprechend.

(4) [1]Vollzeitbeschäftigten Beamten und Beamtinnen kann auf Antrag eine längerfristige ungleichmäßige Verteilung der regelmäßigen Arbeitszeit bewilligt werden, wenn zwingende dienstliche Belange nicht entgegenstehen. [2]Abs. 3 Satz 2 bis 5 gilt entsprechend.

(5) [1]Werden Lehrkräfte an öffentlichen Schulen durch eine dienstlich angeordnete oder genehmigte Mehrarbeit mehr als drei Unterrichtsstunden im Monat über die regelmäßige Arbeitszeit hinaus beansprucht, ist ihnen abweichend von Abs. 2 Satz 2 und 3 innerhalb von drei Monaten für die über die regelmäßige Arbeitszeit hinaus geleistete Mehrarbeit entsprechende Dienstbefreiung zu gewähren. [2]Ist die Dienstbefreiung nach Satz 1 aus zwingenden dienstlichen Gründen nicht möglich, so können an ihrer Stelle Lehrkräfte in Besoldungsgruppen mit aufsteigenden Gehältern eine Vergütung erhalten. [3]Ausgaben nach Satz 2 sind im Einzelplan gegen zu finanzieren durch gezielte Sperre freier und besetzbarer Stellen oder bei den übrigen Personalausgabemitteln.

Art. 88 Antragsteilzeit. (1) Beamten und Beamtinnen mit Dienstbezügen soll auf Antrag die Arbeitszeit bis auf die Hälfte der regelmäßigen Arbeitszeit und bis zur jeweils beantragten Dauer ermäßigt werden, soweit dienstliche Belange nicht entgegenstehen.

(2) [1]Dem Antrag nach Abs. 1 darf nur entsprochen werden, wenn der Beamte oder die Beamtin sich verpflichtet, während des Bewilligungszeitraums außerhalb des Beamtenverhältnisses berufliche Verpflichtungen nur in dem Umfang einzugehen, in dem nach Art. 81 ff. den vollzeitbeschäftigten Beamten und Beamtinnen die Ausübung von Nebentätigkeiten gestattet ist. [2]Ausnahmen hiervon sind nur zulässig, soweit dies mit dem Beamtenverhältnis vereinbar ist. [3]Wird die Verpflichtung nach Satz 1 schuldhaft verletzt, soll die Bewilligung widerrufen werden.

(3) [1]Die zuständige Dienstbehörde kann auch nachträglich die Dauer der Teilzeitbeschäftigung beschränken oder den Umfang der zu leistenden Arbeitszeit erhöhen, soweit zwingende dienstliche Belange dies erfordern. [2]Sie soll eine Änderung des Umfangs der Teilzeitbeschäftigung oder den Übergang zur Vollzeitbeschäftigung zulassen, wenn die Teilzeitbeschäftigung im bisherigen Umfang nicht zumutbar ist und dienstliche Belange nicht entgegenstehen.

(4) [1]Wenn zwingende dienstliche Belange nicht entgegenstehen, soll die Bewilligung der Teilzeitbeschäftigung nach Abs. 1 in der Weise zugelassen werden, dass zunächst während eines Teils des Bewilligungszeitraums die Arbeitszeit bis zur regelmäßigen Arbeitszeit erhöht und diese Arbeitszeiterhöhung während des unmittelbar daran anschließenden Teils des Bewilligungszeitraums durch eine entsprechende Ermäßigung der Arbeitszeit oder durch eine ununterbrochene volle Freistellung vom Dienst ausgeglichen wird. [2]Der gesamte Bewilligungszeitraum darf höchstens zehn Jahre betragen.

(5) [1]Treten während des Bewilligungszeitraums einer Teilzeitbeschäftigung nach Abs. 4 Umstände ein, welche die vorgesehene Abwicklung der vollen

oder teilweisen Freistellung unmöglich machen, ist ein Widerruf abweichend von Art. 49 BayVwVfG auch mit Wirkung für die Vergangenheit in folgenden Fällen zulässig:
1. bei Beendigung des Beamtenverhältnisses,
2. beim Dienstherrnwechsel,
3. bei Gewährung von Urlaub nach Art. 90 Abs. 1 Nr. 2 oder
4. in besonderen Härtefällen, wenn dem Beamten oder der Beamtin die Fortsetzung der Teilzeitbeschäftigung nicht mehr zuzumuten ist.

[2]Der Widerruf darf nur mit Wirkung für den gesamten Bewilligungszeitraum und nur in dem Umfang erfolgen, der der tatsächlichen Arbeitszeit entspricht.

(6) [1]Wird langfristig Urlaub nach einer anderen als der in Abs. 5 Satz 1 Nr. 3 genannten Vorschrift bewilligt, verlängert sich der Bewilligungszeitraum um die Dauer der Beurlaubung. [2]Auf Antrag oder aus dienstlichen Gründen kann die Bewilligung widerrufen werden.

Art. 89 Familienpolitische Teilzeit und Beurlaubung. (1) Beamten und Beamtinnen mit Dienstbezügen ist auf Antrag, wenn zwingende dienstliche Belange nicht entgegenstehen,
1. zur tatsächlichen Betreuung oder Pflege von mindestens einem Kind unter 18 Jahren oder einem oder einer nach ärztlichem Gutachten pflegebedürftigen sonstigen Angehörigen Teilzeitbeschäftigung in einem Umfang von mindestens durchschnittlich wöchentlich acht Stunden oder Urlaub ohne Dienstbezüge,
2. während der Elternzeit Teilzeitbeschäftigung auch mit weniger als wöchentlich acht Stunden

zu gewähren.

(2) [1]Der Antrag auf Verlängerung einer Beurlaubung soll spätestens sechs Monate vor Ablauf der Genehmigung einer Beurlaubung gestellt werden. [2]Art. 88 Abs. 3 gilt entsprechend. [3]Die zuständige Dienstbehörde kann eine Rückkehr aus dem Urlaub zulassen, wenn die Fortsetzung des Urlaubs nicht zugemutet werden kann und dienstliche Belange nicht entgegenstehen.

(3) [1]Während einer Freistellung vom Dienst nach Abs. 1 dürfen nur solche Nebentätigkeiten genehmigt werden, die dem Zweck der Freistellung nicht zuwiderlaufen. [2]Die Vorschriften der Art. 81 bis 85 bleiben unberührt.

(4) [1]Während der Zeit der Beurlaubung ohne Dienstbezüge nach Abs. 1 besteht ein Anspruch auf Leistungen der Krankheitsfürsorge in entsprechender Anwendung der Beihilferegelungen für Beamte und Beamtinnen mit Dienstbezügen. [2]Dies gilt nicht, wenn Beamte oder Beamtinnen berücksichtigungsfähige Angehörige von Beihilfeberechtigten werden oder Anspruch auf Familienhilfe nach § 10 des Fünften Buches Sozialgesetzbuch (SGB V) haben.

(5) [1]Soweit die Zulassungs-, Ausbildungs- und Prüfungsordnungen dies vorsehen, kann Beamten und Beamtinnen auf Widerruf im Vorbereitungsdienst aus den in Abs. 1 genannten Gründen eine Teilzeitbeschäftigung mit mindestens der Hälfte der regelmäßigen Arbeitszeit bewilligt werden, wenn dienstli-

che Belange nicht entgegenstehen, die Struktur der Ausbildung dies zulässt und den unverzichtbaren Erfordernissen der Ausbildung Rechnung getragen wird. [2]Die Abs. 2 und 3 gelten entsprechend. [3]Die Sätze 1 und 2 gelten auch für die Beamten und Beamtinnen nach Art. 125.

Art. 90 Arbeitsmarktpolitische Beurlaubung. (1) Beamten und Beamtinnen mit Dienstbezügen nach Ablauf der Probezeit kann in einer Arbeitsmarktsituation, in der ein außergewöhnlicher Bewerbungsüberhang besteht und deshalb ein dringendes öffentliches Interesse daran gegeben ist, verstärkt Personen im öffentlichen Dienst zu beschäftigen,

1. auf Antrag Urlaub ohne Dienstbezüge bis zur Dauer von insgesamt sechs Jahren, mindestens von einem Jahr,
2. unbeschadet Nr. 1 nach Vollendung des 50. Lebensjahres auf Antrag, der sich auf die Zeit bis zum Beginn des Ruhestands erstrecken muss, Urlaub ohne Dienstbezüge

bewilligt werden, wenn dienstliche Belange nicht entgegenstehen.

(2) [1]Dem Antrag nach Abs. 1 darf nur entsprochen werden, wenn der Beamte oder die Beamtin erklärt, während der Dauer des Bewilligungszeitraums auf die Ausübung entgeltlicher Nebentätigkeiten zu verzichten und entgeltliche Tätigkeiten nach Art. 82 Abs. 1 Nr. 4 bis 6 nur in dem Umfang auszuüben, wie sie bei Vollzeitbeschäftigung ohne Verletzung dienstlicher Pflichten ausgeübt werden könnten. [2]Wird diese Verpflichtung schuldhaft verletzt, soll die Bewilligung widerrufen werden. [3]Die zuständige Dienstbehörde darf trotz der Erklärung nach Satz 1 Nebentätigkeiten genehmigen, soweit sie dem Zweck der Bewilligung des Urlaubs nicht zuwiderlaufen. [4]Art. 89 Abs. 2 Satz 1 und 3 gilt entsprechend.

Art. 91 Altersteilzeit. (1) [1]Beamten und Beamtinnen mit Dienstbezügen, die das 60. Lebensjahr vollendet haben, kann auf Antrag, der sich auf die Zeit bis zum Beginn des Ruhestands erstrecken muss, eine Teilzeitbeschäftigung mit 60 v.H. der in den letzten fünf Jahren vor Beginn der Altersteilzeit durchschnittlich geleisteten Arbeitszeit bewilligt werden, wenn dringende dienstliche Belange nicht entgegenstehen; bei schwerbehinderten Beamten und Beamtinnen im Sinn des § 2 Abs. 2 SGB IX tritt an die Stelle des 60. das 58. Lebensjahr. [2]Für Lehrkräfte an öffentlichen Schulen gilt als Altersgrenze der Beginn des Schuljahres, in dem diese das nach Satz 1 maßgebliche Lebensjahr vollenden. [3]Altersteilzeit nach Satz 1 muss einen Mindestbewilligungszeitraum von einem Jahr umfassen.

(2) [1]Entsprechend den dienstlichen Erfordernissen kann die während der Gesamtdauer der Altersteilzeit zu leistende Arbeit so eingebracht werden, dass sie

1. während des gesamten Bewilligungszeitraums durchgehend im nach Abs. 1 Satz 1 festgesetzten Umfang geleistet wird (Teilzeitmodell) oder
2. zunächst im Umfang der in den letzten fünf Jahren vor Beginn der Altersteilzeit durchschnittlich festgesetzten Arbeitszeit oder im Umfang der vor

Beginn der Altersteilzeit zuletzt festgesetzten Arbeitszeit geleistet wird und der Beamte oder die Beamtin anschließend vollständig vom Dienst freigestellt wird (Blockmodell).

[2]Art. 88 Abs. 2 gilt entsprechend. [3]Treten während des Bewilligungszeitraums einer nach Satz 1 Nr. 2 im Blockmodell bewilligten Altersteilzeit Umstände ein, welche die vorgesehene Abwicklung der Freistellung vom Dienst unmöglich machen, so ist die gewährte Altersteilzeit abweichend von Art. 49 BayVwVfG mit Wirkung für die Vergangenheit in folgenden Fällen zu widerrufen:
1. bei Beendigung des Beamtenverhältnisses,
2. beim Dienstherrnwechsel,
3. bei Gewährung von Urlaub nach Art. 89 Abs. 1 Nr. 1 oder Art. 90 Abs. 1 Nr. 2 oder
4. in besonderen Härtefällen, wenn dem Beamten oder der Beamtin die Fortsetzung der Altersteilzeit nicht mehr zuzumuten ist.

[4]Ein Widerruf erfolgt nicht, soweit Zeiten aus der Ansparphase durch eine gewährte Freistellung bereits ausgeglichen wurden; dabei gelten die unmittelbar vor dem Eintritt in die Freistellungsphase liegenden Ansparzeiten als durch die Freistellung ausgeglichen. [5]Gleichzeitig mit dem Widerruf wird der Arbeitszeitstatus entsprechend des in der Ansparphase geleisteten und nicht durch Freistellung ausgeglichenen Arbeitszeitumfangs festgesetzt. [6]Soweit bei der Festsetzung der wöchentlichen Unterrichtsverpflichtung von Lehrkräften an öffentlichen Schulen Rundungen vorzunehmen sind, um eine in vollen Stunden bemessene Unterrichtsverpflichtung zu erreichen, sollen die entstandenen Rundungsdifferenzen im Lauf des Bewilligungszeitraums durch eine entsprechende Reduzierung oder Erhöhung der wöchentlichen Unterrichtsverpflichtung ausgeglichen werden.

(3) Abs. 1 und 2 gelten nicht für Amtschefs und Amtschefinnen, Abteilungsleiter und Abteilungsleiterinnen sowie vergleichbare Funktionsinhaber und Funktionsinhaberinnen bei staatlichen obersten Dienstbehörden sowie für die Leiter und Leiterinnen von staatlichen Behörden, deren Ämter nach Art. 45 im Beamtenverhältnis auf Zeit vergeben werden oder die mindestens in der Besoldungsgruppe R 3 eingestuft sind.

(4) [1]In Bereichen, in denen wegen grundlegender Verwaltungsreformmaßnahmen in wesentlichem Umfang Stellen abgebaut werden, gilt abweichend von Abs. 1 als Altersgrenze das vollendete 55. Lebensjahr, sofern die betroffene Planstelle oder eine Stelle einer um bis zu vier Besoldungs- oder Entgeltgruppen niedrigeren Besoldungs- oder Entgeltgruppe sukzessive, entsprechend ihres Freiwerdens, vollständig gesperrt und in den nachfolgenden Haushaltsplänen eingezogen wird. [2]Abs. 3 findet in diesen Verwaltungsbereichen keine Anwendung. [3]Die Staatsregierung wird für den staatlichen Bereich ermächtigt, die Bereiche im Sinn des Satzes 1 sowie nähere Bestimmungen zum Vollzug der Einsparungen durch Rechtsverordnung festzulegen. [4]Die Gemeinden, Gemeindeverbände und sonstigen unter der Aufsicht des Staates stehenden Körperschaften, Anstalten und Stiftungen des öffentlichen Rechts können inner-

halb ihres Zuständigkeitsbereichs die Bereiche im Sinn des Satzes 1 sowie nähere Bestimmungen zum Vollzug der Einsparungen festlegen.

Art. 92 Zeitliche Höchstgrenzen, Zuständigkeit, Hinweispflicht. (1) [1]Die Dauer von Beurlaubungen nach Art. 89 Abs. 1 Nr. 1, Art. 90 Abs. 1 dieses Gesetzes oder Art. 9 des Bayerischen Richter- und Staatsanwaltsgesetzes (BayRiStAG) darf insgesamt 15 Jahre nicht überschreiten. [2]Unbeschadet hiervon sind Zeiten einer Beurlaubung nach Art. 89 Abs. 1 Nr. 1 dieses Gesetzes oder Art. 9 Abs. 1 BayRiStAG in Verbindungm mit Art. 8 Abs. 1 Satz 1 BayRiStAG im Umfang von bis zu zwei Jahren sowie derjenigen Zeit zu bewilligen, die der Freistellungsmöglichkeit für Arbeitnehmer nach dem Pflegezeitgesetz entspricht. [3]Bei Beamten und Beamtinnen im Schul- oder Hochschuldienst kann der Bewilligungszeitraum einer Beurlaubung nach Art. 89 Abs. 1 Nr. 1 oder Art. 90 Abs. 1 Nr. 1 auch beim Wegfall der tatbestandlichen Voraussetzungen bis zum Ende des laufenden Schulhalbjahres oder Semesters ausgedehnt werden. [4]In den Fällen des Art. 90 Abs. 1 Nr. 2 findet Satz 1 keine Anwendung, wenn eine Rückkehr zur Voll- oder Teilzeitbeschäftigung nicht zumutbar ist.

(2) Die Entscheidungen nach Art. 88 bis 91 trifft die oberste Dienstbehörde; sie kann ihre Befugnisse durch Rechtsverordnung auf andere Behörden übertragen.

(3) Bei der Beantragung einer Freistellung nach Art. 88 bis 91 ist durch die zuständige Dienststelle auf die rechtlichen Folgen der Freistellung hinzuweisen.

Art. 93 Erholungs- und Sonderurlaub. (1) Die Staatsregierung regelt die Erteilung und Dauer des Erholungsurlaubs sowie Voraussetzungen und Umfang einer Abgeltung durch Rechtsverordnung.

(2) Die Staatsregierung regelt ferner die Bewilligung von Urlaub aus anderen Anlässen und bestimmt, ob und inwieweit die Leistungen des Dienstherrn während dieser Zeit zu belassen sind.

(3) Hinsichtlich der Wahl des Urlaubsorts (Abs. 1 und 2) können Beschränkungen auferlegt werden, wenn es die öffentliche Sicherheit zwingend erfordert.

(4) [1]Der zu einer Tätigkeit als Mitglied einer kommunalen Vertretung notwendige Urlaub ist zu gewähren, soweit es sich um die Teilnahme an Sitzungen handelt, in denen der Beamte oder die Beamtin Sitz und Stimme hat. [2]Die Leistungen des Dienstherrn werden während des Urlaubs belassen.

(5) Die Gewährung von Wahlvorbereitungsurlaub für Beamte und Beamtinnen, die sich um einen Sitz im Deutschen Bundestag, im Bayerischen Landtag oder in der gesetzgebenden Körperschaft eines anderen Landes bewerben, richtet sich nach Art. 41 des Bayerischen Abgeordnetengesetzes (BayAbgG).

Art. 94 Rechtsfolgen der Wahl in das Parlament eines anderen Landes. (1) Für Beamte und Beamtinnen, die in gesetzgebende Körperschaften anderer Länder gewählt worden sind und deren Amt kraft Gesetzes mit dem Mandat unvereinbar ist, gelten die für die in den Bayerischen Landtag gewählten Beamten und Beamtinnen maßgebenden Vorschriften in den Art. 16 Abs. 3, Art. 43 bis 47, 48 Abs. 1 bis 3 BayAbgG entsprechend.

(2) [1]Beamten und Beamtinnen, die in gesetzgebende Körperschaften anderer Länder gewählt worden sind und deren Rechte und Pflichten aus dem Dienstverhältnis nicht nach Abs. 1 ruhen, ist zur Ausübung des Mandats auf Antrag
1. die Arbeitszeit bis auf 30 v.H. der regelmäßigen Arbeitszeit zu ermäßigen oder
2. ein Urlaub ohne Besoldung zu gewähren.

[2]Der Antrag soll jeweils für einen Zeitraum von mindestens sechs Monaten gestellt werden. [3]Art. 16 Abs. 3 BayAbgG ist sinngemäß anzuwenden. [4]Auf Beamte und Beamtinnen, denen nach Satz 1 Nr. 2 Urlaub ohne Besoldung gewährt wird, ist Art. 45 Abs. 1, 3 und 4 BayAbgG sinngemäß anzuwenden.

Art. 95 Fernbleiben vom Dienst. (1) [1]Beamte und Beamtinnen dürfen dem Dienst nicht ohne Genehmigung ihrer Dienstvorgesetzten fernbleiben. [2]Dienstunfähigkeit wegen Krankheit ist auf Verlangen nachzuweisen.

(2) Verliert der Beamte oder die Beamtin wegen unentschuldigten Fernbleibens vom Dienst nach dem Bayerischen Besoldungsgesetz den Anspruch auf Bezüge, so wird dadurch eine disziplinarische Verfolgung nicht ausgeschlossen.

(3) [1]In allen übrigen Fällen, in denen der Beamte oder die Beamtin außer Dienst gestellt worden ist, können ein anderes Einkommen oder ein beamtenrechtlicher Unterhaltsbeitrag, die infolge der unterbliebenen Dienstleistung für diesen Zeitraum erzielt werden konnten, auf die Leistungen des Dienstherrn angerechnet werden, wenn die Nichtanrechnung zu einem ungerechtfertigten Vorteil führen würde. [2]Der Beamte oder die Beamtin ist zur Auskunft verpflichtet. [3]In den Fällen einer vorläufigen Dienstenthebung auf Grund eines Disziplinarverfahrens finden die besonderen Vorschriften des Disziplinarrechts Anwendung.

Abschnitt 7

Besondere Fürsorgepflichten

Art. 96 Beihilfe in Krankheits-, Geburts-, Pflege- und sonstigen Fällen. (1) [1]Beamte und Beamtinnen, Ruhestandsbeamte und Ruhestandsbeamtinnen, deren versorgungsberechtigte Hinterbliebene, Dienstanfänger und Dienstanfängerinnen sowie frühere Beamte und Beamtinnen, die wegen Dienstunfähigkeit oder Erreichen der Altersgrenze entlassen sind, erhalten für sich, den

Ehegatten oder den Lebenspartner (Lebenspartner und Lebenspartnerin im Sinn des § 1 des Lebenspartnerschaftsgesetzes), soweit dessen Gesamtbetrag der Einkünfte (§ 2 Abs. 3 des Einkommensteuergesetzes) im zweiten Kalenderjahr vor der Stellung des Beihilfeantrags 20 000 € nicht übersteigt, und die im Familienzuschlag nach dem Bayerischen Besoldungsgesetz berücksichtigungsfähigen Kinder Beihilfen als Ergänzung der aus den laufenden Bezügen zu bestreitenden Eigenvorsorge, solange ihnen laufende Besoldung, Unterhaltsbeihilfe nach Art. 97 BayBesG oder Versorgungsbezüge mit Ausnahme von Halbwaisengeld (Art. 39, 40 BayBeamtVG) zustehen. [2]Beihilfe erhalten auch Beamte und Beamtinnen, die während einer Elternzeit keine Bezüge erhalten. [3]Satz 1 gilt nicht für im Familienzuschlag nach dem Bayerischen Besoldungsgesetz berücksichtigungsfähige Kinder, die einen eigenständigen Anspruch auf Beihilfe oder Heilfürsorge haben.

(2) [1]Beihilfeleistungen werden zu den nachgewiesenen medizinisch notwendigen und angemessenen Aufwendungen in Krankheits-, Geburts- und Pflegefällen und zur Gesundheitsvorsorge gewährt. [2]Beihilfen dürfen nur gewährt werden, soweit die Beihilfe und Leistungen Dritter aus demselben Anlass die dem Grunde nach beihilfefähigen Aufwendungen nicht überschreiten. [3]Sind die finanziellen Folgen von Krankheit, Geburt, Pflege und Gesundheitsvorsorge durch Leistungen aus anderen Sicherungssystemen dem Grunde nach abgesichert, erfolgt keine zusätzliche Gewährung von Beihilfeleistungen; Sachleistungen sind vorrangig in Anspruch zu nehmen. [4]Soweit nur Zuschüsse zustehen, sind diese anzurechnen. [5]Der Anspruch auf Beihilfeleistungen ist bei Mitgliedern der gesetzlichen Krankenversicherung beschränkt auf Leistungen für Zahnersatz, für Heilpraktiker und Heilpraktikerinnen und auf Wahlleistungen im Krankenhaus. [6]Aufwendungen für den Besuch schulischer oder vorschulischer Einrichtungen und berufsfördernde Maßnahmen sowie Aufwendungen für einen Schwangerschaftsabbruch, sofern nicht die Voraussetzungen des § 218a Abs. 2 oder 3 des Strafgesetzbuchs vorliegen, sind von der Beihilfefähigkeit ausgeschlossen. [7]Bei Inanspruchnahme von Wahlleistungen im Krankenhaus sind nach Anwendung der persönlichen Bemessungssätze folgende Eigenbeteiligungen abzuziehen:

1. wahlärztliche Leistungen:
   25 € pro Aufenthaltstag im Krankenhaus,
2. Wahlleistung Zweibett-Zimmer:
   7,50 € pro Aufenthaltstag im Krankenhaus, höchstens für 30 Tage im Kalenderjahr.

[8]Satz 7 gilt nicht für Aufwendungen für eine Spenderin oder einen Spender von Organen, Geweben, Blutstammzellen oder anderen Blutbestandteilen, wenn die Empfängerin oder der Empfänger der Spende selbst beihilfeberechtigt ist oder zum Kreis der berücksichtigungsfähigen Angehörigen zählt.

(3) [1]Beihilfen werden als Vomhundertsatz der beihilfefähigen Aufwendungen (Bemessungssatz) oder als Pauschalen gewährt. [2]Der Bemessungssatz beträgt

1. bei Beamten und Beamtinnen sowie Richtern und Richterinnen 50 v.H., während der Inanspruchnahme von Elternzeit 70 v.H.,
2. bei Ehegatten oder Lebenspartnern sowie bei Versorgungsempfängern und Versorgungsempfängerinnen 70 v.H.,
3. bei Kindern und eigenständig beihilfeberechtigten Waisen 80 v.H. [3]Sind zwei oder mehr Kinder berücksichtigungsfähig im Sinn des Abs. 1, beträgt der Bemessungssatz eines oder einer Beihilfeberechtigten 70 v.H.; bei mehreren Beihilfeberechtigten beträgt der Bemessungssatz nur bei einem von ihnen 70 v.H. [4]In besonderen Ausnahmefällen kann eine Erhöhung der Bemessungssätze vorgesehen werden. [5]Die festgesetzte Beihilfe ist um 3 € je verordnetem Arzneimittel, Verbandmittel und Medizinprodukt, jedoch nicht mehr als die tatsächlich gewährte Beihilfe zu mindern (Eigenbeteiligung). [6]Die Eigenbeteiligung unterbleibt

1. bei Aufwendungen für Waisen, für Beamte und Beamtinnen auf Widerruf im Vorbereitungsdienst, und für berücksichtigungsfähige Kinder,
2. für Beihilfeberechtigte und berücksichtigungsfähige Angehörige, die Mitglied einer gesetzlichen Krankenversicherung sind,
3. bei Aufwendungen für Schwangere im Zusammenhang mit Schwangerschaftsbeschwerden oder der Entbindung,
4. bei Aufwendungen für Spenderinnen und Spender nach Abs. 2 Satz 8,
5. soweit sie für die Beihilfeberechtigten und ihre berücksichtigungsfähigen Ehegatten oder Lebenspartner zusammen die Belastungsgrenze überschreitet.

[7]Die Belastungsgrenze beträgt 2 v.H. der Jahresdienst- bzw. Jahresversorgungsbezüge nach beamtenrechtlichen Vorschriften oder Grundsätzen ohne die kinderbezogenen Anteile im Familienzuschlag sowie der Jahresrenten aus der gesetzlichen Rentenversicherung und einer zusätzlichen Alters- und Hinterbliebenenversorgung. [8]Für chronisch Kranke im Sinn des Fünften Buches Sozialgesetzbuch beträgt die Belastungsgrenze 1 v.H., es sei denn, sie haben die wichtigsten evidenzbasierten Untersuchungen nicht regelmäßig in Anspruch genommen oder beteiligen sich nicht hinreichend an einer adäquaten Therapie.

(3a) Eine Beihilfe wird nur gewährt, wenn sie innerhalb drei Jahren nach Entstehung der Aufwendungen oder der Ausstellung der Rechnung beantragt wird.*

(4) [1]Die obersten Dienstbehörden setzen die Beihilfen fest und ordnen die Zahlung an. [2]Sie können diese Befugnisse auf andere Dienststellen übertragen. [3]Das Landesamt für Finanzen setzt mit seinen Dienststellen als zentrale Landesbehörde für den staatlichen Bereich, mit Ausnahme der bei der Bayerischen Versicherungskammer beschäftigten Beamten und Beamtinnen, die Beihilfe der Berechtigten fest und ordnet deren Zahlung an; die örtliche Zuständigkeit sowie gegebenenfalls eine andere sachliche Zuständigkeit kann die Staatsregierung durch Rechtsverordnung regeln. [4]Die sonstigen Befugnisse der obersten Dienstbehörden beim Vollzug der Beihilfevorschriften können auf das

---

* *Beachte dazu Art. 144 Abs. 2.*

Staatsministerium der Finanzen und für Heimat übertragen werden. [5]Die Gemeinden, Gemeindeverbände und die sonstigen der Aufsicht des Staates unterstehenden Körperschaften, Anstalten und Stiftungen des öffentlichen Rechts können zur Erfüllung ihrer Verpflichtungen nach Abs. 1 eine Versicherung abschließen oder sich der Dienstleistungen von Versicherungsunternehmen oder sonstiger geeigneter Stellen bedienen und hierzu die erforderlichen Daten übermitteln; die Zuerkennung der Eignung setzt voraus, dass die mit der Beihilfebearbeitung betrauten Personen nach dem Verpflichtungsgesetz zur Wahrung der Daten verpflichtet werden. [6]Die mit der Beihilfebearbeitung beauftragte Stelle darf die Daten, die ihr im Rahmen der Beihilfebearbeitung bekannt werden, nur für diesen Zweck verarbeiten und nutzen. [7]§ 50 Satz 3 BeamtStG, Art. 105 Satz 4, Art. 107 und 110 gelten entsprechend.

(5) [1]Das Nähere hinsichtlich des Kreises der beihilfeberechtigten Personen und der berücksichtigungsfähigen Angehörigen, des Inhalts und Umfangs der Beihilfen sowie des Verfahrens der Beihilfengewährung und -rückforderung regelt das Staatsministerium der Finanzen und für Heimat durch Rechtsverordnung. [2]Insbesondere können Bestimmungen getroffen werden

1. hinsichtlich des Kreises der beihilfeberechtigten Personen und der berücksichtigungsfähigen Angehörigen über
   a) Konkurrenzregelungen für den Fall des Zusammentreffens mehrerer inhaltsgleicher Ansprüche auf Beihilfeleistungen in einer Person,
   b) die Gewährung von Beihilfeleistungen für Ehegatten oder Lebenspartner bei wechselnder Einkommenshöhe und bei individuell eingeschränkter Versicherbarkeit des Kostenrisikos,
   c) die Beschränkung oder den Ausschluss der Beihilfen für Ehrenbeamte und Ehrenbeamtinnen sowie Beamte und Beamtinnen, deren Dienstverhältnis auf weniger als ein Jahr befristet ist,
2. hinsichtlich des Inhalts und Umfangs der Beihilfen über
   a) die Einführung von Höchstgrenzen,
   b) die Beschränkung auf bestimmte Indikationen,
   c) die Beschränkung oder den Ausschluss für Untersuchungen und Behandlungen nach wissenschaftlich nicht allgemein anerkannten Methoden,
   d) den Ausschluss für Arznei-, Heil- und Hilfsmittel zur Behandlung der erektilen Dysfunktion, Rauchentwöhnung, Abmagerung und Zügelung des Appetits, Regulierung des Körpergewichts und Verbesserung des Haarwuchses,
   e) die Beschränkung oder den Ausschluss von Beihilfen zu Aufwendungen, die in Ländern außerhalb der Mitgliedstaaten der Europäischen Union erbracht werden,
3. hinsichtlich des Zeitpunkts des Beginns der Ausschlussfrist nach Abs. 3a bei Pauschalbeihilfen, Kuren sowie in Fällen, in denen ein Sozialhilfeträger vorgeleistet hat,
4. hinsichtlich des Verfahrens der Beihilfengewährung und -rückforderung über

a) die Antragstellung mittels technischer Verfahren und die elektronische Erfassung und Speicherung von Anträgen und Belegen,
b) die Verwendung einer elektronischen Gesundheitskarte entsprechend § 291a SGB V, wobei der Zugriff der Beihilfestellen auf Daten über die in Anspruch genommenen Leistungen und deren Kosten zu beschränken ist,
c) die Beteiligung von Gutachtern und Gutachterinnen, Beratungsärzten und Beratungsärztinnen sowie sonstigen geeigneten Stellen zur Überprüfung der Notwendigkeit und Angemessenheit einzelner geltend gemachter Aufwendungen einschließlich der Übermittlung der erforderlichen Daten, wobei personenbezogene Daten nur mit Einwilligung des oder der Beihilfeberechtigten übermittelt werden dürfen; die Zuerkennung der Eignung setzt voraus, dass die mit der Bewertung betrauten Personen nach dem Verpflichtungsgesetz zur Wahrung der Daten verpflichtet werden,
d) die Durchführung der Regelungen zur Belastungsgrenze (Abs. 3 Satz 7 und 8),
e) die Durchführung von Regressverfahren einschließlich des erforderlichen Datenaustauschs mit Ermittlungsbehörden.

(6) Die Staatsregierung unterrichtet den Landtag fortlaufend über den Erlass und die geplanten Änderungen der Rechtsverordnung nach Abs. 5 Satz 1.

Art. 97 Erfüllungsübernahme bei Schmerzensgeldansprüchen. (1) [1]Hat der Beamte oder die Beamtin wegen eines tätlichen rechtswidrigen Angriffs, den er oder sie in Ausübung des Dienstes oder außerhalb des Dienstes wegen der Eigenschaft als Beamter oder Beamtin erleidet, einen rechtskräftig festgestellten Anspruch auf Schmerzensgeld gegen einen Dritten, kann der Dienstherr auf Antrag die Erfüllung dieses Anspruchs bis zur Höhe des festgestellten Schmerzensgeldbetrags übernehmen, soweit dies zur Vermeidung einer unbilligen Härte notwendig ist. [2]Der rechtskräftigen Feststellung steht ein Vergleich nach § 794 Abs. 1 Nr. 1 ZPO gleich, sobald er unwiderruflich und der Höhe nach angemessen ist.

(2) [1]Eine unbillige Härte liegt insbesondere vor, wenn die Vollstreckung über einen Betrag von mindestens 500 € erfolglos geblieben ist. [2]Der Dienstherr kann die Erfüllungsübernahme verweigern, wenn auf Grund desselben Sachverhalts eine einmalige Unfallentschädigung (Art. 62 BayBeamtVG) oder Unfallausgleich (Art. 52 BayBeamtVG) gezahlt wird.

(3) [1]Die Übernahme der Erfüllung ist innerhalb einer Ausschlussfrist von zwei Jahren nach Rechtskraft des Urteils schriftlich unter Nachweis der Vollstreckungsversuche zu beantragen. [2]Die Entscheidung trifft die oberste Dienstbehörde, bei Staatsbeamten die Pensionsbehörde (Art. 9 Abs. 2 BayBeamtVG). [3]Soweit der Dienstherr die Erfüllung übernommen hat, gehen Ansprüche gegen Dritte auf ihn über. [4]Der Übergang der Ansprüche kann nicht zum Nachteil des oder der Geschädigten geltend gemacht werden.

Art. 98 Schadensersatz bei Gewaltakten Dritter und Sachschadensersatz bei Unfällen. (1) [1]Werden durch Gewaltakte Dritter, die im Hinblick auf das pflichtgemäße dienstliche Verhalten von Beamten und Beamtinnen begangen werden, Gegenstände beschädigt oder zerstört, die den Beamten und Beamtinnen, ihren Familienangehörigen oder mit ihnen in häuslicher Gemeinschaft lebenden Personen gehören, oder den Beamten und Beamtinnen sonstige, nicht unerhebliche Vermögensschäden zugefügt, so kann der Dienstherr hierfür Ersatz leisten. [2]Gleiches gilt in den Fällen, in denen sich der Gewaltakt gegen den Dienstherrn als solchen gerichtet hat.

(2) Werden in Ausübung oder infolge des Dienstes Kleidungsstücke oder sonstige Gegenstände, die üblicherweise oder aus dienstlichem Grund im Dienst mitgeführt werden, durch einen Unfall beschädigt oder verloren, so kann der Dienstherr dafür Ersatz leisten, sofern der Beamte oder die Beamtin den Schaden nicht vorsätzlich oder grob fahrlässig verursacht hat.

(3) [1]Ansprüche auf Ersatzleistungen sind innerhalb von drei Monaten nach dem Eintritt des Schadens bei der Dienststelle oder der für die Entscheidung über die Ersatzleistung zuständigen Behörde schriftlich geltend zu machen. [2]Die Entscheidung trifft die oberste Dienstbehörde, bei Beamten und Beamtinnen des Staates die Pensionsbehörde (Art. 9 Abs. 2 BayBeamtVG).

(4) [1]Hat der Dienstherr Ersatz geleistet, so gehen insoweit Ansprüche gegen Dritte auf ihn über. [2]Der Übergang der Ansprüche kann nicht zum Nachteil des oder der Geschädigten geltend gemacht werden.

Art. 99 Mutterschutz, Elternzeit, Schwerbehinderung, Arbeitsschutz, Gendiagnostik. (1) [1]Die Staatsregierung regelt durch Rechtsverordnung die der Eigenart des öffentlichen Dienstes entsprechende Anwendung

1. der Vorschriften des Mutterschutzgesetzes auf Beamtinnen,
2. der Vorschriften des Bundeselterngeld- und Elternzeitgesetzes über die Elternzeit auf Beamte und Beamtinnen,
3. der auf das Arbeitsschutzgesetz gestützten Rechtsverordnungen auf Beamte und Beamtinnen.

[2]Weitere Regelungen zur Ausgestaltung der Vorschriften des Neunten Buches Sozialgesetzbuch auf schwerbehinderte und gleichgestellte Beamte, Beamtinnen, Bewerber und Bewerberinnen im öffentlichen Dienst regelt das Staatsministerium der Finanzen und für Heimat durch Verwaltungsvorschriften.

(2) [1]Soweit öffentliche Belange es zwingend erfordern, insbesondere zur Aufrechterhaltung oder Wiederherstellung der öffentlichen Sicherheit, kann das zuständige Staatsministerium im Einvernehmen mit dem Staatsministerium der Finanzen und für Heimat für bestimmte Tätigkeiten durch Rechtsverordnung bestimmen, dass Vorschriften des Arbeitsschutzgesetzes oder hierzu erlassener Rechtsverordnungen des Bundes ganz oder zum Teil nicht anzuwenden sind. [2]In diesen Fällen ist sicherzustellen, dass die Sicherheit und der Gesundheitsschutz bei der Arbeit unter Berücksichtigung der Ziele des Arbeitsschutzgesetzes auf andere Weise gewährleistet werden.

(3) Die für Beschäftigte geltenden Vorschriften des Gendiagnostikgesetzes gelten für Beamte und Beamtinnen im Sinn dieses Gesetzes entsprechend.

Art. 100 Jugendarbeitsschutz. (1) Soweit Beamte und Beamtinnen das 18. Lebensjahr noch nicht vollendet haben, besteht ein Anspruch auf Jugendarbeitsschutz nach Maßgabe der folgenden Absätze.

(2) [1]Bei der Festlegung der täglichen und wöchentlichen Arbeitszeit, der Freistellung an Berufsschultagen, der Regelung der Pausen, der Schichtzeit, der täglichen Freizeit, der Nachtruhe, der Fünf-Tage-Woche sowie der Samstags-, Sonntags- und Feiertagsruhe ist das besondere Schutzbedürfnis von Jugendlichen unter 18 Jahren zu berücksichtigen. [2]Die Dauer ihres Erholungsurlaubs ist unter Berücksichtigung ihres Alters und ihres besonderen Erholungsbedürfnisses zu bemessen. [3]Das Nähere regelt die Staatsregierung durch Rechtsverordnung.

(3) [1]Beamte und Beamtinnen dürfen vor Vollendung des 18. Lebensjahres nicht mit Dienstgeschäften betraut werden, bei denen Leben, Gesundheit oder die körperliche oder seelisch-geistige Entwicklung gefährdet werden. [2]Dies gilt nicht für die Beschäftigung nach Vollendung des 16. Lebensjahres, soweit dies zur Erreichung des Ausbildungsziels erforderlich ist und der Schutz der Jugendlichen durch die Aufsicht eines Fachkundigen sichergestellt ist. [3]Die zuständige Dienstbehörde hat bei der Errichtung und der Unterhaltung der Dienststellen einschließlich der Maschinen, Werkzeuge und Geräte und bei der Regelung der Beschäftigung die erforderlichen Vorkehrungen und Maßnahmen zum Schutz der Jugendlichen gegen Gefahren für Leben und Gesundheit sowie zur Vermeidung einer Beeinträchtigung der körperlichen oder seelisch-geistigen Entwicklung zu treffen.

(4) [1]Jugendliche unter 18 Jahren dürfen in ein Beamtenverhältnis nur berufen werden, nachdem sie ärztlich untersucht worden sind (Erstuntersuchung). [2]Nach Ablauf eines Jahres seit der Einstellung ist eine erneute ärztliche Untersuchung durchzuführen (Nachuntersuchung). [3]Die Erstuntersuchung hat sich auf den Gesundheits- und Entwicklungsstand sowie die körperliche Beschaffenheit, die Nachuntersuchung außerdem auf die Auswirkungen der Berufsarbeit auf Gesundheit und Entwicklung zu erstrecken. [4]Die Kosten der ärztlichen Untersuchungen trägt der Dienstherr.

(5) [1]Ausnahmen von Abs. 3 Satz 1 sind für jugendliche Polizeivollzugsbeamte zulässig zur Eigensicherung und auf Weisung des Staatsministeriums des Innern, für Sport und Integration für Einsätze bei Naturkatastrophen, besonders schweren Unglücksfällen oder in Fällen anderer Art, die die Kräfte der Polizei in außergewöhnlichem Maß in Anspruch nehmen, soweit erwachsene Polizeibedienstete nicht zur Verfügung stehen. [2]Auf die Leistungsfähigkeit der jugendlichen Polizeivollzugsbeamten ist besonders Rücksicht zu nehmen. [3]Die Einsatzzeit ist auf die unbedingt notwendige Dauer zu beschränken.

Art. 101 Jubiläumszuwendung. [1]Den Beamten und Beamtinnen soll bei Dienstjubiläen eine Jubiläumszuwendung gewährt werden. [2]Das Nähere regelt die Staatsregierung durch Rechtsverordnung.

Abschnitt 8

Personalakten und Einsatz automatisierter Verfahren

Unterabschnitt 1

Verarbeitung personenbezogener Daten

Art. 102 *(aufgehoben)*

Art. 103 Verarbeitung personenbezogener Daten. [1]Der Dienstherr darf personenbezogene Daten über Bewerber und Bewerberinnen sowie aktive und ehemalige Beamte und Beamtinnen verarbeiten, soweit dies
1. zur Durchführung organisatorischer, personeller und sozialer Maßnahmen, insbesondere zu Zwecken der Personalverwaltung oder Personalwirtschaft erforderlich ist,
2. zusätzlich bei der Verarbeitung besonderer Kategorien personenbezogener Daten Art. 8 Abs. 1 Nr. 2, 3 und 5 sowie Abs. 2 des Bayerischen Datenschutzgesetzes (BayDSG) erlaubt

und nachfolgend nichts anderes bestimmt ist. [2]Die Verarbeitung darf nur durch Beschäftigte erfolgen, die vom Dienstherrn mit der Bearbeitung von Personalangelegenheiten betraut sind. [3]Unbeschadet der Sätze 1 und 2 dürfen Daten nach Satz 1 auch zu Zwecken der Rechnungsprüfung verarbeitet werden.

Unterabschnitt 2

Personalakten

Art. 104 Führung der Personalakte. (1) [1]Die Personalakte kann nach sachlichen Gesichtspunkten in Grundakte und Teilakten gegliedert werden. [2]Teilakten können bei der für den betreffenden Aufgabenbereich zuständigen Behörde geführt werden. [3]Eine Beschäftigungsbehörde, die nicht zugleich personalverwaltende Behörde ist, oder weitere personalverwaltende Behörden dürfen eine weitere Personalakte (Nebenakte) aus Unterlagen führen, die sich auch in der Grundakte oder Teilakten befinden, soweit deren Kenntnis für die Erledigung ihrer Aufgaben erforderlich ist. [4]In der Grundakte ist ein vollständiges Verzeichnis aller Teil- und Nebenakten aufzunehmen.

(2) [1]Die Personalakte kann in Teilen (Hybridakte) oder vollständig elektronisch geführt werden. [2]Gehen elektronische Unterlagen auf die Erfassung papiergebundener Unterlagen zurück, darf auch die ursprüngliche Papierfassung gesondert zu Beweiszwecken aufbewahrt werden. [3]Im Übrigen gelten für die Papierfassung die personalaktenrechtlichen Vorschriften entsprechend. [4]Bei der Erfassung ist entsprechend dem Stand der Technik sicherzustellen, dass die elektronischen Dokumente mit den Papierdokumenten bildlich und inhaltlich übereinstimmen, wenn sie lesbar gemacht werden. [5]Bei Hybridakten ist im Verzeichnis nach Abs. 1 Satz 4 anzugeben, welche Aktenteile in welcher Form geführt werden.

(3) [1]Nicht Bestandteil der Personalakte sind Unterlagen, die besonderen, von der Person und dem Dienstverhältnis sachlich zu trennenden Zwecken dienen, insbesondere Prüfungs-, Sicherheits- und Kindergeldakten. [2]Kindergeldakten können mit Besoldungs- und Versorgungsakten verbunden geführt werden, wenn diese von der übrigen Personalakte getrennt sind und von einer von der Personalverwaltung getrennten Organisationseinheit bearbeitet werden; § 35 des Ersten Buches Sozialgesetzbuch und die §§ 67 bis 78 des Zehnten Buches Sozialgesetzbuch bleiben unberührt.

Art. 105 Beihilfeunterlagen. (1) [1]Unterlagen über Beihilfen sind stets als Teilakte zu führen. [2]Diese ist von der übrigen Personalakte getrennt aufzubewahren. [3]Sie soll nur von Beschäftigten einer von der übrigen Personalverwaltung getrennten Organisationseinheit oder der zuständigen Rechnungsprüfung bearbeitet werden.

(2) [1]Die Beihilfeakte darf für andere als für Beihilfezwecke und Zwecke der Rechnungsprüfung nur verwendet oder weitergegeben werden, wenn und soweit

1. der oder die Beihilfeberechtigte und bei der Beihilfegewährung berücksichtigte Angehörige im Einzelfall einwilligen,
2. die Einleitung oder Durchführung eines im Zusammenhang mit einem Beihilfeantrag stehenden behördlichen oder gerichtlichen Verfahrens dies erfordert,
3. es zur Abwehr erheblicher Nachteile für das Gemeinwohl, einer sonst unmittelbar drohenden Gefahr für die öffentliche Sicherheit oder einer schwerwiegenden Beeinträchtigung der Rechte einer anderen Person erforderlich ist.

[2]Eine Weitergabe an personalverwaltende Stellen ist unzulässig.

(3) [1]Nach Abschluss der Bearbeitung des einzelnen Vorgangs ist ein Zugriff auf Beihilfebelege nur zulässig

1. bei Anfragen durch Beihilfeberechtigte,
2. zur Prüfung von Mehrfacherstattungen,
3. für Zwecke der Rechnungsprüfung,
4. zur Betrugsbekämpfung.

[2]Die Einhaltung der Zugriffsbeschränkung ist durch organisatorische oder technische Maßnahmen sicherzustellen. [3]Die Sätze 1 und 2 gelten nicht für Dauerbelege zum Nachweis von personenbezogenen medizinischen und sonstigen Grunddaten, deren Kenntnis bei der Bearbeitung von Folgevorgängen erforderlich ist.

(4) Die erforderlichen personenbezogenen Daten aus Arzneimittelverordnungen im Sinn des § 1 des Gesetzes über Rabatte für Arzneimittel dürfen an den Treuhänder ausschließlich zum Zweck der Prüfung gemäß § 3 des Gesetzes über Rabatte für Arzneimittel übermittelt werden.

(5) Abs. 1 bis 4 gelten entsprechend für Unterlagen über Heilfürsorge und Heilverfahren.

Art. 106 Anhörung. [1]Beamte und Beamtinnen sind zu Beschwerden, Behauptungen und Bewertungen, die für sie ungünstig sind oder ihnen nachteilig werden können, vor deren Aufnahme in die Personalakte zu hören, soweit die Anhörung nicht nach anderen Rechtsvorschriften erfolgt. [2]Ihre Äußerungen sind zur Personalakte zu nehmen.

Art. 107 Auskunft an Beamte und Beamtinnen. (1) [1]Während und nach Beendigung des Beamtenverhältnisses können Beamte und Beamtinnen Auskunft aus ihrer Personalakte und aus anderen Akten, die personenbezogene Daten über sie enthalten und für das Dienstverhältnis verarbeitet werden, in Form der Einsichtnahme verlangen. [2]Im Übrigen bestimmt die personalaktenführende Behörde, wie die Auskunft gewährt wird.

(2) Hinterbliebenen des Beamten oder der Beamtin kann Auskunft aus der Personalakte in Form der Einsichtnahme gewährt werden, soweit ein berechtigtes Interesse glaubhaft gemacht wird und dienstliche Gründe nicht entgegenstehen.

(3) Nicht der Auskunft unterliegen:
1. Feststellungen über den Gesundheitszustand, soweit zu befürchten ist, dass die betroffene Person bei Kenntnis des Befunds weiteren Schaden an der Gesundheit nimmt,
2. Sicherheitsakten,
3. in Form der Einsichtnahme Daten einer betroffenen Person, die mit Daten Dritter oder geheimhaltungsbedürftigen nicht personenbezogenen Daten derart verbunden sind, dass ihre Trennung nicht oder nur mit unverhältnismäßig großem Aufwand möglich ist.

(4) [1]Auf Verlangen wird eine vollständige oder teilweise Kopie zur Verfügung gestellt, sofern dies keinen unverhältnismäßigen zeitlichen oder personellen Aufwand verursacht. [2]Für die Erteilung einer zweiten und jeder weiteren Kopie werden Schreibauslagen nach Art. 10 Abs. 2 des Kostengesetzes erhoben.

Art. 108 Übermittlung von Personalakten und Auskunft an nicht betroffene Personen. (1) Eine Übermittlung oder eine Auskunft aus der Personalakte an Behörden eines anderen Dienstherrn ist für die in Art. 103 Satz 1 genannten Zwecke nur mit Einwilligung des Beamten oder der Beamtin zulässig.

(2) Ohne Einwilligung des Beamten oder der Beamtin darf die Personalakte den zuständigen Behörden oder anderen Stellen übermittelt werden, soweit dies erforderlich ist
1. zur Erstellung ärztlicher Gutachten im Auftrag der personalverwaltenden Behörde oder der Pensionsbehörde,
2. für die Festsetzung, Berechnung und Rückforderung der Besoldung, der Versorgung oder für die Prüfung der Kindergeldberechtigung,
3. für die Prüfung und Durchführung der Buchung von Einzahlungen von den Betroffenen oder von Auszahlungen an die Betroffenen oder

4. für die Durchführung von Auswertungen für anonymisierte Statistik- und Berichtszwecke und deren Abruf.

(3) [1]Die Verarbeitung von Personalaktendaten im Auftrag der personalverwaltenden Behörde im Sinn des Art. 28 der Verordnung (EU) 2016/679 (Datenschutz-Grundverordnung) ist nur zulässig, soweit sie als unterstützende Dienstleistung im Rahmen der überwiegend automatisierten Erledigung von Aufgaben der Behörde zur Vermeidung von Störungen im Geschäftsablauf des Dienstherrn oder zur Realisierung erheblich wirtschaftlicherer Arbeitsabläufe erforderlich ist. [2]Die Beauftragung einer nicht öffentlichen Stelle als Auftragsverarbeiter setzt voraus, dass die mit der Verarbeitung von Personalaktendaten befassten Beschäftigten nach dem Verpflichtungsgesetz zur Wahrung der Daten verpflichtet werden.

(4) [1]Auskünfte an Dritte dürfen nur mit Einwilligung des Beamten oder der Beamtin erteilt werden, es sei denn, dass die Abwehr einer erheblichen Beeinträchtigung des Gemeinwohls oder der Schutz berechtigter, höherrangiger Interessen des Dritten die Auskunftserteilung zwingend erfordert. [2]Inhalt und Empfänger der Auskunft sind dem Beamten oder der Beamtin schriftlich mitzuteilen.

(5) [1]Ohne Einwilligung des Beamten oder der Beamtin können den zuständigen Behörden Auskünfte aus der Personalakte erteilt werden, soweit dies im Einzelfall

1. zu den in Abs. 2 genannten Zwecken,
2. zur Entscheidung über die Verleihung von staatlichen Orden, Ehrenzeichen oder sonstigen staatlichen Ehrungen oder
3. im Rahmen der Art. 8a bis 8e BayVwVfG zwingend

erforderlich ist. [2]Soweit eine Auskunft für die in Abs. 2 genannten Zwecke ausreichend ist, unterbleibt eine Übermittlung.

(6) [1]Die meldepflichtigen Daten über Dienstunfälle von Beamtinnen und Beamten im Sinne der Verordnung (EU) Nr. 349/2011 können über die Kommunale Unfallversicherung Bayern weitergemeldet werden. [2]Einzelheiten zum Verfahren und zur Kostenerstattung können in einer Verwaltungsvereinbarung geregelt werden.

(7) [1]Übermittlung und Auskunft sind auf den jeweils erforderlichen Umfang zu beschränken. [2]Ein automatisierter Datenabruf durch andere Behörden ist unzulässig, soweit durch besondere Rechtsvorschrift nichts anderes bestimmt ist.

Art. 109 Entfernung von Unterlagen aus Personalakten. (1) [1]Unterlagen über Beschwerden, Behauptungen und Bewertungen, auf die die Tilgungsvorschriften des Disziplinarrechts keine Anwendung finden, sind,

1. falls sie sich als unbegründet oder falsch erwiesen haben, mit Zustimmung des Beamten oder der Beamtin unverzüglich aus der Personalakte zu entfernen und zu vernichten,

2. falls sie für Beamte und Beamtinnen ungünstig sind oder ihnen nachteilig werden können, auf Antrag nach zwei Jahren zu entfernen und zu vernichten; dies gilt nicht für dienstliche Beurteilungen.

[2]Die Frist nach Satz 1 Nr. 2 beginnt bei neuen Sachverhalten im Sinn dieser Vorschrift oder bei Einleitung eines Straf- oder Disziplinarverfahrens erneut. [3]Satz 2 gilt nicht, wenn sich der neue Vorwurf als unbegründet oder falsch herausstellt.

(2) [1]Mitteilungen in Strafsachen, soweit sie nicht Bestandteil einer Disziplinarakte sind, sowie Auskünfte aus dem Bundeszentralregister sind mit Zustimmung des Beamten oder der Beamtin nach drei Jahren zu entfernen und zu vernichten. [2]Abs. 1 Satz 2 und 3 gilt entsprechend.

Art. 110 Aufbewahrung und Vernichtung von Personalakten. (1) [1]Personalakten sind nach ihrem Abschluss von der personalaktenführenden Behörde fünf Jahre aufzubewahren. [2]Personalakten sind abgeschlossen,

1. wenn der Beamte oder die Beamtin ohne Versorgungsansprüche aus dem öffentlichen Dienst ausgeschieden ist, mit Erreichen der gesetzlichen Altersgrenze, in den Fällen des § 24 BeamtStG und des Art. 11 BayDG jedoch erst, wenn mögliche Versorgungsempfänger und Versorgungsempfängerinnen nicht mehr vorhanden sind,
2. wenn der Beamte oder die Beamtin verstorben ist, mit Ablauf des Todesjahres.

[3]Kann der nach Satz 2 Nr. 2 maßgebliche Zeitpunkt nicht festgestellt werden, ist Art. 10 Abs. 3 Satz 3 des Bayerischen Archivgesetzes entsprechend anzuwenden.

(2) [1]Unterlagen über Beihilfen, Heilfürsorge, Heilverfahren, Unterstützungen, Erholungsurlaub, Erkrankungen sowie Umzugs- und Reisekosten sind fünf Jahre nach Ablauf des Jahres, in dem die Bearbeitung des einzelnen Vorgangs abgeschlossen wurde, aufzubewahren. [2]Sofern aus Unterlagen über Unterstützungen, Erholungsurlaub, Erkrankungen sowie Umzugs- und Reisekosten die Art der Erkrankung ersichtlich ist, sind sie unverzüglich zurückzugeben oder zu vernichten, wenn sie für den Zweck, zu dem sie vorgelegt worden sind, nicht mehr benötigt werden. [3]Die Vernichtung von Arzneimittelverordnungen im Sinn des § 1 des Gesetzes über Rabatte für Arzneimittel erfolgt unverzüglich, sobald sie für die dort geregelten Zwecke nicht mehr benötigt werden, spätestens jedoch zehn Jahre nach Ablauf des Jahres, in dem die Arzneimittelverordnungen elektronisch erfasst wurden.

(3) Versorgungsakten sind zehn Jahre nach Ablauf des Jahres, in dem die letzte Versorgungszahlung geleistet worden ist, aufzubewahren; besteht die Möglichkeit eines Wiederauflebens des Anspruchs, sind die Akten 30 Jahre aufzubewahren.

(4) Personalakten werden nach Ablauf der Aufbewahrungsfrist vernichtet, sofern sie nicht vom zuständigen öffentlichen Archiv übernommen werden.

Unterabschnitt 3
Einsatz automatisierter Verfahren

Art. 111 Einsatz automatisierter Verfahren. (1) [1]Für die in Art. 103 genannten Zwecke dürfen automatisierte Verfahren eingesetzt werden, in denen auch Personalaktendaten verarbeitet werden dürfen. [2]Werden Personalaktendaten verarbeitet, sind insoweit die Art. 103 sowie 108 bis 110 entsprechend anzuwenden. [3]Personalaktendaten im Sinn des Art. 105 dürfen zudem nur im Rahmen ihrer Zweckbestimmung und nur von den übrigen Personaldateien technisch und organisatorisch getrennt verarbeitet werden.

(2) [1]Eine beamtenrechtliche Entscheidung darf nur dann auf einer ausschließlich automatisierten Verarbeitung von personenbezogenen Daten beruhen, wenn einem vorausgegangenen Antrag des Beamten oder der Beamtin vollständig entsprochen wird. [2]Die Kürzung auf Grund der Regelung in Art. 96 Abs. 2 Satz 7 und Abs. 3 Satz 5 ist insofern unschädlich. [3]Dem Beamten oder der Beamtin sind die über ihn oder sie in einem automatisierten Verfahren nach Abs. 1 Satz 1 gespeicherten Daten auf Verlangen mitzuteilen. [4]Die Verarbeitungs- und Nutzungsformen automatisierter Personalverwaltungsverfahren sind zu dokumentieren und einschließlich des jeweiligen Verwendungszwecks sowie der regelmäßigen Empfänger und des Inhalts automatisierter Datenübermittlung allgemein bekanntzugeben.

TEIL 5
Landespersonalausschuss

Art. 112 Errichtung, Unabhängigkeit. [1]Zur einheitlichen Durchführung beamtenrechtlicher Vorschriften wird ein Landespersonalausschuss errichtet. [2]Er übt seine Tätigkeit innerhalb der gesetzlichen Schranken unabhängig und in eigener Verantwortung aus.

Art. 113 Zusammensetzung. (1) [1]Der Landespersonalausschuss besteht aus sieben ordentlichen und sieben stellvertretenden Mitgliedern. [2]Sämtliche Mitglieder müssen sich in einem Beamtenverhältnis auf Lebenszeit oder auf Zeit befinden.

(2) [1]Nimmt der Landespersonalausschuss Aufgaben nach Art. 115 Abs. 1 Nr. 5 wahr, so wird die Zusammensetzung nach Abs. 1 um ein beratendes Mitglied ergänzt. [2]Das beratende Mitglied soll Erfahrung auf dem Gebiet der Personalentwicklung außerhalb öffentlich-rechtlicher Dienstherren haben.

(3) [1]Die Staatsregierung beruft die ordentlichen und die stellvertretenden Mitglieder sowie das beratende Mitglied auf die Dauer von fünf Jahren; erneute Berufung ist zulässig. [2]Drei ordentliche und drei stellvertretende Mitglieder sind aus einer staatlichen Verwaltung zu berufen, davon je ein ordentliches und ein stellvertretendes Mitglied aus dem Staatsministerium des Innern,

für Sport und Integration und dem Staatsministerium der Finanzen und für Heimat. [3]Je zwei ordentliche und zwei stellvertretende Mitglieder werden auf Vorschlag der kommunalen Spitzenverbände und der Spitzenorganisationen der zuständigen Gewerkschaften und Berufsverbände berufen.

(4) Die Staatsregierung bestellt den Vorsitzenden oder die Vorsitzende und den stellvertretenden Vorsitzenden oder die stellvertretende Vorsitzende aus dem Kreis der aus einer staatlichen Verwaltung berufenen ordentlichen Mitglieder.

Art. 114 Rechtsstellung der Mitglieder. (1) [1]Die Mitglieder des Landespersonalausschusses sind unabhängig und nur dem Gesetz unterworfen. [2]Sie scheiden aus ihrem Amt als Mitglied des Landespersonalausschusses durch Zeitablauf und durch Beendigung des Beamtenverhältnisses oder der Zugehörigkeit zu einer staatlichen Verwaltung (Art. 113 Abs. 3 Satz 2) aus; bei Mitgliedern, die aus dem Staatsministerium des Innern, für Sport und Integration oder dem Staatsministerium der Finanzen und für Heimat berufen werden, endet die Mitgliedschaft auch bei Wechsel der Behörde. [3]Im Übrigen scheiden sie aus ihrem Amt nur unter den gleichen Voraussetzungen aus, unter denen Mitglieder eines Disziplinargerichts wegen rechtskräftiger Verurteilung im Straf- oder Disziplinarverfahren ihr Amt verlieren. [4]§ 39 BeamtStG ist nicht anzuwenden.

(2) Die Mitglieder des Landespersonalausschusses dürfen wegen ihrer Tätigkeit dienstlich nicht gemaßregelt, nicht benachteiligt und nicht bevorzugt werden.

(3) Die Mitglieder des Landespersonalausschusses dürfen bei Entscheidungen, die sie selbst oder Angehörige betreffen, nicht mitwirken.

(4) Die Dienstaufsicht über die Mitglieder des Landespersonalausschusses führt der Staatsminister der Finanzen und für Heimat.

Art. 115 Aufgaben. (1) Der Landespersonalausschuss hat außer den ihm in sonstigen Vorschriften dieses Gesetzes oder des Leistungslaufbahngesetzes eingeräumten Befugnissen die folgenden Aufgaben:
1. bei der Vorbereitung gesetzlicher Regelungen der beamtenrechtlichen Verhältnisse mitzuwirken,
2. bei der Vorbereitung beamtenrechtlicher Vorschriften über die Ausbildung, Prüfung und Fortbildung mitzuwirken,
3. die Aufsicht über die Prüfungen zu führen,
4. über den Antrag einer obersten Dienstbehörde auf Anerkennung einer Prüfung zu beschließen,
5. als Kompetenzzentrum dienstherrenübergreifende Konzepte für Personalentwicklungsmaßnahmen unter Einbindung der obersten Dienstbehörden zu erstellen,
6. Vorschläge zur Beseitigung von Mängeln in der Handhabung der beamtenrechtlichen Vorschriften zu machen,
7. die Dienstherren in laufbahnrechtlichen Angelegenheiten zu beraten.

(2) Die Staatsregierung kann dem Landespersonalausschuss zur einheitlichen Durchführung beamtenrechtlicher Vorschriften weitere Aufgaben durch Rechtsverordnung übertragen.

(3) Über die Durchführung seiner Aufgaben hat der Landespersonalausschuss die Staatsregierung alljährlich zu unterrichten.

Art. 116 Geschäftsordnung. Der Landespersonalausschuss gibt sich eine Geschäftsordnung.

Art. 117 Sitzungen, Beschlussfähigkeit. (1) [1]Die Sitzungen des Landespersonalausschusses sind nicht öffentlich. [2]Der Landespersonalausschuss kann Vertretern beteiligter Verwaltungen und anderen Personen die Anwesenheit bei der Verhandlung gestatten. [3]Vertreter beteiligter Verwaltungen sind auf Verlangen zu hören.

(2) Sind der oder die Vorsitzende und der oder die stellvertretende Vorsitzende verhindert, so leitet an ihrer Stelle das dienstälteste Mitglied die Verhandlungen.

(3) Zur Beschlussfähigkeit ist die Anwesenheit von mindestens fünf Mitgliedern im Sinn des Art. 113 Abs. 1 erforderlich.

Art. 118 Beweiserhebungsrecht, Amts- und Rechtshilfe. (1) Der Landespersonalausschuss kann zur Durchführung seiner Aufgaben in entsprechender Anwendung der für die Verwaltungsgerichtsbarkeit geltenden Vorschriften Beweise erheben.

(2) Alle Dienststellen haben dem Landespersonalausschuss unentgeltlich Amts- und Rechtshilfe zu leisten.

Art. 119 Bekanntmachung und Bindungswirkung der Beschlüsse.
(1) Soweit eine Zuständigkeit des Landespersonalausschusses nach dem Leistungslaufbahngesetz oder nach diesem Gesetz begründet ist, kann dieser seine Beschlüsse in Einzelfällen oder in Gruppen von Fällen fassen.

(2) [1]Beschlüsse des Landespersonalausschusses sind, soweit sie allgemeine Bedeutung haben, bekanntzumachen. [2]Näheres regelt die Geschäftsordnung.

(3) Soweit dem Landespersonalausschuss eine Entscheidungsbefugnis eingeräumt ist, binden seine Beschlüsse die beteiligten Verwaltungen.

Art. 120 Geschäftsstelle. (1) [1]Der Landespersonalausschuss bedient sich zur Vorbereitung der Verhandlungen und Durchführung seiner Beschlüsse einer Geschäftsstelle, die beim Staatsministerium der Finanzen und für Heimat eingerichtet wird. [2]Die Geschäftsstelle führt ferner nach Maßgabe der Prüfungsbestimmungen im Auftrag des Landespersonalausschusses die Prüfungen (Art. 22 LlbG) durch, sofern nicht der Landespersonalausschuss die Durchführung anderen Stellen überträgt.

(2) [1]Die Staatsregierung bestellt zur Leitung der Geschäftsstelle einen Generalsekretär oder eine Generalsekretärin. [2]Er oder sie nimmt an den Verhandlungen des Landespersonalausschusses beratend teil.

TEIL 6

Besondere Beamtengruppen

Abschnitt 1

Beamte und Beamtinnen des Landtags

Art. 121 Beamte und Beamtinnen des Landtags. (1) [1]Die Beamten und Beamtinnen des Landtags sind Beamte und Beamtinnen des Staates. [2]Sie werden von dem Präsidenten oder der Präsidentin des Landtags ernannt. [3]Zur Ernennung des Direktors oder der Direktorin und der Beamten und Beamtinnen von der Besoldungsgruppe A 16 an ist die Zustimmung des Präsidiums erforderlich.

(2) [1]Oberste Dienstbehörde der Beamten und Beamtinnen des Landtags ist der Präsident oder die Präsidentin des Landtags. [2]Er oder sie übt die Dienstaufsicht über die Beamten und Beamtinnen des Landtags aus.

(3) § 12 Abs. 1 Nr. 4 BeamtStG ist nicht anzuwenden.

(4) Abs. 1, 2 Satz 1 und Abs. 3 gelten auch für den Landesbeauftragten für den Datenschutz und die Beamten und Beamtinnen der Geschäftsstelle; Art. 19 BayDSG bleibt unberührt.

Abschnitt 2

Beamtenverhältnis auf Zeit

Art. 122 Beamte und Beamtinnen auf Zeit. (1) Die Fälle und die Voraussetzungen der Berufung in das Beamtenverhältnis auf Zeit sind gesetzlich zu bestimmen.

(2) [1]Ein Beamter oder eine Beamtin auf Zeit ist mit Ablauf der Amtszeit aus dem Beamtenverhältnis auf Zeit entlassen, wenn er oder sie nicht erneut in dasselbe Amt für eine weitere Amtszeit berufen wird und nicht in den Ruhestand tritt. [2]Wird der Beamte oder die Beamtin auf Zeit im Anschluss an die Amtszeit erneut in dasselbe Amt für eine weitere Amtszeit berufen, so gilt das Beamtenverhältnis als nicht unterbrochen.

(3) [1]Soweit gesetzlich nichts anderes bestimmt ist, sind Beamte und Beamtinnen auf Zeit nach Ablauf der Amtszeit verpflichtet, das Amt weiterzuführen, wenn sie unter mindestens gleich günstigen Bedingungen für wenigstens die gleiche Zeit wieder ernannt werden sollen und das 62. Lebensjahr noch

nicht vollendet haben. [2]Beamte und Beamtinnen sind zu entlassen, wenn sie als Beamte oder Beamtinnen auf Zeit ihrer Verpflichtung zur Weiterführung ihres Amtes nicht nachkommen.

(4) [1]Soweit gesetzlich nichts anderes bestimmt ist, sind Beamte oder Beamtinnen auf Zeit, die aus einem Beamtenverhältnis auf Lebenszeit in ein Beamtenverhältnis auf Zeit berufen worden sind und nach Ablauf der Amtszeit das Amt nicht weiterführen, auf ihren Antrag wieder in das frühere Dienstverhältnis zu übernehmen, wenn sie die beamtenrechtlichen Voraussetzungen noch erfüllen. [2]Das zu übertragende Amt muss derselben Fachlaufbahn angehören und mit mindestens demselben Endgrundgehalt verbunden sein wie das Amt, das sie im Zeitpunkt der Beendigung des Beamtenverhältnisses auf Lebenszeit innehatten. [3]Der Antrag auf Übernahme ist innerhalb von drei Monaten nach Ablauf der Amtszeit zu stellen.

(5) [1]Endet das Beamtenverhältnis auf Zeit nach Abs. 2 Satz 1, erhalten entlassene Beamte und Beamtinnen auf Zeit von dem Beginn des Monats an, in dem sie den Antrag nach Abs. 4 gestellt haben, bis zur Übertragung des neuen Amtes von dem früheren Dienstherrn Bezüge in Höhe des beim Ausscheiden aus dem Beamtenverhältnis auf Lebenszeit erdienten Ruhegehalts. [2]Die im Beamtenverhältnis auf Zeit verbrachte Dienstzeit gilt als Dienstzeit im Sinn des Besoldungs- und Versorgungsrechts. [3]Im Übrigen gelten die Vorschriften der Art. 5 bis 10, 69 bis 74, 80 und 83 bis 93 BayBeamtVG sinngemäß; Empfänger und Empfängerinnen der Bezüge gelten insoweit als Ruhestandsbeamte und Ruhestandsbeamtinnen, die Bezüge gelten als Ruhegehalt. [4]Neben einem Übergangsgeld, das aus dem Beamtenverhältnis auf Zeit gewährt wird, gelten die Bezüge nach Satz 1 als Erwerbsersatzeinkommen im Sinn des Art. 83 Abs. 4 BayBeamtVG.

Art. 123 Ruhestandseintritt. (1) [1]Beamte und Beamtinnen auf Zeit treten mit Ablauf der Zeit, für die sie ernannt sind, in den Ruhestand, wenn sie eine Dienstzeit von mindestens zehn Jahren in einem Beamtenverhältnis mit Dienstbezügen zurückgelegt haben und weder nach Art. 122 Abs. 3 Satz 2 entlassen noch erneut in dasselbe Amt für eine weitere Amtszeit berufen werden. [2]Mit dem Erreichen der Altersgrenze treten sie in den Ruhestand, wenn sie eine Dienstzeit von mindestens zehn Jahren in einem Beamtenverhältnis mit Dienstbezügen zurückgelegt haben oder aus einem Beamtenverhältnis auf Lebenszeit zu Beamten oder Beamtinnen auf Zeit ernannt worden waren.

(2) [1]Dienstunfähige Beamte und Beamtinnen auf Zeit sind in den Ruhestand zu versetzen, wenn sie

1. eine Dienstzeit von mindestens zehn Jahren in einem Beamtenverhältnis mit Dienstbezügen zurückgelegt haben oder
2. infolge Krankheit, Verwundung oder sonstiger Beschädigung, die sie sich ohne grobes Verschulden bei Ausübung oder aus Veranlassung des Dienstes zugezogen haben, dienstunfähig geworden sind oder
3. aus einem Beamtenverhältnis auf Lebenszeit zu Beamten oder Beamtinnen auf Zeit ernannt worden waren.

[2]Sind Beamte und Beamtinnen auf Zeit aus anderen als den in Satz 1 Nr. 2 genannten Gründen dienstunfähig geworden und haben sie eine Dienstzeit von weniger als zehn Jahren in einem Beamtenverhältnis mit Dienstbezügen zurückgelegt, so können sie in den Ruhestand versetzt werden; die Entscheidung trifft die oberste Dienstbehörde, bei Beamten und Beamtinnen des Staates im Einvernehmen mit dem Staatsministerium der Finanzen und für Heimat. [3]Art. 71 Abs. 3 gilt entsprechend; der Ruhestand beginnt jedoch spätestens mit dem Ablauf der Amtszeit.

(3) [1]Beamte und Beamtinnen auf Zeit, die in den einstweiligen Ruhestand versetzt worden sind, gelten mit Erreichen der gesetzlichen Altersgrenze als dauernd im Ruhestand befindlich, wenn sie bei Verbleiben im Amt mit Erreichen der Altersgrenze in den Ruhestand getreten wären. [2]Sie gelten mit dem früheren Ablauf der Amtszeit als dauernd im Ruhestand befindlich, wenn sie bei Verbleiben im Amt in diesem Zeitpunkt eine Dienstzeit von mindestens zehn Jahren im Beamtenverhältnis mit Dienstbezügen zurückgelegt hätten oder vor Ablauf der Amtszeit nach Abs. 2 Satz 1 Nr. 2 in den Ruhestand versetzt worden wären.

Abschnitt 3

Beamte und Beamtinnen der Polizei, der Justizvollzugsanstalten, des Landesamts für Verfassungsschutz, der Feuerwehren und Notariatsbeamte und Notariatsbeamtinnen

Art. 124 Polizeivollzugsbeamte und Polizeivollzugsbeamtinnen. (1) Für Beamte und Beamtinnen im Vollzugsdienst der Polizei gelten die allgemeinen beamtenrechtlichen Vorschriften, soweit gesetzlich nichts anderes bestimmt ist.

(2) [1]Dem Polizeivollzugsdienst gehören alle Beamten und Beamtinnen der Polizei in der Fachlaufbahn Polizei und Verfassungsschutz an. [2]Dem Verwaltungsdienst der Polizei gehören alle übrigen Beamten und Beamtinnen an. [3]Für Angelegenheiten der Personalverwaltung sollen auch Beamte und Beamtinnen im Polizeivollzugsdienst verwendet werden.

Art. 125 Status der Beamten und Beamtinnen im Polizeivollzugsdienst in Ausbildung. Die Polizeivollzugsbeamten und Polizeivollzugsbeamtinnen auf Widerruf im Vorbereitungsdienst können nach Maßgabe der Verordnung über die Fachlaufbahn Polizei und Verfassungsschutz frühestens nach Ablauf eines Jahres der Ausbildung in das Beamtenverhältnis auf Widerruf mit Dienstbezügen oder nach Beendigung einer Grundausbildung in das Beamtenverhältnis auf Probe berufen werden.

Art. 126 *(aufgehoben)*

Art. 127 Gemeinschaftsunterkunft. [1]Polizeivollzugsbeamte und Polizeivollzugsbeamtinnen der Bereitschaftspolizei sind während der Ausbildung verpflichtet, in einer Gemeinschaftsunterkunft zu wohnen und an einer Gemeinschaftsverpflegung teilzunehmen. [2]Das Gleiche gilt für die übrigen Polizeivollzugsbeamten und Polizeivollzugsbeamtinnen während der Teilnahme an Lehrgängen, bei Bereitschaften sowie bei Übungen und Einsätzen im geschlossenen Verband. [3]Die oberste Dienstbehörde, die ihr unmittelbar nachgeordneten Dienststellen und die Einsatzleitung können Ausnahmen zulassen.

Art. 128 Polizeidienstunfähigkeit. (1) [1]Polizeivollzugsbeamte und Polizeivollzugsbeamtinnen sind dienstunfähig, wenn sie den besonderen gesundheitlichen Anforderungen für den Polizeivollzugsdienst nicht mehr genügen und nicht zu erwarten ist, dass sie ihre volle Verwendungsfähigkeit innerhalb zweier Jahre wiedererlangen (Polizeidienstunfähigkeit), es sei denn, die auszuübende Funktion erfordert bei Beamten und Beamtinnen auf Lebenszeit diese besonderen gesundheitlichen Anforderungen auf Dauer nicht mehr uneingeschränkt. [2]Die Polizeidienstunfähigkeit und die Erfüllung der Anforderungen nach Satz 1 Halbsatz 2 werden auf Grund eines amtsärztlichen Gutachtens festgestellt. [3]Bestehen Zweifel über die Polizeidienstunfähigkeit, ist Art. 65 Abs. 2 entsprechend anzuwenden. [4]Art. 67 gilt entsprechend. [5]Für die amtsärztliche Untersuchung der Erfüllung der Anforderungen nach Satz 1 Halbsatz 2 gelten Sätze 3 und 4 entsprechend.

(2) [1]Wird amtsärztlich festgestellt, dass Polizeivollzugsbeamte oder Polizeivollzugsbeamtinnen den besonderen gesundheitlichen Anforderungen auf Dauer nicht mehr uneingeschränkt gerecht werden, so kann ihnen eine Funktion im Sinn des Abs. 1 Satz 1 Halbsatz 2 zugewiesen werden. [2]Kann eine Funktion im Sinn des Abs. 1 Satz 1 Halbsatz 2 nicht zugewiesen werden, gilt § 27 BeamtStG entsprechend. [3]Dabei kann Beamten oder Beamtinnen unter Beibehaltung ihres Amtes ohne ihre Zustimmung auch eine geringerwertige Tätigkeit im Bereich desselben Dienstherrn übertragen werden, wenn eine anderweitige Verwendung nicht möglich ist und die Wahrnehmung der neuen Aufgabe unter Berücksichtigung der bisherigen Tätigkeit zuzumuten ist; die neue Tätigkeit muss mindestens einem Amt ab ihrer Qualifikationsebene entsprechen. [4]Polizeivollzugsbeamte und Polizeivollzugsbeamtinnen, die den besonderen gesundheitlichen Anforderungen nicht mehr uneingeschränkt gerecht werden, müssen auf Weisung der zuständigen Behörde an geeigneten und zumutbaren Maßnahmen zur Wiederherstellung ihrer uneingeschränkten Polizeidienstfähigkeit teilnehmen. [5]Ist ein Vorgehen nach den Sätzen 1 bis 3 nicht möglich oder nicht erfolgversprechend, so ist nach Abs. 3 zu verfahren.

(3) Ist nach Abs. 1 von Polizeidienstunfähigkeit auszugehen, so finden § 26 Abs. 1 Satz 3, Abs. 2 und 3 BeamtStG entsprechende Anwendung.

Art. 129 Altersgrenze. [1]Für Polizeivollzugsbeamte und Polizeivollzugsbeamtinnen auf Lebenszeit gilt als Altersgrenze das Ende des Monats, in dem sie das 62. Lebensjahr vollenden. [2]Beamte und Beamtinnen im Sinn des Satzes 1

können auf Antrag in den Ruhestand versetzt werden, wenn sie das 60. Lebensjahr vollendet haben.

Art. 130 Beamte und Beamtinnen bei den Justizvollzugsanstalten. Für Beamte und Beamtinnen auf Lebenszeit im Strafvollzugsdienst (allgemeiner Vollzugs-, Werk- und Krankenpflegedienst) bei den Justizvollzugsanstalten gilt Art. 129 entsprechend.

Art. 131 Beamte und Beamtinnen des Landesamts für Verfassungsschutz. Für Beamte und Beamtinnen des Landesamts für Verfassungsschutz in der Fachlaufbahn Polizei und Verfassungsschutz gilt Art. 129 entsprechend.

Art. 132 Feuerwehrbeamte und Feuerwehrbeamtinnen. [1]Für die Beamten und Beamtinnen des feuerwehrtechnischen Dienstes im Einsatzdienst der Feuerwehren gilt Art. 129 entsprechend. [2]Dies gilt ebenso für die Beamten und Beamtinnen des feuerwehrtechnischen Dienstes, die in einer Integrierten Leitstelle tätig sind.

Art. 133 Notariatsbeamte und Notariatsbeamtinnen. (1) Das Staatsministerium der Justiz kann die Rechtsverhältnisse der Notariatsbeamten und Notariatsbeamtinnen durch Rechtsverordnung näher regeln und hierbei die allgemeinen beamtenrechtlichen Vorschriften der besonderen Organisation des Notariatswesens anpassen.

(2) Die Rechtsverordnung kann Bestimmungen enthalten über
1. die Dienstvorgesetzten, die oberste Dienstbehörde und die Aufsichtsbehörden,
2. den Dienstherrn im Sinn des § 48 BeamtStG,
3. die Einleitung und Durchführung des Disziplinarverfahrens.

Abschnitt 4

Ehrenbeamte und Ehrenbeamtinnen

Art. 134 Ehrenbeamte und Ehrenbeamtinnen. (1) Für Ehrenbeamte und Ehrenbeamtinnen gelten die Vorschriften dieses Gesetzes und des Beamtenstatusgesetzes mit den sich aus der Natur des Ehrenbeamtenverhältnisses ergebenden Maßgaben:
1. Nicht anzuwenden sind insbesondere Art. 5, 11, 13, 23, 24, 45 Abs. 12, Art. 48, 50, 62 bis 71, 74, 81 Abs. 2 bis 7, Art. 82, 85 bis 87 und 123 Abs. 2 und 3 sowie §§ 15, 22 Abs. 1 Nr. 2, § 23 Abs. 1 Nrn. 3 und 5, §§ 25 bis 30 und 41 BeamtStG.
2. Das Ehrenbeamtenverhältnis kann für beendet erklärt werden, wenn der Ehrenbeamte oder die Ehrenbeamtin das 65. Lebensjahr vollendet hat; es ist für beendet zu erklären, wenn die sonstigen Voraussetzungen für die Versetzung in den Ruhestand vorliegen.

(2) Die Unfallfürsorge für Ehrenbeamte, Ehrenbeamtinnen und ihre Hinterbliebenen richtet sich nach Art. 63 BayBeamtVG.

TEIL 7

Besondere Vorschriften für die unter der Aufsicht des Staates stehenden Körperschaften, Anstalten und Stiftungen des öffentlichen Rechts

Art. 135 Bestimmung von Dienstvorgesetzten oder Vorgesetzten. Haben Beamte und Beamtinnen keine Dienstvorgesetzten oder Vorgesetzten, so bestimmt die oberste Aufsichtsbehörde, wer die nach diesem Gesetz auf den oder die Dienstvorgesetzten oder Vorgesetzten übertragenen Zuständigkeiten wahrnimmt.

Art. 136 Zuständigkeiten bei nichtstaatlichen Dienstherren. Zuständigkeiten, die nach diesem Gesetz oder dem Beamtenstatusgesetz einer Behörde des Dienstherrn übertragen sind, werden bei den Gemeinden, den Gemeindeverbänden oder den sonstigen unter der Aufsicht des Staates stehenden Körperschaften, Anstalten und Stiftungen des öffentlichen Rechts von den nach Gesetz, Rechtsverordnung oder Satzung zuständigen Organen oder Stellen wahrgenommen.

Art. 137 Oberste Aufsichtsbehörde. Oberste Aufsichtsbehörde im Sinn dieses Gesetzes ist bei den Gemeinden und den Gemeindeverbänden das Staatsministerium des Innern, für Sport und Integration, bei den sonstigen unter der Aufsicht des Staates stehenden Körperschaften, Anstalten und Stiftungen des öffentlichen Rechts dasjenige Staatsministerium, in dessen Geschäftsbereich die Körperschaftsaufsicht (allgemeine Aufsicht) ausgeübt wird.

TEIL 8

Dienstherrnwechsel

Art. 138 Übernahme von Kirchenbeamten und Kirchenbeamtinnen in ein Beamtenverhältnis im Sinn des Bayerischen Beamtengesetzes. (1) [1]Ein Dienstherr (§ 2 BeamtStG) kann sich öffentlich-rechtlichen Religionsgesellschaften und ihren Verbänden gegenüber verpflichten, Kirchenbeamte und Kirchenbeamtinnen im kirchlichen Schuldienst in ein Beamtenverhältnis zu übernehmen, wenn und soweit der Betrieb von Schulen, an denen Personen dieser Religionsgesellschaften oder ihrer Verbände beschäftigt sind, eingeschränkt und aus diesem Grund das Lehrpersonal erheblich vermindert wird. [2]Die Übernahmeverpflichtungen eines Dienstherrn dürfen insgesamt zwölf v.H. der in der jeweiligen Lehramtslaufbahn freiwerdenden und wieder besetz-

baren Planstellen nicht übersteigen und müssen mit einer vertraglichen Regelung über die Verteilung der Versorgungslast gemäß Art. 145 verbunden sein. [3]Übernommen werden dürfen nur Kirchenbeamte und Kirchenbeamtinnen, die im Zeitpunkt der Übernahme die allgemeinen Voraussetzungen zur Berufung in das Beamtenverhältnis nach § 7 Abs. 1 BeamtStG erfüllen und entweder die erforderliche Qualifikation für die Fachlaufbahn nach Inkrafttreten einer Übernahmeverpflichtung nach Satz 1 erworben oder als Lehrkraft bereits in einem Beamtenverhältnis auf Lebenszeit oder auf Probe zu einem Dienstherrn im Sinn des § 2 BeamtStG gestanden haben. [4]Eine Übernahmeverpflichtung ist ferner nur für Kirchenbeamte und Kirchenbeamtinnen zulässig, die die wettbewerbsmäßigen Anforderungen ihres Prüfungsjahrgangs für den unmittelbaren Eintritt in den Staatsdienst als Beamter oder Beamtin auf Probe erfüllt haben; bei mehrjähriger Bewährung als hauptberufliche Lehrkraft kann eine Übernahmeverpflichtung auch dann eingegangen werden, wenn das Ergebnis der Qualifikationsprüfung geringfügig, höchstens um einen halben Notengrad, hinter den Anforderungen nach Halbsatz 1 zurückbleibt.

(2) Auf Ernennungen zur Übernahme nach Abs. 1 findet Art. 23 Abs. 1 Satz 1 keine Anwendung.

(3) [1]Eine Übernahmeverpflichtung nach Abs. 1 muss mit Wirkung für die Zukunft kündbar sein. [2]Bei Kündigung einer nach Abs. 1 eingegangenen Übernahmeverpflichtung bleiben die Übernahmeverpflichtungen für Kirchenbeamte und Kirchenbeamtinnen, die im Zeitpunkt der Wirksamkeit der Kündigung bereits ernannt sind, bestehen.

(4) [1]Auf die Probezeit und die Dienstzeiten im Sinn des Leistungslaufbahngesetzes sind gleichwertige Zeiten des kirchlichen Schuldienstes anzurechnen. [2]Die Einstellung in einem höheren Amt als dem Eingangsamt ist zulässig, soweit der Beamte oder die Beamtin in ein Amt übernommen wird, das der letzten Dienststellung im Kirchenbeamtenverhältnis gleichwertig ist.

Art. 139 Ausbildungskostenerstattung. (1) [1]Wechseln Beamte oder Beamtinnen, die in der zweiten oder dritten Qualifikationsebene einsteigen, in der Zeit vom Beginn ihres Vorbereitungsdienstes oder eines gleichwertigen Qualifikationserwerbs im Sinn von Art. 38 bis 40 LlbG bis zum Ablauf von sechs Jahren nach ihrer Berufung in das Beamtenverhältnis auf Probe in, soweit eingerichtet, denselben oder einen verwandten fachlichen Schwerpunkt derselben Fachlaufbahn bei einem Dienstherrn im Geltungsbereich dieses Gesetzes, so hat der neue Dienstherr dem bisherigen Dienstherrn die Ausbildungskosten der Beamten oder Beamtinnen nach Maßgabe der folgenden Absätze zu erstatten. [2]Dies gilt auch, wenn der ehemalige Beamte oder die ehemalige Beamtin beim neuen Dienstherrn in einem Arbeitnehmerverhältnis mindestens gleichwertig beschäftigt wird. [3]Der neue Dienstherr hat dem bisherigen Dienstherrn einen Dienstherrnwechsel im Sinn der Sätze 1 und 2 unverzüglich mitzuteilen. [4]Satz 1 findet keine Anwendung, wenn der Ausbildungsdienstherr Beamte oder Beamtinnen nach der Ableistung des Vorbereitungsdienstes aus Gründen,

die sie nicht zu vertreten haben, nicht in ein Beamtenverhältnis auf Probe übernimmt und sie deshalb zu einem anderen Dienstherrn wechseln.

(2) [1]Abs. 1 gilt nicht für Beamte und Beamtinnen in Fällen, in denen der Vorbereitungsdienst allgemeine Ausbildungsstätte nach Art. 12 Abs. 1 Satz 1 des Grundgesetzes ist. [2]Er findet auch keine Anwendung auf Fachlehrkräfte für gewerblich-technische Berufe, für Hauswirtschaft und für Schreibtechnik an beruflichen Schulen in Bayern und auf Polizeivollzugsbeamte, Polizeivollzugsbeamtinnen oder ehemalige Polizeivollzugsbeamte und Polizeivollzugsbeamtinnen, die nach Art. 128 Abs. 2 in ein Amt einer anderen Fachlaufbahn versetzt werden.

(3) [1]Ein Dienstherrnwechsel im Sinn des Abs. 1 liegt nicht vor, wenn zwischen dem Ausscheiden aus dem bisherigen Dienstverhältnis und der Begründung eines neuen Dienstverhältnisses ein Zeitraum von mehr als zwei Jahren liegt. [2]Ein mehrfacher Dienstherrnwechsel steht einer erneuten Anwendung des Abs. 1 nicht entgegen.

(4) [1]Der Erstattungsbetrag setzt sich wie folgt zusammen:

1. aus einem Grundbetrag als Ausgleich für die angefallene Besoldung bei Beamten und Beamtinnen,
   - die in der zweiten Qualifikationsebene einsteigen oder eingestiegen sind, in Höhe des 30-fachen,
   - die in der dritten Qualifikationsebene einsteigen oder eingestiegen sind, in Höhe des 45-fachen

   des zur Zeit des Beginns des Vorbereitungsdienstes geltenden monatlichen Anwärtergrundbetrags,
   zuzüglich
2. eines Betrags als Ausgleich für die übrigen Ausbildungskosten in Höhe von
   - 15 v.H. des sich nach Nr. 1 ergebenden Betrags bei Beamten und Beamtinnen, die in der zweiten Qualifikationsebene einsteigen oder eingestiegen sind, bzw.
   - 30 v.H. des sich nach Nr. 1 ergebenden Betrags bei Beamten und Beamtinnen, die in der dritten Qualifikationsebene einsteigen oder eingestiegen sind.

[2]Bei Laufbahnen, in denen die in Art. 8 Abs. 2 Satz 1 Nr. 2 oder Nr. 3 LlbG festgelegte Dauer des Vorbereitungsdienstes unterschritten wird, ermäßigt sich der nach Satz 1 ermittelte Erstattungsbetrag entsprechend dem Verhältnis der in den jeweiligen Fachverordnungen festgelegten Dauer des Vorbereitungsdienstes zu der in Art. 8 Abs. 2 Satz 1 Nr. 2 oder Nr. 3 LlbG festgelegten Dauer des Vorbereitungsdienstes; dies gilt nicht für die Fachlaufbahn Naturwissenschaft und Technik, fachlicher Schwerpunkt feuerwehrtechnischer Dienst. [3]Hat der Beamte oder die Beamtin zum Zeitpunkt des Dienstherrnwechsels die Qualifikationsprüfung noch nicht abgelegt, so mindert sich der Erstattungsbetrag nach Satz 1 entsprechend dem Verhältnis der beim neuen Dienstherrn noch abzuleistenden Ausbildungszeit zur regelmäßigen Dauer des Vorbereitungsdienstes.

(5) [1]Der Erstattungsbetrag mindert sich für jedes volle Jahr, das der Beamte oder die Beamtin nach der Berufung in das Beamtenverhältnis auf Probe beim bisherigen Dienstherrn Dienst geleistet hat, um ein Sechstel. [2]Rückzahlungen von Anwärterbezügen auf Grund des Art. 75 Abs. 2 BayBesG sind auf den Erstattungsbetrag anzurechnen.

(6) [1]Bei einem Dienstherrnwechsel von Beamten und Beamtinnen des Freistaates Bayern zu Gemeinden und Verwaltungsgemeinschaften mit weniger als 10 000 Einwohnern ermäßigt sich der Erstattungsbetrag auf die Hälfte. [2]Maßgebend ist die amtliche Einwohnerzahl der Gemeinde oder Verwaltungsgemeinschaft, die vom Landesamt für Statistik vor dem Dienstherrnwechsel zuletzt festgestellt worden ist.

(7) Soweit bei einem Dienstherrnwechsel nach Abs. 6 die Übernahme eines Beamten oder einer Beamtin des Freistaates Bayern deshalb notwendig ist, weil von der Gemeinde oder der Verwaltungsgemeinschaft ausgebildete Anwärter oder Anwärterinnen die Qualifikationsprüfung endgültig nicht bestanden haben, beträgt die Ermäßigung zwei Drittel des Erstattungsbetrags.

(8) [1]Der Erstattungsbetrag wird vom bisherigen Dienstherrn festgesetzt und beim neuen Dienstherrn durch schriftlichen Bescheid zur Erstattung angefordert. [2]Die Berechnungsgrundlagen und die Berechnung des Erstattungsbetrags sind dem erstattungspflichtigen Dienstherrn mitzuteilen.

(9) Der Erstattungsbetrag wird einen Monat nach Bekanntgabe des Bescheids fällig, sofern kein späterer Termin festgesetzt wird.

(10) Im Bereich des Freistaates Bayern wird die Erstattung durch die für den Beamten oder die Beamtin zuletzt zuständige oberste Dienstbehörde oder die von ihr bestimmte Behörde geleistet.

Art. 140 *(aufgehoben)*

TEIL 9

Übergangsregelungen und Schlussvorschriften

Art. 141, 142 *(aufgehoben)*

Art. 142a Übergangsregelung zur Altersteilzeit. [1]Für Beamte und Beamtinnen, die Altersteilzeit vor dem 1. Januar 2010 angetreten haben, gilt Art. 91 in der am 31. Dezember 2009 geltenden Fassung. [2]Für Lehrkräfte an öffentlichen Schulen, die das nach Art. 91 Abs. 1 Satz 1 maßgebliche Lebensjahr in der zweiten Hälfte des Schuljahres 2009/2010 vollenden, gilt als Altersgrenze der Beginn des folgenden Schuljahres. [3]Für diese Lehrkräfte und für Lehrkräfte an öffentlichen Schulen, die die gesetzlichen Voraussetzungen des Art. 91 in der am 31. Dezember 2009 geltenden Fassung erfüllt haben, die aber aus schulorganisatorischen Gründen Altersteilzeit nicht vor dem 1. August

2010 antreten können, gilt hinsichtlich des Arbeitszeitumfangs Art. 91 Abs. 1 Satz 1 in der am 31. Dezember 2009 geltenden Fassung.

Art. 143 Übergangsregelungen zur Anhebung der Altersgrenzen. (1) [1]Für Beamte und Beamtinnen, die vor dem 1. Januar 1947 geboren sind, sowie für Lehrkräfte an öffentlichen Schulen, die vor dem 2. August 1947 geboren sind, findet Art. 62 in der am 31. Dezember 2010 geltenden Fassung Anwendung. [2]Für Beamte und Beamtinnen, die nach dem 31. Dezember 1946 und vor dem 1. Januar 1964 geboren sind, gilt als Altersgrenze abweichend von Art. 62 Satz 1 und 2 das Ende des Monats bzw. das Ende des Schulhalbjahres, in dem das nach folgender Tabelle maßgebliche Lebensalter erreicht wird:

Beamte und Beamtinnen des Geburtsjahrgangs	**Lebensalter**
1947	65 Jahre und 1 Monat
1948	65 Jahre und 2 Monate
1949	65 Jahre und 3 Monate
1950	65 Jahre und 4 Monate
1951	65 Jahre und 5 Monate
1952	65 Jahre und 6 Monate
1953	65 Jahre und 7 Monate
1954	65 Jahre und 8 Monate
1955	65 Jahre und 9 Monate
1956	65 Jahre und 10 Monate
1957	65 Jahre und 11 Monate
1958	66 Jahre
1959	66 Jahre und 2 Monate
1960	66 Jahre und 4 Monate
1961	66 Jahre und 6 Monate
1962	66 Jahre und 8 Monate
1963	66 Jahre und 10 Monate.

[3]Für
1. Beamte und Beamtinnen, die sich am 1. Januar 2011 in der Freistellungsphase der Altersteilzeit nach Art. 91 oder bei einer ungleichmäßigen Verteilung der Arbeitszeit auf Grund eines Arbeitszeitmodells nach Art. 87 Abs. 3 oder Art. 88 Abs. 4 bis zum Ruhestand befinden,
2. Beamte und Beamtinnen, die am 1. Januar 2011 nach Art. 89 oder 90 bis zum Beginn des Ruhestands beurlaubt sind,
3. Lehrkräfte an öffentlichen Schulen, die sich am 1. Januar 2011 in der Ansparphase der Altersteilzeit im Blockmodell (Art. 91 Abs. 2 Satz 1 Nr. 2) befinden,

findet Art. 62 in der am 31. Dezember 2010 geltenden Fassung Anwendung.

(2) [1]Für Beamte und Beamtinnen, die vor dem 1. Januar 1952 geboren sind, finden Art. 129 bis 132 in der am 31. Dezember 2010 geltenden Fassung An-

wendung. [2]Für Beamte und Beamtinnen, die nach dem 31. Dezember 1951 und vor dem 1. Januar 1964 geboren sind, gilt als Altersgrenze abweichend von Art. 129 bis 132 das Ende des Monats, in dem das nach folgender Tabelle maßgebliche Lebensalter erreicht wird:

Beamte und Beamtinnen des Geburtsjahrgangs/-monats	Lebensalter
1952	
Januar – Juni	60 Jahre und 1 Monat
Juli – Dezember	60 Jahre und 2 Monate
1953	
Januar – Juni	60 Jahre und 3 Monate
Juli – Dezember	60 Jahre und 4 Monate
1954	
Januar – Juni	60 Jahre und 5 Monate
Juli – Dezember	60 Jahre und 6 Monate
1955	
Januar – Juni	60 Jahre und 7 Monate
Juli – Dezember	60 Jahre und 8 Monate
1956	
Januar – Juni	60 Jahre und 9 Monate
Juli – Dezember	60 Jahre und 10 Monate
1957	60 Jahre und 11 Monate
1958	61 Jahre
1959	61 Jahre und 2 Monate
1960	61 Jahre und 4 Monate
1961	61 Jahre und 6 Monate
1962	61 Jahre und 8 Monate
1963	61 Jahre und 10 Monate.

[3]Für

1. Beamte und Beamtinnen, die sich am 1. Januar 2011 in der Freistellungsphase der Altersteilzeit nach Art. 91 oder bei einer ungleichmäßigen Verteilung der Arbeitszeit auf Grund eines Arbeitszeitmodells nach Art. 87 Abs. 3 oder Art. 88 Abs. 4 bis zum Ruhestand befinden,
2. Beamte und Beamtinnen, die am 1. Januar 2011 nach Art. 89 oder 90 bis zum Beginn des Ruhestands beurlaubt sind,

finden Art. 129 bis 132 in der am 31. Dezember 2010 geltenden Fassung Anwendung.

Art. 144 Übergangsregelungen zur Beihilfe. (1) [1]Nur Arbeitnehmern im Dienst der in Art. 1 Abs. 1 genannten Körperschaften, Anstalten und Stiftungen, deren Arbeitnehmer- oder Ausbildungsverhältnis bereits vor dem 1. Januar 2001 begründet wurde, wird für die Fortdauer des Arbeitnehmerverhältnisses weiterhin Beihilfe nach Art. 20 Abs. 3 BayBesG in der bis zum 31. Dezember 2000 geltenden Fassung gewährt. [2]Hinsichtlich von Kindern eines

Beamten oder einer Beamtin, eines Richters oder einer Richterin, die am 31. Dezember 2016 in einem Beamtenverhältnis tätig sind, wird Art. 96 Abs. 1 und 3 Satz 3 in der am 31. Dezember 2016 geltenden Fassung weiter angewendet, bis sie die Ausbildung beendet oder die kindergeldrechtliche Höchstaltersgrenze erreicht haben.

(2) Für Aufwendungen, die bis zum 1. Januar 2020 entstanden und in Rechnung gestellt worden sind, ist Art. 96 Abs. 3a in der bis zum Ablauf des 31. Dezember 2019 geltenden Fassung* weiter anzuwenden.

Art. 145 Vertraglich Beschäftigte im öffentlichen Dienst. (1) Für Personen, die auf Grund eines Vertrages im Dienst einer der in Art. 1 Abs. 1 genannten juristischen Personen des öffentlichen Rechts stehen, gelten vorbehaltlich einer Regelung durch Tarifvertrag die beamtenrechtlichen Vorschriften zum Verbot der Gesichtsverhüllung entsprechend.

(2) Für Personen, die auf Grund eines Vertrages im Dienst einer der in Art. 1 Abs. 1 genannten juristischen Personen des öffentlichen Rechts stehen, gelten vorbehaltlich einer Regelung durch Tarifvertrag § 50 BeamtStG und Art. 103 bis 111 entsprechend; Art. 110 gilt mit der Maßgabe entsprechend, dass nicht durch Gesetz oder Tarifvertrag längere Fristen vorgesehen sind.

Art. 146 *(aufgehoben)*

Art. 147 Inkrafttreten. [1]Dieses Gesetz tritt am 1. April 2009 in Kraft. [2]Abweichend von Satz 1 treten Art. 45 Abs. 12 Nr. 1 und Abs. 14 mit Wirkung vom 1. April 2007 in Kraft.**

---

* *Art. 96 Abs. 3a BayBG in der bis zum Ablauf des 31. Dezember 2019 geltenden Fassung lautete: (3a) Eine Beihilfe wird nur gewährt, wenn sie innerhalb eines Jahres nach Entstehung der Aufwendungen oder der Ausstellung der Rechnung beantragt wird.*

** *Diese Vorschrift betrifft das Inkrafttreten des Gesetzes in der ursprünglichen Fassung vom 29. Juli 2008 (GVBl. S. 500). Der Zeitpunkt des Inkrafttretens der späteren Änderungen ergibt sich aus den jeweiligen Änderungsgesetzen.*

Gesetz über die Leistungslaufbahn und die Fachlaufbahnen der bayerischen Beamten und Beamtinnen (Leistungslaufbahngesetz – LlbG)

(BayRS 2030-1-4-F) vom 5. August 2010 (GVBl. S. 410), zuletzt geändert durch Gesetz vom 23. Dezember 2021 (GVBl. S. 663)

INHALTSÜBERSICHT*

TEIL 1

Allgemeines

Art. 1 Geltungsbereich
Art. 2 Begriffsbestimmungen
Art. 3 Zuständigkeiten und Beteiligungen
Art. 4 Allgemeine laufbahnrechtliche Voraussetzungen für die Berufung in das Beamtenverhältnis
Art. 5 Leistungslaufbahn und Fachlaufbahnen
Art. 6 Qualifikationserwerb
Art. 7 Vorbildung
Art. 8 Ausbildung
Art. 9 Wechsel innerhalb und zwischen den Fachlaufbahnen
Art. 10 Übernahme von Beamten und Beamtinnen und Wiedereinstellung früherer Beamter und Beamtinnen von Dienstherren innerhalb des Geltungsbereichs des Bayerischen Beamtengesetzes
Art. 11 Sicherung der Mobilität
Art. 12 Zweck, Art und Dauer der Probezeit im Sinn des § 4 Abs. 3 Buchst. a BeamtStG
Art. 13 Probezeit im Sinn des § 4 Abs. 3 Buchst. b BeamtStG in Ämtern mit leitender Funktion im Beamtenverhältnis auf Probe
Art. 14 Einstellung
Art. 15 Dienstzeiten
Art. 16 Übertragung höherwertiger Dienstposten
Art. 17 Beförderungen
Art. 17a Fiktive Laufbahnnachzeichnung
Art. 18 Sonderregelung für Beförderungen
Art. 19 Dienstposten an obersten Landesbehörden
Art. 20 Modulare Qualifizierung
Art. 21 Schwerbehinderte Menschen

TEIL 2

Regelbewerber und Regelbewerberinnen

Abschnitt 1

Gemeinsame Vorschriften

Unterabschnitt 1

Prüfungen

Art. 22 Arten der Prüfungen, Prüfungsgrundsätze, Prüfungsordnungen, besondere Auswahlverfahren, Verordnungsermächtigung
Art. 23 Zulassung zu den Prüfungen
Art. 24 Bekanntmachung von Prüfungen

Unterabschnitt 2

Vorbereitungsdienst

Art. 25 Grundsätze
Art. 26 Einstellung in den Vorbereitungsdienst
Art. 27 Gestaltung des Vorbereitungsdienstes
Art. 28 Qualifikationsprüfung, Einstellung in das Beamtenverhältnis auf Probe
Art. 29 Beendigung des Beamtenverhältnisses auf Widerruf

* *Inhaltsübersicht nicht amtlich.*

Abschnitt 2
Öffentlich-rechtliches Ausbildungsverhältnis

Art. 30 Zulassung
Art. 31 Begründung des öffentlich-rechtlichen Ausbildungsverhältnisses
Art. 32 Dienstpflichten
Art. 33 Beendigung des öffentlich-rechtlichen Ausbildungsverhältnisses

Abschnitt 3
Qualifikationserwerb für fachliche Schwerpunkte mit Vorbereitungsdienst

Art. 34 Einstellung in den Vorbereitungsdienst bei fachlichen Schwerpunkten mit technischer Ausrichtung
Art. 35 Vorbereitungsdienst
Art. 36 Probezeit
Art. 37 Ausbildungsqualifizierung

Abschnitt 4
Sonstiger Qualifikationserwerb für eine Fachlaufbahn

Art. 38 Gestaltungsgrundsätze
Art. 39 Qualifikationsvoraussetzungen
Art. 40 Feststellung des Qualifikationserwerbs

Abschnitt 5
Qualifikation von Bewerbern und Bewerberinnen aus Mitgliedstaaten

Art. 41 Qualifikation auf Grund der Richtlinie 2005/36/EG
Art. 42 Anwendungsbereich
Art. 43 Anerkennung
Art. 44 Antrag
Art. 45 *(aufgehoben)*
Art. 46 Entscheidung
Art. 47 Notwendigkeit von Ausgleichsmaßnahmen
Art. 48 Eignungsprüfung
Art. 49 Anpassungslehrgang
Art. 50 Abschluss des Anerkennungsverfahrens
Art. 51 Berufsbezeichnung

TEIL 3
Andere Bewerber und Bewerberinnen

Art. 52 Qualifikationsvoraussetzungen
Art. 53 Probezeit

TEIL 4
Dienstliche Beurteilung

Art. 54 Arten der dienstlichen Beurteilung
Art. 55 Einschätzung während der Probezeit sowie Probezeitbeurteilung
Art. 56 Periodische Beurteilung
Art. 57 Zwischenbeurteilung
Art. 58 Inhalt der periodischen Beurteilung und Zwischenbeurteilung
Art. 59 Bewertung und Gesamturteil
Art. 60 Zuständigkeit
Art. 61 Eröffnung der dienstlichen Beurteilung
Art. 62 Leistungsfeststellung für die Entscheidungen gemäß Art. 30 und 66 BayBesG; Öffnungsklausel für den nichtstaatlichen Bereich zu Art. 67 BayBesG
Art. 63 *(aufgehoben)*
Art. 64 Dienstliche Beurteilung von Lehrkräften
Art. 65 Ausnahmegenehmigungen

TEIL 5
Fortbildung

Art. 66 Grundsätze der Fortbildung

TEIL 6
Schluss- und Übergangsvorschriften

Art. 67 Verordnungsermächtigung
Art. 68 Ausnahmen, Verordnungsermächtigung
Art. 69 Evaluation
Art. 70 Übergangsregelungen
Art. 70a Abweichungsmöglichkeiten aufgrund der Corona-Pandemie
Art. 71 Außerkrafttreten

Anlage 1
(zu Art. 39)

Anlage 2
(zu Art. 49)

TEIL 1

Allgemeines

Art. 1 Geltungsbereich. (1) [1]Dieses Gesetz gilt für die Beamten und Beamtinnen des Staates, der Gemeinden, der Gemeindeverbände und der sonstigen unter der Aufsicht des Staates stehenden Körperschaften, Anstalten und Stiftungen des öffentlichen Rechts, soweit sich aus ihm nichts anderes ergibt. [2]Es gilt für Richter und Richterinnen entsprechend, soweit durch besondere Rechtsvorschriften nichts anderes bestimmt ist.

(2) Dieses Gesetz gilt nicht für
1. Professoren und Professorinnen, ausgenommen Art. 55 Abs. 2 und 3,
2. Beamte und Beamtinnen auf Zeit, mit Ausnahme der Beamten und Beamtinnen in Ämtern mit leitender Funktion im Beamtenverhältnis auf Zeit (Art. 45 des Bayerischen Beamtengesetzes – BayBG),
3. Ehrenbeamte und Ehrenbeamtinnen,
4. Beamte und Beamtinnen der öffentlich-rechtlichen Religionsgesellschaften und ihrer Verbände.

(3) Mit Ausnahme des Teils 5 gilt dieses Gesetz nicht für den Polizeivollzugsdienst und die Beamten und Beamtinnen im Sicherheitsbereich des Landesamts für Verfassungsschutz, soweit Rechtsverordnungen nach Art. 68 Abs. 2 etwas anderes bestimmen.

(4) Für die Staatskanzlei und das Landtagsamt finden die für die Staatsministerien geltenden Vorschriften mit Ausnahme von Art. 67 entsprechende Anwendung.

Art. 2 Begriffsbestimmungen. (1) Einstellung ist eine Ernennung, durch die ein Beamtenverhältnis begründet wird.

(2) Beförderung ist eine Ernennung, durch die ein anderes Amt mit höherem Endgrundgehalt oder ein anderes Amt mit höherer Amtszulage verliehen wird.

(3) Soweit in diesem Gesetz der Begriff der obersten Dienstbehörde, des Dienstvorgesetzten bzw. Vorgesetzten oder der Begriff des Angehörigen verwendet wird, finden Art. 2 bis 4 und 135 BayBG Anwendung.

Art. 3 Zuständigkeiten und Beteiligungen. (1) [1]Entscheidungen nach diesem Gesetz trifft die oberste Dienstbehörde, wenn nichts anderes geregelt ist. [2]Für den staatlichen Bereich kann sie ihre Zuständigkeit durch Rechtsverordnung auf die für die Ernennung zuständigen Behörden (Art. 18 BayBG) übertragen. [3]Für den kommunalen Bereich finden Art. 34 der Bezirksordnung, Art. 38 der Landkreisordnung und Art. 43 der Gemeindeordnung Anwendung. [4]Satz 2 gilt nicht in den Fällen des Art. 37 Abs. 2 Satz 2 Halbsatz 2, des Art. 60 Abs. 1 Satz 4 und soweit eine Antragstellung beim Landespersonalausschuss erforderlich ist.

(2) Soweit dieses Gesetz nichts anderes bestimmt, erlässt die zu seiner Durchführung erforderlichen Verwaltungsvorschriften das Staatsministerium

der Finanzen und für Heimat im Benehmen mit den jeweils beteiligten Staatsministerien; Verwaltungsvorschriften, die nur den Geschäftsbereich eines Staatsministeriums oder des Obersten Rechnungshofs betreffen, erlässt dieses Staatsministerium oder der Oberste Rechnungshof.

(3) Art. 16 und 17 BayBG finden entsprechende Anwendung.

(4) Die Staatsministerien für Unterricht und Kultus und für Wissenschaft und Kunst regeln jeweils für ihren Zuständigkeitsbereich durch Verwaltungsvorschrift, welche Bildungsstände den nach diesem Gesetz vorgesehenen Bildungsvoraussetzungen gleichwertig sind.

Art. 4 Allgemeine laufbahnrechtliche Voraussetzungen für die Berufung in das Beamtenverhältnis. (1) Bewerber und Bewerberinnen können in das Beamtenverhältnis berufen werden, wenn sie die erforderliche Vorbildung besitzen (Regelbewerber und Regelbewerberinnen).

(2) [1]In das Beamtenverhältnis kann auch berufen werden, wer die erforderliche Qualifikation durch Lebens- und Berufserfahrung innerhalb oder außerhalb des öffentlichen Dienstes erworben hat (andere Bewerber und Bewerberinnen). [2]Dies gilt nicht für die Wahrnehmung solcher Aufgaben, für die eine bestimmte Vorbildung oder Ausbildung durch besondere Rechtsvorschrift vorgeschrieben ist oder die ihrer Eigenart nach eine besondere Vorbildung und Ausbildung zwingend erfordern. [3]Die Berufung anderer Bewerber und Bewerberinnen bedarf der Zustimmung des Landespersonalausschusses.

Art. 5 Leistungslaufbahn und Fachlaufbahnen. (1) Der Einstieg in die Leistungslaufbahn erfolgt entsprechend der Vor- und Ausbildung in einer der vier Qualifikationsebenen (Art. 7 und 8).

(2) [1]Innerhalb der Leistungslaufbahn bestehen folgende Fachlaufbahnen:
1. Verwaltung und Finanzen,
2. Bildung und Wissenschaft,
3. Justiz,
4. Polizei und Verfassungsschutz,
5. Gesundheit,
6. Naturwissenschaft und Technik.

[2]Soweit erforderlich, können innerhalb einer Fachlaufbahn fachliche Schwerpunkte gebildet werden. [3]Ein fachlicher Schwerpunkt umfasst alle Ämter, die auf Grund fachverwandter Vor- und Ausbildung und im Rahmen einer vorgesehenen modularen Qualifizierung erreicht werden können.

Art. 6 Qualifikationserwerb. (1) [1]Regelbewerber und Regelbewerberinnen erwerben die Qualifikation für eine Fachlaufbahn durch
1. Ableisten des Vorbereitungsdienstes und Bestehen der Qualifikationsprüfung,
2. Erwerb der Vorbildung und hauptberufliche Tätigkeit nach den Art. 38 bis 40,

3. Anerkennung eines in einem Mitgliedstaat im Sinn des Art. 42 Abs. 2 erworbenen Qualifikationsnachweises gemäß Art. 41 bis 51,
4. Anerkennung nach Art. 9 Abs. 2 oder 3 oder Art. 11 oder
5. Feststellung gemäß Abs. 2.

[2]In der ersten Qualifikationsebene entfällt die Qualifikationsprüfung.

(2) [1]Soweit die Einrichtung von fachlichen Schwerpunkten, die keinen Vorbereitungsdienst und keine Qualifikationsprüfung vorsehen und die auch nicht nach Art. 38 bis 40 geregelt sind, erforderlich ist, können die Staatsministerien und der Oberste Rechnungshof die Qualifikation für eine Fachlaufbahn im Einzelfall feststellen. [2]Die Qualifikationsvoraussetzungen müssen den für die betreffende Qualifikationsebene allgemein vorgeschriebenen Voraussetzungen gleichwertig sein.

(3) [1]Andere Bewerber und Bewerberinnen erwerben die Qualifikation durch Lebens- und Berufserfahrung innerhalb oder außerhalb des öffentlichen Dienstes. [2]Die Qualifikation ist vor der Einstellung gemäß Art. 52 Abs. 2 festzustellen.

Art. 7 Vorbildung. (1) [1]Für den Einstieg in einer Qualifikationsebene ist, soweit dieses Gesetz keine abweichenden Regelungen trifft, mindestens folgende Vorbildung erforderlich:

1. für die erste Qualifikationsebene der erfolgreiche Hauptschul- oder Mittelschulabschluss,
2. für die zweite Qualifikationsebene der mittlere Schulabschluss oder der qualifizierende Hauptschul- oder Mittelschulabschluss; für einzelne Bereiche können auch Bewerber und Bewerberinnen zugelassen werden, die den Hauptschul- oder Mittelschulabschluss und eine abgeschlossene förderliche Berufsausbildung nachweisen,
3. für die dritte Qualifikationsebene die Fachhochschulreife oder eine andere Hochschulreife,
4. für die vierte Qualifikationsebene die Erste Staatsprüfung, die Erste Juristische Prüfung, ein Diplom- oder Magisterabschluss oder eine vergleichbare Qualifikation an einer Universität oder Kunsthochschule oder ein Masterabschluss.

[2]In den Fällen des Satzes 1 Nr. 1 bis 3 kann auch ein vom Staatsministerium für Unterricht und Kultus als gleichwertig anerkannter Bildungsstand gefordert werden.

(2) [1]Für die Fachlehrer und Fachlehrerinnen sowie die Förderlehrer und Förderlehrerinnen kann in Rechtsverordnungen nach Art. 67 von Abs. 1 Satz 1 Nr. 3 abgewichen werden. [2]Als Vorbildungsvoraussetzung kann ein Realschulabschluss oder ein vom Staatsministerium für Unterricht und Kultus als gleichwertig anerkannter Bildungsstand ausreichend sein.

Art. 8 Ausbildung. (1) [1]Der Vorbereitungsdienst vermittelt die berufliche Grundbildung sowie die fachlichen Kenntnisse, Methoden und berufsprakti-

schen Fähigkeiten für den Einstieg in einer Qualifikationsebene. [2]Der Vorbereitungsdienst besteht aus einer fachtheoretischen und einer berufspraktischen Ausbildung. [3]Die Zulassung zum Vorbereitungsdienst darf nicht deshalb abgelehnt werden, weil die vorgeschriebene Vorbildung außerhalb des Geltungsbereichs dieses Gesetzes im Inland erworben wurde.

(2) [1]Der Vorbereitungsdienst dauert, soweit dieses Gesetz keine abweichenden Regelungen trifft, bei einem Einstieg in der

1. ersten Qualifikationsebene bis zu einem Jahr,
2. zweiten Qualifikationsebene zwei Jahre, wobei die fachtheoretische Ausbildung in der Regel sechs Monate beträgt,
3. dritten Qualifikationsebene drei Jahre; der Vorbereitungsdienst vermittelt in einem Studiengang einer Fachhochschule oder in einem gleichstehenden Studiengang mit mindestens 18monatiger fachtheoretischer und mindestens 12monatiger berufspraktischer Studienzeit die zur Aufgabenerfüllung notwendigen wissenschaftlichen Erkenntnisse und Methoden sowie die berufspraktischen Fähigkeiten und Kenntnisse.
4. vierten Qualifikationsebene mindestens zwei Jahre.

[2]Für die Fachlehrer und Fachlehrerinnen sowie die Förderlehrer und Förderlehrerinnen kann in Rechtsverordnungen nach Art. 67 von Satz 1 Nr. 3 abgewichen werden.

(3) [1]Im Rahmen des Vorbereitungsdienstes ist eine Qualifikationsprüfung nach den Grundsätzen des Art. 22 Abs. 3 abzulegen. [2]Satz 1 gilt nicht für den Einstieg in der ersten Qualifikationsebene. [3]Soweit der Vorbereitungsdienst auf eine Ausbildung in fachbezogenen Schwerpunktbereichen beschränkt ist, sind Gegenstand der Qualifikationsprüfung deren Ausbildungsinhalte.

Art. 9 Wechsel innerhalb und zwischen den Fachlaufbahnen. (1) [1]Ein Wechsel innerhalb derselben Fachlaufbahn ist zulässig, soweit nicht für den neuen fachlichen Schwerpunkt eine bestimmte Vorbildung, Ausbildung oder Prüfung durch besondere Rechtsvorschrift vorgeschrieben oder nach ihrer Eigenart zwingend erforderlich ist. [2]Der Wechsel bedarf der Zustimmung der zuständigen aufnehmenden obersten Dienstbehörde. [3]Die oberste Dienstbehörde kann die Zustimmung auch vom Nachweis einer erfolgreichen Unterweisung oder erfolgreicher Fortbildungsmaßnahmen abhängig machen.

(2) [1]Ein Wechsel zwischen den Fachlaufbahnen ist zulässig, wenn die Qualifikation für die neue Fachlaufbahn auf Grund der bisherigen Vorbildung, Ausbildung und Tätigkeit durch Unterweisung, förderliche praktische Tätigkeiten oder zusätzliche Fortbildungsmaßnahmen erworben werden kann. [2]Ein Wechsel ist ausgeschlossen, wenn für die neue Fachlaufbahn oder den neuen fachlichen Schwerpunkt eine bestimmte Vorbildung, Ausbildung oder Prüfung durch besondere Rechtsvorschrift vorgeschrieben oder nach ihrer Eigenart zwingend erforderlich ist. [3]Über die Anerkennung der Qualifikation entscheidet die aufnehmende oberste Dienstbehörde mit Zustimmung des Landespersonalausschusses. [4]Der Landespersonalausschuss kann über die Art der Unter-

weisung, über förderliche praktische Tätigkeiten und über die Fortbildungsmaßnahmen besondere Regelungen treffen.

(3) [1]Polizeivollzugsbeamte und Polizeivollzugsbeamtinnen, die nach Art. 48 Abs. 2, Art. 128 Abs. 3 BayBG in Verbindung mit § 26 Abs. 1 Satz 3, Abs. 2, 3 oder § 29 Abs. 2 des Beamtenstatusgesetzes (BeamtStG) in die Fachlaufbahn „Verwaltung und Finanzen" übernommen werden sollen, erwerben die Qualifikation für die neue Fachlaufbahn durch Unterweisung und eine mindestens einjährige Tätigkeit. [2]Über die Anerkennung der Qualifikation entscheidet die aufnehmende oberste Dienstbehörde.

Art. 10 Übernahme von Beamten und Beamtinnen und Wiedereinstellung früherer Beamter und Beamtinnen von Dienstherren innerhalb des Geltungsbereichs des Bayerischen Beamtengesetzes. (1) [1]Bei der Übernahme von Beamten und Beamtinnen von Dienstherren innerhalb des Geltungsbereichs des Bayerischen Beamtengesetzes kann von der vorgeschriebenen Probezeit abgesehen werden, wenn die Beamten und Beamtinnen bereits in das Beamtenverhältnis auf Lebenszeit in derselben Qualifikationsebene berufen worden sind. [2]Die Probezeit gilt als abgeleistet, soweit sie nach dem Erwerb der Qualifikation für dieselbe Fachlaufbahn in derselben Qualifikationsebene zurückgelegt wurde. [3]Von einer erneuten Probezeit kann auch dann abgesehen werden, wenn ein Beamter oder eine Beamtin auf Lebenszeit außerhalb der modularen Qualifizierung (Art. 20) die Voraussetzungen für eine höhere Qualifikationsebene erworben hat und in diese übernommen wird. [4]Die Übernahme kann von einer höchstens einjährigen Bewährungszeit abhängig gemacht werden; während der Bewährungszeit bleibt die bisherige Rechtsstellung unverändert.

(2) [1]Bei der Übernahme von Beamten und Beamtinnen von Dienstherren innerhalb des Geltungsbereichs des Bayerischen Beamtengesetzes ist die Einstellung in einem höheren Amt als dem besoldungsrechtlich festgelegten Eingangsamt zulässig, wenn die Übernahme in einem der letzten Dienststellung gleichwertigen Amt erfolgt. [2]Erfolgt die Übernahme in einem höheren Amt als dem bisherigen Amt, so sind die Vorschriften über Beförderungen anzuwenden.

(3) Abs. 1 und 2 sind bei der Wiedereinstellung früherer Beamter und Beamtinnen von Dienstherren innerhalb des Geltungsbereichs des Bayerischen Beamtengesetzes entsprechend anzuwenden.

Art. 11 Sicherung der Mobilität. (1) In ein Beamtenverhältnis nach Art. 1 Abs. 1 BayBG kann übernommen werden, wer auf Grund einer Qualifikation entsprechend den Laufbahnvorschriften des Bundes oder eines anderen Landes sowie seines individuellen Berufswegs einen Stand an Wissen und Fertigkeiten aufweist, der der nach bayerischen Vorschriften erforderlichen Qualifikation gleichwertig ist.

(2) [1]Eine auf Grund von Abs. 1 erworbene Qualifikation erkennt die oberste Dienstbehörde an; im nichtstaatlichen Bereich bedarf es der Zustimmung des

Landespersonalausschusses. [2]Die oberste Dienstbehörde kann zusätzliche Unterweisungs- oder Fortbildungsmaßnahmen anordnen.

(3) Bei der Übernahme von Beamten und Beamtinnen und der Wiedereinstellung früherer Beamter und Beamtinnen von Dienstherren außerhalb des Geltungsbereichs des Bayerischen Beamtengesetzes ist dieses Gesetz anzuwenden; dies gilt nicht, wenn die Übernahme kraft Gesetzes oder auf Grund eines Rechtsanspruchs in ihrer bisherigen Rechtsstellung erfolgt.

Art. 12 Zweck, Art und Dauer der Probezeit im Sinn des § 4 Abs. 3 Buchst. a BeamtStG. (1) [1]Die Probezeit im Sinn des § 4 Abs. 3 Buchst. a BeamtStG hat den Zweck unter Anlegung eines strengen Maßstabs festzustellen, ob allen Anforderungen des Beamtenverhältnisses auf Lebenszeit dauerhaft Genüge getan werden kann. [2]Während der Probezeit soll sich der Beamte oder die Beamtin nach Erwerb der Qualifikation für seine oder ihre Fachlaufbahn für das Beamtenverhältnis auf Lebenszeit in dieser Fachlaufbahn bewähren. [3]Die Probezeit soll insbesondere unter Berücksichtigung der Arbeitsergebnisse zeigen, ob der Beamte oder die Beamtin nach Eignung, Befähigung und fachlicher Leistung in der Lage ist, die Aufgaben der Fachlaufbahn in jeder Hinsicht dauerhaft zu erfüllen. [4]Während der Probezeit soll der Einsatz auf verschiedenen Dienstposten erfolgen, soweit keine dienstlichen Gründe entgegenstehen. [5]Bei der Berechnung der Probezeit ist Art. 15 Abs. 2 entsprechend anzuwenden.

(2) [1]Die Art der Probezeit ist nach den Erfordernissen in den einzelnen Fachlaufbahnen und Qualifikationsebenen festzusetzen. [2]Die regelmäßige Probezeit dauert zwei Jahre.

(3) [1]Zeiten von Beurlaubungen unter vollständiger oder teilweiser Fortgewährung der Leistungen des Dienstherrn gelten als Probezeit. [2]Die Probezeit verlängert sich um Zeiten einer Beurlaubung unter Fortfall des Anspruchs auf Leistungen des Dienstherrn. [3]Auf die Probezeit können solche Zeiten angerechnet werden, die nach Art. 15 Abs. 4 Satz 1 Nr. 2 bis 5 als Dienstzeit gelten. [4]Zeiten gemäß Art. 15 Abs. 4 Satz 1 Nr. 5 können nur im Umfang von bis zu sechs Monaten angerechnet werden. [5]Bei einer Anrechnung ist Art. 15 Abs. 2 entsprechend anzuwenden. [6]Es ist jedoch eine Probezeit im Umfang von mindestens sechs Monaten abzuleisten. [7]Über die Anrechnung entscheidet die oberste Dienstbehörde. [8]Die oberste Dienstbehörde kann ausnahmsweise von der Mindestprobezeit absehen, wenn an der Beurlaubung ein besonderes dienstliches Interesse besteht und der Zweck der Probezeit auch während der in der Beurlaubung ausgeführten Tätigkeit erfüllt werden kann.

(4) [1]Hat sich der Beamte oder die Beamtin bis zum Ablauf der Probezeit noch nicht bewährt oder ist er oder sie noch nicht geeignet, kann die Probezeit bis zu einer Gesamtdauer von fünf Jahren verlängert werden. [2]Die Entscheidung trifft die oberste Dienstbehörde.

(5) Beamte und Beamtinnen, die sich nicht bewährt haben oder nicht geeignet sind, werden entlassen.

Art. 13 Probezeit im Sinn des § 4 Abs. 3 Buchst. b BeamtStG in Ämtern mit leitender Funktion im Beamtenverhältnis auf Probe. (1) [1]Für Ämter mit leitender Funktion, die auf Grund von Art. 46 BayBG zunächst im Beamtenverhältnis auf Probe vergeben werden, beträgt die Probezeit zwei Jahre. [2]Eine Verkürzung der Probezeit kann zugelassen werden; die Mindestprobezeit beträgt ein Jahr. [3]Art. 15 Abs. 2 gilt entsprechend. [4]Zeiten, in denen die leitende oder eine vergleichbare Funktion bereits übertragen worden ist, werden auf die Probezeit angerechnet. [5]Über die Verkürzung der Probezeit entscheidet die oberste Dienstbehörde. [6]An Stelle der zuständigen obersten Dienstbehörden entscheiden im Rahmen ihrer Ernennungszuständigkeit über die Verkürzung der Probezeit die Staatsregierung gemäß Art. 18 Abs. 1 BayBG und für die Beamten und Beamtinnen des Landtags das Präsidium des Landtags.

(2) Die Entscheidung über das Ergebnis der Probezeit trifft die oberste Dienstbehörde durch schriftliche Feststellung; Abs. 1 Satz 6 gilt entsprechend.

Art. 14 Einstellung. (1) [1]Die Einstellung ist nur in dem besoldungsrechtlich festgelegten Eingangsamt zulässig. [2]Die oberste Dienstbehörde kann von Satz 1 Ausnahmen im Einzelfall zulassen; in einer Gruppe von Fällen bedarf es der Zustimmung des Staatsministeriums der Finanzen und für Heimat. [3]Eine Ausnahme nach Satz 2 ist dann zulässig, wenn der Bewerber oder die Bewerberin für das zu übertragende Amt geeignet erscheint, durch berufliche Tätigkeiten innerhalb oder außerhalb des öffentlichen Dienstes eine den Anforderungen entsprechende Erfahrung erworben hat und an der Gewinnung ein dienstliches Interesse besteht.

(2) [1]Haben sich die Anforderungen an die fachliche Eignung für die Einstellung in den öffentlichen Dienst in der Zeit erhöht, in der sich die Bewerbung um Einstellung infolge der Geburt oder der Betreuung eines Kindes verzögert hat, und ist die Bewerbung innerhalb von drei Jahren nach der Geburt dieses Kindes oder sechs Monate nach Erfüllung der ausbildungsmäßigen Einstellungsvoraussetzungen erfolgt, so ist der Grad der fachlichen Eignung nach den Anforderungen zu prüfen, die zu einem Zeitpunkt bestanden haben, zu dem die Bewerbung ohne die Geburt oder die Betreuung des Kindes hätte erfolgen können. [2]Führt die Prüfung zu dem Ergebnis, dass der Bewerber oder die Bewerberin ohne diese Verzögerung eingestellt worden wäre, kann er oder sie vor anderen Bewerbern und Bewerberinnen eingestellt werden. [3]Die Zahl der Stellen, die diesen Bewerbern und Bewerberinnen in einem Einstellungstermin vorbehalten werden kann, bestimmt sich nach dem zahlenmäßigen Verhältnis der Bewerber und Bewerberinnen mit Verzögerung zu denjenigen ohne eine solche Verzögerung; Bruchteile von Stellen sind zugunsten der betroffenen Bewerber oder Bewerberinnen aufzurunden. [4]Für die Berechnung des Zeitraums der Verzögerung sind nur die einen Anspruch auf Elternzeit nach § 15 Abs. 1 Satz 1 und Abs. 2 des Bundeselterngeld- und Elternzeitgesetzes (BEEG) begründenden Zeiten sowie die Zeiten nach § 3 Abs. 2 und § 6 Abs. 1 des Mutterschutzgesetzes zu berücksichtigen. [5]Sätze 1 bis 3 gelten entsprechend, wenn sich die Bewerbung um Einstellung nur wegen der tatsächlichen Pflege eines

nach ärztlichem Gutachten pflegebedürftigen sonstigen Angehörigen im Sinn des Art. 2 Abs. 3 in Verbindung mit Art. 4 BayBG verzögert. [6]Der nach Satz 5 berücksichtigungsfähige Zeitraum beträgt längstens drei Jahre.

Art. 15 Dienstzeiten. (1) [1]Dienstzeiten, die Voraussetzung für eine Beförderung oder für die Zulassung zur Ausbildungsqualifizierung sind, rechnen von der Begründung eines Beamtenverhältnisses auf Lebenszeit (allgemeiner Dienstzeitbeginn). [2]Art. 37 Abs. 2 bleibt unberührt.

(2) Zeiten einer Beschäftigung mit einer ermäßigten Arbeitszeit werden bei der Berechnung der Dienstzeit in vollem Umfang berücksichtigt.

(3) [1]Der allgemeine Dienstzeitbeginn wird vorverlegt um

1. Zeiten einer Beschäftigung nach dem Erwerb der Qualifikation für eine Fachlaufbahn, die vor der Berufung in das Beamtenverhältnis auf Probe in einem Beamtenverhältnis auf Zeit ausgeübt wurden,
2. a) Zeiten des Wehr- oder Zivildienstes, eines Entwicklungshelferdienstes oder eines freiwilligen sozialen oder freiwilligen ökologischen Jahres, soweit das Arbeitsplatzschutzgesetz, das Zivildienstgesetz, das Entwicklungshelfer-Gesetz oder das Soldatenversorgungsgesetz einen Ausgleich dadurch eingetretener Verzögerungen anordnet und mit diesen Zeiten die Pflicht, Grundwehrdienst oder Zivildienst abzuleisten, erloschen ist; ist eine Berücksichtigung der Zeiten gemäß der Regelung nach Buchst. b günstiger, findet diese Anwendung,
   b) Zeiten eines freiwilligen Wehrdienstes nach dem Soldatengesetz, eines Bundesfreiwilligendienstes nach dem Bundesfreiwilligendienstgesetz, eines freiwilligen sozialen oder freiwilligen ökologischen Jahres nach dem Jugendfreiwilligendienstegesetz, eines Entwicklungshelferdienstes nach dem Entwicklungshelfer-Gesetz oder eines Freiwilligendienstes im Sinn des § 32 Abs. 4 Satz 1 Nr. 2 Buchst. d des Einkommensteuergesetzes im Umfang von insgesamt höchstens 24 Monaten,
3. Zeiten der Inanspruchnahme von Elternzeit während der Probezeit sowie um Zeiten der Beurlaubung nach Art. 89 Abs. 1 Nr. 1 BayBG während der Probezeit im Umfang von bis zu 36 Monaten.

[2]Der allgemeine Dienstzeitbeginn soll vorverlegt werden um

1. Zeiten einer förderlichen hauptberuflichen Tätigkeit im öffentlichen Dienst, die nach dem Erwerb der Qualifikation für eine Fachlaufbahn, aber vor der Berufung in das Beamtenverhältnis auf Probe abgeleistet wurden,
2. Zeiten der tatsächlichen Betreuung oder Pflege von mindestens einem Kind unter 18 Jahren oder einem nach ärztlichem Gutachten pflegebedürftigen sonstigen Angehörigen während der Schulausbildung oder während der für den Qualifikationserwerb (Art. 6) notwendigen Zeiten im Umfang von bis zu 36 Monaten.

[3]Unbeschadet der Sätze 1 und 2 kann die oberste Dienstbehörde den allgemeinen Dienstzeitbeginn ausnahmsweise um weitere Zeiten vorverlegen, wenn ein besonderes dienstliches Interesse besteht. [4]Zeiten nach den Sätzen 1 bis 3 können nur in dem Umfang Berücksichtigung finden, als nicht bereits

eine Anrechnung gemäß Art. 12 Abs. 3 Satz 3 oder Art. 36 Abs. 2 und 3 erfolgt ist.

(4) [1]Als Dienstzeit gelten auch

1. die Zeiten von Beurlaubungen unter vollständiger oder teilweiser Fortgewährung der Leistungen des Dienstherrn,
2. die Zeiten von Beurlaubungen unter Fortfall des Anspruchs auf Leistungen des Dienstherrn bei einer Verwendung im öffentlichen Dienst einer zwischenstaatlichen oder überstaatlichen Einrichtung, für Aufgaben der Entwicklungshilfe oder an einer deutschen Schule im Ausland oder einer europäischen Schule oder an einer staatlich genehmigten oder anerkannten privaten Schule oder als DAAD-Lektor oder DAAD-Lektorin an einer Universität im Ausland,
3. die Zeiten von Beurlaubungen unter Fortfall des Anspruchs auf Leistungen des Dienstherrn zur Ausübung einer Tätigkeit bei Fraktionen des Europäischen Parlaments, des Deutschen Bundestags und des Bayerischen Landtags sowie bei Parteien oder Wählervereinigungen und für eine Tätigkeit bei kommunalen Vertretungskörperschaften oder bei kommunalen Spitzenverbänden bis zur Dauer von insgesamt zehn Jahren,
4. im Übrigen die Zeiten von Beurlaubungen unter Fortfall des Anspruchs auf Leistungen des Dienstherrn, die überwiegend dienstlichen Interessen oder öffentlichen Belangen dienen, bis zur Dauer von insgesamt sechs Jahren,
5. Zeiten der Inanspruchnahme von Elternzeit sowie Zeiten der Beurlaubung nach Art. 89 Abs. 1 Nr. 1 BayBG; Zeiten werden im Umfang von bis zu 36 Monaten, vermindert um die Zeiten, um die der allgemeine Dienstzeitbeginn nach Abs. 3 Satz 1 Nr. 3 und Satz 2 Nr. 2 vorverlegt wurde, berücksichtigt.

[2]Treffen bei einer Person Zeiten von Beurlaubungen nach Satz 1 Nr. 3 und 4 zusammen, so werden sie insgesamt bis zur Dauer von zehn Jahren berücksichtigt. [3]Bei Beurlaubungen nach Satz 1 Nr. 3 kann in besonders gelagerten Fällen die oberste Dienstbehörde weitere Zeiten einer Beurlaubung als Dienstzeit berücksichtigen.

Art. 16 Übertragung höherwertiger Dienstposten. (1) [1]Bei der Übertragung höherwertiger Dienstposten ist ausschließlich nach dem Leistungsgrundsatz zu verfahren. [2]Es muss zu erwarten sein, dass der Beamte oder die Beamtin den Anforderungen des höherwertigen Dienstpostens nach Eignung, Befähigung und fachlicher Leistung gewachsen ist. [3]Das Vorliegen für den Dienstposten zwingend erforderlicher Anforderungen ist zu beachten. [4]Grundlagen für die Entscheidung des Dienstherrn können dienstliche Beurteilungen und wissenschaftlich fundierte Auswahlverfahren, wie insbesondere systematisierte Personalauswahlgespräche, strukturierte Interviews oder Assessment-Center sein, sofern diese von Auswahlkommissionen durchgeführt werden. [5]Werden für eine Auswahlentscheidung dienstliche Beurteilungen sowie weitere verschiedene Auswahlmethoden nach Satz 4 verwandt, bestimmt der Dienstherr die Gewichtung.

(2) [1]Sofern im Rahmen der Entscheidung über die Besetzung höherwertiger Dienstposten dienstliche Beurteilungen berücksichtigt werden und sich beim Vergleich der Gesamturteile der Beurteilungen kein Vorsprung einer der Bewerbungen ergibt, sind die darin enthaltenen Einzelkriterien gegenüber zu stellen (Binnendifferenzierung). [2]In den Vergleich der Einzelkriterien sind nur die wesentlichen Beurteilungskriterien einzubeziehen. [3]Diese bestimmen sich wie folgt:

1. bei einer Führungsfunktion:
   a) Führungserfolg (Art. 58 Abs. 3 Nr. 1 Buchst. e) und
   b) Führungspotential (Art. 58 Abs. 3 Nr. 2 Buchst. e);
2. bei einer sachbearbeitenden Funktion:
   a) Fachkenntnis (Art. 58 Abs. 3 Nr. 3 Buchst. a) und
   b) Entscheidungsfreude (Art. 58 Abs. 3 Nr. 2 Buchst. d);
3. bei Beamten und Beamtinnen mit einer Führungsfunktion, die für Sachbearbeitungsaufgaben in Frage kommen:
   a) Fachkenntnis (Art. 58 Abs. 3 Nr. 3 Buchst. a) und
   b) Entscheidungsfreude (Art. 58 Abs. 3 Nr. 2 Buchst. d);
4. bei Beamten und Beamtinnen mit einer sachbearbeitenden Funktion, die für Führungsaufgaben in Frage kommen:
   a) Fachkenntnis (Art. 58 Abs. 3 Nr. 3 Buchst. a),
   b) Entscheidungsfreude (Art. 58 Abs. 3 Nr. 2 Buchst. d) und
   c) Führungspotential (Art. 58 Abs. 3 Nr. 2 Buchst. e).

[4]Die obersten Dienstbehörden können für bestimmte Verwaltungsbereiche oder Aufgabenfelder aus den gemäß Art. 58 Abs. 3 und 6 Satz 2 und 3 vorgesehenen Beurteilungskriterien weitere oder andere Kriterien sowie anderweitige Differenzierungen bei den zugrunde liegenden Gruppen festlegen. [5]Sätze 3 und 4 gelten nicht, soweit im Rahmen der Art. 64 und 65 abweichende Beurteilungssysteme verwandt werden.

(3) Abs. 2 Satz 2 bis 5 findet im Anwendungsbereich des Art. 5 des Bayerischen Richter- und Staatsanwaltsgesetzes (BayRiStAG) keine Anwendung.

(4) [1]Soweit höherwertige Dienstposten auf Grund von Ranglisten übertragen werden, kann die Unterrichtung unterlegener Bewerber und Bewerberinnen auch dadurch erfolgen, dass ihnen die die Entscheidung tragenden Kriterien anonymisiert mitgeteilt werden, soweit sie ihnen nicht bereits bekannt sind. [2]Diese Mitteilung kann durch elektronische Informationssysteme erfolgen, soweit sie den Bewerbern und Bewerberinnen üblicherweise zugänglich sind.

(5) [1]Der Übertragung eines höheren Amtes im Weg der Beförderung oder der Ausbildungsqualifizierung muss eine Bewährung in den Dienstgeschäften dieses Amtes vorangegangen sein. [2]Die Erprobungszeit (Art. 17 Abs. 1 Satz 3 Nr. 2) beträgt mindestens drei Monate und soll sechs Monate nicht überschreiten; vor der Übertragung eines Amtes im Weg der Ausbildungsqualifizierung kann sie im Ausnahmefall bis zu einem Jahr betragen.[3]Die Erprobungszeit entfällt,

1. soweit sich der Beamte oder die Beamtin auf einem gleichwertigen Dienstposten bereits bewährt hat,
2. in den Fällen der Art. 45 und 46 BayBG.

[4]Im Anwendungsbereich des Art. 25 Satz 2 oder 3 des Bayerischen Besoldungsgesetzes (BayBesG) kann in den Fällen der Ausbildungsqualifizierung von der Erprobungszeit abgesehen werden. [5]Bewährt sich der Beamte oder die Beamtin nicht, so sind ihm oder ihr Dienstgeschäfte des bisherigen Amtes zu übertragen.

Art. 17 Beförderungen. (1) [1]Ämter, die regelmäßig zu durchlaufen sind, dürfen nicht übersprungen werden. [2]Die oberste Dienstbehörde bestimmt mit Zustimmung des Landespersonalausschusses, ob ein in einer Besoldungsordnung aufgeführtes Amt nicht regelmäßig zu durchlaufen ist. [3]Eine Beförderung darf nicht erfolgen

1. während der Probezeit,
2. vor Ablauf einer Erprobungszeit von drei Monaten auf einem höher bewerteten Dienstposten,
3. vor Ablauf einer Dienstzeit von
   a) zwei Jahren bis zu einem Amt der Besoldungsgruppe A 9 mit Amtszulage,
   b) drei Jahren ab einem Amt der Besoldungsgruppe A 10

nach der letzten Beförderung oder nach Dienstzeitbeginn bei Einstellung in einem Beförderungsamt.

[4]Satz 3 Nr. 3 gilt nicht, wenn das bisherige Amt nicht durchlaufen zu werden brauchte oder wenn ein einer höheren Besoldungsgruppe angehörendes Eingangsamt oberhalb derselben Qualifikationsebene oder ein Eingangsamt der nächsthöheren Qualifikationsebene nach Erwerb der Qualifikation gemäß Art. 6 Abs. 1 Satz 1 Nr. 1, 2 oder Nr. 5 übertragen wird.

(2) [1]Ausnahmen von Abs. 1 Satz 3 Nr. 1 und 3 sind zulässig zum Ausgleich beruflicher Verzögerungen, die durch die Geburt sowie die tatsächliche Betreuung oder Pflege eines Kindes unter 18 Jahren oder eines nach ärztlichem Gutachten pflegebedürftigen sonstigen Angehörigen eintreten würden. [2]Verzögerungen werden jedoch nur insoweit ausgeglichen, als dies nicht bereits gemäß Art. 15 Abs. 3 Satz 1 Nr. 3, Satz 2 Nr. 2 oder Abs. 4 Satz 1 Nr. 5 erfolgt ist. [3]Es werden nur Zeiten im Umfang von bis zu 36 Monaten berücksichtigt.

(3) [1]Ausnahmen von Abs. 1 Satz 3 Nr. 1 sind zulässig zum Ausgleich von Zeiten nach Art. 15 Abs. 3 Satz 1 Nr. 2. [2]Eine Ausnahme ist nur insoweit zulässig, als nicht bereits gemäß Art. 15 Abs. 3 Satz 1 Nr. 2 ein Ausgleich erfolgt ist.

(4) Der Landespersonalausschuss kann auf Antrag der obersten Dienstbehörde sonstige Ausnahmen von Abs. 1 Satz 1 und 3 zulassen.

(5) [1]Ausnahmen von Abs. 1 Satz 1 können nur zugelassen werden, wenn zwingende Belange der Verwaltung es erfordern. [2]Ausnahmen von Abs. 1 Satz 3 Nr. 1 und 3 können, unbeschadet der Abs. 2 und 3, ferner nur unter den

Voraussetzungen des Satzes 1 sowie dann zugelassen werden, wenn sich eine Ernennung aus Gründen, die nicht in der Person des Beamten oder der Beamtin liegen, erheblich verzögert hat. [3]Ausnahmen bewilligt der Landespersonalausschuss auf Antrag der obersten Dienstbehörde. [4]An dessen Stelle bewilligen Ausnahmen von Abs. 1 Satz 3 Nr. 3, soweit eine Dienstzeit von einem Jahr nicht unterschritten wird, jeweils im Rahmen ihrer Ernennungszuständigkeit die Staatsregierung gemäß Art. 18 Abs. 1 BayBG oder der Ministerpräsident gemäß Art. 5 Abs. 1 und 2 des Rechnungshofgesetzes und für die Beamten und Beamtinnen des Landtags bei Ernennungen in Ämter der Besoldungsgruppe A 16 und höher das Präsidium des Landtags.

(6) [1]Die Beförderung in ein Amt der Besoldungsgruppe A 7, A 10 oder A 14 setzt den Erwerb der Qualifikation gemäß Art. 6 für den Einstieg in der entsprechenden Qualifikationsebene, die erforderliche Ausbildungsqualifizierung gemäß Art. 37 oder erforderliche Qualifizierungsmaßnahmen im Rahmen der modularen Qualifizierung gemäß Art. 20 voraus. [2]Die Beförderung darf nicht vor Ablauf einer Dienstzeit (Art. 15) von zehn Jahren erfolgen, sofern die Qualifizierung gemäß Art. 20 erfolgt.

(7) [1]Art. 16 Abs. 1 bis 4 finden entsprechende Anwendung. [2]Folgt die Beförderungsentscheidung einer vorangegangenen Übertragung eines höherwertigen Dienstpostens nach Art. 16, ist eine erneute Eignungsfeststellung entbehrlich.

Art. 17a Fiktive Laufbahnnachzeichnung. (1) Liegt keine verwendbare dienstliche Beurteilung vor, soll bei Elternzeit und familienpolitischer Beurlaubung ausgehend von der letzten periodischen Beurteilung eines Beamten oder einer Beamtin unter Berücksichtigung des seinerzeit angelegten Maßstabs und der durchschnittlichen Entwicklung vergleichbarer Beamter und Beamtinnen diese fiktiv fortgeschrieben werden.

(2) Bei einem Sonderurlaub, welcher dienstlichen Interessen oder öffentlichen Belangen dient, ist die letzte periodische Beurteilung gemäß Abs. 1 fortzuschreiben.

(3) Bei Freistellung von der dienstlichen Tätigkeit wegen einer Mitgliedschaft im Personalrat, als Gleichstellungsbeauftragter oder als Vertrauensperson der schwerbehinderten Menschen ist die letzte periodische Beurteilung gemäß Abs. 1 fortzuschreiben.

(4) Die fiktive Fortschreibung ist in den Fällen des Abs. 1 und Abs. 2 auf drei aufeinanderfolgende Beurteilungszeiträume zu beschränken.

(5) [1]Das Ergebnis einer Erprobungszeit ist fiktiv festzustellen. [2]In den Fällen des Abs. 2 kann eine fiktive Feststellung erfolgen.

Art. 18 Sonderregelung für Beförderungen. (1) Ein Amt der Besoldungsgruppe A 13 darf bei einem Einstieg in der dritten Qualifikationsebene mit Eingangsamt der Besoldungsgruppe A 9 frühestens nach einer Dienstzeit (Art. 15) von acht Jahren übertragen werden.

(2) [1]Bei einem Einstieg in der vierten Qualifikationsebene darf ein Amt der Besoldungsgruppe A 15 frühestens nach einer Dienstzeit (Art. 15) von vier Jahren übertragen werden. [2]Ein höheres Amt der Besoldungsordnung A als ein Amt der Besoldungsgruppe 15 darf frühestens nach einer Dienstzeit (Art. 15) von sieben Jahren übertragen werden.

(3) [1]Einem Richter oder einer Richterin oder einem Staatsanwalt oder einer Staatsanwältin, der oder die ein Amt der Besoldungsgruppe R 1 innehat, darf ein Amt der Besoldungsgruppe A 14 frühestens nach einer Dienstzeit (Art. 15) von einem Jahr, ein Amt der Besoldungsgruppe A 15 frühestens nach einer Dienstzeit (Art. 15) von vier Jahren übertragen werden. [2]Einem Richter oder einer Richterin oder einem Staatsanwalt oder einer Staatsanwältin, der oder die ein Amt der Besoldungsgruppe R 2 innehat, darf ein Amt der Besoldungsgruppe A 15 übertragen werden, ein Amt der Besoldungsgruppe A 16 und höher jedoch frühestens nach einer Dienstzeit (Art. 15) von sieben Jahren. [3]Art. 17 Abs. 1 Satz 3 Nr. 3 findet insoweit keine Anwendung.

(4) [1]Ein Amt der Besoldungsgruppe R 2 darf einem Richter oder einer Richterin, einem Staatsanwalt oder einer Staatsanwältin sowie einem Beamten oder einer Beamtin, der oder die ein Amt der Besoldungsgruppe A 14 oder höher innehat, frühestens nach einer Dienstzeit (Art. 15) von vier Jahren übertragen werden. [2]Ein höheres Amt der Besoldungsordnung R als ein Amt der Besoldungsgruppe 2 darf einem Richter oder einer Richterin oder einem Staatsanwalt oder einer Staatsanwältin, der oder die ein Amt der Besoldungsgruppe R 2 innehat, oder einem Beamten oder einer Beamtin, der oder die ein Amt der Besoldungsgruppe A 16 innehat, frühestens nach einer Dienstzeit (Art. 15) von sieben Jahren verliehen werden. [3]Art. 17 Abs. 1 Satz 3 Nr. 3 findet insoweit keine Anwendung.

(5) [1]Vorbehaltlich der Sätze 2 und 3 kann der Landespersonalausschuss auf Antrag der obersten Dienstbehörde Ausnahmen von Abs. 1 bis 4 zulassen. [2]Im Rahmen ihrer Ernennungszuständigkeit (Art. 18 BayBG) bewilligt die Staatsregierung Ausnahmen. [3]Gleiches gilt für das Präsidium des Landtags, wenn es sich um Ernennungen in Ämter der Besoldungsgruppe A 16 und höher handelt.

Art. 19 Dienstposten an obersten Landesbehörden. (1) [1]Dienstposten an obersten Landesbehörden sollen auf Dauer nur an Beamte und Beamtinnen oder Richter und Richterinnen übertragen werden, die sich bereits auf verschiedenen Dienstposten bewährt haben. [2]Art. 16 ist anzuwenden.

(2) [1]Bei einer obersten Landesbehörde darf ein Amt der Besoldungsgruppe A 16 und höher nur an Beamte und Beamtinnen oder Richter und Richterinnen verliehen werden, die nach ihrer Ernennung zum Beamten oder zur Beamtin oder zum Richter oder zur Richterin auf Probe
1. mindestens zwei Jahre bei einer anderen Behörde als einer obersten Landes- oder Bundesbehörde oder einem Gericht eines Landes und
2. mindestens ein Jahr bei einer obersten Landes- oder Bundesbehörde

tätig gewesen sind. [2]Zeiten einer hauptberuflichen Tätigkeit im öffentlichen Dienst, die vor der Berufung in das Beamtenverhältnis auf Probe oder in das

Richterverhältnis auf Probe, aber nach Bestehen der Qualifikationsprüfung oder dem sonstigen Qualifikationserwerb bei einer anderen Behörde als einer obersten Landes- oder Bundesbehörde abgeleistet wurden, können auf die Dienstzeit nach Satz 1 Nr. 1 angerechnet werden. [3]Satz 1 Nr. 2 ist auf die Mitglieder des Obersten Rechnungshofs und auf Beamte und Beamtinnen, denen bereits ein Amt der Besoldungsgruppe A 16 und höher an einer anderen Behörde als einer obersten Landes- oder Bundesbehörde verliehen ist, nicht anzuwenden.

(3) [1]Der Oberste Rechnungshof kann für seine Beamten und Beamtinnen Ausnahmen von Abs. 2 Satz 1 zulassen. [2]Für die Beamten und Beamtinnen des Landtags bewilligt die Ausnahmen das Präsidium des Landtags. [3]Im Übrigen bewilligt die Ausnahmen die Staatsregierung.

Art. 20 Modulare Qualifizierung. (1) Die modulare Qualifizierung vermittelt unter Berücksichtigung der Vor- und Ausbildung sowie der vorhandenen förderlichen Berufserfahrung eine entsprechende Qualifikation für die Ämter ab der nächsthöheren Qualifikationsebene.

(2) [1]Die Maßnahmen der modularen Qualifizierung haben auf der typischerweise vorhandenen förderlichen Berufserfahrung aufzusetzen, die in der Fachlaufbahn oder im fachlichen Schwerpunkt ab der jeweiligen Qualifikationsebene erworben worden ist. [2]Sie bereiten zeitlich und inhaltlich gezielt auf die steigenden Anforderungen ab der nächsthöheren Qualifikationsebene vor. [3]Sie sollen sich über mehrere Ämter erstrecken und können über die Ämter der nächsthöheren Qualifikationsebene hinausreichen. [4]Ein angemessener Teil der Maßnahmen der modularen Qualifizierung hat aus überfachlichen Inhalten zu bestehen. [5]Die Maßnahmen der modularen Qualifizierung schließen mit Prüfungen oder anderen Erfolgsnachweisen ab. [6]Von den Maßnahmen, die fachlich theoretische Inhalte vermitteln, soll eine mit einer Prüfung abschließen. [7]Im Übrigen sind andere Erfolgsnachweise vorzusehen. [8]Im angemessenen Umfang kann die Anrechnung von Fortbildungen (Art. 66) als Maßnahmen der modularen Qualifizierung vorgesehen werden; im Übrigen bleibt Art. 66 unberührt.

(3) [1]Der Landespersonalausschuss genehmigt die einzelnen Systeme der modularen Qualifizierung. [2]Die Genehmigung setzt voraus, dass die einzelnen Systeme der modularen Qualifizierung die Beamten und Beamtinnen auf die Anforderungen der nächsthöheren Qualifikationsebene hinreichend vorbereiten und inhaltlich und zeitlich miteinander vergleichbar sind.

(4) Die Eignung für die modulare Qualifizierung wird im Rahmen einer positiven Feststellung gemäß Art. 58 Abs. 5 Nr. 2 in der periodischen Beurteilung, die nicht länger als drei Jahre zurückliegen darf, zuerkannt.

(5) [1]Die oberste Dienstbehörde stellt den erfolgreichen Abschluss der modularen Qualifizierung fest. [2]Wird ein System der modularen Qualifizierung gemäß Abs. 2 Satz 3 Alternative 2 gestaltet, sind Teilfeststellungen des erreichten Standes vorzunehmen.

Art. 21 Schwerbehinderte Menschen. (1) [1]Von schwerbehinderten Menschen darf bei der Einstellung nur das Mindestmaß körperlicher Eignung für die vorgesehene Tätigkeit verlangt werden. [2]Entsprechendes gilt bei der Übertragung von Dienstposten und bei Beförderungen, soweit es die Anforderungen des Dienstpostens zulassen. [3]Schwerbehinderte Menschen haben bei der Einstellung Vorrang vor gesetzlich nicht bevorrechtigten Personen bei im Wesentlichen gleicher Eignung, Befähigung und fachlicher Leistung. [4]Dies gilt auch bei internen Stellenbesetzungen.

(2) Bei der Beurteilung der Leistung schwerbehinderter Beamter und Beamtinnen ist eine eventuelle Minderung der Arbeits- und Verwendungsfähigkeit durch ihre Behinderung zu berücksichtigen.

(3) Abs. 1 Satz 1 gilt entsprechend bei einem Wechsel von Polizeivollzugsbeamten und Polizeivollzugsbeamtinnen, die polizeidienstunfähig sind (Art. 128 Abs. 2 BayBG), in eine andere Fachlaufbahn oder in einen anderen fachlichen Schwerpunkt.

TEIL 2

Regelbewerber und Regelbewerberinnen

Abschnitt 1

Gemeinsame Vorschriften

Unterabschnitt 1

Prüfungen

Art. 22 Arten der Prüfungen, Prüfungsgrundsätze, Prüfungsordnungen, besondere Auswahlverfahren, Verordnungsermächtigung. (1) [1]Die Prüfungen sind Einstellungs-, Zwischen- und Qualifikationsprüfungen. [2]Das Vorliegen der persönlichen Eignung für öffentliche Ämter, insbesondere soziale Kompetenz, Kommunikationskompetenz sowie Organisationskompetenz kann Gegenstand von Prüfungen nach Satz 1 oder eines gesonderten wissenschaftlich fundierten Auswahlverfahrens, insbesondere eines Assessment-Centers oder eines strukturierten Interviews, sein (Abs. 8).

(2) [1]Regelbewerber und Regelbewerberinnen haben, mit Ausnahme für den Einstieg in der ersten Qualifikationsebene, eine Einstellungsprüfung abzulegen. [2]Bei einem Einstieg in der zweiten und dritten Qualifikationsebene (Art. 7 Abs. 1) kann an die Stelle der Einstellungsprüfung ein besonderes Auswahlverfahren (Abs. 7) treten, das eine angemessene Berücksichtigung schulischer Leistungen vorsieht. [3]Für einzelne gebildete fachliche Schwerpunkte kann durch Rechtsverordnung nach Art. 67 von einer Einstellungsprüfung und von einem besonderen Auswahlverfahren abgesehen werden.

(3) [1]Die Prüfungen und die besonderen Auswahlverfahren dienen der Auswahl und haben Wettbewerbscharakter. [2]Sie müssen so angelegt sein, dass sie die Eignung der Prüflinge für die angestrebte Fachlaufbahn und Qualifikationsebene ermitteln.

(4) [1]Die Ersten Staatsprüfungen, die Erste Juristische Prüfung, die Hochschulprüfungen und die Ersten Lehramtsprüfungen gelten als Einstellungsprüfungen, soweit durch Rechtsverordnung nach Art. 67 für einen Vorbereitungsdienst, der keine allgemeine Ausbildungsstätte nach Art. 12 Abs. 1 Satz 1 des Grundgesetzes ist, nichts anderes bestimmt ist. [2]Der Landespersonalausschuss kann auch andere Prüfungen als Einstellungsprüfungen oder als Ersatz für ein Auswahlverfahren anerkennen.

(5) [1]Die Einstellungsprüfungen und die besonderen Auswahlverfahren nach Abs. 7 werden im Auftrag des Landespersonalausschusses von der Geschäftsstelle des Landespersonalausschusses oder von der Stelle durchgeführt, der der Landespersonalausschuss die Durchführung der Prüfung überträgt. [2]Eine Zusammenfassung verschiedener fachlicher Schwerpunkte innerhalb einer Fachlaufbahn oder von einzelnen Fachlaufbahnen ist möglich. [3]Die Dienstherren haben ihren voraussichtlichen Bedarf an Bewerbern und Bewerberinnen unter Angabe der Einstellungsvoraussetzungen öffentlich bekanntzugeben. [4]Die Einstellungsprüfungen und die besonderen Auswahlverfahren sind rechtzeitig vor ihrem Beginn öffentlich auszuschreiben. [5]Das Nähere regeln Rechtsverordnungen gemäß Abs. 6 und 7.

(6) Die Grundsätze des Prüfungsverfahrens nach Abs. 1 Satz 1 regelt eine von der Staatsregierung im Benehmen mit dem Landespersonalausschuss zu erlassende allgemeine Prüfungsordnung; die weiteren Prüfungsbestimmungen erlassen die Staatsministerien im Benehmen mit dem Landespersonalausschuss.

(7) [1]Das besondere Auswahlverfahren regelt die Staatsregierung im Benehmen mit dem Landespersonalausschuss durch Rechtsverordnung. [2]Darin ist eine schriftliche Prüfung vorzusehen und zu regeln, in welcher Weise die in bestimmten Fächern erzielten schulischen Leistungen berücksichtigt werden. [3]Wenn vergleichbare Leistungen nicht in ausreichendem Maß vorliegen, können zusätzliche Prüfungsleistungen gefordert werden. [4]Soweit es die besonderen Verhältnisse erfordern, können die Staatsministerien im Einvernehmen mit dem Staatsministerium der Finanzen und für Heimat und dem Landespersonalausschuss durch Rechtsverordnung ergänzende oder abweichende Regelungen treffen.

(8) [1]Wird ein Auswahlverfahren nach Abs. 1 Satz 2 Alternative 2 durchgeführt, setzt die Einstellung dessen Bestehen voraus. [2]Zuständig für die Durchführung des Verfahrens ist die gemäß Art. 18 BayBG für die Ernennung nach Art. 2 Abs. 1 zuständige Behörde. [3]Diese bestimmt die Mitglieder der Auswahlkommission. [4]Es können nur Beamte und Beamtinnen als Kommissionsmitglieder bestimmt werden, die für die Durchführung des Auswahlverfahrens

geschult wurden und mindestens dem von den Bewerbern bzw. Bewerberinnen angestrebten Eingangsamt angehören; im nichtstaatlichen Bereich können auch Tarifbeschäftigte bestimmt werden, die neben der in Halbsatz 1 genannten Schulung mindestens über eine dem angestrebten Eingangsamt entsprechende Qualifikation verfügen. [5]Das zu prüfende Anforderungsprofil setzt die oberste Dienstbehörde fest. [6]Das Ergebnis des Auswahlverfahrens, „geeignet“ oder „nicht geeignet“, ist den Bewerbern und Bewerberinnen mitzuteilen; auf Verlangen der Bewerber oder Bewerberinnen ist das Ergebnis schriftlich zu begründen. [7]Das Auswahlverfahren nach Abs. 1 Satz 2 Alternative 2 kann einmal wiederholt werden. [8]Die obersten Dienstbehörden können mit Zustimmung des Landespersonalausschusses durch Rechtsverordnung, im nichtstaatlichen Bereich durch Satzung, von den Sätzen 1 bis 7 abweichende oder diese ergänzende Regelungen treffen.

Art. 23 Zulassung zu den Prüfungen. Zu den Prüfungen sind alle Personen zuzulassen, die die hierfür festgelegten Voraussetzungen erfüllen und nach den geltenden Rechtsvorschriften zum Beamten oder zur Beamtin in der Fachlaufbahn, für die die Prüfung abgehalten werden soll, ernannt werden können.

Art. 24 Bekanntmachung von Prüfungen. (1) Die Prüfungen sind rechtzeitig bekannt zu machen.

(2) Das Nähere regeln die Prüfungsbestimmungen.

Unterabschnitt 2

Vorbereitungsdienst

Art. 25 Grundsätze. Auf die Einstellung besteht kein Rechtsanspruch, soweit der Vorbereitungsdienst keine allgemeine Ausbildungsstätte nach Art. 12 Abs. 1 Satz 1 des Grundgesetzes ist.

Art. 26 Einstellung in den Vorbereitungsdienst. (1) [1]Die Auswahl wird nach dem Bedarf und nach dem Gesamtergebnis, das in der Einstellungsprüfung oder in einem besonderen Auswahlverfahren erzielt wurde, vorgenommen, soweit der Vorbereitungsdienst nicht allgemeine Ausbildungsstätte nach Art. 12 Abs. 1 Satz 1 des Grundgesetzes ist. [2]Die Einstellung in den Vorbereitungsdienst erfolgt als Beamter oder als Beamtin auf Widerruf.

(2) [1]Während des Vorbereitungsdienstes führt der Beamte auf Widerruf die Dienstbezeichnung „Anwärter“ und die Beamtin auf Widerruf die Dienstbezeichnung „Anwärterin“. [2]Soweit das Eingangsamt der Fachlaufbahn oder des fachlichen Schwerpunkts der Besoldungsgruppe A 13 angehört, lautet die Dienstbezeichnung „Referendar“ oder „Referendarin“. [3]Die Dienstbezeichnung ist mit einem die Fachlaufbahn oder den fachlichen Schwerpunkt bezeichnenden Zusatz zu verbinden.

Art. 27 Gestaltung des Vorbereitungsdienstes. (1) Rechtsverordnungen nach Art. 67 regeln unter Beachtung der für die Fachlaufbahnen und soweit gebildet die jeweiligen fachlichen Schwerpunkte und Qualifikationsebenen vorgeschriebenen Voraussetzungen den Vorbereitungsdienst.

(2) Die oberste Dienstbehörde kann den Vorbereitungsdienst um höchstens drei Monate auf Antrag kürzen, wenn besondere dienstliche Gründe vorliegen und zu erwarten ist, dass die Ausbildung erfolgreich abgeschlossen wird.

(3) [1]Auf den Vorbereitungsdienst können auf Antrag angerechnet werden

1. ein früherer Vorbereitungsdienst für dieselbe Fachlaufbahn oder denselben fachlichen Schwerpunkt in derselben Qualifikationsebene, der jedoch nicht länger als fünf Jahre zurückliegen darf,
2. Zeiten einer praktischen Tätigkeit, die dem Ziel des Vorbereitungsdienstes dienen, sowie Zeiten einer gastweisen Teilnahme am Vorbereitungsdienst,
3. Zeiten eines förderlichen Studiums an einer Hochschule.

[2]In den Fällen des Satzes 1 Nr. 2 und 3 ist durch Rechtsverordnung nach Art. 67 festzulegen, in welchem Umfang die Anrechnung vorgenommen werden kann.

(4) [1]Bei unzureichendem Stand der Ausbildung kann der Vorbereitungsdienst durch die für die Ernennung zuständige Behörde (Art. 18 BayBG) verlängert werden. [2]Der Vorbereitungsdienst gilt als entsprechend verlängert, wenn die Qualifikationsprüfung erst nach Ablauf des vorgeschriebenen Vorbereitungsdienstes beendet wird.

(5) Auf Antrag kann die für die Ernennung zuständige Behörde (Art. 18 BayBG) Beamte und Beamtinnen bei erstmaligem Nichtbestehen der Qualifikationsprüfung zu einem ergänzenden Vorbereitungsdienst zulassen, wenn die bisherigen Leistungen erwarten lassen, dass die Beamten und Beamtinnen die Wiederholungsprüfung bestehen werden.

(6) [1]In Rechtsverordnungen nach Art. 67 kann vorgesehen werden, dass Beamte und Beamtinnen, deren Leistungen im Vorbereitungsdienst nicht den für die jeweilige Qualifikationsebene zu stellenden Anforderungen entsprechen, unter näher zu bestimmenden Voraussetzungen in den Vorbereitungsdienst für die nächstniedrigere Qualifikationsebene übernommen werden können. [2]Die Entscheidung hierüber obliegt der obersten Dienstbehörde. [3]Das Gleiche gilt in den Fällen, in denen die Qualifikationsprüfung endgültig nicht bestanden oder auf die Wiederholungsprüfung verzichtet wurde.

Art. 28 Qualifikationsprüfung, Einstellung in das Beamtenverhältnis auf Probe. (1) [1]Die Qualifikationsprüfung (Art. 8 Abs. 3) kann modular aufgebaut sein oder am Ende des Vorbereitungsdienstes stehen. [2]Am Ende des Vorbereitungsdienstes müssen Prüfungsteile abgelegt werden, die geeignet sind festzustellen, ob die notwendigen Kenntnisse und Fertigkeiten für die Fachlaufbahn oder den fachlichen Schwerpunkt gegeben sind. [3]Die Qualifikationsprüfungen, die zum Einstieg in die vierte Qualifikationsebene berechtigen, sind die Zweiten oder Großen Staatsprüfungen.

(2) [1]Wer die vorgeschriebene Qualifikationsprüfung bestanden hat, kann bei Vorliegen der sonstigen beamtenrechtlichen Voraussetzungen in das Beamtenverhältnis auf Probe gemäß § 4 Abs. 3 Buchst. a BeamtStG berufen werden. [2]Das Bestehen der Qualifikationsprüfung begründet keinen Anspruch auf Begründung eines Beamtenverhältnisses auf Probe. [3]Ist der Vorbereitungsdienst keine allgemeine Ausbildungsstätte nach Art. 12 Abs. 1 Satz 1 des Grundgesetzes, so sollen die Personen, deren Übernahme in das Beamtenverhältnis auf Probe beabsichtigt ist, spätestens mit der Aushändigung des Prüfungszeugnisses ernannt werden.

Art. 29 Beendigung des Beamtenverhältnisses auf Widerruf. (1) [1]Das Beamtenverhältnis auf Widerruf endet außer in den in § 22 Abs. 4 und § 23 Abs. 4 BeamtStG geregelten Fällen

1. nach näherer Regelung durch Rechtsverordnung nach Art. 67, wenn die Qualifikationsprüfung nicht binnen einer angemessenen Frist abgelegt worden ist,
2. mit dem endgültigen Nichtbestehen einer vorgeschriebenen Zwischen- oder Modulprüfung.

[2]In Rechtsverordnungen nach Art. 67 kann vorgesehen werden, dass das Beamtenverhältnis auf Widerruf trotz Vorliegen der Voraussetzungen nach Satz 1 Nr. 1 oder § 22 Abs. 4 BeamtStG fortgesetzt wird. [3]Im Übrigen werden Beamte und Beamtinnen, die die Ziele des Vorbereitungsdienstes nicht erreichen, entlassen.

(2) [1]Prüfungen sind, soweit die Prüfungsordnung keinen früheren Zeitpunkt bestimmt, mit der Zustellung des Prüfungszeugnisses oder der schriftlichen Mitteilung über das Nichtbestehen der Prüfung abgelegt. [2]Beamte und Beamtinnen, die die Qualifikationsprüfung erstmals nicht bestanden haben, sollen auf ihren Antrag mit der Mitteilung des Prüfungsergebnisses erneut in das Beamtenverhältnis auf Widerruf berufen werden, wenn die Voraussetzungen des Art. 27 Abs. 5 vorliegen.

Abschnitt 2

Öffentlich-rechtliches Ausbildungsverhältnis

Art. 30 Zulassung. (1) Bewerber und Bewerberinnen für die erste oder zweite Qualifikationsebene können vor dem Vorbereitungsdienst in einem öffentlich-rechtlichen Ausbildungsverhältnis beschäftigt werden.

(2) [1]In das öffentlich-rechtliche Ausbildungsverhältnis als Dienstanfänger oder Dienstanfängerin kann nur aufgenommen werden, wer die für die entsprechende Qualifikationsebene des angestrebten fachlichen Schwerpunkts erforderliche Vorbildung nachweist und die jeweilige vorgeschriebene Einstellungsprüfung bestanden oder an dem jeweils vorgeschriebenen besonderen Auswahlverfahren mit Erfolg teilgenommen hat. [2]Art. 26 Abs. 1 Satz 1 ist entsprechend anzuwenden.

Art. 31 Begründung des öffentlich-rechtlichen Ausbildungsverhältnisses. [1]Das öffentlich-rechtliche Ausbildungsverhältnis wird durch die schriftliche Aufnahme als Dienstanfänger oder Dienstanfängerin durch die Stelle begründet, die für die Einstellung in das Beamtenverhältnis auf Widerruf im Vorbereitungsdienst des fachlichen Schwerpunkts zuständig wäre. [2]Für die Zuständigkeit gilt Art. 18 BayBG entsprechend.

Art. 32 Dienstpflichten. [1]Für das öffentlich-rechtliche Ausbildungsverhältnis als Dienstanfänger oder Dienstanfängerin gelten die Vorschriften des Beamtenstatusgesetzes und des Bayerischen Beamtengesetzes über die beamtenrechtlichen Pflichten sinngemäß, soweit sich aus der Natur des Ausbildungsverhältnisses nichts anderes ergibt. [2]An Stelle des Diensteides wird folgendes Gelöbnis abgelegt:

„Ich gelobe, meine Dienstpflichten gewissenhaft zu erfüllen."

Art. 33 Beendigung des öffentlich-rechtlichen Ausbildungsverhältnisses.
(1) Das Ausbildungsverhältnis endet mit der Berufung in das Beamtenverhältnis auf Widerruf oder durch Entlassung.

(2) [1]Dienstanfänger oder Dienstanfängerinnen können jederzeit entlassen werden. [2]Sie können jederzeit ihre Entlassung beantragen; Art. 57 Abs. 1 und 2 Satz 1 BayBG sind entsprechend anzuwenden. [3]Für die Entlassung ist die in Art. 31 genannte Stelle zuständig.

(3) Ein Dienstanfänger oder eine Dienstanfängerin, der oder die sich während des Ausbildungsverhältnisses bewährt hat, soll bei Vorliegen der sonstigen beamtenrechtlichen Voraussetzungen als Beamter oder Beamtin auf Widerruf in den Vorbereitungsdienst eingestellt werden.

(4) Die für Beamte und Beamtinnen im Vorbereitungsdienst maßgebenden Vorschriften des Bayerischen Beamtengesetzes über die Entlassungsfristen (Art. 56 Abs. 5 BayBG), die maßgebenden Vorschriften des Bayerischen Beamtenversorgungsgesetzes über die Unfallfürsorge sowie Art. 14 BayBG gelten entsprechend.

Abschnitt 3

Qualifikationserwerb für fachliche Schwerpunkte mit Vorbereitungsdienst

Art. 34 Einstellung in den Vorbereitungsdienst bei fachlichen Schwerpunkten mit technischer Ausrichtung. (1) [1]Bewerber und Bewerberinnen für fachliche Schwerpunkte mit technischer Ausrichtung müssen für einen Einstieg in der ersten Qualifikationsebene neben den Voraussetzungen des Art. 7 Abs. 1 Satz 1 Nr. 1 die erforderlichen fachlichen Kenntnisse und praktischen Fertigkeiten nachweisen. [2]Als Oberwarte und Oberwartinnen können

nur Personen eingestellt werden, die eine Abschlussprüfung in einem gesetzlich geregelten, der vorgesehenen Verwendung entsprechenden Ausbildungsberuf abgelegt haben.

(2) [1]Bewerber und Bewerberinnen für einen fachlichen Schwerpunkt mit technischer Ausrichtung und Einstieg in der zweiten Qualifikationsebene können abweichend von Art. 7 Abs. 1 Satz 1 Nr. 2 Halbsatz 1 und Art. 22 Abs. 2 Satz 1 in den Vorbereitungsdienst auch eingestellt werden, wenn sie

1. eine Fachakademie oder eine öffentliche oder staatlich anerkannte Technikerschule in einer entsprechenden Fachrichtung erfolgreich besucht haben,
2. die Meister- oder Meisterinnenprüfung in einem der Fachrichtung förderlichen Handwerk oder eine entsprechende Industriemeisterprüfung,
3. eine Abschlussprüfung in einem gesetzlich geregelten, der vorgesehenen Verwendung entsprechenden Ausbildungsberuf und in der Regel eine förderliche praktische Tätigkeit von fünf Jahren nach Beendigung der Berufsausbildung oder
4. eine in einer Ausbildungsordnung vorgeschriebene, im öffentlichen Dienst abgelegte Abschlussprüfung

erfolgreich absolviert haben. [2]Die jeweils erforderlichen Anforderungen nach Satz 1 werden durch Rechtsverordnung nach Art. 67 näher festgelegt.

(3) [1]Für den Einstieg in der dritten Qualifikationsebene in fachlichen Schwerpunkten mit technischer Ausrichtung, in denen ein Vorbereitungsdienst im Sinn des Art. 35 Abs. 3 Satz 2 und 3 eingerichtet ist, ist abweichend von Art. 7 Abs. 1 Satz 1 Nr. 3 und Art. 22 Abs. 2 Satz 1 ein Diplomabschluss an einer Fachhochschule oder ein Bachelorabschluss in der entsprechenden Fachrichtung oder ein vom Staatsministerium für Wissenschaft und Kunst als gleichwertig anerkannter Abschluss nachzuweisen. [2]Art. 7 Abs. 2 bleibt unberührt.

Art. 35 Vorbereitungsdienst. (1) [1]Der Vorbereitungsdienst für den Einstieg in der ersten Qualifikationsebene dauert mindestens sechs Monate; er umfasst eine theoretische und eine praktische Ausbildung. [2]Die oberste Dienstbehörde kann Dienstzeiten im öffentlichen Dienst auf Antrag auf den Vorbereitungsdienst anrechnen, soweit sie dem Ziel der Ausbildung förderlich sind.

(2) [1]Für den Einstieg in der zweiten Qualifikationsebene kann abweichend von Art. 8 Abs. 2 Satz 1 Nr. 2 die Dauer des Vorbereitungsdienstes durch Rechtsverordnung nach Art. 67 höchstens auf ein Jahr herabgesetzt werden, wenn

1. für die Einstellung eine abgeschlossene Berufsausbildung innerhalb oder außerhalb des öffentlichen Dienstes, die die notwendigen fachlichen Fähigkeiten und Kenntnisse vermittelt, oder eine förderliche zusätzliche Schulbildung erforderlich ist oder
2. es die besonderen Verhältnisse einzelner gebildeter fachlicher Schwerpunkte erfordern;

dabei ist unter Berücksichtigung des Art. 8 Abs. 2 Satz 1 Nr. 2 ein angemessenes Verhältnis zwischen fachtheoretischer und berufspraktischer Ausbildung

sicherzustellen. [2]Wenn die Voraussetzungen des Satzes 1 erfüllt sind, kann der Vorbereitungsdienst auf die Ausbildung in fachbezogenen Schwerpunktbereichen, verbunden mit praxisbezogenen Lehrveranstaltungen, beschränkt werden.

(3) [1]Der Vorbereitungsdienst für den Einstieg in der Dritten Qualifikationsebene in fachlichen Schwerpunkten mit nichttechnischer Ausrichtung vermittelt in einem Studiengang an der Hochschule für den öffentlichen Dienst in Bayern die wissenschaftlichen Erkenntnisse und Methoden und in berufspraktischen Studienzeiten die entsprechenden praktischen Fähigkeiten und Kenntnisse, die zur Erfüllung der Aufgaben erforderlich sind; insgesamt drei Monate der berufspraktischen Studienzeiten können auf praxisbezogene Lehrveranstaltungen entfallen, die höchstens 400 Unterrichtsstunden umfassen dürfen. [2]Durch Rechtsverordnung nach Art. 67 kann die Dauer des Vorbereitungsdienstes höchstens auf ein Jahr herabgesetzt werden, wenn für die Einstellung ein mit einer Prüfung abgeschlossenes Studium nach Art. 34 Abs. 3 erforderlich ist, in dem die zur Erfüllung der der Fachlaufbahn zugrunde liegenden Aufgaben notwendigen wissenschaftlichen Erkenntnisse und Methoden vermittelt werden. [3]Der Vorbereitungsdienst vermittelt insoweit in fachbezogenen Schwerpunktbereichen, verbunden mit praxisbezogenen Lehrveranstaltungen, die erforderlichen berufspraktischen Fähigkeiten und Kenntnisse. [4]Art. 8 Abs. 2 Satz 2 bleibt unberührt.

(4) [1]Der Vorbereitungsdienst für den Einstieg in der Vierten Qualifikationsebene vermittelt durch eine Ausbildung auf wissenschaftlicher Grundlage in fachbezogenen Schwerpunktbereichen, verbunden mit praxisbezogenen Lehrveranstaltungen, die erforderlichen berufspraktischen Fähigkeiten und Kenntnisse. [2]Nach näherer Bestimmung durch Rechtsverordnung gemäß Art. 67 können auf Antrag Zeiten einer

1. berufspraktischen Tätigkeit, die Voraussetzung für die Ablegung der für die Einstellung erforderlichen Prüfung sind, im Umfang von höchstens einem Jahr,
2. förderlichen berufspraktischen Tätigkeit, die nach Bestehen der für die Einstellung erforderlichen Prüfung abgeleistet worden sind, im Umfang von höchstens sechs Monaten,
3. erfolgreich abgeschlossenen Ausbildung für einen Einstieg in der dritten Qualifikationsebene einer Fachlaufbahn im Umfang von höchstens sechs Monaten,
4. erfolgreich abgeschlossenen Ausbildung für das Lehramt an Realschulen im Umfang von höchstens einem Jahr bei der Ausbildung für das Lehramt an Gymnasien, wenn die gleiche Fächerverbindung vorliegt, auf den Vorbereitungsdienst angerechnet werden; Art. 15 Abs. 2 ist entsprechend anzuwenden.

Art. 36 Probezeit. (1) [1]Die oberste Dienstbehörde kann für Beamte und Beamtinnen mit erheblich über dem Durchschnitt liegenden fachtheoretischen

und berufspraktischen Leistungen die Probezeit bis auf ein Jahr kürzen. [2]Erheblich über dem Durchschnitt liegende fachtheoretische Leistungen können regelmäßig bei Beamten und Beamtinnen angenommen werden, die in der Qualifikationsprüfung

1. mindestens die Gesamtnote „gut" erhalten haben oder
2. eine Platzziffer erreicht haben, die im ersten Fünftel der Zahl der Prüfungsteilnehmer und Prüfungsteilnehmerinnen liegt; dabei darf die Gesamtnote „befriedigend" nicht unterschritten werden.

(2) [1]Die oberste Dienstbehörde soll Zeiten einer Tätigkeit im öffentlichen Dienst, die beim Erwerb der für die Fachlaufbahn notwendigen Qualifikation noch nicht berücksichtigt worden sind und die nach Art und Bedeutung mindestens der der Qualifikationsebene in der jeweiligen Fachlaufbahn entsprechenden Tätigkeit genügen, im Umfang von höchstens einem Jahr auf die Probezeit anrechnen. [2]In vollem Umfang können Zeiten, die in einem dem Bayerischen Richter- und Staatsanwaltsgesetz unterliegendem Richterverhältnis auf Probe abgeleistet wurden, angerechnet werden. [3]Zeiten, die in einem dem Bayerischen Hochschulpersonalgesetz unterliegenden Beamtenverhältnis auf Widerruf oder auf Zeit abgeleistet wurden, können mit Zustimmung des Landespersonalausschusses in vollem Umfang angerechnet werden, soweit die Tätigkeit funktionell der Tätigkeit während der Probezeit entspricht. [4]Art. 15 Abs. 2 ist entsprechend anzuwenden.

(3) [1]Die oberste Dienstbehörde kann Zeiten einer Tätigkeit außerhalb des öffentlichen Dienstes nach Erwerb der für die Fachlaufbahn notwendigen Qualifikation, die nach Art und Bedeutung mindestens der der Qualifikationsebene in der jeweiligen Fachlaufbahn entsprechenden Tätigkeit genügen, im Umfang von höchstens einem Jahr auf die Probezeit anrechnen. [2]Art. 15 Abs. 2 ist entsprechend anzuwenden.

(4) Außer in den Fällen des Abs. 2 Satz 2 und 3 ist mindestens eine Probezeit von sechs Monaten abzuleisten.

Art. 37 Ausbildungsqualifizierung. (1) Beamte und Beamtinnen, die in der ersten oder zweiten Qualifikationsebene eingestiegen sind, können sich für die Ämter ab der nächsthöheren Qualifikationsebene desselben oder eines verwandten fachlichen Schwerpunkts qualifizieren, wenn sie im Rahmen der Ausbildung (Art. 8 Abs. 1 und Abs. 2 Satz 1 Nrn. 2 und 3) die entsprechende Qualifikationsprüfung bestanden haben.

(2) [1]Zur Ausbildungsqualifizierung kann zugelassen werden, wer

1. sich bei einem Einstieg in der ersten Qualifikationsebene in einer Dienstzeit (Art. 15) von mindestens zwei Jahren, in der zweiten Qualifikationsebene von mindestens drei Jahren nach Erwerb der dafür notwendigen Qualifikation bewährt hat,
2. in der letzten periodischen Beurteilung, die nicht länger als drei Jahre zurückliegen darf, eine positive Feststellung gemäß Art. 58 Abs. 5 Nr. 1 erhalten hat und

3. nach dem Ergebnis des Zulassungsverfahrens nach Abs. 3 erkennen lässt, dass er den Anforderungen in der neuen Qualifikationsebene gewachsen sein wird.

[2]Die oberste Dienstbehörde kann bei besonders geeigneten Beamten und Beamtinnen die nach Satz 1 Nr. 1 erforderliche Dienstzeit um höchstens ein Jahr kürzen; sie kann ferner bei der Zulassung zur Ausbildungsqualifizierung für die Ämter ab der zweiten Qualifikationsebene vom Erfordernis nach Satz 1 Nr. 3 absehen.

(3) [1]In dem Zulassungsverfahren ist festzustellen, ob der Beamte oder die Beamtin nach dem allgemeinen Bildungsstand und den fachlichen Kenntnissen für die Ausbildungsqualifizierung geeignet ist. [2]Das Zulassungsverfahren führt das Staatsministerium, das nach Art. 67 für den Erlass der jeweiligen Zulassungs- und Ausbildungsordnung federführend zuständig ist, oder die von ihm beauftragte Stelle bei Bedarf durch. [3]Das Zulassungsverfahren kann insbesondere in Form von Prüfungen oder von gesonderten wissenschaftlich fundierten Auswahlverfahren wie Assessment-Centern oder strukturierten Interviews durchgeführt werden. [4]Die näheren Einzelheiten sind durch Rechtsverordnung nach Art. 67 zu regeln.

(4) [1]Die Ausbildungsqualifizierung für die Ämter ab der zweiten Qualifikationsebene kann um höchstens sechs Monate gekürzt werden, wenn der Beamte oder die Beamtin während seiner oder ihrer bisherigen Tätigkeit schon hinreichende Kenntnisse erworben hat, wie sie für die neue Qualifikationsebene gefordert werden. [2]Die Ausbildungsqualifizierung für die Ämter ab der dritten Qualifikationsebene kann in ihrem berufspraktischen Teil um höchstens ein Jahr gekürzt werden, wenn während der bisherigen Tätigkeit schon hinreichend Kenntnisse erworben wurden, wie sie für die neue Qualifikationsebene gefordert werden.

(5) Bei endgültigem Nichtbestehen einer Zwischen- oder der Qualifikationsprüfung, sind wieder Dienstgeschäfte des bisherigen Amtes zu übertragen.

(6) [1]Ist für die nächsthöhere Qualifikationsebene keine Qualifikationsprüfung vorgesehen, legt die oberste Dienstbehörde andere gleichwertige Qualifizierungsmaßnahmen fest. [2]Die in Art. 8 und 35 festgelegten Bildungsziele sind dabei zu berücksichtigen. [3]Die Zuständigkeit nach Satz 1 kann die oberste Dienstbehörde auf den Landespersonalausschuss übertragen.

Abschnitt 4

Sonstiger Qualifikationserwerb für eine Fachlaufbahn

Art. 38 Gestaltungsgrundsätze. (1) [1]In Fachlaufbahnen kann, soweit ein dienstliches Bedürfnis besteht, auch eingestellt werden, wer

1. die Qualifikation durch ein abgeschlossenes Studium an einer Hochschule mit anschließender praktischer Tätigkeit gemäß Art. 39 erworben hat oder
2. die Voraussetzungen nach Abs. 2 erfüllt.

[2]Die Qualifikationsvoraussetzungen müssen den für die betreffende Qualifikationsebene allgemein vorgeschriebenen Voraussetzungen gleichwertig sein.

(2) Nach näherer Regelung durch Rechtsverordnung nach Art. 67 können die obersten Dienstbehörden mit Zustimmung des Landespersonalausschusses
1. weitere Studiengänge oder Bildungsabschlüsse als Qualifikationsvoraussetzung benennen und den Fachlaufbahnen zuordnen,
2. nähere Bestimmungen über praktische Tätigkeiten, die einem Amt der angestrebten Qualifikationsebene entsprechen müssen, treffen, sowie
3. bei Bedarf weitere Voraussetzungen verlangen.

Art. 39 Qualifikationsvoraussetzungen. (1) Die Qualifikation für eine Fachlaufbahn wird bei einem Einstieg in der dritten Qualifikationsebene erworben durch
1. einen Diplomabschluss an einer Fachhochschule, einen Bachelorabschluss oder einen vom Staatsministerium für Wissenschaft und Kunst als gleichwertig anerkannten Bildungsstand in einem dem fachlichen Schwerpunkt nach **Anlage 1** entsprechenden Studiengang und
2. eine hauptberufliche Tätigkeit (Abs. 3) nach Abschluss des Studiums von mindestens drei Jahren.

(2) Die Qualifikation für eine Fachlaufbahn wird bei einem Einstieg in der vierten Qualifikationsebene erworben durch
1. einen in Art. 7 Abs. 1 Satz 1 Nr. 4 geforderten Abschluss in einem dem fachlichen Schwerpunkt nach Anlage 1 entsprechenden Studiengang und
2. eine hauptberufliche Tätigkeit (Abs. 3) nach Abschluss des Studiums von mindestens drei Jahren, bei zusätzlichem Nachweis der Promotion von mindestens zwei Jahren nach der Promotion.

(3) [1]Die hauptberufliche Tätigkeit muss
1. nach ihrer Fachrichtung der für den Qualifikationserwerb geforderten Bildungsvoraussetzung und den Anforderungen des fachlichen Schwerpunkts, auch hinsichtlich Bedeutung und Schwierigkeit, entsprechen und
2. im Hinblick auf die Aufgaben des angestrebten fachlichen Schwerpunkts die Fähigkeit zu fachlich selbständiger Berufsausübung erwiesen haben.

[2]Ein Jahr der hauptberuflichen Tätigkeit soll auf eine Beschäftigung im öffentlichen Dienst entfallen. [3]Art. 15 Abs. 2 ist entsprechend anzuwenden. [4]Soweit es die besonderen Verhältnisse erfordern, kann die jeweils zuständige oberste Dienstbehörde abweichende Regelungen treffen. [5]Wird als Bildungsvoraussetzung ein Studienabschluss aus dem Studienbereich Informatik verlangt und nachgewiesen, kann in den Fällen des Abs. 1 bei einer Entscheidung gemäß Satz 4 auf die hauptberufliche Tätigkeit ganz oder teilweise verzichtet werden.* [6]Wird für den fachlichen Schwerpunkt Humanmedizin als Bildungsvoraussetzung eine Approbation in einer dem fachlichen Schwerpunkt entsprechenden Fachrichtung verlangt und nachgewiesen, kann in den Fällen des

* *Beachte Art. 71 Satz 1.*

Abs. 2 bei einer Entscheidung gemäß Satz 4 auf die hauptberufliche Tätigkeit ganz oder teilweise verzichtet werden.*

Art. 40 Feststellung des Qualifikationserwerbs. [1]Die zuständige oberste Dienstbehörde stellt schriftlich fest, ob auf Grund der nach Art. 39 zu fordernden Nachweise die Qualifikation für eine Fachlaufbahn erworben wurde. [2]Dabei legt sie den Zeitpunkt des Qualifikationserwerbs, die Fachlaufbahn, den fachlichen Schwerpunkt sowie die Qualifikationsebene fest.

Abschnitt 5

Qualifikation von Bewerbern und Bewerberinnen aus Mitgliedstaaten

Art. 41 Qualifikation auf Grund der Richtlinie 2005/36/EG. (1) Die Qualifikation für eine Fachlaufbahn kann auch auf Grund der Richtlinie 2005/36/EG erworben werden.

(2) [1]Die angemessene Beherrschung der deutschen Sprache in Wort und Schrift ist Voraussetzung für eine Einstellung. [2]Sprachkenntnisse können überprüft werden, wenn erhebliche und konkrete Zweifel daran bestehen, dass sie für die berufliche Tätigkeit ausreichen. [3]Eine Überprüfung darf erst nach Anerkennung der Berufsqualifikation durch die Ernennungsbehörde vorgenommen werden und muss in angemessenem Verhältnis zur auszuübenden Tätigkeit stehen.

Art. 42 Anwendungsbereich. (1) [1]Die Art. 43 bis 51 gelten für die Anerkennung von in anderen Mitgliedstaaten erworbenen Berufsqualifikationen als Qualifikation für eine Fachlaufbahn entsprechend der Richtlinie 2005/36/EG. [2]Unberührt bleibt der Grundsatz der automatischen Anerkennung auf Grund der Regelungen in den Art. 21 ff. der Richtlinie 2005/36/EG und der Grundsatz der Anerkennung von Berufserfahrung nach Titel III Kapitel II der Richtlinie 2005/36/EG.

(2) Mitgliedstaat im Sinn dieses Gesetzes ist

1. jeder Mitgliedstaat der Europäischen Union,
2. jeder andere Vertragsstaat des Abkommens über den Europäischen Wirtschaftsraum und
3. jeder andere Vertragsstaat, dem Deutschland und die Europäische Union vertraglich einen Rechtsanspruch auf Anerkennung von Berufsqualifikationen eingeräumt haben.

(3) Art. 16 des Bayerischen Berufsqualifikationsfeststellungsgesetzes ist anwendbar.

* *Beachte Art. 71 Satz 2.*

Art. 43 Anerkennung. (1) Ist der Beruf in dem anderen Mitgliedstaat reglementiert, sind die Qualifikationsnachweise, die dort erforderlich sind, um in dessen Hoheitsgebiet den Beruf aufnehmen oder ausüben zu dürfen, auf Antrag als Qualifikation für eine dem Beruf entsprechende Fachlaufbahn anzuerkennen.

(2) [1]Ist der Beruf in dem anderen Mitgliedstaat nicht reglementiert, ist die Qualifikation dennoch für eine entsprechende Fachlaufbahn anzuerkennen, wenn der Antragsteller oder die Antragstellerin den Beruf dort innerhalb der vorangegangenen zehn Jahre ein Jahr lang in Vollzeit oder während einer entsprechenden Gesamtdauer in Teilzeit ausgeübt hat und im Besitz von Befähigungs- oder Ausbildungsnachweisen ist. [2]Diese Nachweise müssen

1. von einer zuständigen Behörde ausgestellt worden sein und
2. bescheinigen, dass der Inhaber auf die Ausübung des betreffenden Berufs vorbereitet wurde.

[3]Die einjährige Berufserfahrung darf nicht gefordert werden, wenn der vorgelegte Qualifikationsnachweis den Abschluss einer reglementierten Ausbildung bestätigt.

(3) [1]Die zuständige Behörde (Art. 44 Abs. 1) stellt fest, ob der Qualifikationsnachweis einer Fachlaufbahn oder einem fachlichen Schwerpunkt zuordenbar ist. [2]Anhand eines Vergleichs zwischen den Vor- und Ausbildungsvoraussetzungen für eine Fachlaufbahn oder für einen fachlichen Schwerpunkt in der entsprechenden Qualifikationsebene und der vorgelegten Nachweise nach Abs. 1 oder Abs. 2 stellt sie fest, ob ein Defizit im Sinn des Abs. 5 besteht.

(4) Die zuständige Behörde kann den Inhabern eines Qualifikationsnachweises, der nach Art. 11 Buchst. a der Richtlinie 2005/36/EG eingestuft ist, den Qualifikationserwerb verweigern, wenn die zur Ausübung des Berufs im Freistaat Bayern erforderliche Berufsqualifikation unter Art. 11 Buchst. e der Richtlinie 2005/36/EG eingestuft ist.

(5) [1]Ausgleichsmaßnahmen (Art. 47) können verlangt werden, wenn

1. die bisherige Ausbildung sich hinsichtlich der beruflichen Tätigkeit auf Fächer bezieht, die sich wesentlich von denen unterscheiden, die im Freistaat Bayern vorgeschrieben sind, oder
2. die Fachlaufbahn oder der fachliche Schwerpunkt die Wahrnehmung eines umfangreicheren Aufgabenfeldes ermöglicht als der reglementierte Beruf im Mitgliedstaat des Antragstellers oder der Antragstellerin, in dem der Qualifikationsnachweis erworben wurde, und wenn sich die im Freistaat Bayern geforderte Ausbildung auf Fächer bezieht, die sich wesentlich von denen unterscheiden, die von den Qualifikationsnachweisen abgedeckt werden, die der Antragsteller oder die Antragstellerin vorlegt.

[2]Fächer unterscheiden sich wesentlich, wenn die durch sie vermittelten Kenntnisse, Fähigkeiten und Kompetenzen eine wesentliche Voraussetzung für die Ausübung des Berufs sind und die bisherige Ausbildung des Antragstellers oder der Antragstellerin diesbezüglich bedeutende Abweichungen hinsichtlich

des Inhalts der für die Qualifikation für die Fachlaufbahn geforderten Ausbildung aufweist.

(6) Ist beabsichtigt, dem Antragsteller oder der Antragstellerin einen Anpassungslehrgang oder eine Eignungsprüfung aufzuerlegen, ist zunächst zu prüfen, ob die im Rahmen der bisherigen Berufspraxis oder durch lebenslanges Lernen erworbenen Kenntnisse, Fähigkeiten und Kompetenzen, die hierfür von einer einschlägigen Stelle formell als gültig anerkannt wurden, den wesentlichen Unterschied ganz oder teilweise ausgleichen können.

(7) Liegen sämtliche Voraussetzungen des Art. 4f der Richtlinie 2005/36/EG vor, so gewährt die zuständige Behörde auf Antrag und auf Einzelfallbasis einen partiellen Zugang zu einer Fachlaufbahn.

Art. 44 Antrag. (1) [1]Der Antrag auf Anerkennung ist an die zuständige Behörde zu richten. [2]Zuständig ist die oberste Dienstbehörde, in deren Geschäftsbereich die Begründung eines Beamtenverhältnisses angestrebt wird. [3]An die Stelle der obersten Dienstbehörde tritt bei kommunalen Körperschaften das Staatsministerium des Innern, für Sport und Integration, bei sonstigen der Aufsicht des Staates unterstehenden Körperschaften, rechtsfähigen Anstalten und Stiftungen des öffentlichen Rechts die Aufsichtsbehörde. [4]Die nach Sätzen 2 und 3 zuständige Behörde kann die Zuständigkeit auf den Landespersonalausschuss übertragen. [5]Das Informationsportal zu den Einheitlichen Ansprechpartnern (§ 2 Abs. 1 der Ausführungsverordnung Einheitlicher Ansprechpartner) ermöglicht zum Zwecke der elektronischen Verfahrensabwicklung die Verbindung mit den zuständigen Behörden.

(2) Dem Antrag sind beizufügen:
1. ein Nachweis der Staatsangehörigkeit eines Mitgliedstaates,
2. Qualifikationsnachweise,
3. Bescheinigungen oder Urkunden des Heimat- oder Herkunftsstaates darüber, dass keine Straftaten, schwerwiegenden beruflichen Verfehlungen oder sonstige, die Eignung in Frage stellenden Umstände bekannt sind; die Bescheinigungen oder Urkunden dürfen bei ihrer Vorlage nicht älter als drei Monate sein,
4. ein Nachweis, aus dem hervorgeht, zu welcher Berufsausübung der Qualifikationsnachweis im Heimat- oder Herkunftsstaat berechtigt,
5. Bescheinigungen über die Art und Dauer der nach Erwerb des Qualifikationsnachweises in einem Mitgliedstaat ausgeübten Tätigkeiten in der Fachrichtung des Qualifikationsnachweises,
6. Nachweis über Inhalte und Dauer der Studien und Ausbildungen in Form von Studienordnungen, Prüfungsordnungen, Studienbuch oder in anderer geeigneter Weise; aus den Nachweisen müssen die Anforderungen, die zur Erlangung des Abschlusses geführt haben, hervorgehen, sowie
7. eine Erklärung, welche Tätigkeit auf der Grundlage des Qualifikationsnachweises in der öffentlichen Verwaltung angestrebt wird.

(3) [1]Bei berechtigten Zweifeln und soweit unbedingt geboten, können beglaubigte Kopien verlangt werden. [2]Bestehen berechtigte Zweifel, kann die zu-

ständige Behörde von den zuständigen Behörden des Mitgliedstaats eine Bestätigung der Tatsachen verlangen, dass die Ausübung dieses Berufes durch den Antragsteller oder die Antragstellerin nicht auf Grund eines disziplinarischen Verhaltens oder einer Verurteilung wegen strafbarer Handlungen ausgesetzt oder untersagt wurde. [3]Der Informationsaustausch erfolgt über das Binnenmarkt-Informationssystem.

Art. 45 *(aufgehoben)*

Art. 46 Entscheidung. (1) Die zuständige Behörde bestätigt dem Antragsteller oder der Antragstellerin binnen eines Monats den Empfang der Unterlagen und teilt ihm oder ihr gegebenenfalls gleichzeitig mit, welche Unterlagen fehlen.

(2) [1]Die Entscheidung über den Antrag ist dem Antragsteller oder der Antragstellerin innerhalb von vier Monaten nach Vorlage der vollständigen Unterlagen schriftlich mitzuteilen. [2]In den Fällen einer automatischen Anerkennung nach Art. 21 ff. der Richtlinie 2005/36/EG beträgt die Frist drei Monate. [3]Festgestellte Defizite werden dem Antragsteller oder der Antragstellerin schriftlich mitgeteilt. [4]Die Mitteilung muss auch Informationen zu den möglichen Ausgleichsmaßnahmen gemäß Art. 47 bis 49 enthalten, insbesondere zu den Prüfungsgebieten im Fall einer Eignungsprüfung, sowie eine Aufforderung zur Ausübung eines bestehenden Wahlrechts (Art. 47). [5]Wird eine Ausgleichsmaßnahme auferlegt, ist die Entscheidung entsprechend Art. 14 Abs. 6 der Richtlinie 2005/36/EG zu begründen.

(3) Im Fall einer Anerkennung ist in der schriftlichen Mitteilung darauf hinzuweisen, dass die Anerkennung keinen Anspruch auf Einstellung begründet.

(4) Die Anerkennung ist insbesondere zu versagen, wenn
1. die Voraussetzungen des Art. 43 nicht erfüllt sind,
2. die für die Anerkennung erforderlichen Unterlagen trotz Aufforderung nicht in angemessener Frist vollständig vorgelegt wurden,
3. die festgelegten Ausgleichsmaßnahmen nicht erfolgreich abgeschlossen worden sind oder
4. der Antragsteller oder die Antragstellerin wegen schwerwiegender beruflicher Verfehlungen, Straftaten oder sonstiger Gründe für das Beamtenverhältnis nicht geeignet ist.

Art. 47 Notwendigkeit von Ausgleichsmaßnahmen. (1) Wird eine Ausgleichsmaßnahme auferlegt, hat der Antragsteller oder die Antragstellerin die Wahl zwischen Eignungsprüfung (Art. 48) und Anpassungslehrgang (Art. 49).

(2) Abweichend von Abs. 1 ist ein Qualifikationsnachweis für eine Fachlaufbahn oder einen fachlichen Schwerpunkt, deren oder dessen Ausübung eine genaue Kenntnis des deutschen Rechts erfordert und bei der bzw. dem Beratung oder Beistand in Bezug auf das deutsche Recht ein wesentlicher und beständiger Teil der Berufsausübung ist, beim Einstieg in der dritten oder vierten

Qualifikationsebene nur anzuerkennen, wenn mit Erfolg eine Eignungsprüfung abgelegt wurde.

(3) [1]Der Antragsteller oder die Antragstellerin muss erfolgreich einen Eignungstest absolvieren, wenn die erforderliche inländische Qualifikation

1. Art. 11 Buchst. c der Richtlinie 2005/36/EG entspricht und er oder sie eine Qualifikation nach Art. 11 Buchst. a der Richtlinie 2005/36/EG besitzt oder
2. Art. 11 Buchst. d oder e der Richtlinie 2005/36/EG entspricht und er oder sie eine Qualifikation nach Art. 11 Buchst. b der Richtlinie 2005/36/EG besitzt.

[2]Der Antragsteller oder die Antragstellerin muss sowohl einen Anpassungslehrgang als auch eine Eignungsprüfung erfolgreich absolvieren, wenn die erforderliche inländische Berufsqualifikation Art. 11 Buchst. d der Richtlinie 2005/36/EG entspricht und er oder sie eine Qualifikation nach Art. 11 Buchst. a der Richtlinie 2005/36/EG besitzt.

Art. 48 Eignungsprüfung. (1) Die Eignungsprüfung ist eine die beruflichen Kenntnisse, Fähigkeiten und Kompetenzen betreffende staatliche Prüfung, mit der das Potential, die Aufgaben der angestrebten Fachlaufbahn oder des angestrebten fachlichen Schwerpunkts auszuüben, beurteilt wird.

(2) [1]Bei fachlichen Schwerpunkten mit Vorbereitungsdienst führt die Eignungsprüfung die für die Durchführung der Qualifikationsprüfung zuständige Behörde durch. [2]Bei einem Qualifikationserwerb für eine Fachlaufbahn gemäß Art. 6 Abs. 1 Satz 1 Nr. 2 und Abs. 2 wird die Eignungsprüfung von der obersten Dienstbehörde durchgeführt, bei der die Einstellung angestrebt wird. [3]Die Zuständigkeiten nach den Sätzen 1 und 2 können durch die oberste Dienstbehörde auf eine andere Behörde oder den Landespersonalausschuss übertragen werden.

(3) [1]Bei fachlichen Schwerpunkten mit Vorbereitungsdienst gelten die in den jeweiligen Ausbildungs- und Prüfungsordnungen genannten Prüfungsgebiete als für den fachlichen Schwerpunkt notwendige Sachgebiete. [2]Bei einem Qualifikationserwerb gemäß Art. 6 Abs. 1 Satz 1 Nr. 2 und Abs. 2 sind die Prüfungsgebiete auf Grund eines Vergleichs mit den dem Qualifikationserwerb zugrunde liegenden Prüfungsgebieten der Abschlüsse festzulegen.

(4) [1]Die zuständige Behörde vergleicht die für den Qualifikationserwerb für unverzichtbar angesehenen Sachgebiete aus den Ausbildungs- und Prüfungsordnungen mit den Qualifikationen und den Erfahrungen des Antragstellers oder der Antragstellerin, die bereits in einem Mitgliedstaat erworben wurden. [2]Anschließend legt die Behörde im Einzelfall, abhängig von den festgestellten Defiziten, den konkreten Inhalt und Umfang der Prüfung, insbesondere die Prüfungsgebiete fest.

(5) [1]Die Eignungsprüfung muss dem Umstand Rechnung tragen, dass im Heimat- oder Herkunftsstaat bereits eine entsprechende berufliche Qualifikation vorliegt. [2]Für die Durchführung der Prüfung und die Bewertung der Prüfungsleistungen gelten die für die jeweilige Fachlaufbahn bzw. den jeweiligen

fachlichen Schwerpunkt maßgeblichen Prüfungsbestimmungen und die Allgemeine Prüfungsordnung (APO) entsprechend. [3]Eine Eignungsprüfung muss innerhalb von sechs Monaten nach ihrer Wahl oder Festsetzung abgelegt werden können.

Art. 49 Anpassungslehrgang. (1) [1]Während des Anpassungslehrgangs werden Aufgaben der angestrebten Fachlaufbahn oder des angestrebten fachlichen Schwerpunkts unter der Verantwortung eines ausgewiesenen Inhabers oder einer ausgewiesenen Inhaberin der angestrebten Qualifikation ausgeübt. [2]Der Anpassungslehrgang kann mit einer Zusatzausbildung einhergehen.

(2) [1]Für die Durchführung und Organisation des Anpassungslehrgangs ist bei einem Qualifikationserwerb gemäß Art. 6 Abs. 1 Satz 1 Nr. 1 und 2, Abs. 2 die oberste Dienstbehörde zuständig, in deren Geschäftsbereich die Begründung eines Beamtenverhältnisses angestrebt wird. [2]Diese kann eine andere Behörde oder den Landespersonalausschuss mit der Durchführung und Organisation beauftragen. [3]Art. 44 Abs. 1 Satz 3 gilt entsprechend. [4]Mit der gegebenenfalls notwendigen Zusatzausbildung können die in Art. 48 Abs. 2 genannten Stellen beauftragt werden.

(3) [1]Der Anpassungslehrgang dient dazu, die im Vergleich zwischen vorhandener und geforderter Ausbildung fehlenden Qualifikationen zu erwerben. [2]Er darf höchstens drei Jahre dauern. [3]Die konkreten Inhalte und die konkrete Dauer werden unter Berücksichtigung des festgestellten Defizits im Hinblick auf die Erfordernisse der jeweiligen Fachlaufbahn oder des jeweiligen fachlichen Schwerpunkts von der zuständigen Behörde festgelegt. [4]Bei fachlichen Schwerpunkten mit Vorbereitungsdienst darf der Anpassungslehrgang die Dauer des Vorbereitungsdienstes nicht überschreiten.

(4) [1]Die Rechte und Pflichten während des Anpassungslehrgangs werden durch Vertrag zwischen dem Freistaat Bayern und dem Antragsteller oder der Antragstellerin festgelegt. [2]Der Antragsteller oder die Antragstellerin befindet sich während des Anpassungslehrgangs in einem öffentlich-rechtlichen Vertragsverhältnis, welches durch das als **Anlage 2** beigefügte Vertragsmuster näher geregelt wird. [3]Der Anpassungslehrgang endet außer mit Ablauf der festgesetzten Zeit vorzeitig auf Antrag oder, wenn schwerwiegende Pflichtverletzungen des Antragstellers oder der Antragstellerin der Fortführung entgegenstehen. [4]Wenn schwerwiegende Pflichtverletzungen der Fortführung des Anpassungslehrgangs entgegenstehen, wird der Vertrag schriftlich und mit sofortiger Wirkung durch die zuständige Behörde nach Abs. 2 gekündigt.

(5) [1]Der Lehrgang ist Gegenstand einer Bewertung. [2]Zur Bewertung wird die Notenskala des § 28 Abs. 6 APO herangezogen. [3]Werden die Leistungen nicht mindestens mit der Gesamtnote „ausreichend“ bewertet, ist der Anpassungslehrgang nicht bestanden.

Art. 50 Abschluss des Anerkennungsverfahrens. [1]Mit erfolgreichem Abschluss des Anerkennungsverfahrens wird die Qualifikation für eine Fachlauf-

bahn erworben. [2]Gegebenenfalls ist der fachliche Schwerpunkt, soweit gebildet, festzustellen.

Art. 51 Berufsbezeichnung. Sofern mit der Qualifikation nach den allgemeinen gesetzlichen Bestimmungen die Befugnis verbunden ist, eine Bezeichnung zu führen, wird diese als Berufsbezeichnung geführt.

TEIL 3

Andere Bewerber und Bewerberinnen

Art. 52 Qualifikationsvoraussetzungen. (1) [1]Andere Bewerber und Bewerberinnen (Art. 4 Abs. 2) können berücksichtigt werden, wenn an der Gewinnung ein besonderes dienstliches Interesse besteht. [2]Sie erwerben die Qualifikation für eine Fachlaufbahn durch Lebens- und Berufserfahrung. [3]Die für Regelbewerber und Regelbewerberinnen erforderlichen Voraussetzungen für den Qualifikationserwerb (Art. 6 Abs. 1) dürfen von ihnen nicht gefordert werden.

(2) [1]Die oberste Dienstbehörde stellt bei ihnen die Fachlaufbahn, einen gebildeten fachlichen Schwerpunkt sowie die Qualifikationsebene fest. [2]Bei der Feststellung der Qualifikation nach Satz 1 dürfen keine geringeren Anforderungen gestellt werden als sie von Regelbewerbern und Regelbewerberinnen gefordert werden. [3]Die oberste Dienstbehörde kann die Zuständigkeit nach Satz 1 auf den Landespersonalausschuss übertragen.

Art. 53 Probezeit. [1]Die oberste Dienstbehörde kann für Beamte und Beamtinnen bei erheblich über dem Durchschnitt liegenden Leistungen die Probezeit bis auf ein Jahr kürzen. [2]Ferner kann die oberste Dienstbehörde Zeiten einer hauptberuflichen Tätigkeit, die nach Art und Bedeutung mindestens einer Tätigkeit in einem Amt der betreffenden Fachlaufbahn und Qualifikationsebene entsprechen, im Umfang von höchstens einem Jahr auf die Probezeit anrechnen. [3]Art. 15 Abs. 2 ist entsprechend anzuwenden.

TEIL 4

Dienstlicher Beurteilung

Art. 54 Arten der dienstlichen Beurteilung. (1) [1]Dienstliche Beurteilungen sind die Einschätzung während der Probezeit, die Probezeitbeurteilung, die periodische Beurteilung, die Zwischenbeurteilung und die Anlassbeurteilung. [2]Die obersten Dienstbehörden können durch Verwaltungsvorschrift weitere dienstliche Beurteilungen zulassen.

(2) Keine dienstlichen Beurteilungen sind die Zwischen- und Abschlusszeugnisse der Beamten und Beamtinnen auf Widerruf im Vorbereitungsdienst.

Art. 55 Einschätzung während der Probezeit sowie Probezeitbeurteilung.

(1) [1]Nach der Hälfte der regelmäßigen Probezeit ist eine Einschätzung der Eignung, Befähigung und fachlichen Leistung vorzunehmen. [2]Sofern an dem erfolgreichen Abschluss der Probezeit Zweifel bestehen, sind diese, ihre Ursachen und die Möglichkeiten der Abhilfe deutlich herauszustellen. [3]Wenn eine Verkürzung der Probezeit nach Art. 36 Abs. 1 oder nach Art. 53 Satz 1 in Betracht kommt, ist dazu in der Einschätzung Stellung zu nehmen.

(2) [1]Bis zum Ablauf der Probezeit erfolgt die Probezeitbeurteilung. [2]In dieser sind Eignung, Befähigung und fachliche Leistung im Hinblick auf die Aufgaben der Fachlaufbahn und, soweit gebildet, des fachlichen Schwerpunkts und als Grundlage für die Übernahme in das Beamtenverhältnis auf Lebenszeit zu beurteilen.

(3) Die nähere Ausgestaltung der Einschätzung und der Probezeitbeurteilung wird durch Verwaltungsvorschriften gemäß Art. 15 BayBG geregelt.

Art. 56 Periodische Beurteilung. (1) [1]Fachliche Leistung, Eignung und Befähigung sind mindestens alle drei Jahre dienstlich zu beurteilen (periodische Beurteilung). [2]Dies gilt nicht für Beamte und Beamtinnen auf Widerruf im Vorbereitungsdienst und während der Probezeit nach § 4 Abs. 3 Buchst. a BeamtStG. [3]Satz 1 gilt auch für Beamte und Beamtinnen, die nach Art. 15 Abs. 4 Satz 1 Nr. 3 zur Ausübung einer Tätigkeit bei Fraktionen, kommunalen Vertretungskörperschaften oder kommunalen Spitzenverbänden beurlaubt wurden.

(2) [1]Die periodische Beurteilung kann zurückgestellt werden, wenn
1. gegen den Beamten oder die Beamtin ein gerichtliches Strafverfahren, ein Disziplinarverfahren, Vorermittlungen oder ein strafrechtliches Ermittlungsverfahren eingeleitet worden ist, oder
2. ein sonstiger in der Person liegender wichtiger Grund besteht.

[2]Nach dem rechtskräftigen Abschluss des Verfahrens, der Einstellung der Ermittlungen oder dem Wegfall des sonstigen wichtigen Grundes ist die periodische Beurteilung nachzuholen.

(3) [1]Nicht periodisch beurteilt werden Beamte und Beamtinnen in einem Amt der Besoldungsgruppe A 16 mit Amtszulage und höher. [2]Die oberste Dienstbehörde kann die periodische Beurteilung der in Satz 1 genannten Gruppe anordnen.

(4) [1]Wird als Grundlage bei der Übertragung höherwertiger Dienstposten nach Art. 16 Abs. 1 Satz 3 oder bei Beförderungen nach Art. 17 Abs. 7, Art. 16 Abs. 1 Satz 3 eine periodische Beurteilung herangezogen, ist diese bis zu dem in Verwaltungsvorschriften festzulegenden einheitlichen Verwendungsbeginn der nächsten regulären periodischen Beurteilung zu verwenden. [2]Wenn sich während des laufenden periodischen Beurteilungszeitraums erhebliche Veränderungen der tatsächlichen Grundlagen der Beurteilungskriterien ergeben haben, sodass die weitere Verwendung der letzten periodischen Beurteilung bis zum nächsten darauf folgenden einheitlichen Verwendungsbeginn

ausnahmsweise nicht mehr sachgerecht wäre, ist die periodische Beurteilung zu aktualisieren. [3]Die Aktualisierung erfolgt nach den gleichen Verfahrensvorschriften wie die reguläre periodische Beurteilung; Satz 1 gilt entsprechend.

Art. 57 Zwischenbeurteilung. Eine Zwischenbeurteilung ist zu erstellen, wenn Beamte oder Beamtinnen mindestens ein Jahr nach dem Ende des der letzten dienstlichen Beurteilung zugrunde liegenden Zeitraums oder der Probezeit die Behörde wechseln, beurlaubt oder vom Dienst freigestellt werden.

Art. 58 Inhalt der periodischen Beurteilung und Zwischenbeurteilung. (1) Der Beurteilung ist eine Beschreibung der Aufgaben, die im Beurteilungszeitraum wahrgenommen wurden, voranzustellen.

(2) [1]Die Beurteilung hat die fachliche Leistung in Bezug auf die Funktion und im Vergleich zu den anderen Beamten und Beamtinnen derselben Besoldungsgruppe der Fachlaufbahn und, soweit gebildet, desselben fachlichen Schwerpunkts objektiv darzustellen und außerdem von Eignung und Befähigung ein zutreffendes Bild zu geben. [2]Die obersten Dienstbehörden können die Vergleichsgruppe nach Satz 1 durch weitere Kriterien enger bestimmen.

(3) Zu beurteilen ist

1. die fachliche Leistung anhand der Kriterien:
   a) Quantität,
   b) Qualität,
   c) Serviceorientierung, insbesondere gegenüber dem Bürger,
   d) Zusammenarbeit mit Kollegen und Vorgesetzten, und
   e) soweit Beamte und Beamtinnen Führungsaufgaben wahrnehmen, der Führungserfolg,
2. die Eignung anhand der Kriterien:
   a) Auffassungsgabe,
   b) Einsatzbereitschaft,
   c) geistige Beweglichkeit,
   d) Entscheidungsfreude und
   e) Führungspotential,
3. die Befähigung anhand der Kriterien:
   a) Fachkenntnisse,
   b) mündliche Ausdrucksfähigkeit,
   c) schriftliche Ausdrucksfähigkeit und
   d) zielorientiertes Verhandlungsgeschick.

(4) [1]Die periodische Beurteilung ist mit einer detaillierten Aussage zur Verwendungseignung abzuschließen. [2]Sofern eine Verwendung in Führungspositionen in Betracht kommt, ist bei der Verwendungseignung eine differenzierte Aussage zur Führungsqualifikation zu treffen. [3]Schließlich ist darzulegen, für welche dienstlichen Aufgaben der Beamte oder die Beamtin in Betracht kommt und welche Einschränkungen gegebenenfalls bestehen.

(5) In der periodischen Beurteilung ist eine Feststellung aufzunehmen, wenn der Beamte oder die Beamtin für

1. die Ausbildungsqualifizierung,
2. die modulare Qualifizierung

in Betracht kommt.

(6) [1]Die nähere Ausgestaltung der Beurteilung wird durch Verwaltungsvorschriften gemäß Art. 15 BayBG geregelt. [2]Dabei können die Staatsministerien und der Oberste Rechnungshof für ihren Geschäftsbereich oder Teile davon weitere oder andere Beurteilungskriterien festlegen und eine vereinfachte Dokumentation der Beurteilung zulassen. [3]Die Gemeinden, Gemeindeverbände und die sonstigen unter der Aufsicht des Staates stehenden Körperschaften, Anstalten und Stiftungen des öffentlichen Rechts können für ihren Bereich von Abs. 3 abweichend weitere oder andere Beurteilungskriterien festlegen.

Art. 59 Bewertung und Gesamturteil. (1) [1]Die Bewertung erfolgt in einem Punktesystem mit einer Punkteskala von 1 bis 16 Punkten bezüglich der einzelnen Leistungs-, Eignungs- und Befähigungsmerkmale sowie bezüglich des Gesamturteils. [2]Die Staatsministerien und der Oberste Rechnungshof können für ihren Geschäftsbereich oder Teile davon durch Verwaltungsvorschrift eine andere Bewertung festlegen. [3]Soweit gemäß Satz 2 eine von Satz 1 abweichende Punkteskala festgelegt wird, darf 16 als Höchstpunktzahl nicht überschritten und 7 als Höchstpunktzahl nicht unterschritten werden. [4]Verbale Hinweise oder Erläuterungen zu den einzelnen Merkmalen sind zulässig. [5]Sie sind bei denjenigen Einzelmerkmalen vorzunehmen, deren Bewertung sich gegenüber der letzten periodischen Beurteilung wesentlich verschlechtert hat oder bei denen sich die Bewertung auf bestimmte Vorkommnisse gründet. [6]Die Beurteilung kann ergänzende Bemerkungen zu den Einzelmerkmalen enthalten.

(2) [1]Bei der Bildung des Gesamturteils sind die bei den Einzelmerkmalen vergebenen Wertungen unter Berücksichtigung ihrer an den Erfordernissen des Amtes und der Funktion zu messenden Bedeutung in einer Gesamtschau zu bewerten und zu gewichten. [2]Die für die Bildung des Gesamturteils wesentlichen Gründe sind in den ergänzenden Bemerkungen darzulegen.

Art. 60 Zuständigkeit. (1) 1Die dienstliche Beurteilung wird, soweit die Dienstaufsicht nicht anderweitig geregelt ist, von der Leitung der Behörde erstellt, der der Beamte oder die Beamtin im Zeitpunkt der dienstlichen Beurteilung angehört. [2]Abgeordnete Beamte und Beamtinnen werden im Einvernehmen mit der Leitung der Behörde beurteilt, an die sie abgeordnet sind; besteht die Abordnung zu einer Dienststelle eines anderen Dienstherrn, erfolgt die Beurteilung im Benehmen mit der Leitung der Behörde, an die sie abgeordnet sind. [3]Bei Beamten und Beamtinnen, die nach Art. 15 Abs. 4 Satz 1 Nr. 3 zur Ausübung einer Tätigkeit bei Fraktionen, kommunalen Vertretungskörperschaften oder kommunalen Spitzenverbänden beurlaubt wurden, erfolgt die Beurteilung im Benehmen mit der Fraktion, der Vertretungskörperschaft oder dem Spitzenverband. [4]Die Leiter und Leiterinnen von Behörden werden von der Leitung der vorgesetzten Dienststelle beurteilt. [5]Die oberste Dienstbehörde kann eine abweichende Regelung treffen, soweit ein dringendes dienstliches

Bedürfnis gegeben ist. [6]Bei den Behörden, die den obersten Dienstbehörden unmittelbar nachgeordnet sind, kann der Leiter oder die Leiterin der Behörde die Befugnis zur Beurteilung auf seine oder ihre allgemeine Vertretung übertragen. [7]Im Bereich der kommunalen Dienstherren kann die Behördenleitung die Befugnis zur Beurteilung übertragen, wenn sichergestellt ist, dass die Beurteilung von einer Person erstellt wird, die zumindest die gleiche Qualifikation besitzt, wie die zu beurteilende Person.

(2) [1]Die dienstliche Beurteilung wird von den vorgesetzten Dienstbehörden überprüft. [2]Die Überprüfung soll spätestens nach einer Frist von sechs Monaten nach der ersten Eröffnung abgeschlossen sein. [3]Ist die vorgesetzte Dienstbehörde eine oberste Dienstbehörde, kann sie die Überprüfung der dienstlichen Beurteilungen auf eine nachgeordnete Behörde übertragen. [4]Die obersten Dienstbehörden können für ihren Geschäftsbereich oder Teile davon bestimmen, in welchen Fällen auf die Überprüfung der dienstlichen Beurteilung verzichtet wird.

Art. 61 Eröffnung der dienstlichen Beurteilung. (1) [1]Die dienstliche Beurteilung ist dem Beamten oder der Beamtin zu eröffnen. [2]Sie soll besprochen werden. [3]Die Eröffnung der dienstlichen Beurteilung kann auf Vorgesetzte delegiert werden, die an der Erstellung der Beurteilung wesentlich mitgewirkt haben. [4]Einwendungen sind der vorgesetzten Dienstbehörde mit vorzulegen. [5]Ist die dienstliche Beurteilung durch die vorgesetzte Dienstbehörde abgeändert worden, ist die dienstliche Beurteilung unverzüglich, spätestens aber drei Monate nach einer Überprüfung, nochmals zu eröffnen.

(2) Die Beurteilung ist mit einem Vermerk über ihre Eröffnung zu den Personalakten zu nehmen.

Art. 62 Leistungsfeststellung für die Entscheidungen gemäß Art. 30 und 66 BayBesG; Öffnungsklausel für den nichtstaatlichen Bereich zu Art. 67 BayBesG. (1) [1]Leistungsfeststellungen für die Entscheidungen gemäß Art. 30 Abs. 3 Satz 1 und 3 und Art. 66 Abs. 2 BayBesG werden mit der periodischen Beurteilung verbunden. [2]Soweit es für die Anwendung der Art. 30 Abs. 3 Sätze 1 und 3, Art. 66 Abs. 2 BayBesG erforderlich ist, eine periodische Beurteilung jedoch nicht vorgeschrieben ist, hat eine gesonderte Leistungsfeststellung zu erfolgen; Art. 60 und 61 finden entsprechende Anwendung. [3]Gegenstand der Leistungsfeststellung sind die Kriterien gemäß Art. 58 Abs. 3 Nr. 1. [4]In der Probezeit kann die Leistungsfeststellung mit den Beurteilungen gemäß Art. 55 Abs. 1 Satz 1 und Art. 55 Abs. 2 Satz 1 verbunden werden. [5]Sie erfolgt auf Basis der Beurteilung der fachlichen Leistung gemäß Art. 55 Abs. 1 Satz 1 oder Art. 55 Abs. 2 Satz 2.

(2) [1]Für die Vergabe einer Leistungsstufe gemäß Art. 66 Abs. 1 BayBesG kommen nur diejenigen Beamten und Beamtinnen in Betracht, die in den Kriterien gemäß Art. 58 Abs. 3 Nr. 1 die jeweils in der Vergleichsgruppe höchst vergebenen Bewertungen erhalten haben. [2]In der Probezeit gilt Abs. 1 Satz 4

und 5 entsprechend. [3]Die Staatsministerien und der Oberste Rechnungshof können für ihren Geschäftsbereich oder Teile davon durch Verwaltungsvorschrift regeln, dass auf der Grundlage der in der letzten periodischen Beurteilung oder gesondert getroffenen Leistungsfeststellung in regelmäßigen Zeitabständen eine weitere Vergabe von Leistungsstufen erfolgen kann. [4]Satz 3 gilt entsprechend für die Gemeinden, Gemeindeverbände und die sonstigen unter der Aufsicht des Staates stehenden Körperschaften, Anstalten und Stiftungen des öffentlichen Rechts.

(3) Erfüllt ein Beamter oder eine Beamtin die Mindestanforderungen im Sinn des Art. 30 Abs. 3 Satz 1 BayBesG, wird dies in der Entscheidung gemäß Abs. 1 Satz 1, 2 oder Satz 4 gesondert festgestellt.

(4) [1]Bei der Entscheidung gemäß Art. 30 Abs. 3 Satz 1 BayBesG sind sämtliche zurechenbaren Umstände des Einzelfalls zu berücksichtigen. [2]Eine negative Entscheidung darf nur getroffen werden, wenn der Beamte oder die Beamtin rechtzeitig auf die Leistungsmängel ausdrücklich hingewiesen worden ist.

(5) [1]Liegen die Voraussetzungen des Art. 30 Abs. 3 Satz 1 BayBesG nicht vor (Stufenstopp), sind die Leistungen in Abständen von jeweils einem Jahr nach Beginn des Stufenstopps erneut zu überprüfen. [2]Die gesonderte Leistungsfeststellung nach Satz 1 enthält die Aussage, ob die Leistungen in dem vergangenen Jahr die Voraussetzungen des Art. 30 Abs. 3 Satz 1 BayBesG erfüllt haben; Art. 60 und 61 finden entsprechende Anwendung. [3]Abs. 4 gilt entsprechend. [4]Wird eine periodische Beurteilung erstellt, gilt Abs. 1 Satz 1.

(6) [1]Soweit von Art. 58 Abs. 6 Satz 2, 3 bzw. Art. 59 Abs. 1 Satz 2 Gebrauch gemacht wird, ist jeweils zu regeln, auf welcher Grundlage die Entscheidungen gemäß Abs. 2, 3 und 5 getroffen werden. [2]Dabei ist sicherzustellen, dass die Bewertungsmaßstäbe den sich aus den Abs. 2, 3 und 5 ergebenden für die Vergabe einer Leistungsstufe, den regelmäßigen Stufenaufstieg und den Stufenstopp entsprechen.

(7) [1]Für die Vergabe einer Leistungsprämie nach Art. 67 BayBesG können Gemeinden, Gemeindeverbände und die sonstigen unter der Aufsicht des Staates stehenden Körperschaften, Anstalten und Stiftungen des öffentlichen Rechts, die an tarifvertragliche Regelungen zum Leistungsentgelt gebunden sind, den tarifvertraglichen Regelungen entsprechende Bestimmungen zur Leistungsbewertung sowie zum Vergabeverfahren unter Mitwirkung der betrieblichen Kommissionen im Sinn des § 18 Abs. 7 Satz 1 des Tarifvertrags für den öffentlichen Dienst (TVöD VKA) vom 13. September 2005, oder dem entsprechender tarifvertraglicher Regelungen auch für die Beamten und Beamtinnen treffen. [2]Es kann dabei von Art. 67 Abs. 1 und Art. 68 Abs. 2 BayBesG abgewichen werden. [3]Im Fall einer eigenen Regelung muss gewährleistet sein, dass Leistungsbewertung und Vergabeverfahren bei den Beamten und Beamtinnen und den Tarifbeschäftigten desselben Dienstherrn einheitlich erfolgen.

Art. 63 *(aufgehoben)*

Art. 64 Dienstliche Beurteilung von Lehrkräften. [1]Das zuständige Staatsministerium wird ermächtigt, im Einvernehmen mit dem Staatsministerium der Finanzen und für Heimat für die Beurteilung der staatlichen Lehrkräfte eigene Richtlinien zu erlassen, die von den Vorschriften des Teils 4 mit Ausnahme von Art. 56 Abs. 3 abweichen können. [2]Die Richtlinien nach Satz 1 können für Lehrkräfte an kommunalen Schulen entsprechend angewendet werden.

Art. 65 Ausnahmegenehmigungen. Das Staatsministerium des Innern, für Sport und Integration kann für den Bereich der kommunalen Selbstverwaltung von Art. 56 Abs. 4 Satz 3 und Art. 59 abweichende Beurteilungssysteme zulassen.

TEIL 5
Fortbildung

Art. 66 Grundsätze der Fortbildung. (1) [1]Die dienstliche Fortbildung wird von der obersten Dienstbehörde gefördert und geregelt. [2]Die einzelnen Fortbildungsmaßnahmen werden regelmäßig durch die obersten Dienstbehörden und durch die von ihnen beauftragten Behörden oder Stellen durchgeführt. [3]Die Gelegenheit zur Fortbildung soll möglichst gleichmäßig gegeben werden.

(2) [1]Die Beamten und Beamtinnen sind verpflichtet, an Maßnahmen der Einführungs-, Anpassungs- und Förderungsfortbildung teilzunehmen. [2]Sie sind außerdem verpflichtet, sich selbst fortzubilden, damit sie den Änderungen der Aufgaben und der Anforderungen gewachsen sind.

(3) [1]Wer seine Fähigkeiten und fachlichen Kenntnisse durch geeignete Fortbildung nachweislich wesentlich gesteigert hat, ist zu fördern und soll unter Beachtung der Grundsätze des Art. 16 Gelegenheit erhalten, Fähigkeiten und fachliche Kenntnisse auf einem höherwertigen Dienstposten anzuwenden und hierbei die besondere Eignung zu beweisen. [2]Welche Fortbildungen geeignet sind, regeln die obersten Dienstbehörden.

TEIL 6
Schluss- und Übergangsvorschriften

Art. 67 Verordnungsermächtigung. [1]Die Staatsministerien und der Oberste Rechnungshof können im Einvernehmen mit dem Staatsministerium der Finanzen und für Heimat Vorschriften durch Rechtsverordnung erlassen über

1. die Zuordnung zu einer Fachlaufbahn und die Bildung von fachlichen Schwerpunkten,
2. die Zulassung zu einer Fachlaufbahn, zu gebildeten fachlichen Schwerpunkten und zu einer Qualifikationsebene, einschließlich der Festlegung

von Höchstaltersgrenzen für die Einstellung in den Polizeivollzugsdienst, die zweite Qualifikationsebene des feuerwehrtechnischen Dienstes und den allgemeinen Vollzugsdienst der Justiz,
3. die Ausbildung und
4. die modulare Qualifizierung.

[2]Dabei sind die in der Richtlinie (EU) 2018/958 getroffenen Vorgaben zu beachten; dies gilt nicht, wenn sich die Vorschriften auf Tätigkeiten beziehen, die im Sinne von Art. 51 des Vertrags über die Arbeitsweise der Europäischen Union (AEUV) dauernd oder zeitweise mit der Ausübung hoheitlicher Gewalt verbunden sind. [3]Vorschriften nach Satz 1 bedürfen der Zustimmung des Landespersonalausschusses. [4]Die Zustimmung nach Satz 3 gilt als erteilt, wenn der Landespersonalausschuss nicht binnen sechs Monaten nach Zugang der im Verfahren nach Art. 3 Abs. 3 abgestimmten Verordnungsentwürfe entscheidet.

Art. 68 Ausnahmen, Verordnungsermächtigung. (1) Das Staatsministerium des Innern, für Sport und Integration kann im Einvernehmen mit dem Staatsministerium der Finanzen und für Heimat und nach Anhörung des Landespersonalausschusses durch Rechtsverordnung von Art. 7, 8, 20, 34, 35 und 37 abweichende laufbahnrechtliche Vorschriften für die Feuerwehrbeamten und Feuerwehrbeamtinnen erlassen.

(2) [1]Das Staatsministerium des Innern, für Sport und Integration kann im Einvernehmen mit dem Staatsministerium der Finanzen und für Heimat und nach Anhörung des Landespersonalausschusses durch Rechtsverordnung die Laufbahnen der Polizeivollzugsbeamten und Polizeivollzugsbeamtinnen und der Beamten und Beamtinnen im Sicherheitsbereich des Landesamts für Verfassungsschutz abweichend regeln; hierbei kann die Einheitslaufbahn festgelegt und von Art. 58 Abs. 2 abgewichen werden. [2]Für die Beamten und Beamtinnen der Polizei und des Landesamts für Verfassungsschutz kann das Beurteilungs- und Beförderungsverfahren abweichend von den laufbahnrechtlichen Bestimmungen dieses Gesetzes durch Verwaltungsvorschriften geregelt werden.

Art. 69 Evaluation. [1]Die Staatsregierung überprüft die Auswirkungen dieses Gesetzes mit Ausnahme des Teils 4 sowie auf Grund dieses Gesetzes ergangener Rechtsverordnungen. [2]Dem Bayerischen Landtag ist zum Ende des Jahres 2012 erstmals über die Auswirkungen zu berichten.

Art. 70 Übergangsregelungen. (1) [1]Für Beamte und Beamtinnen, die noch vor dem 1. April 2009 angestellt wurden, rechnet die Dienstzeit weiterhin ab dem Zeitpunkt der Anstellung; für diese Beamten und Beamtinnen ist die Vorschrift des § 11 Abs. 2 Satz 1 Nr. 2 der Laufbahnverordnung in der Fassung der Bekanntmachung vom 4. März 1996 (GVBl S. 99, ber. S. 220, BayRS 2030-2-1-2-F), zuletzt geändert durch § 3 des Gesetzes vom 20. Dezember 2007 (GVBl S. 931), weiterhin anzuwenden. [2]Auf Beamte und Beamtinnen, die bereits vor dem 1. Januar 2011 in das Beamtenverhältnis auf Probe gemäß

§ 4 Abs. 3 Buchst. a BeamtStG berufen worden sind, finden anstelle des Art. 12 Abs. 2 und der Art. 36 und 53 dieses Gesetzes die Art. 38 und 40 des Bayerischen Beamtengesetzes in der bis zum 31. Dezember 2010 geltenden Fassung und die §§ 37, 40, 44, 49, 56 der Laufbahnverordnung vom 1. April 2009 (GVBl S. 51, BayRS 2030-2-1-2-F) mit der Maßgabe weiterhin Anwendung, dass sich in der laufbahnrechtlichen Entwicklung dieser Beamten und Beamtinnen gegenüber einer Einstellung zum 1. Januar 2011 keine Nachteile ergeben.

(2) [1]Die Anrechnung von Erziehungszeiten für vor dem 1. Januar 2011 und nach dem 31. Dezember 2007 geborene Kinder, die über die anzurechnenden Zeiten gemäß § 10 Abs. 3 Satz 3, § 12 Abs. 3 Satz 3, Abs. 4 Satz 1 Nr. 5 der Verordnung über die Laufbahnen der bayerischen Beamtinnen und Beamten (Laufbahnverordnung – LbV) vom 1. April 2009 (GVBl S. 51, BayRS 2030-2-1-2-F) in der bis zum 31. Dezember 2010 geltenden Fassung hinausgehen, erfolgt nur auf Antrag und mit Wirkung für die Zukunft. [2]Für die Anrechnung von Erziehungszeiten für vor dem 1. Januar 2008 geborene Kinder findet § 62 Abs. 4 der Laufbahnverordnung in der Fassung der Bekanntmachung vom 4. März 1996 (GVBl S. 99, ber. S. 220, BayRS 2030-2-1-2-F), zuletzt geändert durch § 3 des Gesetzes vom 20. Dezember 2007 (GVBl S. 931), Anwendung. [3]Die Anrechnung nach den Sätzen 1 und 2 erfolgt auch für Kinder, die zum 1. Januar 2011 das achte Lebensjahr bereits vollendet haben. [4]In den Fällen von Art. 15 Abs. 3 Satz 1 Nr. 3 und Abs. 4 Satz 1 Nr. 5 erfolgt die Anrechnung von Zeiten einer Beurlaubung zur tatsächlichen Betreuung oder Pflege von einem Kind, das das achte Lebensjahr vollendet hat, sowie von einem nach ärztlichem Gutachten pflegebedürftigen sonstigen Angehörigen, nur auf Antrag, wenn die Beurlaubung bereits vor dem 1. August 2015 begonnen hat.

(3) [1]Soweit in einzelnen Laufbahnen nach der am 31. Dezember 2010 geltenden Rechtslage Beförderungen ohne Erfüllung der Voraussetzungen des § 41 Abs. 5 und der §§ 46 und 51 der Laufbahnverordnung vom 1. April 2009 (GVBl S. 51, BayRS 2030-2-1-2-F) möglich waren, kann in Rechtsverordnungen nach Art. 67 von Art. 17 Abs. 6 in entsprechendem Umfang abgewichen werden; Entsprechendes gilt für den Gerichtsvollzieherdienst. [2]Für Beamte und Beamtinnen, die den Aufstieg nach § 41 Abs. 5, §§ 46 und 51 der Laufbahnverordnung vom 1. April 2009 absolviert haben und vor dem 1. Januar 2011 in das Eingangsamt der nächsthöheren Laufbahn befördert worden sind, ist Art. 17 Abs. 1 Satz 3 Nr. 2 und 3 Halbsatz 1 für die Beförderung in das nächsthöhere Amt derselben Fachlaufbahn bzw. soweit gebildet desselben fachlichen Schwerpunkts nicht anzuwenden.

(4) Beamte und Beamtinnen, die gemäß § 46 der Laufbahnverordnung in der bis zum 31. Dezember 2010 geltenden Fassung aufgestiegen sind, können sich für Ämter und Dienstposten, die nicht dem bisherigen Verwendungsbereich entsprechen, qualifizieren, wenn sie weitere gemäß Art. 20 erforderliche Qualifizierungsmaßnahmen erfolgreich absolvieren.

(5) [1]Art. 15 Abs. 2 gilt nur für Zeiten einer Beschäftigung nach dem 31. März 2009. [2]Zeiten vor dem 1. April 2009 berechnen sich nach dem jeweils zu dieser Zeit geltenden Rechtsstand.

(6) *(aufgehoben)*

(7) Der Binnendifferenzierung nach Art. 16 Abs. 2 und Art. 17 Abs. 7 werden nur die Beurteilungen zugrunde gelegt, deren Beurteilungsstichtag nach dem 1. Januar 2013 liegt, es sei denn auf Grund von Verwaltungsvorschriften werden Beurteilungen erfasst, die zu einem früheren Beurteilungsstichtag erstellt wurden, und bei denen die Anforderungen der Art. 16 Abs. 2 und Art. 17 Abs. 7 bereits Berücksichtigung gefunden haben.

(8) [1]Auf Beurteilungssysteme, die vor dem 1. Januar 2013 eingeführt sind, finden Art. 20 Abs. 4, Art. 37 Abs. 2 Satz 1 Nr. 2 und Art. 56 Abs. 1 Satz 1 in der bis 31. Dezember 2012 geltenden Fassung weiterhin Anwendung. [2]Art. 5 Abs. 1 Satz 1 BayRiStAG bleibt unberührt. [3]In den Fällen der Sätze 1 und 2 bestimmt sich die hinreichende Aktualität im Sinn des Art. 56 Abs. 4 Satz 1 und 2 in der ab 1. Januar 2013 geltenden Fassung nach den sich aus den Sätzen 1 und 2 ergebenden Zeiträumen.

Art. 70a Abweichungsmöglichkeit aufgrund der Corona-Pandemie.*

(1) [1]Soweit aufgrund von Infektionsschutzmaßnahmen zur Bewältigung der durch den Virus SARS-CoV 2 ausgelösten Pandemie Prüfungen oder sonstige Teile des Vorbereitungsdienstes nicht ordnungsgemäß und sachgerecht durchgeführt werden können, kann bei den Anforderungen für den Qualifikationserwerb gemäß Art. 6 Abs. 1 Satz 1 Nr. 1, für die Ausbildungsqualifizierung oder für die Durchführung von Prüfungen und Verfahren von folgenden Vorschriften abgewichen werden, wenn und soweit die tatsächlichen Gegebenheiten die ordnungsmäße und sachgerechte Durchführung sowie die angemessene Vorbereitung auf eine der genannten Prüfungen erheblich beeinträchtigt oder unmöglich gemacht haben:

1. Art. 8 Abs. 1 Satz 2, Art. 35
   Während des Vorbereitungsdienstes sind Telearbeit, die Beschäftigung mit für die Berufspraxis relevanten Themen außerhalb der Dienststelle, E-Learning und die Vermittlung von Wissen in angeleitetem Selbststudium zulässig.
2. Art. 8 Abs. 2 Satz 1 Nr. 2 und Nr. 3, Art. 35 Abs. 2 und 3
   Die Dauer der fachtheoretischen Ausbildung und Studienzeit in Lehreinrichtungen kann maximal auf die Hälfte reduziert werden, wenn die Lerninhalte ersatzweise insbesondere mittels E-Learning oder in angeleitetem Selbststudium vermittelt werden; dies kann auch in der berufspraktischen Ausbildung und Studienzeit geschehen.
3. Art. 22 Abs. 1 Satz 1, Art. 28 Abs. 1 Satz 1
   Auf die Zwischenprüfung oder einzelne Modulprüfungen sowie deren Wiederholungsmöglichkeit kann verzichtet werden; den Prüflingen ist ihr Aus-

* *Beachte Art. 71 Satz 1.*

bildungsstand in anderer geeigneter Weise mitzuteilen; Nr. 4 Teilsatz 2 gilt entsprechend.

4. Art. 8 Abs. 3 Satz 1, Art. 22 Abs. 1 Satz 1, Art. 28 Abs. 1 Satz 1 und 2
Der Prüfungsstoff und die Vorbereitungszeit können beschränkt werden; die Prüfungsnote kann aus Leistungen, die vor der Feststellung erbracht wurden oder ohne Beeinträchtigung erbracht werden konnten und weitestgehend die Anforderungen des § 2 Abs. 1 APO erfüllen, ermittelt werden, wenn die Durchführung einer Prüfung nicht möglich ist; soweit eine Prüfung danach nicht bestanden ist, muss eine geeignete Wiederholungsmöglichkeit eingeräumt werden; die Berechnung der Endpunktzahl der Qualifikationsprüfung ist anzupassen, soweit Leistungserhebungen während des Vorbereitungsdienstes nicht stattfinden konnten, die in die Endpunktzahl eingehen.
5. Art. 22 Abs. 1 Satz 2 und Abs. 8
Auf das wissenschaftlich fundierte Auswahlverfahren kann ganz oder teilweise verzichtet werden.
6. Art. 22 Abs. 2 Satz 1 und 2, Abs. 7, Art. 24, Art. 26 Abs. 1 Satz 1
Die Einstellungsprüfung kann durch eine leistungsbasierte Auswahl auf Grundlage der für den Einstieg in die jeweilige Qualifikationsebene erforderlichen Vorbildungsnachweise ersetzt werden; im Rahmen der Durchführung des besonderen Auswahlverfahrens kann von der Ablegung einer schriftlichen Prüfung abgesehen und allein die schulischen Leistungen zugrunde gelegt werden; die zu berücksichtigenden schulischen Leistungen sind bei einem Einstieg in der zweiten Qualifikationsebene gleich zu gewichten, bei einem Einstieg in der dritten Qualifikationsebene unter Einbeziehung der Fremdsprache zu 10 %, im Übrigen ebenfalls gleich zu gewichten; die Durchführung sowie die ersatzweise getroffenen Regelungen sind öffentlich bekannt zu machen.
7. Art. 27 Abs. 3
Auf den Vorbereitungsdienst können auch ohne Antrag bis zu sechs Monate angerechnet werden, in denen die Anwärterin oder der Anwärter mit Aufgaben zur Bewältigung der durch den Virus SARS-CoV 2 ausgelösten Pandemie betraut wird.
8. Art. 37 Abs. 2 Satz 1 Nr. 3, Abs. 3
Auf das Zulassungsverfahren kann verzichtet werden; stehen für die Ausbildungsqualifizierung mehr Bewerbungen zur Verfügung als Ausbildungsplätze, so ist der Leistungsvergleich allein auf Basis der periodischen Beurteilungen durchzuführen.
9. Art. 30, Art. 33
Die abweichenden Regelungen zur Zulassung, Ausbildung und Prüfung finden für die öffentlich-rechtlichen Ausbildungsverhältnisse gemäß der Art. 30 bis 33 entsprechende Anwendung.

[2]Die ersatzweise getroffenen Regelungen müssen die Ziele der ersetzten Bestimmung soweit erfüllen, wie es in der tatsächlichen Situation möglich ist. [3]Zuständig für Entscheidungen nach Satz 1 Nr. 1 bis 9 und Satz 2 ist abwei-

chend von Art. 22 Abs. 6, Abs. 8 Satz 2 die jeweilige oberste Dienstbehörde. [4]Hinsichtlich der Abweichung nach Satz 1 Nr. 6 Teilsatz 2 ist abweichend von Art. 22 Abs. 7 die Geschäftsstelle des Landespersonalausschusses zuständig. [5]Sie unterrichten das Staatsministerium der Finanzen und für Heimat unverzüglich über die getroffenen Entscheidungen.

(2) [1]Soweit aufgrund von Infektionsschutzmaßnahmen zur Bewältigung der durch den Virus SARS-CoV 2 ausgelösten Pandemie die Durchführung von Maßnahmen der modularen Qualifizierung (Art. 20 Abs. 2) unmöglich wird, kann auf diese verzichtet werden, wenn und soweit durch E-Learning oder andere Formen des eigenständigen Wissenserwerbs den steigenden Anforderungen der Ämter ab der nächsthöheren Qualifikationsebene Rechnung getragen werden kann. [2]Die Entscheidung trifft die gemäß Art. 20 Abs. 5 Satz 1 zuständige Behörde.

(3) Soweit in Rechtsverordnungen gemäß Art. 38 Abs. 2 Nr. 2 und 3 weitere Voraussetzungen bestimmt werden, gilt Abs. 1 Satz 1 Nr. 1 bis 4 und Nr. 7 sowie Satz 2 bis 5 entsprechend.

(4) [1]Soweit aufgrund von Infektionsschutzmaßnahmen zur Bewältigung der durch den Virus SARS-CoV 2 ausgelösten Pandemie die Durchführung des Beurteilungsverfahrens die Erfüllung der sonstigen Dienstaufgaben erheblich beeinträchtigen würde, kann der Beurteilungszeitraum (Art. 56 Abs. 1) auf höchstens fünf Jahre verlängert werden. [2]Der Verwendungszeitraum (Art. 56 Abs. 4) und die Fristen des Art. 20 Abs. 4 sowie des Art. 37 Abs. 2 Nr. 2 verlängern sich entsprechend. [3]Die Beurteilungen sind bis zum Vorliegen der nächsten periodischen Beurteilungen Grundlage der Leistungsfeststellung gemäß Art. 62 für die Entscheidungen nach den Art. 30 und 66 BayBesG. [4]Die Entscheidung trifft die für die Durchführung des einheitlichen Beurteilungsverfahrens zuständige Behörde.

Art. 71 Außerkrafttreten. [1]Art. 39 Abs. 3 Satz 5 und Art. 70a treten mit Ablauf des 31. Dezember 2024 außer Kraft. [2]Art. 39 Abs. 3 Satz 6 tritt mit Ablauf des 31. Dezember 2025 außer Kraft.

Anlage 1

(nicht abgedruckt)

Anlage 2

(nicht abgedruckt)

Bayerisches Gesetz über die entschädigungspflichtige Enteignung (BayEG)

(BayRS 2141-1-I)
in der Fassung der Bekanntmachung vom 25. Juli 1978 (GVBl. S. 625),
zuletzt geändert durch Verordnung vom 26. März 2019
(GVBl. S. 98)

INHALTSÜBERSICHT

TEIL I
Allgemeine Vorschriften

Art. 1 Enteignungszweck
Art. 2 Gegenstand der Enteignung
Art. 3 Zulässigkeit der Enteignung
Art. 4 Zulässigkeit der Ersatzlandenteignung
Art. 5 Zulässigkeit der Enteignung für den Ersatz entzogener Rechte
Art. 6 Umfang, Beschränkung und Ausdehnung der Enteignung
Art. 7 Vorarbeiten auf Grundstücken

TEIL II
Entschädigung, Rückenteignung und Härteausgleich

Abschnitt 1
Entschädigung

Art. 8 Entschädigungsgrundsätze
Art. 9 Entschädigungsberechtigter und Entschädigungsverpflichteter
Art. 10 Entschädigung für den Rechtsverlust
Art. 11 Entschädigung für andere Vermögensnachteile
Art. 12 Rechte der Nebenberechtigten
Art. 13 Entschädigung in Geld
Art. 14 Entschädigung in Land
Art. 15 Entschädigung durch Gewährung anderer Rechte

Abschnitt 2
Rückenteignung

Art. 16 Rückenteignung
Art. 17 Entschädigung für die Rückenteignung

Abschnitt 3
Härteausgleich

Art. 18 Härteausgleich

TEIL III
Verfahren

Abschnitt 1
Enteignungsverfahren

Art. 19 Enteignungsbehörde
Art. 20 Enteignungsantrag
Art. 21 Nachweise
Art. 22 Beteiligte
Art. 23 Förmliches Verwaltungsverfahren
Art. 24 Erforschung des Sachverhalts
Art. 25 Wiedereinsetzung in den vorigen Stand
Art. 26 Vorbereitung der mündlichen Verhandlung; Entscheidung ohne mündliche Verhandlung
Art. 27 Verfügungs- und Veränderungssperre
Art. 28 Bindungswirkung
Art. 29 Einigung
Art. 30 Entscheidung der Enteignungsbehörde
Art. 31 Enteignungsbeschluß
Art. 32 Lauf der Verwendungsfrist
Art. 33 Verfahren bei der Entschädigung durch Gewährung anderer Rechte
Art. 34 Ausführungsanordnung
Art. 35 Hinterlegung
Art. 36 Verteilungsverfahren
Art. 37 Aufhebung des Enteignungsbeschlusses
Art. 38 Vollstreckbarer Titel

Abschnitt 2
Vorzeitige Besitzeinweisung
Art. 39 Vorzeitige Besitzeinweisung

Abschnitt 3
Planfeststellung
Art. 40 Planfeststellungsverfahren
Art. 41 Zuständigkeit

Abschnitt 4
Kosten und Aufwendungen der Beteiligten
Art. 42 Kosten
Art. 43 Aufwendungen der Beteiligten

Abschnitt 5
Rechtsbehelfe
Art. 44 Rechtsbehelfe
Art. 45 Verfahren vor den ordentlichen Gerichten
Art. 46 Gerichtlicher Vergleich

TEIL IV
Schlußvorschriften
Art. 47 Grundrechtseinschränkung
Art. 48 Enteignung beweglicher Sachen
Art. 49 Entschädigungsvorschriften in anderen Gesetzen
Art. 50 Ordnungswidrigkeiten
Art. 51 Abwicklung eingeleiteter Verfahren
Art. 52 *(Änderungsbestimmung)*
Art. 53 *(gegenstandslos)*
Art. 54 Inkrafttreten

TEIL I

Allgemeine Vorschriften

Art. 1 Enteignungszweck. (1) [1]Nach diesem Gesetz kann enteignet werden, um Vorhaben zu verwirklichen, die dem Wohl der Allgemeinheit dienen. [2]Unter dieser Voraussetzung kann insbesondere enteignet werden, um
1. Einrichtungen zu schaffen oder zu ändern, die der Gesundheits- oder Wohlfahrtspflege oder der Körperertüchtigung dienen,
2. Einrichtungen zu schaffen oder zu ändern, die Schulen, Hochschulen oder anderen Zwecken der Kultur, Wissenschaft oder Forschung dienen,
3. Einrichtungen zu schaffen oder zu ändern, die der öffentlichen Ver- oder Entsorgung dienen,
4. Transportleitungen zu schaffen oder zu ändern,
5. Einrichtungen zur Aufrechterhaltung der öffentlichen Sicherheit zu schaffen oder zu ändern,
6. Pflichtaufgaben der Bezirke, Landkreise und Gemeinden oder gesetzlich festgelegte Aufgaben von Bund, Land oder sonstigen juristischen Personen des öffentlichen Rechts zu erfüllen.

(2) Nach diesem Gesetz kann ferner enteignet werden, um
1. Vorhaben zu verwirklichen, für die andere Gesetze die Enteignung ausdrücklich zulassen,
2. Grundstücke für eine Entschädigung in Land zu beschaffen oder
3. durch Enteignung entzogene Rechte durch neue Rechte zu ersetzen.

(3) Vorschriften, die Inhalt und Schranken des Eigentums bestimmen, werden durch dieses Gesetz nicht berührt.

Art. 2 Gegenstand der Enteignung. (1) Durch Enteignung können
1. das Eigentum an Grundstücken entzogen oder belastet werden,
2. andere Rechte an Grundstücken entzogen, geändert oder belastet werden (dingliche Rechte),
3. Rechte entzogen werden, die zum Erwerb, zum Besitz oder zur Nutzung von Grundstücken berechtigen oder die den Verpflichteten in der Nutzung von Grundstücken beschränken (persönliche Rechte),
4. soweit es in diesem Gesetz vorgesehen ist, Rechtsverhältnisse begründet werden, die persönliche Rechte gewähren,
5. die Änderung oder Beseitigung vorhandener baulicher Anlagen und Einfriedungen angeordnet werden.

(2) Auf das Zubehör eines Grundstücks und auf Sachen, die nur zu einem vorübergehenden Zweck mit dem Grundstück verbunden oder in ein Gebäude eingefügt sind, darf die Enteignung nur nach Maßgabe des Art. 6 Abs. 4 ausgedehnt werden.

(3) Zur vorübergehenden Benutzung von Grundstücken können Rechtsverhältnisse begründet werden, die persönliche Rechte gewähren.

(4) Die für Grundstücke geltenden Vorschriften dieses Gesetzes sind sinngemäß für Grundstücksteile anzuwenden.

(5) Die für das Eigentum an Grundstücken geltenden Vorschriften sind, soweit dieses Gesetz nichts anderes vorschreibt, sinngemäß für grundstücksgleiche Rechte und Rechte nach dem Wohnungseigentumsgesetz anzuwenden.

(6) Die für die Entziehung oder Belastung des Eigentums an Grundstücken geltenden Vorschriften sind auf die Entziehung, Belastung, Änderung oder Begründung der in Absatz 1 Nrn. 2 bis 4 bezeichneten Rechte sinngemäß anzuwenden.

Art. 3 Zulässigkeit der Enteignung. (1) Die Enteignung ist im einzelnen Fall nur zulässig, wenn das Wohl der Allgemeinheit sie erfordert und der Enteignungszweck auf andere zumutbare Weise, insbesondere aus Grundbesitz des Antragstellers, nicht erreicht werden kann.

(2) Die Enteignung zu den in Art. 1 Abs. 1 und Abs. 2 Nr. 1 bezeichneten Zwecken setzt voraus, daß der Antragsteller
1. sich nachweislich ernsthaft bemüht hat, das Grundstück zu angemessenen Bedingungen freihändig zu erwerben, und
2. glaubhaft macht, das Grundstück werde innerhalb angemessener Frist zu dem vorgesehenen Zweck verwendet werden.

Art. 4 Zulässigkeit der Ersatzlandenteignung. (1) Die Enteignung von Grundstücken zur Entschädigung in Land (Ersatzland) ist nur zulässig, wenn
1. die Entschädigung eines Eigentümers gemäß Art. 14 in Land festzusetzen ist und

2. es dem Enteignungsbegünstigten nicht möglich oder zumutbar ist, geeignetes Ersatzland aus eigenem Grundbesitz bereitzustellen oder freihändig zu angemessenen Bedingungen zu erwerben.

(2) Grundstücke unterliegen nicht der Ersatzlandenteignung, wenn und soweit

1. der Eigentümer oder bei land- oder forstwirtschaftlich oder gewerblich genutzten Grundstücken auch der sonstige Nutzungsberechtigte auf sie mit seiner Berufs- oder Erwerbstätigkeit angewiesen und ihm im Interesse der Erhaltung der Wirtschaftlichkeit seines Betriebs die Abgabe nicht zuzumuten ist,
2. die Grundstücke oder ihre Erträge unmittelbar öffentlichen oder sonstigen in Art. 1 Abs. 1 und Abs. 2 Nr. 1 aufgeführten Zwecken dienen oder zu dienen bestimmt sind oder
3. die Grundstücke mit einem eigengenutzten Eigenheim oder einer eigengenutzten Kleinsiedlung bebaut sind.

(3) Im Außenbereich unterliegen Grundstücke der Ersatzlandenteignung nur, wenn sie land- oder forstwirtschaftlich genutzt werden sollen oder einem nach § 35 Abs. 1 des Baugesetzbuchs zulässigen Vorhaben dienen sollen.

(4) Die Enteignung zum Zweck der Entschädigung eines Eigentümers, dessen Grundstück zur Beschaffung von Ersatzland enteignet wird, ist unzulässig.

Art. 5 Zulässigkeit der Enteignung für den Ersatz entzogener Rechte. [1]Die Enteignung zu dem Zweck, durch Enteignung entzogene Rechte durch neue Rechte zu ersetzen, ist nur zulässig, soweit der Ersatz in Teil II vorgesehen ist. [2]Sollen nach Art. 12 Abs. 2 Satz 3 Grundstücke in Anspruch genommen werden, die nicht dem Enteignungsbegünstigten gehören, so gelten Art. 4 Abs. 1 und 2 sinngemäß.

Art. 6 Umfang, Beschränkung und Ausdehnung der Enteignung. (1) [1]Ein Grundstück darf nur in dem Umfang enteignet werden, in dem dies zur Verwirklichung des Enteignungszwecks erforderlich ist. [2]Reicht die Belastung eines Grundstücks mit einem Recht zur Verwirklichung des Enteignungszwecks aus, so ist die Enteignung hierauf zu beschränken.

(2) [1]Soll ein Grundstück mit einem Erbbaurecht belastet werden, so kann der Eigentümer an Stelle der Belastung die Entziehung des Eigentums verlangen. [2]Soll ein Grundstück mit einem anderen Recht belastet werden, so kann der Eigentümer die Entziehung des Eigentums verlangen, wenn durch die Belastung mit dem dinglichen Recht das Grundstück nicht mehr in angemessenem Umfang in der bisherigen oder einer anderen zulässigen Art genutzt werden kann.

(3) Soll ein Grundstück oder ein räumlich oder wirtschaftlich zusammenhängender Grundbesitz nur zu einem Teil enteignet werden, so kann der Eigentümer die Ausdehnung der Enteignung auf das Restgrundstück oder den Restbesitz insoweit verlangen, als diese nicht mehr in angemessenem Umfang in der bisherigen oder einer anderen zulässigen Art genutzt werden können.

(4) Der Eigentümer kann verlangen, daß die Enteignung auf die in Art. 2 Abs. 2 genannten Gegenstände ausgedehnt wird, wenn und soweit er sie infolge der Enteignung nicht mehr wirtschaftlich nutzen oder in anderer Weise angemessen verwerten kann.

(5) [1]Ist zur vorübergehenden Benutzung eines Grundstücks ein Rechtsverhältnis begründet worden (Art. 2 Abs. 3), so kann der Eigentümer die Übernahme des Grundstücks verlangen, wenn die Wiederherstellung zu der bisherigen oder einer anderen zumutbaren zulässigen Nutzung unterbleiben muß, weil der Aufwand dafür wirtschaftlich in keinem vertretbaren Verhältnis zum Wert des Grundstücks stehen würde. [2]Im übrigen gelten die Vorschriften dieses Gesetzes sinngemäß.

(6) [1]Ein Verlangen nach den Absätzen 2 bis 4 ist schriftlich oder zur Niederschrift bei der Enteignungsbehörde bis zum Schluß der mündlichen Verhandlung oder, wenn die mündliche Verhandlung auf Grund eines Verzichts der Beteiligten entfällt, zugleich mit der Verzichtserklärung geltend zu machen. [2]Ein Verlangen nach Absatz 5 ist schriftlich oder zur Niederschrift der Enteignungsbehörde innerhalb von drei Monaten geltend zu machen, nachdem der Enteignungsbegünstigte dem Eigentümer den Abschluß der Benutzung schriftlich angezeigt hat.

Art. 7 Vorarbeiten auf Grundstücken. (1) [1]Die Beauftragten der Enteignungsbehörde sind befugt, schon vor Einreichung des Enteignungsantrags Grundstücke zu betreten, zu vermessen und auf ihnen andere Vorarbeiten vorzunehmen, die notwendig sind, um die Eignung der Grundstücke für Vorhaben, für die enteignet werden kann, beurteilen zu können. [2]Die gleiche Befugnis steht mit Ermächtigung der Enteignungsbehörde dem Träger des Vorhabens und seinen Beauftragten zu. [3]Die Ermächtigung ist zu befristen, sie kann mit Auflagen und Bedingungen versehen und von der Leistung einer Sicherheit in Höhe der nach Absatz 3 zu erwartenden Entschädigung abhängig gemacht werden. [4]Eigentümer und Besitzer haben die in Satz 1 und 2 vorgesehenen Maßnahmen zu dulden. [5]Wohnungen dürfen nur mit Einwilligung des Wohnungsinhabers betreten werden. [6]Satz 5 gilt nicht für Arbeits-, Betriebs- oder Geschäftsräume während der jeweiligen Arbeits-, Geschäfts- oder Aufenthaltszeiten.

(2) [1]Eigentümer und Besitzer sind rechtzeitig vor dem Betreten der Grundstücke schriftlich zu benachrichtigen. [2]Die Benachrichtigung kann auch durch öffentliche Bekanntmachung in ortsüblicher Weise geschehen, wenn die Eigentümer oder Besitzer unbekannt sind oder ihre Ermittlung auf Schwierigkeiten stößt, im Fall des Absatzes 1 Satz 2 jedoch nur mit Zustimmung der Enteignungsbehörde.

(3) [1]Entstehen durch eine Maßnahme nach Absatz 1 dem Eigentümer oder Besitzer unmittelbare Vermögensnachteile, so ist dafür von dem Träger des Vorhabens eine Entschädigung in Geld zu leisten; Art. 8 bis 13 gelten sinngemäß. [2]Kommt eine Einigung über die Entschädigung nicht zustande, so setzt

die Enteignungsbehörde die Entschädigung fest; vor der Entscheidung sind die Beteiligten zu hören.

TEIL II

Entschädigung, Rückenteignung und Härteausgleich

Abschnitt 1

Entschädigung

Art. 8 Entschädigungsgrundsätze. (1) Für die Enteignung ist Entschädigung zu leisten.

(2) Die Entschädigung wird gewährt
1. für den durch die Enteignung eintretenden Rechtsverlust,
2. für andere durch die Enteignung eintretende Vermögensnachteile.

(3) [1]Vermögensvorteile, die dem Entschädigungsberechtigten (Art. 9) infolge der Enteignung entstehen, sind bei der Festsetzung der Entschädigung mindernd zu berücksichtigen. [2]Hat bei der Entstehung eines Vermögensnachteils ein Verschulden des Entschädigungsberechtigten mitgewirkt, so gilt § 254 des Bürgerlichen Gesetzbuchs sinngemäß.

(4) [1]Für die Bemessung der Entschädigung ist der Zustand des Grundstücks in dem Zeitpunkt maßgebend, in dem die Enteignungsbehörde über den Enteignungsantrag entscheidet. [2]In den Fällen der vorzeitigen Besitzeinweisung oder vorzeitigen Besitzüberlassung ist der Zustand in dem Zeitpunkt maßgebend, in dem diese wirksam wird.

Art. 9 Entschädigungsberechtigter und Entschädigungsverpflichteter.
(1) Entschädigung kann verlangen, wer in seinem Recht durch die Enteignung beeinträchtigt wird und dadurch einen Vermögensnachteil erleidet.

(2) [1]Zur Leistung der Entschädigung ist der Enteignungsbegünstigte verpflichtet. [2]Wird Ersatzland enteignet, so ist zur Entschädigung derjenige verpflichtet, der Ersatzland für das zu enteignende Grundstück nach Art. 14 Abs. 1 Nrn. 1 oder 2 bereitstellen müßte, wenn die Voraussetzungen dieser Vorschriften erfüllt wären.

Art. 10 Entschädigung für den Rechtsverlust. (1) [1]Die Entschädigung für den durch die Enteignung eintretenden Rechtsverlust bemißt sich nach dem Verkehrswert des Grundstücks oder sonstigen Gegenstands der Enteignung. [2]Der Verkehrswert wird durch den Preis bestimmt, der in dem Zeitpunkt, auf den sich die Ermittlung bezieht, im gewöhnlichen Geschäftsverkehr nach den Eigenschaften, der sonstigen Beschaffenheit und der Lage des Grundstücks ohne Rücksicht auf ungewöhnliche oder persönliche Verhältnisse zu erzielen wäre.

(2) [1]Maßgebend ist der Verkehrswert in dem Zeitpunkt, in dem die Enteignungsbehörde über die Entschädigung entscheidet. [2]Wenn und soweit eine Entschädigung vor diesem Zeitpunkt geleistet wird, ist der Zeitpunkt der Leistung maßgebend.

(3) Bei der Festsetzung der Entschädigung bleiben unberücksichtigt
1. Wertänderungen, die infolge der bevorstehenden Enteignung eingetreten sind,
2. Werterhöhungen eines Grundstücks, die in der Aussicht auf eine Änderung der zulässigen Nutzung eingetreten sind, wenn die Änderung nicht in absehbarer Zeit zu erwarten ist,
3. Werterhöhungen, die nach dem Zeitpunkt eingetreten sind, in dem der Eigentümer zur Vermeidung der Enteignung ein Kauf- oder Tauschangebot des Antragstellers mit angemessenen Bedingungen (Art. 3 Abs. 2 Nr. 1) hätte annehmen können, es sei denn, daß der Eigentümer Kapital oder Arbeit für sie aufgewendet hat,
4. wertsteigernde Veränderungen, die während einer Veränderungssperre ohne behördliche Anordnung oder ohne Genehmigung der zuständigen Behörde vorgenommen worden sind,
5. Vereinbarungen, wenn sie von üblichen Vereinbarungen auffällig abweichen und Tatsachen die Annahme rechtfertigen, daß sie getroffen worden sind, um eine höhere Entschädigungsleistung zu erlangen.

(4) Es bemißt sich die Entschädigung insbesondere
1. für ein Recht, das zum Besitz oder zur Nutzung von Grundstücken oder zu wiederkehrenden Leistungen aus Grundstücken berechtigt oder das den Verpflichteten in der Nutzung von Grundstücken beschränkt, vorbehaltlich der Nummer 3 nach dem Wert, den das Rechtsverhältnis bis zur rechtlich zulässigen Beendigung für den Berechtigten hatte,
2. für ein Vorkaufsrecht, das infolge der Enteignung nicht ausgeübt werden kann, nach dem Wert, den das Recht für den Berechtigten hatte,
3. für ein mit einem Grundstück verbundenes Recht nach dem Minderwert, den das Grundstück des Berechtigten infolge des Wegfalls oder der Beschränkung des Rechts hat,
4. für die Belastung eines Grundstücks oder Rechts an einem Grundstück mit einem dinglichen Recht nach dem Minderwert, den das Grundstück oder Recht des Entschädigungsberechtigten infolge der Belastung hat; das gleiche gilt für die Begründung eines Rechtsverhältnisses der in Art. 2 Abs. 1 Nr. 4 bezeichneten Art.

(5) Wird der Wert des Eigentums an dem Grundstück durch Rechte Dritter gemindert, die an dem Grundstück aufrechterhalten, an einem anderen Grundstück neu begründet oder gesondert entschädigt werden, so ist das bei der Festsetzung der Entschädigung für den Rechtsverlust zu berücksichtigen.

(6) [1]Für bauliche Anlagen, deren Abbruch jederzeit auf Grund öffentlich-rechtlicher Vorschriften entschädigungslos gefordert werden kann, ist eine Entschädigung nur zu gewähren, wenn es aus Gründen der Billigkeit geboten

ist. [2]Kann der Abbruch entschädigungslos erst nach Ablauf einer Frist gefordert werden, so ist die Entschädigung nach dem Verhältnis der restlichen zu der gesamten Frist zu bemessen.

Art. 11 Entschädigung für andere Vermögensnachteile. (1) [1]Wegen anderer durch die Enteignung eintretender Vermögensnachteile ist eine Entschädigung nur zu gewähren, wenn und soweit diese Vermögensnachteile nicht bei der Bemessung der Entschädigung für den Rechtsverlust berücksichtigt sind. [2]Die Entschädigung ist unter gerechter Abwägung der Interessen der Allgemeinheit und der Beteiligten festzusetzen, insbesondere für

1. den vorübergehenden oder dauernden Verlust, den der bisherige Eigentümer in seiner Berufstätigkeit, seiner Erwerbstätigkeit oder in Erfüllung der ihm wesensgemäß obliegenden Aufgaben erleidet, jedoch nur bis zu dem Betrag des Aufwands, der erforderlich ist, um ein anderes Grundstück in der gleichen Weise wie das zu enteignende Grundstück zu nutzen,
2. die Wertminderung, die durch die Enteignung eines Grundstücksteils oder eines Teils eines räumlich oder wirtschaftlich zusammenhängenden Grundbesitzes bei dem anderen Teil oder durch Enteignung des Rechts an einem Grundstück bei einem anderen Grundstück entsteht, soweit die Wertminderung nicht schon bei der Festsetzung der Entschädigung nach Nummer 1 berücksichtigt ist,
3. die notwendigen Aufwendungen für einen durch die Enteignung erforderlich werdenden Umzug.

(2) Im Fall des Absatzes 1 Satz 2 Nr. 2 ist Art. 10 Abs. 3 Nr. 3 anzuwenden.

Art. 12 Rechte der Nebenberechtigten. (1) Dingliche und persönliche Rechte, die zum Besitz oder zur Nutzung des Grundstücks berechtigen oder den Verpflichteten in der Benutzung des Grundstücks beschränken, können aufrechterhalten werden, soweit das mit dem Enteignungszweck vereinbar ist.

(2) [1]Als Ersatz für ein in Absatz 1 bezeichnetes dingliches Recht, das nicht aufrechterhalten wird, kann auf Antrag des Rechtsinhabers das Ersatzland oder ein anderes Grundstück des Enteignungsbegünstigten mit einem gleichen Recht belastet werden. [2]Als Ersatz für ein in Absatz 1 bezeichnetes persönliches Recht, das nicht aufrechterhalten wird, kann auf Antrag des Rechtsinhabers ein Rechtsverhältnis begründet werden, das ein Recht gleicher Art in bezug auf das Ersatzland oder auf ein anderes Grundstück des Enteignungsbegünstigten gewährt. [3]Als Ersatz für dingliche oder persönliche Rechte eines öffentlichen Verkehrsunternehmens, eines Trägers der öffentlichen Versorgung mit Elektrizität, Gas, Wärme oder Wasser oder eines Trägers der öffentlichen Verwertung oder Beseitigung von Abwässern, die auf die Rechte zur Erfüllung ihrer wesensgemäßen Aufgaben angewiesen sind, sind auf ihren Antrag Rechte gleicher Art zu begründen; soweit dazu Grundstücke des Enteignungsbegünstigten nicht geeignet sind, können zu diesem Zweck auch andere Grundstücke in Anspruch genommen werden. [4]Anträge müssen vor Beginn der mündlichen Verhandlung schriftlich oder zur Niederschrift der Enteig-

nungsbehörde oder, wenn die mündliche Verhandlung auf Grund eines Verzichts der Beteiligten entfällt, zugleich mit der Verzichtserklärung gestellt werden.

(3) Soweit Rechte nicht aufrechterhalten oder nicht durch neue Rechte ersetzt werden, sind bei der Enteignung eines Grundstücks gesondert zu entschädigen

1. Erbbauberechtigte, Altenteilsberechtigte und Inhaber von Dienstbarkeiten und Erwerbsrechten an dem Grundstück,
2. Inhaber von persönlichen Rechten, die zum Besitz oder zur Nutzung des Grundstücks berechtigen, wenn der Berechtigte im Besitz des Grundstücks ist,
3. Inhaber von persönlichen Rechten, die zum Erwerb des Grundstücks berechtigen oder den Verpflichteten in der Nutzung des Grundstücks beschränken.

(4) [1]Berechtigte, deren Rechte nicht aufrechterhalten, nicht durch neue Rechte ersetzt und nicht gesondert entschädigt werden, haben bei der Enteignung eines Grundstücks Anspruch auf Ersatz des Werts ihres Rechts aus der Geldentschädigung für das Eigentum an dem Grundstück, soweit sich ihr Recht auf dieses erstreckt. [2]Das gilt entsprechend für die Geldentschädigungen, die für den durch die Enteignung eintretenden Rechtsverlust in anderen Fällen oder nach Art. 11 Abs. 1 Satz 2 Nr. 2 festgesetzt werden.

Art. 13 Entschädigung in Geld. (1) Die Entschädigung ist in einem einmaligen Betrag zu leisten, soweit dieses Gesetz nichts anderes bestimmt.

(2) Einmalige Entschädigungsbeträge sind bis zur Auszahlung mit zwei v.H. über dem Basiszinssatz nach § 247 des Bürgerlichen Gesetzbuchs jährlich von dem Zeitpunkt an zu verzinsen, in dem die Nutzungsmöglichkeit dem von der Enteignung Betroffenen entzogen oder er in ihr beschränkt wird.

(3) Für die Belastung eines Grundstücks mit einem Erbbaurecht ist die Entschädigung in einem Erbbauzins zu leisten.

(4) Auf Antrag des Eigentümers ist die Entschädigung in wiederkehrenden Leistungen festzusetzen, wenn das den übrigen Beteiligten zuzumuten ist und die Entschädigung in einem einmaligen Geldbetrag für den Eigentümer eine unzumutbare Härte darstellen würde.

Art. 14 Entschädigung in Land. (1) Die Entschädigung ist auf Antrag des Eigentümers in geeignetem Ersatzland festzusetzen, wenn dieser zur Sicherung seiner Berufstätigkeit, seiner Erwerbstätigkeit oder zur Erfüllung seiner ihm wesensgemäß obliegenden Aufgaben auf Ersatzland angewiesen ist und

1. der Enteignungsbegünstigte über geeignetes Ersatzland verfügt, auf das er nicht mit seiner Berufstätigkeit, seiner Erwerbstätigkeit oder zur Erfüllung der ihm wesensgemäß obliegenden Aufgaben angewiesen ist, oder
2. der Enteignungsbegünstigte geeignetes Ersatzland nach pflichtgemäßem Ermessen der Enteignungsbehörde freihändig zu angemessenen Bedingungen beschaffen kann oder

3. geeignetes Ersatzland durch Enteignung nach Art. 4 beschafft werden kann.

(2) [1]Unter den Voraussetzungen der Nummern 1 bis 3 des Absatzes 1 ist die Entschädigung auf Antrag des Eigentümers auch dann in geeignetem Ersatzland festzusetzen, wenn ein Grundstück enteignet werden soll, das mit einem eigengenutzten Eigenheim oder einer eigengenutzten Kleinsiedlung bebaut ist. [2]Das gilt nicht, wenn nach öffentlich-rechtlichen Vorschriften der Abbruch des Gebäudes jederzeit entschädigungslos gefordert werden kann.

(3) Die Entschädigung kann auf Antrag des Eigentümers oder des Enteignungsbegünstigten ganz oder teilweise in Ersatzland festgesetzt werden, wenn diese Art der Entschädigung nach pflichtgemäßem Ermessen der Enteignungsbehörde unter gerechter Abwägung der Interessen der Allgemeinheit und der Beteiligten billig ist und bei dem Enteignungsbegünstigten die in Absatz 1 Nrn. 1 oder 2 genannten Voraussetzungen vorliegen.

(4) [1]Für die Bewertung des Ersatzlandes gilt Art. 10 entsprechend. [2]Hierbei ist eine Werterhöhung zu berücksichtigen, die das übrige Grundvermögen des von der Enteignung Betroffenen durch den Erwerb des Ersatzlandes über dessen Wert nach Satz 1 hinaus erfährt. [3]Hat das Ersatzland einen geringeren Wert als das zu enteignende Grundstück, so ist eine dem Wertunterschied entsprechende zusätzliche Geldentschädigung festzusetzen. [4]Hat das Ersatzland einen höheren Wert als das zu enteignende Grundstück, so ist festzusetzen, daß der Entschädigungsberechtigte an den durch die Enteignung Begünstigten eine dem Wertunterschied entsprechende Ausgleichszahlung zu leisten hat. [5]Die Ausgleichszahlung wird mit dem nach Art. 34 Abs. 6 Satz 1 in der Ausführungsanordnung festgesetzten Tag fällig.

(5) [1]Wird die Entschädigung in Land festgesetzt, so sollen dingliche oder persönliche Rechte, soweit sie nicht an dem zu enteignenden Grundstück aufrechterhalten werden, auf Antrag des Rechtsinhabers ganz oder teilweise nach Maßgabe des Art. 12 Abs. 2 ersetzt werden. [2]Soweit das nicht möglich ist oder nicht ausreicht, sind die Inhaber der Rechte gesondert in Geld zu entschädigen; das gilt für die in Art. 12 Abs. 4 bezeichneten Berechtigten nur, soweit ihre Rechte nicht durch eine dem Eigentümer gemäß Absatz 4 zu gewährende zusätzliche Geldentschädigung gedeckt werden.

(6) Statt in Ersatzland kann die Entschädigung in grundstücksgleichen Rechten oder Rechten nach dem Wohnungseigentumsgesetz festgesetzt werden, soweit diese Rechte in gleichem Maß die Berufs- oder Erwerbstätigkeit des Berechtigten oder die Erfüllung der ihm wesensgemäß obliegenden Aufgaben ermöglichen; wer die Entschädigung in solchen Rechten ablehnt, ist mit Geld abzufinden; Art. 15 bleibt unberührt.

(7) Anträge nach den Absätzen 1, 2, 3 und 5 sind schriftlich oder zur Niederschrift der Enteignungsbehörde zu stellen, und zwar in den Fällen der Absätze 1 bis 3 nur vor Beginn und im Fall des Absatzes 5 nur bis zum Schluß der mündlichen Verhandlung oder, wenn die mündliche Verhandlung auf

Grund eines Verzichts der Beteiligten entfällt, zugleich mit der Verzichtserklärung.

(8) [1]Hat der Eigentümer nach Absatz 1 oder 2 einen Anspruch auf Entschädigung in Ersatzland und beschafft er sich mit Zustimmung des Enteignungsbegünstigten außerhalb des Enteignungsverfahrens Ersatzland oder die in Absatz 6 bezeichneten Rechte, so hat er gegen den Enteignungsbegünstigten einen Anspruch auf Erstattung der erforderlichen Aufwendungen. [2]Der Enteignungsbegünstigte ist nur insoweit zur Erstattung verpflichtet, als er selbst Aufwendungen erspart. [3]Kommt eine Einigung über die Erstattung nicht zustande, so entscheidet die Enteignungsbehörde auf Antrag des Eigentümers im Enteignungsbeschluß oder in einem gesonderten Beschluß.

Art. 15 Entschädigung durch Gewährung anderer Rechte. (1) [1]Soweit es unter Abwägung der Belange der Beteiligten billig ist, kann die Entschädigung auf Antrag des Eigentümers ganz oder teilweise in Miteigentum, grundstücksgleichen Rechten, Rechten nach dem Wohnungseigentumsgesetz oder sonstigen dinglichen Rechten an diesem oder einem anderen Grundstück des Enteignungsbegünstigten festgesetzt werden. [2]Bei Wertunterschieden zwischen den Rechten nach Satz 1 und dem zu enteignenden Grundstück gilt Art. 14 Abs. 4 entsprechend.

(2) Der Antrag nach Absatz 1 ist bis zum Schluß der mündlichen Verhandlung schriftlich oder zur Niederschrift der Enteignungsbehörde oder, wenn die mündliche Verhandlung auf Grund eines Verzichts der Beteiligten entfällt, zugleich mit der Verzichtserklärung zu stellen.

Abschnitt 2

Rückenteignung

Art. 16 Rückenteignung. (1) Der enteignete frühere Eigentümer kann verlangen, daß das enteignete Grundstück zu seinen Gunsten wieder enteignet wird (Rückenteignung), wenn und soweit der Enteignungsbegünstigte oder sein Rechtsnachfolger das Grundstück nicht innerhalb der festgesetzten Fristen (Art. 31 Abs. 1 Nr. 3, Art. 32) zu dem Enteignungszweck verwendet oder den Enteignungszweck vor Ablauf der Frist aufgegeben hat.

(2) Die Rückenteignung kann nicht verlangt werden, wenn

1. der Enteignete selbst das Grundstück im Weg der Enteignung erworben hatte,
2. ein Verfahren zur Enteignung des Grundstücks zugunsten eines anderen eingeleitet worden ist und der enteignete frühere Eigentümer nicht glaubhaft macht, daß er das Grundstück binnen angemessener Frist zu dem vorgesehenen Zweck verwenden wird,
3. mit der zweckgerechten Verwendung begonnen worden ist oder
4. seit Unanfechtbarkeit des Enteignungsbeschlusses 20 Jahre verstrichen sind.

(3) [1]Der Antrag auf Rückenteignung ist spätestens zwei Jahre nach Ablauf der Verwendungsfrist bei der Enteignungsbehörde einzureichen. [2]§§ 206 und 209 des Bürgerlichen Gesetzbuchs gelten entsprechend.

(4) Die Enteignungsbehörde kann die Rückenteignung ablehnen, wenn das Grundstück erheblich verändert oder ganz oder überwiegend Entschädigung in Land gewährt worden ist.

(5) [1]Der frühere Inhaber eines Rechts, das durch Enteignung nach den Vorschriften dieses Gesetzes aufgehoben ist, kann unter den Voraussetzungen des Absatzes 1 verlangen, daß ein gleiches Recht an dem früher belasteten Grundstück zu seinen Gunsten durch Enteignung wieder begründet wird. [2]Ist durch Enteignung das Eigentum an einem Grundstück oder ein Recht an einem Grundstück belastet oder ein Rechtsverhältnis nach Art. 2 Abs. 1 Nr. 4 begründet worden, so kann unter den Voraussetzungen des Absatzes 1 der Eigentümer des Grundstücks oder Inhaber des Rechts oder der aus dem Rechtsverhältnis Verpflichtete die Aufhebung der Belastung oder des Rechtsverhältnisses verlangen. [3]Die Vorschriften über die Rückenteignung gelten sinngemäß.

(6) Für das Verfahren gelten die Vorschriften des Dritten Teils sinngemäß.

Art. 17 Entschädigung für die Rückenteignung. [1]Wird dem Antrag auf Rückenteignung stattgegeben, so hat der Antragsteller dem von der Rückenteignung Betroffenen Entschädigung für den Rechtsverlust zu leisten. [2]Art. 8 Abs. 2 Nr. 2 ist nicht anzuwenden. [3]Die dem Eigentümer zu gewährende Entschädigung darf den bei der ersten Enteignung zugrundegelegten Verkehrswert des Grundstücks nicht übersteigen, jedoch sind Aufwendungen zu berücksichtigen, die zu einer Werterhöhung des Grundstücks geführt haben. [4]Ist dem Antragsteller bei der ersten Enteignung eine Entschädigung für andere Vermögensnachteile gewährt worden, so hat er diese Entschädigung insoweit zurückzugewähren, als die Nachteile auf Grund der Rückenteignung entfallen. [5]Im übrigen gelten die Vorschriften dieses Gesetzes über die Entschädigung sinngemäß.

Abschnitt 3
Härteausgleich

Art. 18 Härteausgleich. (1) [1]Entstehen einem Mieter, Pächter oder sonstigen Nutzungsberechtigten, dessen Vertragsverhältnis oder Nutzungsverhältnis durch eine Enteignung auf Grund dieses Gesetzes oder auf Veranlassung des Trägers des Vorhabens durch Kündigung oder Vereinbarung beendet wird, wirtschaftliche Nachteile, die für ihn in seinen persönlichen Lebensumständen, im wirtschaftlichen oder sozialen Bereich eine besondere Härte bedeuten und für die eine Entschädigung nach diesem Gesetz nicht zu leisten ist und die auch nicht durch sonstige Maßnahmen ausgeglichen werden, kann die Enteignungsbehörde auf Antrag einen Geldausgleich festsetzen, soweit es der Billigkeit entspricht (Härteausgleich). [2]Zur Leistung des Härteausgleichs ist der Trä-

ger des Vorhabens verpflichtet. [3]Als Härteausgleich kommt auch die Gewährung eines zinsgünstigen Darlehens oder einer Zinsverbilligung für ein Darlehen in Betracht.

(2) Ein Härteausgleich wird nicht gewährt, soweit der Antragsteller es unterlassen hat oder unterläßt, den wirtschaftlichen Nachteil durch zumutbare Maßnahmen, insbesondere unter Einsatz eigener oder fremder Mittel abzuwenden.

(3) Der Antrag auf Härteausgleich ist innerhalb eines Jahres nach Beendigung des Vertragsverhältnisses zu stellen.

TEIL III

Verfahren

Abschnitt 1

Enteignungsverfahren

Art. 19 Enteignungsbehörde. (1) Die Enteignung wird von der Kreisverwaltungsbehörde durchgeführt (Enteignungsbehörde).

(2) Sind mehrere Kreisverwaltungsbehörden für ein Vorhaben zuständig und ist es zweckmäßig, das Verfahren einheitlich durchzuführen, so bestimmt die gemeinsame nächsthöhere Stelle die zuständige Kreisverwaltungsbehörde.

(3) Die Staatsregierung wird ermächtigt, durch Rechtsverordnung die zuständigen Behörden für die Festsetzung der Entschädigung für Beeinträchtigungen des Außenwohnbereichs (§ 9 Abs. 5 bis 7 des Gesetzes zum Schutz gegen Fluglärm) zu bestimmen.

Art. 20 Enteignungsantrag. (1) Der Enteignungsantrag ist bei der Enteignungsbehörde zu stellen.

(2) [1]Der Antragsteller hat mit dem Enteignungsantrag die für die Beurteilung des Vorhabens und die Bearbeitung des Enteignungsantrags erforderlichen Unterlagen einzureichen. [2]Er muß insbesondere die zu enteignenden Gegenstände, soweit erforderlich unter Vorlage von Grundbuch- oder Katasterauszügen und Lageplänen, bezeichnen und er soll die Beteiligten nach Namen und Anschrift angeben.

Art. 21 Nachweise. (1) Die Enteignungsbehörde kann jederzeit die Durchführung des Verfahrens davon abhängig machen, daß

1. die Mittel für die Verwirklichung des Vorhabens nachgewiesen werden,
2. Sicherheit bis zur Höhe der voraussichtlichen Enteignungsentschädigung geleistet wird,
3. ein für das Vorhaben erforderlicher Planfeststellungsbeschluß oder sonst erforderliche Genehmigungen, Bewilligungen, Erlaubnisse oder Zustimmungen beigebracht werden.

(2) Von juristischen Personen des öffentlichen Rechts kann Sicherheitsleistung nur verlangt werden, wenn begründete Zweifel an ihrer Leistungsfähigkeit bestehen.

Art. 22 Beteiligte. (1) In dem Enteignungsverfahren sind Beteiligte
1. der Enteignungsbegünstigte,
2. der Eigentümer und diejenigen, für welche ein Recht an dem von der Enteignung betroffenen Grundstück oder an einem das Grundstück belastenden Recht im Grundbuch eingetragen oder durch Eintragung gesichert ist oder für welche ein Wasserrecht oder eine wasserrechtliche Befugnis im Wasserbuch eingetragen ist,
3. Inhaber eines nicht im Grundbuch oder Wasserbuch eingetragenen Rechts an dem Grundstück oder an einem das Grundstück belastenden Recht, eines Anspruchs mit dem Recht auf Befriedigung aus dem Grundstück oder eines persönlichen Rechts, das zum Erwerb, zum Besitz oder zur Nutzung des Grundstücks berechtigt oder die Benutzung des Grundstücks beschränkt,
4. wenn Ersatzland im Weg der Enteignung bereitgestellt werden soll, der Eigentümer und die Inhaber der in den Nummern 2 und 3 genannten Rechte hinsichtlich des Ersatzlandes,
5. die Eigentümer der Grundstücke, die durch eine Enteignung nach Art. 5 betroffen werden.

(2) [1]Die in Absatz 1 Nr. 3 bezeichneten Personen werden in dem Zeitpunkt Beteiligte, in dem die Anmeldung ihres Rechts der Enteignungsbehörde zugeht. [2]Die Anmeldung kann spätestens in der letzten mündlichen Verhandlung mit den Beteiligten erfolgen.

(3) [1]Bestehen Zweifel an einem angemeldeten Recht, so hat die Enteignungsbehörde dem Anmeldenden unverzüglich eine Frist zur Glaubhaftmachung seines Rechts zu setzen. [2]Nach fruchtlosem Ablauf der Frist ist er bis zur Glaubhaftmachung seines Rechts nicht mehr zu beteiligen.

(4) Der im Grundbuch eingetragene Gläubiger einer Hypothek, Grundschuld oder Rentenschuld, für die ein Brief erteilt ist, und jeder seiner Rechtsnachfolger hat auf Verlangen der Enteignungsbehörde eine Erklärung darüber abzugeben, ob ein anderer die Hypothek, Grundschuld oder Rentenschuld oder ein Recht daran erworben hat; die Person eines Erwerbers hat er dabei zu bezeichnen.

Art. 23 Förmliches Verwaltungsverfahren. [1]Das Enteignungsverfahren wird als förmliches Verwaltungsverfahren nach dem Bayerischen Verwaltungsverfahrensgesetz (BayVwVfG) durchgeführt, soweit sich aus diesem Gesetz nichts Abweichendes ergibt. [2]Im Enteignungsverfahren und soweit in diesem Gesetz Schriftform angeordnet ist, findet Art. 3a des Bayerischen Verwaltungsverfahrensgesetzes keine Anwendung.

Art. 24 Erforschung des Sachverhalts. (1) Die Enteignungsbehörde kann im Rahmen der Ermittlung des Sachverhalts anordnen, daß

1. Beteiligte persönlich erscheinen oder einen Vertreter entsenden, der zur Abgabe der erforderlichen Erklärungen ermächtigt ist,
2. Beteiligte Urkunden und sonstige Unterlagen vorlegen, die sich in ihrem Besitz befinden,
3. Hypotheken-, Grundschuld- und Rentenschuldgläubiger die in ihrem Besitz befindlichen Hypotheken-, Grundschuld- und Rentenschuldbriefe vorlegen.

(2) [1]Die Enteignungsbehörde kann den Zustand des Grundstücks im Rahmen der Vorarbeiten oder vor dem Wirksamwerden der vorzeitigen Besitzeinweisung oder sonstiger mit dem Vorhaben zusammenhängender Maßnahmen in einer Niederschrift feststellen lassen, soweit er für die zu leistende Entschädigung von Bedeutung ist. [2]Die Enteignungsbehörde soll den Zustand des Grundstücks nach Satz 1 feststellen lassen, wenn es der Eigentümer verlangt. [3]Die Niederschrift ist dem Träger des Vorhabens und dem Eigentümer zuzusenden; die Beteiligten können die Niederschrift jederzeit einsehen.

Art. 25 Wiedereinsetzung in den vorigen Stand. [1]Die Behörde kann nach Wiedereinsetzung in den vorigen Stand an Stelle einer Entscheidung, die den durch das bisherige Verfahren herbeigeführten neuen Rechtszustand ändern würde, eine Entschädigung festsetzen. [2]Art. 8 bis 13 gelten sinngemäß.

Art. 26 Vorbereitung der mündlichen Verhandlung; Entscheidung ohne mündliche Verhandlung. (1) [1]Das Enteignungsverfahren soll beschleunigt durchgeführt werden. [2]Die Enteignungsbehörde soll schon vor der mündlichen Verhandlung alle Anordnungen treffen, die erforderlich sind, um das Verfahren möglichst in einem Verhandlungstermin zu erledigen. [3]Sie soll den Beteiligten und den Behörden und Stellen, die Träger öffentlicher Belange sind und deren Aufgabenbereich berührt wird, Gelegenheit zur Äußerung geben.

(2) [1]Enteignungsverfahren können miteinander verbunden werden. [2]Verbundene Enteignungsverfahren können wieder getrennt werden.

(3) [1]Die Enteignungsbehörde entscheidet nach mündlicher Verhandlung mit den Beteiligten. [2]Zur mündlichen Verhandlung lädt sie die ihr bekannten Beteiligten; die Gemeinde, in deren Gebiet sich der Enteignungsgegenstand befindet, kann geladen werden. [3]Die Ladung ist zuzustellen. [4]Die Ladungsfrist beträgt zwei Wochen. [5]Die Sachverständigen, die Gutachten für die Enteignungsbehörde erstattet haben, sollen beigezogen werden. [6]Art. 67 Abs. 1 Sätze 4 bis 6 BayVwVfG bleiben unberührt.

(4) Die Enteignungsbehörde kann neben den Fällen des Art. 67 Abs. 2 BayVwVfG ohne mündliche Verhandlung entscheiden, wenn die Enteignung offensichtlich unzulässig ist.

(5) [1]Die Ladung muß enthalten
1. die Bezeichnung des Antragstellers und des Enteignungsgegenstands,
2. den wesentlichen Inhalt des Enteignungsantrags mit dem Hinweis, daß der Antrag mit den ihm beigefügten Unterlagen bei der Enteignungsbehörde oder einer von ihr bestimmten Stelle eingesehen werden kann,

3. die Aufforderung, etwaige Einwendungen gegen den Enteignungsantrag möglichst vor der mündlichen Verhandlung bei der Enteignungsbehörde schriftlich einzureichen oder zur Niederschrift zu erklären und etwaige Rechte spätestens in der mündlichen Verhandlung wahrzunehmen, und
4. den Hinweis, daß auch bei Nichterscheinen über den Enteignungsantrag und andere im Verfahren zu erledigende Anträge entschieden werden kann.

[2]Sie soll einen Hinweis auf die Verfügungs- und Veränderungssperre (Art. 27) und ein etwaiges Planfeststellungsverfahren enthalten.

(6) Die Ladung von Personen, deren Beteiligung auf einem Antrag auf Entschädigung in Land beruht, muß außer dem in Absatz 5 vorgeschriebenen Inhalt auch die Bezeichnung des Eigentümers, dessen Entschädigung in Land beantragt ist, und des Grundstücks, für das die Entschädigung in Land gewährt werden soll, enthalten.

(7) [1]Das Enteignungsverfahren ist mindestens zwei Wochen vor dem ersten Termin der mündlichen Verhandlung in ortsüblicher Weise in der Gemeinde, in deren Gebiet sich der Enteignungsgegenstand befindet, öffentlich bekanntzumachen; das gilt nicht im Fall des Absatzes 4. [2]Für den Inhalt der Bekanntmachung gilt Absatz 5 sinngemäß; der erste Termin der mündlichen Verhandlung ist anzugeben.

(8) Soweit in anderen Gesetzen eine gesonderte Entscheidung über die Zulässigkeit der Enteignung durch eine andere Stelle als die Enteignungsbehörde vorgeschrieben ist, darf erst geladen und öffentlich bekanntgemacht werden, wenn diese Entscheidung getroffen ist.

(9) Ist im Grundbuch die Anordnung der Zwangsversteigerung oder Zwangsverwaltung eingetragen, so gibt die Enteignungsbehörde dem Vollstreckungsgericht von der Bekanntmachung über das Enteignungsverfahren Kenntnis, soweit dieses das Grundstück betrifft, das Gegenstand des Vollstreckungsverfahrens ist.

Art. 27 Verfügungs- und Veränderungssperre. (1) Von der Bekanntmachung über das Enteignungsverfahren (Art. 26 Abs. 7) an oder vom Beginn der Auslegung der Pläne im Planfeststellungsverfahren nach Art. 40, 41 an dürfen nur mit schriftlicher Genehmigung der Enteignungsbehörde

1. Verfügungen über ein Grundstück und über Rechte an einem Grundstück getroffen oder Vereinbarungen abgeschlossen werden, durch die einem anderen ein Recht zur Nutzung oder Bebauung eines Grundstücks oder Grundstücksteils eingeräumt wird,
2. erhebliche Veränderungen der Erdoberfläche oder wesentlich wertsteigernde sonstige Veränderungen des Grundstücks vorgenommen werden,
3. nicht genehmigungspflichtige, aber wertsteigernde bauliche Anlagen errichtet oder wertsteigernde Änderungen solcher Anlagen vorgenommen werden,
4. genehmigungspflichtige bauliche Anlagen errichtet oder geändert werden.

(2) [1]Sind Verfügungen oder Änderungen der in Absatz 1 bezeichneten Art vor der Bekanntmachung zu befürchten, so kann die Enteignungsbehörde die Sperre nach Absatz 1 bereits ab dem Eingang des Enteignungsantrags (Art. 20 Abs. 1) anordnen. [2]Die Anordnung ist in ortsüblicher Weise in der Gemeinde, in deren Gebiet sich der Enteignungsgegenstand befindet, öffentlich bekanntzumachen.

(3) Veränderungen, die in rechtlich zulässiger Weise vorher begonnen worden sind, Unterhaltungsarbeiten und die Fortführung einer bisher ausgeübten Nutzung werden hiervon nicht berührt.

(4) [1]Die Enteignungsbehörde ersucht das Grundbuchamt, die Verfügungs- und Veränderungssperre im Grundbuch einzutragen. [2]Das Grundbuchamt benachrichtigt die Enteignungsbehörde von allen Eintragungen, die nach dem Wirksamwerden der Sperre vorgenommen werden.

(5) [1]Vor Entscheidung über die Genehmigung ist der Antragsteller zu hören. [2]Die Genehmigung darf nur versagt werden, wenn Grund zu der Annahme besteht, daß das Vorhaben die Enteignung unmöglich machen oder wesentlich erschweren oder den Enteignungszweck gefährden würde. [3]Die Enteignung wird auch dann wesentlich erschwert, wenn bei der Veräußerung eines Grundstücks und bei der Bestellung oder Veräußerung eines Erbbaurechts der vereinbarte Gegenwert für das Grundstück oder das Recht über dem Wert liegt, der sich in Anwendung der Entschädigungsgrundsätze dieses Gesetzes ergibt.

(6) [1]Wird dem Enteignungsantrag stattgegeben, so kann der Enteignungsbegünstigte verlangen, daß für ihn nachteilige, nicht nach Absatz 1 genehmigte Veränderungen beseitigt oder in Geld ausgeglichen werden. [2]Die Entscheidung trifft die Enteignungsbehörde.

(7) [1]Dauert die Sperre länger als vier Jahre, so ist den Betroffenen für danach entstandene Vermögensnachteile auf Grund der Sperre eine angemessene Entschädigung in Geld zu leisten. [2]Art. 8 bis 13 gelten singgemäß. [3]Die Enteignungsbehörde setzt die Entschädigung auf Antrag des Betroffenen im Enteignungsbeschluß oder in einem gesonderten Beschluß fest.

Art. 28 Bindungswirkung. [1]Ist in einem Planfeststellungsverfahren oder in einem anderen förmlichen Verfahren eine für die Beteiligten verbindliche Entscheidung über die Zulässigkeit und die Art der Verwirklichung des Vorhabens getroffen worden, so ist die unanfechtbare oder für sofort vollziehbar erklärte Entscheidung dem Enteignungsverfahren zugrundezulegen und für die Enteignungsbehörde bindend. [2]Gegen Enteignungsmaßnahmen können keine Einwendungen erhoben werden, über die in diesem Verfahren der Sache nach entschieden worden ist oder die in diesem Verfahren nicht mehr erhoben werden können.

Art. 29 Einigung. (1) Die Enteignungsbehörde hat auf eine Einigung zwischen den Beteiligten hinzuwirken.

(2) [1]Einigen sich die Beteiligten außerhalb des Enteignungsverfahrens über den Übergang oder die Belastung des Enteignungsgegenstands, jedoch nicht über die Höhe der Entschädigung, so wird auf Antrag eines Beteiligten das Enteignungsverfahren zur Festsetzung der Entschädigung durchgeführt. [2]Für das Verfahren gelten die Vorschriften dieses Abschnitts mit Ausnahme der Vorschriften, die sich auf den Übergang oder die Belastung des Enteignungsgegenstands beziehen. [3]Die Enteignungsbehörde kann von der öffentlichen Bekanntmachung (Art. 26 Abs. 7) absehen.

(3) [1]Einigen sich die Beteiligten im Enteignungsverfahren, so hat die Enteignungsbehörde eine Niederschrift über die Einigung aufzunehmen. [2]Die Niederschrift muß den Erfordernissen des Art. 31 Abs. 1 entsprechen. [3]Sie ist von den Beteiligten zu unterschreiben. [4]Ein Bevollmächtigter eines Beteiligten bedarf einer öffentlich oder amtlich beglaubigten Vollmacht; für einen Rechtsanwalt genügt eine schriftliche Vollmacht. [5]Die beurkundete Einigung steht einem nicht mehr anfechtbaren Enteignungsbeschluß gleich. [6]Art. 31 Abs. 3 ist entsprechend anzuwenden.

(4) [1]Einigen sich die Beteiligten im Enteignungsverfahren nur über den Übergang oder die Belastung des Enteignungsgegenstands, jedoch nicht über die Höhe der Entschädigung, so ist Absatz 3 entsprechend anzuwenden. [2]Die Enteignungsbehörde hat anzuordnen, daß dem Berechtigten eine Vorauszahlung in Höhe der zu erwartenden Entschädigung zu leisten ist, soweit sich aus der Einigung nichts anderes ergibt. [3]Im übrigen wird das Enteignungsverfahren fortgesetzt; Absatz 2 ist entsprechend anzuwenden.

Art. 30 Entscheidung der Enteignungsbehörde. (1) Soweit eine Einigung nicht zustandekommt, entscheidet die Enteignungsbehörde durch Beschluß über den Enteignungsantrag und die übrigen Anträge.

(2) [1]Auf Antrag hat die Enteignungsbehörde vorab über den Übergang oder die Belastung des Enteignungsgegenstands oder über sonstige durch die Enteignung zu bewirkende Rechtsänderungen zu entscheiden. [2]In diesem Fall hat die Enteignungsbehörde anzuordnen, daß dem Berechtigten eine Vorauszahlung in Höhe der zu erwartenden Entschädigung zu leisten ist.

(3) Gibt die Enteignungsbehörde dem Enteignungsantrag statt, so entscheidet sie zugleich

1. darüber, welche Rechte der in Art. 12 bezeichneten Berechtigten an dem Gegenstand der Enteignung aufrechterhalten bleiben,
2. darüber, mit welchen Rechten der Gegenstand der Enteignung, das Ersatzland oder ein anderes Grundstück belastet wird,
3. darüber, welche Rechtsverhältnisse begründet werden, die persönliche Rechte gewähren,
4. im Fall der Entschädigung in Ersatzland über den Eigentumsübergang oder die Enteignung des Ersatzlandes.

(4) Dem Beschluß der Enteignungsbehörde ist eine Belehrung über die Rechtsbehelfe, über die Gerichte, bei denen sie einzureichen sind, und über die Frist beizufügen.

Art. 31 Enteignungsbeschluß. (1) Gibt die Enteignungsbehörde dem Enteignungsantrag statt, so muß der Beschluß (Enteignungsbeschluß) bezeichnen
1. die von der Enteignung Betroffenen und den Enteignungsbegünstigten,
2. die sonstigen Beteiligten,
3. den Enteignungszweck und die Frist, innerhalb deren der Enteignungsgegenstand zu dem vorgesehenen Zweck zu verwenden ist,
4. die Sach- und Rechtsänderungen, die durch die Enteignung eintreten, und zwar
   a) wenn das Eigentum an einem Grundstück Gegenstand der Enteignung ist: das Grundstück nach Größe, grundbuchmäßiger, katastermäßiger oder sonst üblicher Bezeichnung; im Fall der Enteignung eines Grundstücksteils ist zu seiner Bezeichnung auf die für die Abschreibung eines Grundstücksteils nach der Grundbuchordnung erforderlichen Unterlagen Bezug zu nehmen,
   b) wenn ein anderes Recht an einem Grundstück Gegenstand einer selbständigen Enteignung ist: dieses Recht nach Inhalt und grundbuchmäßiger Bezeichnung,
   c) wenn ein persönliches Recht Gegenstand einer selbständigen Enteignung ist: dieses Recht nach seinem Inhalt und dem Grund seines Bestehens,
   d) wenn die Enteignung auf die in Art. 2 Abs. 2 bezeichneten Gegenstände ausgedehnt wird: diese Gegenstände,
   e) wenn ein Grundstück mit einem Recht belastet wird: die Art, den Inhalt, soweit er durch Vertrag bestimmt werden kann, und den Rang des Rechts, den Berechtigten und das Grundstück,
   f) wenn ein persönliches Recht begründet wird: den Inhalt des Rechtsverhältnisses und die daran Beteiligten,
   g) im Fall des Art. 2 Abs. 1 Nr. 5 die baulichen Anlagen und Einfriedungen,
5. die Art und Höhe der Entschädigungen und die Höhe der Ausgleichszahlungen nach Art. 14 Abs. 4 Satz 4 und Art. 15 Abs. 1 Satz 2 mit der Angabe, von wem und an wen sie zu leisten sind; Geldentschädigungen, aus denen andere von der Enteignung Betroffene nach Art. 12 Abs. 4 zu entschädigen sind, müssen von den sonstigen Geldentschädigungen getrennt ausgewiesen werden,
6. bei der Entschädigung in Land das Grundstück in der in Nummer 4 Buchst. a bezeichneten Weise.

(2) [1]Kann ein Grundstücksteil nicht entsprechend Absatz 1 Nr. 4 Buchst. a bezeichnet werden, so kann der Enteignungsbeschluß ihn auf Grund fester Merkmale in der Natur oder durch Bezugnahme auf die Eintragung in einem Lageplan bezeichnen. [2]Wenn das Ergebnis der Vermessung vorliegt, ist der Enteignungsbeschluß durch einen Nachtragsbeschluß anzupassen.

(3) Ist im Grundbuch die Anordnung der Zwangsversteigerung oder der Zwangsverwaltung eingetragen, so gibt die Enteignungsbehörde dem Vollstrekkungsgericht von dem Enteignungsbeschluß Kenntnis.

Art. 32 Lauf der Verwendungsfrist. (1) Die Frist, innerhalb deren der Enteignungsgegenstand zu dem vorgesehenen Zweck nach Art. 31 Abs. 1 Nr. 3 zu verwenden ist, beginnt mit dem Eintritt der Rechtsänderung.

(2) [1]Die Enteignungsbehörde kann diese Frist vor ihrem Ablauf auf Antrag verlängern, wenn

1. der Enteignungsbegünstigte nachweist, daß er den Enteignungsgegenstand ohne Verschulden innerhalb der festgesetzten Frist nicht zu dem vorgesehenen Zweck verwenden kann, oder
2. vor Ablauf der Frist eine Gesamtrechtsnachfolge eintritt und der Rechtsnachfolger nachweist, daß er den Enteignungsgegenstand innerhalb der gesetzten Frist nicht zu dem vorgesehenen Zweck verwenden kann.

[2]Der enteignete frühere Eigentümer ist vor der Entscheidung über die Verlängerung zu hören. [3]Die Entscheidung ist den Beteiligten des vorangegangenen Enteignungsverfahrens zuzustellen.

Art. 33 Verfahren bei der Entschädigung durch Gewährung anderer Rechte. (1) Soll die Entschädigung des Eigentümers eines zu enteignenden Grundstücks gemäß Art. 15 festgesetzt werden und ist die Bestellung, Übertragung oder die Bewertung eines der dort bezeichneten Rechte im Zeitpunkt des Erlasses des Enteignungsbeschlusses noch nicht möglich, so kann die Enteignungsbehörde, wenn es der Eigentümer unter Bezeichnung eines Rechts beantragt, im Enteignungsbeschluß neben der Festsetzung der Entschädigung in Geld dem Enteignungsbegünstigten aufgeben, binnen einer bestimmten Frist dem von der Enteignung Betroffenen ein Recht der bezeichneten Art zu angemessenen Bedingungen anzubieten.

(2) [1]Bietet der Enteignungsbegünstigte binnen der bestimmten Frist ein Recht der bezeichneten Art nicht an oder einigt er sich mit dem von der Enteignung Betroffenen nicht, so wird ihm ein solches Recht auf Antrag zugunsten des von der Enteignung Betroffenen durch Enteignung entzogen. [2]Die Enteignungsbehörde setzt den Inhalt des Rechts fest, soweit dessen Inhalt durch Vereinbarung bestimmt werden kann. [3]Die Vorschriften dieses Gesetzes über das Verfahren und die Entschädigung sind sinngemäß anzuwenden.

(3) Der Antrag nach Absatz 2 kann nur innerhalb von drei Monaten nach Ablauf der bestimmten Frist gestellt werden.

Art. 34 Ausführungsanordnung. (1) Ist der Enteignungsbeschluß nicht mehr anfechtbar, so ordnet auf Antrag eines Beteiligten die Enteignungsbehörde seine Ausführung an (Ausführungsanordnung), wenn der Entschädigungsverpflichtete die Geldentschädigung gezahlt oder zulässigerweise unter Verzicht auf das Recht der Rücknahme hinterlegt hat.

(2) [1]Im Fall des Art. 29 Abs. 4 ist auf Antrag eines Beteiligten die Ausführungsanordnung zu erlassen, wenn der Entschädigungsverpflichtete die festgesetzte Vorauszahlung gezahlt oder in zulässiger Weise unter Verzicht auf das Recht der Rücknahme hinterlegt hat. [2]Die Enteignungsbehörde kann die Aus-

führungsanordnung davon abhängig machen, daß der Entschädigungsverpflichtete im übrigen für einen angemessenen Betrag Sicherheit leistet.

(3) Ist die Entscheidung nach Art. 30 Abs. 2 Satz 1 unanfechtbar, so gilt Absatz 2 sinngemäß.

(4) [1]Im Fall des Art. 31 Abs. 2 ist auf Antrag eines Beteiligten die Ausführungsanordnung zu erlassen, wenn der Entschädigungsverpflichtete die im Enteignungsbeschluß in Verbindung mit dem Nachtragsbeschluß festgesetzte Geldentschädigung gezahlt oder zulässigerweise unter Verzicht auf das Recht der Rücknahme hinterlegt hat. [2]Der Nachtragsbeschluß braucht nicht unanfechtbar zu sein.

(5) [1]Die Ausführungsanordnung ist allen Beteiligten zuzustellen, deren Rechtsstellung durch den Enteignungsbeschluß betroffen wird. [2]Art. 31 Abs. 3 gilt sinngemäß.

(6) [1]Mit dem in der Ausführungsanordnung festzusetzenden Tag wird der bisherige Rechtszustand durch den im Enteignungsbeschluß geregelten neuen Rechtszustand ersetzt. [2]Gleichzeitig entstehen die nach Art. 31 Abs. 1 Nr. 4 Buchst. f begründeten Rechtsverhältnisse; sie gelten von diesem Zeitpunkt an als zwischen den an dem Rechtsverhältnis Beteiligten vereinbart. [3]Die Ausführungsanordnung schließt die Einweisung in den Besitz des enteigneten Grundstücks und des Ersatzlandes zu dem festgesetzten Tag ein.

(7) Die Enteignungsbehörde übersendet dem Grundbuchamt eine beglaubigte Abschrift des Enteignungsbeschlusses und der Ausführungsanordnung und ersucht es, das Grundbuch entsprechend den Rechtsänderungen zu berichtigen.

Art. 35 Hinterlegung. (1) [1]Geldentschädigungen sind unter Verzicht auf das Recht der Rücknahme zu hinterlegen, soweit mehrere Personen als Entschädigungsberechtigte in Betracht kommen und eine Einigung über die Auszahlung dem Entschädigungsverpflichteten nicht nachgewiesen ist. [2]Zu hinterlegen ist bei dem Amtsgericht, in dessen Bezirk das von der Enteignung betroffene Grundstück liegt; § 2 des Gesetzes über die Zwangsversteigerung und die Zwangsverwaltung gilt sinngemäß.

(2) Andere Vorschriften, nach denen die Hinterlegung geboten oder statthaft ist, bleiben unberührt.

Art. 36 Verteilungsverfahren. (1) Nach dem Eintritt des neuen Rechtszustands kann jeder Beteiligte sein Recht an der hinterlegten Summe gegen einen Mitbeteiligten, der dieses Recht bestreitet, vor den ordentlichen Gerichten geltend machen oder die Einleitung eines gerichtlichen Verteilungsverfahrens beantragen.

(2) Für das Verteilungsverfahren ist das Amtsgericht zuständig, in dessen Bezirk das von der Enteignung betroffene Grundstück liegt; § 2 des Gesetzes über die Zwangsversteigerung und die Zwangsverwaltung gilt sinngemäß.

(3) Auf das Verteilungsverfahren sind die Vorschriften über die Verteilung des Erlöses im Fall der Zwangsversteigerung mit folgenden Abweichungen sinngemäß anzuwenden:
1. Das Verteilungsverfahren ist durch Beschluß zu eröffnen,
2. die Zustellung des Eröffnungsbeschlusses an den Antragsteller gilt als Beschlagnahme im Sinn des § 13 des Gesetzes über die Zwangsversteigerung und die Zwangsverwaltung; ist das Grundstück schon in einem Zwangsversteigerungs- oder Zwangsverwaltungsverfahren beschlagnahmt, so hat es hierbei sein Bewenden,
3. das Verteilungsgericht hat bei Eröffnung des Verfahrens von Amts wegen das Grundbuchamt um die in § 19 Abs. 2 des Gesetzes über die Zwangsversteigerung und die Zwangsverwaltung bezeichneten Mitteilungen zu ersuchen; in die beglaubigte Abschrift des Grundbuchblatts sind die zur Zeit der Zustellung des Enteignungsbeschlusses an den Enteigneten vorhandenen Eintragungen und die später eingetragenen Veränderungen und Löschungen aufzunehmen,
4. bei dem Verfahren sind die nach Art. 12 Abs. 4 bezeichneten Entschädigungsberechtigten nach Maßgabe des § 10 des Gesetzes über die Zwangsversteigerung und die Zwangsverwaltung zu berücksichtigen, wegen der Ansprüche auf wiederkehrende Leistungen jedoch nur für die Zeit bis zur Hinterlegung.

Art. 37 Aufhebung des Enteignungsbeschlusses. (1) [1]Ist die Ausführungsanordnung noch nicht ergangen und hat der Enteignungsbegünstigte die ihm durch den Enteignungsbeschluß auferlegten Zahlungen nicht innerhalb eines Monats nach dem Zeitpunkt geleistet, in dem der Beschluß unanfechtbar geworden ist, so kann die Aufhebung des Enteignungsbeschlusses beantragt werden. [2]Der Antrag ist dem Enteignungsbegünstigten bekanntzugeben. [3]Dem Antrag ist stattzugeben, wenn der Enteignungsbegünstigte die Zahlungen nicht innerhalb eines Monats nach Bekanntgabe des Antrags leistet.

(2) Antragsberechtigt ist jeder Beteiligte, dem eine nicht gezahlte Entschädigung zusteht oder der nach Art. 12 Abs. 4 aus ihr zu befriedigen ist.

(3) Der Aufhebungsbeschluß ist allen Beteiligten zuzustellen und dem Grundbuchamt abschriftlich mitzuteilen.

(4) [1]Der Enteignungsbegünstigte hat für alle durch den Enteignungsbeschluß entstandenen besonderen Nachteile Entschädigung zu leisten. [2]Die Enteignungsbehörde setzt Art und Höhe der Entschädigung auf Antrag des Betroffenen durch Beschluß fest.

Art. 38 Vollstreckbarer Titel. (1) [1]Die Zwangsvollstreckung nach den Vorschriften der Zivilprozeßordnung über die Vollstreckung von Urteilen in bürgerlichen Rechtsstreitigkeiten findet statt
1. aus der Niederschrift über eine Einigung wegen der in ihr bezeichneten Leistungen,

2. aus einem nicht mehr anfechtbaren Enteignungsbeschluß wegen der Geldentschädigung oder einer Ausgleichszahlung,
3. aus einem Beschluß nach Art. 7 Abs. 3, Art. 14 Abs. 8, Art. 18, 25, 27 Abs. 7 und Art. 37 Abs. 4, Art. 40 in Verbindung mit Art. 74 Abs. 2 Satz 3 und Art. 75 Abs. 2 Satz 4 BayVwVfG.

[2]Die Zahlungsvollstreckung wegen einer Ausgleichszahlung ist erst zulässig, wenn die Ausführungsanordnung wirksam und unanfechtbar geworden ist.

(2) [1]Die vollstreckbare Ausfertigung wird von dem Urkundsbeamten der Geschäftsstelle des Amtsgerichts erteilt, in dessen Bezirk die Enteignungsbehörde ihren Sitz hat und, wenn das Verfahren bei einem Gericht anhängig ist, von dem Urkundsbeamten der Geschäftsstelle dieses Gerichts. [2]In den Fällen der §§ 731, 767 bis 770, 785, 786 und 791 der Zivilprozeßordnung tritt das Amtsgericht, in dessen Bezirk die Enteignungsbehörde ihren Sitz hat, an die Stelle des Prozeßgerichts.

(3) Die Vollstreckung nach dem Bayerischen Verwaltungszustellungs- und Vollstreckungsgesetz bleibt im übrigen unberührt.

Abschnitt 2

Vorzeitige Besitzeinweisung

Art. 39 Vorzeitige Besitzeinweisung. (1) [1]Ist die sofortige Ausführung der beabsichtigten Maßnahme aus Gründen des Wohls der Allgemeinheit dringend geboten, so kann die Enteignungsbehörde den Träger des Vorhabens, für das enteignet werden kann, auf Antrag durch Beschluß nach mündlicher Verhandlung in den Besitz des Grundstücks einweisen. [2]Für die Besitzeinweisung gilt Art. 3 sinngemäß. [3]Der Beschluß ist dem Antragsteller, dem Eigentümer und dem unmittelbaren Besitzer zuzustellen. [4]Die Besitzeinweisung wird in dem von der Enteignungsbehörde bezeichneten Zeitpunkt wirksam. [5]Auf Antrag des unmittelbaren Besitzers ist dieser Zeitpunkt auf mindestens zwei Wochen nach Zustellung des Besitzeinweisungsbeschlusses an ihn festzusetzen, wenn das nach Abwägung der beiderseitigen Interessen gerechtfertigt ist.

(2) Die Enteignungsbehörde kann den Besitzeinweisungsbeschluß mit Auflagen, Bedingungen und Befristungen versehen und von der Leistung einer Sicherheit in Höhe der voraussichtlichen Enteignungsentschädigung abhängig machen.

(3) [1]Durch die Besitzeinweisung wird dem Besitzer der Besitz entzogen und der Eingewiesene Besitzer. [2]Der Eingewiesene darf auf dem Grundstück das Vorhaben, für das die Enteignung zulässig ist, ausführen und die dafür erforderlichen Maßnahmen treffen.

(4) [1]Der Eingewiesene hat für die durch die vorzeitige Besitzeinweisung entstehenden Vermögensnachteile Entschädigung zu leisten, soweit die Nachteile nicht durch die Verzinsung der Geldentschädigung (Art. 13 Abs. 2) aus-

geglichen werden. [2]Art und Höhe der Entschädigung werden durch die Enteignungsbehörde im Enteignungsbeschluß oder in einem gesonderten Beschluß, für den Absatz 1 Satz 3 sinngemäß gilt, festgesetzt. [3]Die Entschädigung für die Besitzeinweisung ist im Zeitpunkt ihres Wirksamwerdens fällig.

(5) [1]Wird die vorzeitige Besitzeinweisung aufgehoben, so ist der vorherige unmittelbare Besitzer wieder in den Besitz einzuweisen. [2]Die vorzeitige Besitzeinweisung ist auch dann aufzuheben, wenn der Träger des Vorhabens trotz eines Verlangens des Eigentümers oder des unmittelbaren Besitzers binnen angemessener Frist, jedoch spätestens nach sechs Monaten, keinen Enteignungsantrag stellt oder der Enteignungsantrag abgewiesen oder der Enteignungsbeschluß aufgehoben wird. [3]Der Eingewiesene hat für alle durch die vorzeitige Besitzeinweisung entstandenen besonderen Nachteile Entschädigung zu leisten. [4]Absatz 4 Satz 2 gilt entsprechend.

(6) [1]Der Beschluß über die vorzeitige Besitzeinweisung, ihre Änderung oder ihre Aufhebung ist wegen der darin festgesetzten Leistungen ein vollstreckbarer Titel im Sinn des Art. 38. [2]Das gilt auch für einen gesonderten Beschluß über die Besitzeinweisungsentschädigung.

(7) Art. 19, 20, 21, 24, 25, 26 Abs. 2, 4 und 8, Art. 28 und 29 Abs. 1 gelten sinngemäß.

Abschnitt 3

Planfeststellung

Art. 40 Planfeststellungsverfahren. (1) Erstreckt sich ein Vorhaben auf mehrere Grundstücke, so kann die nach Art. 41 zuständige Behörde vor der Bekanntmachung über das Enteignungsverfahren (Art. 26 Abs. 7) ein Planfeststellungsverfahren durchführen, wenn sie es für sachdienlich hält und nicht ein Planfeststellungsverfahren oder ein anderes förmliches Verfahren in anderen Gesetzen vorgesehen ist.

(2) Soweit in anderen Gesetzen eine gesonderte Entscheidung über die Zulässigkeit der Enteignung durch eine andere Stelle als die Kreisverwaltungsbehörde vorgeschrieben ist, darf der Plan nach Art. 73 Abs. 3 BayVwVfG erst ausgelegt werden, wenn diese Entscheidung getroffen ist.

Art. 41 Zuständigkeit. (1) Anhörungs- und Planfeststellungsbehörde ist die Kreisverwaltungsbehörde.

(2) [1]Fällt ein Planfeststellungsverfahren unter die Zuständigkeit mehrerer Kreisverwaltungsbehörden, so kann die Regierung die zuständige Kreisverwaltungsbehörde bestimmen oder das Verfahren selbst durchführen. [2]Fällt ein Planfeststellungsverfahren unter die Zuständigkeit mehrerer Regierungen, kann das Staatsministerium für Wohnen, Bau und Verkehr die zuständige Regierung bestimmen.

Abschnitt 4

Kosten und Aufwendungen der Beteiligten

Art. 42 Kosten. (1) Für Amtshandlungen nach diesem Gesetz werden Kosten (Gebühren und Auslagen) nach dem Kostengesetz (KG) erhoben.

(2) [1]Für das Enteignungsverfahren und das Rückenteignungsverfahren nach Teil III Abschnitt 1 wird jeweils eine Gebühr (Verfahrensgebühr) erhoben. [2]Wird einem Antrag stattgegeben, so ist zur Zahlung der Kosten der Entschädigungsverpflichtete (Art. 9 Abs. 2), sonst der Antragsteller verpflichtet. [3]Wird einem Antrag auf Rückenteignung stattgegeben, so ist der von der Rückenteignung Betroffene zur Zahlung der Kosten verpflichtet. [4]Art. 2 Abs. 2 bis 4 KG bleiben unberührt.

(3) [1]Für das Verfahren über einen Antrag auf Aufhebung eines Enteignungsbeschlusses wird neben der Verfahrensgebühr nach Absatz 2 Satz 1 eine eigene Gebühr erhoben. [2]Wird dem Antrag stattgegeben, so ist zur Zahlung der Kosten der Enteignungsbegünstigte, sonst der Antragsteller verpflichtet. [3]Art. 2 Abs. 2 bis 4 KG bleiben unberührt.

(4) [1]Für Amtshandlungen nach Art. 7 ist der Träger des Vorhabens zur Zahlung der Kosten verpflichtet. [2]Art. 2 Abs. 2 bis 4 KG bleiben unberührt.

(5) Das Verfahren über einen Antrag nach Art. 18 ist kostenfrei.

Art. 43 Aufwendungen der Beteiligten. (1) Die Aufwendungen der Beteiligten im Enteignungs- und Besitzeinweisungsverfahren, die zur zweckentsprechenden Rechtsverfolgung oder Rechtsverteidigung notwendig sind, sind vom Schuldner der Kosten des Enteignungsverfahrens oder, wenn nur ein Besitzeinweisungsverfahren durchgeführt wird, vom Schuldner der Kosten des Besitzeinweisungsverfahrens zu erstatten.

(2) [1]Die Enteignungsbehörde setzt den Betrag der den Beteiligten zu erstattenden Aufwendungen in dem Beschluß, in dem über die Entschädigung entschieden wird, oder, wenn das beantragt und ein berechtigtes Interesse daran geltend gemacht wird, in einem gesonderten Beschluß fest. [2]Ist der gesonderte Beschluß unanfechtbar, so findet aus ihm die Zwangsvollstreckung nach den Vorschriften der Zivilprozeßordnung über die Vollstreckung von Kostenfestsetzungsbeschlüssen statt; Art. 38 Abs. 2 gilt sinngemäß.

(3) Aufwendungen eines Beteiligten für Sachverständige sind nur bis zu der Höhe erstattungsfähig, die sich aus der entsprechenden Anwendung der Vorschriften ergibt, die für die Entschädigung von Sachverständigen durch die Enteignungsbehörde maßgebend sind.

(4) [1]Wird der Enteignungsantrag abgelehnt oder zurückgenommen oder erledigt er sich auf andere Weise, so bestimmt sich der Gegenstandswert der zu erstattenden Gebühren nach der Entschädigung, die nach dem Antrag voraussichtlich festgesetzt worden wäre. [2]Eine Beweiserhebung nur zum Zweck der Ermittlung des Gegenstandswerts findet nicht statt. [3]Die Sätze 1 und 2 gelten entsprechend, wenn nur ein Besitzeinweisungsverfahren durchgeführt wird.

Abschnitt 5

Rechtsbehelfe

Art. 44 Rechtsbehelfe. (1) Für Klagen wegen der Entschädigung, wegen Ausgleichszahlungen mit Ausnahme des Härteausgleichs nach Art. 18 und wegen der Erstattung von Aufwendungen der Beteiligten ist der Rechtsweg zu den ordentlichen Gerichten gegeben.

(2) [1]Im übrigen ist, soweit nichts anderes bestimmt ist, der Verwaltungsrechtsweg gegeben. [2]Neben den Fällen der Art. 70 und 74 Abs. 1 Satz 2 BayVwVfG findet ein Vorverfahren (§ 68 der Verwaltungsgerichtsordnung) auch bei Entscheidungen nach Art. 34 und 39 nicht statt.

(3) Förmliche Rechtsbehelfe gegen die Ausführungsanordnung sind insoweit zulässig, als geltend gemacht werden kann, daß sie eine selbständige Rechtsverletzung darstellt.

Art. 45 Verfahren vor den ordentlichen Gerichten. (1) [1]Für die Klage sind die Landgerichte ohne Rücksicht auf den Wert des Streitgegenstands ausschließlich zuständig. [2]Örtlich ist das Landgericht ausschließlich zuständig, in dessen Bezirk der in Anspruch genommene Gegenstand liegt.

(2) [1]Die Klage ist innerhalb eines Monats nach Zustellung des Enteignungsbeschlusses zu erheben. [2]Bildet ein gesonderter Beschluß den Gegenstand der Klage, so ist die Klage innerhalb eines Monats nach Zustellung dieses Beschlusses zu erheben. [3]Die Frist ist eine Notfrist im Sinn der Zivilprozeßordnung.

(3) [1]Der Rechtsstreit vor dem ordentlichen Gericht ist zwischen dem Entschädigungsberechtigten und dem Entschädigungsverpflichteten zu führen. [2]Das gilt sinngemäß, wenn der Rechtsstreit eine Ausgleichszahlung oder die Erstattung von Aufwendungen der Beteiligten betrifft.

(4) Das Gericht kann auch von Amts wegen die Aufnahme von Beweisen anordnen und nach Anhörung der Beteiligten auch solche Tatsachen berücksichtigen, die von ihnen nicht vorgebracht worden sind.

(5) [1]Erscheint der Kläger in einem Termin zur mündlichen Verhandlung, so kann auch dann mündlich verhandelt werden, wenn einer der anderen Beteiligten nicht erscheint. [2]Über einen Antrag, den ein nicht erschienener Beteiligter in einer früheren mündlichen Verhandlung gestellt hat, kann nach Lage der Akten entschieden werden. [3]Erscheint der Kläger in einem Termin zur mündlichen Verhandlung nicht, so kann jeder andere Beteiligte eine Entscheidung nach Lage der Akten beantragen. [4]Die Vorschriften der §§ 332 bis 335, 336 Abs. 2 und § 337 der Zivilprozeßordnung gelten sinngemäß. [5]Im übrigen sind die Vorschriften über Versäumnisurteile nicht anzuwenden.

(6) Das Gericht übersendet der Enteignungsbehörde eine Ausfertigung der Entscheidung oder des Vergleichs.

Art. 46 Gerichtlicher Vergleich. Im Fall eines gerichtlichen Vergleichs sind Art. 29 Abs. 3, 4 und Art. 34 Abs. 2 sinngemäß anzuwenden.

TEIL IV

Schlußvorschriften

Art. 47 Grundrechtseinschränkung. Das Grundrecht der Unverletzlichkeit der Wohnung (Art. 13 des Grundgesetzes, Art. 106 Abs. 3 der Verfassung) wird durch dieses Gesetz eingeschränkt.

Art. 48 Enteignung beweglicher Sachen. [1]Ist in einem anderen Gesetz die Enteignung beweglicher Sachen nach diesem Gesetz vorgesehen, so gelten die Art. 3, 6, 8 bis 13, 16, 17, 19 bis 26, 29 bis 39 und 42 bis 47 sinngemäß, soweit sie auf einen beweglichen Enteignungsgegenstand angewendet werden können. [2]Abweichend von Art. 45 Abs. 1 Satz 2 ist örtlich das Landgericht ausschließlich zuständig, in dessen Bezirk der Verwaltungsakt erlassen wurde.

Art. 49 Entschädigungsvorschriften in anderen Gesetzen. [1]Wird in einem anderen Gesetz auf die Vorschriften dieses Gesetzes über die Entschädigung verwiesen, so sind die Art. 8 bis 13 sinngemäß anzuwenden. [2]Für das Verfahren vor den ordentlichen Gerichten gilt Art. 45.

Art. 50 Ordnungswidrigkeiten. Mit Geldbuße kann belegt werden, wer Pfähle, Pflöcke oder sonstige Markierungen, die Vorarbeiten nach Art. 7 dienen, wegnimmt, verändert, unkenntlich macht oder versetzt.

Art. 51 Abwicklung eingeleiteter Verfahren. [1]Enteignungsverfahren, für die der Enteignungsantrag beim Inkrafttreten dieses Gesetzes bereits eingereicht ist, sind nach den bisher geltenden Vorschriften weiterzuführen. [2]Hat die Enteignungsbehörde die Entschädigung noch nicht festgesetzt, so sind die Vorschriften dieses Gesetzes über die Entschädigung und den Härteausgleich anzuwenden.

Art. 52 *(Änderungsbestimmung)*

Art. 53 *(gegenstandslos)*

Art. 54 Inkrafttreten. (1) [1]Dieses Gesetz tritt am 1. März 1975 in Kraft.* [2]*(gegenstandslos)*

(2) und (3) *(gegenstandslos)*

---

* *Diese Vorschrift betrifft das Inkrafttreten des Gesetzes in der ursprünglichen Fassung vom 11. November 1974 (GVBl. S. 610, ber. S. 814). Der Zeitpunkt des Inkrafttretens der späteren Änderungen ergibt sich aus den jeweiligen Änderungsgesetzen.*

Bayerisches Landesplanungsgesetz (BayLplG)*

(BayRS 230-1-W) vom 25. Juni 2012 (GVBl. S. 254),
zuletzt geändert durch Verordnung vom 23. Dezember 2020 (GVBl. S. 675)

INHALTSÜBERSICHT**

Teil 1
Allgemeine Vorschriften

Art. 1 Aufgabe und Instrumente der Landesplanung
Art. 2 Begriffsbestimmungen
Art. 3 Bindungswirkungen der Erfordernisse der Raumordnung
Art. 4 Zielabweichungsverfahren

Teil 2
Materielle Planungsvorgaben

Art. 5 Leitziel und Leitmaßstab der Landesplanung
Art. 6 Grundsätze der Raumordnung

Teil 3
Organisation der Landesplanung

Art. 7 Landesplanungsbehörden
Art. 8 Regionale Planungsverbände
Art. 9 Verbandssatzung
Art. 10 Organe der Regionalen Planungsverbände
Art. 11 Aufsicht über die Regionalen Planungsverbände
Art. 12 Kostenerstattung an die Regionalen Planungsverbände
Art. 13 Landesplanungsbeirat

Teil 4
Raumordnungspläne

Art. 14 Grundlagen
Art. 15 Umweltbericht
Art. 16 Beteiligungsverfahren
Art. 17 Abwägung
Art. 18 Bekanntgabe
Art. 19 Inhalt des Landesentwicklungsprogramms
Art. 20 Ausarbeitung und Aufstellung des Landesentwicklungsprogramms
Art. 21 Inhalt der Regionalpläne
Art. 22 Ausarbeitung und Aufstellung der Regionalpläne
Art. 23 Planerhaltung

Teil 5
Sicherungsinstrumente der Landesplanung

Art. 24 Gegenstand, Zweck und Erforderlichkeit von Raumordnungsverfahren
Art. 25 Einleitung, Durchführung und Abschluss von Raumordnungsverfahren
Art. 26 Vereinfachtes Raumordnungsverfahren
Art. 27 Landesplanerische Stellungnahme
Art. 28 Untersagung raumordnungswidriger Planungen und Maßnahmen
Art. 29 Raumordnerische Zusammenarbeit

Teil 6
Sonstige Vorschriften

Art. 30 Mitteilungs- und Auskunftspflicht
Art. 31 Raumbeobachtung
Art. 32 Unterrichtung des Landtags

---

* Art. 15 bis 18 und Art. 31 dieses Gesetzes dienen der Umsetzung der Richtlinie 2001/42/EG des Europäischen Parlaments und des Rates vom 27. Juni 2001 über die Prüfung der Umweltauswirkungen bestimmter Pläne und Programme (ABl. L 197 S. 30).

** *Inhaltsübersicht nicht amtlich.*

Art. 33 Anpassungsgebot, Ersatzleistung an die Gemeinden
Art. 34 Verwaltungskosten

Teil 7
Schlussbestimmungen

Art. 35 Unanwendbarkeit des Raumordnungsgesetzes
Art. 36 Übergangsbestimmungen
Art. 37 Inkrafttreten

Anlage 1
(zu Art. 15 Abs. 2 Satz 2)

Anlage 2
(zu Art. 15 Abs. 4 Satz 1)

Teil 1

Allgemeine Vorschriften

Art. 1 Aufgabe und Instrumente der Landesplanung. (1) [1]Aufgabe der Landesplanung ist es, den Gesamtraum des Freistaates Bayern und seine Teilräume auf Grund einer fachübergreifenden Koordinierung unter den Gesichtspunkten der Raumordnung zu entwickeln, zu ordnen und zu sichern. [2]Dabei sind

1. unterschiedliche Anforderungen an den Raum aufeinander abzustimmen und die auf der jeweiligen Planungsebene auftretenden Konflikte auszugleichen sowie
2. Vorsorge für einzelne Nutzungen und Funktionen des Raums zu treffen.

(2) Zur Erfüllung dieser Aufgabe

1. sind Raumordnungspläne aufzustellen und bei Bedarf fortzuschreiben,
2. sind raumbedeutsame Planungen und Maßnahmen unter raumordnerischen Gesichtspunkten abzustimmen und
3. ist die raumordnerische Zusammenarbeit zu unterstützen.

(3) Die Entwicklung, Ordnung und Sicherung der Teilräume ist in die Gegebenheiten und Erfordernisse des Gesamtraums einzufügen; die Entwicklung, Ordnung und Sicherung des Gesamtraums hat die Gegebenheiten und Erfordernisse seiner Teilräume zu berücksichtigen.

(4) Landesplanung ist Aufgabe des Staates; Regionalplanung ist Teil der Landesplanung.

Art. 2 Begriffsbestimmungen. Im Sinn dieses Gesetzes sind

1. Erfordernisse der Raumordnung:
   Ziele der Raumordnung, Grundsätze der Raumordnung und sonstige Erfordernisse der Raumordnung;
2. Ziele der Raumordnung:
   verbindliche Vorgaben in Form von räumlich und sachlich bestimmten oder bestimmbaren, vom Träger der Raumordnung abschließend abgewogenen (Art. 17 Satz 1 Halbsatz 2) textlichen oder zeichnerischen Festlegungen in Raumordnungsplänen zur Entwicklung, Ordnung und Sicherung des Raums;
3. Grundsätze der Raumordnung:
   Aussagen zur Entwicklung, Ordnung und Sicherung des Raums als Vorgaben für nachfolgende Abwägungs- oder Ermessensentscheidungen; Grund-

sätze der Raumordnung können durch Gesetz oder als Festlegungen in einem Raumordnungsplan aufgestellt werden;
4. sonstige Erfordernisse der Raumordnung:
in Aufstellung befindliche Ziele der Raumordnung, Ergebnisse förmlicher landesplanerischer Verfahren wie des Raumordnungsverfahrens und landesplanerische Stellungnahmen;
5. öffentliche Stellen:
Behörden des Bundes und des Freistaates Bayern, kommunale Gebietskörperschaften, bundesunmittelbare und die der Aufsicht eines Landes unterstehenden Körperschaften, Anstalten und Stiftungen des öffentlichen Rechts;
6. raumbedeutsame Planungen und Maßnahmen:
Planungen einschließlich der Raumordnungspläne, Vorhaben und sonstige Maßnahmen, durch die Raum in Anspruch genommen oder die räumliche Entwicklung oder Funktion eines Gebietes beeinflusst wird, einschließlich des Einsatzes der hierfür vorgesehenen öffentlichen Finanzmittel;
7. Raumordnungspläne:
zusammenfassende, überörtliche und fachübergreifende Pläne gemäß Art. 19 und 21;
8. Festlegungen:
Ziele und Grundsätze der Raumordnung in Raumordnungsplänen.

Art. 3 Bindungswirkungen der Erfordernisse der Raumordnung. (1) [1]Bei
1. raumbedeutsamen Planungen und Maßnahmen öffentlicher Stellen,
2. Entscheidungen öffentlicher Stellen über die Zulässigkeit raumbedeutsamer Planungen und Maßnahmen anderer öffentlicher Stellen und
3. Entscheidungen öffentlicher Stellen über die Zulässigkeit raumbedeutsamer Planungen und Maßnahmen von Personen des Privatrechts, die der Planfeststellung oder der Genehmigung mit der Rechtswirkung der Planfeststellung bedürfen,

sind Ziele der Raumordnung zu beachten sowie Grundsätze und sonstige Erfordernisse der Raumordnung in Abwägungs- oder Ermessensentscheidungen zu berücksichtigen. [2]Satz 1 Nrn. 1 und 2 gelten entsprechend bei raumbedeutsamen Planungen und Maßnahmen, die Personen des Privatrechts in Wahrnehmung öffentlicher Aufgaben durchführen, wenn öffentliche Stellen an den Personen mehrheitlich beteiligt sind oder die Planungen und Maßnahmen überwiegend mit öffentlichen Mitteln finanziert werden. [3]Weitergehende Bindungswirkungen von Erfordernissen der Raumordnung nach Maßgabe der für diese Entscheidungen geltenden Vorschriften bleiben unberührt.

(2) Bei sonstigen Entscheidungen öffentlicher Stellen über die Zulässigkeit raumbedeutsamer Planungen und Maßnahmen von Personen des Privatrechts sind die Erfordernisse der Raumordnung nach den für diese Entscheidungen geltenden Vorschriften zu berücksichtigen.

(3) § 5 des Raumordnungsgesetzes (ROG) bleibt unberührt.

Art. 4 Zielabweichungsverfahren. (1) [1]Die oberste Landesplanungsbehörde kann im Einzelfall in einem besonderen Verfahren die Abweichung von einem Ziel der Raumordnung zulassen, wenn die Abweichung unter raumordnerischen Gesichtspunkten vertretbar ist und die Grundzüge der Planung nicht berührt werden. [2]Die Zulassung erfolgt im Einvernehmen mit den fachlich berührten Staatsministerien und im Benehmen mit den betroffenen Gemeinden, bei Abweichungen von einem Ziel in einem Regionalplan auch im Benehmen mit dem Regionalen Planungsverband. [3]Die Zulassung der Abweichung ausschließlich von einem in einem Regionalplan festgelegten Ziel der Raumordnung obliegt der für die Verbindlicherklärung nach Art. 22 Abs. 1 Satz 2 zuständigen höheren Landesplanungsbehörde im Einvernehmen mit den berührten Fachbehörden der entsprechenden Verwaltungsstufe oder, sofern diese nicht vorhanden sind, der nächsthöheren Verwaltungsstufe sowie im Einvernehmen mit dem Regionalen Planungsverband und im Benehmen mit den betroffenen Gemeinden; Satz 1 gilt entsprechend.

(2) Antragsbefugt sind öffentliche Stellen und Personen des Privatrechts nach Art. 3 Abs. 1 Satz 2, die das Ziel der Raumordnung zu beachten haben.

Teil 2

Materielle Planungsvorgaben

Art. 5 Leitziel und Leitmaßstab der Landesplanung. (1) Leitziel der Landesplanung ist es, gleichwertige Lebens- und Arbeitsbedingungen in allen Teilräumen zu schaffen und zu erhalten.

(2) Leitmaßstab der Landesplanung ist eine nachhaltige Raumentwicklung, die die wirtschaftlichen, ökologischen und sozialen Belange des Raums in Einklang bringt und zu einer dauerhaften, großräumig ausgewogenen Ordnung führt.

Art. 6 Grundsätze der Raumordnung. (1) Die Grundsätze der Raumordnung sind im Sinn des Leitziels nach Art. 5 Abs. 1 und des Leitmaßstabs nach Art. 5 Abs. 2 anzuwenden und durch Festlegungen in Raumordnungsplänen zu konkretisieren, soweit dies erforderlich ist.

(2) Grundsätze der Raumordnung sind:

1. Nachhaltige Raumentwicklung:
   Im gesamten Staatsgebiet und in seinen Teilräumen sollen ausgeglichene infrastrukturelle, wirtschaftliche, ökologische, soziale und kulturelle Verhältnisse angestrebt werden. Dabei sollen in allen Teilräumen die nachhaltige Daseinsvorsorge gesichert, nachhaltiges Wirtschaftswachstum und Innovation unterstützt, Entwicklungspotenziale und eine raumtypische Biodiversität gesichert, Gestaltungsmöglichkeiten mittel- und langfristig offengehalten und Ressourcen geschützt werden. Demographischen, wirtschaftlichen, sozialen und anderen raumstrukturverändernden Herausforderungen

soll Rechnung getragen werden. Auf einen Ausgleich raumstruktureller Ungleichgewichte zwischen den einzelnen Teilräumen soll hingewirkt werden.

2. Raumstruktur:
   Die prägende Vielfalt des gesamten Landesgebiets und seiner Teilräume soll gesichert werden. Auf Kooperationen innerhalb von Teilräumen und von Teilräumen miteinander soll mit dem Ziel der Stärkung und Entwicklung des Gesamtraums und seiner Teilräume hingewirkt werden. Es soll dafür Sorge getragen werden, dass Verdichtungsräume und ländliche Räume auch künftig ihre vielfältigen Aufgaben für die Gesellschaft erfüllen können. Ländliche Teilräume sollen unter Berücksichtigung ihrer unterschiedlichen wirtschaftlichen und naturspezifischen Entwicklungspotenziale als Lebens- und Wirtschaftsräume mit eigenständiger Bedeutung erhalten und entwickelt werden. Gebiete, zwischen denen intensive Lebens- und Wirtschaftsbeziehungen bestehen oder entwickelt werden sollen, sollen zu Regionen zusammengefasst werden. Gemeinden, die sich als Mittelpunkt der Daseinsvorsorge eines in der Regel überörtlichen Verflechtungsbereichs eignen, können in den Raumordnungsplänen als Zentrale Orte festgelegt werden. Die Zentralen Orte sollen so über das ganze Staatsgebiet verteilt werden, dass für alle Bürger die Versorgung mit Gütern, Dienstleistungen und Infrastruktureinrichtungen des wirtschaftlichen, sozialen und kulturellen Bedarfs in zumutbarer Erreichbarkeit gesichert ist; dies gilt auch in dünn besiedelten Teilräumen.

3. Vermeidung von Zersiedelung; Flächensparen:
   [1]Eine Zersiedelung der Landschaft soll vermieden werden. [2]Die Siedlungstätigkeit soll räumlich konzentriert und vorrangig auf vorhandene Siedlungen mit ausreichender Infrastruktur ausgerichtet werden. [3]Der Freiraum soll erhalten werden; es soll ein großräumig übergreifendes, ökologisch wirksames Freiraumverbundsystem geschaffen werden. [4]Die weitere Zerschneidung der offenen Landschaft und von Waldflächen soll so weit wie möglich vermieden werden. [5]Bei der erstmaligen planerischen Inanspruchnahme von Freiflächen im Außenbereich für Siedlungs- und Verkehrszwecke soll angestrebt werden, dass eine Begrenzung auf eine Richtgröße von 5 ha pro Tag landesweit bis spätestens zum Jahr 2030 erreicht wird. [6]Auch kommt dem Umstand, wofür und wie die betroffenen Flächen genutzt werden sollen, maßgeblich Bedeutung zu. [7]Dabei ist zu berücksichtigen, in welchem Ausmaß es bei der Inanspruchnahme der Flächen zu einer Bodenversiegelung kommt und welche Maßnahmen für den Umwelt-, Klima- und Artenschutz getroffen werden. [8]Insbesondere sollen die Potenziale für die Wiedernutzbarmachung von Flächen, für die Nachverdichtung und für andere Maßnahmen zur Innenentwicklung der Städte und Gemeinden sowie zur Entwicklung vorhandener Verkehrsflächen ausgeschöpft werden. [9]Geeignete Maßnahmen zur Verminderung der Flächeninanspruchnahme sollen unterstützt werden.

4. Versorgungs- und Infrastrukturausstattung:
Der Erhalt und die bedarfsgerechte Weiterentwicklung der notwendigen Infrastruktureinrichtungen sind in allen Teilräumen von besonderer Bedeutung. Überörtliche Einrichtungen der kommunalen Vorsorge sowie der Bildung und Kultur, des Sozialwesens, der medizinischen Versorgung und des Sports, ferner der Verwaltung und der Rechtspflege sollen bevorzugt in den Zentralen Orten gebündelt werden. Geeignete räumliche Voraussetzungen für die Erhaltung der Innenstädte und örtlichen Zentren für die wohnortnahe Versorgung der Bevölkerung sind von besonderer Bedeutung. Dem Schutz kritischer Infrastrukturen soll Rechnung getragen werden. Es sollen die räumlichen Voraussetzungen für nachhaltige Mobilität einschließlich eines integrierten Verkehrssystems geschaffen werden. Die Anbindung an überregionale Verkehrswege und eine gute und verkehrssichere Erreichbarkeit der Teilräume untereinander durch schnellen und reibungslosen Personen- und Güterverkehr sind von besonderer Bedeutung. Die Voraussetzungen für die Verlagerung von Verkehr auf umweltverträglichere Verkehrsträger wie Schiene und Wasserstraße sollen verbessert werden. Raumstrukturen sollen so gestaltet werden, dass die Verkehrsbelastung verringert und zusätzlicher Verkehr vermieden wird. Eine gute Erreichbarkeit der Zentralen Orte, insbesondere mit öffentlichen Verkehrsmitteln, soll gewährleistet werden. Ein barrierefreier Zugang, insbesondere zu Infrastruktureinrichtungen, soll ermöglicht werden.
5. Energieversorgung:
Den räumlichen Erfordernissen für eine kostengünstige, sichere und umweltverträgliche Energieversorgung einschließlich des Ausbaus von Energienetzen soll Rechnung getragen werden. Dabei sollen die räumlichen Voraussetzungen für den Ausbau der erneuerbaren Energien, für eine Steigerung der Energieeffizienz und für eine sparsame Energienutzung geschaffen werden.
6. Wettbewerbsfähige Wirtschaftsstrukturen:
Die räumlichen Voraussetzungen für eine langfristig wettbewerbsfähige und räumlich ausgewogene Wirtschaftsstruktur und wirtschaftsnahe Infrastruktur sowie für ein ausreichendes und vielfältiges Angebot an Arbeits- und Ausbildungsplätzen sollen erhalten und entwickelt werden. Geeignete räumliche Rahmenbedingungen für eine möglichst ausgewogene Branchenstruktur der gewerblichen Wirtschaft, für eine ausgewogene Versorgung mit Handwerks- und sonstigen Dienstleistungsbetrieben sowie für die Sicherung des Bestands und der Weiterentwicklung und die Neuansiedlung von leistungsfähigen kleinen und mittelständischen Unternehmen sowie der Freien Berufe sollen gewährleistet werden. Insbesondere in Räumen, in denen die Lebensverhältnisse in ihrer Gesamtheit im Verhältnis zum Landesdurchschnitt wesentlich zurückgeblieben sind oder ein solches Zurückbleiben zu befürchten ist, sollen die Entwicklungsvoraussetzungen gestärkt werden. Die räumlichen Voraussetzungen für die vorsorgende Sicherung sowie für die geordnete Aufsuchung und Gewinnung von standortgebunde-

nen Rohstoffen sollen geschaffen werden. Die räumlichen Voraussetzungen für eine nachhaltige Wasserwirtschaft und die vorsorgende Sicherung der Versorgung von Bevölkerung und Wirtschaft mit Wasser in ausreichender Menge und Güte sollen geschaffen werden. Die räumlichen Voraussetzungen für die Land- und Forstwirtschaft in ihrer Bedeutung für die Nahrungs- und Rohstoffproduktion sollen erhalten und entwickelt werden. Die Wettbewerbsfähigkeit der Tourismuswirtschaft soll gestärkt werden.

7. Landschaftsbild:
Das Landschaftsbild Bayerns soll in seiner Vielfalt, Eigenart und Schönheit bewahrt werden. Kultur- und Naturlandschaften sollen erhalten und entwickelt werden. Historisch geprägte und gewachsene Kulturlandschaften sollen in ihren prägenden kulturellen und ökologischen Merkmalen und mit ihren Kultur- und Naturdenkmälern erhalten bleiben. Es sollen die räumlichen Voraussetzungen dafür geschaffen werden, dass die Land- und Forstwirtschaft und der Naturschutz ihren Beitrag dazu leisten können, das Landschaftsbild und die natürlichen Lebensgrundlagen zu schützen.
8. Ökologische Funktionen des Raums:
Der Raum soll in seiner Bedeutung für die Funktionsfähigkeit der Böden, des Wasserhaushalts, des Klimas, der Erholung sowie als Lebensraum der Tier- und Pflanzenwelt einschließlich der jeweiligen Wechselwirkungen entwickelt, gesichert oder, soweit erforderlich, möglich und angemessen, wiederhergestellt werden. Wirtschaftliche und soziale Nutzungen des Raums sollen unter Berücksichtigung seiner ökologischen Funktionen gestaltet werden. Naturgüter sollen sparsam und schonend in Anspruch genommen werden. Das Gleichgewicht des Naturhaushalts soll nicht nachteilig verändert werden. Grundwasservorkommen sollen geschützt, die Reinhaltung der Gewässer soll sichergestellt werden. Wälder sollen in ihrer Funktion für Klima, Natur- und Wasserhaushalt sowie für die Erholung erhalten und soweit erforderlich verbessert werden. Den Erfordernissen des Biotopverbunds soll Rechnung getragen werden. Für den vorbeugenden Hochwasserschutz soll vor allem durch Sicherung oder Rückgewinnung von Auen, Rückhalteflächen und Entlastungsflächen Sorge getragen werden. Der Schutz der Allgemeinheit vor Lärm und die Reinhaltung der Luft soll sichergestellt werden. Den räumlichen Erfordernissen des Klimaschutzes soll Rechnung getragen werden, sowohl durch Maßnahmen, die dem Klimawandel entgegenwirken, als auch durch solche, die der Anpassung an den Klimawandel dienen. Insbesondere in den Berggebieten soll dem Schutz vor Naturgefahren besondere Bedeutung beigemessen werden. Die Funktionsfähigkeit der Schutzwälder im Alpenraum soll erhalten und soweit erforderlich verbessert werden.
9. Verteidigung und Zivilschutz:
Den räumlichen Erfordernissen der Verteidigung und des Zivilschutzes soll Rechnung getragen werden.

10. Integration im Bundesgebiet und im europäischen Raum:
Die räumlichen Voraussetzungen für den Zusammenhalt im Bundesgebiet und im europäischen Raum sollen gewährleistet werden. Die Zusammenarbeit im europäischen Raum, mit dem Bund und den Ländern sowie die grenzüberschreitende Zusammenarbeit der Teilräume und Regionen sollen unterstützt werden.

Teil 3

Organisation der Landesplanung

Art. 7 Landesplanungsbehörden. Landesplanungsbehörden sind das Staatsministerium für Wirtschaft, Landesentwicklung und Energie als oberste Landesplanungsbehörde und die Regierungen als höhere Landesplanungsbehörden.

Art. 8 Regionale Planungsverbände. (1) [1]Träger der Regionalplanung sind die Regionalen Planungsverbände. [2]Sie erfüllen diese Aufgabe im übertragenen Wirkungskreis. [3]Darüber hinaus können sie Aufgaben ihrer Mitglieder in der Regionalentwicklung wahrnehmen.

(2) Die Regionalen Planungsverbände können keine regionalen Flächennutzungspläne im Sinn des § 13 Abs. 4 ROG aufstellen.

(3) [1]Die Regionalen Planungsverbände sind Zusammenschlüsse der Gemeinden und Landkreise einer Region. [2]Sie entstehen in allen Regionen mit dem Inkrafttreten der Einteilung des Staatsgebiets in Regionen gemäß Art. 19 Abs. 2 Nr. 1. [3]Mitglieder eines Regionalen Planungsverbands sind ausschließlich die Gemeinden, deren Gebiet in der Region liegt, und die Landkreise, deren Gebiet ganz oder teilweise zur Region gehört.

(4) Die Regionalen Planungsverbände bedienen sich zur Ausarbeitung des Regionalplans und zur Erstellung der regionalplanerischen Arbeitsunterlagen für die Verbandsorgane der jeweils für ihren Sitz zuständigen höheren Landesplanungsbehörde, die hierfür die erforderlichen Mittel zur Verfügung stellt.

(5) [1]Unbeschadet der besonderen Bestimmungen dieses Gesetzes sind auf die Regionalen Planungsverbände die für Zweckverbände geltenden Vorschriften anzuwenden. [2]Soweit darin auf die für Gemeinden, Landkreise oder Bezirke geltenden Regelungen verwiesen wird, sind die für Landkreise vorgesehenen Bestimmungen anzuwenden. [3]Die in den anzuwendenden Vorschriften begründeten Zuständigkeiten staatlicher Behörden werden durch die Landesplanungsbehörden der entsprechenden Verwaltungsstufe wahrgenommen.

Art. 9 Verbandssatzung. (1) [1]Die Verbandssatzung muss die angemessene Vertretung unterschiedlicher Interessen der Verbandsmitglieder sicherstellen. [2]Eine Regelung nach Art. 8 Abs. 1 Satz 3 bedarf der Mehrheit von zwei Dritteln der Mitglieder der Verbandsversammlung, wenn die Aufgabenwahrnehmung umlagenrelevant ist.

(2) [1]Der Erlass der Verbandssatzung und deren Änderungen sind der zuständigen höheren Landesplanungsbehörde anzuzeigen. [2]Sie dürfen nur in Kraft gesetzt werden, wenn die zuständige höhere Landesplanungsbehörde nicht innerhalb einer Frist von sechs Wochen nach Eingang der Anzeige die Verletzung von Rechtsvorschriften geltend macht oder erklärt, dass keine Verletzung von Rechtsvorschriften geltend gemacht wird.

(3) [1]Die Verbandssatzung wird von der zuständigen höheren Landesplanungsbehörde erlassen, wenn aus rechtlichen Gründen von der höheren Landesplanungsbehörde geforderte Satzungsänderungen innerhalb einer angemessenen Frist nicht beschlossen werden. [2]Den Verbandsmitgliedern ist vorher Gelegenheit zur Stellungnahme zu geben.

Art. 10 Organe der Regionalen Planungsverbände. (1) [1]Organe der Regionalen Planungsverbände sind die Verbandsversammlung, der Planungsausschuss und der Verbandsvorsitzende. [2]Die Verbandssatzung kann außerdem einen Regionalen Planungsbeirat vorsehen.

(2) [1]In der Verbandsversammlung sind nur die von den Verbandsmitgliedern entsandten Verbandsräte oder deren Stellvertreter stimmberechtigt. [2]Jedes Verbandsmitglied entsendet einen Verbandsrat. [3]Abstimmungen erfolgen nach der Einwohnerzahl der zur Region gehörenden Gebiete der Verbandsmitglieder mit der Maßgabe, dass jeder Verbandsrat für je angefangene 1 000 Einwohner eine Stimme erhält. [4]Dabei ist der zum Jahresschluss fortgeschriebene Bevölkerungsstand mit Wirkung zum 1. Januar des übernächsten Jahres für die Dauer von zwei Jahren zugrunde zu legen. [5]Die Einwohner kreisangehöriger Gemeinden werden der Gemeinde und dem Landkreis jeweils einmal zugerechnet. [6]Die Einwohner kreisfreier Gemeinden und gemeindefreier Gebiete zählen doppelt. [7]Kein Verbandsmitglied erhält mehr als 40 v.H. der Stimmen. [8]Die Verbandssatzung kann vorsehen, dass kein Verbandsmitglied mehr als 40 v.H. der anwesenden Stimmen geltend machen kann; eine entsprechende Regelung bedarf der Mehrheit von zwei Dritteln der gesetzlichen Stimmenzahl. [9]In der Verbandsversammlung ist für Beschlüsse und bei Wahlen neben der jeweils notwendigen Stimmenmehrheit die Zustimmung von mindestens einem Viertel der anwesenden Verbandsräte erforderlich. [10]Für die Fälle einer umlagenrelevanten Aufgabenwahrnehmung gemäß Art. 8 Abs. 1 Satz 3 kann die Verbandssatzung besondere Regelungen des Stimmrechts treffen. [11]Art. 32 Abs. 2 Satz 1 des Gesetzes über die kommunale Zusammenarbeit (KommZG) ist nicht anzuwenden.

(3) [1]Die Verbandsversammlung ist ausschließlich zuständig für

1. die Wahl des Verbandsvorsitzenden und der Stellvertreter,
2. die Verbandssatzung,
3. Gesamtfortschreibungen des Regionalplans und
4. die Angelegenheiten nach Art. 34 Abs. 2 Nrn. 3 bis 5 KommZG, sofern die Verbandssatzung nicht die Zuständigkeit des Planungsausschusses bestimmt.

[2]Die Verbandsversammlung kann die Beschlussfassung über Teilfortschreibungen des Regionalplans bis zur abschließenden Beschlussfassung des Planungsausschusses (Abs. 5 Nr. 2) an sich ziehen.

(4) [1]Dem Planungsausschuss gehören außer dem Verbandsvorsitzenden mindestens zehn, höchstens 30 Vertreter der Verbandsmitglieder an. [2]Der Planungsausschuss setzt sich aus Vertretern der kreisangehörigen Gemeinden, der kreisfreien Gemeinden und der Landkreise entsprechend den Stimmanteilen dieser Gruppen in der Verbandsversammlung zusammen. [3]Die Vertreter der jeweiligen Gruppen werden durch die von diesen Gruppen entsandten Verbandsräte bestellt.

(5) Der Planungsausschuss ist zuständig für
1. die Verfahrensschritte zur Ausarbeitung des Regionalplans,
2. Teilfortschreibungen des Regionalplans; Abs. 3 Satz 2 bleibt unberührt und
3. Stellungnahmen im Rahmen von Verfahren, an denen der Regionale Planungsverband beteiligt wird.

Art. 11 Aufsicht über die Regionalen Planungsverbände. (1) Die Regionalen Planungsverbände unterliegen der Aufsicht der für ihren Sitz zuständigen höheren Landesplanungsbehörde.

(2) Die oberste und höhere Landesplanungsbehörde können unbeschadet weitergehender Befugnisse die Einladung zu Sitzungen der Organe der Regionalen Planungsverbände verlangen; ihre Vertreter können an den Sitzungen beratend teilnehmen.

Art. 12 Kostenerstattung an die Regionalen Planungsverbände. [1]Der Freistaat Bayern ersetzt den Regionalen Planungsverbänden den notwendigen Aufwand für die Aufgaben nach Art. 8 Abs. 1 Satz 1. [2]Das Nähere wird durch Rechtsverordnung der Staatsregierung bestimmt.

Art. 13 Landesplanungsbeirat. (1) [1]Bei der obersten Landesplanungsbehörde besteht ein Landesplanungsbeirat; den Vorsitz führt die oberste Landesplanungsbehörde. [2]Die oberste Landesplanungsbehörde beruft die Mitglieder auf Vorschlag von Organisationen des gesellschaftlichen Lebens, insbesondere aus den Bereichen der Ökologie, der Ökonomie, des Sozialwesens, der Kultur und der Kirchen, deren Aufgaben durch raumbedeutsame Planungen und Maßnahmen berührt werden, sowie auf Vorschlag der kommunalen Spitzenverbände Bayerns. [3]Sie kann Sachverständige als weitere Mitglieder in den Landesplanungsbeirat berufen.

(2) [1]Der Landesplanungsbeirat soll die oberste Landesplanungsbehörde durch Gutachten, Anregungen und Empfehlungen unterstützen. [2]Er ist von der obersten Landesplanungsbehörde nach Maßgabe dieses Gesetzes an der Ausarbeitung und Aufstellung des Landesentwicklungsprogramms zu beteiligen und zu grundlegenden Fragen der Raumordnung und Landesplanung zu hören.

(3) Das Nähere, insbesondere die Bestimmung der vorschlagsberechtigten Organisationen nach Abs. 1 Satz 2, die Rechtsstellung der Mitglieder und die Entschädigung der Sachverständigen, regelt das Staatsministerium für Wirtschaft, Landesentwicklung und Energie durch Rechtsverordnung.

Teil 4

Raumordnungspläne

Art. 14 Grundlagen. (1) [1]Raumordnungspläne sind für einen regelmäßig mittelfristigen Zeitraum aufzustellen. [2]Sie enthalten Festlegungen.

(2) [1]Festlegungen in Raumordnungsplänen können auch Gebiete bezeichnen,
1. die für bestimmte raumbedeutsame Funktionen oder Nutzungen vorgesehen sind und andere raumbedeutsame Nutzungen in diesem Gebiet ausschließen, soweit diese mit den vorrangigen Funktionen oder Nutzungen nicht vereinbar sind (Vorranggebiete),
2. in denen bestimmten raumbedeutsamen Funktionen oder Nutzungen bei der Abwägung mit konkurrierenden raumbedeutsamen Nutzungen besonderes Gewicht beizumessen ist (Vorbehaltsgebiete) oder
3. in denen bestimmte raumbedeutsame Funktionen oder Nutzungen ausgeschlossen sind (Ausschlussgebiete).

[2]Eignungsgebiete (§ 7 Abs. 3 Satz 2 Nr. 3 ROG) und Vorranggebiete mit der Wirkung von Eignungsgebieten (§ 7 Abs. 3 Satz 3 ROG) können nicht festgelegt werden. [3]Die Belange, für die in Regionalplänen Vorrang- oder Vorbehaltsgebiete festgelegt werden können, werden im Landesentwicklungsprogramm bestimmt.

(3) In den Raumordnungsplänen sind Ziele und Grundsätze der Raumordnung als solche zu kennzeichnen.

(4) Die Festlegungen in den Raumordnungsplänen sind zu begründen.

(5) Raumordnungspläne können in räumlichen und sachlichen Teilabschnitten ausgearbeitet und aufgestellt werden.

(6) [1]Raumordnungspläne sind bei Bedarf fortzuschreiben. [2]Für Fortschreibungen gelten die Vorschriften für Raumordnungspläne entsprechend.

Art. 15 Umweltbericht. (1) Als gesonderter Bestandteil des Begründungsentwurfs ist frühzeitig ein Umweltbericht zu erstellen.

(2) [1]Im Umweltbericht werden die voraussichtlichen erheblichen Auswirkungen, die die Verwirklichung des Raumordnungsplans auf
1. Menschen, einschließlich der menschlichen Gesundheit, Tiere, Pflanzen und die biologische Vielfalt,
2. Fläche, Boden, Wasser, Luft, Klima und Landschaft,
3. Kulturgüter und sonstige Sachgüter sowie
4. die Wechselwirkung zwischen den vorgenannten Schutzgütern

hat, entsprechend dem Planungsstand ermittelt, beschrieben und bewertet. [2]Im Einzelnen umfasst der Umweltbericht die in der **Anlage 1** genannten Angaben, soweit sie angemessenerweise gefordert werden können und unter Berücksichtigung des gegenwärtigen Wissensstandes und der allgemein anerkannten Prüfmethoden auf der jeweiligen Planungsebene erkennbar und von Bedeutung sind.

(3) [1]Die für die Ausarbeitung des Raumordnungsplans zuständige Stelle

1. legt unter Beteiligung der Behörden, deren umwelt- und gesundheitsbezogener Aufgabenbereich von den Umweltauswirkungen des Raumordnungsplans berührt werden kann, den Untersuchungsrahmen der Umweltprüfung einschließlich des erforderlichen Umfangs und Detaillierungsgrads des Umweltberichts fest und
2. erstellt den Umweltbericht auf der Grundlage der Stellungnahmen der in Nr. 1 genannten Behörden.

[2]Behörden nach Satz 1 sind beim Landesentwicklungsprogramm die jeweiligen obersten Landesbehörden, bei den Regionalplänen die jeweiligen höheren oder, sofern diese nicht vorhanden sind, obersten Landesbehörden.

(4) [1]Von der Erstellung des Umweltberichts kann bei geringfügigen Änderungen von Raumordnungsplänen abgesehen werden, wenn durch eine überschlägige Prüfung unter Berücksichtigung der in **Anlage 2** genannten Kriterien festgestellt worden ist, dass die Änderungen voraussichtlich keine erheblichen Umweltauswirkungen haben werden. [2]Diese Feststellung ist unter Beteiligung der in Abs. 3 genannten Behörden zu treffen. [3]Die zu dieser Feststellung führenden Erwägungen sind in den Begründungsentwurf aufzunehmen.

(5) Der Umweltbericht kann bei Regionalplänen auf zusätzliche oder andere erhebliche Umweltauswirkungen beschränkt werden, wenn für das Landesentwicklungsprogramm, aus dem der Regionalplan entwickelt ist, bereits eine Umweltprüfung durchgeführt worden ist.

Art. 16 Beteiligungsverfahren. (1) [1]Bei der Aufstellung von Raumordnungsplänen sind zu beteiligen:

1. die öffentlichen Stellen und in Art. 3 Abs. 1 Satz 2 genannten Personen des Privatrechts, für die eine Beachtenspflicht begründet werden soll,
2. die in Art. 15 Abs. 3 genannten Behörden,
3. die nach Naturschutzrecht im Freistaat Bayern anerkannten Vereine, soweit sie in ihrem satzungsgemäßen Aufgabenbereich berührt sind,
4. die betroffenen Wirtschafts- (mit Land- und Forstwirtschafts-) und Sozialverbände und
5. die Öffentlichkeit.

[2]Zum Entwurf des Landesentwicklungsprogramms sind zusätzlich auch die kommunalen Spitzenverbände im Freistaat Bayern zu beteiligen. [3]Rechtsansprüche werden durch die Beteiligung nicht begründet.

(2) [1]Im Rahmen der Beteiligung zum Landesentwicklungsprogramm wird der Entwurf mindestens einen Monat lang von der obersten Landesplanungsbehörde zur Einsicht ausgelegt und in das Internet eingestellt. [2]Ort und Zeit der

Auslegung sowie die einschlägige Internetadresse sind vorher bekannt zu machen; die nach Abs. 1 Satz 1 Nr. 1 bis 4 und Satz 2 zu Beteiligenden erhalten eine gesonderte Mitteilung. [3]In der Bekanntmachung, im Internet sowie in der gesonderten Mitteilung ist jeweils darauf hinzuweisen, dass sowie gegenüber welcher Stelle und innerhalb welcher Frist Gelegenheit zur schriftlichen oder elektronischen Äußerung besteht. [4]Mit Ablauf der Frist nach Satz 3 sind alle Äußerungen ausgeschlossen, die nicht auf besonderen privatrechtlichen Titeln beruhen. [5]Eine entsprechende Information ist in die Hinweise nach Satz 3 aufzunehmen.

(3) [1]Im Rahmen der Beteiligung zu Regionalplänen wird der Entwurf mindestens einen Monat lang

1. von den regional betroffenen höheren Landesplanungsbehörden, Landratsämtern und kreisfreien Gemeinden zur Einsicht ausgelegt und
2. vom zuständigen Regionalen Planungsverband und den höheren Landesplanungsbehörden nach Nr. 1 in das Internet eingestellt.

[2]Ort und Zeit der Auslegung sowie die einschlägige Internetadresse sind von den in Satz 1 Nr. 1 genannten Stellen vorher ortsüblich bekannt zu machen; die nach Abs. 1 Satz 1 Nr. 1 bis 4 zu Beteiligenden erhalten vom zuständigen Regionalen Planungsverband eine gesonderte Mitteilung. [3]Abs. 2 Satz 3 bis 5 gilt entsprechend.

(4) [1]Raumordnungspläne benachbarter Planungsräume innerhalb des Bundesgebiets sind aufeinander abzustimmen. [2]Wird ein Raumordnungsplan außerhalb des Geltungsbereiches dieses Gesetzes mit der obersten Landesplanungsbehörde oder einem Regionalen Planungsverband (beteiligte Stellen) abgestimmt, ist zur Beteiligung der Öffentlichkeit der Entwurf des Raumordnungsplans mit der Begründung sowie den übermittelten, im Rahmen der Umweltprüfung erstellten Unterlagen unverzüglich bei den höheren Landesplanungsbehörden, in deren Zuständigkeitsbereich Auswirkungen des Raumordnungsplans zu erwarten sind, auszulegen und von der beteiligten Stelle in das Internet einzustellen. [3]Für die Dauer der Auslegung gilt Abs. 2 Satz 1 entsprechend, soweit Vorgaben der beteiligenden Stelle nicht entgegenstehen; Abs. 1 Satz 3, Abs. 2 Satz 2 Halbsatz 1 und Satz 3 gelten entsprechend mit der Maßgabe, dass die vorgebrachten Äußerungen der beteiligten Stelle zuzuleiten sind. [4]Sofern im Rahmen der Umweltprüfung erstellte Unterlagen übermittelt worden sind, ist den in Art. 15 Abs. 3 genannten Behörden innerhalb einer angemessenen Frist Gelegenheit zur Stellungnahme zu geben.

(5) [1]Soweit die Durchführung eines Raumordnungsplans erhebliche Umweltauswirkungen auf einen anderen Staat haben kann, ist dieser nach §§ 60 und 61 des Gesetzes über die Umweltverträglichkeitsprüfung (UVPG) zu beteiligen. [2]Wird die Durchführung eines Raumordnungsplans voraussichtlich erhebliche sonstige Auswirkungen auf das Gebiet eines anderen Staates haben, ist dieser nach den Grundsätzen der Gegenseitigkeit und Gleichwertigkeit zu beteiligen.

(6) [1]Wird der Entwurf des Raumordnungsplans nach Durchführung der Verfahren nach Abs. 1 bis 5 geändert, sind diese Verfahren erneut durchzuführen. [2]Werden durch die Änderungen die Grundzüge der Planung nicht berührt, kann

1. die Beteiligung nach Abs. 1 Satz 1 Nr. 1 bis 4 und Satz 2 auf die von der Änderung Betroffenen beschränkt werden,
2. die Abstimmung nach Abs. 4 entfallen, wenn die Änderung keine erheblichen Auswirkungen auf die benachbarten Planungsräume hat und
3. die Beteiligung nach Abs. 5 entfallen, wenn die Änderung keine erheblichen Umweltauswirkungen auf einen anderen Staat haben kann oder voraussichtlich keine erheblichen sonstigen Auswirkungen auf das Gebiet eines anderen Staates hat.

[3]Stellungnahmen können nur zu den Änderungen abgegeben werden. [4]Die Frist nach Abs. 2 Satz 1 oder Abs. 3 Satz 1 kann angemessen verkürzt werden. [5]Werden durch die Änderungen keine neuen Beachtenspflichten eingeführt oder bestehende verstärkt, kann von der erneuten Durchführung der Verfahren nach den Abs. 1 bis 6 abgesehen werden.

Art. 17 Abwägung. [1]Bei der Aufstellung der Festlegungen in Raumordnungsplänen sind die öffentlichen und privaten Belange, soweit die Belange auf der jeweiligen Planungsebene erkennbar und von Bedeutung sind, abzuwägen; bei der Festlegung von Zielen der Raumordnung sind die Belange abschließend abzuwägen. [2]In der Abwägung sind auch

1. die im Rahmen des Art. 20 Abs. 1 oder Art. 22 Abs. 1 Satz 1 eingeholten Beiträge,
2. der nach Art. 15 erstellte Umweltbericht,
3. die Ergebnisse der nach Art. 16 durchgeführten Beteiligungsverfahren und
4. bei Regionalplänen sowie bei flächenhaften Festlegungen im Landesentwicklungsprogramm die Flächennutzungspläne und die Ergebnisse der von Gemeinden beschlossenen sonstigen städtebaulichen Planungen

zu berücksichtigen.

Art. 18 Bekanntgabe. [1]Ab dem Tag des Inkrafttretens ist das Landesentwicklungsprogramm von der obersten Landesplanungsbehörde, der Regionalplan von den regional betroffenen höheren Landesplanungsbehörden auszulegen und in das Internet einzustellen; hierauf ist im jeweiligen Veröffentlichungsblatt hinzuweisen. [2]Die Begründung des Raumordnungsplans enthält auch

1. eine zusammenfassende Erklärung,
   a) wie Umwelterwägungen in den Raumordnungsplan einbezogen wurden,
   b) wie der nach Art. 15 erstellte Umweltbericht, die Ergebnisse der Beteiligungsverfahren nach Art. 16, beim Landesentwicklungsprogramm auch des Verfahrensschritts nach Art. 20 Abs. 1 Satz 2, sowie die geprüften Alternativen in der Abwägung berücksichtigt wurden,
2. eine Zusammenstellung der Maßnahmen, die für eine Überwachung erheblicher Umweltauswirkungen bei der Verwirklichung des Raumordnungsplans gemäß Art. 31 durchgeführt werden sollen.

Art. 19 Inhalt des Landesentwicklungsprogramms. (1) [1]Das Landesentwicklungsprogramm legt die Grundzüge der anzustrebenden räumlichen Ord-

nung und Entwicklung des Staatsgebiets fest. [2]Insoweit können auch für überregionale Teilräume besondere Festlegungen getroffen werden. [3]Festlegungen zu einzelnen Planungen und Maßnahmen können in das Landesentwicklungsprogramm aufgenommen werden, wenn die Planungen und Maßnahmen für das ganze Staatsgebiet oder größere Teile desselben raumbedeutsam sind.

(2) Das Landesentwicklungsprogramm enthält
1. die Einteilung des Staatsgebiets in Regionen; eine Region soll sich regelmäßig auf das zusammenhängende Gebiet mehrerer Landkreise unter Einbeziehung kreisfreier Gemeinden erstrecken, wobei das Gebiet einzelner Gemeinden nicht geteilt werden darf,
2. die Festlegung der Zentralen Orte, Vorgaben für deren Sicherung und, soweit erforderlich, deren weiterer Entwicklung hinsichtlich ihrer zentralörtlichen Aufgaben sowie Vorgaben für die Bestimmung der Zentralen Orte der Grundversorgung; Art. 21 Abs. 2 Nr. 1 bleibt unberührt,
3. die Gebiete, die hinsichtlich ihrer Problemlage, ihres Ordnungsbedarfs und ihrer angestrebten Entwicklung einheitlich zu behandeln sind (Gebietskategorien), sowie die entsprechend ihrer jeweiligen Eigenart erforderlichen übergeordneten Festlegungen und
4. landesweit raumbedeutsame Festlegungen, insbesondere zur Siedlungsstruktur, zum Verkehr, zur Wirtschaft (mit Land- und Forstwirtschaft), zur Energieversorgung, zum Sozialwesen, zur Gesundheit, Bildung, Kultur sowie zur Freiraumsicherung, sofern nicht die jeweiligen Belange fachrechtlich hinreichend gesichert sind.

Art. 20 Ausarbeitung und Aufstellung des Landesentwicklungsprogramms. (1) [1]Das Landesentwicklungsprogramm wird von der obersten Landesplanungsbehörde im Benehmen mit den übrigen Staatsministerien ausgearbeitet. [2]Der Landesplanungsbeirat ist anzuhören.

(2) Die im Landesentwicklungsprogramm enthaltenen Festlegungen werden von der Staatsregierung mit Zustimmung des Landtags als Rechtsverordnung beschlossen.

Art. 21 Inhalt der Regionalpläne. (1) [1]Regionalpläne sind aus dem Landesentwicklungsprogramm zu entwickeln. [2]Sie legen unter Beachtung der im Landesentwicklungsprogramm festgelegten Ziele der Raumordnung die anzustrebende räumliche Ordnung und Entwicklung einer Region fest.

(2) Regionalpläne enthalten
1. die Festlegung der Zentralen Orte der Grundversorgung sowie Vorgaben für deren Sicherung und, soweit erforderlich, deren weiterer Entwicklung hinsichtlich ihrer zentralörtlichen Aufgaben,
2. Festlegungen zu den Gebietskategorien und
3. regionsweit raumbedeutsame Festlegungen, insbesondere zur Siedlungsstruktur, zum Verkehr, zur Wirtschaft (mit Land- und Forstwirtschaft), zur Energieversorgung, zum Sozialwesen, zur Gesundheit, Bildung, Kultur sowie zur Freiraumsicherung, sofern nicht die jeweiligen Belange fachrechtlich hinreichend gesichert sind.

Art. 22 Ausarbeitung und Aufstellung der Regionalpläne. (1) [1]Regionalpläne werden von den zuständigen Regionalen Planungsverbänden im Benehmen mit den öffentlichen Stellen, deren Aufgaben berührt werden, ausgearbeitet und von den Regionalen Planungsverbänden beschlossen. [2]Die in den Regionalplänen enthaltenen Festlegungen werden als Rechtsverordnung beschlossen und auf Antrag des Regionalen Planungsverbands durch die zuständige höhere Landesplanungsbehörde für verbindlich erklärt. [3]Die Veröffentlichung der Rechtsverordnung erfolgt durch Auslegung bei der zuständigen höheren Landesplanungsbehörde; hierauf ist in deren Amtsblatt hinzuweisen. [4]Erstreckt sich die Region auch auf andere Regierungsbezirke, erfolgen die Auslegung und der Hinweis im Amtsblatt auch bei den dortigen höheren Landesplanungsbehörden.

(2) [1]Bei der Verbindlicherklärung stimmt sich die höhere Landesplanungsbehörde mit den berührten Fachbehörden der entsprechenden Verwaltungsstufe oder, sofern diese nicht vorhanden ist, der nächsthöheren Verwaltungsstufe ab. [2]Art. 95 Abs. 2 der Landkreisordnung gilt entsprechend. [3]Von der Verbindlicherklärung können einzelne in einem beschlossenen Regionalplan enthaltene Festlegungen ausgenommen werden, soweit die Voraussetzungen für die Ablehnung eines nach Abs. 1 Satz 2 gestellten Antrags vorliegen und die ausgenommenen Festlegungen die angestrebte räumliche Ordnung und Entwicklung der Region im Übrigen nicht oder nur unwesentlich berühren. [4]Die höhere Landesplanungsbehörde kann geringfügige oder dringende Änderungen der Festlegungen selbst vornehmen, soweit die Voraussetzungen für die Ablehnung eines nach Abs. 1 Satz 2 gestellten Antrags vorliegen; Art. 14 bis 18 gelten entsprechend.

(3) [1]Über den Antrag nach Abs. 1 Satz 2 ist grundsätzlich innerhalb einer Frist von drei Monaten, bei umfangreichen Fortschreibungen innerhalb von sechs Monaten zu entscheiden. [2]Die Frist beginnt mit der Einreichung der erforderlichen Unterlagen.

Art. 23 Planerhaltung. (1) Eine Verletzung von Verfahrens- oder Formvorschriften dieses Gesetzes ist für die Rechtswirksamkeit eines Raumordnungsplans nur beachtlich, wenn

1. die Vorschriften des Art. 16 über das Beteiligungsverfahren verletzt worden sind; dabei ist unbeachtlich, wenn einzelne Personen oder öffentliche Stellen nicht beteiligt worden sind oder eine grenzüberschreitende Beteiligung fehlerhaft erfolgt ist, die entsprechenden Belange jedoch unerheblich waren oder in der Entscheidung berücksichtigt worden sind;
2. die Vorschriften des Art. 14 Abs. 4 über die Begründung des Raumordnungsplans sowie seiner Entwürfe verletzt worden sind; dabei ist unbeachtlich, wenn die Begründung unvollständig ist; oder
3. der mit der Veröffentlichung verfolgte Hinweiszweck nicht erreicht wurde.

(2) Für die Rechtswirksamkeit der Regionalpläne ist unbeachtlich, wenn

1. Art. 21 Abs. 1 Satz 1 hinsichtlich des Entwickelns des Regionalplans aus dem Landesentwicklungsprogramm verletzt worden ist, ohne dass hierbei

die sich aus dem Landesentwicklungsprogramm ergebende geordnete räumliche Entwicklung beeinträchtigt worden ist, oder

2. diese aus Festlegungen im Landesentwicklungsprogramm entwickelt worden sind, die wegen Verletzung von Verfahrens- oder Formvorschriften nach Veröffentlichung des Regionalplans für unwirksam erklärt werden.

(3) [1]Für die Abwägung nach Art. 17 ist die Sach- und Rechtslage im Zeitpunkt der Beschlussfassung über den Raumordnungsplan maßgebend. [2]Mängel im Abwägungsvorgang sind nur erheblich, wenn sie offensichtlich gewesen sind und das Ergebnis der Abwägung beeinflusst haben.

(4) Bei Anwendung des Art. 15 gilt ergänzend zu Abs. 1 bis 3:

1. Ein für die Rechtmäßigkeit des Raumordnungsplans beachtlicher Mangel des Umweltberichts (Art. 15) besteht, wenn der Umweltbericht in wesentlichen Punkten unvollständig ist und diese Punkte nicht Bestandteil der zusammenfassenden Erklärung nach Art. 18 Satz 3 Nr. 1 sind.
2. Unterbleibt nach Art. 15 Abs. 4 die Erstellung des Umweltberichts, gilt die Vorprüfung des Einzelfalls als ordnungsgemäß durchgeführt, wenn die Vorprüfung entsprechend den Vorgaben des Art. 15 Abs. 4 durchgeführt worden ist und ihr Ergebnis nachvollziehbar ist. Dabei ist unbeachtlich, wenn einzelne öffentliche Stellen nicht beteiligt worden sind; andernfalls besteht ein für die Rechtswirksamkeit des Raumordnungsplans beachtlicher Mangel.

(5) [1]Wenn folgende Mängel nicht innerhalb eines Jahres seit Veröffentlichung des Raumordnungsplans unter Darlegung des die Verletzung begründenden Sachverhalts schriftlich oder elektronisch geltend gemacht worden sind, werden sie unbeachtlich:

1. eine nach Abs. 1 Nrn. 1 und 2 beachtliche Verletzung der dort bezeichneten Verfahrens- und Formvorschriften,
2. eine unter Berücksichtigung von Abs. 2 Nr. 1 beachtliche Verletzung des Art. 21 Abs. 1 Satz 1,
3. nach Abs. 3 beachtliche Mängel des Abwägungsvorgangs oder
4. eine nach Abs. 4 beachtliche Verletzung der Vorschriften über die Umweltprüfung.

[2]Die Mängel sind beim Landesentwicklungsprogramm gegenüber der obersten Landesplanungsbehörde, bei Regionalplänen gegenüber dem Regionalen Planungsverband geltend zu machen. [3]In der Veröffentlichung des Raumordnungsplans ist auf die Voraussetzungen für die Geltendmachung der Verletzung von Vorschriften sowie auf die Rechtsfolgen hinzuweisen.

(6) Der Raumordnungsplan kann durch ein ergänzendes Verfahren zur Behebung von Fehlern auch rückwirkend in Kraft gesetzt werden.

(7) Die Verpflichtung der zuständigen höheren Landesplanungsbehörde, im Rahmen der Verbindlicherklärung gemäß Art. 22 Abs. 1 Satz 2 die Einhaltung auch der Vorschriften, deren Verletzung sich nach Abs. 1 bis 6 nicht auswirkt, zu überprüfen, sowie Art. 11 Abs. 1 bleiben unberührt.

Teil 5

Sicherungsinstrumente der Landesplanung

Art. 24 Gegenstand, Zweck und Erforderlichkeit von Raumordnungsverfahren. (1) Gegenstand von Raumordnungsverfahren sind Vorhaben von erheblicher überörtlicher Raumbedeutsamkeit.

(2) [1]Vorhaben nach Abs. 1 sind vor der Entscheidung über die Zulässigkeit in einem Raumordnungsverfahren auf ihre Raumverträglichkeit zu überprüfen. [2]Hierbei sind die raumbedeutsamen Auswirkungen des Vorhabens unter überörtlichen Gesichtspunkten, einschließlich der überörtlich raumbedeutsamen Belange des Umweltschutzes, zu prüfen; insbesondere werden die Übereinstimmung mit den Erfordernissen der Raumordnung und die Abstimmung mit anderen raumbedeutsamen Planungen und Maßnahmen geprüft. [3]§ 49 Abs. 1 UVPG findet keine Anwendung. [4]Gegenstand der Prüfung nach Satz 2 sind auch die vom Träger des Vorhabens eingeführten Alternativen. [5]Die nach Art. 25 Abs. 1 Sätze 1 und 2 zuständige Landesplanungsbehörde kann beim Träger des Vorhabens darauf hinwirken, dass ernsthaft in Betracht kommende Alternativen eingeführt werden. [6]Raumordnungsverfahren werden ausschließlich im öffentlichen Interesse durchgeführt.

(3) Von einem Raumordnungsverfahren kann abgesehen werden, wenn das Vorhaben

1. Zielen der Raumordnung offensichtlich entspricht oder widerspricht oder
2. den Festsetzungen eines den Zielen der Raumordnung angepassten Bebauungsplans nach § 30 Abs. 1 oder § 12 des Baugesetzbuchs (BauGB) entspricht oder widerspricht und sich die Zulässigkeit des Vorhabens nicht nach einem Planfeststellungsverfahren oder einem sonstigen Verfahren mit den Rechtswirkungen der Planfeststellung bestimmt.

Art. 25 Einleitung, Durchführung und Abschluss von Raumordnungsverfahren. (1) [1]Für die Entscheidung über die Einleitung sowie für die Durchführung des Raumordnungsverfahrens sind die höheren Landesplanungsbehörden zuständig. [2]Die oberste Landesplanungsbehörde kann bei Vorhaben, von denen mehrere höhere Landesplanungsbehörden betroffen werden, eine von ihnen für zuständig erklären; diese entscheidet im Benehmen mit den übrigen betroffenen höheren Landesplanungsbehörden. [3]Bei Vorhaben von öffentlichen Stellen des Bundes, von anderen öffentlichen Stellen, die im Auftrag des Bundes tätig sind, sowie von Personen des Privatrechts nach § 5 Abs. 1 ROG entscheidet die höhere Landesplanungsbehörde im Benehmen mit der zuständigen Stelle oder Person über die Einleitung des Raumordnungsverfahrens.

(2) Über die Notwendigkeit, ein Raumordnungsverfahren durchzuführen, ist innerhalb einer Frist von vier Wochen nach Einreichung der hierfür erforderlichen Unterlagen zu entscheiden.

(3) [1]Die Verfahrensunterlagen haben sich auf die Angaben zu beschränken, die notwendig sind, um die Bewertung der unter überörtlichen Gesichtspunk-

ten raumbedeutsamen Auswirkungen des Vorhabens zu ermöglichen. [2]Notwendig sind in der Regel folgende Angaben:
1. die Beschreibung des Vorhabens nach Art und Umfang, Bedarf an Grund und Boden sowie vorgesehenen Folgefunktionen, einschließlich der vom Träger des Vorhabens eingeführten Alternativen unter Angabe der wesentlichen Auswahlgründe, und
2. die Beschreibung der entsprechend dem Planungsstand zu erwartenden erheblichen Auswirkungen des Vorhabens, insbesondere auf die Wirtschafts-, Siedlungs- und Infrastruktur sowie auf die Umwelt, und der Maßnahmen zur Vermeidung, Verminderung oder zum Ausgleich erheblicher Umweltbeeinträchtigungen sowie der Ersatzmaßnahmen bei nicht ausgleichbaren Eingriffen in Natur und Landschaft.

[3]Bei Vorhaben der Verteidigung entscheidet das hierfür zuständige Bundesministerium oder die von ihm bestimmte Stelle, bei Vorhaben des Zivilschutzes die zuständige Stelle über Art und Umfang der Angaben für das Vorhaben.

(4) [1]Im Raumordnungsverfahren sind zu beteiligen:
1. die öffentlichen Stellen und sonstigen Planungsträger, die von dem Vorhaben berührt sind,
2. die nach Naturschutzrecht im Freistaat Bayern anerkannten Vereine, soweit sie in ihrem satzungsgemäßen Aufgabenbereich berührt sind,
3. die betroffenen Wirtschafts- (mit Land- und Forstwirtschafts-) und Sozialverbände,
4. die benachbarten Länder, soweit sich das Vorhaben im dortigen Gebiet auswirken kann,
5. die Nachbarstaaten nach den Grundsätzen der Gegenseitigkeit und Gleichwertigkeit, sofern das Vorhaben erhebliche Auswirkungen auf sie haben kann, und
6. die Öffentlichkeit.

[2]Rechtsansprüche werden durch die Beteiligung nicht begründet. [3]Bei Vorhaben der Verteidigung oder des Zivilschutzes können die in Abs. 3 Satz 3 genannten Stellen die Beteiligung der Öffentlichkeit nach Satz 1 Nr. 6 einschränken oder ausschließen.

(5) [1]Im Rahmen der Beteiligung werden die Verfahrensunterlagen für einen angemessenen Zeitraum von höchstens einem Monat
1. von den Gemeinden, in denen sich das Vorhaben voraussichtlich auswirkt, zwei Wochen nach Zugang zur Einsicht ausgelegt und
2. von der höheren Landesplanungsbehörde in das Internet eingestellt.

[2]Ort und Zeit der Auslegung sowie die einschlägige Internetadresse sind von den Gemeinden vorher ortsüblich bekannt zu machen; die nach Abs. 4 Satz 1 Nr. 1 bis 5 zu Beteiligenden erhalten von der höheren Landesplanungsbehörde eine gesonderte Mitteilung. [3]In der Bekanntmachung, im Internet sowie in der gesonderten Mitteilung ist jeweils darauf hinzuweisen, dass sowie gegenüber welcher Stelle und innerhalb welcher Frist Gelegenheit zur schriftlichen oder elektronischen Äußerung besteht. [4]Die Gemeinden leiten die bei ihnen vorgebrachten Äußerungen nach Ablauf der Äußerungsfrist unverzüglich der höhe-

ren Landesplanungsbehörde zu; sie können dazu eine eigene Stellungnahme abgeben.

(6) [1]Das Raumordnungsverfahren ist nach Vorliegen der vollständigen Verfahrensunterlagen innerhalb einer Frist von höchstens sechs Monaten mit einer landesplanerischen Beurteilung abzuschließen. [2]Die Öffentlichkeit ist von der landesplanerischen Beurteilung durch ortsübliche Bekanntmachung und durch Einstellung in das Internet zu unterrichten.

Art. 26 Vereinfachtes Raumordnungsverfahren. [1]Vorhaben nach Art. 24 Abs. 1 können in einem vereinfachten Raumordnungsverfahren auf ihre Raumverträglichkeit überprüft werden, wenn bereits ein Bauleitplan- oder Zulassungsverfahren für das Vorhaben eingeleitet ist. [2]Die Beteiligung nach Art. 25 Abs. 4 erfolgt, indem die für das Raumordnungsverfahren erheblichen Stellungnahmen sowie Äußerungen der Öffentlichkeit, die in dem Bauleitplan- oder Zulassungsverfahren abgegeben werden, herangezogen werden.

Art. 27 Landesplanerische Stellungnahme. Wird kein Raumordnungsverfahren durchgeführt, werden in Bauleitplan- und Zulassungsverfahren landesplanerische Stellungnahmen von der höheren Landesplanungsbehörde abgegeben.

Art. 28 Untersagung raumordnungswidriger Planungen und Maßnahmen. (1) Die oberste Landesplanungsbehörde kann raumbedeutsame Planungen und Maßnahmen sowie die Entscheidung über deren Zulässigkeit gegenüber den in Art. 3 genannten öffentlichen Stellen unbefristet untersagen, wenn Ziele der Raumordnung entgegenstehen.

(2) Die oberste Landesplanungsbehörde kann raumbedeutsame Planungen und Maßnahmen sowie die Entscheidung über deren Zulässigkeit gegenüber den in Art. 3 genannten öffentlichen Stellen befristet untersagen, wenn sich ein oder mehrere Ziele der Raumordnung in Aufstellung befinden und wenn zu befürchten ist, dass die Planung oder Maßnahme die Verwirklichung der vorgesehenen Ziele der Raumordnung unmöglich machen oder wesentlich erschweren würde.

(3) [1]Die Untersagung erfolgt im Einvernehmen mit den beteiligten Staatsministerien. [2]Äußert sich ein beteiligtes Staatsministerium nicht innerhalb eines Monats nach Zugang des Bescheidentwurfs, gilt das Einvernehmen als erteilt.

(4) Die Untersagung erfolgt von Amts wegen oder auf Antrag eines Planungsträgers, dessen Aufgaben durch die zu untersagende Planung oder Maßnahme berührt werden.

(5) Der Träger der zu untersagenden Planung oder Maßnahme ist zu hören.

(6) [1]Die Dauer der Untersagung nach Abs. 2 beträgt bis zu zwei Jahre. [2]Die Untersagung kann um ein weiteres Jahr verlängert werden.

(7) Anfechtungsklagen gegen eine Untersagung haben keine aufschiebende Wirkung.

(8) [1]Muss der Träger der untersagten Planung oder Maßnahme auf Grund der Untersagung einen Dritten entschädigen, so ersetzt ihm der Freistaat Bayern die hierdurch entstehenden notwendigen Aufwendungen. [2]Die Ersatzleistung ist ausgeschlossen, wenn die Untersagung von dem Planungsträger verschuldet ist oder aus Anlass der Untersagung aus anderen Rechtsgründen Entschädigungsansprüche bestehen.

Art. 29 Raumordnerische Zusammenarbeit. [1]Zur Entwicklung, Ordnung und Sicherung des Raums sollen die Träger der Landes- und Regionalplanung mit den maßgeblichen öffentlichen Stellen und Personen des Privatrechts zusammenarbeiten oder auf die Zusammenarbeit dieser Stellen und Personen hinwirken. [2]Die Zusammenarbeit nach Satz 1 kann innerhalb eines Teilraums, zwischen Teilräumen sowie grenzüberschreitend erfolgen. [3]Formen der Zusammenarbeit können insbesondere sein:
1. Vertragliche Vereinbarungen und
2. Maßnahmen zur eigenständigen Entwicklung von Teilräumen wie regionale Entwicklungskonzepte sowie regionale und interkommunale Netzwerke und Kooperationsstrukturen.

Teil 6

Sonstige Vorschriften

Art. 30 Mitteilungs- und Auskunftspflicht. (1) [1]Die Staatsministerien teilen die von ihnen beabsichtigten oder im Rahmen ihrer Zuständigkeit zu ihrer Kenntnis gelangenden raumbedeutsamen Planungen und Maßnahmen unverzüglich der obersten Landesplanungsbehörde mit. [2]Die sonstigen öffentlichen Stellen des Freistaates Bayern und die Personen des Privatrechts nach Art. 3 Abs. 1 Satz 2 sind zu entsprechender unverzüglicher Mitteilung gegenüber den höheren Landesplanungsbehörden verpflichtet.

(2) Die sonstigen privaten Planungsträger sind verpflichtet, den Landesplanungsbehörden auf Verlangen Auskunft über raumbedeutsame Planungen und Maßnahmen zu erteilen.

(3) [1]Die Landesplanungsbehörden unterrichten die öffentlichen Stellen und privaten Planungsträger über die sie betreffenden Erfordernisse der Raumordnung. [2]Die höheren Landesplanungsbehörden teilen den Regionalen Planungsverbänden die raumbedeutsamen Planungen und Maßnahmen in der Region mit.

Art. 31 Raumbeobachtung. Die Landesplanungsbehörden erfassen, verwerten und überwachen fortlaufend die raumbedeutsamen Tatbestände und Entwicklungen.

Art. 32 Unterrichtung des Landtags. Die Staatsregierung berichtet dem Landtag jeweils zur Mitte der Wahlperiode über wesentliche raumbedeutsame Entwicklungen im Freistaat Bayern.

Art. 33 Anpassungsgebot, Ersatzleistung an die Gemeinden. (1) Die oberste Landesplanungsbehörde kann im Einvernehmen mit den beteiligten Staatsministerien verlangen, dass die Gemeinden ihre rechtswirksamen Bauleitpläne den Zielen der Raumordnung anpassen.

(2) Muss eine Gemeinde einen Dritten gemäß §§ 39 bis 44 BauGB entschädigen, weil sie einen rechtsverbindlichen Bebauungsplan auf Grund der Ziele der Raumordnung geändert oder aufgehoben hat, so ist ihr vom Freistaat Bayern Ersatz zu leisten.

(3) Ein Anspruch auf Ersatzleistung ist ausgeschlossen, wenn die Gemeinde die höhere Landesplanungsbehörde nicht rechtzeitig von dem Entwurf des angepassten Bebauungsplans unterrichtet hat oder soweit die Gemeinde von einem durch die Maßnahme Begünstigten Ersatz verlangen kann.

Art. 34 Verwaltungskosten. [1]Für Amtshandlungen auf Grund dieses Gesetzes werden keine Verwaltungskosten erhoben. [2]Abweichend von Satz 1 erhebt die oberste Landesplanungsbehörde bei Zielabweichungsverfahren (Art. 4) vom Antragsteller die notwendigen Kosten für Gutachten als Auslagen.

Teil 7

Schlussbestimmungen

Art. 35 Unanwendbarkeit des Raumordnungsgesetzes. Das Raumordnungsgesetz findet im sachlichen Anwendungsbereich dieses Gesetzes keine Anwendung.

Art. 36 Übergangsbestimmungen. [1]Art. 23 Abs. 1 bis 4 sind auf Raumordnungspläne entsprechend anzuwenden, die auf der Grundlage des vor dem in Art. 37 genannten Zeitpunkt geltenden Rechts aufgestellt worden sind. [2]Unbeschadet des Satzes 1 sind Fehler, die auf der Grundlage des Art. 20 des Bayerischen Landesplanungsgesetzes in der am 30. Juni 2012 geltenden Fassung unbeachtlich sind oder durch Fristablauf unbeachtlich geworden sind, auch weiterhin für die Rechtswirksamkeit dieser Raumordnungspläne unbeachtlich. [3]In der 18. Wahlperiode ist der Bericht abweichend von Art. 32 im Jahr 2019 nach Maßgabe der zu Beginn dieser Wahlperiode geltenden Fassung dieses Gesetzes vorzulegen.

Art. 37 Inkrafttreten. Dieses Gesetz tritt am 1. Juli 2012 in Kraft.*

Anlage 1

(zu Art. 15 Abs. 2 Satz 2)

Der Umweltbericht nach Art. 15 besteht aus

1. einer Einleitung mit folgenden Angaben:

---

* *Diese Vorschrift betrifft das Inkrafttreten des Gesetzes in der ursprünglichen Fassung vom 25. Juni 2012 (GVBl. S. 254). Der Zeitpunkt des Inkrafttretens der späteren Änderungen ergibt sich aus den jeweiligen Änderungsgesetzen.*

a) Kurzdarstellung des Inhalts und der wichtigsten Ziele des Raumordnungsplans,
b) Darstellung der in den einschlägigen Gesetzen und Plänen festgelegten Ziele des Umweltschutzes, die für den Raumordnungsplan von Bedeutung sind, und der Art, wie diese Ziele und die Umweltbelange bei der Aufstellung berücksichtigt wurden;

2. einer Beschreibung und Bewertung der Umweltauswirkungen, die nach Art. 15 Abs. 2 ermittelt wurden, mit Angaben der
   a) Bestandsaufnahme der einschlägigen Aspekte des derzeitigen Umweltzustands, einschließlich der Umweltmerkmale der Gebiete, die voraussichtlich erheblich beeinflusst werden, einschließlich der Gebiete von gemeinschaftlicher Bedeutung und der Europäischen Vogelschutzgebiete im Sinn des Bundesnaturschutzgesetzes (BNatSchG),
   b) Prognose über die Entwicklung des Umweltzustands bei Durchführung der Planung und bei Nichtdurchführung der Planung,
   c) geplanten Maßnahmen zur Vermeidung, Verringerung und zum Ausgleich der nachteiligen Auswirkungen und
   d) anderweitigen Planungsmöglichkeiten, wobei die Ziele und der räumliche Geltungsbereich des Raumordnungsplans zu berücksichtigen sind;
3. folgenden zusätzlichen Angaben:
   a) Beschreibung der wichtigsten Merkmale der verwendeten technischen Verfahren bei der Umweltprüfung sowie Hinweise auf Schwierigkeiten, die bei der Zusammenstellung der Angaben aufgetreten sind, zum Beispiel technische Lücken oder fehlende Kenntnisse,
   b) Beschreibung der geplanten Maßnahmen zur Überwachung der erheblichen Auswirkungen der Durchführung des Raumordnungsplans auf die Umwelt und
   c) allgemein verständliche Zusammenfassung der erforderlichen Angaben nach dieser Anlage.

Anlage 2
(zu Art. 15 Abs. 4 Satz 1)

Nachstehende Kriterien sind anzuwenden, soweit auf Anlage 2 Bezug genommen wird:

1. Merkmale des Raumordnungsplans, insbesondere in Bezug auf
   a) das Ausmaß, in dem der Raumordnungsplan einen Rahmen im Sinn des § 35 Abs. 3 UVPG setzt;
   b) das Ausmaß, in dem der Raumordnungsplan andere Pläne und Programme beeinflusst;
   c) die Bedeutung des Raumordnungsplans für die Einbeziehung umweltbezogener, einschließlich gesundheitsbezogener Erwägungen, insbesondere im Hinblick auf die Förderung der nachhaltigen Entwicklung;

d) die für den Raumordnungsplan relevanten umweltbezogenen, einschließlich gesundheitsbezogener Probleme;
e) die Bedeutung des Raumordnungsplans für die Durchführung nationaler und europäischer Umweltvorschriften.

2. Merkmale der möglichen Auswirkungen und der voraussichtlich betroffenen Gebiete, insbesondere in Bezug auf
a) die Wahrscheinlichkeit, Dauer, Häufigkeit und Umkehrbarkeit der Auswirkungen;
b) den kumulativen und grenzüberschreitenden Charakter der Auswirkungen;
c) die Risiken für die Umwelt, einschließlich der menschlichen Gesundheit (z.B. bei Unfällen);
d) den Umfang und die räumliche Ausdehnung der Auswirkungen;
e) die Bedeutung und die Sensibilität des voraussichtlich betroffenen Gebiets auf Grund der besonderen natürlichen Merkmale, des kulturellen Erbes, der Intensität der Bodennutzung des Gebiets jeweils unter Berücksichtigung der Überschreitung von Umweltqualitätsnormen und Grenzwerten;
f) folgende Gebiete:
aa) Natura 2000-Gebiete nach § 7 Abs. 1 Nr. 8 BNatSchG,
bb) Naturschutzgebiete gemäß § 23 BNatSchG, soweit nicht bereits von Doppelbuchst. aa erfasst,
cc) Nationalparke gemäß § 24 BNatSchG, soweit nicht bereits von Doppelbuchst. aa erfasst,
dd) Biosphärenreservate und Landschaftsschutzgebiete gemäß §§ 25 und 26 BNatSchG,
ee) gesetzlich geschützte Biotope gemäß § 30 BNatSchG und Art. 23 Abs. 1 des Bayerischen Naturschutzgesetzes,
ff) Wasserschutzgebiete gemäß § 51 des Wasserhaushaltsgesetzes (WHG), Heilquellenschutzgebiete gemäß § 53 Abs. 4 WHG sowie Überschwemmungsgebiete gemäß § 76 WHG und vorläufig gesicherte Überschwemmungsgebiete nach Art. 47 des Bayerischen Wassergesetzes,
gg) Bannwald gemäß Art. 11 Abs. 1 des Waldgesetzes für Bayern (BayWaldG),
hh) Naturwaldreservate gemäß Art. 12a BayWaldG,
ii) Gebiete, in denen die in den Gemeinschaftsvorschriften festgelegten Umweltqualitätsnormen bereits überschritten sind,
kk) Gebiete mit hoher Bevölkerungsdichte, insbesondere Zentrale Orte im Sinn des Art. 6 Abs. 2 Nr. 2 Satz 6,
ll) in amtlichen Listen oder Karten verzeichnete Denkmäler, Ensembles, Bodendenkmäler oder Gebiete, die von der durch die Länder bestimmten Denkmalschutzbehörde als archäologisch bedeutende Landschaften eingestuft worden sind,
mm) von der UNESCO erfasstes Weltkultur- und -naturerbe.

Bayerisches Straßen- und Wegegesetz (BayStrWG)

(BayRS 91-1-I) in der Fassung der Bekanntmachung
vom 5. Oktober 1981 (GVBl. S. 448),
zuletzt geändert durch Gesetz vom 23. Dezember 2020 (GVBl. S. 683)

INHALTSÜBERSICHT*

ERSTER TEIL
Allgemeine Vorschriften

Abschnitt 1
Grundsatzvorschriften

Art. 1 Geltungsbereich
Art. 2 Bestandteile der Straßen
Art. 3 Einteilung der Straßen, Verordnungsermächtigung
Art. 4 Ortsdurchfahrten
Art. 5 *(aufgehoben)*
Art. 6 Widmung
Art. 7 Umstufung
Art. 8 Einziehung
Art. 9 Straßenbaulast
Art. 10 Sicherheitsvorschriften

Abschnitt 2
Eigentum

Art. 11 Eigentumsübergang
Art. 12 Grundbuchberichtigung und Vermessung
Art. 13 Ausübung des Eigentums am Straßengrund und Erwerbspflicht

Abschnitt 3
Gemeingebrauch und Sondernutzung

Art. 14 Gemeingebrauch
Art. 15 Beschränkungen des Gemeingebrauchs
Art. 16 Verunreinigung
Art. 17 Straßenanlieger
Art. 18 Sondernutzung nach öffentlichem Recht, Verordnungsermächtigung
Art. 18a Sondernutzung für stationsbasiertes Carsharing
Art. 18b Unerlaubte Sondernutzung
Art. 19 Zufahrten
Art. 20 *(aufgehoben)*
Art. 21 Vorrang anderer Genehmigungsverfahren
Art. 22 Sondernutzung nach bürgerlichem Recht
Art. 22a Abweichende Regelungen

Abschnitt 4
Anbau an Straßen und Schutzmaßnahmen

Art. 23 Errichtung baulicher Anlagen
Art. 24 Errichtung oder Änderung baulicher Anlagen
Art. 25 *(aufgehoben)*
Art. 26 Freihaltung von Sichtdreiecken
Art. 27 Baubeschränkungen für geplante Straßen
Art. 27a Entschädigung wegen Baubeschränkungen
Art. 27b Veränderungssperre
Art. 28 *(aufgehoben)*
Art. 29 Schutzmaßnahmen
Art. 30 Bepflanzungen, Straßenbegleitflächen

Abschnitt 5
Kreuzungen und Umleitungen

Art. 31 Kreuzungen und Einmündungen öffentlicher Straßen
Art. 32 Kosten für Kreuzungen öffentlicher Straßen, Verordnungsermächtigung
Art. 32a Kreuzungen mit Gewässern
Art. 33 Unterhaltung der Straßenkreuzungen, Verordnungsermächtigung
Art. 33a Unterhaltung der Kreuzungen mit Gewässern
Art. 34 Umleitungen

* *Inhaltsübersicht nicht amtlich.*

Abschnitt 6
Planfeststellung und Enteignung

Art. 35 Planungen
Art. 36 Planfeststellung
Art. 37 Umweltverträglichkeitsprüfung
Art. 38 Verwaltungsverfahren
Art. 39 Zuständigkeiten im Planfeststellungsverfahren
Art. 40 Enteignung

ZWEITER TEIL
Träger der Straßenbaulast für Staatsstraßen und Kreisstraßen

Art. 41 Träger der Straßenbaulast
Art. 42 Träger der Straßenbaulast für Ortsdurchfahrten, Verordnungsermächtigung
Art. 43 *(aufgehoben)*
Art. 44 Straßenbaulast Dritter
Art. 45 Unterhaltung von Straßenteilen bei fremder Straßenbaulast

DRITTER TEIL
Gemeindestraßen und sonstige öffentliche Straßen

Abschnitt 1
Gemeindestraßen

Art. 46 Einteilung der Gemeindestraßen
Art. 47 Straßenbaulast für Gemeindestraßen
Art. 48 Gemeindeaufgaben für Ortsdurchfahrten mit geteilter Straßenbaulast
Art. 49 Kostenausgleich bei Gemeindeverbindungsstraßen
Art. 50 *(aufgehoben)*
Art. 51 Gemeindliche Beleuchtungs-, Reinigungs-, Räum- und Streupflicht, Verordnungsermächtigung
Art. 52 Straßennamen und Hausnummern

Abschnitt 2
Sonstige öffentliche Straßen

Art. 53 Einteilung der sonstigen öffentlichen Straßen
Art. 54 Straßenbaulast und Eigentum an öffentlichen Feld- und Waldwegen, Verordnungsermächtigung
Art. 54a Straßenbaulast an beschränktöffentlichen Wegen
Art. 55 Straßenbaulast für Eigentümerwege
Art. 56 Gemeinsame Vorschriften für sonstige öffentliche Straßen

Abschnitt 3
Straßen in gemeindefreien Gebieten

Art. 57 Straßenbaulast in gemeindefreien Gebieten

VIERTER TEIL
Aufsicht und Zuständigkeit

Art. 58 Straßenbaubehörden, Verordnungsermächtigung
Art. 59 Verwaltung der Kreisstraßen, Verordnungsermächtigung
Art. 60 Fachtechnische Bedienstete
Art. 61 Straßenaufsichtsbehörden
Art. 62 Straßenaufsicht
Art. 62a Behörden nach dem Bundesfernstraßengesetz, Verordnungsermächtigung
Art. 63 Straßenstatistik
Art. 64 Technische Vorschriften, Verordnungsermächtigung

FÜNFTER TEIL
Ordnungswidrigkeiten

Art. 65 *(aufgehoben)*
Art. 66 Bußgeldvorschriften

SECHSTER TEIL
Übergangs- und Schlußvorschriften

Art. 67 Straßen- und Bestandsverzeichnis (Übergangsvorschrift zu Art. 3)
Art. 68 Sondernutzung (Übergangsvorschrift)
Art. 69 Hoheitliche Wahrnehmung der Dienstaufgaben
Art. 70 Eigentum an Ortsdurchfahrten der Bundesstraßen
Art. 71 Übernahme der Aufgaben aus der Straßenbaulast durch die Landkreise oder Bezirke
Art. 72 Inkrafttreten

ERSTER TEIL

Allgemeine Vorschriften

Abschnitt 1

Grundsatzvorschriften

Art. 1 Geltungsbereich. [1]Dieses Gesetz regelt die Rechtsverhältnisse an den dem öffentlichen Verkehr gewidmeten Straßen, Wegen und Plätzen (öffentliche Straßen) mit Ausnahme der Bundesfernstraßen. [2]Für diese gilt das Gesetz nur, soweit das ausdrücklich bestimmt ist.

Art. 2 Bestandteile der Straßen. Zu den Straßen gehören
1. der Straßenkörper;
   das sind insbesondere
   a) der Straßengrund, der Straßenunterbau, die Fahrbahndecke, die Brücken, Tunnels, Durchlässe, Dämme, Gräben, Entwässerungsanlagen, Böschungen, Stützmauern und Lärmschutzanlagen,
   b) die Fahrbahnen (Richtungsfahrbahnen), die Trenn-, Seiten-, Rand- und Sicherheitsstreifen und die Omnibushaltebuchten, ferner die Gehwege und Radwege, soweit sie mit einer Fahrbahn in Zusammenhang stehen und mit dieser gleichlaufen (unselbständige Gehwege und Radwege),
2. der Luftraum über dem Straßenkörper,
3. das Zubehör;
   das sind die Verkehrszeichen, die Verkehrseinrichtungen und die Verkehrsanlagen aller Art, die der Sicherheit oder Leichtigkeit des Straßenverkehrs oder dem Schutz der Anlieger dienen, und die Bepflanzung,
4. die Nebenanlagen;
   das sind solche Anlagen, die überwiegend den Aufgaben der Straßenbauverwaltung dienen, z.B. Straßenmeistereien, Gerätehöfe, Lager, Lagerplätze, Ablagerungs- und Entnahmestellen, Hilfsbetriebe und -einrichtungen.

Art. 3 Einteilung der Straßen, Verordnungsermächtigung. (1) Die Straßen werden nach ihrer Verkehrsbedeutung in folgende Klassen eingeteilt:
1. Staatsstraßen;
   das sind Straßen, die innerhalb des Staatsgebiets zusammen mit den Bundesfernstraßen ein Verkehrsnetz bilden und dem Durchgangsverkehr zu dienen bestimmt sind.
2. Kreisstraßen;
   das sind Straßen, die dem überörtlichen Verkehr innerhalb eines Landkreises, dem Verkehr zwischen benachbarten Landkreisen und kreisfreien Gemeinden oder dem erforderlichen Anschluß von Gemeinden an das überörtliche Verkehrsnetz dienen oder zu dienen bestimmt sind; sie sollen mindestens an einem Ende an eine Bundesfernstraße, Staatsstraße oder andere Kreisstraße anschließen.

3. Gemeindeverbindungsstraßen, Ortsstraßen (Gemeindestraßen nach Art. 46).
4. Öffentliche Feld- und Waldwege, beschränkt-öffentliche Wege, Eigentümerwege (sonstige öffentliche Straßen nach Art. 53).

(2) [1]Für die Staatsstraßen und die Kreisstraßen werden Straßenverzeichnisse, für die Gemeindestraßen und die sonstigen öffentlichen Straßen Bestandsverzeichnisse geführt. [2]In die Verzeichnisse sind alle Straßen gemäß ihrer Straßenklasse aufzunehmen. [3]Die Straßenverzeichnisse werden von der obersten Straßenbaubehörde, die Bestandsverzeichnisse von den Straßenbaubehörden geführt. [4]Das Nähere über den Inhalt und die Führung der Verzeichnisse wird durch Rechtsverordnung des Staatsministeriums für Wohnen, Bau und Verkehr (Staatsministerium) geregelt.

Art. 4 Ortsdurchfahrten. (1) [1]Eine Ortsdurchfahrt ist der Teil einer Staatsstraße oder Kreisstraße, der innerhalb der geschlossenen Ortslage liegt und auch zur Erschließung der anliegenden Grundstücke bestimmt ist oder der mehrfachen Verknüpfung des Ortsstraßennetzes dient. [2]Geschlossene Ortslage ist der Teil des Gemeindegebiets, der in geschlossener oder offener Bauweise zusammenhängend bebaut ist. [3]Einzelne unbebaute Grundstücke, zur Bebauung ungeeignetes oder ihr entzogenes Gelände oder einseitige Bebauung unterbrechen den Zusammenhang nicht.

(2) [1]Die Regierung setzt nach Anhörung der Gemeinde und des Trägers der Straßenbaulast die Grenzen der Ortsdurchfahrt fest. [2]Sie kann dabei zugunsten der Gemeinde von den Vorschriften des Abs. 1 abweichen, wenn die Länge der Ortsdurchfahrt wegen der Art der Bebauung in einem offensichtlichen Mißverhältnis zur Einwohnerzahl der Gemeinde steht.

Art. 5 *(aufgehoben)*

Art. 6 Widmung. (1) Widmung ist die Verfügung, durch die eine Straße die Eigenschaft einer öffentlichen Straße erhält.

(2) [1]Die Widmung wird von der Straßenbaubehörde, für Staatsstraßen von der obersten Straßenbaubehörde verfügt; ist die Straßenbaulast geteilt, so widmet die für die Fahrbahn zuständige Straßenbaubehörde. [2]Ist die widmende Straßenbaubehörde nicht Organ des Trägers der Straßenbaulast, so ist zur Widmung dessen Zustimmung erforderlich. [3]Beschränkungen der Widmung auf bestimmte Benutzungsarten sind in der Verfügung festzulegen und vom Träger der Straßenbaulast kenntlich zu machen.

(3) Die Widmung setzt voraus, daß der Träger der Straßenbaulast das dingliche Recht hat, über das der Straße dienende Grundstück zu verfügen, oder daß der Eigentümer und ein sonst zur Nutzung dinglich Berechtigter der Widmung zugestimmt haben, oder daß der Träger der Straßenbaulast den Besitz des der Straße dienenden Grundstücks durch Vertrag, durch Einweisung oder in einem sonstigen gesetzlich geregelten Verfahren erlangt hat.

(4) Die Widmung von Kreisstraßen ist der das Straßenverzeichnis führenden Behörde mitzuteilen.

(5) Durch bürgerlich-rechtliche Verfügungen oder durch Verfügungen im Weg der Zwangsvollstreckung oder der Enteignung über die der Straße dienenden Grundstücke oder Rechte an ihnen wird die Widmung nicht berührt.

(6) [1]Bei Straßen, deren Bau in einem Planfeststellungsverfahren geregelt wird, kann die Widmung in diesem Verfahren mit der Maßgabe verfügt werden, daß sie mit der Verkehrsübergabe wirksam wird, wenn die Voraussetzungen des Abs. 3 in diesem Zeitpunkt vorliegen. [2]Der Träger der Straßenbaulast hat den Zeitpunkt der Verkehrsübergabe sowie Beschränkungen der Widmung öffentlich bekanntzumachen und bei Kreisstraßen der das Straßenverzeichnis führenden Behörde mitzuteilen. [3]Eine Bekanntmachung ist entbehrlich, wenn die zur Widmung vorgesehenen Straßen in den im Planfeststellungsverfahren ausgelegten Plänen als solche kenntlich gemacht worden sind.

(7) [1]Bei Straßen, deren Bau in einem Bebauungsplan geregelt wird und für die die Gemeinde Träger der Straßenbaulast ist, kann die Widmung in diesem Verfahren mit der Maßgabe verfügt werden, dass sie mit der Verkehrsübergabe wirksam wird, wenn die Voraussetzungen des Abs. 3 in diesem Zeitpunkt vorliegen. [2]Abs. 6 Satz 2 und 3 gelten entsprechend.

(8) Wird eine Straße verbreitert, begradigt, unerheblich verlegt oder ergänzt, so gilt der neue Straßenteil durch die Verkehrsübergabe als gewidmet, sofern die Voraussetzungen des Abs. 3 vorliegen.

Art. 7 Umstufung. (1) [1]Hat sich die Verkehrsbedeutung einer Straße geändert, so ist sie in die entsprechende Straßenklasse (Art. 3) umzustufen (Aufstufung, Abstufung). [2]Das gleiche gilt, wenn eine Straße nicht in die ihrer Verkehrsbedeutung entsprechende Straßenklasse eingeordnet ist oder überwiegende Gründe des öffentlichen Wohls für die Umstufung vorliegen.

(2) [1]Die Aufstufung zur Staatsstraße und die Abstufung einer Staatsstraße verfügt die oberste Straßenbaubehörde. [2]Sind sich bei anderen Straßen die beteiligten Träger der Straßenbaulast über die Umstufung einer Straße einig und erhebt die für die künftige Straßenklasse zuständige Straßenaufsichtsbehörde binnen zwei Monaten nach Anzeige keine Erinnerung, so verfügt die für die künftige Straßenklasse zuständige Straßenbaubehörde die Umstufung. [3]Ist die Straßenbaulast geteilt, so stuft die für die Fahrbahn künftig zuständige Straßenbaubehörde um. [4]Kommt keine Einigung zustande, so entscheidet über die Umstufung die für die beteiligte höhere Straßenklasse zuständige Straßenaufsichtsbehörde.

(3) Die Umstufung von Kreisstraßen ist der das Straßenverzeichnis führenden Behörde mitzuteilen.

(4) Die Umstufung soll nur zum Ende eines Haushaltsjahres ausgesprochen und drei Monate vorher angekündigt werden.

(5) [1]Art. 6 Abs. 6 und 7 gelten entsprechend. [2]Die Umstufung wird mit der Ingebrauchnahme für den neuen Verkehrszweck wirksam.

(6) Wird im Zusammenhang mit einer Maßnahme nach Art. 6 Abs. 8 ein Teil der Straße oder ein Teil einer anderen Straße in diese einbezogen, so gilt diese mit dem Zeitpunkt der Inbetriebnahme für den neuen Verkehrszweck als umgestuft.

Art. 8 Einziehung. (1) [1]Hat eine Straße jede Verkehrsbedeutung verloren oder liegen überwiegende Gründe des öffentlichen Wohls vor, so ist sie durch Verfügung der Straßenbaubehörde, eine Staatsstraße durch Verfügung der obersten Straßenbaubehörde, einzuziehen; ist die Straßenbaulast geteilt, so zieht die für die Fahrbahn zuständige Straßenbaubehörde nach Anhörung der Gemeinde ein. [2]Die Teileinziehung einer Straße kann angeordnet werden, wenn überwiegende Gründe des öffentlichen Wohls für eine nachträgliche Beschränkung der Widmung auf bestimmte Benutzungsarten, -zwecke und -zeiten vorliegen.

(2) [1]Die Absicht der Einziehung ist drei Monate vorher in den Gemeinden, die von der Straße berührt werden, ortsüblich bekanntzumachen. [2]Die Bekanntmachung kann unterbleiben, wenn Teile einer Straße im Zusammenhang mit unwesentlichen Änderungen eingezogen werden sollen.

(3) Die Einziehung von Kreisstraßen ist der das Straßenverzeichnis führenden Behörde mitzuteilen.

(4) Mit der Einziehung einer Straße entfallen Gemeingebrauch (Art. 14) und widerrufliche Sondernutzungen (Art. 18 ff.).

(5) [1]Art. 6 Abs. 6 und 7 gelten entsprechend. [2]Die Einziehung wird mit der Sperrung wirksam.

(6) [1]Wird eine Straße begradigt, unerheblich verlegt oder in sonstiger Weise den verkehrlichen Bedürfnissen angepaßt und wird damit ein Teil der Straße dem Verkehr auf Dauer entzogen, so gilt dieser Teil mit der Sperrung als eingezogen. [2]Einer Ankündigung bedarf es nicht.

Art. 9 Straßenbaulast. (1) [1]Die Straßenbaulast umfaßt alle mit dem Bau und der Unterhaltung der Straße zusammenhängenden Aufgaben. [2]Die Träger der Straßenbaulast haben nach ihrer Leistungsfähigkeit die Straßen in einem dem gewöhnlichen Verkehrsbedürfnis und den Erfordernissen der öffentlichen Sicherheit und Ordnung genügenden Zustand zu bauen und zu unterhalten. [3]Soweit sie hierzu unter Berücksichtigung ihrer Leistungsfähigkeit außerstande sind, haben sie auf den nicht verkehrssicheren Zustand vorbehaltlich anderweitiger Maßnahmen der Straßenverkehrsbehörden durch Verkehrszeichen hinzuweisen. [4]Beim Bau und bei der Unterhaltung der Straßen sind die Belange der älteren Menschen und Kinder zu berücksichtigen. [5]Die Belange von Menschen mit Behinderung und von Menschen mit sonstigen Mobilitätsbeeinträchtigungen werden berücksichtigt mit dem Ziel, Barrierefreiheit ohne besondere Erschwernis zu ermöglichen, soweit nicht andere überwiegende öffentliche Belange, insbesondere solche der Verkehrssicherheit, entgegenstehen.

(2) [1]Beim Bau und der Unterhaltung der Straßen sind die allgemein anerkannten Regeln der Baukunst und Technik zu beachten. [2]Dabei ist mit Grund und Boden sparsam umzugehen und die Flächeninanspruchnahme in Abwägung insbesondere mit den Notwendigkeiten der Sicherheit und Leichtigkeit des Verkehrs sowie der Schonung von Naturhaushalt und Landschaftsbild so weit wie möglich zu begrenzen.

(3) [1]Zu den Aufgaben nach Abs. 1 gehören nicht das Schneeräumen, das Streuen bei Schnee- oder Eisglätte, die Reinigung und die Beleuchtung. [2]Die Träger der Straßenbaulast sollen jedoch unbeschadet der Verkehrssicherungspflicht oder der Verpflichtung Dritter die Straßen bei Schnee und Eisglätte räumen und streuen.

(4) [1]Wechselt die Straßenbaulast, so hat der bisherige Träger der Straßenbaulast dafür einzustehen, daß er ihr in dem durch die bisherige Straßenklasse gebotenen Umfang genügt, insbesondere den notwendigen Grunderwerb durchgeführt hat. [2]Ist eine abzustufende Straße nicht ordnungsgemäß ausgebaut, so hat er dafür nur insoweit einzustehen, als der Ausbauzustand hinter den Anforderungen der künftigen Straßenklasse zurückbleibt.

Art. 10 Sicherheitsvorschriften. (1) Die Straßenbaubehörde trägt die Verantwortung dafür, daß die öffentlich-rechtlichen Vorschriften und die allgemein anerkannten Regeln der Technik eingehalten werden.

(2) [1]Die Straßenbaubehörde kann Prüfingenieure, Prüfämter und Prüfsachverständige in entsprechender Anwendung der auf Grund des Art. 80 Abs. 2 der Bayerischen Bauordnung (BayBO) erlassenen Rechtsverordnungen heranziehen. [2]Art. 62 Abs. 1 Satz 4 BayBO gilt entsprechend.

(3) Abs. 2 gilt auch für Bundesstraßen.

Abschnitt 2
Eigentum

Art. 11 Eigentumsübergang. (1) [1]Mit Inkrafttreten dieses Gesetzes geht das Eigentum an der Straße mit Ausnahme der Nebenanlagen mit den jeweiligen dinglichen Belastungen entschädigungslos auf den Träger der Straßenbaulast über, soweit es bisher bereits Gebietskörperschaften zustand. [2]Das gilt auch für die zugehörigen Verkehrszeichen und Verkehrseinrichtungen. [3]Eine nach Art. 18 Abs. 1 erteilte Erlaubnis zur Sondernutzung bleibt unberührt.

(2) [1]Hat der bisherige Eigentümer die Straße berechtigterweise über den Gemeingebrauch hinaus benutzt (Sondernutzung), so ist der neue Eigentümer verpflichtet, etwaige Anlagen in dem bisherigen Umfang weiterhin zu dulden. [2]Art. 18 Abs. 3 gilt entsprechend.

(3) Verbindlichkeiten, die zur Durchführung früherer Bau- und Unterhaltungsmaßnahmen von dem bisherigen Träger der Straßenbaulast eingegangen wurden, sind vom Übergang ausgeschlossen.

(4) [1]Wechselt der Träger der Straßenbaulast, so gehen mit der Straßenbaulast das Eigentum des bisherigen Trägers der Straßenbaulast an den Straßenbestandteilen (Art. 2 Nr. 1 bis 3), den ausschließlich zur Straße gehörenden Nebenanlagen (Art. 2 Nr. 4) und alle Rechte und Pflichten, die mit der Straße im Zusammenhang stehen, ohne Entschädigung auf den neuen Träger der Straßenbaulast über, soweit das Eigentum einer Gebietskörperschaft zustand. [2]Abs. 3 gilt entsprechend.

(5) [1]Bei Einziehung einer Straße kann der frühere Eigentümer innerhalb eines Jahres verlangen, daß ihm das Eigentum an Straßengrundstücken mit den in Abs. 1 genannten Belastungen ohne Entschädigung übertragen wird, wenn es vorher nach Abs. 1 oder 4 übergegangen war. [2]Die Abs. 2 und 3 gelten entsprechend.

Art. 12 Grundbuchberichtigung und Vermessung. (1) [1]Beim Übergang des Eigentums an Straßen nach Art. 11 Abs. 1 und 4 ist der Antrag auf Berichtigung des Grundbuchs von dem neuen Eigentümer zu stellen. [2]Das Eigentum wird gegenüber dem Grundbuchamt durch eine mit dem Amtssiegel oder Amtsstempel versehene Bestätigung nachgewiesen, die bei Staats- und Kreisstraßen, soweit sie in die Baulast des Freistaates Bayern, eines Landkreises oder einer kreisfreien Gemeinde fallen, von der Straßenbaubehörde, bei den übrigen Straßen von der Straßenaufsichtsbehörde des neuen Eigentümers erteilt wird.

(2) Der bisherige Träger der Straßenbaulast ist nicht verpflichtet, das übergehende Grundstück vorschriftsmäßig vermessen und vermarken zu lassen.

Art. 13 Ausübung des Eigentums am Straßengrund und Erwerbspflicht. (1) Ist der Träger der Straßenbaulast für eine Straße nicht Eigentümer der Grundstücke, die für die Straße in Anspruch genommen sind, so steht ihm einschließlich der Befugnisse aus Art. 22 (Sondernutzungen nach bürgerlichem Recht) die Ausübung der Rechte und Pflichten des Eigentümers in dem Umfang zu, wie es die Aufrechterhaltung des Gemeingebrauchs erfordert.

(2) [1]Der Träger der Straßenbaulast hat auf Antrag des Eigentümers oder eines sonst dinglich Berechtigten die für die Straße in Anspruch genommenen Grundstücke oder ein dingliches Recht daran binnen einer Frist von fünf Jahren seit Inbesitznahme zu erwerben. [2]Kommt eine Einigung nicht zustande oder kann ein dingliches Recht an dem Grundstück durch Rechtsgeschäft nicht übertragen werden, so kann der Eigentümer oder der sonst dinglich Berechtigte die Durchführung des Enteignungsverfahrens beantragen. [3]Im übrigen gelten die Vorschriften des Bayerischen Gesetzes über die entschädigungspflichtige Enteignung (BayEG) sinngemäß.

(3) [1]Die Frist nach Abs. 2 ist gehemmt, solange der Berechtigte den Antrag nach Abs. 2 Satz 1 nicht gestellt hat oder die Abwicklung des Grunderwerbs aus anderen Gründen verzögert wird, die der Träger der Straßenbaulast nicht zu vertreten hat. [2]Waren bei Inkrafttreten dieses Gesetzes bereits Grundstücke

für eine Straße in Anspruch genommen, so beginnt die Frist mit Inkrafttreten dieses Gesetzes zu laufen.

(4) [1]Soweit ein dinglich Berechtigter in dem Verfahren nach Art. 6 Abs. 3 nicht beteiligt ist, hat der Träger der Straßenbaulast das dingliche Recht auf Antrag abzulösen, sobald der dinglich Berechtigte die Befriedigung aus dem Grundstück beanspruchen kann. [2]Abs. 2 Satz 1 und Abs. 3 Satz 1 gelten entsprechend.

(5) Die Abs. 2 und 3 gelten nicht, wenn und solang dem Träger der Straßenbaulast durch eine Dienstbarkeit oder ein sonstiges dingliches Recht die Verfügungsbefugnis nach Art. 6 Abs. 3 bei Inkrafttreten dieses Gesetzes eingeräumt war oder wenn er diese Verfügungsbefugnis nach Art. 67 Abs. 3 und 4 erlangt hat.

Abschnitt 3

Gemeingebrauch und Sondernutzung

Art. 14 Gemeingebrauch. (1) [1]Die Benutzung der Straßen im Rahmen ihrer Widmung für den Verkehr (Gemeingebrauch) ist jedermann gestattet. [2]Es ist kein Gemeingebrauch, wenn jemand die Straße nicht vorwiegend zum Verkehr, sondern zu anderen Zwecken benutzt.

(2) Der Gemeingebrauch ist unentgeltlich und gebührenfrei, soweit nicht durch Gesetz Ausnahmen zugelassen sind.

(3) Auf die Aufrechterhaltung des Gemeingebrauchs besteht kein Rechtsanspruch.

(4) [1]Muß eine Straße wegen der Art des Gebrauchs durch einen anderen aufwendiger hergestellt oder ausgebaut werden, als es dem regelmäßigen Verkehrsbedürfnis entspricht, so hat der andere dem Träger der Straßenbaulast die Mehrkosten für den Bau und die Unterhaltung zu vergüten. [2]Das gilt nicht für Haltestellenbuchten für den Linienverkehr. [3]Der Träger der Straßenbaulast kann angemessene Vorschüsse oder Sicherheiten verlangen.

Art. 15 Beschränkungen des Gemeingebrauchs. [1]Für Straßenbauarbeiten und zur Verhütung außerordentlicher Schäden an der Straße, die durch deren baulichen Zustand bedingt sind, kann die Straßenbaubehörde den Gemeingebrauch vorübergehend beschränken. [2]Die Straßenverkehrsbehörde ist hiervon rechtzeitig zu unterrichten. [3]Der Träger der Straßenbaulast hat die Beschränkungen kenntlich zu machen.

Art. 16 Verunreinigung. Wer eine Straße über das übliche Maß hinaus verunreinigt, hat die Verunreinigung ohne Aufforderung unverzüglich zu beseitigen; andernfalls kann der Träger der Straßenbaulast die Verunreinigung auf Kosten des Verursachers beseitigen.

Art. 17 Straßenanlieger. (1) Den Eigentümern oder Besitzern von Grundstücken, die an einer Straße liegen (Straßenanlieger), steht kein Anspruch darauf zu, daß die Straße nicht geändert oder eingezogen wird.

(2) [1]Werden auf Dauer Zufahrten oder Zugänge durch die Änderung oder die Einziehung von Straßen unterbrochen oder wird ihre Benutzung erheblich erschwert, so hat der Träger der Straßenbaulast einen angemessenen Ersatz zu schaffen oder, soweit dies nicht zumutbar ist, nach den Vorschriften des Bayerischen Gesetzes über die entschädigungspflichtige Enteignung Entschädigung in Geld zu leisten. [2]Mehrere Anliegergrundstücke können durch eine gemeinsame Zufahrt angeschlossen werden, deren Unterhaltung (Art. 19 Abs. 5) den Anliegern gemeinsam obliegt. [3]Die Verpflichtung nach Satz 1 entsteht nicht, wenn die Grundstücke eine anderweitige ausreichende Verbindung zu dem öffentlichen Wegenetz besitzen oder wenn die Zufahrten auf einer widerruflichen Erlaubnis beruhen.

(3) [1]Werden für längere Zeit Zufahrten oder Zugänge durch Straßenarbeiten unterbrochen oder wird ihre Benutzung erheblich erschwert, ohne daß von Behelfsmaßnahmen eine wesentliche Entlastung ausgeht, und wird dadurch die wirtschaftliche Existenz eines anliegenden Betriebs gefährdet, so kann dessen Inhaber eine Entschädigung in der Höhe des Betrags beanspruchen, der erforderlich ist, um das Fortbestehen des Betriebs bei Anspannung der eigenen Kräfte und unter Berücksichtigung der gegebenen Anpassungsmöglichkeiten zu sichern. [2]Der Anspruch richtet sich gegen den, zu dessen Gunsten die Arbeiten im Straßenbereich erfolgen. [3]Abs. 2 Satz 3 gilt entsprechend.

(4) Wird durch den Bau oder die Änderung einer Straße der Zutritt von Licht oder Luft zu einem Grundstück auf Dauer entzogen oder erheblich beeinträchtigt, so hat der Träger der Straßenbaulast für dadurch entstehende Vermögensnachteile nach den Vorschriften des Bayerischen Gesetzes über die entschädigungspflichtige Enteignung Entschädigung in Geld zu gewähren.

(5) [1]Soweit es die Sicherheit oder Leichtigkeit des Verkehrs erfordert, kann die Straßenbaubehörde anordnen, daß Zugänge oder Zufahrten geändert oder verlegt oder, wenn das Grundstück eine anderweitige ausreichende Verbindung zu dem öffentlichen Wegenetz besitzt, geschlossen werden. [2]Die Befugnis zum Widerruf einer Erlaubnis nach Art. 18 Abs. 2 bleibt unberührt. [3]Abs. 2 gilt entsprechend.

Art. 18 Sondernutzung nach öffentlichem Recht, Verordnungsermächtigung. (1) [1]Die Benutzung der Straßen über den Gemeingebrauch hinaus (Sondernutzung) bedarf der Erlaubnis der Straßenbaubehörde, in Ortsdurchfahrten der Erlaubnis der Gemeinde, wenn durch die Benutzung der Gemeingebrauch beeinträchtigt werden kann. [2]Soweit die Gemeinde nicht Träger der Straßenbaulast ist, darf sie die Erlaubnis nur mit Zustimmung der Straßenbaubehörde erteilen.

(2) [1]Die Erlaubnis darf nur auf Zeit oder auf Widerruf erteilt werden. [2]Soweit die Gemeinde nicht Träger der Straßenbaulast ist, hat sie eine widerruf-

lich erteilte Erlaubnis zu widerrufen, wenn die Straßenbaubehörde dies aus Gründen des Straßenbaus oder der Sicherheit oder Leichtigkeit des Verkehrs verlangt.

(2a) [1]Für Sondernutzungen können Sondernutzungsgebühren erhoben werden. [2]Sie stehen in Ortsdurchfahrten den Gemeinden, im übrigen dem Träger der Straßenbaulast zu. [3]Das Staatsministerium regelt die Erhebung und Höhe der Sondernutzungsgebühren durch Rechtsverordnung, soweit sie dem Freistaat Bayern als Träger der Straßenbaulast zustehen. [4]Die Landkreise und Gemeinden können dies durch Satzung regeln, soweit ihnen die Sondernutzungsgebühren zustehen. [5]Für die Bemessung der Sondernutzungsgebühren sind Art und Ausmaß der Einwirkung auf die Straße und den Gemeingebrauch sowie das wirtschaftliche Interesse des Gebührenschuldners zu berücksichtigen.

(3) [1]Der Erlaubnisnehmer hat dem Träger der Straßenbaulast alle Kosten zu ersetzen, die diesem durch die Sondernutzung zusätzlich entstehen. [2]Hierfür kann der Träger der Straßenbaulast angemessene Vorschüsse und Sicherheiten verlangen.

(4) Der Erlaubnisnehmer ist verpflichtet, die Sondernutzungsanlagen nach den bestehenden gesetzlichen Vorschriften und allgemein anerkannten Regeln der Technik zu errichten und zu unterhalten.

(5) Wechselt der Träger der Straßenbaulast, so bleibt eine nach Abs. 1 erteilte Erlaubnis bestehen.

(6) Der Erlaubnisnehmer hat bei Sperrung, Änderung, Umstufung oder Einziehung der Straße keinen Ersatzanspruch gegen den Träger der Straßenbaulast.

Art. 18a Sondernutzung für stationsbasiertes Carsharing. (1) [1]Unbeschadet der sonstigen straßenrechtlichen Bestimmungen zur Sondernutzung kann die Gemeinde Flächen auf öffentlichen Straßen für stationsbasiertes Carsharing bestimmen und im Wege eines diskriminierungsfreien und transparenten Auswahlverfahrens einem Carsharinganbieter für einen Zeitraum von längstens acht Jahren zur Verfügung stellen. [2]Das Auswahlverfahren ist öffentlich bekanntzumachen und kann auch durch ein von der Gemeinde damit beliehenes kommunales Unternehmen erfolgen. [3]Die §§ 2, 5 Abs. 1 Satz 3, Abs. 2 Satz 3 und 4, Abs. 6 Satz 5 des Carsharinggesetzes gelten mit der Maßgabe entsprechend, dass sich Verweise auf das Bayerische Verwaltungsverfahrensgesetz (BayVwVfG) beziehen. [4]Art. 18 gilt mit der Maßgabe entsprechend, dass die Sondernutzungserlaubnis nicht auf Widerruf erteilt werden darf.

(2) Die Erteilung der Sondernutzungserlaubnis kann auch davon abhängig gemacht werden, dass der Erlaubnisnehmer umweltbezogene oder solche Kriterien erfüllt, die einer Verringerung des motorisierten Individualverkehrs besonders dienlich sind.

Art. 18b Unerlaubte Sondernutzung. (1) [1]Werden Autowracks oder andere Fahrzeuge verbotswidrig abgestellt oder wird sonst eine Straße ohne die erforderliche Erlaubnis nach Art. 18 oder Art. 18a benutzt oder kommt der Erlaubnisnehmer seinen Pflichten nicht nach, so kann die Straßenbaubehörde die erforderlichen Anordnungen erlassen. [2]Sind solche Anordnungen nicht oder nur unter unverhältnismäßigem Aufwand möglich oder nicht erfolgversprechend, so kann sie den rechtswidrigen Zustand auf Kosten des Pflichtigen beseitigen oder beseitigen lassen.

(2) Die Straßenbaubehörde kann von der Straße entfernte Gegenstände bis zur Erstattung ihrer Aufwendungen zurückbehalten.

(3) [1]Ist der Eigentümer oder Halter der von der Straße entfernten Gegenstände innerhalb angemessener Frist nicht zu ermitteln oder kommt er seinen Zahlungspflichten innerhalb von zwei Monaten nach Zahlungsaufforderung nicht nach oder holt er die Gegenstände innerhalb einer ihm schriftlich gestellten angemessenen Frist nicht ab, so sind die Gegenstände auf Antrag der Straßenbaubehörde von der Kreisverwaltungsbehörde zu verwerten. [2]In der Aufforderung zur Zahlung oder Abholung ist auf die Möglichkeit der Verwertung hinzuweisen. [3]Im übrigen sind die Vorschriften des Polizeirechts über die Verwertung sichergestellter Gegenstände entsprechend anzuwenden.

(4) Die Abs. 2 und 3 gelten auch für die Bundesfernstraßen mit der Maßgabe, daß die Befugnis zur Zurückbehaltung nach Abs. 2 der für die Erteilung der Sondernutzungserlaubnis zuständigen Behörde zusteht.

(5) Zu Maßnahmen nach den Abs. 1, 2 und 4 ist auch die Kreisverwaltungsbehörde befugt.

(6) Die Befugnisse nach anderen Rechtsvorschriften bleiben unberührt.

Art. 19 Zufahrten. (1) [1]Zufahrten zu Staats- und Kreisstraßen außerhalb der zur Erschließung bestimmten Teile der Ortsdurchfahrten sowie zu Gemeindeverbindungsstraßen (Art. 46 Nr. 1) gelten als Sondernutzungen im Sinn des Art. 18. [2]Art. 18 Abs. 2a ist nicht anwendbar.

(2) Art. 18 Abs. 4 findet mit der Maßgabe Anwendung, daß die Straßenbaubehörde von dem Erlaubnisnehmer alle Maßnahmen hinsichtlich der örtlichen Lage, der Art und der Ausgestaltung der Zufahrt verlangen kann, die aus Gründen der Sicherheit oder Leichtigkeit des Verkehrs erforderlich sind.

(3) Eine Erlaubnis nach Art. 18 ist auch einzuholen, bevor eine erlaubnisbedürftige Zufahrt geändert wird oder bevor sich der Verkehr auf der Zufahrt nach Art oder Dichte wesentlich vergrößert.

(4) Der Erlaubnis nach Art. 18 Abs. 1 bedarf es nicht, wenn Zufahrten

1. zu baulichen Anlagen geschaffen oder geändert werden, die dem Verfahren nach Art. 23 oder 24 unterliegen,
2. in einem Flurbereinigungsverfahren mit Zustimmung der Straßenbaubehörde neu geschaffen oder geändert werden.

(5) Für die Unterhaltung von Zufahrten, die keiner Erlaubnis nach Art. 18 Abs. 1 bedürfen, sowie von Zugängen gilt Art. 18 Abs. 4 entsprechend.

Art. 20 *(aufgehoben)*

Art. 21 Vorrang anderer Genehmigungsverfahren. [1]Ist nach den Vorschriften des Straßenverkehrsrechts eine Erlaubnis für eine übermäßige Straßenbenutzung oder eine Ausnahmegenehmigung erforderlich oder ist nach den Vorschriften des Baurechts eine Baugenehmigung erforderlich, bedarf es keiner Erlaubnis nach Art. 18 Abs. 1. [2]Vor ihrer Entscheidung hat die hierfür zuständige Behörde das Einvernehmen mit der sonst für die Sondernutzungserlaubnis zuständigen Behörde herzustellen. [3]Die von dieser geforderten Bedingungen, Auflagen und Sondernutzungsgebühren sind dem Antragsteller in der Erlaubnis, Ausnahmegenehmigung oder Baugenehmigung aufzuerlegen.

Art. 22 Sondernutzung nach bürgerlichem Recht. (1) Die Einräumung von Rechten zur Benutzung der Straßen über den Gemeingebrauch hinaus richtet sich nach bürgerlichem Recht, wenn durch die Benutzung der Gemeingebrauch nicht beeinträchtigt werden kann.

(2) Die Benutzung der Straßen für Zwecke der öffentlichen Versorgung regelt sich stets nach bürgerlichem Recht, es sei denn, daß der Gemeingebrauch nicht nur für kurze Dauer beeinträchtigt wird.

Art. 22a Abweichende Regelungen. [1]Die Landkreise und Gemeinden können die Sondernutzungen an Straßen oder Teilen davon in ihrer Baulast auch abweichend von den Art. 18, 18a, 19 und 22 Abs. 1 durch Satzung regeln und an Stelle eines privaten Entgelts Gebühren erheben. [2]Art. 18 Abs. 2a Satz 4 und 5 gilt entsprechend. [3]Art. 22 Abs. 2 bleibt unberührt.

Abschnitt 4

Anbau an Straßen und Schutzmaßnahmen

Art. 23 Errichtung baulicher Anlagen. (1) [1]Außerhalb der zur Erschließung der anliegenden Grundstücke bestimmten Teile der Ortsdurchfahrten dürfen bauliche Anlagen

1. an Staatsstraßen in einer Entfernung bis zu 20 m,
2. an Kreisstraßen in einer Entfernung bis zu 15 m,

jeweils gemessen vom äußeren Rand der Fahrbahndecke, nicht errichtet werden. [2]Dies gilt nicht für Aufschüttungen und Abgrabungen geringeren Umfangs. [3]Sind besondere Fahrbahnen, wie Radwege, getrennt von der Hauptfahrbahn angelegt, dann werden die Entfernungen vom Rand der Decke der Hauptfahrbahn ab gerechnet.

(2) [1]Ausnahmen von den Anbauverboten nach Abs. 1 können zugelassen werden, wenn dies die Sicherheit und Leichtigkeit des Verkehrs, besonders

wegen der Sichtverhältnisse, Verkehrsgefährdung, Bebauungsabsichten und Straßenbaugestaltung gestattet. [2]Die Entscheidung wird im Baugenehmigungsverfahren durch die untere Bauaufsichtsbehörde im Einvernehmen mit der Straßenbaubehörde oder, wenn kein Baugenehmigungsverfahren durchgeführt wird, in einem eigenen Verfahren durch die Straßenbaubehörde getroffen. [3]Soweit nach Art. 73 Abs. 1 BayBO die Regierung zuständig ist, trifft diese die Entscheidung.

(3) Abs. 1 gilt nicht, wenn das Bauvorhaben den Festsetzungen eines Bebauungsplans im Sinn des Baugesetzbuchs entspricht, der mindestens die Begrenzung der Verkehrsflächen und die an diesen gelegenen überbaubaren Grundstücksflächen enthält und unter Mitwirkung der Straßenbaubehörde zustande gekommen ist.

(4) [1]Die Gemeinden können durch Satzung vorschreiben, daß bestimmte Gemeindeverbindungsstraßen vom Anbau nach Abs. 1 freizuhalten sind, soweit dies für die Sicherheit oder Leichtigkeit des Verkehrs, besonders im Hinblick auf Sichtverhältnisse, Verkehrsgefährdung, Bebauungsabsichten und Straßenbaugestaltung erforderlich ist. [2]Das Anbauverbot darf sich nur auf eine Entfernung bis zu 10 m, gemessen vom Rand der Fahrbahndecke, erstrecken.

Art. 24 Errichtung oder Änderung baulicher Anlagen. (1) [1]Unbeschadet der Vorschrift des Art. 23 dürfen baurechtliche oder nach anderen Vorschriften erforderliche Genehmigungen nur im Einvernehmen mit der Straßenbaubehörde erteilt werden, wenn bauliche Anlagen längs
1. von Staatsstraßen in einer Entfernung bis zu 40 m und
2. von Kreisstraßen in einer Entfernung bis zu 30 m,

jeweils gemessen vom Rand der Fahrbahndecke, errichtet, erheblich geändert oder so anders genutzt werden sollen, daß Auswirkungen auf die Sicherheit und Leichtigkeit des Verkehrs zu erwarten sind. [2]Das Einvernehmen darf nur verweigert oder von Auflagen abhängig gemacht werden, soweit dies für die Sicherheit oder Leichtigkeit des Verkehrs, besonders wegen der Sichtverhältnisse, Verkehrsgefährdung, Bebauungsabsichten und Straßenbaugestaltung erforderlich ist.

(2) Das Einvernehmen ist auch erforderlich, wenn infolge der Errichtung, Änderung oder anderen Nutzung von baulichen Anlagen außerhalb der zur Erschließung der anliegenden Grundstücke bestimmten Teile der Ortsdurchfahrten
1. Grundstücke eine Zufahrt (Art. 19 Abs. 1) zu einer Staatsstraße oder Kreisstraße erhalten sollen oder
2. die Änderung einer bestehenden Zufahrt zu einer Staats- oder Kreisstraße erforderlich würde.

(3) [1]Ist in den Fällen der Abs. 1 und 2 eine baurechtliche oder anderweitige Genehmigung nicht erforderlich, so entscheidet die Straßenbaubehörde. [2]Art. 23 Abs. 2 Satz 3 gilt entsprechend.

(4) Art. 23 Abs. 3 gilt entsprechend.

Art. 25 *(aufgehoben)*

Art. 26 Freihaltung von Sichtdreiecken. [1]Bauliche Anlagen dürfen nicht errichtet oder geändert werden, wenn die Sichtverhältnisse bei höhengleichen Kreuzungen von Straßen mit dem öffentlichen Verkehr dienenden Eisenbahnen dadurch beeinträchtigt werden. [2]Das gleiche gilt für höhengleiche Kreuzungen und Einmündungen von Straßen außerhalb der geschlossenen Ortslage.

Art. 27 Baubeschränkungen für geplante Straßen. [1]Für geplante Straßen gelten die Beschränkungen der Art. 23 bis 26 vom Beginn der Auslegung der Pläne im Planfeststellungsverfahren an. [2]Wird auf die Auslegung verzichtet, so gelten sie von dem Zeitpunkt an, zu dem den Betroffenen Gelegenheit gegeben wird, den Plan einzusehen.

Art. 27a Entschädigung wegen Baubeschränkungen. (1) [1]Wird nach den Art. 23 bis 26 die bauliche Nutzung eines Grundstücks, auf deren Zulassung bisher ein Rechtsanspruch bestand, ganz oder teilweise aufgehoben, so kann der Eigentümer und ein sonst zur Nutzung Berechtigter insoweit nach den Vorschriften des Bayerischen Gesetzes über die entschädigungspflichtige Enteignung Entschädigung in Geld verlangen, als seine Vorbereitungen zur baulichen Nutzung des Grundstücks in dem bisher zulässigen Umfang für ihn an Wert verlieren oder eine wesentliche Wertminderung des Grundstücks eintritt. [2]Zur Entschädigung ist der Träger der Straßenbaulast verpflichtet, im Fall des Art. 26 Satz 1 unbeschadet seiner Ausgleichsansprüche nach dem Eisenbahnkreuzungsgesetz.

(2) Im Fall des Art. 27 entsteht der Anspruch nach Abs. 1 erst, wenn der Plan unanfechtbar festgestellt oder mit der Ausführung begonnen worden ist, spätestens jedoch vier Jahre nach Auslegung der Pläne.

Art. 27b Veränderungssperre. (1) [1]Vom Beginn der Auslegung der Pläne im Planfeststellungsverfahren oder von dem Zeitpunkt an, zu dem den Betroffenen Gelegenheit gegeben wird, den Plan einzusehen, dürfen auf den vom Plan betroffenen Flächen bis zu ihrer Übernahme durch den Träger der Straßenbaulast wesentlich wertsteigernde oder das Straßenbauvorhaben erheblich erschwerende Veränderungen nicht vorgenommen werden. [2]Veränderungen, die in rechtlich zulässiger Weise vorher begonnen worden sind, Unterhaltungsarbeiten und die Fortführung einer bisher ausgeübten Nutzung sind hiervon ausgenommen.

(2) [1]Dauern diese Beschränkungen länger als vier Jahre, so können die Eigentümer und die sonst zur Nutzung Berechtigten für danach eintretende Vermögensnachteile vom Träger der Straßenbaulast nach den Vorschriften des Bayerischen Gesetzes über die entschädigungspflichtige Enteignung Entschädigung in Geld verlangen. [2]Der Eigentümer einer vom Plan betroffenen Fläche kann vom Träger der Straßenbaulast ferner verlangen, daß er die Fläche zu Eigentum übernimmt, wenn es dem Eigentümer wegen dieser Beschränkungen

wirtschaftlich nicht mehr zuzumuten ist, die Fläche in der bisherigen oder einer anderen zulässigen Art zu nutzen. [3]Kommt eine Einigung über die Übernahme nicht zustande, kann der Eigentümer das Enteignungsverfahren beantragen; im übrigen gelten die Vorschriften des Bayerischen Gesetzes über die entschädigungspflichtige Enteignung sinngemäß.

(3) [1]Zur Sicherung der Planung neuer Staatsstraßen und Kreisstraßen können die Regierungen nach Anhörung der Gemeinden, deren Gebiet betroffen wird, Planungsgebiete festlegen. [2]Für diese gilt Abs. 1 entsprechend. [3]Die Festlegung ist auf höchstens zwei Jahre zu befristen. [4]Die Frist kann, wenn besondere Umstände es erfordern, auf höchstens vier Jahre verlängert werden. [5]Sie tritt mit Beginn der Auslegung der Pläne im Planfeststellungsverfahren oder von dem Zeitpunkt an, zu dem den Betroffenen Gelegenheit gegeben wird, den Plan einzusehen, außer Kraft. [6]Ihre Dauer ist auf die Vierjahresfrist nach Abs. 2 anzurechnen.

(4) [1]Die Festlegung eines Planungsgebiets ist in den Gemeinden, deren Gebiet betroffen wird, auf ortsübliche Weise bekanntzumachen. [2]Planungsgebiete sind außerdem in Karten einzutragen, die in den Gemeinden während der Geltungsdauer der Festlegung zur Einsicht auszulegen sind.

(5) Die Regierungen können im Einzelfall Ausnahmen von den Abs. 1 und 3 zulassen, wenn keine überwiegenden öffentlichen Belange entgegenstehen.

Art. 28 *(aufgehoben)*

Art. 29 Schutzmaßnahmen. (1) Zum Schutz der Straßen vor nachteiligen Einwirkungen der Natur, insbesondere Schneeverwehungen, Steinschlag, Vermurungen, Überschwemmungen, haben die Eigentümer und Besitzer von benachbarten Grundstücken (Anlieger, Hinterlieger) die notwendigen Einrichtungen zu dulden.

(2) [1]Anpflanzungen aller Art und Zäune sowie Stapel, Haufen und ähnliche mit dem Grundstück nicht festverbundene Gegenstände dürfen nicht angelegt werden, soweit sie die Sicherheit und Leichtigkeit des Verkehrs beeinträchtigen können. [2]Soweit sie bereits vorhanden sind, haben die Eigentümer und Besitzer ihre Beseitigung zu dulden.

(3) [1]Die Straßenbaubehörde hat den Betroffenen die Anlage von Einrichtungen nach Abs. 1 oder die Beseitigung von Anlagen nach Abs. 2 mindestens 14 Tage vorher schriftlich anzukündigen, es sei denn, daß Gefahr im Verzug ist. [2]Die Betroffenen können diese Maßnahmen im Benehmen mit der Straßenbaubehörde selbst durchführen.

(4) Der Träger der Straßenbaulast hat den Eigentümern und Besitzern die durch Maßnahmen nach den Abs. 1 und 2 Satz 2 verursachten Aufwendungen und Schäden angemessen zu vergüten.

Art. 30 Bepflanzungen, Straßenbegleitflächen. (1) [1]Zur Bepflanzung des Straßenkörpers ist nur der Träger der Straßenbaulast befugt. [2]Dem Natur- und Landschaftsschutz ist Rechnung zu tragen.

(2) [1]Begrünte Teile der Trenn-, Seiten-, Rand- und Sicherheitsstreifen, Böschungen und sonstige straßenbegleitende Grundstücksteile (Straßenbegleitflächen) sind bei Staatsstraßen mit dem Ziel zu bewirtschaften, die Luftreinhaltung, die Artenvielfalt und den Biotopverbund zu fördern. [2]Im Rahmen der Wirtschaftlichkeit und vorbehaltlich der Verkehrssicherheit sollen bei Staatsstraßen die Straßenbegleitflächen als Magergrünland bewirtschaftet und Lärmschutzanlagen begrünt werden. [3]Den Landkreisen und Gemeinden wird empfohlen, bei Kreis- und Gemeindestraßen entsprechend zu verfahren.

Abschnitt 5

Kreuzungen und Umleitungen

Art. 31 Kreuzungen und Einmündungen öffentlicher Straßen. (1) [1]Zu den Kreuzungen öffentlicher Straßen gehören höhengleiche Kreuzungen, Überführungen und Unterführungen. [2]Einmündungen öffentlicher Straßen stehen den Kreuzungen gleich. [3]Münden mehrere Straßen an einer Stelle in eine andere Straße ein, so gelten diese Einmündungen als Kreuzung aller beteiligten Straßen.

(2) [1]Über den Bau neuer sowie über die wesentliche Änderung bestehender Kreuzungen zwischen Straßen verschiedener Baulastträger wird durch die Planfeststellung entschieden, wenn eine solche durchgeführt wird. [2]Dabei ist zugleich die Aufteilung der Kosten zu regeln, soweit die beteiligten Baulastträger keine Vereinbarung geschlossen haben.

(3) [1]Der Bau oder die Änderung einer Kreuzung soll durch Vereinbarung einem der beteiligten Träger der Straßenbaulast übertragen werden. [2]Kommt keine Einigung zustande, so entscheidet, falls nicht ein Plan festgestellt wird, die für die beteiligte höhere Straßenklasse zuständige Straßenaufsichtsbehörde; in Zweifelsfällen wird die zuständige Straßenaufsichtsbehörde durch die oberste Straßenaufsichtsbehörde bestimmt.

(4) Ergänzungen an Kreuzungsanlagen sind wie Änderungen zu behandeln.

Art. 32 Kosten für Kreuzungen öffentlicher Straßen, Verordnungsermächtigung. (1) [1]Beim Bau einer neuen Kreuzung hat der Träger der Straßenbaulast für die neu hinzukommende Straße die Kosten der Kreuzung zu tragen. [2]Zu ihnen gehören auch die Kosten der Änderung, die durch die neue Kreuzung an den anderen öffentlichen Straßen unter Berücksichtigung der übersehbaren Verkehrsentwicklung notwendig sind. [3]Die Änderung einer bestehenden Kreuzung ist als neue Kreuzung zu behandeln, wenn eine Straße, die nach der Beschaffenheit ihrer Fahrbahn nicht geeignet und nicht dazu bestimmt war, einen allgemeinen Kraftfahrzeugverkehr aufzunehmen, zu einer diesem Verkehr dienenden Straße ausgebaut wird.

(2) [1]Werden mehrere sich kreuzende Straßen gleichzeitig neu angelegt oder werden an bestehenden Kreuzungen neue Anschlußstellen geschaffen, so

haben die Träger der Straßenbaulast die Kosten der Kreuzung in dem Verhältnis der Fahrbahnbreiten der an der Kreuzung beteiligten Straßenäste zu tragen. [2]Bei der Berechnung der Fahrbahnbreiten sind die Gehwege und Radwege, die Trennstreifen und die befestigten Seitenstreifen einzubeziehen.

(3) Wird eine höhenungleiche Kreuzung geändert, so fallen die dadurch entstehenden Kosten

1. demjenigen Träger der Straßenbaulast zur Last, der die Änderung verlangt,
2. den beteiligten Trägern der Straßenbaulast zur Last, die die Änderung verlangen, und zwar im Verhältnis der Fahrbahnbreiten der an der Kreuzung beteiligten Straßenäste nach der Änderung.

(4) [1]Wird eine höhengleiche Kreuzung geändert, so gilt für die dadurch entstehenden Kosten der Änderung Abs. 2. [2]Beträgt der durchschnittliche tägliche Verkehr mit Kraftfahrzeugen auf einem der an der Kreuzung beteiligten Straßenäste nicht mehr als 20 v.H. des Verkehrs auf anderen beteiligten Straßenästen, so haben die Träger der Straßenbaulast der verkehrsstärkeren Straßenäste im Verhältnis der Fahrbahnbreiten den Anteil der Änderungskosten mitzutragen, der auf den Träger der Straßenbaulast des verkehrsschwächeren Straßenastes entfallen würde.

(5) Zugunsten leistungsschwacher Träger der Straßenbaulast können Ausnahmen von der Kostenregelung der Abs. 1 bis 4 vereinbart werden.

(6) Das Staatsministerium kann durch Rechtsverordnung näher regeln, welche Aufwendungen zu den in den Abs. 1 bis 4 genannten Kosten gehören und für den mit solchen Baumaßnahmen verbundenen Verwaltungsaufwand Pauschalbeträge festsetzen.

Art. 32a Kreuzungen mit Gewässern. (1) [1]Werden Straßen neu angelegt oder ausgebaut und müssen dazu Kreuzungen mit Gewässern (Brücken oder Unterführungen) hergestellt oder bestehende Kreuzungen geändert werden, so hat der Träger der Straßenbaulast die dadurch entstehenden Kosten zu tragen. [2]Die Kreuzungsanlagen sind so auszuführen, daß unter Berücksichtigung der übersehbaren Entwicklung der wasserwirtschaftlichen Verhältnisse der Wasserabfluß nicht nachteilig beeinflußt wird.

(2) [1]Werden Gewässer ausgebaut (§ 67 des Wasserhaushaltsgesetzes) und werden dazu Kreuzungen mit Straßen hergestellt oder bestehende Kreuzungen geändert, so hat der Träger des Ausbauvorhabens die dadurch entstehenden Kosten zu tragen. [2]Wird eine neue Kreuzung erforderlich, weil ein Gewässer hergestellt wird, so ist die übersehbare Verkehrsentwicklung auf der Straße zu berücksichtigen. [3]Wird die Herstellung oder Änderung einer Kreuzung erforderlich, weil das Gewässer wesentlich umgestaltet wird, so sind die gegenwärtigen Verkehrsbedürfnisse zu berücksichtigen. [4]Verlangt der Träger der Straßenbaulast weitergehende Änderungen, so hat er die Mehrkosten hierfür zu tragen

(3) [1]Wird eine Straße neu angelegt und wird gleichzeitig ein Gewässer aus anderen als straßenbaulichen Gründen hergestellt oder wesentlich umgestaltet,

so daß eine neue Kreuzung entsteht, so haben der Träger der Straßenbaulast und der Unternehmer des Gewässerausbaus die Kosten der Kreuzung je zur Hälfte zu tragen. [2]Die Leistungsfähigkeit der Beteiligten ist bei der Kostenverteilung zu berücksichtigen.

(4) [1]Werden eine Straße und ein Gewässer aus anderen als straßenbaulichen Gründen gleichzeitig ausgebaut und wird infolgedessen eine bestehende Kreuzungsanlage geändert oder durch einen Neubau ersetzt, so haben der Träger des Gewässerausbaus und der Träger der Straßenbaulast die dadurch entstehenden Kosten für die Kreuzungsanlage in dem Verhältnis zu tragen, in dem die Kosten bei getrennter Durchführung der Maßnahme zueinander stehen würden. [2]Gleichzeitigkeit im Sinn des Satzes 1 liegt vor, wenn baureife Pläne vorhanden sind, die eine gleichzeitige Baudurchführung ermöglichen.

(5) Kommt über die Kreuzungsmaßnahme oder ihre Kosten eine Einigung nicht zustande, so ist darüber durch Planfeststellung zu entscheiden.

Art. 33 Unterhaltung der Straßenkreuzungen, Verordnungsermächtigung. (1) Bei höhengleichen Kreuzungen obliegt dem Träger der Straßenbaulast für die Straße der höheren Straßenklasse die Unterhaltung der Kreuzung in der Fahrbahnbreite seiner Straße und der kreuzungsbedingten Verkehrszeichen, -einrichtungen und -anlagen; im übrigen hat der Träger der Straßenbaulast für die kreuzende Straße die Kreuzung zu unterhalten.

(2) Bei Über- oder Unterführungen unterhält der Träger der Straßenbaulast für die Straße der höheren Straßenklasse das Kreuzungsbauwerk; die übrigen Teile der Kreuzung unterhält der Träger der Straßenbaulast für die Straße, zu der sie gehören.

(3) [1]In den Fällen des Art. 32 Abs. 1 hat der Träger der Straßenbaulast für die neu hinzukommende Straße dem Träger der Straßenbaulast für die vorhandene Straße die Mehrkosten der Unterhaltung zu erstatten, die ihm nach den Vorschriften der Abs. 1 und 2 entstehen. [2]Die Mehrkosten sind auf Verlangen eines Beteiligten abzulösen, wenn das dem anderen Beteiligten zumutbar ist.

(4) [1]Nach einer Änderung einer bestehenden Kreuzung haben die Träger der Straßenbaulast ihre veränderten Unterhaltungskosten ohne Ausgleich zu tragen. [2]Zu den Unterhaltungskosten gehören auch die Aufwendungen für spätere Erneuerungen und für die Wiederherstellung, wenn die Kreuzung durch höhere Gewalt zerstört wird.

(5) Bisherige Regelungen werden in dem Zeitpunkt hinfällig, in dem nach Inkrafttreten dieses Gesetzes eine Änderung der Kreuzung durchgeführt worden ist.

(6) Die Vorschriften über die Unterhaltung von Kreuzungsbauwerken und über die Tragung der Kosten gelten nicht, soweit hierüber anderes vereinbart wird.

(7) Das Staatsministerium kann durch Rechtsverordnung allgemein bestimmen,

1. welcher Teil einer Kreuzungsanlage zu welcher Straße und welche Teile zum Kreuzungsbauwerk gehören,
2. wie Ablösungsbeträge zu berechnen und zu entrichten sind.

Art. 33a Unterhaltung der Kreuzungen mit Gewässern. (1) [1]Der Träger der Straßenbaulast hat die Kreuzungsanlage auf seine Kosten zu unterhalten, soweit nichts anderes vereinbart oder durch Planfeststellung bestimmt wird. [2]Die Unterhaltungspflicht des Trägers der Straßenbaulast erstreckt sich nicht auf Leitwerke, Leitpfähle, Dalben, Absetzpfähle oder ähnliche Einrichtungen zur Sicherung der Durchfahrt unter Brücken im Zug von Straßen für die Schifffahrt sowie auf Schiffahrtszeichen. [3]Soweit diese Einrichtungen auf Kosten des Trägers der Straßenbaulast herzustellen waren, hat dieser dem Unterhaltungspflichtigen die Unterhaltungskosten und die Kosten des Betriebs dieser Einrichtungen zu ersetzen oder auf Verlangen, soweit ihm dies zumutbar ist, abzulösen. [4]Art. 33 Abs. 7 gilt entsprechend.

(2) [1]Wird im Fall des Art. 32a Abs. 2 eine neue Kreuzung hergestellt, hat der Träger des Ausbauvorhabens die Mehrkosten für die Unterhaltung und den Betrieb der Kreuzungsanlage zu erstatten oder auf Verlangen, soweit ihm dies zumutbar ist, abzulösen. [2]Ersparte Unterhaltungskosten für den Fortfall vorhandener Kreuzungsanlagen sind anzurechnen. [3]Art. 33 Abs. 7 gilt entsprechend.

(3) Die Abs. 1 und 2 gelten nicht, wenn bei dem Inkrafttreten dieses Gesetzes die Kostentragung auf Grund eines bestehenden Rechts anders geregelt ist.

Art. 34 Umleitungen. (1) Bei vorübergehenden Verkehrsbeschränkungen nach Maßgabe des Art. 15 sind die Träger der Straßenbaulast für andere öffentliche Straßen verpflichtet, eine Umleitung des Verkehrs auf ihre Straßen zu dulden.

(2) Soweit eine Umleitung des Verkehrs möglich und zumutbar ist, sind die Träger der Straßenbaulast für die Umleitungsstrecke vor Anordnung der Verkehrsbeschränkung zu unterrichten; der zuständigen Straßenverkehrsbehörde ist diese Umleitungsstrecke vorzuschlagen.

(3) [1]Die Straßenbaubehörde hat ferner im Benehmen mit dem Träger der Straßenbaulast für die Umleitungsstrecke festzustellen, welche Maßnahmen notwendig sind, um die Umleitungsstrecke für die Aufnahme des zusätzlichen Verkehrs verkehrssicher zu machen. [2]Die hierfür nötigen Mehraufwendungen sind dem Träger der Straßenbaulast für die Umleitungsstrecke zu erstatten. [3]Dies gilt auch für Aufwendungen, die der Träger der Straßenbaulast für die Umleitungsstrecke zur Beseitigung der durch die Umleitung verursachten Schäden machen muß.

(4) [1]Muß die Umleitung ganz oder zum Teil über private Straßen und Wege geleitet werden, die dem öffentlichen Verkehr dienen, so ist der Eigentümer zur Duldung der Umleitung auf Anforderung durch die Straßenbaubehörde verpflichtet. [2]Abs. 3 Satz 1 und 2 gelten entsprechend. [3]Der Träger der Straßenbaulast der umgeleiteten Strecke hat die Umleitungsstrecke auf Antrag des

Eigentümers in einen verkehrssicheren Zustand zu versetzen, während der Umleitung zu unterhalten und nach Aufhebung der Umleitung auf Antrag des Eigentümers den früheren Zustand wieder herzustellen.

(5) Die Abs. 1 bis 4 gelten entsprechend, wenn neue Staats- oder Kreisstraßen vorübergehend über andere öffentliche Straßen oder Wege an das Straßennetz angeschlossen werden müssen.

Abschnitt 6

Planfeststellung und Enteignung

Art. 35 Planungen. (1) [1]Bei örtlichen und überörtlichen Planungen, welche die Änderung bestehender oder den Bau neuer Staatsstraßen und Kreisstraßen zur Folge haben können, hat die Planungsbehörde das Einvernehmen mit der Straßenaufsichtsbehörde unbeschadet weitergehender gesetzlicher Vorschriften rechtzeitig herzustellen. [2]Bei den übrigen Straßen ist die Straßenbaubehörde rechtzeitig zu beteiligen.

(2) Bei Planungen, welche den Bau neuer oder die wesentliche Änderung bestehender Straßen von übergeordneter Bedeutung betreffen, sind die Erfordernisse der Raumordnung und Landesplanung zu beachten.

(3) Die Landkreise und die Gemeinden haben beabsichtigte Neubauten oder wesentliche Änderungen ihrer Straßen der Regierung mitzuteilen.

Art. 36 Planfeststellung. (1) [1]Neue Staatsstraßen dürfen nur gebaut werden, wenn vorher der Plan festgestellt ist. [2]Das gleiche gilt für wesentliche Änderungen.

(2) Bei Kreisstraßen und Gemeindeverbindungsstraßen ist die Planfeststellung durchzuführen, wenn es sich um Straßen von besonderer Bedeutung, insbesondere um Zubringerstraßen zu Bundesfernstraßen, handelt.

(3) Unbeschadet der Regelungen der Abs. 1 und 2 ist bei Staats-, Kreis-, Gemeindeverbindungs- und Ortsstraßen, für die Art. 37 eine Umweltverträglichkeitsprüfung vorschreibt, die Planfeststellung durchzuführen.

(4) [1]Unbeschadet der Abs. 1 bis 3 ist bei Staats-, Kreis-, Gemeindeverbindungs- und Ortsstraßen die Planfeststellung durchzuführen, wenn die geplante Maßnahme

1. den angemessenen Sicherheitsabstand im Sinn des Art. 13 Abs. 2 Buchst. a der Richtlinie 2012/18/EU zu einem Betriebsbereich nicht einhält und
2. Ursache von schweren Unfällen im Sinn des Art. 3 Nr. 13 der Richtlinie 2012/18/EU sein kann oder wenn durch sie das Risiko oder die Folgen eines solchen Unfalls vergrößert werden können.

[2]Der Träger der Straßenbaulast gibt öffentlich bekannt, dass eine Planfeststellung nach dieser Vorschrift unterbleibt, wenn seine Prüfung ergibt, dass die Voraussetzungen nach Satz 1 Nr. 1, nicht aber nach Satz 1 Nr. 2 gegeben sind.

(5) Wird es notwendig, von einer in einem Bebauungsplan aufgenommenen Planung für eine Staats- oder Kreisstraße abzuweichen oder diese Planung zu ergänzen, so ist insoweit ein Planfeststellungsverfahren durchzuführen.

(6) Ist nach diesem Gesetz oder nach dem Bundesfernstraßengesetz (FStrG) ein Plan festzustellen, so kann in den Plan auch der Bau oder die Änderung anderer öffentlicher Straßen einbezogen werden, soweit solche Baumaßnahmen zwischen den Trägern der Straßenbaulast vereinbart sind oder straßenaufsichtlich gefordert werden könnten.

Art. 37 Umweltverträglichkeitsprüfung. Bei Staats-, Kreis-, Gemeindeverbindungs- und Ortsstraßen ist eine Umweltverträglichkeitsprüfung durchzuführen, wenn

1. Schnellstraßen im Sinn der Begriffsbestimmung des Europäischen Übereinkommens über die Hauptstraßen des internationalen Verkehrs vom 15. November 1975 (BGBl. 1983 II S. 246) gebaut werden,
2. vier- oder mehrstreifige Straßen gebaut oder bestehende Straßen zu vier- oder mehrstreifigen Straßen ausgebaut oder verlegt werden, soweit der neu gebaute, ausgebaute oder verlegte Straßenabschnitt
   a) eine durchgehende Länge von mindestens 10 km aufweist oder
   b) eine durchgehende Länge von mindestens 5 km aufweist und auf einer Länge von mehr als 5 v.H. gesetzlich geschützte Biotope mit einer Fläche von mehr als 1 ha, Natura 2000-Gebiete, Nationalparke oder Naturschutzgebiete durchschneidet,
3. ein-, zwei- oder dreistreifige Straßen gebaut werden, soweit der neu gebaute Straßenabschnitt eine durchgehende Länge von mindestens 10 km aufweist und auf einer Länge von mehr als 5 v.H. Gebiete oder Biotope nach Nr. 2 Buchst. b durchschneidet oder
4. soweit nicht bereits von Nr. 2 erfasst, wenn Straßen durch Anbau mindestens eines weiteren Fahrstreifens auf einer durchgehenden Länge von mindestens 10 km geändert werden und der zu ändernde Straßenabschnitt auf einer Länge von mehr als 5 v.H. Gebiete oder Biotope nach Nr. 2 Buchst. b durchschneidet.

Art. 38 Verwaltungsverfahren. (1) [1]Planfeststellung und Plangenehmigung entfallen, soweit für das von der Baumaßnahme berührte Gebiet ein Bebauungsplan besteht, der den Anforderungen des Art. 23 Abs. 3 entspricht. [2]Art. 74 Abs. 7 BayVwVfG bleibt unberührt.

(2) Die Auslegung des Planfeststellungsbeschlusses kann unterbleiben, wenn der Kreis der Betroffenen bekannt ist und nicht die Voraussetzungen von Art. 36 Abs. 4 oder Art. 37 vorliegen.

(3) [1]Bei allen Vorhaben im Sinn des Art. 36 Abs. 4

1. sind Art. 73 Abs. 3 Satz 2, Art. 74 Abs. 6 und 7 sowie Art. 76 Abs. 2 und 3 BayVwVfG nicht anwendbar,
2. muss die Bekanntmachung der Auslegung zusätzlich die Angaben nach Art. 15 Abs. 2 der Richtlinie 2012/18/EU enthalten und

3. muss der ausgelegte Plan zusätzlich die Angaben nach Art. 15 Abs. 3 der Richtlinie 2012/18/EU enthalten.

[2]Wenn die Planfeststellung ausschließlich auf Grund von Art. 36 Abs. 4 durchzuführen ist, kann die Anhörungsbehörde auf eine Erörterung verzichten.

Art. 39 Zuständigkeiten im Planfeststellungsverfahren. (1) Die Regierung führt das Anhörungsverfahren (Art. 73 BayVwVfG) durch und stellt den Plan fest (Art. 74 BayVwVfG).

(2) Die Regierung ist Anhörungs- und Planfeststellungsbehörde im Planfeststellungsverfahren nach dem Bundesfernstraßengesetz.

Art. 40 Enteignung. (1) Zur Erfüllung der Aufgaben aus der Straßenbaulast kann nach den Vorschriften des Bayerischen Gesetzes über die entschädigungspflichtige Enteignung enteignet werden.

(2) Der nach Art. 38 festgestellte oder genehmigte Plan ist dem Enteignungsverfahren zugrunde zu legen und für die Enteignungsbehörde bindend.

ZWEITER TEIL

Träger der Straßenbaulast für Staatsstraßen und Kreisstraßen

Art. 41 Träger der Straßenbaulast. [1]Träger der Straßenbaulast sind:

1. für die Staatsstraßen der Freistaat Bayern,
2. für die Kreisstraßen die Landkreise und kreisfreien Gemeinden.

[2]Dies gilt auch für die Ortsdurchfahrten, soweit nicht die Straßenbaulast für diese den Gemeinden obliegt (Art. 42).

Art. 42 Träger der Straßenbaulast für Ortsdurchfahrten, Verordnungsermächtigung. (1) [1]Die Gemeinden mit mehr als 25 000 Einwohnern sind Träger der Straßenbaulast für die Ortsdurchfahrten im Zug von Staats- und Kreisstraßen. [2]Maßgebend ist die durch die jeweils letzte Volkszählung festgestellte Einwohnerzahl. [3]Das Ergebnis einer Volkszählung wird mit Beginn des dritten Haushaltsjahres nach dem Jahr verbindlich, in dem die Volkszählung stattgefunden hat. [4]Werden Gemeindegrenzen geändert oder neue Gemeinden gebildet, ist die bei der Volkszählung festgestellte Einwohnerzahl des neuen Gemeindegebiets maßgebend. [5]In diesen Fällen wechselt die Straßenbaulast für die Ortsdurchfahrten mit Beginn des dritten Haushaltsjahres nach dem Jahr der Gebietsänderung, wenn sie bisher dem Freistaat Bayern oder einem Landkreis oblag, sonst mit der Gebietsänderung. [6]Die Gemeinde bleibt abweichend von den Sätzen 1 bis 5 Träger der Straßenbaulast für die Ortsdurchfahrten im Zug der Staats- und Kreisstraßen, wenn sie es mit Zustimmung der Rechtsaufsichtsbehörde gegenüber dem Träger der Straßenbaulast erklärt. [7]Für die Gehwege dieser Ortsdurchfahrten und der Ortsdurchfahrten von Kreisstraßen in kreisfreien Gemeinden gilt Art. 47 Abs. 3 entsprechend.

(2) Soweit die Gemeinden Träger der Straßenbaulast für Ortsdurchfahrten sind, bedürfen alle Straßenbauvorhaben, die die Planungen, insbesondere die Ausbauabsichten des Trägers der Straßenbaulast für die anschließenden freien Strecken berühren, der vorherigen Zustimmung der Straßenaufsichtsbehörde.

(3) [1]Wenn dem Freistaat Bayern oder einem Landkreis die Straßenbaulast für eine Ortsdurchfahrt obliegt, erstreckt sie sich nicht auf Gehwege und Parkplätze. [2]Auf Radwege erstreckt sich die Straßenbaulast des Freistaats Bayern oder eines Landkreises nur, wenn solche auch auf den anschließend freien Strecken vorhanden oder vorgesehen sind. [3]Führt die Ortsdurchfahrt über Straßen und Plätze, die erheblich breiter angelegt sind, als die Staatsstraße oder Kreisstraße es erfordert, so hat die Straßenbaubehörde die seitliche Begrenzung der Ortsdurchfahrt mit der Gemeinde besonders zu vereinbaren. [4]Kommt keine Vereinbarung zustande, so entscheidet die Regierung.

(4) [1]Das Staatsministerium kann im Einvernehmen mit dem Staatsministerium der Finanzen und für Heimat und nach Anhörung der kommunalen Spitzenverbände durch Rechtsverordnung bestimmen, wie bei gemeinsamen Maßnahmen die Kosten des Baus und der Unterhaltung unter den Trägern der Straßenbaulast aufzuteilen sind. [2]Hierbei ist zu berücksichtigen, inwieweit derartige Maßnahmen den Aufgaben des einen oder des anderen Trägers der Straßenbaulast zu dienen bestimmt sind. [3]Die Rechtsverordnung soll hiervon abweichende Vereinbarungen zwischen den beteiligten Trägern der Straßenbaulast zulassen.

Art. 43 *(aufgehoben)*

Art. 44 Straßenbaulast Dritter. (1) Die Art. 41 und 42 gelten nicht, soweit die Straßenbaulast auf Grund anderer gesetzlicher Vorschriften oder auf Grund öffentlich-rechtlicher Verpflichtungen anderen Trägern obliegt oder übertragen wird.

(2) Bürgerlich-rechtliche Verpflichtungen Dritter über die Erfüllung der Aufgaben aus der Straßenbaulast lassen die Straßenbaulast als solche unberührt.

Art. 45 Unterhaltung von Straßenteilen bei fremder Straßenbaulast.
[1]Obliegt nach Art. 44 Abs. 1 die Baulast für Straßenteile, die im Zug einer Staatsstraße oder Kreisstraße liegen, wie Brücken und Durchlässe, einem anderen als dem Träger der Straßenbaulast nach Art. 41 und 42, so ist dieser zum Zweck der Behebung eines Notstands berechtigt und verpflichtet, auf Kosten des anderen alle Maßnahmen zu ergreifen, die zur Erhaltung der Verkehrssicherheit erforderlich sind. [2]Der nach Art. 44 Abs. 1 verpflichtete Träger der Straßenbaulast ist vorher tunlichst zu verständigen.

DRITTER TEIL

Gemeindestraßen und sonstige öffentliche Straßen

Abschnitt 1

Gemeindestraßen

Art. 46 Einteilung der Gemeindestraßen. Gemeindestraßen sind:

1. Gemeindeverbindungsstraßen;
   das sind Straßen, die den nachbarlichen Verkehr der Gemeinden oder der Gemeindeteile untereinander oder deren Verbindung mit anderen Verkehrswegen vermitteln.
2. Ortsstraßen;
   das sind Straßen, die dem Verkehr innerhalb der geschlossenen Ortslage oder innerhalb des räumlichen Geltungsbereichs eines Bebauungsplans im Sinn des Baugesetzbuchs dienen, mit Ausnahme der Ortsdurchfahrten von Bundesstraßen, Staatsstraßen und Kreisstraßen.

Art. 47 Straßenbaulast für Gemeindestraßen. (1) Die Gemeinden sind Träger der Straßenbaulast für die erforderlichen Gemeindestraßen innerhalb des Gemeindegebiets.

(2) Ist eine Gemeindestraße ordnungsgemäß hergestellt, so hat die Straßenbaubehörde sie unverzüglich zu widmen.

(3) Die Gemeinden können durch Satzung die Eigentümer solcher Grundstücke, die über Ortsstraßen erschlossen werden, und die sonst zur Nutzung dinglich Berechtigten zur Unterhaltung der Gehwege verpflichten oder zu den Kosten nach dem Maß dieser Verpflichtung heranziehen, soweit der Gehweg überwiegend dem Grundstückseigentümer oder dem sonst zur Nutzung dinglich Berechtigten dient.

(4) Die Art. 44 und 45 gelten entsprechend.

Art. 48 Gemeindeaufgaben für Ortsdurchfahrten mit geteilter Straßenbaulast. (1) Die Gemeinden sind Träger der Straßenbaulast für Gehwege, Radwege und Parkplätze, die nicht nach Art. 42 Abs. 3 in der Straßenbaulast des Freistaates Bayern oder eines Landkreises stehen.

(2) Für diese Bestandteile der Ortsdurchfahrten gelten die Art. 44 und 45, für die Gehwege auch Art. 47 Abs. 3 entsprechend.

(3) Art. 47 Abs. 3 gilt für die Gehwege aller Ortsdurchfahrten von Bundesstraßen entsprechend.

Art. 49 Kostenausgleich bei Gemeindeverbindungsstraßen. Wenn eine Gemeindeverbindungsstraße ausschließlich oder überwiegend dem Verkehrsbedürfnis anderer Gemeinden dient, sind diese verpflichtet, nach Maßgabe ihres Nutzens der Gemeinde, durch deren Gebiet die Straße verläuft, die im Rahmen der Straßenbaulast erforderlichen Aufwendungen zu erstatten.

Art. 50 *(aufgehoben)*

Art. 51 Gemeindliche Beleuchtungs-, Reinigungs-, Räum- und Streupflicht, Verordnungsermächtigung. (1) [1]Zur Aufrechterhaltung der öffentlichen Sicherheit und Ordnung haben die Gemeinden innerhalb der geschlossenen Ortslage nach ihrer Leistungsfähigkeit die öffentlichen Straßen zu beleuchten, zu reinigen, von Schnee zu räumen und alle gefährlichen Fahrbahnstellen, die Fußgängerüberwege und die Gehbahnen bei Glätte zu streuen, wenn das dringend erforderlich ist und nicht andere auf Grund sonstiger Rechtsvorschriften (insbesondere der Verkehrssicherungspflicht) hierzu verpflichtet sind. [2]Dabei sollen vorrangig umweltfreundliche Streumittel verwendet werden. [3]Die Verwendung von Streusalz und umweltschädlichen anderen Stoffen ist dabei auf das aus Gründen der Verkehrssicherheit notwendige Maß zu beschränken.

(2) [1]Die Gemeinden sind verpflichtet, das Streuen an gefährlichen Fahrbahnstellen und Fußgängerüberwegen bei Glätte allgemein als eigene Aufgabe zu übernehmen, wenn ihnen dies zumutbar ist. [2]Im Zweifelsfall entscheidet hierüber die Aufsichtsbehörde.

(3) Den Gemeinden werden die Kosten für das Schneeräumen und für das Streuen der gefährlichen Fahrbahnstellen und der Fußgängerüberwege von demjenigen ersetzt, der im allgemeinen für diese Straßenteile verkehrssicherungspflichtig wäre.

(4) Zur Aufrechterhaltung der öffentlichen Reinlichkeit können die Gemeinden über die Reinhaltung und Reinigung der öffentlichen Straßen Rechtsverordnungen erlassen und darin die Eigentümer von Grundstücken, die innerhalb der geschlossenen Ortslage an öffentliche Straßen angrenzen oder über sie erschlossen werden, und die zur Nutzung dinglich Berechtigten auch zu Leistungen auf eigene Kosten verpflichten.

(5) [1]Zur Verhütung von Gefahren für Leben, Gesundheit, Eigentum oder Besitz können die Gemeinden die in Abs. 4 genannten Personen durch Rechtsverordnung verpflichten,

a) die Gehwege sowie die gemeinsamen Geh- und Radwege der an ihr Grundstück angrenzenden oder ihr Grundstück erschließenden öffentlichen Straßen und,

b) soweit kein Weg im Sinne von Buchst. a besteht, die an ihr Grundstück angrenzenden oder ihr Grundstück erschließenden öffentlichen Straßen in der für den Fußgängerverkehr erforderlichen Breite

bei Schnee oder Glatteis auf eigene Kosten während der üblichen Verkehrszeiten in sicherem Zustand zu erhalten. [2]In solchen Rechtsverordnungen sind Beginn und Ende der üblichen Verkehrszeit zu bestimmen; der Beginn darf nicht vor 6 Uhr, das Ende nicht nach 22 Uhr liegen.

(6) Straßen im Sinn dieser Vorschrift sind auch die Bundesstraßen.

Art. 52 Straßennamen und Hausnummern. (1) Die Gemeinden können den öffentlichen Straßen Namen geben und Namensschilder anbringen.

(2) Die Hausnumerierung und die Verpflichtung der Grundstückseigentümer, die Kosten hierfür zu tragen, regeln die Gemeinden durch Satzung nach Art. 23 der Gemeindeordnung, soweit nicht bundesrechtliche Vorschriften bestehen.

Abschnitt 2

Sonstige öffentliche Straßen

Art. 53 Einteilung der sonstigen öffentlichen Straßen. Sonstige öffentliche Straßen sind:
1. die öffentlichen Feld- und Waldwege;
   das sind Straßen, die der Bewirtschaftung von Feld- und Waldgrundstücken dienen;
2. die beschränkt-öffentlichen Wege;
   das sind Straßen, die einem beschränkt-öffentlichen Verkehr dienen und eine besondere Zweckbestimmung haben können. Hierzu zählen die Friedhof-, Kirchen- und Schulwege, die Wanderwege (Art. 141 Abs. 3 Satz 2 der Verfassung), die Geh- und Radwege, soweit diese nicht Bestandteile anderer Straßen sind (selbständige Geh- und Radwege), sowie die Fußgängerbereiche;
3. die Eigentümerwege;
   das sind Straßen, die von den Grundstückseigentümern in unwiderruflicher Weise einem beschränkten oder unbeschränkten öffentlichen Verkehr zur Verfügung gestellt werden und keiner anderen Straßenklasse angehören.

Art. 54 Straßenbaulast und Eigentum an öffentlichen Feld- und Waldwegen, Verordnungsermächtigung. (1) [1]Träger der Straßenbaulast für ausgebaute öffentliche Feld- und Waldwege sind die Gemeinden. [2]Träger der Straßenbaulast für nicht ausgebaute öffentliche Feld- und Waldwege sind diejenigen, deren Grundstücke über den Weg bewirtschaftet werden (Beteiligte). [3]Die Gemeinde kann durch Satzung auch nicht ausgebaute öffentliche Feld- und Waldwege in ihre Baulast überführen.

(2) [1]Werden bisher nicht ausgebaute öffentliche Feld- und Waldwege ausgebaut, so geht die Baulast auf die Gemeinde über,
1. wenn der Ausbau im Rahmen der Flurbereinigung erfolgt, mit der Beendigung des Ausbaus,
2. in den übrigen Fällen mit dem Beginn des Ausbaus durch die Gemeinde.

[2]Werden öffentliche Feld- und Waldwege neu gebaut, so wird die Gemeinde Träger der Baulast,
1. wenn der Neubau im Rahmen der Flurbereinigung erfolgt, mit der Verkehrsübergabe,
2. in den übrigen Fällen mit dem Beginn des Baus durch die Gemeinde.

(3) [1]Obliegt die Baulast an öffentlichen Feld- und Waldwegen den Gemeinden, so können sie bis zu 75 v.H. ihrer nicht anderweitig gedeckten sächlichen Aufwendungen aus der Baulast auf die Beteiligten umlegen, und zwar im Verhältnis der Größen der in Abs. 1 Satz 2 genannten Grundstücke; forstwirtschaftlich genutzte Flächen sind zu zwei Dritteln, minderwertige landwirtschaftliche Nutzflächen (insbesondere Hutungen, Streuwiesen und Ödländereien) zu einem Drittel anzurechnen. [2]Die Gemeinden können durch Satzung bestimmen, daß auch noch die durch die Bewirtschaftung bedingte Art und Häufigkeit der Wegebenutzung zu berücksichtigen ist. [3]Sie können angemessene Vorschüsse verlangen. [4]Die Umlegung von Aufwendungen für den Ausbau und Neubau außerhalb eines Flurbereinigungsverfahrens ist nur zulässig, wenn eine nach den Grundstücksgrößen gemäß Satz 1 zu ermittelnde Mehrheit der Beteiligten der Baumaßnahme zugestimmt hat.

(4) [1]Obliegt die Baulast den Beteiligten, so haben diese eine Einigung über die Art und den Umfang ihrer Verpflichtungen anzustreben. [2]Kommt keine Einigung zustande, so entscheidet die Gemeinde und, wenn sie selbst beteiligt ist, die Straßenaufsichtsbehörde unter Beachtung des Abs. 3 Satz 1.

(5) Für öffentliche Feld- und Waldwege in der Baulast von Gemeinden gilt Art. 49 und für die hiernach erstattungspflichtigen Gemeinden auch Abs. 4 entsprechend.

(6) Das Staatsministerium kann im Einvernehmen mit dem Staatsministerium für Ernährung, Landwirtschaft und Forsten durch Rechtsverordnung regeln, durch welche Merkmale ein ausgebauter öffentlicher Feld- und Waldweg (Abs. 1 Satz 1) bestimmt ist.

(7) [1]Für öffentliche Feld- und Waldwege in der Baulast der Beteiligten ist Art. 13 nicht anzuwenden. [2]Die Gemeinde hat auf Kosten der Beteiligten das Eigentum an den Grundstücken zu erwerben, die einem solchen Feld- und Waldweg dienen, wenn das ein nach Abs. 1 Satz 2 nicht beteiligter Eigentümer der Wegfläche verlangt. [3]Die Befugnisse nach Art. 40 kann auch in diesem Fall nur die Gemeinde wahrnehmen.

Art. 54a Straßenbaulast an beschränkt-öffentlichen Wegen. (1) Träger der Straßenbaulast für die beschränkt-öffentlichen Wege sind die Gemeinden.

(2) Art. 49 gilt entsprechend.

Art. 55 Straßenbaulast für Eigentümerwege. (1) [1]Träger der Straßenbaulast für Eigentümerwege sind die Grundstückseigentümer. [2]Die Straßenbaulast beschränkt sich auf die Unterhaltung dieser Wege in dem Umfang, in dem sie bei Inkrafttreten dieses Gesetzes oder bei ihrer Errichtung für den Verkehr bestimmt waren, sofern nicht weitergehende öffentlich-rechtliche Verpflichtungen bestehen. [3]Die Grundstückseigentümer sind berechtigt, die Benutzung eines Eigentümerwegs von einem Entgelt abhängig zu machen. [4]Die Höhe des Entgelts bedarf der Genehmigung der Straßenaufsichtsbehörde. [5]Das Entgelt darf nicht höher angesetzt werden, als zur Deckung der Unterhaltskosten erforderlich ist.

(2) Kreuzungen von Eigentümerwegen mit Staatsstraßen, Kreisstraßen oder Gemeindestraßen gelten als Sondernutzungen nach Art. 19 an diesen Straßen; Einmündungen stehen den Kreuzungen gleich.

Art. 56 Gemeinsame Vorschriften für sonstige öffentliche Straßen.

(1) Die Sondernutzung an sonstigen öffentlichen Straßen richtet sich ausschließlich nach bürgerlichem Recht.

(2) Die Art. 44 und 45 sind entsprechend anzuwenden; dasselbe gilt für Art. 22 a, soweit eine Gemeinde Träger der Straßenbaulast ist.

Abschnitt 3

Straßen in gemeindefreien Gebieten

Art. 57 Straßenbaulast in gemeindefreien Gebieten. (1) In gemeindefreien Gebieten sind Träger der Straßenbaulast für solche Straßen, die innerhalb des Gemeindegebiets in der Straßenbaulast der Gemeinden stünden, die Eigentümer der gemeindefreien Grundstücke.

(2) Die Art. 44, 45 und 49 gelten entsprechend.

VIERTER TEIL

Aufsicht und Zuständigkeiten

Art. 58 Straßenbaubehörden, Verordnungsermächtigung. (1) Oberste Straßenbaubehörde ist das Staatsministerium.

(2) Straßenbaubehörden sind, soweit nicht in den folgenden Absätzen etwas anderes bestimmt ist,

1. für Staatsstraßen mit Ausnahme der Ortsdurchfahrten, die in der Straßenbaulast der Gemeinden stehen:
   die Staatlichen Bauämter,
2. für Kreisstraßen mit Ausnahme der Ortsdurchfahrten, die in der Straßenbaulast der Gemeinden stehen:
   die Landkreise und die kreisfreien Gemeinden,
3. für alle innerhalb des Gemeindegebiets gelegenen Gemeindestraßen, öffentlichen Feld- und Waldwege und beschränkt-öffentlichen Wege und für Ortsdurchfahrten von Staatsstraßen und Kreisstraßen, die in der Straßenbaulast der Gemeinden stehen, und für Gehwege, Radwege und Parkplätze im Sinn des Art. 48:
   die Gemeinden,
4. für die im gemeindefreien Gebiet gelegenen Gemeindestraßen, öffentlichen Feld- und Waldwege und beschränkt-öffentlichen Wege, die in der alleinigen Straßenbaulast des Freistaates Bayern oder einer kommunalen Gebietskörperschaft stehen:
   diese Körperschaften, im übrigen die Kreisverwaltungsbehörden,

5. für Eigentümerwege, die in der alleinigen Straßenbaulast des Freistaates Bayern, einer kommunalen Gebietskörperschaft oder eines Zweckverbands stehen:
   diese Körperschaften, im übrigen die Gemeinden.

(3) Werden die Kreisstraßen nach Art. 59 von den Staatlichen Bauämtern verwaltet, so nehmen diese die den Straßenbaubehörden nach Art. 15, 18 und 19 obliegenden Aufgaben und Befugnisse wahr.

(4) [1]Die Straßenbaubehörden können für die Ortsdurchfahrten von Staatsstraßen in Gemeinden, die bei der nach Art. 42 Abs. 1 maßgeblichen Volkszählung mehr als 9000, aber nicht mehr als 25 000 Einwohner hatten, ihre Befugnisse durch Vereinbarung ganz oder teilweise auf die Gemeinden übertragen. [2]Die Vereinbarung ist nach den für Gemeindesatzungen geltenden Vorschriften bekanntzumachen.

(5) [1]Ist in den Fällen des Abs. 2 Nr. 4 und 5 der Freistaat Bayern alleiniger Träger der Straßenbaulast, so ist Straßenbaubehörde die Behörde, welche das für die Straße in Anspruch genommene Grundstück verwaltet. [2]Das Staatsministerium kann in solchen Fällen im Einvernehmen mit den beteiligten anderen Staatsministerien die Befugnisse der Straßenbaubehörde ganz oder teilweise durch Rechtsverordnung auf eine andere staatliche Behörde übertragen.

Art. 59 Verwaltung der Kreisstraßen, Verordnungsermächtigung. (1) [1]Die Landkreise können die Verwaltung ihrer Kreisstraßen mit Ausnahme der Ortsdurchfahrten in Gemeinden mit mehr als 25 000 Einwohnern den örtlich zuständigen Staatlichen Bauämtern übertragen. [2]Die Übertragung erfolgt durch Vereinbarung zwischen dem Staatlichen Bauamt und dem Landkreis. [3]Diese ist vom Kreistag zu beschließen, bedarf der Form des Art. 35 Abs. 2 der Landkreisordnung und ist vom Vorstand des Staatlichen Bauamts zu unterzeichnen.

(2) [1]Das Staatliche Bauamt handelt bei der Verwaltung der Kreisstraßen im Auftrag des Landkreises; es wird gegenüber dem Landkreis von seinem Vorstand vertreten. [2]Das Staatliche Bauamt verwaltet die Kreisstraßen nach den in der Vereinbarung festgelegten Richtlinien. [3]Sein Vorstand vertritt insoweit den Landkreis nach außen; Art. 35 Abs. 2 der Landkreisordnung gilt entsprechend. [4]Bei der Verwaltung der Kreisstraßen untersteht das Staatliche Bauamt den technischen Weisungen der staatlichen Straßenbauverwaltung.

(3) [1]Für die Verwaltung der Kreisstraßen haben die Landkreise eine angemessen Vergütung an den Freistaat Bayern zu entrichten. [2]Das Staatsministerium setzt im Einvernehmen mit dem Staatsministerium der Finanzen und für Heimat nach Anhörung des Bayerischen Landkreistags durch Rechtsverordnung die Höhe der Vergütung fest. [3]Diese Festsetzung darf nur zu Beginn eines neuen Haushaltsjahres in Kraft gesetzt werden und ist jeweils sechs Monate vorher bekanntzugeben.

(4) [1]Vereinbarungen nach Abs. 1 können nur für den Zeitraum von mindestens acht Haushaltsjahren abgeschlossen werden. [2]Wenn eine Vereinbarung

nicht spätestens zwei Jahre vor ihrem Ablauf gekündigt wird, so verlängert sie sich jeweils um weitere vier Haushaltsjahre. [3]Eine vorzeitige Auflösung der Vereinbarung ist in gegenseitigem Einvernehmen möglich. [4]Bei einer Änderung des Vergütungssatzes für die Verwaltung der Kreisstraßen nach Abs. 3 Satz 2 können die Landkreise die Vereinbarungen unverzüglich nach der Bekanntmachung nach Abs. 3 Satz 3 mit Wirkung für den Beginn des folgenden Haushaltsjahres kündigen.

Art. 60 Fachtechnische Bedienstete. (1) Die Träger der Straßenbaulast haben sich bei der Erfüllung ihrer Aufgaben (Art. 9) der erforderlichen fachkundigen Personen zu bedienen.

(2) [1]Die Landkreise und die kreisfreien Gemeinden sind verpflichtet, für die ihnen obliegende Verwaltung von Straßen die notwendigen fachlich vorgebildeten und geeigneten Bediensteten einzustellen. [2]Hierzu gehört mindestens ein graduierter Ingenieur der Fachrichtung Bauingenieurwesen.

(3) Abs. 2 Satz 1 gilt auch für kreisangehörige Gemeinden oder Verwaltungsgemeinschaften.

Art. 61 Straßenaufsichtsbehörden. (1) Oberste Straßenaufsichtsbehörde ist das Staatsministerium.

(2) Obere Straßenaufsichtsbehörden sind die Regierungen, soweit sie nicht Straßenaufsichtsbehörden sind.

(3) Straßenaufsichtsbehörden sind
1. für Staatsstraßen und Kreisstraßen und für Gemeindestraßen kreisfreier Gemeinden die Regierungen,
2. im übrigen die Kreisverwaltungsbehörden.

Art. 62 Straßenaufsicht. (1) Die Straßenaufsicht überwacht die Erfüllung der Aufgaben, die den Trägern der Straßenbaulast und den Straßenbaubehörden obliegen.

(2) [1]Die Straßenaufsicht über die Gemeinden, Landkreise, Bezirke und Zweckverbände ist Rechtsaufsicht; sie beschränkt sich darauf, die Erfüllung der gesetzlich festgelegten und der übernommenen Pflichten aus der Straßenbaulast und die Gesetzmäßigkeit der Verwaltungstätigkeit zu überwachen. [2]Im übrigen gelten unbeschadet des Art. 61 die für die Rechtsaufsicht über die genannten Körperschaften maßgeblichen allgemeinen Vorschriften.

(3) [1]Die Straßenaufsicht über andere Träger der Straßenbaulast erstreckt sich auch auf das Ermessen. [2]Die Straßenaufsichtsbehörden können in diesen Fällen uneingeschränkt Weisungen erteilen und alle nach Abs. 2 Satz 2 zulässigen Maßnahmen ergreifen.

Art. 62a Behörden nach dem Bundesfernstraßengesetz, Verordnungsermächtigung. (1) [1]Oberste Landesstraßenbaubehörde ist das Staatsministerium.

[2]Straßenbaubehörden sind für die Bundesstraßen
1. die Staatlichen Bauämter,
2. die Gemeinden, soweit sie Träger der Straßenbaulast sind.

(2) [1]Oberste Straßenaufsichtsbehörde für die Bundesstraßen ist das Staatsministerium. [2]Straßenaufsichtsbehörden für die Bundesstraßen sind die Regierungen.

(3) Höhere Verwaltungsbehörden sind die Regierungen.

(4) Den Antrag nach § 6 Abs. 3 FStrG stellt die für die neue Straßenklasse zuständige Straßenbaubehörde.

(5) [1]Das Staatsministerium kann durch Rechtsverordnung die nach dem Bundesfernstraßengesetz der obersten Landesstraßenbaubehörde zustehenden Befugnisse ganz oder teilweise auf nachgeordnete Behörden übertragen. [2]In der Rechtsverordnung können auch die weiteren nach dem Bundesfernstraßengesetz für den Vollzug zuständigen Landesbehörden bestimmt werden. [3]In der Rechtsverordnung kann auch bestimmt werden, daß Entscheidungen nach dem Bundesfernstraßengesetz in einem auf Grund sonstiger Rechtsvorschriften durchzuführenden Verfahren zu treffen sind. [4]Ferner kann die entscheidende Behörde an das Einvernehmen mit einer anderen Behörde gebunden werden.

Art. 63 Straßenstatistik. Die Träger der Straßenbaulast sind auf Verlangen der obersten Straßenaufsichtsbehörde oder der von ihr ermächtigten Behörde zu statistischen Angaben über ihre Straßen verpflichtet.

Art. 64 Technische Vorschriften, Verordnungsermächtigung. Das Staatsministerium kann durch Rechtsverordnung für jede Straßenklasse allgemeine technische Vorschriften über den Bau und über die Unterhaltung erlassen.

FÜNFTER TEIL

Ordnungswidrigkeiten

Art. 65 *(aufgehoben)*

Art. 66 Bußgeldvorschriften. Mit Geldbuße kann belegt werden, wer vorsätzlich oder fahrlässig
1. eine Straße über das übliche Maß hinaus verunreinigt (Art. 16) und diese Verunreinigung nicht unverzüglich beseitigt,
2. eine Straße unbefugt zu Sondernutzungen gebraucht oder die mit der Erlaubnis verbundenen vollziehbaren Auflagen nicht erfüllt oder der Unterhaltungspflicht nach Art. 18 Abs. 4, auch in Verbindung mit Art. 18a Abs. 1 Satz 4, zuwiderhandelt,
3. entgegen Art. 23 Abs. 1, Art. 24 Abs. 1 bauliche Anlagen errichtet, ändert oder anders nutzt oder vollziehbaren Auflagen nicht nachkommt, unter denen die Straßenbaubehörde eine Ausnahme zugelassen oder eine Genehmigung erteilt hat,

4. dem Art. 29 Abs. 2 Satz 1 zuwiderhandelt,
5. einer auf Grund des Art. 51 Abs. 4 oder 5 erlassenen Rechtsverordnung zuwiderhandelt, soweit sie für einen bestimmten Tatbestand auf diese Bußgeldvorschrift verweist.

SECHSTER TEIL
Übergangs- und Schlußvorschriften

Art. 67 Straßen- und Bestandsverzeichnis (Übergangsvorschrift zu Art. 3).
(1) Die Straßen, die bisher als Landstraßen I. und II. Ordnung im Straßenverzeichnis eingetragen sind, werden Staatsstraßen und Kreisstraßen.

(2) Straßen im Sinn der *Art. 28 und 29 der Bayerischen Gemeindeordnung vom 17. Oktober 1927 (GVBl. S. 293)* bleiben nach Maßgabe und in dem Umfang der bisherigen Vorschriften bis zur unanfechtbaren Entscheidung über ihre Aufnahme in das Bestandsverzeichnis öffentliche gemeindliche Straßen.

(3) [1]Die Bestandsverzeichnisse sind von den Straßenbaubehörden innerhalb von drei Jahren seit Inkrafttreten dieses Gesetzes anzulegen. [2]Sie sind nach Anlegung sechs Monate lang in den Gemeinden, für gemeindefreie Gebiete bei der Kreisverwaltungsbehörde, zur öffentlichen Einsicht aufzulegen. [3]Die Straßenbaubehörden haben den Lauf dieser Frist vorher öffentlich bekanntzumachen. [4]Soweit die Beteiligten bekannt sind, sind sie gegen Zustellungsnachweis zu unterrichten. [5]Die Verwaltungsgerichte entscheiden auch über die bürgerlich-rechtlichen Fragen unter Ausschluß des Rechtswegs vor den ordentlichen Gerichten.

(4) Wird eine Eintragung nach Abs. 3 im Bestandsverzeichnis unanfechtbar, so gilt eine nach Art. 6 Abs. 3 erforderliche Zustimmung als erteilt und die Widmung als verfügt.

(5) [1]Ist eine Straße nicht im Straßenverzeichnis nach Abs. 1 eingetragen oder nach Abs. 3 nicht im Bestandsverzeichnis aufgenommen worden, so gilt sie nicht als öffentliche Straße. [2]Abs. 2 bleibt unberührt.

Art. 68 Sondernutzung (Übergangsvorschrift). [1]Bei Inkrafttreten dieses Gesetzes bestehende unwiderrufliche Nutzungsrechte an öffentlichen Straßen können zur Beseitigung von Beeinträchtigungen des Gemeingebrauchs durch Enteignung aufgehoben werden. [2]Art. 40 gilt entsprechend.

Art. 69 Hoheitliche Wahrnehmung der Dienstaufgaben. Die aus dem Bau und der Unterhaltung der öffentlichen Straßen einschließlich der Bundesfernstraßen und die aus der Überwachung der Verkehrssicherheit dieser Straßen sich ergebenden Aufgaben werden von den Bediensteten der damit befaßten Körperschaften in Ausübung eines öffentlichen Amtes wahrgenommen.

Art. 70 Eigentum an Ortsdurchfahrten der Bundesstraßen. [1]Mit Inkrafttreten dieses Gesetzes geht das Eigentum an den Ortsdurchfahrten der Bundes-

straßen auf die Gemeinden über, soweit sie Träger der Straßenbaulast für diese Ortsdurchfahrten nach dem Bundesfernstraßengesetz sind und das Eigentum bisher bereits einer Gebietskörperschaft mit Ausnahme der Bundesrepublik Deutschland zustand. [2]Art. 11 Abs. 1 bis 3 gelten entsprechend.

Art. 71 Übernahme der Aufgaben aus der Straßenbaulast durch die Landkreise oder die Bezirke. Soweit die Landkreise nach Art. 52 der Landkreisordnung Aufgaben aus der Straßenbaulast kreisangehöriger Gemeinden oder die Bezirke nach Art. 49 der Bezirksordnung solche Aufgaben der Landkreise und kreisfreien Gemeinden übernehmen, sind sie Dritte im Sinn des Art. 44 Abs. 1 und Straßenbaubehörde.

Art. 72 Inkrafttreten. Das Gesetz ist dringlich; es tritt am 1. September 1958 in Kraft.*

---

* *Diese Vorschrift betrifft das Inkrafttreten des Gesetzes in der ursprünglichen Fassung vom 11. Juli 1958 (GVBl. S. 147). Der Zeitpunkt des Inkrafttretens der späteren Änderungen ergibt sich aus den jeweiligen Änderungsgesetzen.*

Bayerisches Versammlungsgesetz (BayVersG)

(BayRS 2180-4-I) vom 22. Juli 2008 (GVBl. S. 421),
zuletzt geändert durch Gesetz vom 23. Juli 2021 (GVBl. S. 418)

INHALTSÜBERSICHT*

ERSTER TEIL
Allgemeine Bestimmungen

Art. 1 Grundsatz
Art. 2 Begriffsbestimmungen, Anwendungsbereich
Art. 3 Versammlungsleitung
Art. 4 Leitungsrechte und -pflichten
Art. 5 Pflichten der teilnehmenden Personen
Art. 6 Waffenverbot
Art. 7 Uniformierungs- und Militanzverbot
Art. 8 Störungsverbot, Aufrufverbot
Art. 9 Bild- und Tonaufnahmen oder -aufzeichnungen

ZWEITER TEIL
Versammlungen in geschlossenen Räumen

Art. 10 Veranstalterrechte und -pflichten
Art. 11 Ausschluss von Störern, Hausrecht
Art. 12 Beschränkungen, Verbote, Auflösung

DRITTER TEIL
Versammlungen unter freiem Himmel

Art. 13 Anzeige- und Mitteilungspflicht
Art. 14 Zusammenarbeit
Art. 15 Beschränkungen, Verbote, Auflösung
Art. 16 Schutzwaffen- und Vermummungsverbot

VIERTER TEIL
Befriedeter Bezirk

Art. 17 Befriedeter Bezirk
Art. 18 Schutz des Landtags
Art. 19 Zulassung von Versammlungen

FÜNFTER TEIL
Straf- und Bußgeldvorschriften

Art. 20 Strafvorschriften
Art. 21 Bußgeldvorschriften
Art. 22 Einziehung

SECHSTER TEIL
Schlussbestimmungen

Art. 23 Einschränkung von Grundrechten
Art. 24 Zuständigkeiten
Art. 25 Keine aufschiebende Wirkung der Klage
Art. 26 Kosten
Art. 27 *(aufgehoben)*
Art. 28 Inkrafttreten, Außerkrafttreten, Übergangsregelung

ERSTER TEIL

Allgemeine Bestimmungen

Art. 1 Grundsatz. (1) Jedermann hat das Recht, sich friedlich und ohne Waffen öffentlich mit anderen zu versammeln.

(2) Dieses Recht hat nicht,

1. wer das Grundrecht der Versammlungsfreiheit gemäß Art. 18 des Grundgesetzes verwirkt hat,

---

* *Inhaltsübersicht nicht amtlich.*

2. wer mit der Durchführung oder Teilnahme an einer Versammlung die Ziele einer nach Art. 21 Abs. 2 des Grundgesetzes für verfassungswidrig erklärten Partei oder Teil- oder Ersatzorganisation einer Partei fördern will,
3. eine Partei, die nach Art. 21 Abs. 2 des Grundgesetzes für verfassungswidrig erklärt worden ist, oder
4. eine Vereinigung, die nach Art. 9 Abs. 2 des Grundgesetzes oder nach dem Vereinsgesetz verboten ist.

Art. 2 Begriffsbestimmungen, Anwendungsbereich. (1) Eine Versammlung ist eine Zusammenkunft von mindestens zwei Personen zur gemeinschaftlichen, überwiegend auf die Teilhabe an der öffentlichen Meinungsbildung gerichteten Erörterung oder Kundgebung.

(2) Eine Versammlung ist öffentlich, wenn die Teilnahme nicht auf einen individuell feststehenden Personenkreis beschränkt ist.

(3) Soweit nichts anderes bestimmt ist, gilt dieses Gesetz nur für öffentliche Versammlungen.

Art. 3 Versammlungsleitung. (1) [1]Der Veranstalter leitet die Versammlung. [2]Er kann die Leitung einer natürlichen Person übertragen.

(2) Veranstaltet eine Vereinigung die Versammlung, ist Leiter die Person, die den Vorsitz der Vereinigung führt, es sei denn, der Veranstalter hat die Leitung nach Abs. 1 Satz 2 auf eine andere natürliche Person übertragen.

(3) Abs. 1 und 2 gelten nicht für Spontanversammlungen nach Art. 13 Abs. 4.

Art. 4 Leitungsrechte und -pflichten. (1) Der Leiter
1. bestimmt den Ablauf der Versammlung, insbesondere durch Erteilung und Entziehung des Worts,
2. hat während der Versammlung für Ordnung zu sorgen,
3. kann die Versammlung jederzeit schließen und
4. muss während der Versammlung anwesend sein.

(2) [1]Der Leiter kann sich zur Erfüllung seiner Aufgaben der Hilfe einer angemessenen Anzahl volljähriger Ordner bedienen. [2]Die Ordner müssen weiße Armbinden mit der Aufschrift „Ordner“ oder „Ordnerin“ tragen; zusätzliche Kennzeichnungen sind nicht zulässig. [3]Der Leiter darf keine Ordner einsetzen, die Waffen oder sonstige Gegenstände mit sich führen, die ihrer Art nach geeignet und den Umständen nach dazu bestimmt sind, Personen zu verletzen oder Sachen zu beschädigen.

(3) [1]Polizeibeamte haben das Recht auf Zugang und auf einen angemessenen Platz
1. bei Versammlungen unter freiem Himmel, wenn dies zur polizeilichen Aufgabenerfüllung erforderlich ist,
2. bei Versammlungen in geschlossenen Räumen, wenn tatsächliche Anhaltspunkte für die Begehung von Straftaten vorliegen oder eine erhebliche Gefahr für die öffentliche Sicherheit zu besorgen ist.

[2]Polizeibeamte haben sich dem Leiter zu erkennen zu geben; bei Versammlungen unter freiem Himmel genügt es, wenn dies die polizeiliche Einsatzleitung tut.

Art. 5 Pflichten der teilnehmenden Personen. (1) Personen, die an der Versammlung teilnehmen, haben die zur Aufrechterhaltung der Ordnung getroffenen Anweisungen des Leiters oder der Ordner zu befolgen.

(2) Wer aus der Versammlung ausgeschlossen wird, hat sie unverzüglich zu verlassen.

(3) Wird eine Versammlung aufgelöst, haben sich alle teilnehmenden Personen unverzüglich zu entfernen.

Art. 6 Waffenverbot. Es ist verboten, Waffen oder sonstige Gegenstände, die ihrer Art nach zur Verletzung von Personen oder zur Beschädigung von Sachen geeignet und den Umständen nach dazu bestimmt sind, ohne Erlaubnis der zuständigen Behörde
1. bei Versammlungen mit sich zu führen oder
2. auf dem Weg zu Versammlungen mit sich zu führen, zu Versammlungen hinzuschaffen oder sie zur Verwendung bei Versammlungen bereitzuhalten oder zu verteilen.

Art. 7 Uniformierungs- und Militanzverbot. Es ist verboten,
1. in einer öffentlichen oder nichtöffentlichen Versammlung Uniformen, Uniformteile oder gleichartige Kleidungsstücke als Ausdruck einer gemeinsamen politischen Gesinnung zu tragen oder
2. an einer öffentlichen oder nichtöffentlichen Versammlung in einer Art und Weise teilzunehmen, die dazu beiträgt, dass die Versammlung oder ein Teil hiervon nach dem äußeren Erscheinungsbild paramilitärisch geprägt wird,

sofern dadurch eine einschüchternde Wirkung entsteht.

Art. 8 Störungsverbot, Aufrufverbot. (1) Störungen, die bezwecken, die ordnungsgemäße Durchführung öffentlicher oder nichtöffentlicher Versammlungen zu verhindern, sind verboten.

(2) Es ist insbesondere verboten,
1. in der Absicht, nicht verbotene öffentliche oder nichtöffentliche Versammlungen zu verhindern oder zu sprengen oder sonst ihre Durchführung zu vereiteln, Gewalttätigkeiten vorzunehmen oder anzudrohen oder erhebliche Störungen zu verursachen oder
2. bei einer öffentlichen Versammlung dem Leiter oder den Ordnern in der rechtmäßigen Erfüllung ihrer Ordnungsaufgaben mit Gewalt oder Drohung mit Gewalt Widerstand zu leisten oder sie während der Ausübung ihrer Ordnungsaufgaben tätlich anzugreifen.

(3) Es ist verboten, öffentlich, in einer öffentlichen oder nichtöffentlichen Versammlung oder durch Verbreiten eines Inhalts nach § 11 Abs. 3 des Straf-

gesetzbuchs (StGB) zur Teilnahme an einer Versammlung aufzufordern, deren Durchführung durch ein vollziehbares Verbot untersagt oder deren vollziehbare Auflösung angeordnet worden ist.

Art. 9 Bild- und Tonaufnahmen oder -aufzeichnungen. (1) [1]Die Polizei darf bei oder im Zusammenhang mit Versammlungen Bild- und Tonaufnahmen oder -aufzeichnungen von Teilnehmern nur offen und nur dann anfertigen, wenn tatsächliche Anhaltspunkte die Annahme rechtfertigen, dass von ihnen erhebliche Gefahren für die öffentliche Sicherheit oder Ordnung ausgehen. [2]Die Maßnahmen dürfen auch durchgeführt werden, wenn Dritte unvermeidbar betroffen werden.

(2) [1]Die Polizei darf Übersichtsaufnahmen von Versammlungen unter freiem Himmel und ihrem Umfeld zur Lenkung und Leitung des Polizeieinsatzes nur offen und nur dann anfertigen, wenn dies wegen der Größe oder Unübersichtlichkeit der Versammlung im Einzelfall erforderlich ist. [2]Übersichtsaufnahmen dürfen aufgezeichnet werden, soweit Tatsachen die Annahme rechtfertigen, dass von Versammlungen, von Teilen hiervon oder ihrem Umfeld erhebliche Gefahren für die öffentliche Sicherheit oder Ordnung ausgehen. [3]Die Identifizierung einer auf den Übersichtsaufnahmen oder -aufzeichnungen abgebildeten Person ist nur zulässig, soweit die Voraussetzungen nach Abs. 1 vorliegen.

(3) [1]Die nach Abs. 1 oder 2 angefertigten Bild-, Ton- und Übersichtsaufzeichnungen sind nach Beendigung der Versammlung unverzüglich auszuwerten und spätestens innerhalb von zwei Monaten zu löschen, soweit sie nicht benötigt werden

1. zur Verfolgung von Straftaten bei oder im Zusammenhang mit der Versammlung oder
2. im Einzelfall zur Gefahrenabwehr, weil die betroffene Person verdächtig ist, Straftaten bei oder im Zusammenhang mit der Versammlung vorbereitet oder begangen zu haben, und deshalb zu besorgen ist, dass von dieser Person erhebliche Gefahren für künftige Versammlungen ausgehen.

[2]Soweit die Identifizierung von Personen auf Bild-, Ton- und Übersichtsaufzeichnungen für Zwecke nach Satz 1 Nr. 2 nicht erforderlich ist, ist sie technisch unumkehrbar auszuschließen. [3]Bild-, Ton- und Übersichtsaufzeichnungen, die aus den in Satz 1 Nr. 2 genannten Gründen nicht gelöscht wurden, sind spätestens nach Ablauf von sechs Monaten seit ihrer Entstehung zu löschen, es sei denn, sie werden inzwischen zur Verfolgung von Straftaten nach Satz 1 Nr. 1 benötigt.

(4) [1]Soweit Übersichtsaufzeichnungen nach Abs. 2 Satz 2 zur polizeilichen Aus- und Fortbildung benötigt werden, ist hierzu eine eigene Fassung herzustellen, die eine Identifizierung der darauf abgebildeten Personen unumkehrbar ausschließt. [2]Sie darf nicht für andere Zwecke genutzt werden. [3]Die Herstellung einer eigenen Fassung für Zwecke der polizeilichen Aus- und Fortbildung ist nur zulässig, solange die Aufzeichnung nicht nach Abs. 3 zu löschen ist.

(5) [1]Die Gründe für die Anfertigung von Bild-, Ton- und Übersichtsaufzeichnungen nach Abs. 1 und 2 und für ihre Verwendung nach Abs. 3 Satz 1 Nrn. 1 und 2 sind zu dokumentieren. [2]Werden von Übersichtsaufzeichnungen eigene Fassungen nach Abs. 4 Satz 1 hergestellt, sind die Notwendigkeit für die polizeiliche Aus- und Fortbildung, die Anzahl der hergestellten Fassungen sowie der Ort der Aufbewahrung zu dokumentieren.

(6) Die Befugnisse zur Erhebung personenbezogener Daten nach Maßgabe der Strafprozessordnung und des Gesetzes über Ordnungswidrigkeiten bleiben unberührt.

ZWEITER TEIL

Versammlungen in geschlossenen Räumen

Art. 10 Veranstalterrechte und -pflichten. (1) Bestimmte Personen oder Personenkreise können in der Einladung von der Teilnahme an der Versammlung ausgeschlossen werden.

(2) [1]Pressevertreter können nicht ausgeschlossen werden. [2]Sie haben sich gegenüber dem Leiter oder gegenüber den Ordnern als Pressevertreter auszuweisen.

(3) [1]Der Veranstalter hat der zuständigen Behörde auf Anforderung Familiennamen, Vornamen, Geburtsnamen und Anschrift (persönliche Daten) des Leiters mitzuteilen, wenn Tatsachen die Annahme rechtfertigen, dass dieser die Friedlichkeit der Versammlung gefährdet. [2]Die zuständige Behörde kann den Leiter ablehnen, wenn die Voraussetzungen nach Satz 1 vorliegen.

(4) [1]Der Veranstalter hat der zuständigen Behörde auf Anforderung die persönlichen Daten eines Ordners im Sinn des Abs. 3 Satz 1 mitzuteilen, wenn Tatsachen die Annahme rechtfertigen, dass dieser die Friedlichkeit der Versammlung gefährdet. [2]Die zuständige Behörde kann den Ordner ablehnen, wenn die Voraussetzungen nach Satz 1 vorliegen.

(5) Die zuständige Behörde kann dem Veranstalter aufgeben, die Anzahl der Ordner zu erhöhen, wenn ohne die Erhöhung eine Gefahr für die öffentliche Sicherheit zu besorgen ist.

Art. 11 Ausschluss von Störern, Hausrecht. (1) Der Leiter kann teilnehmende Personen, die die Ordnung erheblich stören, von der Versammlung ausschließen.

(2) Der Leiter übt das Hausrecht aus.

Art. 12 Beschränkungen, Verbote, Auflösung. (1) Die zuständige Behörde kann die Durchführung einer Versammlung in geschlossenen Räumen beschränken oder verbieten, wenn

1. der Veranstalter eine der Voraussetzungen des Art. 1 Abs. 2 erfüllt,
2. Tatsachen festgestellt sind, aus denen sich ergibt, dass der Veranstalter oder der Leiter Personen Zutritt gewähren wird, die Waffen oder sonstige Gegenstände im Sinn des Art. 6 mit sich führen,
3. Tatsachen festgestellt sind, aus denen sich ergibt, dass der Veranstalter oder sein Anhang einen gewalttätigen Verlauf der Versammlung anstrebt, oder
4. Tatsachen festgestellt sind, aus denen sich ergibt, dass der Veranstalter oder sein Anhang Ansichten vertreten oder Äußerungen dulden wird, die ein Verbrechen oder ein von Amts wegen zu verfolgendes Vergehen zum Gegenstand haben.

(2) [1]Nach Versammlungsbeginn kann die zuständige Behörde die Versammlung unter Angabe des Grundes beschränken oder auflösen, wenn
1. der Veranstalter eine der Voraussetzungen des Art. 1 Abs. 2 erfüllt,
2. die Versammlung einen gewalttätigen Verlauf nimmt oder eine unmittelbare Gefahr für Leben oder Gesundheit der teilnehmenden Personen besteht,
3. der Leiter Personen, die Waffen oder sonstige Gegenstände im Sinn des Art. 6 mit sich führen, nicht sofort ausschließt und nicht für die Durchführung des Ausschlusses sorgt, oder
4. durch den Verlauf der Versammlung gegen Strafgesetze verstoßen wird, die ein Verbrechen oder ein von Amts wegen zu verfolgendes Vergehen zum Gegenstand haben, oder wenn in der Versammlung zu solchen Straftaten aufgefordert oder angereizt wird und der Leiter dies nicht unverzüglich unterbindet.

[2]In den Fällen von Satz 1 Nrn. 2 bis 4 ist die Auflösung nur zulässig, wenn andere Maßnahmen der zuständigen Behörde, insbesondere eine Unterbrechung, nicht ausreichen.

DRITTER TEIL
Versammlungen unter freiem Himmel

Art. 13 Anzeige- und Mitteilungspflicht. (1) [1]Wer eine Versammlung unter freiem Himmel veranstalten will, hat dies der zuständigen Behörde spätestens 48 Stunden vor ihrer Bekanntgabe fernmündlich, schriftlich, elektronisch oder zur Niederschrift anzuzeigen. [2]Bei der Berechnung der Frist bleiben Samstage, Sonn- und Feiertage außer Betracht. [3]Bei einer fernmündlichen Anzeige kann die zuständige Behörde verlangen, die Anzeige schriftlich, elektronisch oder zur Niederschrift unverzüglich nachzuholen. [4]Eine Anzeige ist frühestens zwei Jahre vor dem beabsichtigten Versammlungsbeginn möglich. [5]Bekanntgabe einer Versammlung ist die Mitteilung des Veranstalters von Ort, Zeit und Thema der Versammlung an einen bestimmten oder unbestimmten Personenkreis.

(2) [1]In der Anzeige sind anzugeben
1. der Ort der Versammlung,
2. der Zeitpunkt des beabsichtigten Beginns und des beabsichtigten Endes der Versammlung,

3. das Versammlungsthema,
4. der Veranstalter und der Leiter mit ihren persönlichen Daten im Sinn des Art. 10 Abs. 3 Satz 1 sowie
5. bei sich fortbewegenden Versammlungen der beabsichtigte Streckenverlauf.

[2]Der Veranstalter hat wesentliche Änderungen der Angaben nach Satz 1 der zuständigen Behörde unverzüglich mitzuteilen.

(3) Entsteht der Anlass für eine geplante Versammlung kurzfristig (Eilversammlung), ist die Versammlung spätestens mit der Bekanntgabe fernmündlich, schriftlich, elektronisch oder zur Niederschrift bei der zuständigen Behörde oder bei der Polizei anzuzeigen.

(4) Die Anzeigepflicht entfällt, wenn sich die Versammlung aus einem unmittelbaren Anlass ungeplant und ohne Veranstalter entwickelt (Spontanversammlung).

(5) Die zuständige Behörde kann den Leiter ablehnen, wenn Tatsachen die Annahme rechtfertigen, dass dieser die Friedlichkeit der Versammlung gefährdet.

(6) [1]Der Veranstalter hat der zuständigen Behörde auf Anforderung die persönlichen Daten eines Ordners im Sinn des Art. 10 Abs. 3 Satz 1 mitzuteilen, wenn Tatsachen die Annahme rechtfertigen, dass dieser die Friedlichkeit der Versammlung gefährdet. [2]Die zuständige Behörde kann den Ordner ablehnen, wenn die Voraussetzungen nach Satz 1 vorliegen.

(7) Die zuständige Behörde kann dem Veranstalter aufgeben, die Anzahl der Ordner zu erhöhen, wenn ohne die Erhöhung eine Gefahr für die öffentliche Sicherheit zu besorgen ist.

Art. 14 Zusammenarbeit. (1) [1]Die zuständige Behörde soll dem Veranstalter Gelegenheit geben, mit ihr die Einzelheiten der Durchführung der Versammlung zu erörtern. [2]Der Veranstalter ist zur Mitwirkung nicht verpflichtet.

(2) Die zuständige Behörde kann bei Maßnahmen nach Art. 15 berücksichtigen, inwieweit der Veranstalter oder der Leiter nach Abs. 1 mit ihr zusammenarbeiten.

Art. 15 Beschränkungen, Verbote, Auflösung. (1) Die zuständige Behörde kann eine Versammlung beschränken oder verbieten, wenn nach den zur Zeit des Erlasses der Verfügung erkennbaren Umständen die öffentliche Sicherheit oder Ordnung bei Durchführung der Versammlung unmittelbar gefährdet ist oder ein Fall des Art. 12 Abs. 1 vorliegt.

(2) Die zuständige Behörde kann eine Versammlung insbesondere dann beschränken oder verbieten, wenn nach den zur Zeit des Erlasses der Verfügung erkennbaren Umständen

1. die Versammlung an einem Tag oder Ort stattfinden soll, dem ein an die nationalsozialistische Gewalt- und Willkürherrschaft erinnernder Sinngehalt mit gewichtiger Symbolkraft zukommt, und durch sie

a) eine Beeinträchtigung der Würde der Opfer zu besorgen ist, oder
b) die unmittelbare Gefahr einer erheblichen Verletzung grundlegender sozialer oder ethischer Anschauungen besteht oder
2. durch die Versammlung die nationalsozialistische Gewalt- und Willkürherrschaft gebilligt, verherrlicht, gerechtfertigt oder verharmlost wird, auch durch das Gedenken an führende Repräsentanten des Nationalsozialismus, und dadurch die unmittelbare Gefahr einer Beeinträchtigung der Würde der Opfer besteht.

(3) Maßnahmen nach Abs. 1 oder 2 sind rechtzeitig vor Versammlungsbeginn zu treffen.

(4) Nach Versammlungsbeginn kann die zuständige Behörde eine Versammlung beschränken oder auflösen, wenn die Voraussetzungen für eine Beschränkung oder ein Verbot nach Abs. 1 oder 2 vorliegen oder gerichtlichen Beschränkungen zuwidergehandelt wird.

(5) Die zuständige Behörde kann teilnehmende Personen, die die Ordnung erheblich stören, von der Versammlung ausschließen.

(6) Eine verbotene Versammlung ist aufzulösen.

Art. 16 Schutzwaffen- und Vermummungsverbot. (1) Es ist verboten, bei Versammlungen oder sonstigen öffentlichen Veranstaltungen unter freiem Himmel oder auf dem Weg dorthin Schutzwaffen oder Gegenstände mit sich zu führen, die als Schutzwaffen geeignet und den Umständen nach dazu bestimmt sind, Vollstreckungsmaßnahmen eines Trägers von Hoheitsbefugnissen abzuwehren.

(2) Es ist auch verboten,
1. an derartigen Veranstaltungen in einer Aufmachung teilzunehmen, die geeignet und den Umständen nach darauf gerichtet ist, die Feststellung der Identität zu verhindern, oder den Weg zu derartigen Veranstaltungen in einer solchen Aufmachung zurückzulegen,
2. bei derartigen Veranstaltungen oder auf dem Weg dorthin Gegenstände mit sich zu führen, die geeignet und den Umständen nach dazu bestimmt sind, die Feststellung der Identität zu verhindern, oder
3. sich im Anschluss an oder sonst im Zusammenhang mit derartigen Veranstaltungen mit anderen zu einem gemeinschaftlichen friedensstörenden Handeln zusammenzuschließen und dabei
   a) Waffen oder sonstige Gegenstände, die ihrer Art nach zur Verletzung von Personen oder Beschädigung von Sachen geeignet und den Umständen nach dazu bestimmt sind, mit sich zu führen,
   b) Schutzwaffen oder sonstige in Nr. 2 bezeichnete Gegenstände mit sich zu führen oder
   c) in einer in Nr. 1 bezeichneten Aufmachung aufzutreten.

(3) Die zuständige Behörde kann Ausnahmen von den Verboten nach Abs. 1 und 2 zulassen, wenn eine Gefährdung der öffentlichen Sicherheit oder Ordnung nicht zu besorgen ist.

(4) Abs. 1 und 2 gelten nicht für Gottesdienste unter freiem Himmel, kirchliche Prozessionen, Bittgänge und Wallfahrten, gewöhnliche Leichenbegängnisse, Züge von Hochzeitsgesellschaften und hergebrachte Volksfeste.

(5) Die zuständige Behörde kann Personen, die den Verboten nach Abs. 1 und 2 zuwiderhandeln, von der Versammlung ausschließen.

VIERTER TEIL

Befriedeter Bezirk

Art. 17 Befriedeter Bezirk. [1]Für den Landtag des Freistaates Bayern wird ein befriedeter Bezirk gebildet. [2]Der befriedete Bezirk um das Landtagsgebäude umfasst das nachfolgend umgrenzte Gebiet der Landeshauptstadt München: Max-Weber-Platz, Innere Wiener Straße, Wiener Platz, Innere Wiener Straße, Am Gasteig, Ludwigsbrücke, Westufer der Isar, Prinzregentenbrücke, südliches Rondell am Friedensengel, Prinzregentenstraße, Ismaninger Straße, Max-Weber-Platz. [3]Die angeführten Straßen und Plätze sind nicht Teil des befriedeten Bezirks.

Art. 18 Schutz des Landtags. [1]Versammlungen unter freiem Himmel sind innerhalb des befriedeten Bezirks verboten. [2]Ebenso ist es verboten, zu Versammlungen nach Satz 1 aufzufordern.

Art. 19 Zulassung von Versammlungen. (1) Nicht verbotene Versammlungen unter freiem Himmel können innerhalb des befriedeten Bezirks zugelassen werden.

(2) [1]Anträge auf Zulassung von Versammlungen nach Abs. 1 sind spätestens sieben Tage vor der Bekanntgabe schriftlich, elektronisch oder zur Niederschrift beim Staatsministerium des Innern, für Sport und Integration einzureichen. [2]Art. 13 Abs. 2 und 3 gelten entsprechend.

(3) Über Anträge auf Zulassung entscheidet das Staatsministerium des Innern, für Sport und Integration im Einvernehmen mit dem Präsidenten des Landtags.

(4) Durch die Zulassung werden die übrigen Vorschriften dieses Gesetzes, insbesondere Art. 13 bis 15, nicht berührt.

FÜNFTER TEIL

Straf- und Bußgeldvorschriften

Art. 20 Strafvorschriften. (1) Mit Freiheitsstrafe bis zu zwei Jahren oder mit Geldstrafe wird bestraft, wer

1. entgegen Art. 6 eine Waffe oder einen sonstigen Gegenstand der dort bezeichneten Art mit sich führt, zu einer Versammlung hinschafft, bereithält oder verteilt,

2. entgegen Art. 8 Abs. 2 Nr. 1 Gewalttätigkeiten vornimmt oder androht oder eine erhebliche Störung verursacht oder
3. entgegen Art. 16 Abs. 2 Nr. 3 Buchst. a sich mit anderen zu einem gemeinschaftlichen friedensstörenden Handeln zusammenschließt und dabei Waffen oder sonstige Gegenstände der dort bezeichneten Art mit sich führt.

(2) Mit Freiheitsstrafe bis zu einem Jahr oder mit Geldstrafe wird bestraft, wer

1. entgegen Art. 4 Abs. 2 Satz 3 Ordner verwendet,
2. entgegen Art. 8 Abs. 2 Nr. 2 einer dort genannten Person Widerstand leistet oder sie tätlich angreift,
3. entgegen Art. 8 Abs. 3 oder Art. 18 Satz 2 zur Teilnahme an einer Versammlung auffordert,
4. als Veranstalter oder als Leiter einer vollziehbaren Anordnung nach Art. 12 Abs. 1 oder 2 Satz 1, Art. 15 Abs. 1, 2 oder 4 oder einer gerichtlichen Beschränkung zuwiderhandelt,
5. entgegen Art. 16 Abs. 1 eine Schutzwaffe oder einen einschlägigen Gegenstand mit sich führt,
6. entgegen Art. 16 Abs. 2 Nr. 1 an einer derartigen Veranstaltung teilnimmt oder den Weg dorthin zurücklegt oder
7. entgegen Art. 16 Abs. 2 Nr. 3 sich mit anderen zu einem gemeinschaftlichen friedensstörenden Handeln zusammenschließt und dabei den in Art. 16 Abs. 2 Nr. 3 Buchst. b oder c bezeichneten Verboten zuwiderhandelt.

Art. 21 Bußgeldvorschriften. (1) Mit Geldbuße bis zu dreitausend Euro kann belegt werden, wer

1. als Leiter entgegen Art. 4 Abs. 3 Satz 1 Polizeibeamten keinen Zugang oder keinen angemessenen Platz einräumt,
2. entgegen Art. 7 Nr. 1 eine Uniform, ein Uniformteil oder ein gleichartiges Kleidungsstück trägt,
3. entgegen Art. 10 Abs. 2 Satz 1 Pressevertreter ausschließt,
4. als Veranstalter Personen als Leiter der Versammlung einsetzt, die von der zuständigen Behörde nach Art. 10 Abs. 3 Satz 2 oder Art. 13 Abs. 5 abgelehnt wurden,
5. als Veranstalter Ordner einsetzt, die von der zuständigen Behörde nach Art. 10 Abs. 4 Satz 2 oder nach Art. 13 Abs. 6 Satz 2 abgelehnt wurden,
6. einer vollziehbaren Anordnung nach Art. 12 Abs. 1 oder 2 Satz 1, Art. 15 Abs. 1, 2 oder 4 oder einer gerichtlichen Beschränkung zuwiderhandelt,
7. als Veranstalter oder als Leiter eine Versammlung unter freiem Himmel ohne Anzeige nach Art. 13 Abs. 1 Satz 1 oder Abs. 3 durchführt, ohne dass die Voraussetzungen nach Art. 13 Abs. 4 vorliegen,
8. entgegen Art. 16 Abs. 2 Nr. 2 einen einschlägigen Gegenstand mit sich führt, oder
9. entgegen Art. 18 Satz 1 an einer dort genannten Versammlung teilnimmt.

(2) Mit Geldbuße bis zu fünfhundert Euro kann belegt werden, wer
1. als Leiter Ordner einsetzt, die anders gekennzeichnet sind, als es nach Art. 4 Abs. 2 Satz 2 zulässig ist,
2. entgegen Art. 5 Abs. 2 die Versammlung nicht unverzüglich verlässt,
3. entgegen Art. 5 Abs. 3 sich nicht unverzüglich entfernt,
4. trotz wiederholter Zurechtweisung durch den Leiter oder einen Ordner fortfährt, entgegen Art. 8 Abs. 1 eine Versammlung zu stören,
5. als Veranstalter entgegen Art. 10 Abs. 3 Satz 1 persönliche Daten nicht oder nicht richtig mitteilt oder
6. entgegen Art. 13 Abs. 2 Satz 2 eine Mitteilung nicht macht.

Art. 22 Einziehung. [1]Gegenstände, auf die sich eine Straftat nach Art. 20 oder eine Ordnungswidrigkeit nach Art. 21 Abs. 1 Nrn. 6, 8 oder 9 oder Abs. 2 Nr. 4 bezieht, können eingezogen werden. [2]§ 74a StGB und § 23 des Gesetzes über Ordnungswidrigkeiten sind anzuwenden.

SECHSTER TEIL
Schlussbestimmungen

Art. 23 Einschränkung von Grundrechten. Die Grundrechte der Versammlungsfreiheit (Art. 8 Abs. 1 des Grundgesetzes, Art. 113 der Verfassung) und der Meinungsfreiheit (Art. 5 Abs. 1 Satz 1 des Grundgesetzes, Art. 110 Abs. 1 Satz 1 der Verfassung) werden nach Maßgabe dieses Gesetzes eingeschränkt.

Art. 24 Zuständigkeiten. (1) Polizei im Sinn dieses Gesetzes ist die Polizei im Sinn des Art. 1 PAG.

(2) [1]Zuständige Behörden im Sinne dieses Gesetzes sind die Kreisverwaltungsbehörden. [2]Ab Beginn der Versammlung und in unaufschiebbaren Fällen kann auch die Polizei Maßnahmen treffen.

(3) [1]Bei Versammlungen unter freiem Himmel, die über das Gebiet einer Kreisverwaltungsbehörde hinaus gehen (überörtliche Versammlungen), genügt der Veranstalter seiner Anzeigepflicht, wenn er die Versammlung gegenüber einer zuständigen Kreisverwaltungsbehörde anzeigt. [2]Dies gilt nicht bei Eilversammlungen nach Art. 13 Abs. 3. [3]Die Kreisverwaltungsbehörde unterrichtet unverzüglich die übrigen betroffenen Kreisverwaltungsbehörden und die Regierung; berührt die Versammlung mehrere Regierungsbezirke, unterrichtet sie das Staatsministerium des Innern, für Sport und Integration.

(4) [1]Bei überörtlichen Versammlungen kann die Regierung bestimmen, dass *eine der nach* Abs. 2 Satz 1 zuständigen Kreisverwaltungsbehörden im Benehmen mit den übrigen über Verfügungen nach Art. 6, 13 Abs. 1 Satz 3, Abs. 5 bis 7, Art. 15 und 16 Abs. 3 entscheidet. [2]Bei überörtlichen Versammlungen, die mehrere Regierungsbezirke berühren, kann das Staatsministerium des Innern, für Sport und Integration diese Bestimmung treffen.

Art. 25 Keine aufschiebende Wirkung der Klage. Klagen gegen Entscheidungen nach diesem Gesetz haben keine aufschiebende Wirkung.

Art. 26 Kosten. Mit Ausnahme von Entscheidungen über Erlaubnisse nach Art. 6 sind Amtshandlungen nach diesem Gesetz kostenfrei.

Art. 27 *(aufgehoben)*

Art. 28 Inkrafttreten, Außerkrafttreten, Übergangsregelung. (1) [1]Dieses Gesetz tritt am 1. Oktober 2008 in Kraft.* [2]Es ersetzt nach Art. 125a Abs. 1 Satz 2 des Grundgesetzes das Gesetz über Versammlungen und Aufzüge (Versammlungsgesetz) in der Fassung der Bekanntmachung vom 15. November 1978 (BGBl I S. 1789), zuletzt geändert durch Art. 1 des Gesetzes vom 24. März 2005 (BGBl I S. 969).

(2) *(aufgehoben)*

* *Diese Vorschrift betrifft das Inkrafttreten des Gesetzes in der ursprünglichen Fassung vom 22. Juli 2008 (GVBl. S. 421). Der Zeitpunkt des Inkrafttretens der späteren Änderungen ergibt sich aus den jeweiligen Änderungsgesetzen.*

Bayerisches Integrationsgesetz (BayIntG)

(BayRS 26-6-A) vom 13. Dezember 2016 (GVBl. S. 335),
zuletzt geändert durch Verordnung vom 26. März 2019 (GVBl. S. 98)

Der Landtag des Freistaates Bayern hat das folgende Gesetz beschlossen, das hiermit bekannt gemacht wird:

INHALTSÜBERSICHT*

Präambel

Art. 1 Integrationsziele
Art. 2 Begriffsbestimmungen
Art. 3 Allgemeine Integrationsförderung
Art. 4 Deutsche Sprache
Art. 5 Vorschulische Sprachförderung
Art. 6 Frühkindliche Bildung
Art. 7 Schulen
Art. 8 Hochschulen
Art. 9 Kommunen
Art. 10 Verantwortung der Wirtschaft
Art. 11 Rundfunk und Medien
Art. 12 Landesleistungen
Art. 13 Achtung der Rechts- und Werteordnung
Art. 14 Unterlaufen der verfassungsmäßigen Ordnung
Art. 15 Bayerischer Integrationsbeauftragter, Bayerischer Integrationsrat
Art. 16 Ausschluss der Klagbarkeit
Art. 17 Einschränkung von Grundrechten
Art. 18 Inkrafttreten, Außerkrafttreten

Präambel

[1]Bayern ist Teil der deutschen Nation mit gemeinsamer Sprache und Kultur.

[2]Es ist tief eingewurzelt in Werte und Traditionen des gemeinsamen christlichen Abendlandes und weiß zugleich um den jüdischen Beitrag zu seiner Identität.

[3]Die Würde des Menschen, die Freiheit der Person, die Gleichheit und Gleichberechtigung aller Menschen, das Recht jedes Einzelnen auf ein selbstbestimmtes, aber auch selbstverantwortliches Leben und die Unterscheidung von Staat und Religion sind als Frucht der Aufklärung tragende Grundlage unserer Rechts- und Gesellschaftsordnung.

[4]Die nationalsozialistische Willkürherrschaft, die Verbrechen des Dritten Reichs und die Schrecken des Zweiten Weltkrieges haben gelehrt, dass allein eine grundrechtlich ausgerichtete Herrschaft des Rechts vor Terror, Diktatur und Spaltung bewahrt und Voraussetzung für Frieden und Freiheit ist.

[5]Jeder Einzelne ist daher zur Wahrung des Rechts und zur Loyalität gegenüber Volk und Verfassung, Staat und Gesetzen verpflichtet.

[6]Die demokratische Verfasstheit des Gemeinwesens bindet umgekehrt alle Staatsgewalt an die Stimme des Volkes.

---

* *Inhaltsübersicht nicht amtlich.*

[7]Die Solidarität mit den Schwächeren und Hilfsbedürftigen ist Gebot der Gemeinschaft wie jedes Einzelnen, setzt aber zugleich voraus, dass in erster Linie jeder zunächst selbst verpflichtet ist, Verantwortung für sich und die Seinen zu übernehmen und sein Möglichstes dazu beizutragen.

[8]Die Gemeinschaft kann nur leisten, was gemeinsam von allen erwirtschaftet wird, und darf daher von jedem seinen Beitrag erwarten.

[9]Ganz Bayern ist geformt von gewachsenem Brauchtum, von Sitten und Traditionen.

[10]Die freiheitliche Lebensweise in einer offenen und pluralen Gesellschaft erfordert gleichermaßen gegenseitige Toleranz und Achtung der kulturellen Prägung unseres Landes.

[11]In den zurückliegenden Jahrzehnten ist es so zur neuen Heimat für Viele geworden, die sich hier eingebracht und eingelebt haben.

[12]Das lange geschichtliche Ringen unserer Nation und unseres ganzen Kontinents um Einheit, Recht, Frieden und Freiheit verpflichtet auf das errungene gesamteuropäische Erbe und das Ziel eines gemeinsamen europäischen Weges.

[13]Dieser identitätsbildende Grundkonsens wird täglich in unserem Land gelebt und bildet die kulturelle Grundordnung der Gesellschaft (Leitkultur).

[14]Diese zu wahren, den gesellschaftlichen Zusammenhalt zu sichern und Migrantinnen und Migranten zu einem Leben in unserer Gesellschaft zu befähigen, ist Zweck dieses Gesetzes.

Art. 1 Integrationsziele. [1]Bayern bekennt sich zu seiner Verantwortung gegenüber allen, die aus anderen Staaten kommen und hier nach Maßgabe der Gesetze Aufnahme gefunden haben oder Schutz vor Krieg und Verfolgung suchen. [2]Es ist Ziel dieses Gesetzes, diesen Menschen für die Zeit ihres Aufenthalts Hilfe und Unterstützung anzubieten, um ihnen das Leben in dem ihnen zunächst fremden und unbekannten Land zu erleichtern (Integrationsförderung), sie aber zugleich auf die im Rahmen ihres Gast- und Aufenthaltsstatus unabdingbare Achtung der Leitkultur zu verpflichten und dazu eigene Integrationsanstrengungen abzuverlangen (Integrationspflicht). [3]Das soll zugleich einer Überforderung der gesellschaftlich-integrativen und der wirtschaftlichen Leistungsfähigkeit des Landes und seiner kommunalen Ebenen entgegenwirken.

Art. 2 Begriffsbestimmungen. (1) [1]Migrantinnen und Migranten im Sinne dieses Gesetzes sind alle Ausländerinnen und Ausländer, die sich dauerhaft berechtigt in Bayern aufhalten. [2]Gleichgestellt sind Ausländerinnen und Ausländer, die eine Aufenthaltsgestattung besitzen und bei denen ein rechtmäßiger und dauerhafter Aufenthalt zu erwarten ist. [3]Nicht erfasst sind Personen, die nach Regelungen im Sinne des § 1 Abs. 1 Satz 5 des Aufenthaltsgesetzes (AufenthG) oder nach § 1 Abs. 2 Nr. 2 und 3 AufenthG vom Erfordernis eines Aufenthaltstitels befreit sind.

(2) Ausländerinnen und Ausländer
1. nach § 1 Abs. 2 Nr. 1 AufenthG und nach § 28 der Aufenthaltsverordnung (AufenthV),
2. die einen Aufenthaltstitel nach § 18 AufenthG besitzen, wenn der Ausübung der Beschäftigung nach § 2 Abs. 3, § 4 oder § 10 der Beschäftigungsverordnung (BeschV) zugestimmt wurde oder sie nach § 2 Abs. 1 Nr. 3, § 3 oder § 5 BeschV ohne Zustimmung zulässig ist,
3. die einen Aufenthaltstitel nach den §§ 18b bis 21 AufenthG besitzen,
4. für die § 41 AufenthV gilt oder
5. die als Angehörige der in den Nrn. 1 bis 4 genannten Personen einen Aufenthaltstitel zum Familiennachzug besitzen oder
6. die Ehegatten oder Lebenspartner eines Deutschen sind,

sind Migrantinnen und Migranten nur in Bezug auf die Regelungen dieses Gesetzes über die Integrationsförderung.

(3) [1]Die Regelungen dieses Gesetzes über die Integrationsförderung gelten entsprechend für Deutsche, die in besonderer Weise integrationsbedürftig sind und
1. außerhalb der heutigen Grenzen der Bundesrepublik Deutschland geboren und nach 1955 in das heutige Gebiet der Bundesrepublik Deutschland zugewandert sind oder
2. zumindest einen Eltern- oder Großelternteil haben, der die Bedingungen der Nr. 1 erfüllt.

[2]In besonderer Weise integrationsbedürftig ist insbesondere, wer die deutsche Sprache nicht mindestens auf dem Niveau A2 des Gemeinsamen Europäischen Referenzrahmens für Sprachen beherrscht.

Art. 3 Allgemeine Integrationsförderung. (1) [1]Bildung ist ein zentraler Schlüssel zur Integration. [2]Der Staat unterstützt sowohl minderjährige als auch erwachsene Migrantinnen und Migranten darin, spezifische Bildungslücken auszugleichen, die ihren Grund nicht in ihren persönlichen Anlagen und Bildungsanstrengungen haben, sondern auf strukturellen Bildungsdefiziten ihres Herkunftsstaats beruhen oder migrationsbedingt sind. [3]Die Zugangsvoraussetzungen zu den einzelnen schulischen Bildungswegen und -einrichtungen einschließlich begründeter Ausnahmen für Schülerinnen und Schüler nichtdeutscher Muttersprache regeln die Schulordnungen auf Basis der einschlägigen gesetzlichen Ermächtigungen.

(2) Der Staat unterstützt Migrantinnen und Migranten durch geeignete Angebote in dem ihnen abverlangten Bemühen, sich mit den in der heimischen Bevölkerung vorherrschenden Umgangsformen, Sitten und Gebräuchen vertraut zu machen, soweit sich diese von denjenigen in den Herkunftsstaaten unterscheiden.

(3) [1]Eltern leisten durch Erziehung und Wertevermittlung einen wesentlichen Beitrag zu einer gelingenden Integration. [2]Der Staat unterstützt Migrantinnen und Migranten durch geeignete Angebote darin, die tatsächliche Durch-

setzung der Gleichberechtigung von Frauen und Männern in Deutschland anzunehmen, einzuüben und auch selbstbewusst zu vertreten.

(4) [1]Gelingende Integration bedarf der gegenseitigen Rücksichtnahme und Toleranz sowie des Respekts vor der Einzigartigkeit, der Lebensgeschichte und den Prägungen des jeweils anderen. [2]Der Staat fördert an der Leitkultur ausgerichtete Angebote, die Migrantinnen und Migranten in politischer Bildung, deutscher Geschichte einschließlich der Lehren aus den Verbrechen des Dritten Reiches und in der Rechtskunde unterweisen und ihnen die heimische Kultur, Wirtschafts- und Gesellschaftsordnung näherbringen. [3]Er fördert zugleich die interkulturelle Sensibilität von Bevölkerung und Verwaltung und unterstützt integrativ wirkende Projekte.

(5) Der Staat unterstützt Angebote der Migrationsberatung, um den Migrantinnen und Migranten im Bedarfsfall einzelfallgerechte Hilfe und Unterstützung in den eigenen Integrationsbemühungen zu gewähren.

(6) [1]Das an den Integrationszielen dieses Gesetzes ausgerichtete bürgerschaftliche Engagement von und für Migrantinnen und Migranten soll in allen Bereichen der Gesellschaft gestärkt werden. [2]Migrantinnen und Migranten werden ermutigt, durch bürgerschaftliches Engagement einen Beitrag zum Gemeinwohl zu leisten und sich auf diese Weise zu unserem Land und seinen Werten zu bekennen. [3]Der Staat erkennt den wichtigen Beitrag an, den Verbände und Vereine leisten, wenn sie über Angebote informieren, für Teilnahme werben und sich aktiv in den politischen Prozess einbringen. [4]Er unterstützt die ehrenamtliche Arbeit vor Ort durch geeignete Angebote, insbesondere zur Information und Koordinierung.

(7) Der Staat unterstützt Angebote der Rückkehrberatung, um ausreisepflichtigen oder rückkehrwilligen Ausländerinnen und Ausländern bedarfsgerechte Hilfe und Unterstützung für die Rückkehr in ihre Herkunftsstaaten zu gewähren.

(8) [1]Migrationsbedingte Erwägungen können im Rahmen von Ermessensentscheidungen berücksichtigt werden, soweit dies den in Art. 1 genannten Integrationszielen in geeigneter Weise dienen kann. [2]Alle staatlichen Behörden verwirklichen im Rahmen ihrer Zuständigkeiten und der geltenden Gesetze die Integrationsziele dieses Gesetzes.

(9) [1]Förderungen nach diesem Artikel erfolgen nach Maßgabe gesonderter Förderrichtlinien. [2]Diese sind jeweils gemäß den haushaltsrechtlichen Bestimmungen zu befristen und mit einem Haushaltsvorbehalt zu versehen.

Art. 4 Deutsche Sprache. (1) [1]Nur wer deutsch spricht, kann sich vollumfänglich in das öffentliche Leben und Arbeiten einfügen. [2]Eigenes Engagement beim Spracherwerb liegt daher im wohlverstandenen Eigeninteresse der Migrantinnen und Migranten.

(2) Wer volljährig ist und sich in den vorangegangenen sechs Jahren mindestens drei Jahre in Deutschland ständig aufgehalten hat, soll sich mit jedermann in deutscher Sprache angemessen verständigen können.

(3) [1]Der Staat unterstützt Migrantinnen und Migranten in den ersten sechs Jahren nach ihrer Einreise nach Deutschland in ihren Bemühungen, die deutsche Sprache in Wort und Schrift zu erlernen. [2]Art. 3 Abs. 9 gilt entsprechend. [3]Wer aus selbst zu vertretenden Gründen das im Rahmen einer gewährten Förderung mindestens erwartbare Sprachniveau nicht erreicht, kann vorbehaltlich anderweitiger Bestimmungen nach Maßgabe einschlägiger Förderrichtlinien zur angemessenen Erstattung von Förderkosten verpflichtet werden.

(4) [1]Die notwendigen Kosten für die Heranziehung eines Dolmetschers oder Übersetzers durch Behörden können Personen im Sinne des Abs. 2 auch dann auferlegt werden, wenn eine Kostenauferlegung nicht nach anderen Vorschriften vorgesehen ist. [2]Haftungsansprüche wegen fehlerhafter Übersetzung gegen die Körperschaft, deren Behörde den Dolmetscher oder Übersetzer herangezogen hat, sind ausgeschlossen.

Art. 5 Vorschulische Sprachförderung. (1) [1]Die Träger von Kindertageseinrichtungen fördern die sprachliche Entwicklung der Kinder von Anfang an und tragen hierbei den besonderen Anforderungen von Kindern aus Migrantenfamilien und Kindern mit sonstigem Sprachförderbedarf Rechnung. [2]Kinder sollen lernen, sich entwicklungsangemessen in der deutschen Sprache sowie durch die allgemein übliche Mimik und Körpersprache auszudrücken, längeren Darstellungen oder Erzählungen zu folgen und selbst Geschichten zusammenhängend zu erzählen. [3]Sie sollen Wortschatz, Begriffs- und Lautbildung, Satzbau und sprachliche Abstraktion in der deutschen Sprache entsprechend ihrem Entwicklungsstand erweitern und verfeinern. [4]Die Verwendung der lokalen Dialekte wird unterstützt und gepflegt. [5]Das pädagogische Personal muss über die erforderlichen deutschen Sprachkenntnisse verfügen und soll die notwendigen interkulturellen Kompetenzen im erforderlichen Umfang fortentwickeln.

(2) [1]Ab der ersten Hälfte des vorletzten Kindergartenjahres (Art. 26 Abs. 1 Satz 5 des Bayerischen Kinderbildungs- und -betreuungsgesetzes – BayKiBiG) vor Eintritt der Vollzeitschulpflicht wird bei allen Kindern zur frühzeitigen Feststellung und Förderung einer entsprechenden Entwicklung für die spätere Leistungsfähigkeit in der Schule der Sprachstand erhoben. [2]Zuständig ist die Kindertageseinrichtung, die das Kind besucht. [3]Besucht das Kind keine Kindertageseinrichtung, führt die Sprachstandserhebung die Grundschule durch, in der die Schulpflicht voraussichtlich zu erfüllen ist. [4]In den Fällen des Satzes 3 müssen die Erziehungsberechtigten dafür sorgen, dass ihr Kind an der Sprachstandserhebung teilnimmt.

(3) [1]Ein Kind, bei dem das Ergebnis der Sprachstandserhebung nach Abs. 2 erwarten lässt, dass seine Deutschkenntnisse für eine erfolgreiche Teilnahme am Unterricht der Grundschule nicht ausreichen werden, soll in der Zeit bis zur Einschulung einen Vorkurs zur Förderung der deutschen Sprachkenntnisse besuchen. [2]Die Erziehungsberechtigten des Kindes können durch die nach Abs. 2 Satz 2 oder 3 zuständige Stelle über mögliche weitere Fördermaßnahmen, eine gegebe-

nenfalls bestehende finanzielle Unterstützung und die Vorzüge eines regelmäßigen Kindergartenbesuchs informiert werden. [3]Wird ein solches Gespräch in den Fällen des Abs. 2 Satz 3 angeboten, sind sie zur Teilnahme verpflichtet.

(4) Erfüllt ein Träger einer Kindertageseinrichtung die sich aus Abs. 1 und 2 oder Art. 6 ergebenden Verpflichtungen nicht, richten sich Widerruf und Rücknahme der Erlaubnis für den Betrieb der Einrichtung nach § 45 Abs. 2 Nr. 2, Abs. 7 des Achten Buches Sozialgesetzbuch.

(5) Das Nähere zu den Abs. 1 bis 4 kann das Staatsministerium für Familie, Arbeit und Soziales im Einvernehmen mit dem Staatsministerium für Unterricht und Kultus durch Rechtsverordnung regeln.

(6) Mit Geldbuße kann von der Kreisverwaltungsbehörde belegt werden, wer den Pflichten nach Abs. 2 Satz 4 oder Abs. 3 Satz 3 zuwiderhandelt.

Art. 6 Frühkindliche Bildung. [1]Alle Kinder in Kindertageseinrichtungen sollen zentrale Elemente der christlich-abendländischen Kultur erfahren. [2]Der Träger einer Kindertageseinrichtung hat dafür Sorge zu tragen, dass sie lernen, sinn- und werteorientiert und in Achtung vor religiösen Überzeugungen zu leben sowie eine eigene von Nächstenliebe getragene religiöse oder weltanschauliche Identität zu entwickeln. [3]Zur Bildung der gesamten Persönlichkeit der Kinder unterstützt und stärkt das pädagogische Personal die Entwicklung von freiheitlich-demokratischen, religiösen, sittlichen und sozialen Werthaltungen. [4]Die Kindertageseinrichtungen sollen dazu beitragen, die Integrationsbereitschaft der Familien von Migrantinnen und Migranten zu fördern.

Art. 7 Schulen. (1) [1]Die Schulen fördern im Rahmen ihres Bildungs- und Erziehungsauftrags nach Art. 131 der Verfassung die in Art. 1 genannten Integrationsziele. [2]Hierzu unterstützen sie die Integrationsbemühungen von Migrantinnen und Migranten und die interkulturelle Kompetenz aller Schülerinnen und Schüler und vermitteln in diesem Zusammenhang auch die grundlegende Rechts- und Werteordnung der Verfassung. [3]Sie sollen darauf hinwirken, dass die Schülerinnen und Schüler Menschen in ihrer Unterschiedlichkeit offen und unbefangen annehmen.

(2) Auf die interkulturelle und integrative Kompetenz soll im erforderlichen Umfang in der Aus- und Fortbildung der Lehrkräfte besonderer Wert gelegt werden.

(3) [1]Für Schülerinnen und Schüler nichtdeutscher Muttersprache können insbesondere in Pflichtschulen gesonderte Klassen und sonstige Fördermaßnahmen zur Sprachförderung und schulischen Integration eingerichtet werden. [2]Ziel ist eine frühestmögliche Aufnahme in den Unterricht der Regelklassen.

(4) [1]Die Teilnahme am Unterricht ist Grundvoraussetzung schulischer Integration. [2]Befreiungen vom Unterricht aus religiösen Gründen, die sich nicht lediglich auf einzelne Tage beschränken, sind auf die verfassungsrechtlich zwingenden Fälle zu beschränken. [3]Vorrangig sind organisatorische oder prozedurale Maßnahmen auszuschöpfen.

Art. 8 Hochschulen. [1]Hochschulen können für studieninteressierte, nicht immatrikulierte Migrantinnen und Migranten besondere Förderangebote einrichten, insbesondere um ihnen den Erwerb der deutschen Sprache zu erleichtern, sie über Bildungs- und Ausbildungswege zu informieren und einzelne spezifische Bildungslücken auszugleichen, die ihren Grund nicht in ihren persönlichen Anlagen und Bildungsanstrengungen haben, sondern auf strukturellen Bildungsdefiziten ihres Herkunftsstaats beruhen oder migrationsbedingt sind. [2]Die Hochschulen sind nicht befugt, Prüfungen abzunehmen, die zu einem allgemeinen Bildungsabschluss führen. [3]Entsprechende Angebote können jeweils längstens zwei Jahre an einer Hochschule in Anspruch genommen werden. [4]Die Hochschulen regeln die Einzelheiten durch Satzung, insbesondere zum Status der Migrantinnen und Migranten, den Zugangs- und Zulassungsvoraussetzungen zu den Angeboten, möglichen Prüfungen und zur Datenerhebung und Datennutzung. [5]Die Bestimmungen über den Hochschulzugang und die Hochschulzulassung bleiben unberührt.

Art. 9 Kommunen. [1]Die örtliche Gemeinschaft leistet einen unverzichtbaren Beitrag, die Integration von Migrantinnen und Migranten zu fördern, sie bei der Erfüllung ihrer Integrationspflichten zu unterstützen und das wechselseitige kulturelle Verständnis zu erleichtern. [2]Die Gemeinden, Landkreise und Bezirke tragen dabei im Rahmen der kommunalen Selbstverwaltung, ihrer jeweiligen finanziellen Leistungsfähigkeit und nach Maßgabe der Gesetze besondere Mitverantwortung für die in Art. 1 genannten Integrationsziele.

Art. 10 Verantwortung der Wirtschaft. (1) [1]Die bayerische Wirtschaft trägt im Rahmen des Art. 151 der Verfassung Mitverantwortung für die in Art. 1 genannten Integrationsziele. [2]Die staatlichen Förderprogramme insbesondere nach dem Mittelstandsförderungsgesetz können die Bemühungen einzelner Unternehmen positiv berücksichtigen, Migrantinnen und Migranten, die zur Ausübung einer Erwerbstätigkeit berechtigt sind, auf Unternehmenskosten die deutsche Sprache und die Leitkultur zu vermitteln und die in Art. 1 genannten Integrationsziele zu fördern.

(2) [1]Qualifizierte Migrantinnen und Migranten sollen im Rahmen der geltenden Gesetze den heimischen Arbeitsmarkt bereichern. [2]Das Potenzial der dualen Berufsausbildung und der schulisch strukturierten Aus- und Weiterbildung soll für die Qualifizierung der Migrantinnen und Migranten nutzbar gemacht werden.

Art. 11 Rundfunk und Medien.* *[1]Der Bayerische Rundfunk und die nach dem Bayerischen Mediengesetz an der Veranstaltung von Rundfunk Beteiligten*

---

* *Hervorhebung durch Herausgeber. Beachte die Entscheidung des Bayerischen Verfassungsgerichtshofs vom 3. Dezember 2019, Vf. 6-VIII-17 und Vf. 7-VIII-17 (GVBl. S. 764), Entscheidungsformel (Ziff. 1):* „Art. 11 des Bayerischen Integrationsgesetzes (BayIntG) vom 13. Dezember 2016 (GVBl. S. 335, BayRS 26-6-A) verstößt gegen Art. 111a BV (Freiheit des Rundfunks) sowie gegen Art. 110 BV (Recht der freien

unterstützen im Rahmen ihres Programmauftrags die Integration. [2]Die Angebote in Rundfunk und Telemedien sollen einen Beitrag zur Vermittlung der deutschen Sprache und der Leitkultur leisten.

Art. 12 Landesleistungen. (1) [1]Landesrechtliche Leistungen und Angebote dürfen Ausländerinnen und Ausländern über 16 Jahren, die nicht zu den Personen nach Art. 2 Abs. 2 zählen, nur bewilligt oder ausgezahlt werden, wenn deren Identität durch

1. einen gültigen Pass oder amtlichen Lichtbildausweis ihres Herkunftsstaats,
2. einen gültigen Aufenthaltstitel,
3. eine gültige Bescheinigung über die Aufenthaltsgestattung nach § 63 des Asylgesetzes (AsylG),
4. einen gültigen Ankunftsnachweis nach § 63a AsylG oder
5. einen Abgleich mit den im Ausländerzentralregister gespeicherten Daten

zuverlässig bestätigt ist. [2]Die Behörden können bei verbleibenden Identitätszweifeln verlangen, dass die Identität durch Abgleich von Fingerabdrücken mit den im Ausländerzentralregister gespeicherten Daten bestätigt wird. [3]Solange die Person im Ausländerzentralregister nicht erfasst ist, kann die Bewilligung und Auszahlung verweigert werden.

(2) [1]Wer

1. sich als nicht freizügigkeitsberechtigter Ausländer vor, bei oder nach Einreise nach Deutschland seines Passes, Lichtbildausweises oder eines anderen Identitätsnachweises seines Herkunftsstaats entledigt hat, um den Nachweis seiner Identität oder Herkunft zu erschweren, oder
2. eine landesrechtliche Leistung durch Vorlage von gefälschten Ausweisdokumenten oder durch unrichtige Angaben zu Identität oder Herkunft erlangt oder zu erlangen versucht hat,

verwirkt den Anspruch auf die landesrechtliche Leistung oder das Angebot für den Zeitraum von fünf Jahren ab Einreise (Nr. 1) oder Tathandlung (Nr. 2), soweit auf sie kein unbedingter grundrechtlich verbürgter Anspruch besteht. [2]Bereits erteilte Bewilligungen werden ohne Rücksicht auf Vertrauensschutz auch mit Wirkung für die Vergangenheit für die gesamte Zeit der nach Satz 1 bestehenden Verwirkung zurückgenommen. [3]Im Übrigen gilt Art. 48 des Bayerischen Verwaltungsverfahrensgesetzes in allen Fällen des Satzes 1 entsprechend. [4]Die zuständigen Behörden können die Identität desjenigen, von dem auf Grund tatsächlicher Anhaltspunkte anzunehmen ist, dass er einen Sachverhalt nach Satz 1 verwirklicht hat, auch unter Abnahme von Finger- und Handflächenabdrücken feststellen, mit dem Ausländerzentralregister abgleichen, speichern, nutzen und zusammen mit Angaben zur verwirklichten Tat öffentlichen oder nicht-öffentlichen Stellen nach näherer Maßgabe des Bayerischen Datenschutzgesetzes übermitteln.

Meinungsäußerung) und ist nichtig. Davon ausgenommen ist die in Art. 11 Satz 2 BayIntG normierte Verpflichtung, in den Angeboten des Rundfunks einen Beitrag zur Vermittlung der deutschen Sprache zu leisten."

(3) [1]*Landesrechtliche Leistungen und Angebote können in den Fällen des Art. 13 Abs. 3 oder Art. 14 Abs. 2 in angemessenem Umfang gekürzt bzw. ganz oder teilweise versagt werden.* [2]*Abs. 2 Satz 3 und 4 gilt entsprechend.***

Art. 13 Achtung der Rechts- und Werteordnung.****** *(1)* [1]*Wer durch demonstrative Regelverstöße, Verunglimpfen oder sonst durch nach außen gerichtetes Verhalten beharrlich zum Ausdruck bringt, dass er die freiheitliche demokratische Grundordnung, insbesondere die Achtung vor den im Grundgesetz konkretisierten Menschenrechten, vor allem das Recht der Persönlichkeit auf Leben und freie Entfaltung und die Gleichberechtigung von Mann und Frau ablehnt, kann durch die Sicherheitsbehörden verpflichtet werden, sich einem Grundkurs über die Werte der freiheitlichen demokratischen Grundordnung zu unterziehen.* [2]*Satz 1 gilt entsprechend bei Ablehnung des staatlichen Gewaltmonopols, des Verhältnisses von Religion und Staat, der gewaltlosen Erziehung von Kindern und des Schutzes von Minderjährigen oder der Beachtung des deutschen Straf-, Ehe- und Familienrechts.* [3]*Die strafrechtliche Verantwortlichkeit bleibt unberührt.*

(2) Abs. 1 gilt entsprechend für denjenigen, der durch wiederholte schwerwiegende Regelverstöße oder sonst durch ein offenkundig rechtswidriges Verhalten erkennen lässt, dass ihm die Rechts- und Werteordnung in ihren Grundsätzen unbekannt oder gleichgültig ist.

(3) Mit Geldbuße kann belegt werden, wer entgegen einer vollziehbaren Anordnung nach Abs. 1 Satz 1 oder Abs. 2 nicht an dem Grundkurs Rechts- und Werteordnung teilnimmt oder dessen Durchführung behindert.

Art. 14 Unterlaufen der verfassungsmäßigen Ordnung. (1) Es ist verboten

1. öffentlich, in einer Versammlung oder durch Verbreiten von Schriften dazu aufzufordern, die geltende verfassungsmäßige Ordnung zu missachten und stattdessen einer mit ihren Grundsätzen nicht zu vereinbarenden anderen Rechtsordnung zu folgen,
2. es zu unternehmen, andere Personen einer solchen Ordnung zu unterwerfen oder
3. es zu unternehmen, eine solche Ordnung oder aus ihr abgeleitete Einzelakte zu vollziehen oder zu vollstrecken.

(2) [1]*Wer gegen das Verbot nach Abs. 1 verstößt, kann mit Geldbuße bis zu fünfzigtausend Euro belegt werden.* [2]*Die Verfolgung verjährt in fünf Jahren, und*

---

* *Hervorhebung durch Herausgeber. Beachte die Entscheidung des Bayerischen Verfassungsgerichtshofs vom 3. Dezember 2019, Vf. 6-VIII-17 und Vf. 7-VIII-17 (GVBl. S. 764), Entscheidungsformel (Ziff. 4):* „Die Nichtigkeit der Art. 13 und 14 Abs. 2 BayIntG erfasst auch Art. 12 Abs. 3 BayIntG."

** *Hervorhebung durch Herausgeber. Beachte die Entscheidung des Bayerischen Verfassungsgerichtshofs vom 3. Dezember 2019, Vf. 6-VIII-17 und Vf. 7-VIII-17 (GVBl. S. 764), Entscheidungsformel (Ziff. 2):* „Art. 13 BayIntG verstößt gegen Art. 110 BV (Recht der freien Meinungsäußerung) und ist nichtig."

*zwar auch dann, wenn die Tat durch Verbreitung von Druckwerken begangen wird.**

Art. 15 Bayerischer Integrationsbeauftragter, Bayerischer Integrationsrat.
(1) Die Staatsregierung beruft im Rahmen des Bayerischen Beauftragtengesetzes eine Persönlichkeit zu ihrer Beratung und Unterstützung in Fragen der Integrations-, Asyl- und Migrationspolitik (Bayerischer Integrationsbeauftragter).

(2) Der Integrationsbeauftragte kann zu seiner Beratung Vertreter von Verbänden, die die Integration von Migrantinnen und Migranten fördern wollen, heranziehen (Bayerischer Integrationsrat).

Art. 16 Ausschluss der Klagbarkeit. [1]Subjektive Rechte und klagbare Rechtspositionen werden durch die in diesem Gesetz begründeten Förderungen, Angebote oder Begünstigungen nicht begründet. [2]Sämtliche finanzwirksamen Maßnahmen erfolgen nach Maßgabe des Staatshaushalts.

Art. 17 Einschränkung von Grundrechten. Auf Grund dieses Gesetzes können die Grundrechte auf Freiheit der Person, Versammlungsfreiheit, Unverletzlichkeit der Wohnung und Eigentum (Art. 2 Abs. 2 Satz 2, Art. 8 Abs. 1, Art. 13 und 14 des Grundgesetzes, Art. 101, 102 Abs. 1, Art. 103, 106 Abs. 3 und Art. 113 der Verfassung) eingeschränkt werden.

Art. 18 Inkrafttreten, Außerkrafttreten. (1) [1]Dieses Gesetz tritt am 1. Januar 2017 in Kraft. [2]Abweichend von Satz 1 treten in Kraft:
1. Art. 8 mit Wirkung vom 15. März 2016,
2. Art. 5 Abs. 2, 3, 6 und Art. 17a Abs. 5 am 1. August 2017.**

(2) [1]Art. 8 tritt mit Ablauf des 30. September 2021 außer Kraft. [2]Entsprechende Angebote der Hochschulen laufen zu dem in Satz 1 genannten Datum aus.

---

* *Hervorhebung durch Herausgeber. Beachte die Entscheidung des Bayerischen Verfassungsgerichtshofs vom 3. Dezember 2019, Vf. 6-VIII-17 und Vf. 7-VIII-17 (GVBl. S. 764), Entscheidungsformel (Ziff. 3):* „Art. 14 Abs. 2 BayIntG verstößt gegen Art. 3 Abs. 1 Satz 1 BV (Rechtsstaatsprinzip) und ist nichtig."

** *Diese Vorschrift betrifft das Inkrafttreten des Gesetzes in der ursprünglichen Fassung vom 13. Dezember 2016 (GVBl. S. 335). Der Zeitpunkt des Inkrafttretens der späteren Änderungen ergibt sich aus den jeweiligen Änderungsgesetzen.*

Stichwortverzeichnis

Fette Zahl = Gesetzesnummer; magere Zahl = § oder Artikel

Abbruch → bauliche Anlagen
Abfallablagerung
– Beseitigung verbotener A. **60** 31
– → Deponien
– Forschungsvorhaben **60** 23
– Ziel der Abfallbewirtschaftung **60** 1
Abfallbehälter **40** 81
Abfallbehandlung
– Anlagen **60** 4
– Begriff, Zielsetzung **60** 1
– thermische A. **60** 1
– verbotene A. **60** 31
Abfallberatung **60** 3
Abfallbehörde **60** 29 ff.
Abfallbeseitigung
– u. Abwasser **63** 34
– Anlagen
 – im Abfallwirtschaftsplan **60** 11
 – Deponien **60** 4, 20–22
 – Errichtung und Betrieb **60** 3 f.
 – Mindestausstattung mit A. **60** 4
 – Planfeststellungs- u. Genehmigungsverfahren **60** 14
 – Überwachung **60** 3, 32
– Anschlußzwang **60** 7; **30** 24; **31** 18
– Bauordnungsrecht **40** 43
– Beitrags- u. Gebührenerhebung **60** 7
– besondere Einrichtungen **60** 9
– → entsorgungspflichtige Körperschaften
– kommunale Zusammenarbeit **60** 8, 11
– u. privatrechtliche Gesellschaften **60** 8, 10
– Sammelstellen **60** 4, 7, 10
– Satzungen **60** 7
– Sonderabfälle **60** 10
– → Überlassungspflicht
– Zusammenschlüsse **60** 8
Abfallbilanz **60** 12
Abfallgebühren **60** 7
Abfallstoffe Aufbewahrung **40** 43
Abfalltrennung **60** 3, 7
Abfallvermeidung **60** 1 ff., 24
Abfallverwertung, stoffliche **60** 1, 4, 9, 11 f., 24
Abfallbewirtschaftung
– finanzielle Förderung **60** 23–25
– Pflichten der öffentlichen Hand **60** 2
– Planung **60** 11 ff.
– Träger der Abfallentsorgung **60** 3 ff.
– Ziele **60** 1
Abfallwirtschaftskonzept **60** 13
Abfallwirtschaftsplan **60** 5, 10, 11
Abgaben
– Abgabenberechtigte **37** 1
– Beiträge **37** 5–7
– Bescheide **37** 12
– zur Einnahmebeschaffung **30** 62; **31** 56; **32** 54; **38** 42
– Kommunalabgabengesetz **37** 1–22
– Verbrauch- u. Aufwandsteuern, örtliche **37** 3
– Verpflichtung Dritter **37** 11
– Wahrscheinlichkeitsmaßstab, Wirklichkeitsmaßstab **37** 5
– Widerspruch im Kommunalabgabenrecht **22** 15
– Zustellungsverfahren **21** 17
Abgabegefährdung **37** 16
Abgabehinterziehung **37** 14
Abgabenordnung **21** 25, 30; **37** 13
Abgabeverkürzung **37** 15
Abgabesatzung **37** 2, 11
Abgeordnete des Landtags **10** 13 f.

– Anklage gegen A. **10** 61; **11** 2, 44
– freies Mandat **10** 13
– Freistellung **10** 30
– Immunität **10** 28, 32
– Indemnität **10** 27, 32
– Zeugnisverweigerungsrecht **10** 29, 32
Abgrabung
– keine bauliche Anlage **40** 2
Ablösung d. Stellplatzbaupflicht **40** 47
Abordnung v. Beamten **30** 43; **31** 38; **32** 34; **70** 13 f., 54, 61; **71** 47, 49; **72** 60
Abruf v. Daten **50** 63 f.
Abschlußwände → als Brandwände **40** 28
Abschreibungen **37** 8, 19
Abstände **40** 6, 28
Abstandsflächen **40** 6, 81
Abstellplätze **40** 2, 57, 81
– für Fahrräder **40** 46, 81
Abstimmungen
– Durchführung **12** 10–18
– bei Gebietsänderungen **30** 11; **31** 8; **32** 8
– Geheimnis **12** 13
– Kommunalverfassungsrecht
  – Abstimmungspflicht **30** 48; **31** 42; **32** 39
  – Ausschluß wegen persönlicher Beteiligung **30** 49; **31** 43; **32** 40
  – geheime, offene **30** 51; **31** 45; **32** 42
– Mehrheitsprinzip **10** 2
– d. Mitglieder des Verfassungsgerichtshofs **11** 24
– bei regionalen Planungsverbänden **81** 7
– → Wahl, → Wahlrecht
Abstufung v. Straßen **82** 7
Abwasseranlagen
– Abwasserkataster **63** 54
– Abwassersammelgruben **63** 60a
– Kosten der technischen Gewässeraufsicht **63** 59
Abwasserbeseitigung
– Anschlußzwang **30** 24
– Bauordnungsrecht **40** 41, 78
– Gebührenbemessung **37** 8
– Wasserrecht **63** 34, 56
Abwasserkataster **63** 54
Abweichungen
– v. Abstandsflächen **40** 6
– v. Anforderungen
  – d. Bauaufsicht **40** 63
  – b. baulichen Maßnahmen f. besondere Personengruppen **40** 48
– v.d. zugelassenen Ausführung **63** 61
Abwicklung e. Zweckverbands **38** 47
Adelsbezeichnungen **10** 118
Adressat polizei- u. sicherheitsrechtlicher Maßnahmen **50** 7 f., 10; **52** 9
Akademie f. Naturschutz u. Landschaftspflege: → Bayerische Akademie f. Naturschutz u. Landschaftspflege
Akten, Berichtigung, Vernichtung u. Verarbeitungsbeschränkung **50** 62
Akteneinsicht
– d. Beteiligten beim Verfassungsgerichtshof **11** 19
– d. Beteiligten im Verwaltungsverfahren **20** 29
– durch d. Bauaufsichtsbehörde **40** 77
– b. öffentlicher Bekanntgabe d. Baugenehmigung **40** 66
– durch d. Untersuchungsausschuß d. Landtags **10** 25
Alimentation **10** 31, 58
alkoholische Getränke **52** 30
Allgemeinverfügung **20** 35

– Absehen v. Anhörung **20** 28
– Absehen v. Begründung **20** 39
– dinglicher Verwaltungsakt **20** 35; **82** 6
– öffentliche Bekanntmachung **20** 41
– wasserrechtliche **63** 18
Allzuständigkeit d. Gemeinden **30** 6
Alpenschutz **62** 2, 6
alte Befugnisse, Wasserrecht **63** 16, 18, 53, 75
alte Menschen
– bauliche Maßnahmen **40** 48
– Belange im Straßenbau **82** 9
alte Rechte, Wasserrecht **63** 16, 18, 53, 75
Altersgrenze
– Bauordnungsrecht **40** 80
– f. Ministerpräsidenten, untere A. **10** 44
– f. Mitglieder des Verfassungsgerichtshofs, untere A. **11** 5
– f. Richter **10** 87
– f. Stellvertreter d. Landrats **31** 32
Altersteilzeit **71** 64, 91, 142a
Altlasten **63** 55; **64** 1, 2, 12
Amtsblatt **30** 26; **34** 10; **36** 1; **31** 20; **32** 19
Amtsdauer
– Bürgermeister **30** 34
– Gemeinderatsmitglieder **30** 31, 41
– Landrat **31** 31
– Landtagsabgeordnete **10** 16
– Mitglieder d. Landesplanungsbeiräte **81** 13
– Mitglieder d. Verwaltungsrats **30** 97; **31** 84; **32** 81a
– Verbandsräte **38** 31
– Verbandsvorsitzender **38** 35
– Verfassungsrichter **11** 4
Amtsenthebung, Richter **10** 87
Amtsgericht **21** 20
Amtshaftung: → Haftung
Amtshilfe
– allgemeine Regelungen **20** 4–8
– durch Polizeikräfte **50** 67
– Entgegennahme v. Anträgen durch die Gemeinde **30** 58
– f. d. Verfassungsgerichtshof **11** 18
Amtspflichtverletzung
– → Haftung
– Straßenbau u. -unterhaltung als Hoheitsaufgabe **82** 72
Amtssprache **20** 23
Amtstafel **36** 1; **30** 26
Amtsverlust **30** 48; **31** 42; **32** 39
Amtszeit: → Amtsdauer
Analogieverbot **52** 2
Anbauverbot: Abstand baulicher Anlagen v. Straßen **82** 23
Androhung v. Zwangsmitteln
– durch d. Polizei
  – allgemein **50** 71, 76
  – unmittelbarer Zwang **50** 81
– durch Verwaltungsbehörden
  – allgemein **21** 36, 30
  – A. v. Zwangsgeld als Leistungsbescheid **21** 31
  – Entbehrlichkeit in unaufschiebbaren Fällen **21** 35
  – Rechtsbehelfe **21** 38
Aneignungsrecht bei wildwachsenden Pflanzen u. Früchten **10** 141
Anerkennungsverfahren **40** 23, 80
Angehörige
– als vom Verfahren ausgeschlossene Personen **20** 20
– → Beteiligung persönliche
Angelegenheiten, laufende **30** 37; **31** 34; **32** 35b
Angestellte
– als polizeiliche Dienstkräfte **51** 2
– d. Gebietskörperschaften **30** 42 f.; **31** 38; **32** 34
Anhalten
– durch Naturschutzwacht **62** 49

– durch Polizei **50** 12 f.
Anhörung (Verfahren)
– v. Beteiligten
  – vor Erlaß eines VA **20** 28
  – vor Umdeutung eines VA **20** 47
  – vor Zusicherung eines VA **20** 38
  – Nachholung bei Verfahrensfehler, Wiedereinsetzung **20** 45
  – im förmlichen Verwaltungsverfahren **20** 66
  – im Planfeststellungsverfahren **20** 73
– Beteiligtenstellung **20** 13
– bei Wahl der Verfassungsrichter **11** 4
Anhörungsbehörde **20** 73; **60** 29; **80** 41
Anhörungs- u. Auslegungsverfahren **62** 52
– → Beteiligungsverfahren
– naturschutzrechtliche Inschutznahme **62** 52
Anhörungserfordernis
– Abfallwirtschaftskonzept **60** 13
– Abfallwirtschaftsplan **60** 11
– zum Bauantrag **40** 65
– im Enteignungsverfahren **80** 26, 32
– d. Entsorgungspflichtigen **60** 11
– vor Ersatzzwangshaft **21** 33
– d. Gemeinde
  – b. Ersetzung des gemeindlichen Einvernehmens **40** 67
  – im Zustimmungsverfahren **40** 73
– im Landesplanungsrecht **81** 13, 16, 20, 28
– Namensänderung **30** 2
– bei naturschutzrechtlicher Inschutznahme **62** 52
– im Planfeststellungsverfahren **20** 73
– d. Träger öffentlicher Belange **20** 73; **60** 11; **80** 26
– v. Verbänden **60** 11, 13
– bei Erlaß wasserrechtlicher Rechtsverordnungen **63** 73
– im wasserrechtlichen Genehmigungsverfahren **63** 61, 68, 70
– Zweckvereinbarung mit Übertragung v. Aufgaben **38** 10
Anhörungsrecht d. Staatsregierung vor dem Landtag **10** 24
Anklage
– gegen Abgeordnete **10** 61; **11** 2, 44
– gegen ein Mitglied d. Staatsregierung **10** 59, 61; **11** 2, 31–43
Anlieger
– an Gewässer
  – Anliegergebrauch **63** 8, 18
  – Duldungspflicht **63** 25, 41
  – Verpflichtungen bei Wasser-, Eis-, Murgefahr **63** 49
– Straßenanlieger **82** 17
Anordnung v. unmittelbarem Zwang **50** 79
Anordnungen für den Einzelfall
– abfallrechtliche **60** 30
– bodenschutzrechtliche **64** 11
– immissionsschutzrechtliche **61** 11
– d. Verwaltungsbehörden, Zuwiderhandlungen **52** 4
– wasserrechtliche **63** 18 f.
Anordnungsbehörde
– Aufgaben **21** 21, 24, 28, 30
– Begriff i.S.d. VwZVG **21** 20
Anschläge, öffentliche **52** 28
Anschluß- u. Benutzungszwang **30** 24; **31** 18, 83; **60** 7; **63** 34
Anstalten des öffentlichen Rechts
– kommunale Zusammenarbeit **38** 1, 4, 17
– Zustellung **21** 1
Anstaltsseelsorge **10** 148
Antrag
– Antragsprinzip **20** 22
– Bauantrag **40** 64, 65, 71, 70, 76

– Beratung über Antrag im Verwaltungsverfahren **20** 25
– Beweisantrag im Verwaltungsverfahren **20** 24
– Pflicht zur Entgegennahme im Verwaltungsverfahren **20** 24
– auf Ersatzzwangshaft **21** 33
– im förmlichen Verwaltungsverfahren **20** 64
– Nachholung im Verwaltungsverfahren **20** 45
– Wiederaufgreifen des Verfahrens **20** 51
– Wiedereinsetzung/Frist **20** 32
– u. Zulassungsfiktion **63** 70
Antragsruhestand: → Beendigung d. Beamtenverhältnisses
Antragstellung
– bei d. Gemeinde statt bei zuständiger Behörde **30** 58
– beim Verfassungsgerichtshof
  – allgemein **11** 14
  – besondere Verfahren, Antragsberechtigung **11** 46, 48, 49
  – durch Bevollmächtigte **11** 16, 47–49
Antragsverlangen d. Behörde **63** 67
Anwesenheitsrecht bei Durchsuchungen **50** 22, 24
Anzeigepflicht
– Arbeitsgemeinschaften, kommunale **38** 5
– Bauordnungsrecht **40** 50, 57, 68, 72, 78, 80; **41** 10
– bei Betretung **62** 54; **80** 7
– versammlungsrechtliche **83** 13
– wirtschaftliche Unternehmungen **30** 96; **31** 84; **32** 81a
– f. öffentliche Vergnügungen **52** 19
– f. Wegebau im Alpengebiet **62** 6
– f. Zweckverbände **38** 48
– b. Zweckvereinbarung **38** 12
Äquivalenzprinzip **37** 5 f. **60** 7
Arbeit **10** 166–177
Arbeitsbedingungen
– allgemein **10** 167
– kommunaler Bediensteter **30** 43; **31** 38; **32** 34
Arbeitsgemeinschaften, kommunale
– besondere **38** 5 f.
– einfache **38** 4
– Gründung allgemein **38** 2
Arbeitsgerichte **10** 177
Arbeitszeit **10** 173
Architekt, → als bauvorlageberechtigter Entwurfsverfasser **40** 61
Artenhilfsprogramm **62** 46
Artenschutz **62** 19
Artenschutzprogramm **62** 19, 46
Artenvielfalt **62** 1a
Arzneien **52** 31, 33
Asylrecht **10** 105
Aufenthalts- und Meldeanordnung **50** 16
Aufenthaltsräume **40** 2, 25, 27–30, 34, 45, 57
Aufgabenübertragung
– auf Gemeinden **10** 11
– Bürgermeister **30** 37
– kommunale Zusammenarbeit **38** 8, 17, 22
– Landrat **31** 34
– Regierung **32** 35b
Aufhebung
– besonderer Arbeitsgemeinschaften **38** 6
– von Beschlüssen u. Verfügungen d. Gemeinde **30** 112 f.
– d. Besitzeinweisung **80** 39
– des Enteignungsbeschlusses **80** 37, 42
– öffentlicher Nutzungsrechte **30** 82
– eines Planfeststellungsbeschlusses **20** 77
– d. Zweckbestimmung bei fiduziarischen Stiftungen **30** 85; **31** 73; **32** 71

– von Verwaltungsakten **20** 43
– von Zweckvereinbarungen **38** 14
Auflage
– nach Bauordnungsrecht **40** 68, 72, 79
– bei Verwaltungsakten **20** 36, 49
– im Planfeststellungsbeschluß **20** 74 f.
– nach Wasserrecht **63** 4, 20, 28, 35, 61, 72
Auflösung: → v. Versammlungen
Aufrufverbot: → Versammlungen
Aufsaugung, Verbot d. A.: → Subsidiaritätsprinzip
aufschiebende Wirkung **21** 19, 21a
Aufschüttung
– bauliche Anlage **40** 2
– → verfahrensfreie Bauvorhaben **40** 57
– → verfahrensfreie Beseitigung **40** 57
Aufsicht
– im Abfallrecht **60** 32
– im Immissionsschutz **61** 19
– → Kommunalaufsicht
– im Straßenrecht **82** 61 f.
– b. Vollzug d. Art 85 BayBO **41** 8
– über Regionale Planungsverbände **81** 11
– über Zweckverbände **38** 49–52
Aufsichtsbehörde
– Entscheidung über
  – Amtshilfeersuchen **20** 5
  – Besorgnis d. Befangenheit **20** 21
  – örtliche Zuständigkeit **20** 3
– → Fachaufsichtsbehörde
– Recht zum Selbsteintritt **20** 3a
– Staatsregierung als oberste A. **10** 55
– → Rechtsaufsichtsbehörde
– f. Zweckverbände **38** 50
Aufsichtsverwaltungsakte, Widerspruch **30** 120; **31** 106
Aufstufung v. Straßen **82** 7
Aufwandsentschädigung
– → Entschädigungsansprüche f. ehrenamtliche Tätigkeit
– f. Landtagsabgeordnete **10** 31
Aufwandsteuern, örtliche **37** 3
Aufwendungen, außerplanmäßige u. überplanmäßige **30** 66; **31** 60; **32** 58
Aufwendungserstattung
– im Enteignungsrecht **80** 43
– bei Untersagung raumordnungswidriger Planungen u. Maßnahmen **81** 28
Aufzüge **40** 6, 35, 37, 48
Ausbau v. Gewässern **63** 39–42, 67
Ausbeutung **10** 151, 156
Ausbildungsanspruch **10** 128
Ausbildungsverhältnis
– Beendigung **72** 33
– Begründung **72** 31
– Dienstpflichten **72** 32
– Zulassung **72** 30
Auseinandersetzung **38** 14, 47
Ausfertigung v. Gesetzen **10** 76
Ausführung, unmittelbare **50** 9; **52** 7
Ausführungsgenehmigung f. fliegende Bauten **40** 72, 79; **41** 6 f.
Ausführungsanordnung, Enteignungsbeschluß **80** 34
Ausführungsverordnungen **10** 55
Ausgaben, außerplanmäßige u. überplanmäßige **30** 66; **31** 60; **32** 58
Ausgänge **40** 33 f.
Ausgleichsleistungen, bodenschutzrechtlich **64** 13
Ausgleichsmaßnahmen **63** 61
Ausgleichspflicht, naturschutzrechtliche **60** 21; **62** 42
Auskunftsanspruch
– über Rechte d. Beteiligten im Verwaltungsverfahren **20** 25

– d. Kreisräte gegen das Landratsamt **31** 23
– gegen die Polizei **50** 65
Auskunftspflicht
– gegenüber Polizei **50** 12, 43
– privater Planungsträger **81** 30
– bei Umgang mit Giftwaren **52** 33
– bodenschutzrechtliche **64** 1, 9
Auslagen: → Kosten
Ausland, Zustellung **21** 14, 15
Ausländer
– Integration → Integration von Migranten
– Leitkultur **84** Präambel, 1, 3, 6, 10, 11
– Rückkehrberatung **84** 3
– Zuständigkeit f. Abschiebung **21** 30
Auslegung
– Anhörungs- u. Auslegungsverfahren **62** 52
– Haushaltssatzung **30** 65; **31** 59; **32** 57
– Planfeststellungsbeschluß **20** 74; **82** 38
– im Planfeststellungsverfahren **20** 73; **82** 38
ausmärkische Gebiete: → gemeindefreie Gebiete
Ausnahmegerichte **10** 86
Aussageverweigerungsrecht: → Zeugnisverweigerungsrecht
Ausschluß
– v. Amtswaltern im Verwaltungsverfahren **20** 20 f., 71
– v. Beratung u. Abstimmung **30** 49; **31** 43; **32** 40; **38** 33
– d. Öffentlichkeit: Öffentlichkeit
– v. Störern aus dem
  – Bezirkstag **32** 44
  – Gemeinderat **30** 53
  – Kreistag **31** 47
– v. Wählergruppen
  – Antragsrecht u. Voraussetzungen **10** 15; **11** 46
  – Entscheidung durch Verfassungsgerichtshof **10** 15, 62; **11** 2, 46 f.
– aus d. Zweckverband **38** 44
Ausschüsse (Kommunalrecht)
– → Bezirksausschuß
– → Bezirkstag u. weitere Ausschüsse
– d. Gemeinderats
– Aufgaben **30** 32
– Geschäftsgang **30** 45
– Zusammensetzung, Vorsitz **30** 33
– → Kreisausschuß
– → Kreistag u. weitere Ausschüsse
– → vorberatende A.
– Werkausschuß: → Eigenbetriebe
Ausschüsse (Verwaltungsverfahren) **20** 88–93
– Ausschluß v. Mitgliedern **20** 20, 71
– Begriff **20** 88
– Folgen fehlender o. fehlerhafter Mitwirkung **20** 44
– im förmlichen Verwaltungsverfahren **20** 71
– Mitwirkung, Nachholung **20** 45
– Mitwirkung bei Zusicherung **20** 38
Aussetzung v. Verfahren vor dem Verfassungsgerichtshof **11** 35
Ausstandsverzeichnis **21** 24
Ausstellungsplätze **40** 2, 57
Austauschvertrag, subordinationsrechtlicher **20** 56
Auswanderung **10** 109
Ausweispflicht
– gegenüber d. Polizei **50** 13
– d. Naturschutzwacht **62** 49
– d. Polizei **50** 6
Außenwände **40** 6, 26, 28, 30, 33 f.
Außenwerbung: → Werbeanlagen
Auszahlungen, außerplanmäßige u. überplanmäßige **30** 66; **31** 60; **32** 58
Automaten **40** 2, 57

automatisierte Kennzeichenerkennung **50** 39, **48**
Autowracks **82** 18a

Baden **52** 27
Bäder **40** 42
Balkone **40** 6, 25, 29
Banken
– → Kreditgenossenschaften, → Sparkassen
– Verbot d. Beteiligung an B. **30** 91; **31** 79; **32** 77
barrierefreies Bauen **40** 48
Bauabnahme **40** 77 f.; **63** 61, s.a. → Gebrauchsabnahme
Bauantrag **40** 58, 64, 65, 70, 71, 76
Bauart **40** 2, 3, 19 f., 33, 79
Bauartzulassung **63** 67
Bauaufsichtsbehörden
– Aufbau **40** 53
– Aufgaben **40** 54
– Befugnisse
  – allgemein **40** 54
  – Verbot v. Bauprodukten **40** 74
  – Baubeseitigung, Nutzungsuntersagung **40** 76
  – Bauüberwachung **40** 77
  – Einstellung von Arbeiten **40** 75
– Große Kreisstadt **33** 1
– Organisation u. Personal **40** 53
– Straßenrecht **82** 10
– Übertragung v. Aufgaben **40** 53; **41** 5
– u. Verwaltungsgemeinschaft **35** 1
– Zuständigkeit **40** 53; **41** 4
– Zuständigkeit bei anderen Genehmigungsverfahren **40** 56
Bauausführung, allgemeine Anforderungen **40** 9 ff.
Baubeginn **40** 68
Baubeschränkungen **82** 27, 27a
Baubeseitigung **40** 76
Baueinstellung
– Bauordnungsrecht: → Einstellung von Arbeiten
– bei Deponien **60** 20
Bauernland **10** 163
Baufreiheit **40** 68
Baugenehmigung
– Abweichungen **40** 63
– f. Anlagen in o. an Gewässern **63** 20
– Antrag: → Bauantrag
– digitale Baugenehmigung **40** 80a
– Erteilung u. Versagung **40** 72
– Fiktion **40** 68
– f. fliegende Bauten: → Ausführungsgenehmigung
– Geltungsdauer **40** 77
– Geltung gegenüber dem Rechtsnachfolger **40** 60
– Genehmigungsfreiheit **40** 55–58, 72, 73
– Genehmigungsfreistellung **40** 56, 58, 73, 80
– Nachbarbeteiligung **40** 6, 66, 68, 73
– öffentliche Bauvorhaben **40** 73
– Teilbaugenehmigung **40** 69 f.
– vereinfachtes Verfahren **40** 59
– Verfahren **40** 59 ff.
– Versagungsgründe im Straßenrecht **82** 23, 24
– Voraussetzungen **40** 68
– Vorbescheid **40** 71
Baugenehmigungsverfahren **40** 60, 80a
Baugestaltung **40** 8
Baugrundstück **40** 3, 4 ff.
Bauherr
– u. Ablösungsvertrag mit Gemeinde **40** 47
– Begriff **40** 50
– Rechte u. Pflichten **40** 9, 49 f., 58, 64, 66, 68, 77 f., s.a. → Anzeigepflichten
– Name auf dem Bauschild **40** 9
– Rechtsnachfolger **40** 54

Bauingenieur, als bauvorlageberechtigter → Entwurfsverfasser **40** 61
Bauleitplan, Anpassungsgebot **81** 33
bauliche Anlagen
– Abbruch, s. – → Beseitigung
– allgemeine Anforderungen **40** 3
– Änderung **40** 3, 9 ff., 15, 19, 47, 49, 53 ff., 57 f., 73, 75 f., 80; **80** 2
– Anordnung **40** 3, 11 f.
– Anwendbarkeit d. Bayerischen Bauordnung **40** 1
– Bauausführung, allg. Anforderungen **40** 9 ff.
– Baugestaltung **40** 8
– u. barrierefreies Bauen **40** 48
– Begriff **40** 2
– Beseitigung **40** 3, 9 f., 49, 53 f., 73, 75 f.
 – b. Enteignung **80** 2
 – rechtmäßiger b. A. **62** 36
 – verfahrensfreie Beseitigung **40** 57
– Betretungsrecht **30** 24; **31** 18; **32** 18; **40** 54
– Errichtung **40** 3, 9 ff., 15, 19, 49, 53 ff., 57 f., 73, 75 f., 80
– Genehmigungspflicht **40** 55 ff.
– Höhenlage der b. A. **40** 68
– Instandhaltung **40** 3, 9, 11 f., 15, 19
– Nutzung **40** 13 f., 53 f., 57, 70, 78 f.
– Nutzungsänderung **40** 47 ff., 53 ff., 57 f., 73, 81 f.
– Nutzungsuntersagung **40** 76
– an Straßen **82** 23–26
Baumaßnahmen u. Nachtragshaushalt **30** 68; **31** 62; **32** 60
Baumbestand **40** 81
Bauprodukte
– Anforderungen, Nachweise, Verfahren **40** 15–18, 20–23, 52, 80
– Bauüberwachung
 – allgemein **40** 77
 – Sanktionen **40** 74 f., 79
– Begriff **40** 2
– Geltung der BayBO **40** 1
– → Prüfstellen
– → Übereinstimmungszeichen
– → Überwachungsstellen
– → Zertifizierungsstellen
– Zuständigkeiten **41** 9–12; **33** 1
Bauschild **40** 9
Baustelle **40** 9, 52, 68, 75, 79
Baustelleneinrichtungen **40** 52, 58, 72
bautechnische Nachweise **40** 62
Bauüberwachung **40** 73, 77 f.
Bauvorlage **40** 61, 64, 68, 72 f., 75
Bauvorlageberechtigung **40** 61
Bauwesen, Zuständigkeitsverordnung **41** 1–14
Bayerische Akademie f. Naturschutz u. Landschaftspflege **62** 47
Bayerischer Naturschutzfonds **62** 50
Bayerischer Rundfunk, keine Anwendung des VwVfG **20** 2
Beamte
– Abordnung **30** 43; **31** 38; **32** 34; **70** 13 f., 54, 61; **71** 47, 49; **72** 60
– Angehörige v. Beamten **71** 4; **72** 2
– Arbeitsschutz **71** 99
– Arbeitszeit **70** 27, 59 f.; **71** 87
– Ausbildung **72** 4 f., 8, 14, 35, 37
– Ausbildungsqualifizierung **72** 15 f., 37, 58
– → Ausbildungsverhältnis
– Auslandsverwendung **70** 56, 60
– → Beamtengruppen, besondere B.
– → Beamtenverhältnis
– → Beendigung d. Beamtenverhältnisses
– Beförderung **72** 2, 15, 16, 17 f., 56, 70

– Beihilfe **71** 96, 105
– → Begründung d. Beamtenverhältnisses
– → Dienstaufsicht
– Beurteilung, dienstliche
  – Arten **72** 54
  – Ausnahmen **72** 65
  – Bewertung **72** 59
  – Einschätzung während der Probezeit **72** 55
  – Eröffnung **72** 61
  – Gesamturteil **72** 59
  – Lehrkräfte **72** 64
  – periodische B. **72** 56, 58, 62
  – Probezeitbeurteilung **72** 55
  – Zuständigkeit **72** 60
  – Zwischenbeurteilung **72** 57 f.
– Bewerber
  – andere Bewerber **72** 4, 6, 52 f.
  – Regelbewerber **71** 20; **72** 4, 6, 22
– Dienstbehörde, oberste D. **71** 2; **72** 2
– → Dienstherr
– Dienstkleidung **70** 60; **71** 75
– Dienstvergehen **70** 47; **71** 77 f.
– Dienstvorgesetzte **71** 3, 135; **72** 2
– Dienstzeugnis **71** 72
– Dienstzeit **71** 122 f., 123; **72** 15, 17 ff., 35, 37, 70
– → Ehrenbeamte
– Eid und Gelöbnis **70** 23, 38; **71** 73; **72** 32
– Einstellung **72** 2, 14, 21, 25 f., 28, 34, 46, 70
– Elternzeit **71** 99
– Entlassung: → Beendigung des Beamtenverhältnisses
– → Ernennung
– Feuerwehrbeamte **71** 132
– Forderungsübergang **71** 14, 78
– Fortbildung **72** 66
– Führungspositionen auf Zeit und auf Probe **70** 4; **71** 45 f.
– Fürsorge **70** 45; **71** 96–101
– Gendiagnostik **71** 99
– → Haftung
– wiss. Hochschulpersonal **70** 7, 61
– Inkompatibilität bzgl. eines Wahlamtes **30** 31; **31** 24; **32** 23
– bei d. Justizvollzugsanstalten **71** 130
– Kirchenbeamte **71** 138
– Kostenerstattung **71** 139
– Landespersonalausschuß **71** 112–120; **72** 3 f., 9, 11, 17, 18, 20, 22, 36 f., 38, 44, 48 f., 52, 67 f.
– d. Landtags **71** 121; **72** 13, 17, 18,
– → Laufbahnen
– auf Lebenszeit **70** 4, 8, 10, 18, 25 f., 30 f.; **71** 25; **72** 10, 12
– Leistungen d. Dienstherrn **71** 5
– Leistungserfüllung **71** 11–14
– → Leistungsprinzip
– Mehrarbeit **70** 59; **71** 87
– Mobilitätssicherung **72** 11
– Mutterschutz **71** 99
– Nebentätigkeit **70** 40; **71** 81–85
– Notariatsbeamte **71** 133
– Personalakten **70** 50; **71** 102–111
– Personalvertretung **70** 51
– Personalwesen **70** 50 f.; **71** 102–120
– → Pflichten der B.
– → Polizeibeamte
– Polizeivollzugsbeamte **71** 124–129; **72** 9, 21, 68
– auf Probe **70** 4, 8, 10, 22 f., 23, 28, 30; **71** 46; **72** 12 f.
– Probezeit **70** 4, 10, 25, 46, 138; **72** 10, 12 ff., 17, 36, 53, 54 ff., 62
– Prüfungen **10** 94; **70** 22 f.; **72** 20, 22 ff., 28 f., 37
– Qualifikation aus Mitgliedstaaten
  – Anerkennungsverfahren **72** 41 f., 44 ff.
  – Anerkennungsvoraussetzungen **72** 43

– Antrag auf Anerkennung **72** 44
– Anpassungslehrgang **72** 49
– Ausgleichsmaßnahmen **72** 47
– Berufsbezeichnung **72** 51
– Eignungsprüfung **72** 48
– Entscheidung **72** 46
– Qualifikationsebenen **72** 5 ff., 20, 22, 27 f., 34 ff., 38 ff., 43, 51
– Qualifikationserwerb
– sonstiger Qualifikationserwerb **72** 38 ff.
– mit Vorbereitungsdienst **72** 34 ff.
– Qualifizierung **72** 5, 15 ff., 20, 37, 58, 67, 70
– → Rechte der B.
– → Rechtsschutz: Beamtenverhältnis
– Rechtsstellung **10** 95; **70** 33–53; **71** 50 ff., 73 ff.; **72** 10 f.
– Rückforderung von Leistungen **71** 13, 21
– → Ruhestand: Beendigung des Beamtenverhältnisses
– Schmerzensgeldansprüche **71** 97
– Schwerbehinderung **71** 64, 91, 99; **72** 21
– im Spannungs- und Verteidigungsfall **70** 55–59
– → Schadensersatz
– Teilzeitbeschäftigung **70** 43; **71** 87–92
– → Urkundsbeamte
– Übernahme **30** 90; **31** 78; **32** 76; **38** 23; **70** 17, 56; **71** 52, 69, 138 f.; **72** 10 f., 55
– Übertragung höherwertiger Dienstposten **72** 16 f., 56
– Urlaub **70** 44; **71** 93
– Verantwortlichkeit **70** 36
– d. Landesamts für Verfassungsschutz **71** 131; **72** 1, 68
– Versetzung **70** 13, 15, 22, 54, 61; **71** 48 f.
– Versorgungsempfänger **70** 19; **71**, 54
– Vorbildung **72** 7
– Vorbereitungsdienst **70** 4, 23, 96, 125, 139; **72** 6, 8, 22, 25 ff., 30, 33, 34 f., 48 f., 56
– → Wahlbeamte, kommunale
– Wechsel **70** 13–19; **72** 9, 21, 57
– auf Widerruf **70** 4, 8, 22 f.; **72** 26, 29, 33, 36, 54
– Wiedereinstellung **72** 10 f.
– auf Zeit **30** 41; **31** 31; **70** 4, 6, 8, 18, 22, 57; **71** 45, 122 f.
– Zuständigkeiten **71** 6, 15, 18, 49, 56, 71, 135 ff.; **72** 3, 13, 17, 18, 31, 37, 44, 52, 60
– Zuweisung einer Tätigkeit **70** 20

Beamtengesetz, Geltungsbereich des B. **71** 1

Beamtengruppen, besondere
– → Ehrenbeamte
– Feuerwehrbeamte **71** 132
– Beamte bei d. Justizvollzugsanstalten **71** 130
– Kirchenbeamte **71** 138
– Beamte d. Landesamtes für Verfassungsschutz **71** 131
– → Wahlbeamte, kommunale

Beamtenstatusgesetz, Geltungsbereich des B. **70** 1

Beamtenverhältnis
– Arten **70** 4
– → Beendigung des B.
– → Begründung des B.: Ernennung von Beamten
– Berufung in das B. **70** 3, 7, 8; **72** 4
– erneute Berufung in das B. **70** 29, 31, 58
– Definition **70** 3
– → Ernennung
– Lebenszeitprinzip **70** 4
– Leistungsgrundsatz **72** 16
– Pflichten: → Pflichten der Beamten

– auf Probe **70** 4, 8, 10, 22 f., 28, 30; **71** 46; **72** 12 f.
– Rechte: → Rechte der Beamten
– Rechtsschutz
  – Antrags- und Beschwerderecht **71** 7
  – aufschiebende Wirkung v. Widerspruch u. Anfechtungsklage **70** 54; **71** 8
  – Vertretung d. Dienstherrn **71** 9
  – Verwaltungsrechtsweg **70** 54
  – Widerspruchsbehörde **70** 54
  – Erforderlichkeit d. Widerspruchs **22** 15; **70** 54
  – Zustellung von Entscheidungen **71** 10
– Umwandlung **70** 8
– Verfahren b. Erlaß beamtenrechtl. Regelungen **71** 15–17
– Voraussetzungen **70** 7
– auf Widerruf **70** 4, 8, 22 f.; **71** 125; **72** 26, 29, 33, 54, 56
– auf Zeit **30** 41; **31** 31; **70** 4, 6, 8, 18, 22, 57; **71** 45, 122 f.

Beanstandung v. Beschlüssen u. Vorlage zur Rechtsaufsicht **30** 59; **31** 54; **32** 52

Beanstandungsrecht d. Rechtsaufsichtsbehörde
– Beschlüsse u. Verfügungen **30** 112; **31** 98; **32** 94
– Verordnungen **52** 49

Beauftragter im Sicherheitsrecht **52** 7

Bebauungsplan
– Aufstellung **30** 23, 32
– Genehmigung **41** 2
– u. Naturschutz **62** 4, 9, 23

Bedachung **40** 30

Bedarfsdeckung **10** 152, 155

Bedienstete
– fachtechnische, Bauingenieur **82** 60
– → Gemeindebedienstete
– u. kommunale Zusammenarbeit **38** 7 f., 38
– d. Regierung f. den Bezirk **32** 35a
– Verpflichtungsgeschäfte, Vollmacht **30** 38; **31** 35; **32** 33a
– d. Verwaltungsgemeinschaft **34** 7

Bedingung
– bei Verwaltungsakten **20** 36
– nach Bauordnungsrecht **40** 68
– nach Wasserrecht **63** 4, 20, 28, 35, 72

Beendigung d. Beamtenverhältnisses
– Beendigungsgründe **70** 21; **72** 29
– Entfernung aus dem Beamtenverhältnis **70** 21
– Entlassung
  – auf eigenen Antrag **71** 57
  – Aufschub **70** 57
  – kraft Gesetzes **70** 21 f.
  – Rechtsfolgen **71** 57
  – durch Verwaltungsakt **70** 21, 23
  – Vorbereitungsdienst **72** 29
– Ruhestand
  – Altersgrenze **70** 21, 25, 57; **71** 62, 143
  – auf Antrag **71** 64
  – Aufschub **70** 57
  – Dienstunfähigkeit **70** 21, 26–29; **71** 65–67
  – einstweiliger R. **70** 18, 21, 30 f., 61; **71** 68–70
  – Eintritt in den R. **70** 21, 57, 60; **71** 71, 123
  – Hinausschieben **71** 63
  – Versetzung in den R. **70** 18, 21, 26, 28, 30, 32, 54, 61; **71** 71, 123
  – Wartezeit **70** 32
  – Zuständigkeiten und Verfahren **71** 56, 71
– Tätigkeit nach B. **70** 41
– Verlust der Beamtenrechte **70** 24; **71** 59–61

Beeinträchtigung v. Natur u. Landschaft **62** 6
Befangenheit **20** 21, 44, 71
Beförderung
– Beamte allgemein **10** 94; **72** 2, 15, 16, 17 f., 56, 70
– Kommunalbeamte **30** 43; **31** 38; **32** 34
Befreiung v. naturschutzrechtlichen Vorschriften **62** 56
befriedeter Bezirk, → Versammlungen
Befristung v. Verwaltungsakten **20** 36; **63** 15, 20, 71
Befugnisse
– → Polizei
– → Sicherheitsbehörden
– Übergang b. Zweckvereinbarung **38** 8, 22
Begabtenförderung **10** 128
Beglaubigung **20** 33 f.
Begnadigungsrecht **10** 47; **20** 2
Begründung
– Freiheitsentziehung **50** 19
– Verwaltungsakte **20** 39, 45
– Wohnungsdurchsuchung **50** 24
Begrünung **40** 7
Behinderte
– barrierefreies Bauen **40** 48
– behindertengerechte Aufzüge **40** 37
– Benachteiligungsverbot **10** 118a
– eigener Wirkungskreis d. Bezirke **32** 48
– u. Straßenbau **82** 9
Behörden
– Begriff d. VwVfG **20** 1
– Begriff d. VwZVG **21** 1
– Beteiligungsfähigkeit **20** 11
– Einrichtung **10** 77
– Handlungsfähigkeit **20** 12
– Mitwirkung bei Zusicherung **20** 38
– Organisation **10** 77
– örtliche Zuständigkeit **20** 3, 3a
– polizeiliche Ausrüstung **51** 8
– Staatsregierung als oberste leitende u. vollziehende B. **10** 43
– Verwaltungsvollstreckung gegen B. **21** 29
Beichtgeheimnis **10** 144
Beihilfe für Beamte **71** 96
Beistand im Verwaltungsverfahren **20** 14, 27
Beiträge
– zur Abfallentsorgung **60** 7
– Ausbau v. Gewässern **63** 42
– zu wasserrechtl. Bewirtschaftungsplänen und Maßnahmeprogrammen **63** 51
– im Kommunalabgabenrecht **37** 5–7, 19
– Unterhaltung v. Gewässern **63** 23, 26 f.
– Zweckverband: → Umlage
Beitreibung
– v. Geldbußen **52** 5
– Verwaltungsvollstreckung allgemein **21** 24–27
– v. Zwangsgeld **50** 73
Bekanntgabe
– e. Verwaltungsakts **20** 41, 43
Bekanntmachung
– abfallrechtliche Planungsgebiete **60** 14
– Baugenehmigung **40** 66
– Bekanntmachungsverordnung **36** 1 ff.
– Einziehung **82** 8
– Ergebnis e. Bürgerentscheids **30** 18a; **31** 12a
– im förmlichen Verwaltungsverfahren **20** 63, 67, 69
– Gesetze **10** 76
– Maßnahmen e. Zweckverbands **38** 48
– öffentliche **20** 74
  – im Internet **20** 72a
  – Zustellung **21** 15
– Planfeststellungsbeschluss **20** 74

– Planfeststellungsverfahren **20** 72, 73
– Raumordnungspläne **81** 16, 23, 25
– Rechtsvorschriften d. Verwaltungsgemeinschaft **34** 10; **36** 1–3
– Satzungen
  – d. Bezirke **32** 19
  – d. Gemeinden **30** 26; **36** 1–3
  – Haushaltssatzungen **30** 65; **31** 59; **32** 57
  – d. Landkreise **31** 20
  – d. Unternehmenssatzungen **30** 96; **31** 83; **32** 81
  – d. Verbandssatzung **38** 21
  – aufgrund Zweckvereinbarung **38** 11
  – d. Zweckverbände **38** 24
– Sitzungen u. Beschlüsse d. Kommunalparlamente **30** 52; **31** 46; **32** 43
– Verordnungen **52** 51 f.
– Verwaltungsverfügungen **30** 27; **31** 21; **32** 20
– Widmung **82** 6
– Zweckvereinbarungen **38** 13
Belehrung
– bei Datenerhebung **50** 31
– bei Freiheitsentziehung **50** 19
Beleuchtung
– öffentlicher Straßen **82** 51
– Räume **40** 33
Beleuchtungsanlagen **62** 11a
Belichtung
– u. Abstandflächen **40** 6, 81
– Räume **40** 45
Beliehene
– b. Dritte **63** 31
– b. Hafengesellschaften privaten Rechts **63** 36
Belüftung
– u. Abstandsflächen **40** 6
– b. Aufbewahrung fester Abfallstoffe **40** 43
– Aufzüge **40** 37
– → Lüftung
– → Lüftungsanlagen
– Räume **40** 33, 45 f.
– sanitäre Anlagen **40** 42
Benachrichtigung
– → Anzeigepflicht
– bei Freiheitsentziehung **50** 19
Benutzung
– → öffentliche Einrichtungen
– v. Gewässern **63** 4, 16, 18 f., 29 f., 35, 56, 64, 67 f., 70, 75
– v. Straßen
  – → Gemeingebrauch
  – → Sondernutzung
Benutzungsgebühren **37** 8
Benutzungszwang: → Anschluß- u. B.
Beobachtung von Natur und Landschaft **62** 44, 46
Beratung
– v. Abfallbesitzern **60** 3
– im Naturschutz **62** 5, 48
– im Verwaltungsverfahren **20** 25
Beratungsgegenstände: → Tagesordnung
Berechtigungsscheine **50** 13
Bereitschaftspolizei **51** 6
Bericht zur Lage der Natur **62** 3a
Bergamt **61** 1
Bergbehörden
– wasserrechtliche Aufgaben und Befugnisse **63** 58, 64
– wasserrechtliche Zuständigkeit **63** 30
Berichtigung
– v. Akten u. Daten **50** 62
– Entscheidungen des Verfassungsgerichtshofs **11** 25
– Verwaltungsakt **20** 42
Berichterstatter am Verfassungsgerichtshof **11** 21, 24
Berufsbeamtentum **10** 95
Berufsrichterplenum des Verfassungsgerichtshofs **11** 3
– Geschäftsordnung **11** 30

– Geschäftsverteilung **11** 10
Begründung d. Beamtenverhältnisses
– Altersgrenze **71** 23
– u. privatrechtliche Arbeitsverhältnisse **71** 24
– Beamtenverhältnis auf Lebenszeit **71** 25
– durch Einstellung **72** 2
Beschlagnahme
– bei Landtagsabgeordneten **10** 29
– → Sicherstellung
Beschlüsse
– → Beschlußfassung
– → Vollzug
– Vorlage zur Rechtsaufsichtsbehörde **30** 59; **31** 54; **32** 52
Beschlußfähigkeit
– d. Ausschüsse gemäß VwVfG **20** 90
– Bezirkstag **32** 38
– Gemeinderat **30** 47
– Kreistag **31** 41
– Landtag **10** 23
– Staatsregierung **10** 54
– Verbandsversammlung **38** 33
Beschlußfassung
– Ausschüsse nach VwVfG **20** 91
– Bezirkstag **32** 42
– Gemeinderat **30** 51
– Kreistag **31** 45
– Landtag **10** 23
– bei Verfassungsänderung **10** 75
– Zweckverband **38** 33
Beschlußunfähigkeit v.
– Bezirkstag **32** 96
– Gemeinderat **30** 114
– Kreistag **31** 100
Beschneiungsanlagen **40** 56; **63** 35
beschränkt-öffentliche Wege
– Begriff **82** 3, 53
– Sondernutzung **82** 56
– Straßenbaulast **82** 54a
beschränkte Erlaubnis **63** 15
Beschwerde: Petitionsrecht
Beseitigung s. → bauliche Anlagen
Beseitigungsanordnung
– f. bauliche Anlagen **40** 76; **62** 36
– f. Deponien **60** 20
– nach Veränderungssperre **80** 27
– f. verbotene Abfallablagerungen **60** 31
Beseitigungsanspruch, Vollstreckungsfolgen **21** 39
Besitzeinweisung **80** 39, 43; **22** 6
Bestandsdatenauskunft **50** 43
Bestandsgarantie d. Gemeinden **30** 10
Bestandskraft (öffentlich-rechtlicher Vertrag)
– Anpassung u. Kündigung **20** 60
– über örtliche Verbrauch- u. Aufwandsteuern **37** 3
Bestandskraft (Verwaltungsakt)
– Abgabenbescheide **37** 12
– allgemein **20** 43–52
– Durchbrechung durch
  – Rücknahme **20** 48
  – Wiederaufgreifen **20** 51
  – Widerruf **20** 51
Bestattungseinrichtungen, Benutzungszwang **30** 24
Besteuerung: → Steuern
Besteuerungsverfahren, Zustellung **21** 17
Bestimmtheit
– Androhung v. Zwangsmitteln **21** 36; **50** 76
– Verwaltungsakte **20** 37
– Bestimmtheitsgrundsatz im Landesstrafrecht **52** 2
Beteiligte
– → Akteneinsicht
– Amtswalter als B. **20** 20
– → Anhörung
– Arbeitsgemeinschaften, kommunale **38** 1, 4
– Begriff im VwVfG **20** 13
– Bekanntgabe eines Verwaltungsakts an B. **20** 41, 43

– im Enteignungsverfahren **80** 22
– im förmlichen Verwaltungsverfahren **20** 66
– an Massenverfahren **20** 18, 67, 69, 73 f.
– Mitwirkung an Sachverhaltsermittlung **20** 26
– b. Wahlstreitigkeiten **11** 48
– Zweckverbände **38** 1, 17
– b. Zweckvereinbarungen **38** 1, 7, 15
Beteiligte am Bau **40** 49–52
Beteiligung
– bei Abstimmung von Raumordnungsplänen **81** 16
– bei Absehen von Umweltbericht **81** 15
– des Landesplanungsbeirates **81** 13
– der Öffentlichkeit **40** 66a
– persönliche
  – Ausschluß v. Beratung u. Abstimmung **30** 49; **31** 43; **32** 40; **38** 33
  – → Unvereinbarkeit v. Amt u. Angehörigenverhältnis
– bei Regionalplänen **81** 22
– im Raumordnungsverfahren **81** 25, 26
– bei Untersagung raumordnungswidriger Planungen und Maßnahmen **81** 28
– → v. Verbänden
Beteiligungsfähigkeit **20** 11
Beteiligungsverfahren **81** 16, 25, 26
Betreten: → Zutrittsrecht
Betretungsrecht, s.a. → Zutrittsrecht
– bodenschutzrechtlich **64** 4, 9
– zu baul. Anlagen **30** 24; **31** 18; **32** 18; **40** 54
– zur Erholung in freier Natur **10** 141; **62** 27–35
Betreuter
– Freiheitsentziehung **50** 19
– Stellung im Verwaltungsverfahren **20** 12
– Zustellung an B. **21** 7
Betriebs- u. Geschäftsgeheimnis **20** 30
Betriebsräte **10** 175
Betriebssatzung: → Eigenbetriebe
Betriebsuntersagung f. Deponien **60** 20 f.
Beurteilung, dienstliche: → Beamte
Bevollmächtigte
– d. Bezirks **32** 33a
– d. Gemeinde **30** 38
– d. Kreises **31** 35
– im Verwaltungsverfahren **20** 14 f., 27
  – Bekanntgabe eines Verwaltungsaktes an B. **20** 41
  – Ersatz d. Kosten **20** 80
  – u. Zustellung **21** 8
– vor dem Verfassungsgerichtshof **11** 16, 19, 47–49
bewehrte Satzung: → Satzungen
Beweisaufnahme
– im Rechtsstreit über Enteignungen **80** 45
– Verfassungsgerichtshof **11** 23, 37, 39
Beweiserhebung
– im Verwaltungsverfahren **20** 26
– im förmlichen Verwaltungsverfahren **20** 65
– Untersuchungsausschüsse des Landtags **10** 25
Bewilligung, wasserrechtliche
– Antragstellung **63** 67
– mehrere Anträge **63** 68
– u. Bauabnahme **63** 61
– Entbehrlichkeit **63** 29
– u. Gemeingebrauch **63** 18
– Grundwasserbenutzung **63** 30
– u. Sanierungsplan **63** 55
– Verfahrensvorschriften **63** 69
– Vorkehrungen bei Erlöschen **63** 16

– besondere Zuständigkeiten **63** 64
Bewirtschaftung von Gewässern → Gewässer
Bewirtschaftungsplan **63** 21
Bezirke
– abfallrechtliche Vorbildpflicht **60** 2
– Abgabenberechtigung **37** 1
– Bezirksordnung **32** 1 ff.
  – Aufsicht u. Rechtsmittel **32** 90–100
  – Bezirkswirtschaft **32** 53–89
  – Verfassung u. Verwaltung **32** 21–52
  – Wesen u. Aufgaben **32** 1–20
– → eigener Wirkungskreis
– kommunale Zusammenarbeit **38** 1, 3, 4, 7, 17
– → übertragener Wirkungskreis
– Vollstreckung v. Geldforderungen d. B. **21** 26
– als Vollzugsbehörde **52** 43
Bezirksaufgaben
– → eigener Wirkungskreis
– Übertragung auf d. Regierung **32** 35b
Bezirksausschuß
– Regierungsbezirk
  – Aufgaben **32** 25, 29
  – Einberufung **32** 27
  – Geschäftsgang **32** 37
  – Vorsitz **32** 32 f.
  – Wahl v. Vertrauensleuten **22** 11
  – Zusammensetzung **32** 26
– Stadtbezirk **30** 18a, 18b, 60, 60a
Bezirksbürger **32** 11 ff., 22
Bezirksgebiet **32** 7, 16
Bezirkshaushalt: → Kommunalhaushalte
Bezirkshoheit **32** 16
Bezirkskasse **30** 82
Bezirksräte
– Anzahl **32** 23
– Ausschluß **32** 40, 44
– Indemnität **32** 42
– Teilnahme- u. Abstimmungspflicht **32** 39
– Vereidigung **32** 24
– Wahl **32** 12, 23
Bezirksrecht, Satzungshoheit **32** 17
Bezirkstag **32** 22 ff.
– als Hauptorgan d. Bezirks **32** 21
– Aufgaben **32** 22
– Auflösung durch Rechtsaufsicht **32** 96
– u. weitere Ausschüsse **32** 28 f., 37
– Beschlußfähigkeit **32** 38
– Beschlußfassung, Wahlen **32** 42
– → Bezirksausschuß
– → Bezirksräte
– Entscheidung über Personalfragen **32** 34
– Ferienausschuss **32** 28
– Geschäftsordnung **32** 37
– Rechtsstellung **32** 22
– Sitzung
  – Einberufung **32** 24
  – Hausrecht **32** 44
  – Niederschrift **32** 45
  – Öffentlichkeit **32** 43
  – Sitzungsteilnahme durch Ton-Bild-Übertragung **32** 38a
  – Vorsitz **32** 32
– vorbehaltene Angelegenheiten **32** 29
– Wahl d. Bezirkstagspräsidenten **32** 30
– Zusammensetzung **32** 23
Bezirkstagspräsident **32** 30 ff.
– Beanstandungsrecht, Anrufung d. Rechtsaufsichtsbehörde **32** 52
– Leitung u. Verteilung d. Geschäfte **32** 37
– Stellung im Kommunalunternehmen **32** 81a
– Stellvertreter **32** 30 f., 96
– Vorsitz im Bezirkstag u. Bezirksausschuß **32** 32

– Vertreter in d. Verbandsversammlung **38** 31
– Vertretung des Bezirks **32** 33a
– Wahl u. Rechtsstellung **32** 30
– Zuständigkeit **32** 33
Bezirksumlage **32** 54 f.
Bezirksverwaltung **32** 2, 35
Bezirksverwaltungsstellen **30** 60
Bild- u. Tonaufnahmen oder -aufzeichnungen **50** 33, 47, 49; **83** 9
Bildungsträger **10** 133
Bildungsziele **10** 131
Bindungswirkung der Entscheidungen des Verfassungsgerichtshofs **11** 29
Biodiversitätsberatung **62** 5d
Biosphärenreservate, -gebiete und -regionen **62** 14
– → geschützte Flächen und Naturbestandteile, allgemeine Vorschriften
Biotope **62** 23
Biotopschutz **62** 14, 15, 19, 23, 42, 46
Biotopschutzprogramm **62** 5, 19, 46
Biotopverbund(system) **62** 19, 46, 58
Biotopverbundprojekte **62** 19
Biotopvernetzung **62** 16
Blitzschutzanlagen **40** 44; **52** 38
Bodeninformationssystem
– Inhalt **64** 8
– Zweck **64** 7
Bodennutzung
– land- und forstwirtschaftlich **64** 10, 13
– Bodendauerbeobachtungsflächen **64** 8
Bodenprobenbank **64** 8
Bodenveränderungen, schädliche **64** 1, 2, 5, 12
Bodenverteilung **10** 161
Brandschutz
– → Abstandsflächen
– abweichende örtliche Vorschriften **52** 38
– bauordnungsrechtliche Anforderungen **40** 4 ff., 12, 24–34, 37–40, 43, 62, 77–81, 83; **52** 38
Brandwände **40** 28, 30, 33
Breitensport **30** 57
Brennstoffe **40** 40; **52** 38
Brennstoffversorgung **40** 40
Briefgeheimnis **10** 25, 48, 112
Briefwahl **12** 15
Bringsysteme **60** 4
Brunnen **40** 57
Bundesfernstraßen **82** 1, 3
Bundespolizei, Bauvorhaben **40** 73
Bundesstraßen **82** 62a, 73
Bundeswasserstraßen **63** 2, 22
Bürgerantrag **30** 18b; **31** 12b
Bürgerbegehren u. Bürgerentscheid
– auf Gemeindeebene **30** 18a
– auf Landkreisebene **31** 12a
– verfassungsrechtliche Verankerung **10** 7, 12
Bürgermeister
– Amtszeit **30** 34
– Beanstandungsrecht, Anrufung d. Rechtsaufsichtsbehörde **30** 59
– als Hauptorgan d. Gemeinde **30** 29
– Inkompatibilitäten **30** 31
– Anordnung d. Neuwahl durch die Rechtsaufsichtsbehörden **30** 114
– Oberbürgermeister **30** 34
– Rechtsstellung **30** 34 ff.
– Stellung im Kommunalunternehmen **30** 90
– Stellvertreter **30** 39
– Verhinderung **30** 39, 114
– Vertreter in d. Verbandsversammlung **38** 31
– Vertretung d. Gemeinde **30** 38
– Vollzug gesetzlicher Vorschriften **30** 59

– Vorsitz im Gemeinderat **30** 36
– Wahl durch Gemeindebürger **10** 11; **30** 17
– Zuständigkeit **30** 37
Bürgerversammlung **30** 18
Bürgerverzeichnis **30** 18a
Bürgschaften **30** 72; **31** 66; **32** 64
Bußgeld: → Geldbuße

Campingplätze
– Bauordnungsrecht
  – → C. als Sonderbauten **40** 2
  – → verfahrensfreie Bauvorhaben auf C. **40** 57
  – → verfahrensfreie Beseitigung best. baulicher Anlagen auf C. **40** 57
  – Vorrang anderer Gestattungsverfahren **40** 56
– Begriff, Erlaubnispflicht **52** 25
– Kurbeitrag **37** 7
Carsharing **82** 18a
cessio legis, Kostenforderung **21** 41
CE-Kennzeichnung **40** 15, 75
CE-Zeichen **41** 11
clausula rebus sic stantibus
– bei öffentlich-rechtlichem Vertrag **20** 60; **37** 3
– bei Zusicherung **20** 38
Corona-Pandemie
– kommunalwirtschaftliche Erleichterungen **30** 120a; **31** 106a; **32** 101a
– Sitzungsteilnahme durch Ton-Bild-Übertragung **30** 47a; **31** 41a; **32** 38a; **38** 33a
– weitere Erleichterungen **30** 120b; **31** 106b; **32** 101b; **38** 34a

Dächer **40** 6, 30, 36
Dachraum **40** 25, 27, 28, 29, 32
Dammwehr **63** 50
Daten **20** 33; **50** 30–66
Datenabgleich innerhalb d. Polizei **50** 61
Datenberichtigung **50** 62
Datenempfang **50** 60
Datenerhebung **50** 31–52; **71** 103; **83** 9
– Beamtenrecht **71** 103
– besondere Befugnisse und Maßnahmen **50** 33 ff.
– → Bild- u. Tonaufnahmen
– Generalklausel **50** 32
– Grundsätze **50** 30 f.
– Informationspflicht **50** 31
– Observation **50** 33, 49
– offene D. **50** 31
– bei öffentlichen Veranstaltungen **50** 33
– polizeiliche Beobachtung **50** 40
– Unmittelbarkeit **50** 31
– verdeckte D. **50** 31
– verdeckter Einsatz technischer Mittel **50** 36, 41
– Einsatz verdeckter Ermittler **50** 37, 48, 49, 50, 52
– Verhältnismäßigkeit **50** 32
– Einsatz v. Vertrauenspersonen **50** 38, 48, 49, 50, 52
– b. Versammlungen **83** 9
– Voraussetzungen **50** 30 f.
Datenlöschung **50** 62
Datennutzung **50** 53 f.
Datenschutz
– Anwendung des Datenschutzgesetzes **50** 66
– Auskunftsrecht **50** 65
– im Naturschutzrecht **62** 55
– b. Rasterfahndung **50** 46
Datenspeicherung **50** 53 f., 64
Datenübermittlung
– allgemeine Regelungen **50** 55
– an d. Polizei → Datenempfang
– an nichtöffentliche Stellen **50** 59
– an öffentliche Stellen **50** 56–58
– automatisiertes Abrufverfahren **50** 63

– Zentralstelle **51** 7
Datenverarbeitung **50** 53–65; **51** 7
Datenverarbeitungsanlagen **20** 33
Datenverarbeitungsbeschränkung **50** 62
Datenverbund **50** 63
Decken **40** 28, 29, 30, 33 f., 36, 38, 43
Deckungsgrundsatz **10** 79
Demokratie
– an Hochschulen **10** 138
– Bildungsziel **10** 131
– Bedeutung d. Gemeinden **10** 11
– → Mehrheitsprinzip
– u. Presse **10** 111
– repräsentative D. **10** 2, 4, 13 f.
– unmittelbare D.: → Bürgerbegehren, → Bürgerentscheid, → Volksbegehren, → Volksentscheid
– Volksstaat **10** 2
– Wahrung d. Grundgedanken d. D. bei Verfassungsänderungen **10** 75
– im Wirtschaftsleben **10** 154
Denkmäler **40** 18, 57
Denkmalpflege **32** 48
Denkmalschutz **10** 141; **40** 18
Deponien
– Beseitigung und Stillegung **60** 20–22
– Pflicht zu Errichtung und Betrieb **60** 4
Dienstaufsicht
– des Bezirkstagspräsidenten **32** 34
– des ersten Bürgermeisters **30** 37, 43
– des Gemeinschaftsvorsitzenden **34** 6
– des Landrats **31** 37 f.
– der Staatsminister **10** 55
– über den Präsidenten des Verwaltungsgerichtshofs **22** 4
– des Verbandsvorsitzenden im Zweckverband **38** 38
– der Werkleitung **30** 95; **31** 82; **32** 80
Diensteid: → Eid
Dienstherr
– Dienstherrnfähigkeit **30** 90; **31** 78; **32** 76; **34** 1; **38** 23; **70** 2
– Dienstherrnwechsel **70** 138–140
Dienstsiegel **30** 4; **31** 3; **32** 3
digitale Verfahren **40** 80a
dingliche Rechte
– Ablösung durch den Träger d. Straßenbaulast **82** 13
– als Enteignungsgegenstand **80** 2
– Entschädigung **80** 12, 15
– bei Ersatzlandentschädigung **80** 14
– u. polizei- u. sicherheitsrechtliche Maßnahmen **50** 8; **52** 9
– Rückenteignung **80** 16 f.
diplomatische Vertretung, Zustellung **21** 14
Diskontinuität im Landtag **10** 16
Dispens (Baurecht) **40** 69, s.a. → Abweichungen
Disziplinarangelegenheiten **10** 95; **22** 15
Doppelbestrafung **10** 104
Drittanfechtung **20** 50
Dritte
– als Beliehene **63** 31, 36
– im Verwaltungsverfahren **20** 13
– Straßenbaulast **82** 44, 79
– Verpflichtung als Steuerschuldner **37** 11
Duldungspflicht
– bei abfallrechtlichen Maßnahmen **60** 22
– bei naturschutzrechtlichen Maßnahmen **62** 28, 36, 38, 53
– im Wasserrecht **63** 4, 25, 41, 46, 62

– örtliche Leitungen **30** 24
– im Bodenschutzrecht **64** 4
Durchsuchung
– v. Fahrzeugen **50** 22
– v. Personen **50** 13, 21
– v. Sachen **50** 13, 22
– v. Wohnungen **50** 23 f.
– bei Landtagsabgeordneten **10** 29
Dürre **63** 44

Ehe **10** 124
Ehrenämter
– allg. Vorschriften **20** 81–86
  – Abberufung **20** 86
  – Ausübung **20** 83
  – Entschädigung **20** 85
  – Pflicht zur Übernahme **10** 121; **20** 82
  – Verschwiegenheit **20** 84
– d. Bezirks **32** 13–14a
– d. Gemeinde **30** 19–20a
– d. Landkreises **31** 13–14a
– im Zweckverband **38** 30
Ehrenbeamte **70** 5, 8, 22; **71** 134
– Bezirkstagspräsident u. Stellvertreter **32** 30
– Bürgermeister **30** 34 f.
– Stellvertreter d. Landrats **31** 32
Ehrenbürger **30** 16
Ehrungen **20** 2
Eid
– d. Beamten **10** 187; **71** 73
– d. Bezirksräte **32** 24
– d. Gemeinderäte **30** 31
– d. Kreisräte **31** 24
– d. Mitglieder d. Staatsregierung **10** 56
– d. Mitglieder des Verfassungsgerichtshofs **11** 7
– kein staatlicher Zwang zu religiöser Eidesformel **10** 107
– Verfassungseid **10** 187
eidliche Vernehmung **20** 27, 65
Eigenbeteiligung am Investitionsaufwand **37** 5
Eigenbetriebe
– Abschlußprüfung **30** 107; **31** 93; **32** 89
– Begriff, allgemeine Regeln **30** 88; **31** 76; **32** 74
– Betriebssatzung, Werkleitung, Werkausschuß **30** 88; **31** 76; **32** 74; **38** 40
– eines Zweckverbands **38** 40
– in d. Haushaltssatzung **30** 63; **31** 57; **32** 55
– örtliche Rechnungsprüfung **30** 103; **31** 89; **32** 85
– Umwandlung in Kommunalunternehmen **30** 89–90; **31** 77–78; **32** 75–76
Eigenengagement: → Integration von Migranten
eigener Wirkungskreis d. Bezirke
– allgemein **10** 10; **32** 5, 48
– nur Rechtsaufsicht **32** 91
– beispielhafte Aufzählung **32** 48
– Satzungshoheit **32** 17
eigener Wirkungskreis d. Gemeinden
– Abwasserbeseitigung **63** 34
– allgemein **10** 11 f.; **30** 7, 57
– allseitiger W. d. G. **30** 6
– als Mitglied einer Verwaltungsgemeinschaft **34** 4
– nur Rechtsaufsicht **10** 83; **30** 109
– Beispiele **10** 83; **30** 57
– Bürgerbegehren und Bürgerentscheid **10** 12; **30** 18a
– kreisfreier Gemeinden
  – Abfallentsorgung **60** 3
  – Übernahme v. Aufgaben durch den Bezirk **32** 49
– Satzungshoheit **30** 23
– Übernahme v. Aufgaben durch den Landkreis **31** 52, durch den Bezirk **32** 49
– Übertragung v. Aufgaben durch Zweckvereinbarung **34** 4
– (weitere) Verfassungsaufträge

– Bekämpfung v. Schmutz u. Schund **10** 110
– billiger Wohnraum **10** 106
– Erziehung **10** 126
– Familie **10** 125
– Friedhöfe **10** 149
– Kunst u. Wissenschaft **10** 140
– Natur- u. Denkmalschutz **10** 141
– öffentliche Leistungen an Religionsgemeinschaften **10** 145
– Schulorganisation **10** 133
– Widerspruchsbescheid, Zweckmäßigkeitsprüfung und Rechtsaufsicht **30** 119

eigener Wirkungskreis d. Landkreise
– allgemein **10** 10; **31** 5, 51
– Abfallentsorgung **60** 3
– Bürgerbegehren und Bürgerentscheid **10** 12; **31** 12a
– nur Rechtsaufsicht **31** 95
– Satzungshoheit **31** 17
– Übernahme v. Aufgaben durch den Bezirk **32** 49
– Widerspruchsbescheid, Zweckmäßigkeitsprüfung und Rechtsaufsicht **31** 105

Eigenkontrollmaßnahmen **64** 5

Eigentum, privates
– Anspruch auf Übernahme
– bei Eigentum an Straßengrund **82** 13
– bei enteignender Maßnahme **62** 36, 40
– im Enteignungsverfahren **80** 6
– bei Veränderungssperre **60** 14
– bei staatlichem Vorkaufsrecht **62** 39
– Beschränkungen im Naturschutzrecht **62** 41 f.
– Grundrecht
– Einschränkungen **21** 40; **52** 58; **61** 3; **63** 101
– Gewährleistung **10** 103, 159, 163
– geistiges **10** 162
– an Gewässern **63** 5 ff., 9, 11
– Inanspruchnahme im Planfeststellungsverfahren **20** 74
– an Ortsdurchfahrten d. Bundesstraßen **82** 73
– d. Religionsgemeinschaften **10** 146
– → Sozialbindung
– Sozialisierung **10** 160

Eigentum, öffentliches
– Begrünung von Gebäuden und Freiflächen **40** 7
– Bodenschätze, Verkehr, Energie **10** 160
– Regelung d. Benutzung durch Satzung **30** 24; **31** 18; **32** 18

Eigentümer
– als Adressat v. Maßnahmen **50** 8; **52** 9
– Beteiligung am Enteignungsverfahren **80** 22
– → Duldungspflicht
– Erschwernisausgleich **62** 42

Eigentümerwege **82** 3, 53, 55 f.

Eigentumsübergang auf den Träger d. Straßenbaulast **82** 11

Eigenüberwachung **63** 31, 60

Eignungsprinzip **10** 94

Eignungsprüfung **20** 2

Einberufung
– Bezirksausschuß **32** 27
– Bezirkstag **32** 24
– Gemeinderat **30** 46
– Kreisausschuß **31** 28
– Kreistag **31** 25
– Landtag **10** 17
– Verbandsversammlung **38** 32

Einbürgerung **10** 6

Einfriedung **40** 6, 57, 81; **82** 29

Eingaben
– gleichförmige E. im VwVfG
– Begriff, Verfahren **20** 17

– Vertretung **20** 17, 19
– → Petitionsrecht
Eingliederung
– gemeindefreier Gebiete **30** 11
– kreisfreier Gemeinden in den Landkreis **30** 5a
Eingriffe in Natur u. Landschaft **62** 6 ff.
– Ausgleichs- und Ersatzmaßnahmen **62** 7 ff.
– Ausgleichspflicht **60** 21
– Begriff **62** 6
– Ersatzzahlungen **62** 7
– Kompensationsmaßnahmen **62** 8
– Kompensationsverzeichnis **62** 9
– Zuständigkeit u. Verfahren **62** 11
einheitliche Stelle: → Verfahren über eine einheitliche Stelle
Einladung
– des Regierungspräsidenten zum Bezirkstag **32** 37
– zu Sitzungen d. Kommunalparlamente **30** 45, 47; **31** 40 f.; **32** 37 f.
Einleiten
– v. Abwasser **63** 18, 34, 38, 54, 60, 70
– v. Wasser als Gemeingebrauch **63** 18
– in öffentliche Abwasserbehandlungsanlagen **63** 54
– v. Stoffen im Rahmen der technischen Gewässeraufsicht **63** 62
Einleitung v. Verwaltungsverfahren
– Hilfe durch d. Gemeinde **30** 58
– Offizialprinzip **20** 22
Einnahmen
– d. Bezirke **32** 54
– d. Gemeinden **30** 62
– d. Kreise **31** 56
– Entgelte **30** 62; **31** 56; **32** 54
– Steuern **30** 62; **31** 56
– Umlagen **31** 56; **32** 54; **38** 42
Einrichtungen
– Benutzung öffentlicher E. **30** 21; **31** 15; **32** 15
– Bereitstellung f. den Bezirk **32** 35a
– gemeinschaftliches Betreiben **38** 7
– Mitbenutzung kraft Zweckvereinbarung **38** 7
– d. Zweckverbands **38** 34
Einschreiben **21** 4
Einsichtsrecht
– zur Bauüberwachung **40** 77
– bei Raumordnungsverfahren **81** 25
– wasserrechtliches Kartenwerk **63** 47, 73
Einstellung
– von Arbeiten an baulichen Anlagen **40** 75
– v. Vollstreckungsmaßnahmen **21** 22
Einstellungsanordnung
– Deponien **60** 20
– Baurecht **40** 75
– b. Eingriffen in Natur u. Landschaft **62** 6
einstweilige Anordnung **11** 26
einstweilige Sicherstellung **62** 54
Einvernehmen
– Baurecht
  – E. d. Gemeinde **35** 1; **40** 63
  – Ersetzung d. gemeindlichen E. **40** 67
– d. Bezirkstagspräsidenten zur Bestellung leitender Verwaltungsbeamter **32** 35a
– d. Bezirkstags zur Ernennung des Regierungspräsidenten **32** 36
– im Bodenschutzrecht **64** 10
– d. Straßenaufsichtsbehörde bei Planungen **82** 35
– d. Straßenbaubehörde bei Baugenehmigungen **82** 23 f.
Einwendungen
– Ausschluss **40** 66a

– gegen die Vollstreckung **21** 21
– Dritter im Planfeststellungsverfahren **20** 73
Einwohner **30** 15; **31** 11; **32** 11
Einwohnerzahl **30** 119; **31** 107; **34** 8
Einzelgenehmigung für Kredite **30** 71; **31** 65; **32** 63
Einziehung
– v. Gegenständen
  – Naturschutzrecht **62** 58
  – → Sicherstellung
– öffentlicher Straßen **82** 8, 11
– d. Prüfbuches **40** 72
Eisenbahn **40** 56
Eisflächen **52** 27
Eisgefahr **35** 1; **63** 49 f.
elektrische Anlagen, Brandverhütung **52** 38
elektronische Form **20** 3a
elektronische Verwaltung
– Aktenführung **71** 104
– Beihilfe **71** 96, 110
– Dokumente **20** 3a
  – Beglaubigung **20** 33
  – Zugangsfiktion **20** 15
  – Zustellung **21** 2, 5 f., 14
– Zustellungsfiktion **21** 5
– Kommunikation **20** 3a, 8b
– Raumordnungsverfahren **81** 25
– Rechnungsprüfung **30** 108; **31** 92; **32** 88
– Verfahren über eine einheitliche Stelle **20** 71e
– Verpflichtungsgeschäfte **30** 38; **31** 35; **32** 33a; **38** 37
– Versammlungen **83** 13, 19
– Verwaltungsakt **20** 37, 39, 41, 44, 69
Eltern **10** 126
Empfangsbekenntnis **21** 5
Empfangsbevollmächtigter
– im Verwaltungsverfahren **20** 15
– Zustellung **21** 8
Enteignung
– u. abfallrechtliche Veränderungssperre **60** 14
– nach Baurecht, Zuständigkeit **41** 3
– nach dem Enteignungsgesetz **80** 1 ff.
  – Besitzeinweisung **80** 39
  – beweglicher Sachen **80** 48
  – → Enteignungsbeschluß
  – Enteignungsgegenstand **80** 2
  – → Enteignungsverfahren
  – Enteignungszweck **80** 1
  – Entschädigung **80** 8–15, → Entschädigungsansprüche
  – → Ersatzlandenteignung
  – Härteausgleich **80** 18
  – Rechtsbehelfe **80** 44–46
  – Rückenteignung **80** 16 f., 42
  – Umfang **80** 6
  – Zulässigkeit **80** 3–5
– durch Maßnahmen nach LStVG **52** 11
– für Naturschutz o. Landschaftspflege **62** 36, 40
– für Straßenbau **82** 40, 70
– Unbeachtlichkeit der E. für die Widmung einer Straße **82** 6
– verfassungsrechtliche Bestimmungen **10** 159, 163
– wasserrechtliche Bestimmungen **63** 56 f.
Enteignungsbehörde **80** 19; **41** 3
Enteignungsbeschluß **80** 31, 37, 42
Enteignungsverfahren **80** 19–46
– Anhörung **80** 26, 32
– Antrag **80** 20
– Beteiligte **80** 22
– Einigung **80** 29, 38
– als förmliches Verwaltungsverfahren **80** 23
– Ladung, mündliche Verhandlung **80** 26
– Planfeststellung **80** 21, 40 f.
– Rechtsbehelfsbelehrung **80** 30

– Sicherheitsleistung **80** 21
– Verfügungs- u. Veränderungssperre **80** 27
– Wiedereinsetzung in den vorigen Stand **80** 25
– Zwangsvollstreckung **80** 38

Entfaltung d. Persönlichkeit **10** 101

Entgelt
– f. Gewässerbenutzung **63** 4
– f. Wegebenutzung **82** 55

Entlassung
– v. Beamten: → Beendigung des Beamtenverhältnisses
– festgehaltener Personen **50** 20, 69
– Mitgliedsgemeinde aus d. Verwaltungsgemeinschaft **34** 9

Entnazifizierung **10** 184

Entschädigungsansprüche
– abfallrechtliche **60** 14
– bei Aufhebung öffentlicher Nutzungsrechte **30** 82 f.
– bodenschutzrechtliche **64** 4, 9
– f. ehrenamtliche Tätigkeit **20** 85; **30** 20a; **31** 14a; **32** 14a; **38** 30
– bei Enteignung
  – allgemein **10** 159; **80** 8–18
  – durch Gewährung v. Rechten **80** 15, 33
  – b. Verfügungs- u. Veränderungssperre **80** 27
  – Vorarbeiten **80** 7
  – b. vorzeitiger Besitzeinweisung **80** 39
– immissionsschutzrechtliche **61** 2
– naturschutzrechtliche **62** 36, 41 f.
– im Planfeststellungsverfahren **20** 74 f.
– polizei- u. sicherheitsrechtliche **50** 87, 90; **52** 11
– bei Rücknahme eines Verwaltungsakts **20** 48, 50
– bei Sozialisierung **10** 160
– Straßenrecht **82** 17, 27a f.
– Wasserrecht **63** 31, 57, 61
– bei Widerruf eines Verwaltungsakts **20** 49 f.

entsorgungspflichtige Körperschaften
– Abfallbilanz **60** 12
– Begriff **60** 3
– Erlaß v. Satzungen **60** 7
– Mindestausstattung **60** 4
– Zusammenschlüsse **60** 8

Entwicklungsgebiete **81** 19

Entwurfsverfasser
– auf d. Bauschild **40** 9
– Bauvorlageberechtigung **40** 61, 64
– Verantwortlichkeit **40** 51

Erbrecht **10** 103

Erbschaftssteuer **10** 123

Erdaufschlüsse **63** 30

Erholung, Recht auf E. **10** 174

Erholung in der freien Natur **10** 141; **62** 26–38

Erholungsort, Kurbeitrag **37** 7

Erholungsparke **62** 37

Erholungsurlaub **10** 174

Erinnerung gegen Kostenfestsetzungsbeschluß **11** 28

erkennungsdienstliche Maßnahmen **50** 14 f.

Erlaß v. Verordnungen
– im Naturschutzrecht
  – Ausgleich von Nutzungsbeschränkungen **62** 42
  – Beschränkungen der Erholung in der freien Natur **62** 31
  – einstweilige Sicherstellung **62** 54
  – Festlegung Europäischer Vogelschutzgebiete **62** 20
  – Festlegung bestimmter Zuständigkeiten **62** 44
  – Unterschutzstellung von Natur und Landschaft **62** 12
  – Verfahren bei Inschutznahme **62** 52

– Zuständigkeit zum Erlaß bestimmter Rechtsverordnungen **62** 51
– nach LStVG
– Pflicht zum Erlaß **52** 46
– Rechtmäßigkeit **52** 45
– Zuständigkeit **52** 42, 44, 46
Erlaß v. Verwaltungsvorschriften
– nach LABV **23** 6
Erlaubnis
– öffentliche Vergnügungen **52** 19
– Straßen- u. Wegerecht **82** 18
– Wasserrecht
– beschränkte E. **63** 15
– erlaubnisfreie Benutzungen **63** 19, 29, 75
– Erlöschen **63** 16
– Grundwasserbenutzung **63** 29 f., 70
– mit Zulassungsfiktion **63** 70
Ermächtigung
– zum Erlaß v. Rechtsverordnungen
– einzelne Ermächtigungen: → Rechtsverordnungen
– Ersatzverordnungen **52** 46
– Grundsatz **10** 55
– zum Erlaß örtlicher Bauvorschriften **40** 81
Ermessen
– allgemein **20** 40
– u. Aufsicht **30** 109; **31** 95; **32** 91
– u. eigener Wirkungskreis **30** 7; **31** 5; **32** 5
– u. Vergleichsvertrag **20** 55
– bei Festsetzung eines Zwangsgeldes **21** 31
– d. Polizei **50** 5
– → bei Rücknahme eines Verwaltungsakts **20** 48
– bei Verwaltungsakten u. Umdeutung **20** 47
– → bei Widerruf eines Verwaltungsakts **20** 49
Ernennung von Beamten
– durch Einstellung **72** 2
– Fälle **70** 8
– Form **70** 8
– durch Gebietskörperschaften **30** 43; **31** 38; **38** 38
– Kriterien **70** 9
– auf Lebenszeit **70** 10
– Leistungsprinzip **10** 94; **70** 9
– Nichtigkeit **70** 11
– Rücknahme **70** 12
– rückwirkende E. **70** 8
– unmittelbar durch d. Staatsregierung **10** 55
– Urkundsprinzip **70** 8
– Stellenausschreibungen **71** 20
– Verfahren bei Nichtigkeit oder Rücknehmbarkeit **71** 21
– Zuständigkeit **71** 18
Erörterungstermin
– im Planfeststellungsverfahren **20** 73
– Besonderheiten im Straßenrecht **82** 38
Ersatzanspruch gegen Störer **50** 89 f.
Ersatzlandenteignung **80** 4, 9, 14
Ersatzmaßnahmen
– bei Eingriffen in Natur u. Landschaft **62** 7 ff.
– bei geschützten Flächen u. Naturbestandteilen **62** 18
Ersatzvornahme
– Abfallrecht **60** 22, 31
– Polizeirecht **50** 72
– Kommunalaufsicht **30** 113; **40** 67; **31** 99; **32** 95
– kraft Satzungsrechts **30** 24; **31** 18
– Unterhaltung v. Gewässern **63** 24
– Vollstreckungsrecht
– Androhung **21** 36
– Widerstand gegen E. **21** 34
– Zulässigkeit **21** 29, 32
Ersatzzuständigkeit, Verordnungsrecht **52** 46
Ersatzzustellung **21** 5

Ersatzzwangshaft, Voraussetzungen, Höchstdauer **21** 33, 37; **50** 74
Erschließung
– → Anschluß- u. Benutzungszwang
– Bauordnungsrecht **40** 4, 58
– u. Beiträge nach KAG **37** 5
– Erstattung v. Kosten f. Grundstücksanschlüsse **37** 9
– → Vorhaben- u. Erschließungsplan
Erschwernisausgleich, naturschutzrechtlicher **62** 42
Erstattungsanspruch
– b. Aufhebung eines Verwaltungsaktes **20** 49a
– b. Aufhebung o. Änderung des Bebauungsplans **81** 33
– b. polizeirechtlicher Entschädigungspflicht **50** 88–90
– im Vollstreckungsrecht **21** 28
Erstbewertung, bodenschutzrechtliche (Gefährdungsabschätzung) **64** 2
Ertrag wirtschaftlicher Unternehmen **30** 94; **31** 81; **32** 79
Erwachsenenbildung **10** 139; **30** 57
Erwerbsgartenbau, Gebäude **40** 57
Erwerbspflicht: → Eigentum, Anspruch auf Übernahme
Erziehungsrechte
– Eltern **10** 126, 137
– Religionsgemeinschaften **10** 127, 136
Europa
– Bekenntnis **10** 3a
– → europäische Verwaltungszusammenarbeit
– Gesetzgebung **10** 70
– → „Natura 2000“ (Europäisches ökologisches Netz)
europäische Verwaltungszusammenarbeit
– Anwendbarkeit **20** 8e
– Form und Behandlung von Ersuchen **20** 8b
– Grundsätze **20** 8a
– Kosten **20** 8c
– Mitteilungen von Amts wegen **20** 8d
Explosivmittel **50** 78, 81, 86

Fachaufsicht
– Begriff, Inhalt, Grenzen **30** 109; **31** 95; **32** 91
– über Große Kreisstädte **30** 115
– Sinn d. F. **30** 108; **31** 94; **32** 90
– → übertragener Wirkungskreis
– Widerspruch gegen aufsichtlichen VA **30** 120; **31** 106
Fachaufsichtsbehörde
– allgemein **30** 115; **31** 101; **32** 97
– Befugnisse, Verhältnis zur Rechtsaufsicht **30** 116; **31** 102; **32** 98
– Erlaß eines Widerspruchsbescheids **30** 119; **31** 105
Fahnen **30** 4; **31** 3; **32** 3; **38** 25; → Landesfarben
Fahrgastunterstände **40** 57
Familie **10** 124 f.
Fehlbetrag: → Nachtragshaushaltssatzung
Fehlerhaftigkeit v. Verwaltungsakten
– Aufhebung **20** 46
– Berichtigung offenbarer Unrichtigkeiten **20** 42
– Heilung v. Verfahrens- u. Formfehlern **20** 45
– Nichtigkeit **20** 44
– Umdeutung **20** 47
Feiertage
– als Wahltage **10** 14
– Anwendung v. Zwangsmitteln **21** 37
– Schutz **10** 147
– Vergütung des Lohnausfalls **10** 174

– Zustellung **21** 5
Feld u. Flur **52** 39–41
Feldwege, öffentliche **82** 3, 53 f., 56
Fenster **40** 5, 31, 33 f., 35, 36, 45 f., 48, 57
Ferienausschuß **30** 32
Fernsprechgeheimnis **10** 112
Fernwärmeversorgung **30** 24
Fesselung einer Person **50** 82
Festhalten einer Person
– Behandlung d. P. **50** 19
– Entlassung **50** 20
– richterliche Entscheidung **50** 18
– Zulässigkeit **50** 17
– u. Vorladung **50** 15
Festnahme **10** 102
Festsetzungsverfahren **23** 4
Feuerbeschau **52** 38
Feuerlöscheinrichtungen **52** 38
Feuersicherheit **30** 57; **31** 51
Feuerstätten **40** 1 f., 39 f., 78 f.
Feuerungsanlagen **40** 39 f., 80; **52** 38
finaler Rettungsschuß **50** 83
Finanzamt als Vollstreckungsbehörde **21** 25, 30, 44
Finanzausgleich, Verwaltungsgemeinschaften **34** 11
Finanzgerichtsordnung **21** 25
Finanzhoheit
– d. Bezirke **32** 16
– d. Gemeinden **10** 83; **30** 22
– d. Landkreise **31** 16
Finanzierungshilfen
– abfallwirtschaftliche **60** 23 ff.
Finanzplanung, mittelfristige **30** 70; **31** 64; **32** 62; **38** 41
Finanzverwaltung **20** 2; **21** 1
Fingerabdrücke **50** 14
Fischereiwirtschaft **62** 3, 6, 11, 21, 23, 42; **63** 19, 56
Flächennutzungspläne **41** 2; **38** 4
fliegende Bauten **40** 2, 72, 79 f.; **41** 6 f.
fliegende Verkaufsanlagen **52** 29
Floßfahrt **63** 28, 56, 74
Flure
– u. barrierefreies Bauen **40** 48
– → notwendige Flure
Folgenbeseitigungsanspruch **21** 39
Forderungsübergang: → cessio legis
formelle Gesetze **10** 70
Formfehler
– → Schriftform
– b. Verwaltungsakten **20** 45 f.
– b. öffentlich-rechtlichen Verwaltungsverträgen **20** 59
Formfreiheit v. Verwaltungsakten **20** 37
förmliches Verwaltungsverfahren **20** 63–71
– Anhörung v. Beteiligten **20** 66
– Anordnung durch Rechtsvorschrift **20** 63
– Anwendung **20** 63
– Entscheidung **20** 69 f.
– Form des Antrags **20** 64
– mündliche Verhandlung **20** 67 f.
– Pflicht zur Mitwirkung v. Zeugen u. Sachverständigen **20** 65
– vor einem Ausschuß **20** 71
Forschungsbetreuung im Umweltschutz **62** 46 f.
Forstwirtschaft **62** 3, 5 f., 11, 21, 23, 30, 33, 42
Fraktionen
– Antragsberechtigung bei Wahlprüfung **11** 48
freies Mandat **10** 13
Freifahrt **10** 31
Freihaltung v. Sichtdreiecken **82** 26 f.
Freiheit der Person
– Einschränkungen **21** 40; **30** 124; **31** 110; **32** 104; **37** 20; **50** 100; **52** 58
– Gewährleistung **10** 102; **52** 7

freiheitliche demokratische Grundordnung
– u. Beamte **10** 96
– u. Rundfunk **10** 111a
– u. Wählergruppen **10** 15
Freiheitsentziehung
– durch
  – Anhalten **50** 12 f.; **62** 49
  – Durchsuchung **50** 21
– Entschädigung **50** 87
– → Ersatzzwangshaft
– polizeilicher Gewahrsam **50** 17–20
– durch Naturschutzwacht **62** 49
– Rechtsgarantien **10** 102; **50** 19
– unerlaubter Verkehr mit Verwahrten **52** 21
– in Vollzugshilfe **50** 69
Freistaat **10** 1
Freistellung
– zur Ausübung eines Landtagsmandates **10** 30
Freiverband **38** 17, 46
Freizügigkeit **10** 109
Fremdenverkehrsbeitrag **37** 6
fremdsprachliche Erklärungen **20** 23
Fremdüberwachung **40** 22 f.
Frieden **10** Vorspruch
Friedhöfe **10** 149
Fristen
– für beschränkte wasserrechtliche Erlaubnis **63** 15
– bei Erlaubnis mit Zulassungsfiktion **63** 70
– u. Genehmigungsfiktion **63** 20, 22
– bei technischer Gewässeraufsicht **63** 60
– im Verfahren vor dem Verfassungsgerichtshof **11** 17, 22
– im Verwaltungsverfahren
  – f. Antrag auf Entschädigung **20** 75
  – behördliche, gesetzliche **20** 31
  – Berechnung **20** 31
  – f. Bekanntmachung v. Erörterungsterminen **20** 73
  – f. Einwendungen im Planfeststellungsverfahren **20** 73
  – bei Notwendigkeit v. Übersetzungen **20** 23
  – f. öffentliche Bekanntmachung im förmlichen V. **20** 67
  – b. Rücknahme eines Verwaltungsakts **20** 48
  – Verlängerung behördlicher F. **20** 31
  – Verjährungsunterbrechung durch Verwaltungsakt **20** 53
  – b. Widerruf eines Verwaltungsakts **20** 49
  – b. Wiederaufgreifen des Verfahrens **20** 51
  – Wiedereinsetzung bei fehlender Begründung o. Anhörung **20** 45
  – Wiedereinsetzung bei gesetzlichen F. **20** 32
  – im Vollstreckungsverfahren
  – Androhung v. Zwangsmitteln **21** 36; **50** 76
  – Mahnfrist **21** 23
  – Zahlungsverbot **21** 26
– bei vorläufiger Anordnung **63** 71
– bei vorläufiger Sicherung in Überschwemmungsgebieten **63** 47
– zur Wiederherstellung eines Gewässers **63** 10
– kommunale Zusammenarbeit **38** 5, 16, 27 f.
Früchte, Aneignungsrecht **10** 141
Fünf-Prozent-Hürde **10** 14
Fürsorge
– für Beamte **71** 96 ff.
– öffentliche
  – durch Gebietskörperschaften **31** 51; **30** 57; **32** 48
  – verfassungsrechtliche Bestimmungen **10** 125, 168

Fürsorgeerziehung 10 126
Fußgängerbereiche 82 53

Garagen
– u. Abstandflächen **40** 6
– Anforderungen **40** 80
– u. barrierefreies Bauen **40** 48
– Bauvorlageberechtigung **40** 61
– Begriff **40** 2
– Mittel- und Großgaragen **40** 62, 77
– → verfahrensfreie Bauvorhaben **40** 57
– → verfahrensfreie Beseitigung **40** 57
Gänge offene **40** 34
Gärfutterbehälter 40 57
Gärten 52 39
Gartenkultur 31 51
Gebäude, Begriff **40** 2
Gebietsänderungen 30 11–14, 32; **31** 8–10, 30; **32** 8–10, 29
Gebietskörperschaften
– Begriff **10** 11; **30** 1; **31** 1; **32** 1
Gebietsreform 10 9
Gebühren
– Abfallentsorgung **60** 7
– Amtshilfe **20** 8
– Benutzungsgebühren **37** 8
– Enteignungsrecht **80** 42 f.
– Gebietsänderungen **30** 14; **31** 10; **32** 10
– → Kosten
– Straßenrecht **82** 14, 18
– Wasserrecht **63** 4
– im Zweckverband **38** 42
Gefahr
– Abwehr **50** 2 f., 11 f., 32; **52** 6 f.; **60** 27
– bauordnungsrechtlicher Begriff **40** 3
– konkrete G. **50** 11
– drohende G. **50** 11a
gefährliche Tiere 52 37, 37a
Gefährdungsabschätzung: → Erstbewertung
gegenseitige Unterstützung bei Verfahren über eine einheitliche Stelle **20** 71d
Gegenstandswert 11 28
Geheimhaltung
– als Grenze d. Amtshilfe **20** 5
– → Verschwiegenheitspflicht
– durch Gebietskörperschaften **30** 56a; **31** 50a; **32** 47a
– im Verwaltungsverfahren **20** 29 f.
Gehwege 82 42, 47, 53; beschränkt-öffentliche Wege
geistiges Eigentum 10 162
Geistliche 10 144
Geld- u. Kreditwesen 10 157
Geldanlagen 30 74; **31** 68; **32** 66
Geldbuße
– Abfallrecht **60** 33
– Baurecht **40** 79
– Bodenschutzrecht **64** 14
– Enteignungsrecht **80** 50
– Immissionsschutz **61** 18
– Kommunalabgabenrecht **37** 15–17
– Naturschutz **62** 57
– Straßenrecht **82** 66
– Wasserrecht **63** 74
– nach LStVG
  – Vollstreckung **52** 5
  – Voraussetzungen **52** 4, 16 ff.
– → Zwangsmaßnahmen d. Gebietskörperschaften
– u. Zwangsmittel **21** 36; **50** 71
Gelöbnis: → Eid
Geltungsdauer
– Baugenehmigung u. Teilbaugenehmigung **40** 69
– als Nebenbestimmung **20** 36
– Verordnungen **52** 50
– Vorbescheid **40** 71
Gemeindeaufgaben
– allseitiger Wirkungskreis **30** 6

– → eigener Wirkungskreis
– → übertragener Wirkungskreis
Gemeindebedienstete **30** 38 f., 42–44
Gemeindebürger **30** 15 ff.
– Bürgerbegehren u. Bürgerentscheid **30** 18a
– Gleichheit **10** 11
– u. Gemeinderat **30** 30
Gemeindedienste **30** 24
gemeindefreie Gebiete
– Begriff **10** 11; **30** 10a
– Sonderregelungen **30** 10a–14
– Straßenbaulast **82** 57
– u. kommunale Zusammenarbeit **38** 1
– Zuständigkeit nach LStVG **52** 56
Gemeindegebiet **10** 11; **30** 10, 22
Gemeindehaushalt: → Kommunalhaushalte
Gemeindehoheit **30** 22
Gemeindekasse **30** 100
Gemeinden
– abfallrechtliche Pflichten **60** 2 ff., 5
– Abgabenberechtigung **37** 1
– als Bauaufsichtsbehörde **40** 53 f.; **33** 1
– Bauvorhaben d. G. **40** 73
– u. örtliche Bauvorschriften **40** 63, 81
– → eigener Wirkungskreis
– Gemeindeordnung **30** 1 ff.
  – Aufsicht und Rechtsmittel **30** 108–120
  – Gemeindewirtschaft **30** 61–107
  – Verfassung und Verwaltung **30** 29–60a
  – Wesen und Aufgaben **30** 1–28
– kommunale Zusammenarbeit **38** 1, 3, 4, 7, 17
– u. regionale Planungsverbände **81** 8, 10
– Satzungsermächtigung **63** 34
– als allgemeine Sicherheitsbehörde **52** 6
– → übertragener Wirkungskreis
– Verfassungsgarantien **10** 11 f.
– Verwaltung d. Realsteuern, Zuständigkeit **37** 18
– Vollstreckung v. Geldforderungen d. G. **21** 26
– als Vollzugsbehörde **52** 43; **62** 44
– Wasser-, Eis- und Murgefahr **63** 50
Gemeindepolizei **10** 83; **38** 1; **51** 3
Gemeinderat
– als Hauptorgan d. Gemeinde **30** 29
– Aufgaben **30** 30
– Auflösung durch Rechtsaufsicht **30** 114
– Ausschüsse **30** 32 f., 45
– Beschlußfähigkeit **30** 47
– Beschlußfassung, Wahlen **30** 51
– Ferienausschuß **30** 32
– Geschäftsleitung **30** 46
– Geschäftsordnung **30** 45
– u. Gesetzesvollzug **30** 59
– Mitglieder
  – Amtsdauer **30** 31
  – Ausschluß **30** 49, 53
  – berufsmäßige **30** 40 f.
  – Teilnahme- u. Abstimmungspflicht **30** 48
  – Wahl **30** 17
– Rechtsstellung **30** 30
– Sitzungen
  – Hausrecht **30** 53
  – Niederschrift **30** 54
  – Öffentlichkeit **30** 52
  – Sitzungsteilnahme durch Ton-Bild-Übertragung **30** 47a
  – Vorsitz **30** 36
– Zusammensetzung **30** 31
Gemeindesenate **30** 32
Gemeindestraßen **82** 3, 46–52
Gemeindetafel **30** 26; **36** 1

Gemeindeverbände
– als Selbstverwaltungskörper **10** 10
– Vollstreckung v. Geldforderungen **21** 26
– wirtschaftliches u. kulturelles Eigenleben **10** 10
Gemeindeverbindungsstraßen **82** 3, 46, 49
Gemeindeverwaltung, Überwachung **30** 30
Gemeindewald **30** 74
Gemeingebrauch
– u. Benutzung öffentlicher Einrichtungen **30** 21; **31** 15; **32** 15
– oberirdischer Gewässer **62** 27; **63** 8, 18, 74
– v. Straßen
  – Begriff u. Wesen **82** 14
  – Beschränkung **82** 15
  – u. Eigentum **82** 13
  – u. Einziehung **82** 8
  – → Sondernutzung
Gemeinschaftsanlagen **40** 78
Gemeinschaftsversammlung d. Verwaltungsgemeinschaft **34** 6, 8
Gemeinschaftsvorsitzender d. Verwaltungsgemeinschaft **34** 6
Gemeinverträglichkeit d. Erholung in d. freien Natur **62** 26
Gemeinwohl
– Staatsziel **10** 3
– u. Auflagen im Planfeststellungsbeschluß **20** 74, 76
– u. Kündigung eines öffentlichrechtlichen Vertrags **20** 60
– u. Widerruf eines Verwaltungsakts **20** 49
– → Wohl des Bundes o. eines Landes
– u. Ziele der Abfallbewirtschaftung **60** 1
Gemeinwohlbindung
– aller Betätigungen **10** 117
– d. Arbeit **10** 166
– des Eigentums **10** 103, 141, 158, 163; **62** 36
– wirtschaftlicher Tätigkeit **10** 151
Genehmigung
– Abgabesatzung, besondere **37** 2
– von Abweichungen **63** 61
– → Baugenehmigung
– Beschneiungsanlagen **63** 35
– Bestellung v. Sicherheiten **30** 72; **31** 66; **32** 64
– digitale Genehmigung **40** 80a
– Entgelt f. Benutzung v. Eigentümerwegen **82** 55
– Enteignungsverfahren **80** 21
– Fiktion **20** 42a; **40** 68
– Haushaltsführung, vorläufige **30** 69; **31** 63; **32** 61
– Sanierungsplan **63** 55
– Schiff- und Floßfahrt **63** 28
– Typengenehmigung **40** 73a
– Übertragung v. Kassengeschäften **30** 101; **31** 87; **32** 83
– Übertragung v. Nutzungsrechten **30** 80
– Unterwerfungsklauseln im öffentl.-rechtl. Vertrag **20** 61
– Verpflichtungsermächtigungen **30** 67; **31** 61; **32** 59
– wasserrechtlicher Anlagen **63** 20
– als Wirksamkeitsvoraussetzung **30** 117; **31** 103; **32** 99; **37** 2
– f. Zweckverbände **38** 17, 20, 48
– f. Zweckvereinbarungen **38** 12, 16
Genehmigungsbehörde (Kommunalrecht) **30** 117; **31** 103; **32** 99; **38** 48, 50
Genehmigungsfiktion **20** 42a; **40** 68
genehmigungsfreie Vorhaben, Bauordnungsrecht **40** 56–58, 72 f.
Genehmigungspflicht

– bauordnungsrechtliche
 – Grundsatz **40** 55
 – → genehmigungsfreie Vorhaben
Genehmigungsverfahren
– baurechtliche **40** 59 ff., 80a
– wasserrechtliche **63** 20, 64, 69
Generalklauseln **50** 11; **52** 7; **40** 54
Generallandesanwalt: → Landesanwaltschaft
Generalsekretär am Verfassungsgerichtshof **11** 11 f.
Gentechnikanbauverbot **62** 11b
geplante Straßen, Baubeschränkungen **82** 27
Gerichte
– Arbeitsgerichte **10** 177
– f. besondere Sachgebiete **10** 86
– rechtliches Gehör **10** 91
– Verteidiger **10** 91
– Verfassungsgerichtshof **10** 60 ff.; **11** 1 ff.
– Verwaltungsgerichte **10** 93
– Zustellung nach VwZVG **21** 1
Gerichtssprache **11** 24
Gerichtsverwaltung **20** 2
Gerüste **40** 1
Gesamtgenehmigung f. Kredite **30** 71; **31** 65; **32** 63
Geschäftsbereiche **10** 49
Geschäftsleitung **30** 46; **31** 40; **32** 37; **38** 39
Geschäftsordnung
– d. Bezirkstags **32** 37
– d. Gemeinderats **30** 37, 45, 55
– d. Kreistags **31** 34, 40
– d. Landtags **10** 20
– d. Staatsregierung **10** 53
– d. Verfassungsgerichtshofs **11** 30
– d. Verwaltungsgerichte **22** 9
– d. Verwaltungsgerichtshofs **22** 9
Geschäftsstelle
– beim Verfassungsgerichtshof **11** 13
– d. Verwaltungsgerichte **22** 10
– d. Zweckverbands **38** 39
Geschäftsverteilung
– in d. Gebietskörperschaften **30** 46; **31** 40; **32** 37
– d. Staatsregierung **10** 50
– d. Verfassungsgerichtshofs **11** 10
geschützte Flächen und Naturbestandteile
– allgemeine Vorschriften
 – Befreiungen **62** 56
 – einstweilige Sicherstellung **62** 54
 – Form der Schutzerklärung **62** 12
 – Inschutznahmeverfahren **62** 52
 – Kennzeichnung **62** 53
 – Registrierung **62** 17
 – Schutz von Kennzeichnungen **62** 17
 – Vollzug von Schutzverordnungen **62** 18
 – Zuständigkeit **62** 51
– Arten- und Biotopschutzprogramm **62** 19, 46
– Biosphärenreservate, -gebiete und -regionen **62** 14
– geschützte Landschaftsbestandteile **62** 16
– Nationalparke **62** 13
– Naturdenkmäler **62** 39, 42
– Naturparke **62** 15
– Naturschutzgebiete **62** 39, 54
Gesellschaftsordnung **10** Vorspruch
Gesellschaftsreise, Kurbeitrag **37** 7
Gesellschaft zur Altlastensanierung **63** 55
Gesetz
– Bestimmung durch Gesetz
 – Bezirksname, Sitz d. Bezirksverwaltung **32** 2
 – Bildung v. Verwaltungsgemeinschaften **34** 2
 – Enteignung, Sozialisierung **10** 159 f.

– Fürsorgeerziehung **10** 126
– Gebietsänderungen **30** 12; **32** 8
– Gliederung des Staatsgebietes **10** 9
– Kredite, Sicherheitsleistungen d. Staates **10** 82
– Landeswappen **10** 1
– Rundfunkwesen **10** 111a
– Sondergerichte **10** 86
– Staatsangehörigkeit **10** 6
– Staatshaushalt **10** 78
– Übertragung v. Aufgaben an Gemeinden **10** 11
– Verringerung des Grundstockvermögens **10** 81
– und Grundrechte
– → Rechtsstaat
– G. als Grundrechtsschranke **10** 98, 101
– Schutz der Grundrechte durch G. **10** 99
– → Verfassungsmäßigkeit v. G.
Gesetzesbeschlüsse **10** 72
Gesetz- u. Verordnungsblatt **10** 76; **11** 25, 30
Gesetzesinitiative
– Landtag **10** 71
– Staatsregierung **10** 47, 55, 71
– Volk **10** 71, 74
Gesetzesvorbehalt **10** 70
Gesetzesvorlagen **10** 55
Gesetzgebung **10** 70–76
– u. Europäische Union **10** 70
– u. Menschenwürde **10** 100
– Volk, Volksvertretung, Gewaltenteilung **10** 5
gesetzlicher Vertreter, Zustellung **21** 7
Gesetzmäßigkeit d. Verwaltung **10** 55; **30** 56; **31** 50; **32** 47
Gestaltung baulicher Anlagen **40** 3, 8
Gestaltungswirkung d. Planfeststellung **20** 75
Gesundheit
– u. Einschränkung v. Grundrechten **10** 98
– eigener Wirkungskreis **10** 83; **30** 57; **31** 51; **32** 48
Gesundheitswesen Einrichtungen **40** 48
Getränkesteuer **37** 3
Gewächshaus **40** 57, 61
Gewährleistung beim Wechsel d. Straßenbaulast **82** 9
Gewahrsam: → Freiheitsentziehung
Gewährträgerschaft f. Kommunalunternehmen **30** 96; **31** 83; **32** 81
Gewährverträge: → Verpflichtungen, kreditähnliche
Gewalt: → körperliche G.
Gewaltbereitschaft v. Wählergruppen **10** 15; **11** 46
Gewaltenteilung **10** 5, 70
Gewässer
– Anlagen **63** 16, 20, 22, 35 ff., 49, 56, 58, 74
– Ausbau **63** 35 f., 39–42, 56
– Benutzung
– Benutzungsbedingungen **63** 4
– Beschneiungsanlagen **63** 35
– besondere Zuständigkeiten **63** 64
– Enteignung **63** 56
– Erdaufschlüsse **63** 30
– Erlaubnis mit Zulassungsfiktion **63** 70
– erlaubnisfreie Benutzung, Gemeingebrauch **62** 27; **63** 18, 29, 74
– Fischerei **63** 19
– Folgen der Beendigung **63** 4
– Schiff- u. Floßfahrt **63** 28
– Stauanlagen **63** 46
– Bewirtschaftung
– gemeinsame Bestimmungen **63** 14–17
– Grundwasser **63** 29 f.
– oberirdische Gewässer **63** 18–27

– Schiff- und Floßfahrt **63** 28
– Eigentum **63** 5–9, 11, 13
– Einteilung **63** 2
– G. erster Ordnung **63** 2, 5, 20–22, 24, 26, 39, 49
– G. zweiter Ordnung **63** 2 f., 5, 20–22, 24, 26, 49
– G. dritter Ordnung **63** 2 f., 20–24, 26, 39, 46, 74
– Kreuzung mit Straßen **82** 32a, 33a
– schiffbare G. **63** 28
– Unterhaltung **63** 16, 22–27, 37, 56
– Verzeichnisse **63** 3
Gewässeraufsicht **63** 58–62, 74
Gewässerbett, verlassenes **63** 13
gewässerkundliches Meßwesen **63** 58
Gewässerschutz **63** 21 f.
Gewässerschutzbeauftragter **63** 38
Gewässerverunreinigungen, Sanierung **63** 55, 74
Gewässerverzeichnisse **63** 3
Gewissen **10** Vorspruch
Gewissensfreiheit **10** 107
Gewohnheitsrecht u. Nutzungsrechte **30** 80
Gifte u. Giftwaren **52** 31–33
Glaubensfreiheit **10** 107
gleichförmige Eingaben **20** 17, 19
Gleichgewicht, gesamtwirtschaftliches **30** 61; **31** 55; **32** 53
Gleichheit
– u. Staatsbürgerschaft **10** 7
– d. Gemeindebürger **10** 11
– vor dem Gesetz **10** 118
– v. Männern u. Frauen
  – allgemein **10** 118
  – in d. Ehe **10** 124
  – Lohngleichheit **10** 168
Gleichstellung deutscher Staatsangehöriger **10** 8
Gliederung des Staatsgebiets **10** 9
Gott **10** Vorspruch, 131
Grenzgebiet, Identitätsfeststellung v. Personen **50** 13
Grenzpolizei **51** 5
grenzpolizeiliche Aufgaben **51** 4
Grenzschutz **51** 5
Große Kreisstadt
– Aufgaben im übertragenen Wirkungskreis **30** 9; **33** 1
– Bauordnungsrecht **41** 2, 11
– Erklärung zur G. K. **30** 5a
– Fachaufsicht **30** 115
– notwendiges Fachpersonal **30** 42
– Rechtsaufsicht **30** 116
– Status nach Eingliederung kreisfreier Gemeinden **30** 5a
– Widerspruch gegen Aufsichtsverwaltungsakte **30** 120
Großgaragen **40** 62, 77
Gruben **40** 41, 57
Grünbestände **62** 42, 57; → Baumbestand
Grundbuch **80** 27; **82** 12
Grundpflichten
– Bauordnungsrecht **40** 49
– Beamtenrecht **70** 33
– Verfassungsrecht **10** 117, 121 f., 141
Grundrechte
– Einschränkungen
  – allgemein **10** 98
  – durch die BayBO **40** 54
  – durch das BayBodSchG **64** 4
  – durch das BayEG **80** 47
  – durch das BayImSchG **61** 3
  – durch das BayWG **63** 76
  – durch die BezO **32** 104
  – durch die GO **30** 124
  – durch das KAG **37** 20
  – durch die LKrO **31** 110
  – durch das LStVG **52** 58
  – durch das PAG **50** 100
  – durch das VwZVG **21** 40
– Grundrechtskatalog **10** 98 ff.

– Schutz **10** 98, 99; → Verfassungsbeschwerde; → Popularklage
Grundstockvermögen **10** 81
Grundstück
– Bebauung mit Gebäuden **40** 4
– Betreten u. Befahren **52** 26; **64** 4
– Durchgänge **62** 35
– → Einfriedung
– Geltung d. BayBO **40** 1
– Höhenlage **40** 68
– nicht überbaute Flächen **40** 7
– Tausch **62** 41
– Zustandsermittlung **80** 24
– → Zutrittsrecht
Grundstücksanschlüsse: → Erschließung
Grundwasser **63** 3, 18, 29 f., 70
Grünordnungsplan **62** 4
Gutachtertätigkeit **30** 49; **31** 43; **32** 40

Hafen **63** 36, 56, 74
Hafen- und Ländeanlagen **63** 36, 74
Hafen- und Ländeordnungen **63** 36
Haftbefehl **10** 102
Haftung
– Amtshaftung **10** 97
– → Indemnität
– f. den Landrat **31** 35
– f. die Staats- u. Kreisbediensteten **31** 37
– b. Unternehmen des privaten Rechts
  – obligatorische Haftungsbegrenzung **30** 92; **31** 80 f.; **32** 78 f.
  – für/der Vertreter d. Gebietskörperschaft **30** 93; **31** 80; **32** 78
Haltung gefährlicher Tiere **52** 37, 37a
Hand- u. Spanndienste **30** 24; **31** 18
Handgranaten **50** 78
Handlungsfähigkeit im Verwaltungsverfahren **20** 12
Handlungsformen im VwVfG
– → Allgemeinverfügung **20** 35
– → öffentlich-rechtlicher Vertrag **20** 54–62
– → Verwaltungsakt **20** 35–53
Handlungsfreiheit **10** 101
Handlungsstörer **50** 7; **52** 9
Handwerk **10** 153
Härteausgleich
– bei Enteignung **80** 18, 42
– bei Straßenausbaubeitrag **37** 19a
Hauptamt, richterliches **11** 5, 8
Hauptorgane
– d. Bezirks **32** 21
– d. Gemeinde **30** 29
– d. Landkreises **31** 22
Haushalt
– → Kommunalhaushalte
– → Staatshaushalt
Hausmülldeponien, Erkundung und Sanierung **64** 13a
Hausnummern **82** 52
Hausrecht
– des Bezirkstagsvorsitzenden **32** 44
– des Gemeinderatsvorsitzenden **30** 53
– des Kreistagsvorsitzenden **31** 47
– des Landtagspräsidenten **10** 21
Hebammenhilfe **31** 51
Heilbad
– Kurbeitrag **37** 7
– Name **30** 2
Heilquellen **63** 1, 31, 33, 67, 70
Heilquellenschutzgebiet **63** 31, 70
Heilung v. Verfahrensfehlern
– Folgen f. Kostentragung **20** 80
– b. Verwaltungsakt **20** 45
– b. Zusicherung **20** 38
– b. Zustellung **21** 9
Heimatpflege **32** 48
Herausgabe
– sichergestellter Sachen **50** 28

– v. Urkunden u. Sachen **20** 52
Hilfeleistung
– f. Verletzte bei unmittelbarem Zwang **50** 80
– Unbeteiligter **52** 9
hilflose Person **50** 17
Hilfspflicht **10** 122
Himmelsstrahler **62** 11a
Hinterlegung **80** 35 f.
Hinterlieger v. Gewässern **63** 25, 41
Hinzuziehung als Beteiligte im Verwaltungsverfahren **20** 13
Hochhäuser als → Sonderbauten **40** 2
Hochschulen **10** 138, 150; **84** 8, 19
Höchstalter: → Altersgrenze
Hochwasserschutz
– bauliche Schutzmaßnahmen **63** 43
– Bemessungshochwasser **63** 46
– Grundsätze **63** 44
– Hochwasserabfluß **63** 46
– Hochwassergefahren **63** 46
– Hochwassernachrichtendienst **63** 48, 74
– Hochwasserrisiken **63** 45, 47
– Hochwasserrisikomanagementpläne **63** 63
– Hochwasserrückhaltung **63** 46, 49, 74
– → Überschwemmungsgebiete
– Unterhaltungslast **63** 22
Hörbehinderte **32** 48
Hubschrauberstaffel **51** 6
Hundehaltung **52** 18; → Kampfhunde

Identitätsfeststellung **50** 13 f., 21; **62** 49
Immissionsschutz
– Aufsicht **61** 19
– Betriebsbereiche **61** 8
– Emmissionskataster **61** 3
– Entschädigungsansprüche **61** 2
– Finanzhilfen **61** 5
– Geldbuße **61** 18
– genehmigungsbedürftige Anlagen **61** 1 f., 8, 11
– Immissionsschutzbehörde **61** 1
– Landesamt für Umwelt **61** 2, 3
– Lärmaktionspläne **61** 4
– Lichtemissionen **61** 9
– Luftqualität **61** 3
– Messung der Luftzusammensetzung **61** 3
– Motoren **61** 6
– öffentliche Sicherheit und Ordnung **61** 6, 9
– Ordnungswidrigkeiten **61** 11
– Rechtsverordnungen **61** 2, 7, 8
– Überwachung **61** 2, 3, 8, 11
– Zuständigkeiten **61** 1 f.
Immunität **10** 28, 32
Indemnität
– d. Bezirksräte **32** 42
– d. Gemeinderäte **30** 51
– d. Kreisräte **31** 45
– d. Landtagsabgeordneten **10** 27, 32
Information b. Bürgerentscheiden **30** 18a; **31** 12a
Informationsfreiheit **10** 112
Informationspflichten bei Verfahren über eine einheitliche Stelle **20** 71c
Informationsrecht
– d. Rechtsaufsichtsbehörde **30** 111; **31** 97; **32** 93
– bei wirtschaftlichen Unternehmen **30** 94a; **31** 81a; **32** 79a
Ingenieur, Bauvorlageberechtigung **40** 61
Inhaber d. tatsächlichen Gewalt
– als Adressat **50** 8; **52** 9
– Anwesenheitsrecht bei Durchsuchungen **50** 22
Initiativrecht: → Gesetzesinitiative
Inkompatibilitäten
– → Unvereinbarkeit v. Amt u. Angehörigenverhältnis

– Unvereinbarkeit verschiedener öffentlicher Funktionen
  – Bezirkstagsmitglied **32** 23
  – Bürgermeister **30** 31
  – Gemeinderatsmitglied **30** 31
  – Kreistagsmitglied **31** 24
  – Mitglieder d. Verbandsversammlung **38** 30
  – Mitglieder des Verfassungsgerichtshofs **10** 68; **11** 5, 8, 31
  – Mitglieder des Verwaltungsrats v. Kommunalunternehmen **30** 90; **31** 78; **32** 76
  – Rechnungsprüfungsamt **30** 104; **31** 90; **32** 86

Inkrafttreten
– Gesetze **10** 76
– Satzungen **30** 26; **31** 20; **32** 19
– Verordnungen **52** 50

Inschutznahme im Naturschutzrecht **62** 52

Inseln **63** 13

Insolvenzverfahren **30** 77; **31** 71; **32** 69

Instandhaltung s. → bauliche Anlagen

Institut f. Bautechnik **40** 15–17, 19, 80; **41** 9, 12

Investitionen
– im Haushalt **30** 63; **31** 57; **32** 55

Integrationsbeauftragter → Integration von Migranten

Integrationsförderung → Integration von Migranten

Integrationspflicht → Integration von Migranten

Integrationsrat → Integration von Migranten

Integrationsziele → Integration von Migranten

Integration von Migranten
– Ausländer **84** 2
– Beauftragter **84** 15
– Begriffe **84** 2
– christlich-abendländische Kultur **84** 6
– Eigenengagement **84** 3, 4
– entsprechende Anwendbarkeit **84** 2
– Förderung **84** 1, 2, 3, 5, 7, 16
– Hochschulen **84** 8, 19
– Identitätsbestätigung **84** 12
– Kindertageseinrichtungen **84** 5, 6
– Klagbarkeit **84** 17
– Kommunen **84** 9
– Landesleistungen **84** 12
– Leitkultur **84** Präambel, 1, 3, 6, 10, 11
– Migranten **84** 2
– Pflicht **84** 1, 5, 9, 13
– Rat **84** 15
– Rechts- und Werteordnung **84** 13
– Rückkehrberatung **84** 3
– Rundfunk und Medien **84** 11
– Schulen **84** 7
– Sprachförderung **84** 4, 5, 7, 8, 10, 11
– verfassungsmäßige Ordnung **84** 14
– Wirtschaft **84** 10
– Ziele **84** 1

integrierte Verfahren **63** 64

Investitionen
– im Haushalt **30** 63; **31** 57; **32** 55
– im Nachtragshaushalt **30** 68; **31** 62; **32** 60
– u. überplanmäßige Ausgaben, Aufwendungen und Auszahlungen **30** 66; **31** 60; **32** 58
– u. vorläufige Haushaltsführung **30** 69; **31** 63; **32** 61

Investitionsaufwand **37** 5; **60** 7

Investitionsprogramm
– u. mittelfristige Finanzplanung **30** 70; **31** 64; **32** 62

ius emigrandi **10** 109

Jagdausübung **62** 25, 33
Jagdsteuer **37** 3
Jahresabschluß
– Bezirke **32** 84 f.
– Eigenbetriebe **30** 103, 107; **31** 89, 93; **32** 85, 89
– Gemeinden **30** 102 f.
– Kommunalunternehmen **30** 91, 107; **31** 79, 93; **32** 77, 89
– Landkreise **30** 88 f.
Jugendertüchtigung **30** 57; **10** 83
Jugendhilfe **30** 57; **32** 48
Jugendschutz **10** 126
juristische Personen des öffentlichen Rechts
– kommunale Zusammenarbeit **38** 1, 3, 4, 7, 17
– u. Verwaltungsvollstreckung
  – Durchführung d. Vollstreckung **21** 26 f., 30
  – Vollstreckung gegen j. P. **21** 29
Justizhilfe: → Vollzugshilfe

Kamine **40** 28, 40
Kampfhunde **52** 37, 37a
Kanalisation **30** 24
Kapitalbildung **10** 157
Kassenaufsicht, staatliche **32** 82
Kassengeschäfte **30** 100 f.; **31** 86 f.; **32** 82 f.; **38** 43
Kassenkredite **30** 63, 73; **31** 57, 67; **32** 55, 65
Kassenprüfung: → Prüfungswesen
Kassenverwalter **30** 100; **31** 86; **32** 82; **38** 43
Katastermäßige Erfassung, bodenschutzrechtliche **64** 3
Kellergeschoß **40** 2, 25, 27, 29, 33 ff., 37
Kellerlichtschächte **40** 35
Kennzeichenerkennungssysteme **50** 39, 48
Kennzeichnung
– im Naturschutz **62** 17, 53
– v. Wintersportanlagen **52** 24
kerntechnische Anlage **61** 2
Kies- u. Sandabbau **63** 70
Kies- u. Sandwäsche **63** 70
Kinder
– Belange im Bauordnungsrecht **40** 2, 7, 36 f., 46, 48, 57, 72, 81
– Integration von Migranten **84** 5, 6
– köstlichstes Gut eines Volkes **10** 125
– strafunmündige K. **50** 7; **52** 9
– Belange im Straßenbau **82** 9
Kinderspielplätze **40** 7, 57, 81
Kirchen: → Religionsgemeinschaften
Kirchensteuer **10** 143
Kirchenverträge **10** 182
Kleinkläranlagen **63** 59 f., 70
Kneippheilbad, -kurort **30** 2; **37** 7
Koalitionsfreiheit **10** 170
Kommunalaufsicht
– und Abfallrecht **60** 32
– allgemein **10** 55
– Ausnahmegenehmigungen zur Erprobung neuer Modelle **30** 117a; **31** 103a; **32** 99a
– über Bezirke **32** 90–99
– über Gemeinden **10** 83; **30** 108–117
– über gemeindefreie Gebiete **30** 10a
– über Landkreise **31** 94–103
– Sinn d. K. **30** 108; **31** 94; **32** 90
– → Fachaufsicht
– → Rechtsaufsicht
kommunaler Integrationsbeitrag: → Integration von Migranten
kommunale Selbstverwaltung
– allseitiger Wirkungskreis d. Gemeinden **30** 6
– → eigener Wirkungskreis
– → übertragener Wirkungskreis
kommunale Spitzenverbände

– Aufteilung d. Straßenbaulast **82** 42
– Beteiligung b. Erlaß beamtenrechtlicher Regelungen **71** 17
– Landesplanung **81** 13, 16
kommunale Zusammenarbeit
– Abfallentsorgung **60** 8, 11
– allgemeine Vorschriften **38** 1–3
– Arbeitsgemeinschaften **38** 4–6
– Aufsicht u. Rechtsbehelfe **38** 49–52
– Zweckverbände **38** 17–55
– Änderung d. Satzung u. Auflösung **38** 44–48
– Bildung u. grundsätzliche Bestimmungen **38** 17–29
– Verbandswirtschaft **38** 40–43
– Verfassung u. Verwaltung **38** 29–39
– Zweckvereinbarungen **38** 7–16
kommunaler Prüfungsverband, bayerischer **30** 105, 107; **31** 91, 93; **32** 87, 89; **38** 43
Kommunalhaushalte
– allg. Haushaltsgrundsätze **30** 61; **31** 55; **32** 53
– Erprobung neuer Modelle **30** 117a; **31** 103a; **32** 99a
– mittelfristige Finanzplanung **30** 70; **31** 64; **32** 62; **38** 41
– Grundsätze d. Einnahmebeschaffung **30** 62; **31** 56; **32** 54
– Haushaltsplan **30** 63 f.; **31** 57 f.; **32** 55 f.
– Haushaltssatzung
– Inhalt **30** 63; **31** 57; **32** 55
– kein Bürgerentscheid **30** 18a; **31** 12a
– Verfahren **30** 65; **31** 59; **32** 57
– v. Verwaltungsgemeinschaften **34** 8
– v. Zweckverbänden **38** 40 f.
– Nachtragshaushalt **30** 66, 68; **31** 60, 62; **32** 58, 60
– → Rechnungslegung
– Planabweichungen **30** 66; **31** 60; **32** 58
– Verpflichtungsermächtigungen **30** 63, 67; **31** 57, 61; **32** 56, 59
– vorläufige Haushaltsführung **30** 69; **31** 63; **32** 61
Kommunalunternehmen
– Begriff, Aufgaben, Satzung, Haftung **30** 89; **31** 77; **32** 75
– Errichtung, Ausführungsvorschriften **30** 89, 123; **31** 77, 109; **32** 75, 103
– kommunale Zusammenarbeit **38** 1
– Organe, Personal **30** 90; **31** 78; **32** 76
– Rechnungsprüfung, Abschlußprüfung **30** 106 f.; **31** 92 f.; **32** 88 f.
– sonstige Vorschriften **30** 91; **31** 79; **32** 77
Kommunalvermögen **10** 12; **30** 74 ff.; **31** 68 ff.; **32** 66 ff.
Kommunalwahlen
– Bezirkstag **32** 12, 23
– Bürgermeister **10** 11; **30** 17
– Gemeinderat **10** 11; **30** 17
– Kreistag **31** 12
– Landrat **31** 12
– Wahlrechtsgrundsätze **10** 12
Kompensationsmaßnahmen im Naturschutz **62** 8 f.
Kompostierung **60** 1, 5
Konkordate **10** 182
konsolidierter Jahresabschluß **30** 102a; **31** 88a; **32** 84a
konsularische Vertretung, Zustellung **21** 14
Kontaktverbot **50** 16
Konzentrationswirkung d. Planfeststellung **20** 75
körperliche Gewalt **50** 78
körperliche Unversehrtheit **21** 40; **50** 100
Körperschaften des öffentlichen Rechts

– als Dienstherren **38** 23
– Bezirke **32** 1
– Gemeinden **30** 1
– Kirchen, Religions- u. weltanschauliche Gemeinschaften **10** 143
– kommunale Zusammenarbeit **38** 1–4, 7, 17
– Landkreise **31** 1
– oberste Aufsichtsbehörde **10** 55
– Verwaltungsgemeinschaften **34** 1
Kosten
– Bürgerentscheid **30** 18a; **31** 12a
– Ersatzvornahme **21** 36, 41a; **50** 72
– Gebühren u. Auslagen
  – Ausführungsgenehmigung **41** 7
  – Enteignungsverfahren **80** 42 f.
  – polizeiliche Maßnahmen **50** 9, 28, 72 f., 75 f., 93
– Gebührenbestimmung **50** 93; **80** 43
– Gewässerausbau **63** 42
– Gewässerunterhaltung **63** 23 f., 26 f.
– Regionalpläne **81** 12
– Sanierung von Gewässerverunreinigungen **63** 55
– Schneeräumen, Streuen **82** 51
– → Straßenbaulast
– technische Gewässeraufsicht bei Abwasseranlagen **63** 59
– Umlage d. Verwaltungsgemeinschaft **34** 8
– Verfassungsgerichtshof **11** 27 f.
– Vollstreckungsverfahren **21** 25, 41, 41a
– Widerspruchsverfahren **20** 80
Kostendeckungsprinzip **37** 5–9; **60** 7
Kostenersatz
– b. Erfüllung übertragener Aufgaben durch Zweckvereinbarung **38** 10
– im Verfahren des Verfassungsgerichtshofs **11** 27 f.
– im Vollstreckungsverfahren **21** 40
– im Widerspruchsverfahren **20** 80
Kostenfreiheit
– Amtshandlungen d. Landesplanung **81** 34
– Härteausgleich b. Enteignung **80** 42
– Verfahren des Verfassungsgerichtshofs **11** 27
Kostenspaltung **37** 5
Kostenvoranschlag bei Ersatzvornahme **21** 36
Kostenvorschuß **11** 27 f.
Kräne **40** 1
Krankenhäuser **31** 51; **38** 40; **40** 2
Kredite
– Beteiligung an privaten Unternehmen **30** 94; **31** 82; **32** 80
– Genehmigung, Ermächtigung, Sicherheiten **30** 71; **31** 65 f.; **32** 63 f.
– Grundsätze d. Einnahmenbeschaffung **30** 62; **31** 56; **32** 54
– → Kassenkredite
– kreditähnliche Verpflichtungen **30** 72; **31** 66; **32** 64
– Schuldenbremse **10** 82
– Staatshaushalt **10** 82
– vorläufige Haushaltsführung **30** 69; **31** 63; **32** 61
Kreditermächtigungen **30** 63; **31** 57; **32** 55
Kreditgenossenschaften **30** 87
Kreditwesen, allgemein **10** 157
Kreisangehörigkeit **30** 5
Kreisaufgaben
– → eigener Wirkungskreis d. Landkreise
– Übernahme durch den Bezirk **32** 49
Kreisausschuß
– Aufgaben **31** 26, 30, 54

– Einberufung **31** 28
– Geschäftsgang **31** 40
– Vorsitz **31** 33
– Zusammensetzung **31** 27
Kreisbehörde, Landratsamt **31** 37
Kreisbürger **31** 11–14a, 23
Kreiseinwohner **31** 12b
kreisfreie Gemeinde
– als entsorgungspflichtige Körperschaft **60** 3 ff.
– als Stimmkreis **10** 14
– Aufgaben **30** 8 f.
– Eingliederung in einen Landkreis **30** 5a
– als ersuchte Kreisverwaltungsbehörde **21** 30
– Übernahme v. Aufgaben durch die Bezirke **32** 49
– Widerspruch gegen Aufsichtsverwaltungsakte **30** 120
– Fachpersonal **30** 42
– Rechtsaufsichtsbehörde **30** 110
– Rechnungsprüfungsamt **30** 104
– als Vollzugsbehörde **52** 43
Kreisfreiheit **30** 5
Kreisgebiet **31** 1, 7, 16
Kreishoheit **31** 16
Kreiskasse **31** 86
Kreislaufwirtschaft **60** 1 ff.
Kreisorgan **31** 12b
Kreisräte
– Anzahl **31** 24
– Auskunftsrecht **31** 23
– Ausschluß **31** 43, 47
– Indemnität **31** 45
– Teilnahme- u. Abstimmungspflicht **31** 42
– Wahl **31** 12
Kreisrecht **31** 9, 17
Kreisstraßen **82** 3, 4, 6, 7, 8, 19, 23, 41, 59
Kreistag
– als Hauptorgan d. Kreises **31** 22
– Anhörung zur Kreisfreiheit **30** 5
– Aufgaben **31** 23
– Auflösung durch Rechtsaufsicht **31** 100
– u. weitere Ausschüsse **31** 29 f., 40
– Beschlußfähigkeit **31** 41
– Beschlußfassung, Wahlen **31** 45
– Entscheidung über Personalfragen **31** 38
– Ferienausschuss **31** 29
– Geschäftsordnung **31** 40
– u. Gesetzesvollzug **31** 54
– → Kreisausschuß
– → Kreisräte
– Rechtsstellung **31** 23
– Sitzung
  – Einberufung **31** 25
  – Hausrecht **31** 47
  – Niederschrift **31** 48
  – Öffentlichkeit **31** 46
  – Sitzungsteilnahme durch Ton-Bild-Übertragung **31** 41a
  – Vorsitz **31** 33
– vorbehaltene Angelegenheiten **31** 30
– Wahl **31** 12
– Wahl d. stellvertretenden Landrats **31** 32
– Zusammensetzung **31** 24
Kreisumlage **31** 56 f.
kreisunmittelbare Städte **10** 9
Kreisunmittelbarkeit **30** 5
Kreisverwaltung **31** 2, 23
Kreisverwaltungsbehörde
– Landratsamt **31** 37, 53
– Große Kreisstadt **30** 9; **33** 1
– kreisfreie Gemeinde **30** 9
– als Abfallbehörde **60** 25
– als Enteignungsbehörde **80** 19, 41; **41** 3
– als Genehmigungsbehörde nach BImSchG **61** 1
– als Immissionsschutzbehörde **61** 1, 2, 6
– als Marktüberwachungsbehörde **41** 11

– als untere Bauaufsichtsbehörde **40** 53 f.
– als untere Bodenschutzbehörde **64** 10
– als untere Naturschutzbehörde **62** 43
– als Straßenaufsichtsbehörde **82** 61
– als Vollstreckungsbehörde **21** 30
– im Wasserrecht **63** 10, 12, 18, 20 f., 23 f., 27 f., 30 f., 34 f., 36, 45 ff., 49, 53–55, 58, 60–64, 73
– u. unerlaubte Sondernutzung v. Straßen **82** 18a
Kreuzungen **82** 26, 31–33a, 55
Kulturpflege **30** 57
Kulturstaat **10** 3; **10** 10
Kündigung
– kommunaler Zusammenarbeit **38** 6, 14, 44
– verwaltungsrechtlicher Verträge **20** 60
Kunstförderung **10** 140
Kunstfreiheit **10** 108
Kurbeitrag **37** 7
Kurort **37** 7

Ladung
– im Enteignungsverfahren **80** 26
– im förmlichen Verwaltungsverfahren **20** 67
– u. öffentliche Zustellung **21** 15
– zum Verfassungsgerichtshof **11** 15, 22
Lager- u. Abstellplätze **40** 2, 57
Laienrichter **10** 88
Landesamt für Umwelt, Aufgaben und Zuständigkeiten
– nach AbfG **60** 29
– nach BodSchG **64** 3, 6
– nach ImSchG **61** 2 f.
– nach NatSchG **62** 17, 44, 46 f., 55
– nach WG **63** 45, 48, 63
Landesanwaltschaft
– Aufgaben **23** 1, 3–5
– Außenstellen **23** 1
– Dienstaufsicht **23** 2
– Dienstvorgesetzter **23** 2
– als Disziplinarbehörde **23** 1
– als Disziplinarvorgesetzter **23** 1
– Errichtung **23** 1
– Geschäfte **23** 1
– Sitz **23** 1
– Verfahrensarten **23** 3–5
– Vertretung des Freistaates Bayern **23** 3
– Vertretung des öffentlichen Interesses **23** 5
– Vertretung der Staatskasse **23** 4
– Weisungsgebundenheit **23** 5
Landesanwälte
– Anwaltstracht **23** 2
– Ernennung **23** 2
Landesbeauftragter für den Datenschutz **10** 33a
Landesentwicklungsprogramm
– Abwägung **81** 17
– Anhörungsverfahren **81** 16
– Ausarbeitung und Aufstellung **81** 20
– Bekanntgabe **81** 18
– Grundlagen **81** 14
– Inhalt **81** 19
– u. Landesplanungsbeirat **81** 13
– Planerhaltung **81** 23
– u. Regionalpläne **81** 21
– u. Umweltbericht **81** 15
– Unterrichtung des Landtags **81** 32
– Wesen u. Inhalt **81** 14, 19
– Wirkungen **81** 21, 32
Landesfarben **10** 1
Landesfinanzbehörden **21** 1
Landeshauptstadt **30** 3
Landeskriminalamt **51** 7
Landespersonalausschuß **71** 112–120
Landespflege **31** 51
Landesplanung
– Aufgabe **81** 1

– Begriffsbestimmungen **81** 2
– Datengrundlagen und Überwachung **81** 30–32
– Instrumente **81** 1
– landesplanerische Stellungnahme **81** 27
– Leitziel und Leitmaßstab **81** 5
– Organisation **81** 7–13
– Raumordnungspläne **81** 14–23
– Sicherungsinstrumente **81** 24–29
– u. Straßenplanung **82** 35
Landesplanungsbehörden
– Begriff oberste/höhere L. **81** 4
– Funktionen **81** 4, 8 f., 11, 13, 16, 18, 20, 22–25, 27 f., 30 f., 33 f.
Landesplanungsbeiräte
– Anhörung **81** 20
– Begriff **81** 13
– Bildung u. Organisation **81** 13
Landespolizei **51** 4
Landesstrafrecht **52** 2
Landesverteidigung:
→ Verteidigungsangelegenheiten
Landeswahlgesetz **10** 14
Landeswahlleiter **11** 47 f.
Landeswappen **10** 1
Landkreise
– als Gebietseinheiten („Bezirke") **10** 9
– Abgabenberechtigung **37** 1
– abfallrechtliche Pflichten **60** 2 ff.
– bautechnisches Personal **40** 53
– → eigener Wirkungskreis
– Eingliederung kreisfreier Gemeinden **30** 5a
– Landkreisordnung **31** 1 ff.
  – Aufsicht und Rechtsmittel **31** 94–106
  – Landkreiswirtschaft **31** 55–93
  – Verfassung und Verwaltung **31** 22–54
  – Wesen und Aufgaben **31** 1–21
– als entsorgungspflichtige Körperschaft **60** 3
– Übernahme v. Aufgaben durch die Bezirke **32** 49
– → übertragener Wirkungskreis
– Verwaltung d. Realsteuern, Zuständigkeit **37** 18
– als Vollzugsbehörde **52** 43
– Vollstreckung v. Geldforderungen d. L. **21** 26
– kommunale Zusammenarbeit **38** 1, 3, 4, 7, 17
Landrat
– Amtszeit **31** 31
– Beanstandungsrecht, Anrufung d. Rechtsaufsichtsbehörde **31** 54
– Befugnisse, Haftung **31** 34 f.
– u. Bestellung e. Beauftragten **31** 100
– Geheimhaltung **31** 50a
– Inkompatibilitäten **30** 31; **31** 24
– Rechtsstellung **31** 31
– Stellung im Kommunalunternehmen **31** 84
– Stellvertreter **31** 32
– Vertreter in d. Verbandsversammlung **38** 31
– u. Vollzug
  – d. Staatsaufgaben **31** 37
  – gesetzlicher Vorschriften **31** 54
– Wahl **31** 12
– Zuständigkeit **31** 34
Landratsamt
– bautechnisches Personal **40** 53
– Selbsteintritt gegenüber einem L. **20** 3a
– als Sicherheitsbehörde **52** 6
– u. Staatsaufgaben **31** 37, 53; → Kreisverwaltungsbehörde
– Stellung, Personal **31** 37
– als Vollzugsbehörde **52** 43
– Zuständigkeiten im Bauwesen **41** 2
Landschaftsbestandteile **62** 16
– → geschützte Flächen und Naturbestandteile, allgemeine Vorschriften

Landschaftsbild **40** 8; **52** 28 f.
Landschaftspflege
– Akademie f. Naturschutz **62** 47
– Bayerischer Naturschutzfond **62** 50
– Durchführung **62** 5
– Eingriffe in Natur und Landschaft **62** 6
– Enteignung **62** 40
– Erholung in der freien Natur **62** 31
– Flächensperrung **62** 33
– Grundstücksbewirtschaftung u. L. **62** 1
– Grundstückstausch **62** 41
– Land-, Forst- u. Fischereiwirtschaft **62** 3, 5
– Landschaftsplanung **62** 4
– Landschaftspflegeverbände **62** 5, 50
– im Straßenrecht **82** 9, 30
– Verbände **62** 5
– Verträge **62** 5
– Vorkaufsrecht **62** 39
– Zuständigkeitsbestimmung **62** 44
Landschaftspflegeverbände **62** 5
Landschaftspläne **62** 4, 5a
Landschaftsprogramm **62** 4
Landschaftsrahmenpläne **62** 4
Landschaftsschutzgebiete
– → geschützte Flächen und Naturbestandteile, allgemeine Vorschriften
Landtag
– Abberufung, Auflösung, Neuwahl **10** 18
– → Abgeordnete
– → Anklage gegen ein Mitglied der Staatsregierung
– Einberufung bei Notstand **10** 48
– Gesetzgebungsverfahren **10** 70–76
– Hausrecht u. Polizeigewalt **10** 21
– Minderheitenrechte
  – Antrag auf Wahlprüfung **10** 63; **11** 2, 48
  – Einsetzung v. Untersuchungsausschüssen **10** 25
  – Organstreit **10** 64; **11** 2, 49
– Öffentlichkeit d. Verhandlungen **10** 22
– Präsidium **10** 20, 32
– Satzungsautonomie, Geschäftsordnung **10** 20
– u. Staatshaushalt
  – Feststellung **10** 70, 78
  – Bindung an den Deckungsgrundsatz **10** 79
– Tagungen **10** 17
– Untersuchungsausschüsse **10** 25
– Verhältnis zur Staatsregierung **10** 24, 44, 59
– Verlust d. Mitgliedschaft **10** 19, 33, 63
– Vollzug des Landtagshaushalts **10** 21
– Wahl d. Verfassungsrichter **11** 4
– Zitierrecht **10** 24
– Zusammentritt **10** 16
– Zwischenausschuß **10** 26
Landtagspräsident: → Präsident des Landtags
Landwirtschaft
– Bauordnungsrecht **40** 41, 57, 61, 82
– u. Naturschutz **62** 3, 5 f., 11, 21, 23, 27, 30, 42
– verfassungsrechtliche Grundlagen **10** 163–165
Lärmaktionspläne **61** 4
Lärmkarten **61** 2
Lärmschutz
– durch Bepflanzung **40** 81
– nach BayImSchG **61** 2, 4, 6
– → Schallschutz
Lastenausgleich **20** 2; **21** 43
Laufbahnen v. Beamten
– Fachlaufbahn
  – Arten **72** 5

– Qualifikationserwerb **72** 6, 34 ff., 38 ff.
– Wechsel **72** 9
– Laufbahnnachzeichnung **72** 17a
– Leistungslaufbahn **72** 5
– Versetzung **70** 15; **71** 48
Lebensgrundlagen, natürliche **10** 3, 141; **40** 3; **62** 50
Legende verdeckter Ermittler **50** 37
Lehre, Freiheit d. L. **10** 108
Lehrer, Rechtsstellung **10** 133, 136
Leistungsbescheid
– Begriff **21** 23
– Vollstreckung **21** 23–28
– Androhung v. Zwangsgeld als L. **21** 31
Leistungsprinzip **10** 94, 116
Leistungsvermögen
– d. Gebietskörperschaften **30** 57; **31** 51; **32** 48
– Übernahme v. Gemeindeaufgaben durch den Kreis **31** 52
– Übernahme v. Kreisaufgaben durch den Bezirk **32** 49
Leitkultur **84** Präambel 1, 3, 6, 10, 11
Leitungen **40** 1, 28, 38 ff., 57, 78
Lichtspielwesen **52** 38
Loggien **40** 45
Luftfahrtsysteme **50** 47
Luftkurort, Kurbeitrag **37** 7
Luftqualität **61** 3
Luftreinhaltepläne **61** 8
Luftreinhaltung u. Baumerhaltung **40** 81
Lüftung **40** 39, 42 f., 46; s.a. → Belüftung
Lüftungsanlagen **40** 39

Mahnung im VwZVG **21** 23
Märkte **30** 3
Marktgemeinderat **30** 30
Marktüberwachung **41** 11
Marktüberwachungsbehörden **41** 11
Maschinengewehre **50** 86
Massenverfahren
– Akteneinsicht **20** 29
– Absehen v. d. Begründung eines Verwaltungsakts **20** 39
– im Planfeststellungsrecht **20** 73 f.
– Vertreter v. Beteiligten bei gleichem Interesse **20** 18 f.
– Vertreter bei gleichförmigen Eingaben **20** 17, 19
Maßnahmen, polizei- u./o. sicherheitsrechtliche
– Entschädigung **50** 87–90; **52** 11
– Generalklauseln **50** 11; **52** 7
– Gesetzesvorbehalt **50** 11; **52** 7
– Kollisionsregelung **52** 10
– b. kommunaler Zusammenarbeit **38** 11, 22
– → Kosten
– Rechtsbehelfe **51** 12
– Richtung **50** 7 f., 10; **52** 9
– Sekundärmaßnahme **50** 75
– typisierte M. **50** 12–65
– unmittelbare Ausführung **50** 9; **52** 7
– Wahl **50** 4 f.
– v. Dienstkräften anderer Länder **51** 11
Mauern u. Einfriedungen **40** 6, 57, 62, 81
Mehrfachkompetenz **52** 6, 44
Mehrheitsprinzip
– b. Beschlüssen besonderer Arbeitsgemeinschaften **38** 5
– b. Beschlüssen d. Verbandsversammlung **38** 33
– b. Bezirkstagsbeschlüssen **32** 42
– b. Bürgerentscheiden **30** 18a; **31** 12a
– b. Gemeinderatsbeschlüssen **30** 51
– b. Kreistagsbeschlüssen **31** 45
– b. Landtagsbeschlüssen **10** 23
– b. Regierungsbeschlüssen **10** 54
– b. Wahlen u. Abstimmungen allgemein **10** 2

Meinungsfreiheit **10** 48, 110
Menschenansammlungen **52** 23
Menschenmenge, Schußwaffengebrauch **50** 81, 85 f.
Menschenwürde
– Achtung d. M. als Bildungsziel **10** 131
– Achtung d. M. als Grundrecht **10** 100
– u. dienstliche Anordnung **50** 79
– Mißachtung d. M. als historische Erfahrung **10** Vorspruch
– u. Wirtschaftsordnung **10** 151
Menschlichkeit **10** Vorspruch
Messungen, Luftzusammensetzung **61** 3
Migranten: → Integration von Migranten
Militanzverbot: → Versammlungen
Mindestlöhne **10** 169
Ministeranklage: → Anklage
Ministerpräsident
– Abschluß v. Staatsverträgen **10** 72
– Amtsdauer **10** 44
– Aufgaben u. Befugnisse **10** 45, 47, 50
– Eid **10** 56
– Gehalt u. Versorgung **10** 58
– Rücktritt **10** 44
– Staatskanzlei **10** 52
– Stellvertreter **10** 46
– Verhältnis zum Landtag **10** 24, 44, 72
– Verbot v. Nebentätigkeiten **10** 57
– Wahl **10** 44
Mitberatungsrecht, Bürgerversammlung **30** 18
Mitbestimmung **10** 175 f.
Mitgliedsgemeinden v. Verwaltungsgemeinschaften **35** 1
Mitteilung
– d. Ausführung d. Vollzugshilfe **50** 68
– d. Ausführungsanordnung **80** 34
– Bodenveränderung/Altlast **64** 1
– des Enteignungsbeschlusses **80** 31
– d. Errichtung v. online-Anschlüssen **50** 64
– über raumbedeutsame Planungen u. Maßnahmen **81** 30
– Straßenplanung **82** 35
– bei Vorkaufsrecht **62** 39
– v. Verordnungen **52** 53
Mittel, notwendige **10** 83; **30** 8; **31** 6; **32** 6
Mittelstandsförderung **10** 153, 156
Mittelwasserstand **63** 2, 6–8, 12 f.
Mitwirkung
– anerkannter Naturschutzvereinigungen **62** 42
– einer Behörde im Verwaltungsverfahren **20** 44 f.
– Pflicht im Bodenschutzrecht **64** 9
– wegen persönlicher Beteiligung Ausgeschlossener **30** 49; **31** 43; **32** 40
Mobilitätssicherung: → Beamte
Monopolbildung **10** 156
Moore **62** 3, 5a, 19, 23
Müllverbrennung: → thermische Abfallbehandlung
mündliche Verhandlung
– im Enteignungsverfahren **80** 26, 45
– im förmlichen Verwaltungsverfahren **20** 67 f.
– Öffentlichkeitsgrundsatz **10** 90
– vor dem Verfassungsgerichtshof
  – b. einstweiliger Anordnung **11** 26
  – Grundsatz **11** 22
  – b. Ministeranklage **11** 38 f.
  – b. Popularklagen **11** 55
  – b. Verfassungsbeschwerden **11** 53
Murenabwehr **63** 50

Murgefahr **63** 49 f.
Mustersatzung **37** 2
Mutterschutz **10** 125; **71** 99

Nachbarbeteiligung **40** 6, 66, 73
Nachbargrundstück **40** 10, 30, 66
Nachholung v. Verfahrenshandlungen
– Frist, Folgen **20** 45
– → Heilung v. Verfahrensfehlern
– Wiedereinsetzung
Nachtragshaushaltssatzung **30** 66, 68; **31** 60, 62; **32** 58, 60
Nachtzeit
– Zustellung **21** 5
– Anwendung v. Zwangsmitteln **21** 37
Nachweise bautechnische Nachweise
Name **30** 2; **31** 2; **32** 2; **34** 3
Nationale Naturmonumente
– → geschützte Flächen und Naturbestandteile, allgemeine Vorschriften
Nationalparke **62** 13
– → geschützte Flächen und Naturbestandteile, allgemeine Vorschriften
„Natura 2000“ (Europäisches ökologisches Netz)
– Ausgleich von Nutzungsbeschränkungen **62** 42
– besonderer Schutz **62** 20
– Gebiete **62** 20
– gentechnisch veränderte Organismen **62** 21
– Zuständigkeiten **62** 22
Naturdenkmäler **62** 39, 42
– → geschützte Flächen und Naturbestandteile, allgemeine Vorschriften
Naturgenuß
– → Erholung in d. freien Natur
– Recht auf N. **10** 141; **62** 26
– u. Vorkaufsrecht **62** 39
Naturhaushalt u. Straßenbau **82** 9, 30
Naturparke **62** 15, 39
– → geschützte Flächen und Naturbestandteile, allgemeine Vorschriften
Naturschutz
– Akademie für N. und Landschaftspflege **62** 47
– als Aufgabe für Erziehung **62** 1b
– als allgemeine u. staatliche Verpflichtung **10** 3; **62** 1 f.
– Beratung **62** 5
– Bericht zur Lage der Natur **62** 3a
– Beschränkung der Erholung in freier Natur **62** 31
– eigener Wirkungskreis **10** 141; **30** 57; **31** 51; **32** 48; **82** 9, 30
– Datenschutz **62** 55
– Enteignung **62** 40
– Grundstückstausch **62** 41
– → Inschutznahme
– Land-, Forst- und Fischereiwirtschaft **62** 3, 6, 11, 21, 23, 42
– Landschaftspflege **62** 4
– Landschaftspflegeprogramm **62** 5a
– Ordnungswidrigkeiten **62** 57
– Sperren **62** 33
– Untersagung von Eingriffen **62** 6
– Verträge **62** 3, 5, 5b, 5c, 6, 23, 42
– Vorkaufsrecht **62** 39
Naturschutzbehörden **62** 43 f.
Naturschutzbeiräte **62** 48
Naturschutzfonds **62** 7, 39, 50, 55
Naturschutzgebiete **62** 39, 54
– → geschützte Flächen und Naturbestandteile, allgemeine Vorschriften
Naturschutzverbände **60** 11; **62** 5
Naturschutzvereine **62** 5
Naturschutzvereinigungen **62** 45

Naturschutzwacht **62** 49
Nebenbestimmungen
– b. Fristverlängerung im Verwaltungsverfahren **20** 31
– zum Verwaltungsakt **20** 36
Nebentätigkeit v. Regierungsmitgliedern **10** 57
Neurologie **32** 48
Neuwahl
– nach Gebietsänderungen **30** 13; **31** 9; **32** 9
– Landtag **10** 16, 18
– Ministerpräsident **10** 44
nichteheliche Kinder **10** 126
Nichtförmlichkeit des Verwaltungsverfahrens **20** 10
Nichtigkeit
– öffentlich-rechtlicher Verträge **20** 59
– v. Rechtsvorschriften **11** 25
– → Verfassungsmäßigkeit v. Gesetzen
– Verwaltungsakte **20** 43 f.
Nichtstörer **50** 10, 87; **52** 9, 11
Niederlegung
– Dokument **21** 5
– Ehrenämter **30** 19; **31** 13; **32** 13
Niederschrift
– über Einigung im Enteignungsverfahren **80** 29
– über mündliche Verhandlung im Verwaltungsverfahren **20** 68
– über örtliche Rechnungsprüfung **30** 103; **31** 89; **32** 85
– über Sitzungen v. Ausschüssen nach VwVfG **20** 93
– über Verhandlungen d.
  – Bezirkstags **32** 45
  – Gemeinderats **30** 54
  – Kreistags **31** 48
– über Wohnungsdurchsuchung **50** 24
– Zwangsvollstreckung aus N. **80** 38
Normenkontrolle
– allgemein **10** 65
– abstrakte N.: → Popularklage
– konkrete N.: → Richtervorlage
– Zuständigkeit **22** 5
Notbekanntmachung v. Verordnungen **52** 51
Notstand
– u. Anwendung unmittelbaren Zwangs **50** 77
– polizeilicher **50** 10
– sicherheitsrechtlicher **52** 9
– verfassungsrechtlicher **10** 48
Notwehr **50** 77
notwendige Flure **40** 25, 27, 29, 33 f., 38
notwendige Treppen **40** 32 f.
Notzeichen **52** 22
Nutzungsberechtigter, Erschwernisausgleich **62** 42
Nutzungsgebühr **63** 4
Nutzungsrechte, öffentliche **30** 80–83
Nutzungsuntersagung **40** 76

Oberbürgermeister **30** 34; **31** 24
obere Rechtsaufsichtsbehörde
– d. Gemeinden **30** 110
– d. Landkreise **31** 96
Oberlandesgericht München **11** 1
Oberlichte **40** 30, 33
Oberste Bauaufsichtsbehörde **40** 53
Oberste Dienstbehörde d. Polizei **51** 1
Oberste Landesplanungsbehörde **81** 4, 7, 11, 13, 16, 18, 20, 23, 25, 28, 30, 33, 34
Oberste Landesstraßenbaubehörde **82** 62a
Oberste Naturschutzbehörde **62** 43
Oberste Straßenaufsichtsbehörde **82** 61, 62a

Oberste Straßenbaubehörde **82** 58
Oberster Rechnungshof **10** 80
Observation **50** 33, 47, 49
offenbare Unrichtigkeiten **20** 42; **11** 25
öffentliche Ämter **10** 107, 116
öffentliche Anschläge **52** 28
öffentliche Bekanntmachung: → Bekanntmachung
öffentliche Einrichtungen
– Anschluß- u. Benutzungszwang **30** 24; **31** 18
– Beiträge zur Deckung des Investitionsaufwands **37** 5
– Benutzungsanspruch **30** 21; **31** 15; **32** 15
– Benutzungsgebühren **37** 8
– eigener Wirkungskreis **30** 57; **31** 51; **32** 48
– Regelung d. Benutzung durch
  – Satzung **30** 24; **31** 18; **32** 18
  – Allgemeinverfügung **20** 35
öffentliche Feld- u. Waldwege **82** 3, 53 f., 58
öffentliche Nutzungsrechte **30** 80–83
öffentliche Planungsträger
– u. Eingriff in d. Natur **62** 11
öffentliche Sicherheit u./o. Ordnung
– Aufgabe d. Polizei **50** 2
– Aufgaben d. Sicherheitsbehörden **52** 6
– Befugnisse d. Polizei **50** 11 ff.
– Befugnisse d. Sicherheitsbehörden **52** 7, 16 ff.
– im Bauordnungsrecht **40** 3
– im Bodenschutzrecht **64** 4
– eigener Wirkungskreis d. Gemeinden **30** 57
– Einschränkung v. Grundrechten **10** 98
– gemeindliche Beleuchtungs-, Reinigungs-, Räum- u. Streupflicht **82** 51
– Immissionsschutz **61** 6, 9
– Notstand **10** 48
– u. Straßenbaulast **82** 9
öffentliche Straßen
– Gemeindestraßen **82** 3, 46–52
– sonstige **82** 3, 53–56
öffentliche Vergnügung **52** 19
öffentliche Verkehrsflächen **52** 26
öffentliche Zustellung **21** 15
öffentlicher Dienst
– u. Gebietskörperschaften **30** 42 f.; **31** 37 f.; **32** 34
– Zugang **10** 94
öffentliches Interesse
– → Gemeinwohl
– u. Aussagegenehmigung f. ehrenamtlich Tätige **20** 84
– u. Unterlassen d. Anhörung Beteiligter **20** 28
– u. Rücknahme eines Verwaltungsakts **20** 48
– u. Verwaltungsvollstreckung o. Mahnung **21** 23
– u. Widerruf eines Verwaltungsakts **20** 49
Öffentlichkeit
– Bezirkstag **32** 43
– Gemeinderat **30** 52
– Gerichte **10** 90
– Kreistag **31** 46
– Landtag **10** 22, 25; **11** 4
– Verbandsversammlung **38** 32
– Verfassungsgerichtshof **11** 24
– Verwaltungsverfahren **20** 29, 68
Öffentlichkeitsbeteiligung, frühe **20** 25
öffentlich-rechtlicher Vertrag **20** 54–62
– Anpassung u. Kündigung **20** 60
– Anwendung des BGB **20** 59, 62
– Arten: subordinationsrechtlicher, koordinationsrechtlicher **20** 54
– Austauschvertrag **20** 56
– Nichtigkeit **20** 59
– Schriftform **20** 57

– mit Steuerschuldnern **37** 3
– Teilnichtigkeit **20** 59
– über kommunale Zusammenarbeit **38** 4, 7
– Übertragung d. Unterhaltungslast an Gewässern **63** 23, 68
– Unterwerfung unter die sofortige Vollstreckung **20** 61
– Vergleichsvertrag **20** 55
– Vollstreckung **20** 61
– Wegfall d. Geschäftsgrundlage **20** 60
– Zulässigkeit **20** 54
– Zustimmung v. Dritten u. Behörden **20** 58
Offizialprinzip **20** 22
Ökoflächenkataster **62** 9, 46
Online-Anschluss **50** 63 f.
Opferschutzmaßnahmen **50** 91 f.
Opportunitätsprinzip **50** 5
Orden u. Ehrenzeichen **10** 118
Ordnungsgeld
– b. Ablehnung v. Ehrenämtern **30** 19; **31** 13; **32** 13
– gegen Bezirksräte **32** 39
– gegen Gemeinderäte **30** 48
– gegen Kreisräte **31** 42
Ordnungswidrigkeiten
– allgemeine Vorschriften
  – Befugnisse d. Polizei **50** 11, 17–20
  – Befugnisse d. Sicherheitsbehörden **52** 7
  – Begriff **50** 11; **52** 1
  – Geltung des OWiG **52** 3
– abfallrechtliche **60** 33
– abgabenrechtliche **37** 15–17
– bauordnungsrechtliche **40** 79
– bodenschutzrechtliche **64** 14
– enteignungsrechtliche **80** 50
– immissionsschutzrechtliche **61** 18
– naturschutzrechtliche **62** 57 f.
– straßenrechtliche **82** 66
– wasserrechtliche **63** 74
Organe
– d. Bezirks **32** 21 ff.
– d. Gemeinde **30** 29 ff.
– d. Kommunalunternehmens **30** 90; **31** 78; **32** 76
– d. Landkreises **31** 22 ff.
– d. Landtags **10** 20
– regionaler Planungsverbände **81** 10
– d. Zweckverbands **38** 29
Organisation
– d. Polizei **51** 1 ff.
– regionaler Planungsverbände **81** 8 ff.
– d. Verwaltungsbehörden **10** 77
Organstreit **10** 64; **11** 2, 49
örtliche Angelegenheiten **30** 1
örtliche Bauvorschriften
– Abweichungen **40** 63
– bauaufsichtliche Zustimmung **40** 73
– Erlaß **40** 81
– Genehmigungsfreistellung **40** 58
– Normenkontrolle **22** 5
– Übertragung auf beschließende Ausschüsse **30** 32
– vereinfachtes Baugenehmigungsverfahren **40** 59
örtliche Gemeinschaft **30** 7
örtliche Verbrauch- u. Aufwandsteuern **37** 3
Ortsbild **40** 81; **52** 28 f.
Ortsdurchfahrten **82** 4, 41 f., 46, 48, 68, 73
Ortsrecht
– u. Gebietsänderungen **30** 12
– u. Gemeindepolizei **51** 3
– Satzungshoheit **30** 23
Ortssprecher **30** 60a
Ortsstraßen **82** 3, 46
Ortsversammlung **30** 60a

Parkplätze
– → Garagen u. → Stellplätze
– Straßenbaulast **82** 42

Parlamentarismus, Grundsatz **10** 13
Parlamentsberichterstattung **10** 22
Parteien
– u. Ausschluß v. Wählergruppen **10** 15; **11** 46 f.
– u. Beamtenpflichten **10** 96
– u. Polizeidienstkräfte **51** 2
Personalakten **71** 103–111
Personalnachweise **10** 95
Personalvertretungsrecht **22** 2, 12
persönliche Freiheit
– v. Abgeordneten: → Immunität
– → Freiheit der Person
– → Freiheitsentziehung
persönliche Rechte, Enteignung **80** 2, 12, 14, 16 f.
Persönlichkeit, Entfaltung **10** 101
Pestizide **62** 23a
Petitionsrecht **10** 115; **30** 56
Pflanzen, Aneignungsrecht **10** 141
Pflanzenschutz: → Artenschutz
Pflegeeinrichtungen **30** 120; **31** 106; **32** 101
Pflichtaufgabe
– Bezirk **32** 48; **64** 12
– Gemeinde **30** 57; **60** 3; **64** 12
– Landkreis **31** 51; **60** 3; **64** 12
– u. Zweckvereinbarung **38** 16
Pflichten der Beamten
– Annahmeverbot **70** 42
– Anzeigepflicht **70** 40 f.
– Aussageverbot **70** 37
– Eid und Gelöbnis **70** 38; **71** 73
– Erscheinungsbild **70** 7, 34; **71** 75
– Dienstkleidung **71** 75
– Dienstleistungspflicht **70** 34, 56
– voller persönlicher Einsatz **70** 34
– Gehorsamspflicht **70** 35
– Gemeinschaftsunterkunft **70** 59
– Gerechtigkeitspflicht **70** 33
– Geschäftsführungsverbot **70** 39
– Grundpflichten **70** 33
– Mäßigungspflicht **70** 33
– Mehrarbeit **70** 59
– Neutralitätspflicht **10** 96; **70** 33
– Nichterfüllung, Folgen der N. **70** 47 f.; **71** 77 f.
– Residenzpflicht **71** 74
– im Spannungs- u. Verteidigungsfall **70** 56, 59
– Treuepflicht **70** 3
– Uneigennützigkeitspflicht **70** 34
– Verfassungstreuepflicht **10** 96; **70** 33
– einwandfreies Verhalten **70** 34
– Verschwiegenheitspflicht **70** 37
– Weisungsgebundenheit **70** 35
– Zurückhaltungspflicht **70** 33
Pflichtverband **38** 27 f., 46, 48
Pflichtvereinbarung **38** 16
Pisten **62** 10
Pläne
– Bauleitpläne,
  – Anpassungsgebot **81** 33
  – im Wasserrecht **63** 47
– bergrechtlicher Betriebsplan **63** 64
– Grünordnungspläne **62** 4
– → Landesentwicklungsprogramm
  – Abwägung **81** 17
  – Anhörungsverfahren **81** 16
  – Ausarbeitung und Aufstellung **81** 20, 22
  – Bekanntgabe **81** 18
  – Grundlagen **81** 14
  – u. Grundsätze der Raumordnung **81** 6
  – Inhalt **81** 19, 21
  – Instrument der Landesplanung **81** 1
  – u. Landesplanungsbeirat **81** 13
  – Planerhaltung **81** 23
  – u. Regionalpläne **81** 21
  – u. Umweltbericht **81** 15
  – Unterrichtung des Landtags **81** 32
– Landschaftspläne **62** 4

– Lärmaktionspläne **61** 4
– Luftreinhaltepläne **61** 2
– → Regionalpläne
– wasserrechtliche Pläne
  – Aufstellung **63** 73
  – Bewirtschaftungspläne **63** 21, 51, 63
  – Lagepläne **63** 70
  – Risikomanagementpläne **63** 45, 63
  – Sanierungspläne **63** 55
  – Übersichtspläne **63** 54, 70
Planerhaltung **81** 23
Planfeststellungsverfahren
– nach VwVfG
  – Anhörungsverfahren **20** 73
  – anwendbare Vorschriften **20** 72
  – Planfeststellungsbeschluß **20** 74, 77
  – Planänderung vor Fertigstellung des Vorhabens **20** 76
  – Plangenehmigung **20** 74
  – Rechtswirkungen d. Planfeststellung **20** 75
  – Zusammentreffen mehrerer Vorhaben **20** 78
– f. Abfallbeseitigungsanlagen **60** 14
– u. Enteignung **80** 21, 28, 40 f.
– im Straßen- u. Wegerecht **82** 6, 27–27b, 36, 38, 39
– im Wasserrecht **63** 43, 55, 61, 67
Planungen
– Abstimmung in kommunaler Zusammenarbeit **38** 4
– → Kommunalhaushalte
– → Pläne
– raumbedeutsame P. u. Maßnahmen **81** 1–3, 13, 24 f., 28, 30
– Straßen **82** 35
Planungsträger **81** 2, 8, 25, 28–30
Planungsverbände
– nach BauGB **38** 1
– → regionale P.
Planungsvorgaben **81** 5 f.
Planungsvorhaben v. allgemeiner Bedeutung **81** 32
Platzverweisung **50** 16 f.; **62** 49
plebiszitäre Elemente: → Bürgerbegehren; → Bürgerentscheid → Volksbegehren; → Volksentscheid
politische Betätigung **51** 2
Polizei
– Anforderung durch ein anderes Land **51** 10
– Aufgaben **10** 99; **50** 2 f.
– Ausrüstung **51** 8
– Befugnisse **50** 11–28
– Begriff **50** 1
– Bereitschaftspolizei **51** 6
– besondere Zuständigkeiten **51** 10
– → Datenerhebung
– Dienstkräfte anderer Länder u. d. Bundes **51** 11
– → Gemeindepolizei
– Gliederung **51** 4 ff.
– Grenzpolizei **51** 5 (alte Fassung)
– grenzpolizeiliche Aufgaben **51** 4
– Landeskriminalamt **51** 7
– Landespolizei **51** 4
– → Maßnahmen
– Polizeiverwaltungsamt **51** 8
– Träger **51** 1
– → unmittelbarer Zwang **50** 75, 77–86
– Verhältnis zu anderen Behörden **50** 3
– Verhältnis zu Sicherheitsbehörden **50** 68; **51** 9; **52** 10
– Vollzugshilfe
  – allgemein **50** 2, 67–69
  – bei Verwaltungsvollstreckung **21** 37
– Zusammenarbeit **51** 9
Polizeibeamte
– Ausweispflicht **50** 6
– parteipolitische Betätigung **51** 2
Polizeidienstkräfte

– allgemein **51** 2; **50** 1
– Anforderung durch andere Länder **51** 10
– Anforderung v. P. anderer Länder **51** 11
– P. anderer Länder u. d. Bundes
Polizeigewalt im Landtagsgebäude **10** 21
polizeiliche Beobachtung **50** 40
polizeiliche Generalklausel **50** 11
polizeilicher Notstand **50** 10
polizeipflichtige Person **50** 7 f., 10; **52** 9
Popularklage **10** 98; **11** 2, 55
Post, Zustellung **21** 2–4
Post- u. Fernmeldegeheimnis **10** 25, 48, 112; **50** 100
Präsident des Landtags
– Aufgaben u. Befugnisse **10** 18, 21, 29
– Einberufung des Landtags **10** 17
– Vertretung Bayerns nach außen **10** 44
– Wahl **10** 20
Präsident des Verfassungsgerichtshofs
– Aufgaben u. Befugnisse **11** 3, 6, 7, 10–12, 20, 26
– Vertretung **11** 12
– Wahl **11** 4 f.
Präsident des Verwaltungsgerichtshofs **22** 3
Präsidium des Landtags **10** 20, 32
Präventivgewahrsam **50** 17 f.
Pressefreiheit **10** 48, 111
private Rechte
– Schutz durch d. Polizei **50** 2
– u. Bauordnungsrecht **40** 16, 68
Privatisierung im Kommunalrecht **30** 61; **31** 55; **32** 53
Privatschulen **10** 134
Probezeit: → Beamte
Proporz bei Besetzung v. Ausschüssen **30** 33; **31** 27; **32** 26
Protokollbestände **50** 63
Prozeßkostenhilfe **11** 28
Prüfbuch **40** 72
Prüflaboratorien **63** 66
Prüfstellen f. Bauprodukte **40** 15, 17, 21, 23, 80; **41** 9 f., 12
Prüfungen im Beamtenrecht **10** 94; → Beamte
Prüfungsrecht bei wirtschaftlichen Unternehmen **30** 94a; **31** 81a; **32** 79a
Prüfungswesen
– Abschlußprüfungen v. Eigenbetrieben u. Kommunalunternehmen **30** 107; **31** 93; **32** 89
– Ausführungsvorschriften **30** 123; **31** 109; **32** 103
– Erprobung neuer Modelle **30** 117a; **31** 103a; **32** 99a
– → Rechnungsprüfungsamt
– Rechnungs- u. Kassenprüfung
  – Inhalt **30** 106; **31** 92; **32** 88
  – örtliche **30** 103; **31** 89; **32** 85
  – überörtliche **30** 105; **31** 91; **32** 87
– d. Zweckverbände **38** 43
Prüfzeugnis f. Bauprodukte **40** 15, 17, 19 ff., 77
Psychiatrie **32** 48

Qualifikationsebenen: → Beamte
Quellenschutzgebiete **63** 31, 70
Quorum
– → Beschlußfähigkeit
– f. Bürgerbegehren **30** 18a; **31** 12a

Radfahren in freier Natur **62** 30, 40
Radwege **82** 42, 48, 53, 58
Rassenhaß **10** 119
Rasterfahndung **50** 46
raumbedeutsame Maßnahmen u. Planungen **81** 1–3, 13, 24, 28, 30
Raumbeobachtung **81** 31

Raumordnung
– Anpassung v. Bauleitplänen **81** 33
– Bindungswirkung der Erfordernisse der R. **81** 3
– Erfordernisse **81** 1–3, 24, 30
– Festlegungen **81** 2, 6, 14, 17, 19–22
– Grundsätze **81** 6, 14
– → Landesplanung
– Raumordnungsverfahren **81** 24 ff.
– raumordnerische Zusammenarbeit **81** 29
– Sicherung **81** 24 ff.
– Straßenplanung **82** 35
– Überwachungspflicht **81** 31
– Unterrichtung **81** 32
– Ziele **81** 4, 14, 21, 24, 28
Raumordnungspläne **81** 14 ff.
Realisierbarkeitsnachweis im Enteignungsverfahren **80** 21
Rechnungshof **10** 80
Rechnungslegung
– Eigenbetriebe **30** 95; **31** 82; **32** 80
– Gebietskörperschaften **30** 102; **31** 88; **32** 84
– Staatsregierung **10** 80
Rechnungsprüfung: → Prüfungswesen
Rechnungsprüfungsamt **30** 104; **31** 90; **32** 86; **38** 43
Rechte der Beamten
– Amtsbezeichnung **71** 76
– Alimentationsprinzip **71** 5
– Dienstzeugnis **71** 72
– Erholungsurlaub **70** 44; **71** 93
– Fürsorgepflicht des Dienstherrn **70** 45; **71** 96 ff.
– Mutterschutz und Elternzeit **70** 46
– Personalakten **70** 50; **71** 106 ff.
– Personalvertretung **70** 51
– Sonderurlaub **71** 93
– Teilzeitbeschäftigung **70** 43
– Vereinigungsfreiheit **70** 52
Rechte Dritter **40** 16, 68
rechtliches Gehör **10** 91; **11** 26
Rechtsaufsicht
– Begriff, Inhalt, Grenzen **30** 109; **31** 95; **32** 91
– Bestimmung eines Gemeindenamens **30** 2
– → eigener Wirkungskreis
– Mittel der R.
  – Auflösung des Bezirkstags **32** 96, Gemeinderats **30** 114, Kreistags **31** 100
  – Beanstandung **30** 112; **31** 98; **32** 94
  – Bestellung eines Beauftragten **30** 114; **31** 100; **32** 96
  – Ersatzvornahme **30** 113; **31** 99; **32** 95
  – Anordnung d. Neuwahl d. Bürgermeisters u./o. Gemeinderats **30** 114
– Sinn d. R. **30** 108; **31** 94; **32** 90
– Straßenaufsicht **82** 62
– über Zweckverbände **38** 49
– Widerspruch gegen aufsichtlichen VA **30** 120; **31** 106
Rechtsaufsichtsbehörde
– allgemein **30** 110; **31** 96; **32** 92; **38** 50
– als Genehmigungsbehörde **30** 117; **31** 103; **32** 99
– Befugnisse
  – Aufhebung öffentlicher Nutzungsrechte **30** 82
  – Beanstandung, Erlaß, Aufhebung v. Verordnungen **52** 46, 49
  – Erlaß eines Widerspruchsbescheids **30** 118; **31** 104; **32** 100
  – → Rechtsaufsicht, Mittel der R.
  – Informationsrecht **30** 111; **31** 97; **32** 93

– u. Unterstützung d. Fachaufsichtsbehörde **30** 116; **31** 102; **32** 98
– Pflicht zur Vorlage bei der R.
– besondere Abgabesatzung **37** 2
– Haushaltssatzung **30** 65; **31** 59; **32** 57
– Satzungen allgem. **36** 3
– Unternehmenssatzung **30** 96; **31** 83; **32** 81
– vermeintlich rechtswidrige Beschlüsse d. Kommunalparlamente **30** 59; **31** 54; **32** 52
Rechtsbehelf
– Disziplinarrecht **22** 14
– Enteignungen **80** 44
– förmlicher R. gegen Verwaltungsakte **20** 79
– im Verwaltungsverfahren **22** 14
– polizeiliche Maßnahmen **51** 12
– u. Vollstreckungsverfahren
  – keine aufschiebende Wirkung d. R. **21** 21a
  – Entscheidung über R. **21** 26
  – Vollstreckungsvoraussetzungen **21** 19
  – R. gegen Androhung v. Zwangsmittel **21** 38
– Wahlsachen **22** 14
– Wiederaufgreifen als außerordentlicher R. **20** 51
Rechtsbehelfsfrist, Versäumung: → Wiedereinsetzung
Rechtsgarantien bei Freiheitsentziehung **10** 102
Rechtsgrundlage
– Angabe bei Verordnungen **52** 45
– → Rechtsstaat
Rechtshilfe: → Amtshilfe
Rechtspflege **10** 84–93, 99 f.
Rechtsstaat **10** 3, 5
– gesetzliche Ermächtigung f. Rechtsverordnungen **10** 55
– Gesetzmäßigkeit d. Verwaltung **10** 55, 70, 77; **52** 45
– Grundrechte **10** 98 ff.
– Ministerverantwortlichkeit **10** 51, 53, 24
– Willkürverbot **10** 118
Rechtsverhältnis als Enteignungsgegenstand **80** 2
Rechtsverordnungen
– Allgemeines: → Verordnungen
– einzelne Ermächtigungen
  – abfallwirtschaftsrechtliche **60** 5, 11, 29
  – bauordnungsrechtliche **40** 15, 19, 47, 53, 56, 62, 73, 77, 79, 80
  – bodenschutzrechtliche **64** 6, 10, 13
  – immissionsschutzrechtliche **61** 1, 2. 7, 8, 11
  – f. Kommunalunternehmen **30** 96; **31** 83; **32** 81
  – b. kommunaler Zusammenarbeit **38** 11, 22, 26
  – sonst. kommunalrechtliche **30** 5 f., 9, 12, 13a f., 27, 32, 63, 71 f., 95, 123; **31** 8–10, 21, 30, 57, 65 f., 82, 109; **32** 9, 17, 29, 55, 63 f., 80, 103; **34** 3 f.
  – naturschutzrechtliche **62** 8, 12, 20, 31, 42, 44, 47–49, 51, 54
  – planungsrechtliche **81** 12 f., 20, 22, 35
  – sicherheitsrechtliche **52** 16 ff., 55
  – straßenrechtliche **82** 3, 18, 32, 33, 42, 51, 54, 58 f., 62a, 64
  – vollstreckungsrechtliche **21** 27
  – wasserrechtliche **63** 2 ff., 17 f., 20 f., 24, 28, 29, 31 ff., 36, 46 ff., 63, 65 ff., 70, 73 f., 80
Rechtsweg
– Entschädigungsansprüche
  – Amtshaftung **10** 97
  – wegen Enteignung **10** 159; **80** 44

– wegen polizeilicher Maßnahmen **50** 90
– bei Widerruf eines Verwaltungsakts **20** 49
– Sonderzuweisungen **22** 13
Rechtswegerschöpfung **11** 51
Recycling: → stoffliche Abfallverwertung
Regale **40** 2, 57
Regelbewerber: → Beamte
Regeln d. Baukunst (u. Technik) **40** 3; **82** 9, 64; → technische Baubestimmungen
Regeln der Technik, technische Regeln **40** 3, 15, 17, 19 ff.; **63** 18, 46, 55, 70
Regiebetrieb, → Umwandlung in ein Kommunalunternehmen **30** 88; **31** 76; **32** 74
Regierung
– abfallrechtliche Zuständigkeit **60** 29
– als Anhörungsbehörde **60** 29; **80** 41
– baurechtliche Zuständigkeit **40** 53, 61, 73; **41** 1
– u. Bezirk **32** 35–36
– als Behörde für Marktüberwachung **61** 2
– als Genehmigungsbehörde nach BImSchG **61** 1
– als höhere Landesplanungsbehörde **81** 7
– als höhere Naturschutzbehörde **62** 43
– als Immissionsschutzbehörde **61** 1 f., 4
– als Planfeststellungsbehörde **80** 41
– als Sicherheitsbehörde **52** 6
– als Überwachungsbehörde **61** 4
– als Straßenaufsichtsbehörde **82** 61, 62a
– als Vollstreckungsbehörde **21** 26
Regierungsbezirke **10** 9 f., 185; **32** 8
Regierungspräsident
– u. Bezirkstag **32** 36 f., 52
– Ernennung **32** 36
Region, Begriff **81** 6, 19, 21
regionale Planungsverbände **81** 4, 8–12, 16, 22, 23, 30
Regionalpläne
– Abwägung **81** 17
– Anhörungsverfahren **81** 16
– Ausarbeitung und Aufstellung **81** 22
– Bekanntgabe **81** 18
– Gesamtfortschreibungen **81** 10
– Grundlagen **81** 14
– u. Grundsätze der Raumordnung **81** 6
– Inhalt **81** 21
– u. Landesentwicklungsprogramm **81** 21
– Kostenerstattung **81** 11
– Planerhaltung **81** 23
– Teil der Landesplanung **81** 1
– u. regionale Planungsverbände **81** 10
– u. Umweltbericht **81** 15
– im Wasserrecht **63** 47
– Wesen u. Inhalt **81** 1, 14, 21
– Wirkungen **81** 6, 21
– u. Zielabweichungsverfahren **81** 4
– u. Ziele der Raumordnung **81** 2
Reinigung öffentlicher Straßen **82** 51
Reinlichkeit **30** 57; **52** 16–18
Reisekosten **41** 7
Reiten in freier Natur **62** 28–31, 37
Rekultivierungspflicht **60** 22
Religion, Schutz **10** 144
Religionsausübung **10** 107
Religionsgemeinschaften
– als Körperschaften des öffentlichen Rechts **10** 143
– Ausnahme vom Zwang zur Benutzung öffentlicher Einrichtungen **30** 24

– Eigentumsgewährleistung **10** 146
– → Erziehungsrechte
– Frage nach d. Zugehörigkeit **10** 107
– Freiheit, Selbstverwaltung **10** 142
– Garantie staatlicher u. kommunaler Leistungen **10** 145
– keine Anwendung des VwVfG **20** 2
– Rechtsfähigkeit **10** 143
– Recht auf Hochschulen u. theologische Fakultäten **10** 150
– Zulassung zur Anstaltsseelsorge **10** 148
Religionsunterricht **10** 136 f.
Remonstration **50** 79
Ressortprinzip **10** 51
Ressorts **10** 49
Reststoffdeponie, Errichtungs- u. Betreibungspflicht **60** 4
Rettungsschuß, finaler **50** 83
Rettungsweg
– erster und zweiter R. **40** 31
– Fenster **40** 35
– Flure **40** 34
– Treppenräume **40** 33
– Zugänge und Zufahrten **40** 5
Richter
– Ausübung d. Staatsgewalt **10** 4 f.
– gesetzlicher R. **10** 86
– Laienrichter **10** 88
– Unabhängigkeit **10** 85, 87
richterliche Entscheidung **50** 94–99
– bei Freiheitsentziehung **50** 18, 20, 69
– bei verdecktem Einsatz technischer Mittel **50** 41
– bei Wohnungsdurchsuchung **50** 24
Richtervorlage **10** 92, 65; **11** 2, 50
Richtlinien
– Abgrenzungen in d. Haushaltssatzung **30** 66; **31** 60; **32** 58
– laufende Angelegenheiten **30** 37; **31** 34; **32** 22, 35b; **38** 5
Richtlinienkompetenz **10** 47, 51
Rote Liste **62** 46
Rückenteignung **80** 16 f., 42
Rückkehrberatung f. Migranten **84** 3
Rückkreisung **30** 5a
Rücklagen **30** 76; **31** 70; **32** 68
Rücknahme eines Verwaltungsakts
– allgemeine Regelungen
  – Durchbrechung der Bestandskraft **20** 43
  – Grundsätze **20** 48
  – im Rechtsbehelfsverfahren **20** 50
  – Rückforderung v. Urkunden u. Sachen **20** 52
  – u. Wiederaufgreifen d. Verfahrens **20** 51
  – bei Zusicherung **20** 38
– Anerkennung privater Sachverständiger **63** 65
Rückstellungen **30** 76; **31** 70; **32** 68
Rückwirkung v. Satzungen **30** 26; **31** 20; **32** 19; **37** 2
Rückwirkungsverbot **10** 104; **52** 2
Ruhestand der Beamten: → Beendigung des Beamtenverhältnisses
ruhestörende Betätigungen **61** 6 f.
Rundfunkfreiheit **10** 111a

Sachverständige
– Heranziehung im Verwaltungsverfahren **20** 26, 65 f.
– im Bauordnungsrecht **40** 16, 54, 56 f., 62 f.; 68, 72 f., 77–80, 83
– im Bodenschutzrecht **64** 6
– Kosten bei Enteignung **80** 43
– im Verfahren vor d. VfGH **11** 23, 37, 38
– Wasserrecht **63** 58, 60 f., 65, 70, 74

salvatorische Klauseln 52 11; **81** 28; **82** 40
Sammelstellen f. Abfälle **60** 4, 7, 10
Sammlung d. Vorschriften 36 4
Sanierung v. Gewässerverunreinigungen **63** 55
Sanierungsplan 63 55; **64** 5
Sanierungsuntersuchungen 64 5
Sanitäre Anlagen 40 42
Satzungen
– nach BauGB **41** 2
– → Bekanntmachung
– bewehrte S.
  – Begriff **30** 24; **31** 18; **32** 18; **38** 26
  – Geldbußen u. Verwarnungsgelder **30** 28; **31** 21; **32** 20
  – Zulässigkeit **30** 23; **31** 17; **32** 17; **38** 26
– Inhalt kommunaler S. **30** 24; **31** 18; **32** 18; **41** 4a
– → Kommunalhaushalte, Haushaltssatzung
– Rechtsschutz
  – Normenkontrollverfahren **22** 5
  – Popularklage **10** 98; **11** 2, 55
– Regelungen für Einzelbereiche
  – kommunale Abfallentsorgung **60** 3, 7
  – Abgabesatzungen **37** 2
  – Abstand baulicher Anlagen v. Gemeindeverbindungsstraßen **82** 23
  – → Eigenbetriebe
  – Genehmigungspflicht von Grundstücksteilungen **41** 4a
  – → Kommunalunternehmen
  – Kostenerstattung f. Grundstücksanschlüsse **37** 9
  – örtliche Bauvorschriften **40** 81
  – Sondernutzung an Straßen **82** 18, 22a
  – Straßenbaulast **82** 54
  – Unterhaltung v. Erschließungsstraßen **82** 47
  – Wasserrecht **63** 34, 60, 70
– → Verbandssatzung
– Vollzug **30** 27; **31** 21; **32** 20; **35** 1
Satzungsautonomie
– d. Bezirke **32** 17
– d. Gemeinden **10** 11; **30** 23
– d. Landkreise **31** 17
– d. Landtags, Geschäftsordnung **10** 20
– d. Zweckverbände **38** 22
– kraft Zweckvereinbarung **38** 11
Sauberhaltung d. Natur **62** 38
Säumniszuschläge 37 13
Schadensersatz
– durch Beamte **70** 48; **71** 83, 98
– durch d. Dienstherrn d. Beamten **71** 14, 78
– s.a. → Entschädigungsansprüche
– und Erstattungsanspruch **21** 28
– Forderungsübergang **71** 14, 78
– und Folgenbeseitigung **21** 39
– Straßenrecht **82** 29
– Vollstreckungsrecht
Schadstoffe 64 2
Schadstoffminimierung 60 1, 24
Schallschutz
– bei baulichen Anlagen **40** 13, 62, 80
– Entschädigung f. Schallschutzmaßnahmen **61** 2
– → Lärmschutz
Schallzeichen 52 22
Schiedsgerichtsbarkeit 22 12
Schiff- u. Floßfahrt 63 28
Schlachthöfe 30 24
Schlichtung
– Arbeitsrecht **10** 177
– Zweckverbände **38** 51
Schmutz u. Schund 10 110
Schneeräumung 82 9, 51
Schneeverwehungen 82 29

Schriftform
– Baurecht **40** 6, 16, 50, 58, 63 f., 66, 68–72, 75, 79, 83
– Ersetzung **20** 3a
– förmliches Verwaltungsverfahren **20** 74
– Verpflichtungserklärungen
  – d. Bezirks **32** 33a
  – d. Gemeinde **30** 38
  – d. Landkreises **31** 35
  – d. Zweckverbands **38** 37
– Verwaltungsakt **20** 37, 49a
– verwaltungsrechtlicher Vertrag
  – Begründung **20** 57
  – Kündigung **20** 60
– Zusicherung **20** 38
Schriftführer **11** 22
Schrothheilbad, -kurort **30** 2; **37** 7
Schuldenbremse **10** 82
Schulen
– Ausbildungsanspruch **10** 128
– Ausgabe v. Verfassungstexten **10** 188
– u. Bauordnungsrecht
  – barrierefreies Bauen **40** 48
  – → S. als Sonderbauten **40** 2
– Bildungsziele **10** 131
– Integration von Migranten **84** 7
– Privatschulen **10** 134
– Religionsunterricht **10** 136 f.
– Schulaufbau, Schulwahl **10** 132
– Schulaufsicht **10** 130
– Schulorganisation **10** 133
– Schulpflicht und Kostenfreiheit **10** 129
– Volksschulen **10** 135
– Widerspruch im Schulrecht **22** 15
Schußwaffengebrauch **50** 81, 83–86
Schutzgewahrsam **50** 17–20
Schwerbehinderte: → Beamte; → Behinderte
Schwimmbecken **40** 57
Sehbehinderte **32** 48
Sekundärmaßnahme **50** 75
Selbstanklage v. Regierungsmitgliedern o. Abgeordneten **10** 61
Selbsteintritt **20** 3a
Selbstverantwortung, Stärkung durch Aufsicht **30** 108; **31** 94; **32** 90
Selbstversammlungsrecht des Landtags **10** 17
Selbstverwaltung
– d. Bezirke **10** 10; **32** 1
– d. Gemeinden **10** 11; **30** 1
– d. Hochschulen **10** 138
– d. Landkreise **10** 10; **31** 1
– d. Religionsgemeinschaften **10** 142
– d. Zweckverbände **38** 2
– im Wirtschaftsleben **10** 154
Sicherheit, Grundrecht **10** 99
Sicherheiten
– Genehmigung **30** 72; **31** 66; **32** 64
– b. Kreditaufnahme **30** 71; **31** 65; **32** 63
Sicherheitsbehörden, allgemeine
– Begriff u. Aufgaben **52** 6
– Befugnisse **52** 7, 16 ff.
– Verhältnis zur Polizei **52** 10; **50** 68; **51** 9
Sicherheitsgewahrsam **50** 17–20
Sicherheitsleistung
– im Abfallrecht **60** 7
– im Baurecht **40** 68
– im Enteignungsverfahren **80** 21
– im Wasserrecht **63** 72
sicherheitsrechtliche Generalklausel **52** 7
Sicherheitstreppenraum **40** 31, 34
Sicherstellung
– v. Sachen
  – durch d. Naturschutzwacht **62** 49
  – durch d. Polizei **50** 25–28
  – → Einziehung v. Gegenständen
– v. Schutzgebieten u. Schutzgegenständen **62** 54

Sichtdreiecke **82** 26
Simultangebrauch **10** 149
Sittlichkeit **10** 98, 101
Sitz
– Bezirksverwaltung **32** 2
– Kreisverwaltung **31** 2
– Verfassungsgerichtshof **11** 1
– Verwaltungsgemeinschaft **34** 3
– Verwaltungsgerichte **22** 1
Sitzungsort des Verfassungsgerichtshofs **11** 20
Sitzungspolizei **11** 24; **50** 67
Sitzungszwang **30** 47; **31** 41; **32** 38
Skipiste **62** 10
Skisport **52** 24
sofortige Vollziehbarkeit **21** 21a
sofortige Vollziehung u. Vollstreckbarkeit **21** 19
Solaranlagen **40** 6, 57
Sonderabfälle **60** 10
Sonderaufgaben, Geschäftsbereiche **10** 49
Sonderbauten **40** 2, 31, 54, 57–59, 62, 77
Sondergerichte **10** 86
Sondernutzung
– an Kreis- u. Gemeindestraßen **82** 22a
– an sonstigen öffentlichen Straßen **82** 56
– Gebühren **82** 18
– nach bürgerlichem Recht **82** 22
– nach öffentlichem Recht **82** 18–21
– u. Eigentumsübergang **82** 11
– u. Einziehung **82** 8
– Übergangsvorschrift **82** 69
– unerlaubte S. **82** 18a, 66
Sonderschulwesen **32** 48
Sondervotum bei Entscheidungen des Verfassungsgerichtshofs **11** 25
Sonnenkollektoren **40** 57
Sonntage
– als Wahltage **10** 14
– Anwendung v. Zwangsmitteln **21** 37
– Schutz **10** 147
– Zustellung **21** 5
Sorgfaltspflicht im Ehrenamt **30** 20; **31** 14; **32** 14
Sozialbindung des Eigentums
– Grundsatz **10** 158, 103
– Landwirtschaft **10** 163
– Naturschutz **10** 141; **62** 36
– Straßengrund **82** 13
Sozialhilfe **32** 48
Sozialisierung **10** 160
Sozialstaat **10** 3
Sozialversicherung **10** 171
Spanndienste **30** 24; **31** 18
Sparkassen **30** 64, 87; **31** 58, 75
Sparsamkeit **30** 61; **31** 55; **32** 53
Speiseeissteuer **37** 3
Sperren auf Grundstücken **62** 33–35
Sperrung v. Daten → Verarbeitungsbeschränkung v. Daten
Sperrzeit **52** 19
Spielflächen **62** 37
Spitzenorganisationen, Beteiligung bei Erlass beamtenrechtlicher Regelungen **70** 53; **71** 16
Sport in der freien Natur **62** 29
Sprachbehinderte **32** 48
Sprache
– Gerichtssprache **11** 24
– Integration von Migranten **84** 4, 5, 7, 8, 10, 11
– Verwaltungsverfahren **20** 23
Sprengmittel **50** 78, 86
Spruchgruppen **11** 3
Staatsangehörigkeit, bayerische **10** 6
Staatsanwälte **10** 89
Staatsanwaltschaft, Zustellung nach VwZVG **21** 1
Staatsaufgaben
– → Kreisverwaltungsbehörde

– → übertragener Wirkungskreis
– → Staatsziele
Staatsbehörde Landratsamt **31** 37
Staatsbürger **10** 4, 7
Staatsform **10** 1
Staatsgebiet **10** 9, 11; **81** 1, 6, 8, 16, 19
Staatsgewalt **10** 2, 4
Staatshaftung: → Haftung
Staatshaushalt
– Bindung d. Staatsregierung **10** 55
– Deckungsgrundsatz **10** 79
– Feststellung durch formelles Gesetz (Haushaltsplan) **10** 70, 78
– kein Volksentscheid **10** 73
– Rechnungslegung, Rechnungshof **10** 80
Staatskanzlei **10** 52
Staatskirche **10** 142
Staatsminister
– Berufung u. Entlassung **10** 45
– Dienstaufsicht **10** 55
– Eid **10** 56
– Gehalt u. Versorgung **10** 58
– Verbot einer Nebentätigkeit **10** 57
– Verhältnis zum Landtag **10** 24, 51
– Vertretung durch Staatssekretäre **10** 51
Staatsoberkasse **32** 82
Staatsordnung **10** Vorspruch
Staatsregierung
– als vollziehende Gewalt **10** 5, 43
– Anklage gegen Mitglieder **10** 61; **11** 2, 31–43
– Antrag auf Entscheidung über Ausschluß v. Wählergruppen **10** 15; **11** 46 f.
– Antrag auf Ausschluß d. Öffentlichkeit im Landtag **10** 22
– Aufhebung v. Grundrechten, Notstand **10** 48
– Äußerung im Verfassungsbeschwerdeverfahren **11** 52
– Beschlußfassung **10** 54
– Einrichtung v. Behörden **10** 77
– Entlastung, Rechnungslegung **10** 80
– Ernennung des Präsidenten des Verwaltungsgerichtshofs **22** 3
– Gehalt, Versorgung **10** 58
– Geschäftsbereiche **10** 49 f.
– Geschäftsführungsgrundsätze **10** 55
– Geschäftsordnung **10** 53
– Stellungnahme zum Volksbegehren **10** 74
– Verhältnis zum Landtag **10** 24, 44–51, 55; **50** 52
– Vorsitz **10** 47
– Weisung zum Volksentscheid **10** 74
– Zusammensetzung **10** 43, 50
Staatssekretäre
– Berufung u. Entlassung **10** 45
– Eid **10** 56
– Teil d. Staatsregierung **10** 43
– Weisungsgebundenheit **10** 51
– Verbot einer Nebentätigkeit **10** 57
– Zuweisung bestimmter Geschäftsbereiche **10** 50
Staatsstraßen
– Baubeschränkungen **82** 23 f.
– Begriff **82** 3
– Einziehung **82** 8
– u. Ortsdurchfahrt **82** 4
– Planfeststellung **82** 35 f.
– Straßenaufsichtsbehörde **82** 61
– Straßenbaubehörde **82** 58
– Straßenbaulast **82** 41–45
– Umstufung **82** 7
– Widmung **82** 6
– Zufahrten **82** 19
Staatsvermögen **10** 12, 81
Staatsverträge **10** 72, 181 f.
Staatsverwaltung **10** 53, 55, 77–83
Staatsziele u. Staatsaufgaben
– in der Abfallbewirtschaftung **60** 1 f.

– Arbeitsförderung **10** 166
– Ausbildung u. Begabtenförderung **10** 128
– Bekämpfung v. Schmutz u. Schund **10** 110
– Erwachsenenbildung **10** 139
– Kunst- u. Wissenschaftsförderung **10** 140
– Schutz d. Arbeitskraft **10** 167
– Schutz geistigen Eigentums **10** 162
– Schutz v. Ehe u. Familie **10** 124–126
– Schutz v. Müttern **10** 125
– Schutz v. Kulturgütern **10** 3, 141
– Umweltschutz **10** 3, 141
– Wirtschaftslenkung **10** 152–157
– Wohnungswesen **10** 106, 125
Stadtbezirke **30** 18a, 60
Städte **30** 3
Stadtrat: → Gemeinderat
Standsicherheit **40** 10, 24, 57, 62, 77 f., 80
Stauanlagen **63** 46
Stellenplan
– d. Bezirks **32** 34, 56, 60
– d. Gemeinden **30** 44, 64, 68
– d. Kreises **31** 39, 58, 62
Stellplätze für Kraftfahrzeuge
– u. barrierefreies Bauen **40** 47
– als bauliche Anlage **40** 2
– Begriff **40** 2
– Beseitigung **40** 57
– örtliche Bauvorschriften **40** 81
– Stellplatzbaupflicht
  – Umfang **40** 47
  – Ablösung **40** 47
– → verfahrensfreie Bauvorhaben **40** 57
– → verfahrensfreie Beseitigung **40** 57
– Verhältnis zu Grünflächen **40** 7
Stellvertreter
– Bezirkstagspräsident **32** 30 f.
– Bürgermeister **30** 39, 35
– Landrat **31** 32
– Ministerpräsident **10** 46
Steuern
– Erhebung durch
  – Gemeinden **30** 62; **37** 2 f.
  – Landkreise **31** 56; **37** 2 f.
  – Religionsgemeinschaften **10** 143
– Steuerwesen allgemein **10** 123
Steuervereinbarungen **37** 3
Stichentscheid **30** 18a; **31** 12a
Stichfrage **30** 18a; **31** 12a
Stiftung Bayerischer Naturschutzfonds **62** 50
Stiftungen des öffentlichen Rechts, kommunale Zusammenarbeit **38** 1, 4, 17
Stiftungen, fiduziarische **30** 84 f.; **31** 72 f.; **32** 70 f.
Stimmbezirk **12** 5
Stimmengleichheit
– Bürgerentscheid **30** 18a; **31** 12a
– Kommunalrecht **30** 51; **31** 45; **32** 42
– Staatsregierung **10** 54
Stimmenthaltung, Verbot für
– Bezirksräte **32** 39
– Gemeinderatsmitglieder **30** 48
– Kreisräte **31** 42
– Mitglieder des Verfassungsgerichtshofs **11** 24
– Mitglieder d. Staatsregierung **10** 54
Stimmkreise **10** 14; **12** 5
Stimmrecht
– Ausschluss **12** 2
– Ausübung **12** 3
– b. Bürgerentscheid **30** 18a; **31** 12a
– u. Staatsbürgerschaft **10** 4, 7
– Voraussetzungen **12** 1
stoffliche Abfallverwertung **60** 1, 4, 9, 11 f., 24
Störer
– Ersatzanspruch gegen S. **50** 89 f.

– Handlungsstörer **50** 7; **52** 9
– Zustandsstörer **50** 8; **52** 9
Strafe **10** 104
Straftaten
– Abgabenhinterziehung **37** 14
– Begriff **50** 11; **52** 1
– Verhütung o. Unterbindung **50** 11, 13, 17; **52** 7
Störungsverbot: → Versammlungen
Strafverteidiger **10** 91
Straßen
– Anbau **82** 23 ff.
– Bau u. Unterhaltung als Hoheitsaufgabe **82** 72
– Bestandteile **82** 2
– Eigentum **82** 11–13
– Einteilung in Klassen **82** 3
– Einziehung **82** 8
– Gemeindestraßen **82** 3, 46–52
– Gemeingebrauch **82** 14 f.
– Kreuzungen **82** 31 ff.
– Planfeststellung u. Enteignung **82** 35–40
– Sondernutzung nach bürgerlichem Recht **82** 22
– Sondernutzung nach öffentlichem Recht **82** 18 ff.
– sonstige öffentliche S. **82** 3, 53–56
– technische Vorschriften **82** 64
– Umleitungen **82** 34
– Umstufung **82** 7
– Verunreinigung **82** 16
– → Widmung **82** 6
Straßen- u. Wasserbauämter **82** 58 f., 62a
Straßenanlieger **82** 17
Straßenaufsicht **82** 62
Straßenaufsichtsbehörden **82** 61, 62a
Straßenausbaubeitrag, Härteausgleich **37** 19a
Straßenbauarbeiten, Gemeingebrauch **82** 15
Straßenbaubehörden **82** 58, 62a
Straßenbaulast
– allgemein **82** 9
– Dritter **82** 44 f.
– in gemeindefreien Gebieten **82** 57
– f. Gemeindestraßen **82** 47
– geteilte S. **82** 42, 48
– Kreuzungen **82** 32–33a
– Mehraufwendungen durch besondere Gebrauchsarten **82** 14, 34
– f. Ortsdurchfahrten **82** 41 f.
– f. sonstige öffentliche Straßen **82** 54–56
– f. Staats- u. Kreisstraßen **82** 41
– Wechsel **82** 9, 11
Straßenbenutzung, übermäßige **82** 21
Straßenbegleitflächen **82** 30
Straßenbild **40** 8, 81
Straßenkörper **82** 2
Straßennamen **82** 52
Straßenplanung, Baubeschränkungen **82** 27
Straßenreinigung **82** 16, 51; **30** 24
Straßenstatistik **82** 63
Straßenverkehrsbehörde **33** 1; **35** 1
Straßenverwaltung **31** 51
Straßenverzeichnis **82** 3, 6, 8, 67
Streupflicht **82** 51
Stromversorgung **10** 152
Stundung v. Abgaben **37** 13
subordinationsrechtlicher Vertrag **20** 54–62
Subsidiarität
– beim Erlaß v. Verordnungen **52** 44
– im Polizeirecht **50** 3
– wirtschaftliche Betätigung, Verbot d. Aufsaugung **30** 89; **31** 77; **32** 75
Suchtkranke **32** 48
Sühneversuch im Privatklageverfahren **35** 1

Tagesordnung **30** 46, 52; **31** 46; **32** 43; **38** 32
Tageszeitung, amtliche Bekanntmachung **36** 1 f.; **20** 73 f.; **30** 26; **34** 10
Tarifverträge **10** 169; **30** 43; **31** 38; **32** 34
Tauben **52** 16
technische Baubestimmungen **40** 3, 15, 19
technische Gebäudeausrüstung **40** 37 ff., 57
technische Gewässeraufsicht **63** 58–60
technische Vorschriften
– Bau u. Unterhaltung v. Straßen **82** 64
Teilbaugenehmigung **40** 69 f.
Teileinziehung v. Straßen **82** 8
Teilnahmepflicht an Ratssitzungen **30** 48; **31** 42; **32** 39
Teilnahmerecht, planungsrechtliches **81** 13, 15, 25 f.
Teilnichtigkeit eines Verwaltungsaktes **20** 44
Telegraphengeheimnis **10** 112
Telekommunikationsanlagen **40** 57
Termine **20** 31
Terminierung v. Sitzungen des Verfassungsgerichtshofs **11** 20
Theater, Brandverhütung **52** 38
Theologische Hochschulen u. Fakultäten **10** 150
Tiere
– Gehege **62** 25
– Haltung gefährlicher T. **52** 37, 37a
– Hundehaltung **52** 18
– auf Wintersportanlagen **52** 24
– → Zoos
Tierschutz: → Artenschutz
Titel, Verleihung u. Führung **10** 118
tödlicher Schuß **50** 83
Tonaufnahmen → Bild- und Tonaufnahmen
Tötung, Entschädigungsanspruch **50** 87, 90
Träger öffentlicher Belange
– → Anhörungserfordernis
– Herstellung des Benehmens mit T. **20** 74
Traufkante **40** 35
Trennung von Verfahren
– Enteignungsverfahren **80** 26
– vor dem Verfassungsgerichtshof **11** 34
Trennwände **40** 27, 34, 43, 57
Treppen
– u. barrierefreies Bauen **40** 48
– erster und zweiter Rettungsweg **40** 31
– notwendige Treppen **40** 32
– notwendiger Treppenraum **40** 33
– Umwehrungen **40** 36
Treppenräume **40** 31, 33 f., 37 f.
Treuepflicht
– d. Beamten **10** 96
–d. Bürger **10** 117
Trinkwasserversorgung **30** 57; **31** 51
Türen **40** 34 f., 37, 48
Typengenehmigung **40** 73a
Übereinstimmungserklärung **40** 20 f.
Übereinstimmungsnachweis **40** 15, 20
Übereinstimmungszeichen **40** 15, 20, 74 f., 79 f.
Übereinstimmungszertifikat **40** 20, 22, 77
Überflutung **63** 7
Überlassungspflicht
– Abfälle **60** 7, 10
– Abwasser **63** 34
– Sonderabfälle **60** 10
Überlieferung, kulturelle **10** 3

überörtliche Angelegenheiten **31** 1; **32** 1
überörtliche Gemeinschaft, eigener Wirkungskreis **31** 5; **32** 5
Überschwemmungsgebiete
– Anordnungen für den Einzelfall **63** 46
– Bekanntmachung **63** 46
– Bemessungshochwasser **63** 46
– Darstellung **63** 46
– Enteignung **63** 56
– Ermittlung **63** 46
– Fortschreibung **63** 46
– Festsetzung **63** 46 f.
– Pflicht zur Festsetzung **63** 46
– Verpflichtungen der Gemeinden **63** 50
– vorläufige Sicherung **63** 47
Übersetzungen **20** 23
Übersichtsaufnahmen und -aufzeichnungen, b. Versammlungen **83** 9
übertragener Wirkungskreis
– der Bezirke
  – allgemein **10** 10; **32** 6, 50
  – als Verordnungsgeber nach LStVG **52** 42
  – Bindung an Weisungen **32** 6
  – Erlaß des Widerspruchsbescheids **32** 100
  – Fachaufsicht **32** 91, 97 f.
  – Mittel, notwendige **10** 83; **32** 6
  – Zuweisung, selbständige Besorgung **32** 6
  – u. Zweckverbände **38** 20
  – u. Zweckvereinbarung **38** 12
– der Gemeinden
  – allgemein **10** 11; **30** 8, 58
  – als Bauaufsichtsbehörde **40** 54
  – als Verordnungsgeber nach LStVG **52** 42
  – Aufgaben d. Abfallentsorgung **60** 5
  – Bereithaltung v. Vordrucken, Annahme v. Anträgen **30** 58
  – Bindung an Weisungen **10** 83; **30** 8
  – Erlaß des Widerspruchsbescheids **30** 119
  – Fachaufsicht **10** 83; **30** 109, 115 f.
  – Mittel, notwendige **10** 83; **30** 8
  – u. Verwaltungsgemeinschaft **34** 4; **35** 1
  – Zuweisung, selbständige Besorgung **30** 8
  – u. Zweckverbände **38** 20
  – u. Zweckvereinbarung **38** 12
– kreisfreier Gemeinden u. Großer Kreisstädte **30** 9
– der Landkreise
  – allgemein **10** 10; **31** 6, 53
  – als Verordnungsgeber nach LStVG **52** 42
  – Bindung an Weisungen **31** 6
  – Erlaß des Widerspruchsbescheids **31** 105
  – Fachaufsicht **31** 95, 101 f.
  – Mittel, notwendige **10** 83; **31** 6
  – Zuweisung, selbständige Besorgung **31** 6
  – u. Zweckverbände **38** 20
  – u. Zweckvereinbarung **38** 12
Übertragung
– v. Aufgaben
  – d. Gemeinden an den Kreis **31** 52
  – d. Kreises an den Bezirk **32** 49
  – auf e. Kommunalunternehmen **30** 96; **31** 83; **32** 81
  – durch Zweckvereinbarung **38** 7–16
  – auf e. Zweckverband **38** 17 ff.
– v. Kassengeschäften **30** 101; **31** 87; **32** 83
– d. Unterhaltungslast an Gewässern **63** 23
Überwachung
– Abfallbeseitigungsanlagen **60** 32

– Anlagenüberwachung nach ImSchG **61** 2
– → Bauprodukte
– Bauüberwachung **40** 56, 73, 77 f., 80
– Bodenschutzrecht **64** 5
– Giftwaren u. Arzneien **52** 33
– kerntechnische Anlagen **61** 2
– Kommunalverwaltungen **30** 30; **31** 23; **32** 22
– Luftüberwachung **61** 3
– Wasserrecht **63** 31, 54 f., 58 f.
– Wirtschaft **10** 152
Überwachungsstellen **40** 15, 22 f., 80; **41** 9 f., 12
Uferabriß **63** 11
Uferbeeinträchtigung **63** 18
Ufergrundstücke **63** 6–8, 11, 25
Uferlinie **63** 12, 20, 74
Uferstreifen **63** 49
Uferwege **62** 37
Umgemeindung **30** 11–14
Umlage
– Verwaltungsgemeinschaft **34** 8
– Zweckverband **38** 19, 42
Umlauf, Abstimmung beim Verfassungsgerichtshof **11** 24
Umleitungen **82** 34
Umschuldung **30** 69; **31** 63; **32** 61
Umstufung **82** 7
Umwehrungen **40** 36
Umweltbeobachtung **62** 44, 46
Umweltbericht **81** 15
Umweltschutz
– Bildungsziel **10** 131
– eigener Wirkungskreis **30** 57; **31** 51; **32** 48
– Forschungsbetreuung **62** 47
– Staatsziel **10** 3
– → Landesamt f. U.
– → Landschaftspflege
– → Naturschutz
Umweltverträglichkeitsprüfung **20** 78a; **62** 10, 23; **63** 35, 69; **82** 37
– Planfeststellungsverfahren **82** 38
– Verwaltungsverfahren **20** 78a
Unabhängigkeit
– Rechnungshof **10** 80
– Richter **10** 85, 87
Unanfechtbarkeit v. Verwaltungakten
– → Rücknahme bei U. **20** 48
– → Widerruf bei U. **20** 49
– Verjährungsunterbrechung **20** 53
Unbeachtlichkeit v. Verfahrensfehlern **20** 46
Unbeteiligter
– als Adressat polizeilicher Maßnahmen **50** 10; **52** 9
– Pflicht zur Hilfeleistung; **52** 9
– Schusswaffengebrauch **50** 83, 85
unbewohnte Flächen **10** 11
unbemannte Luftfahrtsysteme **50** 47
uneheliche Kinder **10** 126
Ungültigkeitserklärung d. Landtagswahlen **10** 19, 63; **11** 2, 48
Uniformierungsverbot, b. Versammlungen **83** 7
Universitäten **10** 138, 150
unmittelbare Ausführung **50** 9; **52** 7
unmittelbarer Zwang
– Androhung **50** 81
– Anordnung **50** 79
– Anwendung **50** 77–86
– Begriff **50** 78
– Fesselung **50** 82
– Hilfeleistung f. Verletzte **50** 80
– Maschinengewehre, Sprengmittel **50** 86
– → Schußwaffengebrauch
– strafrechtliche Wirkungen **50** 77, 79
– → Verhältnismäßigkeitsprinzip
– bei Vollstreckung v. Verwaltungsakten **21** 34
– Vollzugshilfe d. Polizei **50** 67

– Zulässigkeit, Kosten **50** 75
Unparteilichkeit
– v. Beamten **10** 96
– d. Kommunalverwaltungen **30** 56; **31** 50; **32** 47
Unrichtigkeiten, offenbare **20** 42; **11** 25
Unterbindungsgewahrsam **50** 17–20
Unterhaltung
– → Instandhaltung baulicher Anlagen
– → Straßenbaulast
– wasserrechtliche Unterhaltung
  – Ausführung **63** 24
  – Duldung **63** 62
  – Enteignung **63** 56
  – Ersatzvornahme **63** 24
  – Kosten **63** 26 f.
  – besondere Pflichten **63** 25
  – Sicherung **63** 24, 74
  – Unterhaltungslast **63** 22 f.
  – wasserwirtschaftlicher Anlagen **63** 37
Unternehmen, wirtschaftliche
– allgemein **30** 86 f.; **31** 74 f.; **32** 72 f.
– des privaten Rechts **30** 92 f.; **31** 80 f.; **32** 78 f.
– → Eigenbetriebe
– Informationsrechte **30** 94; **31** 82; **32** 80
– → Kommunalunternehmen
– e. Zweckverbands **38** 40
Unternehmensflurbereinigung **41** 3
Unternehmenssatzung: → Kommunalunternehmen
Unternehmer
– am Bau **40** 52, 73
– Gewässerausbau **63** 22, 37, 41 f., 48 f.
Unterricht, öffentlicher **30** 57
Untersagungsanordnung im Naturschutzrecht **62** 6, 18, 31, 36
Unterschriftslisten: → gleichförmige Eingaben
Unterstützung: → gegenseitige Unterstützung
Untersuchungsausschüsse des Landtags **10** 25
Untersuchungsgebiete **61** 3
Untersuchungsgrundsatz **20** 24
Untersuchungsstellen **64** 6
Unterwerfung unter sofortige Vollstreckung **20** 61
Unvereinbarkeit
– verschiedener öffentlicher Funktionen: → Inkompatibilitäten
– v. Amt u. Angehörigenverhältnis
  – Ausschluß v. Beratung u. Abstimmung wg. persönlicher Beteiligung **30** 49; **31** 43; **32** 40; **38** 33
  – Mitgliedschaft im Gemeinderat **30** 31
  – Kassenverwalter **30** 100; **31** 86; **32** 82
  – Rechnungsprüfer **30** 104; **31** 90; **32** 86
  – im Verwaltungsverfahren allgemein **20** 20
Unverletzlichkeit der Wohnung
– Einschränkungen **21** 40; **30** 124; **31** 110; **32** 104; **37** 20; **40** 54; **50** 100; **52** 58; **61** 3; **63** 76; **80** 47
– Gewährleistung **10** 106; **52** 7
– → Zutrittsrecht
Unwirksamkeit
– v. Verwaltungsakten bei Nichtigkeit **20** 43
– d. Zusicherung **20** 38
Urkunden
– Beglaubigung v. Abschriften **20** 33
– Rückforderung **20** 52
– Vorlage beim Verfassungsgerichtshof **11** 18
Urkundsbeamte **22** 10

Urlaub **10** 30, 174
Urteil des Verfassungsgerichtshofs **11** 40 f.
Ü-Zeichen: → Übereinstimmungszeichen

Veränderungssperre
– für Abfallbeseitigungsanlagen **60** 14, 33
– vor Inschutznahme v. Flächen **62** 54
– im Enteignungsverfahren **80** 27
– im Straßenrecht **82** 27b
– Zustimmung zur Verlängerung **41** 1 f.
Veranstaltungen
– Datenerhebung b. V. **50** 32 f.
– Gewässernutzung **63** 18
– in der freien Natur **62** 32
– Menschenansammlungen **52** 23
– u. Straßennutzung **82** 21
– Vergnügungen **52** 19
verantwortliche Person: → Störer
Verantwortung
– u. Amtshilfe **20** 7
– u. Anwendung unmittelbaren Zwangs **50** 79
– Baurecht **40** 49, 51 f., 61, 73, 77, 80, 83
– d. Staatsminister **10** 51
Verarbeitungsbeschränkung v. Daten **50** 62
Verbände
– Bayerischer Versorgungsverband **34** 7
– → regionale Planungsverbände
– Verfahrensbeteiligung
  – Abfallwirtschaft **60** 11, 13
  – Raumordnung **81** 25
– Schiedsgerichtsbarkeit **22** 12
– → Zweckverband
Verbandsausschuß **38** 29
Verbandsräte **38** 30 f.
Verbandssatzung **38** 18–29, 32–35, 40, 42, 44, 47 f., 51
Verbandsversammlung **38** 29–39, 41, 44, 46 f.
Verbandsvorsitzender **38** 29–39, 47
Verbandswirtschaft **38** 40–43
Verbindlicherklärung v. Regionalplänen **81** 22 f.
Verbindlichkeiten, nicht vorgesehene **30** 66; **31** 60; **32** 58
Verbindung
– v. Enteignungsverfahren **80** 26
– v. Verfahren vor dem Verfassungsgerichtshof **11** 34
Verbot von Pestiziden **62** 23a
Verbrauchsteuern, örtliche **37** 3
Verbrennungsmotoren **40** 40, 78 f.; **61** 6
Verdachtsflächen **64** 5
verdeckter Ermittler **50** 37, 48, 49, 50, 52
verdeckter Einsatz technischer Mittel **50** 45, 47, 49, 52
Verdichtungsräume **41** 2
vereinfachtes Verfahren **40** 59
Vereidigung: → Eid
Vereinigungsfreiheit **10** 114, 170
Verfahren über eine einheitliche Stelle
– Anwendbarkeit **20** 71a
– elektronisches Verfahren **20** 71e
– gegenseitige Unterstützung **20** 71d
– Informationspflichten **20** 71c
Verfahrensfehler **20** 44–46
verfahrensfreie Bauvorhaben **40** 50, 57, 62 f., 80
verfahrensfreie Beseitigung baulicher Anlagen **40** 57
Verfahrensgrundsätze im Verwaltungsverfahren **20** 9–30
– Antragsprinzip **20** 22
– Geheimhaltung **20** 30
– Grundsatz d. begrenzten Parteiöffentlichkeit **20** 29
– Nichtförmlichkeit **20** 10

– rechtliches Gehör **20** 28
– Untersuchungsgrundsatz **20** 24
Verfassungsänderung **10** 75; **11** 2, 49
Verfassungsbeschwerde **10** 48, 66, 120; **11** 2, 51–54
Verfassungseid: → Eid
verfassungsfeindliche Handlung **50** 11; **52** 7
Verfassungsgerichtshof **10** 60–69, **11** 1 ff.
– Allgemeine Verfahrensvorschriften **11** 14–30
– Aufgaben allgemein **10** 60
– Besetzung **10** 68; **11** 3
– Besondere Verfahrensvorschriften **11** 31–55
– Bildung **10** 68
– Bindungswirkung d. Entscheidung **11** 29
– einstweilige Anordnung **11** 26
– Entscheidung **11** 25
– Mitglieder
  – Ausschließung u. Ablehnung **11** 9
  – Wahl **10** 68; **11** 4–6
– Sitz **11** 1
– Zusammensetzung u. Organisation **11** 3–13
– Zuständigkeiten **11** 2
  – Anklagen gegen Regierungsmitglieder u. Abgeordnete **10** 59, 61; **11** 2, 31–44
  – Ausschluß v. Wählergruppen **10** 15, 62; **11** 2, 46 f.
  – Beschwerde gegen Notstand **10** 48
  – Normenkontrollen **10** 65, 75 (Verfassungsänderung **11** 49), 92 (Richtervorlage **11** 50), 98 (Popularklage **11** 55)
  – Organstreitigkeiten **10** 64; **11** 2, 49
  – Sonderzuweisungen **10** 67; **11** 2
  – Verfassungsbeschwerden **10** 66, 48, 120; **11** 2, 51–54
  – Wahlprüfung **10** 33, 63; **11** 2, 48
Verfassungsmäßigkeit v. Gesetzen
– Entscheidung über V. **10** 65; **11** 2, 25, 49, 55
– b. Grundrechtseinschränkungen **10** 98
– → Richtervorlage
– v. verfassungsändernden Gesetzen **10** 75; **11** 2, 49
Verfassungsstreit: → Organstreit
Verfassungstext **10** 75, 188
Verfassungstreue v. Beamten **10** 96
Verfügungssperre im Enteignungsverfahren **80** 27
Vergabung: → Kommunalvermögen
Vergleich
– Begriff **20** 55
– gerichtlicher V. bei Enteignung **80** 46
Vergleichsvertrag **20** 55
Vergnügungen **52** 19
Vergnügungssteuer **37** 3
Vergütung
– f. Verwaltung d. Kreisstraßen **82** 59
– f. kommunale Bedienstete **30** 43; **31** 38; **32** 34
Verhältnismäßigkeitsprinzip
– Abfallrecht **60** 20
– Enteignungen **80** 3
– Polizei- u. Sicherheitsrecht **50** 4; **52** 8
– Verwaltungsvollstreckung **21** 29, 34
Verhältniswahl **10** 12, 14
Verhandlung: → mündliche V.
Verjährung, Unterbrechung durch Verwaltungsakt **20** 53
Verkehr, öffentlicher **30** 57
Verkehrsanlagen **40** 1
Verkehrsflächen **40** 5 f., 9, 35, 79

Verkehrsbedeutung **82** 3, 7 f.
Verkehrssicherungspflicht **82** 51
Verkehrsübergabe u. Widmung **82** 6
Verkündung v. Gesetzen **10** 76
Verlandungen **63** 8 f.
Vermögenswirtschaft
– d. Bezirke **32** 66–71, 80
– d. Gemeinden **30** 74–85, 95
– d. Kreise **31** 68–73, 82
– d. Zweckverbände **38** 40
Vermummungsverbot: → Versammlungen
Vernichtung
– v. Akten **50** 62
– sichergestellter Sachen **50** 27
Veröffentlichung
– → Bekanntmachung
– v. Entscheidungen des Verwaltungsgerichtshof **22** 8
– v. Umweltdaten über Abfallbeseitigungsanlagen **60** 32
Verordnungen
– Änderung u. Aufhebung **52** 48 f.
– Angabe d. Rechtsgrundlage **52** 45
– Ausführungs- und Verwaltungsverordnungen **10** 55
– Bekanntmachung **52** 51 f.
– dringliche V. **52** 42; **38** 26
– Ersatzverordnungen **52** 46
– Geltungsdauer **52** 50
– Mitteilungen **52** 53
– Pflicht zum Erlaß **52** 46
– spezialgesetzliche Verordnungsermächtigungen: → Rechtsverordnungen
– übertragener Wirkungskreis **52** 42
– Verfahren beim Erlaß **52** 42–53; **38** 26
– u. Verfassungsrecht **10** 55
– Vollzug **35** 1; **52** 43
– im Wasserrecht **63** 17
– Zuständigkeit allgemein **52** 44
Verordnungsrecht, altes **52** 60
Verpflichtungen, kreditähnliche **30** 72; **31** 66; **32** 64
Verpflichtungsermächtigungen **30** 63 f., 67; **31** 57 f., 61; **32** 55 f., 59
Verpflichtungsgeschäfte **30** 38; **31** 35; **32** 33a
Versammlungen
– Anzeige- und Mitteilungspflicht **83** 13
– Auflösung **83** 12, 15
– Aufrufverbot **83** 8
– u. befriedeter Bezirk **83** 17–19
– Begriff **83** 2
– Beschränkungen **83** 12, 15, 20
– Bild- u. Tonaufnahmen oder -aufzeichnungen **83** 9
– Datenerhebung **83** 9
– unter freiem Himmel **83** 13–16
– Leitung **83** 3
– Leitungsrechte und -pflichten **83** 4, 11
– Militanzverbot **83** 7
– in geschlossenen Räumen **83** 10–12
– Störungsverbot **83** 8
– Teilnehmerpflichten **83** 5
– überörtliche V. **83** 24
– Übersichtsaufnahmen und -aufzeichnungen **83** 9
– Uniformierungsverbot **83** 7
– Veranstalterpflichten **83** 10, 13
– Veranstalterrechte **83** 10
– Vermummungsverbot **83** 16
– → Versammlungsfreiheit
– → Versammlungsgesetz
– Versammlungsrecht **83** 1
– Versammlungsverbot **83** 12, 15, 18
– Waffenverbot **83** 6, 16
– Zusammenarbeit **83** 14
Versammlungsfreiheit **10** 48, 113; **50** 100; **83** 1
Versammlungsgesetz
– Anwendungsbereich **83** 2

– Klagewirkung **83** 25
– Kosten **83** 26
– Straf- und Bußgeldvorschriften **83** 20–22
– Zuständigkeiten **83** 24
Versammlungsstätten
– u. Bauordnungsrecht
– → Sonderbauten **40** 2
– → verfahrensfreie Bauvorhaben **40** 57
– → verfahrensfreie Beseitigung **40** 57
– Landesstrafrecht **52** 38
Versammlungsverbot: → Versammlungen
Versäumnisurteile bei Enteignungen **80** 45
Verschwiegenheitspflicht
– ehrenamtlich Tätiger **20** 84; **30** 20; **31** 14; **32** 14
– → Geheimhaltung
Versetzung v. Richtern **10** 87
Versicherung an Eides Statt **20** 27
Versorgung d. Mitglieder d. Staatsregierung **10** 58
Versorgungsanlagen, öffentliche **40** 9, 40, 56 f., 78 f.
Versorgungsempfänger: → Beamte
Versorgungsverband, Bayerischer **34** 7
Verteidiger **10** 91
Verteidigungsangelegenheiten
– Bauvorhaben **40** 57, 72 f.
– → Beamte
– Landesplanung **81** 6, 25
– Verwaltungsverfahren **20** 95
– Zuständigkeit d. Bürgermeisters **30** 37
Verteilungsverfahren **80** 36
Vertragsfreiheit **10** 151
Vertragsnaturschutz **62** 3, 5, 5b, 5c, 6, 23, 42
Vertrauensperson **50** 38, 48, 49, 50, 52
Vertrauensschutz
– Einschränkung bei Rücknahme u. Widerruf v. Verwaltungsakten im Rechtsbehelfsverfahren **20** 50
– bei Rücknahme eines Verwaltungsakts **20** 48
– bei Widerruf eines Verwaltungsakts **20** 49
vertretbare Handlung **21** 32; **50** 72
Vertreter im Verwaltungsverfahren
– Bestellung v. Amts wegen **20** 16, 18
– f. Beteiligte mit gleichem Interesse **20** 18 f.
– Bevollmächtigte u. Beistände **20** 14
– bei gleichförmigen Eingaben **20** 17, 19
– Empfangsbevollmächtigter **20** 15
– Fristversäumnis **20** 32
– Zustellung **21** 7 f.
Vertretung
– Bezirk **32** 33a, 35b
– des öffentlichen Interesses **23** 5
– Eigenbetrieb **30** 88; **31** 76; **32** 74
– des Freistaates Bayern **23** 3
– Gemeinde **30** 38
– Kommunalunternehmen **30** 90; **31** 78; **32** 76
– Land **10** 44, 47; **23** 3
– Landkreis **31** 35
– Landtag **10** 21; **11** 31
– bei Beteiligung an Unternehmen **30** 93; **31** 80; **32** 78
– der Staatskasse **23** 4
– des Zweckverbands **38** 37
– im Zweckverband **38** 31
Vertretungsverbot **30** 50; **31** 44; **32** 41
Verunstaltung **40** 8
Verursacherprinzip **62** 38
Verwahrter **52** 21
Verwahrung sichergestellter Sachen **50** 26–28

Verwaltung **10** 77–83
– → elektronische Verwaltung
– Grundsätze d. Verwaltungsorganisation **10** 77, 55, 51
– → klimaneutrale Verwaltung
– u. Menschenwürde **10** 100
– → Selbstverwaltung
Verwaltungsakt **20** 35–53
– → Allgemeinverfügung
– Anhörung vor Erlaß **20** 28
– Begriff **20** 35
– Begründungspflicht bei Schriftform **20** 39
– Bekanntgabe **20** 41, 43
– Berichtigung **20** 42
– Bestandskraft **20** 43 ff.
  – Aufhebbarkeit **20** 46; **40** 53
  – → Rücknahme **20** 48
  – Wiederaufgreifen des Verfahrens **20** 51
  – → Widerruf **20** 49
– Bestimmtheit **20** 37
– Ermessen
  – bei Erlaß **20** 40
  – bei Rücknahme, Widerruf, Wiederaufgreifen **20** 48–51
– → Fehlerhaftigkeit **20** 44–47
– Formanforderungen **20** 37
– Genehmigungsfiktion **20** 42a; **40** 68
– Nichtigkeit **20** 43 f.
– Nebenbestimmungen **20** 36
– → Planfeststellungsbeschluß **20** 72
– Rechtsbehelfe **20** 79
– → Rücknahme **20** 48
– Umdeutung **20** 47
– → Verfahrensfehler
– Verjährungsunterbrechung durch V. **20** 53
– → Vertrauensschutz
– u. Verwaltungsverfahren **20** 9
– u. förmliches Verwaltungsverfahren **20** 69
– Vollstreckung **21** 18–39
– Widerspruch, Kosten **20** 80
– Wirksamkeit **20** 43
– Zusicherung **20** 38
Verwaltungsgemeinschaft
– Aufgaben **34** 4
– Aufgaben d. Mitgliedsgemeinden **35** 1
– Auflösung u. Entlassung **34** 9
– Bedienstete **34** 7
– Bildung u. Erweiterung **34** 2
– Finanzen **34** 8
– u. kommunale Zusammenarbeit **38** 1, 3
– Organe **34** 6
– Wesen u. Rechtsform **34** 1
– Zuständigkeit f. Verwaltungsvollstreckung **21** 30
Verwaltungsgerichte
– allgemeine Aufgaben **10** 83, 93
– Entscheidung b. Verwaltungsvollstreckung **21** 26
– Sitz u. Bezeichnung **22** 1
Verwaltungsgerichtshof, Oberverwaltungsgericht **22** 1 ff.
Verwaltungsgerichtsordnung
– Anwendung bei Rechtsbehelfen **20** 79; **21** 38
– Ausführungsgesetz **22** 1–18
Verwaltungshoheit **10** 11; **30** 22; **31** 16; **32** 16
Verwaltungsprivatrecht **10** 160
verwaltungsrechtlicher Vertrag: → öffentlich-rechtlicher Vertrag
Verwaltungsverbund v. Regierung u. Bezirk **32** 35
Verwaltungsverfahren
– Bayerisches Verwaltungsverfahrensgesetz **20** 1 ff.
– Beginn **20** 22
– Begriff **20** 9
– → förmliches V.
– Ermessen **20** 40
– Fristen u. Termine **20** 31
– integrierte V. **63** 64
– länderübergreifendes **20** 3, 94

– → Planfeststellungsverfahren **20** 72 ff.
– Rechtsbehelfsverfahren **20** 79 f.
– Richtlinien in d. Verfassung **10** 77
– vereinfachtes Verfahren **40** 59
– → Verfahrensgrundsätze
– wasserrechtliche Besonderheiten **63** 64, 69
– Widerspruchsverfahren **20** 79 f.
– Wiedereinsetzung **20** 32
Verwaltungsverfügungen **30** 27; **31** 21; **32** 20
Verwaltungsverordnungen, Erlaß durch Staatsregierung **10** 55
Verwaltungszusammenarbeit → europäische Verwaltungszusammenarbeit
Verwaltungszwang
– Androhung **21** 36
– Anwendung **21** 37
– Begriff, Zulässigkeit nach VwZVG **21** 29
– Beseitigung v. Vollstreckungsfolgen **21** 39
– polizeilicher V. **50** 70–86
– Rechtsbehelfe **21** 38
– Zuständigkeiten **21** 30
– → Zwangsmittel
Verwandte
– → Beteiligung, persönliche
– → Unvereinbarkeit v. Amt u. Angehörigenverhältnis
Verwarnungsgelder **30** 28; **31** 21; **32** 20
Verweigerung d. Annahme **21** 5
Verwendbarkeit v. Baustoffen **40** 15 ff., 18, 52
Verwendungsfrist bei Enteignung **80** 31 f.
Verwertung
– sichergestellter Sachen **50** 27
– → stoffliche Abfallverwertung
Verzicht auf Landtagsmandat **10** 19
Verzinsung
– des Anlagekapitals **37** 8
– b. Erstattung nach Aufhebung eines VA **20** 49a
– d. Kosten der Ersatzvornahme **21** 41a
Vogelschutz **62** 20, 23, 46
Volk **10** Vorspruch, 2, 5, 13
Völkerhaß **10** 119
Völkerrecht **10** 84, 99
völkerrechtliche Vereinbarung **21** 24
völkerrechtliche Verträge **51** 11
Völkerversöhnung **10** 131
Volksbefragung **12** 88a
Volksbegehren **10** 7, 71, 74
– Bekanntmachung **12** 65
– Eintragung, ungültige **12** 70
– Eintragungsberechtigung **12** 69
– Eintragungsbezirke **12** 67
– Vorlage an den Landtag **12** 72 f.
– Zulassungsantrag **12** 63–66
Volksentscheid
– zur Abberufung des Landtags **10** 18
– Ergebnis **12** 78, 79, 86
– Gegenstand **12** 75
– Gesetzesbeschluß **10** 72
– kein V. über d. Staatshaushalt **10** 73
– obligatorischer V. bei Verfassungsänderung **10** 75
– Prüfung **12** 80
– staatsbürgerliches Recht **10** 7
– Stimmabgabe **12** 76
– Stimmen, ungültige **12** 77
– Stimmzettel **12** 76
– Verfassungsänderung **12** 88
– Voraussetzungen **10** 74
Volkshochschulen **10** 139
Volksschulen **10** 135
Volksstaat **10** 2
Volksvertretung **10** 4 f.
Vollgeschoß **40** 61, 83
Vollmacht: → Bevollmächtigte
Vollstreckung

– allgemeine Vorschriften **21** 18–22
– von Leistungsbescheiden **21** 23–28
– sonstiger Verwaltungsakte **21** 29–39
– durch Kommunalunternehmen **30** 91; **31** 79; **32** 77
– Kosten **21** 41
– aus subordinationsrechtlichem Vertrag mit Unterwerfungsklausel **20** 61
– Urteile des Verfassungsgerichtshofs **10** 69; **11** 29
Vollstreckungsanordnung **21** 24, 26
Vollstreckungsbehörde
– Begriff **21** 20
– f. Leistungsbescheide d. Gemeinden **21** 26
– f. Leistungsbescheide d. Staates **21** 25; → Finanzamt
– f. sonstige Verwaltungsakte **21** 30
Vollstreckungsfolgen, Beseitigungsanspruch **21** 39
Vollstreckungsgericht **21** 20
Vollstreckungsschuldner **21** 19
Vollstreckungsvoraussetzungen
– allgemeine **21** 19
– besondere
 – Leistungsbescheid **21** 23
 – Handlung, Duldung, Unterlassung **21** 29
vollziehende Gewalt **10** 5
Vollziehung, sofortige **21** 19
Vollzug
– Beschlüsse d. Kommunalparlamente **30** 18a; 36, 59; **31** 12a; 33, 54; **32** 32, 52
– Entscheidungen des Verfassungsgerichtshofs **10** 69; **11** 29
– gesetzlicher Vorschriften **30** 59; **31** 54; **32** 52
Vollzugshilfe d. Polizei **50** 2, 67–69
Vorarbeiten vor Enteignungen **80** 7, 42
Vorauszahlung
– Entschädigung **80** 29
– Kommunalabgaben **37** 5 f., 8
Vorbauten **40** 6, 28, 45
Vorbehaltsgebiete **81** 14
vorberatende Ausschüsse
– d. Bezirkstags **32** 25–29
– d. Gemeinderats **30** 32 f.
– d. Kreistags **31** 26–30
Vorbescheid **40** 71
Vorbildpflicht, abfallrechtliche **60** 2
Vordrucke **30** 58
Vorentscheidung zum Enteignungsverfahren **80** 28
Vorhaltekosten **37** 8
Vorkaufsrecht zu Naturschutzzwecken **62** 39
vorkonstitutionelles Recht **10** 186
Vorladung **50** 15, 18
Vorlagepflicht
– Entwürfe v. Wappen u. Fahnen **30** 4; **31** 3; **32** 3
– d. Gerichte **10** 92
vorläufige Haushaltsführung **30** 69; **31** 63; **32** 61
Vormundschaftsgericht **20** 16
Vorranggebiete **81** 14
Voruntersuchung des Verfassungsgerichtshofs **11** 37
vorzeitige Besitzeinweisung **80** 39
Vorzensur **10** 111

Waffen
– Anwendung **50** 77–86
– polizeirechtlicher Begriff **50** 78
– Verbot von Waffen **83** 6, 16
Wahl
– durch Ausschüsse n. VwVfG **20** 92
– v. Beamten allgemein **10** 94
– im Bezirkstag **32** 42
– des Bezirkstagspräsidenten **32** 30

– im Gemeinderat **30** 51
– → Kommunalwahlen
– im Kreistag **31** 45
– des Landtags
  – Grundsätze, Wahldauer **10** 14, 16
  – Wahlprüfung, Ungültigkeitserklärung **10** 19, 33, 63; **11** 2, 48
– Mehrheitsprinzip **10** 2
– des Ministerpräsidenten **10** 44
– des Präsidenten des Verfassungsgerichtshofs **11** 4 f.
– d. Richter des Verfassungsgerichtshofs **10** 68; **11** 4 f.
– in d. Verbandsversammlung **3** ?; **8** 33
– des Verbandsvorsitzenden **38** 35
Wahl der Mittel **50** 5; → Verhältnismäßigkeitsprinzip
Wählbarkeit
– Landtagsabgeordneter **10** 14
– Mitglieder des Verfassungsgerichtshofs **11** 5
– Stellvertreter d. Landrats **31** 32
– Verlust **10** 19, 33, 63
Wahlbeamte, kommunale **71** 1
Wahlberechtigung **10** 14; s.a. → Wahlrecht
Wahldauer
– → Amtsdauer
– Landtag **10** 16
Wählergruppen, Ausschluß **10** 15, 62; **11** 2, 46 f.
Wahlgleichheit **10** 14
Wahlkreise **10** 14; **12** 5
Wahlorgane **12** 6–9
Wahlperiode: → Wahldauer
Wählerverzeichnis **12** 4
Wahlprüfung: → Wahl des Landtags
Wahlrecht
– d. Bezirksbürger **32** 11 f.
– d. Gemeindebürger **30** 15, 17
– d. Kreisbürger **31** 11 f.
– passives: → Wählbarkeit
– u. Volksstaat **10** 2
– → Wahlberechtigung
– u. Staatsbürgerschaft **10** 4, 7
Wahlrechtsgrundsätze **10** 14, 12
Wahlschein **12** 4
Wahlstreitigkeiten **10** 63; **11** 2, 48
Wahlvorschläge für Verfassungsrichter **11** 6
Wahrscheinlichkeitsmaßstab
– Versagungsgründe bei besonderen Abgabensatzungen **37** 2
– Vorteile d. Beitragspflichtigen **37** 5
Wald: → Vertragsnaturschutzprogramm Wald
Waldwege **82** 3, 53 f., 58
Wände **40** 6, 25 ff., 33 f., 37, 57
Wanderwege **10** 141; **62** 28, 37, 40; **82** 53
Wandhöhe **40** 6
Wappen **10** 1; **30** 4; **31** 3; **32** 3; **38** 25
Wärmeschutz f. bauliche Anlagen **40** 13, 30, 62, 80
Warnschuß **50** 81
Wasserbau **32** 48
Wasserbauten **40** 56
Wasserbuch **63** 53
Wassergefahr **35** 1; **63** 46, 49 f.
wassergefährdende Stoffe **63** 17 f.
Wasserschutzgebiete **63** 31 f., 35, 56
Wasserspeicher **63** 22, 44
Wasserversorgung
– Anschluß- u. Benutzungszwang **30** 24
– Enteignung **63** 56
– Erlaubnis mit Zulassungsfiktion **63** 70
– Gebührenbemessung **37** 8
– Gefährdung **63** 55
– Rechtsverordnung **63** 31
– Unterhaltung von Wasserspeichern **63** 22

Wasserversorgungsanlagen
– Bauordnungsrecht **40** 56, 78 f.
Wasserwehr **63** 50
Wasserwirtschaftsämter **63** 24, 30, 45 f., 63, 70
Wege
– freie Benutzung **62** 28
– → beschränkt-öffentliche W.
– Eigentümerwege **82** 3, 53, 55 f.
– Waldwege **82** 3, 53 f., 58
– Wanderwege **10** 141; **82** 53
Wegebau im Alpengebiet **62** 6
Weidefrevel **52** 40
Weisung d. Staatsregierung zum Volksentscheid **10** 74
Weisungsrecht
– des Bezirkstagspräsidenten **32** 33
– d. Fachaufsichtsbehörden gegenüber
  – Bezirken **32** 6, 91, 98
  – Gemeinden **30** 8, 109, 116
  – Landkreisen **31** 6, 95, 102
– d. Gemeinderats/Kreistags/Bezirkstags gegenüber d. Kommunalunternehmen **30** 90; **31** 78; **32** 76
– d. Ministers gegenüber Staatssekretären **10** 51
– d. Staatsregierung **23** 5
– u. Selbsteintritt **20** 3a
– d. Sicherheitsbehörden gegenüber d. Polizei **50** 68; **51** 9; **52** 10
Werbeanlagen
– Baugestaltung **40** 8
– Begriff **40** 2
– örtliche Bauvorschriften **40** 81
– sicherheitsrechtliche Vorschriften **52** 28
– → verfahrensfreie Bauvorhaben **40** 57
– → verfahrensfreie Beseitigung **40** 57
– Vorrang anderer Gestattungsverfahren **40** 56
Werkausschuß: → Eigenbetriebe
Werkleitung: → Eigenbetriebe
Werksfeuerwehren **52** 38
Wertansätze bei Vermögenswirtschaft **30** 74; **31** 68; **32** 66
Wertsteigerungen des Bodens **10** 161
wichtiger Grund
– Kündigung kommunaler Zusammenarbeit **38** 6, 14, 44
– einstweilige Anordnung **11** 26
Widerruf eines Verwaltungsakts
– allgemeine Regelungen
  – Durchbrechung der Bestandskraft **20** 43
  – Grundsätze **20** 49
  – im Rechtsbehelfsverfahren **20** 50
  – Rückforderung v. Urkunden u. Sachen **20** 52
  – Vorbehalt des W. **20** 36
  – u. Wiederaufgreifen d. Verfahrens **20** 51
  – bei Zusicherung **20** 38
– Anlagengenehmigung **63** 20
– Anerkennung privater Sachverständiger **63** 65
– Befreiung von der Abwasserübernahme **63** 34
– Beschneiungsanlagen **63** 35
– Erlaubnis d. Sondernutzung nach öffentlichem Recht **82** 18
– Schiff- und Floßfahrt **63** 28
– staatliche Anerkennung v. Heilquellen **63** 33
– Übertragung u. Aufteilung der Unterhaltslast **63** 23
– Zulassung privater Prüflaboratorien **63** 66
Widerrufsvorbehalt bei Verwaltungsakten **20** 36
Widerspruch
– gegen Aufsichtsverwaltungsakte **30** 120; **31** 106
– gegen Verwaltungsakte
  – allgemein **20** 79 f., **22** 14 f.

– Ausschluß **22** 15
– Möglichkeit
– Ausbildungs- und Studienförderungsrecht **22** 15
– Beamtenrecht **22** 15
– Kommunalabgabenrecht **22** 15
– Prüfungsentscheidungen **22** 15
– Rundfunkgebührenrecht **22** 15
– Schulrecht **22** 15
– d. Polizei **51** 12
Widerspruchsbescheid, zuständige Behörde **30** 119; **31** 105; **32** 100; **38** 52; **51** 12
Widerspruchsverfahren
– Geltung der VwGO **20** 79
– Kostenerstattung **20** 80
– Rücknahme u. Widerruf eines Verwaltungsakts im W. **20** 50
– Zustellung nach Bundesrecht **21** 1
Widmung öffentlicher Straßen
– Begriff, Inhalt, Voraussetzungen **82** 6
– Gemeindestraßen **82** 47
– u. Gemeingebrauch **82** 14 f.
– Wesen **20** 35
Wiederaufgreifen des Verfahrens
– Anspruch des Betroffenen **20** 51
– nicht im Planfeststellungsverfahren **20** 72
Wiederaufnahmeverfahren vor dem Verfassungsgerichtshof **11** 43
Wiedereinsetzung
– Enteignungsverfahren **80** 25
– Verfahren vor dem Verfassungsgerichtshof **11** 17
– Verwaltungsverfahren
– allgemein **20** 32
– wegen Verfahrens- o. Formfehler **20** 45
Wiedergutmachung **10** 183; **20** 2
Wiederherstellung eines Gewässers **63** 10
Wiederherstellungspflicht bei Eingriffen in Natur u. Landschaft **62** 6
Wiesenbrütergebiete **62** 23
Wildbachgefährdungsbereiche **63** 46 f.
Wildbachverzeichnis **63** 3, 22
Windenergie **40** 82
Winterdienst **82** 9, 51
Wintersportanlagen **52** 24; **62** 10
Wirklichkeitsmaßstab **37** 2
Wirksamkeit
– v. Entscheidungen des Verfassungsgerichtshofs **11** 25, 43
– v. Verwaltungsakten **20** 43
Wirkungskreis
– allseitiger W. d. Gemeinden **30** 6
– → eigener W.
– → übertragener W.
Wirtschaft **10** 151 ff.; **84** 10
wirtschaftliche Unternehmen: → Unternehmen
Wirtschaftlichkeit **30** 61, 74, 95; **31** 55, 68, 83; **32** 53, 66, 81
Wirtschaftsprüfer **30** 107; **31** 93; **32** 89
Wirtschaftsüberwachung **10** 152
Wirtschaftsverbände **10** 154, 179
Wissenschaftsförderung **10** 140
Wissenschaftsfreiheit **10** 108
Wochenende, freies **10** 174
Wochenendhäuser **40** 57
Wochenendplätze
– als → Sonderbauten **40** 2
– → verfahrensfreie Bauvorhaben auf W. **40** 57
– → verfahrensfreie Beseitigung best. baulicher Anlagen auf W. **40** 57
– Vorrang anderer Gestattungsverfahren **40** 56
Wohl des Bundes o. eines Landes
– u. Amtshilfe **20** 5
– u. Akteneinsicht **20** 29
– u. Aussagegenehmigung f. ehrenamtlich Tätige **20** 84
Wohlfahrtspflege **30** 57; **31** 51

Wohngrundstück, bauliche Sperren **62** 33
Wohnung
– Anspruch auf W. **10** 106
– bauordnungsrechtliche Vorschriften **40** 7, 30 f., 33–39, 48, 54, 61, 66
– → Unverletzlichkeit d. W.
– verdeckter Einsatz technischer Mittel **50** 41, 47–50, 52
– → Zutrittsrecht
Wohnungsbau als Staatsaufgabe **10** 106
Wohnwege **40** 4
Würde: → Menschenwürde

Zahlungsverbot **21** 26
Zapfsäulen **40** 57
Zäune: → Einfriedung
Zelten **52** 25
Zensur **10** 111
zentrale Orte **81** 6, 19, 21, Anlage 2
Zentralisation, Vermeidung **10** 77
Zertifizierungsstellen f. Bauprodukte **40** 22 f., 80; **41** 9 f., 12
Zeugen
– Vernehmung im Verwaltungsverfahren **20** 26, 65 f.
– Aussagegenehmigung f. ehrenamtlich tätige Bürger **20** 84; **30** 20; **31** 14; **32** 14
Zeugnisverweigerungsrecht
– Geistliche **10** 144
– Landtagsabgeordnete **10** 29, 32
Ziele d. Raumordnung u. Landesplanung **81** 2 f., 5, 14, 17, 21, 24, 28, 33
Zielabweichungsverfahren **81** 4
Zitierrecht des Landtags **10** 24
Zivilprozeßordnung, Anwendung bei
– Vollstreckung d. Ersatzzwangshaft **21** 33; **50** 74
– Vollstreckung v. Leistungsbescheiden **21** 26
– Vollzug v. Urteilen des Verfassungsgerichtshof **11** 30
Zivilschutz, Bauvorhaben **40** 73
Zoos **62** 24
Zufahrt **40** 4 ff., 57, 78; **82** 17, 19
Zugang zur freien Natur **10** 141; **62** 26–29, 31, 33–35, 38
Zugangsfiktion
– b. Nichtbestellen e. Empfangsbevollmächtigen **20** 15
– b. öffentlicher Zustellung **21** 15
– einfacher Brief **21** 17
– Einschreiben **21** 4
Zügigkeit
– i. nichtförmlichen Verwaltungsverfahren **20** 10
Zulassung
– v. Bauprodukten **40** 15 ff.
– schiffbare Gewässer **63** 28
Zurückbehaltungsrecht bei Herausgabe sichergestellter Sachen **50** 28
Zusammenarbeit
– raumordnerische **81** 29
– versammlungsrechtliche **83** 14
Zusammenschlüsse: → Zweckverband
Zusammensetzung
– Bezirksausschuß **32** 26
– Bezirkstag **32** 23
– Gemeinderat **30** 31
– Kreisausschuß **31** 27
– Kreistag **31** 24
– Landtag **10** 13
– Staatsregierung **10** 43
– Verfassungsgerichtshof **10** 68, **11** 3
Zusicherung eines Verwaltungsakts **20** 38
Zuständigkeit(en)
– abfallrechtliche **60** 29
– Anordnung v. Wohnungsdurchsuchungen **50** 24

– Antragstellung bei Gemeinde statt bei zuständiger Behörde **30** 58
– Aufhebung v. Verordnungen **52** 49
– → Aufsicht
– f. Aussagegenehmigung ehrenamtlich Tätiger **20** 84
– → Bauaufsichtsbehörde
– im Bauwesen **40** 80; **41** 1 ff.
– beamtenrechtliche **71** 6, 15, 18, 49, 56, 71, 135 ff.; **72** 3, 13, 17, 18, 31, 37, 44, 52, 60
– Bezirkstagspräsident **32** 33
– Bürgermeister **30** 37
– Enteignungsrecht
  – Enteignungsbehörde **80** 19; **41** 3
  – Klage **80** 45
  – Planfeststellung **80** 41
– zum Erlaß v. Verordnungen **38** 26; **52** 42
  – Ersatzzuständigkeit **52** 46
  – Rechtsaufsichtsbehörde **52** 46, 49
  – Subsidiaritätsprinzip **52** 44
– f. gemeindefreie Gebiete **52** 56
– immissionsschutzrechtliche **61** 1 f.
– kommunale Steuern **37** 18
– naturschutzrechtliche
  – allgemeine Z. **62** 44, 51
  – f. Befreiungen **62** 56
  – bei Eingriffen in Natur u. Landschaft **62** 11
  – Naturschutzbehörden **62** 43
– Landesamt f. Umwelt **62** 46
– Landrat **31** 34
– örtliche Z. im Verwaltungsverfahren **20** 3, 44, 46
– planungsrechtliche **81** 4, 8–11, 15 f., 18, 22–25
– Regelung durch Gesetz **10** 77
– Rücknahme eines Verwaltungsaktes **20** 48
– Straßenaufsichtsbehörden **82** 61
– Straßenbaubehörden **82** 58
– Übertragung v. Befugnissen **82** 58, 59
– Verbandsversammlung **38** 34, 38
– Verbandsvorsitzender **38** 36
– Verfassungsgerichtshof **11** 2
– Verfolgung v. Ordnungswidrigkeiten **52** 59
– Verordnungsermächtigungen für besondere Zuständigkeiten **52** 55
– versammlungsrechtliche **83** 24
– Vollstreckungsrecht
  – Abschiebung v. Ausländern **21** 30
  – Geldforderungen d. Gemeinden u. Gemeindeverbände **21** 26
  – Geldforderungen d. Staats **21** 25
  – sonstige Verwaltungsakte **21** 30
– Vollzug v. Verordnungen **52** 43
– Vollzug gesetzlicher Vorschriften **30** 59; **31** 54; **32** 52
– Wasserrecht **63** 30, 31, 33, 42, 45, 51, 58, 63
– Wiederaufgreifen des Verfahrens **20** 51
– Wiedereinsetzung im Verwaltungsverfahren **20** 32
– Widerruf eines Verwaltungsakts **20** 49

Zustellung
– im Verwaltungsverfahren
  – Planfeststellungsbeschluß **20** 73 f.
  – Verwaltungsakt **20** 41, 69
– nach VwZVG
  – Anwendung von ZPO-Vorschriften **21** 5
  – Begriff **21** 2
  – bei Behörden **21** 7
  – im Besteuerungsverfahren **21** 17
  – an Bevollmächtigte **21** 8
  – an Ehegatten **21** 8a

  - elektronische Dokumente **21** 2, 5 f., 14
  - an gesetzliche Vertreter **21** 7
  - Geltungsbereich **21** 1
  - bei juristischen Personen **21** 7
  - bei Personenvereinigungen **21** 7
  - → Zustellungsarten
  - → Zustellungsmängel
  - bei Zweckvermögen **21** 7
- d. Androhung v. Zwangsmitteln **21** 36
- d. Ausführungsanordnung b. Enteignung **80** 34
- Verfassungsgerichtshof
  - allgemein **11** 15
  - d. Anklageschrift **11** 36
  - v. Entscheidungen **11** 47–50, 55
  - des Urteils **11** 41, 44, 45

Zustellungsarten nach VwZVG
- allgemein **21** 2
- durch d. Post **21** 3 f.
- durch d. Behörde
  - Zustellung gegen Empfangsbekenntnis **21** 5
- über De-Mail-Dienste **21** 6
- Sonderarten **21** 14–17
- Wahlrecht der Behörde **21** 2

Zustellungsbevollmächtigte **21** 8
Zustellungsfiktion: → Zugangsfiktion
Zustellungsmängel, Heilung **21** 9
Zustellungsurkunde **21** 3
Zustimmung
- des Beamten bei Zuweisung zu einem Kommunalunternehmen **30** 97; **31** 84; **32** 81a
- des Nachbarn
  - im Baugenehmigungsverfahren **40** 66
  - Geltung gegenüber Rechtsnachfolger **40** 6

Zustimmungsverfahren, Bauordnungsrecht **40** 73

Zutrittsrecht, s.a. → Betretungsrecht
- bauordnungsrechtliches **40** 54
- bodenschutzrechtliches **64** 4, 9
- vor Enteignungen **80** 7
- naturschutzrechtliches **62** 54
- d. Polizei zu Wohnungen **50** 23 f.
- d. Regierungspräsidenten zum Bezirkstag **32** 36
- d. Regierungsmitglieder zum Landtag **10** 24
- b. Vollstreckung v. Verwaltungsakten **21** 37
- → Zugang zur freien Natur

Zuweisung eines → Beamten zu einem Kommunalunternehmen **30** 97; **31** 84; **32** 81a
Zwang
- → unmittelbarer Z.
- → Verwaltungszwang
- → Zwangsmittel

Zwangsgeld
- nach VwZVG
  - Festsetzung, Beitreibung **21** 31
  - Verwendung **21** 41
  - Zahlungsfrist **21** 23
- nach PAG **50** 73 f.
- → Verwarnungsgelder

Zwangsmaßnahmen
- d. Gebietskörperschaften **30** 27; **31** 21; **32** 20
- d. Kommunalunternehmen **30** 96; **31** 83

Zwangsmitgliedschaft in Körperschaften **10** 179
Zwangsmittel
- → Androhung von Z.
- Anwendung
  - allgemein **21** 37
  - durch d. Polizei **50** 70, 77–86
  - im Kommunalrecht **30** 27 f.; **31** 21; **32** 20
- Arten **21** 29; **50** 71
  - → Ersatzvornahme

– → Ersatzzwangshaft
– → unmittelbarer Zwang
– → Zwangsgeld
– neben Strafe o. Geldbuße **21** 36; **50** 71
– unselbständiges Z. **50** 74
Zwangsvollstreckung
– bei Enteignung **80** 38
– u. Widmung **82** 6
Zweckbindungsgebot bei Datenverarbeitung **50** 53–55
Zweckentfremdung v. Bauernland **10** 163
Zweckverband
– zur Abfallentsorgung **60** 8
– Ablösung durch Verwaltungsgemeinschaft **34** 4
– Auflösung, Änderung d. Verbandssatzung **38** 44–48
– Aufsicht, Rechtsbehelfe **38** 49–52
– Beteiligung an kommunaler Zusammenarbeit **38** 1
– Bildung u. grundsätzliche Bestimmungen **38** 17–28
– Rechtsform **38** 2
– Satzungsermächtigung **63** 34
– → Verbands-
– Verfassung u. Verwaltung **38** 29–39
– Vollstreckung v. Geldforderungen **21** 26, 30
Zweckvereinbarung
– Beteiligte u. Aufgaben **38** 7
– Inhalt u. Rechtsfolgen **38** 2, 7 f., 10 f.
– Pflichtvereinbarung **38** 16
– Streitigkeiten **38** 51
– Verfahren u. Organisation **38** 12–15
– u. Verwaltungsgemeinschaft **34** 4
Zweidrittelmehrheit
– f. Anklagen gegen Abgeordnete o. Regierungsmitglieder **10** 61; **11** 31, 33
– f. Ausschluß der Öffentlichkeit **10** 22, 25
– f. Verfassungsänderungen **10** 75
Zweiter Weltkrieg **10** Vorspruch
Zweitwohnungen **37** 3, 7
Zwischenausschuß des Landtags **10** 26, 32